思想的・睿智的・獨見的

經典名著文庫

學術評議

丘為君　吳惠林　宋鎮照　林玉体　邱燮友
洪漢鼎　孫效智　秦夢群　高明士　高宣揚
張光宇　張炳陽　陳秀蓉　陳思賢　陳清秀
陳鼓應　曾永義　黃光國　黃光雄　黃昆輝
黃政傑　楊維哲　葉海煙　葉國良　廖達琪
劉滄龍　黎建球　盧美貴　薛化元　謝宗林
簡成熙　顏厥安（以姓氏筆畫排序）

策劃　楊榮川

五南圖書出版公司 印行

經典名著文庫

學術評議者簡介（依姓氏筆畫排序）

- 丘為君　美國俄亥俄州立大學歷史研究所博士
- 吳惠林　美國芝加哥大學經濟系訪問研究、臺灣大學經濟系博士
- 宋鎮照　美國佛羅里達大學社會學博士
- 林玉体　美國愛荷華大學哲學博士
- 邱燮友　國立臺灣師範大學國文研究所文學碩士
- 洪漢鼎　德國杜塞爾多夫大學榮譽博士
- 孫效智　德國慕尼黑哲學院哲學博士
- 秦夢群　美國麥迪遜威斯康辛大學博士
- 高明士　日本東京大學歷史學博士
- 高宣揚　巴黎第一大學哲學系博士
- 張光宇　美國加州大學柏克萊校區語言學博士
- 張炳陽　國立臺灣大學哲學研究所博士
- 陳秀蓉　國立臺灣大學理學院心理學研究所臨床心理學組博士
- 陳思賢　美國約翰霍普金斯大學政治學博士
- 陳清秀　美國喬治城大學訪問研究、臺灣大學法學博士
- 陳鼓應　國立臺灣大學哲學研究所
- 曾永義　國家文學博士、中央研究院院士
- 黃光國　美國夏威夷大學社會心理學博士
- 黃光雄　國家教育學博士
- 黃昆輝　美國北科羅拉多州立大學博士
- 黃政傑　美國麥迪遜威斯康辛大學博士
- 楊維哲　美國普林斯頓大學數學博士
- 葉海煙　私立輔仁大學哲學研究所博士
- 葉國良　國立臺灣大學中文所博士
- 廖達琪　美國密西根大學政治學博士
- 劉滄龍　德國柏林洪堡大學哲學博士
- 黎建球　私立輔仁大學哲學研究所博士
- 盧美貴　國立臺灣師範大學教育學博士
- 薛化元　國立臺灣大學歷史學系博士
- 謝宗林　美國聖路易華盛頓大學經濟研究所博士候選人
- 簡成熙　國立高雄師範大學教育研究所博士
- 顏厥安　德國慕尼黑大學法學博士

經典名著文庫204

柏拉圖的《智者》

馬丁・海德格爾(Martin Heidegger) 著
溥林 譯

經典永恆・名著常在

五十週年的獻禮・「經典名著文庫」出版緣起

總策劃 楊榮川

閱讀好書就像與過去幾世紀的諸多傑出人物交談一樣——笛卡兒

五南，五十年了。半個世紀，人生旅程的一大半，我們走過來了。不敢說有多大成就，至少沒有凋零。

五南忝為學術出版的一員，在大專教材、學術專著、知識讀本出版已逾壹萬參仟種之後，面對著當今圖書界媚俗的追逐、淺碟化的內容以及碎片化的資訊圖景當中，我們思索著：邁向百年的未來歷程裡，我們能為知識界、文化學術界做些什麼？在速食文化的生態下，有什麼值得讓人雋永品味的？

歷代經典・當今名著，經過時間的洗禮，千錘百鍊，流傳至今，光芒耀人；不僅使我們能領悟前人的智慧，同時也增深加廣我們思考的深度與視野。十九世紀唯意志論開創者叔本華，在其〈論閱讀和書籍〉文中指出：「對任何時代所謂的暢銷書要持謹慎的態度。」他覺得讀書應該精挑細選，把時間用來閱讀那些「古今中外的偉大人物的著作」，閱讀那些「站在人類之巔的著作及享受不朽聲譽的人們的作品」。閱讀就要「讀原著」，是他的體悟。他甚至認爲，閱讀經典原著，勝過於親炙教誨。他說：

> 「一個人的著作是這個人的思想菁華。所以，儘管一個人具有偉大的思想能力，但閱讀這個人的著作總會比與這個人的交往獲得更多的內容。就最重要的方面而言，閱讀這些著作的確可以取代，甚至遠遠超過與這個人的近身交往。」

爲什麼？原因正在於這些著作正是他思想的完整呈現，是他所有的思考、研究和學習的結果；而與這個人的交往卻是片斷的、支離的、隨機的。何況，想與之交談，如今時空，只能徒呼負負，空留神往而已。

三十歲就當芝加哥大學校長、四十六歲榮任名譽校長的赫欽斯（Robert M. Hutchins, 1899-1977），是力倡人文教育的大師。「教育要教眞理」，是其名言，強調「經典就是人文教育最佳的方式」。他認爲：

「西方學術思想傳遞下來的永恆學識，即那些不因時代變遷而有所減損其價值的古代經典及現代名著，乃是眞正的文化菁華所在。」

這些經典在一定程度上代表西方文明發展的軌跡，故而他爲大學擬訂了從柏拉圖的《理想國》，以至愛因斯坦的《相對論》，構成著名的「大學百本經典名著課程」。成爲大學通識教育課程的典範。

歷代經典·當今名著，超越了時空，價值永恆。五南跟業界一樣，過去已偶有引進，但都未系統化的完整舖陳。我們決心投入巨資，有計劃的系統梳選，成立「經典名著文庫」，希望收入古今中外思想性的、充滿睿智與獨見的經典、名著，包括：

- 歷經千百年的時間洗禮，依然耀明的著作。遠溯二千三百年前，亞里斯多德的《尼各馬科倫理學》、柏拉圖的《理想國》，還有奧古斯丁的《懺悔錄》。
- 聲震寰宇、澤流遐裔的著作。西方哲學不用說，東方哲學中，我國的孔孟、老莊哲學，古印度毗耶娑（Vyāsa）的《薄伽梵歌》、日本鈴木大拙的《禪與心理分析》，都不缺漏。
- 成就一家之言，獨領風騷之名著。諸如伽森狄（Pierre Gassendi）與笛卡兒論戰的《對笛卡兒沉思錄的詰難》、達爾文（Darwin）的《物種起源》、米塞斯（Mises）的《人的行爲》，以至當今印度獲得諾貝爾經濟學獎阿馬蒂亞·森（Amartya Sen）的《貧困與饑荒》，及法國當代的哲學家及漢學家朱利安（François Jullien）的《功效論》。

梳選的書目已超過七百種，初期計劃首爲三百種。先從思想性的經典開始，漸次及於專業性的論著。「江山代有才人出，各領風騷數百年」，這是一項理想性的、永續性的巨大出版工程。不在意讀者的眾寡，只考慮它的學術價值，力求完整展現先哲思想的軌跡。雖然不符合商業經營模式的考量，但只要能爲知識界開啓一片智慧之窗，營造一座百花綻放的世界文明公園，任君遨遊、取菁吸蜜、嘉惠學子，於願足矣！

最後，要感謝學界的支持與熱心參與。擔任「學術評議」的專家，義務的提供建言；各書「導讀」的撰寫者，不計代價地導引讀者進入堂奧；而著譯者日以繼夜，伏案疾書，更是辛苦，感謝你們。也期待熱心文化傳承的智者參與耕耘，共同經營這座「世界文明公園」。如能得到廣大讀者的共鳴與滋潤，那麼經典永恆，名著常在。就不是夢想了！

二〇一七年八月一日 於

五南圖書出版公司

中文版前言

德文版《海德格全集》於一九七五年啟動，迄今已出版了八十餘卷（按計畫將編成一百〇二卷）。已出版者包含了海德格著作（含講座、手稿等）的基本部分（即全集第一—三部分），餘下未出版者多爲書信、箚記等（全集第四部分，第八十二卷始）。隨著德文版《海德格全集》出版工作的順利推進，世界範圍內的海德格翻譯和研究已呈蓬勃之勢，目前至少已有英、法、義、日四種文字的全集版翻譯，據說西班牙文和阿拉伯文的全集版翻譯也已經啟動。相比之下，漢語的海德格翻譯仍然處於起步階段，甚至不能與亞洲鄰居的日、韓兩國比較，嚴肅的譯著至今只有十幾種而已。這種狀況是令人羞愧的。

爲讓中文世界更完整、更深入地理解海德格思想，經反覆醞釀，我們計畫根據《海德格全集》版，編輯出版中文版《海德格文集》，收錄海德格的代表著作三十卷，其中前十六卷爲海德格生前出版的全部著作（我們依然認爲這一部分是《海德格全集》中最值得關注的，包含了作者已經穩定下來的思想），而其餘十四卷爲海德格的重要講座稿和手稿。我們假定，這三十卷屬於海德格的「基本著作」，基本上已經呈現海德格思想的總體面貌。當然，我們也並不因此否認其他卷本（講座稿和手稿）

的意義，而且我們也願意認爲，中文世界對海德格思想的深入研究和完整理解，仍然要基於對《海德格全集》的系統譯介。但我們選譯的三十卷至少已經走出了第一步，也或可爲將來可能的中文版《海德格全集》的工作奠定一個基礎。

所選三十種著作中，約半數已有成熟的或比較成熟的中文譯本，少數幾種已經譯出了初稿，其餘約十餘種則有待新譯。已出版的譯著在編入《海德格文集》時，將根據德文全集版重新校訂，因爲其中有幾種原先只是根據單行本譯出的，也有幾種在譯文品質上是稍有欠缺的。

由於是多人參與的多卷本（三十卷）譯事，又由於眾所周知的海德格語文表達方面的奇異性，中文版《海德格文集》在譯文風格上是難求統一的，甚至在基本詞語的譯名方面也不可能強行規範劃一。這是令人遺憾的，不過也可能爲進一步的義理辨析和討論留下空間。我們唯希望能夠盡量做到體例方面的統一，以便至少讓人有一套書的整體感。

按照我們的計畫，中文版《海德格文集》每年出版五種左右，約五、六年內完成全部三十卷的翻譯和出版工作。我們希望藉此爲中國的海德格研究事業提供一個基礎性的討論平臺，也願學術界有識之士爲我們的工作提供批評、建議，幫助我們做好這項大型的學術翻譯事業。

孫周興　王慶節

二〇一一年十二月八日

悼念保羅・納托爾普

在馬堡，一門關於柏拉圖的講座課今天有義務喚起對保羅・納托爾普（Paul Natorp）的紀念，他在上個假期已經離我們而去。作爲教師，他在我們大學的最後一次活動是在上個夏季學期的一門關於柏拉圖的討論班課。對於他來講，這些討論課是修訂其《柏拉圖的理念論》（*Platos Ideenlehre*）[1]這部著作的一次新啟程。該書已經決定性地規定了最近二十年的柏拉圖研究。這部著作的突出之處是它所爭取達到並在史無前例的片面性上所實現出來的哲學理解水準。這種「片面性」並不意味著指責；相反，它恰恰表明了推進的深入。該書增強了下面這一覺悟，那就是：材料的掌握對於理解來說是不夠的，理解不可能通過一種隨意拾撿起來的哲學上的平均知識而實現。對於該著作的最好鑒定就在於它招致了異議，即迫使進行反思。但理解的水準還沒有再次取得。獨特的是該書的發生史。納托爾普打算擬定出《巴門

[1] 保羅・納托爾普，《柏拉圖的理念論：觀念論導論》（*Platos Ideenlehre. Eine Einführung in den Idealismus*），萊比錫，一九〇三年。校訂並增添了一個反批判附錄（「邏各斯—靈魂—愛」〔Logos-Psyche-Eros〕，第457-513頁）的第二版，萊比錫，一九二一年。——原注

尼德》（*Parmenides*）這一對話的一個文本和評注，而該書就是對其所做的準備。詮釋學處境，尤其是其基礎，已經被康德和馬堡學派，即被認識論和科學理論（die Erkenntnis-und Wissenschaftstheorie）所標明。根據其哲學的基本定位，納托爾普在馬堡學派認識論上的新康德主義的角度和限度內打量希臘哲學史。因此，他對代表一種實在論（Realismus）的亞里士多德以及中世紀對亞里士多德的接受——這種接受實乃一種獨斷論（Dogmatismus），都採取了一種尖銳的反對姿態。然而，這同對亞里士多德的一種不充分的認識絲毫無關。相反，人們在今天方才重新抵達的那種結果，已經被納托爾普所預期到了。納托爾普關於希臘哲學的作品如下：〈亞里士多德的《形而上學》之主題和編排〉（Thema und Disposition der aristotelischen Metaphysik），一八八八年；〈亞里士多德：《形而上學》第十一卷第一—八章〉（Aristoteles: Metaphysik K 1-8），一八八八年；〈亞里士多德和埃利亞學派〉（Aristoteles und die Eleaten），一八九〇年；《德謨克利特的倫理殘篇，文本和研究》（*Die ethischen Fratmente des Demokrit, Text und Untersuchungen*），一八九三年；《古代認識問題史研究》（*Forschungen zur Geschichte des Erkenntnisproblems im Altertum*），一八八四年。❷詮釋學處境進一步被下面這一點

---

❷保羅．納托爾普，〈亞里士多德的《形而上學》之主題和編排〉（Thema und Disposition der aristotelischen Metaphysik），刊載於《哲學月刊》（*Philosophische Monatshefte*），第二十四卷，

所標明，那就是：納托爾普在新康德主義的範圍內從康德出發就一般意識科學提出了最爲尖銳的問題提法。他在馬堡學派中的獨特地位和獨特貢獻，在於他在新康德主義陣營中第一次提出了心理學問題，即那時占統治地位的自然科學的心理學如何能同哲學相協調這一問題。他在這一領域的作品如下：《根據批判方法而來的心理學引論》（*Einleitung in die Psychologie nach Kritischer Methode*），一八八八年；《根據批判方法而來的一般心理學》（*Allgemeine Psychologie nach Kritischer Methode*），

一八八八年，第一部分，第37-65頁；第二部分，第540-574頁。
保羅．納托爾普，〈論亞里士多德的《形而上學》，第十一卷第一—八章，1065a26〉（Über Aristoteles' Metaphysik, K 1-8, 1065a26），刊載於《哲學史文庫》（Archiv für Geschichte der Philosophie），第一卷第二冊，一八八八年，第178-193頁。
保羅．納托爾普，〈亞里士多德和埃利亞學派〉（Aristoteles und die Eleaten），刊載於《哲學月刊》，第二十六卷，一八九〇年，第一部分，第1-16頁；第二部分，第147-169頁。
保羅．納托爾普，《德謨克利特的倫理學：文本和研究》（*Die Ethika des Demokritos. Text und Untersuchungen*），馬堡，一八九三年。
保羅．納托爾普，《古代認識問題史研究：普羅泰戈拉、德謨克利特、伊壁鳩魯和懷疑主義》（*Forschungen zur Geschichte des Erkenntnisproblems im Altertum. Protagoras, Demokrit, Epikur und die Skepsis*），柏林，一八八四年。——原注

一九一二年。❸他從笛卡爾出發來確定方向，關於笛卡爾的認識論他本人寫有：〈笛卡爾的認識論〉（Descartes' Erkenntnistheorie），一八八二年。❹納托爾普在其心理學中提出了意識之難題，即是說，他追問作爲哲學研究之基礎的意識由之成爲問題的方法。正如已經說過的，意識——作爲哲學的基礎——之問題，當時在本質上被自然科學的問題提法所統治；但它同時也被布倫塔諾（Brentano）的《從經驗立場而來的心理學》（*Psychologie vom empirischen Standpunkt*）❺所預先規定。納托爾普

❸ 保羅·納托爾普，《根據批判方法而來的心理學引論》（*Einleitung in die Psychologie nach Kritischer Methode*），布萊斯高的弗賴堡，一八八八年。

保羅·納托爾普，《根據批判方法而來的一般心理學。第一卷：心理學的對象和方法》（*Allgemeine Psychologie nach Kritischer Methode. Erstes Buch: Objekt und Methode der Psyschologie*），圖賓根，一九一二年。——原注

❹ 保羅·納托爾普，〈笛卡爾的認識論：批判主義前史研究〉（Descartes'Erkenntnistheorie. Eine Studie zur Vorgeschichte des Kriticismus），馬堡，一八八二年。——原注

❺ 弗蘭茨·布倫塔諾（F. Brentano），《從經驗立場而來的心理學》（*Psychologie vom empirischen Standpunkt*），兩卷中的第一卷，萊比錫，一八七四年。

弗蘭茨·布倫塔諾，《論心理現象的分類》（*Von der Klassifikation der psychischen Phänomene*），通過增補有了極大擴充的《從經驗立場而來的心理學》一書相關章節的新版，萊比錫，一九一一年。——原注

在一九一二年新版的《心理學》（*Psychologie*）❻一書憑藉兩個批判性的附錄而特別有價值，在這兩個附錄中，納托爾普深入考察了同時代的哲學研究。納托爾普是最爲做好準備同胡塞爾進行爭辯的人。他一九〇一年的論文〈關於邏輯方法之問題〉（Zur Frage der logischen Methode）❼證明了這一點，在那兒，他論及了胡塞爾的《邏輯研究，第一卷：純粹邏輯導論》（*Logsiche Untersuchungen, Erster Band: Prolegomena zur reinen Logik*）；此外，他發表於一九一四年和一九一八年的〈胡塞爾的《純粹現象學的觀念》〉（Husserls Ideen zu einer reinen Phänomenologie）❽一文也證明了這一點，在那兒他討論了胡塞爾的《觀念》一書。對於胡塞爾本人來說，納托爾普的推動是決定性的。

---

❻參見上頁注3，第二個標題。——原注

❼保羅．納托爾普，〈關於邏輯方法之問題。針對：埃德蒙特．胡塞爾的『純粹邏輯導論』（《邏輯研究》第一部分）〉（Zur Frage der logischen Methode. Mit Beziehung auf Edm. Husserls “Prolegomena zur reinen Logik” [*Logsiche Untersuchungen*, 1. Teil]），刊載於《康德研究》（*Kantstudien*），6，H.2/3，一九〇一年，第270-283頁。——原注

❽保羅．納托爾普，〈胡塞爾的《純粹現象學的觀念》〉（Husserls Ideen zu einer reinen Phänomenologie），刊載於《人文科學》（*Die Geisteswissenschaften*），一九一三/一九一四年度，第一期，第420-426頁、第448-451頁；新版於《邏各斯》（Logos），第七卷，一九一七/一九一八年，H.3，第224-246頁。——原注

納托爾普的工作範圍之廣度表現在下面這些方面。就其通常角度看，馬堡學派在認識論上進行定位。然而，對於納托爾普來說，本質上不同的各種主題在背景中都是有生命力的：社會哲學、教育學，最後包括他最早發表的作品和他最後的時日都加以關注的宗教哲學。因此，在其最早發表的作品中，即在他作爲博士的首部論著中，❾他著眼於對一種非經驗的實在性奠基來研究理論認識和實踐認識之間的關係。隨之有了同柯亨（Cohen）一起工作的歲月。爲了看清納托爾普的學術貢獻，我們必須把他的工作往回置到十九世紀的八〇、九〇年代中，那時尚無人有哲學興趣。我們今天之所以超越康德變得可能，那僅僅是由於馬堡學派首先迫使我們回到他那兒。馬堡學派的使命就在於：一方面保持和恢復了傳統，另一方面又培植起了概念研究的嚴格。我們同時必須把馬堡學派的學術著作——如柯亨的《經驗理論》（*Theorie*

---

❾ 保羅．納托爾普，〈論理論認識和實踐認識的關係：對一種非經驗的實在性的奠基。針對：威廉．赫爾曼，《處在同對世界的認識和德性之關係中的宗教》〉（Über das Verhältniß des theoretischen und praktischen Erkennens zur Begründung einer nichtempirischen Realität. Mit Bezug auf: W. Hermann. *Die Religion im Verhältniß zum Welterkennen und zur Sittlichkeit*）。刊載於《哲學和哲學批評雜誌》（*Zeitschrift für Philosophie und philosophische Kritik*），一八八一年，第七十九期，第242-259頁。——原注

der Erfahrung）[10]，置於布倫塔諾撰寫《從經驗立場而來的心理學》以及狄爾泰撰寫《施萊爾馬赫生平》（*Das Leben Schleiermachers*）[11]的那個年代中。更近的哲學，即當代哲學，就是從這三部著作和立場中發展出來的。馬堡學派具有下面這些特點，那就是：它已經取得了最深刻的問題提法，並且已經發展出了最深刻的概念性。關於其真假問題，我們不打算在這兒加以裁斷。或許該問題提法甚至就是假的。

在德國教授中，納托爾普是少數且最早那些人中的一位，甚或是唯一一位，他在十多年前就明白，當德國青年在一九一三年秋聚集到霍恩邁斯訥（Hohen Meißner）[12]並起誓要根據內在真實和自我負責來塑造其生活時，他們在想什麼。這些最優秀的人中的許多已經隕落。然而，任何具有識別能力的人都知道，我們的此是在今天正逐漸再次立於新的根基之上；都知道青年在這一任務中有著他們自己的使命。納托爾普理

---

[10] 赫爾曼·柯亨（H. Cohen），《康德的經驗理論》（*Kants Theorie der Erfahrung*），柏林，一八七一年；修訂版，柏林，一八八五年。——原注

[11] 威廉·狄爾泰（W. Dilthey），《施萊爾馬赫生平》（*Das Leben Schleiermachers*），第一卷，柏林，一八七〇年。

[12] 霍恩·邁斯訥（Hohen Meißner）是德國黑森州卡塞爾南部的一座山，一九一三年十月十一日和十二日，包括從德國哥廷根、馬堡、耶拿等大學來的兩千多名德國青年運動的參與者在此聚會。——譯注

解了他們，從而在他們身上最好地保有了他的紀念。繼承他的精神遺產，以同樣的客觀性和徹底性進行工作，對於我們來說是困難的。甚至在他生命的最後幾周，他都還遭到非常嚴厲且不公正的攻擊。對此他說道：「我將保持沉默。」他能夠保持沉默，他是那些我們能夠沉默地與之一道散步的人中的一位。他在文獻知識方面的深度和廣度在今天已經難以企及。他基於對希臘哲學的實際理解已經了解到：即使在今天，也沒有任何理由特別驕傲哲學的進步。

目次

預備思考

一、對闡釋柏拉圖對話進行雙重準備的必要性

本講座課的任務是闡釋柏拉圖的兩篇晚期對話。❶之所以限於闡釋這兩篇對話就在於，在這兩篇對話中所探討的實事內容要求一種特別深入的理解。對這兒要加以討論的各種事情的占有必須這樣來進行，那就是：這些事情要不斷地重新加以再現。諸如是（*Sein*）和不是（*nichtsein*）、眞（*Wahrheit*）和假象（*Schein*）、認識（*Erkenntnis*）和意見（*Meinung*）、陳述（*Aussage*）和概念（*Begriff*）、價值（*Wert*）和無價值（*Unwert*）等概念，都是一些基本概念，人們乍一聽說就理解它們在說什麼，以至於認爲它們是自明的，對之無須進一步加以澄清的概念。對這兩篇對話的闡釋恰恰要讓我們熟悉這些概念究竟在意指什麼。對此需要雙重的準備：

1. 對是和不是、眞和假象這類獨特對象究竟如何才變得可見的一種定位；在這兒，這樣的東西必須得加以探求，以便對之進行討論。
2. 在下面這一意義上的一種準備，那就是：我們以正確的方式把握我們於柏拉圖那兒所遇到的過去，從而我們不會把隨隨便便的各種見解牽強附會地解釋到它身上，也不會隨隨便便地把各種見解塞到它裡面。

---

❶ 即討論《智者》（*Sophistes*）和《斐勒柏》（*Philebos*）這兩篇對話。在該講座課中僅完成了對《智者》的闡釋。——原注

因此，這雙重準備一方面包含了對要加以討論的對象之種類的定位，另一方面包含了對我們由之抵達歷史的過去那種基礎的討論。

在這兒首先將現象學的方法和目的當作準備，此乃涉及最初的東西。這首先只能被理解爲簡要的指示。我們恰恰打算在講座之進程中，憑藉對諸概念的討論，在與事情的交往中漸漸地將我們自己帶入這一研究類型中。

(一)哲學—現象學的準備。現象學的方法和目的

現象學這一表達最容易適合澄清這兒所要討論的東西。現象學意味著：λέγειν【說】——談及φαινόμενον【顯現出來的東西】、——顯示自身者。但是，如果這樣加以規定，那現象學將等同於任意一門科學。甚至植物學也描述那顯示自身者。現象學的考察方式通過它將那顯示自身者置於其中並在其中追尋它這一特定的著眼點而與眾不同。最初的著眼點就是追問這種是者之是（das Sein dieses Seienden）這一問題。我們以後將那顯示自身者稱作**現象**（*Phänomen*）。這一表達不可以同假象（Schein）、顯象（Erscheinung）這些表達所意指的東西相混淆。現象，在是者的被展開之各種不同可能性中如其顯示自身那樣標明是者。這種基本上是一種自明東西的考察方法不是一種技能；相反，它在任何源始地進行哲學一番的活動中都是活潑潑的。因此，我們剛好能夠在希臘人那質樸、源始的思考那兒學習它。在當代，現象學的考察方法在胡塞爾的《邏輯研究》中首次得到實現。這些研究的主題是來自我們

稱作意識或體驗的東西之領域內的那些特定的現象。各種特定的體驗類型、各種認識行為、各種判斷行為得到描述。追問它們眞正看上去是怎樣的，它們的結構應如何加以規定。意識和體驗是最切近的主題，這奠基在時間中，即奠基在歷史中。重要的是描述性的心理學，尤其是狄爾泰。認識活動、各種體驗行為等要能得到確定，那我們就必須理解這些現象看上去是怎樣的。它包含了整個一系列困難。但最難以把控的東西在於下面這些方面，那就是：所有這些領域在其身後都已經有了一個豐富的研究史；因而我們無法自由地接近這些對象；相反，我們總是已經在各種特定的問題提法（Fragestellungen）和視之方式（Sichtweisen）中看到它們。因此，存在著一種不斷批判和檢查的必要性。柏拉圖的對話在言談和反駁的生命力上尤其適合於進行這樣的不斷批判和檢查。我們不談論這種哲學流派的進一步演變。決定性的東西是：現象學已經再次給出了在哲學之領域內科學地進行追問和回答之可能性。它是否解決了哲學的所有問題由此還並不確定。如果它正確地理解了它自己和時間，那它將首先把自己限定在下面這種工作之內，那就是：第一次把要加以談論的事情帶入眼簾並對之進行一種理解。進入現象學不會通過閱讀現象學文獻和發現在那兒所構建起的東西而發生。根本無須了解各種意見。如果是那樣，現象學從一開始就已經被誤解了。相反，對事情的具體工作必須就是贏得對現象學的某種理解道路。問題的關鍵不是回到現象學的各種流派和討論那兒，而是在對事情進行詳細討論這一工作中將自己帶入現象學地看這一立場裡。一旦贏得了對事情的理解，那時現象學也就可以消失了。本講座課並不打算把諸位訓練爲現象學家；相反，大學中的一門哲學講座課的眞正任務是：爲了你們各自的科學領域，給予你們對各種科學問題的一種內在理解。僅僅基於這種方法，問題：科學和生活，方才被帶到決斷面前，也即是說，我們首先重新學習眞正形成科學工作的活動方法，以及由此眞正形成在我們身上的那種科學的生存（Existenz）❷之內在意義。

---

❷ Existenz，在傳統哲學中一般譯為「存在」，該詞來自拉丁語existentia。在後來（一九二七年）的《是與時》（*Sein und Zeit*, Max Niemeyer Verlag Tübingen, 2006, S.42）中，海德格明確提出該術語僅僅用在此是（Dasein）身上，為了以示區別，學界一般將之譯為「生存」（譯者本人也曾持這一主張）；如海德格指出：「根據傳統，existentia在是態學上等同於現成是（*Vorhandensein*）——一種與具有此是這種性質的是者在本質上就了不相干的是之類型。為了避免混亂，我們始終用現成性（*Vorhandenheit*）這個闡釋性的表達來代替existentia這個名稱，而把作為是之規定的生存（Existenz）單單用在此是身上。此是的『本質』在於它的生存（*das 'Wesen' des Daseins liegt in seiner Existenz*）。」在本書中，該詞不僅用在此是身上，也用在其他有生命的東西乃至無生命的東西身上，如在第352頁（德文頁碼）就出現了「die Existenz des Truges und des Irrtums」這一表達，故統一譯為「生存」就顯得不甚妥當。因此，在翻譯時，大多數情形我都將之譯為「生存」，但如果同無生命的東西相連繫，則譯為「存在」，如die Existenz des Truges und des Irrtums就譯作「欺騙和錯誤之存在」。與之相連繫，在本書中僅僅出現了兩次的形容詞existent，我直接將之譯為：「存在的」。——譯注

讓我們前往準備工作的第二點，即正確地把握我們於柏拉圖那兒所遇到的歷史的過去。

㈡歷史學──詮釋學的準備。詮釋學之原則：從清晰的東西到模糊的東西。從亞里士多德到柏拉圖

本講座課所尋求抵達的這種過去，並不是那種從我們這兒脫落開去離得遠遠的東西。相反，我們就是這種過去本身。只要我們還在明確地培植傳統並是「古典時期的古代（das klassische Altertum）」❸的朋友，那我們就還絕不是過去；相反，我們的哲學和科學就靠這些基礎即靠希臘哲學而活著，並且這種依賴是如此嚴重以至於我們不再意識到它：它們已經變成了自明的。恰恰在我們不再看到、已經變成了日常的東西那兒，某種東西在起作用──它曾經是在西方歷史中被擔負起來的那種最偉大的精神努力之對象。闡釋柏拉圖對話的目標在於：讓那對我們來說已經是自明的東西在這些基礎上變得透徹。理解歷史，指的無非就是理解我們自身；不是在我們能夠發現我們是怎樣的這個意義上，而是在我們經驗到我們應當要（*sollen*）什麼這個意義上。占有過去，意味著在對這種過去的罪欠（Schuld）中認識自己本身。下面這點是能夠

---

❸ das klassische Altertum，專指古希臘、羅馬時期的古代。──譯注

是歷史本身（die Geschichte selbst zu *sein*）之眞正可能性，那就是哲學揭示出：如果它認爲能夠重新開始、能夠讓自己感到愜意、能夠隨便就讓自己被某位哲學家所激動，那麼，它就處在對於某種疏忽和某種不擔當的罪欠中。然而，如果歷史對於精神性的生存來說就意味著這樣的東西，那麼，理解過去這一任務的困難就會加劇。如果我們想深入到柏拉圖實際的哲學工作中去，那我們就必須擔保我們從一開始就取得正確的門徑，也即是說，從一開始就要遇見那並不正好就處在那兒的東西。對此我們需要一種引導線索。迄今爲止通常以下面這種方式闡釋柏拉圖哲學，即從蘇格拉底和前蘇格拉底哲學家那兒前往柏拉圖。我們打算選取相反的道路，從亞里士多德回到柏拉圖。這道路並非聞所未聞。它依循詮釋學那古老的原則，即在進行解釋時應從清晰的東西到模糊的東西。我們假定亞里士多德已經理解了柏拉圖。甚至那對亞里士多德生疏的人也將基於他的研究水準看到，認爲亞里士多德已經理解了柏拉圖這並不冒失。因爲正如通常關於理解的問題所說的，同前人對他們自己的理解相比，較後的人總是更好地理解了他們。在創造性的研究中基本的東西恰恰在於：該研究在決定性的地方不理解自己本身。如果我們想深入柏拉圖哲學，那我們就要在亞里士多德哲學的引導下來做這件事。在此沒有任何對柏拉圖的價值判斷。亞里士多德所說的，就是柏拉圖手把手教給他的，只不過被更加徹底、更加科學地塑形罷了。因此，亞里士多德應使我們對柏拉圖有準備，指引我們進入柏拉圖《智者》（*Sophistes*）和《斐勒柏》

（*Philebos*）這兩部對話那獨特的問題提法中。並且在ὄν【是者】❹和ἀεί【始終】以

❹ ὄν是動詞εἶναι的現在分詞的中性單數，前面加上中性冠詞τό，就可以成為一個名詞。這一名詞既可在動詞的意義上進行理解，即「是（Sein/das Sein）」、「是著（seiend/das Seiend）」，也可以在名詞的意義上理解，即「是著的東西」、「是者（Seiendes/das Seiende）」。無論是亞里士多德還是柏拉圖，似乎都並未嚴格區分「是」和「是者」，而是在「是（著）」和「是者」這兩個意義上使用這一語詞。當τὸ ὄν作物質名詞「是者」理解時，有複數形式τὰ ὄντα；當τὸ ὄν作動詞「是」或「是著」理解時，亞里士多德有時使用替代表達τὸ εἶναι。τὸ ὄν的否定形式是τὸ μὴ ὄν，它既可在動詞的意義上理解，也可在名詞的意義上理解。作動詞理解，則有替代形式τὸ μὴ εἶναι（不是、不是著）；作物質名詞理解，則有複數形式τὰ μὴ ὄντα（不是者、非是者）。此外，布倫塔諾那本將海德格引入哲學道路的著作*Von der mannigfachen Bedeutung des Seienden nach Aristoteles*，如果依照後來對於das sein（是）和das Seiende（是者）的區分，則將譯為《根據亞里士多德論「是者」的多重含義》。後來海德格在《是與時》（*Sein und Zeit*, Max Niemeyer Verlag Tübingen, 2006, S.442）的一個邊注中也指出，τὸ ὄν在傳統形而上學中具有兩重含義，一重含義指「是著（das Seiend）」，另一重含義指「是者（das Seiende）」。此外，根據海德格在《是與時》（S.3）中所引用的希臘文，也可以看出這一點：»Sein« umgrenzt nicht die oberste Region des Seienden, sofern dieses nach Gattung und Art begrifflich artikuliert ist: οὔτε τὸ ὄν γένος.（如果「是者」乃根據屬和種被概念性地表達，那麼，「是」並非限定著是者之最高領域：οὔτε τὸ ὂν γένος【是不是一種屬】。）根據他對das Sein和das Seiende的區分，這裡他顯然是用das Sein而不是用das Seiende來理解τὸ ὄν。有鑑於此，我根據上下文和理解，把τὸ ὄν譯為「是者」、「是著的東西」或「是（著）」。——譯注

及ἐνδέχεται ἄλλως【能夠變化】之不同範圍內，這種準備將是作爲ἀληθεύειν【去蔽】的λόγος【邏各斯】之問題。❺

但是，由於後來無人能同亞里士多德比肩，故我們被迫躍入亞里士多德自己的哲學研究中，以便贏得某種定位。在本講座課中，該定位應僅僅完全綱要性地並在各種基本問題之限度內給出。對柏拉圖的引用將根據亨里克．斯特方（Henricus Stephanus）❻一五一九年的版本，其頁碼和卷次被用在了所有現代版本之上。我們將自己限定在對《智者》和《斐勒柏》這兩部對話的闡釋之上。❼在對更加困難的問題澄清上，就是態學（Ontologie）來說我們將參考《巴門尼德》，就認識現象學（Erkenntnisphänomenologie）來說將參考《泰阿泰德》（*Theätet*）。

---

❺ 亞里士多德《尼各馬可倫理學》第六卷第二章，1139a6以下，以及第三章，1139b20以下。——原注
德文原文作1039a6，有誤。——譯注

❻ 亨里克．斯特方（Henricus Stephanus），十六世紀法國著名的印刷商和書商，他在出版柏拉圖的希臘文本時，將之一共編為三卷，每卷除了有自己的頁碼之外，在每頁都標有A、B、C、D、E這樣的分節。斯特方所出版的柏拉圖希臘文本，後來成為標準版本，其編碼被稱為斯特方碼。——譯注

❼ 見第8頁，注1。——原注

㈢對《智者》之主題的首先提示。智者、哲學家、是者之是

在《智者》中，柏拉圖在人的此是之各種最徹底的可能性之一中，即在哲學上的生存中思考人的此是。更確切地講，柏拉圖通過分析智者是什麼來間接地顯示哲學家是什麼。他不是通過提出某種空洞的計畫——即說如果一個人想是哲學家那他就必須做什麼，必須通過進行哲學活動來顯示這一點。因爲，只有當我們本身生活在哲學中時，我們才能具體地說作爲眞正的非哲學家的智者是什麼。由此就導致了在該對話中顯現出一種獨特的糾纏。恰恰通過對是者之是的一種沉思，柏拉圖取得了就其是來闡釋智者的正確地基。因此，我們將於在亞里士多德那兒的一種最初定位中尋找他關於是者和是所說的。

二、從亞里士多德出發對柏拉圖《智者》的定位

㈠主題：是者之是

首先，是者被整體不確定地取得了，確切地講，被取作此是位於其中的世界這種是者（*das Seiende der Welt*），❽並且被取作此是這種是者（*das Seiende des*

❽ das Seiende der Welt，除了可以譯為「世界這種是者」之外（即屬格作同位語，表強調或限制），也可以譯為「世界内的是者」；但基於這兒所表達的意思，顯然只能將之譯為前者。——譯注

Daseins）本身。這種是者首先僅僅在一定的環圍（Umkreis）內展開了。人生活在他僅僅於一定限度內打開了的環境（Umwelt）❾中。基於這種自然的定位在其世界中向著他產生出了諸如科學這樣的東西，而科學在一些確定的方面都是對此是著的世界（die daseiende Welt）和本己的此是的一種擬定。但首先在此是的東西，還未在知識的意義上被認識了；相反，意識對之已經具有了一定的看法、δόξα【意見】——它如其首先所看起來和顯現、δοκεῖν【看起來】的那樣來接納世界。由此一些確定的看法、關於生活及其意義的各種意見在自然的此是那兒首先形成。智者和演說家就活動其中。然而，只要科學研究從這種自然的此是那兒上路，那它就必定恰恰要穿過這些意見、穿過這些暫時的規定並尋找朝向事情的道路，以便事情變得更爲確定，並由此贏得概念。這對於日常此是來說並非是自明的，它要在是者的是上切中是者是困難的，甚至對於其每天的生活都同語言掛鉤的希臘民族來說也同樣如此。《智者》——甚至每一篇對話——表現出在途中的柏拉圖，它表明了對一些堅不可摧的原則的打碎，以及要走上—前去—理解—現象（das Zum-verstehen-Kommen der Phänomene）；它還同時表明，柏拉圖如何不得不打住，並且不繼續推進。

---

❾ Umwelt（環境）由um（環、圍）和Welt（世界）構成，如果僅僅考慮該詞同「世界」在詞源上的連繫，可以譯為「周圍世界」；但考慮到它在整個概念群中的位置，如Umkreis（環圍）、Umsicht（環視）等，在大多數情形下，我還是直接將之譯為「環境」。——譯注

爲了能夠看清柏拉圖的工作並正確設身處地地理解它，就需要正確的立場。我們期盼亞里士多德對下面這些問題的答覆：他本人，因而柏拉圖以及希臘人看到了哪種是者？對於他們來說通達該是者的通達方法是什麼？由此我們從亞里士多德那兒將自己帶入追問是者及其是的正確的姿態中和正確的看之方式中。只要我們對之有了一種最初的定位，我們就將我們自己帶入下面這一可能性中，那就是把我們自己置於對柏拉圖的一篇對話的正確考察方法中，一旦那樣，我們也就能夠在它的每一步伐中跟隨它。除了再次盡可能源始地詳細討論對話之外，闡釋沒有別的什麼任務。

(二) 通達方法：認識和眞。ἀλήθεια【眞】

那將是者展開爲這樣那樣的是者並擁有如此展開了的東西的通達方法和交道方法（*Zugangs-und Umgangsart*），我們慣於將之稱爲認識（*Erkennen*）。那打開了是者的認識是「眞的（*wahr*）」。一種已經把握了是者的認識（Erkenntnis）❿，在某一命題、某一陳述中表達自己和反映自己。我們於是將這樣一種陳述規定爲一種眞（*Wahrheit*）。在眞之概念或在眞之現象那兒——如希臘人已經加以規定的，我們將

❿ Erkennen和Erkenntnis，在翻譯時，我一般不多加區分都直接譯為「認識」，因為漢語「認識」一詞既可作動詞使用，也可作名詞使用。但有時基於上下文，我會將前者譯作「認識活動」。——譯注

由此取得關於下面這一東西的消息，那就是：它對於希臘人來說是認識，並且它處在同是者的「關係」中。因爲著眼在其此是身上的那種活潑潑的認識活動，他們已經猜測性地把「眞」之概念在概念上分析爲認識的「特性」。我們不打算檢查希臘邏輯學史；相反，我們尋求於在希臘邏輯學的範圍內對眞的規定抵達其頂峰那兒——即於亞里士多德那兒——的定位。

基於邏輯學的傳統——它在今天依然還是有生命力的——我們知道，正是由於亞里士多德，眞才明確地被規定。亞里士多德首次強調：一種判斷是眞的，眞的或假的這樣的規定原初位於判斷中。眞是「判斷之眞」。我們後面將看到，這種規定——儘管是膚淺的——就一定方式而言在多大程度上是正確的：眞之現象於「判斷之眞」那兒被討論和奠基。

三、對ἀλήθεια【眞】的首次刻劃

(一) ἀλήθεια【眞】一詞的含義。ἀλήθεια【眞】和此是

希臘人對於眞有著一種獨特的表達：ἀλήθεια【眞】。α是一種褫奪詞α-。因而它對於我們肯定地加以理解的某一事情具有一種否定的表達。對於希臘人來說，「眞」同在德國人那兒的「不完滿（Unvollkommenheit）」具有同樣否定性的含義。這種表達不是單純否定性的，而是在某種特殊方式中的否定性。我們表達爲不完滿的那種東西，絕非同完滿無關；相反，它恰恰朝向完滿：它在同完滿的關聯中不是

如它能夠是的那樣。這種否定是一種完全獨特的否定。它常常隱匿在一些語詞和含義中，例如，在也是一種否定性表達的「盲」這個語詞那兒。盲是不能看，並且只有那能看的才能是盲的；那能說的才能沉默。因此，那在是上具有一種朝向完滿的確切定位的，是不完滿的。「不完滿的」意味著：它加以謂述的東西不具有它本能夠、本應該具有的、人們本希望的那種完滿。同完滿相關聯，它欠缺某種東西，該東西從它那兒拿走了、奪走了——privare【喪失】，就像褫奪詞α-所說的。在希臘人那兒，眞——對於我們來說是肯定性的東西，被否定性地表達爲ἀλήθεια【眞】；假——對於我們來說是否定性的東西，則被肯定性地表達爲ψεῦδος【假】。ἀλήθεια【眞】說的是：不再是隱藏的，已經被揭開了的。這種褫奪性的表達暗示希臘人對下面這點具有某種理解，那就是：世界之未遮蔽地是（das Unverdecktsein）必須首先被努力爭得，它是那首先和通常不可占有的東西。世界首先——即使不是完全——是鎖閉的；進行展開的認識活動首先根本還未傳播開來；在自然需求所要求的範圍內，世界僅僅在環境這種最爲切近的環圍內展開了。那在自然的意識中於一定限度內或許已經源始地展開了的東西，恰恰通常被語言再次遮蔽和歪曲。各種意見在概念和命題中凝固，它們不斷被重複，以至於那已經源始地展開了的東西再次隱藏了。因此，日常此是活動在雙重遮蔽中：首先活動在單純的不識（die bloße Unkenntnis）⓫中，然後

⓫ 基於日常德語，die bloße Unkenntnis也可以簡單譯為：「單純的無知」。——譯注

活動在許多更爲危險的遮蔽中——只要那業已揭示的東西被閒談（das Gerede）變成不眞。鑒於這種雙重遮蔽，一種哲學有了兩項任務：一方面積極地第一次向著事情突進；另一方面同時擔負起同閒談的鬥爭。兩種趨向都是蘇格拉底、柏拉圖和亞里士多德精神活動的眞正動力。他們同修辭術、智者術的鬥爭就是對此的證明。因此，希臘哲學的透徹性並不在所謂希臘此是的輕鬆愉快中取得，彷彿在其安睡中賦予給了希臘人似的。對他們工作更爲仔細地考察恰恰表明，爲了深入到是本身並且同時穿過閒談需要何樣的努力。而這意味著我們不可以期待廉價地就得到事情，尤其是由於我們承負著一個豐富且錯綜複雜的傳統。

只要是者被遭遇到，那麼，無蔽（die Unverborgenheit）就是對是者的一種規定。當是（das Sein）不能夠是不無蔽時，ἀλήθεια【眞】在這個意義上就不屬於是。因爲自然是現成的，甚至在它被揭示出來之前。只要是者處在同對它的一種觀望的關係中，處在同一種在是者那兒的環視著地展開的關係中，處在同一種認識活動的關係中，那麼，ἀλήθεια【眞】就是是者的一種獨特的是之性質。另一方面，尤其由於是＝在場（Sein＝Anwesenheit），而在場在λόγος【邏各斯】中被占有，在它那兒「是」，故ἀληθές【眞的】也確實位於ὄν【是】中，並且是是本身（das Sein selbst）的一種性質。然而，在同ἀλήθεια【眞】所處之地的關係中，展開活動自身是一種是，它根本不是首先被展開的那種是者即世界的一種是之方式，而是我們稱之爲人的此是這種是者的一種是之方式。只要展開活動和認識活動對於希臘人來說目的就在於ἀλήθεια【眞】，那麼，根據它們所達成的，即根據ἀλήθεια【眞】，對於他們而言它們就意味著：ἀληθεύειν【去蔽】。我們不打算翻譯這個詞。ἀληθεύειν【去蔽】意味著：揭開著地是（Aufdeckendsein），把世界從鎖閉和遮蔽中取出。這就是人的此是的一種是之方式。

這首先顯現在言說中，顯現在交談中，即顯現在λέγειν【說】中。

(二) ἀλήθεια【眞】和語言（λόγος【邏各斯】）。ἀλήθεια【眞】作爲人（ζῷον λόγον ἔχον【會說話的動物】）的是之方式，更確切地說，作爲生命（ψυχή【靈魂】）之方式

因此，ἀληθεύειν【去蔽】首先顯現在λέγειν【說】中。λέγειν【說】，即言說，是人的此是的一種基本情狀（Grundverfassung）。在言說中此是以談論某物、談論世界的方式說出自己。這種λέγειν【說】對於希臘人來說是如此糾纏不休的東西和如此日常的東西，以至於他們同這種現象相關聯並根據它來獲取人之定義，他們把人規定爲ζῷον λόγον ἔχον【會說話的動物】⑫。與這一定義相配合的是作爲進行計

⑫ ζον λόγον ἔχον，一般譯為「具有理性的動物」。在這兒也可以直接譯為「具有邏各斯的動物」。——譯注

算、ἀριθμεῖν【計算】的那種是者的人之定義。計算在這兒並不意指計數，而是意指指望某種東西，有所算計地是（berechnend sein），僅僅基於計算的這種源始意義，數字方才形成。

亞里士多德把λόγος【邏各斯】——後來被稱作enuntiatio【陳述】和判斷，在其基本功能上規定爲ἀπόφανσις【表達】，規定爲ἀποφαίνεσθαι【顯示】，規定爲δηλοῦν【揭示】。它的實施方式是κατάφασις【肯定】和ἀπόφασις【否定】，即贊同和反對，後來被稱作肯定判斷和否定判斷。甚至ἀπόφασις【否定】，即對某一規定的反對，也是一種讓某物被看的揭開。因爲只有當我指出某件事情時，我才能夠反對該事情具有某種規定。在言說的所有這些方式中，言說，即φάναι【說】，是生命的一種是之方式。言說作爲有聲表達，不是單純的響聲、ψόφος【響聲】，而是ψόφος σημαντικός【進行意指的響聲】，即一種顯示某物的響聲：它是φωνή【語音】和ἑρμηνεία【釋義】：ἡ δὲ φωνὴ ψόφος τίς ἐστιν ἐμψύχου【語音是有靈魂的東西的一種響聲】（《論靈魂》第二卷第八章，420b5以下），「φωνή【語音】是一種在本質上僅僅屬於有生命的是者的響聲」。只有動物能從自己那兒發出聲音。ψυχή【靈魂】是οὐσία ζωῆς【生物的所是】，它構成了一種有生命的是者的眞正是。於同一本書中，亞里士多德在是態學上把靈魂的本質規定爲：ἡ ψυχή ἐστιν ἐντελέχεια ἡ πρώτη σώματος φυσικοῦ δυνάμει ζωὴν ἔχοντος【靈魂是在潛能上具有生命的自然軀體的第一實現。】（《論靈魂》第二卷第一章，412a27以下），

「靈魂是這樣一種東西，它在有生命的東西那兒，即在那於潛能上是有生命的是者那兒，構成了其眞正的在場的是（Anwesendsein）。」在這一定義中，生命同時被定義爲運動。我們慣於把運動算到生命現象裡。但運動在這兒不僅僅被理解爲由位置而來的運動，即理解爲位移，而且也被理解爲任何一種運動，即被理解爲μεταβολή【變化】，理解爲變化之在場的是。因此，每一πρᾶξις【實踐】、每一νοεῖν【看】都是運動。

因此，言說是φωνή【語音】，即一種含有某種ἑρμηνεία【釋義】，關於世界說出了某種東西的有聲表達——那被說出的東西能夠被理解。作爲這樣的有聲表達，言說是有生命的是者的一種是之方式，是ψυχή【靈魂】的一種方式。這種是之方式被亞里士多德總結爲ἀληθεύειν【去蔽】。因此，人的生命在其是上是ψυχή【靈魂】，是進行言說、進行解釋，也即是說，它實施ἀληθεύειν【去蔽】。亞里士多德不僅在《論靈魂》一書中於是態學上奠基了這一實情，而且在該基礎上第一次首先看清並闡釋了諸現象的多樣性，即ἀληθεύειν【去蔽】的各種可能性之多樣性。闡釋在《尼各馬可倫理學》第六卷第二—六章（1138b35以下）中完成。

因此，讓我們轉向對《尼各馬可倫理學》第六卷的闡釋。我們還會參考亞里士多德的其他著作。

引導部分

對作為柏拉圖是之研究基礎的ΑΛΗΘΕΙΑ【真】的贏得對亞里士多德的闡釋《尼各馬可倫理學》第六卷和第十卷第六—八章，《形而上學》第一卷第一—二章

對ἀληθεύειν【去蔽】之方式（ἐπιστήμη【知識】、τέχνη【技藝】、φρόνησις【明智】、σοφία【智慧】、νοῦς【智性直觀】❶）的初步概覽（《尼各馬可倫理學》第六卷第二—六章）

四、對於柏拉圖的是之研究來說，在亞里士多德那裡ἀληθεύειν【去蔽】的含義

(一) ἀληθεύειν【去蔽】的五種方式（《尼各馬可倫理學》第六卷第三章）。

ἀληθεύειν【去蔽】作爲是之研究的基礎。ἀληθεύειν【去蔽】作爲此是的是之規定（ἀληθεύει ἡ ψυχή【靈魂進行去蔽】）

亞里士多德在第六卷第三章（1139b15以下）通過對ἀληθεύειν【去蔽】的諸樣式的一種綱領性列舉，引入眞正的探索：ἔστω δὴ οἷς ἀληθεύει ἡ ψυχὴ τῷ

---

❶在本翻譯中，νοῦς於亞里士多德那兒譯為「智性直觀」，於柏拉圖那兒有時直接音譯為「努斯」。——譯注

χαταφάναι ἢ ἀποφάναι, πέντε τὸν ἀριθμόν · ταῦτα δ' ἐστὶ τέχνη ἐπιστήμη φρόνησις σοφία νοῦς · ὑπολήψει γὰρ καὶ δόξῃ ἐνδέχεται διαψεύδεσθαι.【假定靈魂根據肯定或否定進行去蔽的方式有五種：它們是技藝、知識、明智、智慧和智性直觀。因爲基於信念和意見靈魂可能犯錯。】「因此，作爲贊同和反對的人的此是於其中展開是者的方式有五種。它們是：精通❷——在操勞、使用、創制中（Sich-Auskennen im Besorgen, Hantieren, Herstellen）；科學（Wissenschaft）；環視——洞察（Umsicht Einsicht）；理解（Verstehen）；知覺著地意指（vernehmendes Vermeinen）❸。」亞里士多德加上ὑπόληψις【信念】——即認爲（das Dafürhalten），把某種東西認作某種東西，和δόξα【意見】——即看法、意見，作爲補充。ἀληθεύειν【去蔽】的這兩種方式在其ἐνδέχεται【它能夠】上刻劃著人的此是：ἐνδέχεται διαψεύδεσθαι【它能夠犯錯】；只要人的此是在它們中活動，那它就可能弄錯。δόξα【意見】並不直截了當地就是假的；它**可能**是假的；它可能歪曲是者，可能擠到它前面去。ἀληθεύειν【去蔽】的所有這些不同的方式都同

---

❷ 德文auskennen只作反身動詞使用，即sich auskennen，意思就是「精通」、「通曉」、「熟悉」。海德格這兒的連字符表達，在漢語中難以應對。——譯注

❸ 在本書中，我統一將vernehmen譯為「知覺」；事實上，有時譯為「獲悉」或「領受」似乎更好。——譯注

λόγος【邏各斯】相連繫；除了νοῦς【智性直觀】，其餘的全都在這兒μετὰ λόγου【依賴邏各斯】；沒有不是進行言說的環視和理解。τέχνη【技藝】是在操勞、使用和創制中的精通，它能夠在不同的程度上形成，如在鞋匠和裁縫那兒；它不是使用和做本身，而是一種認識方法（Erkenntnisart），就是那引導ποίησις【創制】的精通。ἐπιστήμη【知識】是我們稱之爲科學的那種東西的名號。φρόνησις【明智】是環視（洞察），σοφία【智慧】是眞正的理解，νοῦς【智性直觀】是知覺被意指的東西的那種意指。νοεῖν【看】在希臘哲學那決定性的開端——希臘和西方哲學之命運在那時就被決定了，即在巴門尼德那兒就已經浮現出來：意指（das Vermeinen）和被意指的東西（das Vermeinte）是同一的。

如果我們致力於亞里士多德關於揭開之諸方式所說的，那我們就將贏得：

1. 對開放給希臘此是去經驗和詢問世界這種是者（das Seiende der Welt）的諸可能**道路**的定位。
2. 對在各種ἀληθεύειν【去蔽】方式中被展開的不同**是之領域**（*Seinsgebiete*）的一種展望，以及對其獨特的諸是之規定（Seinsbestimmungen）的一種展望。
3. 對希臘人的研究所保持其間的那些**限度**的一種最初理解。

通過這三個方面，我們將贏得柏拉圖的諸探詢進行其上的那種**地基**，在那兒他既探詢作爲世界的是者之是，也探詢作爲人的此是的是者之是❹，即探詢在哲學上科學的生存。我們將被立於下面這一位置上：同柏拉圖一道踏上其可能的諸研究道路。

亞里士多德在列舉 ἀληθεύειν【去蔽】的諸方式之前，他說道：ἀληθεύει ἡ ψυχή【靈魂進行去蔽】。因此，只要是者被遭遇，那眞就是它的一種性質；但在眞正的意義上它實乃**人的此是自身的一種是之規定**。因爲此是對認識的每一竭力爭取，都必須同是者之遮蔽相抗爭而得以實現，該遮蔽有三種類型：1.不識、2.占統治地位的意見、3.錯誤。因而人的此是就是那眞正是眞的的東西，它位於眞中——如果我們用眞來翻譯 ἀλήθεια【眞】的話。眞地是（Wahrsein）、在—眞—中—是（In-der-Wahrheit-sein），作爲此是的規定意味著：未加遮蔽地占有此是經常與之打交道的

---

❹這句話的德文原文為：Mit diesem Dreifachen gewinnen wir den *Boden*, auf dem sich Platos Nachforschungen nach dem Sein des Seienden als Welt und nach dem Sein des Seienden als menschlichem Dasein, der Philosophisch wissenschaftlichen Existenz, bewegen. 根據德文，這兒的世界和此是都為「是」的同位語，而非「是者」的同位語。即「是者之是」有兩個維度，一個指「世界」，另一個指「人的此是」。海德格後來在《是與時》（*Sein und Zeit*, Max Niemeyer Verlag Tübingen, 2006, s.72）中曾指出：Welt ist selbst nicht ein innerweltlich Seiendes, und doch bestimmt sie dieses Seiende so sehr, daß es nur begegnen und entdecktes Seiendes in seinem Sein sich zeigen kann, sofern es Welt »gibt«.（世界本身不是一種在世界之內的是者，但它如此地規定著這種是者，以至於唯當「有」世界，這種是者才能來照面並顯現為在其是上被揭示的是者。）——譯注

每一當時的是者。在亞里士多德那兒更爲明確加以把握的東西，柏拉圖也已經看到：ἡ ἐπ' ἀλήθειαν ὁρμωμένη ψυχῆς【靈魂對眞的欲求】（參見《智者》228c1以下）❺，靈魂從自己那兒走上通往眞的道路，走上通往是者的道路——只要它是未被遮蔽的。另一方面對於οἱ πολλοί【許多人】來說，他們τῶν πραγμάτων τῆς ἀληθείας ἀφεστῶτας【遠離事情之眞】（《智者》234c4以下），他們依然遠離事情的無蔽。因此我們看到，我們將如在亞里士多德那兒一樣於柏拉圖那兒發現同樣的定位。我們必須假設他們兩人對關於此是的諸基本問題採取了一種同樣的姿態。因此，靈魂——人之是，嚴格講是那位於眞中的東西❻。

如果我們堅持作爲未遮蔽地是（Unverdecktsein）、被揭開了地是（Aufgedecktsein）的眞之意義，那麼，下面這一點就會變得清楚：眞（Wahrheit）同實事性（Sachlichkeit）所意味的一樣多，被理解爲此是對世界和對它自己本身的那種行爲，在該行爲中是者根據事情而在此。這就是正確加以理解的「客觀性（Objektivität）」。作爲普遍有效性（Allgemeingültigkeit）、普遍約束力（Allverbindlichkeit）的客觀性還並不包含在這種眞之概念的源始意義中。它們同

❺ 只要希臘引文因海德格在教學上所規定的講座風格而背離了希臘原文，引文後面都附有「參見」兩字。——原注

❻ 見附錄。——原注

眞毫無關係。某種東西能夠是普遍有效的、有普遍約束力的，但卻能夠依然不是眞的。大多數的那些偏見和自明性就是這些通過對是者的歪曲而突顯出來的普遍有效性。反之，那並不對於每個而是僅僅對於某一個體具有約束力的東西，可能恰恰是眞的。同時，在這種眞之概念中、在作爲揭開的眞中，下面這點還尚未預先斷定：眞正的揭開必定會是理論認識或理論認識之某種確定的可能性，如科學或數學，彷彿作爲最嚴格科學的數學也就是最眞的東西，並且唯有比得上數學這種明見之典範的東西最後方才是眞的。相反，眞、無蔽、被揭開了地是，對準是者本身，而不對準科學性之某一確定的概念。它位於希臘人的眞之概念的意圖中。另一方面，希臘人對眞的這種闡釋恰恰導致了下面這一點：我們在理論認識中看到了認識的眞正典範，並且所有的認識都根據理論認識而被定位了。我們不可能詳細追蹤這是如何發生的；我們僅僅想澄清這種可能性之根源。

(二) 眞之概念的歷史

ἀληθές【眞的】根據詞義意味著：未被遮蔽的。事情，即πράγματα【事情】，首先是未被遮蔽的。τὸ πρᾶγμα ἀληθές【事情是眞的】。不是只要事情是，而是只要事情被遭遇，只要它是某種打交道之對象，這種未被遮蔽才屬於事情。因此，未遮蔽地是，是此是的一項特殊的業績，它在靈魂中有其是：ἀληθεύει ἡ ψυχή【靈魂進行去蔽】。於是，進行揭開的最切近方法是對事情的言說，即我們能夠將之把握爲λόγος【邏各斯】的那種生命之規定，它原初地擔負了ἀληθεύειν【去蔽】的功能。ἀληθεύει ὁ λόγος【邏各斯進行去蔽】，並且尤其是作爲λέγειν【說】的λόγος【邏各斯】。於是，只要每一λόγος【邏各斯】都是一種說出—自己（Sich-Aussprechen），一種傳達，那麼，λόγος【邏各斯】就同時取得了λεγόμενον【被說出的東西】之意義。因而λόγος【邏各斯】一方面意味著言說、λέγειν【說】，但另一方面也意味著被說出的東西，即λεγόμενον【被說出的東西】。並且只要λόγος【邏各斯】是那ἀληθεύει【進行去蔽】的東西，那麼，作爲λεγόμενον【被說出的東西】的λόγος【邏各斯】就是ἀληθής【眞的】。但嚴格說來它並不是這樣。然而，只要言說是一種被說出了地是（Ausgesprochensein）、只要它在命題中贏得一種本己的存在（Existenz），以至於某一認識被保存其間，那麼，甚至作爲λεγόμενον【被說出的東西】的λόγος【邏各斯】也能被稱作是ἀληθής【眞的】。這種作爲λεγόμενον【被說出的東西】的λόγος【邏各斯】恰恰就是眞首先位於其中的方式。在切近的交談（Miteinandersprechen）❼中，人們將自己附著在那被說的東西那兒。在對被說的東西的聽中並不必然且每次都進行著眞正的認識，從而如果我要理解某一命題，那我不必在其每一步驟上都必定重複它。即使雨等等並未再現給我，我也能夠

❼ Miteinandersprechen也可以譯為「共同一起說」。——譯注

說幾天前下過雨。無須具有同我所談論的是者的一種源始關係我就能夠不經意地說出一些命題並理解它們。在這種獨特的模糊中，所有的命題都被重複並在此被理解。諸命題獲得了一種獨特的此是。似乎無須實施出ἀληθεύειν【去蔽】那源始的功能，我們就能依它們而行事，它們變成了正確，變成了所謂的眞。我們同他人一道參與到命題中去了，完全信賴地重複它們。由此λέγειν【說】在πράγματα【事情】面前爭取到了一種特別的超然性（Freiständigkeit）。我們將自己保持在閒談中。只要我們竟想在世界中進行定位，並且根本不能夠源始地占有一切，那我們就會如此這般地談論事物，它也就具有一種我們要加以遵循的獨特的約束力。

後來的思考——它已經失去了源始的地位——把這種λόγος【邏各斯】視爲那種是眞的或是假的的東西。從這種超然的命題中人們意識到：它能夠是眞的或假的。只要這樣一種超然的命題在無須知道它是否眞正是眞的情形下被取作眞的，就會生起下面這一問題：這種命題之眞位於何處？一個命題，一個判斷——它是具有靈魂的東西的某種規定，如何能同事物相符合？如果我們將ψυχή【靈魂】取作主體，將λόγος【邏各斯】和λέγειν【說】取作體驗，那我們就會有下面這一難題：主體性的體驗❽如何能夠同客體相符合？於是眞位於判斷和對象的符合中。

---

❽ 也可以譯作「主觀性的體驗」。——譯注

一種思潮現在會說：這樣一種眞之概念——根據它眞被規定爲具有靈魂的東西、主體性的東西同客體性的東西的符合，是一種荒謬。因爲，爲了能夠說事情同判斷相符合，那我就必須得已經認識了事情。爲了在客體性的東西那兒估量主體性的東西，那我就必須得已經認識了客體性的東西。因此，這種已經認識（Erkannthaben）之眞對於認識之眞來說已經被設爲了前提。既然在這兒有著一種荒謬，那關於眞的這種理論就站不住腳。

在最新的認識論那兒還繼續著一種步調。認識是判斷，判斷是肯定和否定，肯定是承認，被承認的東西是一種價值，一種價值在此刻就是作爲一種應當，因此，認識的對象眞正說來是一種應當。這種理論僅僅基於下面這點方才是可能的，那就是：我們堅持判斷之實施這一實情乃是進行肯定，並且從這兒出發，無須就其是來考慮是者就試圖規定對象對於這種承認來說是什麼。既然認識的對象是一種價值，那麼眞就是一種價值。這種結構被擴展到整個是之領域，以至於人們最後會說：上帝是一種價值。

這種**眞之概念的歷史**不是偶然的；相反，它奠基在此是本身中——只要此是在最切近的日常方法中、在λόγος【邏各斯】中進行認識並在對世界的沉淪（Verfallen an Welt）中沉淪於λεγόμενον【被說出的東西】。因此，當λόγος【邏各斯】變成了單純的λεγόμενον【被說出的東西】，那就不再能理解：「難題」就位於λόγος【邏各斯】自身及其是之類型那兒。但是，我們或許恰恰已經能夠從亞里士多德和柏拉圖那兒了解到：這種被說出來的λόγος【邏各斯】是表面的東西。更加仔細地深入到眞的這種獨特的沉淪史（Verfallsgeschichte）中去，現在還不是時候。

讓我們堅持下面這些：πρᾶγμα【事情】是ἀληθές【眞的】；ἀληθεύειν【去蔽】是生命的一種是之規定；它尤其被判給λόγος【邏各斯】；亞里士多德首先區分出了前面提及過的ἀληθεύειν【去蔽】的五種方式；他著眼於λέγειν【說】來區分它們；它們全都μετὰ λόγου【依賴邏各斯】。μετά【依賴】並不意指言說對於ἀληθεύειν【去蔽】的諸方式來說是一種隨意的附屬物；相反，μετά【依賴】——屬於τὸ μέσον【中心】，即中心——意指在這些方式自身之中，在它們當中有著λέγειν【說】。認識和思考總是一種言說，無論它是否有聲表達出來了。所有進行打開的行爲——無論是日常的自我–定位（Sich-Orientieren）還是科學性的認識，都在言說中進行。λέγειν【說】原初地擔負起ἀληθεύειν【去蔽】的功能。這種λέγειν【說】對於希臘人而言是人的基本規定：ζῷον λόγον ἔχον【會說話的動物】。因此，正是基於這種對人的規定，在λόγον ἔχον【具有邏各斯／會說話】的領域內並著眼於它，亞里士多德贏得了對ἀληθεύειν【去蔽】的五種方式的首次劃分。

五、對ἀληθεύειν【去蔽】的五種方式的最初劃分（《尼各馬可倫理學》第六卷第二章）

㈠λόγον ἔχον【具有邏各斯／會說話】的兩種基本方法[9]：ἐπιστημονικόν【知識性的】和λογιστικόν【算計性的】

ὑποκείσθω δύο τὰ λόγον ἔχοντα【假設有兩種邏各斯】（《尼各馬可倫理學》第六卷第二章，1139a6），「讓下面這點成爲基礎：有著λόγον ἔχον【具有邏各斯／會說話】的兩種基本方法。」它們是（1139a11以下）：

1. ἐπιστημονικόν【知識性的】：它能夠形成知識；這類λόγος【邏各斯】有助於知識的形成。

2. λογιστικόν【算計性的】：它能夠形成βουλεύεσθαι【考慮】[10]、環視性地觀察、考慮；這類λόγος【邏各斯】有助於考慮的形成。鑒於這兩者亞里士多德區分出了前面提及過的ἀληθεύειν【去蔽】的諸方式：

---

[9] 德文為Grundart，也可以譯為「基本類型」。——譯注

[10] βουλεύεσθαι德語一般譯為überlegen。如果僅就實踐生活中的明智來說，譯為「權衡」、「斟酌」要比譯為「考慮」更好。但基於整個問題討論和文本，我還是將之譯為「考慮」。——譯注

1. ἐπιστημονικόν【知識性的】

ἐπιστήμη【知識】　σοφία【智慧】

2. λογιστικόν【算計性的】

τέχνη【技藝】　φρόνησις【明智】

在這兒νοῦς【智性直觀】似乎首先並未找到位置。然而，必須注意到：ἀληθεύειν【去蔽】的所有這四種方式都位於νοεῖν【看】那兒；它們是νοεῖν【看】的某種確定的實施方法，它們是διανοεῖν【仔細看】⓫。

在ἐπιστημονικόν【知識性的】和λογιστικόν【算計性的】之間的區分著眼於在談及和談論中（im Ansprechen und Besprechen）什麼（*Was*）被揭開了而贏得；它從在ἀληθεύειν【去蔽】中被占有的是者本身那兒取得。ἐπιστημονικόν【知識性的】是下面這種東西：ᾧ θεωροῦμεν τὰ τοιαῦτα τῶν ὄντων ὅσων αἱ

⓫ διανοεῖν【仔細看】一般譯為思考。該詞由前綴διά【穿過、通過】和νοεῖν【看】合成，基於海德格這兒的意思，可譯為「仔細看」、「看穿」、「看透」等。——譯注

ἀρχαὶ μὴ ἐνδέχονται ἄλλως ἔχειν【通過它我們觀望那些其本源不可能是別的情形的是者】（1139a6以下）；它是「我們由之觀望ἀρχαί【本源】在它那兒不可能是別的情形的那種是者」，是那種具有ἀίδιον【永久】（1139b23），即具有始終是（Immersein）這一性質的是者。λογιστικόν【算計性的】是ᾧ θεωροῦμεν【通過它我們觀望】ἐνδεχόμενον ἄλλως ἔχειν【能夠是別的情形】（參見1140a1）的是者。它是τέχνη【技藝】和φρόνησις【明智】所要對付的是者。τέχνη【技藝】要處理的是下面這些物：它們首先要被創制出來，它們目前還不是它們將是的那種東西。φρόνησις【明智】讓處境（Situation）變得可通達；諸形勢（Umstände）在每一行動中總是復又不同。反之，ἐπιστήμη【知識】和σοφία【智慧】關涉那總是已經在此是、人們並不首先加以創制的東西。

這一最初、最原始的是態學上的區分並不首先在一種哲學的思考中生起；相反，它是對自然的此是自身的一種區分；它不是被構建出來的，而是位於自然的此是之ἀληθεύειν【去蔽】活動其間的那種視域中。此是在其自然的是之類型中忙於那些是其創制之對象、是其最切近的、日常的操勞之對象的物。這整個環境尚未封閉；相反，它是世界本身的某一確定的部分。房子和庭院在天空下、在每天都按部就班地運轉、每天都有規律地一再生起和消失的太陽下有其是。這種作爲自然的世界——它總是如其所是地是著，在一定程度上是那能夠—是—別的情形的東西（das Anders-sein-Könnende）得以顯露出來的背景。這種區分是一種完全源始的東西。因此，說有兩個是之領域，好比有兩個場地——在理論思考旁邊還並排躺著另一個，這是錯誤的。這一區分毋寧就是世界，以及對它在是態學上首先進行的一般劃分。

因此，亞里士多德立馬連繫到ἐπιστημονικόν【知識性的】和λογιστικόν【算計性的】之間的區分之原則說道：該區分必須根據是者進行定位。πρὸς γὰρ τὰ τῷ γένει ἕτερα καὶ τῶν τῆς ψυχῆς μορίων ἕτερον τῷ γένει τὸ πρὸς ἑκάτερον πεφυκός, εἴπερ καθ' ὁμοιότητά τινα καὶ οἰκειότητα ἡ γνῶσις ὑπάρχει αὐτοῖς.【既然靈魂的諸部分根據同其對象的某種相似性和親緣性才取得認識，那麼，面對在屬上不同的東西，靈魂的諸部分各自在屬上自然也是不同的。】（1139a8以下）我從最後一句話開始翻譯：「如果對於靈魂的這兩個部分來說，也即是對於人的ψυχή【靈魂】ἀληθεύειν【去蔽】的兩種方式，即ἐπιστημονικόν【知識性的】和λογιστικόν【算計性的】來說，同事物相親熟地是（Vertrautsein）應是可行的，γνῶσις【認識】——不是理論認識，而是在每一種ἀληθεύειν【去蔽】那十分寬泛的意義上、確切地講在同是者的某種確定的適合這一意義上——是如下面這樣的，即這兩種ἀληθεύειν【去蔽】方式在它們要加以揭開的是者那兒彷彿是在家似的，那麼，面對是者的不同，靈魂之行爲的每一種方式——即揭開的每一方式——根據其是之結構，在同各自的是者的關聯上也必定是不同的。」

(二)研究的任務和最初概述

亞里士多德著眼於下面這一點而更加仔細地詢問了進行打開的這兩種基本方法，即ἐπιστημονικόν【知識性的】和λογιστικόν【算計性的】：哪種基本方法是μάλιστα ἀληθεύειν【最為去蔽】的，即哪種基本方法最為把是者從隱藏中取出？ληπτέον ἄρ᾽ ἑκατέρου τούτων τίς ἡ βελτίστη ἕξις.【必須確定它們中每個身上最好的品質是什麼。】（1139a15以下）關於這兩者，必須要找出何者是〈各自的〉βελτίστη ἕξις【最好的品質】、最眞正的可能性⑫，那就是能夠在是者自身那兒揭開是者並將之作為被揭開了的東西加以保存，即能夠作為依寓它而是的向著它而是（zu ihm *sein* als Sein bei）。對於ἐπιστημονικόν【知識性的】來說這種最高的可能性

⑫ 德文原文為：In bezug auf beide ist auszumachen, welches die βελτίστη ἕξις, die eigentlichste Möglichkeit ist. 翻譯過來當為：「關於這兩者，必須要找出何者是βελτίστη ἕξις【最好的品質】、最真正的可能性。」但無論是就希臘文來說，還是就下面海德格的分析來說，這都是有問題的。因為這兒要討論的是，就ἐπιστημονικόν【知識性的】和λογιστικόν【算計性的】這兩種去蔽的基本類型來說，在各自下面的去蔽方式中（在ἐπιστημονικόν【知識性的】這一基本類型中有ἐπιστήμη【知識】和σοφία【智慧】，在λογιστικόν【算計性的】這一基本類型中，有τέχνη【技藝】和φρόνησις【明智】），何者是最好的品質；而不是討論這兩種基本類型本身，何者是最好的品質。這一理解，同樣牽涉到前面那句話。有鑑於此，在這兒我加上了「各自的」這一補足語。——譯注

位於σοφία【智慧】中，對於λογιστικόν【算計性的】來說位於φρόνησις【明智】中。因此，進行展開的門徑和保存是有區別和層次的；世界並非直截了當同等地被揭開給此是；此是，只要它在它自己本身那兒有著打開世界和自己的可能性，那它就不位於一種同等的展開性中。亞里士多德更加仔細的分析並不從ἀληθεύειν【去蔽】的諸最高方式開始，而是從我們首先於此是那兒所看到的那些方式，即從ἐπιστήμη【知識】（第三章）和τέχνη【技藝】（第四章）開始；並且他還通過證明進而往前推進：這些都不是最高的方式。亞里士多德進而著手研究人們通常對ἀληθεύειν【去蔽】的諸方式的理解。因此，不是討論關於知識和精通的某一被發明出來的概念；相反，亞里士多德僅僅尋求把握和更加清楚地把握人們究竟把這些東西意指爲什麼。亞里士多德在對ἀληθεύειν【去蔽】的五種方式的分析中所進行的考察方法，是在基本區分中就已經是有生命力的那種考察方法，它根據每次被打開的那種每一當時的是者而被定位。

六、對ἐπιστήμη【知識】的本質規定（《尼各馬可倫理學》第六卷第三章）

亞里士多德從ἐπιστήμη【知識】開始詳細的思考。ἐπιστήμη【知識】具有一種流行的、很寬泛的含義——在這一含義中該詞的意思同τέχνη【技藝】的意思、同任何一種知道怎麼回事的意思一樣多。對於亞里士多德來說ἐπιστήμη【知識】也具有這種含義。但在這兒，ἐπιστήμη【知識】有著科學的認識這一非常嚴格的意義。亞里士多德用下面這一說明引入對ἐπιστήμη【知識】的分析：δεῖ ἀκριβολογεῖσθαι καὶ μὴ ἀκολουθεῖν ταῖς ὁμοιότησιν.【應當準確地說，而不是追隨那些相似的東西。】（第六卷第三章，1139b18以下）「重要的是：嚴格地觀望ἐπιστήμη【知識】—現象—本身（das Phänomen-der ἐπιστήμη-selbst）[13]，而不是僅僅基於別的東西來說明。」也即是說，不要基於那不是或也是的東西來說明。亞里士多德由之定位對ἐπιστήμη【知識】、τέχνη【技藝】等現象進行分析的一般引導線索，是下面這一雙重問題：1. ἀληθεύειν【去蔽】的這些方式所揭開的是者看起來是怎樣的；2. 每一種ἀληθεύειν【去蔽】是否也展開了該是者的ἀρχή【本源】。對於ἐπιστήμη【知識】的分析來說，引導線索同樣如此：1. ἐπιστήμη【知識】所揭開的是者之問題；2. ἀρχή【本源】之問題。爲何要設立這雙重問題，在此還無法立馬就是可理解的。

---

[13] ἐπιστήμη【知識】乃陰性名詞，海德格在這兒用屬格，只能理解為「現象」的同位語，意指知識這種現象。——譯注

㈠ἐπιστήμη【知識】的對象：始終是著的東西（ἀίδιον【永久者】）。作爲ἀληθεύειν【去蔽】這種ἕξις【品質】⓮的ἐπιστήμη【知識】。基於時間（ἀίδιον【永久】、ἀεί【始終】、αἰών【永恆】）的是之闡釋

首先要著手的是ἐπιστητόν【可知識的東西】之問題。ὑπολαμβάνομεν, ὃ ἐπιστάμεθα, μηδ' ἐνδέχεσθαι ἄλλως ἔχειν.【我們認爲，我們以知識的方式所確立的東西，不容許是別的情形。】（1139b20以下）「我們說，我們所知識（wissen）的東西⓯，不能是別的情形。」它必須始終是如此的。因此，亞里士多德由之開始的地方就是：是者在知識的最本己的意義上如何被理解了。在知識的意義中有著：ὃ ἐπιστάμεθα【我們以知識的方式所確立的東西】、「我們所知識的東西」，對於它我們說：它是如此的。我知識關於它的消息⓰；我已經知識。在此就有著：它始終是

⓮ 名詞ἕξις來自動詞ἔχω【有】，我在這兒譯作「品質」；事實上在有的地方譯作「狀態」或「習慣」更好。——譯注

⓯ 德語wissen既可作動詞使用，也可作名詞使用。作名詞用，一般譯為「知識」；作動詞用，一般譯為「知道」。現代漢語「知識」也一般作名詞而不作動詞理解。但基於亞里士多德和海德格在這兒的討論，我有意把「知道」譯為「知識」，並做動詞使用：知識。——譯注

⓰ 這句話的德文原文為：Ich weiß Bescheid darüber. 在日常德語中，Bescheid具有「消息」、「通知」等意思，而Bescheid wissen乃一固定搭配，即「知道」、「了解」，Ich weiß Bescheid darüber這

如此的。因而ἐπιστήμη【知識】關乎那始終是的是者。唯有那始終是的，才能夠被知識。那能夠是別的情形的，在嚴格的意義上無法被知識。因爲，那能夠是別的情形的，ἔξω τοῦ θεωρεῖν γένηται【將處於觀望之外】（1139b21以下）、「處於知識之外」；如果我剛好當前並不在它那兒，那麼，它能夠在此期間變化。然而，我卻堅持著我的看法。如果這時它已經改變了，那麼，我的看法就變成了假的。與之相反，知識因下面這點而突顯出來，那就是：我始終知識我所知識的是者，即使ἔξω τοῦ θεωρεῖν【在觀望之外】、在當時實際的觀望之外。因爲那是知識之對象的是者始終是著。它同時意味著：如果它被知識了，那這種知識作爲ἀληθεύειν【去蔽】始終是著。因此，知識是一種已經揭開（*Aufgedeckthaben*）；它是對被知識的東西那被揭開了地是（*Aufgedecktsein*）的保存。它是一種向著支配著是者之外觀的世界這種是者的被擺置地是（*Gestelltsein*）。ἐπιστήμη【知識】是ἀληθεύειν【去蔽】的一種ἕξις【品質】（1139b31）。在這種東西那兒保存著是者的外觀。如此被知識了的這種是者，絕不能夠是隱藏的；它絕不在隱藏中最後居然變成了另外的東西，若是如此，那時知識則不再是知識了。因此，這種是者能夠：γενέσθαι ἔξω τοῦ θεωρεῖν【處於觀望之外】，從當時實際的觀望那兒擺脫出來；並且它仍然是被知識了的。因

句話可譯為「我對此很了解。」但鑒於海德格在這兒對wissen的討論，故譯為「我知識關於它的消息」。——譯注

此，知識無須不斷地加以實施；我無須不斷地觀望那已經被知識了的是者。相反，知識是一種依寓於—是者—在側是（Dabeisein-beim-Seienden），一種就—其—揭開性—對之的—占有（Darüber-bezüglich-seiner-Aufgedecktheit-verfügen），即使我並未立於其前面。因爲是者始終是著，我的認識方才是安全的。我無須一再返回到它那兒。因此，對於那能夠是別的情形的是者，我沒有知識——這就是爲何人們會說：歷史的東西（das Geschichtliche）眞正說來不可能被知識。ἐπιστήμη【知識】這種ἀληθεύειν【去蔽】方式是一種完全確定的方式，對於希臘人來說，它的確是那奠基著科學之可能性的東西。科學整個進一步的發展以及今天的科學理論都依循著這種知識之概念。

這種知識之概念並非演繹而來，而是從完整的知識之現象那兒看出。在此恰恰就有著：知識是對是者的揭開性的一種保存，知識獨立於是者並又占有著是者。然而，我能加以占有的可知識的東西，必定、必然如其是的那樣是；它必定始終如此是；它是那始終如此是著的東西、不被生成的東西、從不曾不是和從不將不是的東西；它是如此持存的（*beständig*）；它是眞正是著的東西。

由此顯現出一種值得注意的東西：是者就其是來說被時間的一個要素所規定。始終—不斷（*Immer-während*），就其是刻劃著這種是者。ὄντα【是者】是ἀίδια【永久者】（1139b23以下）。ἀίδιον【永久】與ἀεί【始終】和αἰών【永恆】屬於同一族系。γὰρ τὸ ἀεὶ συνεχές【因爲始終的東西是連續的】（《物理學》第九卷

第六章，259a16以下）。ἀεί【始終】、「隨時，始終不斷」是「那把自己同自己繫縛在一起的東西，絕不被中斷的東西」。αἰών【永恆】同終身（Lebenszeit）所意味的一樣多，它被理解爲完全在場的是（volles Anwesendsein）：τὸν ἅπαντα αἰῶνα【完全永恆】（《論天》第一卷第九章，279b22）。任何有生命的是者都有著它自己的αἰών【永恆】，即它自己的在場的是之確定時間。在αἰών【永恆】中表達出了一種有生命的是者所占有的當下（Gegenwart）之程度。在更爲寬泛的意義上，αἰών【永恆】意味著一般世界的綿延，根據亞里士多德，這種世界的確是永恆的、不生成的和不可毀滅的。因此，那具有生命的東西的此是以及整體世界的此是被規定爲αἰών【永恆】。οὐρανός【天】爲有生命的是者規定其αἰών【永恆】，規定其在場的是。此外，ἀΐδια πρότερα τῇ οὐσίᾳ τῶν φθαρτῶν【永久的東西在所是上先於可毀滅的東西】（《形而上學》第九卷第八章，1050b7），「始終是著的東西就在場而言先於可毀滅的東西」，因而那首次生成出來的就是不曾在場的。因此，καὶ ἐξ ἀρχῆς καὶ τὰ ἀΐδια【最初的東西和永久的東西】（參見，1051a19以下）、ἀΐδια【永久的東西】是那對於所有其餘是者來說構成了開端的東西。因爲對於希臘人來說是（Sein）意味著：在場的是（*Anwesendsein*）、當下地是（*Gegenwärtigsein*）。因此，那在現在始終是著的東西，是眞正是著的東西和ἀρχή【本源】，是其餘是者的本源。對某一是者的任何規定——如果必要的話，都會被引回到某一始終—是著的東西（ein Immer-Seiendes）

那兒，並基於它而被理解。

另一方面，亞里士多德強調：τὰ ἀεί ὄντα, ᾗ ἀεί ὄντα, οὐκ ἔστιν ἐν χρόνῳ.【始終是著的是者，作爲始終是著的是者，不在時間中。】（《物理學》第四卷第十二章，221b3以下）「那始終是著的是者，只要它始終是著，那它就不在時間中。」οὐδὲ πάσχει οὐδὲν ὑπὸ τοῦ χρόνου【它不受時間支配】（同上），「它不受時間支配」，它是不變化的。然而，亞里士多德也宣稱，恰恰天是永恆的東西，是αἰών【永恆者】，嚴格講，在sempiternitas【永久】而不是在aeternitas【世世代代】的意義上是永恆的。反之，在這兒，《物理學》第四卷第十二章，他說ἀεὶ ὄντα【始終是著的東西】不在時間中。但亞里士多德對他把「在—時間—中—是（In-der-Zeit-Sein）」理解爲什麼給予了嚴格的澄清。「在—時間—中—是」意味著：τὸ μετρεῖσθαι τὸ εἶναι ὑπὸ τοῦ χρόνου【是被時間所測度】（參見221b5），「就是而言，它被時間所測度。」因此，在亞里士多德那兒，並未涉及某種隨隨便便的和平均的「在時間中」之概念。相反，所有被時間所測度的，都在時間中。但是，只要某個東西的現在被規定：現在和下一個現在，那麼，它就被時間所測度。但那始終是著的東西，就是恆常地位於現在中的東西，它的各個現在是無數的，是無限的，是ἄπειρον【無窮無盡的】。因爲ἀΐδιον【永久者】那無窮無盡的現在是不可測度的，故ἀΐδιον【永久者】，即永恆者，不在時間中。但是，在我們的意義上，它並不由此就是「超時間的（überzeitlich）」。那不「在時間中」的，在亞里士多德的意義上依然是「有時間的（zeitlich）」，即它基於時間而被規定，——正如那不在時間中的ἀΐδιον【永久者】，也畢竟被ἄπειρον【無窮無盡】的現在所規定。

我們必須抓緊那獨特的東西，即**是者在其是上根據時間被闡釋**。ἐπιστήμη【知識】之是者是ἀεὶ ὄν【始終是著的東西】。這就是對ἐπιστητόν【可知識的東西】的最初規定。

㈡在ἐπιστήμη【知識】中ἀρχή【本源】的位置（《尼各馬可倫理學》第六卷第三章，《後分析篇》第一卷第一章）。ἐπιστήμη【知識】的可教性。ἀπόδειξις【證明】和ἐπαγωγή【歸納】。對ἀρχή【本源】的設定

對ἐπιστητόν【可知識的東西】的第二重規定位於《尼各馬可倫理學》第六卷第三章中：ἐπιστητόν【可知識的東西】是ἀποδεικτόν【可證明的東西】（1140b35）。在這兒，即在第六卷第三章，它被這樣加以表達：ἐπιστήμη【知識】是διδακτή【可教的】（1139b25-35）、「可教的」：ἐπιστητόν【可知識的東西】、可知識的東西作爲可知識的東西，是μαθητόν【可學習的】（1139b25以下）、「可學習的」。知識包含有：人們**能夠教**它，即**能夠傳授**它和**傳播**它。這對於知識來說是一種構建性的規定；不僅僅適用於知識，而且也適用於τέχνη【技

藝】⓱。尤其是科學知識、ἐπιστήμη μαθηματική【數學知識】。μαθηματικαὶ τῶν ἐπιστημῶν【數學知識】（71a3），即數學，在一種極其突出的意義上是可教的。在知識那兒重要的是什麼從這種可教性那兒顯明出來。知識是一種*向著是者的被擺置的是*，即使它沒有*恆常地在是者那兒是但它也占有著揭開性*。知識是可教的，即它是可傳播的——即使一種眞正的揭開無須發生。

此外，λόγοι【諸邏各斯】是可教和可學的。亞里士多德首先想到的是自然的言說。在這兒有著言說的一種雙重類型。當演說家在法庭面前和群眾集會中進行公開演說時，他們訴諸每個人都知道的對事情的普遍理解。在這種講話中，不提供科學性的論證，而只需在聽眾那兒喚起某種確信。這διὰ παραδειγμάτων【通過事例】、通過舉出某一打動人心的例子而實現。δεικνύντες τὸ καθόλου διὰ τοῦ δῆλον εἶναι τὸ καθ' ἕκαστον【通過特殊事例是明顯的來證明普遍的東西】（71a8）：「它們通過特殊事例是明顯的」，即通過某一確定的事件，「來證明普遍的東西。」——該普遍的東西對於其他人來說當是有約束力的。這是將一種確信傳遞給他人的一種方式。這種方法是ἐπαγωγή【歸納】（71a6），它是一種單純的引導，但不是一種眞正的論證。但人們也能採取這樣的行爲：從自然的理解出發、從人們知識並一致同意

⓱ 參見下面的論述。《後分析篇》第一卷第一章，71a2以下。——原注

的東西出發，取得有約束力和普遍的東西，λαμβάνοντες ὡς παρὰ ξυνιέντων【彷彿從已經理解了的東西出發去進行把握】（71a7以下）。人們考慮一些確定的、聽眾所具有的並且不被進一步討論的認識。人們試圖從它們出發通過συλλογισμός【演繹】（71a5）向聽眾證明某種東西。συλλογισμός【演繹】和ἐπαγωγή【歸納】是能夠向他人傳授關於確定事物的某種知識的兩種方法。ἐκ προγιγνωσκομένων【從預先知道的東西出發】（參見71a6）、「從預先所知識的東西出發」進行推斷，是ἐπιστήμη【知識】的傳播方法。因而下面這點就是可能的：向某人傳授某一確定的科學，只要那人占有一些確定的前提那就無須他本人已經看清了或能夠看清所有的實情。這種μάθησις【學習】在數學那兒被最爲純粹地形成。數學的諸公理都是一些προγιγνωσκόμενα【預先知道的東西】，從它們出發人們進行一系列演繹，但卻無須對那些公理具有某種眞正的理解。數學家自身不討論諸公理，而是用它們進行工作。誠然，在現代數學那兒有著公理學（Axiomatik）。但是，人們注意到，數學家甚至數學地從事公理學。他們試圖通過演繹和關係理論來證明諸公理，從而採用了其自身以諸公理爲其基礎的方法。然而，諸公理自身並未由此被澄清。相反，澄清那預先已經熟悉的東西，是ἐπαγωγή【歸納】的事情，是徑直觀望這種澄清方法的事情。因此，ἐπαγωγή【歸納】顯然是開端，也就是那展開ἀρχή【本源】的東西；它是更爲源始的東西，並且它不是ἐπιστήμη【知識】。它的確源始地通往καθόλου【普遍的東西】，而ἐπιστήμη【知識】和συλλογισμός【演繹】ἐκ τῶν καθόλου

【從普遍的東西出發】（《尼各馬可倫理學》第六卷第三章，1139b29）。因而在任何情形下都需要ἐπαγωγή【歸納】，無論是否僅僅就它自己來說，還是就由它而來的某種實際的證明來說。任何ἐπιστήμη【知識】都是διδασκαλία【教導】，即它總是要假設作爲ἐπιστήμη【知識】它自身無法加以澄清的那種東西。它是ἀπόδειξις【證明】，基於已經熟悉和眾所周知的東西進行證明。因而它總是已經使用了它自身並不眞正加以實施的某種ἐπαγωγή【歸納】。因爲它預先就足夠熟悉「從何處出發」。因此，**作爲**ἀπόδειξις【**證明**】**的**ἐπιστήμη【**知識**】**總是假設了某種東西**，**它所假設的東西就是**ἀρχή【**本源**】。並且它自身根本不能展開ἀρχή【本源】這種東西。

因此，既然ἐπιστήμη【知識】自身不能證明它以之爲前提的東西，那**在**ἐπιστήμη【**知識**】**這種**ἀληθεύειν【**去蔽**】**中**就顯現出**某種缺陷**。只要它根本不能展開ἀρχή【本源】，那它就不足以展示是者作爲是者。因此，ἐπιστήμη【知識】不是ἀληθεύειν【去蔽】的βελτίστη ἕξις【最好品質】。在ἐπιστημονικόν【知識性的】的範圍內最高的可能性毋寧是σοφία【智慧】。

儘管如此，但一種眞正的知識總是強於對結果的單純認識。那僅僅占有了συμπεράσματα【結論】（參見1139b34），即占有了最後所出現的東西的人，進一步講，他並不具有知識。他僅僅從外面κατὰ συμβεβηκός【偶然地】（《後分析篇》第一卷第二章，71b10）具有ἐπιστήμη【知識】；他只是偶然地具有了知識，但其實是無知的並依然保持著無知。知識自身包含著對συλλογισμός【演繹】的占有，即能夠通透某一結論所依賴的那種論證連繫（Begründungszusammenhang）。——因而ἐπιστήμη【知識】是一種ἀληθεύειν【去蔽】，這種去蔽並不能夠眞正占有是者，尤其是占有始終一是著的是者。因爲這種是者對於它來說在ἀρχή【本源】上恰恰還遮蔽著。

首先要強調的是亞里士多德在分析ἀληθεύειν【去蔽】現象時所選取的這雙重道路：首先他追問應加以展開的是者；然後追問是否各種ἀληθεύειν【去蔽】也都展開了是者的ἀρχή【本源】。第二個問題對於ἀληθεύειν【去蔽】是否是一種眞正的去蔽來說始終是試金石。這一雙重的問題提法在τέχνη【技藝】那兒也是有效的。技藝是在λογιστικόν【算計性的】範圍內的一種ἀληθεύειν【去蔽】。正如在ἐπιστημονικόν【知識性的】那兒ἐπιστήμη【知識】作爲最切近的ἀληθεύειν【去蔽】並不是眞正的ἀληθεύειν【去蔽】，同樣，在λογιστικόν【算計性的】那兒τέχνη【技藝】作爲更爲熟悉的ἀληθεύειν【去蔽】，也不表現爲眞正的ἀληθεύειν【去蔽】。只要τέχνη【技藝】屬於λογιστικόν【算計性的】，那它就是對ὅ ἐνδέχεται ἄλλως ἔχειν【能夠是別的情形】（參見《尼各馬可倫理學》第六卷第四章，1140a1）的是者，即對「能夠是別樣的」是者的展開。然而，φρόνησις【明智】也關乎這種是者。因此，在ἐνδεχόμενον【有著可能性的是者】的範圍內有著一種區別；它能夠是一種ποιητόν【要被創制的東西】，或一種πρακτόν【要被實踐的東西】，即一種ποίησις【創制】之主題、一種創制之主題，或一種πρᾶξις【實踐】之主題、一種行爲之主題。

㈢ πρᾶξις【實踐】和ποίησις【創制】作爲ἀληθεύειν【去蔽】的兩種最切近的實施方式。ἐπιστήμη【知識】作爲ἀληθεύειν【去蔽】之自主的「πρᾶξις【實踐】」

迄今爲止我們於ἐπιστήμη【知識】那兒還尚未能夠眞正看到或多或少被明確包含在ἀληθεύειν【去蔽】的所有方式中的那種現象。ἐπιστήμη【知識】，只要它作爲一種任務而被實施，那它自身就是一種πρᾶξις【實踐】，當然是一種並非如創制那樣以某一結果爲目標的那種πρᾶξις【實踐】；相反，它僅僅致力於贏得作爲ἀληθές【眞東西】的是者。因而在對ἀληθές【眞東西】的認識中，有著ἐπιστήμη【知識】的任務和目標。但是，認識首先和通常都服務於製造。某一ποίησις【創制】或πρᾶξις【實踐】之實施方式同樣形成了ἀληθεύειν【去蔽】⑱。

---

⑱這句話的德文原文為：Das ἀληθεύειν macht die Vollzugsweise einer ποίησις oder πρᾶξις mit aus. 僅從語法上來看，似乎順理成章地譯為：ἀληθεύειν【去蔽】同樣形成了某一ποίησις【創制】或πρᾶξις【實踐】之實施方式。但冠詞das和die都均可既作主格又作賓格，將這句話視為倒語序（強調ἀληθεύειν【去蔽】）在語法上同樣成立；在不違背語法規則的前提下，基於對義理的理解，我將之

因爲ἀληθεύειν【去蔽】的確不是ψυχή【靈魂】的唯一規定。它僅僅是那種具有生命（ψυχή【靈魂】）性質的是者的一種特定的可能性——當然也是構建性的可能性：這種是者因下面這點而與眾不同，那就是它進行說。亞里士多德非常一般地把靈魂（ψυχή【靈魂】）的兩種基本可能性刻劃爲κρίνειν【辨別】⑲和κινεῖν【忙碌】⑳。動物的αἴσθησις【感覺】已經具有κρίσις【辨別】性質；在αἴσθησις【感覺】中，即在自然的感覺中，某種東西同另一東西相比較突顯了出來。第二種規定是κινεῖν【忙碌】，即「使自己—忙碌（Sich-Umtun）」。與之相應的對人之是的更高規定是：πρᾶξις【實踐】，即在κρίνειν【辨別】、言說著地進行區別之意義上的κινεῖν【忙碌】。人的ζωή【生命】是πρακτικὴ μετὰ λόγου【依賴邏各斯的實踐的生命】㉑。它被πρᾶξις【實踐】和ἀλήθεια【真】（參見《尼各馬可倫理學》第六卷第二章，1139a18）所刻劃，被πρᾶξις【實踐】——即行爲，和被ἀλήθεια

譯為現在這樣。——譯注

⑲ κρίνειν【辨別】，也有「選擇」、「區分」的意思。——譯注

⑳ κινεῖν的一般意思是「推動」、「激發」，用在人身上具有「使之興奮」等意思。當它用作中動態並與事物相關時，具有「sich mit etw. beschäftigen」（忙於……、從事……）的意思。故我這兒將之譯為「忙碌」。——譯注

㉑ 參見《尼各馬可倫理學》第一卷第六章，1098a3以下。——原注

【眞】——即此是自身的被揭開了地是以及行爲所關涉的是者的被揭開了地是，所刻劃。這兩種基本規定——著眼於可見性及其諸可能性——現在能夠被表達爲：αἴσθησις【感覺】、νοῦς【智性直觀】和ὄρεξις【欲望】。因此亞里士多德說：αἴσθησις κύρια【諸決定性的】，即對每一人的舉動占統治地位的那些可能性是：αἴσθησις【感覺】、νοῦς【智性直觀】和ὄρεξις【欲望】。τρία δ' ἐστὶν ἐν τῇ ψυχῇ τὰ κύρια πράξεως καὶ ἀληθείας, αἴσθησις νοῦς ὄρεξις.【在靈魂中對實踐和眞起決定性作用的有三：感覺、智性直觀和欲望。】（1139a17以下）

因此，此是的每一行爲也被規定爲πρᾶξις καὶ ἀλήθεια【實踐和眞】。在ἐπιστήμη【知識】那兒，即在科學的認識那兒，πρᾶξις【實踐】性質之所以並不特別地顯露出來，原因就在於在科學中的認識是自主的（*eigenständig*）㉒，並且作爲自主的東西它已然是πρᾶξις【實踐】和ὄρεξις【欲望】。但在τέχνη【技藝】那兒，ἀληθεύειν【去蔽】是一種ποίησις【創制】；τέχνη【技藝】是一種διάνοια ποιητική【創制性的思想】（參見1139a27以下），是對有助於創制、對某種東西應如何被創制出來的方法有所貢獻的那種是者的一種深思熟慮（Durchdenken）。因此，在作爲ποίησις【創制】的τέχνη【技藝】中以及在每一πρᾶξις【實踐】中，

㉒ eigenständig也可以譯為「獨立的」。——譯注

ἀληθεύειν【去蔽】都是一種λέγειν【說】，即ὁμολόγως ἔχον τῇ ὀρέξει【同欲望說同樣的話】（參見1139a30）、「恰如欲望所想要的那樣說」。它不是對是者的理論靜觀（theoretische Spekulation），而是如下面這樣說出是者：爲了正確地完成那應被創制的東西，它爲之給出正確的指示。因此，在τέχνη【技藝】和φρόνησις【明智】中的ἀληθεύειν【去蔽】定位在ποίησις【創制】和πρᾶξις【實踐】上。

七、對τέχνη【技藝】的分析（《尼各馬可倫理學》第六卷第四章）

(一) τέχνη【技藝】的對象：將一是的東西（das Sein-Werdende）（ἐσόμενον【將是的東西】）

如在ἐπιστήμη【知識】那兒一樣，在τέχνη【技藝】那兒首先關涉的也是規定它所關涉的是者。在τέχνη【技藝】那兒，精通對準的是ποιητόν【要被創制的東西】，對準的是要首次被創制因而還尚未是著的東西。這包含著它能夠是別的情形；因爲那尚未是著的東西並不始終是：ἔστι δὲ τέχνη πᾶσα περὶ γένεσιν【所有的技藝都同生成相關】（《尼各馬可倫理學》第六卷第四章，1140a10以下），「所有的精通作爲某種創制的引導」都活動在那位於生成中、在通往其是的途中的是者的環圍中。καὶ τὸ τεχνάζειν καὶ θεωρεῖν ὅπως ἂν γένηταί τι τῶν ἐνδεχομένων καὶ εἶναι καὶ μὴ εἶναι.【使用技藝就是觀望某種既能夠是也能夠不是的東西如何生成出來。】（1140a11以下）「τεχνάζειν【使用技藝】的確是一種觀望」，但不是如觀望消融在觀望中的那種觀望，而是定位在ὅπως【如何】上，「定位在某種東西這樣那樣地發生上」，即定位在某種東西被正確地做出來上的那種觀望。被τέχνη【技藝】所引導的同某一事情的打交道總是一種爲……作準備（Zu-richten für）。τέχνη【技藝】這種θεωρεῖν【觀望】不是靜觀（Spekulation），而是在朝向某種爲此（Dafür）和對此（Dazu）的定位中引導著同某種事情的打交道（Umgang）。因此，屬於τέχνη【技藝】的是者是一種ἐσόμενον【將是的東西】、將首次是的東西。

(二)在τέχνη【技藝】中ἀρχή【本源】的位置（《尼各馬可倫理學》第六卷第四章，《形而上學》第七卷第七章）。τέχνη【技藝】同其ἀρχή【本源】的雙重關係。εἶδος【形式】㉓和ἔργον【作品】。ἔργον【作品】的παρά-【在……旁邊】性質

第二個問題是關於這種是者的ἀρχή【本源】，即在何種程度上τέχνη【技藝】自

㉓ εἶδος在亞里士多德那兒的意思比較清楚，一般可根據上下文譯為「形式」、「外觀」或「種」，於柏拉圖則比較模糊，有時只能將之音譯為「埃多斯」。尤其要注意的是，海德格明確反對在柏拉圖那兒簡單將εἶδος和γένος理解為邏輯上的「種」和「屬」。——譯注

身能把它所對準的是者的ἀρχή【本源】加以揭開。對於τέχνη【技藝】而言，ἡ ἀρχὴ ἐν τῷ ποιοῦντι【本源位於創制者那兒】（《1140a13》），製造由之開始製造作品的東西「位於創制者自身那兒」。如果某種東西要被創制，那就需要考慮。在所有的創制之前，創制之所為（das wofür）、ποιητόν【要被創制的東西】必須被觀望到。因此，對於創制者而言，ποιητόν【要被創制的東西】預先就在那兒了；因為他必須通過τεχνάζειν【使用技藝】（1140a11）使得作品應看起來怎樣這點對他變得清楚。因此，被創制者的εἶδος【形式】——如藍圖，在創制之前就被確定了。基於該藍圖，創制者——如建築師，開始作品自身的建造。因此，τέχνη【技藝】之是者的ἀρχή【本源】，即εἶδος【形式】，位於ψυχή【靈魂】中，ἐν τῷ ποιοῦντι【位於創制者那兒】、「位於創制者自身那兒」。ἀλλὰ μὴ ἐν τῷ ποιουμένῳ【而不位於被創制者那兒】（1140a13以下），而ἀρχή【本源】不位於要被創制者那兒、不位於ἔργον【作品】那兒、不位於要加以創制的東西那兒。這是一種即使是自明的但人們也必須加以澄清的獨特實情。它在同那雖被創制出來但卻是自身創制自己的是者的關係中變得最為清楚，該是者就是：φύσει ὄντα【自然中的是者】。這類東西這樣創制它們自己：ἀρχή【本源】既位於創制者那兒也位於被創制者那兒。ἐν αὐτοῖς γὰρ ἔχουσι ταῦτα τὴν ἀρχήν【因為這些東西在它們自己那兒有著本源】（1140a15以下），「因為這些東西在它們自己本身那兒具有ἀρχή【本源】。」反之，在τέχνη【技藝】那兒，ἔργον【作品】恰恰παρά【在旁邊】，即在使用的「旁邊」；恰恰作爲ἔργον【作品】、作爲完成了的作品，不再是ποίησις【創制】之對象。鞋之被完成了地是（Fertiggewordensein），恰恰意味著：鞋匠交出它。於是，只要ἀρχή【本源】同時構成了τέλος【終點】[24]，那麼，在τέχνη【技藝】自身那兒ἀρχή【本源】在某種程度上就是不可占有的。這表明τέχνη【技藝】是一種非眞正的ἀληθεύειν【去蔽】。

τέχνη【技藝】的對象是創制和辦理所成就出來的ποιητόν【要被創制的東西】，即ἔργον【作品】、作品。這種ἔργον【作品】是一種ἕνεκά τινος【爲了某種東西】（參見《尼各馬可倫理學》第六卷第二章，1139b1以下），它是「爲了某種東西」，它關乎某種另外的東西。它οὐ τέλος ἁπλῶς【絕非終點】（1139b2）、「絕非終點」。ἔργον【作品】在其自身那兒有著對某種另外的東西的指引，作爲τέλος【終點】它是從它自己那兒指明方向的：它是πρός τι καὶ τινος【爲了某種東西和爲了某人】（1139b2以下）、「爲了某種東西和爲了某人」。鞋爲了穿、爲了某一他人而被創制出來。這一雙重特性包含著：ποίησις【創制】之ἔργον【作品】

---

[24] 這句話的德文原文為：Sofern nun das τέλος die ἀρχή mit ausmacht。從字面看似乎當譯為：於是，只要τέλος【終點】也構成了ἀρχή【本源】。但從語法看，das τέλος和die ἀρχή都既可視為主格，也可視為賓格；基於從上下文內容上的理解，我將之譯為：於是，只要ἀρχή【本源】同時構成了τέλος【終點】。另外，τέλος除了具有「終點」的含義之外，也具有「目的」的意思。——譯注

是一種爲了進一步的使用、爲了人而被創制出來的東西。因此，只有當ἔργον【作品】是尚未完成的，τέχνη【技藝】才能將之作爲ἀληθεύειν【去蔽】的對象。一旦作品完成了，它立馬就從τέχνη【技藝】的統治範圍中脫離出來：它成爲了相關使用的對象。在亞里士多德那兒它被這樣加以表達：ἔργον【作品】是「παρά【在旁邊】」（參見《尼各馬可倫理學》第一卷第一章，1094a4以下）。一旦ἔργον【作品】完成了，那它就是παρά【在旁邊】，即在τέχνη【技藝】的「旁邊」。因此，τέχνη【技藝】關乎一種是者——只要該是者在生成中被把握。ἔστι δὲ τέχνη πᾶσα περὶ γένεσιν【所有的技藝都關乎生成】（《尼各馬可倫理學》第六卷第四章，1140a10以下）㉕。

在被生成所規定的是者之範圍內，亞里士多德區分了三種可能性：τῶν δὲ γιγνομένων τὰ μὲν φύσει γίγνεται τὰ δὲ τέχνῃ τὰ δὲ ἀπὸ ταὐτομάτου.【在生成出來的是者中，一些憑著自然而生成，一些憑著技藝而生成，一些則出於偶然而生成。】（《形而上學》第七卷第七章，1032a12以下）。「在生成出來的東西中，有的φύσει【憑著自然】而發生——即那能夠創制自己本身的東西；有的是因τέχνῃ【技藝】而發生；有的則偶然地發生。」在偶然的東西那兒，亞里士多德首先考慮的

㉕ ἔστι德文原文作ἔστιν，當有誤。這類錯誤也出現在其他一些地方，後面不再一一指出。——譯注

是各種畸形等等，即那種實際違反自然但在某種意義上又從自身那兒即φύσει【憑著自然】而生成出來的東西。那些不是自然的生成方式的生成方式，亞里士多德將之稱爲ποιήσεις【創制】。αἱ δ’ ἄλλαι γενέσεις λέγονται ποιήσεις.【另外一些生成被稱作創制】（1032a26以下）。通過這種ποίησις【創制】，生成出ὅσων τὸ εἶδος ἐν τῇ ψυχῇ【所有其形式位於靈魂中的東西】（1032b1）、「所有其外觀位於靈魂中的東西」。我們必須進行更爲仔細地考察，以便理解：**在何種程度上**τέχνη【技藝】**在一定方式上具有**ἀρχή【本源】，**在一定方式上又不具有**ἀρχή【本源】。例如，εἶδος ἐν τῇ ψυχῇ【位於靈魂中的形式】，在τέχνη ἰατρική【醫術】那兒是健康；在οἰκοδομική【建築術】那兒是房子。如果要建造一幢房子，那麼，考慮之基本進程——τέχνη【技藝】〈之基本進程〉——來自下面這一結構：既然房子要看起來這樣這樣，那麼，對此那樣那樣的東西就必須得是現成的。在這種原則性的考慮那兒，ἐν τῇ ψυχῃ【在靈魂中】有著一種ἀληθεύειν【去蔽】、一種揭開——在這兒，1032b6，νοεῖν【看】——一種ἀποφαίνεσθαι【顯示】，讓那要加以創制的東西被看。在這兒於靈魂中被揭開並出現在它那兒的東西，是房子的εἶδος【形式】、外觀，即房子的「面貌」，彷彿它有一天會立於此處並構成其眞正的在場。這種東西ἐν τῇ ψυχῇ【在靈魂中】、在一種προαίρεσις【選擇】中被預期。㉖因爲要被創

㉖「預期」的德文原文為vorwegnehmen，也可以根據其構詞法直接譯為「先行接受」、「先行接

制的房子的確還尚未在此。εἶδος ἐν τῇ ψυχῇ【位於靈魂中的形式】這一表達就意指著對ψυχή【靈魂】中的εἶδος【形式】的這種預期。我們在德語中對此有一很好的表達：外觀被再現（*vergegenwärtigt*）。那有一天要變成當下的房子，預先如它要看起來的那樣被預期。房子的這種再現是對εἶδος ἄνευ ὕλης【無質料的形式】（參見1032b12）的一種揭開。木材以及諸如此類的東西還尚未在此。在一定方式上，甚至ὕλη【質料】也自然位於這兒的這種考慮中：正是基於藍圖，恰恰得考慮質料。但是，在ἄνευ ὕλης【無質料】這一表達中ὕλη【質料】要在是態學的意義上加以理解：ὕλη【質料】在眞正的意義上並不出現在τέχνη【技藝】中。只有當質料在房子之完成了地是（Fertigsein）中是完成了的房子之組成的由之所出（das Woraus des Bestehens），並構成完成了的房子之眞正的當下時，它方才是眞正在此。質料是τὸ ἔσχατον καθ' αὑτό【在其自身的最後的東西】，即那首先不被創制而是已經可利用的東西，嚴格說來是這樣：它是那眞正將ποιούμενον【被創制者】帶入當下的東西。ἐνυπάρχει γὰρ καὶ γίγνεται αὕτη【因爲它存在於裡面，並且它已經生成。】（1032b32以下）。「因爲ὕλη【質料】就是那已然在裡面的東西和已經生成了的東西。」因此，只要ὕλη【質料】 ἐνυπάρχει【存在於裡面】、「已然在裡面」，並且

納」、「先行占有」：先行（vorweg）接受（nehmen）。——譯注

只要它γίγνεται【已經生成】，即它是那眞正「生成」了的東西，也就是將某物帶入眞正當下的東西，那麼，在考慮時ὕλη【質料】就並不出現ἐν τῇ ψυχῇ【在靈魂中】。

εἶδος【形式】作爲εἶδος ἐν τῇ ψυχῇ【位於靈魂中的形式】，是房子之被預期的在場。並且，只要人再現它，那他就在對這種εἶδος【形式】的不斷考慮中進行著對藍圖的整個制訂。τὸ δὴ ποιοῦν καὶ ὅθεν ἄρχεται ἡ κίνησις τοῦ ὑγιαίνειν, ἐὰν μὲν ἀπὸ τέχνης, τὸ εἶδός ἐστι τὸ ἐν τῇ ψυχῇ.【創制者以及取得健康這種運動由之開始的東西，如果從技藝而來，那它就是靈魂中的形式。】（1032b21以下）「眞正的創制者以及運動由之開始的東西，是εἶδός ἐν τῇ ψυχῇ【靈魂中的形式】。」因而εἶδος【形式】就是ἀρχή【本源】；從它那兒κίνησις【運動】開始。這種κίνησις【運動】首先是νοήσις【思想】之運動，是考慮之運動，然後是ποίησις【創制】之運動，即從考慮那兒跳出來的行事之運動。只要εἶδος【形式】以這種方式，即作爲創制的整個運動的ἀρχή【本源】，ἐν τῇ ψυχῇ【位於靈魂中】，那麼，ποιητόν【要被創制者】的ἀρχή【本源】就τῷ ποιοῦντι【位於創制者那兒】（《尼各馬可倫理學》第六卷第四章，1140a13以下），也即是說，它是τέχνη【技藝】自身的事情。反之，ποιούμενον【被創制者】，即完成了的房子，不再是τέχνη【技藝】的對象。它作爲完成了的東西從τέχνη【技藝】那兒脫離開去。現在，τέλος【終點】，就其是態學的性質來說，是πέρας【界限】。πέρας λέγεται τό τέλος ἑκάστου (τοιοῦτον δ' ἐφ' ὃ ἡ κίνησις καὶ ἡ πρᾶξις)【界限被稱作每個事物的終點（它是運動和實踐都指向的東西）。】（參見《形而上學》第五卷第十七章，1022a4以下）；此外，甚至ἀρχή【本源】在一定方式上也是πέρας【界限】：ἡ μὲν ἀρχὴ πέρας τι【本源是某種界限】（參見1022a12）。因此，既然τέλος【終點】同ἀρχή【本源】具有同樣的是能學的性質——即πέρας【界限】，而τέλος【終點】恰恰不被保持τέχνη【技藝】中，故τέχνη【技藝】如ἐπιστήμη【知識】一樣，處於同其是者的同樣的那種關係中。

因爲τέχνη【技藝】不再同ἔργον【作品】相連繫，因爲作品從技藝那兒脫落開，故技藝以某種方式類似於τύχη【運氣】，即巧合。τρόπον τινὰ περὶ τὰ αὐτά ἐστιν ἡ τύχη καὶ ἡ τέχνη.【運氣和技藝以某種方式是一回事。】[27]（《尼各馬可倫理學》第六卷第四章，1140a18）[28]τύχη【運氣】和τέχνη【技藝】以某種方式走在同一條路上。巧合之特性就是：它並不掌控那跳出來的東西。在τέχνη【技藝】那兒

---

[27] 希臘文τέχνη【技藝】和τύχη【運氣】的發音相近。除了海德格這兒所引的《尼各馬可倫理學》第六卷第四章（1140a18）中的這句話外，亞里士多德在《形而上學》第一卷第一章（981a3）也曾引用智者高爾吉亞的學生波洛斯（Πῶλος）的話說：ἡ μὲν γὰρ ἐμπειρία τέχνην ἐποίησεν, ἡ δ' ἀπειρία τύχην.【經驗造就技藝，而無經驗提供的只是運氣。】——譯注

[28] 德文原文作1040a18，有誤。——譯注

同樣如此：它雖還能在一些細枝末節上得到發展，但它卻無法絕對確定地支配作品的成功。τέχνη【技藝】最後不掌控ἔργον【作品】。由此顯露出τέχνη【技藝】由之被刻劃的那種ἀληθεύειν【去蔽】的一種根本缺陷。

㈢εἶδος【形式】作爲整個τέχνη【技藝】中的κίνησις【運動】之ἀρχή【本源】（《形而上學》第七卷第七章）。νοήσις【思想】和ποίησις【創制】。τέχνη【技藝】作爲通過εἶδος【形式】而來的是之解釋的基礎

作爲ἀρχή【本源】的εἶδος【形式】參與到τέχνη【技藝】中。在τέχνη【技藝】中，εἶδος ἐν τῇ ψυχῇ【位於靈魂中的形式】是下面這種κίνησις【運動】的ἀρχή【本源】：它首先是νοήσις【思想】之運動，然後是ποίησις【創制】之運動。亞里士多德在《形而上學》第七卷第七章給出了關於νοήσις【思想】和ποίησις【創制】之間的關係的一種強有力的描述，在那兒，它以ὑγίεια【健康】和οἰκοδομική【建築術】爲例對之加以說明。他說道：ἡ δὲ ὑγίεια ὁ ἐν τῇ ψυχῇ λόγος【健康是靈魂中的邏各斯】（1032b5）。健康是λόγος ἐν τῇ ψυχῇ【靈魂中的邏各斯】。λόγος【邏各斯】在這兒意指λεγόμενον【被說的東西】，即被說出來的東西。與之相反，亞里士多德說：ἡ δὲ τέχνη λόγος τοῦ ἔργου ὁ ἄνευ ὕλης ἐστίν.【技藝是作品的邏各斯，但又不帶有其質料。】（《論動物的器官》，第一卷第一章，640a31以下）λόγος

【邏各斯】在這兒意指：λέγειν【說】，即談論著地再現。然而，作爲λεγόμενον【被說的東西】的λόγος【邏各斯】是εἶδος【形式】。這兒涉及柏拉圖的言談方式和看之方式（Rede-und Sehweise）的一種迴響；因爲εἶδος【形式】無非就是理念。因而亞里士多德能夠簡要地說：ἡ οἰκοδομικὴ τὸ εἶδος τῆς οἰκία【建築術就是房子的形式】（參見《形而上學》第七卷第七章，1032b13以下）。「能夠造房子（Hausbauenkönnen）就是房子的外觀。」τέχνη【技藝】是作爲對λεγόμενον【被說的東西】即εἶδος【形式】進行λέγειν【說】的λόγος【邏各斯】。οἰκοδομική【建築術】、能夠造房子，揭開和保存εἶδος【形式】、房子的外觀。——附帶需注意：它對於理解νόησις νοήσεως【思想的思想】來說也是決定性的（《形而上學》第十二卷第九章和第十章）㉙。眞正的是（das eigentliche Sein）在這兒被迫

㉙ νόησις νοήσεως【思想的思想】是亞里士多德在《形而上學》第十二卷第九章提出的一個重要觀念，由於它同後面所討論的νοῦς【智性直觀】相關，故我將相關內容完整翻譯如下（1074b15-35）：Τὰ δὲ περὶ τὸν νοῦν ἔχει τινὰς ἀπορίας · δοκεῖ μὲν γὰρ εναι τῶν φαινομένων θειότατον, πῶς δ᾽ ἔχων τοιοῦτος ἂν εἴη, ἔχει τινὰς δυσκολίας. εἴτε γὰρ μηδὲν νοεῖ, τί ἂν εἴη τὸ σεμνόν, ἀλλ᾽ ἔχει ὥσπερ ἂν εἰ ὁ καθεύδων · εἴτε νοεῖ, τούτου δ᾽ ἄλλο κύριον, οὐ γάρ ἐστι τοῦτο ὅ ἐστιν αὐτοῦ ἡ οὐσία νόησις, ἀλλὰ δύναμις, οὐκ ἂν ἡ ἀρίστη οὐσία εἴη · διὰ γὰρ τοῦ νοεῖν τὸ τίμιον αὐτ ὑπάρχει. ἔτι δὲ εἴτε νοῦς ἡ οὐσία αὐτοῦ εἴτε νόησίς ἐστι, τί νοεῖ：ἢ γὰρ αὐτὸς αὐτὸν ἢ ἕτερόν τι · καὶ εἰ ἕτερόν τι, ἢ τὸ αὐτὸ ἀεὶ ἢ ἄλλο. πότερον ον διαφέρει τι ἢ οὐδὲν τὸ νοεῖν τὸ καλὸν ἢ τὸ τυχόν ·· ἢ καὶ ἄτοπον τὸ διανοεῖσθαι περὶ ἐνίων ·· δῆλον τοίνυν ὅτι τὸ θειότατον καὶ τιμιώτατον νοεῖ, καὶ οὐ μεταβάλλει · εἰς χεῖρον γὰρ ἡ μεταβολή, καὶ κίνησίς τις ἤδη τὸ τοιοῦτον. πρῶτον μὲν οὖν εἰ μὴ νόησίς ἐστιν ἀλλὰ δύναμις, εὔλογον ἐπίπονον εἶναι τὸ συνεχὲς αὐτῷ τῆς νοήσεως · ἔπειτα δῆλον ὅτι ἄλλο τι ἂν εἴη τὸ τιμιώτερον ἢ ὁ νοῦς, τὸ νοούμενον. καὶ γὰρ τὸ νοεῖν καὶ ἡ νόησις ὑπάρξει καὶ τὸ χείριστον νοοῦντι, ὥστ' εἰ φευκτὸν τοῦτο (καὶ γὰρ μὴ ὁρᾶν ἔνια κρεῖττον ἢ ὁρᾶν), οὐκ ἂν εἴη τὸ ἄριστον ἡ νόησις. αὐτὸν ἄρα νοεῖ, εἴπερ ἐστὶ τὸ κράτιστον, καὶ ἔστιν ἡ νόησις νοήσεως νόησις.

【關於智性直觀，有著一些疑惑。在諸現象中它似乎是最神聖的，但它究竟如何會具有這點，則有著一些困難。因爲，如果它一無所思想（看），而是如一個睡著的人那樣，那它的神聖性究竟是什麼？如果它有所思想（看），但某種另外的東西卻決定著它的思想（看），那麼，由於那構成其所是的東西不是思想，而是潛能，故它就不會是最好的所是，因爲由於思想（看）它才擁有其尊貴。此外，它的所是無論是智性直觀還是思想，它思想（看）什麼呢？它或者思想（看）它自己本身，或者思想（看）某種別的東西。如果是某種別的東西，那麼，要麼始終是同一個東西，要麼是不同的。於是，在思想（看）美的東西或偶然的東西之間，是否會有著某種不同？或者，對某些東西的思考是荒唐的？顯然，它思想（看）那最神聖的東西和最尊貴的東西，並且對此不會發生改變；因爲改變就意味著走向較差的東西，並且這已經是某種運動。所以，如果它不是思想而是潛能，那麼，首先就有理由得出，連續不斷的思想對於它來說是辛苦的；其次，顯然還有著某種比智性直觀更爲尊貴的東西，即那被智性直觀的東西。因爲看和思想甚至屬於那最不擅長看的人，從而如果要避免這一結論（即不看某些東西比看更好），那麼思想就得不是最好的東西。如果它是最好的，那問。在第九章中，這種東西就是作爲θειότατον【最神聖的東西】、作爲生命和綿延所屬於的那種眞正的是的νοῦς【智性直觀】。——在οἰκοδομική【建築術】中被揭開和保存的εἶδος【形式】是下面這種κίνησις【運動】的ἀρχή【本源】：它首先是νόησις【思想】之運動，然後是ποίησις【創制】之運動。讓我們更爲仔細地追尋這種運動，就像它以εἶδος ἐν τῇ ψυχῇ【位於靈魂中的形式】爲出發點所發生的那樣。γίγνεται δὴ τὸ ὑγιὲς νοήσαντος οὕτως· ἐπειδὴ τοδὶ ὑγίεια, ἀνάγκη, εἰ ὑγιὲς ἔσται, τοδὶ ὑπάρξαι [···] καὶ οὕτως αἰεὶ νοεῖ, ἕως ἂν ἀγάγῃ εἰς τοῦτο ὃ αὐτὸς δύναται ἔσχατον ποιεῖν.【通過思想（看），健康的東西這樣生成出來：既然健康是這樣那樣的，那麼，如果某個東西要是健康的，那這樣那樣的東西必定得存在。……人們總是這樣思想（看），直到抵達他所能抵達的最後點。】（《形而上學》第七卷第七章，1032b6以下）「健康的東西通過人們下面這樣的揭開而生成出來：既然健康是這樣那樣的，那麼，如果要是健康的東西，那對於它來說這樣那樣的東西就必須是現成的。……人們總是進一步這樣進行揭開，直到他抵達了他自身所能帶出來的最後的東西。」這個ἔσχατον【最後的東西】也被稱作τὸ τελευταῖον τῆς νοήσεως【思想所抵達的最後點】（參見1032b17）、「在環視著地揭開那兒

它就是思想（看）它自己本身，從而這種思想是思想的思想。】——譯注

的最後的東西」。在技藝性的環視中下面這種東西被提供了出來：它作為最末端的東西，對於那正在開始籌辦的著手辦理和採取行動來說（für das ausrichtende An- und Zugreifen），在此是最初的東西。環視並不經歷任何理論的步驟，而是提供出下面這種東西：該東西是辦理、帶—入—是（Ins-Sein-Bringen）、ποιεῖν【創制】由之開始的那種東西。νοήσις【思想】在這兒就是一種τεχνάζειν【使用技藝】（參見《尼各馬可倫理學》第六卷第四章，1140a11），即醉心於揭開那些ὑπάρχοντα【存在著的東西】。ἡ ἀπὸ τούτου κίνησις ποίησις【由這種東西出發的運動是創制】（《形而上學》第七卷第七章，1032b10）。「從νοήσις【思想】所抵達的這個最後點出發的運動，是ποίησις【創制】。」ποίησις【創制】是真正進行生產的籌辦，而νοήσις【思想】之運動則具有照亮之性質。νοήσις【思想】和ποίησις【創制】共屬一體。它們在其連繫中構成了打交道的完整運動。συμβαίνει τρόπον τινὰ τὴν ὑγίειαν ἐξ ὑγιείας γίγνεσθαι.【結果就是，健康以某種方式從健康中生成。】（1032b11）「由此得出，健康以某種方式從健康那兒生成」，即從ἐν τῇ ψυχῇ【在靈魂中】的健康之εἶδος【形式】那兒生成。因此，在τέχνη【技藝】中，εἶδος【形式】是νοήσις【思想】和ποίησις【創制】之間的整個連繫的ἀρχή【本源】。因而ἡ οἰκοδομικὴ τὸ εἶδος τῆς οἰκίας【建築術是房子的形式】（參見1032b13）。「能夠造房子是房子的εἶδος【形式】。」

基於τέχνη【技藝】，房子之是（*Sein*）被理解為被創制地是（*Gemacht-*

sein），被理解爲同「外觀」的相應。現成地是（Vorhandensein）天然和唯一地同諸生成方式（die Werdensweisen）、諸創制方式（die Herstellungsweisen）相關；所有的其他規定都是κατὰ συμβεβηκός【偶然的】。〈τὸ κατὰ συμβεβηκὸς〉οὐθὲν μέλει τῇ τέχνῃ.【技藝根本不關心（偶然的東西）。】（《尼各馬可倫理學》第五卷第十五章，1138b2）「τέχνη【技藝】根本不操勞各種κατὰ συμβεβηκός【偶然的】規定。」——相應地φύσις【自然】也被理解爲：一種生成之是（Werdenssein）、一種從—自己—自身—那兒—把—自己—塑形—並—帶入—到—外觀中（Sich-von-sich-selbst-her-zu-Gestalt-und-Aussehen-Bringen）。——這種視之方式在柏拉圖哲學中有其基礎。正如已經說過的，εἶδος【形式】就是對柏拉圖理念的標明。在思考柏拉圖哲學時，人們通常將理念論置於核心，即通常將它取作闡釋其哲學的引導線索。我們將看到，這在多大程度上是一種先入之見，在多大程度上觸及到了實情。對於那已經知道理解一位作者的人來說，或許把作者本人所標明爲最重要的那種東西當作闡釋之基礎是不可能的。爲了理解作者本人標明爲眞正東西的那種東西，一位作者所沉默不語的，恰恰是我們必須由之開始的。不打算搶先談論理念論；εἶδος【形式】首先完全自然地於何處出場，它明確地出現在何種ἀληθεύειν【去蔽】中，如果我們保持定位於這些問題那兒，那麼，就只能給出關於下面這一點的提示，那就是：我們只是要在柏拉圖理念那兒理解其起源、原初意義以及不透徹的東西。要從這兒出發去理解爲何柏拉圖要說理念是眞正的是。我們已經看到：在

τέχνη【技藝】中，εἶδος【形式】是νοήσις【思想】和ποίησις【創制】之間的整個連繫的ἀρχή【本源】。ἡοἰκοδομικὴ τὸ εἶδος τῆς οἰκίας【建築術是房子的形式】。τέχνη【技藝】是諸如εἶδος【形式】這樣的東西首先於其上變得可見的基礎。因此，我們不是無心地討論了τέχνη【技藝】：在它那兒εἶδος【形式】首先到場。

讓我們回想起對ἀληθεύειν【去蔽】的諸方式的最初劃分：

1. ἐπιστημονικόν【知識性的】
   - ἐπιστήμη【知識】
   - σοφία【智慧】

2. λογιστικόν【算計性的】
   - τέχνη【技藝】
   - φρόνησις【明智】

通過對ἀληθεύειν【去蔽】的最切近的兩種方式即ἐπιστήμη【知識】和τέχνη【技藝】的刻劃，ἀληθεύειν【去蔽】自身已經變得較為清楚了。在ἐπιστημονικόν【知識性的】和λογιστικόν【算計性的】中的這兩種基本可能性都不是最高的可能性。但不應立馬就假定，另外兩種方式就必定是ἐπιστημονικόν【知識性的】和λογιστικόν【算計性的】的眞正的可能性和發展，即是它們的ἀρετή【德性】。首先，要不大在意這樣一種系統學（Systematik），而是要更多地致力於對ἀληθεύειν【去蔽】現象本身的具體理解。ἀληθεύειν【去蔽】總是具有下面這一意義，那就是在對沉淪的反對中把此是帶到λεγόμενον【被說的東西】那兒，這樣一來，此是在這種是上就不可能被欺騙。

在對ἀληθεύειν【去蔽】的餘下方式的進一步分析中，亞里士多德首先討論了φρόνησις【明智】，即環視（die Umsicht）、環視性的洞察（die umsichtige Einsicht）。

八、對φρόνησις【明智】的分析（《尼各馬可倫理學》第六卷第五章）

對φρόνησις【明智】的分析始於首先再次規定它同何者相關聯，以便然後將它同ἀληθεύειν【去蔽】的那兩種首先加以分析了的方式，即ἐπιστήμη【知識】和τέχνη【技藝】劃清界限。在同ἐπιστήμη【知識】的劃界中，φρόνησις【明智】突顯爲δόξα【意見】；在同τέχνη【技藝】的劃界中，則突顯爲ἀρετή【德性】。這構成了《尼各馬可倫理學》第六卷第五章的完整連繫，亞里士多德在那兒對φρόνησις【明智】進行了分析。

㈠ φρόνησις【明智】的對象：此是本身。通過同τέχνη【技藝】之τέλος【目的】劃清界限，對φρόνησις【明智】之τέλος【目的】的規定。它與ἀληθεύειν【去蔽】的關係：在φρόνησις【明智】中的先行的同一性；在τέχνη【技藝】中的差異性（παρά【在旁邊】）

亞里士多德從下面這一問題開始：在自然的此是那兒什麼被理解爲φρόνησις【明智】，也即是說什麼樣的人被稱作φρόνιμος【明智者】。δοκεῖ δὴ φρονίμου εἶναι τὸ δύνασθαι καλῶς βουλεύσασθαι περὶ τὰ αὐτῷ ἀγαθὰ καὶ συμφέροντα, οὐ κατὰ μέρος, οἷον ποῖα πρὸς ὑγίειαν ἢ πρὸς ἰσχύν, ἀλλὰ ποῖα πρὸς τὸ εὖ ζῆν ὅλως.【明智者看起來就是能夠好好地考慮那些對他來說是善的和有益的東西的人，但不是就特殊東西來說——如那些有益於健康或有益於強壯的東西，而是那些從總體上對好好地生活有益的東西。】（1140a25以下）「一位φρόνιμος【明智者】顯然就是那能夠好好地、恰當地進行考慮的人」，是βουλευτικός【能進行考慮的人】；確切講，他能夠恰當地考慮「αὐτῷ【對於他】、對於他，即對於進行考慮者自身來說……那是善的東西——形成完滿地是（Fertigsein）的東西，以及有益的東西。」因此，儘管φρόνησις【明智】的對象被規定爲那能夠是別的情形的東西，但它一開始就同考慮者自身相關聯。反之，τέχνη【技藝】中的考慮僅僅關涉那有助於創制他物的東西，即有助於創制ἔργον【作品】——如房子——的東西。然而，φρόνησις

【明智】中的考慮也關涉該ἔργον【作品】，只要它對於考慮者自身來說是有助益的。因此，φρόνησις【明智】這種ἀληθεύειν【去蔽】在自己本身那兒具有指向ἀληθεύων【去蔽者】自身的方向。但我們並不把那κατὰ μέρος【就特殊東西】以正確方式進行考慮的人稱作一位φρόνιμος【明智者】，這種人所進行的考慮涉及的是一些特定的益處，而這些益處在特定的著眼點上——如著眼於健康或體力——對於此是是有益的；相反，我們把那以正確方式對ποῖα πρὸς τὸ εὖ ζῆν ὅλως【那些從總體上對好好地生活有益的東西】，即對「對於作爲此是的此是之正確的是之方式在整體上是有益的東西」加以考慮的人稱作一位φρόνιμος【明智者】。φρόνησις【明智】中的βουλεύεσθαι【考慮】關乎此是自身的是，關乎εὖ ζῆν【好好地生活】，即此是應當是一種正確的此是。因此，φρόνησις【明智】在自己那兒就有著πρὸς τέλος τι σπουδαῖον【認眞對待某一目的】（1140a29以下）、「朝向於其身上有著嚴肅性的那樣一種τέλος【目的】」的指引，並且尤其ὧν μή ἐστι τέχνη【技藝不屬於這類目的】（1140a30）、「〈不〉關涉那不是某一製造、某一創制之主題的是者」。因此，φρόνησις【明智】的τέλος【目的】並不如τέχνη【技藝】的ἔργον【作品】那樣處在考慮自身的對面、παρά【在旁邊】。相反，在φρόνησις【明智】那兒，考慮之對象就是ζωή【生命】本身；τέλος【目的】同φρόνησις【明智】具有相同的是之性質。τῆς μὲν γὰρ ποιήσεως ἕτερον τὸ τέλος, τῆς δὲ πράξεως οὐκ ἂν εἴη· ἔστι γὰρ αὐτὴ ἡ εὐπραξία τέλος.【創制之目的不同於創制，但實踐之目的則不異於實踐；因爲好的實踐自身就是目的。】（1140b6以下）「在創制那兒，τέλος【目的】是某一另外的東西，但在πρᾶξις【實踐】那兒則不是；也即是說，εὐπραξία【好的實踐】自身就是τέλος【目的】。」在φρόνησις【明智】那兒，πρακτόν【要被實踐的東西】同ἀληθεύειν【去蔽】本身有著相同的是之性質。在這兒假定事實上τέλος【目的】被揭開和保持了；因爲它就是考慮者自身的是。因此φρόνιμος【明智者】不同於τεχνίτης【有技藝者】；因爲τεχνίτης【有技藝者】的ἀληθεύειν【去蔽】是一種關涉某一別的是（ein anderes Sein）的ἀληθεύειν【去蔽】。

> βουλεύεται δ᾽ οὐθεὶς περὶ τῶν ἀδυνάτων ἄλλως ἔχειν.【無人會考慮那些不可能是別的情形的東西。】

（1140a31）「βουλευτικός【能進行考慮的人】不是對那不可能是其他情形的東西進行考慮的人。」這在τεχνίτης【有技藝者】那兒同樣如此。但βουλευτικός【能進行考慮的人】也不考慮οὐδὲ τῶν μὴ ἐνδεχομένων αὐτῷ πρᾶξαι【他對之不能有所作爲的東西】（1140a32）「他也不考慮他本人根本不能加以實施的東西。」因此，在φρόνησις【明智】中的考慮那兒，所看到的是他自己本身以及他自己的行爲。反之，τέχνη【技藝】是對我自身並不必定打算建造和能夠建造的那種東西的一種計畫、設想、機智地是（Findigsein）。βουλευτικός【能進行考慮的人】因而是那就πρακτόν【要被實踐的東西】進行考慮的人。——此外，φρόνησις【明智】中的考慮是某種推斷：如果這樣這樣的東西要發生，如果我要如此如此的行爲並要是如此如此的，那麼……。在這兒，我由之進行考慮的東西和不斷有所顧及地加以考慮的東西，即οὗ ἕνεκα【爲何】，時時都是不同的。由此φρόνησις【明智】中的考慮是一種詳細討論，一種λογίζεσθαι【盤算】，而不是一種ἀπόδειξις【證明】，不是一種ἐπιστήμη【知識】。反之，那如其是的那樣必然是著的東西，不是考慮的可能對象。因而φρόνησις【明智】中的考慮如τέχνη【技藝】中的考慮一樣，關乎那能夠是別的情形的東西。並且它作爲考慮，再度具有同τέχνη【技藝】中的考慮的某種相似性：如果我要如此如此地行爲，那麼，這樣這樣的東西必定發生。τέχνη【技藝】會這樣進行考慮：如果這樣這樣的東西要生成，那麼，那樣那樣的東西必須發生。然而，φρόνησις【明智】不同於τέχνη【技藝】，因爲在τέχνη【技藝】那兒，πρακτόν【要被實踐的東西】是一種παρά【在旁邊】的τέλος【目的】。而φρόνησις【明智】的τέλος【目的】則不是這樣，它是：ἕξις ἀληθὴς μετὰ λόγου πρακτικὴ περὶ τὰ ἀνθρώπῳ ἀγαθά【關乎人的諸善的、依賴邏各斯的、實踐性的眞品質】（1140b5）、「人的此是的這樣一種被擺置的是，那就是它占有著其自身的透徹性。」[30] φρόνησις【明智】的τέλος【目的】不是πρός τι【爲了某種東西】，也不是ἕνεκά τινος【爲了某人】，它是ἄνθρωπος【人】自身。αὐτὴ ἡ εὐπραξία τέλος【好的實踐自身就是目的】（1140b7），人之正確的是（das rechte Sein des Menschen）就是τέλος【目的】。而這就是ζωὴ πρακτικὴ

㉚ 編輯者的改寫，根據第52頁。——原注

μετὰ λόγου【依賴邏各斯、實踐性的生命】。φρόνησις【明智】的τέλος【目的】是某種τέλος ἁπλῶς【絕對的目的】和某種οὗ ἕνεκα【爲何】，是某種爲何之故（das Worumwillen）。於是，只要此是作爲οὗ ἕνεκα【爲何】、爲何之故被揭開了，那麼，爲了它和總是爲了它而被操勞的東西自身也就被先行標畫了。由此隨著作爲οὗ ἕνεκα【爲何】的此是，φρόνησις【明智】中的考慮之ἀρχή【本源】一舉被把握。αἱ μὲν γὰρ ἀρχαὶ τῶν πρακτῶν τὸ οὗ ἕνεκα τὰ πρακτά.【要被實踐的東西的本源就是要被實踐的東西所爲之的那種東西。】（1140b16以下）這些ἀρχαί【本源】就是此是自身；此是無論如何都朝著它自己本身而處於那兒、立於那兒。此是φρόνησις【明智】中的考慮之ἀρχή【本源】。並且φρόνησις【明智】所考慮的東西，不是某種πρᾶξις【實踐】於之終止的那種東西。一種結果對於行爲之是來說並非構建性的；相反，它僅僅是εὖ【好】、是怎樣。φρόνησις【明智】中的τέλος【目的】就是ἄνθρωπος【人】自身。在ποίησις【創制】那兒τέλος【目的】是某一別的東西，是同此是相對立的某種有世界的是者；在πρᾶξις【實踐】那兒則不是這樣。

那麼，在何種程度上φρόνησις【明智】是一種ἀληθεύειν【去蔽】？

(二) φρόνησις【明智】作爲ἀ-ληθεύειν【去—蔽】。ἡδονή【快樂】和λύπη【痛苦】。σωφροσύνη【清醒】。φρόνησις【明智】作爲鬥爭——即同位於此是身上的那遮蔽其自身的遮蔽傾向進行鬥爭。φρόνησις【明智】作爲服務於πρᾶξις【實踐】的非—自主的ἀληθεύειν【去蔽】

只要人自身是φρόνησις【明智】這種ἀληθεύειν【去蔽】的對象，那人就必定處於下面這種狀況中：他遮蔽著自己本身，他看不見自己本身，從而他特別地需要一種ἀ-ληθεύειν【去—蔽】，以便讓自己本身變得透徹。事實上：διαφθείρει καὶ διαστρέφει τὸ ἡδὺ καὶ τὸ λυπηρὸν τὴν ὑπόληψιν.【令人快樂的東西和令人痛苦的東西會毀壞和扭曲信念。】（參見1140b13以下）「那帶來快樂的東西和那壓抑情緒的東西，能夠毀壞或擾亂ὑπόληψις【信念】。」某一情緒能夠把人對他自己本身遮蔽起來；某些微不足道的事物就能夠攫住人；他可能是如此的自戀以至於根本看不清自己。因此，他總是一再需要φρόνησις【明智】的解救。對於自己自身的環視，看到自己自身裡面去的洞察，在διαφθείρειν【破壞】和διαστρέφειν【扭曲】的危險面前必須總是一再要被人爭得。此是在其是之本眞性（Eigentlichkeit）上被揭開給它自身，這根本不是自明的；甚至在這兒ἀλήθεια【眞】也必須加以奪取。因此，亞里士多德同柏拉圖一道採用了一種特有的詞源學關聯[31]：σωφροσύνη σῴζει τὴν

[31] 這裡所說的詞源學關聯，即σωφροσύνη【清醒】、σῴζει【保全】、φρόνησις【明智】這三個詞之

φρόνησιν【清醒保全明智】（參見1140b11以下），「清醒是那拯救φρόνησις【明智】的東西」，它在遮蔽之可能性面前保存著明智。同樣，柏拉圖在《克拉底律》（*Kratylos*）中這樣規定σωφροσύνη【清醒】："σωφροσύνη" δὲ σωτηρία […] φρονήσεως【「清醒」是對明智的保全】（411e4以下）。但是，僅僅ἀληθεύειν【去蔽】的一些特定方式受到了ἡδονή【快樂】和λύπη【痛苦】的威脅。οὐ γὰρ ἅπασαν ὑπόληψιν διαφθείρει οὐδὲ διαστρέφει τὸ ἡδὺ καὶ λυπηρόν […], ἀλλὰ τὰς περὶ τὸ πρακτόν.【令人快樂的東西和令人痛苦的東西並不會毀壞和扭曲全部信念……。而是毀壞和扭曲關於被實踐的東西的信念。】（《尼各馬可倫理學》第六卷第五章，1140b13以下）「因爲那引起快樂的東西和讓人壓抑的東西並不毀壞和擾亂每一ὑπόληψις【信念】，而是毀壞和擾亂那關乎πρακτόν【要被實踐的東西】的信念。」然而，只要ἡδονή【快樂】和λύπη【痛苦】屬於人的基本規定，人就不斷處在自己本身將自己本身加以遮蔽的危險中。因而φρόνησις【明智】不是自明的東西；相反，它是**一種必須在某一**προαίρεσις【選擇】**中被把握的任務**。在φρόνησις【明智】中，ἀ-ληθεύειν【去—蔽】之意義，即把那隱藏著的東西加以揭開之意義，在一種與眾不同的意義上顯現出來。亞里士多德強調：τῷ δὲ διεφθαρμένῳ δι'

間的關聯。σωφροσύνη【清醒】一詞的前綴σω與σῴζει【保全】在詞源上有關聯，詞幹φροσύνη與φρόνησις【明智】在詞源上有關聯。——譯注

ἡδονὴν ἢ λύπην εὐθὺς οὐ φαίνεται ἡ ἀρχή.【本源不會顯現給那被快樂或痛苦所毀壞的人。】（1140b17以下）「此是能夠被ἡδονή【快樂】和λύπη【痛苦】所毀壞。」如果這樣一種情緒占據了統治地位，那它就會導致οὐ φαίνεται ἡ ἀρχή【本源不會顯現】。正確的οὗ ἕνεκα【爲何】不再顯現，從而被遮蔽並且必須通過λόγος【邏各斯】而被揭開。因此，一旦φρόνησις【明智】被實行，那它就處在一種不斷地同位於此是自身那兒的那種遮蔽傾向（*Verdeckungstendenz*）的鬥爭中。ἔστι γὰρ ἡ κακία φθαρτικὴ ἀρχῆς.【因爲惡是可以毀滅本源的東西。】（1140b19以下）「也就是說，κακία【惡】，一種壞的情狀，是那毀壞ἀρχή【本源】的東西」，是那不讓正確的οὗ ἕνεκα【爲何】變得可見的東西。在這兒，於φρόνησις【明智】那兒，恰恰在此是自身中有著對於φρόνησις【明智】來說的危險和抵抗。因此，亞里士多德能夠這樣總結對φρόνησις【明智】的規定：ὥστ' ἀνάγκη τὴν φρόνησιν ἕξιν εἶναι μετὰ λόγου ἀληθῆ περὶ τὰ ἀνθρώπινα ἀγαθὰ πρακτικήν.【因此，明智必然是關於人的諸善、依賴邏各斯、眞的、實踐的品質。】（1140b20以下）φρόνησις【明智】是一種ἀληθεύειν【去蔽】的ἕξις【品質】，是「人的此是的一種如下面這樣的被擺置的是：我於其中占有著我自身的透徹性。」因爲它的主題是ἀνθρώπινα ἀγαθά【人的諸善】。並且它是一種ἀληθεύειν【去蔽】的ἕξις【品質】，且這種品質是πρακτική【實踐的】，「它活動在行爲裡面」。因此，只要它同ὄρεξις

【欲望】或πρᾶξις【實踐】ὁμολόγως【相一致】[32]，它就是εὖ【好的】，以至於考慮符合了行爲的爲何之故。因而φρόνησις【明智】自身儘管是一種ἀληθεύειν【去蔽】，但不是一種自主的去蔽，而是一種服務於πρᾶξις【實踐】的ἀληθεύειν【去蔽】；它是一種讓某一行爲在自己那兒變得透徹的ἀληθεύειν【去蔽】。只要某一πρᾶξις【實踐】的透徹性對於該實踐來說是構建性的，那麼，φρόνησις【明智】對於行爲本身的眞正實施來說也同樣是構建性的。φρόνησις【明智】是一種ἀληθεύειν【去蔽】，但正如已經說過的，它不是一種自主的去蔽，而是作爲對行爲進行指引的去蔽。

因此，亞里士多德能夠認爲應把它同ἀληθεύειν【去蔽】的另外兩種方式區分開，即把它同τέχνη【技藝】和ἐπιστήμη【知識】區分開。

㈢ 將φρόνησις【明智】同τέχνη【技藝】、ἐπιστήμη【知識】劃清界限。φρόνησις【明智】作爲ἀρετή【德性】。φρόνησις【明智】作爲「未—遺忘的」良知。——σοφία【智慧】作爲ἀρετὴ τέχνης【技藝的德性】

首先進行的是同τέχνη【技藝】劃清界限。既然φρόνησις【明智】完全如τέχνη

[32] 參見《尼各馬可倫理學》第六卷第二章，1139a2以下。——原注

【技藝】一樣對準一種能夠是別的情形的是者，但τέχνη【技藝】不占有其ἔργον【作品】，而φρόνησις【明智】則能，因此，我們能夠設想φρόνησις【明智】或許是τέχνη【技藝】的ἀρετή【德性】。ἀρετή【德性】的是之性質是τελείωσις【完滿】，它形成某種東西的完滿的是，它把某種東西帶往圓滿，尤其是那自身具有對此之可能性，即那即使不完滿但也能是的東西。因此，問題是：φρόνησις【明智】是否能夠是τέχνη【技藝】的τελείωσις【完滿】。ἀλλὰ μὴν τέχνης μὲν ἔστιν ἀρετή, φρονήσεως δ' οὐκ ἔστιν.【但在技藝中有德性，在明智中則沒有。】（1140b20以下）「但是，的確對於τέχνη【技藝】來說存在著某種ἀρετή【德性】、某種可能的τελείωσις【完滿】，對於φρόνησις【明智】來說則沒有。」對於φρόνησις【明智】來說不存在任何的τελείωσις【完滿】。如何理解對於τέχνη【技藝】來說一種ἀρετή【德性】是可能的？在一種考慮著的精通中有著發展的不同程度。τέχνη【技藝】既能預先進行確定，也能事後進行同意。試驗屬於技藝。人們在技藝中理解事情是否進展順利，是否能以另外的方式進行。τέχνη【技藝】越是敢於嘗試失敗，它越是走得穩當。恰恰通過犯錯可靠性才得以形成。恰恰是那不僵化於某一確定的「技術」、某種慣常處理方法，而總是一再進行新的嘗試、打碎固定行事風格的人，那將自己帶入精通之正確可能性中的人，方才占有與τέχνη【技藝】相應的那種ἀληθεύειν【去蔽】之正確方法，才更多地占有這種揭開類型。καὶ ἐν μὲν τέχνῃ ὁ ἐκὼν ἁμαρτάνων αἱρετώτερος.【在技藝中，有意犯下的錯誤是更值得選擇的。】

（1140b22以下）能夠犯錯（Fehlgehenkönnen）是一種屬於τέχνη【技藝】本身的優點。技藝恰恰基於這種可能性而是τελειωτέρα【可更加完滿的】。能夠犯錯這種可能性對於τέχνη【技藝】的發展來說是構建性的。反之，在涉及考慮、其主題是此是之本己是的φρόνησις【明智】那兒，任何的犯錯（Fehlgehen）都是一種自我－錯過（Sich-Verfehlen）。在自己自身面前的自我－錯過絕不是一種更高的可能性，不是φρόνησις【明智】的τελείωσις【完滿】；相反，完全是它的敗壞。除了犯錯之可能性外，對於φρόνησις【明智】來說只有眞正的中的之可能性（Möglichkeit des Treffens）。φρόνησις【明智】並不向著試驗進行定位，在道德行爲中我不可能用我自己進行實驗。φρόνησις【明智】中的考慮隸屬於要麼－要麼（Entweder-Oder）。根據其意義φρόνησις【明智】就是στοχαστική【中的】，它在它自己那兒有著固定的定位，它走向目標，確切講走向μεσότης【中間】。不像在τέχνη【技藝】那兒，在φρόνησις【明智】那兒沒有更多或更少（Mehr oder Minder），沒有既－又（Sowohl-Als）；相反，有的僅僅是某種決斷的嚴肅性、中的或不中的（das Treffen oder Verfehlen）、要麼－要麼（das Entweder-Oder）。只要φρόνησις【明智】是στοχαστική【中的】，那它就絕不具有能是更完滿的這種可能性。因而它不具有ἀρετή【德性】；相反，它在其自身就是ἀρετή【德性】。因此，同在τέχνη【技藝】那兒相比，在φρόνησις【明智】那兒的ἀληθεύειν【去蔽】的實施方法在其自身就是一種不同的實施方法，儘管從客觀上看兩者都關乎那能夠是別的情形的是者。由此同時贏得了一種劃界。φρόνησις【明智】不可能是τέχνη【技藝】的ἀρετή【德性】，並且這還是基於ἀληθεύειν【去蔽】自身的實施方法，完全沒有顧及下面這一點：τέχνη【技藝】的是者是某種ποιητόν【要被創制的東西】，而φρόνησις【明智】的是者是某種πρακτόν【要被實踐的東西】。因此，下面這點就是清楚的：φρόνησις【明智】是一種ἀρετή【德性】，而不是一種τέχνη【技藝】。δῆλον οὖν ὅτι ἀρετή τις ἐστὶ καὶ οὐ τέχνη.【因此，顯然它是某種德性而不是技藝。】（1140b24以下）並且，由於φρόνησις【明智】同時對準ἀρχή【本源】和τέλος【終點】並保存兩者，故在能夠是別的情形的那種是者裡面它是ἀληθεύειν【去蔽】的βελτίστη ἕξις【最好品質】。

那麼，φρόνησις【明智】之於ἐπιστήμη【知識】又怎樣？λόγον ἔχον【擁有邏各斯】被分爲兩種基本可能性：λογιστικόν【算計性的】和ἐπιστημονικόν【知識性的】。既然φρόνησις【明智】不是τέχνη【技藝】的ἀρετή【德性】，那就會生起下面這一問題：是否它對於ἐπιστήμη【知識】來說或對於ἐπιστημονικόν【知識性的】東西來說能夠是ἀρετή【德性】。似乎的確φρόνησις【明智】是ἐπιστήμη【知識】的ἀρετή【德性】——誠然是一種預備階段中的ἐπιστήμη【知識】。在知識的範圍內，事實上有著一種揭開方式，它完全如φρόνησις【明智】一樣關乎那能夠是別的情形的是者：δόξα【意見】。ἥ τε γὰρ δόξα περὶ τὸ ἐνδεχόμενον ἄλλως ἔχειν καὶ ἡ φρόνησις.【意見和明智都關乎那能夠是別的情形的是者。】（1140b27以下）δόξα【意見】僅僅在一定意義上具有認識性質；因而它是如某種「專題性的」意見、某種看法那樣的東西，對於某一確定的行爲它完全一言不發。關於那些發生出來但隨後又改變的日常事物，自然的此是具有某些看法和意見。並且，人們能夠認爲：對於那並非一種眞正的ἀληθεύειν【去蔽】方式的δόξα【意見】來說，事實上φρόνησις【明智】是ἀρετή【德性】。因此亞里士多德指出了下面這一可能性：φρόνησις【明智】的基礎是δόξα【意見】。他並非出於完備性來衡量它，而是這些意見已經浮現出來了。但亞里士多德排除了這種可能性：ἀλλὰ μὴν οὐδ' ἕξις μετὰ λόγου μόνον.【但明智並非是僅僅依賴邏各斯的品質。】（1140b28）「然而，φρόνησις【明智】不是下面這種ἀληθεύειν【去蔽】之ἕξις【品質】，那就是在自己那兒是自主的、僅僅爲了進行揭開。」相反，它是ἀληθεύειν【去蔽】的πρακτική【實踐性】的ἕξις【品質】。因爲這屬於它的結構，它從一開始就不能被思考爲那只瞄準有—看法（Ansicht-Haben）的δόξα【意見】之τελείωσις【完滿】。此外，還要注意：ἀληθεύειν【去蔽】——如在δόξα【意見】、μάθησις【學習】、ἐπιστήμη【知識】中的，具有一種獨特的沉淪性質。我已經經驗、注意、學習到的東西，我可能會忘記：ἀληθεύειν【去蔽】的這種可能性隸屬於λήθη【遺忘】，——λανθάνειν【遮蔽】的根就藏於其中；它能夠重新陷入到隱藏中。能夠—被—遺忘（das Vergessen-werden-Können）是那具有θεωρεῖν【觀望】性質的ἀληθεύειν【去蔽】的一種特別的可能性。因爲ἕξις μετὰ λόγου【依賴邏各斯的品質】是ἀληθεύειν

【去蔽】的這樣一種ἕξις【品質】：此是特意將自己帶入該品質中。在φρόνησις【明智】那兒則不同。這顯現在下面這點上：我能夠經驗、注意、學習那已經經驗、注意、學習過的東西，而φρόνησις【明智】每次都是新的。因此，就φρόνησις【明智】來說也不存在λήθη【遺忘】：σημεῖον δ' ὅτι λήθη τῆς μὲν τοιαύτης ἕξεως ἔστιν, φρονήσεως δ' οὐκ ἔστιν.【顯然，遺忘屬於那僅僅依賴邏各斯的品質，而不屬於明智這種品質】（1140b28以下）在φρόνησις【明智】那兒，沒有遺忘這種沉淪之可能性。誠然，亞里士多德在這兒所給出的闡明是非常不夠的。但是，從上下文來看下面這點是清楚的：當我們說亞里士多德在這兒已經碰上了**良知現象**（*Phänomen des Gewissens*），我們的闡釋並不過分。φρόνησις【明智】無非就是被置於運動中的、讓某一行爲變得透徹的良知。良知不可能被遺忘。但下面這點的確是可能的：良知加以揭開的東西能被ἡδονή【快樂】和λύπη【痛苦】、被各種激情所歪曲並變得不起作用。良知總是一再呈報自己。因此，既然φρόνησις【明智】不具有λήθη【遺忘】的可能性，那它就不是人們能稱之爲理論知識的那種ἀληθεύειν【去蔽】方式。因此，對於ἐπιστήμη【知識】或τέχνη【技藝】來說它是否作爲ἀρετή【德性】這根本就不成爲一個問題。我們還將更加準確地看到，ἐπιστήμη【知識】或τέχνη【技藝】之間的連繫，以及ἀληθεύειν【去蔽】的兩種最高方式即φρόνησις【明智】和σοφία【智慧】之間的連繫，看起來是怎樣的。

現在讓人驚異的是：亞里士多德將σοφία【智慧】標明爲τέχνη【技藝】

的ἀρετή【德性】（《尼各馬可倫理學》第六卷第七章，1141a12）。最高的ἀληθεύειν【去蔽】方式、哲學性地看——對於亞里士多德來說它是人的最高生存方式（Existenzweise），同時是τέχνη【技藝】的ἀρετή【德性】。當τέχνη【技藝】把能夠是別的樣子的是者當作主題，而σοφία【智慧】在與眾不同的意義上將始終是著的東西當作主題，這必定就顯得越是奇怪[33]。

九、對σοφία【智慧】的分析（《尼各馬可倫理學》第六卷第六—七章）

(一) ἐπιστήμη【知識】、φρόνησις【明智】以及σοφία【智慧】同ἀρχαί【本源】在意向活動上的（dia-noetische）[34]關係（《尼各馬可倫理學》第六卷第六章）

爲了理解σοφία【智慧】，我們必須首先再次想起亞里士多德的闡釋不斷進行其

---

[33] 見附錄。——原注

[34] 德語dianoetisch來自希臘語διανοητικός，由δια和νοητικός構成，本意就是「有關思想的」。但鑒於noetisch在現象學中的獨特用法，以及海德格這兒有意將dianoetisch寫作dia-noetisch，權且將之譯為「在意向活動上的」。——譯注

間的那種上下連繫。ἀληθεύειν【去蔽】的不同方式著眼於ἀρχαί【諸本源】、著眼於對它們的揭開和保存而被分析。ἐπιστήμη【知識】奠基在ἀρχαί【諸本源】上；它在它由之進行推論的諸公理、各種自明的命題那兒，使用著ἀρχαί【諸本源】。在它那兒，不明確地同時懷有是者的ἀρχή【本源】[35]和τέλος【終點】、εἶδος【形式】和ὕλη【質料】；但是，知識不以ἀρχαί【諸本源】爲主題，而是僅僅打算以εἶδος【形式】爲引導線索進行考慮。τέχνη【技藝】僅僅預設了ἀρχή【本源】，預設了εἶδος【形式】；τέλος【終點】在它那兒不再被同時懷有；但它也不把εἶδος【形式】取作主題，它僅僅以那爲了其λογίζεσθαι【盤算】給予它方向的εἶδος【形式】爲引導線索採取行動。在φρόνησις【明智】那兒，給出了οὗ ἕνεκα【爲何】以及與之相伴隨的ἀρχή【本源】和τέλος【終點】，即εὐπραξία【好的實踐】——因爲ἀρχή【本源】就是τέλος【終點】自身——，但在這兒它不位於主題性的考察中；ἀρχή【本源】和τέλος【終點】並不作爲ἀρχή【本源】和τέλος【終點】而被思考。φρόνησις【明智】不是對作爲行爲的行爲之ἀρχή【本源】和τέλος【終點】的靜觀；它不是倫理學和科學，不是ἕξις μετὰ λόγου μόνον【僅僅依賴邏各斯的品質】（《尼各馬可倫理學》第六卷第五章，1140b28）；相反，當它是對某一具體行爲和抉擇的視時，

[35] 編輯者注：在ἀρχὴ τῆς κινήσεως【運動的本源】之意義上。參見所謂亞里士多德的「四因說」以及其他的。《形而上學》第一卷第三章，983a24以下。——原注

它在其眞正的意義上就是它能夠是的。甚至那最後關乎是者之諸最終原則的σοφία【智慧】，也是一種並不獨獨地和眞正地把ἀρχή【本源】當作主題的ἀληθεύειν【去蔽】；相反，它所進行的ἀρχή【本源】—研究是僅就下面這點來說的：它爲那處在諸原則之下的是者尋找諸原則。τοῦ γὰρ σοφοῦ περὶ ἐνίων ἔχειν ἀπόδειξίν ἐστιν.【對一些事情進行證明，這屬於有智慧的人。】（《尼各馬可倫理學》第六卷第六章，1141a2以下）。因此，σοφία【智慧】也不是那種ἀρχή【本源】作爲ἀρχή【本源】而在其中成爲主題的那種ἀληθεύειν【去蔽】。εἰ δὴ οἷς ἀληθεύομεν καὶ μηδέποτε διαψευδόμεθα περὶ τὰ μὴ ἐνδεχόμενα ἢ καὶ ἐνδεχόμενα ἄλλως ἔχειν, ἐπιστήμη καὶ φρόνησίς ἐστι καὶ σοφία καὶ νοῦς, τούτων δὲ τῶν τριῶν μηδὲν ἐνδέχεται εἶναι (λέγω δὲ τρία φρόνησιν ἐπιστήμην σοφίαν), λείπεται νοῦν εἶναι τῶν ἀρχῶν.【如果我們由之對那些不能或能是別的樣子的東西進行去蔽和不再犯錯的，是知識、明智、智慧和智性直觀，而前三者（我說的三者指明智、知識和智慧）中沒有一個能夠把握本源，那麼，剩下的就只有智性直觀能把握本源。】（1141a3以下）「因此，如果我們由之眞實地揭開是者而不歪曲它們的那些方式——即不弄錯——是ἐπιστήμη【知識】、φρόνησις【明智】、σοφία【智慧】和νοῦς【智性直觀】，並且如果首先提及的那三種，即φρόνησις【明智】、ἐπιστήμη【知識】和σοφία【智慧】並不眞正把ἀρχή【本源】取作主題，那麼，剩下的就只有：νοῦς【智性直觀】是把ἀρχή【本源】作爲ἀρχή【本源】加以揭開的那種ἀληθεύειν【去蔽】。」結果表明了：τέχνη【技藝】在這兒給排除出去了。但是，這兒所意指的乃是我們被可靠地擺置於其中並且不弄錯的那些ἀληθεύειν【去蔽】方式，而在τέχνη【技藝】那兒我們會犯錯；對於技藝來說，ἁμαρτάνειν【犯錯】是構建性的。——νοῦς【智性直觀】看起來又會是怎樣呢？

(二)νοῦς【智性直觀】作爲對ἀρχαί【本源】的ἀληθεύειν【去蔽】（《尼各馬可倫理學》第六卷第七章）。σοφία【智慧】作爲νοῦς【智性直觀】和ἐπιστήμη【知識】

對於νοῦς【智性直觀】，亞里士多德在這兒沒有說出較爲詳細的東西。對於νοῦς【智性直觀】，我們仍然經驗到少許。總的來說，關於νοῦς【智性直觀】亞里士多德流傳給我們的很少：它是將一些最大的困難提供給他的那種現象[36]。或許亞

---

[36] 誠如海德格所說，儘管νοῦς【智性直觀】是一個重要概念，但就目前流傳下來的文獻看，亞里士多德專題加以論述的地方不多。其中論述較為詳細且與這兒的討論密切相關的一段話自《後分析篇》第二卷第十九章（100b.5-100b.17）：'Επεὶ δὲ τῶν περὶ τὴν διάνοιαν ἕξεων αἷς ἀληθεύομεν αἱ μὲν ἀεὶ ἀληθεῖς εἰσιν, αἱ δὲ ἐπιδέχονται τὸ ψεῦδος, οἷον δόξα καὶ λογισμός, ἀληθῆ δ' ἀεὶ ἐπιστήμη καὶ νοῦς, καὶ οὐδὲν ἐπιστήμης ἀκριβέστερον ἄλλο γένος ἢ νοῦς, αἱ δ' ἀρχαὶ τῶν ἀποδείξεων γνωριμώτεραι, ἐπιστήμη δ' ἅπασα μετὰ λόγου ἐστί, τῶν ἀρχῶν ἐπιστήμη μὲν οὐκ ἂν εἴη, ἐπεὶ

里士多德已經在希臘人的是之解釋的可能範圍內，澄清了該現象。在《尼各馬可倫理學》第六卷第六章已經給出了一種預備說明。亞里士多德在這兒提醒：ἐπιστήμη【知識】——同φρόνησις【明智】和σοφία【智慧】完全一樣——是μετὰ λόγου【依賴邏各斯】的。我們將看到：只要λόγος【邏各斯】被理解為κατάφασις【肯定】和ἀπόφασις【否定】，那麼，νοῦς【智性直觀】這種ἀληθεύειν【去蔽】事實上是ἄνευ λόγου【無邏各斯】的。作為純粹νοῦς【智性直觀】的νοῦς【智性直觀】，如果想將之也把握為是μετὰ λόγου【依賴邏各斯】的，那麼，它具有

δ' οὐδὲν ἀληθέστερον ἐνδέχεται εἶναι ἐπιστήμης ἢ νοῦν, νοῦς ἂν εἴη τῶν ἀρχῶν, ἔκ τε τούτων σκοποῦσι καὶ ὅτι ἀποδείξεως ἀρχὴ οὐκ ἀπόδειξις, ὥστ' οὐδ' ἐπιστήμης ἐπιστήμη. εἰ οὖν μηδὲν ἄλλο παρ' ἐπιστήμην γένος ἔχομεν ἀληθές, νοῦς ἂν εἴη ἐπιστήμης ἀρχή. καὶ ἡ μὲν ἀρχὴ τῆς ἀρχῆς εἴη ἄν, ἡ δὲ πᾶσα ὁμοίως ἔχει πρὸς τὸ πᾶν πρᾶγμα.【在我們由之進行去蔽的那些同思想相關的品質中，一些總是真的，而另一些則能夠是假的；例如，意見和算計能夠是假的，而知識和智性直觀則總是真的。並且除了智性直觀，沒有別的任何品質會比知識更為精確；證明中的諸本源是更為可認識的，而所有的知識則都依賴邏各斯。基於以上理由，就沒有關於諸本源的知識。除了智性直觀，沒有任何東西能夠比知識更真，故智性直觀就是關乎諸本源的品質；有鑑於此，以及由於證明之本源不是證明，故知識之本源也不是知識。如果除了知識之外，我們不擁有其他真的品質，那麼，智性直觀就是知識之本源。並且知識之本源就是本源之本源，而全體知識類似地關乎全體事物。】——譯注

一種非常獨特的λόγος【邏各斯】——這種邏各斯絕不是κατάφασις【肯定】和ἀπόφασις【否定】。預先得說：νοῦς【智性直觀】作爲νοῦς【智性直觀】，根本不是人的是之可能性（Seinsmöglichkeit）。然而，只要人的此是被一種「意指（Vermeinen）」和知覺（Vernehmen）所刻劃，那麼，νοῦς【智性直觀】就還是能在人的此是身上發現㊲。亞里士多德把這種νοῦς【智性直觀】稱作ὁ καλούμενος τῆς ψυχῆς νοῦς【被稱作靈魂中的智性直觀】㊳：「被這樣稱作的」νοῦς【智性直觀】意味著：非眞正的νοῦς【智性直觀】。在人的靈魂中的這種νοῦς【智性直觀】不是一種νοεῖν【看】，即一種直截了當地看，而是一種διανοεῖν【仔細看】，因爲人的靈魂被λόγος【邏各斯】所規定。基於λόγος【邏各斯】，即基於對某種東西作爲某種東西的談及，νοεῖν【看】變成了διανοεῖν【仔細看】。除了νοῦς【智性直觀】，

㊲亞里士多德在《論靈魂》第二卷第三章（414b16-19）中曾說：ἐνίοις δὲ πρὸς τούτοις ὑπάρχει καὶ τὸ κατὰ τόπον κινητικόν, ἑτέροις δὲ καὶ τὸ διανοητικόν τε καὶ νοῦς, οἷον ἀνθρώποις καὶ εἴ τι τοιοῦτον ἕτερον ἔστιν ἢ τιμιώτερον.【一些生物此外還具有位移運動的能力，而另一些則具有進行思想和智性直觀的能力，如人，甚或某些與之類似或高於他的生物。】——譯注

㊳《論靈魂》第三卷第四章，429a22以下：ὁ ἄρα καλούμενος τῆς ψυχῆς νοῦς (λέγω δὲ νοῦν ᾧ διανοεῖται καὶ ὑπολαμβάνει ἡ ψυχή).【被稱作靈魂中的智性直觀（我指的是靈魂用來進行仔細看和把握的那種智性直觀）】——原注

沒有任何其他在眞正意義上是對ἀρχαί【諸本源】進行一種ἀληθεύειν【去蔽】的ἀληθεύειν【去蔽】方式。

於是，由於σοφία【智慧】思考ἀρχαί【諸本源】對之就是ἀρχαί【諸本源】的那種東西，思考具體的是者，並且同時最爲對準ἀρχαί【諸本源】，故亞里士多德能夠把σοφία【智慧】標畫爲νοῦς καὶ ἐπιστήμη【智性直觀和知識】，標畫爲一種ἀληθεύειν【去蔽】——它一方面在某種方式上同νοῦς【智性直觀】這種ἀληθεύειν【去蔽】相一致，另一方面又具有ἐπιστήμη【知識】的科學之性質。ὥστ' εἴη ἂν ἡ σοφία νοῦς καὶ ἐπιστήμη.【因此，智慧既是智性直觀又是知識。】（1141a19以下）

㈢對研究的進一步勾勒。φρόνησις【明智】和σοφία【智慧】作爲ἀληθεύειν【去蔽】的最高方式。σοφία【智慧】的優先性。該優先性在自然的希臘此是之理解中的起源。此是之現象學作爲研究之方法。θεωρία【理論】：術語說明和概念史

即使沒有預先把握到對ἀληθεύειν【去蔽】的諸最高方式的眞正闡釋，但在**對**ἀληθεύειν【去蔽】**的諸方式的暫時概覽**那兒，我們已經能夠保有以下三點：

1. 在對各種不同ἀληθεύειν【去蔽】方式進行比較的闡釋中下面這點變得清楚了：在

闡釋中，ἀληθεύειν【去蔽】最終被置於著眼於對ἀρχαί【諸本源】的揭開和保持這個方面。

2. 這種著眼於ἀρχαί【諸本源】，從而又決定著對ἀληθεύειν【去蔽】的兩種最高方式的討論，即對φρόνησις【明智】和σοφία【智慧】的討論。

3. 因此，只有當我們擺出了正是ἀρχή【本源】之問題爲區分和確定各種不同的ἀληθεύειν【去蔽】方式給出了引導線索這點是如何發生的，我們方才能贏得對各種不同ἀληθεύειν【去蔽】方式的一種實際理解。

在《尼各馬可倫理學》第六卷第六—十三章中，**僅限於**對φρόνησις【**明智**】和σοφία【**智慧**】**這兩種基本現象**進行考察。問題是，其中哪個比另一個絕對具有優先性。

此外還需注意的是：亞里士多德在這兒就這兩種現象在內容上困難的基礎那兒所突出表達的東西，和在φρόνησις【明智】和σοφία【智慧】的名頭下加以討論的東西，是一樣的，就是後來在**理論理性**和**實踐理性**的名頭下於哲學中提出來加以討論的東西。當然，這種對理性能力的新近討論，在哲學史之範圍內已經歷經了各種各樣的影響並被這些影響所潛移默化，以至於沒有亞里士多德工作的指導，源始的基礎就會變得難以認識。但另一方面，以康德對實踐理性和理論理性的區分爲引導線索，尋求對φρόνησις【明智】和σοφία【智慧】的一種理解則是不可能的。

亞里士多德預先指出了結果：

1. σοφία【智慧】是另一種最高的ἀληθεύειν【去蔽】之可能性，是φρόνησις【明智】之外的第二個βελτίστη ἕξις【最好品質】。

2. 同φρόνησις【明智】相比它還具有一種優先性，因而這種ἀληθεύειν【去蔽】構成了此是的一種本己的、眞正的可能性：βίος θεωρητικός【靜觀性的生活】，即科學的人之生存。

如果我們想到σοφία【智慧】把始終是著的是者當作主題，而φρόνησις【明智】恰恰對準並使之變得透徹的乃ἐνδεχόμενον ἄλλως ἔχειν【能夠是別的情形的是者】，即人的此是之是，那麼，該結果就愈發令人吃驚。

爲了能夠理解爲何即使如此σοφία【智慧】依然是ἀληθεύειν【去蔽】的最高可能性，這就需要對σοφία【智慧】進行深入的探究，確切講，它是：

1. 同φρόνησις【明智】相比，智慧要在其本己的結構中被擬定，並且要被呈現爲眞正的ἀληθεύειν【去蔽】方式，被呈現爲此是的最高是之可能性，——由此φρόνησις【明智】也將更加具體地突顯出來。

2. 亞里士多德並非獨斷地把該結果強加到當時希臘人的此是身上；亞里士多德並不想標新立異；相反，他從希臘此是自身那兒出發讓σοφία【智慧】作爲最高的是之可能性變得可理解。他把希臘人之自然的生命理解所力求到達的東西徹底地想到頭。

3. 通過追尋那植根於此是身上的σοφία【智慧】之優先性的這種根，我們將同時贏得對下面這點的一種理解：爲何τέχνη【技藝】的ἀρετή【德性】不是φρόνησις【明智】，而恰恰是作爲ἐπιστήμη【知識】之ἀρετή【德性】、作爲ἀκριβεστάτη τῶν ἐπιστημῶν【諸知識中最嚴格的知識】（參見《尼各馬可倫理學》第六卷第七章，1141a17）、作爲「所有科學中最嚴格的科學」的σοφία【智慧】。

我們從第二點開始，並將看到：σοφία【智慧】是希臘此是之最高的可能性，亞里士多德首次從希臘人的自然日常此是出發，讓它作爲這樣的東西變得可能理解。

關於這種闡釋之方法，以及在本講座中所一般加以運用的那種方法，需注意：它奠基在一種此是的現象學（*Phänomenologie des Daseins*）之上，它在這兒還不能明確加地以說明。在此只能進行一種簡要的方法上的考慮。如果背後沒有事情，那方法上的各種打量就沒有多大意義。我們打算首先進行具體的闡釋，並擱置「方法問題（Methodenfrage）」。誠然，方法問題要比該術語所意味的更多；也即是說，它自身復又是實事研究。因而在闡釋中，不會在方法上涉及亞里士多德那些迄今都還未被注意的文本和段落——畢竟他已經供我們利用兩千年了——；相反，在對闡釋的準備中就已經有著一內容豐富的詮釋學，但這並不意味著在這兒不加批判地就另一立場兜兜轉轉地解釋一通。因此，下面這些就是闡釋之前設：此是位於主題中，並且，如果闡釋對亞里士多德作某種「穿鑿附會的解釋」[39]，那它就再次獲得並理解了在他那兒

[39] 這句話的德語原文為：wenn die Interpratation in Aristoteles etwas “hineindeutet”. hineindeuten在日常

所眞正發生的事情。根據不同的學科看出一種哲學體系，這是一回事；讓事情變得更加尖銳、讓意圖變得更加明確而不落在其後，這又是另一回事。

σοφία【智慧】具有純粹認識、純粹看即θεωρεῖν【觀望】這種實施方式；它是βίος θεωρητικός【靜觀性的生活】。θεωρεῖν【觀望】這個詞在亞里士多德之前就已經眾所周知。但亞里士多德首次塑造了θεωρητικός【靜觀性的】這個詞。語詞θεωρεῖν【觀望】、θεωρία【理論】，來自θεωρός【觀眾】——它由θέα【景象】即景象、外貌同ὁράω【看】即看組成[40]。θέα【景象】、外貌——允許看某物所顯出來的那樣，有著一種同εἶδος【形式】相類似的含義。於是，θεωρός【觀眾】就意指那就某物的外貌觀看某物的人，觀看那被提供給看的東西的人。θεωρός【觀眾】是節日來賓，是在各種盛大的戲劇場面和節日**作爲觀眾**出席的人，——我們語言中

德語中就是「穿鑿附會地解釋」。海德格在這兒主要強調前綴hinein-（進去），因而這句話也可以譯為「如果闡釋把某種東西解釋到亞里士多德身上去。」但由於海德格將hineindeuten打了引號，為了保持其理解張力，還是把該詞譯為「穿鑿附會地解釋」。——譯注

[40] θεωρός在古代希臘有兩層意思。一層意思就是指觀眾，尤其指那些觀看和出席各種節日表演和競技表演的人；第二層意思則專指那些被派去求神諭的人以及在求神諭時在場的人。因而該詞也被認為有兩種詞源。就第一層意思來說，其詞源來自海德格這兒所說的θέα【景象】和ὁράω【看】；就第二層意思來說，則來自θεός【神】和ὤρα【時日】。——譯注

的「戲劇（Theater）」一詞就與之有連繫。「看」在這兒被雙重地表達。這一表達的含義史在這兒不可能詳細地加以展示。僅僅指出下面這點就可以了：就在緊鄰普羅提諾（Plotin）前面的那個時代，即在西元二和三世紀，θεωρία【理論】被這樣加以解釋：θέω-包含著θεῖον【神聖的】、θεός【神】的詞幹；θεωρεῖν【觀望】意味著：凝望神聖的東西。這是一種特殊的希臘詞源學，例如阿弗洛狄西亞的亞歷山大（Alexander Aphrodisius）就給出了它。這兒要討論一種新解釋，這種解釋儘管與該詞本身的眞正意義無涉，但它在亞里士多德的某種闡述中有其基礎。θεωρία【理論】在拉丁語中被翻譯爲意指純粹觀望的speculatio【靜觀】；因而「思辨的（spekulativ）」[41]同「理論的（theoretisch）」所意指的一樣。於是θεωρία【理論】在神學中扮演了一個重要角色，在那兒它被置於ἀλληγορία【譬喻】的對立面：θεωρία【理論】是下面這種觀察，它在所有的ἀλληγορία【譬喻】之前如其所是地擺出歷史學上的各種實情；θεωρία【理論】等同於ἱστορία【歷史】。最後，它等同於聖經神學（biblischer Theologie）和純粹神學（Theologie schlechthin）。後來，對θεωρία【理論】的翻譯，即將之譯爲theologia speculativa【思辨神學】——它恰恰表現了注釋神學（die exegetische Theologie）的對立面——是那些經常在含義史

[41] 單就spekulativ來看，當譯為「靜觀的」。spekulativ和speculatio在詞源上均來自拉丁語動詞speculor【看】。——譯注

中所出現的特殊偶然事件中的一件。

我們現在嘗試首先具體地弄懂σοφία【智慧】。亞里士多德已經深入討論了σοφία【智慧】。1.《尼各馬可倫理學》第六卷第六—十三章；2.《尼各馬可倫理學》第十卷第六—十章——在那兒同εὐδαιμονία【幸福】相連繫；3.《形而上學》第一卷第一—二章。已經強調過，亞里士多德並未發明σοφία【智慧】作爲此是的最終可能性這種觀點，而是**從對希臘此是自身的自然理解**出發，使之變得明確罷了。我們打算首先同亞里士多德一道走這條路，並看清：在希臘此是自身那兒，**朝向**σοφία**【智慧】的一種傾向以及關於它的各個預備階段**是如何開闢出來的。在自然此是的範圍內，對σοφία【智慧】前史的這種考察被亞里士多德在《形而上學》第一卷第一—二章中所進行[42]。

[42] 見附錄。——原注

第二章 在希臘人的自然的此是之範圍內σοφία【智慧】的起源（αἴσθησις【感覺】、ἐμπειρία【經驗】、τέχνη【技藝】、ἐπιστήμη【知識】、σοφία【智慧】）（《形而上學》第一卷第一—二章）

十、對研究的引導性刻劃。它的主導線索：此是自身的說出—自己。它的路徑：εἰδέναι【求知】的五個階段。它的目標：作為μάλιστα ἀληθεύειν【最為去蔽】的σοφία【智慧】

《形而上學》第一卷據說是較早的作品。但是，那已經被證實為是較晚的《倫理學》在其中已被提及；❶由此該假設會遭到駁斥。不過，該援引也可能是插入的。我認為關於亞里士多德著作的一種年代學是不可能的。維爾訥·耶格爾（Werner Jaeger）稱《形而上學》第一卷為宏偉的「即興作品」❷。第一卷第三章（983a33）

❶《形而上學》第一卷第一章，981b25以下。——原注

❷維爾訥·耶格爾，《亞里士多德：對其發展之歷史的奠基》（*Aristoteles. Grundlegung einer*

包含了對《物理學》的援引；在那兒（《形而上學》第一卷第三章），αἰτία【原因】—理論被清楚地加以了突顯❸；因此，對'Ηθικά【《倫理學》】那不大讓人舒服的援引（《形而上學》第一卷第一章，981b25）當被拿掉❹。然而，實際上這毫無根據；並且由於原則上什麼也沒說，這就使得愈發毫無根據。如果我們想到甚至在柏拉圖那兒也有著諸如τέχνη【技藝】、ἐπιστήμη【知識】、σοφία【智慧】、φρόνησις【明智】這樣一些基礎概念以及它們之間的關係所表現出來的那種混亂，並且將之同亞里士多德在《形而上學》第一卷第一、二章中的那種顯而易見占上風的闡釋相比較，那麼，我們就不可以說到某種「即興作品」，——即使稱之爲宏偉的，也不行。即使假設《形而上學》第一卷確實是較早的作品，那在亞里士多德那兒這些概念一開始也已經是非常清楚的。《形而上學》第一卷第一章和第二章同《尼各馬可倫理學》第六卷一樣完全基於同一視域被看。誠然，ἀληθεύειν【去蔽】作爲

Geschichte seiner Entwicklung），柏林，一九二三年。第二版，柏林，一九五五年。第178頁。——原注

❸《形而上學》第一卷第三章，983a24以下。——原注

❹亞里士多德在《形而上學》第一卷第一章（981b25）說：εἴρηται μὲν οὖν ἐν τοῖς ἠθικοῖς τίς διαφορὰ τέχνης καὶ ἐπιστήμης καὶ τῶν ἄλλων τῶν ὁμογενῶν.【在《倫理學》中談論過技藝和知識之間的某種區別，以及其他諸如此類的東西之間的區別。】——譯注

ἀληθεύειν【去蔽】還不是明確的；《形而上學》第一卷第一章（981b5以下）顯明了這點，在那兒，亞里士多德沒有說ἀληθεύειν【去蔽】，而是說：λόγον ἔχειν【有邏各斯】，αἰτίας γνωρίζειν【認識原因】，以及最後一般地對ἀρχή【本源】的認識。因此，σοφία【智慧】被規定爲λόγον ἔχειν【有邏各斯】的一種方式。這同此是自身的規定相配合，即把人規定爲λόγον ἔχον【有邏各斯】。

什麼是自然的此是那最切近的、最源始的和能夠被稱作σοφία【智慧】的預備階段的現象？當提出這些問題時，首先必須追問一種引導線索。亞里士多德的引導線索從此是自身那兒獲得「啟示」，即在當那說出自己本身的此是使用σοφία【智慧】、σοφός【智慧的】這些表達時它所意指的東西那兒取得消息。在此亞里士多德考慮了某種雙重的東西。一方面，在對這些表達的日常使用中，必定洩露了自然的此是對於這些表達具有什麼樣的理解。的確，日常此是還不具有關於這些表達的嚴格、科學的概念，正如一般來講，最切近的說出—自己作爲最切近的說出—自己，是未加規定的，並且也絕不具有在單義上加以確定了的概念。但這並不與下面這一可能性相衝突，那就是：此是穩步走在理解自己的路上。正如在那些位於「或多或少（Mehr oder Minder）」這種不確定中的表達那兒，此是進行著所有關於日常的言談；同樣，人們不會談論σοφός【智慧的】，而是談論μᾶλλον【更多】和ἧττον【更少】σοφός【智慧的】；人們不能定義它，但卻知道：這比那是σοφώτερον【更智慧的】。這種比較性的言說方法刻劃著日常的東西，只需截住它並從它那兒聽出這種

μᾶλλον【更多】中的μάλιστα【最爲】是什麼。亞里士多德在《形而上學》第一卷第一章遵循著這種方法。另一方面，亞里士多德根據此是關於σοφός【智慧的】直接和明確所說的來展開工作。他在第一卷第二章中遵循著這種方法。

亞里士多德首先根據那表明日常言談特徵的比較性的言說方式來展開工作。在其中顯現出理解的不同階段，而這些階段出現在自然的此是自身那兒並且是眾所周知的。μᾶλλον【更多】和ἧττον【更少】包含著朝向μάλιστα【最爲】的傾向，並且τέχνη【技藝】已經是比ἐμπειρία【經驗】μᾶλλον σοφός【更智慧的】。因而τελείωσις【完滿】指向ἐπιστήμη【知識】和θεωρεῖν【觀望】的方向。於是，亞里士多德證明了他對σοφία【智慧】和θεωρεῖν【觀望】的闡述無非就是對此是的解釋，而這種解釋是清楚的、是此是把自己本身帶給理解的。

亞里士多德舉出了**自然的此是所具有的理解的五個不同階段**：

1. κοιναὶ αἰσθήσεις【各種共同的感覺】（《形而上學》第一卷第一章，981b14），朝向每個人都具有的世界的定位。
2. ἐμπειρία【經驗】，被翻譯爲「經驗（Erfahrung）」，即進入某一確定操作中的熟練地是（eingefahrensein）。
3. τέχνη【技藝】，或者τεχνίτης【技師】或χειροτέχνης【手藝人】，即用手勞動的手藝人，並且尤其是依循τέχνη【技藝】那確定的被定位了地是（Orientiertsein）來勞動的。

4. ἀρχιτέκτων【大技師】，即設計師。他自身不從事建造，也不動手幫忙；相反，他僅僅在他精通的領域內活動，並且其主要任務就在於籌畫藍圖和反覆考慮εἶδος【形式】，——但由於它對準的是房子的建造，故它仍是一種ποίησις【創制】。

5. 單純的θεωρεῖν【觀望】，即觀察著地展露，在那兒重要的不再是χρῆσις【用處】。

這些階段每個相對於前面那個都表現出於σοφόν【智慧的】那兒的某種μᾶλλον【更多】。在列舉理解的這些階段時，我已經從人的此是那兒開始了。在這之前，亞里士多德還舉出了那些也已經具有「少量經驗」的動物的生命❺。

σοφία【智慧】的實施方法是θεωρεῖν【觀望】，人的此是的一種包含著所謂διαγωγή【消遣】的是之方式：逗留、清閒、無所事事。διαγωγή【消遣】作為無所事事意味著：什麼也不做，什麼也不完成；任何ποίησις【創制】都停止了。只要θεωρεῖν【觀望】被διαγωγή【消遣】所規定，那它就不是ποίησις【創制】，而是在對象自身那兒的一種純然的觀察，一種逗留。在對θεωρεῖν【觀望】以及由之而來的σοφία【智慧】的是之類型的這種刻劃中，更為明確地表達了柏拉圖經常所說的，例如《智者》（254a8以下）：ὁ δέ γε φιλόσοφος, τῇ τοῦ ὄντος ἀεὶ διὰ λογισμῶν

---

❺《形而上學》第一卷第一章，980b26以下。——原注

προσκείμενος ἰδέᾳ.【哲學家，就是那始終通過各種推論❻而獻身於是者之理念的人。】哲學家致力於並始終將自己保持在對是者的觀望上，嚴格講是這樣的：他在對是者的這種觀望中談論它，貫穿著對它的某種理解。因此，亞里士多德後來所闡明的那種科學態度，在柏拉圖那兒同樣是活潑潑的，只不過沒有在是態學－理論上（ontologisch-theoretisch）獲得奠基罷了。

如果要將σοφία【智慧】同φρόνησις【明智】劃清界限，那麼，σοφία【智慧】這種行爲之γένεσις【生成】必須加以澄清。通過對σοφία【智慧】之γένεσις【生成】的這種考察我們同時將贏得理解下面這點的視域，那就是：對於τέχνη【技藝】和ἐπιστήμη【知識】來說，σοφία【智慧】同時是其ἀρετή【德性】。因此，必須顯示：爲何那眞正瞄準某一ποίησις【創制】的τέχνη【技藝】，在其最本己的結構的基礎上卻表現出朝向σοφία【智慧】的一種預備階段。亞里士多德明確談到：οὐθὲν ἄλλο σημαίνοντες τὴν σοφίαν ἢ ὅτι ἀρετὴ τέχνης ἐστίν.【我們所意指的無非就是，智慧乃技藝的德性。】（《尼各馬可倫理學》第六卷第七章，1141a11以下）「眞正的理解、σοφία【智慧】，是在精通做成某種東西上的圓滿、

❻ 希臘文為λογισμῶν，乃名詞λογισμός的屬格複數。該詞同亞里士多德在這兒所討論的λογιστικόν【算計性的】都來自動詞λογίζεσθαι【算計、盤算、推論】，在詞源上同λόγος【邏各斯】相關。我將之譯為「推論」，甚為勉強。——譯注

ἀρετή【德性】，τελείωσις【完滿】。」亞里士多德同時還說：ὥστε δῆλον ὅτι ἡ ἀκριβεστάτη ἂν τῶν ἐπιστημῶν εἴη ἡ σοφία.【因此，顯然只有知識中最嚴格的才是智慧。】（1141a16）「σοφία【智慧】是諸科學中最嚴格的。」ἀ-κριβής同ἀ-ληθής具有相同的形式，褫奪詞α-【不】和κρυπτόν【被隱藏的】：不—被隱藏（un-verborgen），亞里士多德由之意指作爲揭開的認識的一種性質。由於σοφία【智慧】是最嚴格的科學，即那最爲眞實地揭開是者的東西，故亞里士多德能夠說：δεῖ ἄρα τὸν σοφὸν μὴ μόνον τὰ ἐκ τῶν ἀρχῶν εἰδέναι, ἀλλὰ καὶ περὶ τὰς ἀρχὰς ἀληθεύειν. ὥστε εἴη ἂν ἡ σοφία νοῦς καὶ ἐπιστήμη, ὥσπερ κεφαλὴν ἔχουσα ἐπιστήμη τῶν τιμιωτάτων.【所以，智慧的人不僅應從諸本源進行認識，而且應揭開諸本源。因此，智慧應既是智性直觀也是知識，彷彿是占據首位的關於各種最受尊敬的東西的知識。】（1141a17以下）「因此，σοφός【智慧的人】必定不僅根據本源來知識是者，而且他也必定在ἀρχαί【諸本源】之環圍內進行揭開，以至於σοφία νοῦς καὶ ἐπιστήμη【智慧既是智性直觀也是知識】，彷彿占據著首位，是關於τιμιώτατα【各種最受尊敬的東西】的ἐπιστήμη【知識】。」由於σοφία【智慧】是最嚴格的科學，它關乎τιμιώτατα【各種最受尊敬的東西】，關乎認識中的那些最崇高的對象，即那始終是著的東西，ἀεί【始終是的東西】，由此它揭開著ἀρχαί【諸本源】。因此，它是頂端，占據著首位，它μάλιστα ἀληθεύειν【最爲去蔽】。

現在就要根據人的此是自身去理解它的這種最高可能性的γένεσις【生成】。

在方法上還需注意下面這點。❼ἀληθεύειν【去蔽】是此是的一種是之方式，確切講，只要此是同某種是者，同世界或它自己本身發生關涉，那ἀληθεύειν【去蔽】就是它的一種是之方式。在希臘人的意義上是眞正是（das eigentliche Sein）的那種是者（das Seiende），是世界，或ἀεί【始終是的東西】。既然逗留在某處（Sich-Aufhalten-dabei）在其是上被何處（Wobei）所規定，故此是的是之方式必定會基於它對待是者的行爲而得到闡釋。

十一、εἰδέναι【求知】的最初三個階段：αἴσθησις【感覺】——ἐμπειρία【經驗】——τέχνη【技藝】（《形而上學》第一卷第一章）

㈠ αἴσθησις【感覺】。ὁρᾶν【看】的優先性。ἀκούειν【聽】作爲學習的條件。μνήμη【記憶】和φρόνησις【明智】

我們從前面的諸考察那兒知識到下面這點：在σοφία【智慧】那兒僅僅關涉著此是的一種被定位地是，關涉著被揭開了地是和可見地是（Aufgedeckt-und Sichtbarsein）。既然σοφία【智慧】被規定爲純粹的θεωρεῖν【觀望】，故亞里士

---

❼ 參見對方法的說明，第62頁。——原注

多德在《形而上學》的第一句話中就從這種此是那兒開始：πάντες ἄνθρωποι τοῦ εἰδέναι ὀρέγονται φύσει【所有的人依其本性都欲求知道】❽（《形而上學》第一卷第一章，980a1以下）。「所有人在自己那兒就具有一種去看的衝動。」「看（Sehen）」，最寬泛意義上的知覺（Vernehmen），屬於此是；其實還更多：ὄρεξις【欲求】，即熱衷於看（das Aussein auf das Sehen）、熱衷於對……熟悉地是（auf das Bekanntsein mit...），屬於此是。σημεῖον δ' ἡ τῶν αἰσθήσεων ἀγάπησις.【對各種感覺的喜愛顯明了這點。】（980a1以下）「對觀察、感覺的偏

---

❽ πάντες ἄνθρωποι τοῦ εἰδέναι ὀρέγονται φύσει【所有的人依其本性都欲求知道】。εἰδέναι【求知】這個詞與ὁράω【看】這個詞在詞源上有關聯；它作為οἶδα的不定式尤其指用心靈之眼進行看，故才引申為「知道」。因此，這句話的確可以如海德格所解釋的那樣，譯為「所有的人依其本性都渴望看」。並且一旦這麼處理，緊接著的那段話就變得順理成章和更容易理解：σημεῖον δ' ἡ τῶν αἰσθήσεων ἀγάπησις· καὶ γὰρ χωρὶς τῆς χρείας ἀγαπῶνται δι' αὑτάς, καὶ μάλιστα τῶν ἄλλων ἡ διὰ τῶν ὀμμάτων. οὐ γὰρ μόνον ἵνα πράττωμεν ἀλλὰ καὶ μηθὲν μέλλοντες πράττειν τὸ ὁρᾶν αἱρούμεθα ἀντὶ πάντων ὡς εἰπεῖν τῶν ἄλλων. αἴτιον δ' ὅτι μάλιστα ποιεῖ γνωρίζειν ἡμᾶς αὕτη τῶν αἰσθήσεων καὶ πολλὰς δηλοῖ διαφοράς.【對諸感覺的喜愛就是證據。因爲即使拋開用處，它們也因其自身而被喜愛；並且同其他感覺相比，由眼睛而來的感覺尤勝。因爲不僅爲了行動，而且當我們不打算行動時，也幾乎可以說同所有其他相比我們寧願選擇看。原因在於，在諸感覺中它最能讓我們進行認識，並揭示出許多的區別。】——譯注

愛就是其標誌。」在同作爲人的此是所追求的εἰδέναι【知道】的連繫中，亞里士多德賦予一種αἴσθησις【感覺】即看以優先性，將之置於所有其他感覺之前。我們賦予看、ὁρᾶν【看】以長於所有其他感官的優點。進行引導的視點，在這兒是下面這種可能性：能夠通過感官對世界經驗到某種東西，也即是說，世界這種是者依此能夠被感官所揭開的程度。αἴτιον δ᾽ ὅτι μάλιστα ποιεῖ γνωρίζειν ἡμᾶς αὕτη τῶν αἰσθήσεων καὶ πολλὰς δηλοῖ διαφοράς.【原因在於，在諸感覺中它最能讓我們進行認識，並揭示出許多的區別。】（980a26以下）δηλοῦν【揭示】在這兒意味著讓被看、使公開。在諸官能中，看因下面這點而出類拔萃：「它讓許多的區別被看」；看給出了下面這種最大的可能性，那就是：能夠就其多樣性來區別事物並且在其中定位自己。當亞里士多德強調ἀκούειν【聽】是最高的αἴσθησις【感覺】時（980b23）❾，ὁρᾶν【看】的這種優先地位愈發奇特。但這並無矛盾。聽是進行言說的人的基本情狀。聽和說都屬於他的可能性。因爲人能夠聽，故他能夠學習。聽和看這兩種感官，

---

❾ 其實亞里士多德在980b23那兒，並未如海德格所講的那樣明確說「聽」是最高的感覺。他只是說：φρόνιμα μὲν ἄνευ τοῦ μανθάνειν ὅσα μὴ δύναται τῶν ψόφων ἀκούειν(οἷον μέλιττα κἂν εἴ τι τοιοῦτον ἄλλο γένος ζῴων ἔστι), μανθάνει δ᾽ ὅσα πρὸς τῇ μνήμῃ καὶ ταύτην ἔχει τὴν αἴσθησιν.【那些不能聽見聲響的，雖然聰明，但不能進行學習（如蜜蜂以及生物中其他這樣的屬類）；而那些除了記憶之外還具有這種感覺的，則可以進行學習。】——譯注

在不同的方向上具有某種優點：聽使得傳達、被他人所理解成爲可能；而看則具有原初地展開世界這種優點，以至於那被看見的東西能夠被談論，並能夠在λόγος【邏各斯】中被更加明確地占有。

在一種搶先的、決定性的刻劃中，亞里士多德以這種方式規定了人之是：τὸ δὲ τῶν ἀνθρώπων γένος ⟨ζῇ⟩ καὶ τέχνῃ καὶ λογισμοῖς.【唯有人類憑藉技藝和算計（生活）。】（980b27以下）對人之是的這種規定顯示出：《形而上學》中的σοφία【智慧】之γένεσις【生成】同《尼各馬可倫理學》中所給出的完全一致。「人類——即具有去生活（zu leben）這種性質的是者家族，τέχνῃ καὶ λογισμοῖς【憑藉技藝和算計】生活。」簡而言之，它們就是我們在《尼各馬可倫理學》中所熟悉的λόγον ἔχον【具有邏各斯】的兩種方式：ἐπιστημονικόν【知識性的】和λογιστικόν【算計性的】。對人之是的這種刻劃意味著，人比動物具有一種更高的定位方式。這種定位自身具有不同的階段。φύσει μὲν οὖν αἴσθησιν ἔχοντα γίγνεται τὰ ζῷα, ἐκ δὲ ταύτης τοῖς μὲν αὐτῶν οὐκ ἐγγίγνεται μνήμη, τοῖς δ᾽ ἐγγίγνεται.【動物在本性上就具有感覺，從感覺中記憶在它們中的一些那兒生成出來，在另一些那兒則沒有。】（980a27以下）動物首先具有某種單純的αἴσθησις【感覺】，一些也具有μνήμη【記憶】，即持留（*Behalten*）：μνήμη【記憶】在這兒並不意指回憶，而是在最寬泛的意義上想到某種東西；這種μνήμη【記憶】不要求包含有某種λόγος【邏各斯】或νοεῖν【看】。καὶ διὰ τοῦτο ταῦτα φρονιμώτερα καὶ μαθητικώτερα τῶν μὴ δυναμένων μνημονεύειν ἐστί.【因此，同那些不能夠進行記憶的相比，它們更爲聰明和更能進行學習。】（980b1以下）基於這種能夠持留（Behaltenkönnen），有生命的是者具有了一定的φρόνησις【明智】——在較爲寬泛意義上的φρόνησις【明智】，一定程度的定位之可靠性。那些能夠聽的動物，在某種意義上同時具有學習的可能性；人們能夠馴服它們。在這種非常寬泛的形式上被理解的μνήμη【記憶】，已經位於動物那兒；它在作爲人的一種定位方式的τέχνη【技藝】的形成那兒扮演了一個根本的角色。αἰσθάνεσθαι【感覺】穩步發展出某種ἐμπειρία【經驗】：ἐκ μνήμης【從記憶中】。

㈡ ἐμπειρία【經驗】。指引聯絡：一旦—就。它的時間性質

γίγνεται δ' ἐκ τῆς μνήμης ἐμπειρία τοῖς ἀνθρώποις· αἱ γὰρ πολλαὶ μνῆμαι τοῦ αὐτοῦ πράγματος μιᾶς ἐμπειρίας δύναμιν ἀποτελοῦσιν.【人從記憶中生成出經驗。對同一事情的多次記憶形成某一經驗之可能。】（980b28以下）「在人那兒，從μνήμη【記憶】中生成出某一ἐμπειρία【經驗】；即對同一實情的許多μνήμη【記憶】形成某種單一的ἐμπειρία【經驗】、某種單一的行事方法之可能性。」在ἐμπειρία【經驗】那兒，本質性的東西是對在同一事情中的諸事件之間的一種確定連繫保持當下化（*Gegenwärtighalten*）。亞里士多德稍後（981a7以下）從醫

學那兒爲ἐμπειρία【經驗】舉出一個我們能夠先行認識到的例子⓾。如果日常經驗爲人的健康狀況、爲人每一當時的身體情況發明了某些藥物，那麼，這些藥物首先還處在一種眞實的洞察之外，即洞察到藥物同它要加以治療的疾病之間的作用連繫（*Wirkungszusammenhang*）⓫。僅僅被理解的是它們之間有一種連繫，而我們必須將該連繫標畫爲一些確定事件之在場的連繫。公式化地描述，這種連繫可這樣加以表達：一旦這樣這樣的病症出現，就必須使用那樣那樣的藥物；一旦這—就那（*Sobald das-dann das*）。病症是什麼、藥物是什麼，以及病症如何被去除，這些根本還未得到洞察；重要的僅僅是消除病痛。諸位立馬就看到這種連繫是一種有時間的東西（ein *Zeitliches*），確切講，首先是一種純粹有時間的東西：一旦這……，就那……

⓾《形而上學》第一卷第一章（981a7-12）：τὸ μὲν γὰρ ἔχειν ὑπόληψιν ὅτι Καλλίᾳ κάμνοντι τηνδὶ τὴν νόσον τοδὶ συνήνεγκε καὶ Σωκράτει καὶ καθ' ἕκαστον οὕτω πολλοῖς, ἐμπειρίας ἐστίν · τὸ δ' ὅτι πᾶσι τοῖς τοιοῖσδε κατ' εἶδος ἓν ἀφορισθεῖσι, κάμνουσι τηνδὶ τὴν νόσον, συνήνεγκεν, οἷον τοῖς φλεγματώδεσιν ἢ χολώδεσι [ἢ] πυρέττουσι καύσῳ, τέχνης.【對下面這點持有信念，當某種東西對患了某種疾病的卡利亞斯有益，於是它對蘇格拉底以及許多個體也同樣有益，這種信念就屬於經驗。但是，對下面這點持有信念，即該東西對於依單一的種劃分出來的所有患了該疾病的這樣的人都有益——如那些患了發燒症狀的黏液質的人、膽汁質的人，該信念就屬於技藝。】——譯注

⓫ Wirkungszusammenhang也可以譯為「效果連繫」或「相互連繫」。——譯注

（*Sobald* das..., *dann* das...）。這兒所關涉的乃此是之有時間地是（Zeitlichsein）⓬的一種獨特連繫。此是的當下化——它表達在「現在（Jetzt）」中，在這兒作爲「一旦（Sobald）」登場：一旦這……，就那……（*Sobald* das..., dann das...）。

於是，這種連繫能夠隨著時間形成經驗。πλῆθος γὰρ χρόνου ποιεῖ τὴν ἐμπειρίαν.【時間的堆積產生經驗。】（《尼各馬可倫理學》第六卷第八章，1142a15以下）然後，此是具有了某一確定的定位。在ἐμπειρία【經驗】中僅僅一旦—就（*Sobald-dann*）這種連繫被突顯了出來。我在這兒並不能更多地深入到這種連繫的結構中去。這種一旦—就（Sobald-dann）——一旦這樣這樣的東西是當下的，那樣那樣的東西就必定要被提供並成爲當下的——我將之稱作當下化之連繫（*Zusammenhang des Gegenwärtigens*）。在αἴσθησις【感覺】中，即在此是最切近的自我—定位（sich-Orientieren）中，各種形勢和事物都是偶然的，每樣東西都根據它將自己所提供出來的那樣而定。不同於偶然的、隨意的嘗試，ἐμπειρία【經驗】已經具有了某種確定的可靠性（*Sicherheit*）；在這兒，一旦這……，就那……（Sobald das..., dann das...），這種確定的連繫作爲確定的連繫已經被突顯出來。因此，ἐμπειρία【經驗】已經當下地具有一種μία ὑπόληψις【一種信念】：ἔχει

⓬ Zeitlichsein，也可以譯為：「時間性地是」。——譯注

ὑπόληψιν【具有信念】（參見《形而上學》第一卷第一章，981a7）。此是熟悉連繫，並活動在一種認爲（Dafürhalten）中。但它依然還不是對連繫作爲連繫的洞察；在這兒依然沒有對什麼（das Was）的觀望，因爲此是還是把全部心思都放在做事情上；這兒所關涉的還是一種極其原始的當下化。但即使這樣，同單純的感覺相比，ἐμπειρία【經驗】也已經具有某種優點。在單純的做事情的範圍內，ἐμπειρία【經驗】的確已經是一種δύναμις【能力】，一種首先被定位了地向著……被擺置地是（*ein erstes orientiertes Gestelltsein zu* …）。因爲不同於αἴσθησις【感覺】的多樣，在ἐμπειρία【經驗】中一種確定的實事上的連繫之統一已經供此是所支配。因此，ἐμπειρία【經驗】作爲δύναμις【能力】，是對行爲的一種確定的預先規定，並且尤其是依照……每一當時的出現或缺席對行爲的一種確定的預先規定。在ἐμπειρία【經驗】中有著對這樣那樣的偶然事情和情況的一定準備——如其可能出現的那樣。這種準備是一種被定位地是，它是可靠的，但依然不包含任何洞察。亞里士多德這樣描繪在ἐμπειρία【經驗】那兒所看到的那種「更多」：οἱ γὰρ ἔμπειροι περὶ ἕκαστα κρίνουσιν ὀρθῶς τὰ ἔργα, καὶ δι' ὧν ἢ πῶς ἐπιτελεῖται συνιᾶσιν, καὶ ποῖα ποίοις συνᾴδει· τοῖς δ' ἀπείροις ἀγαπητὸν τὸ μὴ διαλανθάνειν εἰ εὖ ἢ κακῶς πεποίηται τὸ ἔργον.【那些有經驗的人能在各個方面正確判斷作品，並知道它是通過什麼或怎樣被完成的，哪些東西同哪些東西相配搭。而那些沒有經驗的人則滿足於不會看不出作品是完成得好還是壞。】⓭（《尼各馬可倫理學》第十卷第十章，1181a19以下）「那些在某一確定方向上有經驗的人，能夠決定περὶ ἕκαστα【各個方面】、決定各個方面，決定每一步驟，並對下面這些具有一種理解：ἔργα【作品】如何加以完成，哪種性質同哪種性質相連繫，哪種實事上的連繫屬於它。那些ἄπειροι【無經驗的人】——他們的確也具有對作品的某種認識，必定會滿足於下面這點：對於他們來說作品不是完全隱藏的——διαλανθάνειν【完全遮蔽】：λανθάνειν【遮蔽】—ἀ-ληθές【不—遮蔽】！——，那公布出來的作品是好還是不好。」⓮他們僅僅對赤裸裸的結果具有某種判斷。對於ἔμπειρος【有經驗的人】，甚至εἶδος【形式】也不再隱藏。即使在ἐμπειρία【經驗】中已經有了這種透徹性，但實事上的連繫作爲實事上的連繫依然還未看到。——從這種ἐμπειρία【經驗】中能夠形成τέχνη【技藝】。

⓭ 蘇塞米爾（Susemihl）：ἔργων：顯然印刷錯誤。——原注

⓮ 這種進行釋義的翻譯出現在約納斯（H. Jonas）、沙爾克（F. Schalk）和魏斯（H. Weiß）的講座筆記中。——原注

(三) τέχνη【技藝】。指引聯絡的各種變式。對εἶδος【形式】的突顯。如果—那麼。因爲—所以。τέχνη【技藝】和ἐμπειρία【經驗】。καθόλου【普遍】和καθ' ἕκαστον【特殊】

γίγνεται δὲ τέχνη ὅταν ἐκ πολλῶν τῆς ἐμπειρίας ἐννοημάτων μία καθόλου γένηται περὶ τῶν ὁμοίων ὑπόληψις.【當關於相同事物的一種普遍信念從被經驗所給出的許多觀念那兒產生出來時，技藝就生成了。】（《形而上學》第一卷第一章，981a5以下）「當某一ὑπόληψις【信念】……，某一將καθόλου【普遍】當作對象的確定的認爲（Dafürhalten）產生時，τέχνη【技藝】就生成了。」在ἐμπειρία【經驗】中有著關於指引聯絡（Verweisungszusammenhang）的某種可靠性。如果ἐμπειρία【經驗】得到增強，那麼，從對所關涉的東西的多次觀望中就會形成ὑπόληψις μία καθόλου【一個普遍信念】。在人們於ἐμπειρία【經驗】中，以一旦這—就那（*Sobald* das-*dann* das）的方式與之發生關係的許多單個事例那兒，通過重複——人們於其中以始終一旦這—就那（Sobald *das*-dann *das*）的方式與那些單個事例發生關係，就會分離出和理解（ἐννοεῖσθαι【理解】）那保持同一且相伴隨的什麼（das *Was*）。與純粹有時間的連繫相比，各個什麼被揭開。εἶδος ἀφορίζεται【形式被分離出來】（參見981a10）、「εἶδος【形式】被分離了出來」，事情現在κατ' εἶδος ἕν【根據一種形式】，著眼於一種持留著的、不斷反覆再現的外觀而被理解。由此那於ἐμπειρία【經驗】那兒在一種完全暫時的理解中被給出的東西，就得到了修正：一旦—就（*Sobald-dann*）變成了如果這—那麼那（*Wenn* das-*dann* das），變成了如果—那麼（*Wenn-so*）。這種如果（Wenn）首先具有一種非常奇特的、中性的含義：它不再僅僅意味著一種單純的一旦（Sobald），而且已經意味著一定程度的因爲（Weil）。如果（*Wenn*），也就是以某種方式：因爲（*weil*）這樣這樣的東西顯現了，那麼，我必定安排那樣那樣的東西。因此，指引聯絡通過理解變得更眞實而被修正。只要所關涉的東西在其外觀上被分離出來，那理解就會變得更眞實。理解現在不再奠基在做事之連繫和辦理之連繫（der Ausführungs- und Verrichtungszusammenhang）的當下化中，不再奠基在前後相繼之持留中，而是奠基在操勞專心對待的那些事情之外觀的呈現中。因此，我們說具有τέχνη【技藝】的人是σοφώτερος【更智慧的】，比那僅僅具有ἐμπειρία【經驗】的人更是一位σοφός【智慧的人】。καὶ σοφωτέρους τοὺς τεχνίτας τῶν ἐμπείρων ὑπολαμβάνομεν.【我們認爲有技藝的人比有經驗的人更爲智慧。】（981a25）這一新現象——它提供了能夠說同ἐμπειρία【經驗】相比τέχνη【技藝】乃σοφωτέρα【更爲智慧的東西】這種可能性，位於看之方向上，而不位於做事之方向上。後者依然沒有受到損傷。相反，做事作爲做事甚至在ἐμπειρία【經驗】中要比在τέχνη【技藝】能夠更好地達成結果：πρὸς μὲν οὖν τὸ πράττειν ἐμπειρία τέχνης οὐδὲν δοκεῖ διαφέρειν, ἀλλὰ καὶ μᾶλλον ἐπιτυγχάνοντας ὁρῶμεν τοὺς ἐμπείρους τῶν ἄνευ τῆς ἐμπειρίας λόγον ἐχόντων.【對於做事來說，經驗似乎同技藝並無區別，但我們發現那些有經驗的人比那些有邏各斯而無經驗的人更能達到目的。】（981a12以下）「似乎就做事而言ἐμπειρία【經驗】同τέχνη【技藝】並無區別，我們甚至看見，那些具有ἐμπειρία【經驗】的人比那些只有λόγος【邏各斯】而無ἐμπειρία【經驗】的人更好地達到目的。」所謂只有邏各斯而無經驗，即已經把外觀、被創制了地是（Hergestelltsein）之結構連繫揭開出來供支配。那以正確的方式已經熟練地做過、完成過某事的人，就結果而言大多要優於那僅僅通曉某事的人。αἴτιον δ' ὅτι ἡ μὲν ἐμπειρία τῶν καθ' ἕκαστόν ἐστι γνῶσις ἡ δὲ τέχνη τῶν καθόλου, αἱ δὲ πράξεις καὶ αἱ γενέσεις πᾶσαι περὶ τὸ καθ' ἕκαστόν εἰσιν.【原因在於：經驗是對特殊事物的認識，而技藝是對普遍者的認識；而所有的實踐和生成都關乎特殊。】（981a15以下）「原因在於：τέχνη【技藝】根據其意義關乎καθόλου【普遍】」，即關乎那總是在單個事例身上重複出現的外觀；而πρᾶξις【實踐】的意義，如治療，就是要讓那剛好碰到的某個病人變得健康；πρᾶξις【實踐】關乎καθ' ἕκαστον【特殊】。——由此我們遇到了καθόλου【普遍】和καθ' ἕκαστον【特殊】這兩個概念，它們對於進一步理解和區分σοφία【智慧】和φρόνησις【明智】來說都是重要的。我們還得必須更加仔細地考察這兩個概念。這兩個概念所意指的，分別同ἀεὶ ὄν【始終是著的東西】和ἐνδεχόμενον ἄλλως ἔχειν【能夠是別的情形的東西】相一致。——因此，就結果來看，那具有ἐμπειρία【經驗】的人大多優於那僅僅具有λόγος【邏各斯】的人。的確，後一類人甚至在做事上常常出毛病。然而，即使有這種缺陷或毛病，還是會賦予τέχνη【技藝】或τεχνίτης【技師】某種優點：即他是σοφώτερος【更智慧的】。因此，σοφία【智慧】在這裡並不關涉在訴諸嘗試而來的技能那兒的更多，而是關乎在進行揭開地看——即看辦理所關涉的那種東西——那兒的更多。μᾶλλον【更多】指的是於進行觀望地理解那兒的更多，於自主地、僅僅進行揭開地觀察那兒的更多。τέχνη【技藝】在εἰδέναι【求知】那兒有其τελείωσις【完滿】。只要在ἐμπειρία【經驗】那兒作爲其對象的東西還遮蔽著，那它同τέχνη【技藝】相比就具有缺陷；εἶδος【形式】就還是συγκεχυμένον【模糊不清的】⑮。反之，其所關涉的東西之什麼卻出現在τέχνη【技藝】那兒。τέχνη【技藝】走到一旦—就（Sobald-dann）這一指引聯絡的後面，返回到**因爲—所以**（*Weil-deshalb*）。如果那麼（Wenn-so）於是過渡到因爲—所以（Weil-deshalb）。但是，一旦—就（Sobald-dann）甚至在這兒也依然是有生命力的；它在因爲所以（Weil-deshalb）那兒是清楚和透徹的。各種時間性質只是走到了幕後，它們並未消失。並且如在τέχνη【技藝】中所揭開的那樣，在因爲—所以（Weil-deshalb）中，**原因和結果之間的連繫已經被預先規定了**。那在指引聯絡中首先是αἴτιον【原因】的東

⑮ 參見《物理學》第一卷第一章，184a21以下；以及海德格在第86頁以下的闡釋。——原注

西，即對某物負有責任、是某物之動因的東西，愈來愈成爲ἀρχή【本源】。於是，爲什麼（das Warum）不再是那導致辨理的東西，而僅僅是那把是者揭開的東西。位於是者自身之結構中的起源之連繫，以及由此而來的是者自身，愈來愈被揭開和理解。就ἀρχή【本源】而言，在朝向單純進行揭開地觀察是者的這一傾向中，有著σοφώτερον【更智慧的東西】。因此，在τέχνη【技藝】中已經給出了對σοφία【智慧】的預先規定。

在闡釋中，下面這些關係變得可見。在ἐμπειρία【經驗】中給出了一旦這—就那（*Sobald* das-*dann* das）這種指引聯絡；該指引聯絡表達了一種當下化著地帶到—旁邊（*Bei*-schaffen）、擺置—到這兒（*Her*-stellen）。只要ἐμπειρία【經驗】變得穩固，這種連繫就會被修正爲一旦這—就始終那（*Immer* dann *das*-sobald *das*），在重複中它自身復又被修正爲如果這—那麼那（Wenn *das*-so *das*）、因爲這—所以那（Weil *das*-deshalb *das*）。什麼之連繫（*Was*zusammenhang）作爲什麼之連繫由此被分離出來。在指引聯絡之當下化中被當下化的東西總是在其εἶδος【形式】上出現，嚴格講，在指引聯絡自身中出現。因爲在τέχνη【技藝】中，所關涉的東西已經根據其外觀而變得可理解，這樣一來，從實事上的連繫那兒就拾取出了行爲之根據。最後，一旦這—就那（Sobald das-dann das）或者一旦這—就始終那（Immer dann das-sobald das）這種指引聯絡之當下化，對於根據其ἀρχή【本源】來揭開是者來說是暫時性的。ἀρχή【本源】的確就是那由之而來（das Von-her）的、始終已經在此是的東西。因此，這種連繫之當下化最後對下面這點來說是暫時性的，那就是：在揭開著地返回到那已經在此的東西，即返回到ἀρχή【本源】中，讓是者在其在場（οὐσία【所是】）中可供支配。

這種結構在亞里士多德那兒是不明確的。但畢竟得說：闡釋必須得超出首先於文本那兒所碰到的東西。這絕不是穿鑿附會地進行解釋，而是要揭開在希臘人那兒曾經不明確地出現過的東西。如果我們在此超出了原始理解所首先看到的東西，那麼，其中就有著一定程度的危險：我們把過多的東西歸到了亞里士多德和希臘人身上。但是，經過仔細認識，人們就會注意到，他們的確配享這種過多的東西。如果重要的是應進行一種準確的結算，那就只得說：如果我們事先就已經超出了文本，那唯一必須要做的就是進行削減。只有通過讓那孤零零地在此的東西變得更可理解了，這樣一種結算才是充分的。重要的就是這種詮釋學。如果我們在原則上依循時間來定位希臘人的是之概念，那它就不是一種單純突然生起的念頭；相反，它有著自己非常確定的基礎。在柏拉圖那兒我們還將看到，爲何我們要這樣做。

我們必須進一步理解εἶδος【形式】或καθόλου【普遍】，同時理解其對立概念καθ' ἕκαστον【特殊】。

十二、附記：καθόλου【普遍】和καθ' ἕκαστον【特殊】。哲學的道路（尤其是：《形而上學》第五卷第二十六章；《論題篇》第六卷第四章；《物理學》第一卷第一章）⑯

καθόλου【普遍】由κατά【依照】和ὅλον【整體】組合而成。我們將根據ὅλον【整體】這一概念來獲悉對καθόλου【普遍】之是的進一步澄清。亞里士多德在《形而上學》第五卷第二十六章給出了對ὅλον【整體】的定位。在那兒，καθόλου【普遍】被理解爲ὅλον【整體】的某種方式。

㈠ὅλον【整體】的多重含義。καθόλου【普遍】作爲ὅλον λεγόμενον【從整體上說出的東西】（《形而上學》第五卷第二十六章）

ὅλον【整體】在多重方式上被理解：

1. ὅλον λέγεται οὗ τε μηθὲν ἄπεστι μέρος ἐξ ὧν λέγεται ὅλον φύσει.【所謂整體，指：如果它的組成部分一個不缺，那它就被稱作自然意義上的整體。】（1023b26以下）「ὅλον【整體】是這樣一種東西，在它那兒沒有什麼是不在場

⑯在海德格的手稿中沒有出現這一附記（第78-90頁）的紀錄。編者根據約納斯、沙爾克和魏斯的筆記補出。——原注

的，在它那兒沒有任何部分、任何屬於它的構成部分是不在場的。」肯定地說，ὅλον【整體】就是是者在屬於其是的東西那兒的完全在場。我們的表達「完整（*Vollständigkeit*）」極好地複述了它；是者處在其完整狀態中。但要注意，亞里士多德也把他在這兒賦予ὅλον【整體】的這同一定義用在τέλειον【完滿】身上，τέλειον λέγεται ἓν μὲν οὗ μὴ ἔστιν ἔξω τι λαβεῖν μηδὲ ἓν μόριον.【所謂完滿指這樣一種東西：在它之外不可能找到它的任何一個單獨部分。】（1021b12以下）「τέλειον【完滿】首先是這樣一種東西：在它那兒，甚至沒有任何一個單獨部分是在外面的。」因此，ὅλον【整體】首先意味著那些構成某一是者之完滿地是（Fertigsein）的構成部分的完全在場。

2. 〈ὅλον λέγεται〉 *καὶ τὸ περιέχον τὰ περιεχόμενα ὥστε ἕν τι εἶναι ἐκεῖνα.*【（所謂整體指）：那進行包圍的東西如此包圍著那被包圍的東西，以至於那些被包圍的東西是某種一。】（《形而上學》第五卷第二十六章，1023b27以下）「ὅλον【整體】是那進行包圍的東西，以至於那些被包圍的東西是如某種一那樣的東西。」對於ὅλον【整體】的這第二種含義，我們沒有相應的表達；「全體（das Ganze）」在這兒並未切中實情。這第二種含義又被分爲兩種。ὅλον【整體】是περιέχον【進行包圍的】（1023b28以下），即進行包圍的：

(1) ἢ γὰρ ὡς ἕκαστον ἕν【或者每一單個都是一】，「或者在被包圍的東西中的每一個都是一這個意義上」，

(2) ἢ ὡς ἐκ τούτων τὸ ἕν【或者一從這些東西而來】，「或者在一從被包圍的東西自身那兒構成這個意義上」。在這兒，ἕκαστον【每個】首先一起構成ἕν【一】，而在(1)那兒，每一單個對於它自己來說就是ὅλον【整體】。

關於(1)的例子，καθόλου【普遍】是：τὸ μὲν γὰρ καθόλου, καὶ τὸ ὅλως λεγόμενον ὡς ὅλον τι ὄν, οὕτως ἐστὶ καθόλου ὡς πολλὰ περιέχον τῷ κατηγορεῖσθαι καθ' ἑκάστου καὶ ἓν ἅπαντα εἶναι ὡς ἕκαστον, οἷον ἄνθρωπον, ἵππον, θεόν, διότι ἅπαντα ζῷα.【普遍，即作為某種整體是者而被整體地說的東西，是下面這種意義上的普遍，即它通過謂述其中每個而包圍著許多東西，並且所有的每個都是一，如人、馬、神——因為它們全都是有生命的東西。】（1023b29以下）καθόλου【普遍】在每一ἕκαστα【每個】自身都是這種ὅλον【整體】這種方式上是一種περιέχον【進行包圍的東西】。因此，如有生命的東西就是一種ὅλον【整體】；人、馬、神都是ἕκαστα【每個】。有生命的東西以下面這種方式將這些ἕκαστα【每個】統一為一個統一的整體，那就是：每一單個作為單個都是有生命的東西。但我們還是沒有看清下面這一獨特的性格何以是可能的，那就是：在許多的單個中，每一單個作為單個都是整體。這之所以可能，僅僅τῷ κατηγορεῖσθαι καθ' ἑκάστου【因為它謂述其中每個】，「由於整體述說每一ἕκαστον【每個】」。這種規定已經暗含在καθόλου【普遍】這個詞中——只要κατά【依照】將λέγειν【說】暗指為κατάφασις【肯定】。只要此是以λέγειν【說】的方式進行揭開，那

καθόλου【普遍】就屬於此是。καθόλου【普遍】是一種ὅλον λεγόμενον【整體被說的東西】，即一種ὅλον【整體】，一種僅僅在λέγειν【說】中顯現的整體性。它是一種通過下面這點而突顯出來的ὅλον【整體】，那就是：它的是，被那位於λόγος【邏各斯】中的通達性所規定。καθόλου【普遍】如何在其一上是整體，只能在κατηγορεῖσθαι【謂述】中被看到。它以這種方式包圍每一單個，以至於每一單個作爲單個都是ὅλον【整體】：ἄνθρωπος【人】、ἵππος【馬】、θεός【神】每一個對於它自己而言都是ζῷα【有生命的東西】。這種整體性之是奠基在λέγεσθαι【被說】中。καθόλου【普遍】是一種ὅλον περιέχον λεγόμενον【被說出來的進行包圍的整體】。在ὅλον【整體】的不同類型之範圍內，只要λέγειν【說】在它那兒發揮作用，那作爲καθόλου【普遍】的ὅλον【整體】就具有一種與眾不同的地位。

ὅλον περιέχον【進行包圍的整體】的第二種類型在(2)中，即在所有被稱作συνεχές【連續的東西】中給出。τὸ δὲ συνεχὲς καὶ πεπερασμένον, ὅταν ἕν τι ἐκ πλειόνων ᾖ, ἐνυπαρχόντων μάλιστα μὲν δυνάμει, εἰ δὲ μή, ἐνεργείᾳ.【連續的東西和被限制的東西，當某種一從其許多部分中生成，尤其這些部分以潛能的方式存在其中，甚或以現實的方式存在其中時，也是整體。】（1023b32以下）例如，一段線是一個ὅλον【整體】，並且是以下面這種方式是整體的：它ἐκ πλειόνων【從許多部分】，即ἐκ στιγμῶν【從許多的點】，從許多單個的點構成。在這兒，每一單個的點不是ὅλον【整體】，即不是線，而是所有的點一起才構成ἕν【一】；它們一起才形成線。在多數情形下，ἐνυπάρχοντα【那些存在其中的東西】僅僅δυνάμει【以潛能的方式】是在那兒；在看一段線時，各個單個的點多半沒有明確地突顯出來；各個組成部分僅僅δυνάμει【在潛能上】突顯了出來；但如果沒有，那它們就ἐνεργείᾳ【以現實的方式】是在那兒。

在συνεχές【連續的東西】之意義上的ὅλον【整體】的這種含義之前，有著一種原初是態學的含義，根據這種含義ὅλον【整體】等同於τέλειον【完滿】、完滿。那些構成某一是者的諸規定之完滿的歸屬性，即完整性，是在原初是態學的意義上的ὅλον【整體】。——因此，到目前爲止，我們已經有了ὅλον【整體】的如下含義：1. ὅλον【整體】作爲完整性。2.作爲進行包圍的東西：(1)作爲普遍（*überhaupt*）、καθόλου【普遍】；(2)作爲持續不斷的連繫、συνεχές【連續的東西】，在那兒，各個部分、各個ἐνυπάρχοντα【存在其中的東西】，要麼是δυνάμει【在潛能上的】，要麼是ἐνεργείᾳ【在現實上的】。

還有著ὅλον【整體】的第三種類型：3.全體（*das Gesamte*），πᾶν【全體】。ἔτι τοῦ ποσοῦ ἔχοντος δὲ ἀρχὴν καὶ μέσον καὶ ἔσχατον, ὅσων μὲν μὴ ποιεῖ ἡ θέσις διαφοράν, πᾶν λέγεται, ὅσων δὲ ποιεῖ, ὅλον.【那具有量的東西有始點、中點和終點。其位置不會導致差異的，被稱作全體；導致差異的，被稱作整體。】（1024a1以下）只要ὅλον【整體】就其多少（*Wieviel*）被觀察，那麼，它在進行包圍的東西和連續的東西之意義上就是：(1)一種πᾶν【全體】，即一種全體（*ein*

Gesamt），一種總和（*eine Allheit*）。點之總和不同於整個線。這兒所關涉的乃是量（*Menge*）這一概念——在它這兒，順序、θέσις【位置】，那些構成整體的部分，都是隨意的；沒有哪個點作爲點而先於其他的點。——(2)但也可能有一種整體，在它那兒，各個部分的θέσις【位置】不是無關緊要的。ὅσων δὲ ἡ θέσις ποιεῖ διαφοράν, ὅλον λέγεται.【其位置導致差異的，被稱作整體。】（參見1024a2）於是它被稱作ὅλον【整體】、整體。——於是，還有可能(3)某種東西同時是πᾶν【全體】和ὅλον【整體】。ἔστι δὲ ταῦτα ὅσων ἡ μὲν φύσις ἡ αὐτὴ μένει τῇ μεταθέσει, ἡ δὲ μορφὴ οὔ, οἷον κηρὸς καὶ ἱμάτιον.【但有這樣一些東西，位置改變後，其本性保持不變，但形狀卻不會保持不變；例如，蜂蠟和衣服。】（1024a3以下）「會有這種東西，其φύσις【本性】在μετάθεσις【位置改變】中，即在諸部分之順序發生變化那兒，依然保持同一，而μορφή【形狀】，即外觀、外形卻不會保持同一」；後者會發生變化。例如，一件衣服的確是一個ὅλον【整體】、一個整體；但衣服的μορφή【形狀】在諸部分的μετάθεσις【位置改變】中——當它被以不同的方式折疊、懸掛和穿時，是不同的。在這種μετάθεσις【位置改變】中，它始終同它自己本身保持同一，φύσις【本性】保持著同一，ὅλον【整體】被保持著；μορφή【形狀】卻改變了：πᾶν【全體】和ὅλον【整體】。——對πᾶν【全體】的最後規定是(4)那也用在數目身上的整體之規定。καὶ ἀριθμὸς πᾶν μὲν λέγεται, ὅλος δ' ἀριθμὸς οὐ λέγεται.【數目被稱作全體，但數目不被稱作整體。】（參見1024a7

以下）ἀριθμός【數目】、被合計的東西，總數（*Summe*），被稱作πᾶν【全體】、全體，而不被稱作ὅλον【整體】、整體。——最後，(5)它被稱作πάντα【全部】，即被稱作「所有東西（alle），全部東西（sämtliche）」，而不被稱作ὅλον【整體】、整體（das Ganze）。πᾶσαι αὗται αἱ μονάδες【全部單位】，「這些全部單位（diese sämtlichen Einheiten）」。πάντα δὲ λέγεται ἐφ' οἷς τὸ πᾶν ὡς ἐφ' ἑνί, ἐπὶ τούτοις τὸ πάντα ὡς ἐπὶ διῃρημένοις· πᾶς οὗτος ὁ ἀριθμός, πᾶσαι αὗται αἱ μονάδες.【面對一些東西，當將之當作一來說時，用全體這個詞；當將之當作分開的各個東西來說時，用全部這個詞，這全體數目，這些全部單位。】（1024a8以下）「πᾶν【全體】、全體（das Gesamte），用來指稱單位；而πάντα【全部】、全部東西（die sämtliche），用來指稱分開的各個部分，這全體數目（diese geamte Zahl），這些全部的一（diese sämtliche Einsen）。」

在亞里士多德那兒，這種考察對於是者的結構以及對於在其結構中把是者加以揭開的λόγος【邏各斯】來說都具有根本的意義。——由之出發就出現了καθόλου【普遍】和καθ' ἕκαστον【特殊】之間的區別。這種區別位於通達是者的方式中，由此同時位於是者被揭開（ἀλήθεια【眞】）的程度中。

(二)作爲區分καθ' ἕκαστον【特殊】和καθόλου【普遍】的通達方法。αἴσθησις【感覺】和λόγος【邏各斯】。πρὸς ἡμᾶς γνωριμώτερον【對於我們來說更爲可知的東西】和ἁπλῶς γνωριμώτερον【絕對地更爲可知的東西】。哲學的道路（根據《論題篇》第六卷第四章和《形而上學》第七卷第三章）：從καθ' ἕκαστον【特殊】到καθόλου【普遍】

καθόλου【普遍】是某種ὅλον【整體】；它的醒目之處就在於：它的是，被由λόγος【邏各斯】而來的通達性所規定：它是一種ὅλον λεγόμενον【被說出來的整體】。καθόλου【普遍】從不在將自己保持於單純的個人印象（Augenschein）⓱那兒的某種αἴσθησις【感覺】中被揭開。爲了看到καθόλου【普遍】，我必須言說，把某種東西作爲某種東西加以談及。在λόγος【邏各斯】和αἴσθησις【感覺】之間的這種區別中，也有著καθόλου【普遍】和καθ' ἕκαστον【特殊】之間的區別。καθ' ἕκαστον【特殊】是那種首先即在αἴσθησις【感覺】中顯示出來的是者。而καθόλου【普遍】則是那種首先且僅僅在λέγειν【說】中顯現的東西。這一區別觸碰到了下面這一原則問題：是者以何種方式和在何種層次上在其是之本眞性上變得可通達。此是有兩種最徹底的可能性——在這兩種可能性中它是進行揭開的；這兩種可能性被

⓱ Augenschein，也可以譯為：「表面現象」、「目睹」、「眼見」。——譯注

剛才所提及的那種區分所預先規定了，即：καθ' ἕκαστον【特殊】和καθόλου【普遍】。奇怪的是：在καθ' ἕκαστον【特殊】這一表達那兒κατά帶的是賓格，而在καθόλου【普遍】這一表達那兒則是屬格。κατά帶賓格通常表示：涉及某種東西，而κατά帶屬格則意味著：明確地考慮某一行爲所涉及的東西。例如，κατά帶屬格就出現在τοξεύειν κατά τινος【射向某人】這一表達中，用弓射某人，即把某人從樹上射下來。因此，根據屬格結構，在καθόλου【普遍】中的ὅλον【整體】通過下面這點而與眾不同：只有它明確地成爲主題，它才顯現；而καθ' ἕκαστον【特殊】在αἴσθησις【感覺】中從自身那兒顯現，無須特意成爲主題。

καθόλου【普遍】之於καθ' ἕκαστον【特殊】的這種醒目之處也通過ἁπλῶς γνωριμώτερον【絕對地更爲可知的東西】和πρὸς ἡμᾶς γνωριμώτερον【對於我們來說更爲可知的東西】之間的區別而得到把握：

1. πρὸς ἡμᾶς γνωριμώτερον【對於我們來說更爲可知的東西】或ἡμῖν γνωριμώτερον【對於我們來說更爲可知的東西】，對於我們來說，那在我們最切近的行爲中所揭開的是者，是更爲眾所周知和熟悉的。它就是顯現在αἴσθησις【感覺】中的καθ' ἕκαστον【特殊】。是者，在其眞正的是上加以理解——它始終已經於是者那兒在此，並且一切都由之得到進一步的規定——對於我們來說首先是遮蔽著的。
2. ἁπλῶς γνωριμώτερον【絕對地更爲可知的東西】，那絕對地於是者那兒在此是的東西，絕對地、無須關乎我們、在著眼於在其自身的是者方面是更爲眾所周知的，它如此這樣，以至於它將其當下賦予給所有其他東西。它就是那主要通過λόγος【邏各斯】和νοῦς【智性直觀】而變得可通達的καθόλου【普遍】，而καθ' ἕκαστον【特殊】首先主要落在αἴσθησις【感覺】的下面。

ἁπλῶς μὲν οὖν γνωριμώτερον τὸ πρότερον τοῦ ὑστέρου, οἷον στιγμὴ γραμμῆς καὶ γραμμὴ ἐπιπέδου καὶ ἐπίπεδον στερεοῦ, καθάπερ καὶ 84μονὰς ἀριθμοῦ · πρότερον γὰρ καὶ ἀρχὴ παντὸς ἀριθμοῦ. ὁμοίως δὲ καὶ στοιχεῖον συλλαβῆς. ἡμῖν δ' ἀνάπαλιν ἐνίοτε συμβαίνει · μάλιστα γὰρ τὸ στερεὸν ὑπὸ τὴν αἴσθησιν πίπτει [τοῦ ἐπιπέδου], τὸ δ' ἐπίπεδον μᾶλλον τῆς γραμμῆς, γραμμὴ δὲ σημείου μᾶλλον. [διὸ μᾶλλον] οἱ πολλοὶ γὰρ τὰ τοιαῦτα προγνωρίζουσιν · τὰ μὲν γὰρ τῆς τυχούσης, τὰ δ' ἀκριβοῦς καὶ περιττῆς διανοίας καταμαθεῖν ἐστιν.【因此，在先的東西比在後的東西是絕對地更爲可知的東西；例如，點比線、線比面、面比體⑱絕對地更爲可知，就像單位比數絕對地更爲可知一樣——因爲它先於所有的數並且是其本源。同樣，字母比音節絕對地更爲可知。但對我們來說，有時卻會相反地發生。因爲體最爲落入感覺之下，而面又比線、線又比點更爲落入感覺

⑱ 形容詞στερεός本意為「堅固的」、「堅硬的」，故τὸ στερεόν當指「堅硬的東西」。在這兒根據上下文將之意譯為「體」。——譯注

之下。因爲許多人先知道這類東西。因爲普通智力就能把握它們，而另一些則需要準確、非凡的智力。】（《論題篇》第六卷第四章，141b5以下）⓳對於我們來說、

⓳ πρότερον【在先】是亞里士多德哲學中的一個重要概念，在《範疇篇》第十二章，他專門討論了它，提出了「在先」的五種方式。此外，他在《後分析篇》和《形而上學》等地方也詳細討論過「在先」，並與海德格這兒的討論相關。例如，《後分析篇》第一卷第二章（71b33-72a5）：πρότερα δ' ἐστὶ καὶ γνωριμώτερα διχῶς· οὐ γὰρ ταὐτὸν πρότερον τῇ φύσει καὶ πρὸς ἡμᾶς πρότερον, οὐδὲ γνωριμώτερον καὶ ἡμῖν γνωριμώτερον. λέγω δὲ πρὸς ἡμᾶς μὲν πρότερα καὶ γνωριμώτερα τὰ ἐγγύτερον τῆς αἰσθήσεως, ἁπλῶς δὲ πρότερα καὶ γνωριμώτερα τὰ πορρώτερον. ἔστι δὲ πορρωτάτω μὲν τὰ καθόλου μάλιστα, ἐγγυτάτω δὲ τὰ καθ' ἕκαστα· καὶ ἀντίκειται ταῦτ' ἀλλήλοις.【在兩種意義上說一個東西是在先的和更易被認識的。因爲本性上在先和相對於我們在先不是同一回事；同樣，本性上更易被認識和相對於我們來說更易被認識也不是同一回事。我把那些離諸感覺較近的東西稱之爲相對於我們在先的和更易被認識的，將那些離諸感覺較遠的稱之爲絕對在先的和更易被認識的。最普遍的東西是最遠的，而個別的東西是最近的。它們彼此對立。】《形而上學》第五卷第十一章（1018b29-34）：ταῦτα μὲν οὖν πρότερα τοῦτον λέγεται τὸν τρόπον, ἄλλον δὲ τρόπον τὸ τῇ γνώσει πρότερον ὡς καὶ ἁπλῶς πρότερον. τούτων δὲ ἄλλως τὰ κατὰ τὸν λόγον καὶ τὰ κατὰ τὴν αἴσθησιν. κατὰ μὲν γὰρ τὸν λόγον τὰ καθόλου πρότερα κατὰ δὲ τὴν αἴσθησιν τὰ καθ' ἕκαστα.【以上這些東西在第一種意義上被稱作是在先的東西，而在另一種意義上，那就認識而來的在先的東西被看作是絕對在先的東西。其中，有些是就邏各斯而言的在先，有些則是就感覺而來的在先，兩者是不同的。就邏各斯來說，普遍的東西是在先的東西；但就感覺來

ἡμῖν【對於我們來說】，在最切近的舉動中首先熟悉的是στερεόν【堅硬的東西】或σῶμα【體】，即體，好像它是帶有軀體似的。只有在對ἀρχή【本源】的進一步回返中，我們才揭開ἐπίπεδον【面】、γραμμή【線】、στιγμή【點】，面、線、點。於是，點是ἀρχή【本源】。在ἀριθμός【數】，即在某一數目那兒同樣如此，只有在對μονάς【單位】即對作爲ἀρχή【本源】的一的回返中，它才被揭開。因此，ἁπλῶς【絕對地】、絕對地，就是者自身來看，στιγμή【點】或μονάς【單位】是ἀρχή【本源】，對於我們來說，事情則相反。頭腦簡單的人看不到任何點，他也不知道線由點構成。οἱ πολλοί【許多人】、許多人，如他們首先和通常所是的那樣，認識體，即那首先映入眼簾的東西和那在任意的觀看中就能夠被經驗到的東西。無須任何特別的思考活動來看那些位於其整體性中的事物。

根據這種區分，甚至αἴσθησις【感覺】的範圍也不同於λόγος【邏各斯】。就ἀληθεύειν【去蔽】來說，αἴσθησις【感覺】落在λόγος【邏各斯】和νοῦς【智性直觀】的後面。τὰ δ' ἑκάστοις γνώριμα καὶ πρῶτα πολλάκις ἠρέμα ἐστὶ γνώριμα, καὶ μικρὸν ἢ οὐθὲν ἔχει τοῦ ὄντος· ἀλλ' ὅμως ἐκ τῶν φαύλως μὲν γνωστῶν, αὐτῷ δὲ γνωστῶν, τὰ ὅλως γνωστὰ γνῶναι πειρατέον, μεταβαίνοντας, ὥσπερ

說，個別的東西是在先的東西。】——譯注

εἴρηται, διὰ τούτων αὐτῶν.【那些對於每一個體來說是熟知和最初的東西，自身常常是較少可知的，並且很少甚或不是著。但儘管如此，還是必須試著從那些自身雖較少可知但對於個體來說卻是可知的東西出發，去認識那些在絕對意義上可知的東西；正如已經說過的，從前面那些東西過渡到後面那些東西。】（《形而上學》第七卷第三章，1029b8以下）「那對於任何個體來說是熟悉的東西以及那對於他來說首先在此的東西，常常是不清楚的——不突顯，但卻被看見了——並且在自身那兒很少甚或沒有來自是者的東西。」確切講是這樣：οἱ πολλοί【許多人】在αἴσθησις【感覺】中已經看到了世界，但那在αἴσθησις【感覺】中所給出的東西，*在其自身那兒沒有攜帶或者攜帶著很少來自是者的東西*。——在這種獨特的表達方式中顯現出：對於亞里士多德來說，在所有關於是者的討論中，*一種確定的是之意義是進行引導的*。下面這點同時也變得清楚了：是者，即使它對於最切近的觀察來說是在此的，但它還不是ἀλήθεια【眞】，不是作爲被揭開了的那種是者；而恰恰ἀλήθεια【眞】方才是那要被哲學一番的。這並不意味著我們要靜觀「眞」；只有當我們澄清了ἀλήθεια【眞】，ὄν【是】和ἀλήθεια【眞】之間的等同才會變得清楚。——此外：「但*即使這樣*」，即使在αἴσθησις【感覺】中「樸素地熟悉的被揭開者（schlecht verrautes Aufgedecktes）」是當下的，但我們也必須由之出發。因爲這種東西雖然是樸素地被揭開了，但它「對於某個人自身來說還是熟悉的」，即它是他所占有的基礎。⑳人們必須從這種被揭開者出發——即使它是被樸素地揭開的；人們必須明確地占有這種基礎，而不是如柏拉圖所做的那樣，越過那根據某一理論所簡單確立起來的實在性，跳到一種超越的是（Übersein）上去。不可以把首先熟悉的東西、被樸素揭開的東西確定爲μὴ ὄν【不是者】；相反，我們必須從它出發，μεταβαίνων【過渡】，「穿過它，穿過這種被樸素地揭開的東西本身，看那絕對和眞正的熟悉者。」與此相反，對於柏拉圖來說則是這樣的：他曾贏得了某種是之意義——誠然還沒有如後來亞里士多德那樣徹底，然後在他那兒就「發生了」把這種是（dieses Sein）稱呼爲是者（das Seiende），從而他不得不把那眞正是是者的東西確定爲「不—是者（Nicht-Seiendes）」。亞里士多德完全看穿了這種特別的失誤，對於一位希臘人來說，這是一項我們無法加以言表的功績。

我們恰恰必須牢牢抓住αἴσθησις【感覺】中的καθ' ἕκαστον【特殊】，並於其身上領受到是者的最初實情。甚至亞里士多德也僅僅在一定限度內成功了，以至於儘管他有著徹底化傾向，但他依然沒能深入到世界之是的最終源始性那兒。下面這樣一種闡釋是可能的，那就是：它甚至嘗試擺脫希臘的是之概念去看世界這種是者。但

---

⑳參見第98頁以下。——原注

它不應出現在這兒的這個講座中。因此，是者在其是之本眞性中於其上被揭開的那條道路，要從καθ' ἕκαστον【特殊】出發，一步步穿過它，μεταβαίνων【過渡】到καθόλου【普遍】。καθ' ἕκαστον【特殊】的確是πρὸς ἡμᾶς γνωριμώτερον【對於我們來說更爲可知的東西】；它顯現在αἴσθησις【感覺】中；而καθόλου【普遍】首先顯現在λόγος【邏各斯】中。《論靈魂》第二卷第五章：τῶν καθ' ἕκαστον ἡ κατ' ἐνέργειαν αἴσθησις, ἡ δ' ἐπιστήμη τῶν καθόλου.【現實中的感覺屬於特殊，而知識屬於普遍。】（417b22以下）

如果前面對亞里士多德的考察——根據它πρὸς ἡμᾶς γνωριμώτερον【對於我們來說更爲可知的東西】是καθ' ἕκαστον【特殊】，似乎同亞里士多德在《物理學》導論中——即在引導其任務恰恰就是讓是者在其是上變得可通達的那種探索的導論中——所確立的方法上的諸基本原則並不衝突，那麼，除καθόλου【普遍】自身不僅在柏拉圖那兒而且在亞里士多德那兒所構成的那種困難之外，對道路的這種刻劃或許立馬就會是一種困難。

(三) 哲學的道路（《物理學》第一卷第一章）。從καθόλου【普遍】到καθ' ἕκαστον【特殊】。對《論題篇》第六卷第四章和《物理學》第一卷第一章之間的那種臆想矛盾的解決

在《物理學》的導論中亞里士多德強調，道路應當是從καθόλου【普遍】前往

καθ’ ἕκαστον【特殊】：διὸ ἐκ τῶν καθόλου εἰς τὰ καθ’ ἕκαστα δεῖ προιέναι.【因此，應從普遍前往特殊。】（《物理學》第一卷第一章，184a23以下）。因此，這兒所踏上的道路，同前面所刻劃的道路剛好相反，這顯然是一種矛盾。如果能夠證明事實上並無任何矛盾，那麼，我們將由此贏得對καθόλου【普遍】和καθ’ ἕκαστον【特殊】的更爲清楚的澄清。因爲這些概念根本不是似乎爲某一特定是者而設置的專業概念（Sachbegriff）。這一困難還將因下面這點而加劇：在被引用的那個句子之前，已經有過同我們剛剛所談論的東西相一致的各種考慮。πέφυκε δὲ ἐκ τῶν γνωριμωτέρων ἡμῖν ἡ ὁδὸς καὶ σαφεστέρων ἐπὶ τὰ σαφέστερα τῇ φύσει καὶ γνωριμώτερα.【自然的道路應是從對於我們來說更爲可知和更爲清楚的東西前往在本性上更爲清楚和更爲可知的東西。】（184a16以下）依照我們的φύσις【本性】，即依照我們的此是，道路對於我們來說是這樣的：它被αἴσθησις【感覺】所規定；它ἐκ τῶν γνωριμωτέρων ἡμῖν【從對於我們來說更爲可知的東西】出發，「從對於我們來說更爲熟悉的東西」出發，ἐπὶ τὰ τῇ φύσει καὶ γνωριμώτερα【前往在本性上更爲可知的東西】，「前往那根據其本性是更爲可知的東西」。這兒的這一表達甚至加劇了同《論題篇》的對立：οὐ γὰρ ταὐτὰ ἡμῖν τε γνώριμα καὶ ἁπλῶς.【對於我們來說可知的東西與在絕對的意義上可知的東西，並不是一回事。】（184a18）「因爲對於我們是熟悉的東西，與那絕對地是熟悉的東西，並不同一。」在這一考慮之後，開始了對προιέναι【往前走】的詳細描述：ἔστι δ’ ἡμῖν πρῶτον δῆλα καὶ σαφῆ τὰ συγκεχυμένα μᾶλλον.【對於我們來說，清楚和明白的東西主要首先是那些混雜在一起的東西。】（184a21以下）「對於我們來說，δῆλον【清楚的東西】首先是那些還混雜在一起的東西」，即未分離開的東西。在《論題篇》中的例子是：體作爲一種混雜在一起的東西首先被給出；面、線、點則僅僅不被分離地給出。我們使用著有體的東西，並在那兒首先僅僅看到它，ὕστερον δ' ἐκ τούτων γίγνεται γνώριμα τὰ στοιχεῖα καὶ αἱ ἀρχαὶ διαιροῦσι ταῦτα.【然後通過對它們的分解，各種元素和本源才從它們那兒變得可知。】（184a22以下）從這συγκεχυμένως δῆλον【混雜在一起地清楚】那兒，「στοιχεῖα【各種元素】、各種元素然後才變得熟悉」——即面、線、點，「並且ἀρχαί【諸本源】，即各種起點」——體根據其是之構造（Seinskonstitution）由之出發而進入到是中：點；那混雜在一起的東西「通過我們對之的分解」而被分開。這種διαιρεῖν【分解】是λόγος【邏各斯】的基本功能；λόγος【邏各斯】在談論中進行著分解。亞里士多德在《物理學》第一卷第一章中將συγκεχυμένα【混雜在一起的東西】，即混雜在一起的東西、匯合而成的東西標畫爲ἀδιορίστως【不加分解地】（184b2）[21]，即標畫爲「還未加劃分的東西」。ἀρχαί【諸本源】依然還是遮蔽著的；整體卻已經被看到了。因

[21] 根據貝克爾本，當為184b11。——譯注

此，συγκεχυμένα【混雜在一起的東西】應在λόγος【邏各斯】中加以分解，並由此從一種未加澄清的東西變成一種被區分開的東西，以至於各種單個的規定之界限能夠得到確定，並且那首先συγκεχυμένως【混雜在一起】被給出的東西在ὁρισμός【定義】（184b12）中能被把握。因此，如果我們進一步看，下面這點就會顯現出來：συγκεχυμένα【混雜在一起的東西】，從一開始就暗含著是者的諸組成部分——它們在眞正的觀察中應加以取出——即ἀρχαί【諸本源】。當亞里士多德說是者被συγκεχυμένως【混雜在一起】給出時，他的意思是它已經根據ἀρχή【本源】被詢問了。當我們在最切近的觀察中再現某一有體的東西時，它的ἀρχαί【諸本源】並未特意地給出了；但它們是在此的，是未被揭開的，是在αἴσθησις【感覺】中。這與我們在《形而上學》第七卷第三章中所看到的一致㉒：是者，只要它在αἴσθησις【感覺】中被給出了，即它對於我們來說首先是熟知的，那麼，它就很少有甚或沒有來自是者的東西。也即是說，由於其ἀρχαί【諸本源】雖以某種方式已然在此，但又還是混雜在一起的，故是者就還並不在此。在場作爲在場還沒有被揭開和被把握。因此，ἀρχαί【諸本源】，或者與之同一的καθόλου【普遍】，自身在其結構中就還是遮蔽著的。μέρη【各個部分】還沒有被展開；它們還沒有在διαίρεσις【劃分】中被分

㉒參見第84頁。——原注

解開。因此，就可以理解爲何亞里士多德能夠說：τὸ γὰρ ὅλον κατὰ τὴν αἴσθησιν γνωριμώτερον.【整體在感覺中更可知。】（184a24以下）「就感覺來看，整體是更熟悉的。」我首先看到了整個的體，而這個ὅλον【整體】就可能性而言在其自身那兒具有περιεχόμενα【諸被包含的東西】。

正如已經表明的，在καθόλου【普遍】意義上的ὅλον【整體】具有雙重含義；它意指：

1. 在已經闡明了的意義上的ὅλον λεγόμενον【整體被說的東西】：通過下面這種方式僅僅在λέγειν【說】中顯現的ὅλον【整體】，那就是，每一被包圍的東西、每一καθ᾽ ἕκαστον【特殊】在談論中把自身顯現爲整體：ἄνθρωπος【人】、ἵππος【馬】、θεός【神】每一個對於它自己而言都是ζῷα【有生命的東西】。

2. καθόλου【普遍】同時意味著：每一ζῷα【有生命的東西】作爲有生命的東西在其自身那兒都具有一種結構。καθόλου【普遍】包含著——除了那些它加以包圍的個體之外——某些確定的結構要素，而這些結構要素首先並不在αἴσθησις【感覺】中被明確給出。καθόλου【普遍】首先συγκεχυμένως【混雜在一起】在此。

因此，《物理學》第一卷第一章（184a23以下）中的那句話與先前在《論題篇》中所說的，就沒有任何矛盾。相反，它使得後者變得更爲明確：道路乃是從未加分環表達的（unartikulierten）καθόλου【普遍】前往分環表達了的（artikulierten）καθ᾽ ἕκαστον【特殊】，從而每一單個的μέρος【部分】變得可見。甚至καθ' ἕκαστον【特殊】現在也首次在其起作用的含義上變得可見：它在這兒不意指是者的某一確定的範圍，而是意指那分環表達或沒有分環表達的是之方式。因此，καθ' ἕκαστον【特殊】意指：1.在αἴσθησις【感覺】中首先顯露出來的東西；2.在位於καθόλου【普遍】自身中的諸要素中所絕對地顯露出來的東西。

這與亞里士多德在《物理學》中所進行的那種思考路徑相一致。後者一開始就是ἀρχή【本源】—研究，它討論的是對ἀρχαί【諸本源】的把握。因爲ἐπιστήμη【知識】總是關於各種καθόλου【普遍】的ἐπιστήμη【知識】；而它又是從未加分環表達的καθόλου【普遍】前往分環表達了的普遍，這樣一來，καθόλου【普遍】的μέρη【各個部分】就在ὁρισμός【定義】中被公開出來。亞里士多德在《物理學》第一卷第一章所闡述的那種方法上的基本原則正好表達了這一點：ἐκ τῶν καθόλου εἰς τὰ καθ' ἕκαστα δεῖ προιέναι.【應從普遍前往特殊。】在這一看起來完全是形式性的基本原則中，亞里士多德同時把握到了下面這一歷史的運動意義，該歷史就是關於φύσις【自然】的是之詢問（*Seinsbefragung*）的歷史，它先於他自己的研究並且被他記載在《物理學》第一卷中。當哲學家們對世界中被給出的東西提出問題時，他們首先看到了那首先給出自己的東西，並且他們由此看到了它是未分環表達的。這首先出現在那首先僅僅看到了是（das Sein）的埃利亞學派那兒。亞里士多德在這兒請出了巴門尼德的一句話：ἓν τὰ πάντα【一切是一】（《物理學》第一卷第二章，185a22）。是到處是是（das Sein ist überall Sein）；所有是著的東西，都是是（Sein），都是當下地是（Gegenwärtigsein），都是在此（Da）。就亞里士多德本人給自己設爲任務的那種東西而言——找到ἀρχαί【諸本源】的某種多重性，即找到這種ἕν【一】的某種結構，埃利亞學派的ἕν【一】對於他來表現爲這樣：在他們那兒，這種基本結構依然還是συγκεχυμένως【混雜在一起】，依然還是沒有提取出來的。另外一些尚未走得如此遠的人則將某種確定的是者取作ἀρχή【本源】，將之設爲整體；例如泰勒斯（Thales）之於水、阿那克西曼德（Anaximander）之於氣。[23]他們把那首先呈現給他們的東西看作是遍布是者的東西，並將之設爲ἀρχή【本源】。當亞里士多德在《物理學》的開始處說出前面所提到的那個句子，即ἐκ τῶν καθόλου είς τὰ καθ' ἕκαστα【從普遍到特殊】時，ἀρχή【本源】—研究的這一歷史就浮現在他眼前。

因此，亞里士多德所說的也將積極地變得可理解：καὶ τοῦτο ἔργον ἐστίν, ὥσπερ ἐν ταῖς πράξεσι τὸ ποιῆσαι ἐκ τῶν ἑκάστῳ ἀγαθῶν τὰ ὅλως ἀγαθὰ ἑκάστῳ ἀγαθά, οὕτως ἐκ τῶν αὑτῷ γνωριμωτέρων τὰ τῇ φύσει γνώριμα αὑτῷ γνώριμα.【正如在各種實踐那兒，乃是從對個體是善的那些東西出發，讓那些整體上的善成爲對於個體是善的東西，同樣，這兒的工作也是從對於個體是更爲可知的東

[23] 參見《物理學》第一卷第二章，184b17以下。——原注

西出發，使那些在本性上可知的東西成爲對個體是可知的東西。】（《形而上學》第七卷第三章，1029b5以下）這一任務與在行動那兒的任務是一樣的：「正如在行動那兒所發生的，從對於每一個體自身而言是善的東西出發，穿過它前往ὅλως ἀγαθόν【整體上的善】，從而通過ὅλως ἀγαθόν【整體上的善】之實現同時實現出ἑκάστῳ ἀγαθόν【對於個體而言的善】；同樣，在認識那兒，我們也必須從那對於每一個體自身而言是更爲熟悉的東西出發，穿過它前往那τῇ φύσει【在本性上】或ὅλως【在整體上】γνώριμον【可知的東西】，以便從它那兒再次返回到αὐτῷ γνώριμον【對個體自身是可知的東西】，從而那對個體自身是可知的東西通過前者而變得透徹。」因此，必須從總是首先熟悉的東西出發，向著ἀρχή【本源】推進並占有它，從而根據這種占有而取得對καθ᾽ ἕκαστον【特殊】的眞正占有，贏得出發點自身的透徹性，根據ἀρχαί【諸本源】來理解καθ᾽ ἕκαστον【特殊】。

從這兒我們才理解了καθόλου【普遍】是τέχνη【技藝】和ἐπιστήμη【知識】的眞正主題意味著什麼。

十三、繼續：τέχνη【技藝】和ἐπιστήμη【知識】（《形而上學》第一卷第一章）。位於τέχνη【技藝】中的那種朝向「自主」的ἐπιστήμη【知識】之傾向。ἐπιστήμη【知識】的進一步發展

與ἔμπειρος【有經驗的人】不同，τεχνίτης【技師】是那種ἄνευ τῆς ἐμπειρίας ἔχει τὸν λόγον【沒有經驗卻有邏各斯】（參見《形而上學》第一卷第一章，981a21）的人，「不大精通處理方法但卻認識εἶδος【形式】的人。」他是那種καθόλου γνωρίζει【普遍地認識】（參見981a21以下）各個是者的人，「就其整體認識是者的人」，但他也因而τὸ ἐν τούτῳ καθ' ἕκαστον ἀγνοεῖ【不識其中的特殊】（參見981a22以下），「不熟悉是者各自對於它自己來說是什麼」——在這種ὅλον【整體】中是者同其他是者一道是某種ἕν【一】。因此，對於τέχνη【技藝】來說，聽—進去（Hin-hören）、看—進去（Hin-sehen）[24]，即揭開，是決定性的。因此亞里士多德才能夠說：[ἀρχιτέκτονες] τὰς αἰτίας τῶν ποιουμένων ἴσασιν.【（大技師們）知道被創制的東西的原因。】（981b1以下）「大技師們知道被創制的東西的原因。」由此下面這點就同時顯現出來：αἰτία【原因】，即καθόλου【普

[24] hinhören一般譯為「傾聽」，hinsehen一般譯為「觀望」。由於海德格有意將前綴hin-（向著……）同詞幹分開，故權且將之分別譯為：聽—進去、看—進去。——譯注

遍】首先並不是一種單純觀察之主題。它的確作爲εἶδος【形式】顯露出來，但不是如下面這樣：它會是某一特殊探索之主題。關於αἰτία【原因】的知識首先僅僅在同辦理自身的連繫中才在此，也即是說，αἰτία【原因】首先僅僅作爲如此—如此—行事（So-und-so-Vorgehen）之因爲—所以（Weil-deshalb）而在此。εἶδος【形式】首先僅僅於τέχνη【技藝】自身那兒而在此。但是，因爲在τέχνη【技藝】中εἶδος【形式】恰恰已經顯露出來，所以，μᾶλλον εἰδέναι【知道得更多】（981a31以下）被賦予給τεχνῖται【技師】，他們比單純的ἔμπειρος【有經驗的人】知道得更多並且σοφώτεροι【更加智慧】。因此，μᾶλλον【更多】被賦予給他們，乃是κατὰ τὸ λόγον ἔχειν【就具有邏各斯而言】（981b6），即著眼於發展出談論那是操勞著地打交道之對象、辦理之對象的東西來說的，即著眼於揭開來說的。在辦理之範圍內，λέγειν【說】變得愈來愈自主，自然最切近的此是把它解釋爲σοφώτερον【更加智慧的】。此外，λόγον ἔχων【有邏各斯的人】能夠在某種東西如何前往它的是、整體如何關聯上讓某種東西變得可理解；他認識構成某種東西的東西、它對之有所裨益的東西，從而認識某種東西如何如其所是地變得可支配地在場。因此，他能夠在其起源上給出關於是者的消息，δύναται διδάσκειν【他能夠教授】（參見981b7以下）。因而自然最切近的此是認爲：τὴν τέχνην τῆς ἐμπειρίας μᾶλλον ἐπιστήμην εἶναι.【技藝比經驗更是知識。】（參見981b8以下）因此，由於τέχνη【技藝】具有λόγος【邏各斯】並能夠在其是上給出關於是者的消息，故它被認爲比έμπειρία【經驗】μᾶλλον ἐπιστήμην【更是知識】。於是，在σοφία【智慧】之γένεσις【生成】的範圍內，τέχνη【技藝】靠近ἐπιστήμη【知識】；它甚至就被稱作ἐπιστήμη【知識】。

因此，被稱作ἐπιστήμη【知識】的有：1. τέχνη【技藝】；2.最高的科學、σοφία【智慧】，在其規定上作爲νοῦς καὶ ἐπιστήμη【智性直觀和知識】（《尼各馬可倫理學》第六卷第七章，1141a19以下）。

在這兒，第一種含義——根據它ἐπιστήμη【知識】與τέχνη【技藝】意味著一樣多，是日常含義。在這種日常使用中，ἐπιστήμη【知識】這個概念占據了一個獨特的中間位置。也即是說，只要τέχνη【技藝】在同ἐμπειρία【經驗】的區別中已經取出了εἶδος【形式】，那它就被稱作ἐπιστήμη【知識】。但在此尚未眞正規定出究竟什麼構成了ἐπιστήμη【知識】的獨特性格。τέχνη【技藝】是ἐπιστήμη【知識】，即使它眞正是一種ἕξις ποιητική【能創制的品質】，並因而對準ποίησις【創制】。但它同時又是一種ἕξις μετὰ λόγου ἀληθοῦς【依賴眞邏各斯的品質】（《尼各馬可倫理學》第六卷第四章，1140a10）。在τέχνη【技藝】中，ἐπιστήμη【知識】在做事傾向（Verrichtenstendenz）面前的確充滿期待。在技藝中有著下面這一傾向：讓自己從使用中解放出來，並眞正自主地成爲一種ἐπιστήμη【知識】。並且只要這種傾向位於技藝中，最切近的自然此是就會將σοφώτεροι【更加智慧的】歸諸它。

反之：τῶν αἰσθήσεων οὐδεμίαν ἡγούμεθα εἶναι σοφίαν.【我們認爲沒有任何

感覺是智慧。】（《形而上學》第一卷第一章，981b10）相反，最切近的、自然的此是根本不會賦予αἴσθησις【感覺】以σοφία【智慧】的品格，καίτοι κυριώταταί γ' εἰσὶν αὗται τῶν καθ' ἕκαστα γνώσεις.【儘管它們是關於各種特殊的最主要的認識。】（981b11）即使它是καθ' ἕκαστον【特殊】作爲特殊，即各個個體作爲個體在其中變得可通達的那種ἀληθεύειν【去蔽】方式。因此，恰恰在關乎καθ' ἕκαστον【特殊】的πρᾶξις【實踐】之領域內，除了νοῦς【智性直觀】和ὄρεξις【欲求】之外，αἴσθησις【感覺】也是一種κύριον【決定性的東西】（《尼各馬可倫理學》第六卷第二章，1139a18）。的確，亞里士多德後來（《尼各馬可倫理學》第六卷第九章，1142a23以下）在某種方式上甚至將之等同於φρόνησις【明智】[25]。然而：ἀλλ' οὐ λέγουσι τὸ διὰ τί περὶ οὐδενός.【它們不告知任何東西的爲什麼。】（《形而上學》第一卷第一章，981b11以下）對於顯現給它們的任何被給出的東西，αἰσθήσεις

---

[25] 《尼各馬可倫理學》第六卷第九章，1142a23以下：ὅτι δ' ἡ φρόνησις οὐκ ἐπιστήμη, φανερόν· τοῦ γὰρ ἐσχάτου ἐστίν, ὥσπερ εἴρηται· τὸ γὰρ πρακτὸν τοιοῦτον. ἀντίκειται μὲν δὴ τῷ νῷ· ὁ μὲν γὰρ νοῦς τῶν ὅρων, ὧν οὐκ ἔστι λόγος, ἡ δὲ τοῦ ἐσχάτου, οὗ οὐκ ἔστιν ἐπιστήμη ἀλλ' αἴσθησις.【顯然明智不是知識。如已經說過的，明智關乎最後的東西——因爲要被實踐的東西就是這種東西。明智同智性直觀相對立。因爲智性直觀關乎邏各斯所無法把握的各種定義；而明智關乎最後的東西，不是知識而是感覺同這種東西相關。】——譯注

【諸感覺】都不告知其爲什麼。因此，自然的此是根本不會賦予它們以σοφία【智慧】的品格。

另一方面，正如已經說過的，在τέχνη【技藝】自身那兒有著下面這一傾向，即讓自己從使用那兒解放出來，並成爲自主的ἐπιστήμη【知識】。這種傾向位於此是自身那兒，對於亞里士多德來說，這顯現在下面這點之上，那就是：正如我們所說，一位「解—蔽（ent-deckt）」出了某種東西的τεχνίτης【技師】受到驚嘆。τὸν ὁποιανοῦν εὑρόντα τέχνην παρὰ τὰς κοινὰς αἰσθήσεις θαυμάζεσθαι ὑπὸ τῶν ἀνθρώπων μὴ μόνον διὰ τὸ χρήσιμον εἶναί τι τῶν εὑρεθέντων ἀλλ᾽ ὡς σοφὸν καὶ διαφέροντα τῶν ἄλλων.【超越共同的感覺而發明某種技藝的人之所以被驚嘆，不僅僅由於所發明的某種東西是有用的，而是由於智慧和與眾不同。】（981b13以下）「那超出每個人所看到的、『解—蔽』了某種東西的τεχνίτης【技師】，受到驚嘆」，也即是說，他被尊敬爲一位讓自己與眾不同的人、一位創制出他人無力加以創制的東西的人，並且還「不是由於他所發明的東西非常有用」，而是因爲他在對是者的把握上進一步往前推進了，無論他所解蔽的事情是大還是小：因爲他是σοφώτερος【更智慧的】。這種解蔽是對此是所具有的各種最切近的可能性的超越。因此，在日常此是所發出的驚嘆中表現出：對解—蔽的一種特別的尊敬在此是自身那兒是活潑潑的。此是自身具有解蔽是者的傾向並且僅僅是爲了解蔽，正如亞里士多德所強調的：μὴ πρὸς χρῆσιν【不是爲了用處】（981b19）、「撇開任何用處」。於是下面這點就變得可理解了：越少τεχνάζειν【使用技藝】，ἐπιστήμη【知識】越少定位於πρὸς τἀναγκαῖα【各種必需品】和πρὸς διαγωγή【消遣】，即越少定位於生活之各種急需和消遣，此是越是稱這樣行事的人爲σοφώτεροι【更智慧的】。

ἐπιστήμη【知識】的發展於是就這樣繼續走下去㉖。一旦那些被要求πρὸς τὰ ἀναγκαῖα【爲了各種必需】、爲了生活之各種急需，以及πρὸς τὴν ἡδονήν【爲了快樂】、爲了消遣和快樂的τέχναι【技藝】和ἐπιστῆμαι【知識】被發現，此是就能夠卸去這些急需而自由自在地完全獻身於觀察。所以，最早的各種科學，如數學，由此就在埃及那兒出現；因爲時間被給予了祭師們，他們除了觀察無事可做。因此，如果在此是那兒的確有著一種朝向揭開的傾向，那麼，自主的僅僅—揭開（Nur-Aufdecken）就只能在下面這種情形那兒才是眞正可能的，那就是：此是從對ἀναγκαῖα【各種必需品】的操勞的那種委身性那兒解放出來。在這種σχολάζειν【有閒暇】中，出現了從做事傾向中的一種跳躍；在σχολάζειν【有閒暇】中事情所涉及的是：放棄對ἀναγκαῖα【各種必需品】的操勞，並且僅僅觀望著地、揭開著地停留在……之上。於是，純然觀望著地揭開越是得到重視，爲什麼（das Warum）——

㉖ 參見《形而上學》第一卷第一章，981b20以下。——原注

διὰ τί【爲什麼】或αἰτία【原因】——就越是變得可見；最後，從—何處—出發（Von-wo-aus），τὸ διὰ τί πρῶτον【最初的爲什麼】（《形而上學》第一卷第三章，983a29）或τὰ ἐξ ἀρχῆς αἴτια【開始的原因】（參加983a24）——ἀρχή【本源】——就愈來愈變得可見。

在αἴσθησις【感覺】和ἐπιστήμη【知識】中我們現在有了兩個終點，即使我們還尚未眞正理解σοφία【智慧】。第一次超出αἴσθησις【感覺】那純粹暫時的展開並明確讓是者變得可通達的那種可能性，是持留：μνήμη【記憶】。保持當下化（Gegenwärtighalten）作爲通達是者的通達方法，堅持到抵達σοφία【智慧】——當下化在智慧那兒明確地關乎ἀρχαί【諸本源】。

十四、σοφία【智慧】（《形而上學》第一卷第二章）。σοφία【智慧】的四個本質要素（πάντα【全部】、χαλεπώτατα【最困難的東西】、ἀκριβέστατα【最嚴格的東西】、αὐτῆς ἕνεκεν【爲了自身】）。把前三個本質要素說明著地引回到μάλιστα καθόλου【最普遍的東西】

現在問題生起爲：什麼是σοφία【智慧】或誰是σοφός【智慧者】本身？亞里士多德在《形而上學》第一卷第二章中開始討論這一問題。決斷不是獨斷地進行；

相反，亞里士多德再次返回到自然的、最切近的此是自身那兒。εἰ δὴ λάβοι τις τὰς ὑπολήψεις ἃς ἔχομεν περὶ τοῦ σοφοῦ, τάχ' ἂν ἐκ τούτου φανερὸν γένοιτο μᾶλλον.【如果人們採納我們關於智慧者所持的意見，或許事情由此會變得更加清楚。】（982a6以下）要做的就是：接受和選取我們——κοινωνία【共同】——已經具有的那些意見，即那在自然的日常此是中被解釋爲σοφός【智慧者】的；並讓關於σοφία【智慧】的這一預備概念變得更加明確，從而讓自然的此是之解釋（Daseinsauslegung）變得更加透徹。亞里士多德列舉了四個要素，自然的此是之解釋首先用它們來標畫它打算對σοφός【智慧者】所作出的理解：

1. πρῶτον μὲν ἐπίστασθαι πάντα τὸν σοφὸν ὡς ἐνδέχεται, μὴ καθ' ἕκαστον ἔχοντα ἐπιστήμην αὐτῶν.【首先，有智慧的人盡可能地知識全部，但並不由此就具有關於其中每一特殊的知識。】（982a8以下）智慧的人首先作爲「知識πάντα【全部】，即全部地（*insgesamt*）知識一切（*alles*）」的這種人而引人注目，他在一種獨特的意義上理解所有的東西，「但卻不具有分別地打量καθ' ἕκαστον【特殊】，即打量每一個別的這種知識」，即不具有各個特殊領域的專業知識。然而，當人們同他談論那些東西時，他理解所有的東西，並且眞正地理解它們。在這兒引人注意的是：πάντα【全部】在自然的言談中意指在全體、總和意義上的整體。σοφός【智慧者】理解τὰ πάντα【全部】，即理解全體、總和，但卻並不就已經獲得了關於καθ' ἕκαστον【特殊】的認識，即由每一個體而來的認識。

他並不遍及每一單位就理解了總和。於是，在顯然缺乏對諸單個的認識那兒，對πάντα【全部】的知識就變得費解。

2. τὸν τὰ χαλεπὰ γνῶναι δυνάμενον καὶ μὴ ῥᾴδια ἀνθρώπῳ γιγνώσκειν, τοῦτον σοφόν.【這種智慧的人能夠認識各種困難的和不易爲人所知的東西。】（982a10以下）σοφός【智慧者】是下面這種人：他能夠揭開那難以揭開的東西，即揭開人們在其最切近的此是中、πολλοί【多數人】都不容易揭開的那種東西。因此，σοφός【智慧者】能夠揭開的，不僅遮蔽著，而且難以揭開；因爲它不輕易、平常、隨便地把自己展開給最切近的日常此是。

3. τὸν ἀκριβέστερον καὶ τὸν διδασκαλικώτερον τῶν αἰτιῶν σοφώτερον εἶναι περὶ πᾶσαν ἐπιστήμην.【在所有知識中，對各種原因知曉得更加嚴格[27]和更能傳授它們的人，是更智慧的人。】（982a12以下）在任何的「科學」和τέχνη【技藝】中，σοφός【智慧者】都是「更徹底的（*gründlicher*）[28]」，他更多地深入到

---

[27] 這兒的ἀκριβέστερον【更加嚴格的】和標題中的ἀκριβέστατα【最嚴格的東西】，其原形都是形容詞ἀκριβής，只不過前者為比較級，後者為最高級。ἀκριβής該詞除了具有「嚴格的」意思外，還具有「準確的」、「精確的」等含義。——譯注

[28] 海德格在這兒是用gründlich來翻譯和解釋ἀκριβής。德語gründlich除了具有「徹底的」意思之外，還具有「全面的」、「周密的」、「透徹的」等含義。——譯注

事情的基礎上去；因此，他更能夠教育和傳授；他能夠讓事情變得更加清楚，能夠更加眞正地給出事情究竟是怎樣的消息。因爲他不在最切近的方面看事情，而是在其眞正的從何處（Woher）和爲什麼（Warum）上看事情。

4. τῶν ἐπιστημῶν δὲ τὴν αὐτῆς ἕνεκεν καὶ τοῦ εἰδέναι χάριν αἱρετὴν οὖσαν μᾶλλον εἶναι σοφίαν ἢ τὴν τῶν ἀποβαινόντων ἕνεκεν.【在諸知識中，那爲了自身和爲了求知的緣故而被選取的，要比那爲了各種結果而選取的，更是智慧。】（982a14以下）σοφία【智慧】是這樣一種ἐπιστήμη【知識】：它完全爲了它自身之故而被實施出來，也即是說，在它那兒，對被揭開的東西的揭開僅僅是爲了其自身之故而被實施，而不是著眼於由之可能獲利的東西，不著眼於它的實際功用。σοφία【智慧】是僅僅被純粹朝向看的那種傾向所規定的ἐπιστήμη【知識】，它僅僅τοῦ εἰδέναι χάριν【爲了求知的緣故】，即爲了看和有所看地知識而產生出來；作爲這樣的東西，它進行著領導、指引和先行規定。

亞里士多德逐一詳細討論了這四個要素——日常此是於其中表達了它對σοφός【智慧者】和σοφία【智慧】所持的那種看法。——可以預先有所把握地說：在所有這四個要素中都看到了一種關乎是者的各種最初的開端純粹作爲最初的開端的揭開。反過來這意味著：σοφία【智慧】這一觀念——它朝向αἴτια【諸原因】作爲αἴτια【諸原因】，尤其是朝向τὰ ἐξ ἀρχῆς【開始的諸原因】即朝向ἀρχαί【諸本源】——明確地充當了此是不明確地、對其自身來說尚不清楚地努力奮鬥的東西。

1. σοφός【智慧者】理解「全部」到何種程度？τὸ μὲν πάντα ἐπίστασθαι τῷ μάλιστα ἔχοντι τὴν καθόλου ἐπιστήμην ἀναγκαῖον ὑπάρχειν.【知識全部，這必然屬於那最高地具有關於普遍的知識的人。】（982a21以下）σοφός【智慧者】知識「全部」，因爲他最爲具有對「普遍（Überhaupt）」的揭開。因爲σοφία【智慧】是一種εἰδέναι καθόλου【知道普遍】，所以，σοφός【智慧者】必然理解πάντα【全部】。要注意的是：最切近的理解看到了作爲全體性的整體（das Ganze als Gesamtheit），並且既然它欠缺對作爲「整體」的單個東西的認識，故那種理解「全部」對它來說就愈發費解。亞里士多德在καθόλου【普遍】的意義上澄清了作爲一種ὅλον【整體】的πάντα【全部】，他用ὅλον【整體】代替πάντα【全部】。因而這就不意味著σοφός【智慧者】看到了作爲個體之總和的整體；毋寧說σοφός【智慧者】理解每一單個同其他單個一起最終是什麼的那種東西。於是就顯現出：σοφός【智慧者】所占有的那種πάντα【全部】奠基在作爲καθόλου【普遍】的ὅλον【整體】上。它是眞正的πᾶν【全體】，σοφός【智慧者】以之爲目標的那種整體。在這種對「全部」的理解中，要緊的是作爲一種ὅλον λεγόμενον【整體地被說出的東西】的καθόλου【普遍】，也即是說，要緊的是一種與眾不同的λεγόμενον【被說出的東西】：λόγον ἔχειν【具有邏各斯】。所以亞里士多德才會說：ἀνάγεται γὰρ τὸ διὰ τί εἰς τὸν λόγον ἔσχατον.【爲什麼被歸引到最終的邏各斯那兒。】（《形而上學》第一卷第三章，983a28）在σοφία【智慧】那兒關鍵的是：「爲什麼、αἴτιον【原因】，被引回到最終的λόγος【邏各斯】那兒，即被引回到在其是上對是者的最終談及那兒。」對καθόλου【普遍】的揭開無須在明確地獲悉中遍及每一作爲特殊東西的特殊東西，並且它根本不是後者的總和。它的獨特之處就是：它是一個整體，似乎無須每一例作爲每一例都要登記在冊。然而，或者恰恰因爲這樣，每一個體在其眞正的在場的是中得到理解。這奠基在下面這點上：σοφός【智慧者】一開始就往前躍入眞正的整體，並從這種整體出發，對關於每一單個具體東西的討論進行定位。因此，即使沒有專業認識，最終他也能夠眞正參與討論。所以亞里士多德將對πάντα ἐπίστασθαι【知識全部】的普遍言談引回到作爲καθόλου【普遍】的ὅλον【整體】上。

2. 將πάντα【全部】引回到καθόλου【普遍】，同時就澄清了爲何日常解釋會說σοφός【智慧者】以χαλεπόν【困難的東西】，即以難以認識的東西爲目標。χαλεπώτατα ταῦτα γνωρίζειν τοῖς ἀνθρώποις, τὰ μάλιστα καθόλου· πορρωτάτω γὰρ τῶν αἰσθήσεών ἐστιν.【對於人來說，認識最普遍的東西就是認識最困難的東西，因爲它離各種感覺最遠。】（《形而上學》第一卷第二章，982a24以下）。σοφός【智慧者】所認識的東西因而是困難的，「因爲它最爲普遍」。「它離那在最切近的親眼所見中所顯現的東西最遠」，而日常觀察恰恰就逗留在後者那兒。αἴσθησις【感覺】是πολλοί【多數人】最切近的停留方法和展開方法（Aufenthalts-und Erschließungsart）；對它來說無所謂困難；人人活動其間；一個人能夠幫助另一個人取得這種日常的定位，並為他減免進行這種定位的負擔。ἀγάπησις τῶν αἰσθήσεων【對諸感覺的喜愛】（參見《形而上學》第一卷第一章，980a21），即對在αἴσθησις【感覺】所最切近給出的東西的一定偏愛，的確屬於人的φύσις【本性】。尤其如果向著做事之必要性（Verrichtensnotwendigkeit）的那種定位取消了，如果日常此是從這種定位那兒擺脫了出來，如果觀望變得自由，那麼，此是恰恰就愈發將自己遺失在世界的外觀中，但這樣一來，此是就總是停留在αἴσθησις【感覺】中。與這種輕鬆和自明地在親眼所見中進行活動相反，超出它而推進到那真正是著的東西那兒，則是困難的。困難不位於事情那兒，而位於此是自身那兒，位於此是的一種獨特的是之類型那兒，位於首先這一是之類型那兒。此是，正如它首先所是的那樣，在現在中、在世界中有其當下；它有著緊緊抱住最切近的東西之傾向。而在σοφία【智慧】那兒，關乎的是向著在最切近的此是那兒還遮蔽著的東西的推進，推進到μάλιστα καθόλου【最普遍的的東西】那兒，並且是朝著與最切近的親眼所見相反的方向推進。因此，在σοφία【智慧】那兒關乎的是一種揭開，這種揭開行進在一種相對於最切近的此是的逆向運動（Gegenbewegung）中。σοφία【智慧】是一種同最切近的此是及其傾向——傾向附著在親眼所見之最切近的東西身上——相反的逆向傾向（Gegentendenz）。σοφία【智慧】作為σοφία【智慧】對於此是來說是困難的。在σοφία【智慧】中所關涉的那些事情就其ἀληθεύειν【去蔽】來說由此才是「困難的」。——與此同時，還要注意下面這點。相對於αἴσθησις【感覺】，更智慧地—是（σοφώτερον-Sein），即σοφία【智慧】是一種μᾶλλον εἰδέναι【知道得更多】，一種μᾶλλον ἐπαΐειν【理解得更多】（參見981a24以下）。σοφία【智慧】形成於同αἴσθησις【感覺】相反的逆向運動中。然而，在這兒αἴσθησις【感覺】並不被排除，而是被取作出發點；它給出基礎，從而觀察不再停留在它的領域內[29]。αἴσθησις【感覺】是一種普遍地屬於此是的κύριον【決定性的】東西（參見《形而上學》第一卷第一章，981b11；《尼各馬可倫理學》第六卷第二章，1139a18）[30]，但不是是者自身作爲是者由之能夠被看見的東西。

3. ἀκριβέσταται δὲ τῶν ἐπιστημῶν αἳ μάλιστα τῶν πρώτων εἰσίν.【諸知識中最嚴格的，就是那些最原初的。】（《形而上學》第一卷第二章，982a25）σοφία【智慧】的獨特之處就在於它是ἀκριβέστατη【最嚴格的】；並且這不是因爲σοφοί【智慧者】使用了特殊洞察力，而是因爲σοφία【智慧】的主題是那最爲在其是上觸碰到是者之諸基礎的東西。ἀκριβέστατον【最嚴格的東西】，就是最

---

[29] 參見第85頁。——原注

[30] 參見第39頁。——原注

爲徹底地是那μάλιστα τῶν πρώτων【最原初的東西】，是「那最爲推進到原初的從—何處—出發（Von-wo-aus）的東西」。這些「原初的東西」，即對是者的各種原初的規定，作爲最源始的東西不僅僅在其自身那兒是單純的，而且在其多樣性上需要最敏銳地加以把握，因爲它們是**最爲稀少的**東西。ἀρχαί【諸本源】的獨特之處就在於它們在數量上是**有限的**。它們在其有限的數量中彼此在其關係上是透徹的。在《物理學》第一卷第二章以下中，亞里士多德指出：必定有著一個以上的ἀρχή【本源】，但ἀρχαί【諸本源】在其數量上被某種邊界、πέρας【界限】所規定。因此，在一種ὁρίζεσθαι【界定】中必須確定它們是多少，究竟是兩個或是三個等等。亞里士多德指出爲何不可能有著三個或四個以上的㉛。之所以

㉛《物理學》第一卷第二章，亞里士多德的原話是（184b15-25）：Ἀνάγκη δ' ἤτοι μίαν εἶναι τὴν ἀρχὴν ἢ πλείους, καὶ εἰ μίαν, ἤτοι ἀκίνητον, ὥς φησι Παρμενίδης καὶ Μέλισσος, ἢ κινουμένην, ὥσπερ οἱ φυσικοί, οἱ μὲν ἀέρα φάσκοντες εἶναι οἱ δ' ὕδωρ τὴν πρώτην ἀρχήν· εἰ δὲ πλείους, ἢ πεπερασμένας ἢ ἀπείρους, καὶ εἰ πεπερασμένας πλείους δὲ μιᾶς, ἢ δύο ἢ τρεῖς ἢ τέτταρας ἢ ἄλλον τινὰ ἀριθμόν, καὶ εἰ ἀπείρους, ἢ οὕτως ὥσπερ Δημόκριτος, τὸ γένος ἕν, σχήματι δὲ 〈διαφερούσας〉, ἢ εἴδει διαφερούσας ἢ καὶ ἐναντίας.【下面這點確實是必然的：本源要麼是一，要麼是多。如果是一，那必定要麼是不能運動的，如巴門尼德和墨里索斯所說；要麼是能運動的，如一些自然學家所說，一些說氣而另一些說水是最初的本源。而如果是多，那要麼是有限的，要麼是無限的。如果是有限的但又多於一，則要麼是二，要麼是三，要麼是四，要麼是其他某個數。如

如此，僅僅因爲ἀρχαί【諸本源】是有限的，故在其是上對是者的一種規定、作爲ὁρίζεσθαι【界定】和ὁρισμός【定義】對是者的談及以及由此而來作爲最終認識的科學，方才是可能的和得到保障的。

亞里士多德以μαθηματική【數學】，即以ἀριθμητική【算術】和γεωμετρία【幾何】（982a28）爲例說明了科學的嚴格㉜。這類學科是較爲嚴格、較爲徹底的，它們產生自較少的幾個ἀρχαί【本源】，因而它們在它們以之爲主題的是者中設定了較少源始的規定。αἱ γὰρ ἐξ ἐλαττόνων ἀκριβέστεραι τῶν ἐκ προσθέσεως λεγομένων, οἷον ἀριθμητικὴ γεωμετρίας.【因爲從較少本源來的科學，要比那些

果是無限的，則要麼如德謨克利特所主張的，有著單一的屬，但在形狀上〈不同〉；要麼在種上不同、甚至對立。】——譯注。

㉜ 海德格後來在《是與時》（*Sein und Zeit*, Max Niemeyer Verlag Tübingen, 2006, S.153）中將「嚴格」（streng）同「精確」（exakt）加以了區分：Weil Verstehen seinem existenzialen Sinn nach das Seinkönnen des Daseins selbst ist, übersteigen die ontologischen Voraussetzungen historischer Erkenntnis grundsätzlich die Idee der Strenge der exaktesten Wissenschaften. Mathematik ist nicht strenger als Historie, sondern nur enger hinsichtlich des Umkreises der für sie relevanten existenzialen Fundamente.【因爲理解根據其生存論上的意義是此是本身的能是，所以，歷史學的認識之是態學上的諸前提在原則上就超過了各種最精確的科學之嚴格這一觀念。數學並不比歷史學更爲嚴格，而只是就那與它相關的諸生存論上的基礎之範圍而言它比歷史學更爲狹窄罷了。】——譯注

添加了附加說明的科學更爲嚴格，如算術就比幾何更爲嚴格。】（982a26以下）因此，算術不同於幾何。算術比幾何具有較少的ἀρχαί【本源】。在幾何那兒，出現了附著在ἀρχαί【本源】上的東西，即出現了一種πρόσθεσις【附加成分】、一種添加。爲了理解這點，我們必須簡要地取得關於亞里士多德對數學的理解的一種一般定位。這將以**附記**的方式出現，而該附記同時是我們闡釋柏拉圖的一種準備。

十五、附記：根據亞里士多德對數學之本質的一般定位

我們打算這樣行事：1.我們將闡述關於一般μαθηματική【數學】的原則性的東西、2.闡述ἀριθμητική【算術】和γεωμετρία【幾何】。

(一)關於一般數學之原則性的東西（《物理學》第二卷第二章）。χωρίζειν【分離】作爲數學的基本行爲。對柏拉圖理念論中的χωρισμός【分離】的批判

μαθηματικαὶ ἐπιστῆμαι【數學知識】以τὰ ἐξ ἀφαιρέσεως【各種抽象的東西】爲主題，即以那在對**某種東西**的抽象中、確切講在一種特定的抽象即對那首先被給出的東西的抽象中所顯現的東西爲主題。μαθηματικά【數學的東西】是從φυσικά ὄντα【各種自然的是者】，即從首先顯現的東西那兒抽象出來的一種東西[33]。因此，亞里士多德說：ὁ μαθηματικός χωρίζει【數學家進行分離】（參見《物理學》第二卷第二章，193b31以下）。χωρίζειν【分離】、分離，同χώρα【位置】、位置相連繫；位置屬於是者本身。μαθηματικός【數學家】把某種東西從其本己的位置那兒帶走。ἄτοπον δὲ καὶ τὸ τόπον ἅμα τοῖς στερεοῖς καὶ τοῖς μαθηματικοῖς ποιῆσαι (ὁ μὲν γὰρ τόπος τῶν καθ' ἕκαστον ἴδιος, διὸ χωριστὰ τόπῳ, τὰ δὲ μαθηματικὰ ού πού), καὶ τὸ είπεῖν μὲν ὅτι ποὺ ἔσται, τί δέ έστιν ὁ τόπος, μή.【同時形成地點和數學上的體是荒謬的（因爲地點乃特殊事物所固有，因而它們在地點上是可分離的，而數學上的東西不在任何地方），說數學上的東西在某個地方但卻不說該地點是什麼，這同樣是荒謬的。】（《形而上學》第十四卷第五章，1092a17以下）獨特之處是：數學的東西不是在某一位置那兒：ούκ έν τόπῳ【不在地點中】。對於現代概念來說這導致了悖論，尤其是當τόπος【地點】還被翻譯爲「空間（Raum）」時。但只有某種σῶμα φυσικόν【自然的形體】具有某一τόπος【地點】，即具有某一地點（Ort）、位置（Platz）。這種χωρίζειν【分離】，我們將會在柏拉圖關於理念之χωρισμός【分離】的學說那兒碰到，並且在那兒，柏拉圖明確將一種τόπος【地

[33] 參見《形而上學》第十一卷第三章，1061a28以下；《論天》第三卷第一章，299a15以下；《形而上學》第十三卷第三章；《形而上學》第十二卷第八章，1073b6以下。——原注

點】指派給諸理念，該τόπος【地點】就是：οὐρανός【天】；——在亞里士多德那兒，這種χωρίζειν【分離】乃是數學的東西自身於其中成爲對象的方法。

亞里士多德在《物理學》第二卷第二章中分析了這些物。數學的諸對象，如στερεόν【體】和γραμμή【線】的確也能夠視爲φυσικά【自然的東西】；自然的人將面視爲πέρας【界限】，即視爲體的邊界。與之相反，數學家則純粹在數學的諸對象自身中觀察數學的諸對象，ἀλλ᾽ οὐχ ᾗ φυσικοῦ σώματος πέρας ἕκαστον.【但並不將之作爲自然形體的各個邊界】（193b32）「但不是就這些東西——如線或面，是自然形體的各個πέρας【界限】、邊界——完成了地是（Fertigsein），來說的。」亞里士多德在這兒否定性地給出的關於數學的東西的這種規定，即它不是φυσικὸν σῶμα【自然形體】的πέρας【界限】，僅僅意味著數學的東西不能作爲「地點（Ort）」被考慮。只要φυσικά ὄντα【自然的是者】是κινούμενα【運動者】，只要運動地是（Bewegtsein）作爲其是之基本規定屬於它，那麼，數學的東西就能夠首先被視作歸屬於那運動著的東西。數學的東西作爲數學的東西就從被運動所刻劃的東西那兒抽離出來。χωριστὰ γὰρ τῇ νοήσει κινήσεώς ἐστι.【因爲它們是被思想從運動那兒分離出來的東西】（193b34），數學的東西，例如點，「只要是者運動著」，只要是者變化著、改變著、增加和減少著，那「它就從是者那兒抽離出來了」。確切講，它是χωριστὰ τῇ νοήσει【被思想所分離出來的東西】，在「意指（Vermeinen）」中，僅僅在觀察的一種特定類型中被分離出來。而κίνησις

【運動】本身首先和通常是κίνησις κατὰ τόπον【地點上的運動】，即地點更換。τῆς κινήσεως ἡ κοινὴ μάλιστα καὶ κυριωτάτη κατὰ τόπον ἐστίν, ἣν καλοῦμεν φοράν.【在運動中，最爲普遍和最主要的是地點上的運動，我們將之稱爲位移。】（《物理學》第四卷第一章，208a31以下）。最普遍的運動是呈現在天體運轉中的位移。如果數學家從φυσικὸν σῶμα【自然形體】中分離出某物，那麼，οὐδὲν διαφέρει【並未導致任何差別】（《物理學》第二卷第三章[34]，193b34以下），「沒有導致任何差別」；在這種看出（Heraussehen）那兒，沒有任何東西在那始終是數學家之主題的東西的實事內容那兒發生了改變；它沒有變成其他任何東西，πέρας【界限】之什麼（das Was）僅僅如其看起來的那樣在它自身那兒取得；它僅僅如在其邊界內容（Grenzgehalt）上所呈現的那樣被取得。οὐδὲ γίγνεται ψεῦδος χωριζόντων【在分離中也沒有產生出任何錯誤。】（193b35）「數學家並未因分離而導致任何欺騙」，也就是說，他不思考那並不眞正是如其顯現那樣的東西。如果數學家僅僅停留在他那獨特的主題那兒，那他就根本不會遇見下面這一危險：該主題作爲不是它所是的另外的東西而呈現給他；在這兒有的僅僅是那被分離出來的東西。數學家並不通過χωρίζειν【分離】而歪曲是者；相反，他活動在那確定的東西將於其中

[34] 根據貝克爾本，當為第二卷第二章。——譯注

被展開的那個領域。因此，在這種χωρισμός【分離】中，一切都是井然有序的。

λανθάνουσι δὲ τοῦτο ποιοῦντες καὶ οἱ τὰς ἰδέας λέγοντες.【那些談論理念的人也同樣做了這件事，只不過卻沒有注意到而已。】（193b35以下）「那些談及理念並在λόγος【邏各斯】中揭開它們的人，也同樣行事：χωρίζοντες【他們進行分離】」、「他們進行分離」，只不過就他們所做的以及他們如何在做這件事，λανθάνουσι【他們沒有注意到】、「他們是遮蔽著的」；他們自己並未完全看清在其行事中他們所做的這件事的限度和不同。λανθάνουσι【他們沒有注意到】，「當他們做這件事時，他們依然還處在隱藏中」，確切講，對他們自身還是隱藏著的。——這是對λανθάνειν【遮蔽】的一種獨特的語言使用。反過來，從而有著一種關乎此是自身的ἀλήθεια【眞】。——那些談論理念的人，他們自己本身並不清楚χωρισμός【分離】包含著哪些可能性：分離在數學那兒，而不是在那涉及規定是者的ἀρχαί【諸本源】的地方，有著合法的意義。τὰ γὰρ φυσικὰ χωρίζουσιν ἧττον ὄντα χωριστὰ τῶν μαθηματικῶν.【因爲他們分離了自然物，而自然物並不如數學中的可分離者那樣可分離。】（193b36以下）對於「φύσει ὄντα【自然中的諸是者】」，即對於ἀρχαί【諸本源】——它們屬於φύσει ὄντα【自然中的諸是者】本身，「他們爲之設置了一個獨特的位置」；「然而，它們無法離開其位置。」因爲φύσει ὄντα【自然中的諸是者】是κινούμενα【運動者】；在關於自然是者的每一範疇中，都有著與運動地是相關的一種特定的關聯。然而，他們恰恰在其作爲

ἀρχαί【諸本源】的理念中遺漏了作爲φύσει ὄντα【自然中的諸是者】之基本性質的κίνησις【運動】，以至於他們用這些ἀρχαί【本源】來確立一種獨特的是者——最後甚至κίνησις【運動】自身也成爲其中一員。然而，我們不能如下面這樣來確立那些運動著的φύσει ὄντα【自然中的諸是者】的ἀρχαί【本源】：我們把ἀρχαί【本源】取作不運動的，而且還會進而把κίνησις【運動】本身取作理念——並由此取作χωριστόν【可分離的東西】。在ἀρχαί【諸本源】中κινούμενον ᾗ κινούμενον【運動者作爲運動者】必須被一道看見；並且由此另外某種東西，即τόπος【地點】本身——是（das Sein）和在場（die Anwesenheit）由之得到規定——就必定是更爲原則性的。

讓這首先成爲關於數學家不同於物理學家的定位，並同時成爲關於下面這一連繫的提示：數學上的χωρίζειν【分離】同柏拉圖本人將之發布爲把握理念之方法上的規定的那種東西之間的連繫。我們後面會經驗到爲何理念同數學具有連繫。——現在要問的是，在數學之範圍內，幾何如何不同於算術？

(二)幾何和數學的區別。對φύσει ὄν【自然中的是者】的進一步的「抽象」：

στιγμή【點】= οὐσία θετός【有位置的所是】；μονάς【單位】= οὐσία ἄθετος【無位置的所是】

幾何比算術有著更多的ἀρχαί【本源】。幾何的對象是λαμβανόμενα ἐκ

προσθέσεως【帶有附加成分】（參見《後分析篇》第一卷第二十七章，87a35以下）的，「它們從那附加地被規定，即被θέσις【位置】所規定的東西那兒取得。」πρόσθεσις【附加成分】並不單單意味著「補充」。在幾何中，這種πρόσθεσις【附加成分】在於什麼？λέγω δ᾽ ἐκ προσθέσεως, οἷον μονὰς οὐσία ἄθετος, στιγμὴ δὲ οὐσία θετός· ταύτην ἐκ προσθέσεως.【所謂附加成分，例如，單位是無位置的所是，而點是有位置的所是，後者就是帶有附加成分的。】（87a35以下）亞里士多德在幾何的基本元素和算術的基本元素之間進行了區分。算術的基本元素是μονάς【單位】、單一位（Ein-heit），而幾何的基本元素是στιγμή【點】、點。μονάς【單位】，單一位——關乎μόνον【僅僅】、唯獨、單單，是那絕對留下的東西、μένειν【停留】、「單單」、「爲了自己」的東西。在點那兒，則附加上了θέσις【位置】。τὸ δὲ μηδαμῇ διαιρετὸν κατὰ τὸ ποσὸν στιγμὴ καὶ μονάς, ἡ μὲν ἄθετος μονὰς ἡ δὲ θετὸς στιγμή.【在量上絕不可分的是點和單位，不帶位置的是單位，而帶位置的是點。】（《形而上學》第五卷第六章，1016b29以下）「根據任何一個方向於量上不可分的，是點和μονάς【單位】；μονάς【單位】是無θέσις【位置】的，而點是帶有θέσις【位置】的。」㉟那麼，數學的這兩個基本對象如何區別？μονάς

㉟也參見《論靈魂》第一卷第四章，409a6以下。——原注

ούσία ἄθετος, στιγμὴ δὲ ούσία θετός · ταύτην ἐκ προσθέσεως.【單位是無位置的所是，而點是有位置的所是，後者是帶有附加成分的。】（《後分析篇》第一卷第二十七章，87a35以下）

因此，它們兩者都是ούσία【所是】，即爲了自己本身而是的東西。但στιγμή【點】因某種πρόσθεσις【附加成分】而特別地不同於μονάς【單位】；在στιγμή【點】那兒於與眾不同的意義上有著某種θέσις【位置】。這種使點完全不同於μονάς【單位】的θέσις【位置】意味著什麼？對這種關係的徹底澄清必須進入到地點（Ort）和空間（Raum）之問題中去。但我在這兒只能勾畫出下面這點：爲了讓在數學學科內對於ἀκριβες【嚴格】的區分變得可理解，什麼是必須的。

θέσις【位置】同ἕξις【習慣】、διάθεσις【狀態】有著相同的品格：ἕξις【習慣】，即處在某一確定的場所（Lage）中，ἕξις【習慣】指的是於自身那兒具有（haben）、持留（behalten），在持留中向著某種東西被擺置地是：θέσις【位置】，即定位、場所，它具有向著—某物—定位（Auf-etwas-zu）之性質。ἔστι δὲ καὶ τὰ τοιαῦτα τῶν πρός τι οἷον ἕξις, διάθεσις, [⋯] θέσις【下面這些東西也屬於「相對物」，例如：習慣、狀態⋯⋯位置。】（《範疇篇》第七章，6b2以下）根據其範疇上的規定，θέσις【位置】：τῶν πρός τι【屬於相對物】，「它屬於πρός τι【相對物】」。每一θέσις【位置】都是θέσις τινός【某物的位置】（參見6b6）。

1. τόπος【地點】和θέσις【位置】（根據《物理學》第五卷第一—五章）。τόπος【地點】的絕對規定（φύσει【在本性上】）。θέσις【位置】的相對規定（πρὸς ἡμᾶς【相對於我們】）。τόπος【地點】的本質：某一是者的真正是之界限（πέρας【界限】）和可能性（δύναμις【潛能】）

θέσις【位置】與τόπος【地點】之間的區別必須非常簡要地加以澄清。亞里士多德強調：數學的對象οὐκ ἐν τόπῳ【不在地點中】（參見《形而上學》第十四卷第五章，1092a19以下），「是不在某一位置（Platz）那兒的」[36]。關於空間的近代概念在這兒必須得放在一邊。亞里士多德首先似乎極其幼稚地規定了τόπος【地點】。ὅτι μὲν οὖν ἔστιν ὁ τόπος, δοκεῖ δῆλον εἶναι ἐκ τῆς ἀντιμεταστάσεως· ὅπου γὰρ ἔστι νῦν ὕδωρ, ἐνταῦθα ἐξελθόντος ὥσπερ ἐξ ἀγγείου πάλιν ἀὴρ ἔνεστιν· ὁτὲ δὲ τὸν αὐτὸν τόπον τοῦτον ἄλλο τι τῶν σωμάτων κατέχει, τοῦτο δὴ τῶν ἐγγιγνομένων καὶ μεταβαλλόντων ἕτερον πάντων εἶναι δοκεῖ· ἐν ᾧ γὰρ ἀὴρ ἔστι νῦν, ὕδωρ ἐν τούτῳ πρότερον ἦν, ὥστε δῆλον ὡς ἦν ὁ τόπος τι καὶ ἡ χώρα ἕτερον ἀμφοῖν, εἰς ἣν καὶ ἐξ ἧς μετέβαλον.【從彼此互換位置這點來看，似乎顯然有地點。水現在位於某處，當

---

[36] 參見第101頁。——原注

水從容器中流走後，氣就會再次進入那裡，並且有時另外某種有形體的東西也會占據這同一個地點。地點似乎與所有出現在其裡面並可以彼此替換的東西不同；因爲先前曾是氣所在的地方現在卻是水，從而顯然一個進去另一個出來的那個地點——即位置，是不同於這兩者的。】（《物理學》第四卷第一章，208b1以下）τόπος【地點】自身必須是某種東西。如果在某種容器裡先前曾是水，而現在它裡面是氣，那麼，τόπος【地點】就是不同於那充滿其中的東西的某種東西。地點已經**曾是**（*war*）、ἦν【曾是】，即在水或氣正好是在其裡面之前。ἦν【曾是】並不意味著：τόπος【地點】似乎曾是某種分開的東西，它與那位於其中的東西相分開，地點僅僅是不同於那交替位於其中那兩種東西的東西。緊接著亞里士多德首先給出了對地點的刻劃性規定：ἔχει τινὰ δύναμιν【具有某種潛能】（208b10以下），「地點具有某種潛能（Kraft）」[37]——如果我們在通常意義上加以翻譯的話。在這兒，δύναμις【潛能】完全嚴格在是態學上加以理解：δύναμις【潛能】

[37] 這句話也可以直接譯為：「地點具有某種力」。海德格有時用德語的Kraft（力／效力）來翻譯希臘文δύναμις【能力／可能性／潛能】一詞。例如，亞里士多德《形而上學》第九卷討論δύναμις【潛能】和ἐνέργεια【現實】，海德格在一九三一年夏季學期於弗賴堡開設的講座題目就叫：Aristoteles, Metaphysik Θ, 1-3. Von Wesen und Wirklichkeit der Kraft（亞里士多德：《形而上學》第九卷第一—三章，論力的本質和現實）。——譯注

意味著：位置屬於是者本身，它恰恰構成了相關是者的眞正在場的是之可能性。這種可能性如每一種可能性一樣，是一種確定的、被先行規定的可能性：每一是者都具有它的地點。τόπος【地點】的δύναμις【潛能】屬於作爲是者的是者本身。φέρεται γὰρ ἕκαστον εἰς τὸν αὑτοῦ τόπον μὴ κωλυόμενον, τὸ μὲν ἄνω τὸ δὲ κάτω.【如果沒有受到阻礙，那麼每一東西都會被帶往它自己的地點，這個向上，那個朝下。】（208b11以下）火、πῦρ【火】，作爲火，有其地點：ἄνω【向上】；土、γῆ【土】，作爲土，有其地點：κάτω【朝下】（參見208b19以下）。輕的東西在其是上有著關於其地點的標記：朝上；重的東西其地點的標記是：向下。這不是隨意的東西，而是φύσει【出乎自然】（208b18）的東西。亞里士多德的這些陳述是明顯的，我們在這兒無須硬塞進一些數學的—物理學的規定。重的東西向下走，輕的東西朝上走。火有著它自己確定的位置，即火的τόπος【地點】屬於它自己的是本身。同樣，是在上的（Oben zu sein）屬於輕的東西；如果它不是在上面，那只要它不受到阻礙，它就會朝上走。每一是者在其是上都有著關於某一確定位置、地點的標記。地點對於是者之在場來說是構建性的。每一是者都被帶往、φέρεται【被帶往】它的地點，εἰς τὸν αὑτοῦ τόπον, τὸ μὲν ἄνω, τὸ δὲ κάτω.【被帶往它自己的地點，這個在上，那個在下。】「一個朝上，另一個向下。」對τόπος【地點】的這種考察在《物理學》第四卷第一—五章中進行。亞里士多德將ἄνω【向上】和κάτω【朝下】標畫爲地點的μέρη【部分】或εἴδη

【種】。μέρος【部分】在這兒具有非常寬泛的含義：性質、要素、規定。ταῦτα δ' ἐστὶ τόπου μέρη καὶ εἴδη, τό ἄνω καὶ κάτω καὶ αἱ λοιπαὶ τῶν ἓξ διαστάσεων.【上、下，以及六種方向上的其餘方向，都是地點的部分和種。】（《物理學》第四卷第一章，208b12以下）地點的外觀根據這些可能性而得到規定：上—下、前—後、左—右是六個διαστάσεις【方向】——根據它們是者分到一邊。亞里士多德明確強調：ἔστι δὲ τὰ τοιαῦτα οὐ μόνον πρὸς ἡμᾶς, τὸ ἄνω καὶ κάτω καὶ δεξιὸν καὶ ἀριστερόν.【上—下、左—右這些方向並不僅僅是相對於我們來說的。】（208b14以下）「上—下、左—右這些方向並不是僅僅相對於我們來說的」，即並不是僅僅相對於我們剛好採取的某種定位來說的。ἡμῖν μὲν γὰρ οὐκ ἀεὶ τὸ αὐτό,【因爲對於我們來說它們並不總是同一的】「對於我們來說上和下的確並不總是同一的」，它們並不眞正是著，ἀλλὰ κατὰ τὴν θέσιν, ὅπως ἂν στραφῶμεν, γίγνεται,【而是根據我們所轉動的位置而改變。】（208b15以下）「而是同我們剛好所處的以及每次所改變的θέσις【位置】相應。」在這兒，θέσις【位置】同作爲地點的τόπος【地點】相對立。因此，有著關於τόπος【地點】的一些規定——它們在世界內於一定程度上是絕對的，但在此之外，也有著一些變動的可能性：對於一個人來說是在上，對於另一個人來說卻是在下。這種變動是θέσις【位置】的一種變動，它有賴於我們正好如何擺置我們自己，有賴於我們正好處於怎樣的情形中。因此，同一東西常常同時既在右又在左。ἐν δὲ τῇ φύσει διώρισται χωρὶς ἕκαστον.【但在自然中每個都迥然不同地分開。】（208b18以下）「反之，在自然本身中，如果我們僅僅就其是本身觀察物，那每一物都爲了它自己本身而被置於它自己的地點上。」οὐ γὰρ ὅ τι ἔτυχέν ἐστι τὸ ἄνω, ἀλλ' ὅπου φέρεται τὸ πῦρ καὶ τὸ κοῦφον· ὁμοίως δὲ καὶ τὸ κάτω οὐχ ὅ τι ἔτυχεν, ἀλλ' ὅπου τὰ ἔχοντα βάρος καὶ τὰ γεηρά.【因爲向上不是某種偶然發生的東西；相反，火和輕的東西被帶到那兒；同樣，朝下也不是某種偶然發生的東西；相反，重的東西和由土而來的東西被帶到它那兒。】（208b19以下）「因爲上面不是隨意的東西，而是火和輕的東西之何所向；同樣，下面也不是隨意的東西，而是重的東西和帶有土的東西之何所向。」它就是如此，並且在此有著總結性的刻劃，ὡς οὐ τῇ θέσει διαφέροντα μόνον ἀλλὰ καὶ τῇ δυνάμει.【這表明它們不僅在位置上有區別，而且在潛能上也有區別。】（208b21以下）「它們不僅通過θέσις【位置】——πρὸς ἡμᾶς【相對於我們】（208b24）——而區別開來，而且τῇ δυνάμει【在潛能上】區別開來。」這種δυνάμει【在潛能上】意味著：地點是那屬於它的是者之眞正在場的可能性，並且尤其是這樣：方向在本己的位置上、在它所屬於的位置上屬於是者自身的是——這種是自身的確始終是δυνάμει【在潛能上的】。

我們打算把我們對τόπος【地點】的論述進一步加以說明。πρῶτον μὲν οὖν δεῖ κατανοῆσαι ὅτι οὐκ ἂν ἐζητεῖτο ὁ τόπος, εἰ μὴ κίνησις τις ἦν ἡ κατὰ τόπον.

【首先必須理解，如果沒有地點上的運動，也就不會發現地點。】（《物理學》第四卷第四章，211a12以下）僅僅因爲我們遭遇到作爲運動物的各種αίσθητα【可感覺物】，僅僅因爲畢竟有著諸如運動這樣的東西，我們才能夠碰上有著諸如某一地點這回事。在地點更換中，位置作爲位置突顯出來；它能夠被某一他物所占據。ού γὰρ πᾶν ἐν τόπῳ, ἀλλὰ τὸ κινητὸν σῶμα.【因爲並非所有的是者都在地點中，而是只有那能運動的物體在地點中。】（《物理學》第四卷第五章，212b28以下）只有那κινητόν【能運動的】、運動的東西，是在某個位置那兒。διὰ γὰρ τοῦτο καὶ τὸν ούρανὸν μάλιστ' οἰόμεθα ἐν τόπῳ, ὅτι ἀεὶ ἐν κινήσει.【正因爲如此，我們認爲天最爲在地點中，因爲它總是處在運動中。】（《物理學》第四卷第四章，211a13以下）「因此，我們也相信天最爲是在某一地點中，因爲它恆常地是在運動中。」然而，進一步的考察將顯示，天不會在某一地點上。ὁ δ' ούρανός οὔ που ὅλος ούδ' ἔν τινι τόπῳ ἐστίν, εἴ γε μηδὲν αὐτὸν περιέχει σῶμα.【既然沒有任何形體包圍它，那麼，天作爲整體就不在某處，也不在某一地點中。】（《物理學》第四卷第五章，212b8以下）毋寧說，對於所有處在其下的是者來說，天自身就是地點。

地點得到了更爲詳細的標畫：ἀξιοῦμεν δὴ τὸν τόπον εἶναι πρῶτον μὲν περιέχον ἐκεῖνο οὗ τόπος ἐστί, καὶ μηδὲν τοῦ πράγματος.【我們認爲，地點首先是那進行包圍的東西，即它包圍以它爲地點的東西，並且不屬於事物。】（《物理學》

第四卷第四章，210b34以下）εἰ τοίνυν μηδὲν τῶν τριῶν ὁ τόπος ἐστίν, μήτε τὸ εἶδος μήτε ἡ ὕλη μήτε διάστημά τι […], ἀνάγκη τὸν τόπον εἶναι […] τὸ πέρας τοῦ περιέχοντος σώματος.【因此，如果地點不屬於三者中的任何一種，即既不是形式，也不是質料，也不是某種間距……，那麼，地點必然屬於……包圍著物體者的界限。】（212a2以下）地點是περιέχον【進行包圍者】，即那包圍著某一物體的東西的界限；它不是物體自身的界限，而是物體的界限所撞上的東西，正因爲如此，所以在這兩個界限之間沒有間隙，沒有διάστημα【間距】。對地點的這種獨特規定——被規定爲那包圍物體的東西的邊界——要變得可理解，那就只有堅持：世界被絕對地定位了，有著獨一無二的作爲地點的地點：絕對的上——天，μέσον【中心】——天的中間，以及絕對的下——漂浮在水上的大地。亞里士多德本人承認，δοκεῖ δὲ μέγα τι εἶναι καὶ χαλεπὸν ληφθῆναι ὁ τόπος διά τε τὸ παρεμφαίνεσθαι τὴν ὕλην καὶ τὴν μορφήν, καὶ διὰ τὸ ἐν ἠρεμοῦντι τῷ περιέχοντι γίγνεσθαι τὴν μετάστασιν τοῦ φερομένου.【地點似乎是一個重要又難以把握的東西，一是因爲質料和形狀同它顯現在一起，二是因爲被移動東西的位移發生在一個靜止的包容者中。】（212a7以下）「似乎在其是什麼上把握運動，是一個重大而又極其困難的事情，因爲物體由之構成的東西，以及它的外觀，即它的形狀，總是同它一道顯現」，以至於人們試圖把質料的範圍或形狀的界限當作地點。此外，看清地點作爲地點之所以是困難的，那是因爲運動物的

μετάστασις【位移】總是以下面這種方式出現，那就是：地點自身並不隨之而運動。然而，運動物自身在可感覺性方面具有某種優點。

如果人們守住下面這一看法，即地點具有一種δύναμις【潛能】：ἔχει τινὰ δύναμιν【它具有某種潛能】[38]，那麼，就可以概況性地贏得對地點概念的最初理解。地點是是者能夠正確地各屬其所（*Hingehörigkeit*）這一可能性。正確的各屬其所，指的是依照其實事上的情狀與是者作爲是者相適宜的那種在場的是。與火相適宜的是向上，與土相適宜的是朝下。作爲「自然」的世界這種是者，在寬泛的意義上具有它自己的位置。位置向來屬於是者本身，並在是者所歸屬其中的那兒構成是者的眞正在場之可能性。這種可能性不能被認作空洞概念性的－邏輯的可能性，不能被認作隨意性，以至於是在這兒或是在那兒能自由地供物體所選似的；相反，δύναμις【潛能】是一種被確定地先行規定、總是在自己那兒攜帶著某一方向的可能性。δύναμις【潛能】的這種被規定地是（Bestimmtsein）屬於τόπος【地點】本身。δύναμις【潛能】被理解爲是態學上的基本範疇。可能性自身是是著的（seiend）。地點是那屬於是者的、一道構成了其是的能夠在場的是（*Anwesendseinkönnen*）。地點是某一是者的能夠是在那

[38] 參見第105頁。——原注

兒（*Dortseinkönnen*），由此**當它在那兒是著**（*Dortseiend*）時，**它是眞正地在那兒**。

2. 從τόπος【地點】而來的幾何和算術的起源。通過對φύσει ὄντα【在自然中的是者】的πέρατα【諸界限】（τόπος【地點】）的突顯，對幾何對象的贏得。它們的場所規定（θέσις【位置】）。對situs【位置】的分析。μονάς【單位】：οὐσία ἄθετος【無位置的所是】

幾何的對象讓τόπος【地點】和θέσις【位置】之間的區別變得清楚。如果我們撇開φύσει【在自然意義上】加以規定的τόπος【地點】之獨特的是之類型，並且僅僅保留可能的各種場所之多樣性、各種定位要素（Orientierungsmomente），那麼，我們就被置於去理解各種獨特的幾何對象持留在何處這一情形中。從αἰσθητά【可感覺物】中抽取出來，然後成爲θετόν【被安排的東西】、被設定的東西的，是諸地點要素（Ortsmomente），並且是這樣：那被抽取出來的幾何的東西於是不再位於其地點之上。確切地說，在ἀφαίρεσις【取走】中從σῶμα【物體】那兒拿走、從它那兒抽取出來的諸地點要素，是自然物體的πέρατα【諸界限】；但是，只要它們從這種自然物體那兒抽取出來了，那它們就在數學上不再被理解爲自然物體的界限。相反，它們通過θέσις【位置】而獲得了不同於自然物體的一種獨立性。——幾何對象的確不位於某一地點那兒；儘管如此，我還是能夠在它那兒規定上和下、右和左；例如，在一個正方形那兒，我們能夠規定各個邊：上、下、右、左。我在這兒依然具有下面這種規定之可能性：能夠規定θέσις【位置】、能夠規定situs【位置】之分析、能夠規定對各種場所作爲場所之多樣性進行抽取——即使幾何對象自身就它們所是的而言並不具有這些規定。所有的幾何對象依然具有能夠根據θέσις【位置】而被定位這一可能性。任何幾何上的點、任何要素、線、面都通過θέσις【位置】而被固定下來，任何幾何對象都是一種οὐσία θετός【有位置的所是】[39]。這種θέσις【位置】無須是某種規定，但它卻屬於某種規定。反之，單位、μονάς【單位】，在它自己那兒卻不攜帶著這種定位；它是οὐσία ἄθετος【無位置的所是】。在數學那兒，θέσις【位置】僅僅保留在幾何中，因爲幾何比算術離αἰσθητόν【可感覺物】更近。

幾何的東西由多個基本元素構成——點、線等等，這些基本元素對於那些更高的幾何圖形來說是πέρατα【諸界限】。但卻不是這樣：各種更高的圖形由這些界限構成。亞里士多德強調：線絕不由點構成（《物理學》第六卷第一章，231a24以下），面絕不由線構成，體絕不由面構成。因爲在兩個點之間總是復又有著一段γραμμή【線】等等。由此亞里士多德極其尖銳地同柏拉圖相對立。誠然，點是幾

---

[39] 參見第103頁以下。——原注

何的東西的ἀρχαί【本源】，但這絕不意味著通過它們的累積能夠建立起更高的幾何圖形。不可能從στιγμή【點】進展到σῶμα【體】。不可能由多個點就構成一段線。因爲每次總會有某種東西位於其間，而該東西自身並不會由前面那些元素構成。由此就暴露出：對於οὐσία θετός【有位置的所是】來說，儘管設定了多個元素，但除此之外還要求了一種確定的連繫類型，即各種各樣的東西的一種確定的統一類型。這也類似地出現在算術的東西之範圍內。對於亞里士多德來說，μονάς【單位】、單位，自身還不是數；相反，第一個數是二[40]。因爲μονάς【單位】區別於幾何中的各種元素，它在它自己那兒並不攜帶著θέσις【位置】，所以兩個領域在對象性的東西方面的連繫類型也是極其不同的。某一算術整體、某一數量的連繫類型，不同於某一幾何整體的連繫類型，不同於各個點的連繫類型。數量和幾何圖形各自在自己那兒都是一種多樣性，「褶積」是多樣性的東西的連繫方式。只有當我們把握了στιγμή【點】的多樣性類型的結構和μονάς【單位】的多樣性類型的結構分別是何種本質，我們方才會理解它們兩者之間的區別。點、線等的多樣性類型是何種本質？數量的多樣性類型是何種本質？

---

[40] 參見《形而上學》第五卷第六章1016b18和1016b15，1021a13；《物理學》第四卷第十二章，220a17以下。——原注

3. 在幾何和算術中的多樣性的東西之連繫結構：συνεχές【連續】和ἐφεξῆς【順接】

我們從點開始這種考察。已經指出過幾何的對象同在αἰσθάνεσθαι【感覺】中的東西具有一定程度的親緣性。在αἰσθάνεσθαι【感覺】中的所有東西都具有μέγεθος【量度】；所有可感覺的東西都具有延展（*Erstreckung*）。這種延展在這兒被理解爲我們將之認作**連續**性的那種東西。因爲所有可感覺的東西都具有延展、μέγεθος【量度】，那它們就οὐκ ἀδιαίρετον【不是不可分割的】。τὸ αἰσθητὸν πᾶν ἐστι μέγεθος καὶ οὐκ ἔστιν ἀδιαίρετον αἰσθητόν.【所有可感覺的東西都是有量度的，並且可感覺的東西都不是不可分割的。】（《論感覺及可感物》第七章，449a20）。αἰσθητόν【可感覺物】的這種獨特的結構保持在幾何的東西中，只要幾何的東西是連續的、συνεχές【連續的】。點僅僅表現了這種連續的東西的最後和最末的邊界。因爲τὸ δὲ πάντῃ 〈ἀδιαίρετον〉 καὶ θέσιν ἔχον στιγμή.【點完全（不可分）但具有位置。】（《形而上學》第五卷第六章，1016b25以下）「那在任何方向上都不再可分，並且具有一個θέσις【位置】，即具有場所定位（Lageorientierung）的，就是點。」反之，γραμμὴ μοναχῇ διαιρετόν【線在一個方向上可分的】（參見1016b26以下），「它在一個維度上是可分的」；面、ἐπίπεδον【面】，διχῇ διαιρετόν【在兩個方向上是可分的】（參見1016b27），在兩個維度上是可分的；體、σῶμα【體】，πάντῃ καὶ τριχῇ διαιρετόν【在全部方向上即在三個方向上是可分的】（1016b27），在每一個方向上，即在三個維度上都是可分的。問題是亞里士多德將我們稱之爲連續性的這種獨特的連繫形式理解爲什麼。下面這點是特別的，那就是：在諸考慮之範圍內，亞里士多德似乎並未在幾何裡面而是在物理學裡面贏得了對連續性的規定。在後者的情況那兒，他面臨下面這一任務：闡明共同一起是（Miteinandersein）之諸原初的現象，並且尤其是闡明有世界的共同一起是、φύσει ὄντα【在自然中的是者】的共同一起是之諸原初的現象：《物理學》第五卷第三章。我將非常簡要地給出共同一起是之諸現象的各種定義，以便各位能夠看清συνεχές【連續的東西】是以何種方式構成的，以及在數量裡面多樣性之類型是如何與之相關的。於是各位也將看到，幾何的東西在多大程度上帶有πρόσθεσις【附加成分】，它在多大程度上比數設定了更多。

(1) φύσει ὄντα【在自然中的是者】共同一起是的諸現象（《物理學》第五卷第三章）

① 亞里士多德把ἅμα【一起】[41]、「一起（zugleich）」，稱作與某一他者或之於某一他者共同是的第一種現象，嚴格說來，是在φύσει ὄντα【自然中的是

[41] 希臘語ἅμα，即具有同時間相連繫的「同時（zugleich）」的意義，也具有同地點相連繫的「一起（zusammen）」的意義。同樣，德語zugleich，也具有「同時」和「一起」、「共同」這雙重含義。——譯注

者】之範圍內共同是的第一種現象；ἅμα【一起】、「一起」，在這兒不能在時間的意義上加以理解，而是同地點相關。那一起是的東西，就是在一個地點上的東西。我們必須警惕，不要把這些規定視爲自明的和原始的。這些分析的根本價值在於：與任何理論建構相反，亞里士多德從人們首先所看到的東西出發。因此，ἅμα【一起】就是在一個地點上。

②那處在另一個地點上的東西，是χωρίς【分離的】、「分離的」。在這兒必須牢記對地點的規定。

③ἅπτεσθαι【接觸】、「接觸」——第一種情況的再現——ὧν τὰ ἄκρα ἅμα【端點是在一起的】（226a23）[42]，「體現在其終端、極點是在一個地點上的東西那兒」，其終端占據了同一個地點。

④μεταξύ【居間】、「居間」，是這樣一種東西：εἰς ὃ πέφυκε πρότερον ἀφικνεῖσθαι τὸ μεταβάλλον【變化物早前自然到達的東西】（226b23），「依照其是，那變化的東西最初、事先所能夠到達的」；它是這樣一種東西：只要某物變化著，它所經過的東西；它在連續變化中達到某一ἔσχατον【終點】之前所變化成的東西。[43]如果我們想像一個完全極其簡單的例子，

[42] 根據貝克爾本，當為226b23。——譯注

[43] μεταξὺ δὲ εἰς ὃ πέφυκε πρότερον ἀφικνεῖσθαι τὸ μεταβάλλον ἢ εἰς ὃ ἔσχατον μεταβάλλει κατὰ

那我們就能夠取得對亞里士多德所意指的東西的一種大概印象：對於一艘在河上移動的船來說，河——μεταξύ【居間】、居間者，運動就發生其間——通過下面這點而突顯出來，那就是它完全不遺漏某種東西；它始終連成一

φύσιν συνεχῶς μεταβάλλον.【變化物，當它根據其本性而連續變化著時，在它變化到終點之前它所自然到達的東西，就是居間的東西。】（226b23以下）「那運動著的東西，只要它依照本性連續地運動著，那麼，在它作為最後者所到達的東西之前，它自然地所到達的，就是居間的東西。」226b24中的πρότερον【較前的】一詞是有爭議的。πρότερον【較前的】一詞也出現在《形而上學》第十一卷（1068b28）的相應段落中，以及忒米斯提俄斯（Themistius）的《《物理學》釋義》（*In Physica Paraphrasis*）中（172）。在辛普里柯俄斯的《《物理學》評注》（*In Physicorum Libros Commentaria*）的「手抄本」（871, 20）中則出現了πρῶτον【首先】這個詞。海德格似乎同時闡述了這兩個版本。魏斯在一個註腳中（由編輯者草擬）注意到：「在貝克爾的文本中（*Aristotelis opera edidit Academia Regia Borussica* (ex recensione I. Bekkeri)【普魯士王家科學院編訂的《亞里士多德著作集》（貝克爾審定），柏林，一八三一—一八七〇年】）出現的是πρῶτον【首先】這個詞。πρότερον【較前的】這個詞的確是一個猜測。然而，如果我們接受πρῶτον【首先】這個詞，那將無法理解226b24中的ἢ είς ὃ ἔσχατον μεταβάλλει【在它變化到終點之前】這句話。ἤ【比】，即『比』這個詞必定同πρότερον【較前的】，即『較前的』這個詞相關聯。πρότερον-ἤ【在……之前】，即『在……之前』。」在約納斯的筆記中也出現了一個類似的注解：「在變化者作為最後者所變成的東西之前，它所變成的東西，就是居間的東西。」在貝克爾版的拉丁翻譯中出現的也是prius-quam【在……之前】。——原注

片。

⑤ ἐφεξῆς【順接】、「順接的東西」。在這兒復又提到了μεταξύ【居間】。順接的東西作爲順接的東西，同它所順接的東西處在這樣一種連繫中：在它那兒沒有任何居間的東西，沒有任何τῶν ἐν ταὐτῷ γένει【位於同一屬中的東西】（227a1）、沒有任何「由同一是之起源（Seinsabkunft）而來的是者」——猶如那處在依次之秩序中的是者。ἐφεξῆς【順接的】、「一個接著一個的（aufeinanderfolgend）」，如沿著一條街道一字擺開的房子。位於兩者之間的東西不是如構成一個系列的那種具有相同是之性質的東西。但另外的東西則能夠位於兩者之間。

⑥ ἐχόμενον【接續的】，即「自有的東西」、「自持的東西」。在這兒又再現了ἐφεξῆς【順接的】。ἐχόμενον【接續的】，即「黏接的東西」，是一種ἐφεξῆς【順接的東西】，一種依次排開的東西，但作爲這樣的東西，它又被ἅπτεσθαι【接觸】所規定。ἐχόμενον δὲ ὃ ἂν ἐφεξῆς ὂν ἅπτηται.【接續的東西，就是在順接的同時又接觸著的東西。】（227a6）「黏連的東西，就是那在依次排開中又彼此接觸著的東西。」ἐχόμενον【接續的東西】被這樣一種依次所規定，在該依次中接續者的終端位於同一地點上，序列中的諸對象彼此碰在一起，它們在其最終的邊界上彼此接觸著。

⑦ συνεχές【連續】、continuum【連續】，是一種極其複雜的形象，因爲它

預設了其他的諸規定，即使對於αἴσθησις【感覺】來說它是首先被給予的。τὸ συνεχὲς ἔστι ὅπερ ἐχόμενόν τι【連續的東西就是一種接續的東西】（參見227a10）。συνεχές【連續的東西】是一種ἐχόμενον【接續的東西】，並且ὅπερ【就是那種東西】。ὅπερ【就是那種東西】是一種反覆出現在完全基礎是態學上的探索中的表達[44]。συνεχές【連續的東西】就是一種ὅπερ ἐχόμενόν【接續的東西】，「它一開始就已經、完全確定地就是一種ἐχόμενον【接續的東西】」，因此，在這兒無論如何都沒有居間的東西。συνεχές【連續的東西】甚至比ἐχόμενόν【接續的東西】本身更爲源始地是一種ἐχόμενον【接續的東西】；ἐχόμενον【接續的東西】僅僅是ἔχεσθαι【黏附】的最切近的樣子。συνεχές【連續的東西】之所以更源始地是一種ἐχόμενον【接續的東西】，那是因爲它勝於後者，即就其ἔχειν【有】的方法來看它勝於後者，它是一種συνεχόμενον【保持在一起的東西】：λέγω δ' εἶναι συνεχὲς ὅταν ταὐτὸ γένηται καὶ ἓν τὸ ἑκατέρου πέρας οἷς ἅπτονται.【當彼此接觸著的各個東西的界限成爲同一個界限時，我就稱它們是連續的。】（227a11以下）當彼此接觸著的每個東西的邊界成爲同一個

---

[44] 在魏斯和約納斯的筆記中都出現了括弧，其中加上了：時間、形而上學。海德格在講座中也的確給出了一個簡要的提示。——原注

> 邊界時，它們就是συνεχές【連續的東西】。在συνεχές【連續的東西】那兒所出現的情況是：不僅一棟房子的界限觸碰著另一棟房子的界限，而且一棟房子的界限與另一棟房子的界限相同一：ταὐτὸ καὶ ἕν【同一】。

以上就是共同一起是之諸規定。συνεχές【連續的】是μέγεθος【量度】之原則性的結構，該結構標畫著每一延展。

在描述了這些規定之後，亞里士多德理解了它們之間的關係。ἐφεξῆς【順接的】具有一種特別的醒目之處：φανερὸν δὲ καὶ ὅτι πρῶτον τὸ ἐφεξῆς ἐστιν.【顯然順接是首要的。】（227a17以下）「顯然就構造來說ἐφεξῆς【順接】是首要的。」ἐν προτέροις τῷ λόγῳ.【它位於那些於邏各斯上在先的東西中。】（227a19以下）「在各種言談中它都已經被暗含了和被說了」，以未說的方式被說了。τὸ μὲν γὰρ ἁπτόμενον ἐφεξῆς ἀνάγκη εἶναι, τὸ δ' ἐφεξῆς οὐ πᾶν ἅπτεσθαι.【因爲接觸著的東西必然是順接的，但順接的東西並非全都是接觸著的。】（227a18以下）ἁπτόμενον【接觸著的東西】，即在某種連繫中接觸著的並且以接觸的方式依次排開的東西，當它們接觸著時它們在其自身已經是一種依次排開。任何接觸著的東西都是ἐφεξῆς【順接的東西】。但是，並非每一ἐφεξῆς【順接】都必定已經是一種接觸。因此，ἐφεξῆς【順接】是首要的。基於這種考慮，亞里士多德顯示出μονάς【單位】和στιγμή【點】在何種程度上不可能是同一的。因爲它們的連繫類型是不同的。

(2) 幾何的東西和數學的東西之連繫結構：συνεχές【連續】和ἐφεξῆς【順接】

εἰ ἔστι στιγμὴ καὶ μονάς, οὐχ οἷόν τε εἶναι μονάδα καὶ στιγμὴν τὸ αὐτό· ταῖς μὲν γὰρ ὑπάρχει τὸ ἅπτεσθαι, ταῖς δὲ μονάσιν τὸ ἐφεξῆς, καὶ τῶν μὲν ἐνδέχεται εἶναί τι μεταξύ (πᾶσα γὰρ γραμμὴ μεταξὺ στιγμῶν), τῶν δ' οὐκ ἀνάγκη· οὐδὲν γὰρ μεταξὺ δυάδος καὶ μονάδος.【如果有點和單位，那點和單位也不可能是相同的。因爲接觸屬於各個點，而順接屬於各個單位；並且在各個點之間能夠有某種居間的東西（因爲所有的線段都是點之間的居間者），而在單位之間則並不必然有居間者，因爲在單位二和單位一之間就沒有什麼居間者。】（參見227a27以下）ἅπτεσθαι【接觸】、接觸，並且尤其是ἐχόμενον【接續】，在συνεχές【連續】這一與衆不同的意義上屬於各個點。而ἐφεξῆς【順接】僅僅屬於μονάδες【各個單位】、各個單位。幾何的東西的連繫類型，即點的連繫類型被συνεχές【連續】所刻劃，而數量序列被ἐφεξῆς【順接】所刻劃——在那兒並不必然有接觸。同continuum【連續】相比，後者的連繫結構要更爲簡單。在點那兒，某種東西總是能夠位於其間；兩點之間總是有著或多或少的一段距離。但在ἐφεξῆς【順接】那兒則並不必然如此。因此，在後者這兒是一種不同的連繫。因爲沒有任何東西位於單位一和單位二之間。因此，下面這點就是清楚的：在幾何的東西中，基本元素的一起是（Zusammensein）具有ἅπτεσθαι【接觸】或συνεχές【連續】之性質，而數量的一起是具有ἐφεξῆς【順接】、依次之性質。因此，在觀察各種幾何圖形時，我必須增添某種東西——與ἐφεξῆς【順接】相比該東西根據其結構一起設定了更多的元素。這些元素——它們對於συνεχές【連續】來說是構建性的，就是μέγεθος【量度】、πρός τι【相對】、θέσις【位置】、τόπος【地點】、ἅμα【一起】、ὑπομένον【持存】。ὑπομένον【持存】、「從一開始就始終在此是」，屬於那被θέσις【位置】所規定的東西㊺。因而幾何的東西並不如算術的東西那樣源始。

在這兒需要注意：對於亞里士多德來說，只要數量回溯到作爲ἀρχή【本源】的μονάς【單位】那兒，只要是者「是（*ist*）」，如是者是「一（*eine*）」一樣，屬於每一是者的是之規定：每一ὄν【是者】都是一個ἕν【一】，那麼，關於數量的原初規定就還具有一種更爲源始的同是者自身之構造的連繫。因此，對於一般是者之結構來說，ἀριθμός【數】在最寬泛的意義上——ἀριθμός【數】在這兒代表ἕν【一】——獲得了一種更爲基本的作爲是態學上的規定的含義。只要是者在其最終的各種規定上只有在一種與眾不同的λόγος【邏各斯】，即在νοήσις【思想】中才變得可通達，那麼，ἀριθμός【數】就會同

㊺ 參見《範疇篇》第六章，5a27以下。——原注

時與λόγος【邏各斯】相連繫；而幾何上的結構單單在αἴσθησις【感覺】中才能被看見。αἴσθησις【感覺】是幾何上的觀察必須停住的地方，它在它那兒στήσεται【靜止】，即它在它那兒有一個立足點。反之，在算術那兒，λόγος【邏各斯】、νοεῖν【看】在起作用，從所有θέσις【位置】中、從所有直觀的廣延和定位中擺脫出來。

在今天的數學中再次展開了對continuum【連續】問題的討論。只要學會理解continuum【連續】無法分析地加以解決，而是必須前去將之理解爲某種**被先行給予的**東西、位於一種分析的深入研究之問題前面的東西，那麼，就得返回到亞里士多德的思想那兒。數學家赫爾曼·魏爾（Hermann Weyl）[46]已經在這一方向上工作，並且該工作首先對於數學物理學的各種基本難題來說已經富有成果。在同當代物理學的相對論的連繫中，他達到了對於continuum【連續】的這種理解；正如天體幾何學產生自近代牛頓物理學，而對於與之相對立的相對論來說，場概念（Feldbegriff）是決定性的。物理上的是（Sein），被場規定。從這種發展進程中我們能夠期待，物理學家隨著時間在哲學的幫助下或許能逐漸理解亞里士多德對運動的理解，期待他們放棄舊有的種種偏見，不再覺得亞

---

[46] 赫爾曼·魏爾，《空間—時間—物質：關於廣義相對論的講座》（*Raum-Zeit-Materie. Vorlesung über allgemeine Relativitätstheorie*）。柏林，一九一八年；修訂版，柏林，一九二三年。——原注

里士多德的運動概念是原始的，我們必須僅僅通過速度來規定運動——誠然速度是運動的一種性質。或許隨著時間人們甚至會更加徹底地讚賞亞里士多德的運動概念。我給出這一提示乃是爲了表明：亞里士多德是何等地從所有倉促的理論中擺脫出來，抵達了自然科學的幾何學在今天以相反的路徑所汲汲追求的那些實情。

亞里士多德在《範疇篇》（*Kategorienschrift*）中敏銳地洞察到了對於數之規定來說從continuum【連續】之含義中所生起的各種後果。該作品的眞實性在哲學史上是有爭議的。我認爲它是眞的，沒有哪位門徒能寫出那樣的東西。在該書第六章中亞里士多德給出了ποσόν【量】的基本區別[47]。

(3) 在幾何和算術中多樣性的東西之結合的後果（《範疇篇》第六章）

τοῦ δὲ ποσοῦ τὸ μέν ἐστι διωρισμένον, τὸ δὲ συνεχές· καὶ τὸ μὲν ἐκ θέσιν ἐχόντων πρὸς ἄλληλα τῶν ἐν αὐτοῖς μορίων συνέστηκε, τὸ δὲ οὐκ ἐξ ἐχόντων θέσιν.【在量中，有的是不連續的，有的是連續的；有的由位於其中的各部分構成——而這些部分彼此之間有某種位置，有的則不由具有這種位置關係的部分構成。】（4b20以下）量分爲συνεχές【連續的】和διωρισμένον

[47] 在海德格的手稿中僅僅有對相關段落的提示，而無任何進行闡釋的記錄。編輯基於約納斯、沙爾克以及魏斯的筆記制訂出以下闡釋（一直至第121頁）。——原注

【不連續的】；前者是在—其—自身—結合在一起的（das Sich-in-selbst-Zusammenhaltende），而後者是在—其—自身—彼此—分離的（das In-Sich-selbst-Auseinandergegrenzte），從而複多中的每一要素都同另一要素相隔開。只要συνεχές【連續】中的各個部分是θέσιν ἔχοντα【具有位置】的，那這些部分就彼此相關；那被置於這種θέσις【位置】中的無非就是continuum【連續】本身。這一基本現象乃是有著諸如延展、μέγεθος【量度】這類東西的在是上的條件：場所、定位就是這樣的東西，以至於能夠連續地從一點前進到另一點；僅僅這樣運動方才能夠被理解。另一種屬於ποσόν【量】的，是διωρισμένον【不連續的】，它們以下面這種方式彼此相關，那就是：οὐκ ἐξ ἐχόντων θέσιν μορίων【不由具有位置關係的部分構成】（4b22）：ἔστι δὲ διωρισμένον μὲν οἷον ἀριθμὸς καὶ λόγος, συνεχὲς δὲ γραμμή, ἐπιφάνεια, σῶμα, ἔτι δὲ παρὰ ταῦτα χρόνος καὶ τόπος.【不連續的量，如數目、語詞；連續的量，如線、面、體，此外還有時間和地點。】（4b22以下）屬於διωρισμένον【不連續的】，如ἀριθμός【數目】和λόγος【語詞】；屬於συνεχές【連續的】，如線、面、體，此外還有χρόνος【時間】和τόπος【地點】。只要διωρισμένον【不連續的】由那些οὐ θέσιν ἔχοντα【不具有位置】的部分構成，而συνεχές【連續的】由那些θέσιν ἔχοντα【具有位置】的部分構成，那麼，數列中的諸元素和continuum【連續】中的諸元素於其中被合併爲一的方法就是不同的。

那些屬於數列的諸單位的合併方法是什麼?·τῶν μὲν γὰρ τοῦ ἀριθμοῦ μορίων οὐδείς ἐστι κοινὸς ὅρος, πρὸς ὃν συνάπτει τὰ μόρια αὐτοῦ· οἷον τὰ πέντε εἰ ἔστι τῶν δέκα μόριον, πρὸς οὐδένα κοινὸν ὅρον συνάπτει τὰ πέντε καὶ τὰ πέντε, ἀλλὰ διώρισται.【因爲在數目的各部分中沒有任何共同的、其各部分由之而連接起來的邊界。例如，如果五是十的部分，那麼，兩個五不會在某個共同的邊界上連接起來；相反，它們是分開的。】（4b22以下）一定數目的各個部分沒有任何共同的ὅρος【邊界】，在下面這一意義上沒有任何共同的界限：通過ὅρος【邊界】——它在這兒等同於καθόλου【普遍】，每一部分都整齊地得到規定。如果我們以10爲例，對於它的兩個μόρια【部分】即5和5來說，沒有任何κοινὸς ὅρος【共同的邊界】；每一部分都是自爲的，都是διωρισμένον【分開的】；每一部分都是不同的東西。同樣，7+3也等於10，但7在καθόλου【普遍】或κοινός【共同】（4b28以下）的意義上同10或3都了無關係。在這兒有著下面這種獨特的關係：μόρια【各個部分】不可能合併在一起，不可能συνάπτεσθαι【連接起來】。οὐδ᾽ ὅλως ἂν ἔχοις ἐπ᾽ ἀριθμοῦ λαβεῖν κοινὸν ὅρον τῶν μορίων, ἀλλ᾽ ἀεὶ διώρισται· ὥστε ὁ μὲν ἀριθμὸς τῶν διωρισμένων ἐστίν.【總之，就數目而言其各部分絕沒有任何共同的邊界，它們總是分開的。因此，數目屬於不連續的數量。】（4b29以下）因此，對於數的多樣性來說，根本沒有下面這樣一種κοινόν【共同】：每一單獨的數都因它而成了如一個例子一樣的東西，以至於數是καθόλου【普遍】。用時髦的話講，在這兒沒有一般化。對於各個單獨的數來說，沒有任何作爲數的屬。這誠然只是一個否定性的結果，但它依然是向著存在於數列中的那種獨特連繫的推進。

在λόγος【語詞】[48]的例子那兒出現了同樣的情形；同樣的連繫存在於它那兒。ὡσαύτως δὲ καὶ ὁ λόγος τῶν διωρισμένων ἐστίν·(ὅτι μὲν γὰρ ποσόν ἐστιν ὁ λόγος φανερόν· καταμετρεῖται γὰρ συλλαβῇ μακρᾷ καὶ βραχείᾳ· λέγω δὲ αὐτὸν τὸν μετὰ φωνῆς λόγον γιγνόμενον)· πρὸς οὐδένα γὰρ κοινὸν ὅρον αὐτοῦ τὰ μόρια συνάπτει· οὐ γὰρ ἔστι κοινὸς ὅρος πρὸς ὃν αἱ συλλαβαὶ συνάπτουσιν, ἀλλ' ἑκάστη διώρισται αὐτὴ καθ' αὑτήν.【同樣，語詞也屬於不連續的量——（語詞顯然是一種量，因爲它根據長音節和短音節而被測量。但我說的是那帶有聲音的語詞）。因爲它的諸部分不會在某個共同的邊界上連接起來；沒有讓諸音節於其上連接起來的共同邊界；相反，各個音節自身是分開的。】（4b32以下）λόγος【語詞】在這兒被視爲一種μετὰ

[48] 基於λόγος一詞的豐富含義，一般直接將之音譯為「邏各斯」。但由於亞里士多德在這兒所討論的內容是明確的，為了便於理解，我將之譯為「語詞」。——譯注

φωνῆς γιγνόμενος【帶有聲音的東西】，被視作有聲表達。這種有聲表達在作爲其στοιχεῖα【諸元素】的逐個音節中被分節地表達出來。亞里士多德和柏拉圖都偏愛以λόγος【語詞】爲例來說明多樣性的東西——它們不是連續地聚在一起；相反，在它們那兒每個部分都是自主的——之獨特的統一性問題。λόγος【語詞】在有聲表達的意義上是一種ποσόν【量】，它的各個部分絕對地彼此隔開。每個音節同另一個音節相比都是自主的。根本沒有一個表達所有音節之共性的音節，——反之，卻有著如所有的點一樣的點。

因此，線有著另外一種統一方式：ἡ δὲ γραμμὴ συνεχές ἐστιν· ἔστι γὰρ λαβεῖν κοινὸν ὅρον πρὸς ὃν τὰ μόρια αὐτῆς συνάπτει, στιγμήν· καὶ τῆς ἐπιφανείας γραμμήν.【線是連續的。因爲能找到一個它的諸部分於其上連接起來的共同邊界，那就是點。對於面而言則是線。】（5a1以下）線作爲連續的東西，具有另外一種統一方式。也即是說，我們能夠從線——從連續的東西——那兒抽取出某種東西，憑藉該東西，線的每個部分都能夠在相同的意義上被稱作部分，即被稱作點。但在此要注意的是，這些抽取出來的點絕不可能在連接中構成線。沒有哪個點與另一個點不同。這種κοινὸς ὅρος【共同邊界】之可能性的奇特之處就在於：**線要比單純由許許多多的點所組成的東西更**

多[49]，也即是說它具有某種θέσις【位置】。反之，在由許許多多的數所構成的數列那兒，則缺乏θέσις【位置】[50]，以至於數列僅僅被ἐφεξῆς【順接】所規定。數的連繫是單純的一個接一個，只要為了把握這點無須同時設定θέσις【位置】，那麼，就把握作為把握來看，就νοεῖν【看】來看，**數在是態學上就是在先的**。也即是說，它刻劃著一種是者，這種是者從向著另一具有continuum【連續】性質並且最終是αἰσθητόν【可感覺的】的是者的定位中擺脫出來。因此，如果我們追問作為某種東西的是者的結構，那麼，數就會進入到一種源始的連繫中。柏拉圖那徹底是態學上的規定之所以從數開始，原因就在於此。數是更為源始的；因而在最寬泛的意義上以數為引導線索的對是者的每一規定，更接近ὄν【是者】的諸最終的ἀρχαί【本源】。

當亞里士多德在《形而上學》第一卷第二章[51]引出幾何和算術的區別時，他只是想顯示出在ἐπιστῆμαι【諸知識】中有著一個**嚴格的等級**。但他並未宣稱算術似乎就

[49] 這句話的德語原文為daß die Linie mehr ist als eine Mannigfaltigkeit von Punkten，直譯當為：線要比諸點之多樣性更多。——譯注

[50] 這句話的德語原文為Dagegen fehlt die θέσις bei der Mannigfaltigkeit der Zahlenreihe，直譯當為：反之，在數列之多樣性那兒則缺乏θέσις【位置】。——譯注

[51] 982a28.——原注

是在是者之是上關於是者的最源始的科學。相反，亞里士多德恰恰指出：數的眞正ἀρχή【本源】，即單位，自身不再是數，由此預示著還有一門更爲本源的研究是者之基本情狀的學科：σοφία【智慧】。

十六、繼續：σοφία【智慧】（《形而上學》第一卷第二章，第一部分）。σοφία【智慧】的第四個本質要素：ἀληθεύειν【去蔽】的自主性（ἑαυτῆς ἕνεκεν【爲了自身】。μὴ πρὸς χρῆσιν【不是爲了用處】）

σοφία【智慧】的第四個即最後一個要素是：它在它自己那兒是自主的。亞里士多德以兩種方式顯示了這點：1.基於σοφία【智慧】的主題；2.基於此是自身之行爲。

㈠ σοφία【智慧】的主題。ἀγαθόν【善】作爲τέλος【目的】和最後的οὗ ἕνεκα【爲何】；作爲αἴτιον【原因】和ἀρχή【本源】；作爲純粹θεωρεῖν【靜觀】的對象

τὸ δ' εἰδέναι καὶ τὸ ἐπίστασθαι αὑτῶν ἕνεκα μάλισθ' ὑπάρχει τῇ τοῦ μάλιστ' ἐπιστητοῦ ἐπιστήμῃ.【那爲了其自身而加以知道和知識的，最爲屬於那

以最爲可知的東西爲對象的知識。】（982a30以下）「爲了其自身而進行的看和知識，最爲存在於其主題是μάλιστα ἐπιστητόν【最爲可知識的東西】的這種ἐπιστήμη【知識】中。」這種μάλιστα ἐπιστητόν【最爲可知識的】、最爲把知識向著一種眞正的東西加以塑形的，是在下面這一情形中被把握到的東西：當它感到它在是者之範圍內取得了最終的定位時，當它感到它看見爲何（*Weshalb*）這樣這樣的東西會發生時。這最終的爲何，即最終的爲何之故（*Worumwillen*），οὗ ἕνεκα【爲何】，作爲τέλος【目的】總是某種ἀγαθόν【善】（《形而上學》第一卷第三章，983a31以下）但是，ἀγαθόν【善】在ἐπιστῆμαι【諸知識】中和τέχναι【諸技藝】中都是ἀρχικωτάτη【最爲進行統治的】事情，只要ἀρχικωτάτη【最爲進行統治的】就是那γνωρίζουσα τίνος ἕνεκέν ἐστι πρακτέον ἕκαστον【知道每件事是爲何而被做的】（982b5以下）、「它給出了每一單個的東西爲何必得這樣加以實現的消息。」與此相應，只要σοφία【智慧】是μάλιστα ἐπιστήμη【最高的知識】，並且作爲這樣的東西它給出了關於μάλιστα ἀγαθόν【最高的善】，關於ὅλως τὸ ἄριστον ἐν τῇ φύσει πάσῃ【整體地在整個自然中最善的東西】（參見982b7）的消息，那麼，它在全部ἐπιστῆμαι【知識】和τέχναι【技藝】中就是ἀρχικωτάτη【最爲進行統治的】，從而它就不再是那被引導的東西，而是那明確或不明確地進行引導的東西，並由此是自主的東西。包含在智慧中的問題是：什麼是ἄριστον【至善】，什麼是每一其他的τέχνη【技藝】和ἐπιστήμη【知識】都必須由之獲得定位的最高的善，以及它在何種程度上是ἀρχικωτάτη【最爲進行統治的】、進行引導的和自主的。

σοφία【智慧】以一種ἀγαθόν【善】爲目標，隨著這一刻劃，亞里士多德復又猶疑地靠近了與是者的另外一種關係：與πρᾶξις【實踐】的關係。因爲πρᾶξις【實踐】恰恰始終向著爲何之故定位。因此，如果σοφία【智慧】以ἀγαθόν【善】爲目標，那似乎它最終將是一種πρᾶξις【實踐】，但在前面的討論中恰恰顯示出它擺脫了χρῆσις【用處】，它是一種純粹的θεωρεῖν【靜觀】。於是生起了下面這一困境：在這兒存在一種此是式的行爲，1.它同一種被規定爲ἀγαθόν【善】的是者相關；2.它不應是一種πρᾶξις【實踐】，而是一種θεωρεῖν【靜觀】。

困境的解決就在於，亞里士多德強調：「ἀγαθόν【善】也是諸原因中的一種。」καὶ γὰρ τἀγαθὸν ἓν τῶν αἰτίων ἐστίν.【因爲善是諸原因中的一種。】（參見982b10以下）而αἴτιον【原因】的基本性質就在於，它是ἀρχή【本源】、我由之理解某物的最終的東西：μάλιστα δ' ἐπιστητὰ τὰ πρῶτα καὶ τὰ αἴτια【各種原理和原因是最爲可知的東西】（982b2）。在ἐμπειρία【經驗】和τέχνη【技藝】中已經包含著對αἴτιον【原因】的追問。但最重要的不在於亞里士多德單單說ἀγαθόν【善】是一種αἴτιον【原因】，而在於他成功地首次顯示出：ἀγαθόν【善】無非就是那被τέλος【目的】所規定的是者的一種是之規定。只要某一是者在其τέλος【目的】上完成了，那它就是理應如此的，即是εὖ【好的】。ἀγαθόν【善】首先根本與πρᾶξις【實踐】無關；相反，它是是者的一種規定——只要是者完成了、完全一立住（*voll-ständig*）了。那始終是著的是者根本無須要首先被創制；它始終已經恆常完成了地在此是。只要亞里士多德把ἀγαθόν【善】理解為τέλος【目的】——完成了地是——並且把τέλος【目的】算在其他那些原因之中，如ὕλη【質料】、εἶδος【形式】、ἀρχὴ κινήσεως【運動的本源】❺❷，那麼，他就首次贏得了對ἀγαθόν【善】的一種是態學上的基本理解。如果我們把ἀγαθόν【善】把握為「價值」，那將是一種荒謬。ἀγαθόν【善】的真正意義毋寧是這樣：

ἀγαθόν【善】
｜
τέλος【目的】
｜
πέρας【界限】
｜
ἀρχὴ τοῦ ὄντος【是者的本源】

只要致力於將ἀγαθόν【善】這一表達理解為真正哲學的術語，那麼，就必須緊

---

❺❷《形而上學》第一卷第三章，983a26以下。——原注

握ἀγαθόν【善】的這種眞正意義。

於是我們具有了另一種情形：只要ἀγαθόν【善】原初並不與πρᾶξις【實踐】相關，而是被理解爲在其自身的此是之基本情狀，那麼，下面這一可能性就會得到先行規定，那就是，ἀγαθόν【善】作爲ἀρχή【本源】恰恰是一種θεωρεῖν【靜觀】的對象，事實上，恰恰就這種作爲ἀεὶ ὄν【始終是著的東西】，即作爲始終是的是者而言——關於它我無所作爲——，正確的關係是θεωρία【理論】。這種可能性通過將ἀγαθόν【善】闡釋爲πέρας【界限】而得到先行規定。亞里士多德如何解釋它的，我們將在下一堂課中看見[53]。

現在我們僅僅取得了下面這一可能性：儘管ἀγαθόν【善】向著πρᾶξις【實踐】而定位，但基於對ἀγαθόν【善】的是態學上的基本理解，下面這條道路得以開啟，那就是，有一種行爲，它作爲理論的行爲表現了對ἀγαθόν【善】的正確行爲。因此，亞里士多德能夠說，他於其中看到了這種θεωρεῖν【靜觀】的σοφία【智慧】，是一種極其獨特的φρόνησις【明智】，一種τοιαύτη φρόνησις【這樣的明智】（982b24）[54]。正如我們對之所認識到的，它不是那種關乎能夠是別的情形的

[53] 該宣布出現在第十三節課上（一九二四年十一月二十四日）。「下一堂課」即第十四節課（一九二四年十一月二十五日）。然而，在該節課中並未出現相應的講述。——原注

[54] 《形而上學》第一卷第二章（982b24）：σχεδὸν γὰρ πάντων ὑπαρχόντων τῶν ἀναγκαίων καὶ πρὸς

是者、關乎行動中的是者的φρόνησις【明智】；它是下面這種φρόνησις【明智】：它誠然關乎一種ἀγαθόν【善】，但是，卻不關乎是πρακτόν【要被實踐的東西】的那樣一種ἀγαθόν【善】。亞里士多德在這兒把σοφία【智慧】標畫爲一種τοιαύτη φρόνησις【這樣的明智】，同時表明了對柏拉圖的一種反對態度，柏拉圖沒能澄清這些現象間的差別。當亞里士多德談論作爲φρόνησις【明智】的σοφία【智慧】時，那他由此就暗示：他在σοφία【智慧】中——正如柏拉圖在φρόνησις【明智】中，看到了ἀληθεύειν【去蔽】的最高類型，甚至人的最高行爲、**最高的生存之可能性**（*Existenzmöglichkeit*）。

到現在爲止，我們基於σοφία【智慧】的γένεσις【生成】而知識到：它愈來愈不考慮實踐性的目標。但是，σοφία【智慧】μὴ πρὸς χρῆσιν【不是爲了有用】㊺，這是一種**僅僅否定性地**和僅僅附帶性地、考慮到其他東西而給出的規定；它還沒有規定σοφία【智慧】本身。現在，必須肯定性地顯示：**在此是自身那兒根據其可能性來先行規定σοφία【智慧】**，它是此是自身的一種原初的是之可能性的發展。由

ῥαστώνην καὶ διαγωγὴν ἡ τοιαύτη φρόνησις ἤρξατο ζητεῖσθαι.【因爲，只有當所有的生活必需品以及爲了閒適和消遣的東西都幾乎存在時，這種明智才開始被尋求。】——譯注

㊺《形而上學》第一卷第二章，982b24以下：δι᾽ οὐδεμίαν χρείαν ἑτέραν【顯然不是由於其他的用處】。——原注

此σοφία【智慧】的自主性首先在是態學上變得可理解，關於φρόνησις【明智】的討論才被置於正確的地基之上。要指出下面這些可能性：1.φρόνησις【明智】不再把作爲πρακτόν【要被實踐的東西】的ζωή【生命】當作主題；相反，2.作爲ἀληθεύειν【去蔽】的φρόνησις【明智】就是ζωή【生命】的一種是之類型。

㈡從此是自身而來的σοφία【智慧】之起源。θαυμάζειν【驚異】和ἀπορεῖν【困惑】作爲哲學的起源。位於此是自身那兒的朝向純粹θεωρεῖν【靜觀】的傾向

對世界自主地僅僅－觀察（Nur-Betrachten）之根源已經位於原始的、日常的此是那兒。亞里士多德指出，σοφία【智慧】不僅僅是偶然地、事後地同ποίησις【創制】和πρᾶξις【實踐】無關，而且它一開始和本源地就是如此的。ὅτι δ' οὐ ποιητική, δῆλον καὶ ἐκ τῶν πρώτων φιλοσοφησάντων. διὰ γὰρ τὸ θαυμάζειν οἱ ἄνθρωποι καὶ νῦν καὶ τὸ πρῶτον ἤρξαντο φιλοσοφεῖν, ἐξ ἀρχῆς μὲν τὰ πρόχειρα τῶν ἀπόρων θαυμάσαντες, εἶτα κατὰ μικρὸν οὕτω προϊόντες καὶ περὶ τῶν μειζόνων διαπορήσαντες, οἷον περί τε τῶν τῆς σελήνης παθημάτων καὶ τῶν περὶ τὸν ἥλιον [καὶ περὶ ἄστρων] καὶ περὶ τῆς τοῦ παντὸς γενέσεως.【從那些最初進行哲學活動的人那兒就可以看出，它不是創制的。因爲無論是現在還是最初，人

們都由於驚異而開始哲學活動；首先是驚異身邊那些奇怪的事情，然後逐漸往前，進而對那些更重大的東西感到困惑，如關於月亮的變化，關於太陽（和星辰）的變化，以及關於萬物的生成。】（《形而上學》第一卷第二章，982b10以下）與ποίησις【創制】相比，σοφία【智慧】從一開始就構成了此是的一種自主的是之類型，可以從此是的兩種原初的實施要素那兒看見：1.θαυμάζειν【驚異】；2.διαπορεῖν【不知所措】[56]。

1. σοφία【智慧】以那早已經在自然的此是身上所取得的θαυμάζεσθαι【感到驚異】爲其開端。θαυμάζει εἰ οὕτως ἔχει【驚異事情是否如它所是的那樣】（參見983a13以下）。「對於所遭遇的事情，人們驚異是否它眞正處於」它所顯現的那種情況中。θαυμαστὸν γὰρ εἶναι δοκεῖ πᾶσιν, εἴ τι τῷ ἐλαχίστῳ μὴ μετρεῖται.【如果某種東西無法被最小的單位所測量，這對於所有的人來說似乎是令人驚異的。】（983a16以下）「如果某種東西居然無法被最小的東西所測量，這對於所有人來說是令人驚異的。」也即是說，從原則上講，如果某種東西無法通過人人都具有的那最爲熟悉的東西而變得可理解，那它就是讓人驚異的。μετρεῖν【測量】，即測量、規定，是此是讓某種東西變得可理解的方式。μέτρον【尺度】

[56] 見附錄。——原注

和ἀριθμός【數】如λόγος【邏各斯】一樣屬於同一領域，即屬於ἀληθεύειν【去蔽】之領域[57]。θαυμαστόν【令人驚異的東西】，是那不確定的東西。「在這兒某種東西沒有被確定」。只要一種觀察對所遭遇到的實情用它所具有的理解是行不通的，那麼，該物對於這種觀察來說就是令人驚異的、「奇妙的」。它對向它顯現的那種東西感到震驚。誠然，驚異最初僅僅始於手邊的東西：τὰ πρόχειρα【手邊的東西】（982b13）、「在手邊的東西」。後來觀察漸漸拓寬，從而也驚異那些更爲重大的東西——這些東西人們起先將之接受爲不言而喻的：關於月亮的πάθη【遭遇】，即在月亮身上所發生的事情、關於月亮變化的奇特之處，以及類似發生在太陽身上的種種事情；最後是關於是者整體的生成，即它是否如它所顯現的那樣在此是。

2. 亞里士多德把這種感到—驚異（Sich-Verwundern）闡釋爲此是的源始現象，並由此指出：它在這點上引起了朝向一種θεωρεῖν【靜觀】的傾向；在此是那兒一開始就有著一種朝向僅僅—看—和—單純—理解（Nur-Sehen-und-lediglich-Verstehen）的傾向。在這兒亞里士多德使用了一種在當時哲學中流行的表達：ἀπορεῖν【困惑】。ἄπορος【沒有通路的】是那種沒有通路的東西，在那兒人們

[57] 參見第17頁以下。——原注

走不通。πόρος【通路】源始地意味著步行穿過一個淺灘的通路。ἀπορία【難關】：對世界的觀察走不通，找不到路。首先熟悉的那些αἴτια【原因】、可使用的那些解釋手段對我們是行不通的。解釋著地穿行之路給堵上了。事情真正看起來怎樣，以及它首先顯現得怎樣，被歪曲了。在這兒要注意，ἀπορία【難關】同ἀληθεύειν【去蔽】的意義和我們已經了解到的關於此是的見解完全相應：世界這種是者首先是鎖閉的，並且此是無法通過。在ἀληθεύειν【去蔽】的這一意義上——其最切近的實施形式是λόγος【邏各斯】，相應地：

ἀπορία【難關】
ἀπορεῖν【困惑】 ἀπορούμενον【讓人困惑的東西】

λόγος【邏各斯】
λέγειν【說】 λεγόμενον【被說的東西】

這種ἀπορεῖν【困惑】，如果明確地實行出來的話，暗示著我們不知識我們無法通達的事情。ὁ δ' ἀπορῶν οἴεται ἀγνοεῖν【感到困惑的人覺得自己是無知的】

（參見982b17以下）。「那走不通的人和找不到門徑的人」發覺事情對於他來說是鎖閉著的，「他確信他還不眞正熟悉事情」，還不知識它。然而，只要他恰恰在對無法—通過（Nicht-Durchkommen）的這種確信中對他自己變得透徹，那他就會進而διαπορεῖν【不知所措】，並試圖通過；在這種ἀπορεῖν【困惑】和διαπορεῖν【不知所措】中，有著渴望通過（Durchkommenwollen），有著一種φεύγειν τὴν ἄγνοιαν【擺脫無知】和一種διώκειν τὸ ἐπίστασθαι διὰ τὸ εἰδέναι【爲了求知而追求知識】：ὥστ' εἴπερ διὰ τὸ φεύγειν τὴν ἄγνοιαν ἐφιλοσόφησαν, φανερὸν ὅτι διὰ τὸ εἰδέναι τὸ ἐπίστασθαι ἐδίωκον καὶ οὐ χρήσεώς τινος ἕνεκεν.【因此，如果他們爲了擺脫無知而進行哲學活動，那顯然他們是爲了求知而追求知識，不是爲了某種用處。】（982b19以下）那繼續ἀπορεῖν【困惑】、διαπορεῖν【不知所措】以及試圖走得通的人，在這種竭力爭取中暴露出：他在擺脫ἄγνοια【無知】，即擺脫無知、擺脫遮蔽，並追求ἐπίστασθαι【知識】，即追求知識，追求揭開—占有是者（das Aufgedeckt-Dahaben des Seienden）。因此，希臘人用ἄγνοια【無知】所標畫的東西，表明此是自身在世界面前的一種獨特的中途逗留（Durchgangsstation）。它表明了此是的一種獨特的在途中是（Unterwegssein）：以某種方式知識是者，但卻走不通。然而，ἀπορεῖν【困惑】在它自身那兒絕沒有一種獨立的和積極的意義；相反，它僅僅具有正確追求關於是者自身之知識的功能性意義（Funktionalsinn）。δια-πορεῖν【穿—過去】，即進行透徹地詢問，意味著：發現某種不再自明的東西——在這兒，「自明的」是基於完全偶然地對之具有理解的那種東西而被理解的東西——，並且尋求獲得對事情自身的理解。在διαπορεῖν【不知所措】中的種種積極的步驟無非就是對確定事情的再現。ἀπορεῖν【困惑】的道路和方向從環境（Umwelt）到世界（Welt），並且是這樣的：ἀπορεῖν【困惑】並不關乎那僅僅偶然遭遇和碰巧觸目的東西，而是包含著下面這點，那就是此是讓自己上路，在該路上那始終已經在那兒的某種東西觸目了。哪兒有這種ἀπορεῖν【困惑】，哪兒就有這種讓—自己—上路（sich-auf-den-Weg-Machen），就有向著……在途中是（Unterwegssein-zu...）。因此，ἀπορεῖν【困惑】或διαπορεῖν【不知所措】不僅在對世界的自然觀察中，而且在明確的科學研究中都成爲了下面這種現象：該現象顯示出此是在多大程度上僅僅爲了揭開活動本身而以揭開是者爲目標。由此我們獲得了對σοφία【智慧】的最後規定，並同時看到：θεωρεῖν【靜觀】是此是的一種完全自主的、與別的任何東西無涉的行爲。

十七、總結[58]：ἀληθεύειν【去蔽】的諸方式作為進行自我定位的此是的諸變式

只要在此是身上首先如下面這樣有著ἀληθεύειν【去蔽】的各種不同的方式，即這些方式尚未彼此區分開，因而就τέχνη【技藝】、ἐπιστήμη【知識】、φρόνησις【明智】、σοφία【智慧】這些表達的使用而言存在著多義性，那麼，我們就已經獲得了對此是的一種洞察。這種多義性的形成不是隨隨便便的。並且對這種多義性的一種眞正克服，不可能僅僅通過下面這樣而發生：給出種種獨斷的定義來進行反駁，以及把這些不同的行爲方式加以固定。只有當多義性的各種動因變得可見了，即只有當理解了爲何在這種多義性中使用了這些不同的表達，多義性方才會被克服。

此是揭開它自己的最切近的環境：它在它的世界中定位自己，但定位－自己（Sich-Orientieren）的各個方式卻並未變得明確。只要這種定位－自己是一種關乎創制的獲悉和考慮，那它就屬於τέχνη【技藝】這種類型。然而，只要這種精通是一種知識，並且明確地作爲知識而亮相，那麼，這同一實情就能夠被把握爲ἐπιστήμη【知識】。它還根本不必是科學。只要定位－自己關於某種πρακτόν【要被實踐的東西】——它爲了本己的應用、αὐτῷ【爲了自身】、爲了某人自身而被完成，那這

---

[58] 在海德格手稿中的標題。——原注

種定位—自己在最寬泛的意義上就是φρόνησις【明智】，彷彿它是ζῷα【有生命的東西】所特有的。在這種定位中被揭示出來的東西是否是某種πρᾶξις【實踐】中的ποιητόν【要被創制的東西】，在這兒無關緊要。只要定位—自己明確地關乎αἴτιον【原因】，並且僅僅爲了成爲一種眞正的理解，那麼，定位—自己的這些同樣的方式——τέχνη【技藝】、ἐπιστήμη【知識】、φρόνησις【明智】——也就能夠被把握爲σοφία【智慧】。這就是在此是自身那兒的對這些表達的基本使用。我們必須從根本上闡明它，以便看清：那生成爲明確的此是之諸方式的γένεσις【生成】，恰恰基於此是自身而實現出來。

下面這點已經顯現出來：此是僅僅διὰ τὸ εἰδέναι【爲了求知】而不是χρήσεώς τινος ἕνεκεν【爲了某種用處】（982b20）以σοφία【智慧】爲目標，θεωρεῖν【靜觀】是此是的一種完全自主的、與別的東西無關的行爲。因此，在σοφία【智慧】中顯現出此是的一種可能性——此是於其中將自己顯露爲自由的、顯露爲完全對準自己本身的。ὥσπερ ἄνθρωπος φαμέν ἐλεύθερος ὁ ἑαυτοῦ ἕνεκα καὶ μὴ ἄλλου ὤν, οὕτω καὶ αὕτη, μόνη ἐλευθέρα οὖσα τῶν ἐπιστημῶν· μόνη γὰρ αὐτὴ ἑαυτῆς ἕνεκέν ἐστιν.【正如我們稱那爲了自己而不爲了他人的人是自由的一樣，在諸知識中唯有這種知識是自由的，因爲只有它是爲了它自身。】（982b25以下）由此就產生了下面這一問題：是否這樣一種此是之可能性對於人的此是來說畢竟是可把握的，因爲人的ζωή【生命】的確是δούλη【受奴役的】（982b29），因爲人的生命、他在世界中的是，在一定程度上是各種形勢、日常的各種逼迫的奴僕。因此，只要人的此是是奴僕，那麼，似乎在純粹θεωρία【觀看】中的自主行爲之可能性就必定始終不聽它的使喚，結果就是，對於人來說σοφία【智慧】不可能是一種可能的κτῆσις【財富】⑲。**問題生起爲**：**是否**σοφία【**智慧**】**能夠是**κτῆσις ἀνθρώπου【**人的財富**】。

⑲《形而上學》第一卷第二章（982b29-983a11）：πολλαχῇ γὰρ ἡ φύσις δούλη τῶν ἀνθρώπων ἐστίν, ὥστε κατὰ Σιμωνίδην -θεὸς ἂν μόνος τοῦτ᾽ ἔχοι γέρας-, ἄνδρα δ᾽ οὐκ ἄξιον μὴ οὐ ζητεῖν τὴν καθ᾽ αὑτὸν ἐπιστήμην. εἰ δὴ λέγουσί τι οἱ ποιηταὶ καὶ πέφυκε φθονεῖν τὸ θεῖον, ἐπὶ τούτου συμβῆναι μάλιστα εἰκὸς καὶ δυστυχεῖς εἶναι πάντας τοὺς περιττούς. ἀλλ᾽ οὔτε τὸ θεῖον φθονερὸν ἐνδέχεται εἶναι, ἀλλὰ κατὰ τὴν παροιμίαν πολλὰ ψεύδονται ἀοιδοί, οὔτε τῆς τοιαύτης ἄλλην χρὴ νομίζειν τιμιωτέραν. ἡ γὰρ θειοτάτη καὶ τιμιωτάτη· τοιαύτη δὲ διχῶς ἂν εἴη μόνη· ἥν τε γὰρ μάλιστ᾽ ἂν ὁ θεὸς ἔχοι, θεία τῶν ἐπιστημῶν ἐστί, κἂν εἴ τις τῶν θείων εἴη. μόνη δ᾽ αὕτη τούτων ἀμφοτέρων τετύχηκεν· ὅ τε γὰρ θεὸς δοκεῖ τῶν αἰτίων πᾶσιν εἶναι καὶ ἀρχή τις, καὶ τὴν τοιαύτην ἢ μόνος ἢ μάλιστ᾽ ἂν ἔχοι ὁ θεός. ἀναγκαιότεραι μὲν οὖν πᾶσαι ταύτης, ἀμείνων δ᾽ οὐδεμία.【人的本性在許多方面都是受奴役的，以至於根據西蒙尼德，「唯有神才具有這樣的特權」，而人不配尋求那依自身而來的知識。如果詩人們說出了某種東西，並且神聖者在本性上的確是嫉妒的，那麼，在這門知識上就最會出現這種情形，並且這門知識中所有卓越的人都會是不幸的。然而，神聖者不可能是嫉妒的，而根據俗話，詩人多謊；不可以認爲還有比這門知識更尊貴的其他知識。因爲最神聖的知識也就是最尊貴的知識。而神聖的指的無非就是下面這兩層意思：在諸知識中，一門知識要是神聖的，或者是特別地爲神所擁有的知識，或者是關於各種神性的東西的某種知識。只有這門知識滿足

這兒就κτῆσις【財富】所提出的這一問題，同在《尼各馬可倫理學》中就ἕξις【品質】所提出的問題是同一個問題，即：是否σοφία【智慧】能夠是人的此是的一種可能的ἕξις【品質】。

只有澄清這一問題之後，我們方才對決斷下面這點有了充分的準備，那就是：是φρόνησις【明智】——它作爲這樣的東西把人的此是取作進行揭開的目標——還是σοφία【智慧】，是**進行揭開的最高類型**。我們必須檢查亞里士多德**基於什麼**而決斷φρόνησις【明智】的是之類型不同於作爲人的此是之可能性的σοφία【智慧】的是之類型。基於這一規定，下面這點也同時變得可理解，那就是：在何種意義上就人的生活而言能夠有諸如倫理學這樣的科學——只要倫理學致力於ἦθος【習俗】，即致力於也能夠是別的樣子的人之是。問題在於：在何種程度上能夠有這樣的科學——如果眞正的科學乃是關乎那始終是著的是者的話。

了這兩點。因爲所有人都認爲，神是某種原因和某種本源；唯有神擁有或者神最爲擁有這種知識。所有其他的知識都比這門知識更爲必要，但沒有任何知識比它更好。】——譯注

第三章　作爲ἀληθεύειν【去蔽】的兩種最高方式，φρόνησις【明智】或σοφία【智慧】的優先性問題（《形而上學》第一卷第二章，第二部分；《尼各馬可倫理學》第六卷第七—十章，第十卷第六—七章）

十六、σοφία【智慧】的神性和作為人之可能性的σοφία【智慧】之疑問（《形而上學》第一卷第二章，第二部分）。σοφία【智慧】作為寓居於ἀεί【始終】中的恆常是。作為各種ἀναγκαῖα【必然的東西】和ἄλλως ἔχοντα【具有別的樣子的東西】之「奴僕」（δούλη【奴僕】）的人的此是。著眼於ἀληθεύειν【去蔽】的σοφία【智慧】之優先性

問題在於是否σοφία【智慧】能夠是人的κτῆσις【財富】和ἕξις【品質】。亞里

士多德首先通過援引希臘詩句而提出了這一問題❶。這意味著σοφία【智慧】是一種θεῖον【神性的東西】。亞里士多德在《尼各馬可倫理學》第十卷第七章（1177b26以下）中特別指出了這點。在這兒，即在《形而上學》第一卷第二章中，首先僅僅自然的此是進行了表達，它說：唯有θεός【神】能夠具有καθ' αὐτὸν ἐπιστήμην【依自身而來的知識】（982b31以下），即能夠具有σοφία【智慧】。因而這種東西僅僅保留給了諸神。此外，諸神還會具有何種可能性？詩人們進而說諸神會嫉妒人，他們不把σοφία【智慧】賞賜給人。但亞里士多德說，對於詩人的這些說法別太當回事，因爲他們——就像甚至在諺語中就談到的——大多在進行捏造❷。諸神根本不可能是嫉妒的；這不是因爲他們太好而不可能嫉妒，而是因爲所有的πάθη

❶ 982b31：Θεὸς ἂν μόνος τοῦτ' ἔχοι γέρας.【唯有神才具有這樣的特權。】「唯有神可以擁有這種特權」。西蒙尼德（Semonides），殘篇3,5：見：*Anthologia lyrica sive lyricorum Graecorum veterum praeter Pindarum. Reliquiae potiores*【《抒情詩集或在品達之前流傳下來的優秀古希臘抒情詩》】，Post Theodorum Bergkium quartum edidit Eduardus Hiller. Exemplar emendavit atque novis fragementis auxit O. Crusius. Leipzig 1913.【在特奧多爾・貝爾克之後，愛德華・希勒第四次編輯；奧托・庫爾斯修訂了例子並補充了新的殘篇。萊比錫，一九一三年】——原注

❷ πολλὰ ψεύδονται ἀοιδοί【詩人多謊】（《形而上學》第一卷第二章，983a4），「詩人多謊。」——原注

【激情】，即所有的衝動從θεῖον【神的】此是那兒給排除出去了。另一方面，沒有比σοφία【智慧】更高的知識類型。亞里士多德指出這點，乃是通過謹愼地說：或許某位神可以最爲具有σοφία【智慧】，因而我們可以合理地把σοφία【智慧】稱作是一種θεῖον【神性的東西】；此外，之所以如此，還在於σοφία【智慧】的對象是一種始終是（Immersein）❸，是θεῖον【神性的東西】。亞里士多德在這兒首先就讓問題立於這點之上。要注意：即使亞里士多德在這兒把σοφία【智慧】賦予給θεῖον【神性的東西】，那他也並未絕對地表達這一看法；因爲他不是將之作爲實際（Faktum）❹，而是將之作爲可能性（Möglichkeit），把σοφία【智慧】稱作一種θεῖον【神性的東西】。他得出這一思考，乃是因爲他注意到ἀναγκαιότεραι μὲν οὖν πᾶσαι ταύτης, ἀμείνων δ' οὐδεμία.【所有的知識都比它更爲必要，但卻沒有任何知識比它更好。】（983a10以下）「在最寬泛意義上的所有認識方式都比σοφία【智慧】更爲必要、更爲緊迫，但沒有什麼比它更好。」就ἀληθεύειν【去蔽】而言，即就對是者的揭開而言，σοφία【智慧】具有優先性。

與這種更爲通俗的關於σοφία【智慧】及其同人的關聯的討論相比，亞里士多德本人對拋出來的諸問題有著一種更爲源始的理解。對這些困難的探討恰恰導致他指

---

❸ 參見《尼各馬可倫理學》第六卷第七章，1141a24。——原注

❹ 由於我將Tatsache譯為「事實」，為了與之相區別，將Faktum譯為「實際」。——譯注

出，σοφία【智慧】對於人來說是最高的可能性。爲了非常簡要地表明這一點並使得道路變得明瞭，就得緊握下面的內容。σοφία【智慧】根據其觀念是：τῶν ἐξ ἀρχῆς αἰτίων ἐπιστήμη【關於開始的諸原因的知識】（參見《形而上學》第一卷第三章，983a24以下）。這一觀念要求——ἀληθεύειν【去蔽】之是這一問題或此是的是之類型這一問題所關涉的——1.在自己本身那兒的完全自主；2.在其是上對眞正是著的東西的行爲、在這種是者那兒的停留。它要求在對在其自身的是者的當下化地占有（Gegenwärtighaben）中，自由地在—自己—本身—那兒—被擺置地是（das freie Auf-sich-seblst-gestelltsein）。由此生起了下面這一問題：是否σοφία【智慧】是人的κτῆσις【財富】和ἕξις【品質】。因爲人的此是是δούλη【受奴役的】；它被指派給了各種ἀναγκαῖα【必然的東西】、各種ἄλλως ἔχοντα【具有別的樣子的東西】；它被迫依寓於這些ἀναγκαῖα【必然的東西】和各種ἄλλως ἔχοντα【具有別的樣子的東西】而是。人不可能恆常地依寓於τιμιώτατα【最高貴的東西】那兒；在這種自主的是之類型中，依寓於τιμιώτατα【最高貴的東西】而始終是，對於人來說不在考慮之內。

如果牽涉到σοφία【智慧】是一種θεῖον【神性的東西】，那這一問題就取得了它的尖銳性。當亞里士多德將σοφία【智慧】標畫爲一種θεῖον【神性的東西】時，這乃是在純粹是態學的意圖中發生的；形而上學（Metaphysik）不是神學（Theologie）。它是一種ἐπιστήμη【知識】，是σοφία【智慧】——一種θειοτάτη

【最神性的】的東西。σοφία【智慧】以兩種方式是這樣的東西：1.它是某位θεός【神】的κτῆσις【財富】；2.它以τὰ θεῖα【各種神性的東西】爲主題。這早已在亞里士多德的《形而上學》中給預示了❺。σοφία【智慧】，1.只要它是某位θεός【神】的κτῆσις【財富】，只要位於其中的行爲是一種神性的行爲，那它就是νοῦς【智性直觀】、νοεῖν【看】、νοήσις【思想】；2.只要它是關於τῶν θείων【各種神性的東西】的，即它以θεῖον【神性的東西】爲對象，那它就是νοήσεως【關於思想的】。因此，σοφία【智慧】1.某位θεός【神】的κτῆσις【財富】—νοήσις【思想】；2.主題：τὰ θεῖα【各種神聖的東西】—νοήσεως【關於思想的】。我們在這兒暫不會更加詳細地探討之。

根據我們迄今爲止的研究，在σοφία【智慧】中的θεῖον【神性】表現如下：1.σοφία【智慧】，只要它以θεῖον【神性的東西】爲對象，那它就以ἀεί【始終是著的東西】爲對象；2.只要位於其中的θεῖον【神性】是作爲一種行爲，那它就是一種單純的觀察，一種單純的θεωρεῖν【靜觀】。σοφία【智慧】中的行爲是下面這樣的，即它是與對象相稱的。它恆常地停留在始終是著的是者那兒。它因下面這點而與眾不同：它作爲θεωρεῖν【靜觀】恆常地保持在始終是著的是者那兒。因此，此

---

❺《形而上學》第十二卷第七章。——原注

是的這種是之觀念在於：在ἀεί【始終是著的東西】面前是恆常地、當下地在場的。然而，亞里士多德強調❻：人的此是無法終其一生都能持守住這種行爲。其有時間地是（Zeitlichsein）之類型使得它不可能恆常地依寓於ἀεί【始終是著的東西】而是。人需要從θεωρεῖν【靜觀】中休息和放鬆。這些連繫以某種方式奠基在亞里士多德《形而上學》第一卷第二章的思考上，儘管他並未明確地加以探討。但下面這點是非常清楚的，那就是：與ἀεί【始終是著的東西】相關的這種此是的是之關係（Seinsverhältnis），如果應同ἀεί【始終是著的東西】相稱，那它就必定始終是一種θεωρεῖν【靜觀】。這在某種方式上是可能的，在某種方式上又是不可能的。

把σοφία【智慧】同φρόνησις【明智】加以區分這一任務並未因此就已經完成了。因爲φρόνησις【明智】自身主張它是人的最高認識方法。

❻《尼各馬可倫理學》第十卷第七章，1177b26以下，連繫第六章，1176b33以下。——原注

十九、φρόνησις【明智】作為人的真正可能性，以及對φρόνησις【明智】作為「σοφία【智慧】」的拒絕（《尼各馬可倫理學》第六卷第七章，第二部分）。φρόνησις【明智】之嚴肅。ἀκρότατον ἀγαθὸν ἀνθρώπινον【人的至善】作為φρόνησις【明智】的對象。ἄριστον ἐν τῷ κόσμῳ【宇宙中最好的東西】作為σοφία【智慧】的對象。預先規定是態學上的優越性作為σοφία【智慧】之優先性的標準

正如已經說過的，φρόνησις【明智】自身主張它是人的最高認識方法，也就是說，只要我們能夠說由於它關乎人的此是自身，故它屬於最嚴肅的東西，那麼它就會有此主張：它是σπουδαιοτάτη【最卓越的】（參見1141a21以下）。σοφία【智慧】或許的確涉及τιμιώτατα【最高貴的東西】（參見1141b3），即涉及最高的是者；但這種是者是這樣一種是者，它並不就人的生存而與人相關。與人相關的，是此是自身，是ἀκρότατον ἀγαθὸν ἀνθρώπινον【人的至善】、εὐδαιμονία【幸福】。φρόνησις【明智】對此給出了指導。它會讓此是在帶給人以εὖ ζῆν【好好地生活】的那樣一種行動之實現中變得透徹。因此，如果φρόνησις【明智】是最嚴肅的、最具決定性的認識，那麼，那活動在φρόνησις【明智】之領域中的科學就是最高的科

學。只要人不是煢煢孑立的，只要人們是共同一起的，那麼，πολιτική【政治學】（《尼各馬可倫理學》第六卷第七章，1141a21）就是最高的科學。因此，πολιτικὴ ἐπιστήμη【政治學的知識】是真正的σοφία【智慧】，而πολιτικός【政治家】是十足的φιλόσοφος【哲學家】；這就是柏拉圖的觀點。

然而要問：在與σοφία【智慧】的連繫中對φρόνησις【明智】的這種規定是否合理。要注意亞里士多德所提出的理由：ἀγαθόν【善】，作爲人的此是的ἀγαθόν【善】，作爲εὐδαιμονία【幸福】，的確就是一種ἀκρότατον ἀγαθόν【至善】；它是人的此是於其中達到其完滿的那種東西。但它畢竟是一種ἀνθρώπινον ἀγαθόν【人的善】，是對人之是的一種規定，作爲這樣的東西，它是ἕτερον【不同於】（1141a23）其他的善，如魚的善。根據各個是者之是，作爲τέλος【目的】的ἀγαθόν【善】各自也是不同的。此外，甚至對於每一個人來說，在其此是之可能性上ἀγαθόν【善】也能夠向來每每（je）❼是不同的。只要ἀγαθόν【善】能夠向來每每是不同的，那麼，我們在ἀγαθόν【善】中就具有對那也能夠是別的情形的是者——即不是ἀεί【始終是著的東西】——的一種是之規定。人的此是不是某種要求是ἀεί【始終】的東西，——而λευκόν【白】或εὐθύ【直】是τὸ αὐτὸ ἀεί【始終相

---

❼德語je，既具有表時間的「向來」、「歷來」的含義，也具有「每」的含義。在漢語中很難找到一個詞同時兼具這兩重意思。故這兒權且將之譯為「向來每每」。——譯注

同的】（1141a24）、「始終同一的」；它們都是始終是其所是的那種是之規定：因此，它們是某種σοφόν【智慧的東西】，是σοφία【智慧】的對象。如果我們想說σοφία【智慧】關乎αὑτῷ ὠφέλιμον【對自身有益】的那種是者，那麼，就會有著好些不同的σοφίαι【智慧】，一些對於人來說是智慧，一些對於動物來說是智慧，等等。倘若人是ἄριστον τῶν ἐν τῷ κόσμῳ【宇宙中最高的】（1141a21以下），即倘若他「是那在世界中是的東西中眞正是著的東西」，那麼，φρόνησις【明智】和σοφία【智慧】之間的一致或許就是合法的。是否φρόνησις【明智】自身就是σοφία【智慧】這一問題，必須在原則上依循兩者所關涉的是者、依循ἀκρότατον ἀγαθόν【至善】來定位。εἰ δ' ὅτι βέλτιστον ἄνθρωπος τῶν ἄλλων ζῴων, οὐδὲν διαφέρει.【即使人優於其他的生物，也還是一回事。】（1141a33以下）「同其他有生命的東西相比人是βέλτιστον【更優良的】，這也沒有用。」因爲ἐν τῷ κόσμῳ【在宇宙中】還有著別的許多比人的此是更爲神聖的東西。καὶ γὰρ ἀνθρώπου ἄλλα πολὺ θειότερα τὴν φύσιν【因爲還有其他遠比人更爲神聖的本性。】（1141a34以下）。還有著θειότερα τὴν φύσιν【更爲神聖的本性】——φύσις【本性】在這兒同οὐσία【所是】意味的一樣多——，還有著其他不同於人的此是的東西，它就其在場的是之類型來說是更加眞正地在場的。θεῖον【神聖的】在這兒僅僅意味著是者的更高的是之類型。在這兒根本沒有談到宗教、神和亞里士多德的某種虔敬。θειότερον【更神聖的】作爲對更高的是之類型的表達，具有一種純粹形式上的是態學的意義。

這會從亞里士多德爲「更神聖的」是（das "göttlichere" Sein）所列舉的例子那兒變得清楚：φανερώτατά ἐξ ὧν ὁ κόσμος συνέστηκεν【最明顯的，來自宇宙由之構成的那些東西】（參見1141b1以下），最明顯的東西、在此完全被揭開了的東西，是來自「世界」由之構成的那種東西：οὐρανός【天】、ἥλιο【太陽】、σελήνη【月亮】等等。要證明亞里士多德把太陽視爲一位神，這或許是極其困難的。ἐκ δὴ τῶν εἰρημένων δῆλον ὅτι ἡ σοφία ἐστὶ καὶ ἐπιστήμη καὶ νοῦς τῶν τιμιωτάτων τῇ φύσει.【基於前面所說，顯然智慧是關於那些在本性上最高貴的東西的知識和智性直觀】（1141b2以下）φύσις【本性】在這兒同οὐσία【所是】意味的一樣多。σοφία【智慧】關乎τιμιώτατα τῇ φύσει【那些在本性上最高貴的東西】，即關乎那就其在場的是之類型而言具有優先性並因而是眞正在場的是著的東西。對於亞里士多德和希臘人而言，甚至對於傳統而言，眞正是著的東西是那始終是的東西，是那恆常已經在此是的東西。希臘人已經使自己明瞭了它，而今天我們僅僅信仰它。反之，人的此是，即使它已經是某種ἄριστον【最好的】，但依然不是某種ἄριστον ἁπλῶς【絕對最好的】，即φύσει【在本性上】最好的；相反，它僅僅是某種ἄριστον πρὸς ἡμᾶς【對於我們來說最好的】。人的此是不是ἀεί【始終是著的東西】；人的是（das Sein des Menschen）生成（entsteht）又毀滅（vergehet），它具有其確定的時間，具有它自己的αἰών【永恆】。

由此就先行標畫出了同φρόνησις【明智】相比σοφία【智慧】所具有的優點之

基礎位於何處。σοφία【智慧】在關乎那在其自身的是者這點上具有優先性——只要**它所關乎的**是者在希臘人那兒具有**是上的優先**性。是者從那在其自身、始終已經是的東西那兒映入眼簾。

亞里士多德在1141b3以下通過再一次舉出標畫σοφία【智慧】的自主性，以及它們在此是那兒的獨立起源的那些性質，結束了對σοφία【智慧】的闡述。然而，ἀληθεύειν【去蔽】的這兩種方式，即φρόνησις【明智】和σοφία【智慧】，不僅根據對象，而且在其本己的結構上區別開來。爲了看清這點，需要對φρόνησις【明智】自身的結構進行一種仔細的考察。

二十、關於φρόνησις【明智】的更為徹底的見解❽（《尼各馬可倫理學》第六卷第八—九章）

(一)φρόνησις【明智】作爲πρακτικὴ ἕξις【實踐品質】❾（《尼各馬可倫理學》第六卷第八章）

爲了看清φρόνησις【明智】和σοφία【智慧】根據其結構在何種程度上是不同

❽ 標題借鑑了海德格。在手稿中有：「更為徹底地對待φρόνησις【明智】自身」。——原注

❾ 在海德格的手稿中的標題。——原注

的，下面這點就是重要的：φρόνησις【明智】是一種ἀληθεύειν【去蔽】，只不過它在其自身與πρᾶξις【實踐】相關。「在其自身」意味著：πρᾶξις【實踐】不是某種位於一旁、事後才來的東西——如在τέχνη【技藝】中的ἔργον【作品】；相反，φρόνησις【明智】這種ἀληθεύειν【去蔽】的每一步都對準了πρακτόν【要被實踐的東西】。與此相應，在φρόνησις【明智】中的ἀληθεύειν【去蔽】的實施方法與在σοφία【智慧】中的不同。亞里士多德從《尼各馬可倫理學》第六卷第八章開始，在其最後幾章中闡明了這一連繫。

在第八章中亞里士多德指出φρόνησις【明智】是一種πρακτικὴ ἕξις【實踐品質】。因爲φρόνησις【明智】所揭開的東西，是πρακτὸν ἀγαθόν【被實踐的善】（1141b12）。因此，φρόνησις【明智】之獨特的ἕξις【品質】—性質是εὖ βουλεύεσθαι【深思熟慮】（1141b10）。ὁ δ' ἁπλῶς εὔβουλος ὁ τοῦ ἀρίστου ἀνθρώπῳ τῶν πρακτῶν στοχαστικὸς κατὰ τὸν λογισμόν.【絕對深思熟慮的人，是那精於通過盤算而取得對人而言在可實踐的東西中最好的人。】（1141b12以下）「完全恰當地進行考慮的人——他對τέλος【目的】的考慮和環視落到目的和完滿地是上——是在其所是上揭開了ἄριστον ἀνθρώπῳ【對人而言的最好】、對於人來說是最好的那種人。」並且尤其是ἄριστον τῶν πρακτῶν【可實踐東西中的最好的】、「那在可能的πρακτά【各種可實踐的東西】中最好的」。這種東西就是把εὐδαιμονία【幸福】提供給人的那種東西，而εὐδαιμονία【幸福】對於人來說就是οὗ ἕνεκα【爲何】。ἁπλῶς εὔβουλος【絕對深思熟慮的人】有能力對ἄριστον ἀνθρώπῳ τῶν πρακτῶν【對於人而言在可實踐的東西中最好的】進行這樣的揭開，因爲他是στοχαστικός【善於中的的】、「因爲他能夠中的」，並且是κατὰ τὸν λογισμόν【通過盤算】、通過在其各種具體的是之可能性中「考慮和談論」人的此是。οὐδ᾽ ἐστὶν ἡ φρόνησις τῶν καθόλου μόνον.【明智不僅僅關乎各種普遍的東西。】（1141b14以下）但是，對ἄριστον【最好的東西】的這樣一種揭開並不單單醉心於彷彿要完全單純地突顯人的最切近的此是之類型的外觀；φρόνησις【明智】的任務似乎不僅不會在此處結束，而且還可能在原則上被誤解了。作爲φρόνησις【明智】的φρόνησις【明智】這種ἀληθεύειν【去蔽】，δεῖ καὶ τὰ καθ᾽ ἕκαστα γνωρίζειν【應認識各種特殊的東西】（1141b15），「必須揭開此是那具體的、各個的諸是之可能性」。πρακτικὴ γάρ, ἡ δὲ πρᾶξις περὶ τὰ καθ᾽ ἕκαστα.【因爲它是實踐性的，而實踐關乎各種特殊的東西。】（1141b16）也即是說，它所進行的揭開要ὁμολόγως ὀρέξει【同欲望相一致】[10]，它恆常著地眼於行動者的處境、著眼於一種此時此地的抉擇而進行。由此，對於人的此是及其處理方法來說的ἀγαθόν

---

[10] 參見《尼各馬可倫理學》第六卷第二章，1139a29以下：τοῦ δὲ πρακτικοῦ καὶ διανοητικοῦ ἡ ἀλήθεια ὁμολόγως ἔχουσα τῇ ὀρέξει τῇ ὀρθῇ.【帶有實踐的東西和帶有思想的東西之真，要同正確的欲望相一致。】——原注

【善】之意義，不僅僅是附帶地在λέγειν【說】中被規定，而是根據其最本己的意義在λέγειν【說】中被規定：它是一種ἀκρότατον【至善】。φρόνησις【明智】不是一種ἕξις μετὰ λόγου μόνον【單單依賴邏各斯的品質】（《尼各馬可倫理學》第六卷第五章，1140b28），它不是一種單純的、前往自己那兒的對某種東西的詳細談論；相反，在每一語詞中、在它所發出的每一口號中，它都談論了πρακτόν【要被實踐的東西】，並支持這種東西。ἡ δὲ φρόνησις πρακτική· ὥστε δεῖ ἄμφω ἔχειν, ἢ ταύτην μᾶλλον.【明智是實踐性的，從而兩者都需要，尤其需要後者。】（第八章，1141b21以下）「φρόνησις【明智】必定具有兩者」：ἀληθεύειν【去蔽】和πρᾶξις【實踐】，「或許對後者要得更多」。φρόνησις【明智】更多地位於πρᾶξις【實踐】中而不是λόγος【邏各斯】中。在φρόνησις【明智】那兒決定性的東西是πρᾶξις【實踐】。在φρόνησις【明智】中πρᾶξις【實踐】既是ἀρχή【起點】又是τέλος【終點】。φρόνησις【明智】進行在對一種確定行動的展望中，並且它在行動自身中走向自己的終點。

εἴη δ' ἄν τις καὶ ἐνταῦθα ἀρχιτεκτονική.【在此還必得有某種最高的技藝。】（1141b22以下）在這兒於πρακτική【實踐性的】之範圍內也可以存在著某種次序上的連繫，存在著一種領導和引導。只要ἄνθρωπος【人】是ζῷον πολιτικόν【政治的動物】，那麼，πρᾶξις【實踐】就必定被理解爲在共同一起是中的是（Sein im Miteinandersein）：只要這就是τέλος【目的】，那麼，φρόνησις【明智】就屬於

πολιτική【政治學】之類型[11]。

因此，對於φρόνησις【明智】來說關鍵的東西是πρᾶξις【實踐】。由此產生了φρόνησις【明智】和ἐπιστήμη【知識】之間的本質區別，而該區別關乎φρόνησις【明智】和ἐπιστήμη【知識】的起源。亞里士多德在第九章中對之進行了指出。

(二) φρόνησις【明智】和ἐπιστήμη【知識】的產生方法（《尼各馬可倫理學》第六卷第九章）。φρόνησις【明智】：ἐξ ἐμπειρίας【來自經驗】（生活經驗）。數學：δι' ἀφαιρέσεώς【通過抽象】

φρόνησις【明智】需要χρόνος【時間】。正確抉擇之可能性需要生活經驗（Lebenserfahrung），而ἐπιστήμη【知識】則不需要。因此，就會出現下面這種情況，那就是：年輕人已經能夠揭示重要的東西。亞里士多德在這兒以數學家為例，而帕斯卡（Pascal）[12]似乎就是這方面的例子。因為數學是一種自主的σχολάζειν

---

[11] 海德格沒有進一步加以闡述。——原注

[12] 帕斯卡（一六二三—一六六二年），是法國著名的數學家和物理學家，在哲學和神學上著有影響深遠的《思想錄》。他一生只活了三十九歲，十二歲開始學習幾何，通讀歐幾里得的《幾何原本》；十四歲就開始參加巴黎數學家的每週聚會；十六歲就發現著名的帕斯卡六線形定理，寫出關於圓錐曲線的內接六邊形論文，據說當笛卡爾見到該論文時，簡直不敢相信這是出自一位少年之手。——

【有閒暇】⓭。γεωμετρικοὶ μὲν νέοι καὶ μαθηματικοὶ γίνονται καὶ σοφοὶ τὰ τοιαῦτα.【年輕人能夠成爲幾何學家和數學家，在這些方面成爲智慧的人。】（1142a12以下）恰恰在數學中一些非常年輕的人已經能夠獨立地進行研究並成爲這方面的σοφοί【智慧的人】。因爲數學無須任何關於καθ' ἕκαστα【特殊東西】的γνῶσις【認識】——這種認識只能通過ἐμπειρία【經驗】、通過生活經驗而獲得。νέος δ' ἔμπειρος οὐκ ἔστιν【年輕人沒有經驗】（1142a15）。「年輕人在人的此是自身的各種實情方面沒有經驗。」πλῆθος γὰρ χρόνου ποιεῖ τὴν ἐμπειρίαν.【因爲大量的時間導致經驗。】（1142a15以下）「僅僅通過許多的時間——通過許多的『一旦—就』這種現在——生活經驗才是可能的。」這被保留給了成熟的老人。因此，φρόνησις【明智】包含πλῆθος χρόνου【大量的時間】、「許多的時間」。因爲，既然φρόνησις【明智】關乎τῶν καθ' ἕκαστα【各種特殊的東西】（1142a14），故它需要生活經驗。因此，φρόνησις【明智】並不眞正是年輕人的事情。反之，正如已經說過的，年輕人能夠是σοφοὶ τὰ τοιαῦτα【各方面有智慧的人】，能夠是數學方面的σοφοί【有智慧的人】。但是，在數學認識和哲學認識之間存在著一種區別。非常年輕的人已經能夠具有數學方面的認識，但並不具有哲學方面

譯注

⓭參見《形而上學》第一卷第一章，981b20以下。——原注

的認識。ἢ ὅτι τὰ μὲν δι' ἀφαιρέσεώς ἐστιν, τῶν δ' αἱ ἀρχαὶ ἐξ ἐμπειρίας.【或許前者是通過抽象而來，而後者的各種本源則根據經驗得來。】（1142a18以下）「因爲數學是通過對是者的抽象而來的一種認識」，也就是說，它置之不顧的東西，即具體的此是，根本不會被它進一步打量和規定；相反，它僅僅思考和規定與πέρας【界限】、γραμμή【線】、ἐπίπεδον【面】等等相關的τί【某種東西】。數學無須爲了進行ἀφαίρεσις【抽象】而觀察具體的此是。反之，在σοφία【智慧】中下面這點則是必須的：σοφός【智慧的人】或φυσικός【自然學家】，只要他是一位眞正在進行理解的人，那麼，他就ἐξ ἐμπειρίας【根據經驗】獲得他試圖獲得的東西。如果人們打算把ἐξ ἐμπειρίας【根據經驗】翻譯爲：根據歸納，彷彿這兒所涉及的是從許多個別事例而來的普遍化，那麼，就會是一種誤解。相反，ἐξ ἐμπειρίας【根據經驗】與ἀφαίρεσις【抽象】相對立。那如此與ἀφαίρεσις【抽象】相對立的東西，恰恰就是具體是者自身最終的各種是之基礎的展露。這要求人們再現是者本身，以便如它所是的那樣看見它的εἶδος【外觀】，以便從它那兒汲取其ἀρχή【本源】。然而，這包含著對各種各樣只能在時間進程中被占有的是者的認識和管理。因此，甚至就其產生方法來看，φρόνησις【明智】也是某種不同於ἐπιστήμη【知識】的東西。

到目前爲止我們所取得的，僅僅是一些**暫時性**的區別。只有當我們想起了那用來區分ἀληθεύειν【去蔽】的不同方式的引導線索時，我們方才贏得了**本質性**的區別。亞里士多德從兩個方面來定位思考：1.要加以揭開的是者是何種是者，是ἀεί【始終是著的東西】還是ἐνδεχόμενον ἄλλως ἔχειν【能夠是別的情形的是者】；2.這種是者能夠在其ἀρχή【本源】上被揭開和保持到何種程度。

在此期間，某種ἀρχή【本源】作爲本源是什麼的那種東西已經變得透徹。ἀρχή【本源】是那已經是著的東西，是那每一是者由之眞正是其所是的東西。獨特的是：甚至在那能夠是別的情形的是者那兒，φρόνησις【明智】之ἀρχή【本源】——向來—始終—已經（Je-immer-schon）是的東西，在προ-αίρεσις【先行占有】⓮中已經先行被取得了。

問題是，在多大程度上ἀληθεύειν【去蔽】的不同方式成功地在其ἀρχή【本源】上揭開和保存了是者，也就是說，在多大程度上它們成功地在其眞正的是上把握了是者，並且同時將之作爲ἕξις【品質】加以持守。亞里士多德首先在ἐπιστήμη【知識】和τέχνη【技藝】那兒說明了這些。τέχνη【技藝】在εἶδος【形式】中先行占有著ἀρχή【本源】、τέλος【終點】，但它並未做到在ἔργον【作品】中把握它。甚至在ἐπιστήμη【知識】中，也沒有出現對ἀρχή【本源】的眞正把握。那麼，在φρόνησις【明智】和σοφία【智慧】中對ἀρχή【本源】的展開和保存又是何種情形？

⓮ προαίρεσις本意是「抉擇」、「選擇」。該詞由前綴προ【在……之前】和αἵρεσις【占有、拿下】構成。——譯注

二、對進一步任務的闡述：φρόνησις【明智】和σοφία【智慧】同ἀρχαί【諸本源】的關係。σοφία【智慧】：νοῦς καὶ ἐπιστήμη【智性直觀和知識】。對作為φρόνησις【明智】之實施方法的βουλεύεσθαι【考慮】加以澄清這一任務

我們已經獲悉σοφία【智慧】在某種方式上是ἐπιστήμη【知識】；它使用著ἀρχαί【諸本源】。然而，它也是νοῦς【智性直觀】。它是νοῦς καὶ ἐπιστήμη【智性直觀和知識】（1141a19以下）。νοῦς【智性直觀】是在眞正意義上以ἀρχαί【諸本源】爲目標和揭開它們的東西。σοφία【智慧】並不是純粹的νοεῖν【看】。在智慧那兒的νοεῖν【看】中，人的實施方法起著作用——只要人在其中進行著言說。σοφία【智慧】是μετὰ λόγου【依賴邏各斯】（《尼各馬可倫理學》第六卷第六章，1140b31以下）儘管如此，σοφία【智慧】也不是單純的διαλέγεσθαι【對話】；相反，它在某種方式上是νοεῖν【看】。νοῦς【智性直觀】自身這種νοεῖν【看】是ἄνευ λόγου【沒有邏各斯】的。

那麼，這些連繫如何位於φρόνησις【明智】中？φρόνησις【明智】有能力揭開和保存它以之爲目標的是者之ἀρχή【本源】嗎？對作爲φρόνησις【明智】之主題的是者的分析之所以是困難的，原因在於φρόνησις【明智】自身在某種方式上屬於作爲其本己主題的是者。因爲φρόνησις【明智】的對象是πρᾶξις【實踐】，是人

的ζωή【生命】，是人的此是自身。行動自身包含著考慮，包含著行動者自身要變得透徹。透徹不是不謀求任何好處地（interesselos）⑮地打量行動可能看起來會如何的那種考察方法。φρόνησις【明智】自身也位於主題中；它自身也出現在它要加以揭開的是者身上。正因爲如此，對作爲φρόνησις【明智】主題的是者的分析之困難首先就被給出了，並且無法輕易地以正確的方式一舉想起φρόνησις【明智】這種現象。——下面這點將會顯現：φρόνησις【明智】也是νοῦς【智性直觀】和νοεῖν【看】，是對ἀρχή【本源】的眞正揭開。然而，既然φρόνησις【明智】的主題是πρᾶξις【實踐】，一種能夠是別的情形的是者，並且與此相應ἀρχαί【諸本源】也是能夠是別的樣子的那種東西，那麼，相關於這種是者的行爲，同相關於在σοφία【智慧】中的ἀεί【始終是著的東西】的那種行爲相比，就具有一種完全不同的結構。只要φρόνησις【明智】和σοφία【智慧】這兩者，每一個都以自己的方式是νοῦς【智性直觀】，那麼，**這兩者**都會被亞里士多德認作βελτίστη ἕξις【最好的品質】。既然這兩者被賦予同等的地位，那麼，其中一個在何種程度上比另一個具有某種優先性這一問題就會愈發困難。

---

⑮ Interesse除了具有「興趣」的意思之外，還具有「好處」、「利益」、「利息」等含義。interesselos的一般意思就是「不感興趣的」、「興趣淡然的」；基於這兒的討論，我將之譯為「不謀求任何好處的」。——譯注

到目前爲止，我們通過下面這點已經澄清了φρόνησις【明智】這種ἀληθεύειν【去蔽】之性質，那就是：我們懂得理解φρόνησις【明智】是ἕξις πρακτική【實踐性的品質】。它加以揭開的東西，從一開始就著眼於對行動的考慮而被談及。揭開著地對πρακτόν【要被實踐的東西】的占有之實施方法是βουλεύεσθαι【考慮】，即環視性地去—同—自己—打商量（das umsichtige Mit-sich-zu-Rate-Gehen）。這種βουλεύεσθαι【考慮】是μετὰ λόγου【依賴邏各斯】的，因而是一種λογίζεσθαι【盤算】、一種詳細討論。只要φρόνησις【明智】的實施方法是βουλεύεσθαι【考慮】，那麼，基於βουλεύεσθαι【考慮】的結構，下面這點就必定會變得可見：φρόνησις【明智】如何把握作爲它的主題的是者之ἀρχαί【諸本源】，如何把握人的ζωή【生命】之ἀρχαί【諸本源】。亞里士多德通過下面這些追問進行了思考。1.他問：什麼是正確的βουλεύεσθαι【考慮】？εὐβουλία【深思熟慮】看起來是怎樣的？δεῖ δὲ λαβεῖν καὶ περὶ εὐβουλίας τί ἐστιν.【關於深思熟慮，應當把握它是什麼。】（《尼各馬可倫理學》第六卷第十章，1142a32以下）在εὐβουλία【深思熟慮】的結構那兒，即在φρόνησις【明智】的實施方法那兒，作爲ἀληθεύειν【去蔽】的φρόνησις【明智】之性質首次變得可見，並且這甚至和恰恰是著眼於對ἀρχή【本源】的揭開而實現的；2.原則性的問題是這樣的：如果φρόνησις【明智】如σοφία【智慧】一樣對ἀρχή【本源】進行揭開，即具有νοῦς【智性直觀】的性質，那麼，它對於νοῦς【智性直觀】本身來說處於何種情形？由此出發我們就能夠理解

νοῦς【智性直觀】。在我看來，基於σοφία【智慧】和φρόνησις【明智】而來的對νοῦς【智性直觀】的理解，是取得對νοῦς【智性直觀】這種困難現象的一種暫時性洞察的唯一道路。

三、εὐβουλία【深思熟慮】作為φρόνησις【明智】之實施方法（《尼各馬可倫理學》第六卷第十章）

φρόνησις【明智】的實施方法是βουλεύεσθαι【考慮】，而βουλεύεσθαι【考慮】自身是一種λογίζεσθαι【盤算】、一種詳細討論。就φρόνησις【明智】是一種ἕξις μετὰ λόγου【依賴邏各斯的品質】這方面來說。φρόνησις【明智】之揭開μετὰ λόγου【依賴邏各斯】而進行，即在言說、在對某種東西的詳細討論中進行。在此要注意：在這兒所要加以追問的λόγος【邏各斯】，必須被把握爲把某種東西作爲某種東西加以談及，被把握爲λέγειν τι κατά τινος【根據某種東西說某種東西】。只要某一是者在意向中被談及，以便在該談及中揭開它，那麼，在此就已經有著一種διαίρεσις【分開】。只要我根據某種東西談及某種東西，該談及就已經分開了那被談及的是者。所有作爲某一λόγος【邏各斯】之主題的東西，作爲這樣的東西都是一種διαιρετόν【可分開的東西】。反之，只要是者在其最切近的照面方式中首先僅僅καθόλου【普遍地】、整體地被給出，那它就是一種συγκεχυμένον【混雜在一起的東西】、一種「澆鑄在一起的東西」[16]。談及意味著：分環表達那被談及的東西。只有基於這種διαίρεσις【分開】，才會出現λόγος【邏各斯】所特有的σύνθεσις【結合】。λόγος【邏各斯】是分開—結合的（dihairetisch-synthetisch）。於是，另一方面，如果φρόνησις【明智】應是一種βελτίστη ἕξις【最好的品質】，那它就必定會把握作爲其主題的是者之ἀρχή【本源】。然而，一種ἀρχή【本源】，尤其如果它是一種最後的、最終的ἀρχή【本源】，那它自身就不再是能夠將之作爲某種東西加以談及的東西。只要λόγος【邏各斯】是一種διαίρεσις【分開】，那麼，對一種ἀρχή【本源】的恰當談及就不可能通過λόγος【邏各斯】來進行。一種ἀρχή【本源】只能在其自身地被把握，而不是作爲某種另外的東西被把握。ἀρχή【本源】是一種ἀδιαίρετον【不可分解的東西】，是一種其是抵制被分解的東西。因此，φρόνησις【明智】包含著對ἀρχή【本源】作爲本源進行一種直接把握的可能性，即包含著一種超越λόγος【邏各斯】的揭開方法。只要**φρόνησις【明智】是一種βελτίστη ἕξις【最好的品質】，那它就必定高於單純的λόγος【邏各斯】。這剛好同我們將σοφία【智慧】留於其上的那個位置相應。**σοφία【智慧】關乎作爲本源的ἀρχαί【本源】；因此，在它那兒活潑潑地有著如純粹的νοεῖν【看】這樣的東西。

---

[16] 《物理學》第一卷第一章，184a21以下；參見第87頁以下。——原注

因爲ἀρχή【本源】——它是一種ἀδιαίρετον【不可分解的東西】，不是在λέγειν【說】中而是在νοεῖν【看】中被揭開⑰。問題生起爲：是否如σοφία【智慧】是νοῦς καὶ ἐπιστήμη【智性直觀和知識】一樣，類似地，在φρόνησις【明智】那兒也存在著下面這一可能性，即它對ἀρχή【本源】的揭開和保持既超出了λέγειν【說】和λογίζεσθαι【盤算】，又與之相連繫：即是否在φρόνησις【明智】那兒也有著如一種純粹νοεῖν【看】、純粹知覺這樣的東西。

(一) βουλεύεσθαι【考慮】之結構

1. 對行動的結構分析。行動的構建要素。行動的ἀρχή【本源】和τέλος【終點】。εὐπραξία【好的實踐】和εὐβουλία【深思熟慮】

我們的考察始於再現在φρόνησις【明智】中被揭開的那種是者。我們不能說：只要我們在「主題」之下理解是者，那麼，作爲φρόνησις【明智】之主題的是者，就是理論思考的對象。既然φρόνησις【明智】作爲明智並不查看它所揭開的東

---

⑰ 參見《形而上學》第九卷第十章。——原注

《形而上學》第九卷第十章（1051b30-32）：ὅσα δή ἐστιν ὅπερ εἶναί τι καὶ ἐνεργείᾳ, περὶ ταῦτα οὐκ ἔστιν ἀπατηθῆναι ἀλλ᾽ ἢ νοεῖν ἢ μή.【所有那些是其所是和現實地是的東西，關於它們不可能犯錯，有的只是看還是不看。】——譯注

西，故它並不眞正地具有任何主題。φρόνησις【明智】所揭開的是者，是πρᾶξις【實踐】。其中有著人的此是。因爲人的此是被規定爲πρακτική【實踐性的】，或者——爲了讓規定變得完整——人的ζωή【生命】被規定爲ζωὴ πρακτικὴ μετὰ λόγου【依賴邏各斯的實踐性的生命】（參見《尼各馬可倫理學》第一卷第七章，1098a3以下）。

如果涉及的是某一確定的行動，那麼，問題首先生起爲：它與之相關（*wovon*）而是行動的那個東西是什麼。每一行動都在同某一確定的何所關（ein bestimmtes Wovon）的關聯中是行動。既然ζωὴ πρακτική【實踐性的生命】總是活動在某一確定的環境（Umwelt）中，故這種行動就是在各種確定的形勢（Umstände）下被實施出來的。這些形勢刻劃著此是總是處身其中的場所（*Lage*）。因此，行動自身被不同的要素所標畫[18]：

(1) 它與之相關而是行動的那個東西（【何所關】）。

(2) 爲了進行行動，那作爲手段和方法必須加以顧及並且必須已經給提供出來了的東西（δι᾽ οὗ【何所由】）。——例如，爲了用一件禮物使另一個人高興，相應的各種對象就必須隨時可供支配。

---

[18] 《尼各馬可倫理學》第六卷第十章，1142b23以下。——原注

(3) 有關的各種對象必須以**某種方式**被使用了（πώς【如何】）；它們必須處在一種確定的使用之可能性中，從而我能夠在朝向我在行動中所意欲的東西的定位中自由地支配它們。

(4) 每一行動都在某一確定的時間上實施出來（ὅτε【時機】）。最後，

(5) 只要此是被規定爲共同一起是，那麼，每一行動都是面對**某個或另外某些確定的人**而實施出來的。

因此，此是作爲各自的、現在正行動著的是者，在最寬泛的意義上被它的場所所規定。這種場所向來每每是一種不同的場所。各種形勢、各種情況、各種時間、各種人物都在變化。行動自身的意義，即我每次正好所意欲的東西，也在變化。行動著的此是的這種整個連繫應在其各自完整的場所中被φρόνησις【明智】所揭開。此是作爲現在正行動著的是者，把它在其完整的場所中——它要在其中進行行動並且在其中向來每每是不同的——即在其當時各自的情況（Jeweiligkeit）中加以揭開，這正是φρόνησις【明智】的業績。但是，φρόνησις【明智】不是如對場所和行動進行一種觀察那樣的東西，它絕不是在一種「不謀求任何好處的」查明（interesselose Feststellung）之意義上的庫存盤點（Bestandsaufnahme），絕不是對我處身其中的處境的一種研究。甚至好處（Interesse）這種要素也沒有切中φρόνησις【明智】的意義。相反，**詳細討論自身始終屬於完整的行動**。**從**

ἀρχή【本源】開始，從我所意欲的東西、從我對之做出決斷的東西，直至那已經完成了的行動自身，φρόνησις【明智】都始終屬於行動。在行動的每一步驟中，φρόνησις【明智】都是構建性的。從而這意味著：在φρόνησις【明智】中行動必須從其ἀρχή【本源】直至其τέλος【終點】都要變得透徹。因爲行動是一種每次都能夠是別的情形的是者；相應地，φρόνησις【明智】始終與之一起在此，從而它始終與之一起構成了πρᾶξις【實踐】本身。

行動的ἀρχή【本源】是οὗ ἕνεκα【爲何】、爲何之故；這種οὗ ἕνεκα【爲何】在行動的開始那兒是προαιρετόν【應當選擇的東西】，即在選擇中我所預期的東西。我現在應把這樣這樣的事情如此如此地施加在那樣那樣的人身上。在這種προαίρεσις【選擇】中被預期的無非就是行動本身。φρόνησις【明智】與之相關的ἀρχή【本源】是行動本身。在φρόνησις【明智】中所思考的τέλος【終點】是行動本身，即已經行動了的行動。我們於φρόνησις【明智】那兒具有同τέχνη【技藝】的一種類比關係——只要τεχνίτης【技師】在某種方式上預期了房子的εἶδος【形式】。但在τέχνη【技藝】那兒，τέλος【終點】不是建築師自身；它對於建築師自身來說，即對於作爲建築師的建築師來說，是παρά【在旁邊的】。建築師作爲建築師，他恰恰不占有τέλος【終點】。τέλος【終點】作爲ἔργον【作品】，落在τέχνη【技藝】之外。反之，在φρόνησις【明智】中被預期的是行動本身；行動的τέλος【終點】無非就是φρόνησις【明智】作爲προαίρεσις【選擇】所屬於的行動本身。從ἀρχή【本源】到τέλος【終點】的整個連繫無非就是行動本身之完整的是。行動的這種完整的是應被φρόνησις【明智】所揭開。

如果我們現在從其一開始就盯住φρόνησις【明智】的結構，那麼連繫就是這樣的：行動作為我對之做出決斷的東西，的確被預期了；但是，在預期中，在ἀρχή【本源】中，各種形勢以及那屬於行動之實施的東西，並未突出地被給予。相反，處境恰恰應根據恆常地著眼於我已經對之做出決斷的東西而變得透徹。從προαιρετόν【應當選擇的東西】來看，行動的具體場所還是一種ζητούμενον【正被尋找的東西】，它是**遮蔽著**的。亞里士多德在《形而上學》第七卷第十三章中把ζητούμενον【正被尋找的東西】標畫為一種λανθάνον【遮蔽著的東西】（1041a32）；那被尋找的東西還是遮蔽著的。因此，事情涉及：從著眼於行動的ἀρχή【本源】出發，揭開行動那首先還隱藏著的具體場所，並由此讓行動本身變得透徹。對被隱藏者的這種揭開，在讓行動本身變得透徹這種意義上就是φρόνησις【明智】之事情。

但是，現在行動的τέλος【終點】是行動本身，嚴格講，是εὐπραξία【行得好】。問題不在於：畢竟某事會發生，而在於：行動以正確的方式發生，從而它在它能夠所是的東西中抵達其終點。於是，只要φρόνησις【明智】始終構建性地屬於πρᾶξις【實踐】，那麼，φρόνησις【明智】也就必定在其實施中具有εὖ【好】**這種性質**。如何進行考慮，即λογίζεσθαι【盤算】，被行動自身之性質所規定。

這種λογίζεσθαι【盤算】，即詳細討論著地詳細考慮（das durchsprechende Durchüberlegen）——它是φρόνησις【明智】由之揭開行動之場所的門徑，也被稱作βουλεύεσθαι【考慮】；這種βουλεύεσθα【考慮】就是φρόνησις【明智】的實施方法。因此，βουλεύεσθαι【考慮】具有εὖ【好】**這種性質**；只要πρᾶξις【實踐】之τέλος【終點】是εὐπραξία【行得好】，那βουλεύεσθαι【考慮】就必定被εὐβουλία【深思熟慮】所刻劃。作爲εὐβουλία【**深思熟慮**】，φρόνησις【明智】**眞正地是它所是的**。因而φρόνησις【明智】之結構問題就集中在下面這一問題之上，那就是：εὐβουλία【深思熟慮】、對行動正確的詳細考慮——從其ἀρχή【本源】到τέλος【終點】、到最後採取行動——是什麼。

2. εὐβουλία【深思熟慮】作爲眞正的φρόνησις【明智】。εὐβουλία【深思熟慮】的正確性（ὀρθότης【正確性】）。決心（βουλή【決心】）。βουλεύεσθαι【考慮】作爲συλλογίζεσθαι【合計】。ὀρθὸς λόγος【正確的邏各斯】

這種βουλεύεσθαι【考慮】不是在一種單純描述的意義上打量某種出現的東西，而是打量那正被尋找的、尚未當下化的、還必定要加以揭開的東西。τὸ γὰρ βουλεύεσθαι ζητεῖν τι ἐστίν.【因爲考慮是一種尋找】（《尼各馬可倫理學》第六卷第十章，1142a31以下）。必須一開始就牢記ζητεῖν【尋找】之性質：ζητεῖν【尋找】並不表現爲盲目的嘗試；相反，它是**一種從一開始就具有定位的**

在途中是：1.**從何處**，從ἀρχή【本源】；2.**往何處**，往τέλος【終點】。這兩者僅僅是同一東西的，即πρᾶξις【實踐】自身的兩種不同的規定。在對ἀρχή【本源】的恆常觀望中，對場所的詳細討論著的詳細考慮是一種向著τέλος【終點】的走去。τέλος【終點】是行動本身，是作爲已經行動了的、實施出來了的行動的行動。由此就會得出βουλεύεσθαι【考慮】具有一種方向；它在其自身就是被定向了的，並且是這樣：定位在一定程度上從一開始就朝向那被預期的東西，朝向行動。**方向**這種結構要素屬於作爲βουλεύεσθαι【考慮】的βουλεύεσθαι【考慮】。於是，只要βουλεύεσθαι【考慮】——以正確的方式——對準了εὖ【好】，那麼，εὖ【好】就屬於βουλεύεσθαι【考慮】自身之實施。以正確的方式——εὖ【好】——對準了地是（Gerichtetsein），是行動的正確性、ὀρθότης【正確性】——它在一定程度上把被行動之ἀρχή【本源】和τέλος【終點】所先行規定的方向堅持到底：δῆλον ὅτι ὀρθότης τις ἡ εὐβουλία ἐστίν.【顯然深思熟慮是一種正確。】（1142b8以下）在具體行動中**被擬定出來**的正確，是ὀρθότης βουλῆς【決心之正確】。βουλή【決心】是決心（Entschluß），是下了決心地是（Entschlossensein）。ἀλλ' ὀρθότης τίς ἐστιν ἡ εὐβουλία βουλῆς【但深思熟慮是一種決心之正確。】（1142b16）對具體場所的擬定，以能夠占有作爲行動之透徹的**正確的決心**爲目標。只要決心事實上被占有了和實施出來了，也即是說只要我下了決心了，那麼，行動就在其最終的可能性中在此是。對整個處境的有所定向地揭開，結束在眞正的對……的決心（Entschlossenheit zu…）中，結束在採取行動自身中。

這種βουλεύεσθαι【考慮】、詳細考慮，以下面這種方式被實施爲λογίζεσθαι【盤算】，那就是：在此一種同言說的連繫是活潑潑的，一種一起說（Zusammen-sprechen），συλλογίζεσθαι【合計】、συλλογισμός【籌謀】被外在地稱作「推論（Schluß）」[19]。任何一種證明過程都會具有某種結論、συμπέρασμα【結論】。βουλεύεσθαι【考慮】的結論就是行動本身；它不是某一命題、某一認識，而是對行動者作爲行動者的啟動。由此就顯示出：在φρόνησις【明智】中如何也包含著ἔργον【作品】，並且就它那方面來說，它如何屬於行動者之是。根據這一基本結構，現在就可以理解，那恆常地對解釋構成了種種困難的東西：對ὀρθὸς λόγος【正確的邏各斯】的言談[20]。關於這一概念有著一個十足的胡說八道之歷史。根據我已經說的，諸位立馬就會理解這是怎麼一回事。λόγος【邏各斯】是詳細討論（Durchsprechen），不是理性（Vernunft）。ὀρθὸς

---

[19] 《尼各馬可倫理學》第六卷第十三章，1144a31以下：οἱ γὰρ συλλογισμοὶ τῶν πρακτῶν ἀρχὴν ἔχοντές εἰσιν, ἐπειδὴ τοιόνδε τὸ τέλος καὶ τὸ ἄριστον.【既然終點和至善是這樣的東西，那對各種被實踐的東西的推論也具有本源。】——原注

[20] 此外，《尼各馬可倫理學》第六卷第一章，1138b29。——原注

【正確的】無非就是ὀρθότης βουλῆς【決心之正確】，即在φρόνησις【明智】之對準了地是這一獨特類型中有其結構的那種正確。這種對準了地是，有賴於下面這點：在πρᾶξις【實踐】那兒λόγος【邏各斯】也屬於行動：λόγος【邏各斯】ὁμολόγως τῇ ὀρέξει【同欲望說同樣的話】㉑。προαίρεσις【選擇】在其自身就是διανοητική【帶有仔細看的】㉒，也即是說，διάνοια【仔細看】在其自身就是προαιρετική【帶有選擇的】。διανοητικὴ προαίρεσις【帶有仔細看的選擇】和προαιρετικὴ διάνοια我首先僅僅爲諸位標畫出了作爲φρόνησις【明智】之實施方法的εὐβουλία【深思熟慮】的一般結構。現在必須更加仔細地探尋這【帶有選擇的仔細看】㉓標畫著同一現象，即標畫著在自己那兒就對自身是透徹的行動。

㉑《尼各馬可倫理學》第六卷第二章，1139a29以下：τοῦ δὲ πρακτικοῦ καὶ διανοητικοῦ ἡ ἀλήθεια ὁμολόγως ἔχουσα τῇ ὀρέξει τῇ ὀρθῇ.【帶有實踐的東西和帶有思想的東西之眞，要同正確的欲求相一致。】——原注

㉒ διανοητική一般譯為「帶有思想的」或「有關思想」的，下面的διάνοια一般譯作「思想」。但這兩個詞在詞源上都同νοεῖν【看】相關，基於這兒的討論，我分別將之譯為「帶有仔細看的」和「仔細看」。——譯注

㉓《尼各馬可倫理學》第六卷第二章，1139b4以下：ἢ ὀρεκτικὸς νοῦς ἡ προαίρεσις ἢ ὄρεξις διανοητική.【選擇，或者是帶有欲求的智性直觀，或者是帶有仔細看的欲求。】——原注

種結構，以及亞里士多德純粹現象學地努力靠近它的那種方法。亞里士多德如此突出εὐβουλία【深思熟慮】的結構，以至於他在與其他可能的揭開方式的區分中使得εὐβουλία【深思熟慮】變得可見；這是他慣常喜歡選取的一種方法。

(二)對εὐβουλία【深思熟慮】和ἀληθεύειν【去蔽】的其他方式的區分。知識（ἐπιστήμη【知識】），精準（εὐστοχία【敏銳】），果斷（ἀγχίνοια【機敏】），看法（δόξα【意見】）

那麼，什麼是εὐβουλία【深思熟慮】？它或許首先是如ἐπιστήμη【知識】一樣的東西？它具有知識之性質？ἐπιστήμη μὲν δὴ οὐκ ἔστιν (οὐ γὰρ ζητοῦσι περὶ ὧν ἴσασιν, ἡ δ' εὐβουλία βουλή τις, ὁ δὲ βουλευόμενος ζητεῖ καὶ λογίζεται)【它不是知識（因爲人們不會尋找他們已經知道了的東西，而深思熟慮是一種決心，那進行考慮的人在尋找和盤算。）】（1142a34以下）εὐβουλία【深思熟慮】不可能是一種ἐπιστήμη【知識】，因爲下面這點屬於ἐπιστήμη【知識】：我知識。在知識中，我已經將某一確定的是者揭開在此。在ἐπιστήμη【知識】中，ζητεῖν【尋找】已經結束。在知識中，有的不是尋找，而是一種已經找到。因此，εὐβουλία【深思熟慮】不能被闡釋爲ἐπιστήμη【知識】。

其次，問題是εὐβουλία【深思熟慮】是否能夠是如εὐστοχία【敏銳】㉔、**精準**（*Treffsicherheit*）一樣的東西，即是否是在一種許多人都具有的一種素質意義上的能夠正確考慮，也即是說，當涉及行動時，他們本能地（instinktmäßig）切中各種決定性的形勢和正確的時刻：本能之可靠性（Sicherheit des Instinkt）。ἀλλὰ μὴν οὐδ' εὐστοχία· ἄνευ τε γὰρ λόγου καὶ ταχύ τι ἡ εὐστοχία, βουλεύονται δὲ πολὺν χρόνον, καὶ φασὶ πράττειν μὲν δεῖν ταχὺ τὰ βουλευθέντα, βουλεύεσθαι δὲ βραδέως.【但它也不是敏銳。因爲敏銳是一種不依賴邏各斯和迅速的東西，而人們進行考慮則需要許多時間，並且他們說：要迅速地做那些被考慮好了的東西，但考慮要慢慢進行。】（1142b2以下）εὐβουλία【深思熟慮】不可能是εὐστοχία【敏銳】。因爲εὐβουλία【深思熟慮】包含著λόγος【邏各斯】，即包含著實際的詳細討論。在本能之可靠性（Instinktsicherheit）中，我徑直行動，無須眞正的詳細討論。此外，在εὐστοχία【敏銳】中，行動被ταχύ【迅速】所刻劃；它一擊即中。反之，βουλεύεσθαι【考慮】則需要πολὺν χρόνον【許多時間】。在這兒沒有匆匆忙忙的行動，有的是需要有時間的正確考慮。εὐβουλία【深思熟慮】關乎的是好好地、需要時間地考慮以及下決心去行動，但不是下面這種考慮：指望將來（sich auf

---

㉔ εὐστοχία本意是「善於中的」。——譯注

die Zukunft verlassen）。只要εὐστοχία【敏銳】缺乏λόγος【邏各斯】這一要素和πολὺν χρόνον【許多時間】這一要素，那它就不能被算作εὐβουλία【深思熟慮】。

第三種現象是ἀγχίνοια【機敏】（1142b6），一種νοεῖν【看】，ἀγχί【接近】、在某物近旁，我們可以將之翻譯爲「果斷（*Geistesgegenwart*）」，即能夠迅速地綜觀場所。ἔστι δὲ εὐστοχία τις ἡ ἀγχίνοια【機敏是一種敏銳】（1142b6）。ἀγχίνοια【機敏】同εὐστοχία【敏銳】具有一定程度的親緣性。誠然，ἀγχίνοια【機敏】更爲表達剎那間的東西，更爲表達一下子—就—綜觀住—場所（das Mit-einem-Schlage-die-Lage-Übersehen）；而本能之可靠性則更爲在於：在一步步地跟隨中可靠地走在前面。因而ἀγχίνοια【機敏】不可能是對εὐβουλία【深思熟慮】的闡釋。

與εὐβουλία【深思熟慮】相區分的第四種現象，是δόξα【意見】；並且，之所以如此，乃是因爲δόξα【意見】、基於某種—看法—而是（das Einer-Ansicht-Sein）㉕，事實上在其結構中具有某種ὀρθότης【正確性】。關於某種東西的一種看法是被定向了的。在我所具有的看法中，我認爲某種東西是如此這樣的。根據其意義，在看法中有著如其顯現給正確的探索和觀察那樣的對是者的定位。只要

㉕ das Einer-Ansicht-Sein，也可以譯為：有—某種—看法、持—某種—看法；但基於譯者對sein的理解和表達，這裡譯為：基於某種—看法—而是。——譯注

δόξα【意見】具有某種ὀρθότη【正確性】，人們就可能認爲εὐβουλία【深思熟慮】乃是一種δοξάζειν【認爲】。然而這是不可能的。οὐδὲ δὴ δόξα ἡ εὐβουλία οὐδεμία. [⋯] δόξης δ' ὀρθότης ἀλήθεια.【深思熟慮絕不是意見。……而意見的正確性就是眞。】（1142b6以下）「εὐβουλία【深思熟慮】不可能是一種δόξα【意見】。因爲δόξα【意見】的ὀρθότης【正確性】對準的是ἀλήθεια【眞】」，而εὐβουλία【深思熟慮】對準的是βουλή【決心】，即對準的是對……下了決心地是（Entschlossensein-zu）。εὐβουλία【深思熟慮】既不對準眞，也不對準假，而是原初地和唯一地對準對……下了決心地是。此外，δόξα【意見】以如此奇特的方式構建起來，以至於不管它是否具有某種ὀρθότης【正確性】，但它都不是一種ζητεῖν【尋找】。καὶ γὰρ ἡ δόξα οὐ ζήτησις ἀλλὰ φάσις τις ἤδη, ὁ δὲ βουλευόμενος, ἐάν τε εὖ ἐάν τε καὶ κακῶς βουλεύηται, ζητεῖ τι καὶ λογίζεται.【意見已經不是一種尋找，而是一種斷定；而那正在進行考慮的人，無論他考慮得好還是壞，他都在尋找和盤算某種東西。】（1142b13以下）δόξα【意見】不是一種尋找；相反，人們具有看法。在有—看法（Ansicht-Haben）中，已經存在著一定程度的φάσις【說】：我是這樣一種看法，即……：我不尋找。最後，δόξα【意見】的確關乎那能夠是別的情形的東西，關乎συγκείμενον【結合在一起的東西】；並且是就這方面而言的：正如βουλεύεσθαι【考慮】一樣，它是一種λέγειν【說】，是把某物作爲某物加以談及，是一種διανοεῖν【看穿】、一種分開。因爲δόξα【意見】是這樣一種進行分開的λόγος【邏各斯】，故它似乎能夠是眞的或假的。然而，實際上它既不是眞的，也不是假的；相反，它向著ἀληθές【眞的東西】定向了。同樣，βουλεύεσθαι【考慮】也能夠是這樣或那樣：它能夠是κακῶς【壞的】，也能夠是εὖ【好的】，它能夠沒打中、ἁμαρτάνειν【不中的】，或者中的。然而，本質性的東西在於：它所要向之定向的，的確不是ἀληθές【眞的東西】；相反，正如我們已經說過的，是βουλή【決心】，即對……下了決心地是。這種ὀρθότης【正確性】也不是一種ἐπιστήμη【知識】的正確性。因爲ἐπιστήμη【知識】根本不具有ὀρθότης【正確性】，就像它也不具有ἁμαρτία【過錯】㉖一樣。它毋寧是一種已經完成了的ἕξις【品質】；它並不是僅僅處在朝向……的途中。

通過這一區分，亞里士多德同時使得εὐβουλία【深思熟慮】這一現象變得可見。εὐβουλία【深思熟慮】與之相區分的這四種不同的可能性，並不是先天地想出來的；相反，它們乃是在對εὐβουλία【深思熟慮】這一現象的詳細考察中源於各種現象自身之間的親緣性。然而，在εὐβουλία【深思熟慮】中的ὀρθότης【正確性】自身是什麼，依然還未澄清。

㉖ ἁμαρτία【過錯】與ἁμαρτάνειν是同源詞，本意都是「不中的」。——譯注

㈢ εὐβουλία【深思熟慮】之ὀρθότης【正確性】。毫無例外地對準ἀγαθόν【善】而是

> ἐπεὶ δ' ἡ ὀρθότης πλεοναχῶς, δῆλον ὅτι οὐ πᾶσα.【既然正確性具有多重含義，顯然並非所有的正確性都是深思熟慮之正確性。】（1142b17以下）

關於ὀρθότης【正確性】有著各種不同的觀點；但不是每一種ὀρθότης【正確性】都關乎εὐβουλία【深思熟慮】之ὀρθότης【正確性】。因此，任務就生成爲要準確地規定在何種意義上εὐβουλία【深思熟慮】之ὀρθότης【正確性】是一種ὀρθότης【正確性】。亞里士多德根據其不同的要素在與不同觀點的區分中來刻劃它。ὁ γὰρ ἀκρατὴς καὶ ὁ φαῦλος οὗ προτίθεται τυχεῖν ἐκ τοῦ λογισμοῦ τεύξεται, ὥστε ὀρθῶς ἔσται βεβουλευμένος, κακὸν δὲ μέγα εἰληφώς.【因爲任性者和愚昧者也會取得他通過盤算而設立的目標，以至於他一方面是進行了正確考慮的人，另一方面又是在做巨大壞事的人。】（1142b18以下）一個受激情所驅使和帶有惡的傾向的人也能夠對某種κακόν【惡】下決心。於是，行動的ἀρχή【本源】，即在προαίρεσις【選擇】中所預期的目標，誠然就是一種κακόν【惡】，從而它對於整個行動來說就是錯誤的。然而，下面這點卻是可能的，那就是：在對這種κακόν【惡】的堅持中，對具體場所的詳細討論卻可能是一種εὖ λογίζεσθαι【好好地盤算】，並且同那被置於決心中的κακόν【惡】絲絲入扣。於是，βουλεύσεσθαι【考慮】的確是ὀρθῶς【正

確的】，它完全滿足ὀρθότης βουλῆ【決心之正確性】。然而，τέλος【目的】、這樣一種考慮之終點，即行動自身，卻是一種κακόν【惡】；即使就其形式上的實施方法來說在φρόνιμος【明智】自身那兒沒有什麼是好指責的，但它依然是一種κακόν【惡】。但是，εὐβουλία【深思熟慮】之ὀρθότης【正確性】恰恰應參與構成行動之ἀγαθόν【善】。因此，其τέλος【目的】是κακόν【惡】的那種βουλεύεσθαι【考慮】之ὀρθότης【正確性】，不能被視作εὐβουλία【深思熟慮】之ὀρθότης【正確性】。

反之也存在著下面這一可能性：τέλος【目的】的確是一種眞正的ἀγαθόν【善】，然而考慮是不恰當的，συλλογισμός【籌謀】是ψευδής【假的】，是一種我於其中被欺騙的籌謀。ἀλλ' ἔστι καὶ τούτου ψευδεῖ συλλογισμῷ τυχεῖν, καὶ ὃ μὲν δεῖ ποιῆσαι τυχεῖν, δι' οὗ δ' οὔ, ἀλλὰ ψευδῆ τὸν μέσον ὅρον εἶναι · ὥστε οὐδ' αὕτη πω εὐβουλία, καθ' ἣν οὗ δεῖ μὲν τυγχάνει, οὐ μέντοι δι' οὗ ἔδει.【但是，也可能通過假的籌謀而取得善的目的，即碰巧達成了應達成的目的，但不是通過正確的中介，而是通過假的中介。因此，那碰巧做了應做的，但卻不是通過應有的中介而來的，也不是深思熟慮。】（1142b22以下）因此也可能是：συλλογισμός【籌謀】或μέσος ὅρος【中介】是ψευδής【假的】，它歪曲了各種形勢、手段和方法，它沒有如它們應與προαιρετόν【應當選擇的東西】相關聯那樣把它們提供給我。因此，εὐβουλία【深思熟慮】包含著：它不僅要把τέλος【目的】確定爲ἀγαθόν

【善】，而且它在其每一步驟中也得是ἀγαθόν【善】。在每一步驟中εὐβουλία【深思熟慮】都必須如下面這樣被定向：它盯住ἀγαθόν【善】，並且談論與之相關的所有形勢和機緣。εὐβουλία【深思熟慮】之ὀρθότης【正確性】只能被考慮爲ἀγαθοῦ τευκτική【能夠獲得善的那種正確性】。ἡ γὰρ τοιαύτη ὀρθότης βουλῆς εὐβουλία, ἡ ἀγαθοῦ τευκτική.【因爲決心的那種正確性，就是深思熟慮，即是能夠獲得善的那種正確性。】（1142b21以下）——甚至時間作爲時間，無論一個人考慮得長還是考慮得短，都不是εὐβουλία【深思熟慮】之ὀρθότης【正確性】的獨特性質；尤其要緊的是：行動的時間自身就是一種ἀγαθόν【善】。——只要ὀρθότης εὐβουλία【深思熟慮之正確性】在其每一步驟上都是ἀγαθοῦ τευκτική【能夠獲得善的那種正確性】，那麼，它就是ὀρθότης ἡ κατὰ τὸ ὠφέλιμον, καὶ οὗ δεῖ καὶ ὡς καὶ ὅτε.【在有益意義上的正確性，即體現著應有的目的、手段和時間的正確性。】（1142b27以下）它是著眼於考慮到關於προαιρετὸν ἀγαθόν【應當選擇的善】之實施的那種正確性，這進一步被規定爲：1.οὗ δεῖ【目的】，2.ὡς【手段】，3.ὅτε【時機】，即它所需要的東西、它如何應用以及什麼時候。所有這些要素都必須具有ἀγαθόν【善】這種性質。——ἔτι ἔστι καὶ ἁπλῶς εὖ βεβουλεῦσθαι καὶ πρός τι τέλος. ἣ μὲν δὴ ἁπλῶς ἡ πρὸς τὸ τέλος τὸ ἁπλῶς κατορθοῦσα, τὶς δὲ ἡ πρός τι τέλος.【此外，有的是在總體上進行了深思熟慮，有的則是就某一目的進行了深思熟慮。樹立其了總體目的的，就是在總體上進行了深思熟慮；樹立其了某一目的的，就是就某一目的進行了深思熟慮。】（1142b28以下）εὐβουλία【深思熟慮】自身能夠這樣被實施出來：要麼作爲一種直接關乎ἀγαθόν【善】的詳細討論，要麼作爲一種πρὸς τὶ τέλος【關乎某一目的】的、關乎某一特定τέλος【目的】的詳細討論，因而關乎自身復又是πρός τι【關乎某種東西】，即關乎某一另外東西的τέλος【目的】。

最後，亞里士多德這樣規定了εὐβουλία【深思熟慮】：εἰ δὴ τῶν φρονίμων τὸ εὖ βεβουλεῦσθαι, ἡ εὐβουλία εἴη ἂν ὀρθότης ἡ κατὰ τὸ συμφέρον πρὸς τὸ τέλος, οὗ ἡ φρόνησις ἀληθὴς ὑπόληψις ἐστίν.【如果深思熟慮屬於那些明智者，那麼，深思熟慮就是在有助於目的這一意義上的正確性，而明智則是對目的的眞正把握。】（1142b31以下）「εὐβουλία【深思熟慮】是關乎有助於目的的那種東西的正確性」，即關乎有助於把一種行動正確地—帶往—目的（das Rechte-zu-Ende-Bringen）的那種東西的正確性。τέλος【目的】自身就它那方來說在φρόνησις【明智】中被預先把握。φρόνησις【明智】是ὑπόληψις ἀληθὴς τοῦ τέλους【對目的的眞正把握】。——ὑπόληψίς【把握】屬於ὑπολαμβάνειν【接納】，即屬於先行接受（vorwegnehmen）。ὑπό【在下面】在一些基本概念中經常被使用，例如：ὑποκείμενον【基體】——在拉丁語中被翻譯爲sub-stantia【在下面—站】、ὑπομένον【持存著的】、ὑπάρχον【存在著的】。它們都是一些意味著某種東西從一開始就是在此的表達：ὑποκείμενον【基體】、基座（Unterlage）：ὑπομένον【持存著的】、從一開始就已經留在此處的東西：ὑπάρχον【存在著的】、從一開始就已經是在此從而進行統治的東西。ὑπάρειν【存在】用在ἀρχή【本源】之是身上。——φρόνησις【明智】是ὑπόληψίς ἀληθὴς τέλους【對目的的眞正把握】，「它從一開始就握住了τέλος【目的】」，從而τέλος【目的】是ὑπό【在下面的】，它先於所有的東西已經在此。εὐβουλία【深思熟慮】，只要它是ὀρθότης ἡ κατὰ τὸ συμφέρον πρὸς τὸ τέλος【在有助於目的這一意義上的正確性】，那它無非就是具體的φρόνησις【明智】之實施方式。

然而，φρόνησις【明智】自身，只要它是πρᾶξις【實踐】的一個構建性的要素，那它就明確地關乎那也能夠是別的情形的是者。作爲某一行爲的所有可能的對象，都屬於那具有當時各自的情況（*Jeweiligkeit*）這一性質的是者，尤其是在ἔσχατον【最後的東西】的意義上。πρακτόν【要被實踐的東西】最終是某一ἔσχατον【最後的東西】。我們必須更加準確地理解：φρόνησις【明智】必定熟悉ἔσχατα【各種最後的東西】，這意指的是什麼。這將顯現出：ἔσχατα【各種最後的東西】是νοῦς【智性直觀】的事情。

三、φρόνησις【明智】和νοῦς【智性直觀】[27]（《尼各馬可倫理學》第六卷第十二章）

(一)在σοφία【智慧】和φρόνησις【明智】中的νοῦς【智性直觀】。νοῦς【智性直觀】的雙重方向。σοφία【智慧】：νοῦς【智性直觀】→πρῶτα【各種最初的東西】；φρόνησις【明智】：νοῦς【智性直觀】→ἔσχατα【各種最後的東西】。實踐性的推論。實踐性的νοῦς【智性直觀】作爲αἴσθησις【感覺】

ἔστιν δὲ τῶν καθ' ἕκαστα καὶ τῶν ἐσχάτων ἅπαντα τὰ πρακτά· καὶ γὰρ τὸν φρόνιμον δεῖ γινώσκειν αὐτά.【所有被實踐的東西都是屬於各個個體和關乎最後事物的東西。明智者理當認識它們。】（《尼各馬可倫理學》第六卷第十二章，1143a32以下）ἔσχατον【最後的】在字面上意味著：最終的界限，在這兒則更加確切地指：λογίζεσθαι【盤算】的最終界限，即詳細討論最後於那兒結束的東西、它在某種程度上停留於那兒的東西。在《形而上學》第七卷中，於最寬泛意義上對ποίησις【創制】的規定那兒——該規定也包含πρᾶξις【實踐】，亞里士多德給出了關於ἔσχατον【最後的東西】的一個簡要說明，我們立馬就能將之套用到πρᾶξις【實

[27] 在海德格手稿中的標題。——原注

踐】上。他在那兒描述了τέχνη【技藝】中的考慮，即ἰατρός【醫生】的διανοεῖν【仔細看】。γίγνεται δὴ τὸ ὑγιὲς νοήσαντος οὕτως· ἐπειδὴ τοδὶ ὑγίεια, ἀνάγκη, εἰ ὑγιὲς ἔσται, τοδὶ ὑπάρξαι, οἷον ὁμαλότητα, εἰ δὲ τοῦτο, θερμότητα· καὶ οὕτως ἀεὶ νοεῖ, ἕως ἂν ἀγάγῃ εἰς τοῦτο ὃ αὐτὸς δύναται ἔσχατον ποιεῖν. εἶτα ἤδη ἡ ἀπὸ τούτου κίνησις ποίησις καλεῖται, ἡ ἐπὶ τὸ ὑγιαίνειν.【當進行下面這樣的看時，健康的東西就產生了出來：既然健康是這樣那樣的東西，那麼，如果要有健康的東西，那就必須存在這樣那樣的東西，例如，如果要脈搏平穩，那就得體溫正常。人們總是這樣進行看，一直看到他所能夠產生出來的最後的東西。然後由之出發的運動，即前往那引起健康行爲的運動，被稱作創制。】（《形而上學》第七卷第七章，1032b6以下）「既然人或某一器官的健康狀態是這樣那樣的東西，那麼，如果人或器官要變得健康，這樣那樣的東西就必須從一開始就是現成的；如果這樣那樣的東西必須是現成的，那就必定會有另外這樣那樣的東西，等等。他總是這樣繼續進行考慮，直到他把考慮和他自己本身引向他自身能夠將之作爲最終的東西去做的東西，即引向他於其上能夠進行醫療干預的東西。」㉘ἔσχατον【最後的東西】是在具體是者那兒的一種是之要素，在它那兒醫生的醫治得以開始，反之，考慮和詳細討

㉘ 海德格的意譯。——原注

論則停止下來。然後，進一步的處理方法將僅僅是ποίησις【創制】，即醫治本身。ἔσχατον【最後的東西】是考慮的最終界限，從而是對行動由之開始的實情的再現。

我們現在已經看到亞里士多德甚至將πρακτά【各種被實踐的東西】稱作ἔσχατα【各種最後的東西】。問題就出現了：這些ἔσχατα【最後的東西】自身如何在φρόνησις【明智】之考慮中得到把握？在多大程度上在作爲一種λογίζεσθαι【盤算】的φρόνησις【明智】中有著對是者的一種超越了λόγος【邏各斯】的把握？在多大程度上在φρόνησις【明智】中有著νοῦς【智性直觀】，即有著一種νοεῖν【看】？亞里士多德在同σοφία【智慧】的比較中突顯了該現象。καὶ ὁ νοῦς τῶν ἐσχάτων ἐπ' ἀμφότερα· καὶ γὰρ τῶν πρώτων ὅρων καὶ τῶν ἐσχάτων νοῦς ἐστὶ καὶ οὐ λόγος.【智性直觀在兩個方面屬於各種最後的東西。因爲關乎各種最初規定和各種最後的東西的，是智性直觀而不是邏各斯。】（《尼各馬可倫理學》第六卷第十二章，1143a35以下）對ἔσχατα【各種最後的東西】的徑直意指在兩個方面是可能的：νοῦς【智性直觀】能夠在雙重方向上把握某一最終的東西：νοῦς【智性直觀】既關乎πρῶτοι ὅροι【各種最初的規定】，即關乎各種最初的界定、關乎各種絕對的ἀρχαί【本源】、關乎那始終是的是者之最後的各種元素，也關乎在各個單個的這個—在此（*Dies-da*）之意義上的最終的東西。對於後者來說，不再有某種談論，而是僅僅有著一種νοεῖν【看】。

於是，亞里士多德更加仔細地規定了這兩種可能性：καὶ ὁ μὲν κατὰ τὰς

ἀποδείξεις τῶν ἀκινήτων ὅρων καὶ πρώτων, ὁ δ' ἐν ταῖς πρακτικαῖς τοῦ ἐσχάτου καὶ ἐνδεχομένου καὶ τῆς ἑτέρας προτάσεως.【就各種證明而言，智性直觀關乎的是各種不動的、最初的規定；在各種實踐性的證明那兒，它關乎的是最後的東西、可變的東西和其他前提。】（1143b1以下）在第一種可能性那兒是這樣的：νοεῖν【看】涉及的是ἀπόδειξις【證明】的最終的出發點，即對各種ἀκίνητα【不動的東西】、對不位於運動中的是者的理論證明之最終的出發點。因此，這無非意味著作爲σοφία【智慧】之對象的各種ἀρχαί【本源】。另一種可能性乃是這種νοεῖν【看】的反方向。就文本來說，爲了補充ἀποδείξεσιν【各種證明】，流傳下來的是ἐν ταῖς πρακτικαῖς【在各種實踐性的證明那兒】。但維克多（Victorius）則寫作ἐν τοῖς πρακτικοῖς【在各種實踐性的邏各斯那兒】，以便補充λόγοις【在各種邏各斯中】[29]。在這些πρακτικοὶ λόγοι【實踐性的邏各斯】內，也有著一種νοεῖν【看】。在那兒νοεῖν【看】關乎ἔσχατον【最後的東西】。ἔσχατον【最後的東

[29] 海德格引用的是蘇塞米爾的版本。蘇塞米爾本人在參考「維克多的抄本」之後指出了「ἐν τοῖς πρακτικοῖς」這一異文。然而，維克多本人在其一五八四年的版本中（*Petri Victorii commentarii in X libros Aristotelis De Moribus ad Nicomachum*【《彼得．維克多對亞里士多德《尼各馬可倫理學》十卷的評注》】, Florentiae ex officina iunctarum, 1584【佛羅倫斯，一五八四年】），於正文那兒也採用的是「ἐν ταῖς πρακτικαῖς」。——原注

西】是那在ἀπόδειξις【證明】中被稱作πρῶτον【最初的東西】的東西的反對概念。與ἀκίνητον【不動的東西】、ἀεί【始終是著的東西】相對應的是ἐνδεχόμενον【可變的東西】。位於νοεῖν【看】中的徑直把握，在這兒關乎某種每次都總是某一別的情形的ἔσχατον【最後的東西】。

正如亞里士多德所說，它還涉及「另外的前提」，ἑτέρα πρότασις【另外的前提】（參見1143b3）。前提、πρότασις【前提】，在這兒被寬泛地把握為預先設定的、處在結論前面的東西。這些προτάσεις【前提】不僅僅出現在對各種ἐπιστῆμαι【知識】的ἀποδείξεις【證明】中。例如，在公共修辭學中，各種προτάσεις【前提】就是各種ἔνδοξα【權威意見】，即各種處在威望中的意見。要牢記：在我們的連繫中，無論是在各種ἐπιστῆμαι【知識】意義上的證明，還是在環視性的詳細討論意義上的λογίζεσθαι【盤算】，都具有συλλογισμός【推論】之結構。βουλεύεσθαι【考慮】在結構上被置於συλλογισμός【推論】中。φρόνησις【明智】以某一προαίρεσις【選擇】開始：為了這、為了某一ἀγαθόν【善】——不管它會是何種——，這樣的東西應被做，——此乃前提1。然而，各種形勢和場所是如此這般的，——此乃前提2。因此，我要如此這般地行動，——此乃結論。在前提1中所關涉的是把握οὗ ἕνεκα【為何】——它是一種ἐνδεχόμενον【可變的東西】。在前提2中所關涉的則是發現ἔσχατον【最後的東西】，最終的東西——λογίζεσθαι【盤算】就停留在它那兒。於是亞里士多德說：τούτων οὖν ἔχειν δεῖ αἴσθησιν, αὕτη δ' ἐστὶ νοῦς.【對於這些東西必須具有感覺，它就是智性直觀。】（1143b5）「現在要求我們對之要具有αἴσθησις【感覺】，即徑直的知覺（schlichtes Vernehmen）。」在對我要行動其間的場所的考慮中，我最終碰上了對各種確定的現成的實情、對各種確定的形勢、對某一確定的時間的純然把握。所有的考慮結束在一種αἴσθησις【感覺】中。在φρόνησις【明智】中的這種徑直感覺就是νοῦς【智性直觀】。亞里士多德在《尼各馬可倫理學》同一卷的第九章中，更加詳細地給出了關於這種αἴσθησις【感覺】之性質的消息。

㈡ 實踐性的νοῦς【智性直觀】和αἴσθησις【感覺】（《尼各馬可倫理學》第六卷第九章；第三卷第五章）。αἴσθησις【感覺】作爲對ἔσχατα【最後的東西】的把握。同幾何中的ἀνάλυσις【分解】相比較。αἴσθησις【感覺】的諸方式。幾何性的和實踐性的αἴσθησις【感覺】

ὁ μὲν γὰρ νοῦς τῶν ὅρων, ὧν οὐκ ἔστι λόγος, ἡ δὲ τοῦ ἐσχάτου, οὗ οὐκ ἔστιν ἐπιστήμη ἀλλ' αἴσθησις, οὐχ' ἡ τῶν ἰδίων, ἀλλ' οἵᾳ αἰσθανόμεθα ὅτι τὸ ἐν τοῖς μαθηματικοῖς ἔσχατον τρίγωνον · στήσεται γὰρ κἀκεῖ.【智性直觀關乎的是那些最初的規定，而這些最初的規定是邏各斯所不能把握的；對最後的東西的把握，不是知識而是感覺，它不是關乎各個特定東西的感覺，而是如我們感覺到在

數學中的最後的東西是三角形那樣。因爲在那兒停住了腳步。】（《尼各馬可倫理學》第六卷第九章，1142a25以下）在φρόνησις【明智】中，各種實情如它們所顯現的那樣被純粹地把握。這種把握是感覺，即αἴσθησις【感覺】的事情。但這種感覺所關涉的不是在最嚴格意義上的感覺的各種特定對象，即關乎αἴσθησις【感覺】的各種ἴδια【特定對象】。亞里士多德在《論靈魂》第二卷第六章中已經闡述了這些ἴδια αἰσθητά【特定的可感物】是什麼：λέγω δ' ἴδιον μὲν ὃ μὴ ἐνδέχεται ἑτέρᾳ αἰσθήσει αἰσθάνεσθαι καὶ περὶ ὃ μὴ ἐνδέχεται ἀπατηθῆναι.【所謂特定的可感物，我指的是不能被其他感官所感覺，並且關於它，不可能受到欺騙。】（418a11以下）ἴδια αἰσθητά【特定的可感物】是那些各自相應於看、聽、嗅等等的對象；看的ἴδιον【特定對象】是顏色，聽的ἴδιον【特定對象】是聲音，等等；這些ἴδια【特定對象】對於相應的αἰσθήσεις【感官】來說ἀεὶ ἀληθῆ【總是真的】。亞里士多德把κοινὰ αἰσθητά【共同的可感物】與這種ἴδια αἰσθητά【特定的可感物】相區分。κοινὰ αἰσθητά【共同的可感物】κοινὰ πάσαις【對於所有感官是共同的】（418a19），感覺的這些對象——它們對於所有的αἰσθήσεις【感官】來說是共同的，如σχῆμα【形狀】、μέγεθος【大小】，能夠被不同的αἰσθήσεις【感官】所感覺。

φρόνησις【明智】現在所碰到的，以及對πρᾶξις【實踐】所參與其中的那種ἔσχατον【最後的東西】的徑直把握，與下面這樣一種αἴσθησις【感覺】無關，即與關乎各種τῶν ἰδίων【特定對象】的那種αἴσθησις【感覺】無關；而是與在語詞最寬泛意義上的αἴσθησις【感覺】相關——如它在日常此是那兒通常被給出的那樣。在αἴσθησις【感覺】中我看見了諸實情之整體，街道之整體、房子之整體、樹之整體、人之整體，並且是這樣的：這種αἴσθησις【感覺】依然具有徑直確定之性質。關乎的是這樣一種αἴσθησις【感覺】：在它的幫助下我感覺到ὅτι τὸ ἐν τοῖς μαθηματικοῖς ἔσχατον τρίγωνον【在數學中的最後的東西是三角形】（《尼各馬可倫理學》第六卷第九章，1142a28以下）；也即是關乎到這樣一種αἴσθησις【感覺】：例如，它在幾何中扮演了一種基本角色，在那兒，它把握到了幾何中的ἔσχατον【最後的東西】，即τρίγωνον【三角形】。在此要注意：在希臘的幾何那兒，三角形是最後的、最基本的平面圖形，它通過διαγράφειν【畫圖】，即通過畫到底，從多角形那兒產生出來。多角形通過一種διαγράφειν【畫圖】被詳細討論，直到它被分解爲純粹的三角形，從而各種三角形都是一些διαιρεῖν【分解】停留其上的ἔσχατα【最後的東西】。在αἴσθησις【感覺】中——如它在幾何那兒所出現的那樣，我一下子就看到了作爲最源始的元素、自身不再能夠被分解爲更基本的形狀的三角形。

因此，正如在幾何中一種αἰσθάνεσθαι【感覺】提供出了ἔσχατον【最後的東西】，在φρόνησις【明智】那兒同樣如此。故在這兒下面這點是本質性的：在這種αἴσθησις【感覺】中某種東西徑直顯現。亞里士多德強調，在觀察之走—到—盡頭

（Zu-Ende-Kommen）的這種類型那兒，考慮στήσεται【停止】、「停止了」；它在此不再繼續往前走了。這兒於φρόνησις【明智】中的這種αἴσθησις【感覺】——正如在幾何中的那種αἴσθησις【感覺】一樣——是下面這樣一種站住：在它那兒唯一的和本質性的，是把自己置於某一事情的對面，讓該事情徑直照面。在這種νοεῖν【看】中，所關涉的是對事情本身的一種徑直的再現，以便它純粹地從它自己本身那兒說話，不再從我們這兒要求某種談論、闡明。在這兒還可以說的是：φαίνεται【它顯現】、事情如此顯現。唯一存在的可能性是：觀望並在觀望中把握。

亞里士多德在《尼各馬可倫理學》第三卷第五章（1112b11以下）中更加詳細地描述了這種連繫㉚。在那兒他再次返回到幾何中的實情，返回到διάγραμμα【幾何圖形】。在那兒亞里士多德從考慮開始：人們不會考慮τέλος【目的】；相反，τέλος【目的】是決心的對象。考慮之對象是συμφέρον πρὸς τὸ τέλος【有助於前往目的的東西】，即爲了把已經下了決心的東西正確地帶－往－終點而加以考慮的東西。βουλευόμεθα δ’ ού περὶ τῶν τελῶν ἀλλὰ περὶ τῶν πρὸς τὰ τέλη. οὔτε γὰρ ἰατρὸς βουλεύεται εἰ ὑγιάσει, οὔτε ῥήτωρ εἰ πείσει, οὔτε πολιτικὸς εἰ εὐνομίαν ποιήσει, οὐδὲ τῶν λοιπῶν οὐδεὶς περὶ τοῦ τέλους.【考慮不關乎目的，而是關乎

㉚ 此外還參見1113a2以下。——原注

通往目的的那些東西。因爲醫生不考慮他是否應使人健康，演說家不考慮他是否應說服人，政治家不考慮他是否應建立良好的秩序，其餘的人也不會就目的來進行考慮。】（1112b11以下）醫生不考慮他是否應進行醫治；相反，他的生存之意義本身就包含這點，作爲醫生他已經下了決心做這件事。同樣，演說家也不考慮他是否應進行勸說，因爲他的生存之意義包含這點。ἀλλὰ θέμενοι τέλος πῶς καὶ διὰ τίνων ἔσται σκοποῦσιν.【相反，當他們確立目的之後，他們考慮如何和通過什麼東西來實現該目的。】（1112b15以下）因而τέλος【目的】是一種τέλος τεθέν【被設定了的目的】，即被設定了和固定下來了的目的。在他們的考慮中，他們都不把目光放在這種東西之上；相反，他們把目光放在πῶς καὶ διὰ τίνων【如何和通過什麼東西】之上，即放在如何以及通過—何種—手段—和—方法（das Wie und Durch-welche-Mittel-und-Wege）之上。他們每次都在其行動的具體場所中進行環視，ἕως ἂν ἔλθωσιν ἐπὶ τὸ πρῶτον αἴτιον, ὃ ἐν τῇ εὑρέσει ἔσχατόν ἐστιν【直到他們抵達最初的原因，而它就是位於發現中的最後的東西】（1112b18以下），直到他們在詳細的考察中遇上他們由之出發能夠進行介入的最初的αἴτιον【原因】，而它就是在對整個實情的發現中考慮的最終的東西。ὁ γὰρ βουλευόμενος ἔοικε ζητεῖν καὶ ἀναλύειν τὸν εἰρημένον τρόπον ὥσπερ διάγραμμα [···], καὶ τὸ ἔσχατον ἐν τῇ ἀναλύσει πρῶτον εἶναι ἐν τῇ γενέσει.【因爲那進行考慮的人似乎在用前面所說過的方式進行尋找和分解，就像是在分解幾何圖形一樣。】（1112b20以下）ἀνάλυσις

【分解】所抵達的ἔσχατον【最後的東西】，就是ποίησις【創制】，即眞正的生成由之開始的最初的東西。《尼各馬可倫理學》中的這段話之所以重要，就在於亞里士多德在那兒沒有談論ποίησις【創制】，而是詳細談論了嚴格意義上的πρᾶξις【實踐】[31]。

考慮於之停了下來的這種αἴσθησις【感覺】，是一種別具一格的東西。它不同於數學中的αἴσθησις【感覺】。ἀλλ' αὕτη μᾶλλον αἴσθησις ἢ φρόνησις, ἐκείνης δὲ ἄλλο εἶδος.【它更接近感覺而不是明智，而明智乃另一種感覺。】（《尼各馬可倫理學》第六卷第九章，1142a29以下）與φρόνησις【明智】中的αἴσθησις【感覺】相比，**幾何上**的αἴσθησις【感覺】——我在那兒看到了最後的圖形要素即三角形，μᾶλλον αἴσθησις【更是感覺】，更是純粹的知覺、純粹的把握。在幾何中說到底僅僅在於純粹觀望著的確定。φρόνησις【明智】之αἴσθησις【感覺】具有另外一種外觀。因爲φρόνησις【明智】根據其意義甚至在這種αἴσθησις【感覺】中也還是πρακτική【實踐性的】。φρόνησις【明智】之αἴσθησις【感覺】，作爲φρόνησις【明智】，關乎各種πρακτά【要被實踐的東西】。誠然，它是對各種實情的最後觀望，但這種觀望在φρόνησις【明智】中並不是單純的觀望，而是一種**環視性的觀望**

---

31 不同於《形而上學》第七卷第七章（1032b以下）對ποίησις【創制】的相應分析。參見第157頁以下。——原注

（*umsichtiges Hinsehen*）。它被ὀρθότης【正確性】所引導，因而向著τέλος【目的】、向著εὐπραξία【好的實踐】被定向，以至於在它那兒被把握的各種對象具有συμφέρον【有益】這種性質。

㈢ φρόνησις【明智】和σοφία【智慧】作爲ἀληθεύειν【去蔽】（=νοῦς【智性直觀】）的兩種彼此對立的最高方式。ἀεί【始終】和瞬一間（Augen-blick）。——展望：νοῦς【智性直觀】和διαλέγεσθαι【對話】。亞里士多德和柏拉圖

φρόνησις【明智】在這種基本的結構要素中已經變得可見，也即是說，在它那兒實施著諸如一種不再落入λόγος【邏各斯】之範圍中的純粹知覺這樣的東西。只要這種純粹知覺關乎ἔσχατον【最後的東西】，那它就是αἴσθησις【感覺】。但只要這種αἴσθησις【感覺】並不關乎各種ἴδια【特定的東西】，但卻依然還是一種純然的知覺，那麼它就是νοῦς【智性直觀】。因此亞里士多德能夠說：ἀντίκειται μὲν δὴ τῷ νῷ【明智與智性直觀相對立。】（1142a25）φρόνησις【明智】顯然與νοῦς【智性直觀】相對立——如果νοῦς【智性直觀】被理解爲以各種ἀρχαί【本源】爲目標的σοφία【智慧】中的νοῦς【智性直觀】的話。φρόνησις【明智】在結構上與σοφία【智慧】相同，它是一種ἀληθεύειν ἄνευ λόγου【不帶有邏各斯的去蔽】，

此乃φρόνησις【明智】和σοφία【智慧】所共同具有的東西。但是，在φρόνησις【明智】那兒的純粹把握處在相反的一面。我們在這兒具有νοῦς【智性直觀】的兩種可能性：在最爲具體中的νοῦς【智性直觀】和在最爲καθόλου【普遍】、在最爲普遍中的νοῦς【智性直觀】。φρόνησις【明智】中的νοῦς【智性直觀】以在絕對ἔσχατον【最後的東西】之意義上的最終的東西爲目的。φρόνησις【明智】是對這一次的東西（das Diesmalige）、瞬間性的場所中的具體的這一次（Diesmaligkeit）的看到。它作爲αἴσθησις【感覺】，是一眼之看，即看一眼那每每總是具體的東西——作爲這樣的東西它始終能夠是別的樣子。反之，在σοφία【智慧】中的νοεῖν【看】是對那ἀεί【始終】是著的東西，即對那在同一性中始終是當下化的東西的打量。時間——瞬間和始終是，在這兒作爲對φρόνησις【明智】和σοφία【智慧】中的νοῦς【智性直觀】的區分而起作用。由此下面這點就變得清楚了：φρόνησις【明智】和σοφία【智慧】，基於它們包含著νοεῖν【看】這一實情，是兩種可能性——於其中是者根據其是之基本方式ἐπ' ἀμφότερα【從兩個方面】（《尼各馬可倫理學》第六卷第十二章，1143a35以下）、「從兩個方面」最後得以被展開和變得可把握，直至其ἀρχαί【諸本源】。基於同ἀρχαί【諸本源】的這種關聯著地是（Bezogensein），φρόνησις【明智】和σοφία【智慧】是展開是者本身的兩種最高可能性。只要它們是此是之方式，那它們就構成了其是之類型：σοφία【智慧】是此是向著完整意義上的世界這種是者的被擺置地是，而φρόνησις【明智】是此是向著向來每每本己的此是這種是者的被擺置地是。然而，由此一來問題恰恰在於：什麼是那提供引導線索的是之意義，亞里士多德基於它而得出，同φρόνησις【明智】相比，可將優先性賦予給σοφία【智慧】㉜。

我們現在已經澄清了ἀληθεύειν【去蔽】這種現象㉝，確切講，將之澄清爲在其是上由之被規定的人的此是的一種可能性。這一考察的目標是，爲我們闡釋柏拉圖的一篇對話提供準備，把我們置於下面這一姿態中，那就是：一步步地與之一道如其在該篇對話中所進行的那樣，進行思考和眞正地把握思考。只有當我們取得了這種姿態，我們才能確保看清那些被談論的事情。對話進行在διαλέγεσθαι【對話】中。從亞里士多德那成熟的哲學思考出發來看，我們將更加確切地把握這種διαλέγεσθαι【對話】是如何將自己顯露爲一種合法的哲學活動的預備階段。爲了證明這點，我們必須提前躍入到哲學活動的一個更高階段上，以便從那兒回過頭來理解「對話」。從διαλέγεσθαι【對話】這一表達那兒諸位已經看到：它同λόγος【邏各斯】

㉜ 見附錄。——原注

㉝ 海德格在手稿中於這兒注明，在此期間取消了六次課（見編輯者的後記，第654頁）。這就是為何他在這兒開始反思亞里士多德部分的意義。——原注

相關。我們將通過下面這點來結束我們對ἀληθεύειν【去蔽】的考察，那就是：我們把ἀληθεύειν【去蔽】的最高和最後階段，同追問在一種理論考察內的λόγος【邏各斯】的有效範圍和實行方法連繫起來。

二四、對φρόνησις【明智】之優先性或者σοφία【智慧】有助於σοφία【智慧】這一問題的剖判（《尼各馬可倫理學》第六卷第十三章）

㈠剖判的困難：在φρόνησις【明智】和σοφία【智慧】中的優點和缺陷。同人的此是相關涉的問題。ἀληθεύειν【去蔽】的自主性和非自主性

我們已經抵達了下面這點，那就是把φρόνησις【明智】認作一種特定的、具有能夠是別的樣子的是者，即人的此是的揭開方式。φρόνησις【明智】處在純粹揭開、徑直知覺之雙重可能性中：1.只要在φρόνησις【明智】中，我已經於προαίρεσις【選擇】中對之下了決心的ἀγαθόν【善】絕對地顯現、φαίνεται【它顯現】（1144a34），2.在φρόνησις【明智】中所考慮的ἔσχατον【最後的東西】在αἴσθησις【感覺】中顯現；在瞬間中我綜觀到了行動的具體場所，根據它並為了它我下出決心。

因此，總的說來，特別是就同βουλεύεσθαι【考慮】的連繫來看，φρόνησις【明智】將自己表明為同此是自身相關涉的那種真地是（*Wahrsein*）。人們或許

會設想：只要對於人來說其本己的是（sein eigenes Sein）、其本己的生存（seine eigene Exitenz）是決定性的東西，那麼，那種同此是自身相關涉的真地是就是最高的東西，從而φρόνησις【明智】是最高的、最決定性的揭開。然而，亞里士多德卻說：σοφία【智慧】、純粹理解（das reine Verstehen），就其進行ἀληθεύειν【去蔽】來說、就人能夠生存其間的諸可能性來說——只要ἀληθεύειν【去蔽】是人的是之類型，是最高的東西。如果φρόνησις【明智】儘管關乎人之是但卻不是揭開之最高可能性，那麼，這一困難就不可能僅僅在於下面這點：φρόνησις【明智】不是完全自主的；相反，在其結構中它始終同人的某一其他行爲相關聯。事實上，亞里士多德指出：對於φρόνησις【明智】來說，ἀγαθόν【善】僅僅顯現給那種在其自身已經是善的、ἀγαθόν【善】的生存。τοῦτο δ' εἰ μὴ τῷ ἀγαθῷ, οὐ φαίνεται.【如果一個人不是善的，那善不會向他顯現。】（《尼各馬可倫理學》第六卷第十三章，1144a34）「除了對於ἀγαθός【善人】，ἀγαθόν【善】不會顯現。」διαστρέφει γὰρ ἡ μοχθηρία καὶ διαψεύδεσθαι ποιεῖ περὶ τὰς πρακτικὰς ἀρχάς.【因爲惡會歪曲和弄錯那些實踐性的本源。】（1144a34以下）惡的品質和普泛惡的情狀，會把某一此是帶入下面這種情形中，那就是：ἀγαθόν【善】向該此是表現出它所不是的某種東西。ὥστε φανερὸν ὅτι ἀδύνατον φρόνιμον εἶναι μὴ ὄντα ἀγαθόν.【因此，顯然那不是善的，也不可能是明智的。】（1144a36以下）因此，只有當一個人已經是ἀγαθός【善的】，他才能夠是φρόνιμος【明智的】。φρόνησις【明智】這種ἀληθεύειν【去蔽】之可能性束縛在下面這點之上：那實施明智的人在其是上從他本身那兒來看就已經是ἀγαθός【善的】。由此從另一方面顯現出φρόνησις【明智】對πρᾶξις【實踐】的一種獨特的歸屬性。正如我們在考察的一開始就已經看到的，πρᾶξις【實踐】並不單單包含著某種定位和引導：πρᾶξις【實踐】不單單被環視，即被φρόνησις【明智】之視所引導。而且還顯現出：這種視，即對ἀγαθόν【善】的預期，作爲揭開的實施方法，僅僅在某一ἀγαθός【善人】自身那兒才是可能的。只要φρόνησις【明智】不在πρᾶξις【實踐】中被實施——而πρᾶξις【實踐】作爲πρᾶξις【實踐】被ἀρετή【德性】、被作爲ἀγαθόν【善】的πρακτόν【要被實踐的東西】所規定，那麼它什麼都不是。單單具有某一行動之τέλος【目的】，單單使用著φρόνησις【明智】，我們並不由此就是πρακτικώτεροι【更爲實踐性的】；只要我們不已經是善的，那我們並不由此就會在道德上做得更好。εἴπερ ἡ μὲν φρόνησίς ἐστιν περὶ τὰ δίκαια καὶ καλὰ καὶ ἀγαθὰ ἀνθρώπῳ, ταῦτα δ' ἐστὶν ἃ τοῦ ἀγαθοῦ ἐστὶν ἀνδρὸς πράττειν, οὐδὲν δὲ πρακτικώτεροι τῷ εἰδέναι αὐτά ἐσμεν, εἴπερ ἕξεις αἱ ἀρεταί εἰσιν.【既然明智關乎對於人來說的各種公正、各種好和各種善——而這些東西都是來自善人的行動，既然各種德性都是品質，那麼，通過知道它們我們並不會就在這些方面是更爲實踐性的。】（1143b21以下）單純位於自己身上的φρόνησις【明智】這種ἀληθεύειν【去蔽】，對行動本身並未施加什麼東西，除非這種φρόνησις【明智】被某位ἀγαθός【善人】本身所實施。正如οὐθὲν πρακτικώτεροι τῷ ἔχειν τὴν ἰατρικὴν ἐσμεν.【我們不會通過具有醫術就在健康方面是更爲實踐性的。】（參見1143b26以下）同樣，我們並不因我們掌握了ἰατρική【醫術】，即純粹在理論上擁有了醫術，就變得更能行動、更能進行應付，除非我們已經實際地學會了使用它，除非我們實際地就是醫生。我們不會通過單純擁有定位和引導而處在眞正地相應於ἀληθεύειν【去蔽】之意義的是之等級上。只要φρόνησις【明智】就其正確實施之可能性而言有賴於它被某位ἀγαθός【善人】所實施，那它自身就不是自主的。因此，儘管φρόνησις【明智】的確關乎人的此是，但它的**優先性已經動搖了**。

另一方面，下面這一問題始終還存在著：既然σοφία【智慧】並不致力於人的此是，那它如何會是最高的可能性？ἡ μὲν γὰρ σοφία οὐδὲν θεωρήσει ἐξ ὧν ἔσται εὐδαίμων ἄνθρωπος (οὐδεμιᾶς γάρ ἐστι γενέσεως)【智慧並不看人通過什麼會是幸福的（因爲它根本不關心生成）】（1143b18以下）。σοφία【智慧】**的確是自主的，但作爲其主題的東西是那**ἀεί【**始終是著的東西**】。因而是那與γένεσις【生成】了無干係的東西；而人的此是在γένεσις【生成】、πρᾶξις【實踐】、κίνησις【運動】中有其是。哲學家的純粹理解並不考慮，從何處人能夠眞正進入到是中（ins Sein kommen）[34]。在哲學中加以考察的，就其意義來說並未進一步對**人的生存**施加

[34] ins Sein kommen，類似於英語中的come into being，日常意思就是「產生」、「生成」、「形成」、

什麼影響。僅從這句話中已經可以看到：亞里士多德無非遠離了一種宗教性的世界觀或類似東西。從而就生出了以下困難：

1. φρόνησις【明智】的確關乎人的此是；但由於它有賴於作爲ἀγαθός【善人】的人之是，故它不是自主的。
2. 另一方面，只要σοφία【智慧】的確純粹關乎各種ἀρχαί【本源】，那它就確實是自主的；但由於它恰恰關乎ἀεί【始終是著的東西】，故它對於人的此是並不施加什麼影響。

困難根本地在於：φρόνησις【明智】和σοφία【智慧】，這兩者都不是ἕξεις【品質】。

現在這需要得到**解決**。亞里士多德在1144a1以下那兒給出了對該困難的解決。

㈡ 剖判之標準。作爲ἀληθεύειν【去蔽】的ἀληθεύειν【去蔽】之等級。「成就」（ποιεῖν【創制】）之自主性；σοφία【智慧】作爲ψυχή【靈魂】的ὑγίεια【健康】。根據希臘的是之概念在是態學上的優先性

σοφία【智慧】優先於φρόνησις【明智】，爲了理解這一重要的剖判，我們必

「出現」。但該固定表達同Sein相連繫，在字面上就是「進入到是中」。——譯注

須牢記亞里士多德將對這整個問題的討論往後引回到了一種純粹是態學的考察之上。πρῶτον μὲν οὖν λέγωμεν ὅτι καθ’ αὐτὰς ἀναγκαῖον αἱρετὰς αύτὰς εἶναι, ἀρετάς γ’ οὔσας ἑκατέραν ἑκατέρου τοῦ μορίου, καὶ εἰ μὴ ποιοῦσι μηδὲν μηδετέρα αὐτῶν.【首先讓我們說，即使這兩者沒有達成任何東西，但它們自身就是必須加以選擇的；因爲兩者分別是兩個部分的德性。】（1144a1以下）亞里士多德說，首先，只要我們沒有把作爲是之類型的是之類型本身加以考察，那麼，兩種方式中哪個更是決定性的東西這一問題提法就是不恰當的。只要我們於ἀρετή【德性】那兒問它導致了什麼結果、有何用處，ποιεῖ【它創制】了什麼,那我們就還尚未取得恰當的問題提法。恰當的問題是：ἀληθεύειν【去蔽】的是之類型是更高的還是更低的。即使這兩者都沒能提供某種東西，但也必須追問其眞正的ἀρετή【德性】—性質。因爲ἀρετή【德性】自身是諸如某種τελείωσις【完滿】這樣的東西；它是那將某種在其自身的是者帶到其是之本眞性中的東西[35]。因此，亞里士多德把整個問題都置於一種純粹理論性的考察中。

ἔπειτα καὶ ποιοῦσι μέν【然後，其實它們也有所創制】（1144a3以下）。然後，對在其自身的是者的這同一種思考發現，φρόνησις【明智】和σοφία【智慧】

[35] 參見《形而上學》第五卷第十六章，1021b20以下。——原注

事實上是有所成就、ποιεῖν【創制】的：ποιεῖν【創制】在此意味著：創制、使有結果、帶入是中（zum Sein bringen）㊱。如果仔細看，那麼，恰恰φρόνησις【明智】和σοφία【智慧】的這種ποιεῖν【創制】爲將σοφία【智慧】同φρόνησις【明智】相區分並給予其更高的位置提供了基礎。於這種ποιεῖν【創制】那兒，σοφία【智慧】的優先性在是態學上得到決定㊲。因爲原則是：ἡ γὰρ ποιοῦσα ἄρχει καὶ ἐπιτάττει περὶ ἕκαστον.【因爲那創制某個東西的，統治和規定著該東西。】（1143b35）「位於人的此是中在其自身就是進行ποιεῖν【創制】，即成就某種東西的那種可能性——該可能性比其他某種可能性更爲眞正地有所成就，統治和引導著所有其餘的。」因此，如果應在這兒運用該原則，那我們就必須注意到：在σοφία【智慧】那兒還是揭示出了一種ποίησις【創制】——即使有著迄今爲止對它的所有的闡述。於是亞里士多德說：哲學家的純粹觀察事實上導致了某種東西，ποιεῖ【它創制】，確切講，τῷ ἔχεσθαι καὶ τῷ ἐνεργεῖν【通過具有它和實現它】（參見1144a6）、「通過具有它和實現它」，因而不是通過結果，而是**僅僅通過我生活在這種**θεωρεῖν【**靜**

㊱ zum Sein bringen，類似於英語中的bring into being，日常意思就是「使產生」、「使出現」。——譯注

㊲ 海德格即興闡發了以下論述（直到第171頁）。在其手稿中僅僅有著極少提示性的筆記。編輯者只能依賴約納斯、沙爾克和魏斯的記錄。——原注

觀】中。這種揭開作爲這種揭開，成就出了某種東西。亞里士多德招來了一種比較；只有當我們首先確保了這種比較之基礎，我們才能理解該比較。他將哲學的理論觀察同健康相比較：καὶ ποιοῦσι μέν, οὐχ ὡς ἡ ἰατρικὴ δὲ ὑγίειαν, ἀλλ' ὡς ἡ ὑγίεια, οὕτως ἡ σοφία εὐδαιμονίαν.【其實它們也有所成就，但不是如醫術成就了健康那樣，而是如健康成就了健康那樣。因此，智慧成就了幸福。】（1144a3以下）亞里士多德在這兒將σοφία【智慧】同ὑγίεια【健康】、φρόνησις【明智】同ἰατρική【醫術】相比較：

ὑγίεια【健康】—σοφία【智慧】
ἰατρική【醫術】—φρόνησις【明智】

爲了理解這一比較之基礎，我們必須把一位是醫生的人作爲基礎。如果一位生病的醫生，基於他作爲醫生所擁有的認識，治癒了他自己，那麼，這是一種獨特的類型，即自己操勞自己的此是，自己讓自己的此是再次變得健康。但健康地是（das Grundsein）的一種更高類型是健康本身。健康的人爲了是健康的，根本無須醫學上的精通；他直接就是健康的，即是他所是的。健康地是，自身是這樣一種是之類型：它將人保持在其身體上的是之本眞性中的。這同樣適用於φρόνησις【明智】和σοφία【智慧】。φρόνησις【明智】引導和領導所有的人的行動，但它還是有賴於另外的某種東西，即有賴於行動自身。反之，σοφία【智慧】中的θεωρεῖν【靜觀】並不如ἰατρική【醫術】一樣還具有某種目標；相反，它作為這樣的東西，純粹被生活其間的人所實施出來。θεωρεῖν【靜觀】是一種是之類型——人在該是之類型中有著其最高的是之類型：他那真正的、精神性的健康地是。

然而，在此還有一個在理解σοφία【智慧】之優先性上的漏洞，即使我們已經看清：σοφία【智慧】在一定程度上直接地、僅僅通過它在此是著就成就出某種東西，而φρόνησις【明智】則著眼於另外某種不是它自身的東西而成就出某種東西，這在結構上是清楚的。但即使這樣，還是沒有理解σοφία【智慧】在多大程度上能夠同人的健康地是相比較，即理解那揭開始終是的行為在多大程度上構成了人的真正是。我們只有基於希臘人的是之概念的意義才能理解這點。正因為σοφία【智慧】所關乎的那種是者是始終是，而σοφία【智慧】是對待這種是者、停留於這種是者的最純粹的類型，所以，σοφία【智慧】，作為向著最高的是而被擺置地是，就是最高的可能性。因此，對σοφία【智慧】之優先性的剖判，最終從是者本身那兒遇上了它所關涉的是者。ἐπιστήμη【知識】從這兒給排除出去了，因為它不能展開各種ἀρχαί【本源】，而是以它們為前提。恆常地停留於始終是，乃是純粹νοεῖν【看】所成就出來的，亞里士多德也將之同αἴσθησις【感覺】進行了比較[38]。由此我們贏得了對關於人

[38] 參見第160頁以下。——原注

的此是的基本看法的一種展望——對於亞里士多德來說該基本看法是引導性的：如果人的此是始終如它能在最高意義上是那樣是，也就是說，如果它在最高程度上、盡可能長地並且始終停留在對始終是著的東西的純粹打量中，那它就是眞正的。然而，只要人是要死的，只要他需要最寬泛意義上的休息和放鬆，那麼，恆常地停留在始終是著的東西那兒、與始終是著的東西最終相應的行爲，就拒不答應給他。

我們打算以從反面再現該現象的方式結束對σοφία【智慧】的這種考察。如果σοφία【智慧】是ἀληθεύειν【去蔽】的最高方式，但另一方面它又依然是一種ἕξις τῆς ψυχῆς【靈魂的品質】，即是人的是，那麼，就會生起下面這一問題：在多大程度上人的εὐδαιμονία【幸福】之可能性位於σοφία【智慧】中。因此，事情涉及：將σοφία【智慧】及其ἀληθεύειν【去蔽】把握爲人的此是的是之類型。對於亞里士多德來說，既然σοφία【智慧】是人的此是的最高可能性，那他也就必定在它那兒看到了εὐδαιμονία【幸福】。

二五、由著眼於εὐδαιμονία【幸福】而來的σοφία【智慧】之優先性（《尼各馬可倫理學》第十卷第六—七章）

（一）εὐδαιμονία【幸福】觀念（《尼各馬可倫理學》第十卷第六章）。作爲ψυχή【靈魂】之完滿是的εὐδαιμονία【幸福】在是態學上的意義

亞里士多德嚴格地在是態學上將εὐδαιμονία【幸福】把握爲τέλος【目的】。

εὐδαιμονία【幸福】的這種是態學的意義必須加以牢記。λοιπὸν περὶ εὐδαιμονίας τύπῳ διελθεῖν, ἐπειδὴ τέλος αὐτὴν τίθεμεν τῶν ἀνθρωπίνων.【剩下的是概要性地談談幸福，因爲我們將之設定爲人的目的。】（1176a31以下）「在那關乎人的是的東西中，我們把那構成了其完滿地是的東西，確立爲εὐδαιμονία【幸福】。」它構成了人的此是之是的本眞性。這無非意味著依寓於那始終是的東西而在場的是、純粹當下地是。於是，εὐδαιμονία【幸福】，只要它完滿地構成了這種是，那它就不可能是一種單純的ἕξις【品質】，即一種人雖具有但卻沒有機會實現的單純的可能性。因爲那樣一來，它甚至也能夠屬於那睡眼惺忪地耽誤了整個生活的人，屬於那過著一種植物般的生活的人。換句話說：它不可能是一種隨隨便便的、時而醒著時而睡著的屬性。相反，εὐδαιμονία【幸福】，只要它關乎作爲一種完滿地是的人之是，關乎作爲諸最高是之可能性中的眞正是（das Eigentlichsein）的人之是，那麼它就必定是在每一瞬間、恆常地是它所是的那種人之是。它不關乎一種單純的能是（Seinkönnen），而是關乎在其當下、ἐνέργεια【現實】中的那種能是。μᾶλλον εἰς ἐνέργειάν τινα θετέον【最好將之歸入某種現實】（1176b1）。因此，εὐδαιμονία【幸福】，作爲眞正的是，必定被置於ἐνέργεια【現實】中。ἐνέργεια【現實】無非意味著在場、純粹直接的現成地是（Vorhandensein）。τῶν δ' ἐνεργειῶν αἳ μέν εἰσιν ἀναγκαῖαι καὶ δι' ἕτερα αἱρεταὶ αἳ δὲ καθ' αὑτάς.【在各種現實中，一些是必須的和爲了他者而被選擇的，一些則是根據其自身被選擇的。】（1176b2

以下）。「在各種ἐνέργεια【現實】中，有的是δι᾽ ἕτερα【爲了他者】，即由於別的東西、向著別的東西而被定位，有的則是καθ᾽ αὑτάς αἱρεταί【根據其自身被選擇】、在其自身是可把握的。」καθ᾽ αὑτὰς δ᾽ εἰσὶν αἱρεταὶ ἀφ᾽ ὧν μηδὲν ἐπιζητεῖται παρὰ τὴν ἐνέργειαν.【那些除了自己的現實之外別無所求的，就是根據其自身被選擇的。】（1176b6）。「有生命的東西之ἐνέργεια【現實】、純粹在場的是和現成地是的那些方式——根據這些方式除了絕對的現成地是之外沒有其他東西被爭取和尋求，是在其自身可把握的。」於是，只要εὐδαιμονία【幸福】是τέλος【目的】，那它就不可能是一種δι᾽ ἕτερα【爲了他者】的ἐνέργεια【現實】，即向著他者被定位；相反，它只能是一種καθ᾽ αὑτήν【根據其自身】可把握的ἐνέργεια【現實】。因而εὐδαιμονία【幸福】是在其自身的完滿，並且自身就是自足的、αὐτάρκης【自足的】。οὐδενὸς γὰρ ἐνδεὴς ἡ εὐδαιμονία ἀλλ᾽ αὐτάρκης.【因爲幸福是無所欠缺和自足的。】（1176b5以下）。因此，那構成了εὐδαιμονία【幸福】的東西，是οὐκ ἐνδεής【無所欠缺的】，它無須別的什麼東西。

在人的此是中有著現實行動之各種不同的可能性，而這些可能性彼此相關並且是分級的。εὐδαιμονία【幸福】作爲絕對的τέλος【目的】，在最純粹的意義上是那在世界中有生命的東西之自主的現成地是。它是有生命的東西之純粹的當下——就其完成了的是之可能性來說，是ψυχῆς ἐνέργειά τις κατ᾽ ἀρετὴν τελείαν【靈魂那合乎完滿德性的現實】（《尼各馬可倫理學》第一卷第十三章，1102a5以下）。在此就有著對τέλος【目的】—性質的一種提升：κατ᾽ ἀρετὴν τελείαν【合乎完滿的德性】真正意味著κατὰ τελείωσιν τελείαν【合乎完滿的完滿】；因爲在ἀρετή【德性】這一表達中已經有著對τελείωσις【完滿】的規定。因此，εὐδαιμονία【幸福】是有生命的東西就其最高的是之可能性而言的完滿在場的是（das Fertiganwesendsein）。它是作爲在之中—是（In-Sein）的是者的是之τελείωσις【完滿】㊴。

於是，根據εὐδαιμονία【幸福】的這種觀念，亞里士多德在《尼各馬可倫理學》第十卷第七章中從七個方面更加具體地規定了εὐδαιμονία【幸福】的結構。

㈡ εὐδαιμονία【幸福】的諸結構要素，以及它們通過對σοφία【智慧】的θεωρεῖν【靜觀】（νοῦς【智性直觀】）而來的實現（《尼各馬可倫理學》第十卷第七章）

那將此是帶入其是之本真性中的東西，必須：

1. 是κρατίστη ἕξις【最好的品質】（參見1177a13），即是下面這種是之類型：人於其中最真正地占有它所能夠是的。這種最高的是之規定是νοῦς【智性直觀】。
2. 在我們身上、ἐν ἡμῖν【在我們身上】的這種最高的是之規定，即νοῦς【智性

㊴ 位於海德格的手稿中。

直觀】、對是者作爲是者的純粹的能夠知覺（Vernehmenkönnen），關乎各種γνωστά【熟悉的東西】，即關乎我在純粹打量中對之變得熟悉的那些東西；確切講，νοῦς【智性直觀】關乎自身就是κράτιστον【最好的】那種是者，即關乎**始終是著的**是者：καὶ γὰρ ὁ νοῦς ⟨τὸ κράτιστον⟩ τῶν ἐν ἡμῖν, καὶ ⟨τὰ κράτιστὰ⟩ τῶν γνωστῶν, περὶ ἃ ὁ νοῦς.【因爲智性直觀是我們身上的（最好的東西），而智性直觀所關涉的東西，則是各種熟悉物中（最好的東西）。】（1177a20以下）

3. 滿足εὐδαιμονία【幸福】的這種是之類型是συνεχεστάτη【最連續的】，即是那**最爲緊密地聚會在一起**、比所有其他東西都更爲不間斷的東西。θεωρεῖν τε γὰρ δυνάμεθα συνεχῶς μᾶλλον ἢ πράττειν ὁτιοῦν.【同做任何其他的事情相比，我們都能夠更爲連續地進行靜觀。】（1177a21以下）基於我們人的是，同以行動的方式進行生活相比，我們更能夠不間斷地以**純粹觀察**的方式進行生活。因爲行動，就其意義來說，總是根據各種形勢、時間、人物而不同。在某一確定的生活連繫之延展中的行動的穩定性，恆常地被各種新投入所打斷——而每一種投入都要求一種決心。反之，純粹觀察在其自身就是一種均勻的、不間斷的、就其意義來說就不可能是別的樣子的持留。因爲它是一種**自己—留住**（*Sich-Aufhalten*），**即把自己停留在那在其自身就不可能是別的樣子的是者那兒**。對始終是著的是者的純粹觀察彷彿停留在一種綿延著的現在中，而屬於πρᾶξις【實踐】的是者向來每每能夠是別的樣子，並且總是在瞬間中要求著一種決心。這第三種要素，即συνεχέστατον【最連續的東西】，被賦予給我們認作σοφία【智慧】之θεωρεῖν【靜觀】的那種行爲。

4. 這種σοφία【智慧】之θεωρεῖν【靜觀】是那種ἡδίστη【最快樂的】的ἐνέργεια【現實】（1177a23）㊵。亞里士多德以下面這種方式對之說明了理由：οἰόμεθά τε δεῖν ἡδονὴν παραμεμῖχθαι τῇ εὐδαιμονίᾳ【我們認爲幸福必定伴隨著快樂】（1177a22以下）。我們認爲，一種相應的感受（sich Befinden）、一種處身性（Befindlichkeit），即ἡδονή【快樂】、感到快樂，伴隨著人之眞正的是。與生活著的是者（das Lebende）㊶由之（Womit）和爲之（Wozu）而是的那種東西相關聯的這樣那樣的有情緒地是（Gestimmtsein），一般地構建著生活著的是者之是。這種屬於生活的基本情狀，即使在生活著的是者之最高的是之等級那兒也不欠缺。問題是，何種是之類型確保了最純粹的ἡδονή【快樂】。ἡδίστη δὲ τῶν κατ' ἀρετὴν ἐνεργειῶν ἡ κατὰ τὴν σοφίαν ὁμολογουμένως ἐστίν.【在各種合乎德性的現實中，那合乎智慧的現實，是最快樂的現實。】（1177a23以下）大家

㊵ 德文原文作1177a2，似乎有誤。——譯注

㊶ das Lebende一般譯為「有生命的東西」、「活著的東西」，但在這兒譯者根據上下文和自己的理解，將之譯為「生活著的是者」。——譯注

在下面這點上看法是一致的：最純粹的快樂，復又相應於κατὰ τὴν σοφίαν【合乎智慧】地依寓於是者而在場的是，相應於純粹的觀察。這種純粹的依寓於什麼而停留，純粹的依寓於什麼而在場的是，在其自身就是最寬泛意義上的最純粹的有情緒地是。純粹觀察中的這種有情緒地是之純粹性和穩固性，復又根據始終是（das Immersein）這一主題方才是可理解的。始終是，根本不具有下面這一可能性，那就是：在作爲研究者的人的態度（das sich Verhalten）㊷那兒會導致一種擾亂、改變、迷惑，從而從根上破壞他的情緒。人，只要他依寓於該事情而停留，那他就逗留在同一情緒中。因此，在依寓於－始終是著的是者－留住－自己（das Sich-Aufhalten-beim-Immerseienden）那兒，已經給出了διαγωγή【消遣】之可能性、純粹逗留——在它那兒不再有尋找之不安——之可能性。對於希臘人來說，尋找是對隱藏著的東西、對λανθάνον【遮蔽著的東西】的揭開。尋找是尚－未－在－無蔽的東西－面前－是（das-Noch-nicht-vor-dem Unverborgenen-Sein），而於知識著的是（das Wissendsein）、看（das Sehen）、在－目光中－占有（das-Im-Blick-Haben）那兒的純粹逗留，則是在是者的無蔽中依寓於是者而留住－自己。因此，亞里士多德能夠這樣說那些古人——只要他們是眞正的哲

㊷ Verhalten一般譯為「行為」，但它作為反身動詞，意思是「處於……情況」、「採取某種態度」的意思。在這兒權且譯為「態度」。——譯注

學家：φιλοσοφήσαντες περὶ τῆς ἀληθείας【他們對眞進行哲學思考】（《形而上學》第一卷第三章，983b2以下），「他們對眞進行哲學思考」，也即是說，他們不是對眞之概念以及諸如此類的東西進行哲學思考；相反，他們是眞之朋友，他們對此已經下了決心：就其無蔽純粹地把是加以揭開。

5. 賦予給εὐδαιμονία【幸福】並實現了σοφία【智慧】之θεωρεῖν【靜觀】的第五種要素，是αὐτάρκεια【自足】，即被置於自己本身之上的那種人之行爲。ἥ τε λεγομένη αὐτάρκεια περὶ τὴν θεωρητικὴν μάλιστ' ἂν εἴη.【所謂自足，在靜觀性的活動那兒也是最多的。】（《尼各馬可倫理學》第十卷第七章，1177a27以下）亞里士多德強調：τῶν μὲν πρὸς τὸ ζῆν ἀναγκαίων καὶ σοφὸς καὶ δίκαιος καὶ οἱ λοιποὶ δέονται.【智慧的人同公正的人以及其他人一樣，都需要各種生活的必需品。】（參見1177a28以下）正如同所有其他人一樣，哲學家也依靠那些對於生活來說是必需的各種緊要的東西。他不可能擺脫它們；只有當這些東西處在其宰制之下時，他才能夠是。ὁ μὲν δίκαιος δεῖται πρὸς οὓς δικαιοπραγήσει καὶ μεθ' ὧν.【但公正的人需要其他一些他爲之和與之一道公正地行事的人。】（1177a30以下）此外，「那打算作爲法官而公正地行事的人，需要那些他能夠爲之和與之一道公正地行事的人。」這同樣適用於審慎者，σώφρων【審愼的人】㊸，以及勇敢者、ἀνδρεῖος【勇敢的人】。不僅這些，而且前哲學的人之πρᾶξις【實踐】的所有是之可能性，就其意義來說都有賴於共同一起是。因此，它們不可能是人的眞正的是之可能性，即使它們每個都是一種ἀγαθὸν καθ᾽ αὑτὸ αἱρετόν【就其自身而應加以選擇的善】。但在這兒所涉及的，恰恰是生命之眞正的現成地是、在場。涉及徹底地—是態學地（radikal-ontologisch）加以把握了的是之本眞性——它自身是人那實際的、具體的生存在是態學上的基礎。因此，πρᾶξις【實踐】的各種是之可能性都有賴於共同一起是，而對始終是的純粹觀察則擺脫了這種束縛。ὁ δὲ σοφὸς καὶ καθ᾽ αὑτὸν ὢν δύναται θεωρεῖν, καὶ ὅσῳ ἂν σοφώτερος ᾖ, μᾶλλον.【而智慧的人在其自身就能夠進行靜觀，並且他越是這樣，他就越是智慧的。】（1177a32以下）那致力於純粹地理解和揭開是者的哲學家，只有並且恰恰只有他καθ᾽ αὑτὸν ὢν【根據其自身而是】、僅僅在其自身而是，他才能是他所是的。他越是在其自身而是，並且越是僅僅追求進行揭開，他越少需要他者。βέλτιον δ᾽ ἴσως συνεργοὺς ἔχων, ἀλλ᾽ ὅμως αὐταρκέστατος.【如果他有夥伴或許會更好，但即使那樣，他依然是最爲自足的。】（1177a34以下）誠然，如果他有志同道合者——即那與之一道工作並與之一道保持在這種姿

㊸ σώφρων也具有「節制的」、「清醒的」等意思。——譯注

態中的人，那或許會更好。但即使那樣，他也依然是他所是的——只要他每次都從他自己本身出發、如事情所是的那樣看事情。無人能夠替他人看事情、揭開事情以及如此這般地占有事情。純粹地看乃是屬於個體的事情，即使那爲自己而看的人——如果他如他人一樣看見了同樣的事情——是以συμφιλοσοφεῖν【一起從事哲學】的方式同他人一道在共同一起從事哲學。

6. 因此，純粹觀望這種是之類型是唯一**爲了它自己本身**而能夠加以喜愛的東西。δόξαι τ' ἂν αὐτὴ μόνη δι' αὐτὴν ἀγαπᾶσθαι. οὐδὲν γὰρ ἀπ' αὐτῆς γίνεται παρὰ τὸ θεωρῆσαι, ἀπὸ δὲ τῶν πρακτικῶν ἢ πλεῖον ἢ ἔλαττον περιποιούμεθα παρὰ τὴν πρᾶξιν.【似乎唯有它是因其自身而被喜愛的東西。因爲除了進行靜觀之外，從它那兒沒有生成出任何東西；而從諸實踐性的東西那兒，我們都或多或少地取得了實踐之外的某些東西。】（1177b1以下）因爲在純粹觀望這種是之類型中我們並未做成別的什麼東西，我們不再如我們在πρᾶξις【實踐】中所做的那樣——在那兒某種別的東西總是緊要的，尋找別的什麼東西。因此，這種是之類型通過下面這點而得到標畫，那就是：ἐν τῇ σχολῇ ἐστιν【它處在閒暇中】（參見1171b4）、「它處**在閒暇中**」，即處在純粹的逗留中、處在眞正的依寓於……而當下地是之中。

7. 人的此是的這種類型要能夠是一種眞正的類型，那它就得λαβοῦσα μῆκος βίου τέλειον【終身都從事這種活動】（1177b24）：ἡ τελεία δὴ εὐδαιμονία αὕτη ἂν

εἴη ἀνθρώπου, λαβοῦσα μῆκος βίου τέλειον.【人的完滿幸福就在於終身都從事這種活動。】（1177b24以下）「只有當它握住了生命的全部長度」，即只有當它在事實上擴展到人的生存之整個綿延時，因而只有當這種行爲類型不僅偶然地規定著人的生存，而且將自己作爲眞正的行爲類型加以持守時，它才是人的此是的一種眞正的類型。因爲作爲這種行爲之主題的始終是，恆常地被先行規定，以至於甚至依寓於它的此是之當下也被規定爲一種恆常的東西，一種自持的東西。在此就包含著下面這一獨特的傾向：人的此是在其有時間地是（Zeitlichsein）方面同世界之始終是（Immersein）相協調。這種於始終是那兒的停留，即θεωρεῖν【靜觀】，不應是隨意的和偶爾的；相反，它應不間斷地終身維持著。在此就有著對於人來說的一定程度的ἀθανατίζειν【不朽】（1177b33）之可能性，即人的一種是之類型——在該是之類型中人具有不走向終結（nicht zu Ende gehen）這一最高可能性。這是希臘人賦予給人的此是的最徹底的立場。

只有從這兒出發，從作爲始終是的是之意義那整個被規定了的和清楚的統治地位出發，σοφία【智慧】的優先性方才變得可理解。現在下面這點變得清楚了，那就是：爲何純粹觀察爲人的生存解決了某種東西，爲何在希臘人的意義上它是最高的東西。對在希臘人那兒的人的生存之最終意義的理解有賴於下面這點，那就是：我們理解到，對於倫理學上的東西的考察，從一開始就是多麼地位於我們今天從傳統哲學那兒所認識到的那種視點之外。對於希臘人來說，對人的生存的考察純粹依是本身之意義來定位，即純粹依人的此是在何種程度上具有始終是這一可能性來定位。是的這種意義、作爲絕對在場的是的是，被希臘人從世界之是那兒讀取出來。因此，我們不能用近代倫理學的問題提法把希臘倫理學的問題提法催逼入下面這種二選一中：希臘人要麼採用了效果倫理學（Erfolgsethik），要麼採用了意向倫理學（Gesinnungsethik）。此是在這兒僅僅就其作爲是之可能性的是之可能性而被看，對之起作用的，既不是意向，也不是實踐性的效果。甚至ἦθος【倫理】[44]這一表達——即姿態（*Haltung*）[45]、眞正的是（*eigentliches Sein*），也與對人之是的這種把握相應。如果我們牢牢把握住原初是態學上的問題這一視點，那我們就會理解σοφία【智慧】能夠同ὑγίεια【健康】、健康地是相比較這一獨特點。關於人之是的這種觀念，從一開始就規定著εὐδαιμονία【幸福】的意義——亞里士多德將εὐδαιμονία【幸福】定義爲ψυχῆς ἐνέργεια κατ᾽ ἀρετὴν τελείαν【靈魂那合乎完滿德性的現實】。ψυχή【靈魂】是那有生命的是者身上的眞正的東西。這種有生命的是者，只要它就其身上的那種最高的是之可能性來說是絕對現成的，那麼它就處在εὐδαιμονία【幸福】之中。一種被稱作人的有生命的是者的這種最高的是之可

---

[44] ἦθος本意是「習慣」、「習俗」、「性情」的意思，而它更為源始的意思是「居處」、「歇息處」，用在動物身上指「巢穴」。——譯注

[45] Haltung在這兒似乎譯為「舉止」更好。該詞來自動詞halten，意思是「持留」、「保有」。——譯注

能性，是νοῦς【智性直觀】。νοεῖν【看】作爲ἐνέργεια θεωρητική【靜觀性的現實】，最能滿足有生命的是者之ἐνέργεια【現實】，即滿足它的絕對純粹的在場的是。就這點來說νοεῖν【看】最眞正地滿足了εὐδαιμονία【幸福】。因此，人的生命位於此處，即位於其是之本眞性中。這種本眞性以下面這種方式徹底地在是態學上被把握，那就是：它作爲這樣的東西，是實際的、具體的人之生存在是態學上的條件。

我們還必須澄清νοῦς【智性直觀】同λόγος【邏各斯】處於何種關係中。

二六、λόγος【邏各斯】的範圍和邊界

(一) λόγος【邏各斯】和νοῦς【智性直觀】。νοεῖν【看】和διανοεῖν【仔細看】。通過νοεῖν【看】對πρῶτα【諸最初的東西】和ἔσχατα【諸最後的東西】的把握

νοῦς【智性直觀】是人的最高規定，以至於它甚至必須被把握爲神性的東西；在νοῦς【智性直觀】中的生活是一種θεῖον【神性的生活】（1177b30以下）。然而，人的行爲，通常，尤其首先不活動在純粹的νοεῖν【看】中，而是活動在διανοεῖν【仔細看】中。因爲人之是被規定爲ζῷον λόγον ἔχον【會說話的東西】，因爲人言說、談論他所看到的事物，故純粹的知覺總是一種詳細討論。純粹的νοεῖν

【看】實施爲θιγεῖν[46]【把握】[47]。然而，在具有λόγος【邏各斯】的是者之範圍內所實施出來的νοεῖν【看】，就是一種διανοεῖν【仔細看】。因此，在純粹的νοῦς【智性直觀】和νοῦς σύνθετος【組合的智性直觀】（參見1177b28以下）之間有著一種διαφορά【區別】：人的νοῦς【智性直觀】總是以言說的方式實施出來。人的νοῦς【智性直觀】並非眞正的νοῦς【智性直觀】，而是ὁ καλούμενος νοῦς[48]【名義上的智性直觀】[49]。必須牢記人之是包含著λόγος【邏各斯】，並且意指（das Vermeinen）首先和通常與之一道實施出來：它是νοεῖν μετὰ λόγου【依賴邏各斯的看】。因此，亞里士多德把前面所論及過的ἀληθεύειν【去蔽】之諸方式，即把ἐπιστήμη【知識】、τέχνη【技藝】、φρόνησις【明智】、σοφία【智慧】都刻劃爲ἕξεις μετὰ λόγου【依賴邏各斯的品質】[50]，就是完全合理的。仔細觀望，即διανοεῖν【仔細看】，就是一種言說，即一種λέγειν【說】。誠然，這種意指，只要它應把握ἀρχή

[46] θιγεῖν原文作τιγεῖν，似乎有誤。——譯注

[47]《形而上學》第九卷第十章，1051b24。——原注

[48]《論靈魂》第三卷第九章，432b27。——原注

[49] ὁ καλούμενος νοῦς也可以譯為「所謂的智性直觀」、「被稱作的智性直觀」等。另外，德文原文作432b27，但根據貝克爾本當為432b26。——譯注

[50]《尼各馬可倫理學》第六卷第六章，1140b31以下。參見第57頁以下。——原注

【本源】，那它就會把λόγος【邏各斯】留在身後。它爲了擁有能夠把握ἀδιαίρετον【不可分解的東西】這一可能性，它就必須是ἄνευ λόγου【無邏各斯】的。λέγειν【說】之性質的確是把某物作爲某物加以談及。但那絕對單純的東西、ἁπλοῦν【單純的東西】，就不可能再將之作爲某種別的東西加以談及。只有當νοεῖν【看】不是διανοεῖν【仔細看】，而是**純粹觀望**，所有ἔσχατον【最後的東西】和所有πρῶτον【最初的東西】方才能被眞正地把握。以λόγος【邏各斯】的實施方法所進行的揭開在這兒不起作用並退卻了。

λόγος【邏各斯】在這兒能夠退卻，這奠基在λόγος【邏各斯】自身之上。因爲λόγος【邏各斯】作爲λόγος【邏各斯】，根據其意義並不就已經被安排用來揭開是者、ἀληθεύειν【去蔽】、是眞。言談作爲言談，原初並不具有ἀποφαίνεσθαι【顯示】的意義，即讓是者被看的意義；相反，**僅僅一種非常特定的λόγος【邏各斯】是**λόγος ἀποφαντικός【**能夠進行顯示的邏各斯**】。必須牢記這一基本實情，以便理解那我們要從原則上構成希臘人的眞之概念的東西。

㈡ λόγος【邏各斯】和ἀλήθεια【眞】

1. λόγος σημαντικός【能夠進行意指的邏各斯】（言談）和λόγος ἀποφαντικός【能夠進行顯示的邏各斯】（「判斷」）（《解釋篇》第四章；《論靈魂》第二卷第八章）

因此，λόγος【邏各斯】並不包含是眞（wahr zu sein）、揭開是者（Seiendes aufzudecken）、ἀληθεύειν【去蔽】。並非每一λόγος【邏各斯】都是ἀποφαντικός【能夠進行顯示的】。但確實每一λόγος【邏各斯】都是σημαντικός【能夠進行意指的】。亞里士多德在《解釋篇》第四章中對之進行了討論：ἔστι δὲ λόγος ἅπας μὲν σημαντικός, [⋯] ἀποφαντικὸς δὲ οὐ πᾶς, ἀλλ' ἐν ᾧ τὸ ἀληθεύειν ἢ ψεύδεσθαι ὑπάρχει.【所有的邏各斯都是能夠進行意指的，……但不是所有的邏各斯都是能夠進行顯示的，而是只有其中包含著是眞或是假的邏各斯，才是能夠進行顯示的。】（16b33以下）所有的言談作爲言談，都是σημαντική【能夠進行意指的】：σημαίνειν【意指】說的是：意指（bedeuten）51：因此，每一言談都意指著某種東西，它是可理解的。正如亞里士多德在《論靈魂》中所指出的52，每一言談在其自身那兒都具有一種ἑρμηνεία【釋義】，即一種可理解性。但是，以這種方式意指某種東西並且同時讓那被意指的事物被看，即ἀποφαίνεσθαι【顯示】，這並不出現在每一言談那兒。相反，一種就其意義是σημαντική【能夠進行意指的】的言談，僅僅通過下面這點方才會變成一種ἀποφαντική【能夠進行顯示的】言談，那就是：揭開、ἀληθεύειν

---

51 bedeuten，也可以譯為「賦予含義」。——譯注

52 《論靈魂》第二卷第八章，420b5以下。參見第18頁以下。——原注

【去蔽】，或者歪曲、ψεύδεσθαι【出錯】[53]，於其中是現成的。因爲，不僅揭開，而且歪曲也是一種讓看，即使揭開才是眞正地讓看。因此，並非在所有的言談中都現成地有著ἀληθεύειν【去蔽】或ψεύδεσθαι【出錯】。所以，言談，就其意義來說首先既不是眞的也不是假的。οὐκ ἐν ἅπασι δὲ ὑπάρχει, οἷον ἡ εὐχὴ λόγος μέν, ἀλλ' οὔτ' ἀληθὴς οὔτε ψευδής.【是眞的或是假的，並不存在於所有的言談中，例如祈禱這種邏各斯，就既不是眞的，也不是假的。】（17a3以下）例如，一種請求，就既不是眞的，也不是假的。這必須在希臘的意義上加以理解：一種請求作爲請求，首先並不具有讓我所請求的東西被看這一意義。亞里士多德指出：許多種言談，如那些雖是可理解的、傳達和定位了某種東西但卻並未讓什麼被看的言談，屬於修辭學和詩學。ῥητορικῆς γὰρ ἢ ποιητικῆς οἰκειοτέρα ἡ σκέψις, —ὁ δὲ ἀποφαντικὸς τῆς νῦν θεωρίας.【因爲對它們的考察主要屬於修辭學和詩學，而現在所要考察的，乃是那能夠進行顯示的邏各斯。】（17a5以下）反之，λόγος ἀποφαντικός【能夠進行顯示的邏各斯】是目前研究的對象。

我們已經看到，亞里士多德說，λόγος【邏各斯】、言談，通過下面這點而是ἀποφαντικός【能夠進行顯示的】、進行讓看的，那就是：揭開，ἀληθεύειν【去

---

[53] ψεύδεσθαι【出錯】，也可以譯為「是假的」、「變假」。——譯注

蔽】現成地位於其中。只要人們以為亞里士多德已經宣稱真之真正承擔者是判斷，那麼，人們就在傳統邏輯學中恰恰訴諸這種分析而允許自己被誘入一種根本誤解中。於是，只要人們在進一步的研究中碰上了一些探索——在這些探索那兒言談關乎某種真地是但卻又與判斷無關，人們就會說，就其真之概念來說亞里士多德身處矛盾之中。

根據我們已經加以澄清了的東西，我們打算取得關於λόγος【邏各斯】和ἀλήθεια【真】之間的關係的一種原則性的理解。在此下面這點已經變得清楚：亞里士多德首先談論的根本不是**判斷**（*Urteil*），而是**言談**（*Rede*）；並且只有當在言談中發生了ἀληθεύειν【去蔽】、真地是，言談方才是進行指出的（aufzeigend）、ἀποφαντικός【能夠進行顯示的】。言談不是ἀληθές【真的東西】的原初的和唯一的承擔者：它是ἀληθές【真的東西】能夠發生其間但並不必須發生其間的東西。λόγος【**邏各斯**】**不是**ἀληθεύειν【**去蔽**】**以之為家**、**土生土長的處所**。

2. 拒絕把λόγος【邏各斯】作為真之真正處所。νοεῖν【看】作為沒有λόγος【邏各斯】的ἀληθεύειν【去蔽】。λόγος ἀποφαντικός【能夠進行顯示的邏各斯】作為ψεῦδος【假】之處所。作為ψεῦδος【假】之條件的λόγος ἀποφαντικός【能夠進行顯示的邏各斯】之綜合結構

λόγος【邏各斯】，只要它具有ἀποφαίνεσθαι【顯示】之結構，即具有「某種東

西作爲某種東西（etwas als etwas」）之結構，那麼它就難以是眞之處所，它反倒是假得以可能的眞正條件。也即是說，由於這種λόγος【邏各斯】是這樣一種指出，即它讓它所談論的東西作爲某種東西被看，於是就會生起下面這一可能性：該東西通過「作爲」而被歪曲、出現欺騙。只有當某種東西根據某一另外的東西而被把握時，該東西才可能被歪曲。只有當ἀληθεύειν【去蔽】以作爲－某種東西（das Als-etwas）之方式加以實施時，只有當作爲（das Als）在結構上是現成的時，才可能發生某種東西作爲它所不是的東西被發布出來。在單純的揭開中，在αἴσθησις【感覺】如在νοεῖν【看】中，不再有λέγειν【說】，即不再有把某種東西作爲某種東西加以談及。因此，在這兒也就沒有欺騙。

亞里士多德仔細地規定了λόγος【邏各斯】於其中進行揭開的這種結構：——如果我們停留在κατάφασις【肯定】那兒——「它是如此這般」——，那麼，在言說的一開始，整體就已經不突顯地被給出了。只要κατάφασις【肯定】是一種λέγειν τι κατά τινος【根據某種東西說某種東西】，那在κατάφασις【肯定】中就有著：καθ' οὗ λέγεταί τι【某種東西由之得以被說的那種東西】，即與之相關某種東西才得以被說的那種東西，從一開始就已經在此了，從一開始就已經不突顯地對象化（gegenständlich）了。λόγος【邏各斯】——例如「板子是黑色的」，以這樣的方式被實施出來，以至於我在此從一開始就對那不突顯的整體一目了然：黑板、某個ἕν【一】、某個ὄν【是者】。於是，如果這種板子要作爲這種板子被揭開，如果對之的一種言說乃是專門讓它被看，那麼，那就得在作爲—說（das Als-Sagen）中進行實施。並且這種作爲—說就它那方而言是這樣實施出來的，那就是我對整個板子一目了然，並且分環表達那如此被看見的東西：板子—黑色的：νοήματα【被知覺者】、被知覺者，即板子和黑色，被突顯了出來，並且一個被分派給另一個：板子作爲黑色的。在這種λόγος【邏各斯】中有著一種對νοήματα【被知覺者】的σύνθεσις【結合】，一定程度的並置（Mitsetzen），即把那被意指的東西擺在一起。σύνθεσίς τις ἤδη νοημάτων ὥσπερ ἓν ὄντων.【已經有著對被知覺者的某種結合，彷彿它們是一。】（《論靈魂》第三卷第六章，430a27以下）我把一個同另一個結合在一起，「彷彿它們是一似的」。我將板子同黑色結合在一起，以至於它們被看作爲一。因爲我從一開始就對這種一已經一目了然。**對之的言說使得那被看見的東西首次眞正對我變得**可見，板子明確地作爲黑色的。先行給予的東西在作爲中突顯出來，這樣一來，當它穿過那進行碎裂的分環表達時，它恰恰被理解和被看作爲一。因此，在由λόγος【邏各斯】而來的讓看之意義上的把握，具有σύνθεσις【結合】之結構。僅僅當有這種σύνθεσις【結合】時，僅僅當作爲（das Als）這一性質發生時，方才有假。對某種東西的歪曲僅僅在下面這種情形下才是可能的：某一另外的東西（灰色的）——假定和猜測它可能顯示是者（板子），被置於其前面。因此，某種東西之突顯地是（das Abgehobensein），或者某種東西之並置，對於歪曲之可能性來說是必須的。假的東西，即某種東西作爲它所不是的東西被陳述出來，總是僅僅出現在那有著某種σύνθεσις【結合】的地方。τὸ γὰρ ψεῦδος ἐν συνθέσει ἀεί· καὶ γὰρ ἂν τὸ λευκὸν μὴ λευκὸν, τὸ μὴ λευκὸν συνέθηκεν.【假的東西總是位於結合中；當說白的東西是不白的時，就已經結合了不白的。】（430b1以下）「進行欺騙的東西總是僅僅出現在那有著某種σύνθεσις【結合】的地方；因爲，當我將白的東西作爲不—白（nicht-weiß）的加以談及時，就已經並置了不—白（das Nicht-Weiß）」，它同那被談論的東西一道被我所看見了。人們可能會以爲在μή【不】中有著某種分離。然而，在將λευκόν【白色的東西】作爲μὴ λευκόν【不是白色的】加以談及中，恰恰有的是σύνθεσις【結合】。甚至把某種東西作爲它所不是的那種東西加以發布，在結構上也包含著一種σύν【一起】，即把某一νοήμα【被知覺者】同另一νοήμα【被知覺者】一起意指，作爲ἕν【一】加以意指。

必須牢記這一現象上的實情，以便理解在關於λόγος【邏各斯】的傳統看法中的那種荒謬。

3. 對傳統判斷理論的批判。σύνθεσις【結合】和διαίρεσις【分開】作爲一般λόγος ἀποφαντικός【能夠進行顯示的邏各斯】的兩種基本結構

人們說，亞里士多德將判斷分爲肯定的和否定的，即分爲κατάφασις【肯定】

和ἀπόφασις【否定】；而肯定是對兩個表象的結合，即σύνθεσις【結合】，否定則是分離，即διαίρεσις【分開】。人們把對表象的結合和分離分別取作肯定判斷和否定判斷之結構。這是對亞里士多德在與諸現象相切合中所說的東西的一種完全顚倒。κατάφασις【肯定】和ἀπόφασις【否定】這兩者都具有σύνθεσις【結合】之性質，並且兩者也具有διαίρεσις【分開】之性質。σύνθεσις【結合】和διαίρεσις【分開】是兩種源始的結構——它們作爲進行奠基的東西位於κατάφασις【肯定】和ἀπόφασις【否定】之前。ἔτι πᾶν τὸ διανοητὸν καὶ νοητὸν ἡ διάνοια ἢ κατάφησιν ἢ ἀπόφησιν·[…] ὅταν μὲν ὡδὶ συνθῇ φᾶσα ἢ ἀποφᾶσα, ἀληθεύει, ὅταν δὲ ὡδί, ψεύδεται.【思想要麼肯定要麼否定所有思考和思想的對象。……當進行肯定或否定的它如此結合時，它就是在眞中；當它以另外的方式這樣做時，就是在假中。】（《形而上學》第五卷第七章，1012a2以下）「所有那些是某一完全意指和意指之主題的東西，被思想以肯定或否定的方式所認爲、知覺。如果思想如此地，即要麼肯定要麼否定地把被意指的東西擺置在一起，——即作爲νοῦς【智性直觀】進行擺置和意指——並且在此恰恰表明κατάφασις【肯定】和ἀπόφασις【否定】被安排入σύνθεσις【結合】中——，那麼，它就是眞的，那麼它就在進行揭開；如果它以另外的方式做，那它就是假的，那它就是在進行歪曲。」引出這段話，是爲了對付在邏輯學中以及在對亞里士多德的闡釋中的一種流行的錯誤。人們認爲：肯定是σύνθεσις【結合】、結合：否定是διαίρεσις【分開】、分開。但前面那段話卻表明：κατάφασις【肯定】和ἀπόφασις【否定】這兩者，即肯定地和否定地讓看，都是σύνθεσις【結合】。不僅當κατάφασις【肯定】和ἀπόφασις【否定】是眞的時，這會起作用，而且當它們是假的時，這也會起作用。τὸ γὰρ ψεῦδος ἐν συνθέσει ἀεί· καὶ γὰρ ἂν τὸ λευκὸν μὴ λευκόν, τὸ μὴ λευκὸν συνέθηκεν.【假的東西總是位於結合中；當說白的東西是不白的時，就已經結合了不白的。】（《論靈魂》第三卷第六章，430b1以下）假的東西僅僅出現在那有著某種σύνθεσις【結合】的地方。因爲，即使我將白的東西作爲不—白的加以談及時，不—白的也同白並放在了一起。因此，所有的肯定和否定——無論眞或假，先行地就是一種σύνθεσις【結合】。

但反過來，這兩者，即**否定和肯定**（*Ab*-und *Zu*-sprechen）、κατάφασις【肯定】和ἀπόφασις【否定】、**肯定地和否定地**讓看，先行就是一種διαίρεσις【分開】。在緊接所引的《論靈魂》中的那段話那兒，亞里士多德連繫ψεῦδος【假的東西】來說這點：ἐνδέχεται δὲ καὶ διαίρεσιν φάναι πάντα.【也能夠把所有這些說成是在分開。】（430b3以下）肯定和否定同樣能夠被闡釋爲διαίρεσις【分開】，即分開。分開的確是知覺、νοεῖν【看】的一種實施方法，即把ὄν【是者】、把整體保持—在—視線中（Im-Blick-Halten）的一種實施方法；它是一種保存著地讓整體被看，一種把—一個—同—另一個—並置（Das-eine-mit-dem-anderen-

Setzen）。

σύνθεσις【結合】和διαίρεσις【分開】，構成了νοεῖν【看】之完整的實施方法；並且，只要νοεῖν【看】是λόγον ἔχον【具有邏各斯】的νοεῖν【看】，那它自身就能夠是κατάφασις【肯定】或ἀπόφασις【否定】。在νοεῖν【看】的兩種實施形式那兒，即在σύνθεσις【結合】和διαίρεσις【分開】那兒，本質性的東西是原初統一地把ὑποκείμενον【基體】，即把所談論的東西、位於言談中的東西保持—在—視線中。在σύνθεσις【結合】中顯露出來的情況是：談及把一個同另一個一起看，並由此把整體一起看。反之，在διαίρεσις【分開】那兒有的則是：λόγος【邏各斯】，由於它讓某種東西作爲某種東西被看，故它一開始就把那被看到的整體（黑板）加以分開（板子—黑色的），但不是如νοήματα【被知覺者】被並排放在一起那樣，而是：ὥσπερ ἓν ὄντων【彷彿是一】（《論靈魂》第三卷第六章，430a28），彷彿將它們看作一。如果我們牢記ἀπόφανσις【表達】的基本結構，牢記讓看和看的基本結構，我們就能理解關於λόγος【邏各斯】的整個教導。肯定和否定就實施在這種基本姿態中[54]。

亞里士多德在《形而上學》第六卷第四章、第九卷第十章、第十一卷第八章

[54] 見附錄。——原注

（1065a以下）中，與一種更爲本質的連繫中——同《論靈魂》第三卷第六和第七章相比——探究了σύνθεσις【結合】和διαίρεσις【分開】之結構，並同時探究了ἀληθές【眞的】之現象。

4. ἀληθές【眞相】作爲是之照面性質（《形而上學》第六卷第二和第四章）

我們已經指出：眞的－是（das Wahr-sein）、揭開，是人的生活的一種是之類型，並且首先同世界相關[55]。由此就生起了下面這一難題：是者，只要它被揭開了，那它同其他的是之性質處於何種連繫中？因爲人們一旦擺脫了各種認識論及其偏見，就會看到，**無蔽在一定方式上就是是者本身的一種是之性質**。因此，亞里士多德談到了一種ὂν ὡς ἀληθές【在眞之含義上的是者】，即談到了一種是者——只要它是無蔽的，並相應地談到了一種μὴ ὂν ὡς ψεῦδος【在假之含義上的不是者】；確切講，他談到它們，乃是與是態學研究——通過區分出能夠於其中對是（Sein）加以談論的不同的著眼點——的一種原則上的診斷相連繫。它們是：1.諸範疇中的ὄν【是者】，2.ὂν κατὰ συμβεβηκός【依偶然而來的是者】，3.δυνάμει【在潛能上】和ἐνεργείᾳ【在現實上】的ὄν【是者】，4.ὂν ὡς ἀληθές

[55] 參見第17頁以下，以及第23頁以下。——原注

【在眞之含義上的是者】[56]。在此ἀληθές【眞的】這一現象出現在同是者本身的諸基本規定這一問題的連繫中。儘管如此，亞里士多德依然說，只要是下面這種情況，那這種ὂν ὡς ἀληθές【在眞之含義上的是者】並不眞正落入是態學的主題中，那就是：關於是者，ἀληθές【眞的】之性質沒有提供出屬於該是者本身的某種東西來；相反，是者僅僅是在此的，它遇見到一種進行揭開的意指[57]。但是，由

---

[56] 《形而上學》第六卷第二章，1026a33以下。——原注
《形而上學》第六卷第二章（1026a33-b2）：Ἀλλ' ἐπεὶ τὸ ὂν τὸ ἁπλῶς λεγόμενον λέγεται πολλαχῶς, ὧν ἓν μὲν ἦν τὸ κατὰ συμβεβηκός, ἕτερον δὲ τὸ ὡς ἀληθές, καὶ τὸ μὴ ὂν ὡς τὸ ψεῦδος, παρὰ ταῦτα δ' ἐστὶ τὰ σχήματα τῆς κατηγορίας, οἷον τὸ μὲν τί, τὸ δὲ ποιόν, τὸ δὲ ποσόν, τὸ δὲ πού, τὸ δὲ ποτέ, καὶ εἴ τι ἄλλο σημαίνει τὸν τρόπον τοῦτον, ἔτι παρὰ ταῦτα πάντα τὸ δυνάμει καὶ ἐνεργείᾳ.【絕對地被說出的是者在多重方式上被說。其中，一種是依偶然而來的是者；另一種是眞之意義上的是者，以及假之意義上的不是者；此外是範疇之諸樣式——如什麼、質、量、地點、時間以及其他意指這種方式的東西；在上述這一切之外，還有潛能和現實意義上的是者。】——譯注

[57] 《形而上學》第六卷第四章，1027b25以下。——原注
《形而上學》第六卷第四章（1027b25-28）：οὐ γάρ ἐστι τὸ ψεῦδος καὶ τὸ ἀληθὲς ἐν τοῖς πράγμασιν, οἷον τὸ μὲν ἀγαθὸν ἀληθὲς τὸ δὲ κακὸν εὐθὺς ψεῦδος, ἀλλ' ἐν διανοίᾳ, περὶ δὲ τὰ ἁπλᾶ καὶ τὰ τί ἐστιν οὐδ' ἐν διανοίᾳ. […] ἐπεὶ δὲ ἡ συμπλοκή ἐστιν καὶ ἡ διαίρεσις ἐν διανοίᾳ ἀλλ' οὐκ ἐν τοῖς πράγμασι, τὸ δ' οὕτως ὂν ἕτερον ὂν τῶν κυρίως (ἢ γὰρ τὸ τί ἐστιν ἢ ὅτι ποιὸν ἢ ὅτι ποσὸν ἤ τι

於亞里士多德把ὂν ὡς ἀληθές【在眞之含義上的是者】從是態學的考察中給排除了出去，就認爲這種ὂν ὡς ἀληθές【在眞之含義上的是者】意味著下面這樣的東西也是不對的，那就是：在判斷的有效性之意義上的眞地是（das Wahrsein）。亞里士多德並未談到這一點。ὂν ὡς ἀληθές【在眞之含義上的是者】不是依照一種純然實際發生著的思想進程而被接受下來的是。相反，它是諸範疇也是其諸是之規定的那同一是者之是。只不過它同諸範疇如下面這樣相連繫，那就是：諸範疇屬於作爲是者的是者本身，而ἀληθές【眞的】**僅僅是是者的一種是之性質**——**只要是者爲了一種把握而是在此的和到場的**。在這兒談的根本不是一種邏輯上的是，談的不是判斷之有效或無效。毋寧說，ὂν ὡς ἀληθές【在眞之含義上的是者】與那作爲是態學之主題的是者是同一種是者：世界這種是者（das Seiende der Welt）。通過仔細注意我們就會發現，亞里士多德甚至把這種性質、這種是，在最終意義上指派給了是態學上的考察[58]。ὂν ὡς ἀληθές【在眞之含義上的是者】證

ἄλλο συνάπτει ἢ ἀφαιρεῖ ἡ διάνοια).【眞和假不在事物中——彷彿善是眞的而惡立馬就是假的似的，而是在思想中；那些單純的東西和是什麼，甚至不在思想中。……既然結合和分離位於思想中而不位於事物中，那這種是者就不同於嚴格意義上的是者（因爲思想把是什麼、質、量以及其他某個範疇加以結合或分離）。】——譯注

58 《形而上學》第九卷第十章。——原注

明自己爲是之性質——只要它照面。由此我們將贏得對下面這點之範圍的一種概觀，那就是：對於亞里士多德來說，眞地是意味著什麼。下面這點將顯現出來：眞地是、無蔽，並不定居在λόγος【邏各斯】中。但是，如果不在λόγος【邏各斯】中，那麼正面的問題就是：那在哪兒？由此出發我們再次取得對《智者》的核心問題的定位，該問題就是：ψεῦδος【假的東西】之是，是否有著諸如μὴ ὄν【不是者】這樣的東西，是否不是者是。進一步考察ἀληθές【眞的東西】這一難題，只能在下面這種情形下進行，那就是：我們根據亞里士多德來把握《智者》之開端[59]。

《形而上學》第九卷第十章（1051a34）：ἐπεὶ δὲ τὸ ὂν λέγεται καὶ τὸ μὴ ὂν τὸ μὲν κατὰ τὰ σχήματα τῶν κατηγοριῶν, τὸ δὲ κατὰ δύναμιν ἢ ἐνέργειαν τούτων ἢ τἀναντία, τὸ δὲ κυριώτατα ὂν ἀληθὲς ἢ ψεῦδος.【是者和不是者，或者是就範疇之諸樣式來說的，或者是就諸範疇之潛能和現實及其反面來說的，但在最通常的意義上是就眞的東西或假的東西來說的。】——譯注

[59] 見附錄。——原注

過渡[1] 從ΑΛΗΘΕΥΕΙΝ【去蔽】出發對主題域的確定

[1] 過渡在一九二四／一九二五年聖誕休息之後，講座繼續。在海德格的手稿中有下面這一題目：「W. Einl.」（=「重演，導論」）和「過渡」。從這兒開始，文本不僅如前面一樣基於海德格的手稿以及約納斯、沙爾克和魏斯的講座筆記，而且另外還基於從聖誕休息後才開始的莫澤爾速記稿的列印副本。海德格審閱過該列印副本，並給予授權和加上了一些頁邊注，這些頁邊注在後面將作為說明分別加以引用，並標上「海德格頁邊注」。——原注

二七、到目前為止所完成了的東西，以及進一步的任務。已經完成了的東西：對通達方法（＝ἀληθεύειν【去蔽】）的贏得。任務：從柏拉圖那兒的ἀληθεύειν【去蔽】出發（＝διαλέγεσθαι【對話】）對主題的確定。對主題的首次顯示：對是之概念的革命；不－是者（＝ψεῦδος【假的東西】）之是

我們迄今所考察的東西，對於理解柏拉圖的一篇**科學的**對話具有一種**準備**意義。我明確強調一篇**科學的**對話，乃是爲了表明並非柏拉圖的所有對話都抵達了科學的考察之高度，儘管它們在某種方式上全都以認識爲目標。**如果不通過亞里士多德，那就沒有科學的理解**，即**沒有對柏拉圖的歷史學的返回**。亞里士多德首先彷彿阻斷了通往**柏拉圖的每一門徑**。如果我們想起下面這一點，這就是理所當然的事情，那就是：我們總是來自較後者，又作爲較後者而後退回那些較前者；並且，在原則上的哲學考察之領域內沒有任何的隨意性。在歷史學地退回到我們精神生存之根本源頭那兒，毋寧要加以持守的乃是歷史發展之內在進程。對某一哲學或某位哲學家的選擇絕不是隨意的。如果在其他情況下能夠允許根據不同的動機、不同的精神愛好，從各種歷史的生存之可能性、觀念、樣板出發來選擇自己，由此而隨意地見過歷史，那麼，這並不適應於哲學研究——只要這種研究要在其諸基礎上揭開此是、只要這種此是即我們自身就是歷史。因此，經受對亞里士多德的一種闡釋的洗禮——無論明確還是不明確——

這根本地是一種理所當然的事情，尤其是當我們考慮到那存在於亞里士多德研究中的，無非就是對柏拉圖和更早的那些人絞盡腦汁所思索的那些難題的一種更爲徹底的把握。對柏拉圖的一種闡釋不僅不能越過亞里士多德，而且對之的所有闡釋都必須在他那兒經受考驗。依循詮釋學的原則，我們從明亮的東西返回到昏暗的東西；即從清楚的東西或相對打開了的東西返回到含混的東西。「含混」在這兒不能被理解爲輕蔑性的評價；相反，它意味著：在柏拉圖那兒看和問的各種方向還亂七八糟地攪在一起，這不是由於某種主觀精神上的無能，而是由於諸難題的困難。當諸引導線索對於各種內在傾向來說是可供利用的時，含混的東西、沒有打開的東西方才能得到理解。這些引導線索不能夠是一些隨隨便便的哲學問題，同樣也不能夠是以最膚淺的方式而來的某一體系中的所有可能性。相反，希臘哲學研究的基本問題是：是之問題（*die Frage nach dem Sein*）、是之意義問題（die Frage nach dem Sinn des Seins），並且典型地是眞之問題（*die Frage nach der Wahrheit*）❷。

只要我們通過對ἀληθεύειν【去蔽】❸的迄今爲止的考察而占有了由之在對話中進行看和問的基本立場，占有了對話式的商談之步驟本身行進其間的那種方法，那我們就在某一方向上充分地做好了準備。然而，在該準備中要加以確定的不僅有進行研

❷ 見附錄。——原注

❸ 海德格頁邊注：《尼各馬可倫理學》第六卷，位於講座前面的第一部分。——原注

究的考察之方式，而且同樣重要的還有這種考察的主題域本身。在我們首先❹著手的那篇對話中，主題域具有一種引人注目的雙重性格。在《智者》中追問和商談的是：智者是什麼，確切講，目的在於解決哲學家是什麼。智者首先在其行爲的多樣性中變得可見。從其行爲的這種多樣性以及對之相應的闡釋那兒，其所作所爲所關乎的東西同樣變得可見。智者式的言談方法和同所有事情打交道的交道方法，同時讓這種打交道所涉及的東西變得清楚。

智者的行爲，在最寬泛的意義上被算作一種τέχνη【技藝】。早前❺我已經表明：在柏拉圖那兒，τέχνη【技藝】、ἐπιστήμη【知識】、σοφία【智慧】、φρόνησις【明智】這些表達部分地還是雜亂無章地攪在一起的❻。對於柏拉圖來說，τέχνη【技藝】具有在亞里士多德《形而上學》第一卷中該表達所顯示的那種含義之寬度，那就是：在最寬泛的意義上於某種行爲上的精通。在這兒，對於智者來說緊要的事情是精於談論所有存在的東西（*alles, was es gibt*）；這意味著：在談論是者上的一種精通。在進一步的刻劃過程中，一種值得注意的規定參加了進來，那就

---

❹ 海德格頁邊注：《斐勒柏》也曾在計畫中。——原注

❺ 參見第65頁。——原注

❻ 海德格頁邊注：參見《泰阿泰德》207c：τεχνικός【技藝的】作為ἐπιστήμων【知識的】，不同於單純δοξαστικός【意見的】。——原注

是：這種精通其實是對所談論的東西的一種欺騙。在其言談中，智者把他所談論的東西發布爲根本地、在眞正的考察那兒它所不是的東西，即發布爲不是如他將之加以顯示那樣的東西。在對對話的最初閱讀中就確實立馬躍入眼簾的、從完全不同的方面一再開始的對智者的多樣刻劃，具有下面這種意義：在希臘人的生活範圍內，把智者的具體的此是非常具體地帶到近處。但是，從那兒，即從智者的行爲的這種不可避免的、實際的此是那兒——它在希臘人的精神世界之內的確是一種與眾不同的力量，從智者的行爲的這種無可爭辯的、有力的是那兒，下面這點同時變得清楚，那就是：他所作所爲所關乎的東西、他作爲智者所關乎的東西，是帶有欺騙和蒙蔽的。但只要欺騙和蒙蔽是那在根本上不是的東西，是把某一不—是者（ein Nicht-Seiendes）發布爲是著（seiend）的一種是者（ein Seiendes），那麼，不—是者之是（das Sein des Nicht-Seienden）就從智者的此是自身那兒變得清楚起來。因此，從智者的是之具體化和實際性那兒，從諸如某位智者那樣的東西之生存那兒——誠然爲了一種處於更高階段的考察，顯現出：不—是者——欺騙、蒙蔽——是。

這種洞察，即不—是者是，同時意味著對迄今爲止的見解、對迄今爲止還被柏拉圖本人所維護的是之意義的一種革命。因此，對智者的是之類型的闡釋，最終被視作對不—是者之是的展示。這種展示無非就是對是自身之意義以及對包含其間的不之性質的更爲徹底的把握。而這意味著不是在一種方案之意義上，而是在對話之進程中以對是之問題的一種具體探討的方式，對哲學研究之主題的一種更爲源始的占有。隨著對是之研究的這種更加徹底的把握和奠基，同時給出了對這種研究本身，即對哲學活動的一種更爲根本的闡釋。因此，通過對不—是者之是這一主題的實事性考察，返回到對一種新的眞正的生存的考察，即返回到對哲學家的考察。獨特的是：在此涉及的不是某種類型的人，從事的不是關於不同的人之類型的類型學（Typologie），而是一種實事上的研究，根據該研究，哲學家的意義從其自身那兒躍出——不管柏拉圖明確談到這點與否。隨著對智者的生存之意義這一問題的回答，哲學家的意義這一問題也間接地一道得到回答。

如果我們由之把問題提法之分量轉到實事上的是之概念這一問題上，轉到對迄今爲止的是之概念的翻轉上，那麼，我們就被置於了占有考察之立場這一任務的前面——基於該立場不—是者之在場第一次到場和變得明顯。重要的是：現象學地證明諸實情。我們將必須檢查：不—是者之是以何種方法到場和變得明顯？在哪兒並且如何不再避開不—是者之在場？我們還將必須追問：這種方法意味著什麼？面對不—是者之是，對是之概念的改造和發展如何得以實施？巴門尼德先前是如何贏得是之概念的？柏拉圖又是從哪兒達到其是之概念的？因此，考察之主題就是在其是中的是者；只要是者是，那就涉及是者之諸性質。

在該對話中所涉及的這種是者，是一種對之有所言說之主題，確切講，是下面這樣一種言說、διαλέγεσθαι【對話】之主題：於其中是者作爲被揭開的東西變得可見。因此，柏拉圖總是說ὂν ἀληθινόν【被去蔽了的是者】；這種是者就是作爲在其自身被揭開了的是者。關於ἀληθεύειν【去蔽】，即關於通達被揭開了的—是者（das Aufgedeckt-Seiende）之方法，我們已經充分地加以了定位❼。在ἀληθεύειν【去蔽】的諸可能方式中，我們已經認識了一種獨特的方式，唯有它單單致力於純粹地揭開，那就是θεωρεῖν【靜觀】，確切講是σοφία【智慧】之θεωρεῖν【靜觀】，而這種靜觀具有下面這種意義：它在是者的ἀρχαί【諸本源】中、根據那一開始就作爲是而已經是的東西，讓是者變得可見，即讓ὂν ἀληθινόν【被去蔽了的是者】或ὄν【是者】之ἀληθές【眞相】變得可見。基於是（Sein）和被揭開了地是（Aufgedecktsein）之間的這種內在連繫，希臘人甚至能夠簡要地說：哲學關乎ἀλήθεια【眞】❽。ἀλήθεια【眞】一方面表明某種東西之絕對的無蔽的—是（Unverborgen-sein），但正如λόγος【邏各斯】之含義一樣，它同時也相應地意味著無蔽者自身、無蔽的是者。對ἀλήθεια【眞】的絕對使用無非表明在其是中的是者——只要是者眞正被揭開了。❾

我們已經憑藉ἀληθεύειν【去蔽】弄清了通達方法以及觀察和揭開之方法，但並

❼ 海德格頁邊注：本講座的第一部分乃是對亞里士多德《尼各馬可倫理學》第六卷的一種闡釋。——原注

❽ 《形而上學》第一卷第三章，983b3。——原注

❾ 見附錄。——原注

未相應地讓主題域、是之研究本身變得清楚，即沒有讓是者之主題如亞里士多德在其是態學中所討論的那樣變得清楚。這僅僅不充分地加以顯示了。即使我們花上多於一個學期的時間在這兒來展示這個方面，即展示亞里士多德的是態學，那也是做不到的。我們僅僅打算從一開始就以某種極其簡略的處理辦法來謀得對該篇對話所討論的東西的一種定位；確切講，既然通過通達方法和行事方法主題域方才是可確定的，故最爲簡略的做法是：我們嘗試訴諸出現在柏拉圖那兒的那種獨特方法，即訴諸διαλέγεσθαι【對話】，來更加仔細闡明我們首先已經討論過的東西，闡明在該篇對話中的考察方法、ἀληθεύειν【去蔽】。

二六、對柏拉圖辯證法的首先刻劃

㈠ 作爲ἀληθεύειν【去蔽】的διαλέγεσθαι【對話】。對關於λόγος【邏各斯】所解決過的東西的重演和繼續：拒絕把λόγος【邏各斯】作爲眞之眞正處所❿。λόγος【邏各斯】作爲最切近的ἀληθεύειν【去蔽】方式，以及作爲進行遮蔽的閒談。「辯證法」的基本意義：衝—破（Durchbrechen）閒談，朝向看（νοεῖν【看】）之傾向

如果爲了理解對話通過對ἀληθεύειν【去蔽】的闡明而進行的準備是一種有基礎

❿ 參見§26，b) β)，第182頁以下。——原注

的準備，並且應當是一種眞正的準備，那麼，根據該準備，該篇對話的考察方法，即διαλέγεσθαι【對話】就必定會變得可理解。從關於ἀληθεύειν【去蔽】所解決過的東西出發，必定能夠顯示出διαλέγεσθαι【對話】究竟意味著什麼，即顯示出在對話中進行詳細討論的那種獨特行爲究竟意味著什麼。隨著對διαλέγεσθαι【對話】的意義的澄清，我們同時贏得了對下面這些東西的一種理解，那就是：爲何對在對話中所處理的東西的探討，居然要以「對話」的方式進行；爲何柏拉圖要在對話中從事哲學活動。之所以如此進行，決非如人們淺薄地說的那樣，是因爲柏拉圖乃一位文藝家，他想優美地表現這類事物，並且如所有這些事情被稱作的那樣；相反，乃是出於哲學活動自身的一種內在困境，出於對蘇格拉底所給予他的那種推動和激發的徹底接受：從作爲閒談的λόγος【邏各斯】出發，即從首先被給予的關於各種事物所談的東西和四處流傳開來的東西出發，穿過眞正的言說而抵達一種λόγος【邏各斯】——它作爲λόγος ἀληθής【眞的邏各斯】對那被談論的東西確確實實地說出了某種東西。διαλέγεσθαι【對話】是一種從某一被說的東西出發對言說的穿過，目的乃是要抵達某一陳述、抵達某一在眞正意義上關於是者本身的λόγος【邏各斯】。在這種意義上，διαλέγεσθαι【對話】——正如它後來在柏拉圖的《智者》中被稱作的——是一種διαπορεύεσθαι διὰ τῶν λόγων【穿過邏各斯】（參見253b10），即對那被說的東西的一種穿越，並且是這樣的：它指出那能夠在其中於是上被意指的東西。因此，διαλέγεσθαι【對話】如λόγος【邏各斯】一樣具有揭開功能，並且尤其是一種以詳

細討論的方式所進行的揭開。這種詳細討論從人們首先和事先對那要加以談論的東西已經說過的東西開始，穿過它，在一種對主題真正說出了某種東西的言說中、在陳述中、在眞正的λόγος【邏各斯】中對準和發現它自己的目的。

如果我們說λόγος【邏各斯】——在這兒作爲διαλέγεσθαι【對話】——是進行揭開，無論如何在這種實際性中被這樣接受，那麼，其中就有著：一種ἀληθεύειν【去蔽】屬於λόγος【邏各斯】。通過更爲嚴格地審視就會說：作爲λόγος【邏各斯】的λόγος【邏各斯】自身，並不徑直就構成了ἀληθεύειν【去蔽】之實施方法，從而揭開並不固有地處在作爲λόγος【邏各斯】的λόγος【邏各斯】中。相反，λόγος【邏各斯】能夠承擔但並不必須承擔揭開之功效。然而，實際上λόγος【邏各斯】恰恰**首先和通常徹底統治著所有的揭開**方式，以至於我們在亞里士多德那兒所了解到的ἀληθεύειν【去蔽】的所有那些先前的形式——除了νοῦς【智性直觀】之外，都被μετὰ λόγου【依賴邏各斯】這種性質所規定：它們都以談論的方式加以實施。然而，亞里士多德並未仔細考察λόγος【邏各斯】同ἀληθεύειν【去蔽】的這種密切連繫。他實際上僅僅給出了下面這一提示：ἀληθεύειν【去蔽】的所有方式首先和通常都是μετὰ λόγου【依賴邏各斯】的。λόγος【邏各斯】，即有所談論的談及，是ἀληθεύειν【去蔽】的最切近的實施方法，而νοῦς【智性直觀】，即純粹知覺，作爲這樣的東西對於人，即對於ζῷον λόγον ἔχον【會說話的動物】來說是不可能的。νοεῖν【看】首先和通常是一種διανοεῖν【仔細看】，因爲同……打交道（Umgang-mit）被λόγος【邏各斯】統治著[11]。

因此，λόγος【邏各斯】能夠承擔ἀληθεύειν【去蔽】，但它能夠這樣做，不是基於其自身，而是基於當時的νοεῖν【看】和διανοεῖν【仔細看】，即基於當時的αἴσθησις【感覺】。根據其源始的意義及其源始的實際性，λόγος【邏各斯】根本不是進行揭開的，極端地說，它簡直是進行遮蔽的。λόγος【邏各斯】首先是閒談，而閒談具有下面這一實際性：它不讓事情被看，而是形成了停留於如此被說的東西那兒的一種獨特的知足。閒談的宰制恰恰向此是[12]鎖閉了是者，並且由此導致了在那被揭開的東西和可能的揭開活動面前的瞎盲。但是，如果λόγος【邏各斯】在作爲閒談的這種實際性中首先徹底統治著此是，那麼，向著被揭開的是者的挺進就恰恰必須穿過λόγος【邏各斯】。這種挺進必須是下面這樣一種言說，那就是：在順說和逆說（Für-und Gegensprechen）中它愈來愈引向言談所及的東西，並讓該東西被看。因此，διαλέγεσθαι【對話】在其自身就具有朝向某種νοεῖν【看】，即朝向某種看的內在傾向。然而，只要考察停留在λέγειν【說】中，只要它作爲διαλέγεσθαι【對話】持留在詳細討論中，那麼，這樣一種詳細討論雖然能夠拋棄閒談，但也只能進行嘗試，即嘗試向事情本身挺進。διαλέγεσθαι【對話】停留在談論中；它無法

---

[11] 同樣在海德格的手稿中。——原注

[12] 海德格頁邊注：人的（替代文本中被劃掉了的文字：並且向生活）。——原注

抵達**純粹的**νοεῖν【看】。它沒有眞正的手段前往它眞正以之爲目的的東西，即前往**θεωρεῖν**【靜觀】本身那兒。διαλέγεσθαι【對話】，只要它還停留在λέγειν【說】那兒，那麼，即使它沒有抵達其目標、沒有絕對地揭開是者，那它也無須是一種消遣；相反，只要它衝破了閒談、掌控了閒談，在言說中於一定程度上觸及了被意指的東西，從而讓那被談論的事情第一次在一種首次的通告中和在其最切近的外觀中浮現出來，那它就具有一種眞正的功用。這就是**柏拉圖的辯證法**的基本意義。⑬這種辯證法在其自身那兒就具有朝向一種看、朝向一種揭開的傾向。因而人們不可能通過在直觀（Anschauen）和思想（Denken）之間做出一種區分、並且把辯證法放到思想一邊而把握辯證法。辯證法決非與所謂單純的直觀相對照的所謂思想的一種更高階段，而是相反，辯證法的唯一意義和唯一傾向就是：穿過僅僅被談論的東西，準備和形成眞正源始的**直觀**。⑭最終看到是者本身並且要在一定程度上克服辯證法，柏拉圖沒有推進到這點，這種包含在他自己的辯證方法中的欠缺規定著其辯證法中的某些要素，例如，談論得很多的κοινωνία τῶν γενῶν【諸屬的結合】⑮，即諸屬之間的結合、共同—保持—在—一起（Sich-miteinander-Halten）。這些性質根本不是一種優越的

---

⑬ 海德格頁邊注：頁邊注：在這種哲學活動的原初含義之意義上。——原注

⑭ 海德格頁邊注：認識——參見《是與時》（SuZ）——和直觀。黑格爾在根本上也一樣。——原注

⑮ κοινωνία τῶν γενῶν【諸屬的結合】，該表達以前被譯為「通種」，並不貼切。——譯注

哲學方法之優點和規定，而是一種原則上的含混和不清之表徵。正如我已經說過的，這種含混不清奠基在事情本身的困難上，奠基在這樣一種首次的基本研究之困難上。

㈡對傳統的辯證法之觀點的批判。辯證法：不是思想技巧，而是νοεῖν【看】的預備階段。亞里士多德關於辯證法的立場

λόγος【邏各斯】的統治後來導致一種反作用——正如在今天依然還表現的那樣，並且尤其是在一般「理論的東西」那兒和在「邏輯的東西」那兒。哲學史和在辯證法上加以定位的哲學考察，在這種柏拉圖的辯證法那兒取得了最初的理想，並在那兒看到了哲學活動的一種優越的類型。在此之後，人們適時地做成了哲學的思想技巧（Denktechnik）這一大奇跡，即辯證地往復（Hin und Her）這一思想技巧，也就是下面這一方法：當它盡可能地不受制於專業知識，並且除了一種流於空洞的、放肆的理解之外別無他物屬於它時，它最爲流行。那對於柏拉圖來說是一種內在困境的東西——即到達事情那兒所面臨的困境，在這兒卻被弄成了同事情一道嬉戲的一種原則。在辯證法中柏拉圖的努力，恰恰走在相反的路上去**看**ὂν ἀληθινόν【被去蔽了的是者】，即**那是著的東西**。對柏拉圖的辯證法以及或許一般辯證法之意義的這種誤解之反面，是對亞里士多德關於辯證法之立場的低估。在哲學史已經形成了一種套話，那就是：人們說，亞里士多德不再理解柏拉圖的辯證法，並且將之降格爲進行推論的

思想的一種單純技巧[16]。

新近人們再次強調亞里士多德撤銷了「辯證法」這個詞在柏拉圖那兒的高貴身份。現在，這樣一些的確在哲學上沒有多少意指的術語，源於一種浪漫主義的哲學觀。只要人們取來正確的理由，而不是在背後隱藏著一種浪漫主義的惋惜，那這一說法就是恰當的。亞里士多德之所以撤銷辯證法的高貴身份，不是因爲他不再理解它，而是因爲他更加徹底地理解了它，因爲他把柏拉圖本人把握爲憑藉其辯證法而走在通往θεωρεῖν【靜觀】的途中，因爲他本人成功地現實化了柏拉圖所汲汲追求的東西。**亞里士多德看到了辯證法的內在界限**，**因爲他更加徹底地進行哲學活動**。通過對柏拉圖的辯證法的這種限定，他同時也處在將其相對的權利交還給它這一情形中。誠然，他之所以能夠這樣做，僅僅因爲他在科學考察之範圍內以及一般地在人的生存之範圍內來理解λόγος【邏各斯】和διαλέγεσθαι【對話】具有何種功用。僅僅基於在生活之範圍內對λέγειν【說】這種現象的一種積極理解，正如我們在其《修辭學》一書中所發現的，亞里士多德方才贏得完全具體地闡釋λέγεσθαι【被說】並由此更加清楚地看清διαλέγεσθαι【對話】的基礎。因此，亞里士多德根本不可能把辯證法加以降格，因爲對他來說辯證法根據其意義就已經是在下的，即是θεωρεῖν【**靜觀**】**的**

---

[16] 見附錄。——原注

一種預備階段，並且作爲預備階段，它根本不是一種機敏的行動和思想；相反，就其意義來說它總已經是一種想看（*Sehenwollen*）——只要λόγος【邏各斯】剛好具有ἀποφαίνεσθαι【顯示】，即讓看之意義。辯證法不是一種勸說藝術；相反，它恰恰具有反面的意義，即把參與談話人帶向看，並開啟他的眼睛。

我們打算簡要地再現對διαλέγεσθαι【對話】的那種更加清楚的規定——如它在亞里士多德那兒所出現的那樣以及如我們在對亞里士多德本人的闡釋那兒已經贏得的那樣，以便同時考驗已經給出的關於διαλέγεσθαι【對話】和辯證法的闡釋。我們問：亞里士多德在何種場合和在何種連繫中談論辯證法？於亞里士多德那兒對辯證法的這種考察，同時服務於總結對柏拉圖的對話進行闡釋所進行的準備。因此，憑藉於亞里士多德那兒對辯證法的這種考察，我們最終走向對話本身；因此，我們必須牢記那已經標畫出來了的考察的步驟之次序，並且我們尤其要同時盯住在這種διαλέγεσθαι【對話】中被談到的主題[17]。

在迄今爲止的探討中，在考察ἀληθεύειν【去蔽】以及考察嚴格意義上的νοεῖν【看】之間的連繫中，λόγος【邏各斯】這一表達在不同的含義上與我們相遇。如果將λόγος【邏各斯】闡釋爲對某種東西的談及和把某種東西作爲某種東西加以談論，

[17] 見對第199頁的附錄。——原注

是有根據的，那麼，對λόγος【邏各斯】及其基本含義的這種闡釋也就必定是λόγος【邏各斯】那些其餘派生含義得以被理解的根源⓲。⓳既然它們在柏拉圖的對話中總是一再極其含混地和不清楚地出現，故我預先討論這些含義。

(三)在柏拉圖那兒λόγος【邏各斯】這一表達的諸含義

柏拉圖在完全不同的含義上談論λόγος【邏各斯】，但又不是任意地，而是在一種於事情中總有著某種基礎的不確定性中。λόγος【邏各斯】意味著：

1. λέγειν【說】。
2. λεγόμενον【被說的東西】，確切講，λεγόμενον【被說的東西】，即被說的東西這種含義具有雙重意義：它一方面能夠意指被談論的東西，因而指內容，另一方面又能夠意指
3. 被說地是（Gesagtsein）、該內容之被說出了地是（Ausgesprochensein）——已

⓲ 海德格頁邊注：參見一九三一年夏季學期開始的對λόγος【邏各斯】—概念的更好描述。編者說明：即《全集》第二部分第三十三卷，《亞里士多德：《形而上學》第九卷第一—三章，論力的本質和現實》（*Aristoteles, Metaphysik* Θ,1-3. *Von Wesen und Wirklichkeit der Kraft*），弗賴堡講座，一九三一年夏季學期，海因里希．于尼（H.Hüni）編輯。——原注

⓳ 海德格頁邊注：《泰阿泰德》，最後部分，λέγειν【說】的三種含義。——原注

經如此如此地說它了——，λόγος【邏各斯】的一種恰恰在日常此是那兒進行統治的是之類型，從而正如亞里士多德所說的，被說地是常常僅僅滿足於喚起關於被說的東西的一種πίστις【信念】，即一種信念，但卻沒有明確地占有被說的內容和說的方式。

λόγος【邏各斯】這一術語首先就變化在這三種不同的含義中。然後它意味著

4. λόγος【邏各斯】同εἶδος【埃多斯】所意指的一樣多。這一含義同下面這點相連繫：λόγος【邏各斯】能夠意味著λεγόμενον【被說的東西】，即被說的東西；確切講，只要λέγειν【說】意味著ἀποφαίνεσθαι【顯示】、讓看，那麼，λόγος【邏各斯】就能夠意味著人們在說中讓之被看的那種是者，即在如其看起來的樣子中的是者、在如其在作爲ἀποφαίνεσθαι【顯示】的λόγος【邏各斯】中所顯示出來的樣子中的是者，從而λόγος【邏各斯】能夠常常等同於εἶδος【埃多斯】或者理念。在其他含義中我們發現

5. λόγος【邏各斯】與νοῦς【智性直觀】、νοεῖν【看】的一種等同。我們從前面所講的知道，λόγος【邏各斯】是那種被把握爲構成人之是的基本規定的現象：人作爲進行言說的有生命的東西。然而，只要這種說是看、知覺、αἴσθησις【感覺】以及νοεῖν【看】的實施方法，那麼，作爲人之是的基本性質的λόγος【邏各斯】

就同時代表著人的ζωή【生命】的另一種規定，代表著νοῦς【智性直觀】⑳。通過曲曲折折的這些現象上的扭結，最終人們將λόγος【邏各斯】翻譯爲理性。然而，λόγος【邏各斯】並不指理性，並且它在它自身那兒並不具有νοεῖν【看】的意義；相反，它只能是知覺本身的實施方法。人們必須在這種使用中澄清那在此以未加闡明的各種實情爲基礎的東西。

6. λόγος【邏各斯】意指關係。這種含義基於λέγειν【說】這一基本含義而變得可理解。λέγειν【說】意味著：λέγειν τι κατά τινος【根據某種東西說某種東西】，即把某種東西作爲某種東西加以談及，或者著眼於某種東西談及某種東西。在λέγειν【說】那兒有著一種由……來看（ein Hinblicken auf），即從一種東西出發去看另一種東西；因而λόγος【邏各斯】也就如關係所意味的一樣多。λόγος【邏各斯】這一術語根據把某種東西作爲某種東西加以談及而具有關係這一派生的含義。由此下面這點也變得可理解，那就是λόγος【邏各斯】

7. 意指ἀνάλογον【類比】，即「相應的（ent-sprechend）」、相應的東西（das Entsprechende），作爲關聯著地是（Bezogensein）的一種確定類型的相應（das

---

⑳ 海德格頁邊注：λόγος【邏各斯】——ratio【理性】。——原注

Entsprechen）[21]。[22]

我將我自己局限於λόγος【邏各斯】的諸含義的這種範圍內，因爲我們主要遭遇這些含義，並且尤其是這樣：多個含義常常被意指在一個東西身上。由此也就能夠理解，爲何在對話式的諸考察中，一個步驟從另一個步驟得出。只要我們想執著於λόγος【邏各斯】的某一孤立的含義，這將始終是昏暗的。

於是，對διαλεκτική【辯證法】的簡略定位成爲了向著對話本身的過渡。亞里士多德在兩個顯著的地方談到了辯證法：1.與對作爲是者之基礎科學的哲學之任務的規定相連繫，《形而上學》第四卷第二章；2.在《論題篇》中關於λόγος【邏各斯】的學說那兒，以及關於詭辯的那篇論文[23]那兒——它的確眞正屬於《論題篇》並且必須被算作《論題篇》的最後一卷。因此，1.與σοφία【智慧】相連繫；2.與在理論上的談論之意義上的關於λέγειν【說】的理論相連繫[24]。與πρώτη φιλοσοφία【第一哲

---

[21] λέγειν【說】——一般地聚集——發生關係。——原注

[22] 見附錄。——原注

[23] 即亞里士多德的《辯謬篇》（*De Sophisticis Elenchis*）。——譯注

[24] 海德格在講座中僅僅連繫《形而上學》第四卷第二章闡述了辯證法（參見第216頁以下）。基於講座筆記中的提示以及基於海德格手稿中的幾個標題，可以得知他也曾計畫連繫《論題篇》對辯證法進行一種闡述。然而，這在講座中沒能進行。見附錄，補充23和26。——原注

學】，即基礎科學相連繫對辯證法的考察，同時給予我們下面這個機會：將一種具體的眼光投向是態學研究之領域，並形成關於希臘的是之研究所從事的東西以及它如何從事它們的一種預備概念。我們迄今都只是聽見說它討論是者的ἀρχαί【諸本源】。我們將在一個簡短的討論中看到這樣一種ἀρχή【本源】看起來是怎樣的。同樣，對關於λέγειν【說】的理論的考察也將成爲動因，促使在與λόγος【邏各斯】現象的連繫中理解「邏輯的東西」之概念。

二九、補充：就希臘是之研究的基礎來看，在柏拉圖《智者》中的革新

(一)在柏拉圖《智者》中是之研究的雙重引導線索：具體的此是（哲學家，智者）；λέγειν【說】

如果我們整體地對待《智者》並從其標題出發㉕，那麼，在進一步審視中就會得

㉕在這兒涉及從第十九節課（一九二五年一月八日，週四）到第二十節課（一九二五年一月九日，週五）的過渡。它是對第十九節課（第191頁以下）開始處的一種擴展性的、更加明確的理解，並同時引向對亞里士多德那兒的辯證法的規定。基於它自己的思想特質，它在那兒不可能被包括進去。它在這兒被分別描述。——原注

出下面這一結論，那就是，只要一種確定的生存方法（*Existenzart*）㉖，即哲學家的生存方法現在被確立爲討論是和是者的基礎，那麼在迄今爲止對希臘哲學的考察之範圍內就有著一個值得注意的革新；因爲對話的目的，無非就是闡明具體的此是之類型的這種基礎，並由此彷彿產生出是者於其中能夠在其是上顯示自身的背景。我認爲，與一般希臘的是之考察的起點相比，即與巴門尼德的立場相比——在那兒是（Sein）單純在與νοεῖν【看】的關聯中被規定，對是者之是的研究的這種新基礎是值得注意的。誠然，只要哲學家是那在一種與眾不同的意義上進行νοεῖ【看】、知覺、觀望的人，那麼，除了帶有下面這一區別之外在原則上就是同一回事：在巴門尼德那兒這種νοεῖν【看】依然還是完全未被規定的。他沒有說它是否是對某一確定的是之領域或一般是者的νοεῖν【看】；相反，他僅僅一般地、不明確地談到是，也這樣談到νοεῖν【看】。不是著眼於結果而是著眼於研究的這種中轉，在於：是之意義這一問題被置於其上的那種基礎現在變得具體了。對基礎加以占有這一任務變得更加困難了，但結果也更加豐富了。在此顯現出：甚至不-是者也在其是中得到認識，它無論如何對我們來說也成爲了問題。總的說來，在兩種情形下顯現出：只有是者在此是，正如我們所說的，只有是者畢竟能夠來照面，關於是者某種東西方才能夠就其是而被認出。問

㉖ Existenzart也可以譯為「生存類型」。——譯注

題的關鍵僅僅在於：在其最切近的和最源始的照面方法（Begegnisart）中把持前來照面的是者，並且在這種照面方法中追問它作爲什麼而顯現。這是一種方向：是者之意義問題和是之問題於其中被提出來。

只要來照面的是者——在質樸的是態學中首先是世界——照面了並且於日常此是那兒是在此的，而日常此是談論著世界，㉗以至於**談論和談及**同時成爲是之問題所依循的一種進一步的引導線索，那麼，對於一種更加具體的是之研究來說，另一個方向就直接與之連繫在一起。要問的是：只要是者是被談及的東西、被談論的東西、λεγόμενον【被說的東西】，那它看起來是怎樣的？這種以λέγειν【說】爲引導線索的是之問題，同時是邏輯學的眞正本源。「邏輯學」在希臘的意義上首先根本與思想無關；相反，它完全處在是之問題這一任務之範圍內。因此，《智者》，以及柏拉圖的其他那些圍繞它而進行的對話，是在**巴門尼德的立場和亞里士多德的立場**——它**完成了整個希臘是態學的所有這些方案**——**之間的一種值得注意的中轉**。只有當我們在那完全沒有得到解決和基於該立場也不可能得到解決的東西上源始地、充分地把握了《智者》，《智者》的這種含義方才會確然無疑地顯現出來。基於該立場無法加以排除的、對於我們來說在此是的那些基本困難，依然存在㉘。因此，不僅前來照面的世

㉗ 海德格頁邊注：它「是（ist）」在單純的說和陳述中。——原注

㉘ 見附錄。——原注

界，而且世界——只要它被談及了，在這種雙重意義上作爲是之研究的引導線索而被給出。

(二) λόγος【邏各斯】作爲在亞里士多德那兒的是之研究的引導線索（「是態—邏各斯」）

因此，只要在λεγόμενον【被說的東西】中是者是在此的，那麼λόγος【邏各斯】，即對世界和是者的談論就具有引導線索的作用。甚至在是之研究——如在亞里士多德那兒——超越辯證法、超越附著—停留（Verhaftet-Bleiben）於被談及的是者而朝向對ἀρχαί【諸本源】的純粹把握、朝向θεωρεῖν【靜觀】那兒，也能夠顯現出：對於對是的最終把握來說，λόγος【邏各斯】也還是根本性的。甚至亞里士多德，儘管他要克服辯證法，但他在其對是的整個問題提法那兒也還是依循著λόγος【邏各斯】。這一實情是今天人們稱之爲形式是態學（formal Ontologie）並投身其中的那種東西之根源。διαλέγεσθαι【對話】是一種就其是來追問是者的方法——而λόγος【邏各斯】在那兒是並且始終是引導線索。但對於亞里士多德來說，λόγος【邏各斯】顯現在其獨特的關聯式結構中：λέγειν【說】總是一種λέγειν τι κατά τινος【根據某種東西說某種東西】。只要λόγος【邏各斯】把某種東西作爲某種東西加以談及，那它對於把握那根據其意義不再能夠作爲某種其他的東西加以談及而是只能在其自身加以把握的東西來說，就是根本不合適的。在這兒，λόγος【邏各斯】在這種最切近的、占統治地位的結構中彷彿不起作用了。如果我們要超越它，那就得有著一種關於λόγος【邏各斯】的新觀念，正如亞里士多德在《形而上學》第七卷第四章所顯示的那樣，那就是：λόγος καθ᾽ αὑτό【在其自身的邏各斯】。

基於對λόγος【邏各斯】的結構的這種更加深刻的洞察，亞里士多德成功刻劃了柏拉圖辯證法本身的暫時性。亞里士多德是在與被稱之爲在其是上考察是者的「第一哲學」的那種研究類型的連繫中，完成該刻劃的。亞里士多德闡明了一種源始的、最早的是之科學（Seinswissenschaft）的觀念，與這種闡明相連繫他也引證了辯證學家和智者——只要他說甚至這些人也主張他們是哲學家㉙。同時憑藉對哲學的這種主張，他們的認識及其認識－興趣（Erkenntnis-Interesse）對準的是整體、是ὅλον【整體】、是ἅπαντα【全體】、是所有的是者，而不是某一特定的是者。亞里士多德在這種考察中根據事實得知，有著作爲非真正哲學家的辯證學家和智者，並且對此的一種證明就是：哲學以整體爲目標。誠然，哲學在一種完全確定的意義上以整體，即以ὅλον【整體】爲目標：不是以下面這種方式，那就是彷彿要列舉、敘述所有存在著的是者（alles Seiende, das es gibt）在內容上的各種規定性，列舉、敘

㉙《形而上學》第四卷第二章，1004b17以下。——原注

述是者有什麼情況以及各個事物處於何種情形下；相反，它以是者爲目標，乃是就其是並且僅僅就其是來說的。因此，正如我們要說的，它不關乎是態上的東西（das Ontische），不以我消融於是者中的那種方式關乎是者本身；相反，它以下面這種方式關乎是者，那就是：我把ὄν【是者】作爲ὄν【是者】加以談及——ὂν λεγόμενον ᾗ ὄν【是者作爲是者被說】——因此我如此地談及是者以至於它僅僅就其是而不是在某一其他方面被談及。亞里士多德第一次完全明確地展露了「是態—邏各斯（*Onto-logie*）」㉚之觀念、λέγειν【說】之觀念、就其是談及是者之觀念。在這種連繫中，他實現了對辯證法和智者術的劃界，那就是把它們同這種關於一種第一哲學的觀念區分開來。我們想借助於亞里士多德在《形而上學》第四卷中所給出的闡述，極其簡略但又較爲具體地澄清這一點。

㉚ Onto-logie也可以直接譯為：是態—學。——譯注

三十、在亞里士多德那兒的哲學——辯證法——智者術（《形而上學》第四卷第一—二章）㉛

(一)第一哲學之觀念。第一哲學作爲關於ὂν ᾗ ὄν【是者作爲是者】的科學。對第一哲學和各種特殊科學之間的劃界。是（das Sein）作爲φύσις τις【某種自然】。古代的στοιχεῖα【元素】—研究。其他的是之結構。第一和第二哲學

《形而上學》第四卷似乎極其獨斷地以下面這句話開始："Εστιν ἐπιστήμη τις ἣ θεωρεῖ τὸ ὂν ᾗ ὂν καὶ τὰ τούτῳ ὑπάρχοντα καθ' αὑτό.【有一門科學，它研究是者作爲是者以及那些就其自身就屬於這種東西的東西。】（第一章，1003a21以下）「有一門科學，確切講有著這樣一門科學，它θεωρεῖ【靜觀】、考察τὸ ὂν ᾗ ὄν【是者作爲是者】、是者作爲是者（das Seiende als Seiendes）」，這意味著，恰恰就其是來考察是者，因而不是就它作爲別的什麼東西、不是就它具有這樣那樣的性質來考察是者，而是就它作爲是者來考察它——只要它是（*ist*）：καὶ τὰ τούτῳ ὑπάρχοντα καθ' αὑτό【以及那些就其自身就屬於這種東西的東西】，「以及那就

㉛ 以下關於《形而上學》第四卷第一—二章的闡釋（第208-214頁），在海德格的手稿中並無任何記錄，有的僅僅是一點提示：《形而上學》第四卷第一和第二章，參見闡釋。——原注

其是來說ὑπάρχει【屬於】這種東西，即屬於是者的東西，一開始就已經在此是的東西」，既屬於是者也屬於是，並且是καθ᾽ αὑτό【在其自身地】、「在其自身地」屬於它。因此，最爲簡略地說，存在著一門考察是者的諸是之性質的科學。傳統的闡釋在這兒已經發現了下面這一困難，那就是：亞里士多德在對第一哲學的這種宣告中將第一哲學稱作ἐπιστήμη【知識】，然而，同σοφία【智慧】相比ἐπιστήμη【知識】並不是一種源始的科學。因爲ἐπιστήμη【知識】是這樣一種理論上的認識，即它以各種確定的原則、公理和基本概念爲前提。因此，嚴格說來，下面這點是與ἐπιστήμη【知識】的意義相矛盾的：它能夠理論地在其源始性中把握某種源始的東西。因此，人們認爲這兒必定說的是：ἔστι σοφία τις【它是某種智慧】。人們立馬就會發現這是一種荒謬。亞里士多德恰恰不是想在術語的使用上說：同各門具體的特殊科學相對照——好像我們會說似的，存在著一門「科學」，它在其是上考察、θεωρεῖ【靜觀】是者。因此，ἐπιστήμη【知識】在這兒具有非常寬泛的θεωρεῖν【靜觀】之意義。人們在這兒不可以在炫耀性的（epideiktisch）㉜理念之意義上來壓制表達。這兒所涉及的乃是一種認識方法——其本性和方式恰恰得首先加以規定。與ὂν ᾗ ὄν【是者作爲是者】相應的乃是σοφία【智慧】難題。

㉜ epideiktisch來自於希臘語ἐπιδεικτική，字面意思就是「宜於炫耀的」、「宜於展示的」，專指在各種典禮（如葬禮等）上的言說方式。——譯注

於是，這種在其是上考察是者的科學，αὕτη δ' ἐστὶν οὐδεμιᾷ τῶν ἐν μέρει λεγομένων ἡ αὐτή【它不同於所有在部分中被說的東西】（1003a22以下），「它不同於所有其他的」，它與其他不相合，即οὐδεμιᾷ τῶν ἐν μέρει λεγομένων【不同於所有在部分中被說的東西】。人們在進行翻譯時，似乎大多將λεγομένων【被說的東西】同ἐπιστημῶν【知識】相連繫。但上下文和稍後的部分（第二章1003b17）都顯明：λεγόμενα【被說的東西】意指的是諸科學所關乎的那些事情本身。因此，存在著形形色色的科學，它們關乎「部分地」、在這兒意味著「局部地加以談及」的那種是者。存在著一些科學，它們從是者整體那兒切下一些特定的區域，並各自分別地純粹就其本身談及這些區域，在λέγειν【說】中探討它們。正如我們所說，每一這樣的科學都具有其特定的領域。與這些科學的每一領域相應的，乃是某一特定的αἴσθησις【感覺】，即某一源始的知覺——某一領域之基本性質於其中得到把握，無論明確與否；在幾何中是空間關係或位置關係（Raum-oder Lagebeziehung）——它根本還不是同作爲是的是（das Sein als solches）一道被給出的，在φυσική【物理學】中是是者——只要它是運動的。物理學家首先並不證明作爲其主題的是者是運動的，而是一開始就已經這樣來看它。是者的每一家族、每一獨立的領域都具有某一特定的αἴσθησις【感覺】——它促成了通達其原初的實事性質的門徑：空間、運動。這意味著：這樣的μία αἴσθησις【某一感覺】，如此與那被看到的東西相關、與被看者相關，以至於這種被看到的東西同ὅλον【整體】、「整體」相比是ἐν μέρει

【在部分中的】、「局部的」。但考察是者之是的這種科學，οὐδεμιᾷ ἡ αὐτή【不同於】、「不同於」那些局部地談及是者的科學。在緊接著的那個句子中這變得更加清楚。οὐδεμία γὰρ τῶν ἄλλων ἐπισκοπεῖ καθόλου περὶ τοῦ ὄντος ᾗ ὄν, ἀλλὰ μέρος αὐτοῦ τι ἀποτεμόμεναι περὶ τούτου θεωροῦσι τὸ συμβεβηκός.【因爲其他任何科學都不普遍地考察是者作爲是者，而是切取它的某一部分並考察該部分的屬性。】（第一章，1003a23以下）「其餘的任何科學都不整體地就是者的是考察是者；相反，它們中的每一門都從是者那兒切取一部分，並考察該部分」，更爲準確地說：「考察那被如此切取下來的是者作爲是者所固有的那種東西」，因而幾何考察位置關係本身。

ἐπεὶ δὲ τὰς ἀρχὰς καὶ τὰς ἀκροτάτας αἰτίας ζητοῦμεν, δῆλον ὡς φύσεώς τινος αὐτὰς ἀναγκαῖον εἶναι καθ' αὑτήν.【既然我們尋找的是各種本源和各種最高的原因，顯然它們必定屬於某種在其自身的自然。】（1003a26以下）「因爲我們現在在尋找τὰς ἀρχάς【諸本源】，即是者之是由之是其所是的那些出發點」，確切講乃τὰς ἀκροτάτας αἰτίας【各種最高的原因】、「最高的、最初的原因，所以，顯然這些規定，ἀρχαί【本源】是下面這種規定：它們ὡς φύσεώς τινος【屬於某種自然】，即屬於那根據其自身就在此是的東西。」這一表達是獨特的，並且澄清了在亞里士多德那兒的這種是之科學的整個觀念。他的確能夠不再說——如柏拉圖還在做的那樣，是者之是自身似乎就是一種是者；相反，是者之是恰恰是帶有某種完全獨特品格的東西——它不再允許被它自身在範疇上加以規定的那種東西所刻劃。我不再允許把是者之是把握爲是者；我只能通過下面這樣來把握它，那就是：從其自身出發，來贏得對是自身的諸內在規定。因此，亞里士多德這樣進行了自救，他說：是（das Sein）以及那些καθ' αὑτό【在其自身】就屬於它的各種各樣的是之性質（die Seinscharaktere），是ὡς φύσεώς τινος【屬於某種自然】的，是ὡς φύσις τις【如某種自然】那樣的東西、「那根據其自身就已經是在此的東西」。他說φύσις【自然】，乃是爲了強調：在是者那兒的這些是之性質不是那些僅僅屬於是者的東西——只要是者是被談及的東西；相反，是**那爲了進行**ἀποφαίνεσθαι【顯示】、**爲了在**λέγειν【說】中**進行指出而已經在此是的**東西。φύσις【自然】恰恰意味著一種在其自身那兒就具有其是之ἀρχή【本源】的是者，而不是如ποίησις【創制】——它是其對立面——那樣似乎拜人的認識和行動所賜而在此是。亞里士多德把φύσις τις【某種自然】這一表達用在ὄν【是】身上，更加確切地講用在**諸是之**性質身上，是想表明：它們自身**根據其自身就作爲諸規定**而在此是。並且他在1003a28以下指出：古人，當他們追問στοιχεῖα【諸元素】，即追問是者的諸元素並給出水、氣、土這些不同的回答時，他們在這一問題那兒並不眞正追問是者的某一特定區域，並不打算敘述是者自身在內容上看起來怎樣；相反，眞正引導他們的，乃是規定是者之是這一興趣。只不過他們尚未處在下面這一考察之水準上，那就是理解到是者作爲是者（das Seiende als Seiendes）不可能從是者的某一特定區域出發而被澄清，而是只能根據是（das Sein）而被澄清。如他慣常所做的那樣，亞里士多德通過這種引證——即引出是者之是這一問題的這種的確尚不完滿的方法，想同時把他關於第一哲學和是之科學的觀念帶入到同以前的研究傳統的一種持續連繫中。

於是，這門科學是一門在與眾不同的意義上落入哲學家之職責範圍中的科學。περὶ τούτων【關於這些東西】（第二章，1004a32以下），即關於是者的諸規定，καὶ τῆς οὐσίας【以及關於所是】，尤其是關於οὐσία【所是】，必定得λόγον ἔχειν【具有邏各斯】，也就是說——如果我們並不直接翻譯它的話——必定在談及中把是者作爲被指出的東西加以占有。因此，必須要指出是者之是。καὶ ἔστι τοῦ φιλοσόφου περὶ πάντων δύνασθαι θεωρεῖν.【有能力靜觀全部，屬於哲學家。】（1004a34以下）「下面這點乃是哲學家的特權和使命，那就是：作爲進行認識者，δύνασθαι【有能力】，即能夠在自己那兒擔負起從事περὶ πάντων【關於全部】、關於全部的考察。」但我們從前面，即從對《形而上學》第一卷第二章[33]的闡釋那兒知道：περὶ πάντων【關於全部】並不指關於在總和意義上的全部，而是關於就其諸本源而來的整體。

亞里士多德通過指出下面這點而進一步發展了關於源始的是之科學的這種觀

[33] 參見第94頁以下。——原注

念，那就是：每一是其所是的是者，都是某種ἕν【一】。一——任何東西都是某**一**東西——同樣多地落入這門科學中。例如，ἕν【一】一道屬於這門源始的是之科學的主題領域。此外，其他的一些問題也屬於該領域，如εἰ ἓν ἑνὶ ἐναντίον【是否對於每一個一來說都有一個相反者】（1004b3），「是否有某種東西，它作爲一是同一相反的」，——ἐναντίον【相反的】：在某種程度上於其前面對面地躺著的；此外：τί ἐστι τὸ ἐναντίον【相反的東西是什麼】（1004b3以下），這種「相反（gegen）」、這種相反的東西（dieses Gegenhafte）眞正是什麼，並且ποσαχῶς λέγεται【在多少種方式上被說】、人們能夠在多少種方式上談論相反的東西——「對立（Gegensatz）」已經不再切中連繫。在亞里士多德那兒，這不僅僅是關於一門科學的計畫，而且亞里士多德本人在《形而上學》第五卷中已經著手具體地探究ἓν ἐναντίον【相反的一】這一問題。這一問題提法——即提出作爲是者的**是者的諸是之結構**這一問題，構成了這門基礎科學。

追問方法，在形式上同那在**第一哲學**[34]中的，即同那在另外那些哲學——它們就

㉞在亞里士多德的現存文本中，除了《形而上學》之外，出現ἡ πρώτη φιλοσοφία【第一哲學】的地方還比較多：例如，《物理學》第一卷第九章（192a34-36）：περὶ δὲ τῆς κατὰ τὸ εἶδος ἀρχῆς, πότερον μία ἢ πολλαὶ καὶ τίς ἢ τίνες εἰσίν, δι' ἀκριβείας τῆς πρώτης φιλοσοφίας ἔργον ἐστὶν διορίσαι.【關於形式方面的本源，準確地確定其是一還是多以及它是什麼還是它們是什麼，此乃第

一哲學的任務。】《物理學》第二卷第二章（194b14-15）：πῶς δ᾽ ἔχει τὸ χωριστὸν καὶ τί ἐστι, φιλοσοφίας ἔργον διορίσαι τῆς πρώτης.【確定可分離的東西是怎樣的和是什麼，此乃第一哲學的任務。】《論天》第一卷第八章（277b9-12）：Ἔτι δὲ καὶ διὰ τῶν ἐκ τῆς πρώτης φιλοσοφίας λόγων δειχθείη ἄν, καὶ ἐκ τῆς κύκλῳ κινήσεως, ἣν ἀναγκαῖον ἀΐδιον ὁμοίως ἐνταῦθά τ᾽ εἶναι καὶ ἐν τοῖς ἄλλοις κόσμοις.【這也能被由第一哲學而來的那些討論和由圓周運動（無論是在這兒還是在其他世界，它都同樣是永恆的）而來的那些討論所證明。】《論動物的運動》第六章（700b4-11）：Περὶ μὲν οὖν ψυχῆς, εἴτε κινεῖται εἴτε μή, καὶ εἰ κινεῖται, πῶς κινεῖται, πρότερον εἴρηται ἐν τοῖς διωρισμένοις περὶ αὐτῆς. ἐπεὶ δὲ τὰ ἄψυχα πάντα κινεῖται ὑφ᾽ ἑτέρου, περὶ δὲ τοῦ πρώτου κινουμένου καὶ ἀεὶ κινουμένου, τίνα τρόπον κινεῖται, καὶ πῶς κινεῖ τὸ πρῶτον κινοῦν, διώρισται πρότερον ἐν τοῖς περὶ τῆς πρώτης φιλοσοφίας, λοιπόν ἐστι θεωρῆσαι πῶς ἡ ψυχὴ κινεῖ τὸ σῶμα, καὶ τίς ἡ ἀρχὴ τῆς τοῦ ζῴου κινήσεως.【關於靈魂——它是否被推動，如果它被推動那又是如何被推動的，我們已經先行在其他論著中探討過了。既然所有無生命的東西都被其他東西所推動，而關於最初的被推動者和永遠的被推動者是以何種方式被推動的，第一推動者又是如何進行推動的，這些問題已經在關於第一哲學的那些論著中被先行確定了，那麼，剩下需要探究的就是靈魂如何推動身體，以及動物運動的本原是什麼。】與之相對，出現ἡ δευτέρα φιλοσοφία【第二哲學】的地方似乎只有一次，見《形而上學》第七卷第十一章（1037a13-16）：τούτου γὰρ χάριν καὶ περὶ τῶν αἰσθητῶν οὐσιῶν πειρώμεθα διορίζειν, ἐπεὶ τρόπον τινὰ τῆς φυσικῆς καὶ δευτέρας φιλοσοφίας ἔργον ἡ περὶ τὰς αἰσθητὰς οὐσίας θεωρία.【因此，我們嘗試對可感的所是加以界定：因爲在某種意義上關於可感所是的理論，實乃自然學和第二哲學的任務。】——譯注

是者的某些特定區域的是之結構來考察是者的某些特定區域——中的追問方法，是同一種方法。這些哲學不描述是者——如φύσει ὄντα【自然中的是者】，而是恰恰追問它們的是之結構，如闡明κίνησις【運動】之觀念；它們同樣考察對象領域，例如，考察被ἀριθμός【數】，即數這一稱號所刻劃的那種對象領域。亞里士多德在數和ἕν【一】之間做出了一種明確的區分：ἕν【一】依然屬於ὄν【是者】，ἕν【一】還不是數。反之，在柏拉圖那兒，這些連繫還是混亂地糾纏在一起的，這顯現在：諸理念本身被把握爲數。同樣，其他的一些領域，如στερεόν【堅實的東西】、堅實的東西、堅實性——我們或許會說：物質性——也具有其特定的結構；此外，ἀκίνητον【不動的東西】，即在其不動性中的不動的東西；此外，ἀβαρές【沒有重量的東西】，即不具有重量的無重量的東西，以及有重量的東西。所有這些是者就其是來說都有著ἴδια【固有性質】，即有著獨特的範疇上的規定。因此，存在著一門考察是者作爲是者的科學。οὕτω καὶ τῷ ὄντι ᾗ ὂν ἔστι τινὰ ἴδια【同樣，是者作爲是者也具有某些固有性質】（1004b15以下）「因此，對於是者來說，只要它是是者，也存在著τινὰ ἴδια【某些固有性質】，即存在著一些特定的僅僅屬於它的結構。」καὶ ταῦτ᾽ ἐστὶ περὶ ὧν τοῦ φιλοσόφου ἐπισκέψασθαι τ᾽ ἀληθές.【這些東西就是，關於它們哲學家要考察眞】（1004b16以下），「這些是之性質就是，關於它們——粗略翻譯——哲學家必須考察眞」，也即是說，嚴格講：必須在其未被遮蔽中看它們。

與哲學和哲學活動的這種使命相對照，辯證學家和智者們的行事方法顯得又是怎樣的呢？

(二)將辯證法和智者術同第一哲學加以區分。辯證法、智者術和哲學的對象之共性：「整體」。辯證法和智者術同哲學的不同：哲學＝γνωριστική【能認識的】；辯證法＝πειραστική【能嘗試的】；智者術＝φαινομένη σοφία【表面上的智慧】（εὖ λέγειν【好好地說】）

οἱ γὰρ διαλεκτικοὶ καὶ σοφισταὶ τὸ αὐτὸ μὲν ὑποδύονται σχῆμα τῷ φιλοσόφῳ.【辯證學家和智者，與哲學家有著同樣的外表。】（1004b17以下）「辯證學家和智者——在一定程度上隱匿——把自己打扮得同哲學家的形象一樣。」ἡ γὰρ σοφιστικὴ φαινομένη μόνον σοφία ἐστί.【智者術僅僅是一種表面上的智慧。】（1004b18以下）——在這兒可以看到，亞里士多德很清楚他在此所談論的那種科學是σοφία【智慧】——，「智者術φαινομένη μόνον【僅僅顯得】、僅僅看起來像哲學」，καὶ οἱ διαλεκτικοὶ διαλέγονται περὶ ἁπάντων【而辯證學家詳細討論所有的東西】（1004b19以下），「而辯證學家把所有的東西都作爲他們詳細討論的主題」，也即是說，他們並不活動在某一特定的領域之中，而是宣稱能夠言談和回答一切，——這同智者完全類似，智者在其教育方法中就宣稱他們這樣來教育年輕人，即把他們置於下面這一狀態下：能夠εὖ λέγειν【好好地說】，即「好好地討論和言談一切」。對於智者和辯證學家來說，獨特的是：κοινὸν δὲ πᾶσι τὸ ὄν ἐστιν【但對於所有一切來說，共同的是是】（1004b20）、「把是者整體作爲課題」。περὶ μὲν γὰρ τὸ αὐτὸ γένος στρέφεται ἡ σοφιστικὴ καὶ ἡ διαλεκτικὴ τῇ φιλοσοφίᾳ.【智者術和辯證法同哲學思考同一類東西。】（1004b22以下）根據其主張，「智者術和辯證法如哲學一樣活動在相同的是者之領域。」也即是說，所有這三類人，即辯證學家、智者和哲學家，都宜稱探討**整體**。

但區別在於：ἀλλὰ διαφέρει τῆς μὲν τῷ τρόπῳ τῆς δυνάμεως【但在能力方面，哲學不同於辯證法】（1004b23以下），「哲學τῷ τρόπῳ τῆς δυνάμεως【在能力方面】，即憑藉能力之類型和方式而不同於其中一個，即不同於辯證法」；就這兩者的充分程度來說，存在著一種區別。就其任務來說，辯證法不如哲學寬闊、充分；也即是說，辯證法是πειραστική【嘗試性的】（1004b25），或者如亞里士多德在《論題篇》中對該表達的另一種說法，πεῖραν λαβεῖν【進行嘗試】[35]，「嘗試某種東西」。那辯證法要嘗試的是什麼？——它嘗試在其是上指出是者，它走在通往這一目標的途中，但它是不夠用的。因此，就充分程度、範圍程度來說，辯證法

---

[35]《辯謬篇》（*Soph. Widerlegungen*）第一卷第十一章，171b3以下：τὸ φάναι ἢ ἀποφάναι ἀξιοῦν [···] ἐστὶν [···] πεῖραν λαμβάνοντος.【進行肯定或否定……，乃是那進行嘗試的人的事情。】——原注

有別於眞正的哲學；它還處在哲學的預備階段並隸屬在哲學之下。τῆς δὲ τοῦ βίου τῇ προαιρέσει.【在生活的選擇上，不同於另一個】（1004b24），字面翻譯就是：「哲學在生存方式之預期的類型上，不同於另一個，即不同於智者術。」這說的是：哲學家的βίος【生活】合乎純粹的**實事**性。哲學家，作爲這種徹底研究之代表，絕對地選擇了純粹的實事性。甚至在智者那兒也有著一種προαίρεσις【選擇】，只不過是一種不同的選擇。對智者來說，重要的是教育，確切講，是一種特定的生存方法，即把他人置於下面這一可能性中：能夠εὖ λέγειν【好好地說】、「好好地討論」所有東西——對於它們哲學家也會加以涉及。在這兒完全不顧對事物的這種能夠言談是否實際地談論了事情本身。相反，正如對其歷史之研究所顯示的，在智者術那兒，重要的僅僅在於能夠以一種別具一格的方式談論任何一種處在討論中的東西。智者術有著一種精神性的生存之理想，該理想僅僅對準**形式上**的能夠—說（*das formale Sprechen-Können*），它對於希臘人來說的確具有一種別具一格的意義。智者術所具有的理想，乃是恰當地、漂亮地能夠—言談和能夠—說所有的事物，卻不顧被說的東西對頭與否。智者選擇了人的生存的這種形式—審美性的（formal-ästhetisch）理想，即眞正地選擇了**非實事**性；而哲學家的προαίρεσις【選擇】卻是對ἀληθές【眞的東西】，即對在其自身被揭開了的東西進行純粹θεωρεῖν【靜觀】的βίος【生活】。因此，那對於辯證法來說還處在遙遠將來的東西、它還朝著它努力前進的東西，哲學家對之不是πειραστικός【能嘗試的】，而是γνωριστικός【能認識的】

（1004b26），他熟悉它。哲學家具有能夠讓整體在其是上和在其是之結構中被看這種可能性、δύναμις【能力】——只要這種δύναμις【能力】認眞行事的話。反之，智者術是φαινομένη【表面上的】（同上），它僅僅看起來如此，但它根本地具有另一種理想：οὖσα δ᾽ οὔ【其實不然】（同上），它實際上不是哲學。因此，諸位從這種連繫中、從依循哲學之觀念而來的對辯證法和智者術的定位中看到，辯證法並未被亞里士多德簡單地加以否定，而是被刻劃爲πειραστική【能嘗試的】，並由此具有一種確定的、積極的意義：它同哲學一道共同具有下面這點，那就是，正如亞里士多德在《論題篇》中所說，它κατὰ τὸ πρᾶγμα【根據事情】[36]，即「著眼於事情」來進行說；但對於智者而言，重要的不是言談之實事性，而僅僅在於要εὖ【好】，即漂亮地、出色地、以表面上眞正的論證方法進行爭辯和討論[37]。

在同辯證法的連繫中我們同時取得了對智者術加以某種識別的機會，並且至少已經從形式上刻劃了它。這一最初的刻劃現在必須繼續進行。

㊱《辯謬篇》第一卷第十一章，171b6。——原注

㊲見附錄。——原注

三、對智者術的最初刻劃㊳。繼續

(一)在智者術和亞里士多德那兒的παιδεία【教育】觀念。εὖ λέγειν【好好地說】。非—實事性和實事性。對作爲智者術之基礎的ἀληθεύειν【去蔽】的標畫

要注意，柏拉圖僅僅認識到辯證法和智者術之間的簡單區別，而亞里士多德通過對辯證法的東西（das Dialektische）和辯證法本身（die Dialektik selbst）的意義的更加深刻把握，突顯了三重劃分：哲學、辯證法、智者術。亞里士多德就其射程（*Tragweite*）㊴來區分辯證法和哲學；他就他們於其中所從事其事情的方法而把這兩者與智者術相區分——智者在一方而哲學家或辯證學家在另一方。不同於智者，辯證學家和哲學家通過下面這點而得到規定，那就是：他們所談論的東西對於他們來說是嚴肅的，他們意圖在其言談中實事性地理解他們所言談的東西；而智者並不注重言談的內容，而是僅僅注重言談本身，注重在言談中保持—恰當和出色。因此，智者們由之被引導的觀念是παιδεία【教育】、著眼於言說所有事物的一種某種程度上的被教育地是（*Erzogensein*）。在能夠好好地、εὖ【好好地】談論所有東西這一意義

㊳ 在海德格手稿中的標題。——原注

㊴ Tragweite，也可以譯為「有效程度」、「有效距離」。——譯注

上，這種παιδεία【教育】具有一種形式性的品質。甚至亞里士多德於在科學上有所訓練地是（Ausgebildetsein）這一意義上，也識得這種被教育地是之理想，甚至在他那兒它在一定方面也具有一種形式性的含義：παιδεία【教育】不局限於某一特定的實事領域。但**在亞里士多德**那兒，παιδεία【教育】意味著被教育地是乃著眼於下面這一可能性，那就是每次都要同那被談論的事情相合，因而它恰恰是在智者們那兒παιδεία【教育】所意味的東西的**反**面；在智者們那兒，παιδεία【教育】意味著在一種根本性的、徹底的不關心事情（Sachunbekümmertheit）這一意義上的被教育地是，但在亞里士多德那兒，被教育地是則意味著**言說每次都要同事情相合**。只要事情處在許多的領域中，那麼，這種παιδεία【教育】就不可能單單在內容上被刻劃；相反，它關乎一種特定的訓練方法，即對著眼於追問和爲各種探究做準備而來的科學水準進行方法上的訓練。通過這種區分，智者術同時被帶入同ἀληθεύειν【去蔽】，即把是者加以揭開的連繫中，而哲學本身就被這種連繫所規定。

我不打算研究智者術的各種歷史條件，也不想對之進行一種歷史的刻劃。對之可以參照第爾斯（Diels）的《前蘇格拉底殘篇》（*Fragmente der Vorsokratiker*）第二卷。眞正源頭之主要內容取自柏拉圖本人。因此，對於智者術的歷史地位的討論，因柏拉圖對它的偏見而帶有一定的困難。我們的考察沿著一個不同的方向進行，不是前往智者術的文化價值那兒，而是從智者本身的理念出發，去理解他作爲智者所從事的：**假象**（*der Schein*）、**假的東西**（*das Falsche*）、**不**（*das Nicht*）和**否定**（*die*

Negation）。

㈡對關於智者術的傳統闡釋的批判

智者術本身——正如其在歷史學上所形成的——在通常的哲學史中被如此加以指出，彷彿智者們同時就是認識和生活中的一些特定的哲學流派的代表，以至於把智者們視爲某一懷疑主義、相對主義、主觀主義的代表——正如所有這些術語所意指的那樣。只要智者們從一開始就沒有朝向一種實事性地對待諸科學問題的意圖，那這種見解就是站不住腳的。因此，他們甚至也沒有具體的手段來科學地進行哲學活動，從而人們無法把任何確定的科學信念判給他們——哪怕僅僅是懷疑主義的信念。因此，人們以這種方式加以闡釋東西，實際上在智者那兒僅僅是言談和爭辯的對象，而不是考察的對象。例如，普羅泰戈拉的人是萬物的尺度這一命題，並不是一種相對主義或懷疑主義的表達——在那兒人們還要於他身上尋找某種認識論。對智者術的這種傳統闡釋乃是通過下面這點而被引起，那就是：人們試圖把於科學的、哲學的嘗試那兒所積極承認的，理解爲與智者術相反的逆向運動。但於這種理解之嘗試那兒，人們把柏拉圖、亞里士多德和蘇格拉底努力前去加以反對的東西，甚至置於同柏拉圖和亞里士多德本人一樣的水準之上。人們忽略了，科學性的哲學並不在一種與學說內容、學派等諸如此類的東西相反的逆向運動中生起，而是源自對下面這種生存的一種徹底反思：它是在希臘的公共生活中被智者們的教育理想而不是被某一特定的哲學思潮所規定的。只有透過柏拉圖，人們才會想到讓智者成爲特定哲學體系的代表。那是一般希臘人的精神發展，尤其是科學性的哲學自身的一種顚倒形象。

㈢智者術和修辭學。在柏拉圖和亞里士多德那兒關於修辭學的不同立場。關於智者術的評判之共性（φαινομένη σοφία【表面上的智慧】）

柏拉圖把智者術等同於修辭學——甚至亞里士多德也部分地持相同看法，他在其與智者術的鬥爭中同時譴責了修辭學，也即是說，他沒有成功抵達對修辭學的一種積極理解。亞里士多德首次取得了這點，他看到：只要在日常的談論、勸說中，重要的不在於展開實際的、嚴格的眞，而僅僅在於形成某一 δόξα【意見】、某一 πίστις【信念】、信念，那麼，這種言談方法在日常生活中就有其意義。通過亞里士多德在《修辭學》中所進行的積極考察，修辭學同智者術分離開來——在柏拉圖那兒它們還是相等同的。這從以希臘智者命名的那些柏拉圖的對話那兒就可以變得清楚。《高爾吉亞》（*Gorigas*）：ταὐτόν ἐστὶν σοφιστὴς καὶ ῥήτωρ, ἢ ἐγγύς τι καὶ παραπλήσιον.【智者和修辭學家[40]是相同的，或者有某種接近和類似。】（參見520a6以下）「智者同修辭學家是一回事，或者他們至少走得很近和彼此相似。」智

---

[40] ῥήτωρ，在希臘既指修辭學家，也指演說家（尤其指在公民大會上發表演說的政治家）。——譯注。

者們所具有的那些獨特的東西——他們作爲要索取報酬的青年人的導師宣稱他們自己已經完成了這種特定的教育，也爲修辭學家所具有，只要其目的是在δεινότης【精於】εὖ λέγειν【好好地說】這一意義上的達成παιδεία【教育】、讓人能夠說得好。在智者中，具有最高精神水準、由此甚至被柏拉圖和亞里士多德所敬重的那位，是阿布德拉的普羅泰戈拉（Protagoras von Abdera）。他的工作事實上並不止於修辭學，而且在同對言談進行反思的連繫中，他偶然發展出了一些特定的、語法上的基本概念。同樣，克俄斯的普洛狄科斯（Prodikos von Keos）[41]也致力於詞義連繫這一問題[42]。

在亞里士多德和柏拉圖那兒，對智者術的評判在原則上是相同的。我們在亞里士多德那兒所了解到的那種規定，即σοφιστική【智者術】φιλοσοφία φαινομένη, οὖσα δ' οὔ【表面上是哲學，其實不然】（參見《形而上學》第四卷第二章，1004b26），我們幾乎逐字在柏拉圖的《智者》那兒發現：πάντα ἄρα σοφοὶ τοῖς μαθηταῖς φαίνονται.【對於學生們來說，他們看起來在各方面都是智慧的。】

---

[41] 克俄斯的普洛狄科斯（約西元前四六五—前四一五年），希臘哲學家，第一代智者。克俄斯是位於愛琴海南部的一個島嶼，島民以誠實著稱。而發音與之相近的一個島叫開俄斯，該島的居民則以狡猾著稱。因此當時有諺語說：οὐ Χῖος, ἀλλὰ Κεῖος【不是開俄斯人，而是克俄斯人】。——譯注

[42] 見附錄。——原注

（233c6）「對於學生們來說，他們顯得、表現得在各方面都是有所知識和理解的人。」σοφοὶ φαίνονται【顯得智慧】，因而也就φιλοσοφία φαινομένη, οὖσα δ’ οὔ.【表面上是哲學，其實不然。】柏拉圖說οὐκ ὄντες γε【他們其實不是】（233c8），「事實上他們不是」。智者們不具有ἀλήθεια【眞】，從而他們並不談及被揭開的事情；相反，他們活動在一種δοξαστικὴ περὶ πάντων ἐπιστήμη【關於所有東西的貌似的知識】（參見233c10）中，即活動在一種僅僅δοξαστική【貌似的】知識中——它僅僅看起來像是知識並要求延伸到所有東西上去。它僅僅看起來如此，它僅僅是臆想的知識，因爲它僅僅活動在一些特定的意見中。δοξαστική【貌似的】要在雙重的意義加以把握，一方面，它指的就是φαινομένη【表面上的】、表面上的，但它同時又包含著爲何ἐπιστήμη【知識】是φαινομένη【表面上的】的理由：因爲它沒有給出ἀλήθεια【眞】，而是僅僅給出了關於事情的δόξαι【各種意見】[43]、看法，而不是事情本身。

---

[43] 形容詞δοξαστική【貌似的】和名詞δόξα【意見】，在詞源上都和動詞δοκεῖν【看起來、似乎是】相關。——譯注

(四) ἀληθεύειν【去蔽】作爲μὴ ὄν【不是者】（=ψεῦδος【假的東西】）這一問題的基礎

通過對ἀληθεύειν【去蔽】的反思，我們也同時贏得了理解下面這點的基礎，那就是：爲何對於不是者的是這一問題來說智者成爲了主題。也就是說，只要ἀληθεύειν【去蔽】具有在其是上揭開是者這一意義，㊹那麼，作爲其反面的ψεύδεσθαι【出錯】、歪曲、欺騙就是是者於其中被遮蔽、被歪曲的那種行爲類型，是某種東西於其中作爲它根本不是的那種東西而顯現，即「是」的那種行爲類型，以至於不是者憑藉錯誤和欺騙之實際性也同時能夠被顯示爲是著。這就是ἀληθές-ὄν【眞的東西—是者】和ψεῦδος-μὴ ὄν【假的東西—不是者】之間的內在關聯。現在的問題就是，我們要進一步討論ψεύδεσθαι【出錯】本身，以便贏得再現μὴ ὄν【不是者】本身的基礎。

㊹ 海德格頁邊注：ἀλήθεια【眞】—是著性（Seiendheit）。——原注

三、繼續：在亞里士多德那兒的第一哲學之觀念

㈠第一哲學作爲是態學（ὂν ᾗ ὄν【是者作爲是者】）和神學。基於希臘的是之理解（＝在場）對該雙重性的闡明

借助於亞里士多德，我們已經略微澄清了ὄν【是者】這一問題，只要所討論的不是某一特定的實事領域，而是τὰ πάντα【全體】、是ὂν ᾗ ὄν【是者作爲是者】、ὅλον【整體】。要加以追問的是那些在其是上構成是者的規定。第一哲學這種觀念，正如亞里士多德所稱呼它的，作爲關於是者的源始科學（die ursprüngliche Wissenschaft vom Seienden）這種觀念，在他那兒同另一基礎科學相交叉，他把那門科學稱爲θεολογική【神學】[45]；因此我們有：

---

[45] 事實上，在現存亞里士多德的文本中，θεολογική【神學】這一概念似乎僅在《形而上學》中出現過三次。1.第六卷第一章（1026a18-19）：ὥστε τρεῖς ἂν εἶεν φιλοσοφίαι θεωρητικαί, μαθηματική, φυσική, θεολογική.【從而理論哲學有三，即數學、物理學和神學。】2.第六卷第一章（1026a22-23）：αἱ μὲν οὖν θεωρητικαὶ τῶν ἄλλων ἐπιστημῶν αἱρετώταται, αὕτη δὲ τῶν θεωρητικῶν.【同其他知識相比，諸理論知識是最可選擇的；而在諸理論知識中，神學是最可選擇的。】3.第十一卷第七章（1064b1-3）：δῆλον τοίνυν ὅτι τρία γένη τῶν θεωρητικῶν ἐπιστημῶν ἔστι, φυσική, μαθηματική, θεολογική.【因此，顯然理論知識有三種，即物理學、數學和神學。】——譯注

πρώτη φιλοσοφία【第一哲學】

θεολογική【神學】

考察ὂν ᾗ ὄν【是者作爲是者】的科學

這最後一個後來被稱作「是態學（Ontologie）」㊻。亞里士多德本人並不知道這一表達。亞里士多德用πρώτη φιλοσοφία【第一哲學】這一表達來稱呼考察ὂν ᾗ ὄν【是者作爲是者】的科學。無論是**神學**還是**是態學**，都宣稱自己是πρώτη φιλοσοφία【第一哲學】。

這雙重性能夠被進一步追蹤至中世紀，並且直至近代的是態學。人們嘗試斡旋亞

㊻德語Ontologie來自拉丁語ontologia，在希臘語中並無與之相對應的術語。亞里士多德認為第一哲學是關於ὂν ᾗ ὄν【是者作爲是者】的科學，這一表達在希臘化時期被明確表達為ἡ περὶ τῶν ὄντων θεωρία【關於是者的理論】，後來才在拉丁語中被概念化為ontologia。現在一般認為ontologia一詞最早是由德國哲學家雅各布．洛哈德（Jacobus Lorhardus, 1561-1609）在《八藝》（*Ogdoas Scholastica*）一書中提出來的，他將它視為形而上學的同義詞。在該書中，他討論了八門學科：拉丁語法（Grammatices Latinae）、希臘語法（Grammatices Graecae）、邏輯學（Logices）、修辭學（Rhetorices）、天文學（Astronomices）、倫理學（Ethices）、物理學（Physices）、形而上學或是態學（Metaphysices, seu Ontolgia）。——譯注

里士多德的是態學和神學，以便贏得一種亞里士多德的「完滿的世界圖像」。這條道路對於理解所涉及的事情來說，收效甚微。相反，要提出的問題是：**爲何希臘科學走上了這條道路**，以至於它彷彿在這兩門基礎科學，即在是態學和神學那兒著陸。神學具有下面這一任務，即澄清作爲整體、ὅλον【整體】的是者，澄清世界這種是者，澄清自然，澄清天以及所有位於其下的東西；如果我們極其粗略地說，就是在其諸本源中、在它們由之眞正地是起來的東西中澄清它們[47]。要注意：通過不動的動者而來的對是者整體、自然的這種澄清，與基於一種因果推論而來的一種對神的證明毫無關係。神學以整體、ὅλον【整體】爲主題，而是態學也以整體爲主題，並考察其ἀρχαί【諸本源】。神學和是態學這兩者都以作爲整體、作爲ὅλον【整體】的是者爲其出發點；它們都致力於把ὅλον【整體】、整體，整體地理解爲是著（seiend）。爲何希臘的科學和哲學會落到這兩門基礎科學之上？在柏拉圖那兒它們還是混在一起的；它們在他那兒還遠不如在亞里士多德那兒那樣被分清；只不過他實際上已經活動在這兩個維度上。只能根據**對於希臘人來說是**（*Sein*）**所具有**的意義這才會變得可理解[48]。**是者就**是那在眞正意義上**是在場著的**東西。神學，在那一開始就已經是的東西中、在那於最眞正、最高意義上構成了世界之在場的東西中，考察是者。是者之最

[47] 海德格在以下的解釋那兒，所依循的乃是《形而上學》第十二卷第一章（1069a18以下）。——原注

[48] 見附錄。——原注

眞正的和最高的在場，是神學的主題。是態學的主題是是者，只要是者在其所有的規定中，而不是局限於某一特定的領域是在場著的，不僅包括不動的動者和天，而且包括位於天之下的東西，所有在此是著的東西，數學上的是以及物理學上的是。因此，對於**神學**來說，主題是**最高和最眞正的在場**；而對於**是態學**來說，主題是那**一般地構成了在場作爲在場**的東西。㊾希臘的科學之發展被催逼入對是加以反思的這兩個源始維度中。在理解這些事情以及眞正、有成效地發展和占有它們中的眞正困難，並不在θεολογική【神學】那兒——它在上述這些方面無論是對於希臘人來說還是對於我們來說都是相對清楚的，而在是態學那兒，更爲確切地說，在下面這一問題那兒：由各個具體的是者來看，那些普遍地屬於每一是者——只要它是著——的是之性質具有何種意義？後來該問題被嚴格地這樣加以表達：在是態學中，一般地在其是上對是者所給出那些普遍規定（die allgemeinen Bestimmungen），是否具有屬這種性質（der Charakter von Gattungen）？是否是態學在某種程度上是關於所有是著的東西的諸最高屬（die oberste Gattungen）的科學，或者是否這些是之性質在結構上具有同是者的一種不同的關係？

如果我們通觀這一整個的問題提法之發展，因而通觀是態學之基本的問題提

㊾海德格頁邊注：是者整體。是者作為是者。——原注

法——從希臘和亞里士多德直至當下，那麼，我們就能夠說：我們事實上未往前走上一步，甚至恰恰相反，我們已經丟失了希臘人所取得的那種立場，因而我們甚至不再理解這些問題。黑格爾的整個「邏輯學」都活動在對所有這些問題的一種完全不理解和誤解之中。胡塞爾，在同其邏輯的觀念的連繫中，似乎首次重新揭示形式上的諸是之規定的意義這一問題；雖然這僅僅是首次的，但無疑是非常重要的開始。這一問題在同對邏輯的觀念的一種澄清的連繫中浮現出來，這不是一種偶然；因爲，我們由此取得了對希臘的基礎科學即πρώτη φιλοσοφία【第一哲學】的最終刻劃——這門科學最終依循λόγος【邏各斯】而被定位，更爲確切講：因爲對於它來說主題是是者，只要是者是ὂν λεγόμενον【被說的是者】、因而它是被談及的是者，只要對於λόγος【邏各斯】來說它是主題[50]。[51]

(二)對於σοφία【智慧】中的是之研究來說λόγος【邏各斯】作爲引導線索。

基於希臘人的是之理解對λόγος【邏各斯】的引導作用的闡明

正如我們已經看到的，亞里士多德力爭在σοφία【智慧】這一觀念中超越λόγος【邏各斯】而前往一種擺脫了λέγειν【說】的νοεῖν【看】。但仔細看來，甚至他對

---

[50] 海德格頁邊注：是和思。——原注

[51] 見附錄。——原注

那是最終ἀρχή【本源】的東西，即對那是ἀδιαίρετον【不可分解的東西】的規定，也僅僅在依循λόγος【邏各斯】而來的定位中獲得。這顯現在下面這點中：ὄν【是者】的基本規定，即οὐσία【所是】，具有ὑποκείμενον【基體】㊾之性質，即具有那一開始就已經擺在前面的東西之性質，具有完全原初的在場之性質；它是關於那畢竟是的東西的形式規定。也即是說，這種ὑποκείμενον【基體】，即那一開始就已經在此是的東西，乃是鑒於λέγειν【說】而被看到：在對某種東西的一種言說中、在對某一是著的連繫的談論中，那先於所有的言說並爲了言說而一開始就已經在此是的東西，即那被談論的東西，——它在形式的意義上是ὑποκείμενον【基體】、ὄν

㊾ τὸ ὑποκείμενον具有「主詞」和「基體」這兩重含義。ὑποκείμενον一詞，由ὑπο【在……下面】和κεῖμαι【躺、位於】構成，本意是「躺在下面的東西」或「位於下面的東西」。就邏輯學（Logik）而言，當翻譯為「主詞」或「主項」，與「謂詞」或「謂項」相對應；就形而上學（Metaphysik）或是態學（Ontologie）而言，可翻譯為「基體」、「載體」、「自立體」等，與各種「屬性」相對應。亞里士多德在《範疇篇》第二章對ὄν【是者】進行了四重分類：1.τὰ μὲν καθ’ ὑποκειμένου τινὸς λέγεται, ἐν ὑποκειμένῳ δὲ οὐδενί ἐστιν【述說某個主詞，但並不是在任何載體中】2.τὰ δὲ ἐν ὑποκειμένῳ μέν ἐστι, καθ’ ὑποκειμένου δὲ οὐδενὸς λέγεται【是在某個載體中，但並不述說任何主詞】3.τὰ δὲ καθ’ ὑποκειμένου τε λέγεται καὶ ἐν ὑποκειμένῳ ἐστίν【既述說主詞，也是在載體中】4.τὰ δὲ οὔτε ἐν ὑποκειμένῳ ἐστὶν οὔτε καθ’ ὑποκειμένου λέγεται【既不是在載體中，也不述說主詞】。——譯注

【是者】、οὐσία【所是】。是之基本性質基於同λόγος【邏各斯】本身的連繫而汲取出來。因此——也即是說因爲λόγος【邏各斯】是引導線索——「邏輯學」，正如我們今天所說的，λέγεσθαι【被說】、辯證法，就問題提法來說——不是就理論來說——復又處在同πρώτη φιλοσοφία【第一哲學】的連繫中。這就是下面這一陳詞濫調的意義，那就是人們不時會聽到：在亞里士多德那兒，形而上學是邏輯的，邏輯學是形而上學的。它具有下面這種意義：甚至由**σοφία**【智慧】而來的**ἀληθεύει【去蔽】**，**即在絕對意義上的揭開**，**在某種意義上依然是μετὰ λόγου【依賴邏各斯】的**，從而對於對某一被先行給出的主題的闡明來說——哪怕僅僅是一般完全單純的東西——談及和談論是引導線索。**λόγος【邏各斯】的這種滲透**，即在這種嚴格希臘意義上的邏輯的東西的滲透，**在關於ὄν【是】的這種問題提法那兒被下面這點所激發**：**ὄν【是】、是者之是本身**，原初被闡釋爲在場，而**λόγος【邏各斯】是我於其中把某種東西**，即把我所談論的東西**向我自己原初地再現出來的方法**。因此，但願這作爲對問題——我們在同《智者》的連繫中還要更爲仔細地探討它們——非常一般的預先定位是充分的。[53]

---

53 見附錄。——原注

主要部分　柏拉圖的是之研究

對《智者》的闡釋❶

❶ 在海德格手稿中的小標題。——原注

引言

三、前面的準備之意義：贏得了在實事上理解一篇特別的希臘對話的基礎。它的不足

如果我們憑藉前面的定位轉而考察對話以之爲**主題**的東西，那麼，即使對於一些人來說準備或許已經太過繁瑣和太過詳盡，也必須得說，它是**不充分**的，它遠未抵達對一種闡釋進行一種準備之理想。只有當一種準備能夠讓一種閱讀——假設該閱讀是嚴肅、冷靜的——一直沒有任何理解障礙地眞正占有對話，也就是說，只有當它提供出了下面這種東西，即話題進行其間的所有實事上的視域對於讀者來說是完全清楚和可用的，一種理想的準備方才被贏得。我們的引論肯定尚未取得這樣一種準備，並且在目前這種情形下也根本不可能取得它。

然而，我們必須保有這樣一種闡釋之理想，它唯一的目的就是純粹**讓對話自己說話**。這是一種不言而喻；今天人人都主張讓文本自己說話。在今天它已經成爲了一句空話。然而，人們用這一主張所要求的那種責任，在大多情況下並未得到理解。因爲舉出盡可能多的文本材料卻不說那沒有處在文本中的東西，這是不夠的。甚至僅僅理解最細微的東西，也並不由此就能得以擔保。相反，在讓文本自己說話這一主

張中，包含著下面這一任務，那就是，不僅要首先在一定程度上清楚地指出那被談論的事情，而且還要基於一種更加深入的理解讓這些事情被擺到前面來。在讓文本自己說話這一主張中有著下面這一責任：**對實事上的整個問題的理解**，要遠比作爲闡釋之對象的東西是**更爲根本的**。如果我們理解了該主張的這種意義，那麼，我們無須進一步（ohne weiteres）就具有了變得謙虛的相應機會。因爲這種進一步地是（weitersein）對於我們來說不可能意味著——就我能夠加以評判的情況而言，不可能意味著：勝過了希臘的科學性的哲學，而是只能意味著：已經理解到我們必須進入到面對這些研究的**公務關係**中（*Dienstverhältnis*），以便一般地在它的引導下首次嘗試聽出**諸內在意圖**，嘗試在更爲源始的仔細研究中握住和保持它們，並由此更加牢固地確定事情之討論必須於其上進行發展的**基礎**。

如果要看出ἀλήθεια【眞】和ἐπιστήμη【知識】等等，那就不能滿足於在同語詞概念的術語的相似上談論眞、科學、假象、欺騙、命題等諸如此類的東西；也不能滿足於——人們喜歡將之視爲實事性的闡釋——讓所有的東西都處在未規定中，求助於那並未得到理解的終點來說明那並未加以占有的起點，甚或用另外的章節來說明某章、某節；也不能滿足於從那些討論同一主題的其他對話那兒抽取一些段落，根據柏拉圖來理解柏拉圖，根據亞里士多德來理解亞里士多德——根本沒有這回事——；相反，決定性的東西總是在於同那被談論的事情進行爭辯。只要我們不是向來都根據某一理解的發展之可能性，於事情自身那兒來開始證實和闡明那被言談的東西，那就難以想像能理解柏拉圖和亞里士多德的哲學，甚至居然能理解一種哲學。

我們如此把握闡釋之任務，以至於即使沒有哲學史我們也立馬知道存在著一種**徹底追問和研究**之連續性，——這樣一種連續性：它絲毫不顯現在人們於哲學史中關於各種哲學流派、難題、體系、作品、人物所識得的東西的那種方面，而是位於所有這些東西的後面，並且不可能是這種考察之對象。只有當我們已經理解到我們自身就是過去，在這種意義上的過去方才是有生命的。在我們的精神生存之意義上，我們既是哲學家，也是普通科學家（der Allgemeinwissenschaftler），我們是我們曾是的；我們將是我們根據我們曾是的而加以占有和掌控的，要緊的是我們**如何**做。根據這些單純的時間關係（Zeitverhältnis），根據人的生存，尤其是精神生存之時間關係，我們把實際研究的眞正意義視作同歷史的爭辯；而只有當一種研究向來**是**歷史的，即理解到它自身就是歷史，歷史方才變得存在（existent）。只有這樣，方才有著歷史學上的東西之可能性❷。於是，根本無須爲了對這樣一種研究進行辯護而訴諸超時間的和永恆的價值，以及諸如此類的東西。所說的東西應當表明：在迄今爲止的種種思考那兒——它們的意義主要在於向諸位**澄清那特別希臘**性的東西，更多在闡釋那兒，諸位要做好準備同那些要加以探討的事物進行一番眞正的爭辯。

❷同樣在海德格的手稿中。——原注

三四、重演：對智者術的首次刻劃。把智者術同辯證法和哲學加以劃界。對εὖ λέγειν【好好說】的估價：非─實事性──實事性

爲了理解對話，我們必須緊緊抓住在同辯證法和哲學相區分中的智者的意義。智者術被**非**—**實事性**（*Un-sachlichkeit*）所刻劃，而非實事性在一種完全特定的意義上根本不是一種偶然的、隨意的、附帶性的東西，而是一種原則上的非實事性；但它不可以被理解爲彷彿在智者那兒活潑潑地有著一種在原則上想歪曲事情和遮蔽事情的意向，彷彿他們只是想進行欺騙，毋寧說，它是如果我們說**缺乏實事性**（*Sachlosigkeit*）那我們就更好地對之進行了規定的那樣一種非實事性（Unsachlichkeit）：因此，它是奠基在**一種積極東西之上的非實事性**：即奠基在對**言談的統治權**和進行言談的人的一種特定敬重之上。說出來的話語——無論是在其對個人還是對團體的統治中——對於智者來說，是那種構成了決定性的東西的東西。於是，只要對話語以及對**漂亮的、打動人心的話語**的這種執著，暗指作爲言說總是關於某種東西的言說這一責任，那麼，對言說本身的興趣，從其自身就已經單單因僅僅強調言談和論辯中的形式上的東西而是非實事性的。於是，只要任何言談總要落到某種東西上，只要智者言說了，那麼，他必定言說了某種東西——無論事情讓他感興趣還是不感興趣。恰恰因爲他對之不感興趣——只要他不被他所言說的事情所束縛——因爲他僅僅把意義放在漂亮的言談身上，他就變得是非實事性的：非實事性作爲卸負

（Unbeschwertheit），即卸去被言說的東西之實事性的內容。於是，只要言談是通達世界和與世界打交道的基本方法，只要它是世界——不僅僅是世界，而且也是其他人們和各個個體本身——於其中首先在此是的方法，那麼，言談的缺乏實事性就同人的生存之非眞實和無根是同義的。這就是智者術那作爲缺乏實事性的非實事性的眞正意義。在此要考慮到：生存被希臘人視作在πόλις【城邦】中生存。這種無根的生存之反面，以及它在共同的精神生活中表達自己的方法和方式之反面，即生存的眞正意義，位於實事性中，位於對是者的揭開或根本性的理解中：即位於科學性的哲學之觀念中——就像它首先通過蘇格拉底、然後在由柏拉圖和亞里士多德而來的具體實行中變得有生命的那樣。我們現在應實際地理解非實事性（Unsachlichkeit）同眞實的實事性和研究（echte Sachlichkeit und Forschung）的對立這種單純的實情；也就是說，要如下面這樣進行理解，即我們中的每一位都在他自己那方和在他自己的位置上理解實事性意味著什麼。對話的困難既不位於那獨特地在是態學上關於不是、否定以及諸如此類的東西的論文中，也不位於考察由之開始的劃分的複雜性中；相反，眞正的困難在於：正確地看清整體之連繫，並由此看清眞正和最終加以談論的事情，從而由之出發，就像從一個單一的源頭出發那樣，培育出對每一單個命題的理解。如果我們再現對話的劃分，並如此地做好準備，以便我們能夠隨時參考它，那麼，這會在一定程度上讓洞察對話的整體這件事變得容易。

三五、《智者》的結構和劃分

㈠對《智者》結構的一般刻劃。傳統的劃分：引論、外殼、內核。接受和批評

對話自身——它首先是主題，即《智者》，在其結構和劃分上是相對透徹的。內容大部分被劃入其中的那些章節的外部標記——撇開少許的偏差，被一致同意地加以標出了。我同意博尼茨❸所給出的那種劃分——這種劃分也爲大多數人所贊同。在這種劃分中並無甚特殊價值，對於理解來說它並未說出任何東西；相反，它僅僅具有一種**外在定位**之意義。

極其粗略地講，對話——正如人們所說，由一個「引論」、一副進行包圍的**外殼**和一個**內核**構成。這幅圖像同時刻劃了人們如何對待這樣一篇對話的方法。引論提供了談話的準備；進行包圍的外殼——人們說，是智者之本質這一問題——首先被論及，然後被不是者之是（das Sein des Nichtseienden）這一問題所打斷；在這一問題中人們看到了對話的核心部分：在這一問題的末尾，談話重新指向最初所提出的問題，即指向智者之本質這一問題，從而它像外殼一樣包圍著不是者之是這一問題。

❸ 赫爾曼·博尼茨（H.Bonitz），《柏拉圖研究》（*Platonische Studien*），第三版，柏林，一八八六年，第152頁以下。——原注

這樣一種無關緊要的劃分——即將對話分爲「引論」、進行包圍的外殼和內核，已經表明：人們外在地、文學性地執著於談話中的各種題材性的事件和主題，並放棄追問關於事情本身的劃分，即放棄追問那被談論的東西是**什麼**。基於外在的劃分，人們同樣提出了各種外在的難題。依據這一栩栩如生的定位，人們已經導致了下面這一困難，那就是：標題僅僅涉及那構成了外殼的東西，而恰恰沒有涉及裡面的部分。因爲那應是柏拉圖的眞正意圖的東西，即不－是者之是（das Sein des Nicht-Seienden）這一問題，在標題中並未得到表達；並且在標題中所給出的，似乎只不過是對智者術的一種遊戲似的模仿而已。將對話分爲外殼和內核這一劃分，是一個經典的例子，就像對質料和形式的一種形象的劃分一樣，如果不依循眞正的問題來進行定位，就可能導致僞問題；例如，爲何對話被稱作「智者」，而其中的主要事情卻是討論不－是者之是。

我們想從一開始、已經在對談話之準備的考察那兒就嘗試擺脫這種外在的劃分。這無非意味著我們從一開始就要努力嶄露對話進行其間的那種連繫，即嶄露作爲整個**對話之主題**——而不是僅僅在裡面的部分或外殼中的東西——**的那些現象之間的實事上的連繫**。**在形象地被刻劃爲內核和外殼的東西之間的這種連繫，必須實事性地加以得出**。

依照古代的章節劃分，對話的引論包含第一章和第二章（216a219a）。在這一引論中，談話被加以了準備；該準備的任務是設立主題以及指出關於主題的處理方法。粗略地講，我們將於兩個方面發現那在一定程度上包圍著內核的外殼，首先是作爲引向內核的部分，即第三—二十四章。

(二)《智者》的劃分（根據博尼茨）❹

引論：第一章和第二章，216a—218b。

Ia. 探尋智者的定義。第三—二十四章，218b5-237b7。

1. 定義之方法的一個例子。關於ἀσπαλιευτής【垂釣者】的定義。第四—七章，219a4-221c4。
2. 關於智者的最初六個定義。第八—十九章，221c5-231c9。
3. 對固有的或眞正的定義的準備。第二十—二十四章，232b-236c。

關於智者的各個定義，第八—二十四章

(1) 進行準備的那些定義，第八—十九章。

定義 1. 221c-223b

定義 2. 223b-224d

定義 3. 和 4. 223d,e

---

❹ 見第232頁注釋。——原注

定義 5. 224e-226a

定義 6. 226a-231c

總結，231d-232a。

(2) 固有的定義，第二十—二十四章

定義 7. 232b-236c

（參見：繼續，264c）

作爲ἀντιλογικός【辯論者】的智者的第七個定義，給出了考察基本難題的出發點。

II. 不—是者之是。第二十五—四十七章，237b9-264b9。

1. 在不—是者這一概念中的各種困難，第二十五—二十九章，237b9-242b5。
2. 在是者這一概念中的各種困難，第三十—三十六章，242b6-250e。
3. 通過κοινωνία τῶν γενῶν【諸屬的結合】對難題的積極解決，第三十六—三十七章，250e-264c。

Ib. 關於智者之定義的結論。第四十八—五十二章，264c-268c。

引論　對話的準備❶（《智者》216a-219a）

三六、對話之主題和方法的首次提示。引見來自愛利亞的ξένος【客人】。巴門尼德的基本論題。ϑεὸς ἐλεγκτικός【進行盤問的神】？哲學的神性。對話的主題：哲學家。方法：διακρίνειν τὸ γένος【區分屬】。διακρίνειν【區分】之基礎：最切近的顯示—自己（φάντασμα【假象】），以及大眾的意見：φιλόσοφοι【哲學家】＝πολιτικόι【政治家】——σοφισταί【智者】——μανικόι【瘋子】

如果我們極其綱要性地對內容進行劃分，那麼，談話的準備就具有以下任務，首先，確定主題：哲學家應是什麼；其次，確定方法。談話始於忒俄多洛斯（Theodorus）同泰阿泰德（Theätet）一起帶了一位客人到蘇格拉底那兒。忒俄多洛斯已經是一次談話，即就在前面所進行的那次談話《泰阿泰德》的參與者。在那兒

❶ 海德格手稿中的標題。——原注

（《泰阿泰德》143b8）他被稱作γεωμέτρης【幾何學家】。忒俄多洛斯是柏拉圖的數學老師。他來自北非的庫瑞涅（Kyrene）。這位忒俄多洛斯同一位年輕的哲學家泰阿泰德一道，κατὰ τὴν χθὲς ὁμολογίαν【依照昨天的約定】（216a1）、「依照昨天的約定」到蘇格拉底這兒來。由此就涉及到了《泰阿泰德》這篇對話。忒俄多洛斯還帶來了一位ξένος【客人】，即一位異鄉人。談話就從忒俄多洛斯向蘇格拉底介紹這位異鄉人開始。在此我們經驗到：1. τὸ μὲν γένος ἐξ Ἐλέας【來自愛利亞的客人】（216a2以下），即這位ξένος【客人】來自愛利亞；2. ἑταῖρον δὲ τῶν ἀμφὶ Παρμενίδην καὶ Ζήνωνα【圍繞在巴門尼德和芝諾身邊那些人的夥伴】（216a3以下），即他是巴門尼德和芝諾的一些學生的夥伴和同伴，這標畫了他的精神—科學上的起源；3. μάλα δὲ ἄνδρα φιλόσοφον【非常有哲學家氣質的人】（216a4），即他是一位非常哲學性的人，在此看出了他的生存。

因此，被介紹的乃是一位來自巴門尼德學派的哲學家。由此對話的整個精神氛圍得到標畫。因爲眞正的爭辯和實事性的討論就活動在由愛利亞學派的哲學，即由愛利亞的巴門尼德所奠定的問題提法之視域內。由此從一開始就給出了**關於對話的實事性內容**的預示，即下面這一**問題：是否甚至不—是者也是**（*ob auch das Nicht-Seiende sei*）。這僅僅是同下面這一愛利亞學派的原則、巴門尼德的原則相對立的逆向問題，那就是：是者是（das Seiende ist）。它是一個正面的命題，現在卻在這一談話進程中遭到動搖。就對巴門尼德的認識而言，我們無須依賴觀點編輯性的材料；

相反，我們甚至還擁有以Περὶ φύσεως【論自然】爲標題的巴門尼德教誨詩的殘篇。我們現在打算僅僅把這一教誨詩當作對關於是者的基本看法的預示——對話中的逆向立場根據這一基本看法方才變得可理解。

Περὶ φύσεως【論自然】這一標題已經暗示了下面這一點：被談論的是者在自然和世界這一整體之意義上加以對待❷。爲了暫時刻劃巴門尼德學派的這一原則，可以舉出來自殘篇六的一句話——根據赫爾曼·第爾斯的編排加以引用：χρὴ τὸ λέγειν τε νοεῖν τ' ἐὸν ἔμμεναι· ἔστι γὰρ εἶναι, μηδὲν δ' οὐκ ἔστιν· τά σ' ἐγὼ φράζεσθαι ἄνωγα.【必須得說和看：是者是；因爲是是，而不是不是。我要求你們把這點記在心上。】「必然要談到和知覺到，是者作爲是者，它是」；必然要說，是者是（das Seiende ist）。ἔστι γὰρ εἶναι【因爲是是】、「因爲是是（denn das Sein ist）」。在這一關於是（das Sein）的形式上的普遍命題的單純逆向立場中有著：μηδὲν δ' οὐκ ἔστιν【而不是不是】。這一命題就是如此流傳下來的。但是，根據一種猜測——它在第爾斯的版本之後方才變得眾所周知，不應讀爲μηδὲν，而是μὴ δ' εἶν' οὐκ：「而不是不是（Das Nichtsein aber ist nicht）」。正命題：是是（*Das*

❷ 海德格頁邊注：標題晚出！但φύσις【自然】：那在其自身地從自己那兒生長出來的東西：在其自身是著的東西。參見赫拉克利特（Heraklit）：ἡ φύσις κρύπτεσθαι φιλεῖ.【自然喜歡隱藏自己。】（殘篇123）——原注

Sein ist）；反命題：不是不是（*Das Nichtsein ist nicht*）。我們在這兒已經看到：這一命題還強烈地在言談和陳述的印象中被取得。表達出來的是：是者是；作爲眞並且彷彿以古風的方式說❸：是者是（das Seiende ist），不—是者不是（das Nicht-Seiende ist nicht）。無須用任何其他的方法觀望現象，僅僅基於確然無疑地被看到的內容：就會說，是者是，不—是者不是。第二個命題在《智者》中成爲了問題。由此是之意義被修正，並且巴門尼德的第一個命題被置於一個更加徹底的基礎之上。在對話的241a以下和258c以下，明確涉及了愛利亞學派。

ξένος【客人】是一位來自愛利亞的異鄉人、是巴門尼德和芝諾學派的一員、是一位非常哲學性的人，在對他的這一介紹中，預示了那現在眞正要來的東西。蘇格拉底對ξένος【客人】的這一介紹作出了反應。我們問：蘇格拉底對客人的介紹是如何反應的？我們首先只能說：蘇格拉底式的——但我們必須進一步澄清它。蘇格拉底轉向了談話，並把對這位作爲一位非凡的陌生人的異鄉人的注意力放到了一種完全不同的連繫上。Ἆρ’ οὖν οὐ ξένον ἀλλά τινα θεὸν ἄγων κατὰ τὸν Ὁμήρου λόγον λέληθας.【按照荷馬的說法，或許你帶來的不是客人，而是某位神。】（參見216a5以下）或許你帶到這兒來的是一位神——你不知道這點，以至於你隨之在你所帶來

---

❸ 海德格頁邊注：開端性的、直接的。——原注

的和你所做的這件事上是隱藏著的——或許你帶了一位神來。我們必須理解，蘇格拉底在這兒以他的方式彷彿對他所遇到的感到有些迷糊，只要我們必須假設：蘇格拉底＝柏拉圖，因而蘇格拉底也具有柏拉圖本人對巴門尼德所懷有的那種異常的尊敬，因爲柏拉圖——如果年代學正確的話，❹那麼，《巴門尼德》這篇對話先於《智者》——第一次眞正理解和占有了巴門尼德那影響深遠的發現。因此，蘇格拉底處在這樣一種情形中，那就是他碰到了某種不尋常的東西，出現了一個不尋常的機會。因而根本沒有爆發一種恣意放肆的討論，有的是對在這一機會那兒可能於此發生的問題的冷靜沉思。在此要考慮到下面這點，那就是：蘇格拉底—柏拉圖不僅知道巴門尼德哲學的高深含義，而且也知道他已經建立了學派，並且對於蘇格拉底的時代來說，恰恰是愛利亞人、恰恰是該學派的那些哲學家在特別地大肆喧嚷，他們憑藉一種特別的狂妄自負而與眾不同，他們陷於對所有其他研究的一種盲目的否定中，並且在這樣做時——正如那經常在門徒們那兒所發生的那樣，他們並未獲悉和占有老師本人曾經所經歷的事情以及在這種經歷和這種深入研究中所揭開的事情。蘇格拉底一方面敬重學派的奠基者，但同樣也知道他那些大肆喧嚷並從中獲利的門徒們的壞習氣。因此，正如他在根本上是正面的那樣，蘇格拉底首先正面地指出了下面這一特別的可能性：

---

❹ 海德格頁邊注：在創作上「**同時**」，但在發表上則不。——原注

οὐ ξένον ἀλλά τινα θεὸν ἄγων λέληθας.【你帶來的不是客人，而是某位神。】他並未僅僅指出這點就了事，而是讓這一可能性所眞正包含的東西變得更加清楚，那就是或許一位神悄悄地來到了這兒。也就是說，通過引用荷馬《奧德賽》（XVII,485-487）中的一段話，他指出：其他的一些神，尤其是θεὸς ξένιος【異鄉人的保護神】，經常與人結伴旅行，συνοπαδὸν γιγνόμενον ὕβρεις τε καὶ εὐνομίας τῶν ἀνθρώπων καθορᾶν.【一同前來俯察人的放肆和正直】（216b2以下）「由此俯察人的褻瀆和正直」，因而審視人的所作所爲。他在刻劃哲學家、確切講刻劃眞正的哲學家的216c6那兒，再次使用了καθορᾶν【俯察】這一表達。那些秘密同行的神，評判性地觀察著人的行爲❺。在這兒也可能是下面這種情形，那就是：眞正與哲學性的異鄉人一道前來的是一位τῶν κρειττόνων【更強有力的】（216b4）。於是，θεός【神】的καθορᾶν【俯察】，俯察，似乎就是ἐποψόμενος【進行監察的】、「監察著我們的」，θεός【神】似乎會審視我們，而之所以如此，或許是在於下面這點，φαύλους ἡμᾶς ὄντας ἐν τοῖς λόγοις【我們在邏各斯方面是貧弱的】、「我們在λόγοι【邏各斯】方面是不充分的」，也即是說：我們對於我們所談論的東西並無眞正的認識，正如我們在我們的λέγειν【說】中所表現出來的那樣，我們在這點上，在

---

❺ 海德格頁邊注：βίος【生活】。——原注

言談的實事性和基礎上，並不充分；而這位神在這些方面同時是ἐλέγξων【盤問者】（216b5），「他把我們加以示眾」，讓我們公開地變得可見，把我們作為我們加以展示和駁斥。蘇格拉底指出了這種可能性。因此，蘇格拉底以一種獨特的方式回應了對異鄉人的介紹，以至於他彷彿從他剛剛遇到的這位人那兒掉轉了目光，並展望了一種更高的可能性，即同客人的出現相伴隨的可能是：ού ξένον, ἀλλά τινα θεόν【不是客人，而是某位神】。

對一種更高可能性的指出以及對該可能性的進一步刻劃——蘇格拉底以及那些同他一起的人，可能被證實在對他們要加以談論的那些事情的談論方面並不充分——於是通過下面這點而具有了蘇格拉底式的意義，那就是：異鄉人自己，尤其是引見者忒俄多洛斯，被迫承認這一擺在其面前的更高可能性。於是，忒俄多洛斯不得不吐露異鄉人的情況究竟是怎樣的。他現在不得不根據其精神情狀來介紹異鄉人。因此，忒俄多洛斯的回答是：ούχ οὗτος ὁ τρόπος τοῦ ξένου, ἀλλὰ μετριώτερος τῶν περὶ τὰς ἔριδας ἐσπουδακότων. καί μοι δοκεῖ θεὸς μὲν ἀνὴρ ούδαμῶς εἶναι, θεῖος μήν· πάντας γὰρ ἐγὼ τοὺς φιλοσόφους τοιούτους προσαγορεύω.【這不是客人的風格；相反，他要比那些熱衷於爭論的人更為節制。在我看來，他絕不是神，而是神一樣的；因為我把所有的哲學家都稱作這樣。】（參見216b7以下）忒俄多洛斯首先這樣回答道：「這不是客人的風格；相反，他同那些完全熱衷於無休止爭論的人相比，具有更為節制的品質。」這一回答顯示：忒俄多洛斯已經理解了蘇格拉底用θεὸς ἐλεγκτικός【進行盤問的神】所做的提示，那就是對巴門尼德那些門徒、愛利亞學派的人好爭辯的提示。面對可能是一位神這一更高的可能性，ξένος【客人】進一步顯露了自己，即與那些外在的標記相反，現在才眞正開始介紹他是什麼。現在必須決定：他是否實際上已經從其學派那兒取得了其應得的一份，如我們所說，背上了其學派的書包；他是否有其工作，並理解該工作；由此如果他能夠從事其工作，那他是否發現了其工作的限度，——或者他是否基於這種實事性而有能力沒有偏見地甚至反對學派的信條和學派的原則。也即是說，現在必須嶄露他是否最終是下面這樣一種人，那就是：在他身上有著成爲弑父者的可能性，即從根本上撼動其老師地位的可能性。只有當他具備這種可能性時，他或許才能夠是一位實事性地、嚴肅地進行擔當的人。或者，他只不過是一位淺薄的好爭吵者，僅僅靠學派成員的資格來揚名立萬，靠學派來謀生度日。

然而，蘇格拉底用其回答所謀求的第二個意圖，是抑制新來的人在其主張中可能提供出一種偉大的哲學。因爲忒俄多洛斯的回答是非常謹慎的，他彷彿把它往後收了收：καί μοι δοκεῖ θεὸς μὲν ἀνὴρ οὐδαμῶς εἶναι, θεῖος μήν【在我看來，這人絕不是神，但確實是神一樣的】（216b8以下），我引到這兒來的客人不是一位神，但他確實是神一樣的。於是，一般刻劃：πάντας γὰρ ἐγὼ τοὺς φιλοσόφους τοιούτους προσαγορεύω【因爲我把所有的哲學家都稱作這樣】（216b8以下），「我慣於把所有的哲學家都稱作這樣的，即將之理解爲神一樣的。」這兒把屬於神聖東西的這種稱謂用在哲學家身上，意味著他們在其追問中把是者中的最高者當作對象。ϑεῖον【神一樣的】這一概念，甚至在柏拉圖那兒——儘管同在亞里士多德那兒相比它還具有一種較爲模糊、更加寬泛的意義，也已經不如人們通常認爲的那樣具有一種宗教上的意義，因而這個人現在不可能在特別的意義上被宗教性地刻劃。我們必須在一種世俗的意義上，或者——從基督教的立場來說——在一種異教的意義上，來把握「神一樣的」，只要ϑεῖος【神一樣的】、神一樣的，在這兒單單意味著：在其認識活動中，涉及的是那在諸現實性之秩序中具有最高等級的是者。其中並不包含著：在一種位格的、直接的連繫之意義上，神一樣的東西、神同單個的人之間的某種連繫。因此，蘇格拉底迫使忒俄多洛斯根據其精神上的起源來介紹他的夥伴，從而迫使他退回到合法的主張上去。

蘇格拉底現在彷彿在言辭方面接受了這一回答，由此就已經給出了對話的主題。忒俄多洛斯的回答的最後一句話：πάντας γὰρ ἐγὼ τοὺς φιλοσόφους τοιούτους προσαγορεύω【因爲我把所有的哲學家都稱作這樣】，成爲了蘇格拉底的一種思考的出發點，根據該思考，涉及的是把哲學家和神一樣的東西、神這兩種現實性彼此分開、διακρίνειν【區分】（216c3），並且是在γένος【屬】方面διακρίνειν【區分】。蘇格拉底說：很好，的確有著一種不同，你介紹給我的這位人可能的確不是一位神；但即使這樣也必須注意，這兩者，即哲學家和神、神一樣的東西，依舊難以分開，依舊難以理解。在此要注意：這兒對於理解或進一步的規定來說，用的並不是一種隨隨便便的措辭，而是διακρίνειν τὸ γένος【區分屬】（參見216c2以下），——κρίνειν【區分】、區分，同另一東西相對照把某種東西突顯出來——尤其是在γένος【屬】上。我們在這兒必須盡可能源始地把握γένος【屬】❻這一表達：哲學家或神

---

❻ γένος【屬】源於動詞γένω/γίγνομαι【出生、產生、形成】，具有「家族」、「後代」、「種族」的意思，後來亞里士多德在邏輯學上明確將它同εἶδος【種】區分開，用它意指「屬」。儘管在本書中我統一將之譯為「屬」，但必須注意海德格在這兒從是態學上所強調的它的原初意義。新柏拉圖主義者珀爾菲琉斯（Porphyrius）在其《導論》（*Isagoge*）中曾這樣總結了「屬」這一概念：γένος γὰρ λέγεται καὶ ἡ τινῶν ἐχόντων πως πρὸς ἕν τι καὶ πρὸς ἀλλήλους ἄθροισις, [⋯] λέγεται δὲ καὶ ἄλλως πάλιν γένος ἡ ἑκάστου τῆς γενέσεως ἀρχὴ εἴτε ἀπὸ τοῦ τεκόντος εἴτε ἀπὸ τοῦ τόπου ἐν ᾧ τις γέγονεν. [⋯]καὶ πρότερόν γε ὠνομάσθη γένος ἡ ἑκάστου τῆς γενέσεως ἀρχή, μετὰ δὲ ταῦτα καὶ τὸ πλῆθος τῶν ἀπὸ μιᾶς ἀρχῆς, [⋯] ἄλλως δὲ πάλιν γένος λέγεται, ᾧ ὑποτάσσεται τὸ εἶδος, καθ' ὁμοιότητα ἴσως τούτων εἰρημένον· καὶ γὰρ ἀρχή τίς ἐστι τὸ τοιοῦτο γένος τῶν ὑφ' ἑαυτὸ καὶ δοκεῖ καὶ τὸ πλῆθος περιέχειν πᾶν τὸ ὑφ' ἑαυτό. Τριχῶς οὖν τοῦ γένους λεγομένου περὶ τοῦ τρίτου παρὰ τοῖς φιλοσόφοις ὁ λόγος.【所謂屬，指那些與某一東西有關係以及彼此間有關係的東西的聚集。……此外，在另一種意義上，所謂屬，指每個人出生的根源，即要麼來自祖先，要麼來自其降生地。……首先，每個人出生的根源被稱作屬；其次，那些源於同一根源的許多人被稱作屬。……再次，在另一種意義上，所謂屬，指種位於其下的那種東西，之所以這麼講或許是源於與前面兩者的相似。因爲屬似乎就是那位於其下的東西的某種根源，並且包含著所有位於其下的各種東西。因此，屬被以三種方式加以言說，而哲學家們所考慮的是第三種。】——譯注

的起源、在是上的出身之意義上的起源。因此，在彼此間的互相襯托中，在一個同另一個的這種分離中，應抽取出各自的γένος【屬】——根據它每一個才成爲它所是的。這是γένος【屬】的眞正是態學上的意義：某一事物由之成爲其所是的東西，家世（der Stamm）❼、起源（die Herkünftigkeit）。因此，要緊的不是把哲學家同神進行一種隨意的、大眾化的區分；相反，γένος【屬】這一表達已經提示出了這種區分和問題提法之性質。

不僅如此，而且蘇格拉底還進一步指出了基礎，也即是說，只要他同時指出：對於哲學家應是什麼以及他的γένος【屬】應是什麼這一問題來說，是如何假設了首先得辨清我們在日常生活中平均—質樸地（durchschnittlich-naiv）關於我們現在正詢問的對象所知道的東西。蘇格拉底刻劃了關於哲學家以及他是什麼的大眾知識，他說：πάνυ παντοῖοι【非常多種多樣】（參見216c4以下），「他們非常多樣地、形形色色地顯現出來」、φαντάζεσθαι【顯露】。φάντασμα【外表】在這兒並不具有同某一感覺相對立的想像顯象（Phantasieerscheinung）之意義，而是具有φαίνεσθαι【顯現】、顯現、最直接的外貌——哲學家於其中向民眾、向那些平均地受過教育的人顯現出來——這種源始意義。如果我們問，人們在平均的文化知識

❼在本翻譯中，根據行文將der Stamm譯為「家世」、「家系」、「族類」等。——譯注

之範圍內關於哲學家知道些什麼，那麼，就會表現出：最直接的是一種表態，即一種進行貶低或進行抬高的表態。對於一些人來說，哲學家顯得「毫無價值」、τοῦ μηδενὸς τίμιοι【不值一文】（216c7以下），是一種多餘的人之類型，但對於另一些來說，則是「值得尊敬的」，ἄξιοι τοῦ παντός【配得起一切】（216c8）。因此，這兒有著一種衝突的表態，它並不過多地訴諸對要加以發表意見的事物的一種實際再現，而是訴諸最切近的、流行的印象，訴諸那占據統治地位的情緒和意見。事實上，哲學家所表現出來的外貌之所以是形形色色的，乃是διὰ τὴν τῶν ἄλλων ἄγνοιαν【由於他人的無知】（216c4以下）、「由於他人的不熟悉」。οἱ ἄλλοι【他人】在這兒指的就是οἱ πολλοί【眾人】、大眾。

在同對關於哲學家的最切近的、大眾的觀點的這種刻劃的連繫中，蘇格拉底同時給出了一種正面的、人們於其上展望ὄντως φιλόσοφος【真正的哲學家】（參見216c6）、「真正的哲學家」的指示。ὄντως φιλόσοφος【真正的哲學家】與πλαστῶς【假冒的】（216c6）哲學家是對著來說的：πλάττω【假冒】，指的是捏造、杜撰、虛構一種形象。ὄντως【真正地】❽在另一些上下文中被ἀληθῶς【真實地】所代替。因此，虛假的哲學家和真正的哲學家相對立。於是，蘇格拉底將

❽ ὄντως【真正地、實在地】是由εἰμί/εἶναι的分詞變來的副詞，如果要強調兩者在詞源上的連繫，可譯為「以是的方式」。——譯注

眞正的哲學家規定爲καθορῶντες ὑψόθεν【從高處進行俯察的人】、「從高處俯察位於其下的那些人的βίος【生活】」。οἱ μὴ πλαστῶς ἀλλ᾽ ὄντως φιλόσοφοι, καθορῶντες ὑψόθεν τὸν τῶν κάτω βίον.【那些不是假冒的而是眞正的哲學家，從高處俯察下面那些人的生活。】（216c5以下）因此，哲學家的事業就是ὁρᾶν【看】、觀望βίος【生活】。要注意，在這兒不是ζωή【活著】，即在與動物、植物、爬和飛的東西相連繫的人的現成地是之意義上的生命，而是在生存、被某一確定的τέλος【目的】所刻劃的生活方式之意義上的生命——該τέλος【目的】對於βίος【生活】本身來說就作爲πρᾶξις【實踐】的對象而起作用。因此，哲學的主題就是人的βίος【生活】，並且可能是各種各樣的βίοι【生活】。「他們從高處進行俯察。」在此就包含著：哲學家本人，爲了能夠嚴肅地實施這種可能性，必須已經贏得了一種生存方法，該生存方法向他確保了這種看，並由此他能夠一般地通達生活和生存❾。

如果我們更加仔細地問，那總是在情感上對哲學家有所表態的大眾意見會對哲學家說出些什麼，那麼，就會得出三種東西。對於一些人來說，他們顯現爲πολιτικοί【政治家】；對於另一些人來說，他們顯現爲σοφισταί【智者】；對於一些人來

❾ 海德格頁邊注：在洞穴之外。οἱ κάτω【在下面的那些人】。在洞穴中。——原注

說，則顯現爲παντάπασι μανικῶς【十足的瘋子】（參見216c8-d2）、「完完全全的瘋子」。這三種規定，即政治家、智者和瘋子，不是偶然的；關於哲學家的大眾意見活動其間的那種不確定性，也不是一種任意的不確定性；相反，從這三種刻劃那兒可以看出：只要人在πόλις【城邦】中生活，那麼，問題所關涉的就是下面這種人，即他的理論和教學活動都以人爲目的。因爲，甚至智者依照其眞正的事業來說也是ῥήτωρ【演說家】，即演說家和演說術的教師，是那在πόλις【城邦】的公共事務中、在法庭面前、在群眾集會上、在慶祝活動中扮演了決定性角色的言談的教師。因此，問題所涉及的乃是那指向各種πολιτικά【城邦事務】的人。於是，在關於哲學家之本質的整個不確定性那兒，其實已經給出了其可能的行爲方式的某一範圍：σοφιστής【智者】、πολιτικός【政治家】和παντάπασιν ἔχων μανικῶς【完完全全發了瘋的人】。人們從這兒（217a3）以及其他地方推論出，柏拉圖曾打算寫一個三部曲。也即是說，我們擁有一篇題爲πολιτικός【政治家】的繼續的對話，它同《智者》相並列，並且它們就內容而言在某種方式上是共屬一體的。人們說，柏拉圖沒有再完成關於哲學家的第三篇對話。於是，柏拉圖的形象就成了一位寫劇本並打算寫一本三部曲的人民教師（Volksschullehrer）⑩的形象。但如果我們加以仔細注

⑩ Volksschullehrer，在日常德語中指受過二至三年師範學院培訓的公立學校的教師。——譯注

意，我們就必須說，對於柏拉圖而言事情並不如此簡單。相反，關於智者的對話恰恰是要完成澄清哲學家是什麼這一任務，更確切地講，不是以一種粗陋的方式，而是以蘇格拉底的方式告訴一個人哲學家是什麼。在對話的最後部分，出現了一段明確的話（253c8以下），在那兒，對話的引導者說，他們現在事實上——甚至在他們於其對話中取得眞正的和科學的智者之定義之前，突然似乎發現了哲學家。這是值得注意的，不僅在內容上，而且在純粹實事性、方法上，假使下面這點由此變得可見了：柏拉圖也知道，只有當他已經認識了哲學家，並且知道哲學家處於何種情形下，他方才能把智者闡釋爲哲學家的反面形象。因此，我們打算把三部曲放到一邊，並嘗試根據《智者》來確定對這兒所提出的哲學家是什麼這一問題的眞正答案。

三七、對主題的詳細闡述。對一種一般的問題提法之主題對象的闡明：對事情（τί【什麼】）、事情之規定（γένος【屬】）、事情之名稱（ὄνομα【名稱】）的區分。λόγος【邏各斯】作為這三重區分的統一場地。任務：將這一區分運用到三個對象上：σοφιστής【智者】——πολιτικός【政治家】——φιλόσοφος【哲學家】

在蘇格拉底如此向忒俄多洛斯，或者向ξένος【客人】給出基礎之後——也即是說，先提出被問者，即哲學家首先顯現為什麼，關於他的自然意見是什麼，進而把問題加以了明確地固定——只要被追問的乃是所要討論的生存者（der Existierende）的γένος【屬】——，他請求ξένος【客人】給予他關於下面這一問題的消息：τοῦ μέντοι ξένου ἡμῖν ἡδέως ἂν πυνθανοίμην, εἰ φίλον αὐτῷ, τί ταῦθ᾽ οἱ περὶ τὸν ἐκεῖ τόπον ἡγοῦντο καὶ ὠνόμαζον.【然而，如果這位客人樂意的話，我願意向他打聽他那個地方的人把這些人視為什麼，以及把他們稱作什麼。】（216d2以下）他想從客人那兒得到關於下面這兩件事的答案：1. τί ἡγοῦντο【視為什麼】，愛利亞學派中的人，因而最終就是巴門尼德本人，把哲學家視為什麼，把哲學家和科學性的人把握為什麼；2. τί ὠνόμαζον【稱作什麼】，如何命名他。忒俄多洛斯要求對問題加以更加明確的規定。在此顯現出：蘇格拉底不是孤立地就哲學家提出問題，而是基於下面這一整個基礎：σοφιστής【智者】、πολιτικός【政治家】、φιλόσοφος【哲學家】。他更加明確地給出了關於目前在這一談話中真正要加以探索的東西的說明。極其粗略地給出了——如果我們完全在形式上使用「事情」這一表達的話——一件要加以追問的事情：哲學家。要問的是，這一事情被看作什麼，進而它如何命名。先行給出的事情，即主題性的東西，是那個什麼、τί【什麼】。這一東西要被規定為如此這般的，哲學家要被規定為這樣那樣的，他要根據他由之源出而是的東西、根據其是上的來源、因而根據其γένος【屬】而被規定。那如此根據γένος【屬】而被規定的主題性的東西應獲得其相應的名稱、ὄνομα【名稱】。因此，ὄνομα【名稱】

不是隨隨便便的；相反，它基於對事情本身的探索而被給出。這一問題提法，根據事情是什麼、然後根據它要被看作和被規定爲什麼、最後根據進行固定的名稱，現在鑒於已經給出的三個對象而被引出：σοφιστής【智者】、πολιτικός【政治家】、φιλόσοφος【哲學家】。問題生起爲：是否所有這三個是同一件事情，而僅僅名稱是不同的；或者，是否隨著三個不同的名稱我們在這兒也不得不面對三件不同的事情，並且由此必然面對這三個不同的事情之是在屬上的三種由來，以及由此合法而來的三個名稱。這是逐漸湧現出來的更爲仔細的問題提法，因而它是對前面極其粗略地用 διακρίνειν τὸ γένος【區分屬】加以標畫的東西的闡明。

爲了能實際地評價和理解這一問題提法，我們當下必須記住下面這點，那就是：對於那時的科學和哲學來說，對事情的這樣一種區分，即對事情的規定或規定性之起源（*Bestimmtheitsherkünftigkeit*）同它的名稱之間的這種區分，根本不是自明的；恰恰在這些對話中，柏拉圖首次眞正去確保這些完全原初的區分，並使之在一種具體的探索中變得富有成果。我們——認爲自己知道相當多，並且把大多數事物視爲不言而喻的——在這樣一種問題提法中不再能夠看到過多的東西。因此，我們必須以正確的方式彷彿把自己擰旋回去，並再現一種關於問題和事情的言說方法——它還根本無法在名稱、事情之規定和事情本身之間做出這種區分。這恰恰就是智者術和閒談所具有的那種典型的東西，那就是終日泡在言辭中，這部分是出於一種土生土長的膚淺，但部分也出於一種無能，即無能看到和區分這些實情本身。如果我們問這種區分自身屬於哪兒——τί【什麼】、γένος【屬】、ὄνομα【名稱】之間的區分——，因而問這些角色於其中既能各自爲了自身，又能彼此相連繫地得到探索的那種統一的場地在哪兒，那麼，就會顯現出它無非就是λόγος【邏各斯】。恰恰在該對話中柏拉圖所運用的理解λόγος【邏各斯】的方法、程度，也決定著對τί【什麼】、γένος【屬】、ὄνομα【名稱】之結構及其連繫的澄清，並且也同時具體地決定著對以這種區分爲引導線索就智者、哲學家和政治家所提出的問題的回答。κοινωνία τῶν γενῶν【諸屬的結合】——據說它在對不—是者之是的考察那兒會給出對難題的眞正解決，只有基於關於λόγος【邏各斯】的一種明確的觀點，即基於對在λόγος【邏各斯】中所給出的諸結構要素的一種明確的闡釋，方才是可理解的。因爲每一言說作爲談論，在寬泛的意義上都具有談論的某一何所談（*Worüber*），即具有一個τί【什麼】；每一言說都是把某種東西作爲某種東西加以談論，根據某種東西意指、解釋它，把它帶入理解中；因此，每一言說都在形式上具有某一γένος【屬】；每一談論，如果它變得具體了，那它就是一種有聲表達（*Verlautbarung*）；人們所談論的事情，有其名字，有其稱號；正如我們所說的，它們被稱作這樣那樣。因此，在具體的λόγος【邏各斯】這一現象中，給出了何所談（das Worüber）、作爲—什麼（das Als-was）以及帶有語音的名稱（die lautliche Bezeichnung）。

關於哲學家的這一問題始終依循這些區分而被定位，並且事實上也依循這些區分而被探索，基於這一事實可以看出：就一定事情之間的區別來說，柏拉圖不再滿足於取得一種暫時的、大眾化的清楚。整個對話本身就是對此的證明。最後，人們會說，柏拉圖的確知道智者和哲學家之間具有一種區別，而其他人或許也知道這點——就像我們知道許多事物那樣：它們是不同的。然而，根據對事情的再現而實際地澄清這種不同，要求一種科學性的探索。在此顯現出這樣一種科學性的探索同那些完全未被澄清和規定的現象多半相衝突。於是，在那意圖極其清楚和明確地把那些被問的事情加以劃界的對話之範圍內，就會向我們展現出：在同這一任務的連繫中——該任務在一定限度內是成功的，同時顯現出一些新的實事內容；這些實事內容儘管並未加以探索，但卻變得可見了，這對於其哲學上的含義來說是足夠的了。

ξένος【客人】現在有些躊躇不決。當然他還是同意給出關於下面這些的回答，那就是，在他的學派中，人們把這些事情及其區別思考爲什麼：可以無甚困難地說，三個名稱用在這三個事情上。καθ' ἕκαστον μὴν διορίσασθαι σαφῶς τί ποτ' ἔστιν, οὐ σμικρὸν οὐδὲ ῥᾴδιον ἔργον.【要清楚地界定他們中的每一個究竟是什麼，這是件既不小也不易的工作。】（217b2以下）「然而，要分別限定和澄清這三者中的每一個，將一個同另一個區別開來，把每一個在它自己那方面弄清楚，這不是件小事情，也不大容易成功。」然而，在這時忒俄多洛斯向蘇格拉底提到：他本人，忒俄多洛斯，在路上已經同這位異鄉人探討過這些問題，並且已經覺察到這人似乎被很好地告知過這些事情，尤其καὶ οὐκ ἀμνημονεῖν【尚未忘記】（217b8）、「他還沒有忘記」。這意味著他能夠綜覽這兒所要討論的問題的整個範圍，從而他不會遺漏任何東西，他已經準備好了並記得所有重要的東西。

三、對方法的詳細闡述

(一)λόγος【邏各斯】作爲探索之方法。λόγος【邏各斯】的類型：在對話和獨白式的論文之間的混合形式。對作爲對話夥伴的泰阿泰德的介紹。對最切近的主題取得一致：智者。方法的基本規則：τὸ πρᾶγμα αὐτὸ διὰ λόγων【由邏各斯而來的事情本身】。在柏拉圖那兒有關實事的思想和方法上的思想之間的鏈結

在就主題提出了問題之後，蘇格拉底在這一談話中邁出了第二步，即最後一步——因爲此後他就完全退出了談話而僅僅扮演了一位聽眾——：他促使異鄉人對他討論該問題時所要選擇的方法進行一種表態：他是想用αὐτὸς ἐπὶ σαυτοῦ【自己對自己說話】、在某種程度上獨白式的「自言自語」的λόγος μακρός【長的邏各斯】（參見217c3以下）、長篇論文的方法討論問題呢，還是δι᾽ ἐρωτήσεων【通過提問】、「通過問答」，或如後面所說的那樣κατὰ σμικρὸν ἔπος πρὸς ἔπος【簡短地一句對一句】（217d9）、「以言談和反駁這種簡短的方法」來討論問題？異鄉人要在這些可能的方法之間作出他的決定，有賴於他與之進行談話的人的情狀。如果同他眞正進行交談的人是ἀλύπως【不易引起痛苦的】、不是一碰就痛的（217d1），也

就是說，如果他在討論和爭辯中不大被情緒所左右，並且如果他是εὐηνίως【容易馴服的】（217d1）、容易引導的⓫，即如果他不是固執己見、剛愎自用的，如果他在開始討論時不是無論事情對頭與否都堅決認爲自己在任何情形下都是正確的，——因此，如果他遇上的是一位完全自由地面對要加以談論的東西的人，那麼，他的確就願意採用λόγος πρὸς ἄλλον【彼此對談的邏各斯】（參見217d2）；但如果不是這樣，那麼，他說：我就只是對我自己說，並且以一種長的言談方式向你們闡述事情。於是蘇格拉底向他推薦了泰阿泰德——他在前面所進行的那篇同名的對話中已經參與了討論，並且展露出他是內行的。ξένος【客人】對此表示了同意，但卻是這樣的，即他再次表達了歉意；他強調：他要πρὸς ἕτερον【沖著他人】（217e2）說，對另外的人說並和他一道說，因而不是獨白式的；但由於事情的難度，對話必須轉而是這樣，那就是他ἐκτείναντα ἀπομηκύνειν λόγον συχνὸν κατ᾽ ἐμαυτόν【要獨自展開、延伸持續不斷的邏各斯】（217e1以下），「他要以一種συχνός【持續不斷的】、持續不斷的λόγος【邏各斯】的方式拉長關於實事性的連繫的談論」——其中暗含著συνεχές【連續的】——，從而許多事情和規定要在連繫中一個接一個地被給出。於是，出現了一種獨特的對於主題的混合處理方法：誠然是一種對話，一種詳細

⓫ 海德格頁邊注：不是頑冥不化的。——原注

討論，但它又已經部分地具有一種獨白式的論文之風格；原因就在於事情的難度。最後，ξένος【客人】轉向了泰阿泰德——論辯現在將同他一起進行，並且他們再次就那被眞正追問的東西達成了一致。ἀρχομένῳ πρῶτον ἀπὸ τοῦ σοφιστοῦ, ζητοῦντι καὶ ἐμφανίζοντι λόγῳ τί ποτ' ἔστι.【首先從智者開始，用邏各斯來尋找和顯明他究竟是什麼。】（參見218b6以下）「首先從智者開始，並且在詳細討論中尋找和把他是什麼或事情是什麼帶入自我顯示中。」然後，接下來再次確定了共同的基礎。νῦν γὰρ τοὔνομα μόνον ἔχομεν κοινῇ【我們僅僅共同地具有關於他的名稱】（參見218c1以下），「首先，在智者是什麼這一問題中，我們僅僅共同擁有名稱」：τὸ δὲ ἔργον【至於事情】、「所涉及的事情」，則τάχ' ἂν ἰδίᾳ παρ' ἡμῖν αὐτοῖς ἔχοιμεν【或許在我們倆本人這兒有著各自的看法】（218c2以下）、「對於我們中的每位來說，或許有著不同的理解和看法」。但是，現在我們倆將自己置於其下的規則是：δεῖ δὲ ἀεὶ παντὸς πέρι τὸ πρᾶγμα αὐτὸ μᾶλλον διὰ λόγων ἢ τοὔνομα μόνον συνωμολογῆσθαι χωρὶς λόγου.【在任何情形下，都應總是通過邏各斯而不是僅僅通過缺乏邏各斯的名稱對事情本身取得一致。】（218c4以下）「在任何情形下，重要的總是發現事情本身，並通過談論對之取得一致」，即通過展示、揭開對之取得一致，「而非僅僅在言辭上取得一致」，即僅僅在名稱上、χωρὶς λόγου【缺乏邏各斯】、「沒有根據事情加以證明」而取得一致。於是，關於對話中的問題的方法和特殊興趣得到了澄清。於在柏拉圖那兒進行探索的思想（*das untersuchende Denken*）

和**方法上的思想**（*das methodische Denken*）之間的**這種獨特連結**那兒，我們能夠期待：隨著對智者或哲學家之本質的規定，我們同時也經驗到關於處理方法本身，即關於λόγος【邏各斯】的某種重要的東西。

我們已經看到，蘇格拉底在兩個方向上仔細闡明了哲學家之本質這一問題。首先，他問ξένος【客人】：τί ἡγοῦντο【視作什麼】，即你的同學和你的老師把被稱作哲學家的人視爲什麼；其次他問客人：τί ὠνόμαζον【稱作什麼】，他們以哪些含義聯絡（Bedeutungszusammenhäng）來談論和確定這一事情？在這一雙重或者三重問題提法中——事情（τί【什麼】）、事情之規定（γένος【屬】）、名稱（ὄνομα【名稱】）——同時表明了：該問題在方法上的背景——我們能夠總的將之稱爲λόγος【邏各斯】，同對哲學家之本質這一問題的實事性的解決本身一樣重要。

㈡對作爲希臘人基本任務的λόγος【邏各斯】的澄清。命題邏輯對於λόγος【邏各斯】的統治

澄清λόγος【邏各斯】，對於**希臘人**來說是**一項基本任務**，而且更是這樣一種任務：在它那兒，他們僅僅艱難地和緩慢地朝前走，並在一定程度上卡在了那兒——如果我們能夠將之稱作一個點，而按照傳統的說法，這個點作爲亞里士多德的邏輯學流傳了下來。只要λόγος【邏各斯】學說於希臘人那兒最終在一種理論的意義上形

成，那麼，λόγος【邏各斯】這一原初現象就是命題（*der Satz*），即關於某種東西的理論陳述（*die theoretische Aussage*）。只要λόγος【邏各斯】原初地由此加以規定，那麼，整個後來的邏輯學——正如它在西方哲學中所發展的那樣，就成了命題邏輯（*Satzlogik*）。後來在嘗試改造邏輯學中所作出的種種，都始終依循命題邏輯來定位，並且必須被理解爲對它的修正。我們通常將之作爲「邏輯」來加以認識的東西，其實僅僅是在希臘哲學之範圍內對一種研究起點的一種完全特定的、擬定出來的方向，但還絕不是「邏輯學」；所有同λόγος【邏各斯】現象相連繫的基本問題也遠未得到解決。只要如此加以定位的、把理論命題當作典範性基礎的命題邏輯同時引導著所有的反思——它們都指向闡明作爲語言的較爲寬泛意義上的邏各斯，那麼，整個語言學（*Wissenschaft von der Sprache*）以及在較爲寬泛意義上的語言哲學（*Sprachphilosophie*）也都根據這種命題邏輯而被定位。我們所有的語法範疇，甚至所有今天科學的語法學（*Grammatik*）——印歐語系的語言研究等等——也都在本質上被這種理論邏輯所規定，並且是如此嚴重，以至於要擺脫這種傳統邏輯學來理解語言現象看起來幾乎無望。然而，存在著下面這一任務，那就是：同希臘人所取得的成功相比，要再次更加徹底地把握邏輯學，並且以同樣的方式同時培植出對語言本身的一種更加徹底的理解，以及由此而來的對語言學的一種更加徹底的理解。但是，對這整個發展的理解，以及對通常所謂體系性的問題的理解——這些問題今天都通常同「邏輯學」相關聯而被引出，位於對下面這種東西的實事性的探索中，那就是：在

希臘哲學之範圍內，此處即在柏拉圖那兒，探索關於**λόγος【邏各斯】的問題提法之基礎**。因此，除了智者之本質以及哲學家之本質這一問題之外，並且除了與之相連繫的那些實事性的難題之外，我們還要將主要注意力對準**λόγος【邏各斯】難題和邏輯的觀念之根源**——**如它已經在希臘人那兒所形成出來的那樣**。

二九、當代關於哲學的問題。同柏拉圖相比的額外困難。基督教和文藝復興的影響。實事研究之觀念的蔓生。「先知性的哲學」和「科學性的哲學」（卡爾．雅斯貝爾斯）。實事性之自由

《智者》所提出的關於哲學家的問題，對於我們來說同時積極地是一種預示，那就是：這樣一種在表面上屬於文化教育的問題只能如何加以解決，以及它要求何種探索活動。我們不可以相信，在對哲學家是什麼這一問題的理解上，我們今天似乎甚至有了些許的進步；相反，我們必須得說，由於在其間不斷往前擠的另外一些方法之傾向，由於各種哲學外的問題的影響，使得問題提法，尤其是回答，對於我們來說變得愈發困難。唯有下面這一事實是引人注目的：對於哲學家之本質這一問題以及由此而來的哲學之本質這一問題來說，**世界觀**現象（das Phänomen der *Weltanschauung*）——如何稱呼它、要如何規定它，還是懸而未決的——，即**實踐性的東西**（*das Praktische*），進場表演；甚至那些試圖純粹爲其自身將之剝離出來

而發展出一種所謂的科學性的哲學的哲學家，也一再認爲自己有義務最終強調這樣一種加以分離出來的科學性的哲學在世界觀上的價值⓬。這同下面這點相連繫：西方的科學性的哲學——只要它從希臘人那兒開始就已經把自己挽救爲眞實的，進入到了**基督教的決定性影響**之下，尤其是進入到作爲一種文化宗教、作爲一種世界性—精神性的（weltlich-geistig）⓭力量的基督教之影響下。由此古典希臘哲學經歷了一種完全確定的嬗變；從此以後，哲學完全被置於一種確定的**世界觀上的需要**之下。隨著自文藝復興以來對精神生活的進一步理解，哲學同時被理解爲特定的**文化要素**，被理解爲對於個體來說是文化教育性的：哲學著作、哲學文獻，如藝術作品、音樂作品等一樣，在同一個意義上位列文化之中，以至於哲學同這類傾向打起架來。於是，哲學不僅作爲與基督教不同的另一種現象而成爲了世界觀，而且它作爲精神性的創造還同時得到了尊敬。由此就出現了，**研究之觀念**完全被各種更加普遍的精神傾向所**捂死**，而哲學之觀念則被各種極其特定的精神文化上的需求所引導，以至於人們事實

⓬ 海德格頁邊注：同科學和世界觀相關聯的哲學，參見一九二八／一九二九冬季學期講座。——原注
該講座文本現收集在《全集》第二十七卷《哲學導論》（*Einleitung in die Philosophie*）中。——譯注

⓭ weltlich，在日常德語中同kirchlich（教會的）相對，也具有「世俗的」、「俗世的」意思。——譯注

上能夠將那在獨特意義上滿足於這些需求的創造稱作「先知性的哲學（prophetische Philosophie）」，它一陣陣地爲那平均的精神處境進行預見，並且在特定的時代中進行領導。從希臘人的科學傳統中還剩下來的其他東西——如邏輯學和心理學，慣常被稱作「科學性的哲學（wissenschaftliche Philosophie）」，並附上一個意味著它眞正只還是一種學院中的事情的索引。雅斯貝爾斯在《世界觀的心理學》（*Psychologie der Weltanschaunngen*）一書中已經得出了「先知性的哲學」和「科學性的哲學」之間的這種區別，並由此眞正僅僅對一種不清楚的需求給出了表達：今天的情形是怎樣⑭。但是，這些區別對於下面這點來說是獨特的，那就是：與希臘人的古典哲學研究相比較，僅僅對實事研究所提出的那種徹底主張，已經從哲學那兒消失了。基督教在根本上要爲哲學的沉淪這一現象負責——另一些人在此看到了某種繁榮；只要它把哲學同對靈魂的深化和靈魂的昇華之需求相連繫，上面這一說法就不可能是令人吃驚的。在公共生活中，普遍精神娛樂的需求，對哲學的估價來說是最終決定性的。「形而上學」在今天要將它的復活歸功於這種虛弱的理解力。這預示著：我們完全是無根的；我們飽受無力追問之苦，眞正的認識之激情在我們這兒已經消亡了。這種無力追問以及認識之激情的消亡的背面，同時是下面這種意向，那就是：希

---

⑭ 海德格頁邊注：下面這些是不充分的：科學之概念 1.沒有充分加以澄清，2.過度的，3.沒有被認作隸屬於哲學。圓圈=「科學性的哲學」。——原注

望哲學甚或科學成爲如某種依靠一樣的東西，在它們那兒爲精神生存尋找依靠，或者說，倘若它們失敗了，那就拋棄它們。這種尋找依靠的意向，是對哲學研究的一種根本誤解。我們必須學習拒絕在科學尤其是在哲學研究面前尋求依靠這種要求。反之，正確研究和追問之可能性，即科學性地去生存這種可能性，已經設定了一種依靠，誠然不是一種宗教類型的依靠，而是完全獨特的和僅僅屬於這種生存類型的依靠——我把它稱作實事性之自由❶。僅僅在這種實事性之自由形成了的地方，從事科學方才在生存活動上是可能的。並且只有從這一立場出發，方才有可能克服今天人們宣布爲對於精神生活來說特別危險的那種東西，即克服歷史主義。那理解了實事研究意味著什麼的人，歷史主義對他來說根本不是一種危險——只要歷史主義是關於歷史的一種理論，而這種理論從未花力氣去問歷史是什麼和歷史地是（Geschichtlichsein）是什麼。歷史主義是一種典型的近代理論，它就一種事情，即就歷史而產生出來，但卻是這樣的：這種事情本身，即歷史，從未眞正成爲過難題。我認爲，實事性之自由將首次能夠給出下面這種可能性，那就是：我們在眞正的意義上是歷史的，即不會如在某個魔鬼面前那樣在歷史面前畫十字，而是知道我們生存的各種可能性就位於它那兒。只有當我們是歷史的時，我們才會理解歷史；但如果歷史得到了理解，那它eo ipso

---

❶ 海德格頁邊注：參見「眞之本質」。——原注

【因此】⓰也就被克服了。在此就有著一種實事研究之任務；與之相反，隨意漂浮的、所謂的「體系性的」哲學，憑藉來自歷史的各種偶然的刺激，意味著一種愜意的工作。

因此，如果我們今天簡略地、完全同對話相應地去了解人們把哲學視爲什麼，那麼，我們今天就不可以希望通過隨隨便便的方法就能想出並提交關於哲學家的定義，並由此從諸種困難中擺脫出來。相反，除了希臘人所走上的那條路之外，沒有任何別的路留給我們，那就是：通過哲學活動本身抵達哲學。因此，這篇對話以及對之的準備，對於我們中的每一個人來說——無論他現在是哲學家或者是其他的科學家——成爲了對下面這一事情的檢驗：他在多大程度上於自己那兒具有實事性之自由；面對這樣一篇對話可能產生的衝擊，他是否於他自己本身那兒對之具有接受能力和容納能力。那理解了這樣一篇對話以及這樣一篇對話所設定的內在責任的人——這樣一篇對話，也即是說，它完全自由地、沒有任何體系性背景和沒有任何熱望地從事情開始——，他根本無須對哲學之含義以及諸如此類的東西進行一種文化上的拔高。如果諸位一口氣讀完了對話之準備，那你們必定覺察到該處境之嚴峻，它和對於一場關乎生死存亡的決鬥的準備相比，是更高和更具決定性的。

⓰ 拉丁語eo ipso這一固定表達，也可以譯為「由於同樣的原因」。——譯注

四、向事情的過渡：示範性的對象之選取。兩重標準：1.簡單、2.類比和是之結構的豐富。ἀσπαλιευτής【垂釣者】作為示範性的對象

於是，談話的準備以下面這種方式直接過渡到了事情，那就是，兩位談話者，即ξένος【客人】和泰阿泰德，再次仔細確認了對於他們來說可能是唯一重要的事情：達成了一種συνομολογεῖσθαι【一致】（218c5），「達成一致，同他人說同樣的事情，如他人那樣看待同樣的事情」，περὶ τὸ πρᾶγμα αὐτό【對事情本身】（218c4）、「著眼於事情本身」，因此，關鍵在於看待同樣的事情，並且在相同的意義上如他人那樣理解它，尤其是διὰ λόγων【通過邏各斯】，基於已經揭開（Aufgedeckthaben）了的事情、基於通過同事情的一種眞正爭辯，這些才是重要的；重要的不是ὁμολογεῖσθαι〈περὶ〉τοὔνομα μόνον【僅僅關於名稱取得一致】（參見218c5）、「僅僅就名稱取得一致」，並且這名稱χωρὶς λόγου【缺乏邏各斯】（218c5），「缺乏、沒有任何的事情之顯示」。由此所有空洞的、字面上的知識都會被拒絕。我們從蘇格拉底的問題提法之方法中已經看到，他追問的是γένος【屬】。重要的是識別哲學家的屬，τὸ γένος διακρίνειν【識別屬】（參見216c2以下）。我們在這兒不把γένος【屬】翻譯爲屬（Gattung）⑰，而是譯爲「族

⑰ 德文Gattung（屬）來自動詞gatten（結合／聚集）。——譯注

類（Stamm）」。這一翻譯的合法性現在會從下面這一句子那兒顯明出來：τὸ δὲ φῦλον ὃ νῦν ἐπινοοῦμεν ζητεῖν【我們現在打算探究的那個族類】（218c5以下）。φῦλον【族類】⑱、「族類」，同γένος【屬】意味著同樣的東西，這使得下面這點完全清楚，那就是：在這兒，γένος【屬】並不意指在後來形式邏輯所給予它的那種意義上的屬。我們要認識的是智者的族類，即他由之成爲他所是的那種東西。因此，他的整個譜系（Stammbaum），他那就其是而來的家族史（*Stammesgeschichte*），要在λέγειν【說】中加以揭開。因此，智者的是，或者哲學家的是，要著眼於從—是—而來（das Her-sein-aus）、從—源頭—而來（das Her-stammen-von）進行解釋。對家族史的展開、對其生成之起源的嶄露，首先使得是者本身在其是上變得可理解。一種是者的此是在其從—是—而來上變得透徹。ξένος【客人】再次強調了探索的困難，χαλεπὸν καὶ δυσθήρευτον ἡγησαμένοις εἶναι τὸ τοῦ σοφιστοῦ γένος【我們認爲智者的屬是棘手的和難以把握的】（218d3以下），並且建議，τὴν μέθοδον αὐτοῦ προμελετᾶν【預先練習其方法】（218d4以下），首先、預先訓練進行展開的追蹤的方式，即探索的方式。他說：ὅσα δ' αὖ τῶν μεγάλων δεῖ διαπονεῖσθαι καλῶς, περὶ τῶν τοιούτων δέδοκται πᾶσιν καὶ πάλαι τὸ πρότερον

---

⑱ γένος【屬】源於動詞γένω/γίγνομαι【出生、產生、形成】，φῦλον【族類】則來自自動詞φύω【出生、產生、生長】，與φύσις【自然/本性】是同源詞。——譯注

ἐν σμικροῖς καὶ ῥᾴοσιν αὐτὰ δεῖν μελετᾶν, πρὶν ἐν αὐτοῖς τοῖς μεγίστοις.【此外，如果要好好地把那些重大的事情努力完成出來的話，那麼，關於這些事情所有人很久以前就認爲，在做重大事情本身之前，應在細小且容易的事情中練習它們。】（218c7-218d2）「所有人很早就被教導」，有著一個古老的規則、一個古老的普遍信條，「就各種重大事情來說，如果要καλῶς【好好地】，即以恰當的方式διαπονεῖσθαι【努力完成】、仔細研究所有的東西，那麼，人們在嘗試那些較爲重大的對象本身之前，應首先ἐν σμικροῖς【在細小的事情中】，即在不重要的東西和較爲簡單的東西之範圍內進行練習。」ξένος【客人】指出了這點；當泰阿泰德向他承認他不知道還有什麼其他辦法之後，他問泰阿泰德：由此說來，如果我們通過一個細小的對象，並嘗試παράδειγμα αὐτὸ θέσθαι τοῦ μείζονος【將之作爲更加重大事情的例子】（218d9）、「將之設爲更加重大事情的例子」，這對你來說是合意的了？泰阿泰德同意。

於是問題現在生起爲：爲了滿足對處理方法進行一種練習這一任務，我們必須如何取得**示範性的**事情？要找到一個對象，在它身上練習後面要用在智者身上的那種探索方法。ξένος【客人】從兩個角度刻劃了方法中的示範性對象之特性：它必須

1. εὔγνωστον μὲν καὶ σμικρόν【熟知的且細小的】（218e2以下），是「熟知的且微不足道的」。在一定方式上這兩者共屬一體。某種東西，它基於日常經驗很好認識，因而在這種經驗中，其是什麼、如何使用、具有何種含義毫無秘密可

言，它的各種是之可能性、甚至實際的各種變化之可能性對於所有人來說都是熟悉和周知的，——它恰恰就是微不足道的東西、日常熟知的東西。生活中那些更加重大的事情多半是有爭論的；關於它們，如關於哲學家、智者、政治家，的確存在著ἀγνοία【無知】——正如我們關於哲學家曾聽到的——，即沒有實事性的認識，有的只是一種情緒上的意見。爲了能夠實際地操練方法，必須手頭上有著下面這樣一種對象：它在現象上的內容，於一定範圍內對於所有人都是可通達的，在它首先顯現出來的東西那兒，它沒有提供出任何的不可靠。如果手頭上要有這樣一種對象，那麼，顯然就會如我們所表達的那樣涉及下面這一任務：拾起對象、事情在現象上的內容。現象上的，在這兒說的無非就是：向著那對事情進行首先、直截了當的觀望所顯現的；這種首先、直截了當的觀望也許是非常複雜的。它還根本無須是源始的，還根本無須已經眞正把握了事情；相反，現象上的內容中的本質性的東西是：這種內容基於觀和看中的一種自然的、恰恰進行統治的處境而被獲得了。純粹顯現在觀和看中的東西，也就是那首先要加以把握的東西。它能夠表明：事情的這種首先的樣子，或許被各種完全不眞實的見解所規定。然而，對於自然的、最切近的把握方法和交道方法來說，它是最切近的樣子。現在要做的就是首先拾起它、確保它，以便能夠就這種事情提出一個有基礎的問題來。其中就有著，對於一個提出哲學上的實事性這一要求的探索來說，下面這些根本不是必須的，那就是：甚至事情要已經有著特殊的含義，從而裝著在實際地從事哲學，必須從關於絕對的辯證法開始，或必須思辨宗教之本質，或必須爲世界歷史的意義進行奠基：εὔγνωστον καὶ σμικρόν【熟知的且細小的】。

2. 要求：λόγον δὲ μηδενὸς ἐλάττονα ἔχον τῶν μειζόνων【但同那些更重大的事情相比，它並不具有較差的邏各斯】（218e3），示範性的對象雖然是眾所周知的且屬於微不足道的類型，但就在它那兒於可談及的東西身上所能夠加以展示的東西來說，則並非無足輕重。但在這兒，是者也要就其γένος【屬】、就其起源來加以談及。因此，那被要求的對象，雖然它按照其實際含義來說或許是可笑的、微不足道的，但就於其身上的起源之結構中所能夠展示出來的東西來說，它並不落後於那些μείζονα【更重大的事情】、更重大的事情：儘管在所要討論的事情之實際地位上有著完全的不同，但在結構上都有著實事性的豐富。ξένος【客人】建議的對象滿足這兩方面的要求，人人熟悉它，那就是**垂釣者**、ἀσπαλιευτής【垂釣者】；他說（219a1以下）：他希望這樣一種指南、μέθοδος【方法】，和這種λόγος【邏各斯】、這種探索，對於他們在其探索中所眞正意圖的東西並不是沒有好處的。於是，在一種範例性的東西之意義上（219a-221c），現在開始了對ἀσπαλιευτής【垂釣者】的考察。

第一編 尋找智者的實際生存之λόγος【邏各斯】（《智者》219a-237b）

第一章 關於定義之方法的一個例子。對ἀσπαλιευτής【垂釣者】的定義❶（219a-221c）

四、示範性的對象（ἀσπαλιευτής【垂釣者】）之有效程度及其處理方法。《智者》：不是一篇「純粹的方法對話」

可能看起來會是這樣：對於一個範例性的、哲學的考察來說，示範性的東西之實事內容原則上是隨意的，對示範性東西的規定僅僅具有下面這種意義，那就是贏得適合於考慮主題性東西的那樣一種對象、讓方法變得可見，因而最終會於那些完全不同類的事情那兒發現同樣的結構和結果。如果對示範性東西持這樣一種看法，那麼就可能會以為方法完全獨立於那要加以處理的事情，以至於它會等同於討論的一種形式技

❶ 根據海德格本人而來的標題（見第234頁以下，對《智者》的劃分）。——原注

藝和抽象程序——這種形式技藝和抽象程序封閉地自我運行，並且能夠無須各別的專門知識而用在每一隨意的東西身上。這只不過看起來如此。然而，以爲這兒存在著一種徹頭徹尾的隨意性，彷彿在對話所設定的特定任務之範圍內任何隨機的東西都能夠被撿起，這就太草率了。而我們將看到，在**示範性東西即垂釣者**和**主題性的東西即智者之間**，**也存在著一種內容上的連繫**，從而在對垂釣者的分析中於諸結構那兒所發現的東西，不可以單純在示範性的東西之意義上擺到前面來；相反，**諸結構**——至少其中一些，要在接下來對智者的規定中被積極地加以接受，以至於甚至分析垂釣者的**基本要點**最終也爲智者的規定提供了**基礎**。就我所觀察到的迄今爲止的柏拉圖—文獻而言，下面這點從未得到過注意：示範性東西的有效程度以及對示範性東西的處理，遠遠超出了我前面所給出用來作爲例子的那種規定，因而一些結構事實上參與到了智者之定義中。不僅一些結構，而且基本要點本身也已經著眼於智者之觀念而加以設計。因此，我們不可以陷入一種反面的看法中，並相信《智者》——尤其如近代柏拉圖—闡釋所說的那樣，似乎是一篇純粹的方法對話，彷彿柏拉圖僅僅關心在這兒證明一種新近被揭示出來的διαίρεσις【劃分】這種方法。對示範性東西和主題性東西之間內在連繫的更仔細的考察，也會讓我們正面地、源始地把握對話的真正意義和目的。

四、τέχνη【技藝】作為ἀσπαλιευτής【垂釣者】的基本規定以及它的兩個εἶδη【種】（ποιητική【創制術】，κτητική【獲取術】）

(一) τέχνη【技藝】作爲ἀσπαλιευτής【垂釣者】的基本規定。ζήτημα πρῶτον【首先加以尋找的東西】（作爲出發點的現象）作爲「前－有」。τέχνη【技藝】：精通……，δύναμις εἰς【對……的能力】。視域：生活，此是

我們現在要檢查示範性的東西看起來是怎樣的，或者說，ξένος【客人】和泰阿泰德這兩人是如何抵達關於垂釣者的一種規定的。他們提出的第一個問題是：ὡς θήσομεν【作爲……我們將設定】（參見219a5以下），更爲準確的是：ὡς τί θήσομεν【作爲什麼將被我們設定】，現在我們要加以討論的那種被先行給出的對象，「作爲什麼將被我們」事先「設定」？它作爲什麼將被我們加以規定，以至於該規定奠基著所有進一步的考察？或者：他們規定ζήτημα πρῶτον【首先加以尋找的東西】（221c8），即「首先要加以尋求和發現的東西」，並且它奠基著所有進一步的規定和對現象的所有具體的擬定❷。如果我們要闡釋對話，即走向那未曾明言地起

❷ 關於ζήτημα πρῶτον【首先加以尋找的東西】，參見第281頁以下，第290頁以下。——原注

著作用的東西，那麼，我們自身就尤其必須理解這個ζήτημα πρῶτον【首先加以尋找的東西】。但是，爲了避免是在進行編造，我們有責任率先檢查一下那首先要加以尋找和發現的東西是如何發生作用的、它是如何進行奠基的，以及它在何種方式上是πρῶτον【首先的】。

我們將基於源始的連繫把這一ζήτημα πρῶτον【首先加以尋找的東西】在方法上闡釋爲前－有（*Vor-habe*）：即闡釋爲對於探索來說事先在現象上被把握的東西，被保持爲如此原初加以把握的東西，在對對象的所有進一步的觀望中都被保持著，——因此，作爲事先被具有和保持的東西，它參與到了對現象的所有進一步的規定中，但不是首先隨意地在一定程度上被固定爲金字塔塔尖，然後就不再過問什麼；相反，它具有在所有具體規定中都發生作用這一獨特功能。這就是我們在一種現象學的刻劃中將之稱作現象之「前－有」的東西在方法上的意義。

從問題的一開始就顯露出兩位談話者首先在下面這點上取得了一致，那就是，要把垂釣者擺入其中的那個現象上的基本方向究竟是哪種：他是一位τεχνίτης【有技藝的人】呢，還是一位ἄτεχνος【無技藝的人】（219a5）？根據引導性的考察，我們知道：τέχνη【技藝】意味著ἀληθεύειν【去蔽】的一種方式，一種揭開的方式，尤其是一種在某一特定的交道方法之範圍內的揭開。亞里士多德將之規定爲ἀληθεύειν μετὰ λόγου ποιητική【依賴邏各斯的創制術這種去蔽】的ἕξις【品質】，將之規定爲精通－某事（Sich-Auskennen-in-etwas）——如果我們首先完全在形式上規定它的話。因此，垂釣者是精通某事的人呢，或者，他是ἄτεχνος【無技藝的人】、「缺乏某種東西，即不精通某事的人」？如果他缺乏這點，那他相應地具有ἄλλην δὲ δύναμιν【別的能力】（219a5以下），即取代這種不精通的，是他具有「某一別的δύναμις【能力】」？因此，從這種極其簡明地表達出來的問題那兒，我們已經看到τέχνη【技藝】、τεχνίτης【有技藝的人】、ἄτεχνος【無技藝的人】更爲源始地根據δύναμις【能力】來加以規定，因此τέχνη【技藝】被規定爲δύναμις【能力】，即被規定爲能夠、能力、對某事具有才能，正如後面明確表達的：δύναμις εἰς…【對……的能力】（參見219b8以下）。因此，我們能夠如下面這樣來確定對考察的劃分：

δύναμις【能力】
τέχνη【技藝】

於是，問題就是：垂釣者是τεχνίτης【有技藝的人】呢，還是ἄτεχνος【無技藝的人】而具有某一別的δύναμις【能力】的人。ἄτεχνος【無技藝的人】在221c9中被稱作ἰδιώτης【一無所長的人】，即被稱作一無所學、一無所知的那樣一種人。泰阿泰德回答說：ἥκιστά γε ἄτεχνον【絕非無技藝的人】（219a7），人們「極少」能夠說垂釣者是ἰδιώτης【一無所長的人】或ἄτεχνος【無技藝的人】、說他是無所精通的。因爲每個人都清楚這點；每個人在自然的生活理解中都理解垂釣者必定具有某種確定的τέχνη【技藝】、某種確定的精通、某種確定的被定位地是（Orientiertsein）❸；這是一種於其自身就是εὔγνωστον【眾所周知的東西】。由此給出了下面這一問題的回答：ὡς τί θήσομεν【將作爲什麼被我們設定】？——作爲τεχνίτης【有技藝的人】。作爲垂釣者，他的是（Sein）被τέχνη【技藝】所規定。因此，τέχνη【技藝】是**示範性的對象**，即垂釣者的基本規定，在此我們要注意：在這兒，τέχνη【技藝】是根據最切近的理解而完全形式普遍地、沒有任何進一步定義地被確定出來的。同時表明：τέχνη【技藝】在這兒如下面這樣被確定出來，那就是它具有δύναμις【能力】這種源始的是之性質。顯然——雖然在這兒沒有說出來，但在實事上已經變得透徹了——，由於這兒在一定意義上所涉及的乃是那**生活著的**是者，故作爲這樣的是者它具有對於某事的某一特定的可能性、某一δύναμις εἰς…【對……的能力】。我們現在必須根據這一基本規定，更加仔細地檢查對ἀσπαλιευτής【垂釣者】的揭開、δηλοῦν【揭示】是如何進行的。因爲考察以泰阿泰德說出下面這番話而結束：παντάπασι μὲν οὖν τοῦτό γε ἱκανῶς δεδήλωται.【於是，這已經完全、充分地加以揭示了。】（221c4）這，即示範性的對象，「於是已

❸ Orientiertsein在這兒也可以譯為「有所了解地是」。——譯注

經完完全全地變得清楚了，加以揭示了。」

(一) τέχνη【技藝】的第一個εἶδος【種】：ποιητική【創制術】

1. 舉出諸現象。對同一基本現象的展露：ἄγειν εἰς οὐσίαν【帶入所是】

問題是，這種τέχνη【技藝】自身如何被更加仔細地加以規定，以至於這種規定足以讓我們看見垂釣者作爲垂釣者。ξένος【客人】回答說：ἀλλὰ μὴν τῶν γε τεχνῶν πασῶν σχεδὸν εἴδη δύο【但所有的技藝大概無非兩種】（219a8），「然而，的確在所有的精通之方式中」，σχεδὸν εἴδη δύο【大概無非兩種】，「有著」——不是簡單獨斷地宣稱，而是σχεδὸν【大概】——「差不多、或許，兩種」。這清楚地表明：柏拉圖根本不關心去取得一種絕對的劃分；相反，他讓之保持開放；對於他來說，重要的不是體系對不對頭——如後來的解釋者常常所說的那樣；他有著完全不同的興趣，那就是努力接近事情。因此，精通具有雙重外貌，這樣或那樣。問題是：應根據什麼來規定一種τέχνη【技藝】，以便指出它的εἶδος【種】。關於τέχνη【技藝】本身的確還根本未發現任何東西。然而，τέχνη【技藝】作爲精通，在其自身那兒就是一種對某事的精通。因此，正如人們慣常所說的那樣，人們所精通的東西，即精通之何所及（*Worin*）、操作，或許能夠爲精通的不同類型提供基礎。關於在某一特定操作中的精通同這種操作本身之間的連繫，還根本未得到發現；相反，它僅僅被標示爲何所及。

在何所及的不同類型中有著何種區別？在219a10以下ξένος【客人】提到：γεωργία μέν【耕種】，即首先是γεωργία【耕種】、「對土地、田野的耕作和照料」；這一規定被擴展爲：καὶ ὅση περὶ τὸ θνητὸν πᾶν σῶμα θεραπεία【以及所有對每一有死的有形者的照料】，所有那些對準會死的東西，即有生命的東西的照料。因此，我們首先具有精通所及的東西的一種類型：精通對田地的耕作、精通對動物的照料。也即是說：對耕作和照料的精通。

耕作照料

τό τε αὖ περὶ τὸ σύνθετον καὶ πλαστόν, ὃ δὴ σκεῦος ὠνομάκαμεν【以及那關乎我們稱作器具的那些組成物和塑造物的】（219a11以下）。這一規定在此非常簡略地被表達了出來。我們能夠將之改寫爲這樣：在某一操作、某一操心中的精通，它延展到「組成的東西或可組成的東西以及可構成的東西」之上，這些東西總的被刻劃爲σκεῦος【器具】、「器具」。因此，在組成活動和塑造活動中——我們將之簡略地概況爲：在製造活動中——有著一種精通。

製造

尤其是對家用器具、工具的一種製造；πλαστόν【塑造物】首先與裝飾品有關。——進而：ἥ τε μιμητική【或者模仿術】（219b1）、在進行仿製的塑造活動中的精通，即在創制中同時模仿某種東西的這樣一種創制中的精通。這兒所想到的乃是繪畫活動、雕塑家的活動，即藝術作品的創作：

模仿

由此給出了就人們所能夠精通的東西的各種不同可能性的一定範圍。正如他們早前已經商定的，精通—某事的這些各式各樣的可能性應被我們固定爲ἑνὶ ὀνόματι【一個名稱】（參見219b2），「帶有**一個**名稱」，以至於一個名稱就能夠δικαιότατα【最爲正當地】、「有權」宣判給對這些操作方式的各式各樣的精通。因此，並非單純涉及一種空洞的名稱上的標記，而是涉及一種ὄνομα διὰ λόγων【根據邏各斯而來的名稱】；涉及一種命名——這種命名穿過了對所要討論的事情的揭開。一個名稱要被宣布給這種多樣性，也即是說，要從一種τέχνη【技藝】能夠於其中發展出來的各式各樣的這些可能性那兒，看出某種**同一的現象**——該現象是統一的名稱之眞正基礎。那麼，我們在對田地的耕作中、在對動物的照料中、在製造中、在模仿中所遇見的那種同一的現象是何種現象？要看出這同一的現象，並且與之相應還要把名稱賦予給精通的這些類型。因此，在命名中決定性的不是名稱作爲名稱、某一名稱可供使用這一事實，而是事情之同一性。這清楚地顯露在不同的段落那兒，在這些段落那兒，考察於那些類似的處境那兒停了下來，並且對話者對名稱感到不知所措；例如：ἀμελῶμεν τοῦ ὀνόματος · ἀρκεῖ γὰρ καὶ τοῦτο.【讓我們忽略名稱，因爲這名稱已經夠用了。】（220d4）「我們不要太過於在乎名稱，這名稱已經夠用了。」名稱，只有當它被安排妥當了，它方才具有意義和含義；否則它恰恰就是進行誤導的。

那麼，在耕作、照料、製造、模仿中的那種同一的現象是何種現象？ξένος【客人】再次給出了回答：ὅπερ ἂν μὴ πρότερόν τις ὂν ὕστερον εἰς οὐσίαν ἄγῃ【把先前並不是著的某種東西帶入所是】（219b4以下），「把那先前不在此是的東西，帶往是。」這一現象對於精通的所有這些不同的類型來說是獨特的，彷彿同一的東西在它們當中發現了：ἄγειν εἰς οὐσίαν【帶入所是】。因此，作爲精通的τέχνη【技藝】關乎一種ἄγειν【帶領】，即一種「引領、帶領」，在最爲寬泛的意義上是一種我們也能夠將之譯爲πρᾶξις【實踐】的行動。

2. 展望：在希臘人那兒的是之意義。是（οὐσία【所是】）=在場，可供使用，被擺置—出來地是。ἄγειν εἰς οὐσίαν【帶入所是】=擺置—出來，ποιεῖν【創制】。於環境那兒對是之意義的拾取。此是之自然上的是態學。ποίησις【創制】和οὐσία【所是】

要注意ἄγειν εἰς οὐσίαν【帶入所是】這一表達。οὐσία【所是】在一定限度內已經在柏拉圖那兒具有術語上的含義，尤其在亞里士多德那兒，οὐσία【所是】具有作爲是之基本性質的ὑποκείμενον【基體】之意義。但在這兒，οὐσία【所是】具有一種更多自然的、更爲源始的含義。我們能夠直接從上下文中讀出οὐσία【所是】的意義。問題所涉及的是在最寬泛意義上的行動、操作的這些類型中，某種東西要被引往它的是。涉及各種生長著的植物、農作物之是，涉及被照料的各種動物之是，涉及各種器具之是、各種被布置爲裝飾物拿來欣賞的藝術作品之是。因此，在這兒，**是**在一種十分特定的意義上意味著**在日常使用和日常觀看之範圍內的那些特定事情之在場**。οὐσία【所是】意味著對於這種使用來說的**可支配性**。因此，εἰς οὐσίαν ἄγειν【帶入所是】、引往是，意味著：**爲了日常生活而擺置入可支配性**中，簡而言之：**擺置**出來（*herstellen*）。並且ξένος【客人】補充說：τὸν μὲν ἄγοντα ποιεῖν, τὸ δὲ ἀγόμενον ποιεῖσθαί πού φαμεν.【我們把那進行帶引的，稱作進行創制；而把那被帶引出來的，稱作被創制。】（219b5以下）我們就其行爲來說，將把某種東西帶領、引領到其是中的那樣一種人稱爲在ποιεῖν【創制】，而ἀγόμενον【被帶引出來的東西】，即被引往是的東西（das zum Sein Geführte）、並且作爲如此被創制出來的東西（so Hergestelltes）的在此－是著的東西（das Da-Seiende），是ποιούμενον【被創制者】、ποιεῖσθαι【被創制】。因此，**是**（*Sein*）意味著**被擺置－出來地是**（*Her-gestelltsein*）。這相當於οὐσία【所是】的源始意義。οὐσία【所是】意味著所有物、財富、家庭財產，即在日常此是中可以支配的東西、在那兒可供使用的東西。是意味著：可—供—使用（Zu-verfügung-Stehen）。

我們看到，這兒所談到的乃是來自某一十分特定範圍中的對象，是日常使用和日常操勞中的對象。我們把最切近的是者的這整個世界在術語上稱作**環境**。我們同時看到，在這兒對**是之意義**的一種完全**自然的解釋**對於希臘人來說是活潑潑的，他們於**作爲環境的世界**那兒讀出了是之意義。這是一種自然的和質樸的解釋，因爲這種是之意義同時——它恰恰刻劃著質樸——徑直被取作絕對的是之意義。但這顯示出，希臘人對是之概念的自然起源沒有任何明確的意識，由此對於他們由之出發眞正汲取出是之意義的那一特定的領域也沒有任何洞察，以至於對於一般是（das Sein überhaupt）來說，οὐσία【所是】恰恰能夠同時承擔起它在其他術語上的含義。此外，下面這點在這件事上也變得可見了：人的自然此是，只要它進行看和揭示，只要它談論那被揭開了的東西、在此是著的東西（das Entdeckte, Daseiende）——即使它沒有從事科學，它就已經具有一種**源始的和自然的是態學**，同對世界及其是進行解釋的一種十分特定的類型保持著連繫；這樣一種自然的是態學不是偶然的；相反，只要人們畢竟想對是態學這一稱號所限定的整個問題具有一種理解，那麼，就必定在它自己的本性中理解它。對於上述恰恰被ποιεῖσθαι【被創制】的這些類型所限定的是者之領域來說，希臘人也具有一個非常獨特的表達：πράγματα【事情】，即人們所要從事的東西、對於πρᾶξις【實踐】而言在此是的東西。因此，ὄν【是者】、εἶναι【是】、οὐσία【所是】、πράγματα【事情】這些稱號同等地被加以使用。

ξένος【客人】於是再次進行了總結：τὰ δέ γε νυνδὴ ἃ διήλθομεν ἅπαντα εἶχεν εἰς τοῦτο τὴν αὐτῶν δύναμιν.【我們剛才所討論的所有那些，它們都具前往這種東西的能力。】（219b8以下）「我們已經討論的所有那些東西——這些各種不同的類型，就它們來說有著某種精通——全都在自己那兒具有一種εἰς【前往】、去……的可能性」，εἰς τοῦτο【前往這種東西】，即去ποιεῖν【創制】。在所有這些中都顯現出下面這種同一的現象：對……是有能力的（Das Imstandesein-zu...），也即是說，把先前並不在此是著的東西帶入到是中，即具有ποιεῖν【創制】這種可能性。對……是可能的（Das Möglichsein zu...）、對……是有能力的，於希臘人那兒在語言上通過詞尾-ικος加以表達：τέχνη ποιητική【能夠進行創制的技藝】。ποιητικὴν τοίνυν αὐτὰ συγκεφαλαιωσάμενοι προσείπωμεν.【因此，讓我們將它們概括性地稱爲創制術】（219b11以下）概況性地——這總是同時意味著：抓住事情的要害、主要事情——我們能夠說，應把這些現象稱作τέχνη ποιητική【能夠進行創制的技藝】。由此我們擁有了τέχνη【技藝】的一種外觀：精通創制某種東西。

我有意非常深入地逗留在這段話這兒，因爲在它那兒突顯出οὐσία【所是】之意義和ποίησις【創制】之意義之間的一種根本連繫。這種連繫不是偶然的，並且正如諸位在後面將看到的那樣，對這段話的闡釋絕不是被硬塞進去的。相反，這段話恰恰是後面對智者的眞正規定被置於其上以及不－是者之是這一問題發生其上的基礎。只要ποιεῖν【創制】這種現象在較後的一段話中再次被提起（233d9以下），那柏拉圖就的確明確地通過一個特定的問題提法而涉及這種連繫。在那兒，ποιεῖν【創制】不僅同是相連繫，而且同εἰδέναι【知識】、知識、對是者的揭開相連繫。因此，恰恰對τέχνη【技藝】所關乎的打交道的這種最初刻劃，——即對ποίησις【創制】的這種最初刻劃——對於對話的進一步工作來說特別重要，只要ποιεῖν【創制】基於它同是（das Sein）、同現成地是（Vorhandensein）或變爲現成（Vorhandenwerden）所具有的內在關聯，後來在眞正對是或不是的討論那兒再次被引入。要注意：ποιεῖν【創制】之規定，無論是對ἀσπαλιευτής【垂釣者】之規定來說，還是對智者之規定來說——即對關於智者的最初六個規定來說，都沒有被考慮進去，因而它首先彷彿被忘記了似的，僅僅在後來才獲得核心的含義。

到目前爲止我們已經探究了τέχνη【技藝】的一個結構之方向，並贏得了一個εἶδος【種】。現在要做的是看到另一個εἶδος【種】。只有當我們看見了兩者，我們方才有能力更加準確地理解下面這點，那就是：同精通的各種不同的基本可能性相關涉，τέχνη【技藝】之δύναμις【能力】究竟是什麼。

㈡ τέχνη【技藝】的第二個εἶδος【種】：κτητική【獲取術】

1. 對諸現象的舉出。對同一基本現象的展露：κτῆσθαι【獲取】（占有）。占有的各種基本可能性：1. λόγος【邏各斯】、2. πρᾶξις【實踐】

第一個εἶδος【種】自然不是被柏拉圖偶然地擺到前面來。我們將看到，τέχνη【技藝】的第二個εἶδος【種】乃是鑒於第一個種並與之相對照而贏得的。對τέχνη【技藝】的闡明純粹圖型化地展現爲這樣：

τέχνη【技藝】
- ποιητική【創制術】（第一個εἶδος【種】）
- κτητική【獲取術】（第二個εἶδος【種】）

諸位要注意柏拉圖是這樣行事的，那就是：總是首先把事情擺到前面來，即指出各種特定的現象，然後基於它來規定εἶδος【種】。τὸ δὴ μαθηματικὸν αὖ μετὰ τοῦτο εἶδος ὅλον καὶ τὸ τῆς γνωρίσεως τό τε χρηματιστικὸν καὶ ἀγωνιστικὸν καὶ θηρευτικόν.【在這之後，能夠學習的整個種和認識的整個種，以及能夠營利的、能夠爭鬥的和能夠追捕的。】（219c2以下）因而現在要做的是看清：在現象之規定的進一步發展中，那首先贏得的東西如何起作用。我們已經看到了

τέχνη ποιητική【能夠進行創制的技藝】，精通創制不—是著的東西，即精通把某—種東西—帶往—是（Zum-Sein-Bringen von etwas）。現在在這兒，首先列舉了諸現象——與之相關能夠給出另外一種精通類型：μαθηματικόν【能夠學習的】、μάθημα【學問】，在最寬泛意義上的學習：γνώρισις【熟識】、γνῶσις【認識】，「納入—認識—中（Zur-Kenntnis-Nehmen）」❹：χρηματίζειν【營利】、ἀγωνίζειν【爭鬥】、θηρεύειν【獵取】。學習，在讓—自己—靠近—某種東西（das Sich-etwas-*Bei* bringen）這種意義上加以理解：γνωρίζειν【認識】，即「讓自己熟悉某種東西」、「結識某種東西」，正如我們說：取得關於某一事情的認識。如前面一樣，自然要追問在這些現象中的一種同一的基本內容。迄今我們有：讓自己靠近—某種東西（sich etwas *bei*-bringen）、把某種東西接納到自己那兒。χρηματίζειν【營利】：χρῆμα【東西】同πρᾶγμα【事情】以及οὐσία【所是】具有同樣的含義：在此是的東西、人們能夠由之「做某事」的東西、人們能夠使用、能夠占有的東西；χρηματίζειν【營利】意味著：「促進此是，促進可支配地是（Verfügebarsein）」、「弄到這樣的東西」，在最寬泛的意義上乃是費盡心力地「做買賣」、「爲了有所賺頭而是（auf Erwerb aus Sein）」。

❹ etw. zur Kenntnis nehmen，在日常德語中是一固定表達，意思是「獲悉」。——譯注

此外：ἀγωνίζειν【爭鬥】，「鬥爭」、「在－鬥爭中－贏得（Im-Kampf-Gewinnen）」；θηρεύειν【追捕】、「獵獲」。在文本自身那兒我們得到了關於基本結構的一種清楚提示，首先是否定性的：δημιουργεῖ οὐδὲν τούτων【其中沒有一個爲眾人做工】（參見219c4）這些現象中沒有一個具有δημιουργεῖν【爲眾人做工】之性質；δήμιον【公共的】意味著：「公共的」；δημιουργεῖν【爲眾人做工】：「創制『人們』日常在公共生活中所需要的東西」；δημιουργός【工匠】❺是創制日常所需事物的手藝人。在這兒，δημιουργεῖν【爲眾人做工】具有寬泛的ποιεῖν【創制】之意義。這些現象中沒有一個具有ποιεῖν【創制】之性質；它們所關乎的東西、對象，不具有ποίησις【創制】之對象所具有的那樣的結構；它們的對象並非πρότερόν μὴ ὄν【先前並不是著的東西】，即先前並不是著而是通過努力－幹活（das Sich-zu-schaffen-Machen）❻方才被帶入是中的東西。相反：τὰ δὲ ὄντα καὶ γεγονότα【那些是著的東西和已經生成出來的東西】（219c4以下），這兒所關乎的乃那已經是現成的是者，無論它總是已經在此是，

❺ δημιουργός【工匠】一詞，由δήμιος【公共的】和ἔργον【工作】合成，本意就是「為眾人做工的人」。——譯注

❻ sich zu schaffen machen乃一固定表達，意味「從事」、「忙碌於」。海德格在這兒將之用連字號隔開，我勉強將之處理為「努力幹活」。——譯注

還是通過ποίησις【創制】方才生成了出來。是者已經在此是，這對於所有的據為—己有、占為—己有、賺取、爭鬥、追捕來說都是構建性的。這些行為所關乎的對象同ποίησις【創制】所關乎的對象相比，有著一種完全不同的是之結構。這些行為中的同一現象不是ποιεῖν【創制】、ἄγειν εἰς οὐσίαν【帶入所是】，而是χειροῦσθαι【弄到手】，即「弄到手」、把某種東西占為己有、將之據為己有。尤其還有著不同的可能性：τὰ μὲν χειροῦται λόγοις καὶ πράξεσι【憑藉邏各斯或行為弄到手】（219c5），或者在λόγος【邏各斯】中占有它，或者在πρᾶξις【行為】中占有它。因而涉及的是這樣一種是者：它能夠成為某種據為—己有之對象；或者τὰ δὲ τοῖς χειρουμένοις οὐκ ἐπιτρέπει【拒不將自己交給那些要將之弄到手的人】（219c5以下），即涉及這樣一種是者：它抗拒那有所下手的據為—己有，由此或許必須通過詭計或憑藉暴力、通過戰鬥或追捕方才能占有它。同是者打交道的所有這些方式都被刻劃為一種χειροῦσθαι【弄到手】，即占為—己有。正如已經說過的，這種據為—己有否定性地被οὐδὲν δημιουργεῖ【不為眾人做工】所規定，即具有占有這種性質的這些交道方式中沒有一個「創制某種東西」。χειροῦσθαι【弄到手】，即弄到手、占為己有，這兒要在較為寬泛的意義上加以理解——後來它才在一種較為狹窄的意義上加以使用，它應同創制相對照而僅僅表明：把某種現成的東西占為己有，或者占有它、使之成為自己的財產，用希臘的話講，就是κτῆσθαι【獲取】。因此，與之相關的精通被刻劃為τέχνη κτητική【能夠進行獲取的技藝】。

我們在這兒看到，τέχνη【技藝】的第一個εἶδος【種】，即τέχνη ποιητική【能夠進行創制的技藝】或ποίησις【創制】，是如何以某種方式爲限定第二種通達方法提供基礎的，也即是說，只要把某種東西據爲一己有，根據其意義關乎著那已經是現成的是者。那必須是現成的以便成爲某種占有之可能對象的這種是者，另一方面也能夠如下面這樣是現成的，那就是：它曾經被創制出來，從而它是某一ὄν【是著的東西】——而這種是著的東西事實上是一種ποιούμενον【被創制出來的東西】。因此，人們能夠說：據爲一己有同某一ποίησις【創制】相關，只要那些特定的對象、日用品、工具能夠被某人創制出來然後被另外的人所占有。但是嚴格說來，另一方面，把某種東西據爲一己有並不必然奠基在某一ποίησις【創制】之上。因爲有著許多根據其意義並不被創制出來的是者、始終是的是者，如自然，因而這種是者始終已經在此是，但它作爲這樣的是者也能夠被占有，尤其是以學習、認識、占據—奪取——如占據、奪取一塊地——這些特定的方式。因此，從結構上講和嚴格說來，據爲一己有、χειροῦσθαι【弄到手】並不奠基在ποίησις【創制】之上。

2. 展望：希臘人對λόγος【邏各斯】的理解。λόγος【邏各斯】作爲對是者之眞的占有

正如τέχνη【技藝】的第一個εἶδος【種】，即τέχνη ποιητική【能夠進行創制的技藝】或ποίησις【創制】，提供出了對理解οὐσία【所是】的一種展望，並讓我們有機會突顯出在希臘人那兒的自然的——非編造的——是之意義，同樣，對τέχνη【技藝】的第二個εἶδος【種】的刻劃，即χειροῦσθαι【弄到手】，同時打開了理解λόγος【邏各斯】的門徑。撇開對τέχνη【技藝】之新εἶδος【種】的規定不說，在這兒，技藝的這第二個種也具有一種本質的重要性，那就是：λόγος【邏各斯】在這兒得到了一種完全根本性的闡釋。μάθησις【學習】、學習，和λέγειν【說】、談論某事，被刻劃爲了χειροῦσθαι【弄到手】、占爲一己有；這種χειροῦσθαι【弄到手】就它自身那方來說，通過οὐδὲν δημιουργεῖ【不爲眾人做工】而得到刻劃。希臘人，尤其是柏拉圖，把認識、γνώρισις【熟識】以及λέγειν【說】把握爲占有，把握爲一種占有現成東西的方式。確切講，這種收取——在這兒作爲刻劃著認識和談論的東西——是一種進行揭開的收取。究竟什麼在對某種東西的認識或談論中被占有了並且如何被占有？認識恰恰是對某種東西的單純獲悉（das bloße Kenntnisnehmen von etwas）；這種單純的獲悉或觀望，或者對……的單純言說，因下面這點而被突顯出來：正如我們所說，對於對象、對於它所言說的東西，「它無所事事」；它只是讓它如其所是的那樣站在那

兒；在這兒沒有任何對它的操作使用。❼對象絲毫不會被從其位置上挪開而移植「進」主體中，被置入意識中；相反，根據認識之意義，它恰恰停留在、站在它所處的地方。一種獨特的把現成東西保存—於自己—那兒（An-sich-Nehmen）❽，是這樣的：是者在收取中恰恰始終是其所是。只有當我們澄清了在對是者的眞正占有中究竟什麼於此被收取了，我們方才能理解這點。無非就是它的在—其—自身—於此—是（An-ihm-selbst-da-Sein）、它的當下，尤其是它的整個當下，如其未被歪曲地那樣呈現出來的。在認識和言說中，是者的眞、它的無蔽被占有。λέγειν【說】、對某種東西的言說，是就其所看起來的那樣占有是者的一種方式。❾就對λέγειν【說】和認識的闡釋來說，這是基本要點，就像它在希臘人那兒完全源始地、不帶有任何認識論地、在現象上被確定下來那樣。越是看到下面這點，就越是令人吃驚，那就是，巴門尼德所提出的那種是之理論走在了前面，在那兒他用下面這一命題直截了當地宣稱：知覺（das Vernehmen）、認識（das Erkennen）和是（das Sein）是同一的。這一命題對於希臘人來說顯然同某種觀

❼ 海德格頁邊注：讓—是（Sein-lassen）。——原注

❽ etw. an sich nehmen在日常德語中的意思是「保管某物」。——譯注

❾ 海德格頁邊注：保存—於自己—那兒（An-sich-nehmen）。感覺（Wahr-nehmen）：接受—真的東西（das Wahre-nehmen）。——原注

念論了無干係，——只要希臘人把認識和談論理解爲對是者的一種收取以及讓—它—給出它自己（Sich-geben-Lassen）[10]的話。

3. ποίησις【創制】和κτῆσις【獲取】作爲兩種交道方式。此是的這兩種交道結構作爲解釋視域

因此，我們已經嶄露了τέχνη【技藝】能夠與之相關的兩種基本行爲，即**打交道**的兩種可能性：創制和占有。這兩種交道方法是日常**此是**的交道方法：生活的〈兩種〉源始行爲。稍後對話中的那些實事性的問題將迫使我們更加深入地返回到這些現象，並更加源始地看清它們。在占有和創制之範圍內，一些不關乎τέχνη【技藝】、不關乎作爲精通的精通的同一現象能夠顯露出來。在一**種進行生活的是者，即人同其世界的**「打交道」這一術語中，暗含著**對這兩者來說是同一的那種基本實情**。[11]基於這種性質，τέχνη【技藝】在它那方面得到了一種闡釋。因此，

---

[10] Sich-geben-Lassen（讓—它—給出它自己），如果整體地將sich geben看作反身動詞的話，可以譯為「讓—表現」、「讓—出現」、「讓—發生」；如果整體地將sich lassen視為反身動詞，則可以譯為「能夠—給出」、「能夠—給予」；如果將sich視為同時和geben與lassen相關，也可以譯為「能夠—給出—自己」。——譯注

[11] 參見附錄。——原注

甚至精通—某事，只要它是一種認識，那它也是一種確定的**占有**，從而生起下面這一值得注意的事情：τέχνη ποιητική【能夠進行創制的技藝】、**進行創制的**打交道，被一種先行地把那在此是的東西，即那要被生產出來的東西**據爲—己有**所引領和指導。後來，亞里士多德把那在τέχνη【技藝】中原初被占有、被預期的東西，規定爲εἶδος【形式】——正如我們以鞋爲例使之變得可理解的那樣。⓬在對柏拉圖的傳統闡釋那兒，人們沒有注意到這些事物，因爲它們對於如今天哲學那樣的某一高貴科學來說，自然是太過原始和自明，並且我們的認識論已經取得了長足進步，以至於人們只能說它們全是柏拉圖爲之傷腦筋的瑣事而已。誠然，人們要能看清這些連繫的眞正含義，那就得首先積極地占有了現象，也即是說，要從事情本身出發探索各種源始的現象——如操勞、最切近的世界之是等等，並由此讓測度這些事物之含義的那些視域可供利用。這才是在哲學中的所謂體系性的工作的眞正意義。**我們搞系統學不是爲了建立體系**，**而是爲了在對此是的奠基中理解我們自身**。如果我們爲了深入的闡釋而在現象上探究這些現象，那麼，它所具有的意義不是建立某種現象學體系或開創某一新的流派，而僅僅是取得各種視域，以便能夠理解柏拉圖已經很好地知道了的東西。

⓬參見第40頁以下。——原注

於是，爲了進一步規定τέχνη【技藝】，問題生起爲：爲了能實際地把握考察由之出發的現象，必須選取何種起源之方向？諸位不可以讓自己被文學性的描述方法所誤導，以至於在這兒看不到一種推演。必須考慮到：對於最初的入手來說，進行引導的是盯住作爲出發點的現象（*Ausgangsphänomen*），即垂釣或捕魚。在從ποίησις【創制】前往κτῆσις【獲取】的步驟中，已經完全在形式上表明：捕獲。捕魚是一種占有方式，從而根據作爲出發點的現象，進一步的闡明不會在ποίησις【創制】的方向上，而是朝著κτῆσις【獲取】的方向行進。因爲捕魚是一種具有占有之性質的交道方法。於是，任務就生起爲：就它那方面更加清楚地把握占有之δύναμις【能力】。

四、τέχνη κτητική【能夠進行獲取的技藝】之規定

(一)朝著它的如何對κτῆσις【獲取】的規定。各種可能的占有方式。攫取（χειροῦσθαι【弄到手】）。θηρευτική【獵取術】（狩獵）

柏拉圖在219d5以下進行了雙重區分：

τέχνη κτητική【能夠進行獲取的技藝】
- μεταβλητικόν【進行交易的】
- χειρωτικόν【進行強取的】

這兩者，只要它們擁有κτῆσις【獲取】之性質，那它們就具有關乎一種已經現成的東西的獨特之處：以據爲—己有的方式同已經現成的東西有關（Zu-tun-Haben）⑬。

1. μεταβλητικόν【進行交易的】。μεταβάλλω【交易】：「交換」，這兒指爲了某一另外的東西而交易某種東西，尤其是ἑκόντων πρὸς ἑκόντας μεταβλητικὸν【彼此自願地進行交易的】（219d4以下），這種交易「自願地」進行。在一個人那兒現成是著的東西，在μεταβάλλειν【交易】中被他人所占有，人們允許交易發生。這兒涉及的是下面這樣一種占有：在該占有中，我並未眞正攫取某種東西、把某種東西據爲己有；相反，是以讓—它—給出它自己的方式所進行的一種占有，並且尤其是這樣，即他人把我要占有的物品給我，而在我這一方，爲了如此被我占有的東西我給出某種東西。柏拉圖把這種自願交易稱作ἀλλακτικόν【進行交換的】（223c7）ἀλλάσσω【交換】同更改所意味的相同。μεταβάλλειν【交易】的特定方式是這些：⑴對我所收到的一件禮物，我通過回贈一件禮物進行交換；⑵對一種服務給出報酬；⑶用錢交換貨物。對於交易意義上的占有方式來說，獨特的地方在於不是以單邊的方式進行占有。

⑬ mit etw. zu tun haben，在日常德語中乃一固定表達，即「同某事有關」。海德格在這兒用連字符將zu tun haben表達為Zu-tun-Haben，在漢語中難以找到合適的處理辦法。——譯注

2. χειρωτικόν【進行強取的】：這被規定爲如下：τὸ δὲ λοιπόν, ἢ κατ᾽ ἔργα ἢ κατὰ λόγους χειρούμενον σύμπαν.【其餘的，全都是或者通過行爲，或者通過邏各斯而弄到手。】（219d6以下）「徹頭徹尾地攫取」，不允許交易發生，尤其是自己不會回饋什麼，而**只是收取**。同κτῆσις【獲取】、同一般的據爲一己有相比，χειρωτικόν【進行強取的】在嚴格意義上是攫取——在那兒我幾乎是在親手奪取某件物品。顯然在此包含著**捕獲**，從而該現象還需要進一步的闡明。在這種雙重的、二分法意義上的劃分，除了其他的各種連繫之外，首先具有排除之意義，——從那位於問題中的現象那兒排除那不在考慮之內的東西，並由此獲得能夠最終將捕捉規定爲捕魚的那些獨特規定。

χειρωτική【強取術】被進一步把握爲攫取性地占爲一己有——那進行攫取的人自身對之卻一毛不拔。此外，下面這點對於χειρωτική【強取術】來說是獨特的：在攫取中被占有的東西自身也不會給出它自己。因此，χειρωτική【強取術】被分爲：

(1) ἀγωνιστικόν【進行競技的】，在爭鬥中攫取。它通過下面這點而得到規定：它是ἀναφανδόν【公開的】（219e1），即「公開的」。這意味：那進行攫取的人如下面這樣對待他在攫取中所占有的東西以及受攻擊者，那就是，受攻擊者在一定程度上知道攻擊，能夠進行防衛。因此，是一種公開－走向－那－要被占有的東西（ein Offen-auf-das-Zuzueignende-Zugehen），是通過戰鬥取得它。與這種ἀναφανδὸν χειροῦσθαι【公開地弄到手】相對立的有(2)一種κρυφαῖον【秘密地】、秘密地χειροῦσθαι【弄到手】，以至於受攻擊者沒有注意到：暗中獵獲、射殺，悄悄地施計、設陷阱、突然襲擊，讓那要被占有的東西跑進陷阱中。在這兒，那要被占有的東西被抓住、捕獲，但自身卻幾乎不能置一詞。它沒有公開抵抗之可能性，而是突然被抓住；它沒有辦法進行那種被稱作οὐκ ἐπιτρέπει【抗拒】⑭（219c6）的事情，即進行抵抗（Sich-Sperren）。

憑藉將χειροῦσθαι【弄到手】規定爲θηρεύειν【獵取】這一最後的規定，我們已經非常靠近在問題中作爲捕獲、作爲捕魚的那種占有類型了。**捕捉現象的確是**ζήτημα πρῶτον【**首先加以尋找的東西**】，**它作爲出發點的現象**，給出了對詢問ἀσπαλιευτής【垂釣者】之起源的最初指示。

---

⑭ οὐκ ἐπιτρέπει【抗拒】，直譯當為「不同意」、「不允許」。——譯注

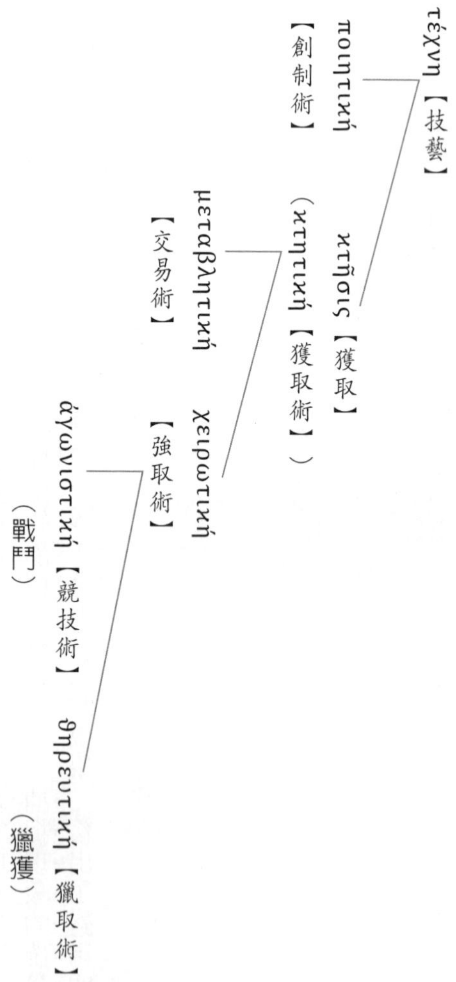

憑藉對κτῆσις【獲取】的這種分析，考察抵達了暫時的邊界。

㈡朝著它的什麼對κτῆσις【獲取】的規定。有生命的東西

對占有現象的刻劃，迄今都總是僅僅圍繞對某種已經在此是或尚未在此是的東西的行為之**類型**和**方式**打轉：完全普遍地在對某種東西進行攫取地占有之意義上，對—某種東西—有所—行為（das Sich-Verhalten-zu-Etwas）之**如何**、擁有某種東西

（Haben-von-Etwas）之如何。然而，打交道作爲同—某東西—打交道（Umgang-mit-Etwas），總是關乎某一確定的是之內容。同某種東西的這種關聯，對於占有和攫取這種現象來說不是某種偶然的東西，而是屬於該現象自身，這兒有著一種結構上的歸屬性，攫取、占有乃是作爲對某種東西的攫取、占有。即使沒有任何東西在此是，即使被占有的東西沒有如它應當那樣的被占有，但占有根據其意義依然是對……的占有，從而如果漏看了這第二個結構要素，即那被占有的東西，那麼，對占有現象的整個刻劃顯然沒能完成。從219e4開始清楚地顯現出轉向，即轉向κτῆσις【獲取】的第二個結構要素，即一般地從交道之〈如何（Wie）〉轉向交道之什麼（Womit）；僅僅由此出發，考察才得以繼續。κτῆσις【獲取】所關乎的那個什麼（das Was），必須被理解爲是構建性的。在後面的上下文中，我們才會有機會理解在現象上的這兩塊，即對某種東西的關聯著地是（*Bezogensein*）和關聯著地是所關聯的那個什麼（*Worauf*）之間的那種獨特的歸屬性——如果成功展露出了共屬一體（Zusammengehörigkeit）由之變得可見的那些更爲源始的現象的話。因此，並非在主體那兒有著某種東西，在外面也有著某種東西，即客體，然後偶然地生起了一種關係。問題是：現象的何種基本內容必須加以展露，以便看清對與……有—關（Sich-Beziehen-auf）的分析，必定不可避免地要考慮關係所關乎的那個什麼（das Worauf der Beziehung）⑮。

甚至對那個什麼的分析——從219e4開始——也已經被捕魚這一作為出發點的現象所先行標畫，從而不再是盲目簡單的推演。正如「捕獲」對於前面的展示來說是進行提示的，同樣，「魚」對於後面的展示來說也是進行提示的。因此，所涉及的乃是對有生命的東西的捕獲。於是，在可能的獵取活動中各種各樣的對象之範圍內，首先做出的基本區分是：有生命的東西和無生命的東西，ἔμψυχον【有靈魂的】和ἄψυχον【無靈魂的】（219e7）。ξένος【客人】說ἄψυχον【無靈魂的】：χαίρειν ἐᾶσαι【應對之說再見】（220a3以下），我們能夠立馬告別對無生命的東西的獵取，因為它完全同捕魚無關。對於它也不必然有著某一確定的名稱；我們將之沒有名稱地、ἀνώνυμον【無名稱地】（220a2）放到一邊。反之，著眼於作為起點的現象，必然要更加清楚地規定對各種ἔμψυχα【有靈魂的東西】、對ζῷα【動物】的那種獵取。現在，進一步的劃分不會根據占有之方式，而是基於獵取關乎之對象。因而緊接著的步驟是從θηρευτικόν【進行獵取的】前往ζῳοθηρική【動物獵取術】，前往對有生命的東西的獵取。這一現象後面會再次被提起，只要人也是一種動物，而智者以某種方式獵取人。ζῷα【諸動物】、各種各樣在世界中作為有生命者而在此是的

---

⑮ 參見附錄。——原注

東西，根據其作爲有生命者在世界中如何行爲而被詢問。如果我們繼續探尋ζωή【生命】之規定的發展，那我們就會知道：亞里士多德通過κινεῖν κατὰ τόπον【位置上的運動】、根據位移，和κρίνειν【辨別】來規定ζωή【生命】⑯。κρίνειν【辨別】與我們在這兒將之作爲τέχνη【技藝】而擁有的東西相應：突顯和區別，最寬泛和最原始意義上的自我—定位，感覺、本能。κινεῖν κατὰ τόπον【位置上的運動】，即熟悉—其—環境（das Sich-Umtun-in-seiner-Umwelt），是獨特的行爲。它能夠這樣進行，那就是，運動是：1.一種πεζόν【陸行的】運動，或者2.一種νευστικόν【能夠游泳的】運動（參見220a8以下）；一種「能夠走」的有生命者的運動，或者一種「能夠游泳」的有生命者的運動。我們稱之爲πτηνὸν φῦλον【會飛的族類】、「禽類」的那種陸上動物也能夠游泳，甚至某些鳥兒也能游泳；但它們不僅僅以游泳的方式進行運動。只有那根本生活在水中的、ἔνυδρα【水生的】（參見220b2），才完完全全地以游泳的方式活著。因此，在朝向捕魚的不斷定向中得出了：

---

⑯《論靈魂》第三卷第九章，432a15以下。——原注

亞里士多德《論靈魂》第三卷第九章（432a15）：Ἐπεὶ δὲ ἡ ψυχὴ κατὰ δύο ὥρισται δυνάμεις ἡ τῶν ζώων, τῷ τε κριτικῷ, ὃ διανοίας ἔργον ἐστὶ καὶ αἰσθήσεως, καὶ ἔτι τῷ κινεῖν τὴν κατὰ τόπον κίνησιν.【靈魂根據生物的兩種能力而被規定，即分辨能力——它是思想和感覺之工作，和導致位置上的運動的能力。】——譯注

θηρευτική【獵取術】

ζῳοθηρική【動物獵取術】

ἔνυδρον【水生的】⑰

ἁλιευτική【捕魚術】

捕魚

因此，我們由之出發的現象，一方面被朝著占有、捕捉而被規定；另一方面朝著那被占有的東西而被規定。由此現象的具體化在兩個方面，即在占有之如何（das Wie）和什麼（das Was）上被取得。現在才爲對作爲一種獵取方式的捕魚進行一種更爲詳細的規定給出了基礎。於是，考察現在轉回到方式上，即轉回到獵取之如何。

⑰ 參見220a11：ἐνυγροθηρική【水中獵取術】。——原注

㈢朝著它的如何對θηρευτική【獵取術】的進一步規定。總結：ἀσπαλιευτής【垂釣者】的起源史

那麼，在捕魚那兒的κρυφαῖον χειροῦσθαι【秘密地弄到手】，即秘密地—弄到—手（Im-Verborgenen-sich-zur-Hand-Bringen）如何進行？我們根據什麼來對ἁλιευτική【捕魚術】進行區分？通過ἕρκος【網】、網和πληγή【擊打】、打、擊中、使受傷，捕捉的兩種方式被顯示爲：καθ' ἃ τὸ μὲν ἕρκεσιν αὐτόθεν ποιεῖται τὴν θήραν, τὸ δὲ πληγῇ.【一種是通過布網的方式就地進行獵取，另一種是通過擊打。】（220b12以下）。大部分文本有αὐτόθι【立即】一詞，彷彿用網捕捉被「立即（sofort）」規定了。然而，讀作αὐτόθεν【就地】[18]更好。因爲涉及的是ἕνεκα κωλύσεως εἴργῃ τι περιέχον【爲了阻止某種東西而圍住它】（220c1以下），不再給那要被占有的東西留下活動空間，εἴργειν【圍起來】、隔絕，περιέχειν【包住】、包圍、使受局限。這種捕捉的獨特之處是：αὐτόθεν【就地】、「從其自身那兒（von selbst）」，羅網和陷阱從其自身那兒就致力於獵取，並且尤其是這樣：被獵取的東西如它自身所是的那樣被抓住，即它還活著，它僅僅受到了限制而未受傷

---

[18] αὐτόθεν如用於地點，指「從同一個地方」、「就地」；用於時間，則指「立即」；當然，該詞也具有海德格下面所說的「從其自身」的意思。——譯注

害地保存了下來；反之，在借助於πληγή【擊打】的獵取那兒，在πληκτική【擊打術】那兒，被獵取的東西通過受傷、殘廢而被抓住。

根據這最後的要素，即根據ἁλιευτικὴ πληκτική【進行擊打的捕魚術】，完成了通往規定ἀσπαλιευτής【垂釣者】的最後一步。垂釣者以πληκτική【擊打術】、擊中、使受傷的方式進行捕捉，但不是至上而下——如用魚叉捕魚那樣，而是反過來：在ἀνασπᾶσθαι κάτωθεν εἰς τοὐναντίον ἄνω ῥάβδοις καὶ καλάμοις【用木制的釣竿和蘆葦做的釣竿從下至上地將之拉起來】（參見221a2以下）之意義上的一種捕捉，從下至上地用釣竿、用蘆葦竿將之拉到高處。此外，下面這點對垂釣者的πληγή【擊打】來說是獨特的：它不像用魚叉捕魚，只要擊中獵物並無論如何使之受傷就行；相反，他必須看到獵物上鉤：περὶ τὴν κεφαλὴν καὶ τὸ στόμα【鉤住頭和嘴】（221a1），要在非常確定的部位抓住獵物。根據這種規定，整個闡明在221b那兒再次被進行，並且ἀσπαλιευτής【垂釣者】之家系、起源在一定程度上變得可見。考察推論出：「因此，我們所意欲的東西非常充分地被揭開了」、ἱκανῶς δεδήλωται【充分地顯明出來了】（221c4），並且是通過λόγος【邏各斯】。

四、對方法的一般刻劃。二分法和劃分作為δηλοῦν【揭示】的方式。柏拉圖的二分法在亞里士多德ἄτομον εἶδος【不可分的種】那兒的迴響。二分法和劃分作為在柏拉圖那兒對是者和是的處理方法

對例子的談論，已經讓我們由之就其本質性的內容再現事情的方法有了一個暫時的洞察。如果我們想就其最切近的外貌來規定這種方法，並同時保持柏拉圖所使用的表達，那我們就必須將之稱作二分法（*Dichotomie*）。涉及的是把那原本未切開的東西進行一種切開、τέμνειν【切開】、「從中間劃開」。對於這種τέμνειν【切開】的眞正術語是διαιρεῖν【分開】；柏拉圖也常常使用σχίζειν【剖開】、「剖開」。這些名稱的使用暗示了下面這點，那就是：柏拉圖和希臘人也已經如此看清了這種做法，以至於對於他們來說τέμνειν【切開】具有一種實事性的意義。但不要忘記：這種διαιρεῖν【分開】被稱作λέγειν【說】，而λόγος【邏各斯】在它那方面具有δηλοῦν【揭示】、使公開之性質，從而τέμνειν【切開】不是一種會被等同於物理上的切割和打破的那種隨隨便便的操作；相反，我們要牢記這種τέμνειν【切開】本身和διαιρεῖν【分開】具有顯示、使公開之作用。是者被從中間分開，直至在其實事內容上顯現出：εἴδη【諸種】。根據λέγειν【說】被理解爲τέμνειν【切開】，尤其被理解爲對εἶδος【種】的τέμνειν【切開】這種方法上的實情，導致了一種表達，該表達後來甚至在亞里士多德那兒扮演了一定的角色：ἄτομον εἶδος【不可分的種】，

即某一事情那不再能夠被切開的外觀、λέγειν【說】停留其上的實事內容——關於它λέγειν【說】不再能夠指出任何含有實事的東西。更加仔細地觀察，這意味著：ἄτομον εἶδος【不可分的種】，於事情那兒的這種實事內容（Sachgehalt）和是之內容（Seinsgehalt），要僅僅在其自身地被考察，不再處在同某一其他東西的區分中。二分法和τέμνειν【切開】的獨特之處恰恰就是：鑒於某一其他的東西而得到規定，更爲準確的是：對γένος【屬】作爲γένος【屬】的規定之實施還在繼續進行。只要亞里士多德使用ἄτομον εἶδος【不可分的種】這一表達，那麼其中就隱含著對柏拉圖看事情、闡明事情的方法的一種回憶。誠然，基於亞里士多德後來所取得的那種方法上的基礎，ἄτομον εἶδος【不可分的種】這一表達對於他來說不再有意義——只要τέμνειν【切開】和διαιρεῖν【分開】失去了其在方法上的含義。在亞里士多德那兒，ἄτομον εἶδος【不可分的種】這一表達是一種他本人不再分享的方法立場上的殘餘。從對ἀσπαλιευτής【垂釣者】的這種界定那兒，我們關於εἶδος【種】和規定該εἶδος【種】的做法首先就經歷了這麼多。我們不可以讓我們自己被二分法這種方法所誤導，以爲在那兒於一種概念之系統學的意義上看到了本質性的東西；相反，本質性的東西始終是對事情本身的δηλοῦν【揭示】、顯示和使公開。

由此出發可以估計出，這一例子的先行規定在多大程度上對於智者之實事上的展開來說是重要的。在這兒，並非如有人所說的那樣⑲，它「給出了關於那些事實上在概念世界中進行統治的關係的概貌」，它既不是形式邏輯，也不是「經驗」；相反，它展開了我們在τέχνη【技藝】這一稱號下所認識到的、根據對ποίησις【創制】和κτῆσις【獲取】的基本區分而來的那些現象之視域。

τέμνειν【切開】和διαιρεῖν【分開】這種方法在這兒還是極其質樸地進行的，即關乎那些要被視作在世界中出現的對象，但我們在後面會看到，這種τέμνειν【切開】和διαιρεῖν【分開】不僅用在是者自身身上，而且還轉用到是及其結構身上，以至於對於柏拉圖來說，在關於是者的處理辦法（der *Behandlungsart des Seienden*）和關於是的處理辦法（der *Behandlungsart des Seins*）之間沒有區別，——爲了理解所謂的諸理念之是，如柏拉圖已經把握的那樣，這是一個重要的實情。

---

⑲ 康斯坦丁·里特爾（Constantin Ritter），《對柏拉圖的新研究》（*Neue Untersuchungen über Platon*），慕尼黑，一九一〇年，第3頁。——原注

第二章　關於智者的諸定義。定義一—五（221c-226a）

四、引言。定義智者的困難。ζήτημα πρῶτον【首先加以尋找的東西】之不確定。定義之意義：對在已經取得的視域中的智者之各種最切近形象（φαντάσματα【諸形象】）的確保。其實沒有任何定義，而是各種描述。對諸定義的劃分

憑藉對τέχνη【技藝】的闡明，爲規定智者取得了一種實事上的視域。但同對智者的規定相比，對ἀσπαλιευτής【垂釣者】的規定相對容易些，因爲關於他眞正是什麼，即關於捕魚這種τέχνη【技藝】不存在爭議。這種操作對於任何一般地具有關於此是的一種初步理解的人來說都不是問題。因此，對ἀσπαλιευτής【垂釣者】由之有其起源的γένος【屬】的預先規定，相對單義地被取得。在主題對象即在智者那兒，情況完全不同。ξένος【客人】這樣說他：οὐ γάρ τι φαύλης μέτοχόν ἐστι τέχνης τὸ νῦν ζητούμενον, ἀλλ᾽ εὖ μάλα ποικίλης.【現在所尋找的，不是分有某種微不足道的技藝的人，而是分有非常複雜的技藝的人。】（223c1以下）「智者分有了某種非常複雜多樣的精通」。對人們稱之爲智者的那種人在現象上的規定，從一開始就不

是如垂釣者之實事內容那樣被單義地給出。因此，何種γένος【屬】要被取作ζήτημα πρῶτον【首先加以尋找的東西】並不立馬就是清楚的。對於揭開智者在是上的起源、眞正的γένος【屬】來說缺乏一個可靠的基礎，因爲作爲出發點的現象還是不確定的。因此，追問智者眞正是什麼這一探索之首要任務，不是要取得一種隨隨便便的、想出來的定義，而是要首先確定這一新主題，即智者所呈現出來的那些最切近的形象。並且這些最切近的形象首先要在各種熟悉的視域中、根據來自各種日常生活境遇（Lebensverhältnisse）❶中的那些熟悉的方向來進行討論——如果涉及的是規定一種生活境遇的話。τέχνη【技藝】、ποίησις【創制】、κτῆσις【獲取】爲此給出了一種非常普遍的先行標畫。因此，最切近的那些定義，即首先那六個定義，並非如語文學家所認爲的那樣是一些隨隨便便的遊戲和玩笑；這些二分法也不是形式邏輯的各種例子；相反，這些定義具有非常明確的任務，那就是要確保智者於其中顯現出來的那些最切近的φαντάσματα【形象】之範圍，以便爲規定有關對象的實事內容贏得一種基礎。依循在παράδειγμα【範例】之詳細討論中已經給出的那些實事性的視域進行定位，不是一種僵化的、圖型化的重演，第六個定義首先顯示了這點，該定義完全重新在現象上開始一種規定，即一種διακρίνειν【識別】或者τέχνη διακριτική

❶ Lebensverhältnis，也可以譯作「生活關系」。——譯注

【進行識別的技藝】——而它先前在ἀσπαλιευτής【垂釣者】這種παράδειγμα【範例】那兒對τέχνη【技藝】進行闡明時並未予以給出。由此表明：對於進行這些描述來說——就像我們必須真正把握這些定義那樣，關鍵不在於僅僅達成某種確定的秩序和分類。柏拉圖同時還贏得了某種新的東西：也即是說，通過對智者的這種暫時性描述，他能夠同質樸的描述相比較而首次真正突顯出哲學性的闡明——如後面隨之而來的那樣。

需要簡略地再現關於各種定義在文本上的劃分。諸描述從第八章持續到第二十四章。在231c-e中，ξένος【客人】自己給出了關於先前各種定義的總結：「我們想停一下，彷彿要舒一口氣似的，然後我們再次進行詳細討論，ὁπόσα ἡμῖν ὁ σοφιστὴς πέφανται【智者向我們顯現出了多少種形象】、智者向我們顯現出了多少種形象……」。因此，在這兒不存在一種概念體系，一種系統的劃分，一種秩序和對諸定義的推導；相反，涉及的乃是ὁπόσα φαίνεται【顯現出多少種形象】，「智者顯現爲多少種形象並且作爲什麼而顯現」。在231d-e中，列舉了關於智者的六個描述——我們將堅持這一劃分——，但同時帶有闡明的列舉僅僅只有五個，因爲第三和第四個是結合在一起的。

第一種描述：221c-223b。

第二種描述：223b-224d。

第三和第四種描述：224d和224e（第三種描述在224d，第四種描述在224e）。

第五種描述：224e結尾-226a。

第六種描述：226a-231c。

然後在232b開始了真正的闡明和向著不是者之是這一問題的過渡。在前六種和第七種描述之間的連繫是這樣的：前六種描述是向著第七種描述的起跳，並且使第七種描述變得簡化。

四、關於智者的第一個定義：獵手（221c-223b）。ζήτημα πρῶτον【首先加以尋找的東西】：τέχνη【技藝】。智者同ἀσπαλιευτής【垂釣者】的起源史之共同路徑：τέχνη【技藝】——κτῆσις【獲取】——χειρωτική【強取術】——θηρευτική【獵取術】。著眼於θηρευτική【獵取術】之什麼的區分：人。實際行為之標準。λόγος【邏各斯】作為智者之工具。修辭學作為視域。ἀρετή【德性】。δοξοπαιδευτική【宣稱能進行教育的】

對智者的考察以對ζήτημα πρῶτον【首先加以尋找的東西】的回顧開始。首先要加以尋找、探究的乃ἀσπαλιευτής【垂釣者】是否是ἰδιώτης【一無所長的人】、ἄτεχνος【無技藝的人】，或者是否他具有某種τέχνη【技藝】。由此對智者的第一種描述被提升進在例子之考察那兒所擬定出來的那種視域中。在討論中泰阿泰德最終決定事實上某種τέχνη【技藝】必定要判給智者。這對於最切近的觀察來說也是自明的，只要我們於智者那兒——如果具體地再現他的話——，明顯地認出了某個理解其自己工作的人——無論該工作會是什麼。在開始進一步的規定之前，兩人想起他們迄今都漏看了ἀσπαλιευτής【垂釣者】和智者這兩類人ὄντα συγγενῆ【是同屬的】（221d9），即共同具有同一個γένος【屬】、同一種起源。這意味著：他們兩者不僅完全普遍地在形式上被稱作τεχνίτης【有技藝的人】，而且他們ἄμα πορεύεσθον【一同走】、共同走了一段很長的確定的距離（222a3），並且尤其在其是上的起源上，而不僅僅在其形式的規定上：兩者都在一定程度上突顯爲、顯現爲獵手：θηρευτά τινε καταφαίνεσθον ἄμφω μοι【兩者都向我們顯現爲某種獵手】（221d13）。由此表明兩者在其起源史上共同走了一段什麼樣的路程：從τέχνη【技藝】到κτῆσις【獲取】和χειρωτικόν【進行強取的】直至到θηρευτικόν【進行獵取的】，在進行捕捉的狩獵之意義上的占有。智者同ἀσπαλιευτής【垂釣者】一起共同具有這種完全是上的前史（diese ganze seinsmäßige Vorgeschichte）。

從前面的考察中我們知道：恰恰在從行爲方式之闡明走向狩獵現象的那個地方，考察方向有了一個轉向，即從著眼於占有方式轉向占有之可能的對象是什麼。於是，在該處也記述著那導致在前面共同道路那兒的分道揚鑣的起因。狩獵在那兒被規定爲對ἔμψυχα【有生命的東西】和ἄψυχα【無生命的東西】的狩獵，而對ἔμψυχα【有生命的東西】的狩獵復又分爲對πεζόν γένος【陸行的屬】和ζῷα νευστιά【能游泳的動物】（參見220a8以下）的狩獵。現在ξένος【客人】說：τὸ δὲ πεζὸν είάσαμεν ἄσχιστον, είπόντες ὅτι πολυειδὲς εἴη.【但我們卻讓陸行的未被區分，僅僅說它是多種的。】（221e6以下）「我們讓狩獵中我們稱之爲用腳生活的那種可能對象的這種外觀ἄσχιστον【未被區分】」；誠然我們已經說過了，該εἶδος【種】自身還是具有多樣的內容，但在那兒對它的展示對於我們來說是不重要的。在該處ἀσπαλιευτής【垂釣者】和σοφιστής【智者】的道路分叉了。ξένος【客人】對於分道揚鑣之規定所使用的表達是獨特的：ἐκτρέπεσθαι【分道揚鑣】。Μέχρι μὲν τοίνυν ένταῦθα ὁ σοφιστὴς καὶ [ὁ] ἀσπαλιευτὴς ἅμα ἀπὸ τῆς κτητικῆς τέχνης πορεύεσθον.【從能夠進行獲取的技藝出發直到現在這裡，智者和垂釣者都一同前行。】（222a2以下）「從τέχνη κτητική【能夠進行獲取的技藝】出發直到這兒，他們都一同前行。」ἐκτρέπεσθον δέ γε ἀπὸ τῆς ζῳοθηρικῆς【但從動物獵取術開始他們分道揚鑣了】（222a5），「從ζῳοθηρική【動物獵取術】開始它們分道揚鑣了」，尤其是根據兩個方向而分道揚鑣。在這兒下面這點是獨特的：現在談的不是各種是之關係（die Seinsverhältnisse），而是是者自身的行爲（das Verhalten）；沒有談論εἴδη【諸種】的是之關係；相反，探索具體地轉向了εἴδη【諸種】與之相應的實際是者的行爲。由此柏拉圖對我們於其中碰見智者的直觀場地（*Anschauungsfeld*）給出了一種非常合適的提示，並且是根據其實際的行爲和舉止。其中一個轉向一種方向，即轉向海裡、轉向江河湖沼；另一個，即智者，則轉向陸上、轉向其他的江河，οἷον λειμῶνας ἀφθόνους【例如慷慨的草場】（222a10）、「大度的原野」❷，即那些樂於給出、從自己那兒獻出財富和青春的人，並且他轉向那兒，「是爲了進行捕捉、弄到手」，χειρωσόμενος τἀν τούτοις θρέμματα【把生活在那兒的動物弄到手】（參見222a10以下），捕捉「在那兒得到照料、在那兒成長的東西」。χειρωσόμενος【弄到手】復又暗示和喚醒下面這點：這種狩獵關涉著一種占有，尤其是對特定的人的一種占有。於是，生起了對下面這點的考慮，那就是：狩獵，或者那生活在陸上的可狩獵的東西，如何能夠加以分開。ξένος【客人】指出了在馴服的和野性的之間的區分。於是問題生起爲：人究竟要被算在馴服的動物中，還是被算在野性的動物中。下面這點是獨特的，那就是：ξένος【客人】要求泰阿泰德在二者中選擇其一。他選擇：ζῷον ἥμερον ἀνθρώπους εἶναι【人是馴服了的動物】（參見222c1以下），「人是一種馴服的動物」。但他作出的乃是這樣一種選擇，那就是在此沒有進行任何特殊的、實事性的考慮。基於我所具有的對人的自然的認識，ἡγοῦμαι【我認爲】（222c1）、「我對此持這種看法」。ἡγεῖσθαι【認爲】，是對人們如此持有的這樣

---

❷ ἄφθονος和海德格的翻譯neidlos，本意都是「不嫉妒的」、「不吝惜的」，轉義為「慷慨的」、「大度的」、「豐富的」、「充足的」等。——譯注

一些信念的通常表達。這乃是對下面這點的一種進一步確證，那就是：對智者的闡明，乃是基於關於他的各種自然的認識之直觀場地而進行的。由此得出ἡμεροθηρική【馴服動物的獵取術】（參見222c3）之可能性，即對馴服的動物尤其是對人的獵取之可能性。

對人的這種獵取，在意圖控制、占有人從而能對之進行支配的意義上具有兩種可能性，這兩種可能性我們在前面的考察中已經先行標畫了出來，如果我們記起在χειροῦσθαι【弄到手】初次出現時就被分為κατ᾽ ἔργα【通過行為】而來的占有和κατὰ λόγους【通過邏各斯】（219d6以下）而來的占有，即通過實際的出手而來的占有和通過言談和勸說而來的占有。這兒，在222c3以下，首先區分出了βίαιος θήρα【暴力的獵取】、暴力的獵取。其中包含著我們稱作πολεμικὴ τέχνη【戰爭技藝】的那種東西、所有關於戰爭的東西；對於希臘人來說，它具有侵占某種東西，尤其是通過強迫、通過暴力手段侵占某種東西之基本傾向。其次，還存在著一種控制人的類型，那就是通過λόγος【邏各斯】、通過λέγειν【說】來支配他，尤其是在各種各樣的方向上：δικανική【法庭訟辯術】（參見222c9）、在法庭前的言談，δημηγορική【公開演講術】（參見222c9）、在群眾集會前的言談，προσομιλητική【交談術】（參見222c9）、在日常交往中、在日常的各種場合和事由中的彼此交談。這種通過λόγος【邏各斯】而來的對他人的占有總體被刻劃為πιθανουργική【說服術】（參見222c10）：πιθανόν【有說服力的】和ἔργον【做成】❸；ἔργον【做成】，即取得、實施；πιθανόν【有說服力的】，即爲了某一事情而說出來的東西；因此，把他人帶入某種特定的信念中，使他相信某種東西，把他推入人們所懷有的同一信念中，並由此把他帶往自己這一邊。通過言談謀得了某種特定的追隨，即門徒，並且進而是這樣：勸說ἰδίᾳ【個人】（222d5）、「每一單個的人」，並且μισθαρνητικόν【能夠賺取酬金的】（222d7），「爲此還能夠讓他付費」、從他那兒收錢。憑藉對諸與眾不同的可能性——即能夠通過λόγος【邏各斯】爲自己贏得人——的這種敘述，**對智者的刻劃被置於言談、修辭學之普遍視域中**。對於關於λόγος【邏各斯】之理解的發展來說，以及對於修辭學之形成來說，這一段落是重要的，因爲柏拉圖在這兒給出了關於前理論的言談之可能類型的一種完整列舉：**在法庭前的言談、在群眾集會前的言談以及一般的彼此交談**。我們還必須更加仔細地了解柏拉圖對我們稱之爲修辭學的立場，以便由此出發去理解他對智者的基本評判。

涉及的是一種χειροῦσθαι【弄到手】，一種針對他人的捕捉，更爲確切講：對他人的狩獵。並且手段、在一定程度上智者用以捕獲人所設的羅網或陷阱、**工具**（*Werkzeug*），是λόγος【**邏各斯**】，即對人的一種說服，具有ὁμιλίας ποιεῖσθαι【交往】（參見223a4）即「保持往來」、προσομιλεῖν【交談】（參見222e5）即

❸ 海德格在這兒指出了πιθανουργική【說服術】一詞的詞源。該詞由πιθανός【有說服力的】和ἔργον【做成】構成。——譯注

「讓他人同自己交往」、把他人拉到自己一邊這種意義的說服。在這一最初的描述中得到把握的現象是：通過特定的言談拉攏他人的那樣一種人的行爲，通過下面這種辦法，那就是他使他們（223a3以下）相信他要做的乃是給出ἀρετή【德性】，它在這兒與παιδεία【教育】，即正確的**教養**——作爲**能夠把自己帶入到πόλις【城邦】裡的眞正生存中的那種可能性**——是同義的。智者並不打算帶給他人某種娛樂，他的τέχνη【技藝】不是ἡδυντική【使人愉悅的】（參見223a1）；相反，他把他們置於一些特定的要求之下，因爲他宣稱他們所得到的好處乃一種積極的任務，即ἀρετή【德性】，並且他說服他們說，他們在他那兒、在同他的交往中、並且僅僅只在他那兒能學習這樣的東西。在223b中，這一描述之總結包含著對這種宣稱和冒充的獨特表達：δοξοπαιδευτική【宣稱能進行教育的】；δοκεῖ【似乎】、「看起來」彷彿他能夠給出正確的παιδεία【教育】。

記住下面這點是重要的，那就是：這一描述所注重的不是智者不得不說**什麼**，而是他對於他人的行爲之獨特方法——只要他獵取他們、通過一種特定的商討和影響爲自己獲取他們——從而智者的τέχνη【技藝】在這最初的描述中完全被保持在對κτῆσις【獲取】和χειροῦσθαι【弄到手】的刻劃之下。前面所提到的**關於智者之實際**行爲的提示，現在能夠更好地得到理解。在這最初的描述中，我們在其對於他人的實際行爲中、在下面這一形象中看到智者，那就是：彷彿他在滿大街晃悠，以便爲自己謀得追隨者，並由此牟取他自己的利益。這一形象的確有實事上的基礎，但問題是：是否憑藉這種規定就給出了關於智者眞正是什麼的一種實事上的理解。

在這一意義上也要理解：對智者的第一個描述同ἀσπαλιευτής【垂釣者】之例子相連接，由此他的行爲和舉止首先根據人的打交道和此是這一熟悉的視域而變得可理解。有著**這種生存之最切近的**諸形象，就像有著每一別的生存之那些最切近的形象一樣。第一個描述之框架，以及隨後進入到從對垂釣者的規定中所贏得的那些視域中的描述之框架，表明：在這兒，**智**者要如人們所認識他以及談論他那樣，首先完全質樸地被加以描述。這一最切近的描述對於眞正理解之開始來說並非無關緊要，因爲這種**實際的**東西恰恰要同時得到理解，並且它並不是關於智者的一種離奇的觀念。根據這種方式，也已經得出了一系列確定的結構，這些結構絕不是虛構性的；相反，它們展露出在智者之行爲和此是中的一種確定的實事內容。於是，智者顯示給那與之有關的每一個人的這些形象恰恰愈是變得多種多樣，下面這一任務也就愈是讓人難以理解和困難重重，那就是單義地把握他、取得關於他的下面這樣一種規定：該規定適合於把形形色色的這些最切近的規定結合在一起，並首次眞正地爲它們給出基礎。由此出發，在關於智者的各種單個描述和那些涉及ἀσπαλιευτής【垂釣者】的視域之間的連繫，必須得到理解。

四七、智者之定義二—四。商人（223b-224e）

㈠定義二。批發商（223b-224d）。同定義一相連接：ἀρετή【德性】，παιδεία【教育】。κτητική【獲取術】——μεταβλητική【交易術】——ἀγοραστική【市場交易術】。λόγοι καὶ μαθήματα ἀρετῆς【關於德性的各種邏各斯和學問】的買賣。λόγος【邏各斯】作爲智者進行交易的商品

關於智者的各種單個描述所顯示出來的那些過渡，對於該連繫來說是獨特的。這些過渡似乎以單純承上啟下的形式完全外在地進行。如在第一個定義的末尾，第二個定義徑直通過一個小詞ἔτι【此外】就接了過去。Ἔτι δὲ καὶ τῇδε ὁδῷ ἴδωμεν.【此外，讓我們以這種方法再看看。】❹。（223c1）：「此外，我們也想以這種方法檢查他看起來是怎樣的。」就在這段話這兒，明確強調了智者是μέτοχος τέχνης μάλα ποικίλης【分有非常複雜的技藝的人】：οὐ γάρ τι φαύλης μέτοχόν ἐστι τέχνης, ἀλλ' εὖ μάλα ποικίλης.【因爲他不是分有某種微不足道的技藝的人，而是分有非常複雜的技藝的人。】（參見223c1以下）但是，連結並不是那樣外在的，就像ἔτι【此外】可能引起的那樣，以及根據在224c那兒的連繫它所看起來的那樣。相反，只要

---

❹ 與海德格所引的這句希臘文相比，牛津古典本這句話作「ἔτι δὲ καὶ τῇδε ἴδωμεν」，少了ὁδῷ（ὁδός【道路、方法】）一詞。——譯注

我們正確地把握了這種描述之方法，我們就會看到存在著一種連繫。也即是說，緊接著的那個句子，顯示了對前面於智者身上所展露出來的東西的一種明確考慮，並且同時顯示了對他首先顯而易見地被置於其中的那些視域的一種顧及。καὶ γὰρ οὖν ἐν τοῖς πρόσθεν εἰρημένοις φάντασμα παρέχεται μὴ τοῦτο ὃ νῦν αὐτὸ ἡμεῖς φαμεν ἀλλ᾽ ἕτερον εἶναί τι γένος.【因爲在我們前面所說的中，出現了一個形象，即它不是我們現在所說的，而是某種其他的屬。】（223c2以下）「因爲甚至在前面所談論的中，也παρέχεται φάντασμα【出現了一個形象】，他——即智者——給出、提供一種顯象（eine Erscheinung）、一種顯現（ein sich Zeigen）」；甚至從我們前面已經談論過的東西那兒，某種東西於智者身上變得可見——並且現在要補充：人們把他認作什麼、他顯現爲什麼——，「我們現在歸給他的那種起源」，即θήρα【狩獵】並不屬於他，「相反，某種別的起源必須歸於他。」由此顯示出：著手下一個描述，奠基在對前面於智者身上所顯現的東西的打量之上。也即是說，只要他被標畫爲θηρευτής【獵手】，那他就被歸入κτητική【獲取術】這一γένος【屬】中；他在下面這些方面得到理解：他把某種東西帶給他自己，他占有某種東西，並且尤其是如狩獵所做的那樣，以單方面的方式進行，就它自己那方來說它對於它要占有的東西卻一毛不拔。然而，在第一個描述中下面這點同時已經變得清楚：智者不僅僅單方面地獵取某種東西，而且**他就他那方來說也進行給予**。他讓他自己變得引人注目並宣布：他教授ἀρετή【德性】，他的τέχνη【技藝】在223b5中被刻劃爲δοξοπαιδευτική【宣稱能進行教育的】，被刻劃爲對παιδεία【教育】的一種傳授和喚起。因此，通過對在第一個描述中所展露出來的那些實情的考慮，必須得說：單方面進行捕捉和獵取之γένος【屬】與實情並不相稱，χειροῦσθαι【弄到手】之規定肯定是不充分的。φάντασμα【形象】是ποικίλον【複雜的】、多種多樣的、變化多端的；事情本身要求我們還要根據另外一種起源之方向來規定他。因此，連繫就是這樣的，並且223c2以下那句話根本不是如它通常被理解的那樣在說：我們還想要把他歸入我們在例子那兒已經闡明的那些東西中的另一個γένος【屬】中，彷彿根據ἀσπαλιευτής【垂釣者】而來的劃分已經被圖型化地給出了，並且現在似乎僅僅要嘗試什麼樣的γένος【屬】同智者相稱。相反，他**於其自身那兒顯現爲什麼**，是決定性的。因此，智者的行爲是一種占有、一種把人拉到自己一邊來，但他就他自身那方而言又同時給出了某種東西；他不僅僅把人拉到自己那一邊來，並從他們那兒收取費用，而且他從他自己那方也給出了某種東西作爲報答。在把κτητική【獲取術】區分爲μεταβλητική【交易術】和χειρωτική【強取術】的第一次區分那兒，我們就已經了解了占有這種類型。μεταβλητική【交易術】，即讓—自己—被給予—並且—自身—復又—進行給予（das Sich-geben-lassen-und-selbst-wieder-Geben），是現在更爲合適地標畫著智者之行爲的那種現象。在219d5以下，展示了一系列μεταβλητική【交易術】之可能性：交換禮物、收取酬金、進行販賣。μεταβλητική【交易術】的這最後一種類型——μεταβλητική【交易術】在這兒（223c9）被稱作ἀλλακτική【買賣術】——

現在被召來進一步規定智者的行爲。智者清楚地表明爲是ἀγοραστικός【進行市場交易的人】，他的τέχνη【技藝】是ἀγοραστικὴ τέχνη【進行市場交易的技藝】。

這一τέχνη【技藝】自身現在要根據下面這點而被劃分：在這兒進行販賣的那種人是否販賣他本人所創制的產品、τῶν αὐτουργῶν【自己做出來的】（223d2），或者他是否販賣τὰ ἀλλότρια ἔργα【他人的產品】、他人所創制出來的東西，即他是否μεταβάλλεται【交易】、販賣、貿易異鄉的產品。考察進一步涉及了最後的規定，從柏拉圖方面來看這一規定是對智者的否定性批評——只要他自己並不曾親自創制他所推銷的東西，[5]這一規定後來在某種意義上被收回了。對異鄉貨物的這種貿易（In-den-Handel-Bringen）[6]和推銷有兩種可能性：一是κατὰ πόλιν【在城邦中】（223d5），有關的人停留在一個城邦裡，定居在那兒；我們把這樣一種人稱作κάπηλος【坐商】、「坐商」，他有他固定的攤點和門面，並在那兒進行販賣。與之相反，另一些人不κατὰ πόλιν【在城邦中】做買賣，而是ἐξ ἄλλης εἰς ἄλλην πόλιν

[5] 「只要他自己並不曾親自創制他所推銷的東西」這句話的德文原文為：sofern er das, was er vertreibet, sich nicht selbst zugeeignet hat（只要他自身並不曾占有他所推銷的東西）。從上下文看，這句話比較費解，英譯者（*Plato's Sophist*, translated by Richard Rojcewicz and André Schuwer, Indiana University Press, 2003）認為zugeeignet（占有）當為hergestellt（創制），我認為有道理。——譯注

[6] 在這兒難以處理海德格以連字符的方式所進行的表達。——譯注

διαλλατομένων【從一個城邦到另一個城邦進行交易】❼（參見223d9），「從一個城邦旅行到另一個城邦」，進行一種興旺的交易。

對異鄉的、被他人創制出來的貨物的買賣和推銷的這一最後的規定，現在復又需要一種內容上的刻劃，只要在朝向已經展露出來的東西即ἀρετή【德性】的定位中，涉及的是規定他拿出來販賣和兜售的東西究竟眞正是什麼。因此，在223e1以下，有著對那下面這種東西的一種極其粗略的區分：即那對於要麼身體、要麼靈魂的τρέφεσθαι【培養】來說是有益的和必須的東西。關於後一種商品和貨物ἀγνοοῦμεν【我們不認識】（223e5）、「我們是不清楚的」；我們並不眞正知道我們應對此作何理解。在這兒再次出現了我們在刻劃ὁμιλεῖν【交往】時所遇到的那同一種區分，在那兒我們說：智者的τέχνη【技藝】對準的不是娛樂；相反，它要求某種嚴肅的東西，因爲它所關乎的是教養。同樣，這兒在224a1以下再次出現：智者並不販賣音樂、繪畫以及其他的魔術；相反，他進口和販賣的東西是σπουδῆς χάριν【爲了嚴肅的東西】（224a5）、「爲了嚴肅的東西」；涉及的是朝向眞正的此是、朝向在πόλις【城邦】中的生存的教育。不是爲了ἡδονή【快樂】這類東西，而是爲了靈魂—精神的（seelisch-geistig）生活之各種更高的可能性、μαθήματα【各種學問】

---

❼ διαλλατομένων，似乎當為διαλλαττομένων，即原文少了一個τ。——譯注

（224b1），即在最寬泛意義上的各種認識——他收購、儲備並且從一個城邦到另一個城邦兜售它們。因此，智者在這兒所儲備和兜售的事物，對於靈魂和生活來說、對於眞正的靈魂的生活來說是重要的；他並不把這種東西擺出來加以展覽，這種東西也不是那僅僅能夠擺出來進行展覽的東西；相反，它關乎他將這些χρήματα【必需之物】販賣給他們的那些人的πρᾶξις【實踐】。因此，智者買賣的對象同ψυχή【靈魂】具有非常普遍的關聯，它進而被規定爲μαθήματα【各種學問】（224b1），即認識，然後在224c9那兒的總結中，被更加清楚地規定爲περὶ λόγους καὶ μαθήματα【關乎諸邏各斯和諸學問】。買賣再次涉及一種確定的言談，或那些被有關商人以言談的方法向他人教授的、確定的談論之成果。然而，智者不是τεχνοπωλικόν【出售技藝的】（224c4），「他不販賣位於各種τέχναι【技藝】中的認識」，在各種不同的實踐的職業中的認識；相反，他是μαθηματοπωλικόν【出售學問的】（參見224b9），「他販賣μάθημα【學問】、認識」——關乎ἀρετή【德性】、παιδεία【教育】的認識。這一規定再次在一種總結中結束：ἴθι δὴ νῦν συναγάγωμεν αὐτὸ λέγοντες ὡς τὸ τῆς κτητικῆς, μεταβλητικῆς, ἀγοραστικῆς, ἐμπορικῆς, ψυχεμπορικῆς περὶ λόγους καὶ μαθήματα ἀρετῆς πωλητικὸν δεύτερον ἀνεφάνη σοφιστική.【來吧，現在讓我們對之進行總結，我們說，智者術第二次顯現爲屬於獲取術、交易術、市場交易術、商貿術、靈魂商貿術中的出售德性之邏各斯和學問的東西。】（224c9以下）這顯現爲σοφιστική【智者術】。

㈡定義三和四。坐商（224d-e）。根據諸定義之總結（225e）對定義三（坐商）的區別。買賣：1.異鄉的—或2.自產的λόγοι【邏各斯】。把對智者的諸定義日益集中到λόγος【邏各斯】上

定義三和定義四，現在事實上外在地不僅彼此擠在一起，而且同定義二擠在一起。因爲定義三的引言，即τρίτον δέ γ' οἶμαί σε【但我認爲你第三次】（224d4），僅僅在一種單純的、進一步的列舉之意義上同前面δεύτερον【第二次】所進行的東西相連接。這有其合法性，因爲定義三和定義四都保持在同一γένος【屬】中。ξένος【客人】在這兒僅僅提出了對前面描述的一種**限制**，並且只要這種限制也被接納入定義中，那它同時也就是**對智者之實事內容的**一種**豐富**——只要人們認爲他乃是從事μαθήματα【各種學問】之交易的人。也即是說，定義三和定義四所重視的是區分前面已經預示過的東西：經商者是否是本地人，或者他本人是否創制和生產他所販賣的貨物。於是，這兩項規定，即1.他αὐτοῦ καθιδρυμένος έν πόλει【本人定居在城邦裡】（224d4以下）並且復又販賣所收購的東西，2.他本人販賣自己—實現—出來的東西（Selbst-zustande-Gebrachtes）❽，現在既能夠被集中起來成爲一個，也能夠被加以分開。因此，人們能夠將智者把握爲κάπηλος【坐商】，即始終呆在同一

❽ zustande bringen，在日常德語中乃一固定表達，意思是「完成」、「實現」。——譯注

個城邦的「坐商」，或者把握爲四處遊蕩的行商，——此外，還可以被把握爲兜售異鄉產品的商人，或兜售自己生產出來的產品的商人。這後一種可能的區分給出了下面這一可能性，那就是能將定義之數目增加一個——這取決於將這兩種要素分開還是合在一起。在這兒這兩種要素被合在一起：μαθηματοπωλικόν【出售學問的】（224e3）。反之，在231d那兒的列舉中它們被加以分開：第二個描述表明智者是ἔμπορός τις【一種商人】，第三個描述表明他是在本地兜售異鄉貨物的坐商，第四個描述表明他是販賣自製產品的人。因此，在概括中這兩個要素被分開了，相應地在這兒多出了一個定義。反之，在225e那兒的總結中以τέταρτον【第四個】結束：作爲第四個。但我已經說過，我們採納的數目乃是根據231d那兒的概括。

第二個描述那在實事上重要的東西，以及由此同它相連繫的第三個和第四個描述，在其中顯露出下面這點：智者不僅把全副心思都放在商討著地說服他人之意義上的言談上，而且他本人推銷各種λόγοι【邏各斯】、被說出的東西——無論是他人提出來的還是他自己發現的；他也以下面這種方式同λόγος【邏各斯】相關，那就是他把各種λόγοι【邏各斯】、被說出來的東西——無論是他人提出來的還是他自己發現的——作爲貨物來推銷——從而λόγος【邏各斯】不僅僅是贏得他人的方法，而且是他所推銷的東西。由此下面這些就已經變得清楚了，那就是：智者的整個行爲如何愈來愈集中在λόγος【邏各斯】身上，以及他的整個生存把全副心思都放在λέγειν【說】上。

四、智者之定義五。爭吵者[9]（224e-226a）。依循ἀσπαλιευτής【垂釣者】之定義中的各種視域而來的定位：κτητική【獲取術】——χειρωτική【強取術】——ἀγωνιστική【競技術】。借助於各種λόγοι【邏各斯】而來的競賽。λόγος【邏各斯】作為智者之諸定義中的基本現象；概括。ἀντιλογική【辯論術】，ἐριστική【論戰術】。閒談者（忒俄弗拉斯托斯《品質》第三章）

第五個描述也以ἔτι【此外】開始，誠然，在這兒以另一種形式。Ἔτι δὴ σκοπῶμεν εἴ τινι τοιῷδε προσέοικεν ἄρα τὸ νῦν μεταδιωκόμενον γένος.【此外，讓我們考察現在正探究的這種屬是否還與下面這種形象相像。】（224e6以下）現在，問題提法轉回去了，然而是如下面這樣的，那就是，在這件事上朝向迄今爲止所展露出來的內容的定位始終是：「我們現在正探究的那種東西、這種可能的來源」，同我們迄今爲止在各種描述中所再現的，以及被如此多種多樣的τέχναι【技藝】所標畫的那樣一種人，是相像呢，「還是不相像」，προσέοικεν【同……相像】？也即

[9] 德文為Eristiker，由希臘語ἐριστικός而來，意思就是「進行論戰的」、「爭吵的」。——譯注

是說，在這兒是否必須被判給他？那麼是什麼樣的呢？現在回溯到χειροῦσθαι【弄到手】這一已經展露過的類型；由此我們看到智者之描述始終完全明確和牢固地依循ἀσπαλιευτής【垂釣者】中的各種視域來定位。如果我們簡略地再現劃分、進程，那麼就顯現爲：

- κτητική【獵取術】
  - μεταβλητική【交易術】 定義二、三、四
  - χειρωτική【強取術】
    - ἀγωνιστική【競技術】 定義五
    - θηρευτική【獵取術】 定義一

對智者的第一個描述接受了θηρευτικόν【進行獵取的】之規定。第二個定義接受了在描述智者的θήρα【獵物】時所顯現出來的那種實事內容，即交換，並且這種實事內容要求召來μεταβλητική【交易術】。因此，在前面所給出的視域中迄今還未加處理的只有ἀγωνιστική【競技術】。它現在被第五個定義所要求。由此下面這點變得非常清楚，那就是智者應如何根據其行爲舉止而非常原始地被加以描述。ἀγωνιστική【競技術】，即通過戰鬥來占有，現在復又容許各種進一步的規

定。對於希臘人來說，ἀγών【競爭】眞正意味著競賽、較量。因此，對這種爭鬥的源始規定是ἁμιλλᾶσθαι【比賽】，即拉丁語的contendere【較量】、競賽，爲了在某種東西上的優先而同某一他人爭鬥，不是爲了弄垮他而在暴力地襲擊—他（Auf-ihn-losgehen）之意義上同他爭鬥，而是爲了那被擺到了兩者面前來的東西而與他爭鬥。與作爲ἁμιλλᾶσθαι【比賽】相比照的是μάχεσθαι【戰鬥】，即拉丁語的pugnare【戰鬥】，不是同他人一起進行對抗，而是要反對他才同他相對抗。這種μάχεσθαι【戰鬥】復又具有兩種可能性：同某一他人進行σώματι πρὸς σώματα【用身體對身體】（225a8）的戰鬥，在使用暴力的情形下運用各種武器和工具，因而是βίᾳ【憑藉暴力】、βιαστικόν【暴力地】（225a10）；或者λόγοις πρὸς λόγου【用邏各斯對邏各斯】（225a12），即通過各種λόγοι【邏各斯】同他鬥爭、對抗、戰鬥，這種對抗以言說的方法進行。因此，諸位看到甚至在第五個描述那兒λέγειν【說】這一基本現象也是決定性的。在所有的描述中，λέγειν【說】都在其不同的可能性上被看到了。所涉及的不僅僅是對人的贏得要通過各種λόγοι【邏各斯】，也不僅僅是販賣各種λόγοι【邏各斯】，而且教授本身的方法以及販賣的方法同時也是λέγειν【說】，在那兒同時包含著智者所販賣的東西，即各種λόγοι【邏各斯】最後復又對於那些被帶入這種παιδεία【教育】中的他人來說是λέγειν【說】之δύναμις【能力】。

這種通過言談所進行的鬥爭再次根據那些熟悉的區別而得到劃分——這些區

別在那時的公共生活中立馬就會迎面跳出來：首先著眼於言談是否是「長的」、μήκεσι【長】（225b5以下），以及「公開的」、δημοσίᾳ【公開】；即所涉及的是否如「在法庭前」、δικανικόν【進行法庭訟辯的】（225b6）那樣的在長篇言談和對答中的那種對抗，或者是否智者所從事的這種對抗是另一種類型：ἐν ἰδίοις【私下地】（225b8）、「關乎各個單獨個人的」，不發生在公開場合並且κατακεκερματισμένον ἐρωτήσεσι πρὸς ἀποκρίσεις【以問答的方式分段地】（225b8以下）進行——κερματίζειν【剁碎】意味著碎裂、一定程度地換成零錢——即不是如法庭前的長篇大論和總結陳詞那樣的「言談」，而是「碎裂爲一問一答」。這種類型是ἀντιλέγεσθαι【辯論】、ἀντιλογικόν【進行辯論的】（225b10）之意義上的爭鬥。這種ἀντιλέγεσθαι【辯論】、在作爲言談和反駁的言談中的對抗，能夠ἀτέχνως【無技藝地】（225c1）進行，即沒有受到過與特定對象相應的那種專門訓練和準備，而是如通常在日常的各種場合、在生意上的對抗等等那兒所表現出來的那樣；關於它沒有名稱，在225c這兒也沒有對之進行進一步的討論。此外，有著一種ἔντεχνον【有技藝的】（225c7）辯論，即根據一定的規則、基於某種特定的τέχνη【技藝】進行，這種對抗被稱作ἐριστικόν【進行論戰的】（225c9），被稱作眞正的爭論（*Streitrede*）——它作爲本質上理論性的東西而具有一種對準理論上的各種問題和認識的作用。在問答中的這種言談類型之範圍內，即在辯論、最爲寬泛意義上的理論—科學性的討論之範圍內，有著這樣一種類型：

柏拉圖將之稱作ἀδολεσχικόν【進行閒談的】（參見225d10），稱作單純的教育閒談（Bildungsgeschwätz）。從中他區分出一種言談方法，唯有σοφιστικόν【智者派的】這一名稱適合於它。由此下面這點變得清楚了：智者的ἀντιλέγεσθαι【辯論】之類型的確具有一種嚴肅的性格，它是一種取決於某種東西的言談。ἀδολέσχης【閒談者】是閒談者（der Schwätzer），在這兒，是在那些閒談教育的人的這種特殊含義上的閒談者。所意指的乃是這樣一些人：他們終日都在關於教育的哲學活動和言談中度過——一個人甚至無法同他們一道爬山，除非他們將其所有的認識交給他——，並且尤其帶有下面這樣一種意圖，那就是把他人誘入應答中、將他帶入閒聊中。獨特的東西是：這種人持續不斷地說，並總是尋找新的機會進行一場對話。我們具有關於這種人的一種經典描述，那就是在忒俄弗拉斯托斯（Theophrast）❿的《品質》（*Charaktere*）一書中所傳下來的。在忒俄弗拉斯托斯看來，閒談者所涉及的各種λόγοι【邏各斯】是μακρόι【大的】，而在柏拉圖看來則是μικρόι【小的】。這沒有矛盾。在忒俄弗拉斯托斯那兒，μακρόι【大的】並不意味著在一次言談之意義上的連續不斷地言談，而是爲了把他人帶入談話中而總是—復又—重新—開始（das Immer-wieder-neu-Ansetzen）。忒俄弗拉斯托斯在《品質》第三章中說：

---

❿ 忒俄弗拉斯托斯（約西元前三七一—前二八七年），是亞里士多德的朋友、學生和繼承者，漫步學派的第二任主持。——譯注

ἀδολεσχία【閒談】是在漫無邊際的言語中閒扯的一種方式，並且是不假思索的；例如，ἀδολέσχης【閒談者】是這樣一種人：他坐到他根本不認識的一個人身旁（如在鐵路邊或任何別的地方）⓫，向他講述對其妻子的一段長長的讚美；或者向他講述今晚他夢到過的東西；或者絮叨今天下午發生了什麼。如果繼續這樣進行，如果他人還繼續在聽，那他就說，同早前相比今天的人壞多了；市場上小麥變貴了不少；今天城裡有許多外國人；在酒神節之後大海再次能航行了（全是些顯而易見的事情）；還說，如果宙斯容許多下點雨，那麼，他來年的收成就會好轉；以及生活畢竟是如何如何的艱難⓬。

四八、向下一任務的過渡：通過澄清柏拉圖對於修辭學的立場來定位其對於λόγος【邏各斯】的立場

對後幾個定義的考察，首先向我們顯示了λόγος【邏各斯】依照智者行為的不同方向所具有的含義。智者活動在λόγος【邏各斯】中

⓫ 括弧裡的話是海德格本人的添加和解釋，在古代希臘顯然沒有Eisenbahn（鐵路）。——譯注

⓬ 忒俄弗拉斯托斯，《品質》第三章，海德格的翻譯。——原注

1. 只要λόγος【邏各斯】是他取得對象即人的方法，
2. 只要正確的言說、εὖ λέγειν【好好說】、παιδεία【教育】是他本人從他自己那兒所給出的東西，
3. 只要λέγειν【說】也是παιδεία【教育】於其中、於ἐριστική【論戰術】即反駁中在個體身上所實現出來的方式。

λόγος【邏各斯】這一現象的統治地位不可以被略過——只要我們到底看到了它。關於對話的闡釋必須考慮這一實情。在導論中已經指出了λόγος【邏各斯】的基本含義，只不過的確還只是一些極其一般的和原則性的規定。因此，首先指出了下面這點，那就是：希臘人將λόγος【邏各斯】本身理解爲他們由之闡明人之生存的那種現象。

此外，還指出了：λόγος【邏各斯】作爲閒談，在這種自然的方式中統治性地規定著日常此是。希臘人的教育理念（Bildungsidee）、παιδεία【教育】，被修辭學和智者術依循λόγος【邏各斯】而定位。此外，我們在亞里士多德的積極考察中已經看到，每一種ἀληθεύειν【去蔽】、每一種行爲——除了νοῦς【智性直觀】——，直至μετὰ λόγου【依賴邏各斯】的理論研究，都被λέγειν【說】之實施方法所規定。由此我們在人之此是中原則性地預期了λόγος【邏各斯】的含義。但是，我們現在立於下面這一任務之前，那就是在柏拉圖的意義上理解λόγος【邏各斯】現象——因爲它自身在對話中更加猛烈地擠了過來——，即如柏拉圖本人對λόγος【邏各斯】以及

對那些圍繞著它的現象圈所持的看法那樣，我們得弄清楚：在他那兒，λόγος【邏各斯】的統治地位是否在此是之範圍內得到表達，或者這一先前所給出的刻劃是否最終只不過表現了一種含糊的虛構。

如果我們要取得這種定位，那麼，在這兒我們就不可能詳細討論我們於柏拉圖那兒就λόγος【邏各斯】所發現的所有考察；相反，只能涉及一些能顯明下面這點的提示：對於柏拉圖來說，λόγος【邏各斯】問題同他思想中的各種核心問題碰到一起，甚至與之相同一。我們從一個非常確定的問題出發，以便贏得對柏拉圖之於λόγος【邏各斯】的立場的一種定位；我們問：**柏拉圖對於修辭學的立場是何種立場**？因爲修辭學是形成、教授正確言談本身的τέχνη【技藝】——它甚至宣稱它自己就是這種技藝。基於柏拉圖對於修辭學的立場，他對於λόγος【邏各斯】的立場至少會間接地變得可見。

第二章

附記

定位柏拉圖對λόγος【邏各斯】的態度❶

柏拉圖對修辭學的態度

對《斐德羅》的闡釋

五十、引導性說明

(一)柏拉圖對修辭學的矛盾立場。一般刻劃。在柏拉圖之前的修辭學：πειθοῦς δημιουργός【說服之創造者】。柏拉圖的立場：在《高爾吉亞》中的否定，在《斐德羅》中的肯定

早前即在柏拉圖和蘇格拉底之前的修辭學家，其工作本質上指向的不是——如

❶在手稿中海德格標出了以下文獻：
萊昂哈德．施彭格勒（L. Spengel），「古代修辭學之定義和導論」（Die Definition und Eintheilung der Rhetorik bei den Alten），載於《萊茵語文學博物館》（*Rheinisches Museum für Philologie*），XVIII，一八六三年，第481-526頁。

西塞羅所說—— *de arte*【論技藝】，即「談論*τέχνη*【技藝】」，而是*ex arte*【出於技藝】，即「出於*τέχνη*【技藝】」❷；也即是說，他們的工作在於創作演講、撰寫和表演典範性的演講。某種程度上的理論——他們自身將之稱作θεωρία【理論】——與之相伴隨，但這在希臘的含義上、於眞正的意義上還不能夠成爲θεωρία【理論】。我們在關於古代修辭學的傳統那兒所擁有的東西指出了下面這點，那就是看到了，ῥητορικὴ τέχνη【修辭技藝】之意義以及由此而來的公開演講之意義，在於通過言談本身把那些被攀談的人，即聽眾帶入某一確定的信念之中：它是πειθοῦς δημιουργός【說服之創造者】❸，「它形成了」關於某種東西的「看法」。它是λέγειν【說】的眞正意義。在法庭面前或在群眾集會面前，提出一種統治性的意見，對之行考慮並談論某一確定的情況，從而使得該情況同這種公共意見相符合併由此取得公共意見的認可。原初的定位依循公共意見、依循εἰκός【煞有其事】來進行，以

萊昂哈德·施彭格勒〈論亞里士多德的修辭學〉（Ueber Die Rhetorik Des Aristoteles），載於《巴伐利亞王家科學院哲學語文學班論文集》（*Abhandlungen Der Philosoph.-Philologischen Classe Der Königlich Bayerischen Akademie Der Wissenschaften*），第六卷，慕尼黑，一八五一年，第二部分，第455-513頁。——原注

❷ *De Inventione*【《論發明》】I,8. ——原注

❸ 《高爾吉亞》（*Gorigas*）453a2。——原注

便在它那兒達成目的並謀得權力和威望，——言說之目的根本不在於把握被言說的實情，而僅僅在於依循公共意見之看法來進行定位。

事實上柏拉圖在《高爾吉亞》中也如此地看待修辭學。在追問高爾吉亞關於修辭學之本質後，蘇格拉底發覺高爾吉亞對修辭學持有這種意見：Νῦν μοι δοκεῖς δηλῶσαι, ὦ Γοργία, ἐγγύτατα τὴν ῥητορικὴν ἥντινα τέχνην ἡγῇ εἶναι, καὶ εἴ τι ἐγὼ συνίημι, λέγεις ὅτι πειθοῦς δημιουργός ἐστιν ἡ ῥητορική, καὶ ἡ πραγματεία αὐτῆς ἅπασα καὶ τὸ κεφάλαιον εἰς τοῦτο τελευτᾷ· ἢ ἔχεις τι λέγειν ἐπὶ πλέον τὴν ῥητορικὴν δύνασθαι ἢ πειθὼ τοῖς ἀκούουσιν ἐν τῇ ψυχῇ ποιεῖν;【哦，高爾吉亞，你似乎最可靠地向我顯明了你認爲修辭學是何種技藝；如果我理解得對的話，你說修辭學是說服之創造者，它的所有工作和首要的事情都以此爲目的。除了在靈魂中說服聽眾，你還能對修辭學說出別的什麼嗎？】（452e9以下）「高爾吉亞，現在你似乎向我準確地顯明你認爲修辭學是何種技藝，並且如果我理解正確，你說」πειθοῦς δημιουργός ἐστιν ἡ ῥητορική【修辭學是說服之創造者】，「它的全部工作和主要事情就以此爲目的。或者，你說，除了在聽眾那兒形成某一確定的看法之外，修辭學也許還能做點別的什麼？」這是柏拉圖在《高爾吉亞》中對修辭學的看法，因此是一種否定性的看法。也即是說，正如從隨後的那些考察那兒所突顯出來的，這樣一種τέχνη【技藝】——蘇格拉底所顯示的——根本不能夠是一種τέχνη【技藝】。因爲它根本沒有任何內容。它恰恰放棄討論它要教授他人對之談論的那種東西。它是這樣一種精通，那就是它不向著某一實事內容進行定位；相反，正如我們所說，它以一種純粹外在的、「技巧性的」處理方法爲目的。柏拉圖對於修辭學的這種否定性的立場——他甚至有某種理由不承認它是一種τέχνη【技藝】——顯然被那時演說家們所帶給他的時代的那種破壞所激發。然而，下面這點是值得注意的，那就是：柏拉圖在該對話中已經爲一種眞實的理解掌握了一些積極的可能性——即使這些可能性還尚未變得有作用。

在《斐德羅》中，柏拉圖對於修辭學的立場是完全不同的。在那兒該立場是一種**積極**的立場，但柏拉圖還是不像後來亞里士多德那樣打算承認修辭學乃是一門獨特的τέχνη【技藝】。就我們這兒所從事的整個問題來說，《斐德羅》能夠提供出關鍵資訊。誠然，無論是就其眞正的內容、它的主導意圖來說，還是就其編年上的安排來說，該對話都是最具爭議性的對話。

㈡關於《斐德羅》的爭議。施萊爾馬赫關於《斐德羅》和柏拉圖的一般論點。歷史學—批判性的柏拉圖研究之諸開端。狄爾泰和施萊爾馬赫

施萊爾馬赫把該對話置於柏拉圖作品的開始之處❹。正如他所說，他在**辯證法**中

---

❹施萊爾馬赫，《柏拉圖著作集》（*Platons Werke*），第一卷第一部分，修訂版第二版，柏林，

看見了該作品的靈魂。❺它是柏拉圖第一次積極地顯示給希臘人的辯證法之觀念。施萊爾馬赫把辯證法規定爲「自由思想和優雅表達之藝術」❻。施萊爾馬赫的這一論點——《斐德羅》或許是柏拉圖最早的作品——首次開啟了柏拉圖思想之發•展•史這一問題，正如施萊爾馬赫關於柏拉圖的一般工作——他的翻譯，以及他對各篇對話的導論即使在今天依然是難以超越的——把新近時代的柏拉圖研究引到歷史學—語文學的（historisch-philologisch）批判之基礎上一樣。這出現在同弗里德里希·施勒格爾（Friedrich Schlegel）的最初合作中，但後者基於其文學上的志趣（auf Grund seiner literatenhaften Existenz）❼而沒有找到眞正承擔這一工作的可能性，而是只做出各種預告和計畫就了事。古典語文學家海因多夫（Heindorf）❽也是施萊

一八一七年。參見第67頁。——原注

❺參見同上所引第65頁。——原注

❻同上所引第65頁以下。——原注

❼弗里德里希·施勒格爾，是德國比較語言學的先驅，也是一位作家和文學評論家。因而auf Grund seiner literatenhaften Existenz似乎也可以譯為「基於其文學方面的身份」或「基於其文學方面的生涯」；而Existenz在這兒無論是翻譯為「生存」、「存在」還是「實存」，似乎都不合適——譯注

❽路德維希·弗里德里希·海因多夫（Ludwig Friedrich Heindorf, 1774-1816），語文學家。柏林高級中學教師，後來在同一地方成為教授。——原注

爾馬赫的合作者，他在文本確定上所抵達的，即使在今天對於柏拉圖研究來說也還是重要的。一八九八年狄爾泰在柏林科學院做了一場關於施萊爾馬赫對柏拉圖的工作的報告：「施萊爾馬赫的柏拉圖」（Der Plato Schleiermachers），該報告迄今沒有公開發表。這一報告現在是可供使用的；它收入狄爾泰著作集中：《施萊爾馬赫生平》第二版（一九二二年），同一八七〇年版相比該版增補了遺著中的一些內容[9]。獨特的是，狄爾泰如何評價施萊爾馬赫對柏拉圖的這項工作。他首先強調了對於近代科學意識之形成來說，語文學—歷史學的（philologisch-historisch）批判之歷史性的含義，並回溯到了這種批判意識的最早先驅，即澤姆勒（Semler）及其「聖經批判學」[10]。弗里德里希・奧古斯特・沃爾夫（Friedrich August Wolf）在其一七九五年的《荷馬導論》（*Prolegomena zu Homer*）中開始了語文學—歷史學的

---

[9] 狄爾泰，《施萊爾馬赫生平》第二版，增補了基於作者遺著的續篇部分。赫爾曼・穆勒特（H. Mulert）編，柏林和萊比錫，一九二二年，第一卷，第645-663頁。——原注

[10] 約翰・扎洛莫・澤姆勒（Johann Salomo Semler），例如《文集：聖經正經獨立研究》（*Abhandlung von freier Untersuchung des Canon*），四部，哈勒（Halle），一七七一—一七七五年。約翰・扎洛莫・澤姆勒，《神學詮釋學之準備：為了進一步促進未來的神學博學之士的勤奮》（*Vorbereitung Zur Theologischen Hermeneutik, zu Weiterer Beförderung des Fleißes angehender Gottesgelerten*），一—四部，哈勒，一七六〇—一七六九年。——原注

研究⓫。一八一一年尼布林（Niebuhr）的《羅馬史》（*Römische Geschichte*）緊隨其後⓬。施萊爾馬赫一八〇四—一八二八年翻譯的《柏拉圖》（*Plato*）就處於這一連繫中⓭。狄爾泰指出：由這三位偉大的批判者所取得的資源，匯合到了一起，並被斐迪南·克利斯蒂安·鮑爾（Ferdinand Christian Baur）所加工，他把這種批判意識運用到基督教研究身上，並嘗試給出一種關於古代基督教的歷史學—批判性的（historisch-kritisch）闡述。⓮

要由此出發來理解和評價施萊爾馬赫對柏拉圖的工作，並同時看清關於《斐德

⓫ 弗里德里希·奧古斯特·沃爾夫，《荷馬導論，或論荷馬史詩在古代和本來的形式、嬗變和加以刪改的可能原因》（*Prolegomena ad Homerum, sive de operum Homericorum prisca et genuina forma varisque mutationibus et probabili ratione emendandi*），哈勒，一七九五年。——原注

⓬ 巴托爾特·格奧爾格·尼布林（Barthold Georg Niebuhr, 1776-1831），《羅馬史》（*Römische Geschichte*），二卷，柏林，一八一一—一八一二年。——原注

⓭ 《柏拉圖著作集》（*Platons Werke*），施萊爾馬赫譯，五卷，二部，柏林，一八〇四—一八一〇年。——原注

⓮ 斐迪南·克利斯蒂安·鮑爾（Ferdinand Christian Baur, 1792-1860），如《正福音書之批判研究》（*Kritische Untersuchungen über die kanonischen Evangelien*），圖賓根，一八四七年。斐迪南·克利斯蒂安·鮑爾，《基督教教義史教程》（*Lehrbuch der christlichen Dogmengeschichte*），斯圖加特，一八四六年。——原注

羅》在編年上的立場的這種奇特論點是如何形成出來的。這一評判之所以是奇特的，乃是因爲該對話在它所包含的全部東西上，預設了一種不同尋常的問題提法之水準；我們擁有大量在本質上低於這種水準的柏拉圖對話。施萊爾馬赫對柏拉圖的工作，在哲學上依循他自己的當下來定位。他根據當下來闡釋過去的那種方式，對於他本人把柏拉圖哲學擺入其中的那種建構來說，是獨特的。他將柏拉圖的先驅蘇格拉底等同於啟蒙；他在蘇格拉底身上看到了同迷信和大眾意見作鬥爭的眞正啟蒙者。在柏拉圖那兒他復又看到了康德和費希特的立場，即看到了對意識的返回，看到了主觀觀念論（der subjektive Idealismus）[15]。由此出發，他把謝林和黑格爾的工作穿鑿附會地加進亞里士多德的研究中。這是一種有趣的建構，它後來自成一派，並且在今天依然廣泛地規定著通常的看法；然而，絕不能堅持這種建構。在表現這種闡釋時，狄爾泰是靠不住的，因爲他本人對希臘人知之甚少——他的《精神科學引論》（*Einleitung in die Geisteswissenschaften*）[16]就顯明了這點——，並且因爲他本人並不系統、根本地擁有牢固的基礎，以至於他無法深入地眞正闡釋康德和觀念論。因此，施萊爾馬赫對柏拉圖的工作，儘管對於精神科學之形成的歷史來說是重要的，並且作爲翻譯也是

[15] der subjektive Idealismus，也譯為「主觀唯心主義」或「主觀唯心論」。——譯注

[16] 威廉·狄爾泰，《精神科學引論》（*Einleitung in die Geisteswissenschaften*），萊比錫和柏林，一八八三年。——原注

難以超越的，但在哲學性地占有柏拉圖之意義上則還是低於我們不得不對一種哲學闡釋所提出的要求。施萊爾馬赫將《斐德羅》判定爲早期作品，後來除了赫爾曼．烏澤納（Hermann Usener）[17]之外很少被人採納，後者力圖通過外在的、語文學的標準來支持施萊爾馬赫。他訴諸於古代傳統：亞歷山大里亞派的哲學似乎提議《斐德羅》必須被理解爲柏拉圖的最早作品。問題迄今都未被充分地判定。今天，普遍的意見更多傾向於認爲《斐德羅》屬於《泰阿泰德》、《智者》和《政治家》這一時期，即屬於眞正科學的對話之時期。如果刻劃不是那麼低劣的話，那麼，人們可能有一定理由於其中看到：也許《斐德羅》是爲了學園開張而寫出的一篇計畫書。今天還頑固地受到支持的另一種看法，則把《斐德羅》置於開始之處，但又於其中看到插入了一些來自較後時期的段落，即看到了一種所謂的修訂。這種看法對於我們今天的語文學來說是獨特的。通過這種辨法，我們的確無法從這些困難中擺脫出來。〈擺脫這些困難的〉唯一辨法是進行一種實事性的闡釋。

---

[17] 赫爾曼．烏澤納（Hermann Usener, 1834-1905），古典語文學家，曾在伯爾尼（Bern）、格賴夫斯瓦爾德（Greifswald）和波恩（Bonn）任教授；在希臘哲學史和宗教史領域做出了奠基性的工作。——原注

五、對《斐德羅》的一般刻劃

㈠關於《斐德羅》臆想的不一致和核心主題範圍：在其同是之關係中的人的此是本身（愛、美、靈魂、言談）

《斐德羅》之闡釋的基本困難，是那首先看起來完全不同類的對話內容：第一部分包含關於愛的三場談話，第二部分討論修辭學。談話的內容，尤其由蘇格拉底進行的第二和第三場談話，無疑是這樣的：這些談話不可以被單純說成是修辭學上的παραδείγματα【範例】，而且它們也打算在其實事內容上指出某種東西。因此，不可以簡單地進行這樣的劃分，好像在第一部分中出現的是各種例子，在第二部分中出現的是理論。因爲，甚至在對這篇對話的通常、傳統的看法中——事實上對柏拉圖的核心理解必須以該對話爲出發點——對第二部分也重視不多，而是特別在蘇格拉底的第二和第三場談話中看到了對話的眞正核心。之所以會這樣，主要是出於下面這樣一種看法，那就是較爲通常地或較多在理論上把柏拉圖看作一位觀念論者。基於從美學－文學上（ästhetisch-literarisch）評價柏拉圖之種種視點——它們同時就擺在那兒並受到傳統的支持，人們在柏拉圖的靈魂學說中看到了對話的眞正內容。事實上，這種要求很早就已經流傳開來。一些人說對話在討論愛，另一些說在討論美，還有一些人則說在討論靈魂。但在我看來，對於理解這篇奇特的對話來說——該對話在就純粹內容方面來看的諸部分上，遠未提供出對闡釋之種種困難的克服——決定性的東西、通達該對話的眞正門徑在於，我們不單純把第二部分理解爲關於修辭學或在最爲寬泛意義上的辯證法的學說，而且我們看到：這兒所討論的不僅僅是如公眾演說家所從事的那種言說、言談，以及修辭學家爲之所做出的理論，而且這兒也在討論說出—自己和傳達意義上的言談，討論作爲生存方式——一個人在其中向他人表達自己、同他人結伴一道尋找事情——的言談。對於這兒λόγος【邏各斯】於其中被取作的這種寬泛含義而言，首先必須得說：柏拉圖在這兒不僅討論說出來的λόγος【邏各斯】，而且也討論寫出來的λόγος【邏各斯】，即討論各種γράμματα【文字】；不僅討論在嚴格意義上的被說出來的東西，而且也討論在書寫、著作、論文意義上的表達。另一方面，即使在第一部分蘇格拉底在其第二場談話中討論了靈魂，但他不是想提供某種心理學，也不是想提供形而上學的心理學；相反，他要做的——正如在第二部分，是展露出人之生存的基本規定，並且尤其人的此是在其同絕對是者的基本關係中被看到。至於所談到的愛——無論蘇格拉底將之取作眞正的愛還是純化了的愛，無非就是對是本身（das Sein selbst）的渴求。因此，這三個基本論題，即愛、言談、靈魂，全都集中到人的此是這一現象上，——集中到談話中的蘇格拉底自己身上。

㈡對《斐德羅》第一部分的一般刻劃。對於《斐德羅》的核心主題範圍來說λόγος【邏各斯】的優先含義。蘇格拉底對於λόγος【邏各斯】（或對於言談）的愛作爲朝向自我認識的激情

λόγος【邏各斯】現象在同人之生存的連繫中是多麼強有力，已經從第一部分那兒顯露出來——根本無須訴諸第二部分——，在那兒，蘇格拉底部分地以嘲諷的方式將自己同那熱衷於那時修辭學的斐德羅相對照而刻劃了他本人；後者總是隨身帶著呂希阿斯（Lysias）[18]的談話。當斐德羅從呂希阿斯的學校出來時，他剛好碰到了蘇格拉底；蘇格拉底攔住了他，並對他說：ἀπαντήσας δὲ τῷ[19]νοσοῦντι περὶ λόγων ἀκοήν【你碰到了一位沉迷於聽邏各斯的有毛病的人】[20]（228b6以下），「你碰到了一位沉迷於愛聽言談的病人。」由此下面這點已經變得完全清楚了——我們在另一處還會看到它——，那就是蘇格拉底把多少，即把全副心思都放在λόγος【邏各斯】身上，放在正確的說出—自己（*Sich-Aussprechen*）身上，只要他在這種說出—自己中所看到的無非是在此—揭開—自己—本身（*Sich-selbst-dabei-Aufdecken*）。

---

[18] 呂希阿斯（Lysias），約生活於西元前四四五—前三八〇年，雅典著名的演說家。——譯注

[19] 斯特方讀法。——原注

[20] 也參見228c1以下，在那兒蘇格拉底稱他自己是一位λόγων ἐραστής【邏各斯的愛慕者】。——原注

因此，他談到了一種沉迷於**愛言談**、愛聽言談的有病地是（Kranksein），這等於在談他那**朝向自我認識的激情**（*Leidenschaft zur Selbsterkenntnis*）㉑。一個特別的段落——在我看來它確實對於蘇格拉底來說是獨特的——是229e5以下，在那兒蘇格拉底承認：οὐ δύναμαί πω κατὰ τὸ Δελφικὸν γράμμα γνῶναι ἐμαυτόν· γελοῖον δή μοι φαίνεται τοῦτο ἔτι ἀγνοοῦντα τὰ ἀλλότρια σκοπεῖν. ὅθεν δὴ χαίρειν ἐάσας ταῦτα, πειθόμενος δὲ τῷ νομιζομένῳ περὶ αὐτῶν, ὃ νυνδὴ ἔλεγον, σκοπῶ οὐ ταῦτα ἀλλ' ἐμαυτόν, εἴτε τι θηρίον ὂν τυγχάνω Τυφῶνος πολυπλοκώτερον καὶ μᾶλλον ἐπιτεθυμμένον, εἴτε ἡμερώτερόν τε καὶ ἁπλούστερον ζῷον, θείας τινὸς καὶ ἀτύφου μοίρας φύσει μετέχον.【我還不能夠按照德爾斐神廟的話那樣認識我自己。當一個人還不知道這點就去探究別的事情，在我看來是可笑的。因此，我把這些事情擱在一邊，相信關於它們的習慣看法。正如我剛才講的，我不探究那些東西，而是探究我自己：我想知道我實際上是比堤豐更加複雜和暴烈的一頭怪物呢，還是一個生來就分有了某種神聖平和的東西而比較馴服、頗爲單純的動物。】「我還不能依照德爾斐神廟的話認識我自己本身，我還沒有達到那樣的程度；只要我在這兒還沒有充分抵達那兒，因而對我自己本身還處在不識中，那麼，在我看來去理解別的東西、不

㉑ Leidenschaft zur Selbsterkenntnis也可以直接譯為「對自我認識的熱愛」或「熱衷於自我認識」。——譯注

屬於我自己的東西就是可笑的。因此，我隨它去，在所有這些事物中——關於自然和諸如此類的東西——我都持有人們對之所相信的看法；事實上，在這些事物那兒我能夠遵循各種意見，但就我自身我渴望知識。除了我自身我不理解別的東西，我尤其要搞清楚我是否或許是一頭如由各種形狀交織在一起的堤豐那樣的動物，我是同樣怪異的呢還是更爲怪異，或者我是否是一頭較爲馴服的動物」——諸位要想起在《智者篇》中的同一個問題——，「一種較爲馴服和較爲單純的動物——就其生存來說它分有了某種神聖的東西。」❷在這一意義上他說：φιλομαθὴς γάρ εἰμι【因爲我是愛學習的人】（230d3）「我入迷地熱愛學習」，由此也在已經提及過的意義上：熱愛聽人們所說的，λόγων ἀκοήν【聽邏各斯】（參見228b6以下）。因此，他自然不在意指演說家的種種壞習氣，而是在意指**眞正的、實事性的**言說。τὰ μὲν οὖν χωρία καὶ τὰ δένδρα οὐδέν μ᾽ ἐθέλει διδάσκειν, οἱ δ᾽ ἐν τῷ ἄστει ἄνθρωποι.【鄉野和樹木無法教我，但城裡的人則可以。】（230d4以下）「鄉野、草地和樹木不可能教我，而城裡的人卻可以。」所以他說他很少離開城裡。但斐德羅和蘇格拉底那天下午一起到城外走了一趟，然後躺在了一條小溪邊。在這一連繫中蘇格拉底帶出了下面這一事實：斐德羅隨身攜帶著呂希阿斯談話的抄本，並且在談話的一開始他就慫恿蘇格拉

---

❷ 海德格的意譯。——原注

底與之一道出城。σὺ μέντοι δοκεῖς μοι τῆς ἐμῆς ἐξόδου τὸ φάρμακον ηὑρηκέναι. ὥσπερ γὰρ οἱ τὰ πεινῶντα θρέμματα θαλλὸν ἤ τινα καρπὸν προσείοντες ἄγουσιν, σὺ ἐμοὶ λόγους οὕτω προτείνων ἐν βιβλίοις τήν τε Ἀττικὴν φαίνῃ περιάξειν ἅπασαν καὶ ὅποι ἂν ἄλλοσε βούλῃ.【在我看來你已經找到了誘我外出的媚藥。正如人們在那些饑餓的動物面前揮動嫩枝或某些果實就可以領走它們，同樣，你把書中的那些邏各斯遞給我，似乎就可以帶我走遍整個阿提卡，以及你想去的別的任何地方。】（230d6以下）「在我看來你事實上已經找到了真正的辦法誘我離開這兒。正如那些通過把樹葉和別的果實擺在其面前就可以將饑餓的動物領走的人一樣，你λόγους οὕτω προτείνων【遞出邏各斯】也能做到這點，也即是說，你通過把言談擺在我面前，就能領我在整個阿提卡（Attika）或你想去的別的任何地方兜遊。」在此已經說得足夠清楚，蘇格拉底對於λόγος【邏各斯】的真正的愛有多強烈，澄清λέγειν【說】本身對他意味著什麼。我們在這兒無法詳細探討蘇格拉底談話的內容。我們將自己限定在第二部分的若干主要論題上，以便在那兒更加準確地看清柏拉圖對於λόγος【邏各斯】的立場。

㈢ 對《斐德羅》第二部分的一般刻劃。根據三個方向（修辭學和眞。眞和辯證法。作爲ψυχαγωγία【打動人心】的修辭學）對它的劃分。柏拉圖對λόγος【邏各斯】的積極評價。展望：他對作爲「著作」的λόγος【邏各斯】的懷疑

我們能夠在三個方向上劃分第二部分：

1. 柏拉圖指出，甚至修辭學、修辭技藝——只要它涉及的是作爲πειθοῦς δημιουργός【說服之創造者】的λόγος【邏各斯】，因而處理的是那看起來眞的東西（das Wahrscheinliche）㉓或各種看法——，只有當它具有對ἀλήθεια【眞】本身，即對眞的言說具有一種洞察時（273d3以下），它才實際是可能的。因此，柏拉圖首先指出：演說家們完全沒有報告他們自己的τέχνη【技藝】之可能性的諸條件；並且一位元演說者——即使他懷有根據各種看法和意見來進行言說這種意圖——，要能夠實際地完成其任務，那他就得考慮那存在於眞正的技巧之前、在技巧性的手法和花招之前、在布局、扣人心弦等等之前的東西，即考慮某種更爲根本性的東西。甚至εἰκός【煞有其事】，ἀπάτη【欺騙】，即欺騙要得以可能和

㉓ 形容詞wahrscheinlich的一般意思是「可能的」，das Wahrscheinliche即「可能的東西」。但該詞由wahr（真的）和scheinen（看來、好像）構成，故在這兒譯為「看起來真的東西」。——譯注

能夠眞正地實施出來，也得是看到了眞相。柏拉圖在這兒事實上**積極地**對修辭技藝作了讓步。有理由說他在這兒對於修辭學的立場變成了一種積極的立場。

2. 這種**對眞的看**，在**辯證法**中得以實施。柏拉圖就兩個方面刻劃辯證法：一方面，只要它把握那一般地被談論的東西，即把握ζήτημα πρῶτον【首先加以尋找的東西】，並由此出發向之進行定位，那麼，在該定位中被劃分的就僅僅是所談論的東西的內容。另一方面，根據柏拉圖，那於修辭學那兒能夠眞正是的東西——如果修辭學是一種τέχνη【技藝】——，屬於辯證法之領域。辯證法顯示出，什麼東西眞正是，以及那未被揭開的是者如何能夠變得可見。

3. 只有當給予修辭學以這種奠基，即它就它那方來說被理解爲眞的言談，並且眞的言談不僅僅限於在法庭、在群眾集會前的言談，而且關乎每時每刻的言談，因而也關乎ἐν ἰδίοις【私下的】（261a9）的言談，我們方才能夠賦予ῥητορικὴ τέχνη【修辭技藝】以某種程度的**權利**。於是，我們能夠說修辭學或許是如τέχνη ψυχαγωγία τις διὰ λόγων【通過邏各斯來打動某人的技藝】（261a7以下）一樣的東西，即「**在通過與之交談引領他人之生存方面的一種精通**」。

於是，對λόγος【邏各斯】的這三重考慮非常清楚地顯示出：柏拉圖對λέγειν【說】的興趣，事實上始終不依循修辭學及其可能性來定位；相反，對於他來說，λέγειν【說】——在蘇格拉底的自我刻劃之意義上——展露著一種**人的生存這一事務**（*Angelegenheit der Existenz des Menschen*）本身。

根據對λόγος【邏各斯】之意義的這種積極認識，柏拉圖對λόγος【邏各斯】的積極懷疑現在也得以被理解，他恰恰在這第二部分表達了這種懷疑，尤其是他在274b以下一般地談論寫出來的文字以及作爲傳達出來的文字的文字那兒。在下一節課㉔我們還將更加仔細地考察這點。我們也將用一些具體的例子來顯示所提到的這三點。同時，我們還有機會取得同《書信七》中柏拉圖討論認識的一個重要部分的連繫㉕，那段話只有基於這一連繫方才能得到理解，更何況恰恰在該段話那兒對λόγος【邏各斯】的懷疑尖銳地展露了出來；——這一懷疑不是一種虛弱、厭倦的懷疑，不是今天那種類型的哲學家所能承受的那種懷疑；相反，它要求另一種水準上的哲學定位，正如柏拉圖在λόγος【邏各斯】的基本含義中爲生存所贏得的那種定位那樣。

㉔「下一節課」即在一九二五年一月二十三日週五進行的第三十節課。正在進行的這節課是在一九二五年一月二十二日週四進行的第二十九節課。關於柏拉圖對λόγος【邏各斯】的懷疑的那些討論，位於第339頁以下。——原注

㉕《書信七》（Epistula VII），344c.——原注

五二、同《智者》相連繫回想起闡釋《斐德羅》之意義。贏得對在希臘人那兒作為科學性的哲學之領地的λόγος【邏各斯】的一種定位。——向《斐德羅》第二部分之闡釋的過渡

首先需再次回憶一下任務。我們想弄明白在科學性的哲學之問題提法內λόγος【邏各斯】之優先性這一事實和意義。前面對智者之諸定義的考察已經將我們引到了下面這點之上：λόγος【邏各斯】這一現象到處滲透。對於原則性地報告λόγος【邏各斯】——它作爲對希臘人進行探索之領地，並且作爲其科學中的其他基本問題之視域和道路——之含義來說，一種一般地報告和宣稱λόγος【邏各斯】扮演了一種獨特的角色，是不夠的；訴諸亞里士多德也是不夠的；相反，只要這兒關乎的是對柏拉圖《智者》的闡釋，那我們就有義務在柏拉圖本人那兒搞清楚λόγος【邏各斯】現象在他那兒扮演著何種角色。該任務在本講座之框架內最容易通過下面這點而達成，那就是：我們將自己局限於在一定程度上對於柏拉圖哲學之所有問題來說構成了核心的那種對話之上，不是在所有問題都於那兒似乎同等地被討論了的意義上，而是因爲各種基本的問題提法——如它們在柏拉圖那兒所出現的那樣——之框架在那兒得到了打開。《斐德羅》的獨特之處是：它沒有在這兒所打開的各種問題之範圍內，給出任何眞正的探索，甚或只是開始一種探索。因此，即使我們在柏拉圖那兒極力強調λόγος【邏各斯】現象，也並不就涉及在這兒要提出一種新的柏拉圖—見解，——在

對理念論所進行的無聊強調面前，好像要在這方面嘗試點別的什麼似的——，這從我曾經提出的一個問題那兒變得清楚：這種意見是否能夠得到支援；新穎完全不重要。相反，重要的是讓諸位熟悉希臘的科學之諸基本概念由之生長出來的那個探索園地，並由此把諸位置於下面這一位置那兒，即在那兒用各種哲學術語和各種問題提法、用所謂的「各種難題」——在那兒這些有其根源——來評價今天的哲學之經營的對與錯。如果比較會澄清某種東西，那麼，最多能夠把我們今天的哲學處境同前蘇格拉底哲學家的處境相比較；但是，只要我們還尚未原初地占有對任何哲學來說都是基本條件的那種東西——我將之稱作嚴格之具體化，即擬定出其命題和概念中對於這樣一種科學來說是必然的那些基本的明見之條件和證明之條件（Evidenz- und Ausweisungsbedingungen）——那麼，這種比較在此就只具有褫奪性的意義。涉及的是擬定，而不是臆想和做夢。而擬定意味著：在諸基本方向上穿過實事研究之範圍。無論是整個柏拉圖之闡釋，還是朝向λόγος【邏各斯】的這種明確定位，都進行在這種純粹實事上的興趣之中。

《斐德羅》向整個闡釋擺出了一系列困難，我們在這兒不僅沒有解決這些困難，而且甚至不能在一種單純展露的意義上依次處理它們。我們將自己限定在由之能讓下面這點變得清楚的那些問題上，那就是：對於蘇格拉底－柏拉圖來說，他們的研究之基本關心，如何事實上圍繞著λόγος【邏各斯】進行，只要他們追問對某一他人或與之一道關於某種東西眞實地說出－自己之可能性的條件。「可能性之條件」這一表達，同康德的表達有相似之處。然而，該表達在這兒僅僅在完全形式的意義上被提出來，同康德的問題提法無關；它不思考意識上的諸條件；相反，這些條件之類型首先還是不確定的。通過這一表達，λέγειν【說】這一希臘術語已經在現象學上更加清楚地被取得了：對某一他人或與之一道說出自己對某種東西的看法；其結構中的諸確定要素已經顯示出來了；現象學的視域是更加豐富和更加確定的了。只要我們持守住這一視域，我們後面就能夠理解下面這種獨特的限制：在該限制內，希臘人將作爲主題的λόγος【邏各斯】取作其考察之基礎。

五三、對作為人的此是之積極可能性的修辭學的奠基（《斐德羅》，第二部分，259e-274a）

(一)看作爲修辭學的可能性之條件的眞

1. 修辭學的可能性之條件這一問題。εἰδέναι τὸ ἀληθές【知道眞】。δόξαντα πλήθει【大眾所持的各種意見】。ὀρθότης【正確】

《斐德羅》第二部分中的問題提法在259e1以下變得清楚了：σκεπτέον【應加以考察的】，即「應加以查看和把握的」是λόγος【邏各斯】，尤其是ὅπῃ καλῶς ἔχει λέγειν τε καὶ γράφειν καὶ ὅπῃ μή【如何能夠正確地說和寫，以及如何不能】，——作爲在最寬泛意義上的說出—自己（Sich-Aussprechen）、在一定程度上作爲公開—自己（Sich-veröffentlichen）的λόγος【邏各斯】，要在下面這點上得到查看，即「如何以正確的方式說和寫，以及在何種方式上不」。必須注意這兒對λόγος【邏各斯】所給出的寬泛理解，因此我通過公開—自己、向—他人—傳達—自己（Sich-Mitteilens-Anderen）之規定來刻劃該現象。要追問的是καλῶς λέγειν τε καὶ γράφειν【正確地說和寫】或者μὴ καλῶς【不正確地】之可能性的條件。因此，意圖也在於展露出進行欺騙的傳達、不眞實的傳達、ἀπάτη【欺騙】之可能性的條件。對正確的說出—自己之條件這一問題的原則性的回答，在259e4以下給出：ὑπάρχειν δεῖ τοῖς εὖ γε καὶ καλῶς ῥηθησομένοις τὴν τοῦ λέγοντος διάνοιαν εἰδυῖαν τὸ ἀληθὲς ὧν ἂν ἐρεῖν πέρι μέλλῃ.【在好且正確地說出來的東西中包含著下面這點，那就是說話者的思想知道它想說的那些東西中的眞相。】διάνοια【思想】，即最寬泛意義上的對是者的把握和規定，當它被λέγων【說話者】，即「說出—自己者（der Sich-Aussprechende）」實施出來時，δεῖ ὑπάρχειν【應存在】、「必須現成地處在下面這樣一種情狀中」，即它εἰδυῖαν τὸ ἀληθὲς ὧν ἂν ἐρεῖν πέρι μέλλῃ.【知道它想說的那些東西中的眞相。】εἰδώς【知道】[26]、εἰδέναι【知道】[27]通常譯爲知道，相應於拉丁語的

---

[26] εἰδώς是οἶδα【知道】的完成時分詞。——譯注

[27] εἰδέναι是οἶδα【知道】的不定式。——譯注

videre【看】，即看。διάνοια【思想】「必須位於下面這一情狀之中，那就是它從一開始就已經看到了」τὸ ἀληθὲς ὧν ἂν ἐρεῖν πέρι μέλλῃ【它想說的那些東西中的眞相】、「它想談論的在其無蔽中的是者」。我必須懇請諸位，不要以爲在此看到了某種理所當然；相反，這一命題乃是蘇格拉底，即柏拉圖本人所爭得的東西。

於是，《斐德羅》特別提出來與之相反對的，不是訴諸他知道的，而是訴諸他ἀκήκοα【聽說過的】（259e7）東西，即「他聽說過的」東西。因此，基於傳聞，他對蘇格拉底提出了一種明確的反對：οὐκ εἶναι ἀνάγκην τῷ μέλλοντι ῥήτορι ἔσεσθαι τὰ τῷ ὄντι δίκαια μανθάνειν ἀλλὰ τὰ δόξαντ᾽ ἂν πλήθει οἵπερ δικάσουσιν, οὐδὲ τὰ ὄντως ἀγαθὰ ἢ καλὰ ἀλλ᾽ ὅσα δόξει· ἐκ γὰρ τούτων εἶναι τὸ πείθειν, ἀλλ᾽ οὐκ ἐκ τῆς ἀληθείας.【對於那想是演說家的人來說，根本無須懂得眞正正義的東西，而是只需懂得那些要做出裁決的大眾所認爲的正義的東西；無須懂得眞正善的東西或美的東西，而是只需懂得它們看起來怎樣就行。因爲說服取決於這些東西，而不是取決於眞。】（259e7以下）他訴諸下面這點，那就是：對於那些打算是演說家的人來說，重要的根本不在於經驗和認識——例如對於法庭上的演說者來說——τὰ τῷ ὄντι δίκαια【眞正正義的東西】、「實際上（in Wirklichkeit）、依據是（dem Sein nach）、眞地（wahrhaft）是正義的東西」，ἀλλὰ τὰ δόξαντ᾽ ἂν πλήθει【而在於大眾所持的各種意見】；相反，認識到「那構成了大眾看法的東西」就夠了，以至於πείθειν【說服】、「說服」並不ἐκ τῆς ἀληθείας【根據真】、「根據是者——只要它是未被遮蔽的」而實現，而是ἐκ τούτων【根據這些東西】（260a3），即根據δόξαντ' ἂν πλήθει【大眾所持的各種意見】而實現。大眾的各種需要、要求、情緒、傾向、知識眼界，對於那能夠是言談之引導線索的東西來說是決定性的。

然而，蘇格拉底還是在他的要求上繼續往前走，只要他不僅對公開的言談、對在法庭前、在群眾集會上的言談索取真實言談的可能性之條件，而且他還明確說：每一說出—自己都處在該條件之下，如果它要是一種真實的說出—自己：ἀλλὰ καὶ ἐν ἰδίοις, ἡ αὐτὴ【而且在私人場合也同樣如此】（261a9），「甚至在日常交談中也能發現τέχνη ῥητορική【修辭技藝】的同一種觀念」，σμικρῶν τε καὶ μεγάλων πέρι【無論所關乎的是大的事情還是小的事情】（261a9），無論在這種日常生活的言談中所關乎的是「微不足道的事情還是重大的事情」。καὶ οὐδὲν ἐντιμότερον τό γε ὀρθὸν περὶ σπουδαῖα ἢ περὶ φαῦλα γιγνόμενον【就正確地說而言，對重大事情的言說並不比對瑣屑事情的言說更值得尊敬】（261b1以下），「定向地是（das Ausgerichtetsein），即向著事情定向地言談，在與嚴肅、重大的事物相關的言談那兒，並不就比在關乎微不足道的東西和無關緊要的東西的言談那兒，具有優先性。」根據蘇格拉底，在這兩種言談之間原則上並不需要形成一種區分；相反，它們都處在ὀρθότης【正確】、向著事情定向地是這一觀念之下。ἦ πῶς σὺ ταῦτ᾽ ἀκήκοας；【你所聽說的是這樣嗎？】（261b2）蘇格拉底通過影射對傳聞的那種訴諸進行了反問。通過這一反問，柏拉圖表明蘇格拉底完全意識到了，關於言談的意義他本人的看法同流行意見之間的對立。然而，〈蘇格拉底所提出的〉要求之意義以及該要求所能提供出的東西的意義——如果該要求被實現出來的話，還會走得更遠。蘇格拉底強調，任何掌握了這種τέχνη【技藝】的人，也能夠通過它以正確的方式進行欺騙（261e）。蘇格拉底在這兒將之作爲眞實的說出—自己之可能性的條件所要求的東西，也是十足的欺騙和誤導之可能性的條件。因此，我憑藉我的要求迎合了你們對言談之意圖的不眞實的看法，只要我把武器交到你們手中，以便第一次在某種程度上於科學的諸基礎上完成欺騙之事業。隨著對這一要求之意義的這最後的和最外在的解釋，蘇格拉底—柏拉圖把那時的修辭學第一次引回到其最本己的基礎之上。

2. ἀπάτη【欺騙】的本質。一般刻劃。其結構：ὁμοιοῦν【使相像】。其對象：各種「本質性的」事物

問題是：ῥητορική【修辭學】作爲τέχνη【技藝】必須提供出什麼，以便它能夠進行十足的欺騙？它必須是這樣一種東西，ἧ τις οἷός τ᾽ ἔσται πᾶν παντὶ ὁμοιοῦν τῶν δυνατῶν καὶ οἷς δυνατόν, καὶ ἄλλου ὁμοιοῦντος καὶ ἀποκρυπτομένου εἰς φῶς ἄγειν.【通過它，一個人能夠使所有能夠相像的東西彼此相像，並且當其

他人進行這種使相像和僞裝時，他能夠使之暴露無遺。】（261e2以下）基於它，一個人能夠：(1) πᾶν παντὶ ὁμοιοῦν【使所有東西彼此相像】，(2) εἰς φῶς ἄγειν【使暴露無遺】。因此，對修辭學的眞正奠基提供了兩樣東西：(1)它把演說者置於ὁμοιοῦ【使相像】這種可能性中，(2)演說者具有εἰς φῶς ἄγειν【使暴露無遺】之可能性。

(1) ὁμοιοῦν【使相像】首先意味著：使某種東西同某種東西「相稱」。演說者，如果他具有關於他所談的事物的專業知識（Sachkenntnis）㉘，那他就能夠讓每一東西同每一東西相稱——只要後者容許這種相稱。他的λόγος【邏各斯】由此會具有ὁμοιοῦν【使相像】這種可能性。ὁμοιοῦν【使相像】在這兒要被理解爲λέγειν【說】的實施方式，它說的是：δηλοῦν【揭示】、使公開。因此，ὁμοιοῦν【使相像】意味著：如此地談論某種東西，以至於它看起來同某種另外的東西一樣；它其實不是那種東西，但會被認作那種東西。這種被認作（dieses Angesehenwerden）、這種看法恰恰要被λόγος【邏各斯】所形成。讓我們從法庭演說中舉一個例子：一位辯護人能夠將他要加以辯護的一次暗殺行爲描述爲英雄行爲——儘管他其實知道它是一次付了報酬的謀殺。如果關於

㉘ Sachkenntnis，這兒也可以譯為「對事情的認識」或「實事上的認識」。——譯注

一位英雄和某一英雄行爲是什麼，他所具有的不是來自電影的介紹，而是對英雄和英雄行爲有所理解，那麼，他將會最爲眞正地成功進行該辯護。如果辯護者們這樣來說某種東西、說英雄和英雄行爲，那麼，我們通常就會說他們變成了「道義上的」。這會意味著，即使不眞實，但他們遵循了某種**觀念**。如果某位辯護人具有關於英雄的這種實事上的觀念，那麼，他就能夠從實際發生了的行爲中抽取出同該觀念相應的那些要素，並根據他自己的意思抬高它們。如果他沒有該觀念，那他就無計可施，——除非他想說一堆廢話。因此，恰恰對於一種不眞實的意圖來說，對實情及其意義的揭開是進行引導的，以便在實際發生了的行爲面前塞進某種看法，從而是者表現爲它所看起來的那樣。這是關於某種東西的某一看法在現象上的性格：如看起來那樣。〈眞正的〉什麼（das Was），對於那懷有看法的人來說在此恰恰是遮蔽著的和不知道的；他有賴於並始終有賴於外觀本身。但對於那進行欺騙的人來說，看法向著它而加以定位的這一什麼，恰恰必須是顯而易見的。因此，那認識ἀληθές【眞相】的人，總是能夠進行這種ὁμοιοῦσθαι【使相像】，即這種使相像、突出看法。

(2)如果對手同時也具有同樣眞實的專業知識之情狀，那麼，就他那方來說，他能夠完成對手也能夠完成的第二點，即εἰς φῶς ἄγειν【使暴露無遺】、「加以揭露」。如果他人同樣實施ὁμοιοῦν【使相像】，即形成一種與實際情況不符的看法，那麼，他能夠識破其詭計並揭露那人並未談論事情本身，而是恰恰在隱藏和遮蔽它。

由此非常一般地在其可能性之諸條件上展示出了ἀπάτη【欺騙】、欺騙之結構。我們還會在智者那兒更加詳細地遭遇這些現象上的結構。現在重要的只是諸位看到了這些現象歸屬其中的一般視域。

ἀπάτη【欺騙】、欺騙，ὁμοιοῦν【使相像】，「在那兒最爲成功」，ἐν τούτῳ μᾶλλον γίγνεται【在這件事上更加實現出來】（參見261e6以下），即在所談論的事情之間有著很少的區別那兒，ἐν τοῖς ὀλίγον διαφέρουσι【在彼此間有少量的不同那兒】（參見261e6-262a1）。κατὰ σμικρὸν μεταβαίνων, μᾶλλον λήσεις ἐλθὼν ἐπὶ τὸ ἐναντίον ἢ κατὰ μέγα.【你一點一點地走向反面，要比大步走向反面，轉變更不容易被發現。】（262a2以下）。如果談論下面這樣一種東西，即就它來說各種直觀和可利用的概念彼此交織在一起，那麼，欺騙就是更容易的，於是μᾶλλον λήσεις ἐλθὼν ἐπὶ τὸ ἐναντίον【你走向反面，更不容易被發現】，於是「如果你在講話進程中突然轉向反面，那你就更容易保持隱蔽。」因此，在各種實情只有微差的地方，過渡是一種「向著細微方面」的μεταβαίνειν【過渡】、κατὰ σμικρόν【一點一點地】，在那兒，ἐπὶ τὸ ἐναντίον ἐλθεῖν【走向反面】、「過渡到反面」這種可能性就是更加容易的，即同下面這種情形相比要更加容易，那就是，事情彼此分得很開，任何人一眼就能看穿它們間的區別。因此，下面這點是重要的，τὴν ὁμοιότητα τῶν ὄντων καὶ ἀνομοιότητα ἀκριβῶς διειδέναι【準確地看清是者之間的相似和不相似】（262a6以下），ἀκριβῶς【準確地】、「嚴格地看清」、διειδέναι【看清】「事情、概念、陳述之間獨特的、實事上的親緣性，及其非親緣性。」然而，只有當我基於ἀλήθεια【眞】（參見262a9）擁有了事情本身，即只有當διάνοια【思想】εἰδυῖαν τὸ ἀληθές【知道眞相】（參見259e5），看清事情之間的ὁμοιότης【相似】和ἀνομοιότης【不相似】才是可能的。因此，下面這點就變得清楚了：眞正和十足的欺騙恰恰奠基在對事情的先行認識之上。

蘇格拉底於是提出了這樣一個問題，即我們在何處最容易遭到欺騙（263a以下）。顯然在那些其界限彼此最爲交織在一起的事情那兒，因爲在那兒ἄλλος ἄλλῃ φέρεται【彼此不一致】（263a9以下）、「每個都朝向不同的方向」，在那兒我們不僅彼此間甚至同自己本身都ἀμφισβητοῦμεν【持有異議】（263a10）、「處在爭論中」。在πλανώμεθα【我們感到困惑】（263b5）的地方，即在我們的陳述和概念於事情本身那兒尚未站住腳跟的地方，我們是更加容易遭到欺騙、εὐαπατητότεροι【容易欺騙的】（263b3）。關於日常的事物——如在回答什麼是鐵或什麼是銀（263a6）這類問題時，或者如果諸位回想起在《智者》那兒問，什麼是捕魚或對於狩獵的一種對象來說魚是什麼，等等諸如此類的問題——，我們不會游離不定。我們無須準備就能充分地規定它們。在日常生活所要求的那種明見之範圍內，我們對之具有固定的界限；在那兒我們不會立馬就遭到欺騙。但是，如果追問的是δίκαιον【公正】或ἀγαθόν【善】（參見263a9），則完全不同。在所有這些問題上，人們的意見眾說紛紜。因此，如果一個人對這些實情不具有正確的情狀、不具有εἰδυῖαν τὸ ἀληθές【知道眞相】（參見259e5）這樣一種διάνοια【思想】；相反，如果他是一位ὁ τὴν ἀλήθειαν μὴ εἰδώς【不知道眞的人】（262c1以下）、「一位從未在其無蔽中看到過事情的人」，而是僅僅追求各種意見、傳聞、公眾看法，那麼，他就不能夠形成一種眞實的關於λόγοι【諸邏各斯】之τέχνη【技藝】，而只能是一種γελοία【可笑的】（參見262c2）、「可笑的技藝」，以及是一種ἄτεχνος【無技藝的】（262c3），即迷失方向的那樣一種技藝。由此從否定的一面來看，實事上的認識和眞之研究的必要性在同誤導和欺騙的關聯中得到了說明。

然而，對眞的揭開、對眞正是著的東西的揭開究竟看起來如何，還是沒有講明。這是柏拉圖在《斐德羅》的這個第二部分想要顯示的第二點。這種εἰδέναι ἀλήθειαν【知道眞】（參見262c1以下）所眞正實現的究竟是什麼？我們由之能夠眞正占有是者的方法是什麼？是διαλέγεσθαι【對話】，即辯證法。

㈡ 在辯證法中對眞的看。對辯證法的一般刻劃。辯證法的兩個組成部分：συναγωγή【結合】和διαίρεσις【分開】。συναγωγή【結合】作爲ἀνάμνησις【回憶】。辯證法作爲修辭學的可能性之條件

柏拉圖在265d以下討論了眞正占有是者的方法，並且正如我已經強調過的，不

是在進行一種辯證法的探索之意義上，而是在根據其方法上的性格一般地描述辯證法之意義上。我們將在《智者》中於一種確定的現象那兒——該現象恰恰同欺騙及其實施相連繫——了解在其實施中的辯證法本身。因此，下面這點從否定方面變得清楚了：完全撇開在任何時候都以正確的方式進行言說這種積極的可能性不談，哪怕僅僅爲了能夠進行欺騙，也必定存在著一種首先看清事物之眞的方法。通過重提斐德羅在碰面時已經向他誦讀過的那篇呂希阿斯的演講，蘇格拉底熟練地引出了關於辯證法之問題的談話。他們詳細討論了該演講，並且蘇格拉底讓斐德羅看清了該演講是極其混亂地構成的，呂希阿斯把他最後眞正想說的東西放在了開始之處。斐德羅向他承認了這點。在264c2以下蘇格拉底更加清楚地表達了這種讓步：「但我認爲，你通過這一讓步眞正想說的是」，δεῖν πάντα λόγον ὥσπερ ζῷον συνεστάναι, σῶμά τι ἔχοντα αύτὸν αὑτοῦ, ὥστε μήτε ἀκέφαλον εἶναι μήτε ἄπουν, ἀλλὰ μέσα τε ἔχειν καὶ ἄκρα, πρέποντα ἀλλήλοις καὶ τῷ ὅλῳ γεγραμμένα.【所有的邏各斯都應如動物那樣構成，有著屬於它自己的身體；它既不會無頭也不會無腳，而且還有軀幹和肢節。既彼此相適合，也同整體的作品相適合。】「任何λόγος【邏各斯】都必須ὥσπερ ζῷον【如動物那樣】，如一個有生命的東西那樣συνεστάναι【構成】，構成自己，即σῶμά τι ἔχοντα【有一個身體】，有一個身體，αύτὸν αὑτοῦ【屬於它自己的】，同它自身相一致的，從而該ζῷον【動物】既不會是ἀκέφαλον【無頭的】，無頭的，也不會是無腳的，而且它還有中間和末端，ἄκρα【枝末】，並且所有這些πρέποντα ἀλλήλοις【彼此相適合】、以彼此相適合的方式同γεγραμμένα【作品】，即寫出來的東西相適合，既彼此相關聯也同整體相關聯。」在這兒把λόγος【邏各斯】，即完成了的演講——無論是寫出來的還是說出來的——同ζῷον【動物】及其器官結構相比較。首先著眼於當前的談話主題、著眼於演講即λόγος【邏各斯】的布局來說。然後蘇格拉底把就其布局來說的λόγος【邏各斯】之結構這一較爲外在的問題轉向另一完全不同的東西，即轉向在λόγος【邏各斯】中要被談論的事情和對事情的展露。他說，對於λόγος【邏各斯】而言，爲了能夠實現讓事情被看、給出正確的可能性，需要兩個條件：

1. λόγος【邏各斯】並且由此演講者，必須能夠εἰς μίαν τε ἰδέαν συνορῶντα ἄγειν τὰ πολλαχῇ διεσπαρμένα【把那些在許多方面分散開的東西放在一起看，並將之帶入單一理念之下】（265d3以下），「把τὰ πολλαχῇ διεσπαρμένα【在許多方面分散開的東西】、以多重方式分散開的東西向著一個觀點、一個單一地被看見的東西引領、定位」，尤其是以συνορᾶσθαι【放在一起看】、「他將之放在一起看」的方式來實施這種ἄγειν【引領】——諸位要注意對看、對真正的事情之把握的強調——，並且是ἵνα ἕκαστον ὁριζόμενος【爲了區分出每個】（265d4），「以便把這些以多重方式分散開的東西中的每一個同其他的區分開」，並且在這種ἄγειν εἰς μίαν ἰδέαν【引向單一的理念】（參見同一處引文）中，「公開出」περὶ οὗ ἂν ἀεὶ διδάσκειν ἐθέλῃ【他始終想教授的東西】，「他ἀεί【始終】、將來、始終在其整個演講和文章中想教授的東西」。因此，這第一個規定是辯證法的一個構建性要素。但該句子並不立馬就是清楚的。各種闡釋在這兒盡可能地表現出了差異。就我所了解的迄今爲止的工作而言，我能夠說其中似乎沒有一個已經眞實地理解了關聯，因爲人們要麼依循某種歷史學的辯證法來定位，要麼依循一種形式邏輯來定位。這兒所涉及的乃是：被談論的東西、實情——這兒思考的是愛——，關於它們的各種各樣在現象上的看法被聚集起來，並將之置於一個基本內容上一起看，從而通過συνορῶντα ἄγειν εἰς μίαν ἰδέαν【放在一起看並將之帶入單一理念之下】那要被討論的東西之整個現象上的內容被歸在了一起，尤其是這樣一來，它根據單一的觀點而是可理解的。因此，διαλέγεσθαι【對話】的這一首要業績在這兒要實施的，乃是在朝向μία ἰδέα【單一的理念】的定位中把實情聚集在一起，從而在這種關聯中看見那要加以討論的整個具體形象。所涉及的，不是先孤立地擺出某一理念，然後把其餘的εἴδη【種】安排給它，從而可以說遺忘了事情本身；相反，所涉及的乃是在朝向現象的總體定位這一最初視域中把問題由之生起的實情聚集在一起；——因此，例如，它與《智者》這一對話在最初的各種考察和暫時的各種描述中所完成的別無二致，所有這些考察和描述都已經具有其非常確定的能力，那就是εἰς μίαν ἰδέαν【向著單一理念】而被放在一起看；並且不是要擺出一種體系，而是在其內容上讓該ἰδέα【理念】本身首次變得清楚和可見，從而爲闡明該理念本身贏得基礎，而闡明該理念本身將是辯證法那無法與第一項任務相分離的第二項任務，即διατέμνειν【切開】或διαιρεῖν【分開】。因此，辯證法的第一個組成部分，即συναγωγή【結合】（參見266b4）具有下面這一任務，那就是：把那首先顯示出來的含有實事的東西之領域第一次εἰς μίαν ἰδέαν ἄγειν【帶入單一理念之下】、「聚集到一個觀點之上」。這種συναγωγή【結合】所達成的無非就是：那被談論的東西，是1. σαφές【清楚的】、「清楚的」，2. ὁμολογούμενον【一致的】、「一致的」。τὸ σαφὲς καὶ τὸ αὐτὸ αὑτῷ ὁμολογούμενον διὰ ταῦτα ἔσχεν εἰπεῖν ὁ λόγος.【邏各斯由之表達得清楚和自身一致。】（參見265d6以下）任何要加以談論的東西之清楚和一致，此乃辯證地行事方法之第一個結構要素，即συναγωγή【結合】所達成的東西。在對話的另一個地方（參見273e2以下），柏拉圖稱該行事方法爲μιᾷ ἰδέᾳ περιλαμβάνειν【通過單一的理念進行包圍】，「包含在單一觀點中」。這意味著，ἰδέα【理念】爲那被包含其中的東西提供了進行澄清的視野。只有當我看見了理念，即看見了愛是什麼，我方才能夠由此出發，清楚、不含混地提取出各種各樣的現象和結構。在這整個考察中我基於該理念而一致地行事；我不會在我演講的第一部分談論在第三部分與之無甚關係的東西——即使我用同一個名稱稱呼它們。這將通過συναγωγή【結合】、基於在確定的、含有實事的對象之範圍內最初被看出來的東西而被取得。

2. 辯證法的第二個組成部分是διαίρεσις【分開】。這涉及的是：τὸ πάλιν κατ' εἴδη

δύνασθαι διατέμνειν【復又能夠根據種來進行切開】（265e1），那被放在單一觀點下一起看的東西，即πρῶτον ζήτημα【首先加以尋找的東西】，在不斷著眼於理念的引導下，被διατέμνειν【切開】、「切開」。在對意義以及諸可能性的一種粗略的知識中，那首先作爲諸對象的一種不突顯的多樣性的東西——如在這一上下文的愛——，現在必須根據μία ἰδέα【單一的理念】拆分開。柏拉圖將這種διατέμνειν【切開】同對動物的解剖過程相比較：在這件事上，整個有機體始終保持完整，並且沒有什麼、「沒有任何部分被打碎和弄爛」，καταγνύναι μέρος μηδέν【沒有任何部分被打碎】（265e2），不會如一位差的廚子對待任何一頭動物所做的那樣。因此，重要的是διατέμνειν κατ᾽ ἄρθρα【根據關節來切開】（265e1），即如此切開、如此展露對象間的連繫，以至於諸關節變得可見，也即是說，諸事物的各種規定之間各自在來源上的連繫彼此變得可見；在對整個有機體的這種解剖那兒，擺在面前的東西之整個是上的起源在其諸關節的連繫中變得可見。

這就是柏拉圖稱之爲διαλεκτικοί【辯證學家】的那些人所要求的兩種業績。τοὺς δυναμένους αὐτὸ δρᾶν [...] καλῶ [...] διαλεκτικούς【我稱……那些能夠做這件事的人……爲辯證學家】（266b8以下）蘇格拉底本人現在說：τούτων δὴ ἔγωγε αὐτός τε ἐραστής, τῶν διαιρέσεων καὶ συναγωγῶν【我自己就是這種進行分開和結合的愛好者】（參見266b3以下）「我是διαίρεσις【分開】和συναγωγή【結合】

這兩種行事方式的愛好者」。並且符合διαλέγεσθαι【對話】的這兩種行事方式的那樣一種人，是δυνατὸς εἰς ἓν καὶ ἐπὶ πολλὰ πεφυκόθ᾽ ὁρᾶν【能夠看出在本性上既可歸爲一又可分爲多的人】（參見266b5以下），他是能夠看出：1.在συναγωγή【結合】❷中看到一，他在那兒以διατέμνειν【切開】爲方向；2.在διατέμνειν【切開】中ὁρᾶν ἐπὶ πολλά【看到多】。因此，兩次都原初和本質地關涉到對事情的看。

在對話的第一部分——249b——柏拉圖就已經開始以暗示的方式談到了這種辯證的行事方法，在那兒他觸及到了一個要素——該要素更加清楚地表明瞭辯證行事的第一種行事方式，即συναγωγή【結合】。δεῖ γὰρ ἄνθρωπον συνιέναι κατ᾽ εἶδος λεγόμενον, ἐκ πολλῶν ἰὸν αἰσθήσεων εἰς ἓν λογισμῷ συναιρούμενον· τοῦτο δ᾽ ἐστὶν ἀνάμνησις ἐκείνων ἅ ποτ᾽ εἶδεν ἡμῶν ἡ ψυχὴ συμπορευθεῖσα θεῷ καὶ ὑπεριδοῦσα ἃ νῦν εἶναί φαμεν, καὶ ἀνακύψασα εἰς τὸ ὂν ὄντως. [...] πρὸς γὰρ ἐκείνοις ἀεί ἐστιν μνήμῃ κατὰ δύναμιν, πρὸς οἷσπερ θεὸς ὢν θεῖός ἐστιν.【因爲人必須根據埃多斯來理解被説的東西，從複多的感覺前往由理性聚集起來的一。這就是對我們的靈魂在與神同行時所看到的東西的回憶——它藐視那些我們現在將之稱作

---

❷在德文原文中作διαγωγή【消遣】，似乎有誤。——譯注

是的東西而抬頭仰望那眞正是著的東西。……它憑藉記憶總是盡可能地靠近那些東西，即靠近神由之是神性的那些東西。】（249b8以下）συναγωγή【結合】、對理念的識別，是一種ἀνάμνησις【回憶】，對以前已經看到過的東西的再看。因此，它不是基於分離對某種特定的實事上的連繫的一種預備－出來（Heraus-Präparieren）和建構－出來（Heraus-Konstruieren）；相反，μία ἰδέα【單一的理念】作爲μία ἰδέα【單一的理念】根據其實事內容已經在此，只不過還無法立馬可通達。它僅僅對於那具有ἀνάμνησις【回憶】之可能性，即具有眞實μνήμη【記憶】、眞實地保持著他曾經看到過的東西的人是可通達的。這意味著συναγωγή【結合】僅僅對於下面這種人才是可能的，那就是他在其自身那兒形成了對於事情的源始關係。如果原初的關係，即ἀνάμνησις【回憶】是不在此的，那麼，對πολλαχῇ διεσπαρμένα【那些在許多方面分散開的東西】的認識，即對某一事情中那些分散的多樣性和千百種的類型的認識，即使再多也產生不了理解。柏拉圖這樣說明這種ἀνάμνησις【回憶】：它是對我們的靈魂——當它同某位神一道在路上時——過去所看到的東西的一種再－看（Wieder-Sehen）。如果我們讓這種闡釋從神話式的東西中擺脫出來，並且再現其眞正的意義，那麼，這就只能意味著：συναγωγή【結合】這一基本業績不是自明的東西，對於人來說它不是輕易就被給予的東西；相反，只要人就是人，那它就要求克服那位於人本身之是中的那種十分確定的抵抗。基本抵抗位於何處，以及那恰恰大多實際地讓συναγωγή【結合】不可能以及由此使得διαλέγεσθαι【對話】不可能的東西，我們在後面還會更加仔細地看到。

在συναγωγή【結合】中μία ἰδέα【單一的理念】不是某種被構建出來的東西；相反，它自身就是一種裁斷、一種邂逅的東西；但不是在彷彿它還不位於此處、彷彿它僅僅是從各個單獨的規定而來的某種產物、彷彿它僅僅是一種總和這種意義上從諸事情那兒抽取出來的東西；相反，ἰδέα【理念】已經在此。所以，對於諸理念之是來說，值得注意的標畫是：παρουσία【在場】、它們的當下。基於它們的當下，爲了正確地看，柏拉圖——如在《斐勒柏》中——能夠就διαλέγεσθαι【對話】的同一功能，即就συναγωγή【結合】說：δεῖν οὖν ἡμᾶς τούτων οὕτω διακεκοσμημένων ἀεὶ μίαν ἰδέαν περὶ παντὸς ἑκάστοτε θεμένους ζητεῖν.【我們必須總是要爲這些東西中的每個都安排一個理念，並尋找它。】（16c10以下）在於λόγος【邏各斯】中要加以討論的每一東西那兒，都必須尋找一個理念、一個給出了眞正的含有實事性的觀點，並且εὑρήσειν γὰρ ἐνοῦσαν【將發現它就在裡面】（16d2），「能夠發現它作爲位於事情本身中的東西」從自身而來；但它不是出於對事物的一種確定的處理之賞賜而來的某一產物。因此，根據這一μία ἰδέα【單一的理念】——它是所有διαλέγεσθαι【對話】之眞正基礎，是對事情、對γένος【屬】的原初展開——，λέγειν κατ᾽ εἴδη【根據埃多斯來說】（參見249b7），διαίρεσις【分開】方才是可能的。

在闡述作爲一種認識——這種認識首先眞正給出了那要被談論的事情——的

διαλέγεσθαι【對話】的這種理念之後，蘇格拉底—柏拉圖問到：如果抽掉了辯證法，那麼，究竟還會有什麼東西眞正留在修辭學那兒，甚或眞正科學性的東西那兒。λεκτέον δὲ τί μέντοι καὶ ἔστι τὸ λειπόμενον τῆς ῥητορικῆς.【但必須說留給修辭學的究竟還有什麼。】（266d3以下）答案是：除了對關於演講本身那外在布局的技巧性手段進行探討外，別無什麼留下。將之換成積極的說法則是：辯證法培養了一些δυνατοί【有能力的人】，它培養了那些能夠以正確的方式說話的人。οὔ ποτ' ἔσται τεχνικὸς λόγων πέρι【無人精於邏各斯】（273e3）、無人具有精通正確地說這種ἕξις【品質】，ἐὰν μή τις τῶν τε ἀκουσομένων τὰς φύσεις διαριθμήσηται, καὶ κατ' εἴδη τε διαιρεῖσθαι τὰ ὄντα καὶ μιᾷ ἰδέᾳ δυνατὸς ᾖ καθ' ἓν ἕκαστον περιλαμβάνειν.【除非他分清了聽眾的本性，根據埃多斯分開了是者，並能夠通過單一的理念包圍個別的東西。】（273d8以下）。這兒表達得非常清楚：一個人不可能τεχνικὸς λόγων【精於邏各斯】，除非他首先是διαλεκτικός【精於辯證法的】。只要他是這樣，那他也就具有διαριθμεῖσθαι【分清】聽眾各自當時的是和態度這種可能性。由此我們在其同聽眾的具體關係中抵達了修辭學。

㈢修辭學作爲ψυχαγωγία【打動人心】。它的諸可能性之條件及其合法性。——總結：辯證法作爲修辭學之基礎

下面這點顯現了出來：τεχνικὸς λόγων【精於邏各斯的人】必須能夠

διαριθμήσηται τὰς φύσεις τῶν ἀκουσομένων【分清聽眾的本性】㉚（273d8以下），「清點好聽眾各自當時的是（Sein）和表現（Verhalten）」。由此觸及到了另外一種屬於一種言說，尤其是一種公開言說之具體化的現象。只有當τεχνικὸς λόγων【精於邏各斯的人】事先已經取得了對ψυχή【靈魂】的一種實事上的認識，即只有當他弄清楚了這種ὄν【是者】、弄清楚了生活本身（das Leben selbst）㉛，他方才能夠在他向之講話的那些人的表現之多樣性中——後來亞里士多德將之把握爲πάθη【激情】——理解他們，並以正確的方式觀察他們。只有當他一般地理解了辯證學家的行事方法，他才能做到這點。因爲ψυχή【靈魂】僅僅是一種φύσις【自然】、在其他是者之中的某種特定的是者——同其他的相並列。Ψυχῆς οὖν φύσιν ἀξίως λόγου κατανοῆσαι οἴει δυνατὸν εἶναι ἄνευ τῆς τοῦ ὅλου φύσεως;【你認爲即使不理解整體的本性也能夠恰當地理解靈魂的本性嗎？】（270c1以下）「你眞的認爲，一個人即使事先根本不理解整體，也能夠如正確的處理方法所要求的那樣理解有生命的是者之是、理解ψυχῆς φύσιν【靈魂的本性】嗎？」這意味著：即使他根本不理解是者之問題或一般是者之問題，〈他也能做到那點嗎〉？由此下面

㉚ φύσις除了「自然」的意思之外，也具有「本性」的意思。我認為這兒譯為「本性」似乎更好。——譯注

㉛ das Leben selbst也可以譯為「生命本身」。——譯注

這點就是清楚的：任何σπουδῇ τέχνην ῥητορικὴν διδῷ【認眞地教授修辭技藝】（271a5）的人、「意欲擬定出一種眞正的修辭學的人」，πρῶτον [⋯] ψυχὴν ἰδεῖν【首先……要看清靈魂】（271a5以下）、「必須首先理解靈魂」，即理解人之是的各種各樣的可能類型——諸位在這兒清楚地看見了對亞里士多德的整個問題提法的準備——，尤其是必須在下面這點上看清靈魂，πότερον ἓν καὶ ὅμοιον πέφυκεν ἢ κατὰ σώματος μορφὴν πολυειδές【它在本性上是一和相同的呢，還是如身體那樣有多種形狀】（271a6以下），「只有一種可能的靈魂的表現的是之類型呢，還是如在身體那兒那樣多種多樣」。τοῦτο γάρ φαμεν φύσιν εἶναι δεικνύναι【因爲我們說這是在揭示本性】（271a7以下），「我們把這種展示稱作φύσιν δεικνύναι【揭示本性】、揭示本性——即揭示某種是的東西由之有其是的那種東西」。這是其一：分析ψυχή【靈魂】。

Δεύτερον δέ γε, ὅτῳ τί ποιεῖν ἢ παθεῖν ὑπὸ τοῦ πέφυκεν.【第二，要揭示它在本性上同何者相關，它導致了什麼或它遭受了什麼。】（271a10以下）第二，必須揭示ὅτῳ【之於何者】，即ψυχή【靈魂】在其表現上同何者相關，還要揭示τί【什麼】，即揭示它在此做成了什麼或它自身從別的東西那兒遭受到了什麼，即它自身如何能夠通過言談而被觸動，——因此，必須揭示帶動和引領他人靈魂的表現的各種各樣的可能方法。

第三，最後必須檢查〈τὰς〉αἰτίας【原因】（271b2）、所有的「原因」——

這兒說的其實就是各種手段——，它對於每次都能形成一場正確的演講來說是必須的，以至於τεχνικὸς λόγων【精於邏各斯的人】必須顯示οἵα οὖσα ὑφ᾽ οἵων λόγων δι᾽ ἣν αἰτίαν ἐξ ἀνάγκης ἡ μὲν πείθεται, ἡ δὲ ἀπειθεῖ【出於何種原因，何種類型的靈魂必然被何種邏各斯所說服和不說服】（271b3以下），「通過何種言談，借助何種確定的手段，能夠說服和不說服何種靈魂的情狀」。如果修辭學以這種方式建立起來，那麼，事實上就可以說：它能夠是一種靈魂**之引導**，是ψυχαγωγία【打動人心】（271c10），一種**通過與之談話和對之講話而來的對他人生活的引導**。由此在明確地與其可能理念的關聯中，取得了修辭學的積極基礎。

柏拉圖在277b給出了關於這樣一種修辭學之理念的簡要總結。他讓我們理解到——並且這是本質性的東西——，λόγος【邏各斯】作為說出－自己、有聲表達、傳達、公開，——這種λόγος【邏各斯】奠基在διαλέγεσθαι【對話】之上。因此，這種λόγος【邏各斯】需要一個確定的引領——該引領通過事情的一種展開方法而給予它，而柏拉圖將這種展開方法稱作辯證法。因此，如果要在柏拉圖的意義上理解辯證法這一術語，那麼，就得讓該術語徹底擺脫在歷史進程中以及在今天賦予它的種種規定。διαλέγεσθαι【對話】**是展開是者本身的原初方法**，從而λέγειν【說】在最爲寬泛的意義上擁有了它自己的**基礎**。

(四) 柏拉圖和亞里士多德之於修辭學的關係

我們已經再現了於柏拉圖那兒的一種修辭學之可能性的積極根據。該根據位於柏拉圖的辯證法之理念中。柏拉圖在《斐德羅》中並不如在《高爾吉亞》中一樣，對修辭學持否定的立場。在此必須牢記，柏拉圖並不如後來亞里士多德所做的那樣有意建立一種修辭學。他不僅實際上沒有幹這件事，而且他還認爲那是完全不必要的，因爲辯證法在柏拉圖那兒於科學的觀點之範圍內占據了一個不同的位置——同後來在亞里士多德那兒所獲得的位置相比。柏拉圖在其辯證法那兒看到了唯一的基礎科學，以至於在他看來，所有其他的任務、甚至修辭學的各種任務都已經了結在了那兒。之所以不像後來亞里士多德所做的那樣承擔起發展出一種修辭學這一任務，原因在於對辯證法的誇大，更爲確切地講，在於柏拉圖那獨特的立場，那就是：儘管他在某種意義上理解了λόγος【邏各斯】的次要含義，但他並未進而在它的這種次要位置上使λόγος【邏各斯】本身成爲課題，並積極地深入到它那眞正的結構中。然而，柏拉圖在《斐德羅》第二部分所給出的，對於亞里士多德後來所具體從事的工作來說是**基礎**。事實上有著一種不可否認的謎團，那就是：亞里士多德在其《修辭學》中——它無疑就是這樣一種τέχνη【技藝】之理念的實現，並未提及柏拉圖的這一重要的準備工作，他僅僅在第一部分表達了對柏拉圖的批評，即尖銳地攻擊了《高爾吉亞》——事實上柏拉圖在那兒對修辭學還具有一種非常原始的看法。該謎團始終存在著。在這兒澄清它，也的確毫無希望。另一方面，在評判亞里士多德的這一沉默時必須謹慎。因爲其《修辭學》的第一部分恰恰留下了下面這一印象，那就是：擺在我們面前的並非一部實際擬好了的論文，而是兩份清楚地交疊在一起的準備稿，從而在這一上下文中、在私下的擬定和筆記中，根本無須引用柏拉圖。實情在於：亞里士多德實現了修辭學之理念，——柏拉圖借助於他的辯證法積極地擬定出來的那種理念。亞里士多德通過成功深入到λόγος【邏各斯】之真正的結構中，給出了著手對λόγος【邏各斯】本身進行一種眞正的研究之可能性。由此同時也給出了下面這一可能性：那自身是非—理論的（nicht-theoretisch）λόγος【邏各斯】，即不效勞於διαλέγεσθαι【對話】的言說，339在日常此是的某些關聯之範圍內獲得了一定的合法性，從而對日常交談之合法性的洞察能夠爲創立一種修辭學提供了動因。因爲這種日常言說——它是亞里士多德的眞正發現——並不關乎ἀλήθεια【眞】，但它還是有一定的合法性，因爲它屬於日常此是的意義，即它在一定範圍內活動於個人印象中。由此出發，甚至那不是明確地進行ἀληθεύειν【去蔽】的言說也取得其獨立的合法性。由此修辭學被置於一種比在柏拉圖那兒更加積極的合法性上——誠然柏拉圖給出了對這一現象進行探究之準則㉜。在柏拉圖對修辭學之理念的先行標畫中，尤其重要的是：他沒有停留在把

㉜ 亞里士多德在《修辭學》一書中的這樣一些表達與這兒所討論的內容相關。第一卷第一章（1354a1-3）：Ἡ ῥητορική ἐστιν ἀντίστροφος τῇ διαλεκτικῇ· ἀμφότεραι γὰρ περὶ τοιούτων τινῶν εἰσιν λέγειν【說】固定在ὁρᾶν【看】那兒，而是進而認爲聽眾之ψυχή【靈魂】也屬於這樣一種辯證法或修辭學之領域。

柏拉圖在《斐德羅》第二部分首先把修辭學顯明爲積極的可能性之後，接下來他就λόγος【邏各斯】，尤其是就λόγος【邏各斯】作爲漂浮無據的東西和作爲被傳達出來的東西來起作用，表達了他的懷疑。

ἃ κοινὰ τρόπον τινὰ ἁπάντων ἐστὶ γνωρίζειν καὶ οὐδεμιᾶς ἐπιστήμης ἀφωρισμένης.【修辭學同辯證法正相反對：因爲它們兩者都關乎這樣一些東西：這些東西在某種方式上對於所有人的認識活動來說是共同的，並且都不屬於某一特定的知識。】第一卷第一章（1355b8-11）：ὅτι μὲν οὖν οὐκ ἔστιν οὐθενός τινος γένους ἀφωρισμένου ἡ ῥητορική, ἀλλὰ καθάπερ ἡ διαλεκτική, καὶ ὅτι χρήσιμος, φανερόν, καὶ ὅτι οὐ τὸ πεῖσαι ἔργον αὐτῆς, ἀλλὰ τὸ ἰδεῖν τὰ ὑπάρχοντα πιθανὰ περὶ ἕκαστον.【因此，顯然修辭學不屬於某一特定的對象領域，而是如辯證法一樣；並且它是有用的。此外，顯然它的任務不在於進行說服，而在於看見位於每一事情那兒的那些有說服力的東西。】第一卷第一章（1355b25-26）：Ἔστω δὴ ἡ ῥητορικὴ δύναμις περὶ ἕκαστον τοῦ θεωρῆσαι τὸ ἐνδεχόμενον πιθανόν.【修辭學無非是在每一事情那兒看到能夠有說服力的東西這樣一種能力。】——譯注

五十四、柏拉圖對λόγος【邏各斯】的懷疑[33]（《斐德羅》，第二部分，274b-279c）

(一) 漂浮無據的λόγος【邏各斯】在是態學上的可能性

已經清楚了，λόγος【邏各斯】依賴於ὁρᾶν【看】，因此，它具有一種派生的性格；另一方面，只要它被孤立地加以實施，只要它是人們於其中單單談論事物，即閒扯的方式，那麼，它恰恰在人之是中就是那堵住了他能夠看事情那種可能性的東西[34]；只要它是漂浮無據的，那它恰恰在它自己那兒具有下面這種才能，那就是在重複他人的言談中——它本身與事情毫無關係——散布臆想的知識。下面這點不是一種偶然：柏拉圖恰恰在這種對話中——在那兒他展露了正確傳達和公開—自己（Sich-Mitteilen und Veröffentlichen）的各種積極條件——，也同時非常敏銳地確定了在實際此是中的λόγος【邏各斯】這一角色，即確定了λέγειν【說】——只要它在此是中始終不過問它自己本身[35]——爲了一種是上的可能性、爲了生活本身而描述出來的東

---

[33] 海德格手稿中的標題。——原注

[34] 這句話的德文原文為gerade dasjenige im Sein des Menschen ist, was ihm die Möglichkeit, die Sachen zu sehen, *verstellt*. 也可以意譯為「它恰恰在人之是中就是那使得人能夠歪曲地看事情的那種東西。」——譯注

[35] 這句話的德文原文為：sofern es im Dasein sich selbst überlassen bleibt。也可以譯為：只要它始終不

西，確定了λόγος【邏各斯】只要取得了統治地位，它在ζῷον λόγον ἔχον【會說話的動物】——作爲我們規定人的東西——中所意指的東西。因此，對在διαλέγεσθαι【對話】中正確言說之基礎的洞察，同時給予柏拉圖在*一定程度上於其反面力量中理解λόγος【邏各斯】*的這一視域，也即是說，將之理解爲在此是中的這樣一種可能性：基於它，人恰恰被阻止對是者的通達。

(二)對書寫的批判。關於圖提（Theuth）的傳說。書寫作爲μνήμη【記憶】的衰退。λήθη【遺忘】。σοφίας δόξα【智慧之影】。書寫作爲單純的推動（ὑπόμνησις【提醒】）。書寫出來的λόγος【邏各斯】之沉默和虛弱。眞實的和書寫出來的λόγος【邏各斯】。書寫出來的λόγος【邏各斯】作爲εἴδωλον【圖像】

柏拉圖或蘇格拉底，通過一個所謂的ἀκοή【傳聞】（參見274c1），即他聽說過的東西、一個傳說澄清了在此是那兒的那種漂浮無據的λόγος【邏各斯】在是上的功能。他說：在埃及有一位叫圖提㊱的神，這位神除了別的東西之外還發明

過問它自己本身的此是。——譯注

㊱埃及神話中的圖提（Theuth）相當於希臘神話的赫爾墨斯（Hermes）。柏拉圖在《斐勒柏》

了數字、弈棋遊戲和骰子遊戲、幾何、天文，甚至書寫；這位叫圖提的神前往國王塔莫斯（Thamos）那兒，把所有這些寶貝帶給他，建議他同埃及人分享這些寶貝。塔莫斯讓圖提報告一下每項發明的優點，然後他再對它們做出評判。在講到書寫時，圖提說道：Τοῦτο δέ, ὦ βασιλεῦ, τὸ μάθημα σοφωτέρους Αἰγυπτίους καὶ μνημονικωτέρους παρέξει· μνήμης τε γὰρ καὶ σοφίας φάρμακον ηὑρέθη.【大王，這門學問能夠讓埃及人更加智慧和更加有記憶力，因爲已經發現了記憶和智慧之藥物。】「這種認識、這種μάθημα【學問】，即書寫、能夠記錄（das Niederschreibenkönnen）和傳達在最寬泛意義上被說出來的東西，將使得埃及人σοφωτέρους【更加智慧】、更加智慧，由此他們也更容易進行記住。」（參見274e4以下）已經爲μνήμη【記憶】找到了一種方法。請諸位注意，我們前面關於μνήμη【記憶】所說的：保持（das Behalten）[37]那曾經被靈魂所看到的、從一

（18b6-9）中也曾提到過圖提：Ἐπειδὴ φωνὴν ἄπειρον κατενόησεν εἴτε τις θεὸς εἴτε καὶ θεῖος ἄνθρωπος—ὡς λόγος ἐν Αἰγύπτῳ Θεῦθ τινα τοῦτον γενέσθαι λέγων, ὃς πρῶτος τὰ φωνήεντα ἐν τῷ ἀπείρῳ κατενόησεν οὐχ ἓν ὄντα ἀλλὰ πλείω.【要麼某位神，要麼某位神一樣的人，觀察到語音是無限的；據說在埃及就出現了名字叫圖提的這樣一位，他第一個觀察到在無限多的語音中元音不是一，而是多】。——譯注

[37] behalten，除了具有「保持」、「留住」、「保存」的意思外，也具有「記住」的含義。——譯注

開始就爲它——如果它具有正確的門徑的話——所備好的東西。因此，對於這種μνήμη【記憶】，一種φάρμακον【藥物】已經被找到了。但塔莫斯卻說：ἄλλος μὲν τεκεῖν δυνατὸς τὰ τέχνης, ἄλλος δὲ κρῖναι τίν' ἔχει μοῖραν βλάβης τε καὶ ὠφελίας τοῖς μέλλουσι χρῆσθαι【一種人能夠產生技藝，但另一種人則能夠辨別對於那些想使用它們的人來說究竟是好還是壞。】（274e7以下）「能夠τὰ τέχνης τεκεῖν【產生技藝】、發明、第一次發展出那屬於某一確定認識、某一確定精通的東西是一回事，而κρῖναι【辨別】、判斷對於那些要使用它的人來說發明出來的東西究竟是好還是壞則是另一回事。」國王對圖提說：δι' εὔνοιαν τοὐναντίον εἶπες ἢ δύναται【通過好意你說出了與其眞實功用相反的東西】（275a1），你用你的讚美說出了「γράμματα【文字】眞正能夠導致的東西的反面」。現在，同συναγωγή【結合】，即同對事情的眞正看緊密連繫的那個決定性的句子出現了，它奠基在眞正的ἀνάμνησις【回憶】之上：τοῦτο γὰρ τῶν μαθόντων λήθην μὲν ἐν ψυχαῖς παρέξει μνήμης ἀμελετησίᾳ.【由於對記憶的忽略㊳，這會在靈魂中造成對所學東西的遺忘。】（275a2以下）這種認識、這種μάθημα【學問】，即對那被說的東西在書寫中進行公開，ἐν ψυχαῖς παρέξει【將在靈魂中造成】、「將在人身上造成

㊳ μνήμης ἀμελετησίᾳ【由於對記憶的忽略】，也可以譯為「由於缺乏記憶的訓練」。——譯注

λήθην【遺忘】、**遺忘**（*das Vergessen*）」，眞正說來：λανθάνω【遮蔽】、隱藏、遮蔽「他們自身」，τῶν μαθόντων【所學的】——「只要他們已經學習過某種東西的話」。因此，正相反，你在這兒所提供的，在人那兒——如他對世界和對他自己本身的看法——恰恰具有遮蔽他與之相關的東西的能力，因爲書寫之認識導致了一種ἀμελετησία μνήμης【對記憶的忽略】、「對保持的一種不用心」，即不用心保持事情。作爲傳達出來的、作爲寫出來的λόγος【邏各斯】，能夠造成一種不用心，即不用心根據其含有實事性來眞正保持那被談論的事情。並且進一步的原因在於：ἅτε διὰ πίστιν γραφῆς ἔξωθεν ὑπ' ἀλλοτρίων τύπων, οὐκ ἔνδοθεν αὐτοὺς ὑφ' αὐτῶν ἀναμιμνῃσκομένους.【因爲他們相信書寫這種外在的、異己的符號，而不在裡面自身進行記憶。】（275a3以下）他們διὰ πίστιν γραφῆς【通過相信書寫】、「在對寫出來的東西的信賴中」來保持所學到的東西，ἔξωθεν【從外面】、「從外面」，即根據寫下來的文字，「借助於異己的符號」——這些符號在它們自己的性格上同它們所意指的事情本身了無干係。「椅子」這一語詞的字形同事情具有最小的親緣性，它是完全異於事情本身所是的那種東西的東西。但通過對書寫的信賴，在他們身上導致了對保持的一種不在意：他們從外面去保持他們的認識，而不是他們自身從他們自己本身出發、從內在出發，即從作爲可能性而位於他們身上的東西出發、也就是從ὁρᾶν【看】出發來進行回憶。πίστιν γραφῆς【相信書寫】、信賴說出來的東西，在公開傳播開來的東西這一最寬泛的意義上，同時認爲自己免除了對那被說的事情的觀看。οὔκουν μνήμης ἀλλὰ ὑπομνήσεως φάρμακον ηὗρες.【你沒有發現記憶之藥，而是發現了提醒之藥。】（275a5）「因此，你並未發現眞正重新－取得（Wieder-Holen）和重新－擁有（Wieder-Haben）事情的藥劑，而是僅僅發現了讓自己－注意（Sich-Merken）它的藥劑。」因此，μνήμη【記憶】和ὑπόμνησις【提醒】在這兒有著本質的不同：μνήμη【記憶】是返回（das Zurückgehen），是對事情本身的重新取得和占有；ὑπόμνησις【提醒】是附著於說出來的語詞上的單純讓自己－注意（das bloße Sich-Merken）。σοφίας δὲ τοῖς μαθηταῖς δόξαν, οὐκ ἀλήθειαν πορίζεις【你提供給學生們的乃智慧之影，而不是智慧之眞。】（275a6以下）「因此，你爲你學生所謀得的，不是σοφίας ἀλήθεια【智慧之眞】，不是眞的、正確的研究，而僅僅是δόξα【看法】，即僅僅是表面現象（der Schein）。」πολυήκοοι γάρ σοι γενόμενοι ἄνευ διδαχῆς πολυγνώμονες εἶναι δόξουσιν, ἀγνώμονες ὡς ἐπὶ τὸ πλῆθος ὄντες, καὶ χαλεποὶ συνεῖναι, δοξόσοφοι γεγονότες ἀντὶ σοφῶν.【由於你，他們無須教誨就聽到許多東西，並以爲自己知道許多東西，但其實他們對大多東西都是無知的；並且他們難以相處，因爲他們並不是智慧的人，而是看起來像智慧的人。】（275a7-275b2）因爲他們求助於γραφή【書寫】，即求助於公開出來的東西、傳播開來的東西、是流行式樣的東西，「他們在沒有教育的情形下就聽到很多，並覺得自己好像熟悉許多東西，但其實對事情完全不熟悉；同這種人一起是（Zusammensein）、συνεῖναι【一起是】是困難的」，因爲他們不具有談論一件事情的可能性；並且他們成爲了δοξόσοφοι ἀντὶ σοφῶν【同智慧的人相反的、看起來智慧的人】、「這樣一種人，即他們僅僅看起來像那些眞正竭力獲取正確認識的人」。因此，諸位在這兒非常清楚地看到了在人的此是之範圍內，尤其是恰恰在同對那未被遮蔽的在此是著的東西進行展開之可能性的關聯中，γράμματα【文字】和γραφή【書寫】的作用。諸位看到了漂浮無據的λόγος【邏各斯】同辯證法之眞正實事上的任務的關係。

於是，柏拉圖更加清楚地爲λόγος【邏各斯】的這種獨特作用說明理由，它導致了ἀμελετησία μνήμης【對記憶的忽略】：作爲公開出來的、作爲傳達出來、書寫出來的λόγος【邏各斯】，同σαφές【清楚】和βέβαιον【可靠】（275c6）無關，它既不是清楚的，也不是可靠的。如果人們眞要把某種東西歸給那公開出來的、傳達出來的λόγος【邏各斯】，即歸給那書寫出來的東西，那麼，只不過就是τὸν εἰδότα ὑπομνῆσαι περὶ ὧν ἂν ᾖ τὰ γεγραμμένα【提醒那已經知道書寫出來的東西是關於什麼的人】（275d1以下），無非就是「ὑπομνῆσαι【提醒】τὸν εἰδότα【已經知道的人】，即已經看見了事情的人再次看見事情，即再次看見在γεγραμμένα【書寫出來的東西】中所涉及的東西。」書寫出來的東西、公開出來的東西和說出來的東西**只能是推動**，從此出發**重新回到事情本身**。因此，個體在接受和理解某一書寫出來或說出來的東西時，必須事先已經看到過被談論的東西。他必須從他自己本身那兒出發看事情。被說出來和寫出來的東西——這是本質性的——不能從其自身那兒提供任何東西。因此，柏拉圖說：Δεινὸν γάρ που τοῦτ᾽ ἔχει γραφή, καὶ ὡς ἀληθῶς ὅμοιον ζωγραφίᾳ【書寫還具有可怕之處，極其類似於繪畫】（參見275d4以下），「寫出來的東西同繪畫一樣可怕」。καὶ γὰρ τὰ ἐκείνης ἔκγονα ἕστηκε μὲν ὡς ζῶντα【畫中的人物就像活物一樣站在那兒】（275d5），也即是說，繪畫或在畫中所描繪的東西，看起來就像活的一樣。ἐὰν δ᾽ ἀνέρῃ τι, σεμνῶς πάνυ σιγᾷ【但如果你問它某件事，它就非常嚴肅地一言不發】（275d6），「但如果你詢問它，那它就非常嚴肅地保持沉默」。因此，寫出來和說出來的東西是沉默的，一無所獻。柏拉圖提出下面這一問題：δόξαις μὲν ἂν ὥς τι φρονοῦντας αὐτοὺς λέγειν【你認爲它們像有所理解地在說】（275d7以下），「你眞的認爲書寫出來的東西ὥς τι φρονοῦν【像有所理解】、彷彿理解了某種東西那樣在說嗎？」不；相反，對於任何想根據在此被說的東西來了解某種東西的人，「它總是僅僅顯示出同一種東西，並且僅此而已」，ἕν τι σημαίνει μόνον ταὐτὸν ἀεὶ【它總是僅僅顯示出同一種東西】（275d9）。這種ἕν τι μόνον【僅僅爲一的東西】無非就是字句本身。被說出來的東西、一旦被固定下來的東西，事實上總是同一的。如果無前提地將之拿給實事之理解，那它總是說同一種東西，即其實什麼也沒說，它保持沉默。因此柏拉圖能夠說：ὅταν δὲ ἅπαξ γραφῇ, κυλινδεῖται μὲν πανταχοῦ πᾶς λόγος ὁμοίως παρὰ τοῖς ἐπαΐουσιν, ὡς δ᾽ αὔτως παρ᾽ οἷς οὐδὲν προσήκει, καὶ οὐκ ἐπίσταται λέγειν οἷς δεῖ γε καὶ μή.【當任何邏各斯一旦被書寫出來，它就到處流傳，在那些能理解的人和那些與之毫不相干的人之間同樣流傳；不知道應該對哪些人說和不對哪些人說。】（275d9-275e3）「如果λόγος【邏各斯】一旦被寫出來，那它就到處流傳，以相同的方式既在那些已經具有對實事的理解的人那兒，也在那些缺乏對實事的理解的人那兒；並且應對誰說、不對誰說，它對之感到不知所措。」這樣一種寫出來的λόγος【邏各斯】或傳達出來的文字、研究之結果，於是可能被糟蹋和遭到不公正的指責；它們不能保衛它們自己。人們能夠在它們身上攪水，從它們那兒引出所有的可能性；邏各斯不能保衛自己。τοῦ πατρὸς ἀεὶ δεῖται βοηθοῦ【總是需要父親的救助】（275e4）、「它總是需要父親的救助」，即需要那根據對事情的認識而說出它、它的是要歸功於他的那個人的救助。αὐτὸς γὰρ οὔτ᾽ ἀμύνασθαι οὔτε βοηθῆσαι δυνατὸς αὑτῷ【因爲它自己既不能保衛自己，也不能救助自己】（275e5）、「它自己不能保衛自己和救助自己」。因此，被說出來和被談出來的東西作爲到處流傳的東西，其獨特的是之性質表明：它自身無非只是一種推動，並且是在那已經看見了的人身上的推動，否則純屬多餘。

因此，眞實的λόγος【邏各斯】和眞實的傳達，顯然是別的某種東西；僅僅ὅς μετ᾽ ἐπιστήμης γράφεται ἐν τῇ τοῦ μανθάνοντος ψυχῇ【依賴知識而寫在學習者靈魂上的】（276a5以下）那種λόγος【邏各斯】才是眞實的，「它根據對事情的認識而寫出來」、基於同事情的關係、不是在某種程度上寫進公共領域中而是「寫進學習者的靈魂中」，從而人們不依賴被說出來和被表達出來的東西；相反——這意味恰恰進入到靈魂裡——學習者自身從自己那兒進行νοεῖ【看】、「看」。這種λόγος【邏各斯】，這樣寫出來的東西，是δυνατὸς ἀμῦναι ἑαυτῷ【能夠保衛自己的】（參見276a6），「保衛自身」，ἐπιστήμων λέγειν τε καὶ σιγᾶν πρὸς οὓς δεῖ【知道對哪些人應該說，對哪些人應該沉默】（276a6以下），並且「它理解或清楚對誰應當和可以說，反之對誰它則保持沉默」。它對那從自己那兒不具有聽之可能性、未準備好進行聽、沒有接受過真實παιδεία【教育】的ψυχή【靈魂】保持沉默。由此下面這點就變得清楚了：這種μετ' ἐπιστήμης【依賴知識】的書寫，先行設定了ψυχή【靈魂】——在它裡面進行書寫——已經擺脫了各種偏見並且把朝向事情的視域展露給了它自己本身。只有那樣，書寫出來的λόγος【邏各斯】才是一種有生命的λόγος【邏各斯】。

斐德羅於是引出了結論。Τὸν τοῦ εἰδότος λόγον λέγεις ζῶντα καὶ ἔμψυχον, οὗ ὁ γεγραμμένος εἴδωλον ἄν τι λέγοιτο δικαίως.【你說的是知道者那活潑潑的和有靈魂的邏各斯，而文字可以被正當地稱作其圖像。】（276a8以下）有*雙重*λόγος【邏各斯】，一種是*有生命的*λόγος【邏各斯】，即根據*實事關係*、*根據*διαλέγεσθαι【對話】而活著的λόγος【邏各斯】，另一種是*書寫出來的*、*在最寬泛意義上傳達出來的*λόγος【邏各斯】——它是那種有生命的λόγος【邏各斯】的單純εἴδωλον【圖像】。人們大多習慣於把εἴδωλον【圖像】翻譯爲小圖像（Bildchen）、仿像（Nachbild）等等。但必須考慮到εἶδος【埃多斯】意味著某種東西的外觀，即在其所是上給出某種東西的那種是之規定。反之，εἴδωλον【圖像】

意味著：**僅僅**看起來如此；它並非什麼都不是，但也只不過是僅僅看起來如此的那樣一種東西。書寫出來的λόγος【邏各斯】事實上是一種λόγος【邏各斯】，但它僅僅看起來如那有生命的λόγος【邏各斯】那樣。

對λόγος【邏各斯】之功用的這一立場，再次出現在柏拉圖的「書信七」中。

㈢柏拉圖在「書信七」中關於λόγος【邏各斯】的立場

在這兒柏拉圖防止對其哲學工作的濫用——如其那些缺乏理解力的門徒們所幹的那樣。對這種濫用的憤怒使得他非常尖銳地、幾乎僅僅是否定性地評價了λόγος【邏各斯】的作用。在這「書信七」中，他有機會以一篇較長的關於**認識**（die *Erkenntnis*）的文章來處理下面這一問題，那就是：他遭遇到這種誤解是如何可能的。他在此沒有給出什麼新的東西，而是僅僅總結了他的整個工作所確定的：所有的認識，如果從其整個結構上看，乃是由ὄνομα【名稱】、λόγος【邏各斯】、εἴδωλον【圖像】、ἐπιστήμη【知識】和ἀληθές【眞相】（342a7以下）這些現象所構建起來。但不可以這樣來把握這五個要素之間的連繫，彷彿涉及的是一種認識論之體系似的；相反，涉及的是下面這同一種認識現象，即根據其結構的不同方向來認識、展開是者。ὄνομα【名稱】：語詞、字句。λόγος【邏各斯】：被說的東西作爲被說的東西。εἴδωλον【圖像】：僅僅—看起來—如此（das Nur-so-Aussehen）、個人印象（der Augenschein）——我由之出發談論某種東西。ἐπιστήμη【知識】：

從εἴδωλον【圖像】向事情的推進。眞正的東西是ἀληθές【眞相】——ὄνομα【名稱】、λόγος【邏各斯】、εἴδωλον【圖像】、ἐπιστήμη【知識】根據其意義已經向之定位的東西；它們在其自己本身那兒都具有朝向ἀληθές【眞相】的方向；它們根本無法得到理解，除非根據下面這點，那就是：它們被功能上的性質規定爲對是者的開啓。柏拉圖在這兒回顧了眞正認識的這些結構。他用下面這一句子結束了考察：διὸ δὴ πᾶς ἀνὴρ σπουδαῖος τῶν ὄντων σπουδαίων πέρι πολλοῦ δεῖ μὴ γράψας ποτὲ ἐν ἀνθρώποις εἰς φθόνον καὶ ἀπορίαν καταβαλεῖ.【任何嚴肅地對待嚴肅的是者的人，尤其應當不寫作，以免在人們身上引起嫉妒和困惑。】（344c1以下）「因此，每個嚴肅的人肯定絕不寫有關嚴肅事物的東西，以免把其事情交給人的嫉妒和不解。」並且他接著說：ἑνὶ δὴ ἐκ τούτων δεῖ γιγνώσκειν λόγῳ, ὅταν ἴδῃ τίς του συγγράμματα γεγραμμένα εἴτε ἐν νόμοις νομοθέτου εἴτε ἐν ἄλλοις τισὶν ἄττ' οὖν, ὡς οὐκ ἦν τούτῳ ταῦτα σπουδαιότατα, εἴπερ ἔστ' αὐτὸς σπουδαῖος, κεῖται δέ που ἐν χώρᾳ τῇ καλλίστῃ τῶν τούτου.【一句話，必須知道：如果誰看到了有人用文字寫下來的東西——無論是在立法者所寫的法律那兒，還是在其他人所寫的作品那兒——，那麼，只要他本人是一位嚴肅的人，那它們對他來說就一定不是最嚴肅的東西，最嚴肅的那些東西位於他身上最高貴的地方。】（344c3以下）「一句話，由此可以認識到，如果有人看見συγγράμματα γεγραμμένα τίνος【某人用文字寫出來的東西】、某人公開發表的東西——無論碰上的是法律還是別的什麼」，——「別的什麼」在這兒自然意指哲學的、科學的作品——，εἴπερ ἔστ' αὐτὸς σπουδαῖος【如果他是一位嚴肅的人】、「如果他本人是一位嚴肅的人」，「那由此可以認識到在這兒已經公開出來了的有關東西，不是其嚴肅的東西」，「相反，眞正對他重要的、其最眞正的東西，位於最美麗的地方，即位於靈魂本身那兒」。εἰ δὲ ὄντως αὐτῷ ταῦτ' ἐσπουδασμένα ἐν γράμμασιν ἐτέθη【但如果他最爲重視的東西眞的這樣給放到了文字中】（344c8以下），「但如果事實上還是有人在書寫出來的東西中給出了對他來說是決定性的東西、ἐσπουδασμένα【最爲重視的東西】」，即如果他事實上還是公開了它，「ἐξ ἄρα δή τοι ἔπειτα【那麼，讓我告訴你】」，θεοὶ μὲν οὔ, βροτοὶ δὲ【不是諸神，而是那些作爲要死者的人】，「φρένας ὤλεσαν αὐτοί【毀掉了其心智】」（344d1以下），「那麼，事實上不是諸神，而是人從他那兒拿走了理解力」。這是柏拉圖對重複其工作的所有後繼者的一種輕蔑拒絕（eine überlegene Absage）[39]。人們後來將這封信視爲不眞實的，這或許是歷史的某種諷刺。[40]

---

[39] eine überlegene Absage，在這兒也可以譯為「一種帶有優越感的拒絕」或「一種自負的拒絕」。——譯注

[40]《書信》七中的這部分內容，也是主張所謂「柏拉圖未成文學說（Platons Ungeschriebene Lehre）」的重要論據。——譯注

㈣ ψυχή【靈魂】的正確情狀作爲眞實的λόγος【邏各斯】（διαλέγεσθαι【對話】）之前提

如果我們總結一下，那麼，λόγος【邏各斯】就其眞實的功能而言奠基在辯證法之上。但同時我們看到：λέγειν【說】，如果它是一種有生命力的說——只要它是讓他人看，那它就是有生命力的——，那麼，它必然以他人的ψυχή【靈魂】處在看的準備中爲前提。但另一方面，只要大多數人實際上並無這種準備，並且只要διαλέγεσθαι【對話】——正如柏拉圖在《斐德羅》中所明確講到的——是一種πραγματεία【艱苦的事情】（參見273e5）、一項眞正的勞作，而不是一個人偶爾輕鬆爲之的東西，那麼，就需要一種特殊的任務和一種特別的言說方法，那就是：看之準備，首先要在每一個進行研究的人自身那兒以及在他要向之傳達的他人那兒形成出來。因此，一切都取決於ψυχή【靈魂】、內在行爲（das innere Verhalten）、向著世界和他自己本身的人的生存之是（das Sein der Existenz des Menschen zur Welt und zu sich Selbst）[41]，處在正確的情狀中，即處在正確的συμμετρία【相稱】中、處在同那些要在其無蔽地是（Unverborgensein）中得到把握的事物本身的相

[41] das Sein der Existenz des Menschen zur Welt und zu sich Selbst，也可以譯為「人的生存之是，即向著世界和他自己本身而是」。——譯注

稱中。蘇格拉底在《斐德羅》的末尾再次總結了這點，現在尤其不是在一種理論的闡明中，而是在對諸神的一種祈求中。Ὦ φίλε Πάν τε καὶ ἄλλοι ὅσοι τῇδε θεοί, δοίητέ μοι καλῷ γενέσθαι τἄνδοθεν· ἔξωθεν δὲ ὅσα ἔχω, τοῖς ἐντὸς εἶναί μοι φίλια. πλούσιον δὲ νομίζοιμι τὸν σοφόν· τὸ δὲ χρυσοῦ πλῆθος εἴη μοι ὅσον μήτε φέρειν μήτε ἄγειν δύναιτο ἄλλος ἢ ὁ σώφρων.【啊，親愛的潘神以及本地的其他諸神，請讓我能夠在內裡變得美，讓我外在所擁有的同我內在所擁有的友好相處。讓我相信智慧的人是富足的；至於金錢的數量，請給予我一個有節制的人所能承受和攜帶的那麼多。】（279b8-279c3）「啊，親愛的潘神和所有在這兒的其他諸神」——蘇格拉底同斐德羅的確在城外——「請讓我變得美」——καλός【美麗】無非就是αἰσχρός【醜陋】、難看的對立面，並意味著與ἀμετρία【不相稱】相對立的συμμετρία【相稱】、與不相稱相對立的正確的相稱——「請讓我變得美，讓我在我自身之內的東西、從內裡出來的東西方面進入到正確的情狀中；讓我外在擁有的東西成爲內裡東西的朋友；並讓我相信智慧的人，即那致力於展開事情、展開是者的人是富足的人；請給予我金錢的數量，即我所擁有的財富數量，滿足需要就好，我需要它們，僅僅如一位明智的人會從其自身所需要的那樣多。」也即是說，他在這兒尤其祈求朝向事情本身的這種**正確的**情狀，但同時也祈求**正確的**限度。因此，沒有可能再次變爲眞正無知和缺乏教育的那種過度。這種καλὸν γενέσθαι【變美】、這種從內裡變—美（dieses Schön-Werden von innen her），無非就是柏拉圖在《智者》中有機會在定義六中於概念上所確定的東西。

五五、過渡：《斐德羅》和《智者》中的辯證法

㈠對《斐德羅》中辯證法的刻劃之收穫和限度。柏拉圖和亞里士多德之於辯證法和修辭學

對於理解希臘邏輯學以及由此而來的各種邏輯上的問題提法來說——正如它們在隨後的哲學直至今天那兒已經成爲了傳統那樣，柏拉圖辯證法之意義是眞正的根。無論是我們從對《智者》這篇對話的諸勾畫那兒所取得的，還是從對《斐德羅》的考察那兒所取得的，頂多只是對辯證法的一種外在刻劃，並需要進一步地詳細論述。不是者之是這一問題將引領我們去追問：那改造辯證法之理念——正如我們迄今認識它的那樣——的東西究竟是什麼；進一步形成柏拉圖辯證法的動因位於何處。爲了理解這一步——柏拉圖在《智者》中邁出了它，並且它隨後也規定著邏輯學的進一步發展在步驟上的合法性——，我們當下必須恆常地牢記迄今所闡述過的辯證法之理念。柏拉圖甚至在《智者》中稱διαλέγεσθαι【對話】爲διαπορεύεσθαι διὰ τῶν λόγων【穿過邏各斯】（參見253b10）或ἡ τῶν λόγων μέθοδος【邏各斯之方法】（參見227a8）、「憑藉λόγοι【諸邏各斯】所選取的道路方向」。首先必須放棄——基於前面的東西這當是清楚的——所有對辯證法的外在、技藝性地解說。在它那兒本質

性的東西是ὁρᾶν【看】。συναγωγή【結合】是看的一種方式，即ἕν【一】的一種方式；甚至διαίρεσις【分開】作爲揭開也是基於恆常地著眼於ἕν【一】而實施出來的：διαίρεσις【分開】εἴδη【諸埃多斯】，是同自身僅僅在看中能實現出來的那種外觀相對立的對外觀的一種突顯。在這種恆常地著眼於ἕν【一】或著眼於γένος【屬】中，這種外觀恆常地是在此的，並且是這樣的：在所有進一步的突顯中或在彼此互相的突顯中，它始終是在場的。因此，在διαλέγεσθαι【對話】之意義上的λέγειν【說】是一種著眼於外觀的談論。於是，在不再可突顯的地方，在基於那位於主題中的事情而不再能夠從某一先行給出的εἶδος【埃多斯】去觀望另外的εἶδος【埃多斯】、並將那先行給出的εἶδος【埃多斯】同另外的εἶδος【埃多斯】相區分的地方，因而在某一εἶδος【埃多斯】的實事內容迫使我們只停留在它自身那兒的地方，διαλέγεσθαι【對話】在διαίρεσις【分開】之意義上復又返回到對純然的看、ὁρᾶν【看】的源始姿態中——正如它恆常地就ἕν【一】所實現出來的那樣。這種僅僅觀望是對ἄτομον εἶδος【不可分的種】的純然擁有，並且是這樣的：在從對ἕν【一】的ὁρᾶν【看】出發前往對εἶδος【種】的看中，διαλέγεσθαι【對話】的整個連繫是在自身那兒統一的一種看，是對那要加以處理的、正在遭遇到的是者之起源史的一種看。在此要注意，在辯證法的東西的這種理念以及διαλέγεσθαι【對話】的這種理念那兒，尚未區分出這種διαλέγεσθαι【對話】之主題，是一種完全任意的意義上的某一是者（ein Seiendes）——如釣魚者、智者——還是是（das Sein）。作爲

διαλέγεσθαι【對話】之主題的那種東西的是之性質在這兒還根本未加討論。但恰恰在這兒，διαλέγεσθαι【對話】之規定尖銳化起來。換句話說：在較爲寬泛的邏輯學之意義上，辯證法之理念的轉變，在是之概念的轉變中和一般是之把握的理念的轉變中，得到了推動。

在上節課[42]我指出，在亞里士多德那兒，這種辯證法被帶入了一種完全不同的科學理論的立場上。亞里士多德強調：辯證法是修辭學的ἀντίστροφος【反面】[43]或修辭學是辯證法的反面；它們彼此對立。這意味著：它們兩個被給予了同等的地位。反之，我們在柏拉圖那兒則看見：在他那兒，διαλέγεσθαι【對話】和辯證法原則上排在修辭學的前面，它們是首先使得後者得以可能的東西，而在亞里士多德那兒，修辭學是其ἀντίστροφος【反面】；它就其知識之品性來說同辯證法本身處在同一水準上。誠然，亞里士多德也說修辭學在一定意義上是辯證法的παραφυές【分支】[44]。但這不可能是如在柏拉圖那兒那樣的意義，即修辭學紮根在辯證法旁邊。相反，它意

[42] 一九二五年一月二十七日週二進行的第三十二節課。參見第337頁以下。——原注

[43] 《修辭學》第一卷第一章，1354a1：Ἡ ῥητορική ἐστιν ἀντίστροφος τῇ διαλεκτικῇ.【修辭學同辯證法正相反對。】——原注

[44] 《修辭學》第一卷第二章，1356a25以下：συμβαίνει τὴν ῥητορικὴν οἷον παραφυές τι τῆς διαλεκτικῆς εἶναι.【修辭學彷彿成了辯證法的某種分支。】——原注

味著，依照亞里士多德加以改變了的辯證法之概念，修辭學在最寬泛的意義上屬於關於λόγος【邏各斯】的理論之同一領域。因此，在這兒辯證法被限制在λόγος【邏各斯】本身和各種可能的λόγος【邏各斯】—結構上。在此要注意，亞里士多德肯定沒有放棄柏拉圖將之標作辯證法的那種東西；相反，他恰恰在其πρώτη φιλοσοφία【第一哲學】之理念中第一次眞正徹底地擁有了柏拉圖的辯證法。當然我在這兒不可能探究在亞里士多德那兒辯證法之具體理念，諸位認識到這種連繫就足夠了。

(二)在《智者》中辯證法的進一步發展之動因：辯證法之「對象」的區分（是者——是和是之結構）

爲了接下來的考察，必須記住下面這一問題：從在《智者》中所探討的、改造著辯證法的那種東西之實事內容那兒得出了什麼？更爲確切地講：對是和不是之意義的討論所引向的κοινωνία τῶν γενῶν【諸屬的結合】如何能夠是關於διαλέγεσθαι【對話】的一種新規定之實事上的基礎？諸位在κοινωνία τῶν γενῶν【諸屬的結合】這一術語那兒已經看到，在這兒所談論的是γένη【諸屬】之間的連繫，而我們迄今爲止都總是僅僅看到了一個γένος【屬】，並且對εἴδη【諸種】的拆分都向之定位。這表明：現在追問和規定的整個範圍，在διαλέγεσθαι【對話】之意義上是不同的了，在這兒不再涉及具體的是者，而是涉及γένη【諸屬】、涉及作爲是之結構的諸是之

結構之間的各種連繫。

在我們能夠看清這些實事上的連繫本身之前——這些連繫迫使辯證法有一個轉變，我們必須設法為我們自己取得通達這些實事上的連繫的門徑，也即是說，根據具體地再現智者是什麼，學習理解：通過**智者**這一**現象**本身，實際上已經給出了**不是者之是**。因為根據我們現在逐漸拾取出來的結構，不是者之是以多重方式出現在智者那兒，這種努力被用於在一定程度上從各個方面在其實際性上審視智者。因為，如果下面這點是清楚和明顯的，即智者事實上是（ist）並且根據其自身構成一種本己的、可能的此是（ein eigenes mögliches Dasein），那麼，**不是者之是**（*das Sein des Nichtseienden*）、**欺騙和錯誤之存在**（*die Existenz des Truges und des Irrtums*）也隨之同時被給出了。只要在顯露錯誤和欺騙的存在之際，同時涉及了顯露某種否定性的東西，那麼，下面這點就是必然的：柏拉圖在對智者的考察中於一定程度上越過了這種否定性的現象，以便抵達**肯定**性的東西——他由之看出否定性。這是定義六中的描述之眞正意義，而該定義也獨特地以下面這點為結束：兩位談話者一致同意，他們現在已經根本地發現了**哲學家**。

第四章　智者的諸定義。定義六和定義七（226a-236c）

五六、智者之定義六。盤問者[1]（226a-231c）

(一)定義六之排列問題。諸定義在實事上的結構。定義六作爲定義五和定義七（ἀντίλογος【反駁】）的結合

智者的**第六個**定義作爲從前面諸定義之框架中脫落出來的一種考察，總是引起了解釋者們的注意。該定義如何能夠納入二分法之框架中，尤其讓人感到迷惘。如果我們對進行預備的諸定義之間的連繫持這樣一種想法，即柏拉圖似乎在致力於建立概念金字塔（Begriffspyramide），那麼，我們事實上的確不知該將這第六個定義置於何處。因爲我們已經在對定義五的考察那兒看到：在對χειροῦσθαι【弄到手】之返回中，該定義從那規定著垂釣者的框架中指出了最後剩下的結構要素，以至於這一先行給出的框架——如果我們只盯住框架不放的話——已經給耗盡了。但已經一再強調的

[1] 德文為Elenktiker，也可以譯為「辯駁者」。該詞來自希臘語形容詞ἐλεγκτικός【進行駁斥的、進行盤問的】，而該形容詞又來自動詞ἐλέγχω【譴責（Beschimpfen）、駁斥（widerlegen）、檢查（prüfen）】。——譯注

是：重要的不是給出關於外在種類的一種劃分，而是通過各個定義愈來愈靠近智者現象；並且各個定義之間的內在連接，奠基在事情本身之上，即始終奠基在確定的、含有實事的、於智者那兒如其最終顯現出來的那樣變得可把握的那些性質上。如果這樣定位這些定義，那麼，立馬就會顯現出定義六最爲同這種考察方法相衝突。只要定義六無法進入該圖型中，那麼，它恰恰就證明了圖型在原則上根本不重要。

與其他那些定義相比，定義六已經具有一種更加積極的描述性質，因爲它直接準備了積極考察由之開始的定義七。下面這點對於理解定義六是重要的：我們要弄清楚，在前面所描述出來的智者之諸現象的範圍內，這一新的描述於何處眞正開始。要理解：定義六絕不是對一種所謂新「視點」的任意引導；相反，它恰恰接納了已經描述過的智者之諸決定性的現象，並將它們催逼入那使得一種眞正的探究得以可能的方向中。也即是說，它接納了在定義五——該定義同時包含著前面的諸定義——中所論及過的ἀντιλέγειν【辯論】這一現象。外在地看，基於定義六之內容這首先是不可見的，但在更加仔細的闡釋那兒它將變得清楚。由此顯現出：只要定義六考慮ἀντιλέγειν【辯論】並深入地闡明之，那它恰恰連接著定義五和定義七——只要在定義七中ἀντίλογος【反駁】再次被明確地取作了主題。

因此諸位一定要注意：我在這兒非常重視對結構的強調，目的不是要對對話的文學形式進行某種規定，以便根據文體批判上的各種要素而取得編年上的順序；相反，僅僅是爲了理解實事內容，只要我們有權假設，柏拉圖如事情本身所看起來的那樣鋪設了他的邏各斯，即根據智者多種多樣的形象，他由之開始並將這種多樣性推向某種ἕν【一】，而多樣性向著它被一起看——以συναγωγή【結合】的方式——，以便由此出發而眞正得到規定。由此也就取消了下面這種可能性，那就是：根據各種明確的、固定的哲學原理和科目把該對話劃分爲一些劣質的片斷，它們似乎僅僅爲了訓練之目的而被寫出來，而核心部分則似乎是爲了更加高級的東西而寫的。

在從定義五向定義六的過渡段落那兒，重要的東西恰恰充分顯明在了文本本身中。Ὁρᾷς οὖν ὡς ἀληθῆ λέγεται τὸ ποικίλον εἶναι τοῦτο τὸ θηρίον καὶ τὸ λεγόμενον οὐ τῇ ἑτέρᾳ ληπτόν.【那麼，你豈不看到，說該動物是複雜的並且隻手難擒，這都是眞實的？】（226a6以下）在這兒要再次回想起這種θηρίον【野獸】，即智者，被正確地稱作一種ποικίλον【複雜的東西】，即被稱作一種「變化多端的東西和形形色色的東西」，並且由此一來作爲某種οὐ τῇ ἑτέρᾳ ληπτόν【隻手難擒的】東西，即便在最接近的捕獲中「無法用一隻手」就能夠立馬擒獲。ἀμφοῖν χρή【需要兩隻手】（226a8）、「需要兩隻手」。καὶ κατὰ δύναμίν γε οὕτω ποιητέον, τοιόνδε τι μεταθέοντας ἴχνος αὐτοῦ.【並且應盡可能通過追蹤它的足跡來這樣做。】（226b1以下）「並且要抓住和把握智者，必須盡可能地以下面這種方式來進行，那就是我們追蹤、跟隨其足跡。」這兒談到了足跡，這恰恰表明：智者本身，對象所提供出來的迄今爲止的實事內容本身，給出了某種東西，這種東西——正如我們所說——能夠讓我們發現其蹤跡，即眞正地看到它、跟蹤它。

(二)對第六種分開❷之方法的形式描繪。分開（διαίρεσις【分開】）——突顯（διάκρισις【區分】）——抽離——使自由，淨化（κάθαρσις【淨化】）。對κάθαρσις【淨化】之眞正對象的展望：ἄγνοια【無知】。κάθαρσις【淨化】作爲ἔλεγχος【盤問】

如果僅僅外在地遵循文本，那麼，根據第一印象就會對下面這點感到吃驚，那就是，當說出方法上的要求之後，ξένος【客人】提出了下面這一問題：τῶν οἰκετικῶν ὀνομάτων καλοῦμεν ἄττα που;【我們豈不用屬於僕傭事務中的一些名稱來稱呼某些東西？】（226b2以下）「在我們的語言中，我們有τῶν οἰκετικῶν【屬於僕傭的】中的一些名稱」——加以補充的話就是τεχνῶν【一些（屬於僕傭的）技藝】——「來表達家奴、僕傭之行爲所關乎的那些行爲方式、某種精通嗎？」如果出於早前的那些定義，那麼，這事實上首先是引人驚異的，這是一個完全奇特的問題——但我們稍後將會眞切地理解它。我們將看到，溯源到同家務有關的東西不是偶然的，即使完全撇開下面這點不說：同家中僕傭相關而加以引出的那些行爲方式，在其自身就已經是出於某種確定的目的而加以選取的。ξένος【客人】於是列舉了一些極其特定的東西；這些東西決非任意的；相反，它們是特定的，總體說來，

❷德文為Dihairesis，乃希臘語διαίρεσις的拉丁轉寫，意思就是「分開」、「劃分」。——譯注

它們已經基於他所欲達成的東西而被規定（226b4以下）。διηθεῖν【濾】（226b4）意味著：「濾，用濾網過濾」；διαττᾶν【篩】（226b4）同樣意味著：「濾」；βράττειν【簸】（226b6）——對我們後面想理解的東西的一種特殊表達——意味著：「來回搖晃，並且通過這種搖晃把某種東西扔出來」，在穀物那兒去掉秕糠、「簸」；取代διακρίνειν【區分】的是另一說明διασήθειν【篩】（226b6），它復又意味著「篩」。然後還進一步列舉了：ξαίνειν【梳】（226b8）、「梳」；κατάγειν【紡】（226b8）、「紡」；κερκίζειν【織】（226b8）、「織」。在226c1以下，泰阿泰德合理地問ξένος【客人】用這些奇怪的事物——它們首先無論是同垂釣者還是同智者都無多大關係——眞正用意何在。ξένος【客人】回答說：διαιρετικά τὰ λεχθέντα σύμπαντα【所有提到的這些都是進行分開的】（參見226c3），「所有這些都是進行分開的行爲」，διαιρεῖσθαι【分開】，或者如後面立馬說的：μίαν οὖσαν ἐν ἅπασι τέχνην【在所有這些中有著一種技藝】（226c5以下），並且該τέχνη【技藝】是διακριτική【區分術】（226c8）。同διαιρεῖσθαι【分開】相比，διακρίνειν【區分】，即「突顯」是一種更爲確切的表達。它意味著：不僅一般地把某種東西分開，而且在分開中那些分開來的東西彼此突顯、彼此區別。因此，存在著一種現象上的區別，那就是：我是單純把某種先行給出的東西分開並就此打住呢，還是分開根據其意義具有突顯性質，即讓一種東西同另一種東西相對照而區分開。

這種διάκρισις【區分】復又只能如下面這樣進行，那就是：它或者是διακρίνειν τὸ δ' ὅμοιον ἀφ' ὁμοίου【把相似的同相似的區分開】（參見226d2）、「把相似的同相似的通過對照而突顯出來」；或者是這樣，即這種διακρίνειν【區分】是一種ἀποχωρίζειν【分離出來】、一種「使分離」，尤其是τὸ χεῖρον ἀπὸ βελτίονος【把較差的從較好的那兒分離出來】（參見226d1以下）、「把較差的從較好的那兒分離出來」。因此，有著一種分開，即一種進行突顯的分開，並且這種進行突顯的分開或者是這樣一種突顯：兩個彼此襯托的東西，在其是之性質上同等地被規定，或者是這樣：它們是不同的，從而突顯是把某一較差的從某一較好的那兒的一種分開。後面這種突顯是一種抽離（*Wegheben*），即把較壞的從較好的那兒抽離出來，從而那被突顯出來的東西，即較好的東西，自身得以留在原處；它是一種ἀποβάλλειν τὸ χεῖρον【扔掉較差的】和一種καταλείπειν τὸ βέλτιον【留下較好的】（參見226d5以下）。因此，對διαιρεῖσθαι【分開】之結構的一種完全確定的建構變得可見了。通過下面這點，我們還能夠純粹在術語上進行一種更加深入的區分，那就是，在把較差的同較好的相對照而進行突顯之範圍內，我們這樣把握突顯的意義：1.在突顯那兒單純留下的，我們能夠將之稱作篩分（*Sichten*）。2.與之相對照，突顯的意義同時還在於把較差的從另外的東西那兒抽離出來，從而通過這種抽離，另外的東西，即較好的變得自由了，於是我們把這種篩分稱爲淨化（*Reinigen*）。因此，這樣一種有所分開的突顯是καθαρμός【淨化】（226d10）、

「淨化」。如果我們在這兒把淨化同篩分相對比而進行突顯，那麼，就會注意到καταλείπειν【留下】、「留下」之意義不是沒有差異的；淨化不單單具有下面這一意義，即把某種東西從另外的東西那兒抽離出來、讓被抽離出來的東西保持原狀，而且其意義恰恰還在於使被抽離出來的東西自由（*frei zu machen*），並且通過這種嶄露，讓它自身進入到它本己的各種可能性中，因而各種阻礙、如ξένος【客人】後來所說的ἐμποδίζοντα【進行阻礙的東西】、「擋在路上的東西」被清除掉，由此被淨化了的東西現在能夠走向它自己本身。

確定διαίρεσις【分開】之諸結構之所以是重要的，乃是因爲後面被擬定爲一種特定διαίρεσις【分開】或κάθαρσις【淨化】之眞正對象的那種東西，恰恰是在對話那特別是態學的諸部分中所討論的主題。也即是說，它是一種在它自身那兒結合著βέλτιον【較好的】和χεῖρον【較差的】的東西，並且是這樣：一個被另一個壓制著。這種χεῖρον【較差的】——乃該κάθαρσις【淨化】之眞正對象，無非就是下面這種東西：只要它是，那它同時就不是，從而在這種獨特的對象那兒有著ὄν【是著】和μὴ ὄν【不是著】的συμπλοκή【聯結】，並且重要的把這種συμπλοκή【聯結】看作某種源始的東西。但這意味著必須放棄那時統治著哲學的那些基本信條。因爲μὴ ὄν【不是著】和ὄν【是著】的συμπλοκή【聯結】對於那個時代來說是一種聞所未聞的東西，也即是說，僅僅只有是者是（das Seiende ist）和不是者不是（das Nichtseiende nicht ist），此外別無其他可能性。我們越多地理解了κάθαρσις【淨化】——如智者或眞正的哲學家所從事它的那樣——之主題眞正是什麼，我們就將碰上這種獨特的對象。因此，定義六是對智者的一種積極描述；只要它返回到智者的生存立於其上的那些基礎，那它就是積極的。

因此，διαίρεσις【分開】是 1. 一種分開（ein *Auseinandernehmen*），2. 作爲 διάκρισις【區分】這種分開是突顯著的彼此—區別（abhebendes *Gegeneinander-Unterscheiden*）。我在這一連繫中還不能同意下面這點，那就是：只要把某種東西—同—某一—他者—進行區分的—突顯（Etwas-gegen-ein-anders-unterscheidend-Abheben），在自己那兒設定了一種確定的著眼點，即著眼於兩種東西由之被區別開的那種東西——它在單純的分開那兒還沒有被給出，那麼，隨著第二種意義上的這種分開，一種全新的結構要素就已經給出了。這種突顯著的彼此—區別於是能夠是 3. 一種進行抽離的區別，從而那彼此區別開的東西同時在篩分意義上被彼此抽離。在抽離意義上的這種進行篩分的分開於是能夠是 4. 一種進行篩分的嶄露（*Freilegen*）❸，從而那被嶄露出來的東西自身將保持於此和停留於此，它是一種λειπόμενον【留下來的東西】；因此，這樣一種篩分同時眞正走向那留下來的東西並把握它。這種 διαίρεσις【分開】具有κάθαρσις【淨化】之性質。

---

❸ Freilegen由「自由（frei）」和「擺、放（legen）」構成，要注意它同前面所講的「使自由（frei zu machen）」之間的連繫。——譯注

由此顯示出——如果我們就在κάθαρσις【淨化】之意義上的這樣一種διαίρεσις【分開】之對象所能夠成爲的東西那方來看——，所涉及的乃是具有χεῖρον【較差】和βέλτιον【較好】之性質的那種東西，並且尤其是這樣：這兩者首先一起被給出，並且統一地規定著一個是者。基於對διαίρεσις【分開】的更加具體的把握——如它在智者的教學活動中所實施出來那樣，然後得出：成爲κάθαρσις【淨化】之真正對象的是ἄγνοια【無知】；並且爲了對它進行預先刻劃，κάθαρσις【淨化】最終展露爲ἔλεγχος【盤問】。ἔλεγχος【盤問】指的是：「示眾（an den Pranger stellen）❹、讓變得公開（offenbar werden lassen）」。那根據其可能性包含有某種βέλτιον【較好的東西】但又被某種χεῖρον【較差的東西】所壓制的東西，被作爲ἔλεγχος【盤問】的κάθαρσις【淨化】所公開，並且這種使公開在其自身就是一種ἐκβολή【拋棄】、把χεῖρον【較差的東西】拋出去，從而讓βέλτιον【較好的東西】變得自由。首先完全從形式上看，它是作爲智者的第六個定義的描述所選取的方法。

我們打算詳細地追蹤這一方法。

❹ an den Pranger stellen，直譯是「釘在恥辱柱上」。——譯注

㈢對第六種分開之方法的詳細描寫

1. 鑒於智者的對象（ψυχή【靈魂】）而來的κάθαρσεις【諸淨化】之區別。身體的κάθαρσις【淨化】和ψυχή【靈魂】的κάθαρσις【淨化】。對辯證法的評論。作爲ἐκβολὴ τῆς κακίας【對惡的拋棄】的κάθαρσις【淨化】

διακρίνειν【區分】之諸行爲方式，有意從關乎家中的日常此是，關乎日常生活中的生計、裝備的那些事務出發，而變得可見。如果我們回憶一下前面關於智者所澄清的，那麼就會說：他的τέχνη【技藝】被刻劃爲δοξοπαιδευτική【宣稱能夠進行教育的】；因此，在其行爲中有著一種對παιδεύειν【教育】的主張。更爲確切地講，他的τέχνη【技藝】是δοξοπαιδευτική【宣稱能夠進行教育的】，他的行爲是一種「提供、出售μαθήματα【學問】」或λόγοι【邏各斯】。並且他同他向之出售其寶貝的那些人的交道方法是ἀντιλογική【辯論術】或ἐριστική【論戰術】。在所有這些行爲方式那兒，下面這點都變得可見：它們根據其意義都朝向他人的諸生存之可能性、朝向他們的ψυχή【靈魂】。嚴格講——只要這兒涉及的是παιδεία【教育】之形成、μαθήματα【學問】之出售、ἀντιλέγειν【辯論】——這種行爲以ψυχή【靈魂】爲目的，只要在其中包含著νοεῖν【看】，即最寬泛意義上的認識。因此必須堅持：(1)智者的整個行爲都被λόγος【邏各斯】的規定所滲透；(2)他狩獵之對象是他人的ψυχή【靈魂】。

由此就必須理解，對διαιρεῖσθαι【分開】的當前考察馬上所選取的那種轉變。因爲這種διαιρεῖσθαι【分開】，確實無非意味著對後來爲了智者之行爲而被主張的那種現象的一種預先規定。因此，只要朝向的是靈魂，那麼，甚至這種διαίρεσις【分開】，即καθαρμός【淨化】也對準靈魂、對準他人之生存，並且尤其是就διάνοια【思想】來說。因此，現在就καθαρμός【淨化】之對象而形成的那種區別，絕不是一種外在的、學院式的區別；相反，它已經在智者之理念中，即在其行爲之對象中先行標畫出來了。因此，κάθαρσεις【諸淨化】現在復又被區分爲περὶ τὸ σῶμα【關於身體】的淨化和περὶ τὴν ψυχήν【關於靈魂】淨化（227c8以下）。這種區別同時服務於：暫時澄清關乎ψυχή【靈魂】的那種κάθαρσις【淨化】之意義。也即是說，只要下面這點顯現出來，那就是甚至生存、靈魂，即有生命的東西、人之完滿的是，在塑形、καλῶς【完美】、εἶδος【埃多斯】之意義上被把握了，那麼，關乎σώματα【身體】的κάθαρσις【淨化】之諸可能方式，在這兒於一定程度上充作關乎靈魂的淨化方法之典範，就不是偶然的。

因此，首先有著——並且它也是比較熟悉的——一種καθαρμὸς περὶ τὰ σώματα【對形體的淨化】（參見226e5）。在此還必須區分出σῶμα τῶν ἀψύχων【無靈魂東西的形體】、「無靈魂的東西」，即不活著的東西、沒有生命的東西、僅僅物質性的東西的「形體」，和σῶμα τῶν ἔμψύχων【有靈魂東西的形體】（227b7）、「活著的東西的形體」。具有生命性質的這樣一種形體（Körper），我們稱作身體（*Leib*）。這樣一種形體的特別之處在於：它不單單從外面爲了αἴσθησις【感覺】，即爲了ἁφή【觸覺】和ὁρᾶν【看】而被給予了，而且正如我們所說，它作爲形體，甚至也從裡面爲了那有生命的東西——它構成該東西的形體，而被給予了。因此，我同我形體的關係是一種特別靈魂上的關係，即在該關係那兒有著下面這一可能性：「我處於（ich mich befinde）」同形體的關聯中。所以，我們會談論一種形體上的感受（ein körperliches Befinden）❺。只有那具有身體性質（Leibcharakter）的形體，方才在其實事內容上具有下面這種結構：我就它而言感到這樣那樣。一把椅子或一塊石頭，儘管是一具形體，但不會有感受。因此，對形體可能施加的影響各不相同，取決於它是身體（Leib）或者僅僅是有形物（Körperding）。後者僅僅能夠在「洗滌」或「裝飾」的意義上，即在γναφευτική【梳洗術】或κοσμητική【裝飾術】（227a3以下）的意義上被淨

---

❺ befinden，作為反身動詞sich befinden，既具有「處於」、「在」的含義，也具有「感受」、「感覺」的含義。後來Befindlichkeit（處身性）這一概念成為海德格哲學中的一個重要概念，如他在《是與時》（*Sein und Zeit*, Max Niemeyer Verlag Tübingen, 2006, S.134）中明確講：Was wir *ontologisch* mit dem Titel Befindlichkeit anzeigen, ist *ontisch* das Bekannteste und Alltäglichste: die Stimmung, das Gestimmtsein.（我們在是態學上用處身性這個名稱所顯示的東西，在是態上是最熟知和最日常的東西：情緒、有情緒地是。）——譯注

化。在καθαρμός【淨化】的意義上對身體施加影響，則具有γυμναστική【健身術】即ἰατρική【醫術】（226e8以下）、「健身術」和「醫治」之性質。淨化的這後兩種類型，即ἰατρική【醫術】和γυμναστική【健身術】後面復又被提了出來——當涉及關乎靈魂上的東西作爲靈魂上的東西的那種淨化之規定時。

對表面上非常原始的、日常的各種行爲的這種考察，在227a7以下給予柏拉圖對辯證法進行一種附帶評論的機會：在那兒他稱辯證法爲ἡ μέθοδος τῶν λόγων【關於邏各斯的方法】（參見227a7以下）。他明確強調，在對τέχναι【諸技藝】的這種辯證分析那兒，重要的是：不在於在生活之範圍內其中哪個貢獻多、哪個貢獻少，哪個具有一種更高的淨化功能、哪個具有一種較低功能。在這兒不涉及諸實際的淨化方法之長處，因爲τοῦ κτήσασθαι [⋯] ἕνεκα νοῦν [⋯] πειρωμένη【它嘗試……獲取……智性直觀】（227a10以下），「它僅僅想占有νοῦς【智性直觀】，即占有知覺、占有看」，——以簡略的說話方式來講，即：正如λόγος【邏各斯】代表λεγόμενον【被說的東西】，νοῦς【智性直觀】則代表νοούμενον【被智性直觀的東西】——，因此，它僅僅想占有被知覺到的東西，被看到的東西。也即是說，對於它來說重要的僅僅是對各種是之連繫（die Seinszusammenhänge）的知覺：τὸ συγγενὲς καὶ τὸ μὴ συγγενὲς κατανοεῖν【看清楚同屬和不同屬】❻（227b1以下），「看清楚什麼屬於一個γένος【屬】、屬於一個ἕν【一】，即共同屬於同一個起源，以及什麼不是」。因此，既然僅僅這種起源之結構是主題，並且唯有它是主題，故τιμᾷ πρὸς τοῦτο ἐξ ἴσου πάσας【因此它同等地尊敬它們】（227b2），「它認爲所有這些不同的τέχναι【技藝】具有相同的價值」。它對它們的實際含義不感興趣，因此σεμνότερον δέ τι τὸν διὰ στρατηγικῆς ἢ φθειριστικῆς δηλοῦντα θηρευτικὴν οὐδὲν νενόμικεν【它不會認爲，那憑藉統兵術來顯示獵取術的，比那通過捉虱術來顯示獵取術的，更可敬。】（227b4以下）「它不會認爲，那在某一統帥之行爲那兒闡明θηρεύειν【獵取】之結構的，比那在對蝨子的獵取那兒顯示〈θηρεύειν【獵取】之結構〉的，更可尊敬，或更重要、更優越。」同樣，好像一個人在邏輯上相信——正如經常發生的那樣——，爲了能夠闡明命題或概念之結構，他必定至少會從理論物理學那兒取來一個例子；但這恰恰證明了當事者還不知道下面這點才是問題之所在：實事內容首先是無關緊要的，在διαλέγεσθαι【對話】中所涉及的毋寧是諸結構，這些結構先於那構成了每一實踐上的可應用性，即那構成了是者本身的實際優先性的所有東西。這是對διαλέγεσθαι【對話】之改造進入其中的那種方向的

❻ συγγενές由σύν【一起】和γενέσθαι【生成】組合而成，在寬泛的意義上指「同族的」、「同宗的」、「同類的」。——譯注

一種清楚的提示。ξένος【客人】通過下面這點得出了這種方法上的附帶考察，那就是他追溯了已經討論過的東西，並強調（227b6以下）在這兒——涉及的無論是不重要的事務，還是非常有價值的事務，都是無關緊要的——，重要的僅僅是把那關乎σώματα【身體】的κάθαρσις【淨化】同那περὶ τὴν διάνοιαν【關於思想】的κάθαρσις【淨化】分開；並且恰恰是後一種κάθαρσις【淨化】，是我們在一定程度上從一開始就「著手」、ἐπικεχείρηκεν ἀφορίσασθαι【著手區分開】（227c4以下）、「把它區分出來」。

因此，分析現在於διαίρεσις περὶ τὴν ψυχήν【關於靈魂的分開】那兒站住了腳跟，並且問題是，在何種程度能夠談論一種κάθαρσις περὶ τὴν διάνοιαν【關於思想的淨化】。讓我們回憶一下κάθαρσις【淨化】之結構：1. ἐκβάλλειν【拋棄】、「拋棄」，並且尤其在καταλείπειν【留下】、留下，即留下βέλτιον【較好的】之意義上；2. διακρίνειν ὅμοιον ἀφ' ὁμοίου【把相似的同相似的區分開】（參見226d1-7）。緊接著的問題就是：在靈魂中有著這樣一種東西嗎，即它使得拋棄某一χεῖρον【較差的】和保留某一βέλτιον【較好的】這樣一種行爲對靈魂來說是可能的？我們日常從實際此是那兒、從生活那兒所知道的，向我們顯示出ἐν ψυχῇ【在靈魂中】有著：πονηρία【卑劣】和ἀρετή【德性】（參見226d4）；這兩個術語在這兒暫時在一種非常普遍的意義上被加以對待：「卑劣」和「卓越」。與靈魂的這種情狀相關聯，καθαρμός【淨化】於是似乎無非就是ἐκβολή πονηρίας【拋棄卑劣】或κακίας ἀφαίρεσις【取走邪惡】（參見226d9以下）。對κάθαρσις【淨化】的進一步規定必須看清κακία【邪惡】本身是什麼，在多大程度上在靈魂中有著一種κακία【邪惡】。於是，這兒就是σῶμα【身體】之典範性的含義在把握靈魂的是之結構中起作用的地方：爲了規定靈魂中的κακία【邪惡】，就得追溯σῶμα【身體】、身體中的κακία【邪惡】。因此，只要淨化關乎身體、σῶμα【身體】，那它就爲對智者所致力於的對象進行進一步的規定給出了引導線索。

2. 以身體爲引導線索對ψυχή【靈魂】中的κακία【邪惡】的規定

(1) 身體中的各種κακίαι【邪惡】。疾病和醜陋。疾病：στάσις【內訌】（暴動）。醜陋：ἀμετρία【不協調】，δυσειδές【畸形】（畸形）。朝向……對準了地是（das Gerichtetsein-auf）作爲一種行爲的ἀμετρία【不協調】之可能性的條件；一般的結構分析

人的身體能夠以兩種方式顯示某種χεῖρον【較差的】：一是作爲νόσος【疾病】、「疾病」，二是作爲αἰσχός【醜陋】、「醜陋」（參見228a1），即καλῶς【美好】的反面。這兩種低劣的結構在本質上是不同的。

νόσος【疾病】、「疾病」，被規定爲στάσις【內訌】（參見228a4）、「暴動」，並且這種στάσις【內訌】被規定爲διαφορά τοῦ φύσει συγγενοῦς ἔχ τινος διαφθορᾶς【由於某種腐壞，本性上同屬的東西之間的不和】（參見228a7以下），即被規定爲「基於某種擾亂」——最寬泛意義上的毀壞，「συγγενές【同屬的東西】、在其是上眞正共屬一體的東西變得彼此不和了」。因此，νόσος【疾病】的獨特之處是στάσις【內訌】、**彼此踩踏和互相蹂躪**，是眞正共同屬於是者本身、因而以相同的方式對於是者之φύσις【本性】來說是決定性的諸規定之間的**反叛**。δόξα【意見】、ἐπιθυμία【欲望】、θυμός【憤怒】、ἡδονή【快樂】、λόγος【邏各斯】、λύπη【痛苦】（參見228b2以下）：所有這些規定對於人之是來說都是決定性的。但對於處在一種不幸的靈魂狀態中的那種人來說，這些結構要素不僅彼此踩踏，而且互相蹂躪，從而生起一種反叛。這種暴動性質規定著νόσος【疾病】。因此，本質性的東西是：一種行爲方式同另一種行爲方式相衝突，並且反抗另一種行爲方式。

反之，αἰσχός【醜陋】則是τὸ τῆς ἀμετρίας [⋯] γένος【不協調這種屬❼】（228a10以下）、ἀμετρία【不協調】、「不相稱」這種γένος【屬】。這兒涉及的不是一種行爲同另一種行爲的**關係**，而是位於行爲**本身**中、並僅僅位於

❼ τὸ τῆς ἀμετρίας γένος 一般簡單譯為「一種不協調」。——譯注

其中的那種比例。這兒重要的不是關係，如對某種東西的談論同情緒之間的關係——我，向來每每根據我所具有的這樣那樣的情緒、根據我所具有的各種激情、各種偏見，來這樣或那樣地談論事情，以至於我的情緒彌漫在對事情的言談中；因此，所關乎的不是λόγος【邏各斯】和λύπη【痛苦】〈之間的關係〉；相反，僅僅關乎某一行爲，例如——在這兒所突顯出來的——僅僅關乎νοεῖν【看】。νοεῖν【看】在它自己本身那兒就具有αἰσχός【醜陋】性質，只要在它那兒顯現出一種位於它本己的是之中的不相稱。因此，在αἰσχός【醜陋】那兒涉及ἀμετρία【不協調】，即涉及某一行爲的不相稱——不考慮某一別的東西而是考慮該行爲本身。在有著ἀμετρία【不協調】這種γένος【屬】的地方，就πανταχοῦ δυσειδές【處處有著畸形】（228a10以下）、「在那兒，是者到處都不具有」眞正與之相宜的「εἶδος【外觀】、外觀」，在那兒有的是缺－形（de-formatio）❽、畸形；εἶδος【外觀】不是如它應當是的那樣。αἰσχός【醜陋】不同於νόσος【疾病】的地方是：不相稱，它位於某一行爲自身的範圍內，它涉及它自身獨特的情狀。

於是，必須追問：就某一行爲來說，必須預先設定哪樣一種結構，從而在它那

---

❽ deformatio的本意就是「畸形」、「變形」，該詞由褫奪性前綴de-和foramtio（形狀、構造）組合而成。——譯注

兒諸如αἰσχός【醜陋】、ἀμετρία【不協調】這樣的東西是可能的。並非每一靈魂上的行爲在其自己那兒都具有這種δυσειδές【畸形】之可能性。因此，我們必須問：εἶδος【外觀】，即那使得這樣一種δυσειδές【畸形】、這樣一種錯誤情狀得以可能的行爲方式的是之結構，是什麼。這從288c1以下的分析那兒顯露出來：ὅσ'〈ἂν〉 κινήσεως μετασχόντα καὶ σκοπόν τινα θέμενα πειρώμενα τούτου τυγχάνειν καθ' ἑκάστην ὁρμὴν παράφορα αὐτοῦ γίγνηται καὶ ἀποτυγχάνῃ, πότερον αὐτὰ φήσομεν ὑπὸ συμμετρίας τῆς πρὸς ἄλληλα ἢ τοὐναντίον ὑπὸ ἀμετρίας αὐτὰ πάσχειν；【如果那分有運動並設立了某個目標的東西，當它每次渴望試圖到達那兒時，都會發生對目標的偏離和錯過，那麼，我們說這種情形是出於彼此協調呢，還是與之相反，是由於遭受了不協調？】我們打算從這一簡略、緊湊的分析中抽取出各個單個的要素。涉及的是ψυχή【靈魂】、一種靈魂的行爲，它

① 被刻劃爲κινήσεως μετασχόντα【分有運動的東西】、被刻劃爲「在自身中就攜帶著κίνησις【運動】的東西」。這意味著：一種靈魂上的行爲，它在其自身那兒就具有從……到……（das Von-zu）之性質，它在其作爲是的是上（in ihrem Sein als solchem）就處在通往某種東西的途中；這種κινήσεως μετασχόν【分有運動的東西】說的就是該意思。

② σκοπόν τινα θέμενα【設定了某個目標的東西】，於這種向著……在途中

是（bei diesem Unterwegssein -zu）那兒，它已經將它於途中何所向的那個東西，設定爲了σκοπός【目標】。人們通常將σκοπός【目標】譯爲「目標」。如果人們正確地闡釋它，那它有著它自己的意義。也即是說，一種κίνησις【運動】之何所向（das Worauf-zu），是它根據其眞正的意義於其那兒所抵達的東西，即τέλος【終點】。但σκοπός【目標】是這樣一種τέλος【終點】：它作爲τέλος【終點】「已經被看到了」、σκοπεῖν【注意】❾，因而已經被揭開了。在這種運動中，它自己的終點被它自身預先看到了。這就是目標的眞正意義。

③πειρώμενα τούτου τυγχάνειν【它試圖抵達目標】：這種κίνησις【運動】不僅僅是朝向……的途中（unterwegs-zu），而且它在它自己身上具有ὀρμή【渴望】，即「企圖抵達那兒」，因此具有一種積極的傾向、「渴求」，——同一種單純實際的朝向……運動相比它是一種新的要素。在它被給出的地方，就能夠出現

④一種παράφορα【走偏】、一種「走偏」。因爲僅僅在一種φορά【位移】或一種κίνησις【運動】力圖抵達作爲σκοπός【目標】的某種τέλος【終點】

❾在阿提卡方言中，σκοπός【目標】一詞來自動詞σκοπεῖν【觀察、注意】。——譯注

的地方，才在眞正的意義上有著某種偏離。僅僅對於一種根據意圖而被定向的φορά【位移】來說，才給出了一種παράφορα【走偏】之可能性。

因此，在這種錯誤情狀之意義上的αίσχός【醜陋】，僅僅在下面這兒才是可能的，那就是在那兒我們事先擁有下面這樣一種情狀：它在其自身具有朝向某種東西的方向，但又能偏離σκοπός【目標】、能錯過它。這樣一種行爲不是同某一其他東西的一種διαφέρειν【不和】，而是同它自己本身、同那位於該是者本身中的那種是之意義的διαφέρειν【不和】。是者在其自身那兒、在其實際的情狀中，同它自身作爲這樣的東西出發向之行進的那種東西不相稱。因此，作爲ἀμετρία【不協調】的αίσχός【醜陋】，是從是者本身出發反沖其本身的那樣一種不相稱。

於是生起了下面這一實事問題：ψυχή【靈魂】中的這樣一種現象，在哪兒並作爲什麼而被給出了。

(2) 在ψυχή【靈魂】中的ἀμετρία【不協調】：ἄγνοια【無知】。對νοεῖν【看】的結構分析。朝向ἀληθές【眞相】的νοεῖν【看】之對準了地是（ὁρμή【渴望】）。ἄγνοια【無知】作爲ψυχή【靈魂】中的醜陋。ἀληθεύειν【去蔽】作爲καλόν【美好】

因此，實事問題是：在其自身那兒就攜帶著一種ὁρμή【渴望】以及παράφορα【走偏】之可能性的那樣一種κίνησις【運動】現象，在ψυχή【靈魂】中於何處並作爲什麼而被給出了？在ψυχή【靈魂】中的這種現象就是νοεῖν【看】，更加具體的加以把握，就是φρονεῖν【思考】、φρόνησις【明智】——在柏拉圖那兒它還沒有同σοφία【智慧】和ἐπιστήμη【知識】區別開來。最普遍的術語是νοεῖν【看】。作爲νοεῖν【看】的這種κίνησις【運動】之τέλος【終點】是ἀληθές【眞相】；看所抵達的東西，就是那被看到的東西，即如其在其自身在此未被遮蔽那樣的是者。因此，在這種νοεῖν【看】本身那兒，就其本身來說導致不相稱的那種東西，是παραφροσύνη【錯亂】：ἐπ᾽ ἀλήθειαν ὁρμωμένης ψυχῆς, παραφόρου συνέσεως γιγνομένης, οὐδὲν ἄλλο πλὴν παραφροσύνη.【無非是一種錯亂，即當靈魂急於走向眞時，發生了理解上的走偏。】（228c10以下）παραφροσύνη【錯亂】——我們難以翻譯它，尤其在通常的意義上不好翻譯。眞正意義是：「看偏（Danebensichtigkeit）」，——它不是一種瞎盲、一種單純的不看；相反，它是一種非常徹底的畸形，恰恰就是：「看偏」，因此是一種看。我們把παραφροσύνη【錯亂】這一極端現象稱作對某種東西的固執（*Verranntheit*）⑩。下面這一觀點，即靈魂中的νοεῖν【看】是使得一種παραφροσύνη【錯亂】得

---

⑩ *Verranntheit*，來自動詞verrennen，意思是：頑固地堅持、固執、弄錯。而verrennen則由表「偏離」、「弄錯」的前綴ver-和rennen（奔跑）構成，字面意思就是「跑偏」、「跑錯」。——譯注

以可能的這樣一種現象，因而有著一種ἀγνοεῖν【無知】、並且這種ἀγνοεῖν【無知】在其自身就是一種錯誤情狀——完全撇開這種ἀγνοεῖν【無知】導致了何種實踐行爲不談，——這一觀點奠基在一種更加源始的、在前一個句子中明確表達出來的觀點之上：Ἀλλὰ μὴν ψυχήν γε ἴσμεν ἄκουσαν πᾶσαν πᾶν ἀγνοοῦσαν.【但我們知道，靈魂不會情願不知任何東西。】（228c7以下）「我們知道，任何靈魂——這意味著任何人的認識，因爲這兒涉及νοεῖν【看】——都ἄκουσα【不情願】、缺乏來自其自身的積極動因，處在無知中。」對於這種錯失、對於這種看偏來說，在靈魂中沒有任何積極的ὁρμή【渴望】。相反，恰恰甚至在看偏中，ὁρμή【渴望】所朝向的乃是ἀληθές【眞相】。主張和意見在於，哪怕實際上是ἀγνοία【無知】的那種νοεῖν【看】，對準的也是ἀληθές【眞相】。由此顯現出，事實上在靈魂中有著這樣一種ἀγνοία【無知】，並且在這兒對於柏拉圖來說尤其重要的是：這種ἀγνοία【無知】κακία αὐτὸ ἐν ψυχῇ μόνον γιγνόμενόν ἐστιν【是僅僅出現在靈魂中的邪惡】（參見228d10以下），這種ἀγνοία【無知】，「純粹作爲這樣的東西」、αὐτὸ μόνον【它僅僅】，只要它在那兒，那它就已經構成了一種畸形，從而δυσειδές【畸形】在這種基本行爲之範圍內規定著κακία【邪惡】。積極地講這意味著：眞正的、眞實的νοεῖν【看】，即ἀληθεύειν【去蔽】，是καλῶς【美好的東西】，因而是那眞正停留在靈魂中並要變得自由的東西。在此我們必須牢記：對於希臘人來說，*καλῶς*【美好地】，或者*τὸ καλόν*【美好】和*αἰσχός*【醜陋】，對於某種東西來說，是就其眞正的是之性質來看的一些決定性謂詞。我們的表達——如美麗等諸如此類的，太過蒼白和陳舊，以至於無法在任何含義上複述*καλῶς*【美好地】之意義。本質性的東西是：νοεῖν【看】、靈魂朝向*ἀληθές*【眞相】的這種*ὁρμή*【渴望】，被看作人的情狀中最爲源始的東西。

我們在這兒碰到了一種完全源始的、對於那時的希臘哲學來說是可見的結構，即碰上了一種此是之結構，該結構當然不可能在一種明確的人類學的反思上被探究。

(3) 朝向……對準了地是作爲此是的源始結構，而此是乃在之中—是（在—某個—世界中—是）。希臘人對在之中—是的揭示。在希臘人那兒，基於「世界」而來的生存的清楚含義。在人類學的問題提法之歷史中的昏暗（狄爾泰）。作爲洞察該問題提法之前提的此是之是態學

此是向著未被遮蔽的東西而在途中是（*Unterwegssein des Daseins zum Unverdeckten*）之結構，於此是那兒觸及到了我們在現象上將之稱作在之中—是（das *In-Sein*）的那種是之結構。此是——這兒總是用作關於人的是的稱號，被在之中—是這一基本現象所刻劃，或者更爲完滿地表達，被在某個世界中是（*In-einer-Welt-Sein*）〈這一基本現象所刻劃〉。這種在—某個—世界

中—是，是一種基本現象，並且不可進一步分解；相反，它是於此是本身那兒的一種原初的、或許是原初是態學上的診斷，——這種在之中—是首先被ἀγνοία【無知】，即被對最切近—給出的世界（die nächst-gegebene Welt）的某種認識——它同時又是一種不識——所徹底掌控，它是對最切近—給出的個人印象——由之出發，從世界那兒所進一步遭遇到的東西得到說明、詢問和解釋——的某種固執。如此生長出來的認識能夠成爲科學，並且作爲這樣的東西能夠得到看護和珍視。同時下面這點也變得清楚了：在這種ἀγνοία【無知】中有著積極地朝向ἀληθεύειν【去蔽】的ὀρμή【渴望】，而這種ὀρμή【渴望】具有在這種積極意義上打碎無知的這種可能性。我強調：希臘人在其科學追問的整個方向上，原初關注的不是人類學上的各種關聯；相反，對於他們來說，重要的是澄清人生活其中的世界之是。於是，他們完全質樸和不言而喻地用同樣的手段——他們用它在其是上澄清世界這種是者——來同時說明生存、靈魂之是。這是一種已經在自然的此是那兒先行給出的傾向——只要自然的此是也根據首先經驗到的世界來選取其解釋自身的手段。希臘人的研究僅僅根據那最切近給出的東西，來追蹤在自身之解釋中的這種完全原始的並且在其自身那兒合法的傾向。但是，爲了根本地看清在希臘人的研究之範圍內人立於其中的那種人類學上的結構，就需要返回到ἀληθεύειν【去蔽】，即對世界進行揭開的展開這一現象那兒。誠然，它僅僅是一種方向——在該方向那兒我們發現通達人的此是的各種是之結構之間的這些依然還完全晦暗的連繫之門徑，完全撇開我們今天依然不太清楚人類學上的問題提法之具體的發展史這點不談。狄爾泰這個人終其一生都致力於要看清楚這點，並且正如他本人在其七十歲生日演講上所承認的，他始終還走在途中⓫。我們不僅沒有希臘人類學中各種實際的、具體的連繫，而且也沒有希臘人類學和基督教人類學之間的連繫，至少沒有路德的人類學同之前的人類學之間的連繫。面對這種研究情況，我們不可以認爲能夠對這些現象說出某種確定的東西，尤其因爲對這些現象的探究來說，眞正、實事上的準備依然還很糟糕。因爲，只有當我們從根本上把此是本身之是態學作爲了一種眞正研究之課題，我們才能看清這些結構。

必須將在這兒於ἀγνοία【無知】之澄清中變得可見的那些結構置於這種連繫中。於是，著眼於κάθαρσις【淨化】，與這種ἀγνοία【無知】相應的是一種**特定的淨化方式**。問題生起爲：這是何種方式？

⓫ 威廉·狄爾泰，「七十歲生日演講」（Rede zum 70. Geburtstag），載於《精神世界。生命哲學導論》（*Die geistige Welt. Einleitung in die Philosophie des Lebens*）。威廉·狄爾泰《全集》第五卷，第一部分。萊比錫和柏林，一九二四年。參見第9頁。——原注

3. 對ἀγνοία【無知】的κάθαρσις【淨化】的規定

(1) 對ἀγνοία【無知】的κάθαρσις【淨化】作爲διδασκαλική【教導術】

如果ἀγνοία【無知】是一種αἰσχός【醜陋】、一種錯誤情狀，那麼，它在其結構上就包含著一種δυσ-【壞】⓬、一種χεῖρον【較差】。問題生起爲：有著一種由之這種δυσ-【壞】能夠被拋棄，並且βέλτιον【較好的東西】、ἀληθεύειν【去蔽】、νοεῖν【看】能夠被嶄露出來的τέχνη【技藝】嗎？只要涉及的是一種對準知（das Wissen）和不—知（Nicht-Wissen）的τέχνη【技藝】，那麼，該技藝就具有一種διδασκαλική【教導術】（參見229a9）、「教導」的一般性質。教導以傳播知識的方式操勞下面這件事：讓無知消失。但問題是：這樣一種自身傳播知識的διδασκαλική【教導術】——正如智者販賣λόγοι【諸邏各斯】那樣——是否能夠清除靈魂中的這種錯誤情狀。因此，問題生起爲，追問那指向ἀγνοία【無知】的διδασκαλική【教導術】。各種考慮針對的都是：與首先給出的διδασκαλική【教導術】相比，擬定出一種完全獨特的、僅僅瞄準清除這種ἀγνοία【無知】的διδασκαλική【教導術】來。

⓬ δυσ-和是εὖ-是一對用來構成複合詞的前綴。前者含有「壞」、「不幸」的意思，用來破壞好的詞義，或加強壞的詞義；後者則表「好」的意思。——譯注

(2) 對ἀγνοία【無知】的進一步規定。ἀγνοία【無知】作爲ἀμαθία【愚蠢】，作爲臆想的知識和固執，作爲ψυχή【靈魂】中的眞正κακία【邪惡】

ξένος【客人】這樣說到了ἀγνοία【無知】：Ἀγνοίας γοῦν μέγα τί μοι δοκῶ καὶ χαλεπὸν ἀφωρισμένον ὁρᾶν εἶδος, πᾶσι τοῖς ἄλλοις αὐτῆς ἀντίσταθμον μέρεσιν.【我似乎看到了一種巨大且嚴重的不同於其他無知的無知，它抵得上所有其他的無知。】（229c1以下）「我認爲我看到了一種無知，即已經被刻劃爲μέγα【巨大的】、巨大的那種無知；它在其自身限定的領域內是一種巨大且嚴重的無知，一種ἀντίσταθμον【抵得上】、同所有其餘的無知類型具有相同重量的無知」——所有單純不—識（Nicht-Kennen）意義上的不—知（Nicht-Wissen）都包含在其中。並且他接下來更加仔細地刻劃了這種ἀγνοία【無知】：它是τὸ μὴ κατειδότα τι δοκεῖν εἰδέναι【對某種東西本一無所知，卻看起來有所知】（229c5），即它是處在下面這種情形中的人的那種狀態和那種情狀：「還沒有看到某種東西、μὴ κατειδότα τι【對某種東西一無所知】，但在自己和別人看來卻彷彿知道它似的。」還沒有看到某種東西、μὴ κατειδότα τι【對某種東西一無所知】——這種κατά【與……一致】[13]恰恰意味著：以正

---

[13] 海德格在這兒是在分析κατειδότα的詞源構成。κατειδότα是動詞κατείδω【往下看、看出、明白】的完成主動態分詞陽性單數賓格。κατείδω由前綴κατά【向下、按照、與……一致】和εἴδω【看】組

確的方式向……看過去（hinsehen auf...）——還沒有看到它，但在自己和別人——δοκεῖν【看起來】要求補充這一點——看起來卻彷彿知道它似的。在230b那兒再次表達了同樣的實情，表達是如此簡略，以至於我們用我們自己的語言根本無法真正做到：並且尤其是關乎後來才被談論的那種現象，即關乎λόγος【邏各斯】。οἴηταί τίς τι πέρι λέγειν λέγων μηδέν【一個人什麼也沒有說，卻以爲說了某種東西】（230b4以下）：有這樣一種人，「他認爲他關於某件事情說了某種東西」、讓該事情被看、ἀποφαίνεσθαι【顯示】，「但在這件事上他對之什麼也沒說」——相反，他歪曲了該事情。這種μὴ κατειδότα τι δοκεῖν εἰδέναι【對某種東西本一無所知，卻看起來有所知】或οἴεσθαι τι πέρι λέγειν λέγων μηδέν【什麼也沒有說，卻以爲說了某種東西】，就是下面這種東西：δι᾽ οὗ κινδυνεύει πάντα ὅσα διανοίᾳ σφαλλόμεθα γίγνεσθαι πᾶσιν【由此我們大家才可能在思想上栽各種各樣的跟頭】（229c5以下），「由此，通過ἀγνοία【無知】這一獨特的現象，我們在意指、διάνοια【思想】中遭到欺騙的東西被給予給了我們所有的人」。這種μὴ κατειδότα τι δοκεῖν εἰδέναι【對某種東西本一無所知，卻看起來有所知】，即臆想同某種東西相親熟地是

合而成。——譯注

（Vertrautsein），是欺騙和錯誤的眞正本源。**本質性的東西不是單純的無知、單純的不—識**，而是**積極地認爲有所知**。這種ἄγνοια【無知】在229c9中被稱作ἀμαθία【愚蠢】、無經驗（Unerfahrenheit）。與ἀμαθία【愚蠢】相對的積極現象是παιδεία【教育】、眞正「被教育了地是（Erzogensein）」。我們通常將παιδεία【教育】翻譯爲「教育（Bildung）」，將ἀμαθία【愚蠢】翻譯爲「缺乏教育（Unbildung）」。但正如我們使用教育這個詞那樣，它在我們的語言中給出了一個被誤解的意義。因爲我們恰恰把教育，即把一位受過教育的人理解爲這樣一種人：他從所有的科學領域、藝術和諸如此類的東西出發，認識了很多的東西和所有可能的東西；他不僅一般地有所認識，而且認識了最有價值的東西；他帶有鑒別力地進行判斷；在從這些領域向他提出的所有問題那兒，他總是已經有了某種答案；最新的和最有價值的東西每天都湧向他。具有這樣一種教育的人，恰恰不需要擁有希臘人對παιδεία【教育】所理解的那種東西。因爲他通常沒有能力提出一種眞正的實事問題。他沒有成爲研究者的眞正素質，——但這並不意味著每位研究者都必須是一位沒受過教育的人。然而，我們今天的哲學在很大程度上都根據這樣一種教育來形成。它無須是歷史學的教育，但也有著在系統學上的一種教育。同樣，在其他學科中，如在神學中，也有著這樣一些教育科學（Bildungswissenschaften）。因此，能夠出現下面這種情形：一位神學家，或一家神學院，同時訴諸於普遍的情緒而認可了另一位神學家的報告，說必須把下面這點看作他的一種特殊功勞，那就是他強調了罪惡是信仰的對立面。這就如同說，一位數學家在其報告之後想對他的同事說，該報告的確在方法上是不充分的，甚或完全是不明就裡的，但我們所有數學家卻都一致同意我們要感謝作者，因爲他重點強調了a + b = b + a。由此哀號著的不幸變成了笑話。我不知道，我們今天的精神情狀之狀態，是否已經敲打了在場的公眾之靈魂。—— παιδεία【教育】不是這種意義上的教育；相反，它是一件πραγματεία【艱苦的事情】、一項**任務**；因而它不是一種不言而喻的擁有，它不是一項每個人能夠隨意在自己那兒開始的任務，而是這樣一種任務：在每個人那兒，它恰恰都會遭遇到對它的眞正反抗。因此，涉及的是必須具有ἐκβάλλειν【拋棄】功能的那種διδασκαλική【教導術】。

爲了最終把握整個對話的眞正目的，在這兒看到下面這點是重要的：ἄγνοια【無知】是一種κακία【邪惡】，它作爲靈魂的一種特定情狀，確切講是靈魂的一種**錯誤情狀**，純粹在其自身地意味著那在其可能地是（Möglichsein）方面貶低了人之是的某種東西；因此，這種ἄγνοια【無知】根本不需要一種關係，即同它所不認識的各種確定對象的那種關係。某一確定的實事範圍，對於ἄγνοια【無知】來說並不是構建性的。ἄγνοια【無知】作爲這樣的東西而存在，這點已經足以將之刻劃爲κακία【邪惡】。通過這種κακόν【惡】的獨特的是之類型，得出一種相應的、應具有一種κάθαρσις【淨化】意義的τέχνη【技藝】之必要性。

(3) 對作爲ἀγνοία【無知】之κάθαρσις【淨化】的διδασκαλική【教導術】的進一步規定。不是認識的傳授，而是向著ἀληθεύειν【去蔽】的解放：παιδεία【教育】。λόγος【邏各斯】作爲παιδεία【教育】的本質要素。它的兩種類型：νουθετητική【告誡術】（告誡）和盤問術。對νουθετητική【告誡術】的拒絕

於這種ἀγνοία【無知】那兒不可能涉及下面這點，那就是通過輸入一些特定的認識就會將它清除。因此，διδασκαλική【教導術】不可能具有δημιουργική【工匠術】（參見229d1以下）之性質，即它不可能是這樣一種東西：它能帶來某種實事性的知識、它會搞來某種東西、它會提供一些確定的實事性的認識。於是就生起了關於某種τέχνη【技藝】的問題——唯有它能做到清除ἀγνοία【無知】；積極地說：讓ἀληθεύειν【去蔽】本身變得自由。因此，這種τέχνη【技藝】是一種μέρος διδασκαλικῆς ἀπαλλάττοντ τοῦτο【教導術中去除無知的那個部分】（參見229c11以下），「去除τοῦτο【這種東西】」，即去除ἀγνοία【無知】或ἀμαθία【愚蠢】的「那種διδασκαλική【教導術】之方式」。而這種διδασκαλική【教導術】就是παιδεία【教育】（參見229d2）。尤其涉及的是一種διδασκαλικὴ ἐν τοῖς λόγοις【在邏各斯

中的教導術】（參見229e1），涉及的是一種以彼此、互相言談的方式進行的διδασκαλική【教導術】。諸位在這兒復又看見，κάθαρσις【淨化】現象如何被納入在對智者的規定那兒已經恆常地立於其愛好中的那種東西之中：λόγος【邏各斯】。κάθαρσις【淨化】是在λέγειν【說】中進行、並關乎λόγοι【邏各斯】的那樣一種κάθαρσις【淨化】。

於是，這兒有區分兩種διδασκαλική【教導術】的機會：首先是νουθετητική【告誡術】（參見230a3），通過各種單純的告誡、單純的勸說而來的工作；在此不涉及認識之傳授，而是僅僅具有把他人帶入到一種確定的決心和行動中的意義。但是，這樣一種διδασκαλική【教導術】顯然做不到下面這點，那就是：應著眼於ἀγνοία【無知】而實現對靈魂的淨化。因此，柏拉圖說：εἴξασί τινες [⋯] ἡγήσασθαι【一些人似乎……認爲】（230a5以下）、「一些人似乎認爲」，並且不是基於隨意的念頭，而是λόγον ἐαυτοῖς δόντες【通過把邏各斯交給他們自己】（230a5）[14]，在他們再現了處在言談中的事情本身之後，他們似乎認爲：

① πᾶσαν ἀκούσιον ἀμαθίαν εἶναι【所有的愚蠢都是不自願的】（230a6）。

---

[14] λόγον ἐαυτοῖς δόντες【通過把邏各斯交給他們自己】，也可以意譯為「通過考慮」、「通過思考」。——譯注

這兒重提了我們在前面已經了解過的那個命題：「任何的無經驗（Unerfahrenheit），要是其所是，那都缺乏對之的積極抉擇。」

② μαθεῖν ούδέν ποτ᾽ ἂν ἐθέλειν τὸν οἰόμενον εἶναι σοφὸν τούτων ὧν οἴοιτο πέρι δεινὸς εἶναι【那認爲自己是智慧的，從不情願學習他認爲他所精通的東西】（230a6以下），「無人願意學習下面這種東西，那就是：關於它，他認爲自己是一位專家，並且是一位勝任事情的人。」

③ μετὰ δὲ πολλοῦ πόνου τὸ νουθετητικὸν εἶδος τῆς παιδείας σμικρὸν ἀνύτειν【教育中的這種告誡術勞苦很多卻收效甚微】（230a8以下），面對這樣一種無知——作爲嚴格意義上的這種ἀγνοία【無知】，提到的那種教育方式，即νουθετητική【告誡術】、告誡和勸說，可能μετὰ δὲ πολλοῦ πόνου σμικρὸν ἀνύτειν【勞苦很多卻收效甚微】，「有著很大的辛苦、很多的花費，但卻收效甚微」。

νουθετητική【告誡術】必定不起作用，因爲那要經受淨化的行爲，根據其意義就會不理睬一種教訓，因爲它認爲它可以免除這樣一種教訓之必要；並且之所以如此，尤其是因爲ἀγνοία【無知】的意義就在於以爲知道某種東西。這種意見——即以爲知道某種東西，就是διδασκαλική【教導術】必須加以攻擊的那種東西。它在某種程度上必須加以掏空、侵蝕，並由之讓它自我坍塌。

(4) 通過ἔλεγχος【盤問】而來的對ἀγνοία【無知】的κάθαρσις【淨化】。ἔλεγχος【盤問】的程序：通過συνάγειν εἰς ἕν【結合爲一】讓δόξαι【各種意見】互相表演。對矛盾律的臆想揭示的拒絕。亞里士多德對它的揭示。δόξα【意見】之ἐκβολή【拋棄】作爲μεγίστη τῶν καθάρσεων【各種淨化中最大的】。向著ἀληθεύειν【去蔽】的此是之解放

於是柏拉圖說，那些知道處在這種ἀγνοία【無知】中是怎麼回事的人——這種ἀγνοία【無知】恰恰奠基在πᾶσαν ἀκούσιον ἀμαθίαν εἶναι【所有的愚蠢都是不自願的】、「任何的無經驗，要是其所是，那都缺乏對之的積極抉擇」之上——，已經擁有了ἐκβολή【拋棄】（參見230b1）之方法。διερωτῶσιν【他們盤問】，他們「追問」οἰόμενος λέγειν τι λέγων μηδέν【以爲說了某種東西其實什麼也沒說】（參見230b4以下）的那樣一種人，「他們徹底追問他」。διερωτᾶν【盤問】意味著：在追問中於一定程度上猛烈地搖晃他，通過追問折磨他，從而他在其εἰδέναι【知道】方面被動搖；把他從對事情的臆想的親熟中帶出來。這兒同時有著實事上的連繫，即同開初所給出的日常事務中的那些方式——如簸穀物這種方式——的連繫。這種**徹底追問**具有一些確定的步驟。在此本質性的東西是：那些從事這件事的人，首先找到那在經受追問的有關人士的τὰς δόξας【諸意見】，即「諸看法」，然後συνάγοντες τοῖς λόγοις εἰς ταὐτὸν τιθέασι【通過邏各斯把它們向著同一東西結合，進行擺

置⑮】（參見230b6），「他們在詳細討論中，把對某一事情的各種看法向著同一東西συνάγειν【結合】，集聚和擺置」，即他們實施出我們早前已經了解了的東西，即συνορᾶν【同時看】；他們把某一個人以完全不同的方式對同一事情所說的「放在一起」「看」。τιθέντες【通過擺置】（230b7），當這發生後，「他們讓看」、ἐπιδεικνύουσιν【他們進行顯示】（230b7）；顯示什麼？αὑτὰς αὑταῖς [⋯] ἐναντίας【它們彼此對立】（230b7以下），即這些看法「在一定程度上相互摑臉」，一種看法總是宣稱讓它所談論的事情被看，它遮蔽了另一種看法所顯示的，反之亦然。他們讓看，即讓人看在δόξαι【諸意見】中的這種獨特的ἐναντίον【矛盾】，並且尤其是αὑτὰς αὑταῖς ἅμα [⋯] ἐναντίας【它們同時彼此……對立】（230b7以下）。這種ἅμα【同時】，在這兒就其意義來說無法完全單義地加以把握。我們嘗試簡單地將之取作一種時間上的規定：同時，——只要δόξαι【諸意見】在使當下化這同一意義上，被理解爲對同一個東西的把握。這意味著，各種看法所考慮的東西以及各種看法本身，處在現在（Jetzt）這一性質之中：現在事情是這樣那樣，或者現在一種看法說這，另一種看法則說與之相對立的那。但是，正如一般地對這兒

⑮ 海德格這兒只引了τιθέασι【擺置】這一個詞，而希臘文原文為τιθέασι παρ' ἀλλήλας【彼此並排擺置】，該表達可以引申為「比較」的意思。——譯注

出現的東西的整個闡明那樣，也如我後面還將顯示的那樣，我們在這兒必須讓ἅμα【同時】的意義保持開放。首先僅僅涉及的，是讓要在διερωτᾶν【盤問】中加以揭開的諸結構變得可見，ἅμα περὶ τῶν αὐτῶν πρὸς τὰ αὐτὰ κατὰ ταὐτὰ ἐναντίας【同時、對同一些東西、與同一些東西相關、在同一些方面，彼此對立】（230b7以下）。ἅμα【同時】：δόξαι【諸意見】「一起」、「同時」彼此對立地在說：περὶ τῶν αὐτῶν【對同一些東西】：作爲「關於同一些事情」的各種看法；πρὸς τὰ αὐτά【與同一些東西相關】：「與相同的另一些事情相關聯」來考察這同一些事情；κατὰ ταὐτά【在同一些方面】：這種關聯本身就它那方面來說是「在相同的方面」。這兒有著對ταὐτόν【同一東西】——那些如此徹底追問的人向著它把δόξαι【諸意見】放在一起看、把它們聚到一起——眞正所意味的東西的一種非常豐富的表達。所有這些表達，即ἅμα περὶ τῶν αὐτῶν πρὸς τὰ αὐτὰ κατὰ ταὐτά【同時、對同一些東西、與同一些東西相關、在同一些方面】，都是要讓ἕν【一】清楚地突顯出來——它一開始就必須已經被看到並且各種問題於是都依循它而被定位。本質性的東西是這種διερωτᾶν【盤問】，它如此引導那οἰόμενος λέγειν τι λέγων μηδέν【以爲說了某種東西其實什麼也沒說】的人，以至於顯露出他**同他自身的不一致**，即在他自己的表現之範圍內的不一致。這意味著：要對他顯示出他一會兒這樣描述事情，一會兒又那樣描述事情；他根本**沒有任何同事情的關係**。在這兒，於此總是涉及δόξαι【諸意見】、諸看法之間的ἐναντίον【對立】。我們必定依然還在一種不確定的意義上把握δόξα【意見】這一表達，儘管——如果年代學是對的話——，柏拉圖在《泰阿泰德》中已經給出了對δόξα【意見】的一種更爲清楚的刻劃——誠然該刻劃也還是沒有把握眞正的現象。因此，這兒涉及的是讓δόξαι【諸意見】**互相-表演**（*Gegeneinander-Ausspielen*），以便使得持有它們的人對自身感到困惑。但這兒並未涉及對矛盾律（der Satz vom Widerspruch）的揭示。對此什麼也沒說。

只有當定律作爲定律被看到了，矛盾律方才會得到揭示。正如我們在《智者》第二部分將看到的，柏拉圖從未推進到這點。因此，根本不可能說柏拉圖已經揭示了矛盾律。但他肯定展露了矛盾中非常確定的各種結構連繫——它們無疑被亞里士多德在其《形而上學》第四卷第三章以下對矛盾的討論中所吸收。我們最多能說矛盾律在某種意義上**潛在地**位於這兒。我在這兒無法探討可能同這種矛盾律相連繫的那些實事性的問題。我僅僅強調，即使在今天，其實包括它的整個歷史，矛盾律無論是就其表達來說，還是就其起源來說，都是有爭議的：它是從同一律（der Satz der Identität）那兒派生出來而奠基在它之上呢，或者它是一個獨立的原則？就其法則性質和準則性質來說，它也是有爭議的：它是命題-表達（Sätze-Sagen）的一項規則，即一項命題法則（Satzgesetz）呢，還是一項是之法則（Seinsgesetz），即表達了一種是之連繫？人們甚至一起接納這兩者？只要還沒有澄清命題本身，即λόγος【邏各斯】的一種特定樣式，那麼，就不可能對之有任何正確的解決。

對於我們來說，僅僅重要的是該對話本身的核心：這樣一種徹底追問，以及由此而來動搖和最終拋棄各種不眞實的δόξαι【意見】，僅僅在一種事先的συνάγειν εἰς ἕν【結合爲一】中才是可能的。這種對δόξαι【諸意見】的ἀπαλλαγή【擺脱】（參見230c2）、「清除」，同時是一種ἐξελεῖν【移開】（參見，同上），即「移開」那妨礙各種μαθήματα【學問】（參見，同上）、妨礙眞正積極學習的東西。一旦這種ἐκβολή【拋棄】、這種κάθαρσις【淨化】成功了，那麼，被淨化了的那種人ἡγούμενον ἅπερ οἶδεν εἰδέναι μόνα, πλείω δὲ μή【相信除了知道他所知道的，不再有別的什麼。】（參見230d3），「他認爲他知道且僅僅知道他已經看到的」、他本人在洞察中已經占有的，「不再有別的什麼」。這種κάθαρσις【淨化】被稱作μεγίστη【最重要的】和κυριωτάτη【最爲決定性的】（230d7）、「最高的和眞正決定性的」，之所以如此，那是因爲它們畢竟首先爲此是打開了同世界及其自身的一種可能的相遇。由此出發，ξένος【客人】早前才能夠說：這種διδασκαλική【教導術】和這種κάθαρσις【淨化】，ἀντίστασθμος【抵得上】傳授，即對認識的傳授的其他可能方式的整個多樣性。由此下面這點就是清楚的：柏拉圖根本沒有談論認識之實事內容，涉及的僅僅是此是本身之是——只要它是在進行

ἀληθεύειν【去蔽】或是在ἀγνοία【無知】中。這同ἀγνοία【無知】本身——它僅僅是一種是之情狀、排除了被知識到的東西作爲被知識到的東西之所有實事內容——相一致。因此，迄今就其所教授的東西而來的智者之考察，都完全在形式上進行。我們根本沒有眞正經驗到智者在哲學和理論上教授的是什麼，因爲從一開始定位所朝向的，就是在其眞正的是之結構上——它同任何含有實事的知識相比自然都是形式的——展露他們的知或無知、他們的ἀμαθία【愚蠢】。

因此，現在要問的是：那些「使用這門τέχνη【技藝】」的人、χρώμενοι ταύτῃ τῇ τέχνῃ【那些使用這門技藝的人】（參見230e5），就是我們所尋找的智者嗎？

4. 第六種分開之結果：哲學作爲「出身純正的智者術」。在哲學和智者術之間的相似。關於智者術的困惑

我們能夠說，現在所發現的，προσέοικέ γε τοιούτῳ τινί【同那種東西相似】（231a4）、「在某種意義上同那樣一種東西相似」，即離它很近。但ξένος【客人】同時提出下面這點供思考：δεῖ πάντων μάλιστα περὶ τὰς ὁμοιότητας ἀεὶ ποιεῖσθαι τὴν φυλακήν【尤其必須警惕相似的東西】（231a7以下），「面對相似，必須加以防範。」諸位回想一下我們早前在《斐德羅》中關於ὁμοιοῦν【使

相似】和ὁμοιοῦσθαι【相似】所說的。對διδασκαλική【教導術】的這種描述和闡釋，自然是有意要**把智者同哲學家非常緊密地連繫到一起**。首先由此提供出來的，無非就是那已經可供利用的自然的公眾見解：它將智者、哲學家和πολιτικοί【政治家】混淆在一起，並且認爲一個就是另一個，從而無法加以區別。現在，這種個人印象只是更加明確地形成了並變得尖銳了，以至於在智者和哲學家這兩者走得如此近的地方，顯然必定存在著某種東西，如果它能區分這兩者，那會是在一種**根本**意義上區分它們。但爲了不流露這點，甚或可能爲了故意不積極地從內容上刻劃哲學，柏拉圖把已經發現出來的東西稱作σοφιστική【智者術】，誠然是一種非常獨特的σοφιστική【智者術】——γένει γενναία【出身高貴的⑯】（231b以下）、「**出身純正的**（*echtbürtig*）」智者術，它來自於它那眞正的是之純正家族（der echte Stamm ihres eigentlichen Seins），它其實是實際的智者僅僅冒充出來的那種東西。與作爲σοφιστικὴ γένει γενναία【出身高貴的智者術】的φιλοσοφία【哲學】這一稱號相比，亞里士多德稱σοφιστική【智者術】爲

---

⑯形容詞γενναῖος, α, ον，既有在出身方面高貴（edel, adlig）、純正（echt）的意思，也有真正（echt）、真實（wahr）的意思。——譯注

φαινομένη φιλοσοφία[17]【顯得是哲學】[18]。

因此，在智者究竟眞正是什麼這一問題上，現在似乎一點也不清楚。我們在某種程度上被拋回到了開始，有的僅僅是：現在，無知或迷惑是一種明確的東西並且彷彿得到了澄清。所以泰阿泰德說：ἀπορῶ δὲ ἔγωγε ἤδη διὰ τὸ πολλὰ πεφάνθαι, τί χρή ποτε ὡς ἀληθῆ λέγοντα καὶ διισχυριζόμενον εἰπεῖν ὄντως εἶναι τὸν σοφιστήν.【由於智者表現得如此多端，我的確已經困惑了，即不清楚什麼樣的東西如說和斷定眞相那樣說出智者眞正是什麼。】（231b9以下）διὰ τὸ πολλὰ πεφάνθαι【表現得如此多端】、關於智者「由於現在已經顯示出了如此的多種多樣」，「我根本不再能找到出路」，ἀπορῶ【我困惑了】，我不知道 τί ὄντως εἶναι【他眞正是什麼】、「智者究竟實際上是什麼」，以及應實際地將之規定爲什麼。如果我ἀληθῆ λέγω【說眞相】（參見231c1）、「如果我應如我給出事情本身那樣說」，並且是διισχυριζόμενον【斷定】（231c1）、「可靠地」，那麼，我不知道我應說什麼。

---

[17] φαινομένη φιλοσοφία，也可以譯為「表面上的哲學」。——譯注

[18] 見亞里士多德《形而上學》（1004b25以下）：ἔστι δὲ ἡ διαλεκτικὴ πειραστικὴ περὶ ὧν ἡ φιλοσοφία γνωριστική, ἡ δὲ σοφιστικὴ φαινομένη, οὖσα δ᾽ οὔ.【辯證法嘗試尋求哲學所認識到的，而智者術顯得是哲學，其實不是。】——譯注

五七、對前面六個定義的總結。統一的基本結構：智者作爲ἀντιλογικός【辯論者】（231d-232e）

在重新開始對智者進行積極的規定之前，正如我早前已經強調過的，前面所詳細討論過的東西現在被再次加以了概括：ὁπόσα [...] πέφανται【所有……表現出來的】（231d1以下）、「迄今所顯現出來的全部」。但下面這點是獨特的：這一概括是對依次取得的東西的一種單純列舉；它不是在某種συναγωγή【結合】意義上的總結。它不可能是一種συναγωγή【結合】，因爲這種συναγωγή【結合】應由之進行的那種ἕν【一】恰恰還沒找到。但這一總結同時也被積極地定位了，那就是恰恰要爲讓ἕν【一】變得可見這一任務做準備。我們再次在對分散的東西、διεσπαρμένα【分散開的東西】的一種單純集中和一種眞正的συναγωγή【結合】之間，有了一種區分。συναγωγή【結合】應將ἕν【一】取作引導線索，並且這種ἕν【一】應從事情——它的各種現象在這兒被集中在一起了——那兒取得。

我們爲之尋找ἕν【一】的那種事情之基本性質是τέχνη【技藝】。的確從一開始，智者就從這種獨特的τέχνη【技藝】之角度被看。於是顯現出智者是一種ἐπιστήμων τις πολλῶν【對許多東西有知識的人】（232a1）。我們面前具有一種τέχνη【技藝】，它關乎**形形色色**的東西、關乎在不同的定義中所展露出來的東西。μιᾶς δὲ τέχνης ὀνόματι προσαγορεύηται【但又被冠以某種單一的技藝的名稱】（232a2）。對於處在多種多樣角度中的這種τέχνη【技藝】，我們總是具有單一的ὄνομα【名稱】、單一的稱呼。但這樣一種情形——即單一的現象以如此多種多樣的方式顯現出來，卻又總是被冠以相同的名稱——「有可能是不正常的」、τὸ φάντασμα τοῦτο ὡς οὐκ ἔσθ᾽ ὑγιές【這種情形可能不是正常的】（232a2以下）。但那處在這樣一種情形中的人——即某一現象沒有向著ἕν【一】定位而是在多種多樣的角度中被給予他，以至於他能穩妥地把名稱的獨一無二賦予給某種單一的事情，這樣一種人οὐ δύναται κατιδεῖν ἐκεῖνο αὐτῆς〈τέχνης〉【未能看清（技藝）本身中的那種東西】（232a4）、「他在那樣一種情形下未能眞正看清於τέχνη【技藝】那兒」εἰς ὃ πάντα τὰ μαθήματα ταῦτα βλέπει【所有這些學問所朝向的那種東西】（232a4以下），即「所有這些精通所著眼於的那種東西」、它們向之定位的這種ἕν【一】。由此要爲τέχνη【技藝】之多種多樣的方面取得ἕν【一】的那種方法得到了先行標畫：不是在τέχνη【技藝】中——只要對於某種東西來說它是一種多樣性的行爲，而是根據它與之相關的那種東西。因此，現在必須問：儘管有著多種多樣的精通，但這種τέχνη【技藝】在眞正意義上所精通的東西眞正是什麼？因而精通之何所通（das Worin），作爲某種ἕν【一】而被尋求。ξένος【客人】說：ἓν γάρ τί μοι μάλιστα κατεφάνη αὐτὸν μηνῦον.【在我看來，某種一尤其揭示了他。】（232b4以下）「在我看來，某一東西最爲αὐτὸν μηνῦον【揭示了他】、使他變得可見」。μηνύειν【揭示】說的是：「顯示某種隱藏的東西」。這種東西、這種適合於讓那眞正的ἕν【一】——整個智者的τέχνη【技藝】都向之定位——被看的結構，被稱作ἀντιλογική【辯論術】，或者說得更確切些，智者被看作ἀντιλογικός【辯論者】（參見232b6）。這是在223b5的定義五．中被展露出來的那種行爲方式。這種ἀντιλέγειν【辯論】不僅僅是一種ἀντιλέγειν【辯論】、一種在其朝向他人的行爲中的駁斥和反駁，而且智者所給出的、他所販賣的恰恰就是ἀντιλογική【辯論術】，καὶ τῶν ἄλλων αὐτοῦ τούτου διδάσκαλον γίγνεσθαι【並且他成爲了其他人的教師，即教授這同一種東西】（232b8以下），他從那構成其眞正行爲的同一種東西而來，並同時是該東西的教師。

由此六個定義統一地結合在一起。ἀντιλέγειν【辯論】包含：

1. 在獵取他們的意義上同他人的交道方式。智者有機會抓住他們，他憑藉其言談的方法和方式使他們成爲他狩獵的對象。當他作爲ἀντιλογικός【辯論者】同他們談話時，他呈獻出他的τέχνη【技藝】。這就是定義一。
2. 他聲稱給予他們的、他所販賣的——定義二—四——復又就是這種 ντιλέγειν【辯論】。最後是
3. ἔλεγχος【盤問】的、釘在—恥辱柱—上（An-den-Pranger-Stellen）的、進行動搖的實施方式——也在智者的消極意義上——，正如在定義六中被標畫的那樣，復又是在ἀντιλέγεσθαι【辯論】意義上διερωτᾶν【盤問】。

因此，下面這點顯現出來了：ἀντιλογικός【辯論者】把我們迄今所取得的關於

智者的現象上的內容，集中到一個基本結構之上。然而，ἕν【一】本身，只要我們將之理解爲τέχνη ἀντιλογική【辯論技藝】εἰς ὅ【所朝向的那種東西】、所朝向的那種東西，那它就始終還是未加規定的。各種行爲都集中在ἀντιλέγειν【辯論】上，簡而言之，集中在λέγειν【說】上、在λόγος【邏各斯】上。但現在問題是：它要加以處理的東西是什麼？

五六、智者之定義七。假技藝家（232b-236c）

(一) 智者的λόγος【邏各斯】之「對象」：τὰ πάντα【一切】

1. 對智者的λόγος【邏各斯】之「對象」的列舉。對希臘—柏拉圖哲學的定位

考察在232b眞正繼續進行：σκοπῶμεν δή, περὶ τίνος ἄρα καί φασιν οἱ τοιοῦτοι ποιεῖν ἀντιλογικούς.【讓我們考察一下，關於什麼這些人說能夠造就一些辯論者。】（232b11以下）那麼，對於ἀντιλέγειν【辯論】來說，什麼眞正是其領域？現在這應經受一種σκέψις【考察】、一種探究；應規定這種τέχνη ἀντιλογική【辯論技藝】包含些什麼。這種σκέψις【考察】應ἐξ ἀρχῆς【從頭】、從頭進行，——因爲所有一切最終都屬於該領域。這一思考涉及232c-232e。

智者在其言談中所涉及的，是

(1) τὰ θεῖα, ὅσ᾽ ἀφανῆ τοῖς πολλοῖς【對多數人來說是不可見的那些神聖的東

西】（參見232c1），「神聖的東西，對於多數人、對於大眾是不可見的那種東西」，由此已經讓人印象深刻。但在這兒，本質性的東西是：τὰ θεῖα【神聖的東西】、神聖的東西，是是者，並且尤其是眞正是著的東西——在那畢竟是的東西之最爲傑出的方面之意義上。

(2) ὅσα φανερὰ γῆς τε καὶ οὐρανοῦ καὶ τῶν περὶ τὰ τοιαῦτα【地上、天空中的那些可見的，以及諸如此類的東西】（232c4以下），「所有那些如大地和天空那樣顯而易見的東西」；也即除了那傑出地是著的東西之外，每個人都能看見的那首先—是著的東西（das zunächst-Seiende），即σώματα【物體】。

(3) 他們κατὰ πάντων【就一切】⓳談論γένεσις【生成】和οὐσία【所是】（參見232c8），「著眼於所有前述是者，談論是（das Sein）和走向是（Zum-Sein-Kommen）」。也即是說，他們不僅談論最爲傑出的是者和首先被給予的是者，而且也談論這些是者的是。

(4) 他們討論各種νόμοι【法律】和σύμπαντα τὰ πολιτικά【所有的城邦事務】（參見232d1）、所有關乎πόλις【城邦】和πόλις【城邦】之是的東西：討論ζῷον πολιτικόν【政治的動物】，即人之是所關乎的一切。因此，他們把人的

⓳ κατὰ πάντων【就一切】，也可以譯為「一般地」、「總的」。——譯注

生活本身作爲一種是者加以討論。

(5) 討論τέχναι【各種技藝】，並且尤其是περὶ πασῶν τε καὶ κατὰ μίαν ἑκάστην τέχνην【討論整體的技藝和各門單獨的技藝】（232d5以下），討論精通某種東西的所有可能的方式，無論是整體地還是逐個地，在這兒，其中所有的認識、科學和原理都要加以理解。

由此窮盡了ἀντιλογική【辯論術】活動其間的範圍。它所處理的是：所有的是者、是，以及精通，即對這些是者和是的擁有。Φαίνεται γοῦν δὴ σχεδὸν οὐδὲν ὑπολιπεῖν【看起來幾乎不會遺留任何東西】（232e5），「除此之外顯然根本不再有任何東西」，以至於智者事實上ἐν κεφαλαίῳ περὶ πάντων【總而言之關乎一切】（232e3），「總而言之」談論「一切」；並且聲稱給出ἀντιλέγειν【辯論】所有東西的正確δύναμις【能力】。就那對於柏拉圖、對於他的哲學來說已然在此的視域之積極的標畫而言，這一總結自然也是重要的：作爲神和世界的是者、在人之意義上的是者，以及就所有這些來說的這些是者之是，同時還有精通——即對是者和是的所有這些方式的精通——的各種方式。於是我們現在不得不問：憑藉這一規定，即ἀντιλογικὴ τέχνη【辯論技藝】關乎τὰ πάντα【一切】，如何取得了關於τέχνη【技藝】本身的一種本質性的東西和本質性的刻劃，τέχνη【技藝】本身如何通過其獨特的對象而在其是上得到了刻劃。

智者已經在諸角度的某種多樣性上顯現出來了，並且尤其是這樣：這種多樣性是在日常的看中被給出的。如果人們首先追隨文本，那麼，這種多樣性就以τέχνη【技藝】和對它的可能劃分爲基礎。人們通過這種方法的確會得到一種多樣性，並且也能夠圖型化地劃分不同規定之間的連繫。然而，要加以處理的是走到這種外在結構的後面去，返回到這種多樣性奠基其上的東西那兒去。角度的這種多樣，並不位於日常觀看和考察的隨意性之上；相反，它奠基在這兒所涉及的是者本身的結構之上。不是日常考察的不準確性和暫時性，而是這兒要加以考察的東西的結構本身，在其自身那兒具有一種多樣。

2. 對作爲交道方式的τέχνη σοφιστική【智者的技藝】的闡明。交道的諸結構要素（同何者——如何——什麼，εἰς ὅ【所朝向的那種東西】）。在柏拉圖那兒εἰς ὅ【所朝向的那種東西】的優先

τέχνη【技藝】——我們的確已經將之規定爲一種精通，作爲這種精通乃是一種在最爲寬泛意義上同某種東西打交道的結構要素。人的此是同某種東西打交道、同某種東西相關。這種打交道包含：1.同何者（Das Womit），2.交道、操勞的某種確定的方式（*Weise*），3.在這種打交道中，什麼（*Was*）恰恰在特別的意義上被操勞了。如果我們首先將自己局限於這三個結構要素，那麼，下面這點就變得清楚了：它們包含在每一作爲打交道的打交道中，因此也包含在每一作爲τέχνη【技藝】的τέχνη【技藝】中，從而每一τέχνη【技藝】基於自身就提供了從這

三方面被看這一可能性。就智者來說：他與之打交道、他眞正與之相關的那個何者，是人、他自己類型中的那種是者——這種是者出現在世界中並與他一道是。以我們本己的是之方式同我們一起是的這樣一種是者，我們將之稱作「共同世界（Mitwelt）」[20]。

反之，我們與之相關的、不以我們自己的是之方式是的那種是者，我們將之稱作「周圍世界（Umwelt）」——樹木、石頭、陸地、海洋。於是，人是智者與之相關的那種是者。但人之是被規定爲ζῶον λόγον ἔχον【具有邏各斯的動物】。因此，智者與之相關的那種是者是λόγον ἔχοντες【具有邏各斯的是者】。打交道之方式、操勞之方法是ἀντιλέγεσθαι【辯論】或者λέγειν【說】。並且打交道要操勞的那個什麼，是παιδεία【教育】，即ἀντιλέγεσθαι【辯論】的一種特定δύναμις【能力】。因此，智者那首先完全在形式上被刻劃爲τέχνη【技藝】的是之結構，現在變得具體了。同何者打交道的那個何者，是被λέγειν【說】所刻劃的那種是者；打交道之方式是λέγειν【說】；在這種打交道中要加以操勞的那種東西復又是λέγειν【說】。因此，恰恰在這兒，在τέχνη σοφιστική【智者的技藝】中，λόγος【邏各斯】之結構的多樣性同時變得可見。

---

[20] Mitwelt在日常德語中指「同時代的人」，是Zeitgenosse的同義詞。——譯注

打交道之同何者（Womit）、如何（Wie）、什麼（Was）這些不同的結構——它們屬於這兒所要考察的那種是者本身之是——，就它們那方來說，於是能夠時而被暫時地加以考察，時而被眞正地加以考察。這些基本結構本身提供了各種各樣的角度。由此下面這點就變得清楚了：只要這兒所涉及的以及這兒被τέχνη【技藝】這一稱號所顯示的這種是者，——只要這種是者本身——並且無非就是人之是——沒有根據其諸基本結構而加以展露，那麼，在對總是在某種方式上是可見的這些結構的闡釋中，就存在著某種不確定。因此，正如哲學史所顯示的，就會出現下面這點：此是的某些結構的確總是被看見了；但總是某一結構具有優先性，並且根據它其餘的結構才得到闡釋㉑。

這種缺陷——它甚至自然存在於柏拉圖那兒，顯現在下面這點上：在多種多樣的要素——它們於智者身上所取得——之範圍內，對ἕν【一】的追問，首先選取了一個非常確定的**方向**。我們迄今於智者身上所看到的所有這些結構向著什麼集中？——柏拉圖追問到。並且他基於事情本身，即基於τέχνη【技藝】，並且尤其是在作爲打交道的打交道所關乎的**那種東西**之方向上、在被操勞的**那種東西**——非常粗略地講：智者眞正所做的東西，他在其行爲中與之相關的那種東西——之

㉑參見附錄。——原注

意義上，規定朝向ἕν【一】的這種方向、這種可能的統一——只要它恰恰必須是一種含有實事的統一。這就是τέχνη【技藝】εἰς ὅ【所朝向的那種東西】的意義。如果對τέχνη【技藝】的一種考察選取了朝向要加以操勞的東西這一方向，那麼，它就面臨首先從內容上刻劃這一什麼之任務。而這種內容上的刻劃必然導致：根據它，與這一什麼相關的行爲之方式，同時得到一種規定。也即是說，隨著對ἀντιλέγεσθαι【辯論】和ἀντιλέγειν【辯論】εἰς ὅ【所朝向的那種東西】的刻劃，同時獲得了規定這種λέγειν【說】本身之是的可能性。

正如柏拉圖的列舉所顯示的，εἰς ὅ【所朝向的那種東西】根據內容上的刻劃包含著所有那些畢竟能夠是談論之可能對象的東西。在這種列舉中，柏拉圖從最爲傑出的是者前往最切近的—是者（das Nächst-Seiende），並且規定了就其是來考察這些是者的可能性；然後他前往同此是本身相關的那種是者，最後來到能夠使得所有是者和這些是者之是變得可通達的那種行爲，即τέχνη【技藝】。從ἀντιλέγειν【辯論】能夠與之相關的那種東西之綱要中得出：在智者那兒包含著一切。所有就其是而言的是者，以及於它們那兒的精通方式，所有這些全都落入ἀντιλέγειν【辯論】之範圍中。

3. 對τέχνη σοφιστική【智者的技藝】在是態學上的整個問題的最初顯示：不是者之是獨特的東西是：這種ἀντιλέγειν【辯論】，即智者的τέχνη【技藝】，在*它所關涉*

的那種東西那兒成爲不可能性。因此，智者的τέχνη【技藝】將自己表明爲一種不可能性，這意味著某種不可能是的東西。因爲πάντα ἐπίστασθαι【認識一切】（233a3），這似乎僅僅屬於諸神。這雖然是一種否定性的規定，但我們根據前面的考察，即在定義六那兒已經看到：在那兒有一插入——自然不是無意的，揭開是者、ἀληθεύειν【去蔽】這種行爲被規定爲κίνησις【運動】，被刻劃爲ὀρμή【渴望】㉒。換句話說：人之是，只要它向著認識進行定位，那它作爲這樣的東西就是在途中。它在對是者的揭開，即在ἐπίστασθαι【認識】上永不會終結。因此，πάντα ἐπίστασθαι【認識一切】這一宣稱，在其自身就是一種是之不可能性（Seinsunmöglichkeit）。因此，根據εἰς ὅ【所朝向的那種東西】，智者的τέχνη【技藝】在其是上把自己揭露爲不可能。然而，通過前面的闡釋已經同時證明了：這種τέχνη【技藝】實際上同智者的生存一道在此是，從而我們同智者、同智者的τέχνη【技藝】一道面臨一種現成的、但根據其是又是不可能的是者；於是，我們先行抓住了後面的東西：不是者之是。

誠然，柏拉圖在這個地方尚未轉向我們已經闡述過的這個問題。然而，接下來的東西恰恰顯示，他對證明這樣一種τέχνη【技藝】的現成地是

㉒ 參見第367頁以下。《智者》228c1-d2，228c10-d1：ἐπ᾽ ἀλήθειαν ὁρμωμένης ψυχῆς【靈魂急於走向眞】。——原注

（*Vorhandensein*），以及由此而來證明不是者的現成地是有多麼感興趣。因此，他首先並未追問最後的可能性以及奠基著諸如不是者之是這種東西的那些最後的基礎。而是問：這樣一種獨特的τέχνη【技藝】，如何能夠基於我們迄今在τέχνη【技藝】的各種各樣的可能性那兒所一般認識到的那種東西而變得可理解？因此，柏拉圖在這兒尚未走得如後面那樣遠；在這兒，於這種獨特的現象那兒、於不是者之是那兒，他已經讓前面關於是的理論在一定程度上變得模糊並破滅。方向復又首先變得具體了。

(二)以τέχνη μιμητική【模仿技藝】爲例，對實際的τέχνη σοφιστική【智者的技藝】之是的具體證明

1. 作爲ἐπιστήμη δοξαστική【貌似的知識】的τέχνη σοφιστική【智者的技藝】之實際的是

問題是：這樣一種τέχνη【技藝】——τέχνη σοφιστική【智者的技藝】，它的確就是一種不是者——如何能夠變得可理解？到底可能有這種東西嗎？借助於τέχνη【技藝】之自然的自身之解釋（Selbstauslegung），到底能不能讓這種東西變得可理解？因爲，如果它作爲τέχνη【技藝】是在此的，那麼，它必定在共同一起是之範圍內具有一定程度的可理解性，並且它根據其意義越是關涉到他人，可理解性越是更高。因此，下面這點在這兒要再次被明確地考慮到：智者們事實上

有追隨者，他們爲了其ἀντιλέγειν【辯論】而收費；由此表明他們事實上πάντα ἄρα σοφοὶ τοῖς μαθηταῖς φαίνονται【對於學生們來說，他們顯得在各方面都是智慧的。】（233c6）「對於他們的學生來說，他們看起來如此，並且實際上被視爲πάντα σοφοί【在各方面都是智慧的】、精通一切的這樣一種人」，οὐκ ὄντες γε【其實他們不是如此】（233c8），「儘管他們不是如此」。因此，這種ἐπιστήμη【知識】是一種δοξαστική【貌似的】〈知識〉（參見233c10），「這樣一種知識，它在其自身就具有下面這種可能性，即能夠冒充爲它所不是的那種東西」。

面對這一獨特的現象——即某種東西冒充爲它所不是的那種東西——生起下面這一任務，那就是：詢問和嘗試首先發現，在這種τέχνη【技藝】之範圍內，貌似（das Schein）、僅僅—看起來—如此（das Nur-so-Aussehen）這種現象位於何處。柏拉圖沒有直接於τέχνη σοφιστική【智者的技藝】那兒、於ἀντιλέγειν【辯論】那兒澄清這種貌似、僅僅—看起來—如此、δοξαστικόν【貌似】之性質；相反他說：Λάβωμεν τοίνυν σαφέστερόν τι παράδειγμα περὶ τούτων【因此，讓我們舉出關於他們的一個更爲清楚的範例】（233d3以下），「因此，我們打算舉出一個例子」，並由此弄清楚在一種τέχνη【技藝】之範圍內諸如δοξαστικόν【貌似】這樣的東西可能位居何處以及它意味著什麼。柏拉圖在這兒舉出παράδειγμα【範例】而沒有直接讓ἀντιλογική【辯論術】成爲分析之主題，因此他於παράδειγμα【範例】那兒、而不是於λέγειν【說】那兒，指出貌似之性質，這不是偶然的。誠然，在後面，基於那已經澄清了的不是概念，他再次著手談論λόγος【邏各斯】，以及談論在這兒起著奠基作用的ψεῦδος【假】之現象。然而，柏拉圖沒有在任何一個地方、甚至在其他對話那兒也沒有成功地於λόγος【邏各斯】本身之結構的範圍內，揭開ψεῦδος【假】這種獨特情狀以及它在λέγειν【說】中的可能性。這與下面這點有關：他還沒有在諸主要結構中看到λόγος【邏各斯】，與之相關聯他關於φαντασία【想像】和δόξα【意見】的概念依然還是不確定的。並且我們在這兒還取得了一種值得注意的對τέχνη ἀντιλογική【辯論技藝】之闡釋的暗示。早前λέγειν【說】的確被規定爲χειροῦσθαι【弄到手】，被規定爲在其ἀληθές【眞相】上對是者的占有。如果我們這樣來看待λέγειν【說】，即把它看作占有、看作把是者作爲未被遮蔽的東西加以擁有，並且弄清楚了位於ἀντιλογική【辯論術】中的那種聲稱，那麼，這意味著：就它聲稱能夠在其未被遮蔽中擁有所有是者而言，ἀντιλογική【辯論術】是不可能的。

2. τέχνη μιμητική【模仿技藝】作爲ποιεῖν δοκεῖν【使看起來】。τέχνη σοφιστική【智者的技藝】作爲ποιεῖν δοκεῖν λέγεσθαι【使看起來被說】

那麼問題就是，δοξαστικόν【貌似】以及由此而來的τέχνη ἀντιλογική【辯論技藝】之是的這種不可能性，在多大程度上能夠根據其自身而得到理解。柏拉圖在這兒選取了一種獨特的方法：他指出這種不可能性之現成地是，即τέχνη σοφιστική【智者的技藝】〈之現成地是〉，有可能來自一種更高的不可能性之現成地是。他把考察轉向我們完全陌生的一種連繫。Εἴ τις φαίη μὴ λέγειν μηδ' ἀντιλέγειν, ἀλλὰ ποιεῖν καὶ δρᾶν μιᾷ τέχνῃ συνάπαντα ἐπίστασθαι πράγματα【如果有人說，他不僅知道如何說和辯論，而且知道如何憑藉一種技藝創制和做成一切事情】（233d9以下），「如果有人說，ἐπίστασθαι【知道】、他不僅懂得對所有在此是的東西進行討論和爭辯，而且他甚至懂得在一項τέχνη【技藝】中創制一切」，也即是說，如果不僅在我們前面已經將之視作一種不可能性的方面，即λέγειν【說】、談論先前已經是現成的一切東西，而且他甚至進而宣稱能把那尚未在此是的東西、確切說來就是一切東西帶入此是，——那麼，對之能作何反駁？泰阿泰德首先並未準確理解這兒所意指的，也即是說，柏拉圖在這兒想讓下面這點變得更加清楚：事實上在這兒要引出一種ποίησις【創制】觀念，通過它，所有一切，即前面被列舉爲ἀντιλέγειν【辯論】的可能性之範圍中的所有東西，都會被創制出來、ἄγειν εἰς οὐσίαν【帶入所是】（參見219b4以下）。就這樣一種可能性，即不僅能夠談論已經現成的東西，而且能夠將所有一切首次帶入是中，泰阿泰德說：這種東西可能只在「玩笑」中是、παιδιὰν λέγεις τινα【你在說某種兒戲】（234a6）。在開玩笑時才可能有著這樣一種行爲：在它所做、所創制的東西身上，它僅僅看起來好像它實際地做了它所關乎的東西。如果這種東西僅僅在玩笑中才是可能的，那麼就意味著：這種ποιεῖν【創制】不是一種眞正的ποιεῖν【創制】。那在這兒有的是何種ποιεῖν【創制】？在這兒於一定限度內的確還是得到承認的**這種ποιεῖν【創制】之非眞實性**，位於何處？**這種ποιεῖν【創制】不是一種**ἄγειν εἰς οὐσίαν【**帶入所是**】，**而是一種**ποιεῖν πάντα δοκεῖν【**使一切看起來**】，即一種「使得所有一切看起來如此這般」；因此，它不是在製作意義上的ποιεῖν【創制】，而是——誠然在一定方式上與之相似——一種讓某物被看的使得（Machen）。因爲諸位必須在這兒回想起我們早前已經強調過的：在當下地是（das Gegenwärtigsein）之意義、作爲這種可見地是（Sichtbarsein）的〈當下地是〉之意義上某種完成了的是者之此是，同作爲讓某物被看（das Sehenlassen）之意義上的ποιεῖν δοκεῖν【使看起來】的那種ποιεῖν【創制】之間，存在著一種獨特的連繫。希臘人同樣認爲，甚至那在眞正意義上創制出某種東西的人，與此同時也在讓那種東西被看，即與此同時一種εἶδος【外觀】在其含有實事性上被給出了。甚至在作爲ἄγειν εἰς οὐσίαν【帶入所是】的眞正ποιεῖν【創制】中，也同時顯露出帶—入—當下化—中（In-die-Gegenwart-Bringen）和如此讓—被看（Sehen-lassen）之意義，誠然是這樣的：事情在其自身是到場的。但在這兒，於這種ποιεῖν【創制】那兒，ποιεῖν【創制】並未涉及事情，而是涉及δοκεῖν【看起來】：它看起來如此。因此，被創制出來的東西**不是事情本身**，而**是它的**μίμημα【**模仿品**】、**它的「模仿品**（*Nachahmung*）」。但現在這種模仿品同是著的事情一道被同一個名稱所稱呼：μιμήματα καὶ ὁμώνυμα τῶν ὄντων【模仿品同是者具有同樣的名字】（234b6以下）；畫出來的樹如實際的樹一樣也被稱作樹。只要對世界的考察和對它的判斷在自然言說中逗留在言語、言說那兒，那麼，也就存在著下面這一可能性，即我們能夠在我們平均地談論的那種東西身上取得我們的方向，以至於無法立馬就能根據ὄνομα【名稱】本身推斷出，所涉及的是一種μίμημα【模仿品】，還是在眞正意義上的ὄν【是者】。在這件事上，那些明確懷有ποιεῖν πάντα δοκεῖν【看起來創制一切】意圖的人就是如此行事的，即他們讓他們所顯示的東西πόρρωθεν【從遠處】（234b6）、「從遠處」被看；他們沒有給出追查事情的可能性。在這種從遠處、πόρρωθεν【從遠處】而不是ἐγγύθεν【在近旁】的讓被看之類型中，正如後面所說的（234d4），他們有可能在他們眞正做的事情上λανθάνειν【進行遮蔽】（234b9）、「保持隱藏」。

δυνατὸς ἔσται τοὺς ἀνοήτους τῶν νέων παίδων, πόρρωθεν τὰ γεγραμμένα ἐπιδεικνύς, λανθάνειν ὡς ὅτιπερ ἂν βουληθῇ δρᾶν, τοῦτο ἱκανώτατος ὢν ἀποτελεῖν ἔργῳ.【通過從遠處顯示那些畫，能夠讓青年中那些無甚理解的人，以爲他事實上完全能夠做成他想做的任何事情。】（234b8以下）。因此，這兒涉及這樣一種人：他畫了一些畫，並從遠處把它們顯示給那些沒有經驗的年輕人，以至於接下來他們相信它們就是諸事情本身，並且相信他能夠在事實上做成那些事情。

這種行事方法就是下面這樣一種τέχνη【技藝】的行事方法：讓某種東西從遠處被看，並由此將自己冒充爲創制事情的那種人，——柏拉圖於是說，這樣一種τέχνη【技藝】最終存在於περὶ τοὺς λόγους【邏各斯方面】（234c2），即存在於λέγειν【說】之領域，以至於似乎在這兒也有著一種πάντα λέγειν【說一切】，但這種λέγειν【說】好像不是一種眞正的λέγειν【說】，而是一種ποιεῖν πάντα δοκεῖν【使一切看起來】、對事情的這樣一種談論：即「顯示、讓被看」，δεικνύναι εἴδωλα【顯示圖像】（234c5以下），「僅僅看起來」如被談論的事情「那樣的東西」，並且尤其是談論了一切。因此，顯示出來的不是εἶδος【埃多斯】和οὐσία【所是】，而是εἴδωλον【圖像】；不是如其在其自身那樣的事情本身，而是如其僅僅在最切近的方面所看起來的那樣。這種ποιεῖν λέγεσθαι【使被說】——如在234c的結尾處所深刻地說的那樣，是：ποιεῖν ἀληθῆ δοκεῖν λέγεσθαι【使眞的東西看起來在被說似的】（234c6以下），「使得看起來彷彿眞的東西在被說似的」。在τέχνη μιμητική【模仿技藝】中的這種獨特現象，就是ποιεῖν δοκεῖν【使看起來】，並且在這兒關乎λόγος【邏各斯】，即ποιεῖν δοκεῖν λέγεσθαι【使看起來被說】。

3. 把智者的λόγος【邏各斯】歸入ποίησις【創制】中。τέχνη σοφιστική【智者的技藝】作爲εἰδωλοποιική【圖像創制術】。智者作爲μιμητής【模仿者】。τέχνη

σοφιστική【智者的技藝】作爲τέχνη μιμητική【模仿技藝】。ποιεῖν【創制】、μιμεῖσθαι【模仿】、λέγειν【說】的基本意義之一致性：讓─被看。在希臘人那兒的是之意義：當下地是

由此我們現在處在一種完全新的連繫那兒：ἀντιλογικός【辯論者】的τέχνη【技藝】作爲一種λέγειν【說】的τέχνη【技藝】，根據一種完全不同的實施方法而被闡釋了。早前眞正意義上的λέγειν【說】是占有，是κτῆσις【獲取】、χειροῦσθαι【弄到手】；但在這兒τέχνη ἀντιλογική【辯論技藝】是一種ποιεῖν【創制】，因此，同在對事情本身的占有、讓─它─給出它自己（Sich-geben-Lassen）之意義上的眞正的λέγειν【說】相比，它在結構上是一種完全不同的行爲。並且這種ποιεῖν【創制】──它不同於把某一已經現成的東西χειροῦσθαι【弄到手】──不是一種ἄγειν εἰς οὐσίαν【帶入所是】㉓；相反，它關乎δοκεῖν【看起來】；也即是說，在智者的τέχνη【技藝】中不是事情本身被創制出來，而是事情給出─自己的一種確定的方式被創制出來㉔。但給出─自己（Sich-Geben）的這種確定方式，是在僅僅─看起來─如同─一樣（Nur-so-Aussehen-wie）中、在εἴδωλον【圖像】中的給出─自己。因此，正如已經說過的，在這兒λέγειν

㉓《智者》219b4以下，參見第269頁以下。──原注

㉔海德格頁邊注：δόξα【意見】。──原注

【說】不是χειροῦσθαι【弄到手】、不是κτῆσις【獲取】，而是一種ποιεῖν【創制】，並且作爲ποιεῖν【創制】，它是對僅僅—看起來—如同—一樣的ποιεῖν【創制】，是對各種τὰ εἴδωλα【圖像】的ποιεῖν【創制】。所以τέχνη σοφιστική【智者的技藝】是εἰδωλοποιική【圖像創制術】（參見235b8以下）；並且由此智者被稱作μιμητής【模仿者】：μιμητὴν θετέον αὐτόν τινα【因此應當把他認作某種模仿者】（參見235a8），「他以某種方式是那是的東西的某種模仿者」。通過這種迂回的方式，柏拉圖更加深入地把握了εἰς ὅ【所朝向的那種東西】，即這種τέχνη【技藝】所關乎的那種東西：εἰς ὅ【所朝向的那種東西】是各種εἴδωλα【圖像】。與智者最終所從事的東西相關的那種行爲，是一種ποιεῖν【創制】，並且只要它是一種λέγειν【說】，那它就不是它必須眞正是的那種東西，即一種χειροῦσθαι【弄到手】、一種讓—它—給出它自己。智者只不過能夠在某種程度上支配那要加以談論的是者之照面方式。因而在δυνατὸς λέγειν περὶ πάντα【能夠說一切】這種意義上的ἀντιλέγειν【辯論】，實際上是以τέχνη μιμητική【模仿技藝】的方式在此。因此這將意味著ποιεῖν【創制】不是眞正的，而僅僅是開玩笑。從而在智者那兒，其手藝僅僅通過下面這點才是可能的：他僅僅針對那些πόρρω τῶν πραγμάτων τῆς ἀληθείας ἀφεστῶτας【遠離事情之眞】（234c4以下）的人、「那些離事情之未被遮蔽還非常遠的人」，也即那些還根本不能根據事情來檢查智者在其言談中先行給予他們的那些東西的人。誠然ξένος

【客人】指出了下面這點：隨著時間的流逝，通過各種παθηματα【遭遇】（參見234d5），通過「他們所遭遇的」，甚至那些在智者的學校受過教育的人也被帶到事物ἐγγύθεν【身邊】、「身邊」，並被迫ἐναργῶς ἐφάπτεσθαι τῶν ὄντων【清楚地把握諸是者】（234d5以下），「非常清楚明白地把握」事物，以至於一種區別——即在τὰ φαντάσματα ἐν τοῖς λόγοις【在諸邏各斯中的假象】（參見234e1），「在對事物的言談中首先僅僅如此顯現出來的那種東西」和那處在眞實的同事情的相關中、在對它們的深入研究中實際地在此是的東西，即τὰ ἔργα【諸事情】（參見234e2以下）這兩者之間的那種區別——躍入眼簾。但即使這樣，儘管σοφιστικὴ τέχνη【智者的技藝】已經作爲μιμητική【模仿術】變得可理解了，但柏拉圖還是沒有就此打住。**假象之獨特的現成地是**（das *eigentümliche Vorhandensein des Scheins*）還要更加深刻地加以暴露，也即是說，不是任何隨意的不是（Nichtsein），即不—是—眞實的東西（Nicht-das-Wirkliche-Sein），都已經能夠成爲他所汲汲追求的那種討論在主題上的基礎。對不是者之獨特的是、對這種不可能性之現成地是的可能性的一種進一步澄清，產生自下面這一更加深入的考察，那就是：考察εἰδωλοποιική【圖像創制術】究竟眞正想要從事的東西；說得更確切些，εἴδωλον【圖像】在其自身意味著什麼：看起來如此（das So-Aussehen）和某種東西—把—自己—冒充—爲—某種東西（das Sich-

Ausgeben-von-etwas-als-etwas）[25]的哪些可能性，位於作爲εἴδωλον【圖像】的εἴδωλον【圖像】中。

我們今天[26]已經討論過的、並且在一定程度上準備著朝向對不是者之是的討論進行最後一躍的那種極其困難的連繫，只能如下面這樣加以掌控，那就是澄清已經包含在前面的諸定義中的那種基本意圖：**證明一種不可能性之實際的現成地是**（*das faktische Vorhandensein einer Unmöglichkeit*），**即證明不是之是**（*das Sein des Nichtseins*）[27]〈**的實際的現成地是**〉；對於柏拉圖來說，這種不可能性總還是一種不可能性，只要下面這一命題還在起作用：是者是（das Seiende ist），不是者不是（das Seiende ist nicht）。恰恰基於直至柏拉圖還在進行統治的這種自明性，需要下面這種繁瑣性和殫精竭慮，那就是首先實際地證明這種不可能性之現成地是，並且直至進入到智者的τέχνη【技藝】之最內在的結構中發現該不可能性。我們將看到，一旦這一目的達到了，考察看起來就完全失去了先前的基礎，並且只是在後面臨近對話的末尾，才返回到那兒。如果柏拉圖要首先證明不是之

---

[25] das Sich-Ausgeben-von-etwas-als-etwas，也可以譯為「某種東西－把－自己－作為－某種東西－加以發布」。——譯注

[26] 一九二五年一月二日週一進行的第三十六節課。——原注

[27] das Sein des Nichtseins也可以譯為：「不是這種是」。——譯注

是那實際的現成地是，那他就必須依照對話的結構首先如下面這樣來實行，那就是：他還不能使用他後面所贏得的認識；相反，他必須如此顯示不是者之是，以至於他在某種程度上恆常地以巴門尼德的命題作後盾——該命題眞正地把〈不是者之是〉當作荒謬的對它加以禁止。在此有著獨特的困難和柏拉圖所選擇的那種道路之類型：他沒有直接在他主要感興趣的λέγειν【說】那兒進行顯示，也沒有在智者本身的τέχνη【技藝】那兒進行顯示——那兒實際上有著一種不是者；相反，他嘗試把智者的τέχνη【技藝】置於另一種τέχνη【技藝】——在它那兒實際有著如〈不是者〉這樣的東西，並且該技藝作爲這樣的技藝也更加靠近自然的理解——之視域中：τέχνη μιμητική【模仿技藝】之視域中。

柏拉圖在基於τέχνη μιμητική【模仿技藝】之視域對σοφιστικὴ τέχνη【智者的技藝】的這種澄清那兒，沒有任意行事，這能夠從下面這點得到澄清：這兩種τέχναι【技藝】之行爲——一方是在μιμεῖσθαι【模仿】意義上的ποιεῖν【創制】，另一方是λέγειν【說】——在某種結構性的意義上具有一種共性。早在爲了釣魚者之規定而對視域進行先行規定之前，就已經談到了ποιητική【創制術】，這使得有機會指出οὐσία【所是】概念處在同ποιεῖν【創制】的一種連繫中，ποιεῖν【創制】無非就是ἄγειν εἰς οὐσίαν【帶入所是】㉘。ποιεῖν【創制】意味著：擺置－出來（*Her-stellen*）；μίμησις【模仿】、μιμεῖσθαι【模仿】意味著：向著－擺置（*Dar-stellen*）㉙；λέγειν【說】意味著：使公開（*Offenbarmachen*）、δηλοῦν【揭示】。所有這三種行爲方式就它們所關乎的那種東西來說，都具有讓－被看（*das Sehen-lassen*）這一基本意義：在製作意義上的創制，是一種使可支配（Verfügebarmachen），並且由此擺置入可支配性中、擺置入當下中，因此就是讓被看；同樣，在栩栩如生地描寫中的那種描寫、μιμεῖσθαι【模仿】，也是一種讓－被看；並且λέγειν【說】也具有同樣的作用。在這兒，成就本身（die Leistung selbst）之基本意義是重要的。這種基本意義的同一性是這樣：它建議，根據μίμησις【模仿】——它作爲以向著－擺置的方式的讓－被看，或者根據ποίησις【創制】——它作爲以擺置－出來的方式的讓－被看，來澄清讓－被看的各種方式——如它們處在λέγειν【說】中那樣。在ποίησις【創制】中有著ποιούμενον【被創制出來的東西】＝οὐσία【所是】＝εἶδος【外觀】，即「被看到的東西」、在此是的東西；相應地，在λέγειν【說】

㉘ 參見第269頁以下。——原注

㉙ herstellen本意是創制、製作，darstellen的本意是描寫、描繪、表現。兩個詞的詞幹都是stellen（擺置、提供、安放），只不過一個前綴為her（到這兒），另一個前綴為dar（向……）。——譯注

中有著δηλούμενον【被揭示出來的東西】、在ἀληθές【眞東西】意義上的ὄν【是者】。在μιμεῖσθαι【模仿】中μιμούμενον【被模仿出來的東西】是εἴδωλον【圖像】。相應地，在λέγειν【說】中——只要它是一種μίμησις【模仿】類型——λεγόμενον【被說的東西】就將屬於一種εἴδωλον【圖像】類型。ἀληθές【眞東西】、εἶδος【外觀】、λεγόμενον【被說的東西】，全都是被揭開了地是之方式，並且作爲這樣的東西全都關乎看。因此，當柏拉圖把τέχνη σοφιστική【智者的技藝】置於μιμητική【模仿術】之視域中時，對這一視域的選擇不是偶然的；相反，它奠基在事情本身之上，即奠基在ποιεῖν【創制】和λέγειν【說】之間或者οὐσία【所是】和λεγόμενον【被說的東西】之間的那種連繫類型之上，**只要對於希臘人**來說，是（*Sein*）**恰恰意味著在場—是**（*Anwesend-sein*）、**當下地—是**（*Gegenwärtig-sein*）。

考察首先於智者那兒開始：通過對其ἀντιλέγειν【辯論】之對象的確定——是πάντα【所有一切】——顯示出這種ἀντιλέγειν【辯論】在其自身就是一種不可能性。但不是要否認：它存在（existiert）。因此，那不可能是但又的確是的東西，只能僅僅基於一種**朝向非眞實性的變式**（*Modifikation zur Unechtheit*）而是。這種變式被παιδιά【兒戲】這一術語所表達：它眞正僅僅是「玩笑」。**這種朝向非眞實性的變式**，**實際上在此也位於所有的技藝之中**，這並不是說技藝作爲技藝是不眞實的：相反，它實際上是在此的，並且有合法性。但恰恰通過技能的這種實際性，不是者之是顯現出來。於是問題是：不是者之是，如何能夠根據μιμητική【模仿術】之視域更加清楚地顯現出來？更爲確切地說：這種不是者在其是上眞正是在哪兒？那於μιμητικὴ τέχνη【模仿技藝】那兒要求承認不是者之現成地是的東西，是什麼？

(三) 根據τέχνη μιμητική【模仿技藝】之視域，對τέχνη σοφιστική【智者的技藝】之實際的是的進一步證明

1. τέχνη μιμητική【模仿技藝】的兩種類型：εἰκαστική【映像術】和φανταστική【想象術】。εἴδωλον【圖像】的兩種類型：εἰκών【映像】和φάντασμα【假象】。借助圖像現象對認識現象的澄清的失敗。胡塞爾對圖像是（Bildsein）的澄清

活在μιμητική【模仿術】中的那種ποίησις【創制】具有ποιεῖν εἴδωλα【創制圖像】這一任務，這無非意味著ἀπεργάζεσθαι τὴν τοῦ μιμήματος γένεσιν【實現模仿品的生成】（參見235e1以下），「實現、完成μίμημα【模仿品】，即模仿品的生成（das Werden）、走—向—是（das Zum-Sein-Kommen）」。更清楚地講：ποιεῖν δοκεῖν【使看起來】，即把那僅僅看起來如某種東西但並不眞正是的東西εἰς οὐσίαν ἄγειν【帶入所是】、帶入是中。於是，爲了完全弄清楚在

μιμητική【模仿術】那兒的不是者之是，柏拉圖進一步探究了εἰδωλοποιική【圖像創制術】的這種ποιεῖν εἴδωλα【創制圖像】，並且區分出兩個εἴδη【種】：(1) εἰκαστική【映像術】（參見235d6），即一種特定的創制εἴδωλα【圖像】的方法，在那兒εἴδωλον【圖像】具有εἰκών【映像】（參見236a8）之性質；(2) φανταστική【想象術】（參見236c4），在那兒同εἰκών【映像】相比εἴδωλον【圖像】具有一種被調整的性質，正如我們在後面將看到的，它是φάντασμα【假像】（236b7）。只要εἰδωλοποιική【圖像創制術】一方面創制各種εἰκόνα【映像】，另一方面創制各種φαντάσματα【假象】，那麼，在εἰδωλοποιική【圖像創制術】之範圍內就會存在著一種區別。但兩者都是εἴδωλα【圖像】。因此，區別必定在於εἴδωλον【圖像】之性質。現在要做的，是在看起來—如—某種東西之性質上、嚴格講在看起來—如同被描繪的東西本身的關係上，擬定出εἴδωλον【圖像】中的這種區別。因此，對εἴδωλον【圖像】及不同的可能性的進一步闡明，關係到表現者和被表現者之間，或者圖像和被圖像化者之間的連繫；我不說：被映像者（Abgebildetes），因爲映像（Abbilden）僅僅是圖像化的一種特定類型。我們用在這兒扮演了一種重要角色的**圖像**（*Bild*）現象來開始討論一種非常重要的連繫。只要人們說出下面這點，那麼，在是某種東西的圖像這一圖像—是

（das Bild-sein von etwas）[30]之意義上的圖示（Bildlichkeit），就在哲學中——恰恰部分同希臘哲學相連繫——於對認識的澄清那兒扮演著一個重要的角色，那就是：在某種方式上外在於我們、在意識之外的諸對象，或者如人們也說的「超越的（transzendent）」對象，通過一種內在的（immanent）對象而被映像；或者反過來說，我們僅僅根據那些內在的對象才抵達超越的對象。圖示、是某種東西的圖像這一圖像—是中的結構連繫，甚至在人們根本沒有明確知道的地方也經常奠基著對認識活動的闡釋，但無疑是這樣的：人們根本沒有眞正開始下面這點，那就是更爲仔細地看清圖示現象或是某種東西的圖像這一圖像—是現象，眞正包含著什麼。假如人們走到這一步，那麼就會立馬看到憑藉圖示中的這種連繫根本無法澄清認識活動。在二十五年前，胡塞爾已經在其《邏輯研究》中強有力地且無可辯駁地證實了這點，但今天人們照樣行事，彷彿什麼也沒有發生過似的。根據「第五研究」第二章中的附錄[31]，在圖像現象那兒首先需區分出：1.圖像客體（das Bildobjekt）；它意指圖像本身，即客體，如掛在牆上的東西，或

---

[30] das Bild-sein von etwas直譯當為「某種東西的圖像—是」。基於譯者的理解，將之意譯為「是某種東西的圖像這一圖像—是」。——譯注

[31] 附錄的標題為：對「圖像論」和關於行為之諸「內在」對象的學說的批判（Zur Kritik der "Bildertheorie" und der Lehre von den "immanenten" Gegenständen der Akte）。——原注

立於某種底座之上的雕塑。2.圖像主體（das Bildsubjet），正如人們所說，它是在圖像本身中所展示出來的那種東西。胡塞爾指出：兩種對象之間的相似地是（Ähnlichsein）——即使〈相似度〉是如此地高，以至於兩者在其什麼之內容上（Wasgehalt）相一致——還不足以把一個稱作另一個的圖像；相反，對於一個東西是另一個東西的圖像這一圖像—是來說，在本質上要求一些新的結構要素。

在這兒，柏拉圖現在感興趣的是作爲圖像—是的圖像—是，不是那些作爲圖示的圖示中的現象；他甚至沒有手段來嶄露這些結構連繫。在圖示中的結構連繫之範圍內，對於柏拉圖來說重要的毋寧是顯示出：正如我們所說，圖像客體，即進行表現者，的確是現成的；但它作爲這種現成的東西，恰恰**不是它作爲圖像所顯示的那種東西**。對於柏拉圖來說，重要的是下面這種區別：某種東西在圖像中並且同現成的圖像一道在此是，該東西自身不是它所顯示的東西，即不是它眞正所冒充的那種東西。於圖像—是那兒，柏拉圖感興趣的是：**圖像客體的是之類型同被表現者本身的關係**。

2.在εἰκαστική【映像術】和φανταστική【想象術】中的圖像（εἴδωλον【圖像】）和被圖像化者（ὄν【是者】）之間的關係。對εἴδωλον【圖像】的兩種類型的規定：εἰκών【映像】和φάντασμα【假象】。在φανταστική【想象術】中的不是之增長。不是者之是的無可爭辯性

於是，在圖像創制（Bilderherstellen）[32]，εἰδωλοποιική【圖像創制術】之範圍內，有著它μάλιστα【尤其】（235d7）、「尤其」是它能夠是的那樣一種類型，即它如下面這樣製作μίμημα【模仿品】，如下面這樣形成作爲這樣一種圖像的圖像，那就是這種圖像具有ἀποδιδόναι τὴν ἀληθινὴν συμμετρίαν【付還眞實的比例】（參見235e6以下）或ἀπεργάζεσθαι τὰς οὔσας συμμετρίας【完成實際是著的各種比例】[33]（參見236a5以下）之性質；因此，這樣一種μιμεῖσθαι【模仿】彷彿從那要加以表現的東西那兒抽取出，ἀποδιδόναι【付還】同樣的各種比例，並在表現本身中再現它們。這就是ἀποδιδόναι【付還】之性質：從那要加以表現的東西中抽取並在表現中再現：τὰς οὔσας συμμετρίας【實際是著的各種比例】，嚴格地如在被表現的東西、在範型那兒那樣的各種比例；在此有著τὰς τοῦ παραδείγματος ἐν μήκει καὶ πλάτει καὶ βάθει【範型在長、寬、高上的各種比例】（參見235d7以下）、「根據長、寬、高」，並且不僅付還這些比例，而且

---

[32] Bilderherstellen，也可以譯為「圖像製作」。——譯注

[33] οὔσας乃εἶναι（sein）的現在時分詞陰性賓格複數，我將之譯為「實際是著的」。英文一般將之譯為real、actual；施萊爾馬赫將之譯為wirklich bestehend；從下文看，海德格將之譯為wirklich seiend。——譯注

付還其他的可見的東西，如「各種顏色」、χρώματα【各種顏色】（235e1）[34]都嚴格地如它們在實際是著的東西中、在ἀληθινόν【眞實的東西】中一樣。在這樣一種再現中，被創制出來和在此是的東西，是具有εἰκὸς ὄν【是相同的】（參見236a8）之性質的一種εἴδωλον【圖像】，——εἰκός【相同的】意味著「相同的」。在各種比例和顏色上同範型一樣；它看起來完全如此；它是在一模一樣這一嚴格意義上的映—像（Ab-bild），如與原物一般大小的一種完全無創見地製作出來的雕塑。然而，儘管在這兒εἴδωλον【圖像】是εἰκός【相同的】，並且因而是εἰκών【映像】、在眞正意義上的圖像，但它作爲εἰκών【映像】，即作爲εἴδωλον【圖像】，還是在不—眞正—是（das Nicht-eigentlich-Sein）它所表現的東西之意義上具有看起來—如（das Aussehen-wie）之性質。這是表現、創制εἴδωλον【圖像】的一種可能性。

第二種是φανταστική【想像術】。它通過下面這點而不同於首先提到的那種，即不同於εἰκαστική【映像術】，那就是：那在圖像創制中眞正被創制出來的東西，不再如映像那樣同範型相同。它所表現的東西的各種什麼之內容、在它身上所給出的各種比例，都與實際是著的東西不同。關於對εἰκαστική【映像術】

[34] 德文原文作335e1，有誤。——譯注

（235d7以下）的刻劃，泰阿泰德追問道：Τί δ'：οὐ πάντες οἱ μιμούμενοί τι τοῦτ' ἐπιχειροῦσι δρᾶν：【怎麼回事？所有的模仿者豈不都企圖做這件事？】（235e3以下）所有在μιμεῖσθαι【模仿】τέχνη【技藝】中活動的人，豈不都以這種方式行事，——他們在εἰκών【映像】的意義上創造εἴδωλα【圖像】，因而εἴδωλον【圖像】是εἰκός【相同的】？ξένος【客人】（235e5以下）說不是：如果涉及的是創造一個巨大的表現——如雕飾花紋，或者在一棟建築的某一整個外牆上表現一場戰役或遊行，那麼，處在上面的那些人物、士兵的形象必須是較大的，以便它們——因爲它們離得較遠——看起來恰好同下面的那些形象一樣大，——只要以自然的眼光來看這些形象。如果上面的形象也以原物一般大小的那樣來加以表現，那它們看起來就似乎太小，並且一種不合比例就會進入到整個圖像中。因此，這樣一種表現向著下面這點進行定位：被表現者統一地產生效果，作爲一場遊行而產生效果；在圖像中呈現出來的整個的實際連繫，整體地產生效果。因此，這一實情——我們所看到的有些東西，比那在近處的其他東西離我們較遠——要求雕塑者把那離得較遠的東西做得更大。如果取來一把梯子爬上去從上面看那些形象，那它們就太大了。因此，這兒所涉及的不是在εἰκός【相同的】這一意義上形成εἴδωλον【圖像】；相反，對εἴδωλον【圖像】的創制向著整個圖像進行定位；重要的是：它僅僅看起來如某一整體的實際性。這種僅僅—看起來—如此（Nur-so-Aussehen）意味著φάντασμα【假象】。τί καλοῦμεν：

ἆρ' οὐκ, ἐπείπερ φαίνεται μέν, ἔοικε δὲ οὔ, φάντασμα；【我們將之稱作什麼？既然它不是同樣的，而是顯得那樣，豈不可以將之稱作假象？】（236b6以下）這種εἴδωλον【圖像】μηδ' εἰκὸς ᾧ φησιν ἐοικέναι【與那宣稱相同的東西不相同】（236b6），它與那在表現本身中宣稱是相同的東西不再相同；它不再是映像或一模一樣。映像已經不是眞實的東西，而φάντασμα【假象】更不是它所表現的東西。這就是通過εἰκαστική【映像術】和φανταστική【想像術】之間的區別在這兒所要顯示的。在φανταστική【想像術】中的圖像之圖像是，遠不是它要表現和再現的東西，甚至在相同的大小、長、寬、高之意義上的各種比例也不是。也即是說，φάντασμα【假象】作爲圖像在其現成地是上，更不是它顯現爲的那種東西；在它那兒，不是（*das Nichtsein*）是更爲眞正的。於是引人注目的東西出現了——並且它是ξένος【客人】所發覺的——，那就是：μιμητικὴ τέχνη【模仿技藝】πάμπολυ【大多】（235b9以下）、「總的來說」、幾乎普遍地在τέχνη φανταστική【想像術這種技藝】之意義上行事；幾乎所有的技藝都不是在εἰκαστική【映像術】意義上的技藝，而是在φανταστική【想像術】意義上的技藝。但如果在φανταστική【想像術】中某種東西是現成的——該東西遠不是它所表現的東西，並且這種φανταστική【想像術】是μιμητική【模仿術】中分布最廣的類型，那麼，就再也根本無法否認不是者之實際的現成地是。因此，我們在μιμητική【模仿術】中展露出一種ποιούμενον【被創制出來的東西】、一種被創制的東西、被製作的東西——它完完全全不是它冒充是的那種東西。

因此，柏拉圖之所以在εἰδωλοποιική【圖像創制術】之範圍內強調區別，是爲了顯示：在多大程度上一種不—是者被包含在了τέχνη μιμητική【模仿技藝】——轉義爲智者——所創制的東西中。在εἰκών【映像】意義上的εἴδωλον【圖像】不同於它所表現的東西；而φάντασμα【假象】作爲圖像不僅根本並不眞實地是它所表現的東西，而且它在其實事內容上甚至更不同於它所不是的東西，從而φάντασμα【假象】之圖像性質更多地包含著μὴ ὄν【不是者】。對於柏拉圖來說重要的恰恰是在這種連繫中證明不是者，這從下面這點顯明出來：在後面的討論中——他在那兒再次談到了εἴδωλον【圖像】和φάντασμα【假象】，他沒有再探討εἰκαστική【映像術】和φανταστική【想像術】之間的區別，因爲對於他來說在那兒唯一重要的是他要一般地在εἴδωλον【圖像】中占有μὴ ὄν【不是者】這一現象。這種不是者相應於智者本人在他的所作所爲中所創制的東西。他眞正創制的東西以及具有μὴ ὄν【不是者】之性質的東西，現在還沒有直接變得清楚。在這種考察那兒還根本沒有談到λέγειν【說】；相反，對在φάντασμα【假象】中的不是者之實際的現成地是的整個證明，都在μιμητική【模仿術】那兒進行。

誠然，由此不是者之現成地是已經引起了注意；但同時ξένος【客人】說到：εἰς ἄπορον εἶδος καταπέφευγεν【他逃到難以對付的外觀中】（參見236d2以下），「智者從我們這兒逃走」，再次從手中逃脫，進到一種εἶδος【外觀】中、「一種外觀中」——對之我們完全不精通，「在那兒我們沒有任何出路」。

3. 對智者之把握的完全困惑。智者把自己隱匿在μὴ ὄν【不是者】之晦暗中。進一步的任務：發現μὴ ὄν【不是者】之εἶδος【外觀】

現在，處境其實是：事實上不是者在其現成地是上被肯定了，而智者在這件事上——如果可以這樣說的話——就是μὴ ὄν【不是者】那活生生的實際情況。但只要下面這一命題是正確的，那麼，由此恰恰就給出了一種完全的無計可施，那就是：是者是，不是者不是。獨特的是，柏拉圖一再於這種連繫中強調智者似乎在某種程度上已經隱匿了起來。εἰς ἄπορον τόπον καταδέδυκεν【躲藏到無法通達的地方】（參見239c6以下），「他隱匿到了一個既無入口也無出口的地方」。ἀποδιδράσκων εἰς τὴν τοῦ μὴ ὄντος σκοτεινότητα【躲藏到不是者的黑暗中】（254a4以下），「他已經逃走了，隱藏到不是者的黑暗中」。διὰ τὸ σκοτεινὸν τοῦ τόπου κατανοῆσαι χαλεπός【由於該地的黑暗而難以看清】（254a5以下），「由於他所逃遁的那個地方，即不是者，是晦暗的，故他本人難以看清」。與這種σκοτεινόν【黑暗】相應，在260d中柏拉圖說：我們迄今對於智者沒有任何εἶδος【外觀】，即沒有看法。因此，某種東西之「沒有任何εἶδος【外觀】」同σκοτεινόν【黑暗】、「隱藏在晦暗中」相應。顯然，只有當對於智者是什麼，即μὴ ὄν【不是者】來說，εἶδος【外觀】被發現出來了，也即是說只有當是之意義被重新加以討論了，方才能把智者從其隱匿處、從晦暗中帶出來。對σοφιστικὴ τέχνη【智者的技藝】的整個考察所朝向的那種ἰδέα【理念】、ἐν【一】，還沒有被找到。相反：Ὄντως ἐν παντάπασι χαλεπῇ σκέψει.【事實上完全處在困難的考察之中】（參見236d9以下）、「我們現在完全處在一種困難的考察中」。困難現在才開始。在開始各種新的探究之前——在那兒要尋找μὴ ὄν【不是者】之εἶδος【外觀】、要把光亮帶入不是者之是的黑暗中，即帶入智者之生存中，ξένος【客人】再次提醒泰阿泰德要記住對於這樣一種考察來說所要求的那種正確行爲，這不是偶然的：他問他：Ἆρ' οὖν αὐτὸ γιγνώσκων σύμφῃς, ἤ σε οἷον ῥύμη τις ὑπὸ τοῦ λόγου συνειθισμένον συνεπεσπάσατο πρὸς τὸ ταχὺ συμφῆσαι;【你究竟是認識到了才表示同意呢，還是邏各斯所造成的某種動力使得你習慣倉促地表示同意？】（236d5以下）正如在前面考察的進程中所出現的，他對ξένος【客人】所說的東西說對和同意，究竟是出於習慣呢，還是在他說對之前，他本人總是已經看清了事情並且已經回想起了它。他再次規勸泰阿泰德，要總是嚴格地檢查每次所要談論的東西是什麼。因爲現在的確要談論不是，而問題是：是否眞能看見這樣的東西。問題是：什麼在「μὴ ὄν【不是者】」這一ὄνομα【名稱】中被談及了。

第二編 是態學上的討論[1]不——是者之是[2]（《智者》236e-264b）

導論（236e-237a）

卄九、對是態學的整個問題的闡述

㈠對智者之定義七的結果總結。ψευδὴς λόγος【假的邏各斯】之矛盾

在236e那兒，考察以在某種程度上完全形式地總結前面的結果開始。我們已經通過圖像之現成地是，或智者之實際性給出了我們能夠這樣加以標畫的東西：τὸ [⋯] φαίνεσθαι τοῦτο καὶ τὸ δοκεῖν, εἶναι δὲμή【這顯得和看起來，但卻不是】（236e1以下），或者就那活動在λέγειν【說】中的智者來說：τὸ λέγειν μὲν ἄττα, ἀληθῆ δὲ μή【說了某些東西，但卻不是真東西】（236e2），我們擁有下面這一實

---

❶ 海德格手稿中的標題。——原注

❷ 根據海德格而來的標題（見第234頁以下。對《智者》的劃分）。——原注

情，那就是：φαίνεσθαι【顯現】、「顯示—自己—作爲（Sich-Zeigen-als）」❸或者δοκεῖν【看起來】、「看起來—如—一樣（So-Aussehen-wie）」，εἶναι δὲ μή【但卻不是】、「但卻不是」；或者λέγειν μὲν ἄττα【說了某些東西】、「談及了某種東西」——嚴格講：在談及中讓被看——，ἀληθῆ δὲ μή【但卻不是眞東西】、「但卻沒有在被揭開了地是（Aufgedecktsein）中讓被看」。ξένος【客人】說，「所有這些」——即τὸ φαίνεσθαι τοῦτο καὶ τὸ δοκεῖν, εἶναι δὲ μή, καὶ τὸ λέγειν μὲν ἄττα, ἀληθῆ δὲ μή【這顯得和看起來，但卻不是；說了某些東西，但卻不是眞東西】，「都充滿了困難」，πάντα ταῦτά ἐστι μεστὰ ἀπορίας【所有這些都充滿了困惑】（236e2以下），不僅是現在，而且總是已經，ἀεὶ ἐν τῷ πρόσθεν χρόνῳ καὶ νῦν【無論以往還是現在總是】（236e3），從前和現在。ὅπως γὰρ εἰπόντα χρὴ ψευδῆ λέγειν ἢ δοξάζειν ὄντως εἶναι, καὶ τοῦτο φθεγξάμενον ἐναντιολογίᾳ μὴ συνέχεσθαι, παντάπασιν χαλεπόν.【一個人以何種方式說，必然確實有對假東西的說或認爲，並且當他這樣說時卻不陷入矛盾中，這完全是困難的。】❹②（參見

---

❸ Sich-Zeigen-als，也可以譯為：把自己顯示為、顯現—為。——譯注

❹ ὅπως γὰρ εἰπόντα χρὴ ψευδῆ λέγειν ἢ δοξάζειν ὄντως εἶναι, καὶ τοῦτο φθεγξάμενον ἐναντιολογίᾳ μὴ συνέχεσθαι, παντάπασιν χαλεπόν.這是一句比較難以翻譯的話。如果直譯，至少有兩種可能：1.一個人以何種方式說，對假東西的說或認為必然以是的方式是（必然確實有對假東西的說或認

236e3以下）「並且下面這點是非常困難的，那就是：當一個人說，確確實實有著一種對ψευδῆ【假東西】的λέγειν【說】或δοξάζειν【認爲】，他如何並不必然陷入自相矛盾的境地、ἐναντιολογίᾳ συνέχεσθαι【陷入矛盾中】❺。」也即是說，那主張有著某種ψευδὴς λόγος【假的邏各斯】的人，被迫自相矛盾。因爲他等於在說：有著一種λόγος【邏各斯】、一種δηλοῦν【揭示】、一種使公開，而這種λέγειν【說】是ψευδῆ【〈說〉假的東西】，它在進行歪曲。因此，那說有著一種ψευδὴς λόγος【假的邏各斯】的人，就是在說有著一種進行遮蔽的讓被看（ein *verdeckendes Sehenlassen*），或者有著一種進行鎖閉的敞開（ein *versperrendes Öffnen*）。

當柏拉圖現在以雙重方式來表達μὴ ὄν【不是者】時——正如上一次在μιμητική【模仿術】以及早前在智者那兒、在ἀντιλέγεσθαι περὶ πάντα【辯論一切】那兒所出現的那樣，即將之表達爲：1. φαίνεσθαι καὶ τὸ δοκεῖν, εἶναι δὲ μή【顯得和看起來，但卻不是】，2. λέγειν μὲν ἄττα, ἀληθῆ δὲ μή【說了某些東西，但卻不是眞

爲），並且當他這樣說時卻不陷入矛盾中，這完全是困難的。2.一個人以何種方式說，說或認爲假東西必然以是的方式是（說或認爲必然確實有假東西），並且當他這樣說時卻不陷入矛盾中，這完全是困難的。海德格這兒的解釋，採用的是第一種理解，即將ψευδῆ λέγειν ἢ δοξάζειν視爲一個整體，把ψευδῆ當作λέγειν和δοξάζειν的賓語。——譯注

❺ ἐναντιολογίᾳ συνέχεσθαι，直譯當爲：「同矛盾連在一起了」。——譯注

東西】，這就顯示出：他依循δόξα【意見】現象和λόγος【邏各斯】現象來定位對μὴ ὄν【不是者】的進一步考察。通過更加仔細的檢查，〈就會發現〉這兩種現象並不如首先可能看起來的那樣不同。恰恰是δόξα【意見】和λόγος【邏各斯】之間的內在連繫，有權將它們結合在這一問題提法中。因爲對於柏拉圖來說，δόξα【意見】和δοξάζειν【認爲】是一種特定的λόγος【邏各斯】之類型。

㈡附記：δόξα【意見】和λόγος【邏各斯】❻。δόξα【意見】作爲λόγος【邏各斯】或διάνοια【思想】的方式

δοξάζειν【認爲】意味著：根據某種看法而是（*einer Ansicht sein*）❼。該術語具有一種搖擺不定的意義，並且尤其意義總是根據柏拉圖本人在其哲學工作之範圍內關於對ἐπιστήμη【知識】之眞正意義的洞察所達到的階段而搖擺不定。同在我們的對話中——如在《泰阿泰德》中——相比，他在有的地方於本質上還更不確定，在那兒δοξάζειν【認爲】無非意味著：根據對某種東西的看法而是，但僅僅在這種意義

❻ 海德格手稿中的標題。——原注

❼ 如果不考慮sein在整個文本中的位置，einer Ansicht sein也可以直接譯為「持某種看法」。在日常德語中，它乃一固定表達，意思就是「認為」，如：Ich bin der Ansicht, daß...（我認為……）。——譯注

上：我相信某種東西，我知道它是這樣；——以至於柏拉圖在《泰阿泰德》中能夠這樣回答ἐπιστήμη【知識】眞正是什麼、眞正的知識是什麼這一問題，誠然首先是消極的：ὅμως δὲ τοσοῦτόν γε προβεβήκαμεν, ὥστε μὴ ζητεῖν αὐτὴν ἐν αἰσθήσει τὸ παράπαν ἀλλ' ἐν ἐκείνῳ τῷ ὀνόματι, ὅτι ποτ' ἔχει ἡ ψυχή, ὅταν αὐτὴ καθ' αὑτὴν πραγματεύηται περὶ τὰ ὄντα. -Ἀλλὰ μὴν τοῦτό γε καλεῖται, ὡς ἐγῷμαι, δοξάζειν.【然而我們往前走了一大步，從而發現根本不能在感覺中發現它，而是在靈魂所擁有的那種名稱中發現它——當靈魂自身根據自身致力於是者時。——依我看，該名稱可被稱作認爲。】（參見187a3以下）眞正的知識不在感官知覺中、ἐν αἰσθήσει οὐ【不在感覺中】，而是在δοξάζειν【認爲】中。他把δοξάζειν【認爲】規定爲一種πραγματεύηται περὶ τὰ ὄντα【致力於是者】，靈魂同「是者」發生的一種「關聯（Zu-tun-Haben）」❽，並且尤其是τῆς ψυχῆς αὐτῆς καθ' αὑτήν【靈魂自身根據自身】——只要它純粹被置於它自己本身之上並純粹關乎它自己本身。這種αὐτὴ καθ' αὑτήν【自身根據自身】在這兒意味著：對於對待是者的這種行爲（Sich-Verhalten）來說，對於靈魂來說，αἴσθησις【感覺】不在考慮之內；相

❽ 海德格頁邊注，參見一九三一／一九三二冬季學期講座。——原注
這裡指的是《全集》第三十四卷，即《論眞之本質：柏拉圖的洞喻和〈泰阿泰德〉》（*Vom Wesen der Wahrheit. Zu Platons Höhlengleichnis und Theätet*）。——譯注

反，靈魂純粹憑藉其本己的各種可能性來對待是者本身。然後在《泰阿泰德》189e中，柏拉圖非常積極地規定了δόξα【意見】之意義。正如他所說，同感官知覺、αἴσθησις【感覺】相比，ἐπιστήμη【知識】是對某種東西的一種認爲（*Meinen*）。讓我們舉一個例子：眞正的認識不是對一張桌子——在此的這張桌子，作爲此時此地（hier und Jetzt）❾這張確定的桌子——的感覺，而是在知覺的意義上認爲，如一張桌子那樣的某種東西在這兒畢竟是。因此，認識在眞正意義上並不關乎這種—在此—此地—和—此時（Dieses-da-hier-und-jetzt），而是關乎什麼（*Was*）在此是：桌子作爲桌子（Tisch als solcher）。我不可能用眼睛看到桌子作爲桌子，而是只能用靈魂、用νοῦς【努斯】在純粹看的意義上認爲、看到桌子作爲桌子。因此，在《泰阿泰德》中眞正的認識已經向著這點進行定位了，儘管柏拉圖本人尚未弄清這種看和認爲眞正具有什麼樣的情況（Bewandtnis）❿。但他確實將δόξα【意見】規定爲λόγος【邏各斯】。τὸ δὲ διανοεῖσθαι ἆρ' ὅπερ ἐγὼ καλεῖς; -Λόγον ὃν αὐτὴ πρὸς αὐτὴν ἡ ψυχὴ διεξέρχεται.【你會如我那樣稱呼思想嗎？——靈魂自身向著自身走

❾ hier und Jetzt儘管已經是一固定表達，具有「立即」、「馬上」的意思，但我在這兒還是將之譯為「此時此地」。——譯注

❿ 儘管Bewandtnis後來在海德格那兒成為了一個重要概念，但在本書中他於一般意義上使用該詞。故我也按其德文的一般意思隨文翻譯。——譯注

過去的那種邏各斯。】（《泰阿泰德》189e4以下）δόξα【意見】，即看和認爲，διανοεῖσθαι【思想】，是一種λόγος【邏各斯】，即「靈魂在自己本身那兒並向著自己本身走過去的那種言談」，διεξέρχεσθαι【走過去】，——這同將辯證法委婉地稱作διαπορεύεσθαι διὰ τῶν λόγων【穿過邏各斯】⓫是一致的，諸位要注意這個διά【穿過】！——περὶ ὧν ἂν σκοπῇ【對它所思考的那些東西】（189e6以下），即對它自身在其視野中所具有的、靈魂純粹爲了它自己而無須感官感覺的那種東西一種談及、談論、穿過。這種λόγος【邏各斯】被刻劃爲εἰρημένος οὐ μέντοι πρὸς ἄλλον οὐδὲ φωνῇ, ἀλλὰ σιγῇ πρὸς αὑτόν【既不是對他人說也不是有聲地說，而是默默地對自己說】（參見190a5以下），這樣一種言談：「不是對某個他人說」，而是如前面所說的，πρὸς αὑτόν【對自己】、「對自己本身說」；並且οὐδὲ φωνῇ【不是有聲地】、「不是以有聲表達的方式說」，而是σιγῇ πρὸς αὑτόν【默默地對自己】、「默默地對自己本身說」。在這一限定中同時顯明了那於通常結構中屬於λόγος【邏各斯】的東西：πρὸς ἄλλον【對他人】並且φωνῇ【有聲地】λέγειν【說】，「以有聲表達的方式」「同〈某個他人〉、對某個他人說」。但在這兒λόγος【邏各斯】οὐ μέντοι πρὸς ἄλλον, ἀλλὰ σιγῇ πρὸς αὑτόν【不是對他人說，而是默默地對自己

⓫《智者》253b10：διὰ τῶν λόγων πορεύεσθαι【穿過邏各斯】。——原注

說】，「不是對某個他人說，而是默默地對自己本身說」。這無非意味著：在這種說中重要的是占有（die *Aneignung*），而不是向某個他人的傳達（die Mitteilung an einen Anderen）。位於這種λόγος【邏各斯】中的所有東西，都向著對在其無蔽性中被看到的東西的占有、對那被視見到的東西的占有進行定位。在這同一意義上——在該意義中δόξα【意見】在這兒被闡釋爲λόγος【邏各斯】，在《智者》中διάνοια【思想】，即眞正的思想（das eigentliche Denken），眞正的意指（das eigentliche Vermeinen），被明確刻劃爲διάλογος【對話】。Οὐκοῦν διάνοια μὲν καὶ λόγος ταὐτόν· πλὴν ὁ μὲν ἐντὸς τῆς ψυχῆς πρὸς αὐτὴν διάλογος ἄνευ φωνῆς γιγνόμενος τοῦτ᾽ αὐτὸ ἡμῖν ἐπωνομάσθη, διάνοια：【因此，思想和邏各斯是同一個東西。只不過那發生在內裡的靈魂對他自己的那種無聲的對話，被我們稱作思想】（《智者》263e3以下），διάνοια μὲν αὐτῆς πρὸς ἑαυτὴν ψυχῆς διάλογος【而思想是靈魂同它自己的對話】（264a9）。διανοεῖν【思想】是一種διάλογος【對話】、一種對話。諸位在這兒隨處可見διεξέρχεσθαι【走過】、διαλέγειν【對話】，在《斐勒柏》中則是διαδοξάζειν【徹底認爲】[12]這一表達（38b13）。在這兒，所有這些都向著διά【穿過】定位：在διαίρεσις【分開】意義上的拆分。如果

---

[12] διαδοξάζειν，也可以譯為「完全認為」、「絕對認為」。該詞也由前綴δια【穿過】和δοξάζειν【認爲】構成，德文一般將之譯為durchaus meinen，英文則將之譯為form a definite opinion。——譯注

眞正的意指、διανοεῖν【思想】被刻劃爲διάλογος【對話】，並且尤其被刻劃爲靈魂同它自己本身並對它自己本身的一種說，那麼，這就暗示著：λέγειν【說】——正如它在διαλεκτική【辯證法】中被規定的那樣，在眞正意義上無非就是一種νοεῖν【看】。因此，διαλέγεσθαι【對話】在強調的意義上是一種νοεῖν【看】。在《斐勒柏》中柏拉圖也觸及到了這同一種連繫。從這兒來看，也即是說，只要δόξα【意見】被闡釋爲λόγος【邏各斯】，那麼，在《智者》中φαίνεσθαι【顯現】、δοκεῖν【看起來】和λέγειν【說】之間的那種獨特的平行關係就能夠不再讓人吃驚了。

㈢ψευδὴς λόγος【假的邏各斯】的是之可能性：不是者之是

在智者的τέχνη【技藝】中與μιμητική【模仿術】相應的東西是：其中有著一種λόγος【邏各斯】，它λέγειν μὲν ἅττα【說了某些東西】、「說了某種東西」，ἀληθῆ δὲ μή【但卻不是眞東西】、「但不是如其所是那樣揭開了是者」；這種λόγος【邏各斯】是一種ψευδής【假的】，它進行歪曲。問題是，這樣的東西如何可能是。只有當不是者能夠是，一種ψευδὴς λόγος【假的邏各斯】，即那進行鎖閉的敞開，方才是它所是的某種東西。僅僅以不是者能夠是爲前提，才有著一種ψευδὴς λόγος【假的邏各斯】。通過將智者闡釋爲ἀντιλέγεσθαι περὶ πάντα【辯論一切】，即根本地將之闡釋爲ψευδῆ λέγειν【說假的東西】，我們就已經大膽「事先假設：不是者是」，τετόλμηκεν ὑποθέσθαι τὸ μὴ ὂν εἶναι【已經大膽假設不是者是】（參見237a2以下）。僅僅在τὸ μὴ ὂν εἶναι【不是者是】這一假設下，方才有諸如智者這樣的東西。如果這一假設是不正確的，即如果我們堅持巴門尼德那迄今都未遭到動搖過的命題：不是者不是，那麼，根本就不會有智者。但那樣一來，在科學研究和智者所做的事情即閒談之間，就不存在任何的區別。於是任何言談作爲言談都在相同的意義上是正當的。由此整個前面那些看起來僅僅學院式的定義之眞正的含義，第一次顯現出來：它們迫使我們與巴門尼德的傳統中的信條相反而前往實事研究那兒⓭。

卆、哲學同傳統的關係

(一)對智者的「諸定義」之意義的最後確定：迫使進行實事研究。對教條式的傳統（巴門尼德）的拋棄

因此，智者的那些看起來僅僅學院式的諸定義之含義，現在第一次顯現出來：柏拉圖現在面臨選擇；要麼繼續贊同那一久經考驗的巴門尼德學派的信條：不是者不是，因而沒有ψευδὴς λόγος【假的邏各斯】，從而ἀντιλέγεσθαι περὶ πάντα【辯論一切】也是不可能的。並且這樣一來就得承認沒有智者，因爲不可能有他。這意味

⓭見附錄。——原注

著：承認巴門尼德學派的信條就等於承認智者爲哲學家，而柏拉圖本人則放棄自己爲哲學家。因爲那樣一來，在智者們所做的和他反對他們而要做的之間沒有區別。**要麼承認智者之現成地是這一實情**，並由此承認μὴ ὄν【不是者】、ψεῦδος【假的東西】之現成地是這一實情，如其所是的那樣接受欺騙、僞裝、歪曲之實際性，並由此改造是之理論。因此，現在已經有著二選一：要麼賦予**事情本身**以其權利，並由此基於它們而讓自己擔當起無情地反對任何先入爲主的理論這一義務；要麼僅僅堅持**傳統**——因爲它是**令人敬畏**的，並由此放棄自己和放棄那總是**實事研究**的那種研究。

柏拉圖選擇了**第一種可能性**，更爲確切地說：他已經對之作出了選擇。因爲，只有存在著下面這一可能性，即能夠讓μὴ ὄν【不是者】作爲是著（seiend）變得可理解，整個考察方才具有一種積極的、獨立的意義。這樣一來，對智者的這種考察恰恰具有下面這一積極的含義：首先讓進一步的考察能夠由之開始的那些現象變得可見。如果我們打算堅持早前所提出的那種圖像——它規定著關於對話內容的通常刻劃：涉及的是包圍著一個內核的外殼，而外殼似乎是我們迄今爲止已經處理過的東西，內核是是態學上的討論，那麼，我們就恰恰必須反過來說：**我們迄今爲止已經處理過的東西是對話的**內核，並且接下來要處理的無非就是在其結構中嶄露該內核。在這兒沒有外殼；相反，有的僅僅是連續的一系列研究。

關於柏拉圖所面臨的、並且在任何理解著自己本身的哲學研究中一再發生的這種二選一，無疑必須得說：憑藉說出這種二選一本身，並未贏得任何東西。即使我們在其各種具體的要求中理解了它們，並且如柏拉圖那樣進行了選擇，也無法擔保探索就能夠得以順利進行。恰恰柏拉圖顯示出，不僅這部對話，而且柏拉圖的整個工作，即使出於純粹對事情本身的興趣而在這兒往前走上幾步，是多麼困難，以及所有一切如何能停留在暫時性中。這既能用在柏拉圖身上，也同樣能用在亞里士多德身上。在哲學史裡面對柏拉圖的浪漫主義評價，恰恰沒能看清在他那兒的眞正積極的東西，即沒有看清那尚不完整的東西、殘缺不全的東西、於他那兒始終還處在途中的東西。這是在每一研究中眞正積極的東西。誠然，並不由此就會說任何的不徹底作爲不徹底彷彿都已經是積極的了，而僅僅是說，在它那兒存在著發展之可能性。

柏拉圖本人在這兒所面臨的這種形勢——在思想柏拉圖時，我們幾乎不能更多地想像巴門尼德那驚人的重要性——，這種處境，對於我們也一再出現，誠然帶有下面這一區別：同柏拉圖和亞里士多德的工作相比，我們在一種完全不同的程度上、甚至在一種完全不同的意義上被束縛於傳統那兒。

㈡當代哲學同傳統的關係。對教條式的傳統的「解構」。對關於過去的實事研究的占有

甚至在這兒，甚至在今天，尤其是在現象學那兒，有著相信能夠徑直獲得自由這樣一種浪漫主義，認爲我們在一定程度上能夠通過一躍而擺脫歷史。在哲學的問題提法那兒——恰恰在那意圖推進到事情本身那兒的那種問題提法那兒——重要的不是

擺脫過去；相反，**是讓過去對我們開放出來**，**讓我們從傳統那兒解放出來**，尤其是從那種不眞實的、具有下面這一獨特之處的傳統那兒解放出來：它在給出、tradere【交付】、傳遞中，使饋贈本身變形。只有當我們在過去的研究之意義上幫助我們本己的過去取得其權利，我們才能夠於它那兒成長，也即是說，那時我們方才能夠于如此解放出來了的研究那兒，將我們自己抬高到它那追問和研究的水準上。歷史之考察（Geschichtsbetrachtung）的這種方法，能夠讓我們理解到那保持在歷史中的東西——不是停留在一種永恆的當下之意義上，而是在一種眞正的、有時間的歷史性之意義上——不是各種體系，而是實際正在進行研究的工作那常常難以重新認出的片斷，而我們卻將之把握爲實際完成了的工作的一個片斷。從這兒出發，才將贏得同過去的眞正交流。並且只有當我們已經實現了同過去的交流，前景方才是歷史的⑭。**對傳統的無情就是對過去的敬畏**，——但它僅僅在對後者，即過去的占有中，基於對前者，即傳統的**解構**（*Destruktion*），方才是眞實的。從這兒出發，任何實際的歷史學的工作——它恰恰是完全不同於通常意義上的歷史學的東西，必須適應哲學之實事研究。

⑭這句話的德文原文為besteht Aussicht, geschichtlich zu sein. 也可以譯為：才存在是歷史的前景。——譯注

第一章　在不是者這一概念中的困難[1]（237a-242b）

六、對巴門尼德命題的檢查。μὴ ὅν【不是者】的不可說

(一)對λέγειν【說】μὴ ὅν【不是者】之諸困難的初次展示。在μὴ ὅν【不是者】和作爲λέγειν τί【說某個東西】的λέγειν【說】之間的根本衝突

我們在柏拉圖那兒看到，他不僅以突然襲擊的方式推翻了巴門尼德的命題，而且他在引證該命題後還強調說：我們打算檢查它，θεασώμεθα【我們要進行檢查】（237b3）。我們想檢查這一命題究竟是怎麼一回事，這一命題就是：

Οὐ γὰρ μή ποτε τοῦτο δαμῇ, εἶναι μὴ ἐόντα, ἀλλὰ σὺ τῆσδ' ἀφ' ὁδοῦ διζήσιος[2] εἶργε νόημα.【這將永不會獲勝[3]，即不是者是；相反，你要讓思想遠離

---

[1] 根據海德格而來的標題（見第234頁以下，對《智者》的劃分）。——原注

[2] 依照258d3。——原注

在這兒，有些希臘本作διζήμενος，但柏拉圖在該書258d3引巴門尼德這同一段話時，則作διζήσιος。海德格基於自己的理解，認為當依258d3將διζήμενος改為διζήσιος，故才有他的這一注釋。如果取διζήμενος，這句話就會譯為「相反，當你在探究時，你要讓思想遠離這條道路。」如果取διζήσιος，這句話則當譯為「相反，你要讓思想遠離這條探究之路。」——譯注

[3] 這句話也可以譯為「你不可以屈服於這點」。——譯注

這條探究之路。】（參見237a8以下）

「也即是說，你從不會征服這點」——在能夠－主張（Behaupten-Können）的意義上——你從不可能主張「不是者是」；相反，你要遠離它，你要讓你的νοεῖν【看】，即你的思考、你的看，遠離這條研究道路」。也就是說，如果你把你的思想對準那種東西，那麼，你將根本不能獲得實際的意指、νοεῖν【看】之主題。

面對這一禁令：εἶργε νόημα【你要讓思想〈遠離這條探究之路〉】❹，ξένος【客人】在一種問題之意義上說道：τολμῶμέν【我們會膽敢】、「我們想冒險」，τὸ μηδαμῶς ὂν που φθέγγεσθαι【以某種方式說出絕對的不是者】（參見237b7以下）❺、「以某種方式說出那絕對的不是者嗎？」諸位要注意，重要的是φθέγγεσθαι【說出】、「說出（aussprechen）」，即在一種非常確定意義上的λέγειν【說】。泰阿泰德回答道：Πῶς γὰρ οὔ;【爲什麼不？】（239b9）、「爲什麼不？」他毫不猶豫地將之視作自明的；他沒有看到任何困難，即他完全自發地訴諸迄今我們的確恆常地所進行的那種閒談。他沒有任何困難，因爲他根本不打算檢查每個人所理解的μὴ ὄν【不是者】可能真正意指什麼。他僅僅隨便說說μὴ ὄν【不是者】而已，他並未嚴格地看清他究竟真正在用它意指什麼。他已經再次忘記了ξένος【客

---

❹ 如果單單翻譯εἶργε νόημα，意思是：「你要把思想圍起來」，或「你要阻止思想」。——譯注

❺ τὸ μηδαμῶς ὂν【絕對的不是者】，也可以譯為「絕不是著的東西」。——譯注

人】在這一新討論的開始就對他所說的那種提醒，即根據看來回答。

ξένος【客人】現在攔住了他。涉及的不是ἔριδος ἕνεκα μηδὲ παιδιᾶς【爲了爭吵或兒戲】（237b10）、「在玩笑中和爲了一種隨便的討論」的言說，而是σπουδῇ【認眞地】（同上）、現在有著「認眞」。在你同我一起看清事情之後，我向你要求一個回答。因此，你首先得回答我這點：ποῖ χρὴ τοὔνομ᾽ ἐπιφέρειν τοῦτο, τὸ μὴ ὄν【應當把不是者這一名稱安放到何處】（237c2），「μὴ ὄν【不是者】這一表達究竟應被放到何處」？這將意味著：它究竟意指什麼？當我有意說出μὴ ὄν【不是者】這一表達時，什麼被給予了我？因爲一個ὄνομα【名稱】、一個語詞絕不是在一種響聲意義上的單純的有聲表達。它絕不是這樣：一個聲音變得可聽見了，然後或者附帶在它上面浮現出某種所謂的表象。相反，在語詞本身中——並且這是其原初的意義——某種東西被意指了。在彼此的自然言談中、在談話中，我們已經根本不是迎向那浮現出來的聲音本身，而是原初和非常自然地迎向那被說的東西。誠然，我們聽到了聲音，但它們根本不是作爲聲音而被主題性地給予我們並得到把握。甚至當我們沒有理解一個說出來的言談、因而不能夠就其含義來追查某種語詞連繫和句子連繫時，甚至當我們聽見的不是響聲，而是聽見不理解的語詞和句子時。因此，甚至原初的把握方法，也是對被說的東西本身的理解。在作爲ὄνομα【名稱】的ὄνομα【名稱】中——爲了澄清這些連繫，我已經先行接受了這些規定——已經有著ἔπι【銜著】，即「朝向事情」。語詞在一種非常獨特的賦予—含義（das Be-deuten）之意義上意指某種東西；它顯示某種東西，σημαίνειν【它進行意指】。因此，問題是：εἰς τί καὶ ἐπὶ ποῖον αὐτόν τε καταχρήσασθαι【將它用在什麼上面以及用在哪類東西上面】（237c2以下）、「我們把μὴ ὄν【不是者】這一表達用在什麼上，以及用在何種性質的東西上」？τί [...] τῷ πυνθανομένῳ δεικνύναι；【把那進行詢問的人顯示爲什麼】（237c2以下）、「我們把那追問它意指什麼的那種人顯示爲什麼」？在對φθέγγεσθαι τὸ μηδαμῶς ὄν【說出絕對的不是者】意味著什麼進行更加深入的把握之後，泰阿泰德的回答聽起來已經有了本質的不同：παντάπασιν ἄπορον【完全困惑了】（237c6）、我現在「完全束手無策」來回答你。ξένος【客人】前來幫助他。但他首先說：δῆλον, ὅτι τῶν ὄντων ἐπί ⟨τι⟩ τὸ μὴ ὄν οὐκ οἰστέον.【顯然，不是者不可以用在任何是者身上。】（237c7以下），「下面這點是顯然、清楚的：μὴ ὄν【不是者】這一表達，在其意指上不可能向著那具有ὄν【是著】性質的東西定位。」泰阿泰德對此表示同意。

於是ξένος【客人】在下面這一方向上繼續推進思想，那就是澄清τὶ λέγειν【說某個東西】❻、「談論某種東西」、「說某種東西」究竟意味著什麼。緊接前面的

---

❻ 希臘文τί和有τι區別，前者乃疑問代詞，後者乃不定代詞。因此，嚴格說來，τὶ λέγειν當譯為「說什麼」，而τι λέγειν當譯為「說某個東西」。但海德格似乎在這兒沒有進行這一區分，基於整個文本理解，我還是將τὶ λέγειν譯為「說某個東西」。——譯注

東西，他說，顯然也οὐδ᾽ ἐπὶ τὸ τί【不能用在某個東西身上】（237c10）；如果我們想在其含義上將μὴ ὄν【不是者】這一表達同「某種東西」相關聯，那麼，我們就沒有把該表達φέρων ὀρθῶς【正確地帶入】（237c11）、「帶入正確的方向上」。因此，μὴ ὄν【不是者】不可能意指某種ὄν【是者】；而它也不可能意指τί【某個東西】、「某種東西」：Καὶ τοῦτο φανερόν, ὡς καὶ τὸ "τὶ" τοῦτο ῥῆμα ἐπ᾽ ὄντι λέγομεν ἑκάστοτε【顯然，「某個東西」這一表達在任何時候都用在是者身上】（參見237d1以下），因爲「下面這點是顯然的，那就是：如果我們說『τί【某個東西】』，那麼我們在任何時候都是ἐπ᾽ ὄν τι λέγομεν【衝著某個是者來說的】、都在向著某種是者的方向上使用它。」原文在這兒於與格的意義上作ἐπ᾽ ὄντι【衝著是者】。依照整個討論所具有的意義，我想建議將之改作ἐπ᾽ ὄν τι【衝著某個是者】，因此，「下面這點也就清楚了，那就是，如果我們說τί【某個東西】，那麼我們將之套用於某個是者身上。」基於下面這點我認爲這在語言上是合法的：在整個前面的討論中——在那兒不斷說到ἔπι【衝著】，ἔπι【衝著】始終跟的都是賓格，儘管純粹在語言上ἔπι【衝著】也能夠帶與格。但後一種表達方法首先同思想眞正相頂撞。μόνον γὰρ αὐτὸ λέγειν, ὥσπερ γυμνὸν καὶ ἀπηρημωμένον ἀπὸ τῶν ὄντων ἁπάντων, ἀδύνατον.【因爲赤裸裸地、脫離一切是者來單純說它本身，這是不可能的。】（237d2以下）「也即是說，彷彿赤裸裸地、在一定程度上脫離所有是之規定孤零零地說τί【某個東西】，這是ἀδύνατον【不可能的】。」我根本不能脫離是

（das Sein）來說τί【某個東西】、某個東西。任何某個東西都是（*ist*）作爲某個東西，即使它是之意義（der Sinn von Ist）和是（Sein）〈之意義〉在此完全還沒有得到規定。但只要我畢竟在談某個東西（*Etwas*）——它是（*ist*），那麼就會得出：在〈τὶ〉λέγειν【說（某個東西）】中同時在說ὄν【是者】，並且正如我們將看到的，進而在說ἕν【一】。任何某個東西都是（*ist*），並且任何某個東西都是一（*ein*）個東西。因此，〈τὶ〉λέγειν【說（某個東西）】根本是不可能的，除非在λέγειν【說】本身的，即畢竟在說—某—個東西（Überhaupt-etwas-Sagen）的意義上同時意指著是和一（Sein und Eines）。因此，那想說出μὴ ὄν【不是者】的人，即想說出μή τι【非任何東西】、非—東西（Nicht-Etwas）的人，結果必定是μηδὲν λέγειν【一無所說】❼（237e2）、「一無所說（*nichts* zu sagen）」。說出μὴ ὄν【不是者】的那樣一種人，如果他正確理解了他自己，那他就應完全保持沉默。因爲任何λέγειν【說】根據其意義都是一種λέγειν τί【說某個東西】；而任何的λέγειν τί【說某個東西】都連同（*mit*）在說ὄν【是】和ἕν【一】。因此，只要λέγω【我說】、我「說」，那麼，我在μὴ ὄν【不是者】中已經連同在說ὄν【是】和ἕν【一】。由此λέγειν【說】中的一種非常源始的結構已經變得可見了，只不過該結構還完全從

❼ μηδὲν λέγειν【一無所說】，也可以譯為「說無」。——譯注

λέγειν【說】、談及和談論能夠以可能的方式與之相關的那種含有實事的範圍中抽離了出來。只要λέγειν【說】是λέγειν τί【說某個東西】、「談及某個東西」，那麼，在被談及的東西本身中，就連同在說其確定的是之性質和是本身。但這意味著：只要λέγειν【說】是λέγειν τί【說某個東西】，那麼，就對μὴ ὄν【不是者】的談及來說，λέγειν【說】在其自己本身那兒就包含著各種原則上的困難。

這一困難現在必須被想到底，即必須追問：對於作爲λέγειν【說】μὴ ὄν【不是者】的διαλέγεσθαι【對話】來說，那位於λέγειν【說】本身中的困難必定意味著什麼。如果我們膽敢說出μὴ ὄν【不是者】，那麼就會顯現出我們於此在說某個東西，並且在任何說本身之意義上，在說「某個東西」時就連同在說ὄν【是】和ἕν【一】。因此，如果這——即使得μὴ ὄν【不是者】作爲λέγειν【說】的一種可能對象變得可理解——畢竟應是可能的，那麼，就會生起下面這一問題：爲了使得一種μὴ ὄν λέγειν【說不是者】或者μὴ ὄν δοξάζειν【認爲不是者】成爲可能，λέγειν【說】本身必須是何種樣子。換個說法：要尋找的是ὀρθολογία τοῦ μὴ ὄντος【正確說不是者】（參見239b4）、「正確說不是者」。從這一問題提法就已經得知：首先，困難位於μὴ ὄν【不是者】中要比位於λέγειν【說】本身中小些；任何把不是者（das Nichtseiende）稱作是著（seiend），都在結構上包含著一種συμπλοκή【聯結】（參見240c1），即不是（Nichtsein）和是（Sein）之間的一種緊密結合。如果這種緊密結合在某種意義上是合法的，那麼，不是者（das Nichtseiende）就是

（*ist*）。但如果不是者在某種意義上能夠是，那麼，顯然不（das *Nicht*）于此必定在一種極其獨特的意義上被使用——這一意義到目前爲止對於柏拉圖本人來說還並不熟悉。因此，既需要對λόγος【邏各斯】及其意義進行一種修正，也需要對不之意義（*der Sinn von Nicht*）進行一種修正。但只要不（das Nicht）同說－不（das Nein-Sagen）和否定（Negation）相關，那麼，關於μὴ ὄν【不是者】的這一問題提法復又集中到λέγειν【說】μὴ ὄν【不是者】上。這是接下來的各種考察所選取的路，只不過它們在其每一階段上並不立馬就是清楚的。

㈡ 對λέγειν【說】μὴ ὄν【不是者】中的諸困難的進一步追蹤。對在λέγειν【說】中被意指的東西之結構的進一步規定。ἀριθμός【數】和ὄν【是者】。對μὴ ὄν【不是者】和λέγειν【說】之間的衝突的進一步規定。意向性作爲λέγειν【說】的基本結構

我們敢於：φθέγγεσθαι τὸ μὴ ὄν【說出不是者】。只要顯現出：作爲每一λέγειν【說】之對象的τί【某個東西】，不是γυμνόν【赤裸裸的】、不是「赤裸裸的」、不是裸露於是（Sein）之外，那麼，我們就已經贏得了一種洞察；並且進而：任何τὶ λέγειν【說某個東西】都是一種ἕν λέγειν【說一】。τόν τι λέγοντα ἕν τι λέγειν【說某個東西就是說某一個東西】（參見237d6以下）。在說某個東西中

那被說的任何某個東西，都是一個東西。或者如柏拉圖所表達的：τί【某個】是ἕν【一】的σημεῖον【標誌】（237d9）。τί【某個】、某個東西作爲某個東西意指ἕν【一】。這意味著：在某個東西之含義中有著一。σημεῖον【標誌】這一表達在這兒不是隨意的。它後來在亞里士多德那兒完完全全成爲了術語。σημαίνειν【意指】在他那兒是思想的一種特定類型，即屬於作爲語詞的語詞的思想類型：意指（das Bedeuten）。因此，每一τί【某個東西】都連同意指著某一ἕν【一】、在最寬泛意義上的某一數目（Anzahl）。「連同意指（mitbedeuten）」中的「連同（mit）」在這兒意味著：從開始就一道（im vorhinein mit）❽。此外：τινέ【某雙】這一表達，τί【某個東西】的雙數，即兩個、這一個和另一個，在其自身就連同意指：二。而τινές【某些】、「一些」、若干，在其自身就連同意指：眾多。τί【某個】、τινέ【某雙】、τινές【某些】，在其自身連同意指：作爲數的ἕν【一】、δύο【二】、πολλά【多】。因此，在這兒一種非常寬泛的數之概念在起作用，在此數等同於作爲東西的每一東西的一種構建性的規定。某種東西的一種多樣性：作爲多數或眾多，作爲一些、若干。一、一些、若干，在一種完全源始的、是態學的意義上是數。無論是對於理解數在柏拉圖本人那兒、在其是態學中所扮演的角色來說，還是對於理解下面

❽ im vorhinein mit，也可以譯為：「預先就一道」或「事先就一道」。——譯注

這一歷史實情來說——即在希臘人那兒存在著一個將數把握為對是者的眞正基本規定的哲學流派，即畢達哥拉斯學派，我們都必須考慮到這一寬泛的ἀριθμός【數】之概念。這和一種數學性的對世界的考察以及諸如此類的東西無關；相反，它源於這一非常源始的數之意義，在此「計數（zählen）」無非意味著：說某個東西、有些、一些、若干，並且在這種說中分出了多樣性。新近有人嘗試把在希臘哲學那兒的數之角色，在本質上引回到希臘數學那兒；尤其是斯騰策爾（Stenzel）在其著作《在柏拉圖和亞里士多德那兒的數字與形象》（*Zahl und Gestalt bei Plato und Aristoteles*）中嘗試這樣做[9]。這種研究因其無論如何都返回到了希臘數學這一源頭而具有一定的意義。但它所面臨的，就是在原則上看錯了。同從數學那兒為對它的理解所找到的東西相比，數意味著完全不同的東西。

因此，只要在作為λεγόμενον【被說的東西】的τί【某個東西】中，連同意指著ὄν【是】和ἕν【一】，那麼，μὴ τὶ λέγειν【說非任何東西】、「說非任何東西」就意味著μηδὲν λέγειν【一無所說】（237e1）、「一無所說」。並且眞正與之相應的是：根本不可能進行說（237e5）。由此似乎考察抵達了最極端的困難之處，似乎現在就澄清μὴ ὄν【不是者】之λόγος【邏各斯】來說，不再有任何出路，因為的確已

[9] 尤里烏斯·斯騰策爾（J. Stenzel），《在柏拉圖和亞里士多德那兒的數字與形象》（*Zahl und Gestalt bei Plato und Aristoteles*），柏林／萊比錫，一九二四年。——原注

經將人引到根本不可能談論μὴ ὄν【不是者】這兒。但ξένος【客人】請泰阿泰德考慮一下，還存在著一個更大的困難，並且尤其是ἡ μεγίστη καὶ πρώτη【最大和首要的】（238a2）、「最高和首要的」，基於它我們迄今在就μὴ ὄν【不是者】來說的諸困難那兒所看到的一切，方才被實際地看清。也即是說，要提前認識到：如果我們不可能談論μὴ ὄν【不是者】——只要任何λέγειν【說】都是一種λέγειν τί【說某個東西】，那麼，我們根本就不可能反駁智者，因爲我們根本不可能談論他——只要他本人就是μὴ ὄν【不是者】本身的實際的現成地是。這意味著：智者完全爲其掩體設了防，在作爲λέγειν【說】的διαλέγεσθαι【對話】中根本無法對付他。在一定程度上落回到想反駁智者的那種人身上的這種困難，現在得到了更加清楚的分解；自然，目的不單單爲了討論，而且還要展露在這種μὴ ὄν【不是者】中以及在對μὴ ὄν【不是者】的λέγειν【說】中的諸新結構，這些結構在這兒僅僅暫時性地被強調，但在後面，即在對話的最後部分，將獲得其合法性。

ξένος【客人】指出，在對μὴ ὄν【不是者】的λέγειν【說】中顯然發生了：Τῷ μὲν ὄντι που προσγένοιτ' ἄν τι τῶν ὄντων ἕτερον【在是者身上能夠加上另一是者】（238a5），「在言說中可以在一個是者身上προσγίγνεσθαι【加上】、加上，附加」ἕτερον τῶν ὄντων【另一是者】。在這兒，第一次於這樣一種連繫中浮現出了ἕτερον【另一】、「某一其他的」之概念。但這種ἕτερον【另一】之概念，是柏拉圖由之要修正ὄν【是者】的μή【不】之概念，即否定的那種概念。

這樣一種προσγένεσις【加上】、加上、某一是者與某一另外的是者共同被說（Mitgesagtwerden），顯然沒有任何困難：如果我把τί【某個東西】稱作ὄν【是者】，並同時把τί【某個東西】稱作ἕν【一】，那麼這是完全可理解的。然而下面這點又會是怎樣的呢：Μὴ ὄντι δέ τι τῶν ὄντων ἆρά ποτε προσγίγνεσθαι φήσομεν δυνατὸν εἶναι；【但我們也會說某一是者能夠加在不是者身上嗎？】（238a7以下）「我們會說某一ὄν【是者】能夠被宣布給μὴ ὄν【不是者】嗎？」或者能夠同μὴ ὄν【不是者】一起連帶說ὄν【是者】嗎？——諸位要注意下面這一表達：προσγίγνεσθαι τι τῶν ὄντων μὴ ὄντι【把某一是者加在不是者身上】——。泰阿泰德問到，這會如何發生？ξένος【客人】向他指出已經涉及過的現象：數。Ἀριθμὸν δὴ τὸν σύμπαντα τῶν ὄντων τίθεμεν.【我們認爲全部數都屬於是者】（238a10）「我們把所有於數上存在的東西，都算爲是的東西。」只要某種東西是著，那麼，它就是數。Μὴ τοίνυν μηδ᾽ ἐπιχειρῶμεν ἀριθμοῦ μήτε πλῆθος μήτε ἓν πρὸς τὸ μὴ ὂν προσφέρειν.【那麼，無論是數中的多還是一，我們都不要試圖將之加到不是者身上。】（238b2以下）因此，如果任何數都是一種ὄν【是者】，那麼，「我們就絕不要試圖把數中的某種東西——無論是πλῆθος【多】、多、眾多，還是ἕν【一】、一，πρὸς τὸ μὴ ὂν προσφέρειν【加給不是者】，加到μὴ ὄν【不是者】身上。」把某一數作爲ὄν【是者】μὴ ὂν προσφέρειν【加到不是者身上】，這顯然是不可能的。但另一方面：Πῶς οὖν ἂν ἤ διὰ τοῦ στόματος φθέγξαιτο ἄν τις ἤ καὶ τῇ διανοίᾳ τὸ παράπαν λάβοι τὰ μὴ ὄντα ἤ τὸ μὴ ὂν χωρὶς ἀριθμοῦ；【但離開了數，一個人如何通過嘴巴說出或通過思想把握諸不是者或一個不是者？】（238b6以下）說出或τῇ διανοίᾳ λαβεῖν【通過思想把握】、在意指中把握某一μὴ ὄν【不是者】應如何是可能的——如果χωρὶς ἀριθμοῦ【離開了數】、不將之認作某一μὴ ὄν【不是者】或某些μὴ ὄντα【不是者】？因此，在對μὴ ὄν【不是者】和μὴ ὄντα【諸不是者】的意指中，必然復又連同意指了ἀριθμός【數】。但我們已經確認ἀριθμός【數】是ὄν【是者】。因此，從這兒已經看到χωρὶς ἀριθμοῦ【離開了數】，即χωρὶς ὄντος【離開了是者】不可能把握μὴ ὄν【不是者】。但另一方面我們的確說：οὔτε δίκαιόν γε οὔτε ὀρθὸν ὂν ἐπιχειρεῖν μὴ ὄντι προσαρμόττειν.【嘗試把是者加到不是者身上，既不恰當也不正確。】（參見238c5以下）「嘗試καὶ ὂν μὴ ὄντι προσαρμόττειν【把是者同不是者相切合】、把是者同不是者加以調和，既不正確，也沒有意義。」——諸位在這兒要注意對ὄν【是者】和ὄν【不是者】之間的獨特συμπλοκή【聯結】的不同表達：προσφέρειν【加給】（238b3）、προστιθέναι【歸給】（238c1）、προσαρμόττειν【切合】（238c6）——。因此，我們必須得說：τὸ μὴ ὂν αὐτὸ καθ’ αὑτο【不是者自身就其自身來說】、不是者純粹就其自身來看，ἔστιν ἀδιανόητόν τε καὶ ἄρρητον καὶ ἄφθεγκτον καὶ ἄλογον【是不可思想、不可說、不可表達和無邏各斯的】（238c9以下），是絕對ἀδιανόητον【不可思想的】、「不可意指的」，人們根本不可能意指它，將之認作某種東西：ἄρρητον

【不可說的】：它是「不可說的」；ἄφθεγκτον【不可表達的】：它是「不可表達的」；並且它完全——這是總結——是ἄλογον【無邏各斯的】：它根本不是任何λέγειν【說】的可能對象，不存在關於μὴ ὄν【不是者】的λόγος【邏各斯】。其中就有著：τὸν ἐλέγχοντα εἰς ἀπορίαν καθίστησι τὸ μὴ ὂν οὕτως【不是者把那反駁它的人也置於困惑中】（238d5），甚至那進行反駁的人，即甚至那說不是者不是的人——如巴門尼德——也被置於同樣的困境中。如果他說不是者不是，那麼，他就自相矛盾。並且還加劇了困境：ἄλογον ἔφην εἶναι【我曾說它是無邏各斯的】（238e6），我們已經說過不是者是ἄλογον【無邏各斯的】，αὐτό【它】（239a9）、它是ἄλογον【無邏各斯的】。如果巴門尼德的命題是正確的，那麼，我們甚至根本不可能說它。於是困難被推到了極致，並且這僅僅是爲了下面這一目的，那就是不斷重新看到λέγειν【說】是λέγειν τί【說某個東西】。在對μὴ ὄν【不是者】的言談中，人們不斷地在自己行動的不可能性中公開自己本身。只要談論總是對某個東西的談及，並且言說根本上是對是的東西的原初的展開方式和通達方式，那麼，對於λόγος【邏各斯】來說μὴ ὄν【不是者】就保持著鎖閉。

對作爲λέγειν τί【說某個東西】的λέγειν【說】的這種明確的強調，無非就是對在λέγειν【說】以及νοεῖν【看】和δοξάζειν【認爲】中的一種基本結構的揭示和清楚占有：說是說某個東西。這絕不是陳詞濫調。柏拉圖的各種努力恰恰顯示出，看到λέγειν【說】—λέγειν τί【說某個東西】的這種基本實情價值幾何，並且不是將之丟在這種論斷那兒就了事，而是向著對λέγειν【說】和ὄν【是者】的一種修正繼續前進。λέγειν【說】和νοεῖν【看】的這種基本結構，以及較爲寬泛意義上的人的是之每一行爲〈的這種基本結構〉，並且總的來說任何活著的東西〈的行爲的這種基本結構〉❿，在是之意義上就是依寓於某個東西和朝向某個東西（bei und zu etwas）；——這種基本結構在現象學中依照一個經院哲學的術語intentio【意向】而慣常被稱作**意向性**（Intentionalität）。該術語或許與事情並不相稱——只要它招致了一系列困難。即使在今天，該術語也一再建議，這種意向性現象涉及的是對待某個東西的一種獨特的態度、觀察、注意和意圖。但所有這些都沒有說到點上。相反，意向性是這樣一種結構：它就活著的東西的是本身來說屬於活著的東西⓫。即使我在某種程度上於單純消極的在此—具有—某種東西（Etwas-da-Haben）上而根本沒有在眞正的意義上實施一種明確的注意、一種意向，該結構也存在著。恰恰由於無論在語言上還是在含義史上intentio【意向】都同注意（Aufmerken）具有一種緊密的連繫，故該連繫很容易遭到誤解，尤其當人們將它轉用到所謂體驗和意識行爲上並由此出發來單單看它時。

---

❿ 在莫澤爾的筆記中，「並且總的來說任何活著的東西」這幾個字被海德格放在了括弧裡。——原注

⓫ 在莫澤爾的筆記中，海德格在頁邊處給這句話加上了一個問號。此外，海德格給「活著的東西」這個詞加上了引號。——原注

對於我們來說，重要的是看清作爲λέγειν τί【說某個東西】的λέγειν【說】的這種基本結構如何支撐著整個討論。只要我們完完全全堅持這一結構，那麼，我們不可能用任何理由來對付智者；並且這不僅因爲不可能拿出任何的理由來反對他，而且之所以不能，乃是因爲對於他甚至連打算說說也根本不可以。只有當談論不是者，即談論智者本身是可能的，早前關於智者所說的那些方才是合法的和有意義的。因此，在各種各樣的定義中于智者那兒對μὴ ὄν【不是者】現象的展示，——對μὴ ὄν【不是者】現象的這種展示作爲對是態學上的探索之地基的預先規定，恰恰基於這種探索本身第一次取得了對它自身的辯護。由此下面這點就變得清楚了：一種內在的、實事上的連繫貫穿了對話的整個討論。

六二、εἴδωλον【圖像】概念中的諸困難

㈠ εἴδωλον【圖像】之本質規定。通過εἴδωλον【圖像】現象和ψεῦδος【虛假】現象動搖巴門尼德那僵化的是之意義：在εἶναί πως【無論如何也還是】意義上μὴ ὄν【不是者】和ὄν【是者】之間的συμπλοκή【聯結】。展望：作爲這種συμπλοκή【聯結】之可能性的κοινωνία τῶν γενῶν【諸屬的結合】

因此，智者直到現在面對每一攻擊都完全安然無恙。相反，他本人卻具有轉而發動攻擊這一可能性，只要他的確就是自身進行言說的那種實際的μὴ ὄν【不是者】。

我們說到他，說他的τέχνη【技藝】是τέχνη φανταστική【想象技藝】（參見239c9以下），他是εἰδωλοποιός【圖像創制者】（參見239d3）。ἀντιλαμβανόμενος【進行捕獲】（239d1以下）、「他本人於一定程度上現在就言詞抓住我們」：我們在他面前現在只好說，根據我們自己的考察，我們對之其實無法置一詞。如果我們稱他爲εἰδωλοποιός【圖像創制者】，那他就會問εἴδωλον【圖像】意指什麼。由此考察又返回到對εἴδωλον【圖像】的闡明；但考察不再與早前處在同一層面上。現在所處理的，不再是僅僅展示εἴδωλον【圖像】，即不是之現成地是（das Vorhandensein des Nichtseins）；相反，現在要做的是理解作爲εἴδωλον【圖像】的εἴδωλον【圖像】本身，或者爲εἴδωλον【圖像】之理解進行準備；並且尤其現在不是同一種τέχνη μιμητική【模仿技藝】相連繫，即同描寫或繪製相連繫，而是現在於智者本身之τέχνη【技藝】的範圍內涉及εἴδωλον【圖像】的ποιεῖν【創制】。因此，對εἴδωλον【圖像】是什麼的討論，現在不應於παράδειγμα【範型】那兒進行，而是于智者本身那兒進行——他的τέχνη【技藝】就是λέγειν【說】。也即是說，εἴδωλα λέγειν【說圖像】或ψευδῆ λέγειν【說假象】意味著什麼，現在要使之變得可理解。因此，我們在這兒所看到的，不會是對早前那些東西的簡單重複；相反，考察現在立于一個完全不同的水準上。

這從下面這點那兒顯明出來：同在227a那兒的考慮相應，在239d以下再次插入了一個方法上的考慮。ξένος【客人】讓泰阿泰德彷彿上了當。他問他：如果智者提出下面這一問題，你將作何回答，那就是：τί ποτε τὸ παράπαν εἴδωλον；【總的來說，圖像究竟是什麼？】（239d3以下）「總的來說，εἴδωλον【圖像】究竟是什麼？」泰阿泰德說：很清楚，我會說εἴδωλον【圖像】是τά ἐν τοῖς ὕδασι【水中的倒影】或者τά ἐν τοῖς κατόπτροις εἴδωλα, ἔτι καὶ τὰ γεγραμμένα καὶ τὰ τετυπωμένα καὶ τἆλλα ὅσα που τοιαῦτ' ἔσθ' ἕτερα.【鏡中的鏡像，此外還有畫像、塑像，以及其他諸如此類的東西。】（參見239d6以下）「它是水中的倒影，或鏡中的鏡像，或被描繪出來的東西，即被繪製出來的東西，或被雕鑿出來的東西、被印製出來的東西，以及其他諸如此類的東西。」泰阿泰德在下面這一意義上給出了回答⓬，即他指出了各種具體現成的εἴδωλα【圖像】。ξένος【客人】回答他說：「現φανερὸς εἶ σοφιστὴν οὐχ ἑωρακώς.【顯然你不曾見過智者。】（參見239e1）「現在你將自己暴露爲顯然從未曾見過智者的那樣一種人。」他想由此說泰阿泰德根本不理解智者眞正打算幹什麼。也即是說，一位智者，如果你如此回答他的問題，那麼，δόξει σοι μύειν ἤ παντάπασιν οὐκ ἔχειν ὄμματα【他會在你面前顯得閉著眼睛或者根本沒有眼睛】（239e3），「他會向你顯現爲閉著眼睛、甚或根本沒有眼睛的那樣一種人」。如果你說他是用眼睛看的那樣一種人，如果你讓他看這樣一種現成的

⓬ 海德格頁邊注：「有教養者」。——原注

圖像，那他會笑話你。如果你打算向他介紹各種各樣的圖像來回答他，那你完全錯失了他的問題。προσποιούμενος【進行佯裝】（239e7），他將表現爲根本不認識這種東西的那樣一種人；他將對你說：我對鏡像、被描繪出來的東西，以及類似的東西，完全一無所知。相反，他會問你：τὸ ἐκ τῶν λόγων μόνον【僅僅〈追問〉那出於邏各斯的東西】（參見240a1以下），「僅僅追問那根據λόγος【邏各斯】而變得可見的東西」。那基於λόγος【邏各斯】本身而變得可見的、因而我們即使閉上雙眼也看見的那種東西，所意指的是什麼？在λέγειν【說】中可見的東西是λεγόμενον【被說的東西】，即那作爲什麼而被談及的東西。這是眞正被尋找的東西，當我在這兒說到圖像時眞正被談論的那種東西。但它不是這個或那個，不是我用肉眼所看到的東西。相反，它恰恰是這樣一種東西：它把其可理解性，即其可談及性提供給那總是被〈肉眼〉所看到的東西，——以至於我能夠把在水中的一幅倒影作爲εἴδωλον【圖像】加以談及。因此，眞正被尋找的東西不是你在這兒所介紹的那種東西，而是τὸ διὰ πάντων τούτων【遍及所有這些東西的那種東西】（240a4），「在一定程度上滲透所有這些單個東西的那種東西」，即在是上（seinsmäßig）已經於所有東西中在此是的那種東西。或者如253d5以下所說的：μίαν ἰδέαν διὰ πολλῶν πάντῃ διατεταμένην【完全遍及多個東西中的單一理念】，「無處不在地遍及多個東西、在此是的單一看法」。並且客人向泰阿泰德清楚地指出：即使他對之一無所知，但他其實已經看到了如此那樣的東西，ἠξίωσας ἐνὶ προσειπεῖν ὀνόματι φθεγξάμενος εἴδωλον ἐπὶ πᾶσιν ὡς ἓν ὄν.【你認爲值得用一個名稱來稱呼所有這些東西——你將之表達爲圖像，彷彿它們是一似的。】（240a4以下）「如果你的確認爲能夠ἑνὶ ὀνόματι【用一個名稱】、用一個名稱，προσειπεῖν【稱呼】、談及所有這些不同的εἴδωλα【圖像】。」φθεγξάμενος εἴδωλον【說出圖像】、「也即是說，當你ἐπὶ πᾶσιν【對所有東西】、對所有東西說出εἴδωλον【圖像】時，你說出εἴδωλον【圖像】這個詞，ὡς ἓν ὄν【彷彿它們是一似的】、彷彿它們是一似的。」因此，在你的談及方法中——它是一個非常自然的和自明的東西，在你最切近的語詞使用中，你已經以某種方式意指了某個ἕν【一】。並且當智者追問εἴδωλον【圖像】時，你已經問到了這點。因此，要追問的是一種同一性（Selbigkeit），即追問與εἴδωλα【諸圖像】在各種各樣具體形式中的隨意變換相對立的εἴδωλον【圖像】之同一性。由此泰阿泰德現在第一次眞正被**提升到了正確的方法論的層次**上。在此下面這點變得清楚了，那就是對εἴδωλον【圖像】的討論所涉及的，根本不是用肉眼看，而是用νοῦς【智性直觀】之眼看。或許——我不知道它是否是裝模作樣——對智者的這種刻劃同時意指著諷刺，那就是當客人說：如果泰阿泰德把智者認作ὡς βλέποντι【能進行看的人】、認作能進行看的一種人時，那麼智者會嘲笑他。也即是說，柏拉圖堅信：就在λόγος【邏各斯】中的眞正看來說，智者的確眞的是瞎盲的。

在澄清了εἴδωλον【圖像】之τί【什麼】這一問題之後，泰阿泰德嘗試給出一個回答。εἴδωλον ἂν φαῖμεν εἶναι τὸ πρὸς τἀληθινὸν ἀφωμοιωμένον ἕτερον τοιοῦτον.【我們把圖像稱作相似於眞的東西、但又與之不同的那種東西。】（參見240a8以下）諸位要注意，對εἴδωλον【圖像】之規定的表達通過下面這點而得到刻劃：在該表達中浮現出ἕτερον【不同的】這一表達，這一表達後來形成了對那位於不是者之是這一問題中的基本困難的眞正解決。如同泰阿泰德表達出對εἴδωλον【圖像】的規定一樣，該規定難以在翻譯中加以複述。我把該句子加以拆分。εἴδωλον【圖像】、圖像，是ἕτερον τοιοῦτον【不同的這樣一種東西】，「一種不同的這樣的東西」、一種不同的東西，即不同於那被表現的東西，但在此又ἀφωμοιωμένον πρὸς τἀληθινόν【相似於眞的東西】、「相似於眞正是著的東西」，在ἀφ-,ἀπο【出於】上相似於它：彷彿從它身上「取下來」似的。這一規定不是立馬就可理解的。這顯現在ξένος【客人】所提出的問題上：Ἕτερον δὲ λέγεις τοιοῦτον ἀληθινόν, ἤ ἐπὶ τίνι τὸ τοιοῦτον εἶπες；【你把不同的這樣一種東西說成眞的東西？或者你將這種東西說成什麼？】（240a9以下）這一ἕτερον τοιοῦτον【不同的這樣一種東西】關乎什麼？關乎ἀληθινόν【眞的東西】，即關乎一種不同的這樣眞正是著的東西或者究竟關乎什麼？Οὐδαμῶς ἀληθινόν γε, ἀλλ' ἐοικὸς μέν【絕不是眞的東西，而是相似的東西】（240b2），泰阿泰德回答說：「絕對不關乎一種ἀληθινόν【眞的東西】」，但也不是在該ἕτερον τοιοῦτον【不同的這樣一種東西】似乎完全不是現實的這一意義上；相反，它就其結構來說是ἐοικός【相似的東西】、「它看起來如……一樣」，它同ἀληθινόν【眞的東西】相似。但ξένος【客人】並未就此打住。Ἆρα τὸ ἀληθινὸν ὄντως ὂν λέγων：【眞的東西豈不意味著以是的方式是著的東西？】（240b3）ἀληθινόν【眞的東西】確實意味著ὄντως ὄν【以是的方式是著的東西】嗎？即如某種東西能夠僅僅是那樣是著嗎？意味著眞正的是嗎？因此，如果εἴδωλον【圖像】或者ἐοικός【相似的東西】οὐδαμῶς ἀληθινόν【絕不是眞的東西】，那麼，它就是μὴ ἀληθινόν【不眞的東西】（240b5）；那它就與ἀληθινόν【眞的東西】相ἐναντίον【對立】、對立，是其反面。但眞實的是者、ὄντως ὄν【以是的方式是著的東西】之反面，顯然就是μὴ ὄν【不是者】。Οὐκ ὄντως【οὐκ】ὂν ἄρα λέγεις τὸ ἐοικός, εἴπερ αὐτό γε μὴ ἀληθινὸν ἐρεῖς.【如果你稱相似的東西爲不眞的東西，那你就把相似的東西說成不以是的方式是著的東西。】（240b7以下）「因此，你把ἐοικός【相似的東西】、圖像說成完全根本不是著——只要你將之稱作μὴ ἀληθινόν【不眞的東西】。」因而ξένος【客人】想引導泰阿泰德承認：只要εἴδωλον【圖像】是一種不同於ἀληθινόν【眞的東西】的ἕτερον【另外的東西】，那它就是ἀληθινόν【眞的東西】的ἐναντίον【對立面】，並由此是一種οὐκ ὄν【不是著的東西】。智者術就位於這兒，也即是說：ξένος【客人】在ὄν【是者】的ἐναντίον【對立面】這一意義上，徑直把那不同於ἀληθινόν【眞的東西】，即ὄν【是者】的ἕτερον【另外的東西】解釋爲一種μὴ ὄν【不是者】。

面對把εἴδωλον【圖像】之是闡釋爲不是這一企圖，泰阿泰德進行了反抗；他強調：Ἀλλ' ἔστι γε μήν πως【但無論如何它也還是】（240b9），「但無論如何它也還在此是！」水中的圖像的確是（*ist*）！泰阿泰德誠然沒有關於圖像之是的積極概念，但他看到：圖像是，並且尤其πως【無論如何】、「無論如何」、在某種意義上是。因此他不願意因那些理由而放棄他所看到的東西。Οὔκουν ἀληθῶς【但無論如何不眞地是】（240b10），ξένος【客人】再次抗議道：但它肯定不是那被表現的是者本身。泰阿泰德面對他所看到，準確地表達說：Οὐ γὰρ οὖν【的確不】、「當然不」，πλήν γ᾽ εἰκὼν ὄντως【但它是以是的方式是著的映像】（240b11），「只不過我必須得說：作爲圖像，它是眞實的。」它的圖像是（*Bildsein*）是眞實的。圖像正是作爲圖像，是某種東西。圖像必須是某種東西，以便能顯現爲和表現爲它所不是的那種東西。因此，它事實上無論如何都是：ἔστι πως【它無論如何也還是】。但這種εἶναί πως【無論如何也還是】——進一步的考察將顯示出這點——會動搖以前傳統的在巴門尼德那僵化的意義上的ὄν【是】之意義。但首先由此——即圖像ἔστι πως【無論如何也還是】——得出的實際情況是，我們必須這樣概念性地把握圖像：它是不是著（nichtseiend），但它又的確是（*ist*）。Οὐκ ὂν ἄρα ὄντως ἐστὶν ὄντως【不以是的方式是著，但又以是的方式是】⑬（240b12），它〈是（*ist*）〉眞正不是著的（*nichtseiend*），但它又是（ist）眞正是著的（seiend）。但在εἰκών【映

⑬這一讀法位於海德格的手稿中。伯內特（Burnet）的讀法是：Οὐκ ὂν ἄρα [οὐκ] ὄντως ἐστὶν ὄντως。——原注

像】的這種λόγος【邏各斯】中就有著——如它看起來的那樣——μὴ ὄν【不是者】同ὄν【是者】的一種συμπλοκή【聯結】。Κινδυνεύει τοιαύτην τινὰ πεπλέχθαι συμπλοκὴν τὸ μὴ ὂν τῷ ὄντι.【有可能集結著不是者同是者的某種交織。】（240c1以下）。它是考察現在所駛向的那種眞正的現象：συμπλοκή【聯結】。如果圖像具有某種是，那麼，就會宣稱：不是者能夠同是者進入到某種συμπλοκή【聯結】中。這完全不同於單純宣稱：不是者是。

這種συμπλοκή【聯結】成爲了進一步的考察由之得以繼續的引導線索，並且它同時成爲了隨後在κοινωνία τῶν γενῶν【諸屬的結合】中找到其解決之道的現象。在κοινωνία τῶν γενῶν【諸屬的結合】那兒，συμπλοκή【聯結】被展示爲一種可能性，並由此顯現爲下面這一可能性，即有著這樣的東西：它既是又不是[14]。爲了看清眞實的問題提法，我們必須加以依循的，不是直截了當的不是者之是這一問題，而是συμπλοκή【聯結】這一問題。所以，我也提醒要注意，προσφέρειν【加給】、προσαρμόττειν【切合】、προσαγορεύειν【稱呼】這些表達，暗示著λέγειν【說】具有一種特定的結構[15]：πρός【之於】[16]、某種東西之於某種東西，或者如我們能夠

[14] 海德格頁邊注：由此證明不是者是。——原注

[15] 參見第422頁以下。——原注

[16] πρός在這兒也可以譯為：「朝向」、「對著」。——譯注

更加準確地說：把某種東西作爲某種東西加以談及。συμπλοκή【聯結】是對λόγος【邏各斯】中的談及所具有的這種獨特性質的表達：某種東西作爲某種東西。這樣一種東西眞的是可能的嗎——即某種東西能夠作爲它自身所不是的那種東西而被談及？這樣一種λόγος【邏各斯】之可能性以及一般λόγος【邏各斯】〈之可能性〉這一問題，把某種東西作爲某種東西加以談及這一可能性之問題，奠基在下面這點之上，那就是：就是者而言，究竟有沒有能夠作爲它自身所不是的東西而是的某種東西。只有當有著這樣一種是——即某種東西能夠是它所不是的，才可能有著一種能夠揭開這種是者的λόγος【邏各斯】。因此，συμπλοκή【聯結】同時給出了向著λόγος【邏各斯】——我們在討論智者時已經將之置於顯著地位的一種現象——的定位。

ξένος【客人】說，我們被迫ὁμολογεῖν τὸ μὴ ὂν εἶναί πως【同意不是者無論如何也還是】（參見240c5），「同意不是者在某種意義上是」⑰。但如果它是可能的，那麼，也就可能有著下面這一可能性：存在著諸如εἴδωλον【圖像】、ψεῦδος【虛假】這樣的東西。於是可能存在下面這一可能性：有著諸如ἀπατᾶν【欺騙】（240d1）、欺騙這樣的東西，有著用εἴδωλα【諸圖像】，即用某一是μὴ ὄν【不是者】的ὄν【是者】來工作這回事。於是，也可能有著一種ψευδὴς δόξα【假意見】

---

⑰ 見附錄。——原注

（參見240d6）。這種可能性暫時還是非常成問題的（240d-240e）。討論還處在ξένος【客人】能夠進行追問的層面上，即ψευδὴς δόξα【假意見】莫非的確是：對某種東西具有一種看法，對某種在其自身是欺騙性的東西是持有一種看法的，一種τὰ ψευδῆ δοξάζειν【相信假的東西】；並且這種τὰ ψευδῆ δοξάζειν【相信假的東西】的確與τὰ ἐναντία τοῖς οὖσι δοξάζειν【相信同那些是著的東西相反的東西】（參見240d6以下）是相同的，從而ψευδὴς δόξα【假意見】也與τὰ μὴ ὄντα δοξάζειν【相信不是者】（240d9）是相同的？

因此，δόξα【意見】之主題，只要它是ψευδὴς δόξα【假意見】，那麼它就是無（das Nichts）。但泰阿泰德拒不接受這一結論：Εἶναί πως τὰ μὴ ὄντα δεῖ γε, εἴπερ ψεύσεταί ποτέ τίς τι καὶ κατὰ βραχύ.【只要一個人持有假意見，哪怕只是一點點，那麼，不是者也必定無論如何也還是。】（240e3以下）μὴ ὄν【不是者】——它作爲ψεῦδος【假的東西】是一種ψευδὴς δόξα【假意見】之主題——不是無；相反，它是一個在某種意義上是的μὴ ὄν【不是者】。作爲ψευδὴς λόγος【假邏各斯】的λόγος【邏各斯】，或者作爲ψευδὴς δόξα【假意見】的δόξα【意見】，包含著說或談及，即把某種不是著的東西說成是著（seiend），或把某種是著的東西說成不—是著（nicht-seiend）。λόγος ψευδὴς νομισθήσεται τά τε ὄντα λέγων μὴ εἶναι καὶ τὰ μὴ ὄντα εἶναι.【說是者不是，和不是者是，這都將被認爲是假邏各斯。】（參見240e10以下）因爲這是我們稱之爲假陳述的那種東西的性質：把某一是著的東西冒充爲不—是著，或者把某一不是著的東西冒充爲是著。要注意，柏拉圖在這兒依然完全暫時在一種無差別的意義上使用λόγος【邏各斯】這一表達，從而λόγος【邏各斯】這一表達在這兒最好被把握爲：把某種東西作爲某種東西加以談及。在這兒完全不理會判斷這一表達——即使在邏輯學中它也是極其多義的——是合適的。臨近對話的結尾，柏拉圖給出了關於λόγος【邏各斯】的一種規定——它同亞里士多德的規定接近[18]。我已經強調過，συμπλοκή【聯結】是嚴格意義上的是態學上的考察所要加以把握的現象，συμπλοκή【聯結】問題通過κοινωνία【結合】得到解決，並且根據κοινωνία【結合】方才存在某一λόγος【邏各斯】可能是一種ψευδὴς λόγος【假邏各斯】這種可能性。柏拉圖在一定程度上從外面把握到了ψευδὴς λόγος【假邏各斯】這一實情，即下面這樣，他於其中看到了λόγος【邏各斯】同ψεῦδος【假的東西】的某種συμπλοκή【聯結】，在那兒ψεῦδος【假的東西】是某種μὴ ὄν【不是者】，而λόγος【邏各斯】是一種ὄν【是者】：因此，他在ψευδὴς λόγος【假邏各斯】中看到了作爲μὴ ὄν【不是者】的ψεῦδος【假的東西】同作爲ὄν【是者】的λόγος【邏各斯】的某種συμπλοκή【聯結】[19]。因此，想立馬

[18] 261c-262e。λόγος【邏各斯】被規定為ὄνομα【名詞】和ῥῆμα【動詞】的συμπλοκή【聯結】（尤其是在262d4）。——原注

[19] 尤其見260a。——原注

試圖在這兒就已經從現象上澄清迷惑或欺騙，這對於闡釋來說早了點。我們稍後會看到，柏拉圖根本沒有抵達對λόγος【邏各斯】和ψεῦδος【假的東西】的一種所謂內在的哲學考察之深度，而是如下面這樣往前推進：他通過一種形式—是態學的（formal-ontologisch）考察解決了λόγος ψευδής【假邏各斯】的是之可能性，正如在臨近對話結束那兒所顯現的那樣。另一方面，爲了顯示今天的問題提法之不同，我們將進一步探討欺騙現象⑳。

㈡對眞正任務的規定：對巴門尼德命題的修正。是之意義的修正

智者通過他的反問獲得了安全。因爲，只要客人和泰阿泰德沒有清除掉他們不斷被拋回其上的那道柵欄，即**巴門尼德的命題**——在241c它被稱作ἰσχυρὸς λόγος【強有力的邏各斯】（參見241c9）、有力的即難以戰勝的命題，那他倆就不可能在其討論中對付得了他。於是，在開始眞正解決是態學的困難之前，ξένος【客人】向泰阿泰德提了三個要求：

1. 他要求泰阿泰德哪怕他僅僅成功地「稍微」、κατὰ βραχύ【稍微】（241c8）擺脫了巴門尼德那強有力的命題也要知足。因此，他要求泰阿泰德不要期待太多。

---

⑳ 見附錄，第652頁以下：根據莫澤爾的筆記。——原注

2.他更加懇請的是，不要認爲他想因攻擊巴門尼德的命題而成爲πατραλοίας【弒父者】（參見241d3）、「弒父者」。因爲ξένος【客人】的確是愛利亞學派的人，從而會將攻擊指向他自己精神上的父親。他強調：我們必須、ἀναγκαῖον ἡμῖν [⋯] βιάζεσθαι【我們必須⋯⋯強行】（241d5以下）抵達下面這種認識：τό τε μὴ ὂν ὡς ἔστι κατά τι καὶ τὸ ὂν αὖ πάλιν ὡς οὐκ ἔστι πῃ.【不是者就某個角度來說是，而是者復又在某種方式上不是。】（241d6以下）對於這一表達來說重要的是，不是單純說：τό μὴ ὂν ὡς ἔστι【不是者是】，而是說：τό μὴ ὂν ὡς ἔστι κατά τι【不是者就某個角度來說是】、「不是者在某個方面上是」；不是單純說：τὸ ὂν ὡς οὐκ ἔστι【是者不是】，而是說ὡς οὐκ ἔστι πῃ【在某種方式上不是】，是者πῄ【在某種方式上】、在某個方面不是。因此，涉及的並非不是和是之間的一種極端對抗，或者如在前面所處理它們那樣的一種兩者之間的συμπλοκή【聯結】；相反，涉及的是：τὸ ὂν ὡς οὐκ ἔστι πῃ【是者在某種方式上不是】，即ὄν【是者】不是如μὴ ὄν【不是者】那樣不是，而是有所不同；而μὴ ὄν【不是者】也不是如ὄν【是者】那樣是，而是有所不同、ὡς ἔστι κατά τι【就某個角度來說是】。於是在此就有著一種對一般是之意義的修正。這是眞正的主題。最後μὴ ὄν【不是者】之問題被引回到是之問題，這也是爲何傳統將該對話加上下面這一副標題具有一定的合理性：「περὶ τοῦ ὄντος【論是】」、「論是（Über das

Sein）」[21]。ξένος【客人】重複道：只要我們沒有制服這一命題，那麼，我們就不能夠λέγειν περὶ λόγων ψευδῶν λέγων ἤ δόξης, εἴτε εἰδώλων εἴτε εἰκόνων εἴτε μιμημάτων εἴτε φαντασμάτων αὐτῶν, ἤ καὶ περὶ τεχνῶν τῶν ὅσαι περὶ ταῦτά εἰσι.【說假還各斯或意見，無論是圖像，還是映像、模仿品、假象或任何關於它們的技藝。】（參見241e2以下）ξένος【客人】說：我們必須抵達τό μὴ ὂν ὡς ἔστι κατά τι【不是者就某個角度來說是】。只要這點成功了，我們方才能夠對δόξα【意見】或δοξαστικὴ τέχνη【貌似的技藝】說出某種東西，對εἴδωλον【圖像】或者εἰδωλοποιική【圖像創制術】、對εἰκών【映像】、μίμημα【模仿品】、φάντασμα【假象】說出某種東西。只要巴門尼德的命題依然不可動搖，那麼，所有這些現象都始終還是晦暗的。只有當我們能夠眞實地、合乎實事地對待δόξα【意見】、εἴδωλον【圖像】、εἰκών【映像】，我們方才能夠討論與之相關的τέχνη【技藝】，即眞正把握智者。

3. 他要求泰阿泰德，如果他現在開始解決這一難題，他不想他認爲他瘋了，μανικός【瘋了】（242a11）；因爲先前（239b1-3）他已經說過，面對巴門尼德的這一命題，他以前總是並未加以充分把握。

---

[21] 海德格這兒顯然是用das Sein（是）、而不是用das Seiende（是者）來理解和翻譯τὸ ὄν。——譯注

第二章 在是者概念中的諸困難❶。對古代和同時代關於ὄν【是】之學說的討論❷（242b-250e）

導論

叄、任務之解決的出發點：對古代和同時代關於ὄν【是】之學說的討論

(一)對柏拉圖和亞里士多德同「古人」之間的爭辯的一般刻劃。在亞里士多德那兒ἀρχή【本源】——概念的凝固。對作爲希臘是態學發展之核心的「氛圍」（λόγος【邏各斯】）的營造

現在問題是：應如何開始討論巴門尼德的這一命題？不是者以**某種**方式是，而是者以**某種**方式不是，從241d那兒的這一表達我們已經看到：真正的課題是**是**（das

---

❶ 在海德格手稿中的標題（見第234頁以下。對《智者》的劃分）。——原注

❷ 根據海德格而來的標題（見第439頁）。——原注

Sein）。因此，實事上的討論始於對我們前面已經思考和說過的那一問題的談論，也就是說τὰ δοκοῦντα νῦν ἐναργῶς ἔχειν ἐπισκέψασθαι πρῶτον【我們首先考察那些現在看起來清楚的東西】（242b10以下），「那些看起來彷彿完全顯而易見的東西，恰恰是我們首先想加以把握的東西」。恰恰是那自明的東西、表面上顯而易見的東西，應成爲課題。ξένος【客人】提醒道：無論是巴門尼德還是每個打算討論是者（das Seiende）的人，在做這件事時都太過輕率、εὐκόλως【易於滿足】（242c4）。當這些古人論及是者時，他們在方法上尋求什麼？διορίσασθαι〈τὰ ὄντα〉πόσα τε καὶ ποῖά ἐστιν【界定「是者」是多少和是怎樣】（參見242c5以下），他們嘗試「界定是者，是者有多少以及具有何種性質」。**古人的問題**是：**追問是者的數量和追問其性質**。問題提法在這兒被非常謹慎地加以了表達。同亞里士多德的表達相比，它眞正更好地觸及到了古人的問題；亞里士多德的確在《物理學》第一卷以及其他一些作品中❸進行了同樣的考察，但他把ἀρχή【本源】問題確定爲古人的核心問題——根據他自己的立場ἀρχή【本源】作爲概念性的表達——，但它並未忠實地複述古代那些φυσιολόγοι【研究自然的人】的問題提法。因此，亞里士多德在探究古人的問題提法時表現得更加深刻和暴力：只要古人尚未具有亞里士多德

---

❸ 見第437頁。——原注

那深刻的ἀρχή【本源】概念，不是在是態學上（nicht ontologisch），而是在是態上（ontisch）把ἀρχή【本源】作爲單純的開端而加以使用。古人嘗試澄清是者，即寬泛意義上的φύσις【自然】——那已經在此是的東西——並使之變得可理解，並且是這樣來達成這點的，那就是他們將之從特定的是者那兒引出。在巴門尼德那兒無疑已經出現了某種最初的推進：他考察作爲這樣一種是者的是者（das Seiende als ein solches），即在是態上把整體是者（das ganze Seiende）拿出來並說：「它是」。對於這一是之問題來說，在此還是沒有引導線索。但即使在古人那幼稚的努力那兒，也已經給出了朝向某些特定的是之結構的傾向。柏拉圖在複述古人那兒的ὄν【是】之問題時，沒有使用ἀρχή【本源】這一術語。該表達在他那兒還沒有術語上的含義。柏拉圖的問題提法同古人那尚未發展的問題提法更相適合。

因此，柏拉圖把同以前時代的一種爭辯先行交給他關於ὄν【是】的討論。這樣一種爭辯以多重形態在亞里士多德那兒得以流傳：《物理學》第一卷，《形而上學》第一卷，《論生成與毀滅》（*De Generatione et Corruptione*）第一卷。所有這三種同歷史的爭辯，各自根據主題上的問題而是不同的。在《物理學》中，意圖在於把κίνησις【運動】顯示爲對φύσει ὄντα【自然中的諸是者】❹進行規定的東西。這些

❹ φύσει ὄντα【自然中的諸是者】，也可以譯為「自然意義上的是者」、「依照自然而來的是者」。——譯注

是者是ἀρχαί【諸本源】問題由之得以提出的諸基礎。它們是ἀρχαί【諸本源】從中被拾取出來的那些現象。因此，古人的討論被置於φύσει ὄντα【自然中的諸是者】之ἀρχαί【諸本源】這一問題之下。在此亞里士多德已經在一種極其確定的、被他本人所形成的意義上採用φύσις【自然】這一概念，而在古人那兒φύσις【自然】具有一種更爲寬泛的含義，即後來恰恰在亞里士多德那兒被οὐσία【所是】這一術語在概念上所確定下來的那種含義。在古人那兒φύσις【自然】是：那總是已經在此是的東西❺。甚至亞里士多德在《形而上學》中也偶爾在οὐσία【所是】之含義上使用φύσις【自然】，例如《形而上學》第四卷第一章❻。此外，在他那兒還能發現作爲

---

❺ 海德格頁邊注：參見一九三〇年夏季學期，一九二九／一九三〇年冬季學期，關於是之問題的導論（Einleitung über Seinsfrage）。——原注

一九二九／一九三〇年冬季學期的講座，即《全集》第二十九／三十卷，《形而上學的基本概念。世界—有限性—孤寂性》（*Die Grundbegriffe der Metaphysik. Welt-Endlichkeit-Einsamkeit*）；一九三〇年夏季學期的講座，即《全集》第三十一卷《論人的自由的本質。哲學導論》（*Vom Wesen der menschlichen Freiheit. Einleitung in die Philosophie*）。——譯注

❻《形而上學》第四卷第一章，1003a21以下：Ἔστιν ἐπιστήμη τις ἣ θεωρεῖ τὸ ὂν ᾗ ὂν καὶ τὰ τούτῳ ὑπάρχοντα καθ' αὑτό. αὕτη δ' ἐστὶν οὐδεμιᾷ τῶν ἐν μέρει λεγομένων ἡ αὐτή· οὐδεμία γὰρ τῶν ἄλλων ἐπισκοπεῖ καθόλου περὶ τοῦ ὄντος ᾗ ὄν, ἀλλὰ μέρος αὐτοῦ τι ἀποτεμόμεναι περὶ τούτου θεωροῦσι τὸ συμβεβηκός, οἷον αἱ μαθηματικαὶ τῶν ἐπιστημῶν. ἐπεὶ δὲ τὰς ἀρχὰς καὶ τὰς ἀρχὴ κινήσεως【運動之本源】的φύσις【自然】這一獨特概念，如他在《物理學》第二卷中就提出了該概念❼。在《形而上學》中亞里士多德沒有追問φύσει ὄντα【自然中的諸是者】，而是追問ὂν ᾗ ὄν【是者作爲是者】。他在那兒追問一般的ἀρχαί【諸本源】，即意圖贏得那不僅僅是φύσει ὄντα【自然中的諸是者】的ὄν【是者】

ἀκροτάτας αἰτίας ζητοῦμεν, δῆλον ὡς φύσεώς τινος αὐτὰς ἀναγκαῖον εἶναι καθ' αὑτήν. εἰ οὖν καὶ οἱ τὰ στοιχεῖα τῶν ὄντων ζητοῦντες ταύτας τὰς ἀρχὰς ἐζήτουν, ἀνάγκη καὶ τὰ στοιχεῖα τοῦ ὄντος εἶναι μὴ κατὰ συμβεβηκὸς ἀλλ' ᾗ ὄν· διὸ καὶ ἡμῖν τοῦ ὄντος ᾗ ὂν τὰς πρώτας αἰτίας ληπτέον.【有一門科學，它研究是者作爲是者以及那些就其自身就屬於它的東西。它不同於任何的特殊科學，因爲其他那些科學中的任何一門都不普遍地思考是者作爲是者，而是切取它的某個部分並研究該部分的屬性，例如各種數學科學。既然我們探究諸本源和諸最高的原因，顯然它們必然屬於某種在其自身的自然。因此，如果那些尋找是者之諸元素的人也就在尋找這些本源，那麼，諸元素必然不屬於依偶然而來的是者，而屬於作爲是者的是者。因此，我們必須得把握是者作爲是者的諸第一原因】。——譯注

❼ 除了海德格這兒所指出的《物理學》第二卷之外，該書第三卷開篇（200b12以下）更是明確提出了這一講法：'Επεὶ δ' ἡ φύσις μέν ἐστιν ἀρχὴ κινήσεως καὶ μεταβολῆς, ἡ δὲ μέθοδος ἡμῖν περὶ φύσεώς ἐστι, δεῖ μὴ λανθάνειν τί ἐστι κίνησις· ἀναγκαῖον γὰρ ἀγνοουμένης αὐτῆς ἀγνοεῖσθαι καὶ τὴν φύσιν.【既然自然是運動和變化的本源，而對於我們來說本研究又是關乎自然的，那麼，就必須揭示運動是什麼。因爲如果不認識運動，也必然不認識自然。】——譯注

之結構。因此，在《形而上學》中對古人的討論是根據下面這一原則性的問題而安排的，那就是在研究之進程中能夠展露出多少一般的ἀρχαί【本源】或αἰτίαι【原因】。亞里士多德區分出來四種原因❽，其中三種已經被古人所揭示，而第四種眞正的原因，則被他本人所確定。在《論生成與毀滅》中亞里士多德追問στοιχεῖα【諸元素】——它們自身在φύσει ὄντα【自然中的諸是者】之範圍內完全是特定的ἀρχαί【本源】。因此，在亞里士多德那兒ἀρχή【本源】、αἴτιον【原因】、στοιχεῖον【元素】偶爾具有相同的含義，但僅僅在形式的意義上；嚴格講，它們是爲了各種特定的是之領域（Seinsgebiete）而被設置的。亞里士多德同古人的這種爭辯，在所有三個實施方面都不同于柏拉圖與古人的爭辯，因爲亞里士多德對於是態學的問題提法已經具有了一種單義的，即使並未徹底加以把握了的基礎——當然這離不開柏拉圖本人的準備工作。

希臘的是態學之發展，並不在堆積新發現的各種範疇之意義上行進在對是態學的各種結論的收集中；相反，眞正的工作集中在對一種是態學的研究畢竟能活動其中的**那種氛圍的營造**（*Herausarbeitung des Milieus*）上。這兒是希臘人的研究的眞正

❽這兒說的是亞里士多德的「四因」理論：質料因（Causa materialis / Materialursache）、形式因（causa formalis / Formursache）、動力因（causa efficiens / Bewegungsursache）和目的因（causa finalis / Zweckursache）。——譯注

核心。只要我們學會理解這點，那麼，就存在著下面這一前景，那就是使得我們的這種過去再次變得富有成效（produktiv）❾。巴門尼德開始營造由之能夠追問是者之是的這種氛圍。這種獨特的**奠基**研究（*Grundlegungsforschung*）作爲奠基研究，對於希臘人來說不是明確的；相反，他們的工作既活動在ὄν【是】之領域，也活動在λόγος【邏各斯】之領域。也即是說，對於希臘的是態學研究來說λόγος【邏各斯】是通達是者之是的**通達**方法。但這並不意味著：希臘的是態學依賴於「邏輯學」❿；於是我們必須首先問邏輯學對於希臘人來說是什麼；我們不可以在下面墊上一種現代的邏輯學之概念。柏拉圖對以前時代的批評活動在下面這一意圖中，那就是：把是態學上的東西（das Ontologische）同是態上的東西（das Ontische）相對照，把在範疇上對是的闡明（die kategoriale Explikation des Seins）同在是態上對是者的描述（die ontische Beschreibung des Seienden）相對照，也即是說，眞正首次使得它們在各個基本部分上變得可見。因爲對於他來說，看到是（das Sein）不同於是者（das Seiende），此乃一種聞所未聞的揭示；誠然，巴門尼德——他本人對此並不甚清楚，憑藉下面這一看起來稀鬆平常的命題對此邁出了第一步：是者是。憑藉這一

---

❾ 也可以譯為：具有創造性。——譯注

❿ 海德格頁邊注：相反，「邏輯學」恰恰依賴於是態—邏各斯（Onto-logie）；**邏各斯**（*logie*）比**邏輯學**更為源始。——原注

命題，他在一種描述⓫的意義上原則性地超出了是者。

在歷史的考察中——柏拉圖將之置於其眞正辯證法的討論之前，不僅僅要詳細討論整個早前的哲學，而且也要詳細討論同時代的哲學。由此得出了對該考察的一種清楚的劃分。

㈡對古代和同時代關於ὄν【是】之學說的討論的劃分

對古代和同時代關於ὄν【是】之學說的討論從242c持續到250e。

1. 242c-243d首先給出對第一次是態學的嘗試的一種一般刻劃。
2. 243d-244b接著眞正批判性地考察那些ὅσοι πλεῖον ἑνὸς λέγουσι τὸ πᾶν εἶναι【那些說一切是多於一的人】（244b2以下），那些把是者（das Seiende）稱作一種多樣的東西（ein Mehrfaches）而不是稱作一種單一的東西（Eines）的人，因此，這些人說是者是多樣的東西。
3. 244b-245c談論那些οἱ ἓν λέγοντες【說一的人】（參見244b6），那些說是者（das Seiende）僅僅是一（Eins）的人，即愛利亞學派的那些人。
4. 246a-250e討論同時代的是之學說（Lehre vom Sein）；柏拉圖談到了一場

⓫ 海德格頁邊注：通過是者對是者的描述。——原注

γιγαντομαχία περὶ τῆς οὐσίας【諸神與巨人關於所是的戰爭】（參見246a4以下）、一場諸神與巨人關於是（das Sein）的戰爭。有兩派：一派是這樣一些人，他們說：οὐσία【所是】= σῶμα【有形物】或者γένεσις【生成】，是（das Sein）是有形物（Körper）、生成（Werden），246e-248a。另一派說：οὐσία【所是】= εἴδη【埃多斯】，248a-250e；這些人是麥加拉學派的人和歐幾里得（Euklid）⓬。同時在後者那兒包含著柏拉圖本人早前曾經贊同但現在不再持有的一種立場。完全撇開那在實事上緊接著的東西，這已經指向了在246c那兒的獨特刻劃，在那兒他說：在這兩派之間，一些人說οὐσία【所是】= σῶμα【有形物】，而另一些人則說οὐσία【所是】= εἴδη【埃多斯】，ἐν μέσῳ δὲ περὶ ταῦτα ἄπλετος ἀμφοτέρων μάχη τις【在兩者的中間有著關於這些事情的無盡的戰爭】（246c2以下），「在兩者之間，在他們中間，激烈地進行著無盡的戰爭。」在兩

⓬ 古希臘有兩位著名的歐幾里得，一位是蘇格拉底的學生哲學家麥加拉的歐幾里得（出生於西元前五世紀），一位是數學家亞歷山大的歐幾里得（生活於西元前三世紀左右）；後者著有著名的《幾何原本》。拉爾修的《名哲言行錄》（2.106）曾記載說：哲學家歐幾里得致力於研究巴門尼德的作品，創建了麥加拉學派；由於該學派的人以問答的方式討論問題，人們起初將他們稱為ἐριστικοί【論戰者】，後來又將之稱為διαλεκτικοί【辯證論者】。在蘇格拉底死後，柏拉圖和其餘的哲學家為了遠離僭主曾前往他那裡。——譯注

者之間的那個μέσον【中間】是戰場，但也是決斷的場所。因為對於柏拉圖來說，問題的解決恰恰在於消解兩種立場的片面性，並為兩種立場由之變得可理解的一種是之概念贏得一種展望。

I.對古代ὄν【是】之學說的討論（242c-245c）

六四、對第一次是態學的嘗試的一般刻劃⑬（242c-243c）。關於ὄν【是】的論題之綱要。μῦθον διηγεῖσθαι【講故事】。對柏拉圖之推進的先行標畫：提升到是態學的範圍中

歷史的考察首先始于對古人的一種一般刻劃；這種刻劃在一種帶有優越感的、諷刺性的語調中進行，但這不可以誘使我們將該刻劃僅僅視為一種遊戲。正如我們後面將看到的，只有從這裡出發——只要我們為闡釋取得了正確的問題提法——為了抵達亞里士多德本人後來所確定的那種基礎，希臘的是態學的研究所必須經歷的整個道路才變得可理解。Μῦθόν τινα ἕκαστος φαίνεταί μοι διηγεῖσθαι【每位都似乎對我們講了一個故事】（242c8），「似乎這些古人中每位都向我們講述了一個關於是者的故事」，並且我們παισὶν ὡς οὖσιν【彷彿是孩子似的】（242c8以下）、「我

---

⑬根據海德格而來的標題（見第439頁）。——原注

們彷彿是孩子似的」。這表明，古人，只要他們論及是（das *Sein*），他們都關於是者（das *Seiende*）講述某種東西：什麼於其身上發生了，——因此，他們根本沒能發現關於是者之是（das *Sein* des Seienden）的某種東西。例如，如果他們提到τρία τὰ ὄντα【是者有三】，那麼，他們選取對於他們來說具有一種突出意義的特定是者（bestimmtes Seiendes），並根據是者來說明是者。這就是他們「講故事」的意義：即他們幼稚地活動在是者之範圍內，並且根本沒能進入到是者之是的範圍中。

1. ὁ μέν【一位】、一位說：τρία τὰ ὄντα【是者有三】、有三種是者。把這些不同觀點在歷史學上指派給具體的學派和思潮，這並不是完全一清二楚的，至少在這個沒有提到確定名字的地方〈是不清楚的〉。因此，說是者是三的這ὁ μέν【一位】是誰，也是不確定的。策勒爾（Zeller）⓮推測可能是斐瑞居德斯（Pherekydes）⓯，這人的確提出了一種獨特的三體合一（Dreiheit），將之標示

⓮ 愛德華·策勒爾（Eduard Zeller），《希臘哲學》（*Die Philosophie der Griechen*），第一部第一卷。第七版，萊比錫，一九二三年。第102-105頁。——原注

⓯ 斐瑞居德斯（Φερεκύδης, Pherekydes，鼎盛年約在西元前五四〇年），根據第歐根尼·拉爾修《名哲言行錄》（1.116.1）的記載，他是第一個就自然和神（πρῶτον περὶ φύσεως καὶ θεῶν）進行書面論述的人，並在一部著作中說：Ζὰς μὲν καὶ Χρόνος ἦσαν ἀεὶ καὶ Χθονίη【宙斯、克羅洛斯（時間）和克同（大地）是永恆的】。——譯注

爲眞正的是者，即宙斯（Zeus）或天，克羅洛斯（Chronos）或時間，以及克同（Chthon）或地[16]。我在這兒不可能對之進行一種詳細的刻劃，資料也是缺乏的。羅德（Rohde）在《靈魂》（*Psyche*）一書中深入地處理了非常早期的那些推想間的關聯[17]。這自身是的三者，不是僅僅簡單僵硬地被確定，而是在人的諸關係之意義上得到把握。這一故事恰恰就意味著這點。他們彼此交戰，時而相互爭戰，時而又彼此相愛，從而有著γάμος【婚姻】、τόκος【生育】、τροφή【撫養】（參見242d1以下），婚姻、生育、撫養。

2. ἕτερος εἰπών【另一位說】（242d3）、「另一位又說」，是者並非有三，而是有二：ὑγρὸν καὶ ξηρόν【濕和乾】、「濕和乾」，或者θερμὸν καὶ ψυχρόν【熱與冷】（242d3）、「熱與冷」。諸位在這兒再次看到：那在這兒被稱作眞正是著的東西，復又是那在質樸的觀察中、在純粹感官的感覺中所顯現出來的那種東西，

---

[16] 克羅洛斯（Chronos），即希臘文的χρόνος，本意就是時間，作專名則指掌管時間的神。克同（Chthon），即希臘文的χθών，作專名則指地神。——譯注

[17] 埃爾溫·羅德（Erwin Rohde），《靈魂：希臘人的靈魂崇拜和不朽信仰》（*Psyche: Seelenkult und Unsterblichkeitsglaube der Griechen*），第一卷，布萊斯高的弗賴堡，一八九〇年；第二卷，布萊斯高的弗賴堡，一八九四年。尤其是羅德在一八九八年第二版第二卷，討論了俄耳甫斯教派（第103-136頁）和哲學（第137-192頁）。——原注

即位於是者本身那兒的某些確定的性質。

3. 愛利亞學派的人，克塞諾芬尼（Xenophanes）及其追隨者說：ἓν ὄν τὰ πάντα【一切是者是一】（參見242d5以下），「所有畢竟是的東西，是一。」

4. 伊奧尼亞和西西里的一些繆斯，即愛菲斯的赫拉克利特（Heraklit aus Ephesus）和阿克拉伽斯的恩培多克勒（Empedokles aus Agrigent）則說：τὸ ὂν πολλά τε καὶ ἕν ἐστιν【是者既是多又是一】（242e1以下）、「是者既是多又是一」。因此，他們把前人所說的多和一這兩者結合在一起。伊奧尼亞的繆斯們更強硬些，只要他們斷言διαφερόμενον ἀεὶ συμφέρεται【爭吵與和好總是相伴隨】⓲（參見242e2以下），一切都恆常地處在鬥爭和運動中，即從ἕν【一】過渡到πολλά【多】，反之亦然；在赫拉克利特那兒，τὸ πᾶν【一切】都恆常地在火中燃燒。另一些，即西西里的繆斯們則比較溫和，只要他們週期性地容許一種寧靜並且說：τοτὲ μὲν ἓν εἶναί τὸ πᾶν καὶ φίλον【有時一切是一並且彼此友愛】（參見242e5），有時整體在阿芙洛狄忒（Aphrodite）的威力下，即在愛的威力下彼此友愛，τοτὲ δὲ πολλὰ καὶ πολέμιον【有時一切是多並且彼此爭戰】（243a1），有時διὰ νεῖκός【由於爭端】而復又τὸ πᾶν【一切】是πολλά【多】（243a1）、

⓲ διαφερόμενον ἀεὶ συμφέρεται【爭吵與和好總是相伴隨】，也可以譯為：當在進行爭吵時，總是在進行和好。——譯注

分裂於多中並是好戰的。

ξένος【客人】說：現在難以判定這些古人是否事實上切中了事情。但有一點是肯定的：當他們處理他們的課題時，他們以這樣一種行事風格往前走，那就是他們在一定程度上不管我們是否理解而只顧自己講話，οὐδὲν γὰρ φροντίσαντες εἴτ' ἐπακολουθοῦμεν αὐτοῖς λέγουσιν εἴτε ἀπολειπόμεθα【他們不關心我們是跟上了他們所說的，還是被甩在了後面。】（243a7以下）「他們根本不重視，他們所說的對於我們這些他人來說是否是可理解的，我們一定會與之同行呢，還是必定被丟在後面。」如果我們更加仔細地加以注意，那麼這就意味著古人並不考慮下面這一必然性，那就是：這樣一種討論必須是可證明的：οἱ πολλοὶ ἡμεῖς【我們這些大眾】（參見243a6）、我們這些他人，必定理解他們這些他人；因此這樣一種關於是者的言談必須被置於一種檢查之下，即置於一種可能的關於事情的交談之下，從而每個人自身都能如事情所是的那樣從自己出發看事情，而不是單單孤立地在對事物的一種隨意任性的空想中衝向事物。因此，他們所忽略的是邏各斯，是關於他們所討論的東西的一種客觀的、實事上的可證明和可傳達的標準。他們在沒有眞正的邏各斯的情形下「講故事」。ξένος【客人】承認，當他還年輕的時候，他先前相信他理解這些古代的學說；但他現在進入到了各種巨大的困境中，完全不再理解它們。ξένος【客人】用243b中的這一評說，涉及到了在234d中所表達過的思想：智者學派中的許多人，的確首先相信他們似乎理解和知道一切，但當他們靠近事情並眞正與之相會時，就顯露出他們根本一無所知。古人關於是（das Sein）的這些討論因此完全靠不住，以至於我們無論是就ὄν【是者】來說還是就μὴ ὄν【不是者】來說都處在同樣的困境中。因此就顯示出περὶ δὲ τοῦ μεγίστου τε καὶ ἀρχηγοῦ πρώτου νῦν σκεπτέον【現在首先應考察最重大和最本源的】（243d1）、「要開始考察最重大的東西和眞正首要的東西」；即考察ὄν【是者】，並追問：οἱ λέγοντες δηλοῦν αὐτό【那些說揭示它的人】（參見243d4以下）、「那些說能夠公開它、顯示它的人」，τί ἡγοῦνται τὸ ὄν【他們把是者視爲什麼】、「他們把是者視爲什麼」。

由此眞正的、批判性的考察開始了。它追溯了在前面的敘述中僅僅非常粗略地加以標畫了的那些立場，但現在這些立場則要加以認眞對待。首先討論的是那說ὄν【是者】是多樣的那種學派。於是，批判性的考察之進程是，柏拉圖指出：說是者是多樣的、τὰ ὄντα πλέονα ἑνός【是者多於一】（參見245b8以下）的那些人，當他們說及一種多樣的是者時，他們使用了——只不過他們並不知道這點——某種ἕν【一】，使用了某種確定的、他們本人根本沒有加以追問的是之意義（Sinn von Sein）。因此，δύο λέγοντες【那些說二的人】會被引回到某種ἕν【一】。與之相連繫，談論了愛利亞學派的ἕν【一】，並指出這種ἕν【一】對於規定ὄν【是者】來說復又是不充分的；相反，它要求某種πλεῖον【多】。但這不是向著第一種人的簡單回返。相反，那些談論是者的第一種人在是態上（*ontisch*）談論是者：有著多樣的是者（mehrfaches *Seiendes*）；反之，愛利亞學派的人說：有著單一的是（*Ein*

Sein）。而柏拉圖說：不，必定有著多樣的是（*mehrfaches Sein*）。不同於多樣的是者，現在涉及在是本身（Sein selbst）那兒的一種多樣性。由此表明：巴門尼德的立場不再是一種質樸的－是態上（naiv-ontisch）的立場，而是第一次、決定性的是態學之開始，即使這種是態學的唯一收穫停止在這一命題中：是者是。但這一命題在哲學的姿態上，本質地優越於說是者由多樣的是者組成或由單一的是者組成的所有那些立場，因爲這些立場根本沒有抵達對是的問題提法。因此，穿過愛利亞學派的立場，同時就給出了下面這一可能性，那就是：把問題帶到眞正是態學的領域中，並由此出發討論γιγαντομαχία περὶ τῆς οὐσίας【諸神與巨人關於所是的戰爭】。

六五、對ὄν【是】之多樣性這一論題的討論。（243d-244b）。對εἶναι【是】的揭開作為未完成的任務。對當前「是態學的」嘗試的批判：對是之意義這一問題的遺忘。基於此是的一種詮釋學對該問題的擬定

柏拉圖對從前時代的批判，以λέγειν τὰ ὄντα【說是者】爲引導線索來進行。這也即是爲何在243d會提出下面這一問題：οἱ λέγοντες αὐτὸ δηλοῦν【那些說揭示它的人】（243d3以下）、「那些說他們能夠公開它的人」τὸ ὂν τί ποθ᾽ ἡγοῦνται【他們究竟把是者視爲什麼】、「他們究竟把是者視爲什麼」。ξένος【客人】和泰阿泰

德兩人一致同意以下面這種方式往前走，那就是他們要盤問古人，彷彿那些人自身就在場似的。Φέρε [⋯] δύο [⋯] τὰ πάντ᾽ εἶναί φατε【來吧……你們說一切都是……來自兩個東西】（243d8以下）、「你們說一切都從兩個東西而有其是」，即從熱和冷等諸如此類的東西而有其是；更好的表達是：你們說，眞正是著的，是二。因此，你們就此說：ἄμφω καὶ ἑκάτερον εἶναι【兩者以及兩者中的每個是】（243e1以下），「兩者以及兩者中的每個εἶναι【是】、是」；λέγοντες【你們說】——諸位要注意λέγειν【說】——「你們把兩者以及其中的一個和另一個稱作是著」。於是問題是：τί ποτε ἄρα τοῦτ᾽ ἐπ᾽ ἀμφοῖν φθέγγεσθε【對於兩者說出這點你們究竟在表達什麼？】（243d9以下）、「你們在此對兩者所表達的，究竟是什麼和意味著什麼？」τί τὸ εἶναι τοῦτο ὑπολάβωμεν ὑμῶν；【我們該將你們的這個是把握爲什麼？】（243e2）「我們究竟該把你們的這個εἶναι【是】理解爲什麼？」ξένος【客人】把這種立場引到三種可能性面前：

1. 或者你們就ἄμφω【兩者】所說的那個εἶναι【是】，是除了兩個眞正的ὄντα【是者】之外的一個τρίτον【第三者】（243e2）。如果我們那麼說，那麼，在你們的意義上豈不並非如你們所說的那樣τὸ πᾶν δύο【一切是二】，而是τὸ πᾶν τρία【一切是三】（參見243e3）？

2. 或者τοῖν γε δυοῖν καλοῦντες θάτερον ὄν【你們把兩者中的其中一個稱作是者】（243e4以下），你們把兩者中的其中一個、要麼θερμόν【熱】要麼ψυχρόν

【冷】稱作眞正是著的東西。但那樣一來：οὐ [⋯] ἀμφότερα ὁμοίως εἶναι λέγετε【你們不會說兩者同樣地是】（243e4以下）。那你們會將兩者中的哪個等同於ὄν【是者】，你們接下來總是抵達ἕν【一】而不是δύο【二】（243e6）

3. 你們想把兩者、τὰ ἄμφω【兩者】都稱作ὄν【是者】（243e8）。但即使在這兒，於你們的λέγειν【說】中也有著某個ἕν λεγόμενον【被說的一】，即ὄν【是】本身（244a1以下）。

諸位要注意ξένος【客人】把古人提交到其前面的這三種可能性：重要的始終是那在λέγειν δύο τὰ ὄντα【說兩種是者】中、因而是在λόγος【邏各斯】中被說的東西。要麼抵達三，要麼抵達一。每次我們都被迫同時設定了ὄν【是】，只要在任何情形下於λέγειν【說】中：同時設定了ὄν【是著】—εἶναι【是】。決定性的東西是基於λέγειν【說】而來的批判。意圖並不如評注者們所以爲的那樣，柏拉圖在這兒想通過對ἕν【一】的強調來創造一種「一元論」。他對ἕν【一】首先根本不感興趣。相反，**他感興趣的是指出**：在λέγειν【說】中**連帶包含著作爲未經處理但又具有構建作用的被說者的**ὄν【是】。因此，柏拉圖並不想通過某種辯論把對手辯死，而是想打開他們的眼睛，讓他們看清在λέγειν【說】中、在對是者的每一談論中某種別的東西都連帶被說了。而這別的東西無非就是是本身（das Sein selbst）。換句話說：柏拉圖由此顯示那些回答δύο εἶναι τὰ πάντα【一切是二】的人根本沒有取得關於是的問題提法。我要說，傳統闡釋，如策勒爾、博尼茨[19]等等，在此沒能切中眞正的事情。我們根本無須在這種情形下分析其餘的實事性的問題。該探究之主題眞正是什麼，在244a已經表達得足夠清楚。'Επειδὴ τοίνυν ἡμεῖς ἠπορήκαμεν, ὑμεῖς αὐτὰ ἡμῖν ἐμφανίζετε ἱκανῶς, τί ποτε βούλεσθε σημαίνειν ὁπόταν ὂν φθέγγησθε.【由於我們已經困惑了，那就請你們向我們充分顯明這點，那就是當你們說出是著時，你們究竟想意指什麼。】（244a4以下）「由於我們」就你們在此所說的「不知道出路」，因此，你們必須親自向我們澄清，當你們說出ὄν【是著】這個詞時[20]，你們究竟眞正想它意指什麼。這就是這段話以及整個對話的眞正主要的用意。

據說我們今天再次向著形而上學和是態學回返。但我們已經倉促地遺忘了柏拉圖在這兒所提出的以及通過整個對話所設立的這一問題。對主要問題的這種遺忘對於今天的人來說是容易的。也即是說，人們明確或暗中訴諸兩點：

---

[19] 愛德華．策勒爾，《希臘哲學》。第二部分，第一小部分。第五版，萊比錫，一九二二年。第646-649頁。

赫爾曼．博尼茨，《柏拉圖研究》。第三版，柏林，一八八六年。第161-164頁。——原注

[20] 我在這兒不將ὄν譯為「是者」或「是」，而譯為「是著」。海德格在《是與時》（*Sein und Zeit*, Max Niemeyer Verlag Tübingen, 2006, s.1）的開篇處曾引過這句話，他將ὁπόταν ὂν φθέγγησθε譯為wenn ihr den Ausdruck ,seiend' gebraut（當你們使用「是著」這個表達時）。——譯注

1. 人們說，是之概念是自明的；每個人都不斷地使用它，並理解他用它意指什麼。

2. 人們說，是之概念是最高的概念；因此，它根本不再能加以定義。

對於第一點，必須得說：撇開是否可以將是之意義那臆想的、流俗的自明等同於一個哲學概念的清楚不說，——在任何情形下，恰恰自明的東西，並且只有它，是基礎科學的主題。

對於第二點，必須得說：是否可以把對基本概念在概念上的擬定置於定義的規定規則之下——後者自身僅僅展示出了一種來源於某種特定的命題—「邏輯」和陳述—「邏輯」的規定形式——這是不確定的。那用來規定是者的「邏輯學」不可以被取作闡明是的標準。因此，是（Sein）不可被定義這一通常的說法，其實什麼也沒說。相反，它僅僅表明對這兒眞正涉及的東西的通常誤解而已。

就每一可能的是態學之原初任務而言，必須得肯定地說：它恰恰位於一種準備中，即位於下面這一準備中，那就是在此爲追問一般的是之意義準備好一個基礎。是之意義問題——是究竟意味著什麼，在前面所引的柏拉圖的那個句子之意義上——根本不是是態學那末端上的問題，該問題不可能通過是態學的各種結論之總計而得到回答。相反，是之意義問題立於開端之處，因爲它必須爲每一具體的關於某一是者之特定的是之結構問題提供可能的意義上的引導。另一方面，從形式上提出是之問題，或想從形式上回答它，都同樣是不夠的。相反，需要理解下面這點，那就是：是之意義這一問題提法本身要求一種擬定，即擬定出就其是詢問是者由之才是可能的那種基礎。必須揭示和營造出是態學的研究能夠且應當一般地活動其間的那種氛圍。沒有對這種氛圍的揭示和辛勞的營造，是態學就依然不比以前新康德主義的認識論好多少。提出是之意義問題，無非意味著擬定出一般哲學之問題提法來。

我們在這兒只能非常簡略地在形式特徵上將之闡明到對於理解後面的東西來說是必須的那種程度。所有的追問都是就某種東西對某種東西的詢問。在是態學中，被詢—問者（*das Be-fragte*）是是者（*das Seiende*）。在是者那兒問題對準的乃其是。因此，是（*das Sein*）是被問得者（*das Erfragte*）。並且被問者（*das Gefragte*）在是態學的研究中是這種是本身的諸是之性質（*die Seinscharaktere dieses Seins selbst*）。因此，追問本身根據其意義已經是一種確定的、進行揭開的展開。每一種追問已經具有一種確定的揭開之性質。除了下面這點之外沒有任何盲目的問題，那就是：盲目地說出、表達、重複問題，從而不再理解問題。問題提法無非就是那表達出來的、傳播開來的問題——在它那兒被詢問者、被問得者以及被問者隱含地連帶被談及了，但卻是這樣，即它們並未由此就直接和立馬變得可見。因此，能夠把一個問題提法粗略地理解爲難題，人們並不必須必然地占有它的意義。這也即是是者之是這一問題提法之意義。其中就有著對於這樣一種問題提法來說，決定性的是：每次都是被詢問者的那種是者，是在此的。因此，重要的是贏得通達當時各自的是之範圍的那種正確、源始的通達方法，以及在這種通達方法裡面確定出進行引導的、由之提出是者之是這一問題的那種著眼點。對於希臘人來說，對於柏拉圖和亞里士多德來說，這種進行引導的著眼點是λόγος【邏各斯】。因此，對傳統和同時代的是之學說的整個批判，以及對是的積極討論，都活動在這種λέγειν【說】中。所以，對於柏拉圖來說是態學就是διαλέγεσθαι【對話】，即辯證法——無論是同今天意義上的關於諸矛盾的那種胡鬧，還是同在黑格爾那兒的那種辯證法，它都與之了無相干。因此，對問題的刻劃就這麼多：當你們說「是（Sein）」時，你們意指什麼[21]？（244a5以下）[22]

ξένος【客人】在244b再次強調：我們向古人提出的這一問題，即是之意義問題——在該問題那兒關於他們在意指什麼我們僅僅要求從他們那兒得到教誨，顯然是合法的（244b3以下）。我們有可能最快從那些專注於，即說ἕν εἶναι τὸ πᾶν【一切是一】（參見244b6）的人那兒得到回答。於是，討論轉向巴門尼德的論題。對巴門尼德論題的表達是不穩定的；甚至在亞里士多德那兒，即在《物理學》第一卷第二章和第三章那兒，它也不統一。對巴門尼德的談論分爲兩個部分：

1. 對作爲ἕν【一】的ὄν【是者】的討論（244b9-244d13）。
2. 對作爲ὅλον【整體】——它在這兒依然等同於πᾶν【一切】——的ὄν【是者】的

---

[21] 244a5以下的希臘文就是前面出現過的τί ποτε βούλεσθε σημαίνειν ὁπόταν ὂν φθέγγησθε【當你們說出是著時，你們究竟想意指什麼】。但海德格在這兒又將ὄν譯為sein（是），而不是如後來在《是與時》中那樣譯為Seiend（是著）。——譯注

[22] 見附錄。——原注

討論（244d14-245e5）。

六、對ὄν【是】之統一性這一論題的討論（244b-245a）

㈠對作爲ἕν【一】的ὄν【是者】的討論。論題之意義和對它的語言表達之間的衝突。ὑπόθεσις【原則】和「假設」

我們能夠把巴門尼德的命題簡略地表達爲這樣：ἓν ὂν τὸ πᾶν (ὅλον)【一切是者（整體）是一】。因此，如果我們問愛利亞學派的人，他們眞正在說什麼，他們關於是者的意見是何種，那麼他們將回答到：ἓν ὂν τὸ πᾶν【一切是者是一】㉓。但那樣的話我們會反駁說，你們豈不也把ὄν【是】這一表達用在某個東西身上，ὂν καλεῖτέ τι：【你們稱某個東西爲是者？】（244b12），即恰恰用在ὅπερ ἕν【那個一】（244c1）身上，用在你們總是和不斷用ἕν【一】所意指的那個東西身上？他們一開始不斷用ἕν【一】所意指的那個東西，與他們同時說ὄν【是者】的那個東西相關聯。ἐπὶ τῷ αὐτῷ προσχρώμενοι δυοῖν ὀνόμασιν【對同一個東西使用了兩個名稱】（244c1以下），「於是你們就同一個東西，ἐπὶ τῷ αὐτῷ【對同一個東西】，使用了兩個表達」。他們談及同一個東西，既用ὄνομα ἕν【一這個名稱】，

㉓ ἓν ὂν τὸ πᾶν【一切是者是一】也可以譯為：「一切是一」。——譯注

也用ὄνομα ὄν【是者這個名稱】。ξένος【客人】承認：τῷ ταύτην τὴν ὑπόθεσιν ὑποθεμένῳ πρὸς τὸ νῦν ἐρωτηθὲν καὶ πρὸς ἄλλο δὲ ὁτιοῦν ού πάντων ῥᾶστον ἀποκρίνασθαι.【對於提出這種原則的人來說，非常不容易回答現在所提出的問題以及其他任何問題。】（244c4以下）「以此開始的人——即主張ἓν μόνον εἶναι【僅僅是一】❷❹的人——既不容易回答現在被問的，也不容易回答其他被問的。」那擁護巴門尼德這一論題的人在回答時經常處於困境中。因為，凡就ἕν【一】——僅僅它是——被說和被問的，都是某種東西，並且它作為某種東西是不同於ἕν【一】的。但論題卻是：ἓν εἶναι【是一】。因此，ξένος【客人】承認了對於每一討論來說位於ἓν ὂν τὸ πᾶν【一切是者是一】這一ὑπόθεσις【原則】❷❺中的根本困難。

不可以在「提出某個假設（eine Hypothese machen）」之意義上來翻譯和理解這種ὑποτίθεσθαι ὑπόθεσιν【提出原則】❷❻。在我們近代意義上，假設是以下面

---

❷❹ ἓν μόνον εἶναι【僅僅是一】和下面的ἓν εἶναι【是一】也可以分別譯為：「僅僅一是」和「一是」。——譯注

❷❺ ὑπόθεσις【原則】在這兒也可以譯為「前提」。——譯注

❷❻ 德語「假設（Hypothesis/Hypothese）」一詞，就是希臘語ὑπόθεσις的拉丁轉寫。名詞ὑπόθεσις由動詞ὑποτίθημι而來，本意就是「放在下面的東西」，轉義為「基礎」、「原則」、「前提」、「假設」等。——譯注

這種方式認可一種事態（Sachverhalt）：如果事情處於如此如此的情形，那麼，那樣那樣的東西會不會由此變得可理解？假設性的東西根據其意義恰恰還是懸而未決的；它僅僅從它解釋先行給出的各種實情的那種能力之大小那兒取得其可能的立足點、其眞正的持存。一種假設要得以持存，總是僅僅拜它所解釋的那種東西以及在多大程度上解釋了它所賜；並且隨著解釋作用的失敗它也隨之作廢。希臘的ὑπόθεσις【原則】，這兒于柏拉圖的意義上，則具有相反的意義。在ὑπόθεσις【原則】中被設定的東西不是托某一別的東西之福而被設定；它有其持存，並不涉及它要加以解釋的這別的東西，而是根據其自身——作爲在其自身一開始就持存著的那種東西。它是所有其他東西之可能的是（Sein）和不是（Nichtsein）單單由之被決定的那種東西。對此的一個例子就是巴門尼德本人的教誨詩，即下面這一命題：是者是。這一ὑπόθεσις【原則】不取決於如果……那麼……；相反，ὑπό【在……下面】要在ὑποκείμενον【自立體】和ὑπάρχον【眞正存在的東西】之意義上加以看待：從一開始在其自身就已經是在此的東西，古人稱作φύσις【自然】的那種東西。我之所以強調在ὑπόθεσις【原則】和假設之間的這種不同，恰恰是因爲新近人們試圖曲解布倫塔諾，並習慣於連繫到布倫塔諾而將現象學曲解爲好—像之哲學（Philosophie des Als-Ob），曲解爲虛構主義（Fiktionalismus），好像布倫塔諾皈依了法伊英格爾（Vaihinger）似的[27]。因此，克勞斯（Kraus）在《從經驗立場而來的心理學》拙劣的新版中說，布倫塔諾和現象學無非就是虛構主義[28]。好—像之哲學——如果在它那兒畢竟還有點東西的話——僅僅靠對是態上的假設（ontische Hypothese）和是態學上的ὑπόθεσις【原則】（ontologische ὑπόθεσις）的意義的混淆而活著。如果現象學的研究畢竟同柏拉圖還有著某種關係的話，那麼，肯定就在於這兒將之展示為ὑπόθεσις【原則】的那種東西。我們也不可以從認識論上來修正現象學，並將之闡釋為可能經驗的條件，儘管這種闡釋比前面所提的那個在本質上更靠近事情。

如果愛利亞學派的人說：ἓν ὂν τὸ πᾶν【一切是者是一】，那他們對同一個東西既使用了ὄνομα ἕν【一這個名稱】，也用ὄνομα ὄν【是者這個名稱】。但對此ξένος【客人】說道，δύο ὀνόματα ὁμολογεῖν εἶναι μηδὲν θέμενον πλὴν ἕν【一方面認為除了一沒有任何東西是，另一方面又承認兩個名稱】（244c8以下），因此，那些說ἓν ὄν【是者是一】、所有是的東西是一（Alles, was ist, ist Eins）的人，實際

---

[27] 漢斯·法伊英格爾（Hans Vaihinger），《好像之哲學》（*Die Philosophie des Als Ob*）。柏林，一九一一年。——原注

[28] 奧斯卡·克勞斯（Oskar Kraus），《弗蘭茨·布倫塔諾引論：《從經驗立場而來的心理學》》（*Einleitung zu F. Brentano: Psychologie vom empirischen Standpunkt*），漢堡，一九二四年，第LIV-LV頁。——原注

上卻宣稱了兩個名稱是，即ἕν【一】和ὄν【是者】。此外，只要我們一想起他們在談論是者（das Seiende）或是（das Sein）這一實情，那他們就會陷入到巨大的困境中。首先根本無須回溯到λόγος【邏各斯】——誠如柏拉圖後來所分析的那樣，它的確是ὄνομα【名詞】和ῥῆμα【動詞】的一種συμπλοκή【聯結】㉙。甚至單單在ὄνομα【名稱】㉚——它僅僅是λόγος【邏各斯】的一個成分——中就已經能夠看到這種立場之困境。也即是說，ὄνομα【名稱】作爲ὄνομα【名稱】、作爲表達，應是對某種東西（*für etwas*）的表達：ὄνομα【名稱】意指某種東西（*etwas*），並且尤其意指*ὄνομα*【名稱】自身所不是的那種東西、某一ἕτερον【另外的東西】。τιθεὶς τε τοὔνομα τοῦ πράγματος ἕτερον δύο λέγει【當指出名稱不同於事物時，就在說二】（244d3以下），因此，憑藉某個東西的ὄνομα【名稱】、憑藉那意指某種東西的一種含義，你已經在說兩個ὄντα【是者】。但如果想把ὄνομα【名稱】等同於δηλούμενον【被揭示的東西】，即把表達等同於在其中被意指、被顯明出來的東西，那麼，剩下的就只能是無——而表達乃是關於無的表達。或者，如果ὄνομα【名稱】的確應是ὄνομα τινός【某種東西的名稱】、某種東西的表達，但在此又同它自身之外的別的東西無涉，那麼：τὸ ὄνομα ὀνόματος ὄνομα μόνον, ἄλλου

㉙ 261d-262e，尤其是262c。——原注

㉚ ὄνομα一般指事物的名稱，在語法上同ῥῆμα【動詞】相對，則指名詞。——譯注

δὲ οὐδενὸς ὄν【名稱僅僅是名稱的名稱，而不是任何別的東西的名稱】（244d8以下），「那麼，該ὄνομα【名稱】僅僅是ὀνόματος ὄνομα【名稱的名稱】，而不是別的某種東西的名稱」。因此，這一命題的困難已經顯明在λόγος【邏各斯】本身那兒的一個基本成分那兒。要注意：柏拉圖在這兒於意指—某種東西（das Etwas-Meinen）之意義上把握ὄνομα【名稱】。誠然，他還沒有進一步反思語詞和它所意指的東西之間的連繫的獨特結構。他僅僅滿足於下面這一形式—是態學上（formal-ontologisch）的實情：在作爲語詞的語詞中包含著被意指的東西。這一實情在這兒純粹在是態上（ontisch）被理解：某種東西同某種東西是在一起。也即是說，在作爲表達的表達中已經有著一種συμπλοκή【聯結】。

諸位必須注意：不可以把這一考察視爲智者派式的把戲。相反，重要的是認眞對待ἓν ὂν τὸ πᾶν【一切是者是一】這一論題。柏拉圖致力於顯示：在這一ὑπόθεσις【原則】中有著超出了其自身意義的一種要素。在此爲了理解柏拉圖的這一闡明，尤其是理解接下來的東西，就要注意：即使在這兒也尙未擬定出**一種眞正明確的不同於是者的是之概念**；相反，這整個考察都還行進在**是態上的東西和是態學上的東西的無差別狀態**中；不僅僅在這兒，而且**最後直至對話的結束**，在這種甚至對柏拉圖本人來說都持續著的不清楚中有著理解對話的眞正困難。這些闡明乍一眼導致這樣的印象，那就是它們好像單純在模仿智者的辯論。第一部分中的那些煩冗的定義加深了這一印象，它們導致不久前人們已經將這篇對話連同其他一些對話一道從柏拉圖那兒加以了否定。但如果我們完全弄清楚了位於辯證法之理念中的意圖——正如它在與《斐德羅》的連繫中變得可見的那樣——，即意圖在συναγωγή【結合】中走向ἕν【一】，以便根據ἕν【一】能夠理解是者身上的其他東西，那麼，我們就不會陷入在智者派的意義上把這些辯論理解爲純粹是態上的辯論這一困境中。

對作爲ὄν【是者】的一種規定的ἕν【一】的考察以之結束的那種結論，在244d11-244d12那兒得到了確定。該句子在一定程度上總結了整個前面所進行的討論的結論。這一段落的確是多訛誤的，顯然因爲它從一開始就爲理解造成了種種困難。關於這段話有著一個完整的文獻。從總體上看，在這兒我們能夠將自己限定在兩個文本上；這兩者——總的來說甚至所有其他的——得出了相同的意義。第一個文本被施萊爾馬赫所確定，並被海因多夫（Heindorf）所接受[31]。第二個文本乃是伯內特（Burnet）依據阿佩爾特（Apelt）的補正採納進英文版中的：

1. Καὶ τὸ ἕν γε, ἑνὸς ἓν ὄν μόνον, καὶ τοῦτο τοῦ ὀνόματος αὐτὸ ἓν ὄν.【因此，一僅僅是一的一，並且它自身復又是名稱的一。】[32]

---

[31]《柏拉圖對話選》（*Platonis Dialogi Selecti*），路德維希·弗里德里希·海因多夫選編（cura L. F. Heindorfii），四卷，柏林，一八〇二—一八一〇年。——原注

[32] 這句話似乎也可以譯為：因此，一，單單作為一的一而是著；並且它自身復又作為名稱的一而是著。——譯注

2. Καὶ τὸ ἓν γε, ἑνὸς ὄνομα ὂν καὶ τοῦ ὀνόματος αὖ τὸ ἓν ὄν.【因此，一是一的名稱，並且又是名稱的一。】[33]

這兒的這段話是含糊不清的，因此無法確定柏拉圖本人寫了什麼，這反倒留下了自由選擇的空間。對於這段話的理解我提醒下面這點，那就是：要從ἓν ὂν τὸ πᾶν【一切是者是一】這一命題出發，並且ἓν【一】和ὄν【是者】作爲δύο ὀνόματα【兩個名稱】應是同一個東西。因此，困境在於：隨著說出這一命題，同這一命題自身在其意義上相比，已經容許了更多的是者，除非我們把在ὄνομα【名稱】中所意指的東西自身也視爲ὄνομα【名稱】，以至於ἓν【一】似乎僅僅是ὄνομα ὀνόματος【名稱的名稱】。但是，如果把在ὄνομα【名稱】中所意指的東西自身也確定爲ὄνομα【名稱】，那麼，ὄνομα【名稱】的意義就被歪曲了。——兩個文本的翻譯是：

1.「因此，一僅僅是一的一，並且它自身復又是名稱的、表達的一。」

2.「一作爲一的表達，於是復又是表達的一。」

在兩種情形下意義都是清楚的。ἓν ὂν τὸ πᾶν【一切是者是一】這一ὑπόθεσις【原則】是關於ὄν【是者】的一種λόγος【邏各斯】；並且它具有下面這一意義：這種ὂν【是者】是ἕν【一】。這一ὑπόθεσις【原則】就其本己的意義要求嚴肅地把它

---

[33] 這句話似乎也可以譯為：因此，一，作為一的名稱而是著，並且復又作為名稱的一而是著。——譯注

自身當做一種θέσις【論題】或λόγος【邏各斯】。但一種λόγος【邏各斯】始終是一種λέγειν τί【說什麼】。或者說，這在λόγος【邏各斯】中被意指的τί【什麼】，作爲這樣的東西，就是某一τί λεγόμενον【被說的什麼】、某一λεγόμενον【被說的】、被說的東西。因此，在λόγος【邏各斯】的這一結構中——現在顧及到愛利亞學派的θέσις【論題】——已經給出了：1.某一τί【什麼】——它是λεγόμενον【被說的東西】、被說的東西、被意指的東西，即ὄν【是者】；2.該ὄν【是者】是λεγόμενον【被說的】、被談及的，**作爲**ἕν【一】；以及3. ὄν【是者】在ὄνομα【名稱】中作爲λεγόμενον【被說的東西】**被表達出來**。因此，θέσις【論題】中這一被意指和表達出來的內容之整體：ἕν【一】—ὄν【是者】—ὄνομα【名稱】，這三個基本成分，在該θέσις【論題】本身之意義上必須是**一和相同的**（*Ein-und dasselbe*）。而論題說，僅僅這種單一的東西是（dieses Eine ist）。換句話說，θέσις【論題】自身的眞正意義，與它自身所是的和意指的東西的現象上的內容相衝突。

㈡對作爲ὅλον【整體】的ὄν【是者】的討論。在作爲ὅλον【整體】的ἕν【一】和ἕν ἀληθῶς【眞正的一】之間的區別。作爲ὅλον【整體】的ὄν【是者】之諸後果：它的站不住腳

於是，巴門尼德這同一論題：ἓν ὂν τὸ πᾶν【一切是者是一】，被從另一方面加

以設想。現在不僅僅要留意ὄν【是者】作爲ἕν【一】被加以談及，而且命題整體要經受考察：ἓν ὂν τὸ πᾶν【一切是者是一】。在該論題中被論及的眞正東西是ὄν【是者】。這一被論及的東西，正好就是ὄν【是者】，在其如何（*Wie*）中被把握爲πᾶν【一切】；被加以談論的ὄν【是者】，從一開始就被理解爲了τὸ πᾶν【一切】。並且對於這一被談論的東西、對於ὄν【是者】，在這一如何、πᾶν【一切】中被說成：ἕν【一】，——因此，在那兒ἕν【一】就是作爲什麼（*als was*）加以談及的那種東西。

問題現在對準了：ὄν【是者】如何能夠被理解爲πᾶν【一切】。或者說，既然ὅλον【整體】這一表達現在代表著ὄν【是者】，那麼問題就是：在何種意義上論題中的ὄν【是者】是ὅλον【整體】？——ὄν【是者】，它的確應μόνον【僅僅】是ἕν【一】！因此，既然ὅλον【整體】的確是ἕν【一】的一種方式，那麼，現在就不再如前面那樣涉及作爲ὀνόματα【名稱】的ἕν【一】和ὄν【是者】，而是要澄清ἕν【一】、單一的東西（das Eine）、統一（die Einheit）、一（das Eins）。Τί δέ; τὸ ὅλον ἕτερον τοῦ ὄντος ἑνὸς ἢ ταὐτὸν τούτῳ;【那麼，整體是不同於作爲一的是者呢，還是與之相同？】（參見244d14以下）「在其中ὄν【是者】被加以意指了的ὅλον【整體】——ὄν【是者】就它那方面來說作爲ἕν【一】被加以談及——，這個ὅλον【整體】作爲ὄν【是者】之性質是不同於ὂν ἕν【作爲一的是者】呢，還是同一回事？」回答是：「他們怎麼會說不是一回事；他們在論題中就是這樣說的！」但

ὅλον【整體】在此被用作何種概念？於是，對此就參考了出於巴門尼德本人教誨詩中的一段話：

Πάντοθεν εὐκύκλου σφαίρης ἐναλίγκιον ὄγκῳ,μεσσόθεν ἰσοπαλὲς πάντῃ·
τὸ γὰρ οὔτε τι μεῖζον
οὔτε τι βαιότερον πελέναι χρεόν ἐστι τῇ ἢ τῇ

【從各方看都像渾圓的球，從中心到任何地方都是相等的。因爲，這兒更大那兒更小，這必定是不可能的。】（244e3以下）

由此顯明：ὄν【是者】在σφαῖρα【球】、球之意義上被理解——並且是渾圓的球；因此，它與一個渾圓的球相同，同一個整體相同——ὄγκῳ【就渾圓而言】等同於說ὅλῳ【就整體而言】——，μεσσόθεν【從中心】、「從中心」，πάντῃ【到任何地方】、「朝向所有方向」，都是同樣強壯的；「在任何意義上的確不可能這兒或那兒是更大或更強壯的。」在巴門尼德那兒，ὅλον【整體】之意義τοιοῦτόν γε ὄν【就是這樣一種東西】（244e6）、「就是這樣一種東西」。並且作爲一種τοιοῦτόν ὅλον【這樣的整體】，它具有μέσον【中心】和ἔσχατα【邊際】。從中心到各邊直至球的邊際，ὄν【是者】的確是一樣的。現在，只要ὅλον【整體】具有中心和邊際，那麼，它就是一種具有μέρη【部分】（244e7）、「部分」的東西。因此，涉及的是一種非常特定的整體性，一種具有部分的整體性，並且這種整體性能夠在一種特定的意義上被理解爲統一性（*Einheit*）。Ἀλλὰ μὴν τό γε μεμερισμένον πάθος μὲν τοῦ ἑνὸς ἔχειν ἐπὶ τοῖς μέρεσι πᾶσιν οὐδὲν ἀποκωλύει, καὶ ταύτῃ δὴ πᾶν τε ὂν καὶ ὅλον ἓν εἶναι.【但沒有什麼可以妨礙那可分成部分的東西在所有的部分上具有一之性質，並且通過這種方式，它既是一切，又是一個整體[34]。】（245a1以下）因此，ὅλον【整體】是一種μεμερισμένον【可分成部分的東西】，——如後來亞里士多德所說：一種διαιρετόν【可分開的東西】[35]、一種「可分開的東西」。這兒浮現在作爲μεμερισμένον【可分成部分的東西】的這種ὅλον【整體】中的東西，後來於亞里士多德那兒在嚴格的概念上是συνεχές【連續的東西】[36]。這樣一種ὅλον【整

---

[34] ὅλον ἓν εἶναι【是一個整體】似乎也可以譯為「整體地是一」。——譯注

[35]《形而上學》第五卷第十三章，1020a7以下。——原注
Ποσὸν λέγεται τὸ διαιρετὸν εἰς ἐνυπάρχοντα ὧν ἑκάτερον ἢ ἕκαστον ἕν τι καὶ τόδε τι πέφυκεν εἶναι.【所謂量，指能夠被分開的東西，即能夠被分成〈兩個或兩個以上的〉構成部分，而那些諸構成部分中的每一個在本性上是某種「一」或某一「這個」。】——譯注

[36] 同上，第二十六章，1023b32以下。——原注
τὸ δὲ συνεχὲς καὶ πεπερασμένον, ὅταν ἕν τι ἐκ πλειόνων ᾖ, ἐνυπαρχόντων μάλιστα μὲν δυνάμει, εἰ δὲ μή, ἐνεργείᾳ.【連續的東西和被限制的東西，當某種一從其許多部分中生成，尤其這些部分以潛能的方式存在其中，甚或以現實的方式存在其中時，也是整體。】——譯注

體】、一種在μεμερισμένον【可分成部分的東西】之意義上的ὅλον【整體】，因此能夠具有πάθος τοῦ ἑνός【一之性質】，它能夠具有單一的東西之規定性；在這樣一種作爲μεμερισμένον【可分成部分的東西】的ὅλον【整體】中，ἕν【一】在某種意義上是在此的。但這種ἕν【一】是一種非常特定的一，即ἐπὶ τοῖς μέρεσι πᾶσιν【在所有的部分上】、根據諸部分、鑒於諸部分被理解爲一的那種ἕν【一】：作爲συνεχές【連續的東西】的ἕν【一】。因此，ὅλον【整體】作爲ὅλον【整體】的確是ἕν【一】；但這種ὅλον【整體】，它作爲ὅλον【整體】是一種特定的ἕν【一】：在由諸部分而來的統一性、整體性之意義上的一——我們根本沒有關於這些區分的術語；——這種ὅλον【整體】或一，的確不是τὸ ἓν αὐτό【一本身】（245a5以下）、「在其自身單一的東西（das Eine an ihm selbst）」。因爲——這兒雖沒說，但暗含著這點——在整體性之意義上的統一性作爲這樣的統一性始終還是某種別的東西，即一。它有賴於一種更加源始的一。在它之前還有著一種ἕν【一】之意義，該意義把統一性本身規定爲統一性。這種ἕν【一】——它先於ἓν ὅλον【作爲整體的一】，是ἀμερὲς παντελῶς【完全無部分的】（參見245a8）、「完全沒有部分」；它是ἀληθῶς ἕν【眞正的一】（同上），即最後在其族類（Geschlecht）中加以揭開的東西。如果我們追究ἕν【一】的意義，那我們最終會發現這種ἓν ἀμερές【沒有部分的一】，在亞里士多德那兒就是ἀδιαίρετον【不可分解的東西】。因此，ξένος【客人】能夠說：這種ἕν【一】，作爲τοιοῦτον【這種東西】的ἕν【一】——即不是

ἓν ἀληθῶς【眞正的一】，而是作爲συνεχές【連續的東西】的那種ἕν【一】——ἐκ πολλῶν μερῶν ὂν【是由許多部分而來的】（245b1）、「是由許多部分而來的」，並且僅僅基於它們並爲了它們；但作爲這樣的東西，οὐ συμφωνήσει τῷ λόγῳ【它不符合邏各斯】（245b1以下），「這種ἕν【一】同ἕν【一】的眞正意義不相符合——如果我眞正談及它的話。」因此，在ἕν【一】這一概念之範圍內首先發現了一種區分：1. ἓν ἀληθῶς【眞正的一】，2.作爲πάθος ἐπὶ τοῖς μέρεσι【在諸部分上〈具有一之〉性質】的ἕν【一】：作爲諸部分之統一性的單一的東西。

現在復又提出下面這一問題：在何種意義上ὄν【是者】是πᾶν【一切】或ὅλον【整體】？或者它在πάθος τοῦ ἑνὸς ἔχον【具有一之性質】（參見245b4）這一意義上是ὅλον【整體】，或者它μὴ ὅλον【不是整體】（參見245b5）。假如ὄν【是者】在派生出來的ἕν【一】之意義上是某種ἕν【一】，作爲整體性、ἕν πως【一定程度上的一】（參見245b8），那麼，ἕν【一】就是一種πάθος τοῦ ὄντος【是者之性質】。但那樣一來，ὄν【是者】或ὅλον【整體】就同眞正意義上的ἕν【一】不是一回事（245b8）。由此ὅλον【整體】是一種ἕτερον【不同於】ὄν【是者】的東西——只要後者在作爲ἓν ἀληθῶς【眞正的一】的ἕν【一】之意義上被把握。但如果ὅλον【整體】是不同於ὄν【是者】的某種東西，那麼就會得出：πλέονα τὰ πάντα ἑνός【一切比一多】（參見245b8以下）；如果θέσις【論題】本身說：ἓν ὂν ὅλον【一是整體】，那麼就一定有比在θέσις【論題】本身中所提出的那種ἕν【一】更多的東西。但如果ὄν【是者】本身——通過具有πάθος τοῦ ἑνός【一之性質】——本身不是ὅλον【整體】（245c1），即ὅλον【整體】是不同於ὄν【是者】的某一另外的東西，那麼，這種ὅλον【整體】就是某種不是作爲ὄν【是者】的ὄν【是者】的那種東西。於是就有著某種不是ὄν【是者】、落在ὄν【是者】之外但又的確是的東西。但那樣一來ὂν ἐνδεὲς ἑαυτοῦ【是者比它自身要少】（參見245c2以下），它就它自身來說在其自身就是有所欠缺的；它欠缺某種還在它之外而是的東西，某種就它自身那方來說還不是的東西。於是它ἑαυτοῦ στερόμενον【剝奪了它自身】（245c5），它自身，即ὄν【是者】，從它自身那兒就因下面這點而發生了損害，那就是：它不同於ὅλον【整體】而ὅλον【整體】卻是某種東西，——它把自己作爲眞正意義上的ὂν ἕν【是一】❸⓻同作爲ὂν τι【是某種東西】❸⓼、作爲在某種方式上是著的東西的ὅλον【整體】相對立。這整個考察——至少相對——變得透徹了，如果我們首先弄清楚了ἕν【一】的兩種含義：在派生意義上的ἕν【一】，即ἓν ὅλον【作爲整體的一】，和在眞正意義上的ἕν【一】，即ἓν ἀληθῶς【眞正的一】——它作爲本質性的謂詞被賦予給了ὄν【是者】。但如果ὄν【是者】是στερόμενον ἑαυτοῦ【剝奪了它自身】的東西，那麼就會得出：οὐκ ὂν ἔσται τὸ ὄν【是者將不是是者】

㊲ ὂν ἕν【是一】也可以譯為「作為一的是者」。——譯注

㊳ ὂν τι【是某種東西】也可以譯為「作為某種東西的是者」。——譯注

（245c6），ὄν【是者】自身不是ὄν【是者】，即不是一切是者，它不是ὅλον【整體】。

考察繼續往下走。我們將最好地理解這最後的辯論，如果我們從後面對它進行把握的話。ὅλον【整體】現在被設定爲不屬於作爲ὄν【是者】的ὄν【是者】的那種東西；它的確是πάθος【性質】，它是一種ἕτερον【不同的東西】。τὸ ὅλον ἐν τοῖς οὖσι μὴ τιθέντα【整體不被置於諸是者中】（245d5以下）。但如果ὅλον【整體】不被置於那是的東西中，那麼，無論οὐσία【所是】還是γένεσις【生成】都不可以被當作是著，於是無論γένεσις【生成】還是οὐσία【所是】都不是。因爲：τὸ γενόμενον ἀεὶ γέγονεν ὅλον【被生成出來的東西總是被生成爲了整體】（245d4），「所有被生成和已經生成的東西，都生成爲了一個整體」；在這兒，整體、ὅλον【整體】無非意指完成了的東西、此處一個完成了這種東西——它在此處作爲一已經結束了。在這兒，作爲一的ἕν【一】之概念和作爲整體、作爲統一性的ἕν【一】之概念，匯合到了一起。因此，如果ὅλον【整體】處在是（das Sein）之外，是一種不同於ὄν【是者】的東西，並且如果甚至γένεσις【生成】和οὐσία【所是】也都不能夠是，那麼，ὄν【是者】也不可能是。由此就會得出ὄν【是者】之μὴ εἶναι【不是】（245d1），並進而根本沒有任何生成：οὔτε οὐσίαν οὔτε γένεσιν ὡς οὖσαν δεῖ προσαγορεύειν【既不可以稱所是是著，也不可以稱生成是著。】（245d4以下）——在同這一討論的連繫中，還指出了在ποσόν【量】（245d9）之意義上、多少—是者（Wieviel-Seiendes）之意義上的ὅλον【整體】，並說：還會浮現出無限多的困難。

㈢原則上的各種不清楚

我已經強調過：如果在沒有準備和沒有正確是態學的基礎的情形下就來讀這些東西，它們就是完全讓人困惑的。我想預先簡略地說：在這整個考察中有著**三種本質性的不清楚**，——這些不清楚不可以在一種批評的意義上或在柏拉圖所犯下的某種錯誤的意義上加以理解；相反，要在位於事情本身中，以及位於那時把握這些東西的基本方法中的各種困難之意義上加以理解：

1. 在不（das Nicht）這一概念中的不清楚：如果ὄν【是者】區別於ὅλον【整體】，並且說ὅλον【整體】不是ὄν【是者】，——由此就會同時說：ὄν【是者】**不**是某種東西；有著某種不落入ὄν【是者】中的東西。這僅僅基於在不中的一種本質性的不清楚才是可能的。

2. 就作爲是（Sein）的ὄν【是著】和作爲是者（Seiendes）的ὄν【是著】之間的區別來說的不清楚。這一困難還會加劇，只要在實事上的討論之進程中必須說到：
   a)是者之是（das Sein des Seienden），b)是之是（das Sein des Seins）。

3. 在下面這點上的不清楚，那就是：我們前面已經認識了的那些確定的是之性質，如ὄν【是著】、ἕν【一】、τί【什麼】，沒有在其同樣的源始性中被看；相反，在這兒已經——後面在κοινωνία τῶν γενῶν【諸屬的結合】那兒還會表現得更多——存在著一種確定的傾向，即讓一些是態學上的性質屈從於從ἕν【一】而來的某種派生、某種γένεσις【生成】——屈從於正如我們早前說過的某種「起源史」。

這些不清楚之爲不清楚，僅僅基於是態學上的問題提法中的一種單義的基礎才是可見的——希臘的是態學上的問題提法就包含在該基礎中並由此能夠變得有生命。後來無論是在柏拉圖那兒，還是在亞里士多德那兒，一些根本的澄清都未取得成功。今天它們同樣未得到解決，它們甚至不再被理解爲是一些根本性的難題。這些不清楚要能夠加以清除，除了首先形成是態學的基礎之外，別無他法。恰恰該篇對話在接下來的討論中至少在某一方向上爲這些混亂帶來了一定程度的亮光：它開始對否定（die Negation）進行一種本質上積極的把握，於是這對於亞里士多德來說變得具有深遠的意義。

我們能夠以下面這種方式澄清包含在對巴門尼德命題的分析中的那些不清楚——將之作爲不清楚〈加以澄清〉，不是在解決的意義上——，那就是：在當希臘人談論理論性的東西時他們如何根本地依循λόγος【邏各斯】這一意義上，我們再現這整個考察如何依循巴門尼德那λόγος ἰσχυρός【強有力的邏各斯】。這一事實必須在一種非常極端的意義上加以理解。我們必須考慮到下面這點：λόγος【邏各斯】

本身總是被當作被說的東西，當作被公告出來的東西，因此，言談關於φθέγγεσθαι【說出】。τί ποτε βούλεσθε σημαίνειν ὁπόταν ὂν φθέγγησθε；【當你們說出是著時你們究竟想意指什麼？】（244a5以下）「當你們說出ὄν【是著】，你們究竟把是之意義（der Sinn von Sein）理解爲什麼？」在這一根本問題中，說之方法不被把握爲λέγειν【說】，而是被把握爲φθέγγεσθαι【表達】，被把握爲「說出（Aussprechen）」、向－他人－說出－自己（Sich-Aussprechen-zu-Anderen）。因此，在巴門尼德命題之意義上的這一ὑπόθεσις【原則】能夠從四個方向上加以分析：

1. 該命題具有一種特定的、**主題上的什麼**（*thematisches Was*）；這就是它的對象，即它所談論的那個東西：是（das Sein）。
2. 該命題具有特定的**命題內容**（*Satzgehalt*）：它關於是（das Sein）所說的東西。
3. 只要該命題被說出來了、被說了，那麼，被說地是（Gesagtsein）這一獨特的要素本身就連帶包含著一些確定的性質——它們必須同命題內容區別開來，並且我們必須將它們把握爲**被說之諸性質**（die *Charaktere der Gesagtheit*）、被說地是之諸性質，被說性（Gesagtheit）在這兒被理解爲作爲揭開的λέγειν【說】之被說性。
4. 我們必須把作爲被說的東西的被說的東西（das Gesprochene als solches）、把**被說出了地是**（das *Ausgesprochensein*），同這種被說地是（Gesagtsein）相區分。

因爲，僅僅從這兒出發，僅僅當被說出了地是作爲被說出了地是（das Ausgesprochensein als ein solches）被區分出來了，我們方才能夠理解整個辯論；該辯論就ὄνομα【名稱】來進行，並使得愛利亞學派的人承認ὄνομα【名稱】是一種ἕν【一】，在他們的論題之意義上，一種不再可能意指某種東西的ἕν【一】——除非把ὄνομα【名稱】中所意指的東西自身當作ὄνομα【名稱】。只有當ὄνομα【名稱】作爲ὄνομα【名稱】、作爲φθογγή【聲音】、「聲音」，作爲被說的東西（Gesprochenes），自身被把握爲了一種ὄν【是者】，這種辯論方才具有意義。事實上也是如此。並且λόγος【邏各斯】也被這樣加以把握：即被把握爲一種ὄν【是者】。只有當λόγος【邏各斯】被如此加以把握了，只有在這種看法下，在對話的最後部分中關於λόγος【邏各斯】的整個處理方法才變得可理解。——因此，必須區分：主題的對象（der thematische Gegenstand）、命題內容（der Satzgehalt）、被說性之諸性質（die Gesagtheitscharaktere）以及被說出了地是之諸要素（die Momente des Ausgesprochenseins）。在ὑπόθεσις【原則】中的所有這四個結構要素——只要它們是**某種東西**——在對ὄν【是者】的使用之範圍內都給出了相互交替、相互代替的機會。通過純粹在ὑπόθεσις【原則】中給出的這些不同ὄντα【是者】之間的這種交叉，關於ἓν ὄν【作爲是者的一】的辯論才是可能的。並且，它不僅僅是可能的，而且對於柏拉圖來說爲了顯示下面這點甚至是必須的，那就是：在ἓν ὄν【作爲是者的一】中——如果它僅僅被理解爲τί【某種東西】——已經給出了整個一系列現象、給出了多種多樣的是之性質。

ξένος【客人】總結說：Τοὺς μὲν τοίνυν διακριβολογουμένους ὄντος τε πέρι καὶ μή, πάντας μὲν οὐ διεληλύθαμεν.【此外，對於那些清楚地說明是者和不是者的人，我們並未全部加以細說。】（245e6以下）「我們沒有詳細討論那些人」，他在這兒稱他們爲：διακριβολογούμενοι【進行清楚說明的人】，「他們以清楚地對之進行規定的方式討論是者。」關於這一表達，人們往復地進行了許多爭論。之所以出現了一個困難，原因在於：這兒突然把巴門尼德以及更早的那些人標畫爲清楚規定了ὄν【是者】的人，而前面說的卻是他們其實僅僅在講童話故事。我們無法把這兩種刻劃會聚在一起。我們也不可以在一種寬泛的意義上來把握διακριβολογούμενοι【進行清楚說明的人】這一表達。博尼茨[39]已經正確地看到：這一表達關乎數量；只要他們列出了ὄντα【是者】的某一確定的數量，而其他人卻宣稱ἄπειρον【無限】，那他們就是清楚的。因此，這種「嚴格的和清楚的」並不關乎方法上的探討，而是關乎他們根據數量來規定眞正的ὄντα【是者】。這些「清楚地」進行規定的人，同ἄλλως λέγοντες【以其他方式說的人】、以其他方式討論是者的人相對立。後面這些人現在要加以考察。博尼茨進而對對話進行了一種更加精細的安排——對之我認

[39] 赫爾曼·博尼茨：《柏拉圖研究》。第三版，柏林，一八八六年，第162頁以下。——原注

為是不必要的。在是態學的討論的一開始就指出：那些討論是者的人從兩個方面來考察它：πόσα τε καὶ ποῖά ἐστιν【是多少和是怎樣】（242c6），著眼於πόσα【多少】、「多少」，也著眼於ποῖα【怎樣】、「它是怎樣的性質」。博尼茨想把這兩個方面同時取作劃分的標誌。他說：第一組——我們迄今已經詳細討論過的那些人——討論πόσα【多少】、「數量」，第二組討論ποῖα【怎樣】、「性質」。從實事上看，這一區分是不必要的。因為在我們已經詳細加以論述了的批判性的討論中，下面這點並不是那麼的重要，那就是：宣稱作為ἕν【一】的ἕν【一】同某一多樣性相對立，或者反過來多樣性同ἕν【一】相對；相反，本質性的東西是：柏拉圖觀察到，在辯證法的συναγωγή【結合】之意義上ἕν【一】乃ὄν【是者】之規定，從而它作為這種ἕν【一】，於每一πολλά【多】中恆常地是一道在此的。因此，重要的不在於ὄν【是者】僅僅是ἕν【一】還是多於一——彷彿對諸原則的計數是原初的東西、決定性的東西和唯一的東西似的——；相反，重要的在於ὄν【是者】或ἕν【一】在κοινωνία【結合】之意義上於πολλά【多】中是一道在此的。

II. 對同時代ὄν【是】之學說的討論γιγαντομαχία περὶ τῆς οὐσίας【諸神與巨人之間關於所是的戰爭】[40]（246a-250e）

六七、對同時代ὄν【是】之學說的一般刻劃（246a-246e）。論題1. οὐσία【所是】＝ σῶμα【有形物】。**論題2.** οὐσία【所是】＝ εἶδος【埃多斯】。γιγαντομαχία περὶ τῆς οὐσίας【諸神與巨人之間關於所是的戰爭】**之真正任務：揭示與進行引導的是之意義相應的是者。是＝在場。是者之照面性質：1.** σῶμα【有形物】：αἴσθησις【感覺】，**2.** εἶδος【埃多斯】：νοεῖν【看】、λόγος【邏各斯】

柏拉圖在更加仔細地、批判性地詳細討論兩個另外立場之前，他展望了在γιγαντομαχία περὶ τῆς οὐσίας【諸神與巨人之間關於所是的戰爭】（246a以下）中的兩方對手。兩派彼此對立。Οἱ μὲν εἰς γῆν ἐξ οὐρανοῦ καὶ τοῦ ἀοράτου πάντα ἕλκουσι, ταῖς χερσὶν ἀτεχνῶς πέτρας καὶ δρῦς περιλαμβάνοντες. τῶν

---

[40] 根據海德格而來的標題（見第439頁）。——原注

γὰρ τοιούτων ἐφαπτόμενοι πάντων διισχυρίζονται τοῦτο εἶναι μόνον ὃ παρέχει προσβολὴν καὶ ἐπαφήν τινα, ταὐτὸν σῶμα καὶ οὐσίαν ὁριζόμενοι, τῶν δὲ ἄλλων εἴ τίς 〈τι〉 φήσει μὴ σῶμα ἔχον εἶναι, καταφρονοῦντες τὸ παράπαν καὶ οὐδὲν ἐθέλοντες ἄλλο ἀκούειν.【其中一些人把所有東西都從天上和不可見的地方拉到地上，完全㊶是在用手抱緊石頭和樹木。因爲緊握所有這些東西的他們堅決主張，唯有那允許某種接近和觸摸的東西才是，他們把有形物和所是界定爲同一個東西；一旦其他人說無形的東西也具有是，他們就會加以完全鄙視，並不願意聽任何別的。】（246a7以下）「一些人ἐξ οὐρανοῦ καὶ τοῦ ἀοράτου πάντα ἕλκουσι【把所有東西從天上和不可見的地方拉到】，把所有東西從天上和人們無法用肉眼看到的地方拉εἰς γῆν【到地上】，到地上，並且他們用手笨拙、遲鈍地抓住石頭和樹木。」他們說：τοῦτο εἶναι μόνον ὃ παρέχει προσβολὴν καὶ ἐπαφήν【唯有那允許某種接近和觸摸的東西才是】，「唯有那如下面這樣顯示自己、如下面這樣照面的東西才是，

㊶ 嚴格講，希臘語的ἀτεχνῶς和ἀτέχνως是兩個副詞，僅僅重音不同。前者來自形容詞ἀτεχνής，後者來自形容詞ἄτεχνος。盡管ἀτεχνής和ἄτεχνος是同義詞，都是由τέχνη【技藝】加上褫奪性的前綴ἀ-構成，但由前者派生出來的副詞ἀτεχνῶς的意思是「完全地」、「直截了當地」，由後者派生出來的副詞ἀτέχνως的意思是「粗糙地」、「笨拙地」、「無技藝地」。從海德格後面的翻譯看，他並未區分這兩者的不同，他在「笨拙地」的意義上理解ἀτεχνῶς一詞。——譯注

那就是：它允許向它逼近、προσβολή【接近】、衝鋒，就像衝向某個城堡和要塞那樣；或者允許ἐπαφή【觸摸】、觸摸。」僅僅那能夠如此照面的東西、唾手可得的東西、人們彷彿能夠衝向和觸摸的東西，才眞正是。我們能夠非常簡略地說：對於這一立場來說，那在阻抗中表明其持存的東西是是著的。因此，以οὐσία【所是】概念和是之概念爲引導線索：σῶμα καὶ οὐσίαν ταὐτὸν ὁριζόμενοι【他們把有形物和所是界定爲同一東西】，「他們把有形物、物質性的事物同眞正現成的東西、在場的東西、οὐσία【所是】界定爲同一個東西。」οὐσία【所是】、在場，原初且僅僅在有形的有阻抗地是（körperhaftes Widerständigsein）中對於他們表明和表示出來。所有其他不以有阻抗地是這種方式來照面的東西，都不是。我們必須如此理解這一立場。於是，如果我們說這些人是一些唯物論者，那麼，我們可能意指他們是如福格特（Vogt）[42]、莫勒朔特（Moleschott）[43]、比希訥（Büchner）[44]那樣的一些人。其

---

[42] 卡爾·福格特（Vogt, Karl, 1817-1895），《盲信與科學》（*Köhlerglaube und Wissenschaft*），吉森（Gießen），一八五五年。——原注

[43] 雅各·莫勒朔特（Moleschott, Jakob, 1822-1893），《生命的輪回》（*Der Kreislauf des Lebens*）。美因茲（Mainz），一八五二年。——原注

[44] 路德維希·比希訥（Büchner, Ludwig, 1824-1899），《力與物質》（*Kraft und Stoff*）。法蘭克福（Frankfurt），一八五五年。——原注

實完全不是這麼回事。本質性的東西是：οὐσία【所是】、在場，原初和僅僅通過是者的這一特定領域表現出來。因此，如果有人說：μὴ σῶμα ἔχον εἶναι【無形的東西也具有是】，「無形的東西、沒有形體的東西，也會是」，那καταφρονοῦντες【他們鄙視】、「他們鄙視」他，並且「根本不想聽任何別的」。Ἦ δεινοὺς εἴρηκας ἄνδρας【毫無疑問，你在談那些可怕的人】（246b4）、「你在這兒在談那些可怕的人」。

Τοιγαροῦν οἱ πρὸς αὐτοὺς ἀμφισβητοῦντες μάλα εὐλαβῶς ἄνωθεν ἐξ ἀοράτου ποθὲν ἀμύνονται, νοητὰ ἄττα καὶ ἀσώματα εἴδη βιαζόμενοι τὴν ἀληθινὴν οὐσίαν εἶναι· τὰ δὲ ἐκείνων σώματα καὶ τὴν λεγομένην ὑπ' αὐτῶν ἀλήθειαν κατὰ σμικρὰ διαθραύοντες ἐν τοῖς λόγοις γένεσιν ἀντ' οὐσίας φερομένην τινὰ προσαγορεύουσιν.【因此，那些同他們相反對的人非常謹慎地從上面不可見的某處來保衛他們自己，他們力主某些可思的、無形的埃多斯是眞正的所是。那些有形的東西和被其對手稱作眞的，他們在各種邏各斯中將之粉碎爲碎片，並將之稱作與所是相對立的某種正在運動著的生成。】（246b6以下）對立的另一方是那些「與他們爭執並從上面就此保衛自己的人」；從上面，這在此意味著：不訴諸下面的東西，即不訴諸那作爲是者的地上的東西；相反，他們試圖對是之意義給出另一種闡釋，不是根據用眼可見的那些可見的東西，而是根據不可見的東西。他們打算在未加遮蓋的是之意義上把εἴδη【諸埃多斯】、εἶδος【埃多斯】、是者之「外觀」——如其在νοεῖν【看】中所能夠看見的那樣，認作是著。因此，眞正是著的東西，是在有所洞察的談論中被視見的東西——只要νοῦς【智性直觀】和λόγος【邏各斯】在這兒被看作一個東西；例如，如果我說：桌子，那麼，即在說對於我們而言眞正在此是著的那個東西，也即那當下是著的、不具有阻抗性質、不可能彷彿通過感官知覺就可以衝向的那種東西。並且從上面、從不可見的東西出發來闡釋是者之是的那些人，同時具有這樣一種立場：他們理解其對手。他們具有能夠理解其對手關於是之解釋的立場的那種手段，也即是說，只要他們能夠在其各種λόγοι【邏各斯】中、在其討論中διαθραύειν【粉碎】、「打碎」那λεγομένην ἀλήθειαν【被稱作的眞】、「被其對手所說的眞」，即被其對手作爲未被遮蔽的是者加以談及的那種東西。這種「打碎」意味著：他們有能力在一定程度上將之消融於這種ὄν【是者】那兒、於σῶμα【有形物】那兒是著的那種東西中。在此就已經有著這些人具有能夠理解其對手這種可能性，——在此就已經有著：說οὐσία【所是】= εἶδος【埃多斯】的那些人的立場，是一種在科學上、本質上更高的立場。這意味著：該立場不再是一種純粹是態上的立場——甚至那首先提到的也已經根本地不再是這種東西——；相反，它已經是一種明確是態學上的立場。並且如果他們嘗試根據他們的是之意義來理解對手的是之解釋，那麼，他們就會說：其他人認爲是著的那種東西，無非就是γένεσις【生成】、一種「生成（Werden）」，一種γένεσις φερομένη【正在運動著的生成】、一種在最爲寬泛的運動意義上具有φορά【位移】、位置變化這種性質的生成。有形的是（körperliches Sein）是在場的（anwesend），在阻抗性中，即同時在運動中是在此的。——'Εν μέσῳ δὲ περὶ ταῦτα ἄπλετος ἀμφοτέρων μάχη【這兩派之間就此有著無休止的戰爭】（246c2以下），「在這兩派之間進行著激烈的戰爭」，並且在我們面前必定會浮現出這樣一種場景：柏拉圖本人憑藉其討論而立於中間，並從中間暗中削弱兩方。

在這一γιγαντομαχία περὶ τῆς οὐσίας【諸神與巨人之間關於所是的戰爭】中究竟眞正涉及什麼？涉及對**那眞正滿足於是之意義的是者**的揭示，並由此涉及對οὐσία【所是】本身之意義的證明。οὐσία【所是】之意義通過對**那滿足於是之意義的是者的展示**而得到證明。這後一任務不是一項獨立的任務；相反，它完全包含在第一項任務中。οὐσία【所是】本身之意義這一問題，對於希臘人來說在是態學主題上不是活生生的；相反，他們總是僅僅追問：何種是者眞正滿足於是之意義，以及由此得出了何種是之性質？是之意義本身始終沒有得到追問。但這並不意味著似乎他們沒有是之概念。因爲，如果沒有是之概念，那麼，**什麼**滿足於是之意義這一問題就是沒有基礎和方向的。希臘人沒有追問是之意義這一事實，恰恰表明這種是之意義對於他們來說是**自明**的，表明一種無須進一步加以詢問的自明性。這種是之意義自然不是顯而易見的，而是只能通過一種隨後的解釋方才被明確地理解。不明確地引導這種是態學的那種是之意義，意味著：**是**（*Sein*）＝**在場**（*Anwesenheit*）。對於希臘人來說，這種是之意義沒有被從任何地方取得、想出；相反，它是生活本身

（das Leben selbt）、實際的此是（das faktische Dasein）所隨身攜帶的東西，只要所有人的此是是進行解釋的此是，它既解釋它自身也解釋任何意義上的所有是者——在該解釋中一種是之意義不明確地起著作用。誠然，是之意義——正如希臘人不明確地理解它那樣，乃是從對實際此是那自然、切近的是之解釋那兒汲取出來的，是（Sein）意味著：從一開始就已經在此是（im vorhinein schon da sein），作爲所有物（Besitz）、家庭（Hausstand）、資產（Anwesen）——更爲準確地說：作爲在場（Anwesenheit）。因此，我們將使用這種是之意義——雖然我們在該連繫中還沒能進一步討論它，但我們自身首先使得它可見——是＝在場——，因爲其中包含著時間的整個難題，並由此包含著此是之是態學的整個難題。如果通過成功地對柏拉圖的下面這些討論進行了一種眞實的闡釋而證明了：這種是之意義事實上引導著希臘是態學的問題提法，——否則沒有辦法在希臘哲學中展示這種是之意義的作用，那麼，我們將僅僅使用這種是之意義。由於下面這點，這會更容易發生，那就是：恰恰對話的後面各部分是廣泛有爭議的，與之相連絡人們根本沒有思考清楚它在這兒究竟涉及什麼。

戰鬥首先涉及的是，什麼原初和眞正滿足於是之意義，即在場；其中同時就有著：何種通達眞正是著的東西的通達方法，是源始的通達方法；就兩方對手來說：要麼是αἴσθησις【感覺】、ἀφή【觸覺】、接觸、觸摸、感官上的看，要麼是νοεῖν【智性直觀】或λόγος【邏各斯】。下面這一問題，即何者是通達那眞正具有是的東西的通達方法，對於希臘人來說並不如此存在。但它實際存在，只要他們問：還有別的什麼也屬於是者之是、是否νοῦς【智性直觀】也屬於是者之是。後面浮現出來的㊺這一引人注目的問題，無非意味著這點：如果是者是那始終是的東西，那麼，作爲在場的是之意義就僅僅在有著某種東西能夠是在場的這一可能性的情形下才有其合法性。因此，是之意義有賴於下面這一可能性，那就是：是者能夠因那一般地具有諸如當下這種東西的那種東西而照面。但這根本不意味著：是者作爲是者似乎在一定程度上有賴於此是或意識或諸如此類的東西。這首先僅僅用來定位。我們以後會更加詳細地討論這個問題㊻。

我們要求兩方對手回答下面這一問題：ὑπὲρ ἧς τίθενται τῆς οὐσίας【他們把什麼確定爲所是】（246c6），「他們各自把什麼確定爲是（Sein）」。那些把οὐσία【所是】解釋爲εἶδος【埃多斯】的人是ἡμερώτεροι【較爲馴服的】（246c9），「較爲馴服的、更加容易駕馭的」，即是更加明理的人，因爲他們不像另一些人——要同他們商談幾乎是不可能的——那樣固執一種非常極端的立場。也即是說，幾乎不可能同那些說οὐσία【所是】＝σῶμα【有形物】的人進行商談，因爲

㊺ 248e以下。——原注

㊻ 海德格頁邊注。「論根據的本質」（Vom Wesen des Grundes），注釋。編者注：《論根據的本質》【58】，注59。載於《路標》（*Wegmarken*），全集第九卷（第123-175頁），第162頁。——原注

他們否認任何非感性的東西、不可見的東西的存在，因爲對於他們來說根本沒有那的確在原則上超出了單純προσβολή【觸碰】和ἁφή【觸覺】的λόγος【邏各斯】。因此，我們的確根本無法同他們交談。這是在這兒不明確地在下面進行支撐的想法。所以，爲了畢竟能夠同他們進行對談，把他們在一定程度上當作對手，柏拉圖假定他們比他們實際上更明理、更合乎實事地對待其自己的事情。他由此取得了下面這一有利條件，那就是：他在一定程度上爲自己塑造了一個更加嚴肅的對手。這會意味著：任何眞正的對手——他越尖銳越好——在一種科學的討論中有助於讓一個人朝向事情、朝向眞的東西。因爲我們所關心的，不是那個對手，ἀλλὰ τἀληθὲς ζητοῦμεν【相反，我們尋求眞東西】（246d8以下）；相反，我們僅僅關心事情、我們單單尋求事情本身。因此，我們設想那些λέγοντες【說】οὐσία【所是】= σῶμα【有形物】的人，已經變得比他們眞正是的那樣更好，在一定程度上能夠與之進行商談。於是，我們想問他們並從他們那兒得到答案，他們對是之意義的解釋究竟是怎樣。ξένος【客人】要求泰阿泰德向他傳達那些人所說的：τὸ λεχθὲν παρ' αὐτῶν ἀφερμήνευε【你來傳達他們所說的】（246e3）。ἑρμηνεύειν【釋義】說的是：在使能夠理解、能夠占有之意義上進行傳達。ἑρμηνεία【釋義】是表達著自己的傳達、同……取得互相—理解（das Sich-Verständigen）、告知，——亞里士多德在《論靈魂》第二卷第八章（420b19）中將之展露爲人之靈魂的一種本質結構[47]。

六、論題討論：οὐσία【所是】＝σῶμα【有形物】（246e-248a）

㈠對是者之雙重性的展示：ὁρατόν【可見的】和ἀόρατον【不可見的】。εἶναι【是】作爲συμφυὲς γεγονός【與生俱來地已經生成出來的東西】

因此，柏拉圖在諸神與巨人之間περὶ τοῦ ὄντος【關於是】的戰爭之範圍內就敵對雙方所進行的批判性考察，首先對準說οὐσία【所是】＝σῶμα【有形物】的那些人。是（Sein）通過有形物之當下而眞正表現出來。爲了根本地進行批判，柏拉圖於是者那兒把什麼提出來加以討論，這點是值得注意的。擺在那些人面前的是具有θνητὸν ζῷον【有死的動物】（246e5）這種性質的ὄν【是者】，一種活著並且作爲活著的東西能夠死的是者。這自然指的是人——盡管沒有明確提及這點，因爲重要的是顯示：在作爲σῶμα ἔμψυχον【有靈魂的形體】的ζῷον【動物】中，除了σῶμα【形體】之外還有諸如ψυχή【靈魂】這樣的東西也是當下的。在一些重要的段落，柏拉圖一再重提我們自身所是的這種ὄν【是者】，盡管一種明確的、對準人之是的

---

[47]《論靈魂》第二卷第八章（420b19）：ἡ δ᾽ ἑρμηνεία ἕνεκα τοῦ εὖ.【而釋義是爲了安好】。——譯注

問題提法似乎在此還不是活潑潑的，而是要加以商談的那些事情的狀況僅僅實際地迫使這種是者連帶成爲課題。——當λέγοντες【他們說】：οὐσία【所是】＝σῶμα【有形物】時，——那他們會把一種θνητὸν ζῷον【有死的動物】說成什麼？如果某種東西，即一種「能夠死的、活著的東西」被遞交在他們面前，那他們會說εἶναί τι【某種東西是】（246e5）、「某種東西是」嗎？Πῶς δ᾽ οὔ【爲何不】（246e6）、爲何不！那他們豈不和我們一道把那處在言談中的東西，即把那θνητὸν ζῷον【有死的動物】稱作爲σῶμα ἔμψυχον【有靈魂的形體】（246e7）？σῶμα ἔμψυχον【有靈魂的形體】意味著：「一種有形的東西——於它那兒靈魂一道是在此的」。因此，他們豈不把靈魂——它的確在一種ζῷον【動物】那兒是一道在此的——如某種東西一樣確定爲是著（seiend）？一定會。但然後呢？他們對下面這點會說什麼：那在σῶμα【形體】中是一道在此的靈魂、靈魂性的東西可能是「正義的、不正義的、有理解力的、無理解力的」（247a2以下）？由此會怎樣？這樣一來，我們在這兒關於靈魂本身所說的如δικαιοσύνη【公正】、ἄδικόν【不正義】、φρόνησις【明智】這些東西，豈不是？ξένος【客人】在這兒非常尖銳地提出了問題，並在他那兒出現了一個本質性的表達：παρουσία【在場】、在場（Gegenwart）[48]。Ἀλλ᾽

[48] 海德格一般將παρουσία【在場】譯作Anwesenheit（在場），但偶爾也譯作Gegenwart。我一般將Gegenwart譯為「當下」，但Gegenwart除了具有「當下」的意思外，也有「在場」的意思。

ού δικαιοσύνης ἕξει καὶ παρουσίᾳ τοιαύτην αὐτῶν ἑκάστην γίγνεσθαι, καὶ τῶν ἐναντίων τὴν ἐναντίαν：【它們中的每個，豈不由於對公正的擁有和公正的在場而生成爲公正這樣的東西，因對其反面的擁有和反面的在場而生成爲反面的東西？】（247a5以下）如果他們說：靈魂於活著東西那兒是一道在此的，並且它是正義的、不正義的等等，那麼，這就意味著：它是它所是的，即ἕξει καὶ παρουσίᾳ【由於擁有和在場】、通過對公正、理解力的「於自己那兒擁有（Bei-sich-Haben）以及通過它們在場的是」而是τοιαύτη【這種東西】。僅僅通過理解力的在場並基於它靈魂方才是有理解力的。但他們然後會說什麼？無非是：τό δυνατόν τῳ παραγίγνεσθαι καὶ ἀπογίγνεσθαι πάντως εἶναί τι.【那於某種東西那兒能夠變得在場和變得不在場的，無論如何都是某種東西。】（參見247a8以下）於是他們說——我們必須深

關於這點，可參見《是與時》（*Sein und Zeit*, Max Niemeyer Verlag Tübingen, 2006, .25）：Das äußere Dokument dafür-aber freilich nur das – ist die Bestimmung des Sinnes von Sein als παρουσία, bzw. οὐσία, was ontologisch-temporal »Anwesenheit« bedeutet. Seiendes ist in seinem Sein als »Anwesenheit« gefaßt, d. h. es ist mit Rücksicht auf einen bestimmten Zeitmodus, die »Gegenwart«, verstanden.【關於這一點的外在證據——誠然也只有外在證據，就是：是之意義被規定爲παρουσία或οὐσία，它在是態學—時態上意味著「在場」。是者在其是上被把握爲「在場」，也就是說，是者是就某種特定的時間樣式，即「當下」，而得到理解的。】——譯注

入打量這個句子——：那通過「能夠」、τό δυνατόν【能夠】，在παραγίγνεσθαι καὶ ἀπογίγνεσθαι【變得在場的和變得不在場】之意義上、「能夠—變得在場和變得不在場（das An-und Abwesendwerden-Können）〈之意義上〉被規定的東西，τινί（τῳ）【於某種東西那兒】、涉及某種另外的東西，無論如何都是某種東西。」同是的某一別的東西相連繫，它通過在場之可能性而是某種東西。因此，**在這兒是**（Sein）意味著：**於某種東西那兒能夠是在場的**。那通過於……那兒—能夠—一道—在此是（das Mit-dasein-Können-bei）而被規定的東西，是這樣一種有所能夠的東西（ein solches Könnendes）。這兒預先指出下面這點，那就是在這種是之概念中已經包含著：1.在場、οὐσία【所是】；2.「一道」，συμπλοκή【聯結】、κοινωνία【結合】；3.能夠、δύναμις【可能性】。

因此，如果δικαιοσύνη【公正】、φρόνησις【明智】以及諸如此類的東西，以及由此而來它們於其中是在場的ψυχή【靈魂】，——如果它們全都擁有**是**（das *Sein*），——那麼，他們會如何談論它們呢？這種是者是ὁρατὸν καὶ ἁπτόν τι【某種可見和可摸的東西】（參見247b3）嗎？「我們還能夠用眼睛看見它和觸摸它嗎？」它對於某種感官知覺來說還是可通達的嗎？或者所有這些東西都是不可見的，但卻是在場的（anwesend）？就靈魂以及其他東西之在場（Gegenwart）來說究竟是怎樣的情形？Σχεδὸν οὐδὲν τούτων γε ὁρατόν.【這些東西肯定都是不可見的。】（247b5）泰阿泰德說，「肯定沒有一個用肉眼是可見的。」於是他們將打算說：μῶν σῶμά τι ἴσχειν【難道那些東西具有某種形體】（參見247b6），既然這些東西的確是，那他們具有某種形體？泰阿泰德回答說，他們全都並不κατὰ ταὐτὰ ἀποκρίνονται【以相同的方式回答】（247b7）、「以相同的方式回答」這個問題。對下面這點他們害怕τὸ τολμᾶν【冒險】（247c1）、「冒險」，那就是：或者把靈魂、φρόνησις【明智】以及諸如此類的所有東西視爲不是著，或者宣稱它們全都是σῶμα【有形物】。但如果他們顧忌基於其理論把這些東西宣布爲不是著（nichtseiend）——例如，顧忌說：如果某個東西是，那麼，形體勢必一定共同在此是，——那麼，他們由此表明：面對這些被給予的東西，他們是謹慎的；他們不敢做決定。這種克制已經使得他們成爲更優秀的人。因爲其中有著同事情的眞正關係，有著眞正的實事性；不是憑藉僵化的理論冒失地衝向事情，而是當不能對事情說出什麼時，保持沉默。在這種沉默中，無論如何都承認事情被給予了。因此，他們將是謹慎的，但同時對於不同的被給予性之類型（Gegebenheitsart）他們不能加以澄清。這兒懸而未決的東西——我們必須緊緊抓住它——是φρόνησις【明智】以及諸如此類的東西之是：ψυχή【靈魂】在某種意義上被承認：它是。但如何處理φρόνησις【明智】之是，對之他們沒有任何答案。這是重要的，因爲後面在對另一方的討論中該現象再次被提起[49]。這顯明：對這雙方對手的整個討論具有一個在實事上單一清楚的背景。——因此，更優秀的人，當他們被問到φρόνησις【明智】、δικαιοσύνη【公正】之是時，他們會保持克制。就φρόνησις【明智】、δικαιοσύνη【公正】的被給予性之是，他們竟顧忌說出某種東西。他們既不願意宣布它們爲不是著，也不願意訴諸他們的是之理論並在某種程度上迫使所有這類東西最終是一種σῶμα【有形物】。反之，那些αὐτόχθονες【土生土長的人】（247c5）、這一流派中的那些土生土長的人，即那些眞正固執己見的人，不會放棄他們的理論。他們會繼續宣稱，所有不能用手抓握的東西，都不是。在這兒，從柏拉圖處理這些λέγοντες【說】οὐσία【所是】= σῶμα【有形物】的人的方法那兒同時顯明：在這些基本思考之領域內，即使在科學性上作出了巨大耗費，在提出各種論證和論據的意義上也是不起作用的。這兒能夠做出的唯一工作是：打開對手的眼睛，或者首先賦予他們眼睛。因此，那些更優秀的人之所以區別於那些固執己見的人，不是因爲他們擁有更好的各種理論；相反，僅僅因爲他們活潑潑地懷有朝向實事性的意圖。

只要這種意圖是在此的，那麼，πάλιν ἀνερωτῶμεν【讓我們再次追問】（參見247c9），我們將繼續追問他們。因爲，如果他們堅持實事性，就會出現下面這一前

---

[49] 《智者》，248a以下。參見第477頁以下。——原注

景，那就是他們最終將看到什麼位於他們所談論的東西中。εί γάρ τι καὶ σμικρὸν ἐθέλουσι τῶν ὄντων συγχωρεῖν ἀσώματον, ἐξαρκεῖ.【因爲，如果他們願意承認諸是者中某種東西——哪怕是細微的東西，是無形體的，那麼，也就足夠了。】（247c9以下）「即使他們僅僅承認某種東西、哪怕一種細微的東西是著——它具有ἀσώματον【無形體的】這種性質，那已經足夠了。」也即是說，如果他們嚴肅地堅持並看見這點，那他們就必須得說：τὸ γὰρ έπί τε τούτοις ἅμα καὶ έπ᾽ έκείνοις ὅσα ἔχει σῶμα συμφυὲς γεγονός, είς ὃ βλέποντες ἀμφότερα εἶναι λέγουσι.【那與生俱來地同時在這些無形體的東西和那些具有形體的東西身上已經生成出來的東西，他們看到了它，於是他們說兩者是。】（247d2以下）。我這樣來分解這個句子，從而諸位立馬就會理解其意義：τὸ συμφυὲς γεγονός【與生俱來地已經生成出來的東西】，對於兩者已經「同時」、ἅμα【同時】、「一道在此是」的那種東西——對於兩者，即對於ὁρατόν【可見的東西】和ἀόρατον【不可見的東西】——，它是είς ὃ βλέποντες【他們所看到的】、「他們所觀看到的」，並且有鑒於它，ἀμφότερα εἶναι λέγουσι【他們說兩者是】、「他們把兩者稱作是著」。因此，諸位在這兒再次發現了基於λόγος【邏各斯】而來的相同的考察方法：那在λέγειν【說】中被說的ὁρατόν【可見的東西】和ἀόρατον【不可見的東西】，都被說成爲這樣一種東西：它是、εἶναι【是】。這種εἶναι【是】被刻劃爲συμφυὲς γεγονός【與生俱來地已經生成出來的東西】：φύσις【自然】：從一開始就已經在此是的東西：συμ-【一起】：一起對於兩者、對於可見的東西和不可見的東西；γεγονός【已經生成出來的東西】，完成時：它是已經在此的，在它們前面的。在該γεγονός【已經生成出來的東西】中同時有著同γένος【屬】——基於它，它們具有其是上的起源——的關聯。並且συμφυές【與生俱來的東西】：即同時對於兩者來說、對於這個和另一個東西來說都已經在此是的東西，——其中已經包含著μέθεξις【分有】，即κοινωνία τῶν γενῶν【諸屬的結合】。我明確強調，恰恰在這兒柏拉圖後面所展露的東西之整個結構連繫必定可以加以理解了；並且之所以如此，是因爲通常把整個後面的考察——在那兒柏拉圖擬定出一種特定的是之概念——僅僅把握爲一種臨時性的考察，把握爲下面這樣一種東西，那就是柏拉圖根本沒有認眞對待它，並且還對之說道：他εἰς ὕστερον【以後】（247e7）會完全不同地對待它。但不可以如下面這樣來把握對後面部分的這種提示，那就是彷彿在這兒僅僅出於反駁之目的、彷彿爲了讓這種對手閉嘴才擬定出一種特定的是之意義似的。該考察已經指出了積極的東西，並且不是在後面會將之放棄的某種東西之意義上是某種臨時性的東西；相反，它在進行準備的東西——該東西後面的確被不同地加以了把握，但僅僅是更加源始地加以了把握——之意義上是臨時性的。

(二) 把εἶναι【是】規定爲δύναμις εἴτ᾽ εἰς τὸ ποιεῖν εἴτ᾽ εἰς τὸ παθεῖν【或者能夠行動或者能夠遭受之可能性】

因此，對那些說οὐσία【所是】= σῶμα【有形物】的批判首先得出下面這麼多：隨著ὁρατόν【可見的東西】、σῶμα ἔμψυχον【有靈魂的形體】、隨著ψυχή【靈魂】，給出了一種ἀόρατον【不可見的東西】；並且對於兩者來說，即對於ὁρατόν【可見的東西】和ἀόρατον【不可見的東西】的來說，都確定了一種συμφυὲς γεγονός【與生俱來地已經生成出來的東西】：對於兩者來說已經在此是的東西，並且對之他們說、εἰς ὃ βλέποντες λέγοντες【看到它的那些人說】，ψυχή【靈魂】如σῶμα【有形物】一樣εἶναι【是】、是。處在它們之前的東西、他們稱作是本身（Sein selbst）的那種東西，現在應更仔細地加以規定。誠然，柏拉圖在這兒於某種程度上向那些對手先行給出了一個定義，儘管他們尚未充分理解它。Λέγω δὴ τὸ καὶ ὁποιανοῦν [τινα] κεκτημένον δύναμιν εἴτ᾽ εἰς τὸ ποιεῖν ἕτερον ὁτιοῦν πεφυκὸς εἴτ᾽ εἰς τὸ παθεῖν […] τοῦτο ὄντως εἶναι· τίθεμαι γὰρ ὅρον [ὁρίζειν] τὰ ὄντα ὡς ἔστιν οὐκ ἄλλο τι πλὴν δύναμις.【我在說那無論如何已經擁有某種可能性的東西，它要麼生來就能對某種別的東西有所行動，要麼能有所遭受……它以是的方式是。我提出一個定義來規定諸是者：它們無非就是可能性。】（247d8以下）τὸ ὁποιανοῦν κεκτημένον δύναμιν【無論如何已經擁有某種可能性的東西】、「無論如何擁有可能性的東西」，即在其自身無論如何被規定爲可能性的東西，εἴτ’ είς τὸ ποιεῖν εἴτ’ είς τὸ παθεῖν【要麼能有所行動，要麼能有所遭受】，基於自身無論如何要麼能夠「影響（angehen）」[50]某一別的東西，要麼能夠被某一別的東西「所影響（angegangen werden kann）」，——如此被規定的東西，πᾶν τοῦτο ὄντως εἶναι【所有這類東西都以是的方式是】，「所有這類東西都眞正是」，ὄντως【以是的方式】是，「如某種東西只能夠是那樣」：τίθεμαι γὰρ ὅρον ὁρίζειν τὰ ὄντα【因爲我提出一個定義來規定諸是者】，「因爲我把下面這確定爲是者之界定（Umgrenzung des Seienden）」，ὡς ἔστιν【只要它是】，「只要它是」，那無非就是δύναμις【可能性】。在這兒給出了一種規定，即把ὄν【是】，οὐσία【所是】規定爲δύναμις【可能性】。並且尤其是柏拉圖說：προτεινομένων ἡμῶν【當我們先行提出】（247d5），它被「先行給出」。這並不意味著它僅僅作爲單純的出路而被嘗試性地加以建議；相反，它作爲下面這種東西——即它είς ὕστερον ἕτερον ἂν φανείη【以後會顯現爲不一樣】（參見247e7以下），「以後會作爲某種不同的東西而顯現出來」——而被「先行給出」。在這兒先行給出了一種規定，即把ὄν【是】規定爲δύναμις【可能性】，後面會更加深入地處理這一規定。但不是如人們所說

---

[50] angehen在這兒也可以譯為「涉及」或「攻擊」。——譯注

的那樣，它在某種程度上乃是柏拉圖於這兒使用的一種把戲，以便使雙方對手協調一致，彷彿他並不認眞對待該定義似的。如果傳統的解釋說柏拉圖可能並不認眞對待該定義，那麼，這之所以發生，乃是因爲人們把δύναμις【可能性】翻譯爲「能力（Kraft）」；博尼茨甚至將之翻譯爲「諸創造性的能力（schöpferische Kräfte）」[51]；他說：諸理念在這兒被定義爲「諸創造性的能力」、δυνάμεις【諸能力】[52]。人們於這整個新定義之先行給出那兒所發現的困難，奠基在下面這點之上：人們從一開始就粗暴地把握δύναμις【可能性】，就像在說οὐσία【所是】＝σῶμα【有形物】的那些人的意義上一樣。困難首先基於：人們沒有探究恰恰把ὄν【是】規定爲δύναμις【可能性】的這種規定如何支撐著整個接下來的考察，事實上它早前已經在我們涉及προσγίγνεσθαι【加上】時所說的那種東西中[53]準備出來了。因此，簡略地說，是（Sein）意味著：**可能性**（*Möglichkeit*），在此我們還不是完全中性地把握這一表達。這種δύναμις【可能性】在這兒關乎εἰς τὸ ποιεῖν【能行動】和εἰς τὸ παθεῖν【能遭受】。如果粗略地講，那麼這能夠意味著：造成某種東西的那些能

---

[51] schöpferische Kräfte，也可以譯為「創造性的力量」。——譯注

[52] 赫爾曼·博尼茨，《柏拉圖研究》，第三版，柏林，一八八六年。第203頁：「各種起作用的力量」。——原注

[53] 參見第422頁以下和第430頁以下。——原注

力，或者基於是者的某一情狀、基於該情狀它可能遭受某種東西而具有一些屬性的那些能力。這自然還是字面上的意思。但如果這兒使用παθεῖν【遭受】，那必須回想起下面這點：柏拉圖早前說ὅλον【整體】能夠是ὄν【是者】的一種πάθος【性質】[54]，這不是偶然的，——這同下面這點無關，那就是ὅλον【整體】在某種程度上能夠如一塊鵝卵石那樣落到是（das Sein）身上或者反過來；而是這樣：ὄν【是者】能夠通過ὅλον【整體】而被觸及；它作爲ὄν【是者】能夠通過ὅλον【整體】而在其是上得到規定。πάσχειν【遭受】在這兒單單意味著：通過某一他者而被規定。關於ποιεῖν【行動】我們也已經聽到：ἄγειν εἰς οὐσίαν【帶入所是】，把某種東西帶向是、幫助某種東西前往是、眞正共同形成某一是者之是[55]。那能夠如此這樣的東西、那是這樣一種δύναμις【可能性】的東西，是那眞正是的東西。——Ἀλλ' ἐπείπερ αὐτοί γε οὐκ ἔχουσιν ἐν τῷ παρόντι τούτου βέλτιον λέγειν, δέχονται τοῦτο.【既然他們本人目前沒有比這更好的可說，那他們只好接受這個了。】（247e5以下）既然這些人眼下顯然沒有更好的東西用來回答οὐσία【所是】是什麼這一問題，那麼，他們將有可能接受該規定。但ξένος【客人】說，這兒關於是（das Sein）所給出的東西，以後無論是對於我們還是對於他們都或許會顯現爲某種別的東西，ἕτερον ἂν

---

[54] 根據《智者》245a以下的意義。參見第456頁以下。——原注

[55] 《智者》219b4以下。參見第269頁以下。——原注

φανείη【或許顯現得不一樣】。這種ἕτερον【不一樣】[56]恰恰在柏拉圖的這篇對話中於某種程度上首次被揭示爲一種特定的不是（das Nichtsein）之類型，即恰恰被揭示爲下面這種類型，即它並不表達同他者或同對之來說它是他者的某一東西的一種完全的不同；相反，它表達出：任何東西，只要它是，那麼，它是它自身並且是某種別的東西。ἕτερον【不一樣】表達了某種東西除了是其自身之外，也還是某種〈別的〉東西。因此，當說把ὄν【是】規定爲δύναμις【可能性】的這種規定以後可能顯露爲某種ἕτερον【別的東西】時，這並不能夠意味著它應被放棄；相反，僅僅意味著應更加源始地把握它，並由此贏得一種更爲完整的規定。從250a4以下那段話那兒這變得非常清楚，在那兒，柏拉圖在批評了兩種立場、確切講是後一種立場之後，在對ὄν【是者】的規定上轉而邁出了各種決定性的步驟，並且尤其是這樣：他追溯了早前被討論的東西，直至他引出對古人的批評那兒爲止。他說：我們不想簡單重複我們那時已經詳細談論過的東西；相反，我們想這樣處理它們，那就是ἵνα ἅμα τι καὶ προΐωμεν【以便我們同時有所進展】（250a5以下）、「我們就此同時有所進展」。這無非就是ὕστερον ἕτερον【後面那種別的東西】。如果我們沒有看清這點，那麼整個對話將變得非常亂七八糟。——於是，批評過渡到了另一方。諸

[56] ἕτερον【不一樣】在這兒也可以直接譯為「異」。——譯注

位要再次注意，在對第一派的批評所打住的地方：不僅僅給出了ὁρατόν【可見的東西】，而且給出了ἀόρατον【不可見的東西】，以及位於這兩種東西之前的συμφυὲς γεγονός【與生俱來地已經生成出來的東西】——並且它被闡釋爲δύναμις【可能性】。

六、論題討論：οὐσία【所是】= εἶδος【埃多斯】（248a-249b）

(一) 通過κοινωνία【結合】概念對認識現象的解釋

1. 認識作爲ψυχή【靈魂】同οὐσία (εἶδος)【所是（埃多斯）】的κοινωνία【結合】

另一方說：οὐσία【所是】= εἴδη【形式】。是著的（seiend），是那在λέγειν【說】和νοεῖν【看】中、在純粹談論著的觀望中（im reinen besprechenden Hinsehen）顯現的東西：是者本身那在純粹知覺中在場著的外觀（das im reinen Vernehmen anwesende Aussehen）；「純粹」在這兒說的是：非－感覺的（nicht-sinnlich）。現在那些不說οὐσία【所是】= σῶμα【有形物】或γένεσις【生成】，而說οὐσία【所是】= εἴδη【埃多斯】的人，他們是這樣說這點的，那就是：與γένεσις【生成】相對，他們同時χωρίς【分離】、「分離」，獨立地確定οὐσία【所是】。Γένεσιν, τὴν δὲ οὐσίαν χωρίς που διελόμενοι λέγετε.【你們把生成和所是分開，分離地說它們。】（248a7）其中就有著：那被刻劃爲γένεσις【生成】的東西必定是μὴ ὄν【不是者】，因爲οὐσία【所是】單單是εἴδη【埃多斯】。對這一立場的批評如何開始，於是復又是獨特的。在對第一種立場的批評那兒我強調過：批評出現在對ζῷον ἔμψυχον【有靈魂的動物】的回溯中，φρόνησις【明智】之是始終還是成問題的[57]。現在，批評出現在對ψυχή【靈魂】那同樣的現象學上的實情的回溯中，並且明確地關乎φρόνησις【明智】或γιγνώσκειν【認識】：ἡμᾶς γενέσει δι' αἰσθήσεως κοινωνεῖν, διὰ λογισμοῦ δὲ πρὸς τὴν οὐσίαν.【我們通過各種感覺同生成相結合，通過思考同所是相結合。】（參見248a10以下）這一論斷首先是完全出乎意料的；但我們必須牢記前面的討論所留下的東西。現在第一次出現了κοινωνεῖν【結合】這一表達。κοινωνεῖν【結合】意味著：「攜—帶某種東西（etwas mit-haben）」。「我們、ἡμᾶς【我們】，作爲認識者，通過αἴσθησις【感覺】在此攜帶γένεσις【生成】、生成；我們、ἡμᾶς【我們】，通過λογισμός【思考】、λέγειν【說】在此攜帶οὐσία【所是】。」這種κοινωνεῖν【結合】、這種「攜—帶」的確是對一種實事上的、現象上的被給予性的顯示，但它可以首先僅僅非常粗淺地在現象學的意義上被理解，於是它意味著：當下在此具有（gegenwärtig da haben）。但意義然後立馬就翻

[57] 參見第472頁。——原注

轉爲一種極其質樸的是態上的意義：我們自身通過αἴσθησις【感覺】與那在生成中被把握的東西在一起是；我們通過λογισμός【思考】在我們的是中與另外的東西、與οὐσία【所是】在一起是。因此，κοινωνεῖν【結合】意味著：向著某一另外的東西而是，與它一起是，並且在同這一另外的東西的關聯中，與單一的東西一起是。更確切講，被稱爲γένεσις【生成】的那種東西被ἄλλοτε ἄλλως【因時而異】（248a12以下）所刻劃，它「每次總是不同的」；而οὐσία【所是】被刻劃爲：ἀεὶ κατὰ ταὐτὰ ὡσαύτως ἔχει【總是恆常地保持著同一】（參見248a12），眞正的是者恆常地在確定的同一性中保持著自身。

現在κοινωνεῖν【結合】這一表達被提了出來，它是**考察的眞正核心**。

2. 通過δύναμις τοῦ ποιεῖν καὶ τοῦ πάσχειν【能夠行動和遭受之可能性】概念對κοινωνία【結合】概念的闡明。是 = δύναμις κοινωνίας【結合之可能性】。對前面諸表達的扼要重述

正如說過的，κοινωνεῖν【結合】這一表達是考察的眞正核心；下面這一說法、一定程度上的莊重語調已經暗示了這點：Τὸ δὲ δὴ κοινωνεῖν, ὦ πάντων ἄριστοι, τί τοῦθ' ὑμᾶς ἐπ' ἀμφοῖν λέγειν φῶμεν；【你們這些所有人中最爲傑出的人啊，你們在兩種情形那兒所說的那種結合，我們該對之說些什麼呢？】（248b2以下）「關於κοινωνεῖν【結合】的這些方式究竟該說些什麼呢？」κοινωνεῖν

【結合】在其自身是什麼?它豈不就是我們剛剛已經說過的那種東西，即位於把οὐσία【所是】規定爲δύναμις【可能性】的那種規定中的東西?事實上ξένος【客人】現在對κοινωνεῖν【結合】的兩種方式中的每一個，作爲κοινωνία【結合】，給出了相同的定義——他在前面已經將該定義賦予οὐσία【所是】：Πάθημα ἤ ποίημα ἐκ δυνάμεώς τινος ἀπὸ τῶν πρὸς ἄλληλα συνιόντων γιγνόμενον【出於某種可能性、從彼此在一起的東西那兒生起的遭遇或行爲】（248b5以下），「某種被影響（ein Angegangenwerden），或某種影響（ein Angehen），ποίημα【行爲】，它們γιγνόμενον ἐκ δυνάμεώς τινος【出於某種可能性】、出於某種可能（aus einem gewissen Kann）、出於某種可能性（aus einer gewissen Möglichkeit），從那彼此在一起的東西那兒γιγνόμενον【生起】。」因此，復又出現了共同一起是（*Miteinandersein*）、彼此相關地是（*Aufeinanderbezogensein*），以及在這方面的可能性。在這方面的這種可能性無非就是是之意義。κοινωνεῖν【結合】僅僅是πρὸς ἄλληλα【互相】、「彼此影響（einander angehen）」的另一種措辭而已，從而是（Sein）現在意味著——如果我們插入κοινωνία【結合】的話：δύναμις κοινωνίας【結合之可能性】、共同一起是之可能性。

εἰδῶν φίλοι【埃多斯的朋友們】、「理念的朋友們（die Freunde der Ideen）」現在就關於κοινωνεῖν【結合】的這種解釋會說些什麼呢?柏拉圖或ξένος【客人】本人在這兒接管了回答，因爲正如他所說，他κατακούει διὰ συνήθειαν【由於經常往來而聆聽過】（參見248b7以下）、「由於其與之相熟而較好地理解他們的立場」。這些εἰδῶν φίλοι【埃多斯的朋友們】是麥加拉學派的人，即追隨來自麥加拉的歐幾里得的那些人——柏拉圖年輕時曾進入該學派於他那兒學習。他們對該定義持何種看法？Οὐ συγχωροῦσιν ἡμῖν【他們不贊同我們】（248c1）、「他們不贊同」我們所給出的οὐσία【所是】= δύναμις【可能性】這一規定。ξένος【客人】再次重提了該定義——現在已經有了第四個表達，確實已經沒有任何理由將該定義闡釋爲一種把戲——：ἡ τοῦ πάσχειν ἤ δρᾶν δύναμις【遭受或做之可能性】（參見248c5），從而我們現在有了以下表達：

(1) δυνατόν τῳ παραγίγνεσθαι καὶ ἀπογίγνεσθαι【能夠於某種東西那兒變得在場和變得不在場】（參見247a8）

(2) κεκτημένον δύναμιν εἴτ' εἰς τὸ ποιεῖν εἴτ' εἰς τὸ παθεῖν【已經擁有的、要麼能夠有所行動要麼能夠有所遭受之可能性】（參見247d8以下）

(3) δύναμις ἐξ ἧς πάθημα ἤ ποίημα γιγνόμενον【遭遇或行爲能夠由之生起的那種可能性】（參見248b5以下）

(4) ἡ τοῦ πάσχειν ἤ δρᾶν δύναμις【遭受或做之可能性】（參見248c5）

爲何εἰδῶν φίλοι【埃多斯的朋友們】不贊同這種是之解釋？對於下面這點他們會說：ὅτι γενέσει μὲν μέτεστι τοῦ πάσχειν καὶ ποιεῖν δυνάμεως, πρὸς δὲ οὐσίαν τούτων οὐδετέρου τὴν δύναμιν ἁρμόττειν.【生成在遭受和行動之可能性上有份兒，但這兩種可能性中沒有一個適合於所是。】（248c7以下）「誠然，γένεσις【生成】同δύναμις【可能性】是一道在此的，μέτεστι【有份兒】」；在運動和變化是的地方，或許諸如能夠……（Vermögen zu...）這樣的東西就可能是，從而我們最終能夠這樣闡釋我們自身將之稱作μὴ ὄν【不是】的這種是。「但πρὸς οὐσίαν【對於所是來說】、在οὐσία【所是】和δύναμις【可能性】之間卻沒有任何ἁρμόττειν【接合】」。因此復又出現：προς-αρμόττειν【接合】——就像早前：προσγίγνεσθαι τῷ ὄντι ἕτερον τῶν ὄντων【在是者身上加上另一是者】、在某種東西身上添加上某種另外的東西，——一種另外的相應表達[58]。相互一起—是（zueinander-sein）、共同一起—是（miteinander-sein），這總是同樣的、在這兒被加以討論的現象上的實情。是（*Sein*）無非意味著：能夠共同一起—是（*Miteinander-sein-Können*）；或者換個表達，同作為δύναμις【可能性】的是（Sein）相關聯：是—能夠在場於某種東西那兒（*Imstande-sein zur Anwesenheit bei etwas*）。

但εἰδῶν φίλοι【埃多斯的朋友們】恰恰拒絕這種是之解釋。因為這最終會

---

[58] 參見第422頁以下。——原注

包含——後面將顯現出這點——運動於οὐσία【所是】那兒的共同在場（die Mitanwesenheit）。

(二)運動於οὐσία【所是】那兒的共同在場

1. 被認識（das Erkanntwerden）作爲οὐσία【所是】之πάθος【遭受】

如果εἰδῶν φίλοι【埃多斯的朋友們】拒絕由δύναμις κοινωνίας【結合之可能性】而來的是之解釋並因此不贊同這種解釋，那麼，就會問：「他們在這件事上有一種實事上的根據嗎？」Οὐκοῦν λέγουσί τι;【無疑他們會說點什麼吧？】（248c10）ξένος【客人】說，因爲我們還必須在下面這點上更加仔細地詢問他們，εἰ προσομολογοῦσι τὴν μὲν ψυχὴν γιγνώσκειν, τὴν δ' οὐσίαν γιγνώσκεσθαι.【他們是否同意靈魂進行認識，而所是被認識。】（248d1以下）早前擱置的那個實情在這兒再次出現：φρόνησις【明智】[59]。「他們是否同意：靈魂是能夠熟悉或熟悉某種東西的東西，而在認識中它所熟悉的東西，是οὐσία【所是】？」他們會同意這點嗎？肯定會同意。但這種γιγνώσκειν【認識】是怎麼回事？應如何把握它？Τί δέ; τὸ γιγνώσκειν ἢ τὸ γιγνώσκεσθαί φατε

[59] 參見第472頁。——原注

ποίημα ἤ πάθος ἤ ἀμφότερον; ἤ τὸ μὲν πάθημα, τὸ δὲ θάτερον; ἤ παντάπασιν οὐδέτερον οὐδετέρου τούτων μεταλαμβάνειν;【那麼，你們把認識或被認識說成是行爲還是遭受，還是兩者兼有？或者一個是遭遇，另一個是行動？或者它們根本與這兩者不沾邊？】（248d4以下）「他們會說，γιγνώσκειν【認識】、使—自己—熟悉……（das Sich-Vertrautmachen-mit…），或某種東西的某種被熟悉（das Womit eines Vertrautwerdens）、γιγνώσκεσθαι【被認識】，是ποίημα【行爲】呢，還是πάθος【遭受】？或者一個是ποίημα【行爲】，另一個是πάθος【遭受】？」或者他們會說：人們不能把這些是之規定，即把ποιεῖν【行動】和πάσχειν【遭受】用到這種ὄν【是者】，即用到γιγνώσκειν【認識】、φρόνησις【明智】身上？顯然他們會否認這點。他們將否認——簡而言之：γνῶσις μεταλαμβάνει δυνάμεως【認識同可能性沾邊】。如果他們眞想持守其立場、想不自相矛盾，那他們就必須得那樣。如果他們同意γιγνώσκειν【認識】這種κοινωνία【結合】能夠通過δύναμις【可能性】而得到解釋，那麼，他們就將說出他們早前所宣稱的那種東西的對立面。爲什麼？他們的確說過：οὐσία χωρὶς γενέσεως【所是遠離生成】，眞正是的東西，同運動無關，擺脫了任何的變化。但如果他們贊同了上面那種看法，即ψυχὴ γιγνώσκει【靈魂進行認識】、οὐσία γιγνώσκεται【所是被認識】，因而οὐσία【所是】是對象，是「被認識的」、γιγνωσκομένη【被認識的】（參見248e2），那麼，這就會意味著：

οὐσία【所是】被πάθημα【遭遇】所規定，它無論如何被認識活動自身所影響。只要οὐσία【所是】是被認識的東西，並由此被影響，那麼，在它自身那兒就給出了μεταβολή【變化】、κίνησις【運動】之要素。但基於其立場，這樣的東西是不可能的。這樣的東西不可能περὶ τὸ ἠρεμοῦν【發生在靜止的東西身上】（248e4以下）、「在靜止的東西之領域中」。這種ἠρεμοῦν【靜止的東西】意指248a的結尾處所指出的那種東西：恆常地在一種確定的同一性中保持著自身[60]，擺脫了任何的變化。如果贊同οὐσία【所是】是被認識的東西和可被認識的東西，那麼，其中就包含著：它被πάθημα【遭遇】所共同規定，並由此被δύναμις【可能性】所共同規定。既然κίνησις【運動】不與οὐσία【所是】同行，那麼，他們必定會拒絕這一立場。然而，這並不是站得住腳的；它現在要在原則上加以展示。

2. φρόνησις【明智】、νοῦς【智性直觀】、ζωή【生命】、κίνησις【運動】在παντελῶς ὄν【絕對是者】那兒的παρουσία【在場】

ξένος【客人】激動了起來：以宙斯之名，我們難以打算相信這點，ὡς ἀληθῶς κίνησιν καὶ ζωὴν καὶ ψυχὴν καὶ φρόνησιν τῷ παντελῶς ὄντι μὴ παρεῖναι,

---

[60] 248a12：ἀεὶ κατὰ ταὐτὰ ὡσαύτως ἔχει【總是恆常地保持著同一】。——原注

μηδὲ ζῆν αὐτὸ μηδὲ φρονεῖν, ἀλλὰ σεμνὸν καὶ ἅγιον, νοῦν οὐκ ἔχον, ἀκίνητον ἑστὸς εἶναι：【運動、生命、靈魂以及明智眞的不出現在絕對是者那兒嗎，它既不活著也不思考，而是莊嚴和神聖的、不具有智性直觀、屹然不動的嗎？】（參見248e6以下）這段話是核心——於它那兒決定著對這整個是態學的討論的理解。我們難以打算相信，「在παντελῶς【絕對地】、完完全全地是的東西那兒、在眞正是的東西那兒，——在那眞正是著的東西那兒，運動、生命、靈魂、認識應是μὴ παρεῖναι【不在場】的、的確是不在場的。」要注意下面這點：涉及的是某種東西的παρεῖναι【在場】、某種東西的共同一在此是（das Mit-Dasein），即ζωή【生命】、ψυχή【靈魂】同那眞正是的東西的共同在此是。因此，我們很難能夠相信生命、認識居然不屬於眞正是著的東西；我們不打算相信，那在某種程度上σεμνὸν καὶ ἅγιον【莊嚴和神聖的】（249a1以下）、「莊嚴和神聖的」、「擺脫任何變化而屹然不動的」的是者，它作爲是者卻不同時具有νοῦς【智性直觀】：νοῦν οὐκ ἔχον【不具有智性直觀】（249a2）。人們這樣來闡釋這點，那就是柏拉圖在這兒說眞正是著的東西、各種理念（die Ideen），必定也具有理解、生命以及諸如此類的東西。這是純粹的胡說。在此有的是：φρόνησις【明智】、νοῦς【智性直觀】、ζωή【生命】同那眞正是著的東西共同在此是；換句話說，是之意義必須這樣來加以把握，那就是：νοῦς【智性直觀】、κίνησις【運動】、ζωή

【生命】也能夠被理解爲是著[61]。因此，諸理念根本不作爲任何在此四處遊蕩並進而是「創造性的能力」的精神！如果我們同意所有這些都不是，δεινὸν μεντἂν λόγον συγχωροῦμεν【那我們無疑贊同了可怕的邏各斯】（參見249a3以下），那麼，「我們由此承認了一個可怕的命題」。在249a4以下進一步指出：反過來，如果承認νοῦς【智性直觀】屬於是，並且ζωή【生命】同樣屬於是，那麼，ψυχή【靈魂】必定愈發要被稱作一種ὄν【是者】。但其中就有著：τὸ κινούμενον εἶναι【被運動的東西是】（參見249b2以下）。由此就會承認：**被運動的東西**和**運動自身**屬於是者，並且與這些新的實情相應，必須根據這一論斷來把握是之意義。現在能夠問，是否恰恰對於所有這些是者來說——不僅對於各種εἴδη【埃多斯】，而且對於νοῦς【智性直觀】、ζωή【生命】——，是否對於作爲整體的這個整體來說，那已經給出來的ὄν【是】= δύναμις【可能性】這一定義，提供出了那眞實地進行澄清的東西。

如果我們更加仔細地打量這些部分——尤其是後面那些部分，那我們難以回避下面這一實事：青年亞里士多德立於這些討論的幕後，在那兒已經生動地上演著同他的一種爭辯。

---

[61] 海德格頁邊注：是之理解屬於是。——原注

(三)柏拉圖同青年亞里士多德的爭辯這一問題

1. 在柏拉圖是之研究中的亞里士多德的因素：σώματα【有形物】作爲基礎；包含著 δύναμις【可能性】

我明確強調：這種猜測——在提及過的那些部分的後面有著同青年亞里士多德的爭辯——僅僅是我個人的信念而已。早前於一八九六年，西貝克（Siebeck）在《哲學雜誌》（*Zeitschrift für Philosophie*，第一〇七卷和第一〇八卷）中就已經表達了這一猜測[62]。我和西貝克的不同就在於，我認爲不可能證明亞里士多德於這兒在進行工作。它只是一種信念而已；作爲一種信念，它沒有任何科學上的價值。但是，即使它不可能在科學上扮演任何角色，但作爲信念，它必定也有其根據。根據就在於：在該對話中第一次特別清楚地、積極地考慮了σώματα【有形物】之是，並且不是在一種粗糙的意義上；相反是這樣：那些說οὐσία【所是】＝σῶμα【有形物】的人，在一定程度上變得可商談了，也即是說，柏拉圖同意，甚至在該基礎之上才可能有一種更高的立場。事實上這是亞里士多德研究的眞正推

---

[62] 赫爾曼·西貝克（H. Siebeck），《作為亞里士多德觀點批評者的柏拉圖》（*Platon als Kritiker aristotelischer Ansichten*）。載於《哲學和哲學批評雜誌》（*Zeitschrift für Philosophie und philosophische Kritik*）。新系列，第一〇七和第一〇八卷。萊比錫，一八九六年。關於已經指出的那段話，參見第一〇八卷，第5-9頁。——原注

動，亞里士多德總是一再重提這點直至其晚期作品：在οὐσία【所是】問題那兒我們不得不從αἰσθητά【各種可感覺物】，即從σώματα【各種有形物】開始，並且必須首先於它們那兒討論是者之是。我們必須從αἰσθητά【各種可感覺物】開始這一規定，並不意味著是之規定必定就此打住。柏拉圖在這兒顯然考慮了這一規定，從而σώματα【各種有形物】事實上爲是之討論提供了一種基礎，但僅僅是這樣：從它們本身出發，把研究帶入到一個進一步的是之領域。因此，這是支持亞里士多德站在背後的一個因素：積極地把σώματα【各種有形物】納入是態學上的討論中。

更加指向亞里士多德的第二個因素是把δύναμις【可能性】概念納入到對οὐσία【所是】、對ὄν【是】的討論中。誠然也可能是這樣——雖然我本人並不相信這點——：柏拉圖本人從自己出發就已經爲是之闡釋引出了δύναμις【可能性】現象，然後亞里士多德由之出發，發展出了他自己的是態學。但這種可能性具有一種巨大的困難，那就是：亞里士多德沒有如柏拉圖那樣發展出他自己的δύναμις【可能性】概念，而是從一開始就將δύναμις【可能性】發展爲同ἐνέργεια【現實】相連繫的是態學上的範疇[63]；並且之所以如此，那是因爲他積極地看待運動

[63] 在亞里士多德那兒，δύναμις和ἐνέργεια是一對概念，一般將之譯作「潛能」和「現實」。——譯注

現象，而柏拉圖卻從未這樣做。因此，在亞里士多德那兒，對δύναμις【可能性】的處理同柏拉圖對δύναμις【可能性】概念的處理相比，假設了一種徹底得多的是態學上的沉思，以至於對我來說下面這點是難以想像的：從這種δύναμις【可能性】——概念出發——就像它自身出現在《智者》中的那樣，亞里士多德似乎取得了他本人將之作爲是態學上的基本學說加以占有的那種東西。因此，更容易接受的是：亞里士多德最初的各項研究，的確是在柏拉圖的眼皮底下發展起來的，並且在那兒這些範疇已經是有生命的了；——亞里士多德思想的這些雛形，推動柏拉圖在其自己的立場之範圍內以自己的方式將這種δύναμις【可能性】概念引入到是態學上的討論中。僅僅在這種意義上我才能夠理解這兩人之間的關係，僅僅以這種方式我們方才能挽救他們各自那有創造力的獨立性。正如西貝克通過提供出亞里士多德於其中談論δύναμις【可能性】和αἰσθητόν【可感覺物】的所有段落，試圖從觀點編集上來證明這兩人之間的關係，——以這種方式根本不能解決任何問題。通過這些觀點編集上的論點，根本不能向位於各個孤立命題背後的那些實事上的問題提法提供任何東西。由於在是態學的定位上存在著一種基本區別，所以不大可能δύναμις【可能性】這一是態學上的概念從這兒就被激發了出來，而是反過來：柏拉圖嘗試考慮它。正如人們經常所幹的那樣，爲了這個目的人們甚至能夠引出下面這一事實：在《巴門尼德》這篇是態學的對話中，某位亞里士多德作爲一位參與談話的人出現了。但正如已經說過的，這都僅僅是些猜測，它們遠不能在實事上解決任何問題。在這兒舉出它們，僅僅是爲了澄清在確定是態學上的δύναμις【可能性】概念中的基本區別。

2. 柏拉圖自己的解決。在場作爲在前面兩個立場中的是之基本意義。柏拉圖的是之概念：παρουσία δυνάμεως κοινωνίας【結合之可能性的在場】

我們知道，柏拉圖爲他自己的是態學的解決假設了兩個立場：一些人說，是著的，是那在阻抗中表明其持存的東西；另一些說，是著的，是那在λέγειν【說】或νοεῖν【看】中顯現爲純粹知覺的東西。關於第一種是之概念，即是作爲阻抗性（*Sein als Widerständigkeit*），生起下面這一實事性的問題：是否這種是之意義能夠被理解爲脫離了在場的—是（*Gegenwärtig-sein*）這一要素，是否有著一種根據其意義是不在場的阻抗性，或者是否任何阻抗根據其意義都包含著在場這一要素。在第二種是之概念——是著的，是那在純粹知覺中是在場的東西——那兒，問題顛倒爲：是否這種於在場之意義上的是（*Sein im Sinne der Gegenwärtigkeit*）能夠被理解爲沒有阻抗這一要素，是否有著一種無阻抗的在場。它們是在是之闡釋的這兩種立場那兒出現的兩個實事性的問題。於是，對於柏拉圖來說——如果他想讓這兩個立場變得可理解的話，是本身（Sein selbst）意味著：δύναμις【可能性】、作爲於某種東西那兒共同—在場之可能性（*Möglichkeit zur Mit-Anwesenheit bei etwas*），簡而言之，δύναμις κοινωνίας

【結合之可能性】，或者更爲完整的規定：παρουσία δυνάμεως κοινωνίας【結合之可能性的在場】、共同一起是之可能性的現成地是（*Vorhandensein der Möglichkeit zum Miteinandersein*）。我們在這兒於所有這些表達中都說到：是（Sein）是在場的－是（Anwesend-*Sein*），這不可以變成在下面這一意義上的責難之對象，那就是有人會說：我們在這兒使用了我們打算首先要加以澄清的是之意義，從而我們先行設定了它。因爲「是」在「在場的－是」中僅僅具有一種完全形式的意義。在形式性的東西——它切中任何作爲被說出的東西的被說出的東西和作爲被說的東西的被說的東西——之意義上的這種是之陳述，在是本身之結構的意義上，對於實事上的內容來說沒有意指出任何東西。柏拉圖整個後面的討論，都對準了δύναμις κοινωνίας【結合之可能性】，即共同一起是之可能性這一概念。

III. 對ὄν【是】之諸論題的總結的討論（249b-251a）

午、著眼於認識現象對ὄν【是】之諸論題的總結。κίνησις【運動】和στάσις【靜止】之是作為認識之是的條件

注意到下面這點是重要的，那就是：柏拉圖如何從前面所提及的兩種立場出發並引出了何種現象，以便統一地使這兩種立場成爲課題。該現象就是作爲一種非常

特定的κοινωνία【結合】的γιγνώσκειν【認識】、認識。在γιγνώσκειν【認識】之意義上的κοινωνεῖν【結合】，自身是一種ὄν【是者】、一種東西（ein Etwas）。在這種κοινωνεῖν【結合】中首先給出了一種連繫，給出了ψυχή【靈魂】、νοῦς【智性直觀】同εἴδη【諸埃多斯】的一種共同—是（Mit-sein），即γένεσις【生成】和ἀεὶ ὄν【始終是著的東西】的共同是。如果有γιγνώσκειν【認識】，如果它自身是一種ὄν【是者】，那麼，在γένεσις【生成】和ἀεὶ ὄν【始終是著的東西】之間、在κίνησις【運動】和στάσις【靜止】之間就存在著κοινωνία【結合】。因此，就像於ψεῦδος【假的東西】那兒一樣，我們在這兒有著完全相應的一組現象：在那兒涉及是否在是（Sein）和不是（Nichtsein）之間有著一種συμπλοκή【聯結】，在這兒則涉及是否在κίνησις【運動】和στάσις【靜止】之間有著一種κοινωνία【結合】。因此，問題就是：是否ζωή【生命】、ψυχή【靈魂】、φρόνησις【明智】屬於ὄν【是者】，相應地，是否是之規定必定要考慮νοῦς【智性直觀】、ζωή【生命】這些是者。但是，當柏拉圖說ψυχή【靈魂】、ζωή【生命】屬於ὄν【是者】時，他並不由此就斷言——再重複說一遍——：諸理念自身似乎在思考，並且自身似乎是有生命的。柏拉圖現在間接地顯示了這種κοινωνία【結合】之是的必然性：Συμβαίνει δ᾽ οὖν ἀκινήτων τε ὄντων νοῦν μηδενὶ περὶ μηδενὸς εἶναι μηδαμοῦ.【結果就是，如果是者都是不運動的，那麼，沒有任何人在任何地方對任何東西具有智性直觀。】（參見249b5以下）。假定一切都是不運動的，假定根本沒有運動，那麼，

νοῦς【智性直觀】和ζωή【生命】，進而任何的νοεῖν【看】，在是上都是不可能的（seinsunmöglich）。如果人們說οὐσία【所是】= εἴδη【埃多斯】，而εἴδη【埃多斯】又被規定爲在其自身是靜止的，並由此將γένεσις【生成】從是中排除出去，那麼就會必然宣稱這點。如果一切都是靜止的，那麼νοῦς【智性直觀】在是上就是不可能的；那麼，也就沒有νοεῖν【看】，沒有對οὐσία【所是】、εἴδη【埃多斯】的認識。

Καὶ μὴν ἐὰν αὖ φερόμενα καὶ κινούμενα πάντ᾽ εἶναι συγχωρῶμεν, καὶ τούτῳ τῷ λόγῳ ταὐτὸν τοῦτο ἐκ τῶν ὄντων ἐξαιρήσομεν.【另一方面，如果我們同意一切都是變遷和運動的，那憑藉這一邏各斯，我們也將這同一東西從是者中給排除了出去。】（249b8以下）「另一方面，如果一切都是在運動中，那麼，通過這一命題，ταὐτὸν τοῦτο【這同一東西】，即νοῦς【智性直觀】也就從是者中給排除出去了。」如果宣稱一切都是在運動中，那麼，我們也就憑藉這一宣稱將νοῦς【智性直觀】和ζωή【生命】從是之可能性中排除出去。從這種ἐξαιρήσομεν【我們將排除】中，下面這點顯明出來：根本不涉及εἴδη【埃多斯】自身擁有ζωή【生命】這回事；相反，涉及的僅僅是把νοῦς【智性直觀】和ζωή【生命】考慮爲是者。因爲，如果我們說一切都是在運動中，那麼，就沒有在248a12中確定爲νοεῖν【看】之可能對象的那種東西：[τὸ] ἀεὶ κατὰ ταὐτὰ ὡσαύτως ἔχει【總是恆常地保持著同一的東西】、恆常在確定的同一性中保持自身的東西。如果一切都是在運動中，那麼就沒有這種同一性，即沒有下面這一可能性：在一種純粹νοεῖν【看】中是者的可展開性。

因此，必須有ἀεὶ ὄν【始終是著的東西】，以便νοῦς【智性直觀】能夠在它應是的東西中是；並且同樣必須有κίνησις【運動】，以便νοῦς【智性直觀】能夠在其所是的東西中是：活潑潑地展開、實施著對是者本身的揭開。因此，我們必須動用一切手段同下面這種人鬥爭：他一方面νοῦν ἀφανίζων【消滅智性直觀】（249c7），讓νοῦς【智性直觀】——ἀληθεύειν【去蔽】——、ζωή【生命】消失不見，即把它們算作不是者，另一方面又ἰσχυρίζηται περί τινος ὁπῃοῦν【在某方面堅持某種東西】（249c7以下），又想對是者實施某種東西、說出某種東西、讓它被看、指出某種東西。因爲那對某一持存著的東西畢竟說了點某種東西的人，他由此已經在說：運動是，並且ἀεὶ ὄν【始終是著的東西】是。因此，γιγνώσκειν【認識】現象在一種特定的κοινωνεῖν【結合】之標題下成爲了核心現象——在它那兒對是本身的這兩種解釋變得可見並且在其必然性中變得可理解。另一方面，兩種解釋，無論是οὐσία【所是】=σῶμα【有形物】、γένεσις【生成】，還是οὐσία【所是】= εἴδη【埃多斯】、ἀκίνητα【不動的東西】，每一個自身都是不充分的。每一個——一旦被當作絕對的理論，都不能讓νοῦς【智性直觀】、γνῶσις【認識】、γιγνώσκειν【認識活動】之是變得可理解。只要諸如φιλοσοφία【哲學】這樣的東西應是，那麼，ἀνάγκη [...] συναμφότερα λέγειν【必然……兩者合在一起說】（249c11以下），我們就會發現，我們被迫把「兩者放在一起」說，把運動的東西和不運動的東西都說成爲是者，把兩者都稱作是著。

因此，對於κοινωνία【結合】來說範本性的現象——通過它前者畢竟才被引入討論中，是γιγνώσκειν【認識活動】。γιγνώσκειν【認識活動】根據其兩個方面在其是上得到規定：1.作爲實施、展開：κίνησις【運動】；2.著眼於被認識的東西——它在希臘關於認識活動的見解的意義上必須始終是：στάσις【靜止】。因此，柏拉圖在這種γιγνώσκειν【認識活動】中贏得了κίνησις【運動】和στάσις【靜止】這兩個概念，而這兩者關乎一個統一的現象，即關乎作爲同一ὄν【是者】的γνῶσις【認識】。通過對κίνησις【運動】和στάσις【靜止】的這種突顯，柏拉圖贏得了兩個基本概念——它們在以前〈兩種〉是態學的立場中都是有生命力的：巴門尼德的στάσις【靜止】和赫拉克利特的κίνησις【運動】；並且尤其是這樣：他能夠在γιγνώσκειν【認識活動】這種現象中同時結合這兩個立場[64]。

七、論題討論：κίνησις【運動】和στάσις【靜止】＝ὄν【是】

(一)對場所的刻劃。返回到古人的論題情況那兒：ὄν【是者】＝δύο【二】。

ἀγνοία ἡ πλείστη【巨大的無知】

ξένος【客人】現在問到：Τί οὖν; ἆρ' οὐκ ἐπιεικῶς ἤδη φαινόμεθα

[64] 見附錄。——原注

περιειληφέναι τῷ λόγῳ τὸ ὄν：【那麼，我們豈不顯得已經在邏各斯上恰當地把握了是？】（249d6以下）「那麼，豈不看起來我們現在已經以恰當的方式在我們的談論中揭開、把握了是（das Sein）、是之意義（der Sinn des Seins）？」Πάνυ μὲν οὖν【確實如此】（249d8）。泰阿泰德已經很滿意，並認爲事實上他們已經達到了目的。因爲現在無論是γένεσις【生成】或κίνησις【運動】，還是εἴδη【埃多斯】或ἀεὶ ὄν【始終是著的東西】，各自都得到了應有的重視。然而ξένος【客人】請他考慮一下：ὅτι νῦν ἐσμεν ἐν ἀγνοίᾳ τῇ πλείστῃ περὶ αὐτοῦ【現在我們對之處在巨大的無知中】（249e2以下）、「我們恰恰現在處在巨大的無知中」——恰恰現在當我們認爲我們已經對是有所理解的時候。他要求泰阿泰德：σκόπει σαφέστερον【更加仔細地思考】（參加249e7）、更加仔細地注意，即始終注意λόγος【邏各斯】、注意在λέγειν【說】本身中被說的東西。當我們說不被運動的東西和被運動的東西都是時，要注意我們在說什麼。ἅπερ αὐτοὶ τότε ἠρωτῶμεν【我們曾經質問】（250a1）、「我們曾經質問」，τοὺς λέγοντας εἶναι τὸ πᾶν θερμὸν καὶ ψυχρόν【說一切既是熱的又是冷的那些人】（250a1以下）、「說一切是者既是熱的又是冷的那些人」，「同樣的問題」豈不在此重新降臨到我們身上。因爲他們也的確說：δύο【二】、兩個是者，眞正構成了ὄν【是者】，正如我們說：ἀκίνητα【不被運動的東西】和κεκινημένα【被運動的東西】一起才是τὸ ὄν【是者】、是者，καὶ τὸ πᾶν【和一切】（249d3）。因此，同前面我們加以駁斥的那些東西相比，我們最終並未因我們的那些討論而在原則上有啥進步。

ξένος【客人】現在嘗試再次提出的同樣的問題，πειράσομαί γε δρᾶν τοῦτο [⋯], ἵνα ἅμα τι καὶ προΐωμεν【我嘗試做這件事……，以便我們同時有所進步】（250a4以下），並且尤其是這樣：「我們在這件事上同時有所進步」，在對ἕν【一】，即ὄν【是】——它在這兒的確始終是課題——的理解上有所進步。因此，同樣的考察在一個更高的水準上被重複，——因此，在前面已經探討過的東西和對之已經說過的東西，要ὕστερον ἕτερον【在後面不同地】加以探討。我們將看到，該探討最後再次恰好引出了在前面已經被用來闡釋ἕν【一】的δύναμις κοινωνίας【結合之可能性】這同一概念，由此對於柏拉圖來說，δύναμις【可能性】這一概念在這兒不是用來駁斥對手的輔助概念，而是眞正積極的東西。

(二)通過δύναμις κοινωνίας【結合之可能性】概念對困難的解決

1. 通過把ὄν【是】λέγειν【說】成τρίτον【第三者】來避免κίνησις【運動】和στάσις【靜止】的坍塌

因此，κίνησις【運動】和στάσις【靜止】是ὄντα【是者】，並且顯然是ἐναντιώτατα ἀλλήλοις【彼此最爲對立的東西】（參見250a8以下）、「彼此最爲對立的東西」。並且你還說：ἀμφότερα αὐτὰ καὶ ἑκάτερον ὁμοίως εἶναι【兩者在其自身是並且各自以同樣的方式是】（參見250a11以下），「兩者在其自身是並且各自以同樣的方式是」。因此，在說：兩者自身是並且各自以同樣的方式是。在這兒，下面這點再次顯明出來：這不意味著那些在一種卓越的意義上擁有στάσις【靜止】的是者——從對手一方來看就是εἴδη【埃多斯】——自身在生命和νοῦς【智性直觀】的意義上似乎被κίνησις【運動】所規定，即不意味著諸理念自身有生命和進行認識，而是κίνησις【運動】和στάσις【靜止】這兩者，ἑκάτερον【每一個】各自都是。Ἆρα κινεῖσθαι λέγων ἀμφότερα καὶ ἑκάτερον, ὅταν εἶναι συγχωρῇς；【當你承認它們是時，你在說它們兩者各自都在運動？】（250b2以下）但是，如果現在兩者都是，那麼，兩者豈不都是在運動中？或者，ἑστάναι αὐτὰ ἀμφότερα εἶναι；【（說）它們都是時，兩者都靜止？】（參見250b5以下）如果兩者都是，「那麼，兩者都是在靜止中？」在這兒就κίνησις【運動】和στάσις【靜止】所引出的這一結果，似乎用一個三段論就可加以澄清。

κίνησις【運動】 ὄν【是】

στάσις【靜止】 ὄν【是】

因此，κίνησις【運動】 στάσις【靜止】

運動是在靜止中

或者反過來：στάσις【靜止】是，κίνησις【運動】是，因此，στάσις【靜止】是在運動中。於這種論證方法那兒，獨特的東西是：到處都看到了κίνησις【運動】和στάσις【靜止】，以至於ὅν【是】在某種程度上僅僅作爲輔助概念起作用，而根本不在主題上加以探討。

因此就會問：Τρίτον ἄρα τι παρὰ ταῦτα τὸ ὂν έν τῇ ψυχῇ τιθείς【你在靈魂中把是設定爲在它們之外的某種第三者嗎？】（250b7）或者，「你最終把ὅν【是】設定爲除κίνησις【運動】和στάσις【靜止】之外的如某種第三者那樣的東西嗎？」τιθείς έν τῇ ψυχῇ【在靈魂中設定】僅僅是λέγειν【說】的委婉表達——在前面我已經指出過的那種意義上：靈魂同它自己本身談論某種東西[65]。因此，當你說κίνησις【運動】是，並且στάσις【靜止】是時，你最終把這種「是（ist）」稱作了某種第三者，並且尤其是這樣：ὡς ὑπ᾽ έκείνου τήν τε στάσιν καὶ τὴν κίνησιν περιεχομένην【靜止和運動被那種東西所包含】，「由此κίνησις【運動】和στάσις【靜止】被稱作包含於其中」，συλλαβὼν καὶ άπιδὼν αύτῶν πρὸς τὴν τῆς ούσίας κοινωνίαν, οὕτως εἶναι προσεῖπας άμφότερα；【當你把握並看到它們同所是相結合，於是你就說這兩者都是？】（250b9以下）在該從句那兒，柏

[65] 參見第409頁以下。——原注

拉圖給出了關於這種τρίτον λέγειν【說成第三者】的一個簡略但卻根本的分析；或者，他在這兒第一次給出了清楚和根本的συναγωγή【連結】之**結構**，並由此給出了清楚和根本的διαλέγεσθαι【對話】之結構。那早前於《斐德羅》中僅僅在一般定位中加以標畫的東西，柏拉圖現在能夠——因爲他已經專題性地考慮著是態學上的東西——更加清楚地規定其結構。

2. 對συναγωγή【連結】之結構的更加清楚的規定。συλλαβεῖν【集合在一起】和ἀπιδεῖν【把目光移開】作爲συναγωγή【連結】之結構要素。ὄν【是】同κίνησις【運動】和στάσις【靜止】的κοινωνία【結合】

συναγωγή【連結】的第一個要素是συλλαβεῖν【集合在一起】，即把κίνησις【運動】和στάσις【靜止】這兩者「**集合在一起**（*zusammennehmen*）」。這種集合在一起不意味著：在對每一個，即對κίνησις【運動】和στάσις【靜止】的意指中，就其自身專題性地打量它們中的每一個；相反，它意味著：把**兩者**——但兩者復又不是在如我徑直把兩個對象作爲兩個對象加以把握那樣的意義上的兩者——集合到**某個東西**上，而這個東西位於這兩者身上，但這兩者，即κίνησις【運動】作爲κίνησις【運動】和στάσις【靜止】作爲στάσις【靜止】，每個都不是那東西。從而爲了能夠把它們集合在一起，我們恰恰必須從它們身上**把目光移開**（*wegsehen*），從作爲根據其最切近被給予的內容〈而是其所是的〉它們身上把目光移開，——因此，συλλαβὼν καὶ ἀπιδών【集合在一起並且把目光移開】。這種ἀπιδεῖν【把目光移開】、這種把目光移開，不是簡單地關閉目光、怠慢對兩者的意指，因此，簡而言之，不是一種不—觀望（Nicht-Ansehen）；相反，恰恰是對兩者的一種觀看，但觀望什麼？ἀπ-ιδεῖν【從……看】這一術語有著同ἀποδιδόναι【付還】、ἀποφαίνεσθαι【顯示】、ἀπομαντεύεσθαι【預言】一樣的結構，從某一被看到的東西出發向外看某種東西。因此，ἀπιδεῖν【把目光移開】並不意味著：不顧某種東西，將之作爲虛幻的東西丟在一邊，而是：從某一被看到的東西出發向外看某種東西，並且追蹤這向外看到的東西。在這樣一種向外看和追蹤中，某種東西由之向外被看到的那種東西、ἀφ᾽ οὗ【由之出發的東西】，自身總是在某種方式上是在此的。因此，我們有：1. συλλαβεῖν【集合在一起】、把兩者集合到某種東西身上，2. καὶ ἀπιδεῖν【和把目光移開】、通過作爲集合在一起的這種集合在一起向外看地追蹤。在「向外看地追蹤」這一表達中，我想澄清ἀπο的雙重含義：從……那兒取走之意義上的ἀπο，和對作爲被取走的東西的被取走的東西進行追蹤之意義上的ἀπο。因此，συλλαβεῖν【集合在一起】、集合在一起，是一種不—讓—變得—專題性（ein Nicht-thematisch-werden-lassen），即不讓那先行給出的東西中的每一個變得專題性，是將之向著某種東西集中；而ἀπιδεῖν【把目光移開】、抽離，是一種追蹤，即追蹤「向著—某種東西（Auf-etwas-hin）」這一方向，即：πρὸς τὴν τῆς οὐσίας κοινωνίαν 〈αὐτῶν〉【（它們）向著所是的結合】（250b9），「向著它們之間的共同—是」，κοινωνίαν αὐτῶν【它們之間的結合】，向著它的共同是，即「同是本身共同〈是〉」。因此，在這種集合在一起和在這種向外看地追蹤中，向著οὐσία【所是】在看，不是作為向著某種孤立的東西，而是向著κοινωνία【結合】，向著是之共同—在場的是（*das Mit-Anwesendsein des Seins*）、ὄν【是】本身之〈共同—在場的是〉：κίνησις【運動】和στάσις【靜止】作為ὑπ' ἐκείνου περιεχομένην【被那種東西所包含的東西】（參見250b8以下）。在如此組織起來的這種說和看中，εἶναι προσεῖπας ἀμφότερα【你就說這兩者都是】、「你說兩者都是」。因此在這兒，早前被標畫為συναγωγὴ εἰς ἕν【連結為一】的那種συναγωγή【連結】，在現象學上更加清楚地在其結構上得到嶄露，並且由此διαλέγεσθαι【對話】的實施方法變得可見。

由此柏拉圖把一種方法上的考慮先行交給真正辯證法的探究，而這種方法上的考慮恰恰就是對那支撐著διαλέγεσθαι【對話】之整個過程的συναγωγή【連結】的澄清。其主要的結構要素是συλλαβεῖν【集合在一起】、集合在一起，以及ἀπιδεῖν【把目光移開】、向外看。正如說過的，重要的是以正確的方式把握ἀπο-：即將之把握為從某種東西中進行抽離並追蹤那如此加以抽離出來的東西。在這種追蹤中，ἀπιδεῖν【把目光移開】同συλλαβεῖν【集合在一起】走到了一起，只要把κίνησις【運動】和στάσις【靜止】集合在一起不意味著僅僅把它們作爲兩種東西加以把握，而是以某種特定的方式從它們身上把目光移開，從而在這種把目光移開中它們作爲那先行給予的東西——對於它們來說在這種ἀπιδεῖν【把目光移開】中要看到的那種ἕν【一】是決定性的——的確還是在此的。因此，這兒涉及到我們今天稱作**本質之考察**（*Wesensbetrachtung*）或**先天之認識**（*Erkenntnis des Apriori*）的那種東西。

3.在柏拉圖那兒的先天之認識（＝本質之認識）。對康德哲學化的錯誤闡釋之批判。——關於新柏拉圖主義的起源：在《智者》中的ὄν【是】作爲τρίτον【第三者】以及新柏拉圖主義的ἐπέκεινα【彼岸】

在這種先天之認識中，根本不存在通過下面這點來發現某種所謂的「先天之困境（Aporie des Apriorti）」的任何動因，那就是：人們問，某種東西如何能夠通過對之**撇開**不看而被看見。誠然，如果我們在不—觀看（Nicht-Hinsehen）的意義上看待「撇開不看」，那麼，大概永遠無法解決在這種情況下如何能看到某種東西。但這種ἀπιδεῖν【把目光移開】不意味著：把目光移開，而是：根據某種先行給出的東西向外看，並追蹤那從外面看到的東西。人們在先天之認識那兒所發現的第二個困境是：人們說，靈魂在這兒**說**；但靈魂作爲意識卻是某種內在的東西；如果它對它自己說話，即如果它停留在「內在（Immanenz）」裡，那麼，它如何能夠在那超越的先天方面識別出某種東西？這一困難絲毫不比第一個困難好到哪兒去。它忽略了這種λέγειν【說】意味著什麼。靈魂的λέγειν【說】不意味著：作為某種心理的東西、某種內在的東西、某種主體性的東西對自己說；相反，它恰恰意味著：讓那在此是的東西被看。這種困難僅僅源於：人們把**康德主義**的立場轉嫁到了先天之認識之上。因此，在對先天之認識的這種希臘的澄清中，我們不會看到由康德的立場後來所帶來的那些困難——在那兒先天現象（das Phänomen des Apriori）同主體性（Subjektivität）緊密地連繫在一起。這正是要加以排除的。並且，如果ψυχή【靈魂】出現在這種連繫中，那麼這也根本不指向主體性；相反，意味著：對先天的東西（das Apriorische）的把握同對一般是態上的東西（das Ontische）的把握處在同一水準上。誠然，由此僅僅獲得了對這種獨特的先天之認識以及對那被認識的東西、先天進行澄清的最初開端。附著在先天之認識或本質之認識上的那些問題的整個複雜情況，遠未由此就得到解決。在**現象學**之範圍內今天依然有著一項基本任務，那就是澄清埃多斯認識（die eidetische Erkenntnis）[66]——它同心理學上的埃多斯類型（der eidetische Typus in der Psychologie）[67]了無相干——在方法上的基本構件。這種埃多斯認識同一

---

[66] 埃多斯認識（die eidetische Erkenntnis），即本質之認識。——譯注

[67] 心理學上的埃多斯類型（der eidetische Typus in der Psychologie）。在心理學上，埃多斯指形象、遺覺（往事在腦中的形象化重現）。——譯注

般的是之難題（Seinsproblem）相連繫、同下面這一問題相連繫：某種東西如何畢竟能夠*先於*某一另外的東西而是，以及這種獨特的前置（Vorordnung）意指什麼。對於希臘人來說，沒有任何的動因促使他們反思所有這些，因爲他們從一開始就讓是者同是的整個連繫當下地發生著。因此，根據先行給出的東西，即根據κίνησις【運動】和στάσις【靜止】向外看到某個第三者，並將之自爲地設定爲ὄν【是】，這對於柏拉圖來說沒有什麼困難。

無疑各種困難在此並未遭到忽略；相反問道：那既不靜止也不運動但卻仍然*是*的某種東西，它如何能夠是？這一問題對於柏拉圖、對於希臘人來說是一個非常重大的問題，如果我們回想起是者——如前面——必然要麼是運動的東西要麼是靜止的東西的話。現在應有著下面這種東西：它位於兩者之外但又是；並且尤其它不僅是，而且眞正構成了是。該問題提法——正如它在這兒于《智者》中出現的那樣，後來對於*新柏拉圖主義者*來說成爲了locus classicus【經典事例】。他們從這兒出發具有了ἐπέκεινα【*彼岸*】之理念、在彼岸（*jenseits*）超然於所有具體是者之外的東西之理念：τί【某種東西】之理念、ἕν【一】之理念、ὄν【是】之理念。新柏拉圖主義的評注者們，尤其是那些訴諸《巴門尼德》的人，恰恰向著《智者》中的這段話進行定位。

㈢通過把ὄν【是】設定爲τρίτον【第三者】來澄清ὄν【是】，加劇了其中所蘊含的困難。就ὄν【是】和μὴ ὄν【不是】來說困難是相同的。——關於過渡之闡釋這一問題

首先得出：基於依循λόγος【邏各斯】而來的定位，ὄν【是】作爲κίνησις【運動】和στάσις【靜止】之外的某個第三者變得可見。συλλαβεῖν【集合在一起】和ἀπιδεῖν【把目光移開】被積極地取作爲實施方法；在它那兒，從那被先行給出的東西出發，在這兒即從兩個被先行給出的東西、從κίνησις【運動】和στάσις【靜止】出發，向外看到了作爲包含這兩者的東西的某種ἕν【一】、ὄν【是】。Κινδυνεύομεν ὡς ἀληθῶς τρίτον ἀπομαντεύεσθαί τι τὸ ὄν, ὅταν κίνησιν καὶ στάσιν εἶναι λέγωμεν.【當我們說運動和靜止是時，我們也許眞的把是預言爲了某種第三者。】（250c1以下）泰阿泰德說，「那樣一來我們會進入到下面這一情形中，那就是我們把是者（das Seiende）宣布爲如某種第三者那樣的東西」，ἀπομαντεύεσθαι【預言】：宣告某種東西存在，讓某種東西被知曉。ξένος【客人】答覆他說：因此這並不如你前面（249d8）所認爲的那麼簡單，即只要說我們同意ἀκίνητα【不被運動的東西】和κεκινημένον【被運動的東西】都是，那麼，就似乎已經了結了各種困難。相反，其中恰恰有著困難，因爲這兩者之是（das Sein dieser beiden）將自己表明爲某種第三者，並由此顯然將自己表明爲

ἕτερον τι τούτων【不同於這兩者的某種東西】（參見250c4）、「不同於那兩者的某種東西」。但如果眞是如此，即如果ὄν【是】在其自身是某種東西、並且它在是他者中（im Anderssein）不同於κίνησις【運動】和στάσις【靜止】，那麼：τὸ ὂν οὔτε ἕστηκεν οὔτε κινεῖται【是既不靜止也不運動】（250c6以下），那麼「是」（das Sein）既不在靜止中也不在運動中」，那麼靜止和運動不可能是「謂詞（Prädikate）」、對於ὄν【是】之規定來說它們不可能「作爲什麼（als was）」。因此，我們並未通過靜止和運動就已經讓是（das Sein）變得可理解；相反，就追問是之意義來說，僅僅本質性地加劇了困難。因爲現在要問：如果ἐναργές τι περὶ αὑτοῦ παρ᾽ ἑαυτῷ βεβαιώσασθαι【要在自己那兒對之確立起某種明確的東西】（250c9）、「如果關於ὄν【是】想爲自己把某種透徹的東西——即眞實和充分被視見到的東西——作爲可靠的財產加以牢固地占有」，那麼，Ποῖ δὴ χρὴ τὴν διάνοιαν ἔτι τρέπειν【應將思想轉向何處？】（250c9）、「那進行意指的把握（das vermeinende Erfassen）應轉向何處」？運動的東西和靜止的東西都能夠再現，但如果涉及的是對這兩者之外的ὄν【是】的單純把握，那麼，眼光應投向何處？ξένος【客人】回答說：Οἶμαι μὲν οὐδαμόσε ἔτι ῥᾴδιον【我認爲轉向任何地方都是不容易的】（250c12）、「到任何地方都不容易」，即到處一樣困難。如果某種東西不是在運動中，那它就在靜止；如果某種東西完全不靜止，那它就在運動，——怎麼會有著某種τρίτον【第三者】、某種「第三者」，ἐκτὸς τούτων ἀμφοτέρων【在這兩者之外】（250d2）、立於變化和不變化之「彼岸」的東西？成問題的ὄν【是】現在顯然已經將自己展露，νῦν ἀναπέφανται【現在顯露】（參見250d2以下）爲這樣一種東西。由於這種τρίτον【第三者】我們走向πάντων ἀδυνατώτατον【一切中最爲不可能的東西】（參見250d4）、「走向某種最爲不可能的東西」，走向那完全同我們畢竟能夠加以理解和澄清的東西相對立的東西。

在這兒τόδε μνησθῆναι δίκαιον【理當回憶起】（參見250d5），我們必須回憶起我們早前已經探討過的：我們在我們用μὴ ὄν【不是】意指什麼這一問題那兒處於同樣的困境中，並且不知道任何出路。在237c那兒，那時μὴ ὄν【不是】這一問題同現在關於ὄν【是】的問題一樣，在相同的意義上被表達：ποῖ χρὴ τοὔνομ' ἐπιφέρειν τοῦτο, τὸ μὴ ὄν【應當把不是這一名稱放到何處】（237c1以下）、「我們應把『不是（Nichtsein）』這一表達眞正帶往何處」？不是（das Nichtsein）應向我們呈現出來的、我們於其身上能夠證明該語詞的含義、能夠賦予它一種眞正的意義的那種源始的實事內容，是什麼？與πάντων ἀδυνατώτατον【一切中最爲不可能的東西】（參見250d4）相應，在那兒有著παντάπασιν ἄπορον【完全困惑】（237c6）、「完完全全沒有出路」。因此，關於ὄν【是】的困難顯然不比關於μὴ ὄν【不是】的困難小，其實最終它還要大些（250e1以下）。於是，既然ὄν【是】和μὴ ὄν【不是】這兩者是ἐξ ἴσου【同樣的】、「同樣的」困難，那麼，（250e6），νῦν ἐλπὶς ἤδη【現在的希望就是】、「現在就只能指望」下面這點，那就是：如果成功地更加清楚、更加明確地顯明其中一個，那麼，另一個由此也會變得「可見」，ἀναφαίνηται【得到顯明】（250e8）。這是對下面這點的一種預示：μὴ ὄν【不是】通過接下來的是之討論首先眞正變得可把握。καὶ ἐὰν αὖ μηδέτερον ἰδεῖν δυνώμεθα【並且即使我們不能看清其中任何一個】（251a1）、「並且即使我們無法看清兩者中的任何一個」，假設了失敗這種情形，——柏拉圖根本不是特別地確信他在這兒于《智者》中所進行的這種考察之定局，——對於那些打算展露出柏拉圖哲學的某種體系的人來說也是一個重要的提醒！

即使沒有成功地看清這兩者中的任何一個，τὸν λόγον εὐπρεπέστατα διωσόμεθα【我們以最爲適宜的方式推進邏各斯】（參見251a2以下），「但我們也想嘗試以最爲適宜的方式διωσόμεθα【我們將推進】——來自διωθεῖσθαι【推進】[68]——，推動、推進τὸν λόγον【邏各斯】，即探究。」διωσόμεθα【我們將推進】這一語詞是有爭議的。斯塔爾鮑姆（Stallbaum）建議將之改爲來自διασῴζεσθαι【挽回】、挽回一詞的διασωσόμεθα【我們將挽回】[69]。但由此無

---

[68] διωσόμεθα是διωθεῖσθαι的將來時、直陳式、中動態、第一人稱、複數。——譯注

[69] 《柏拉圖全集》（*Platonis opera omnia*），戈特弗里德·斯塔爾鮑姆校訂和注釋（Recensuit et commentariis instruxit G. Stallbaum），第三卷第二部分，哥達（Gothae），一八四〇年，第177頁。——原注

法同εὐπρεπέστατα【以最爲適宜的方式】一詞相連繫。這段話文藝復興時期的翻譯是：Sermonem igitur quantum possumus decentissime circa utrunque pariter persequamur【因此，我們要以我們力所能及的最爲恰當的方式，同等地圍繞這兩者繼續談論。】[70]。但該文藝復興時期的翻譯是不清楚的。嘗試把某種單義的意義帶入此處，乃是徒勞的。它不是無關緊要的，因爲這段話形成了向一個新討論的過渡。我自己琢磨出的那種可能性，的確會在對這段話的語言的把握上擱淺，——該可能性就是，在這兒（251a2）於一種明確的意義上把握λόγος【邏各斯】，不是在論文中的無差別的意義上，而是作爲對某一事情的談論，以至於在這兒意指的是：即使我們不能看清ὄν【是者】作爲ὄν【是者】以及μὴ ὄν【不是者】作爲μὴ ὄν【不是者】，那我們也還是想嘗試對關於它們的言說、對言談兩者的言談方式進行一次實事上的探究。如果這樣來翻譯和闡釋這段話，那麼，似乎就有著向接下來的討論的一種實事上的過渡，否則它眞正什麼也不是。於是我們就能夠理解在接下來的討論中προσαγορεύειν【稱呼】（參見251a6）——它自身是對λέγειν【說】的一種更爲清

[70]《神聖的柏拉圖全集》（*Omnia divini Platonis opera*），馬西利烏斯·斐奇努斯翻譯，西蒙·格里諾伊斯校訂並同希臘抄本相對照（tralatione M.Ficini, emendatione et ad Graecum codicem collatione S. Grynaei），弗羅本出版社（In officina Frobeniana），巴塞爾（Basileae），一五四六年，第189頁。——原注

楚的表達——爲何成爲了課題。正如說過的，這僅僅是一種權宜之計；我本人反對將這種積極的意義帶到這段話上；我建議僅僅將之作爲一種可能性。

由此表明：問題提法現在正向某種東西過渡，基於直接在前面進行的——在那兒涉及κίνησις【運動】和στάσις【靜止】，我們對向之過渡的這種東西沒有準備。但通過預先發生在智者之諸定義那兒的所有東西，我們的確對之有了準備。因爲在那兒總是突出地顯示出：λόγος【邏各斯】是智者、由此也是μὴ ὄν【不是者】於其中是存在的（existent）那種現象，以至於可以設想，在整個對話之範圍內λόγος【邏各斯】現象一再經受了討論。這兒就是這麼回事。誠然，過渡有點突然——假如那要加以說明的這段話不能夠如我建議的那樣加以闡釋的話。

第三章　通過κοινωνία τῶν γενῶν【諸屬的結合】對困難的積極解決❶（251a-264c）

七三、在λόγος【邏各斯】中多的統一性（κοινωνία【結合】）這一問題（251a-251c）

一個問題被拋了出來，該問題本身復又取自依循同時代的各種傾向和學派論爭而來的定位：取自麥加拉學派的人的立場和安提司特涅斯（Antisthenes）❷的立場，以及他們關於λόγος【邏各斯】的學說。客人問道：καθ' ὅντινά ποτε τρόπον πολλοῖς ὀνόμασι ταὐτὸν τοῦτο ἑκάστοτε προσαγορεύομεν【通過何種方式我們每次都用多個名稱來稱呼同一個東西】（參見251a5以下），下面這點是如何可

---

❶ 根據海德格而來的標題（見第234頁以下。對《智者》的劃分）。——原注

❷ 安提司特涅斯（Antisthenes，約西元前四四六—前三六六年），蘇格拉底的學生，犬儒主義的開創者。據拉爾修的《名哲言行錄》（6.1）記載：他最初是修辭學家高爾吉亞的學生，後來前往後蘇格拉底那兒，仿效其對外在事物的不動心，從而成為犬儒學派的奠基人；他第一個為邏各斯下定義：λόγος ἐστὶν ὁ τὸ τί ἦν ἤ ἔστι δηλῶν.【邏各斯是對某物曾是什麼或是什麼的揭示。】——譯注

能的，那就是：每次總是能夠用多個ὀνόματα【名稱】來稱呼ταὐτὸν τοῦτο【同一個東西】。因爲每一ὄνομα【名稱】都意指某種東西。因此，如果說出了多個名稱、多個表達，那麼，由此就說出了某種多樣的東西。因此，不能理解爲何一個東西能夠被多個名稱所意指。今天對於我們來說輕易變成一種理所當然的東西，那時卻是一件難事：整個問題關於著眼於同一事情的含義（Bedeutung）和含義聯絡（Bedeutungszusammenhang）之間的區別。在這種προσ-αγορεύειν【向著……宣布】❸中現在成爲課題的東西，或者在這整個問題之引導線索中、在πολλὰ ὀνόματα ἓν ταὐτόν【同一個東西多個名稱】中先行意指出來的東西是：προσ-γίγνεσθαι【向著……發生】❹、συμπλοκή【聯結】、κοινωνία【結合】，「同……相」附著和附著「到……上」（das "mit"-und "Zu"-hafte）。因此，考察保持在同一基本課題，即κοινωνία【結合】那兒，但不是著眼於ὄν【是者】和μὴ ὄν【不是者】，而是在λόγος【邏各斯】自身之範圍內追問κοινωνία【結合】。προσ-λέγειν【向著……說】，以及這種προσ-λέγειν【向著……說】的一種規定形式，即δια-λέγεσθαι【徹

❸ προσαγορεύειν【稱呼】由前綴προς【在前面、向著】和動詞ἀγορεύειν【宣布】構成，意思就變成了：稱呼，即把……叫做……。——譯注

❹ προσγίγνεσθαι也是由前綴προς【在前面、向著】和動詞γίγνεσθαι【發生】構成，從而具有「附著於（sich anschließen an）」、「寓於（beiwohnen）」的含義。——譯注

底一說】，成爲了問題；因爲，甚至在辯證法那兒，也已經給出了一種自身爲了λέγειν【說】也要求κοινωνία【結合】之可能性的λόγος【邏各斯】。首先詳細討論了一個例子，——一個顯然在那時多次被討論過的例子。Λέγομεν ἄνθρωπον δήπου πόλλ' ἄττα έπονομάζοντες, τά τε χρώματα έπιφέροντες αὐτῷ καὶ τὰ σχήματα καὶ μεγέθη καὶ κακίας καὶ άρετάς.【當我們說人時，我們給出許多的名稱，把各種顏色、形狀、大小、醜惡和美德賦予他。】（251a8以下）「我們以多種多樣地稱呼他的方式，πόλλ' έπονομάζοντες【給出許多的名稱】來談及一個人，以至於我們把諸如各種顏色、形狀、大小、醜惡、美德這樣一些規定賦予，έπιφέροντες【賦予】他。」這些規定以及我們賦予某一是者的其他千百種規定是怎樣的呢？οὐ μόνον ἄνθρωπον αὐτὸν εἶναί φαμεν【我們不僅說他是人】（251a10以下），在談及中我們不單單說那被談及的東西、人，是（sei）❺，άλλὰ καὶ άγαθὸν καὶ ἕτερα ἄπειρα【而且說他是善和無數其他的】（251a10以下），而且他，這一ἕν【一】，同時是別的東西以及無數別的東西。這也適用於我們所談論的其他是者。在λέγειν【說】中的獨特實情是：ἓν ἕκαστον ὑποθέμενοι【把每個都設定爲一】（251b2以下），在每一λόγος【邏各斯】中，從一開始就稱並設定某種東西爲一——它爲了所

❺ 這句話的德文原文是：im Ansprechen sagen wir nicht allein, das Angesprochene, der Mensch, sei。也可以譯為：在談及中我們不單單說那被談及的東西是人。——譯注

有進一步的談論被先行給出了，ὑπο-θέμενοι【放在……下面】：πάλιν αὐτὸ πολλὰ καὶ πολλοῖς ὀνόμασι λέγομεν【復又說它是多並用多個名稱說它】（251b4以下），並且同時「我們復又稱該一爲多，並在多重含義上（in vielen Bedeutungen）」、πολλοῖς ὀνόμασι【用多個名稱】「來稱呼它」。因此，κοινωνία【結合】之困難在這兒表達爲：ἓν ἕκαστον ὑποθέμενοι πάλιν αὐτὸ πολλὰ καὶ πολλοῖς ὀνόμασι λέγομεν.【把每個都設定爲一，復又說它是多並用多個名稱說它。】要注意：在這兒，尤其在對此處加以批評的諸學派的討論之範圍內，λόγος【邏各斯】還沒有獲得如在柏拉圖或尤其在亞里士多德那兒那樣的澄清。相反，λέγειν【說】在這兒意指一種帶有命名（das *Nennen*）這種主要性質的談及。這種稱呼不僅僅意指：給某一事物某一名稱，而且意指：認識、δηλοῦν【揭示】它。ξένος【客人】說：Ὅθεν γε οἶμαι τοῖς τε νέοις καὶ τῶν γερόντων τοῖς ὀψιμαθέσι θοίνην παρεσκευάκαμεν【我認爲，我們由此爲年輕人和老年人中那些晚學的人，準備了一場宴會】（251b5以下），「我認爲，我們由此——即通過如何ἓν πάλιν αὐτὸ πολλὰ λεγόμενον【一自身復又被稱作多】這一問題——爲年輕人和晚學的老人準備了一場盛宴、一份眞正的大餐」，——只要這一問題在那時從各個方向被無拘無束地進行了爭論，但卻從未追問於這種λόγος【邏各斯】中所眞正要談論的東西。該「晚學的老人」指的是安提司特涅斯，說來也怪，無論是在柏拉圖那兒還是在亞里士多德那兒，他都獲得了這樣一種嘲諷的綽號。因爲ὀψιμαθής【晚學的人】恰恰不應意味著：如果某人在晚年還要學習，那要受到一種責備；相反，它說的是：如果他憑藉不充分的精神上的各種能力來做這件事，並且對此還鑾當一回事，那要受到一種責備。這些ὀψιμαθεῖς【晚學的人】——安提司特涅斯及其追隨者——覺得如果他們說出下面這點，那他們就已經揭示了要加以揭示的那種最深奧的東西，那就是：我們在某一λόγος【邏各斯】中只能談論那被談及的東西本身，也即是說，如當我們談到ἄνθρωπος【人】時，我們只能說ἄνθρωπος ἄνθρωπος ἐστιν【人是人】，而不能說ἄνθρωπος ἀγαθός【人是善的】。

對於我們來說，亞里士多德是安提司特涅斯學派的學說的首要來源❻，柏拉圖是

❻ 在亞里士多德的現存文本中，提到安提司特涅斯的僅僅五處，其中一處出於《論題篇》（104b21），兩處出於《形而上學》（1024b32和1043b24），一處出於《政治學》（1284a15），一處出於《修辭學》（1407a10）。前三處與這兒所討論的問題相關，海德格也加以了論述。後兩處的內容分別是：

《政治學》第三卷第十三章（1284a11-22）：ὅθεν δῆλον ὅτι καὶ τὴν νομοθεσίαν ἀναγκαῖον εἶναι περὶ τοὺς ἴσους καὶ τῷ γένει καὶ τῇ δυνάμει, κατὰ δὲ τῶν τοιούτων ούκ ἔστι νόμος· αύτοὶ γάρ είσι νόμος. καὶ γὰρ γελοῖος ἂν εἴη νομοθετεῖν τις πειρώμενος κατ᾽ αύτῶν. λέγοιεν γὰρ ἂν ἴσως ἅπερ Ἀντισθένης ἔφη τοὺς λέοντας δημηγορούντων τῶν δασυπόδων καὶ τὸ ἴσον ἀξιούντων πάντας ἔχειν. διὸ καὶ τίθενται τὸν όστρακισμὸν αί δημοκρατούμεναι πόλεις, διὰ τὴν τοιαύτην αίτίαν· αὗται γὰρ δὴ δοκοῦσι διώκειν τὴν ίσότητα μάλιστα πάντων, ὥστε τοὺς δοκοῦντας ὑπερέχειν δυνάμει διὰ

間接的來源；安提司特涅斯學派的學說對於希臘邏輯學的發展來說具有特殊的意義，因爲它間接地推動了對λόγος【邏各斯】的一種更爲徹底的沉思。我在這兒只能簡略地對之進行刻劃，**只要它對於理解對話的結尾，即理解**λόγος ψευδής【**假的邏各斯**】**來說是重要的就夠了**。

πλοῦτον ἤ πολυφιλίαν ἤ τινα ἄλλην πολιτικὴν ἰσχὺν ὠστράκιζον καὶ μεθίστασαν ἐκ τῆς πόλεως χρόνους ὡρισμένους.【因此，顯然立法必定只針對那些在出生和能力上相似的人；而對於那些〈傑出者〉，是沒有法律的，因爲他們自身就是法律。那試圖爲他們立法的人將是可笑的。因爲他們或許會說出安提司特涅斯曾講過的：當兔子們在集會上發表演講並要求大家都應享有平等時，獅子們回答說〈你們有爪牙嗎？〉因此，那些實行民主政制的城邦由於該原因而制定了陶片放逐法（譯按：也稱作貝殼放逐法），因爲它們在所有事情中最爲追求平等，以至於面對那些看起來或者由於財富、或者由於廣受愛戴、或者由於某種別的政治力量而在能力上高出一頭的人，他們施以陶片放逐法，定期將他們逐出城邦。】

《修辭學》第三卷第四章（1407a10-11）：καὶ ὡς Ἀντισθένης Κηφισόδοτον τὸν λεπτὸν λιβανωτῷ εἴκασεν, ὅτι ἀπολλύμενος εὐφραίνει.【安提司特涅斯把瘦削的克菲索多托斯比作乳香，因爲他在耗掉自己的同時也予人以快樂。】——譯注

七三、附記：麥加拉學派和安提司特涅斯的「邏輯學」❼（根據亞里士多德）

㈠在安提司特涅斯那兒對λόγος【邏各斯】的闡釋。λόγος【邏各斯】作爲單純的φάσις【斷定】；對ἀντίλογος【矛盾】的否定

亞里士多德在《論題篇》第一卷第十一章（104b19以下）中談到了安提司特涅斯，在那段話中他澄清了θέσις【論題】、論題這一術語。θέσις δέ ἐστιν ὑπόληψις παράδοξος τῶν γνωρίμων τινὸς κατὰ φιλοσοφίαν, οἷον ὅτι οὐκ ἔστιν ἀντιλέγειν, καθάπερ ἔφη Ἀντισθένης, ἢ ὅτι πάντα κινεῖται καθ' Ἡράκλειτον, ἢ ὅτι ἓν τὸ ὄν, καθάπερ Μέλισσός φησιν.【論題是在哲學上與某種眾所周知的看法相左的論斷。❽例如：如安提司特涅斯所說，自相矛盾是不可能的；或者根據赫

---

❼ 在海德格手稿中的標題。——原注

❽ θέσις δέ ἐστιν ὑπόληψις παράδοξος τῶν γνωρίμων τινὸς κατὰ φιλοσοφίαν【論題是在哲學上與某種眾所周知的看法相左的論斷】，這句話也可以譯為：「論題是哲學上的某位人物所提出的與眾所周知的看法相左的論斷」或「論題是哲學上的某位著名人物所提出的違反一般人意見的論斷」。這二種理解和譯法都有道理。第一種理解，乃是將τῶν γνωρίμων τινὸς κατὰ φιλοσοφίαν【在哲學上諸眾所周知的看法中的某種】看作一個整體，並且παράδοξος【相左、違反一般人的意見的】限定τινός。第二種理解，將τινὸς κατὰ φιλοσοφίαν【屬於哲學中的某位人物／屬於某個哲學家】看作整

拉克利特，一切皆運動；或者如墨裡索斯所說，是者是一。】（104b19以下）「論題是一種ὑπόληψις【論斷】、一種論斷（ein Dafürhalten）❾」，並且尤其是一種ὑπόληψις παράδοξος τῶν γνωρίμων τινός【某位人物那與眾所周知的看法相左的論斷】、「它在其內容上超出了大家所熟知的東西」，超出了人們通常所認爲的東西；κατὰ φιλοσοφίαν【在哲學上】，即論題的內容關乎那些原則性的認識，而不是某種隨便的、離奇的想法；相反，論題的內容必定同φιλοσοφία【哲學】相關。亞里士多德舉了一些例子：Οὐκ ἔστιν ἀντιλέγειν【自相矛盾是不可能的】、「在對某種東西的談及中說與之相反的東西，這是不可能的。」——此乃安提司特涅斯的論題；或者：Πάντα κινεῖται【一切皆運動】、「一切皆運動」，該論題由赫拉克利特而來。因此，在這兒引用了安提司特涅斯的論題：Οὐκ ἔστιν ἀντιλέγειν【自相矛盾是不可能的】。這積極地表明：每一東西總是僅僅能夠被其自身所說，即每一東西僅僅是它自身，此外無他。其中就有著：沒有任何可能的、在一種與之相反的說中能夠舉出的**作爲**—**什麼**（*Als-was*）。如果我們根據亞里士多德來更加清楚地進行

體，而παράδοξος限定τῶν γνωρίμων【諸眾所周知的東西】。第三種理解，也是將τῶν γνωρίμων τινὸς κατὰ φιλοσοφίαν【屬於在哲學上眾所周知的人中的某位/屬於某位著名哲學家】看作一個整體，但將παράδοξος【違反一般人的意見的】作獨立理解。——譯注。

❾ ein Dafürhalten，也可以譯為「一種認為」。——譯注

辨認，那麼，我們就能夠說：任何的ἀντιλέγειν【自相矛盾】都是ἀντίφασις【矛盾斷定】；但一種ἀντίφασις【矛盾斷定】僅僅作爲κατάφασις【肯定】或ἀπόφασις【否定】、作爲肯定或否定，即在「作爲（als）」中才是可能的。而安提司特涅斯宣稱：根本沒有任何κατάφασις【肯定】或ἀπόφασις【否定】；相反，我只能就其自身說某種東西，即僅僅有著單純的φάσις【斷定】。因此，既然安提司特涅斯說——對此並無一種眞正清楚的意識——：僅僅有著φάσις【斷定】，那麼，他一定必然說：也沒有奠基在κατάφασις【肯定】或ἀπόφασις【否定】之上的ἀντίφασις【矛盾斷定】、ἀντιλέγειν【自相矛盾】。這意味著：僅僅在眞正的、明確的、總是把某種東西稱作爲某種東西的那種說中，才有矛盾、ἀντιλέγειν【自相矛盾】。在單純的φάσις【斷定】中沒有矛盾，因此，嚴格講，也沒有假（Falschheit）。

(二)在亞里士多德那兒的λόγος ψευδής【假的邏各斯】作爲「欺騙」、「僞裝」。在亞里士多德那兒兩種λόγος【邏各斯】之間的區別：λόγος ὡς εἷς【作爲一的邏各斯】和λόγος ὡς πολλοί【作爲多的邏各斯】。作爲λόγος ψευδής【假的邏各斯】之可能性的條件的λόγος【邏各斯】之綜合結構。在安提司特涅斯那兒對λόγος ψευδής【假的邏各斯】的否定

在單純的φάσις【斷定】中沒有假，——這一關聯根據亞里士多德的另一段話

變得更加清楚，在那兒同樣提到了安提司特涅斯：《形而上學》第五卷第二十九章（1024b26-34）❿。該第二十九章討論ψεῦδος【假的東西】。λόγος δὲ ψευδὴς ὁ τῶν μὴ ὄντων, ᾗ ψευδής【假的邏各斯之爲假的，是諸不是者之邏各斯】（1024b26以下）；我們通常說，某一λόγος【邏各斯】、某一進行談及的揭開、某一眞正意

---

❿《形而上學》第五卷第二十九章，1024b.26以下：λόγος δὲ ψευδὴς ὁ τῶν μὴ ὄντων, ᾗ ψευδής, διὸ πᾶς λόγος ψευδὴς ἑτέρου ἤ οὗ ἑστὶν ἀληθής, οἷον ὁ τοῦ κύκλου ψευδὴς τριγώνου. ἑκάστου δὲ λόγος ἔστι μὲν ὡς εἷς, ὁ τοῦ τί ἦν εἶναι, ἔστι δ' ὡς πολλοί, ἐπεὶ ταὐτό πως αὐτὸ καὶ αὐτὸ πεπονθός, οἷον Σωκράτης καὶ Σωκράτης μουσικός (ὁ δὲ ψευδὴς λόγος οὐθενός ἐστιν ἁπλῶς λόγος)· διὸ Ἀντισθένης ᾤετο εὐήθως μηθὲν ἀξιῶν λέγεσθαι πλὴν τῷ οἰκείῳ λόγῳ, ἓν ἐφ' ἑνός· ἐξ ὧν συνέβαινε μὴ εἶναι ἀντιλέγειν, σχεδὸν δὲ μηδὲ ψεύδεσθαι. ἔστι δ' ἕκαστον λέγειν οὐ μόνον τῷ αὐτοῦ λόγῳ ἀλλὰ καὶ τῷ ἑτέρου.【假的邏各斯之爲假的，乃是就它關乎不是者來說的。因此，所有的邏各斯對於那異於它自身之對象的東西來說——對於它自身的對象來說它是眞的——都是假的；例如，圓的邏各斯對於三角形來說就是假的。每個東西之邏各斯一方面作爲一，即是其所是之邏各斯，另一方面又作爲多；因爲在某種意義上，它自身和遭遇到某種事情的它是同一的，例如，蘇格拉底和有教養的蘇格拉底（而假的邏各斯根本不是關於任何東西的邏各斯）。因此，安提司特涅斯頭腦簡單地認爲，除了被自己的邏各斯所說之外，不能被任何東西所說，即一對一；由此就得出，既不可能有自相矛盾，也幾乎不可能有犯錯這回事。然而，每個東西不僅可以被它自己的邏各斯說，而且也被其他東西的邏各斯說。】——譯注

義上的λέγειν【說】，ἧ ψευδής【之爲假的】，「只要它作爲進行欺騙的東西讓某種東西被看作是著（seiend），讓τῶν μὴ ὄντων【不是者】、不是的東西被看作是著」，那麼它就是「假的」，或更好地表達爲：它「欺騙」。這就是剛剛所引的那個短句（1024b26以下）的意思。因此，它並不意味著：一個假的λόγος【邏各斯】關乎那根本不是的東西，而是意味著：它讓那不是的東西被看作是著。διὸ πᾶς λόγος ψευδὴς ἑτέρου ἤ οὗ ἐστὶν ἀληθής【因此，所有的邏各斯對於那異於它自身之對象的東西來說——對於它自身的對象來說它是眞的——都是假的】（1024b27以下），「因此，每一進行欺騙地談及某種東西——以及由此每一進行欺騙地表達自己對某種東西的看法——關乎某種東西，該東西不同於眞正的揭開使之變得可見的那種東西」，οἷον ὁ τοῦ κύκλου ψευδὴς τριγώνου【圓的邏各斯對於三角形來說就是假的】（1024b28），例如，把某一三角形作爲圓加以談及並且通過這種談及進行傳播，恰恰意味著：沒有把我眞正談論的圓，作爲那要加以指出的東西專題性地當下加以占有。因此不是說：沒有圓，彷彿圓全然是一種μὴ ὄν【不是者】似的；而是說：圓是不在此的；我談論的東西是不在此的。在言說中我於一定程度上把某一別的東西推到那在此是的東西前面，並且我把那在此是的東西冒充爲它所不是的東西或不在此是的東西。由此顯明：ψευδής【假的】在這兒事實上要譯爲「進行欺騙的」。λόγος ψευδής【假的邏各斯】是一種進行欺騙的談及和表達。如此被表達出來的東西，這樣一種進行欺騙的談及和表達之內容，λεγόμενον【被說的東西】，我們於是能夠將之稱作假命題，儘管「假的」或「假」這一表達沒有給出希臘人在這兒所意指的東西。或許更好的是：這樣一種被表達出來的、進行欺騙的命題是一種**欺詐**。λόγος【邏各斯】，甚至作爲λεγόμενον【被說的東西】，在希臘人的意義上總是向著下面這點定位：它是被傳播的東西，它被表達給了某個他人，從而他人能夠一起共同看。於是，只要他人在某一進行欺騙的λόγος【邏各斯】那兒不能一起共同看，那麼，這樣一種λόγος【邏各斯】就不僅僅是「假的」，而且是**欺詐**。因此，「假（Falschheit）」是對亞里士多德的λόγος ψευδής【假的邏各斯】所專題處理的那種現象的一種削弱。因此，如果我們認爲亞里士多德將欺騙現象引回到判斷之假上——就像舍勒（Scheler）在其「欺騙現象之分析（Analyse des Täuschungsphänomens）」中所做的那樣⓫，那將是一種錯誤。它只在下面這種情形下才是正確的，那就是我們接受對亞里士多德的邏各斯學說的傳統闡釋。然而，一旦我們看到在ἀληθεύειν【去蔽】那兒並不涉及某一表達出來的命題同某一另外的是者的符合，而是涉及某種**讓**看，那麼，對立現象（Gegenphänomen）就意味著**歪曲**

⓫馬克思·舍勒（Max Scheler），《自我認識的偶像》（*Die Idole der Selbsterkenntnis*）。載於：《論文與文章》（*Abhandlungen und Aufsätze*），萊比錫，一九一五年，第3-168頁。（第二版：《論價值的顛覆》（*Vom Umsturz der Werte*），《論文與文章》經過審訂的第二版，萊比錫，一九一九年）。——原注

（*Verstellen*），從而恰恰顚倒過來，那就是亞里士多德把欺騙現象一直追蹤到λόγος【邏各斯】，並將之理解爲λέγειν【說】的一種基本可能性。

對於亞里士多德來說任何λόγος【邏各斯】都是一種雙重的λόγος【邏各斯】。ἑκάστου δὲ λόγος ἔστι μὲν ὡς εἷς, ὁ τοῦ τί ἦν εἶναι, ἔστι δ' ὡς πολλοί.【每個東西之邏各斯一方面作爲一，即是其所是之邏各斯，另一方面又作爲多。】（1024b29以下）「關於ἑκάστου【每一東西】、每一是者的一種λόγος【邏各斯】，談及，首先ὡς εἷς【作爲一】，作爲單一的λόγος【邏各斯】」，即作爲向來僅僅爲某一是者設置的單一的λόγος【邏各斯】。僅僅有著唯一一個眞正的圓之λόγος【邏各斯】，我們將之稱爲定義、本質規定，從而λόγος【邏各斯】在這兒等同於εἶδος【埃多斯】。因此，首先有著「作爲它所是的」這種是者之λόγος【邏各斯】：ὁ τοῦ τί ἦν εἶναι【是其所是之邏各斯】。第二，但同時有著一種λόγος ὡς πολλοί【作爲多的邏各斯】，有著對每一從多個角度給出了關於某種東西的多種規定的是者的一種λέγειν【說】。因爲，在某種方式上每一是者既作爲它自身（als es selbst）與自己一致，又作爲在其諸規定性之如何上的它（als es im Wie seiner Bestimmtheiten）同自己一致。任何東西既是它自身，又是在其規定之如何中的它自身：οἷον Σωκράτης καὶ Σωκράτης μουσικός【例如蘇格拉底和有教養的蘇格拉底】（1024b30以下），例如，作爲蘇格拉底的在其自身的「蘇格拉底」，「和有教養的蘇格拉底」。因爲在這兒也存在著一定程度上的連繫，ἐπεὶ ταὐτό πως αὐτὸ καὶ αὐτὸ πεπονθός【因爲在某種意義上他本身同遭受了某種事情的他是同一的】（1024b30），因爲有教養的蘇格拉底就是在「蘇格拉底作爲蘇格拉底」中所意指的那同一個ἕν【一】，因爲在兩者那兒意指著某種ταὐτό【同一】；所以，我們必須從每一是者那兒區分開雙重λόγος【邏各斯】：首先是作爲ὁρισμός【定義】的λόγος【邏各斯】——它僅僅在其自身地談及某種東西，其次是在平常意義上的λόγος【邏各斯】，它在同某種別的東西——即使它是某種完全外在的東西——的關聯中談及某種東西。在後一種意義上的每一λόγος【邏各斯】都是通過σύνθεσις【聯結】⓬而得到規定的那樣一種λόγος【邏各斯】；某種別的東西總是被賦予給了同一個東西。ὁ δὲ ψευδὴς λόγος οὐθενός ἐστιν ἁπλῶς λόγος【但假的邏各斯根本不是任何東西的邏各斯】（1024b31以下）、「但進行欺騙的λόγος【邏各斯】，就不關乎任何是者而言，是一種單純的λόγος【邏各斯】」，即是一種φάσις【斷定】；而每一進行欺騙的談及僅僅作爲把某種東西作爲某種東西加以談及方才是可能的。在《論靈魂》中也說道：τὸ ψεῦδος ἐν συνθέσει ἀεί【假總是位於聯結中】（《論靈魂》第三卷第六章，430b1以下）。因此——因爲它在ὁρισμός【定義】和平常意義上的λόγος【邏各斯】之間不做這種區分——διὸ Ἀντισθένης ᾤετο εὐήθως【因此安提司特涅斯頭

⓬ σύνθεσις【聯結】在這兒也可以直接譯為「綜合」。——譯注

腦簡單地認爲】（《形而上學》第五卷第二十九章⑬，1024b32以下），「因此安提司特涅斯對λόγος【邏各斯】持一種非常頭腦簡單的看法」，當他認爲：μηθὲν λέγεσθαι πλὴν τῷ οἰκείῳ λόγῳ【除了被自己的邏各斯所說之外，不能被任何東西所說】，「除了在自己的λόγος【邏各斯】中之外」，即除了在被展露爲ὁρισμός【定義】的λόγος【邏各斯】之外，「不能被任何東西談及」，ἓν ἐφ' ἑνός【一對一】（1024b33），同一個東西與其自身相關：ἄνθρωπος【人】—ἄνθρωπος【人】。安提司特涅斯及其學派教導說，我們根本不能說某種別的東西。由此他得出：μὴ εἶναι ἀντιλέγειν【自相矛盾是不可能的】（1024b34）、「矛盾地說是不可能的」，當然也：μηδὲ ψεύδεσθαι【不會出錯】（1024b34）、「根本沒有任何的欺騙」；每一λόγος【邏各斯】，作爲λόγος【邏各斯】是眞的。這一立場是前後一致的。也即是說，如果我們說λόγος【邏各斯】是ἓν ἐφ' ἑνός【一對一】的純粹φάσις【斷定】，因而如果任何λέγειν τι κατά τινος【根據某種東西說某種東西】之可能性、任何「把某種東西作爲某種東西加以談及」都加以排除，那麼，也就抽掉了欺騙之可能性的基礎。

因此諸位看到：現在於柏拉圖《智者》中成爲主題的λόγος【邏各斯】，同時

---

⑬ 德文原文作第二十八章，有誤。——譯注

包含著μὴ ὄν【不是者】現象、ψευδής λόγος【假的邏各斯】現象，從而也包含著下面這一問題：在λέγειν【說】本身中ὄν【是者】和μὴ ὄν【不是者】的這樣一種συμπλοκή【聯結】是如何可能的。在背景中同時還有著進一步的問題：λόγος【邏各斯】作為λόγος【邏各斯】，如何同它要加以指出的ὄν【是者】處在一種可能的κοινωνία【結合】中。

㈢展望：在柏拉圖那兒λόγος【邏各斯】之綜合結構。雙重συμπλοκή【聯結】

因此，在柏拉圖《智者》中對λόγος【邏各斯】的闡釋那兒涉及兩個問題：

1. 在λόγος【邏各斯】—結構作為λόγος【邏各斯】—結構中，ὄν【是者】和μὴ ὄν【不是者】的這樣一種συμπλοκή【聯結】在多大程度上是可能的？
2. λόγος【邏各斯】同它加以談及的ὄν【是者】的一種συμπλοκή【聯結】或κοινωνία【結合】，在多大程度上是可能的？

這兩個問題後來才被亞里士多德所分開，對於柏拉圖來說它們還是緊密地攪在一起的。換句話說，並且還要進一步加以說明，λόγος【邏各斯】在柏拉圖那兒於兩個方面得到考察：

1. 只要在λόγος【邏各斯】本身中有著一種συμπλοκή【聯結】：在對某種東西的談及中某種東西作為某種東西被加以談及。儘管柏拉圖本人尚未具有關於這種談及之結構的一種明確意識，但他還是知道由ὄνομα【名詞】和ῥῆμα【動詞】而來的λόγος【邏各斯】的一種組合、συμπλοκή【聯結】。這一區分在後來的邏輯學，尤其是語法學中逐漸轉變爲一種劃分：名詞和動詞。

2. 要在下面這點上考察λόγος【邏各斯】：λόγος【邏各斯】作爲λόγος【邏各斯】，憑藉位於它身上的這種結構，還具有同ὄν【是者】、同它所談論的是者的一種連繫。這是第二種κοινωνία【結合】。在此要注意：柏拉圖尚未在一種現象學的意義上——就把握、揭開之要素——，而是純粹在是態上把握說同被說者的連繫。他說，在對某種東西的言說中顯現出：任何言說在其是上總具有同ὄν【是者】的某一κοινωνία【結合】，總同別的東西相關。並且在κοινωνία【結合】之範圍內，他沒有把λόγος【邏各斯】同ὄν【是者】的κοινωνία【結合】和一種κοινωνία【結合】、如κίνησις【運動】同ἕν【一】或ὄν【是者】之規定的κοινωνία【結合】區分開來。由此顯明：在那畢竟存在著的東西（das, was es überhaupt gibt）之普泛的領域內，λόγος【邏各斯】作爲一種ὄν【是者】被編排入許多其他的是者之中；並且談論某種東西之連繫絲毫不是一種優先的連繫，而是和位於λόγος【邏各斯】本身中的那種συμπλοκή【聯結】，以及一個東西同另一個東西的那種一般的連繫處在相同的等級上。如果我們不清楚這點，那麼，我們就無法理解整個後面對λόγος【邏各斯】的闡明。

只要安提司特涅斯以及麥加拉學派的人在其λόγος【邏各斯】學說中，對把某種東西作爲某種東西加以談及之結構還沒有明確的意識，而是在ὀνομάζειν【說出名字】、說出名字（das Nennen）⓮的意義上把握λέγειν【說】，那麼，對λόγος【邏各斯】的這種考察，同傳統考察相比——對於柏拉圖來說的那種傳統考察，就是一種本質性的進步。在具有「單束意指（das einstrahlige Meinen）」之性質的這種說出名字中——正如我們在現象學中所說的——，總是僅僅那被說出名字的東西作爲被說出名字的東西能夠是，並且僅僅它能夠被意指。因此，每一λόγος【邏各斯】都關乎某種ἕν【一】，從而該ἕν【一】自身只能被它自身說。由於關於λόγος【邏各斯】沒有看到在καταλέγειν【肯定】和ἀπολέγειν【否定】之意義上的一種更加豐富的結構，於是就認爲在結構上不存在某種ἀντιλέγειν【自相矛盾】、「矛盾地說」之可能性。這恰恰抵達了在安提司特涅斯所流傳下來的那個命題中的表達：οὐκ ἔστιν ἀντιλέγειν【自相矛盾是不可能的】（《論題篇》第一卷第十一章，104b20以下），「沒有自相矛盾」、沒有矛盾、沒有ψεῦδος【假的東西】、沒有欺騙。——《形而上學》第五卷第二十九章，1024b26-34。

⓮也可以簡單譯為：「命名」。——譯注

㈣對於亞里士多德來說安提司特涅斯的λόγος【邏各斯】—學說的積極含義。亞里士多德對λόγος καθ' αὐτό【在其自身的邏各斯】的揭示。對作爲其前提的γένος【屬】的揭示

亞里士多德《形而上學》第八卷第三章（1043b24-28）中的後面一段話，涉及了安提司特涅斯的λόγος【邏各斯】—學說的困難。在那兒亞里士多德指出：麥加拉學派的人，或安提司特涅斯及其門徒在λόγος【邏各斯】之範圍內——似乎沒有ἀντιλέγειν【自相矛盾】，而是只有一種單純的說出名字——所碰到的困難，的確包含著某種重要的東西。ὥστε ἡ ἀπορία ἥν οἱ Ἀντισθένειοι καὶ οἱ οὕτως ἀπαίδευτοι ἠπόρουν, ἔχει τινὰ καιρόν【安提司特涅斯的門徒以及其他那些同樣沒受過教育的人所碰到的困惑，具有某種要緊性】（1043b24以下），安提司特涅斯的門徒以及那些在科學上不明就裡的人，他們所處理的東西，ἔχει τινὰ καιρόν【具有某種要緊性】。一眼就看到了對καιρός【要緊的】的一種值得注意的使用！這一表達無非意味著我們今天稱作「決定性的」那種東西、「某種決定性的東西」、某種重要的東西。即：ὅτι οὐκ ἔστι τὸ τί ἔστιν ὁρίσασθαι (τὸν γὰρ ὅρον λόγον εἶναι μακρόν), ἀλλὰ ποῖον μέν τί ἐστιν ἐνδέχεται διδάξαι, ὥσπερ ἄργυρον, τί μέν ἐστιν, οὔ, ὅτι δ' οἷον καττίτερος.【不能規定是什麼（因爲定義是長的邏各斯）；相反，某種東西是怎樣倒容許教授；就像銀，它是什麼，不可說，只能說它像錫。】（參見1043b25

以下）「ὁρίσασθαι【界定】、界定某個東西是什麼、某一事情的本質」，在λέγειν【說】中對之進行規定，是不可能的；之所以不可能，乃是因爲ὅρος【定義】是λόγος μακρός【長的邏各斯】、一種「長的λόγος【邏各斯】」，即由多個語詞組合而成，從而在某種程度上對於一個東西需要說出多個東西的那樣一種λόγος【邏各斯】。但根據安提司特涅斯的論題，這是不行的。他們說：我們不能在λόγος【邏各斯】中規定τί ἐστιν【是什麼】；相反，只能規定ποῖον【怎樣】；我們不能依照λόγος【邏各斯】（λόγος-mäßig）在其本質上、在其是什麼上規定銀；相反，我們只能說：它看起來像錫。下面這點是值得注意的，那就是亞里士多德在這兒強調：在安提司特涅斯的οὐκ ἔστιν ἀντιλέγειν【自相矛盾是不可能的】這一論題中，儘管他僅僅將λόγος【邏各斯】闡釋爲說出名字，但還是有著某種決定性的東西。他由此認爲，當安提司特涅斯否認有著某種定義時，他是一以貫之的。一個ὅρος【定義】應恰恰在其實事內容上澄清某種東西，從而在這件事上就那被澄清的東西而言說出了某種**在實事上重要的東西**、**新的東西**。另一方面，作爲ὅρος【定義】、定義的這種λόγος【邏各斯】，它應是這樣一種東西：它不會就其同他物的連繫而說出是者身上的某種隨隨便便的東西，而是說出**位於其自身中的諸規定**。亞里士多德第一次看到並在《形而上學》第七卷第四章中展露了把某種東西作爲其自身加以談及的這種困難——這多於一種單純的同一性之設定。在那兒他根本性地揭示出：有著一種作爲λέγειν τι καθ' αὑτό【根據其自身說某種東西】的λέγειν【說】、「在其自身對某種的東西的一種談及」，尤其這種談及不單單是一種空洞的同語反覆——如安提司特涅斯的說出名字那樣；相反，在這種λέγειν τι καθ' αὐτό【根據其自身說某種東西】中，同時那被談及的東西在其所是上得到了揭示。對眞正的λόγος【邏各斯】、源始的λόγος【邏各斯】的這種揭示，僅僅因爲下面這點才是可能的，那就是亞里士多德通過相應的關於是者及其可能的可規定性的學說爲其λόγος【邏各斯】學說做好了準備。因爲於把某種東西作爲它所是的東西加以談及的這種λόγος【邏各斯】中，在是者身上所展露的東西，是其在是上的來源，即已經位於它身上的那種東西，它本身在某種方式上所是的那種東西，以及的確早於它本身的那種東西。因此，關於λόγος【邏各斯】的這種理論——它恰恰在一種積極的意義上使得安提司特涅斯僅僅粗略地進行斷定的東西成爲了現實，以對γένος【屬】的揭示爲前提條件。而該揭示自身復又因下面這點才是可能的，那就是一位柏拉圖走在亞里士多德的前面。我們在接下來的課時中恰恰就要把握這種連繫。重要的是——這就是爲何我在這兒要舉出關於安提司特涅斯的這段話——顯示出λόγος【邏各斯】學說同是之問題提法是何等不可分開。

在柏拉圖本人那兒安提司特涅斯也經常被提及——我現在不會探討那些段落，因爲它們在實事上並未帶出什麼獨特的東西——：《克拉底律》429a以下、《歐敘德謨》283e、285e、《泰阿泰德》201d，以及我們在這兒已經討論過的《智者》251b6以下的那段話。關於安提司特涅斯本人——沒有東西直接從他那兒流傳下來，納托爾普在其刊於保利—維索瓦（Pauly-Wissowa）的《實用百科全書》（*Realenzyklopädie*）中的很有價值的一篇論文那兒也明確加以了探討⑮，在那兒隱藏著他早期許多很有價值的工作。此外，在同時或者更早，迪姆勒（Dümmler）在其《安提司特尼卡》（*Antisthenica*）中也探討了安提司特涅斯的問題；他是八〇年代那些最有天賦的年輕古典語文學家中的一位，他曾被視為烏澤納（Usener）學派的希望，但過早死於巴塞爾⑯。事實上，這些很早期的工作顯示出一種非凡的眼光，它超出對各種引文的單純觀點編集上的整理而看到實事內容。

一場新的討論從λόγος【邏各斯】的這一問題開始，但該討論仍然停留在一般的問題提法之範圍內，即停留在是者之κοινωνία【結合】這一問題之範圍內：是否並且如何有著是者之間的這樣一種共同一起是。

---

⑮ 納托爾普，《安提司特涅斯》（Antisthenes）。載於：《保利經典古代文化研究學實用百科全書》（*Paulys Real-Enzyklopädie der classischen Altertumswissenschaft*），新版，格奧爾格．維索瓦（Georg Wissowa）編輯。第一卷，斯圖加特，一八九四年。第2538-2545欄。——原注

⑯ 斐迪南．迪姆勒（F. Dümmler），《安提司特尼卡》（*Antisthenica*）。哲學博士論文（Phil. Diss.），哈勒，一八八二年。關於赫爾曼．烏澤納，見第313頁，注14。——原注
德文原文作一八二二年，有誤。——譯注

十四、對在是者之範圍內的κοινωνία【結合】之各種基本可能性的討論(251d-252e)

(一)引導性說明。對《智者》的進一步劃分。「前有」之規定：在是者之範圍內的κοινωνία【結合】作爲辯證法的基礎。對κοινωνία【結合】的各種基本可能性的闡述

是者之κοινωνία【結合】問題在251d中被清楚表達爲：πῶς τὰ ὄντα ἐν τοῖς παρ' ἡμῖν λόγοις τιθῶμεν【在我們的各種邏各斯中我們應如何擺置諸是者】（參見251d6以下），「我們應如何在我們的各種λόγοι【邏各斯】中擺置是者之是（das Sein des Seienden）？」這一問題提法顯然向著下面這點定位，那就是：ὄν【是】作爲λεγόμενον【被說的東西】、作爲在λόγος【邏各斯】中照面的東西被專題性地加以詢問。但我們必須提防下面這點，那就是基於這種連繫而說在希臘人那兒是之學說依循邏輯學來定位。在這種意義上的λόγος【邏各斯】還遠不是我們後來稱作邏輯的那種東西。加以追問的是：ὄν【是】如何於λόγος【邏各斯】那兒是在此的，更加準確的是：在ὄντα【諸是者】中一種κοινωνία【結合】是如何可能的。

κοινωνία【結合】問題在三個方面被展開討論。有著三種可能性，柏拉圖首先在251d-253a中對之進行了詳細討論。在253a-254b中指出一門特定的τέχνη【技藝】如何同一種可能的是態學上的探究的這種領域相應，並且指出該τέχνη【技藝】無非

就是辯證法。在254b以下，進行了一種辯證法的探究，尤其是著眼於是（*das Sein*）和λέγειν【說】這兩個基本概念。爲何恰恰選擇了這兩者，會基於前面進行過的對我們即將了解的辯證法的刻劃而變得可理解。

如果柏拉圖接下來就其各種不同的可能性詳細討論了κοινωνία【結合】，那麼，這之所以發生，乃是因爲對於他來說，對在是者之範圍內的κοινωνία【結合】的擬定是他於其上構建其辯證法之理念的基礎。我們能夠將這稱作引導著後面那些探討的「前有（Vorhabe）」⓱。爲了理解辯證法，應注意：κοινωνία【結合】是辯證法得以可能的前提，因此，並非κοινωνία【結合】在某種程度上僅僅在辯證法中才得到證明。只有當κοινωνεῖν【結合】之可能性是合理的，方才有辯證法。因此，正如將顯現出來的，δύναμις ἐπικοινωνίας【交往之可能性】⓲（參見252d2以下）這一概念成爲了基礎性的。在進行一種特定的辯證法的考察之前，柏拉圖嘗試基於這種κοινωνία【結合】從完全不同的方面、在各種新的起點上澄清辯證法之理念。因爲κοινωνία【結合】支撐著辯證法本身，所以他必須相繼地討論κοινωνία【結合】之理念所給出的各種可能性。

⓱ 見附錄。——原注

⓲ δύναμις ἐπικοινωνίας【交往之可能性】，也可以譯為「分有之可能性」、「共用之可能性」。——譯注

於是有追問κοινωνία【結合】的三種可能性：

1. 我們能夠假設：μηδενὶ μηδὲν μηδεμίαν δύναμιν ἔχειν κοινωνίας εἰς μηδέν【沒有任何東西有任何可能性同任何其他東西結合】（251e8），「沒有是者具有同某一其他是者共同是之可能性」。在該措辭中要注意δύναμις【可能性】這一表達。

2. πάντα εἰς ταὐτὸν συνάγειν【一切都歸結到同一個東西身上】（參見251d8），能夠「把一切都引回到同一個東西身上」，以至於所有畢竟是的東西，δυνατὰ ἐπικοινωνεῖν ἀλλήλοις【能夠彼此結合】、「處在共同一起是的可能性中」。——因此，要麼根本沒有任何是者同某一其他是者相結合，即第一種可能性；要麼「一切都互相」，πάντα ἀλλήλοις【一切都互相】（252d2）結合，即第二種可能性。

3. τὰ μέν, τὰ δὲ μή【有些可以結合，而有些不可以結合】（251d9），部分有某種κοινωνία【結合】，部分沒有。

這些就是現在要加以詳細討論的κοινωνία【結合】的三種可能性。

(二) 討論的進行

1. 論題一：完全排除任何一種κοινωνία【結合】。它的站不住腳。安提司特涅斯學派的人的自我反駁

第一個論題是：μηδενὶ μηδὲν μηδεμίαν δύναμιν ἔχειν κοινωνίας εἰς μηδέν【沒

有任何東西有任何可能性同任何其他東西結合】（251e8）。要注意柏拉圖將之賦予給κοινωνία【結合】之諸表達的那種獨特的強化：προσκοινωνεῖν【分享】（參見252a2以下）、ἐπικοινωνεῖν【交往】（251d9）。如果我們打算接受這一論題，那麼，沒有任何是者、沒有任何東西能夠在任何時候同另外的東西一起是[19]；一旦完全排除了每一種συμπλοκή【聯結】，那就會：πάντα ἀνάστατα γέγονεν【一切都會變得混亂不堪】（252a5以下）、一切都將完全陷入動盪中。每一種是態—邏各斯（Onto-*logie*）都將倒塌。因爲，甚至那些說πάντα κινούμενα【一切都是運動的】或ἓν τὸ ὄν【是者是一】的人，所有這些人在其λέγειν【說】中都帶有是（das Sein），πάντες οὗτοι τό γε εἶναι προσάπτουσιν【所有這些人全都加上了是】、他們在他們所談論的所有東西身上都加上了ὄν【是】。甚至訴諸στοιχεῖα【元素】、元素的那種是之學說——無論它們被把握爲無限的、ἄπειρα【無限的】（252b2），還是被把握爲有限的、πέρας ἔχοντα【有限】（252b3）——，甚至這種是之學說也是不可能的，除非它設定了σύμμειξις【連接】（252b3）之可能性。最後，正是如安提司特涅斯那樣一些說任何東西都只能作爲它自身加以談及、都孑然立於任何其他東西之外的人，——恰恰他們變得καταγελαστότατα【最爲可笑】（252b8）、「最爲可笑」。他們

---

[19] 海德格頁邊注：沒有πρός【向著】、ἐπι【衝著】之δύναμις【可能性】。——原注

不允許：「某種東西超出其自身被把握爲某一其他東西」，μηδὲν ἐῶντες [⋯] ϑάτερον προσαγορεύειν【不允許……說別的東西】（252b9以下）——這僅僅基於κοινωνία παθήματος ἑτέρου【通過同別的東西之情狀相結合】（參見252b9以下）、「通過同被某一其他東西所影響（Angegangenwerden）之共同是」、通過與其他東西的一種相關之可能性才是可能的。爲何這些不允許κοινωνία【結合】的人恰恰使得他們自己是最爲可笑的？因爲他們在其各種λόγοι【邏各斯】中已經總是在說「εἶναι【是】」、「是（sein）」，χωρίς【分離】[20]、「分離」，「τῶν ἄλλων【其他】」、「其他」，「καθ' αὑτό【在其自身】」、「在其自身」（252c2以下）。在其關於λόγος【邏各斯】的論題中他們已經說出了一整個系列確定的是之結構；在其論題中已經連帶包含著某一整個的是之理論。他們在某種意義上是ἀκρατεῖς【無力量的人】（252c4），他們不能擺脫對是者的整個基本的是之規定的使用。這些人根本無須某個從外面去反駁他們的對手；相反，ἔχοντες οἴκοθεν τὸν πολέμιον【他們在自己家裡就有著敵人】（參見252c6以下）、「他們在自己家裡就有著敵人」，即ἐξελέγξων【進行反駁的人】（參見252c6）、「將之釘在恥辱柱上的人」。也即是說，他們只需說，那麼就會顯現

[20] χωρίς【分離】，也具有「除……之外」、「若無……就……」等意思。——譯注

出：在每一言說中、在對某種東西的每一談及中，已經連帶意指了被說地是（das Geagtsein）之某些特定的結構。結果就是：在作爲λόγος【邏各斯】結構的λόγος【邏各斯】結構中，已經連帶說了是者的某些特定要素、某些特定的形式—是態學上的結構。作爲被說性的被說性之構造，已經是一種多層次的構造。只要畢竟有著一種言談，那麼該論題就是站不住腳的。

2. 論題二：κοινωνία【結合】的不受限制。它的站不住腳。作爲ἐναντιώτατα【最爲對立的東西】的κίνησις【運動】和στάσις【靜止】

第二個論題的情況是：πάντα ἀλλήλοις δύναμιν ἔχειν ἐπικοινωνίας【一切都具有彼此結合之可能性】（參見252d2以下）、「任何東西都能夠與別的任何東西一起是」，存在著下面這一可能性嗎：是者之間的一種普遍的、無條件和無限制的可結合性？泰阿泰德——即使他在整個對話並未特別地作出多少貢獻——自信甚至他本人就可以證明該論題的不可能。他說：基於該論題就會得出，我們甚至能夠把運動同靜止、靜止同運動結合在一起；但這是完全不可能的，因爲運動的確是同靜止ἐναντιώτατον【最爲對立的東西】、最爲對立的東西。在這兒下面這兩者之間的區別是明顯的，那就是：同亞里士多德對運動和靜止的是態學上的討論相比，柏拉圖對運動和靜止的討論本質上還是是態上的討論。儘管柏拉圖後來說（256b6以下）：在κίνησις【運動】和στάσις【靜止】之間有著一定的κοινωνία

【結合】——即只要它們是不同的，那它們就被ἕτερον【異】所規定——，但他還是沒有看到運動和靜止之間的眞正連繫、獨特的實事上的κοινωνία【結合】。爲了理解它，我們的確可以不像柏拉圖那樣純粹在是態上看待運動；相反，只要我們追問運動地是之是（das Sein des Bewegtseins），以及追問在—靜止中—是之是（das Sein des In-Ruhe-Seins），那麼，我們就能夠理解它。如果我們說：靜止的東西不是運動的東西，那麼，我們事實上就能夠說：運動的東西從靜止的東西那兒給排除出去了，它（＝靜止的東西）在一種純粹的意義上不是它（＝運動的東西）。反之，在靜止之是中，即在靜止之是態學上的意義中，恰恰連帶設定了運動地是——只要僅僅那具有運動之可能性的東西方才能夠靜止。也即是說，正如亞里士多德所揭示的，靜止不是運動的一種ἐναντίον【對立物】，它不與運動相對立；相反，靜止恰恰要求運動。靜止無非就是運動的一種特定的極限情形（Grenzfall）、是運動的東西就其可能的是（hinsichtlich seines möglichen Seins）來說的一種獨特的可能性。這種運動分析僅僅通過下面這點才是可能的，那就是：運動之是被眞正看到和闡述了——對此而言柏拉圖既無手段也無可能性。

3. 論題三：「有—條件的（be-dingte）」κοινωνία【結合】。將之肯定爲唯一站得住腳的。對認識的捍衛

因此，既然論題一和論題二都是不可能的，那麼，唯一剩下的就是論題三：τὰ μὲν

ἔχειν δύναμιν κοινωνίας, τὰ δὲ μή【有些具有結合之可能性，而有些不具有】（參見251d9），或者如後面所說的：τὰ μὲν ἐθέλειν, τὰ δὲ μὴ συμμείγνυσθαι【一些情願連接，一些不情願連接】（252e2），「一些ἐθέλει【情願】、情願一種κοινωνία【結合】，一些則不」，因而κοινωνία【結合】在是者之範圍內畢竟是一種有條件的κοινωνία【結合】，它受到可能的、能夠結合的是者之各個當下的含有是性和含有實事性（Seins-und Sachhaltigkeit）的制約。這種κοινωνία【結合】在一種非常獨特的意義上是「有條件的（*bedingt*）」：它奠基在事物（*die Dinge*）[21]上、奠基在事情本身（*die Sachen Selbst*）上，並被它們所先行規定。僅僅這最後一種κοινωνία【結合】之可能性能夠站得住腳，而其他兩種則完全被認識活動之可能性所推翻。

---

[21] 德語bedingt（有條件的），詞幹就是Ding（事物）。——譯注

壹、對是者之有條件的κοινωνία【結合】的進一步澄清（253a-253b）

㈠通過字母對有條件的κοινωνία【結合】的說明。元音的特殊地位作爲對是者之諸基本規定的特殊地位的說明：δεσμὸς διὰ πάντων【貫穿一切的紐帶】

一種有條件的κοινωνία【結合】這一獨特的實情現在首先於γράμματα【字母】（253a1）、字母和φθόγγοι【聲音】（參見253b1）、「聲音」那兒得到說明。σχεδὸν οἷον τὰ γράμματα πεπονθότ' ἂν εἴη【幾乎同字母一樣的情形】（252e9以下），在ὄντα【是者】之範圍內一種有條件的κοινωνία【結合】這種情況，差不多同在γράμματα【字母】那兒的情況完全一樣。字母和聲音經常被柏拉圖用來說明是態是態學上的（ontisch-ontologisch）情況：《泰阿泰德》202e以下，《政治家》277e以下，《國家篇》第三卷402b，《斐勒柏》18b以下。在這些具有眞正科學水準的晚期對話中，字母被用來進行說明，這是獨特的。求助於字母，這自然不是偶然，也不是柏拉圖的單純怪癖；相反，它奠基著下面這點：任何λόγος【邏各斯】、任何λέγειν【說】，都是一種特定的多種多樣的聲音形態。但在每一λόγος【邏各斯】、在每一λέγειν【說】中，都有著某一λεγόμενον【被說的東西】、某種被說的東西。在λόγος【邏各斯】中保存著那被談及的東西，被它所揭開的是者彷彿走馬上任了。**因此，被說的東西以及在更爲寬泛意義上有聲表達彷彿就是是者本身的代表**。

在語言的有聲表達中的聲音的這種多樣性，通過下面這點而與眾不同，那就是在它們中有著一種特殊的種類：各種母音（253a4）。關於它們，柏拉圖說它們διαφερόντως τῶν ἄλλων【不同於其他字母】（253a4），它們在擺出-自己（das Sich-Ausnehmen）㉒之意義上不同於其他字母，οἷον δεσμὸς διὰ πάντων κεχώρηκεν【它們就像紐帶似的貫穿了一切】（253a4以下），「它們如紐帶一樣貫穿一切」；它們無處不在，在每一具體的聲音形態中、在每一語詞中，它們總是已經在此。κεχώρηκεν【它們貫穿了】㉓，完成時！ἄνευ τινὸς αὐτῶν ἀδύνατον ἁρμόττειν καὶ τῶν ἄλλων ἕτερον ἑτέρῳ.【沒有它們，其他字母不可能一個同另一個結合在一起。】（253a5以下）「沒有它們，下面這點完全是不可能的：在其他的音素、各種輔音中，一個能夠同另一個在一起是。」它們是「紐帶」、δεσμός【紐帶】，貫穿所有其他的。在自然科學的情景那兒，它們彷彿是結晶-核，於它們那兒一個語詞得以結成為一個統一的聲音形態。這些φωνήεντα【母音】、母音——它們是位於一切中的紐帶——應暗示著下面這點：在ὄντα【諸是者】那兒也可能有著這種東西，它διὰ πάντων κεχώρηκεν【貫穿了一切】，在所有是者那兒已經在此是。

㉒ ausnehmen（取出、拿出）作為反身動詞使用，意思就是：顯出（某種樣子）、看起來。——譯注

㉓ κεχώρηκεν是動詞χωρέω【行進】的完成時、直陳式、主動態、第三人稱單數。——譯注

它們無非就是是之各種源始的規定：ὄν【是】、ἕν【一】、ταὐτόν【同】、ἕτερον【異】。在這種對照中已經涉及到它們。由此等於說：在ὄντα【諸是者】中、在處於一種可能κοινωνία【結合】中的所有東西中，有著一些無處不會碰到的優先的東西。

㈡附記：進一步澄清是者之諸基本規定的普遍在場。柏拉圖《泰阿泰德》中的鴿舍比喻

柏拉圖在《泰阿泰德》197b以下一個類似的關聯中，探討了是者之多樣性與它們中與眾不同的是者之間的那種獨特關係，在那兒他試圖澄清λόγος ψευδής【假的邏各斯】和ψευδὴς δόξα【假的意見】，並使用了兩個比喻：靈魂首先作爲ἐκμαγεῖον【蠟塊】（191c9），作爲「蠟塊」，第二作爲鴿舍（197d6）。這後一個比喻通向我們在這兒所具有的那種相同的關聯：通向聲音。考察以在κεκτῆσθαι【占有了】和ἔχειν【擁有】之間的一種區別開始，即以嘗試展露「占有（Besitzen）」和「擁有（Haben）」之間的區別開始。對於希臘人來說，ἔχειν【擁有】這一表達具有一種特殊的、強調的含義，它意味著與κεκτῆσθαι【占有了】、單純的占有（das bloße Besitzen）不同的某種獨特的東西。Οὐ τοίνυν μοι ταὐτὸν φαίνεται τῷ κεκτῆσθαι τὸ ἔχειν. οἷον ἱμάτιον πριάμενός τις καὶ ἐγκρατὴς ὢν μὴ φορῶν, ἔχειν μὲν οὐκ ἂν αὐτὸν αὐτό, κεκτῆσθαί γε μὴν φαῖμεν.【因此，對我來說擁有顯得和占有了不是一回事。例如，如果某人買了一件衣服並支配了它，但卻不穿它，那麼，我們就會說他不擁有它，但占有了它。】（197b8以下）「如果一個人買了一件衣服並支配著它，但卻不穿它，那我們不會說他**擁有**它；相反，我們說：他僅僅占有它。」因此，ἔχειν【擁有】意味著：穿上、戴上、穿戴；由此暗含著：ἔχειν【擁有】具有下面這種意義，那就是ἐχόμενον【被擁有的東西】當下是在此的、被穿戴著、是可見的㉔，它並非在家掛在櫃子裡。ἔχειν【擁有】的這種意義，即明確的當下—在此—是（das ausdrückliche Gegenwärtig-da-Sein）的這種意義，也位於亞里士多德的ἐντελέχεια【實現】概念那兒，它具有當下—顯示—自己（Gegenwärtig-sich-Zeigen）這一突顯的意義。

就ἐπιστήμη【知識】來說也存在著κεκτῆσθαι【占有了】和ἔχειν【擁有】之間的這種區別。爲了顯示這點，柏拉圖以鴿子爲比喻。一個人能夠捉住鴿子並將之關在一個籠子裡。τρόπον μὲν [γὰρ] ἄν πού τινα φαῖμεν αὐτὸν αὐτὰς ἀεὶ ἔχειν, ὅτι δὴ κέκτηται【於是在某種方式上我們說他總是擁有它們，因爲他已經占有了它們。】（197c4以下）「於是我們說，他在某種方式上擁有它們，因爲他顯然占有它們。」

㉔ 海德格頁邊注。關於ἔχειν【擁有】：在**自身**中於—**自己**那兒。——原注

因此，我們說他占有它們，但我們也使用下面這一表達：他擁有它們。Τρόπον δέ γ᾽ ἄλλον οὐδεμίαν ἔχειν【但在另一種方式上他不擁有它們】（197c7）、「但在另一方面他不擁有它們」；相反，他僅僅有某種δύναμις【可能性】（參見197c7），即λαβεῖν καὶ σχεῖν ἐπειδὰν βούληται […] καὶ πάλιν ἀφιέναι, καὶ τοῦτο ἐξεῖναι ποιεῖν ὁποσάκις ἂν δοκῇ αὐτῷ.【只要他願意，他就能夠捕捉和擁有它們……並再次釋放它們；並且他看來能夠經常那樣做。】（197c9以下）因此，他只有在下面這種情形下方才眞正擁有它們，那就是：他利用著一種特定的可能性，即：「捕捉它們或能夠再次讓它們飛走；並且對他來說，只要他願意，他就能夠這樣做。」同樣，靈魂——就位於其中的各種認識來說、就它所支配的那被認識的東西來說——在某種程度上也能夠被視作一個鴿舍，以至於各種各樣的鳥兒於其中是在此的（197d6）。這種多樣性如下面這樣被加以刻劃。這許多的鳥兒中，一些是κατ᾽ ἀγέλας χωρὶς τῶν ἄλλων【離開其他鳥兒成群聚在一起】（參見197d7）、「遠離其他鳥兒、分離地成群在一起」；另一些復又僅僅κατ᾽ ὀλίγας【少數聚在一起】（197d7）、「少量地聚成一小群」；ἐνίας δὲ μόνας【但還有些則是獨自棲居的】（197d8）、「但還有些則是獨自棲居的」，διὰ πασῶν ὅπῃ ἂν τύχωσι πετομένας【隨意在所有其他鳥兒中間隨處飛翔】（同上）、「它們向來獨自在它們恰好碰見的所有鳥兒中間飛翔」。因此，我們能到處碰見一些鳥兒，它們沒有任何明確的棲身之所，而是διὰ πασῶν【遍及一切】、「到處在此」。這兒就ἐπιστήμη【知識】、被認識的東西、被占有的東西所意指的——與《智者》中的διὰ πάντων【遍及一切】相應，在此復又突顯出διὰ πασῶν【遍及一切】——是同一種連繫：在可認識的東西或是者中間，有著具有**普遍的在場**（die *universale Gegenwart*）這種根本優先性的那種東西。在《智者》中恰恰用γράμματα【字母】來說明這種情況。在《智者》那兒，這種比喻中的本質性的東西是：如在γράμματα【字母】之多樣性中一樣，在是者中間也有著一些特定的ὄντα【**是者**】，**它們**作爲ὄντα【**是者**】在其是上**是與眾**不同的。如果是（Sein）被闡釋爲在場的—是（Gegenwärtig-sein），那麼，這意味著有下面這樣一些規定：它們在每一是者那兒始終已經、事先是在此的，因而它們呈獻出一種與眾不同的在場。在《泰阿泰德》那兒，一些特定是者、一些特定的是之結構具有某種優先地位這種值得注意的實情，被從另外的方面加以說明：涉及的不是ὄντα【諸是者】作爲ὄντα【諸是者】，而是ὄντα【諸是者】——**只要它們是被認識者**。因爲對於那揭開是者的認識活動來說，一些特定是者具有某種優先地位這一實情或許也的確是重要的。這於比喻中顯現在下面這點上：在那些棲止於靈魂之鴿舍中的鳥兒之多樣性中間，有著某些會到處遇見的鳥兒。——我在這兒不可能詳細闡明與這種比喻相連繫的ψευδὴς δόξα【假的意見】。這之所以不必要，是因爲柏拉圖在《智者》中所給出的對ψεῦδος【假的東西】的闡釋，同他在《泰阿泰德》中所給出的相比，要進步得多，以至於隨著《智者》中對μὴ ὄν【不是者】和λόγος ψευδής【假的邏各斯】的澄清，在《泰阿泰德》中的嘗試從自身那兒就得到了解決。

㈢字母的κοινωνία【結合】和聲音的κοινωνία【結合】作爲一門τέχνη【技藝】的「對象」。就是者之間的有條件的κοινωνία【結合】指點出一種相應的τέχνη【技藝】

正如就γράμματα【字母】來說有著一種τέχνη【技藝】（《智者》253a8以下）、有著在字母之可能的可結合性之範圍內的一種精通，同樣，也有著一門τέχνη【技藝】關乎φθόγγοι【聲音】之可結合性、音調在其高和低方面的可結合性。聲音之多樣性的情況和整體結構也不是隨意的。那精通它們、精通其各種結合之可能性的人是μουσικός【音樂家】（253b3），而其他μὴ συνιείς【不懂的人】則是ἄμουσος【無音樂修養的】（同上）。因此，就是者之多樣性來說——關於是者ὡμολογήκαμεν【我們已經同意】、「已經同意」部分具有κοινωνία【結合】部分不具有κοινωνία【結合】——或許也的確存在著一門τέχνη【技藝】，它具有下面這一任務和擔保著下面這一可能性，那就是：**在各個是之連繫的範圍內**把κοινωνία【結合】加以揭開。

七六、辯證法之理念（253b-254b）

(一)對辯證法的首次刻劃。辯證法作爲πορεύεσθαι διὰ τῶν λόγων【通過邏各斯往前走】。γένος【屬】和εἶδος【種】。對「具體的」是者之起源史的揭開作爲辯證法的任務。辯證法的五個主要因素。συναγωγή【連結】和διαίρεσις【分開】。辯證法作爲唯一自由的科學，即作爲哲學

澄清ὄντα【諸是者】之κοινωνία【結合】的這種τέχνη【技藝】之理念，現在首次在253b8-253c3中得到規定。該刻劃從我們早前在對話的開頭就已經了解的、我們當時暗示過的那個表達開始㉕：τὰ γένη【諸屬】，**是者在其是上由之源出的東西**。要注意，對關乎ὄντα【諸是者】之κοινωνία【結合】的τέχνη【技藝】的這種闡明，以τὰ γένη【諸屬】這一術語開始，這是重要的。

我們在柏拉圖那兒，尤其在那些早期對話中都大多僅僅了解到εἴδη【諸種】這種表達。但現在γένη【諸屬】這一表達浮現了出來，它在柏拉圖那兒僅僅位於那些晚期對話中；除了位於前面所闡述的那段話那兒之外㉖，也位於：《巴門尼德》

㉕參見第242頁以下和247頁以下。——原注

㉖即上段話中所指出的《智者》253b8-253c3：ἐπειδὴ καὶ τὰ γένη πρὸς ἄλληλα κατὰ ταὐτὰ μείξεως ἔχειν ὡμολογήκαμεν, ἆρ' οὐ μετ' ἐπιστήμης τινὸς ἀναγκαῖον διὰ τῶν λόγων πορεύεσθαι τὸν

135b，《斐勒柏》12e，此外也出現在《法律》和《蒂邁歐》中。對γένος【屬】的使用再次引起了下面這一猜測：亞里士多德在這兒參與到了工作中——正如坎貝爾（Campbell）㉗也猜測的那樣——，否則在柏拉圖的術語之範圍內這一表達就不會具有任何強調的作用。——「那致力於下面這一工作的人」，即τὸν μέλλοντα ὀρθῶς δείξειν【想正確地顯示】（參見253b10以下）、「以合乎實事的方式顯示」，ποῖα τῶν γενῶν ποίοις συμφωνεῖ【何樣的屬同何樣的屬相和諧】（參見253b11）、「何樣的族類同何樣族類相和諧」，καὶ ποῖα ἄλληλα οὐ δέχεται【以及何樣的不接受彼此和諧】（253b11以下）、「以及何樣的不能夠同其他的相和諧」——諸位在這種δέχεσθαι【接受】中要再次注意δύναμις κοινωνίας【結合之可能性】這一理

ὀρθῶς μέλλοντα δείξειν ποῖα ποίοις συμφωνεῖ τῶν γενῶν καὶ ποῖα ἄλληλα οὐ δέχεται; καὶ δὴ καὶ διὰ πάντων εἰ συνέχοντ' ἄττ' αὔτ' ἐστιν, ὥστε συμμείγνυσθαι δυνατὰ εἶναι, καὶ πάλιν ἐν ταῖς διαιρέσεσιν, εἰ δι' ὅλων ἕτερα τῆς διαιρέσεως αἴτια：【既然我們已經同意諸屬能夠同樣地彼此混合，那麼，那想正確地顯示何樣的屬同何樣的屬相和諧，以及何樣的不接受彼此和諧的人，豈不必然依照某種知識通過諸邏各斯來往前走？此外，是否有某些貫穿一切並將之加以聚合的東西，以至於它們能夠混合在一起？此外，在各種分開中，是否有某些另外的東西作爲分開的原因而貫穿一切？】——譯注

㉗《柏拉圖的《智者》和《政治家》》（*The Sophistes and Politicus of Plato*），帶有路易士·坎貝爾（Lewis Campbell）的文本校訂和英文注釋。牛津，一八六七年，第144頁。——原注

念！——，此外，那想顯示下面這點人，即εἰ συνέχοντ᾽ ἄττα διὰ πάντων【是否有某些貫穿一切並將之加以聚合的東西】（參見253c1）、「是否有進行聚合並在此貫穿一切的那樣一些族類」，ὥστε συμμείγνυσθαι δυνατὰ εἶναι【以至於它們能夠混合在一起】（253c2），以至於它們δυνατά【能夠】——再次出現δύναμις【可能性】！——συμμείγνυσθαι【混合在一起】、「處在一種普遍的、不受限制的可結合之可能性中」，因此，是否有這樣一種東西，它作為普遍的ὄν【是者】而必然在每一可能的東西那兒是共同在此的；καὶ πάλιν ἐν ταῖς διαιρέσεσιν【此外，在各種分開中】（253c2以下），「反過來，還有想就一種東西同另一種東西相分開來顯示下面這點人」，即εἰ δι᾽ ὅλων ἕτερα τῆς διαιρέσεως αἴτια【是否有某些另外的東西作為分開的原因而貫穿一切】（253c3），是否有某些確定的分開延展自己而δι᾽ ὅλων【貫穿一切】、「貫穿一切」，作為這樣的東西它們是在此的，所有其他的區別都奠基在它們之上；——那想顯示這三者的人，ἀναγκαῖον【必然】、對於他來說下面這點是「必然的」，即μετ᾽ ἐπιστήμης τινὸς διὰ τῶν λόγων πορεύεσθαι【依照某種知識通過邏各斯來往前走】（參見253b9以下）、「憑藉某種精通來穿過各種λόγοι【邏各斯】」，也即是說，以便基於這種ἐπιστήμη【知識】在對是者的談及中取得各種λόγοι【邏各斯】，即取得被談及的東西之各種被談及性。因此，在這種ἐπιστήμη【知識】中λόγος【邏各斯】成為了主題；各種λόγοι【邏各斯】要在下面這一方面被穿過：那被談及的東西作為被談及的東西如何在它們身上是在此的。因此，不單單涉及在自然的、最切近的對事物的談論方法中對是者的一種談及，而且λόγοι【諸邏各斯】本身要成爲專題，並且尤其是在δείξειν【顯示】、顯示於其中來照面的東西之情狀這一意圖中成爲專題。換句話說：辯證法具有讓是者之是變得可見這一任務。對於這樣一種任務，泰阿泰德於是說它顯然需要一種τέχνη【技藝】，或者需要一種ἐπιστήμη μεγίστη【最大的知識】（參見253c4以下）、「最高的科學」。

在對辯證法或對它所處理的東西的這種澄清中，必須注意下面這點：在這兒使用了γένος【屬】這一表達，並且還沒有明確地同εἶδος【種】區分開來；更確切地說，柏拉圖更多地混用γένος【屬】和εἶδος【種】，即他還不具有對γένος【屬】之結構的眞實理解——只有基於對是之意義的一種更加源始的洞察方才能澄清該結構。γένος【屬】意味著家系（*Stamm*）、某種東西由之源出的那種東西，即一種在其是中的是者，因而就是某一是者作爲該是者總已經是的那種東西。這種闡釋自然已經是基於亞里士多德的視域而給出的，而柏拉圖對在其是中的是者的專用術語是εἶδος【種】。εἶδος【種】根據其結構意義，並不向著是者之起源進行定位、向著位於是者自身中的是者的結構定位，而是向著是者之是的可把握性之方法定位：εἶδος【種】㉘關乎純粹的知覺、νοεῖν【看】；它是在純粹的知覺中被視見到

㉘ εἶδος【種】，這兒直接音譯為「埃多斯」似乎更好。——譯注

的東西。因此，γένος【屬】和εἶδος【種】是兩個在其概念性質上向著完全不同的連繫進行定位的術語。γένος【屬】是是本身（das Sein selbst）的一個結構概念（Strukturbegriff），而εἶδος【種】是是者之是（das Sein des Seienden）的一個被給予性概念（Gegebenheitsbegriff）㉙。γένος【屬】已經使得是態學的諸根基上的連繫更清楚了：那已經在此是的東西、在前的東西、先天的東西；它已經先行設定了一種清楚的是態學上的洞察；而εἶδος【種】強調於是者身上知覺到的自主的含有實事性，因而對於澄清諸理念自身之是來說它恰恰不是充分的基礎。除了下面這些之外，εἶδος【種】根本沒有對是者之是說出任何東西，那就是：在這種被給予性概念中，εἶδος【種】得以表達；是者應原初在其外觀，即在其到場尤其在一種對之進行單純觀望㉚的到場中得到把握。恰恰由於εἶδος【種】這個概念在柏拉圖那兒從一開始並且眞正普遍地引導著是態學的問題提法，故他沒能超越是態學研究中的種種困難。

基於非常緊湊地複述出辯證法之任務的這一段落，我們現在能夠抽取出辯證法的不同要素：

㉙ 海德格頁邊注：不充分。γένος【屬】：曾經。εἶδος【種】：外觀、在場。364.【＝本版中的第534頁】。——原注

㉚ 海德格頁邊注：寬泛意義上的在打交道中。——原注

1. 根本性的東西：ὄντα【諸是者】—是者，被把握爲λεγόμενον【被說的東西】、在λόγος【邏各斯】中來照面的㉛；

2. —如果我們把γένος【屬】和εἶδος【種】一起看作在辯證法中成爲專題的是者之〈兩種〉規定，那麼就會得出ὄντα【諸是者】—是者在下面這種東西中得到把握：該東西在它們中總是已經是在此的，並且它僅僅在純粹的知覺中顯現出來。它在某種方式上同第一種規定相連繫，只要νοῦς【智性直觀】、νοεῖν【看】和λόγος【邏各斯】經常被加以等同；甚至在亞里士多德那兒也設定εἶδος【種】=λόγος【邏各斯】。

3. 在λόγος【邏各斯】中來照面的並且在其γένος【屬】中被加以把握的是者，在其δύναμις κοινωνίας【結合之可能性】上、在δέχεσθαι συμφωνεῖν【接受相和諧】上，或作爲δυνατὰ συμμείγνυσθαι【能夠混合在一起】被加以詢問。

4. 在這種κοινωνία【結合】之範圍內有著下面這樣一些東西、ἄττα【某些東西】：它們διὰ πάντων【貫穿一切】、無處不在、「貫穿一切」而是在此的；它們通過一種普遍的在場而突顯出來。

5. 下面這點屬於把是者之間的κοινωνία【結合】加以揭開的這種揭開方式：是者

㉛ 見附錄。—原注

之多樣性被追溯到一、συνάγειν【連結在一起】，並且同時復又在反方向上被分開、διαίρεσις【分開】。διαίρεσις【分開】在某種程度上往前遍及一個是者之起源史，它從那已經在此是的東西出發、從γένος【屬】出發，直至抵達具體的東西之在場。甚至在某一是者的整個具體化之把握那兒——正如後來亞里士多德明確地使之成爲專題的那樣，涉及的也是相關於λόγος【邏各斯】的照面方法。因此，恆常的問題是：某種東西作爲λεγόμενον【被說的東西】是如何在此的？只要總是、甚至在此時此地實際地在此是的東西之具體化中，涉及的是在λέγειν【說】中的照面，那麼，具體的在場就總還是εἶδος【種】；恰恰是它，在其整個起源史上，使得在此的這個東西（das Diesda）之在場——它是單單所涉及的——變得可理解。然而，這已經是後來亞里士多德的明確的問題提法。διαίρεσις【分開】在這兒於列舉辯證學家的不同任務時，在第三個位置被明確提及；之所以這樣，那是因爲它奠基在συναγωγή【連結】之上。故它不是辯證法的首要東西。因此，斯騰策爾[32]的探究之所以恰恰包含這一根本缺陷，就因爲他認爲根據διαίρεσις【分開】辯證法方才能變得可理解。但這是一種外在的門徑，因爲διαίρεσις【分開】

---

[32] 朱利斯·斯騰策爾，《從蘇格拉底到亞里士多德柏拉圖辯證法的發展之研究》（*Studien zur Entwicklung der platonischen Dialektik von Sokrates zu Aristoteles*），布萊斯高，一九一七年。——原注

奠基在位於συλλαβεῖν【集合在一起】和ἀπιδεῖν【把目光移開】中的συναγωγή【連結】之上。

這就是辯證法之理念，誠然，無論是就對認識結構的一種眞實澄清來說，還是就對要加以認識的東西之結構的一種眞實澄清來說，它都還不盡如人意；而這恰恰因下面這點而暴露出來，那就是：柏拉圖在後面總是一再試圖更加清楚地把握辯證法。但我們將看到，無論如何對於今天的我們來說，恰恰後面的那些規定比這兒所給出的這種規定還要晦暗。

πρὸς Διὸς ἐλάθομεν εἰς τὴν τῶν ἐλευθέρων ἐμπεσόντες ἐπιστήμην【以宙斯之名，我們居然沒有意識到碰上了自由人的知識】（253c7以下），「以宙斯之名，我們最終不知不覺地碰到了自由人的科學」，並且我們ζητοῦντες τὸν σοφιστὴν πρότερον ἀνηυρηκέναι τὸν φιλόσοφον【在尋找智者時卻先行發現了哲學家】（253c8以下）、「我們在尋找智者時卻首先發現了哲學家」。因此，被刻劃爲辯證法的這種ἐπιστήμη【知識】，在這兒被稱作ἐπιστήμη τῶν ἐλευθέρων【自由人的知識】、「自由人的科學」，即下面這種人的科學：他們在其所作和所致力於的東西中，無須大眾爲了他們所從事的所有事情所需要的那種東西，即無須一種切近的、可見的目的。普通和狹隘的人沒有能力承受一項他們事先不知道會把他們帶向哪兒的工作。然而，這是那敢於從事這門科學的自由人之前提。這一獨特的自由概念，正如它在這兒同最高的哲學科學相連繫一樣，被亞里士多德在我們作爲準備而加以詳細討論過的那些章節中再次拾起：《形而上學》第一卷第二章，在那兒亞里士多德刻劃了σοφία【智慧】，即第一科學：δῆλον οὖν ὡς δι’ ούδεμίαν αύτὴν ζητοῦμεν χρείαν ἑτέραν, άλλ’ ὥσπερ ἄνθρωπος, φαμέν, έλεύθερος ὁ αὑτοῦ ἕνεκα καὶ μὴ ἄλλου ὤν, οὕτω καὶ αύτὴν ὡς μόνην οὖσαν έλευθέραν τῶν έπιστημῶν· μόνη γὰρ αὕτη αὑτῆς ἕνεκέν έστιν.【顯然我們不是爲了別的用處而尋求它；相反，正如我們稱那爲了自己而不爲了他人的人是自由的一樣，在諸知識中唯有這種知識是自由的，因爲只有它是爲了它自身。】（982b24以下）它在眞正意義上自由的認識方法中，是唯一的，任何別的認識都向著εἱς ὅ【所朝向的那種東西】進行定位，而這種認識方法僅僅「爲了它自身」而在此是，因此它把認識者純粹立於他自身之上。

㈡對辯證法的第二和第三個刻劃。ἕτερον【異】和ταύτόν【同】作爲辯證法的引導概念。第三個刻劃的晦暗

於是接下來在253d1-3對辯證法進行了一次重新刻劃。下面這點被加以了指出：重要的是κατὰ γένη διαιρεῖσθαι【根據諸屬進行分開】（253d1）、「根據各種家系進行分開」，並且在這件事上μήτε ταύτὸν εἶδος ἕτερον ἡγήσασθαι μήτε ἕτερον ὂν ταύτὸν【既不要把相同的種當作不同的，也不要把不同的種當作是相同的】（253d1以下）、「既不要把相同的當作不同的，也不要把不同的當作相同的」，

因此，根據家系把是者分開，並由此打量同一的東西（Selbiges）和不同的東西（Anderes），或者打量同一性（Selbigkeit）和差異性（Andersheit）。柏拉圖恰恰在辯證學家之任務的範圍內強調了這些要素，因爲對於他本人來說，在接下來的討論中，這成爲了畢竟使得他能夠在辯證法之範圍內走上幾步的那種揭示：他實際上理解作爲同一性的同一性和作爲差異性的差異性；基於對ταὐτόν【同】和ἕτερον【異】的洞察，把握μὴ ὄν【不是者】這一概念對他成爲了可能。因此才有了下面這一明確的強調：辯證學家必須注意某一被給出的是者之同一性和差異性。

在253d5-253e2緊接著的、對辯證法的再次明確規定，包含四項任務。我承認，對於這段話我並無眞正理解，即使經過長期的研究之後，各個句子對我來說也絲毫沒有變得清楚；我僅僅大致能夠把翻譯提供給諸位。誠然，其他一些人認爲那應該是完全清楚的，但我無法確信這點，因此我不想在各種猜測上耽誤時間。

〈διαλεκτικός〉 τοῦτο δυνατὸς δρᾶν【（辯證學家）能夠做這些事】（253d5）：

1. μίαν ἰδέαν διὰ πολλῶν [⋯] διαισθάνεται【辨識出……遍及多中的單一理念】（253d5以下），「他看到遍及多中的單一理念」，〈即看到〉在其於多——它們中的ἑνὸς ἑκάστου κειμένου χωρίς【每個都同另一個相分離地擺在那兒】（253d6），「每個都同另一個相分離地擺在那兒」——中在場上的是者之單一規定性，從而看到的這個遍及一切的理念，πάντῃ διατεταμένην【伸展到各方面】（253d6），從各個方面伸展開和安排了。

2. 第二個任務：καὶ πολλὰς ἑτέρας ἀλλήλων【多個彼此相異的理念】（253d7），辯證學家看到多個彼此在含有實事方面不同的理念——我們差不多能夠理解這點——，但現在：ὑπὸ μιᾶς ἔξωθεν περιεχομένας【它們被單一理念從外面包圍】（253d7以下），「它們被單一理念從外面包圍」。

3. καὶ μίαν αὖ δι' ὅλων πολλῶν έν ἑνὶ συνημμένην【遍及多個整體的單一理念再度因一而被結合爲一】（253d8以下）、「遍及多個整體的單一理念再度被結合爲一」。

4. καὶ πολλὰς χωρὶς πάντῃ διωρισμένας【多個理念完全彼此分離】（253d9），「多個理念完全是彼此分離的」。

我們自然大致能看到，這兒所涉及的是我們在前面關於辯證法之規定中已經有所了解的同一個問題。但各種表達彼此是如此相近，以至於難以擬定出眞實的各種結構上的區別。在傳統的解釋那兒，人們通過引入γένος【屬】和εἶδος【種】、屬（Gattung）和種（Art）之間的區別而讓自己得到幫助；但這是一種不合理的做法，因爲柏拉圖恰恰不識得這種區別。因此，事實上下面這些始終還是完全晦暗的：μίαν δι' ὅλων πολλῶν έν ἑνὶ συνημμένην【遍及多個整體的單一理念因一而被結合爲一】意指什麼，此外ὑπὸ μιᾶς ἔξωθεν περιεχομένας【它們被單一理念從外面包圍】意指什麼，尤其是在單一理念之統一性的範圍內κειμένου χωρίς【分離地擺在那兒】意指什麼。我在這兒完全忽略這段話。

㈢ λόγος【邏各斯】作爲通達是者的門徑。「λόγος【邏各斯】」的含義之區別。——對辯證法的第三個刻劃（結束）

從迄今關於辯證法所得出的東西那兒，下面這點是清楚的：λόγος【邏各斯】是通達是者的門徑，並且λόγος【邏各斯】唯一地限定著於其中能夠經驗到是者及其是的各種可能性。因此，在實事上重要的是：我們要盡可能地澄清λόγος【邏各斯】概念——在這種基本任務之範圍內它當然被多義地加以使用，以便我們至少可以識得含義之諸區別，對於柏拉圖來說，這些含義之區別總是還雜亂地貫穿於ὄν【是者】之概念中，相應地也位於該概念中㉝。

1. λόγος【邏各斯】所意味的，同λέγειν【說】、對某種東西的談及所意味的一樣多。
2. λεγόμενον【被說的東西】、被談及的東西，在此意指被說的東西、某一λέγειν【說】之內容（der *Gehalt*）。
3. 它同時意味著在被談及的是者（das *Seiende*）之意義上的被談及的東西，——即某一被談及的事情在某種程度上就其自身所說的，彷彿面對我們對它的詢問它在

㉝ 海德格頁邊注（在以下這些說明的頁邊上）：1.參閱後面的一段話（在這版中的第581頁），2. δηλοῦν【揭示】，參見後面的ἀποφαίνεσθαι【顯示】、ἀληθεύειν【去蔽】。——原注

如何作答似的。

4. λόγος【邏各斯】所意味的，同**被說地是**（das *Gesagtsein*）、命題、τὸ λέγεσθαι【被說】所意味的一樣多。

5. **被談及性**（die *Angesprochenheit*），即被談及的東西之結構——只要它是被談及的東西：τὸ ἐν λόγῳ λεγόμενον【在邏各斯中說的東西】。

我們必須考慮到λόγος【邏各斯】中的這五種不同的含義，並且總是要基於上下關聯把這一或那一含義交給理解。

此外，在把λέγειν【說】規定爲把某種東西作爲某種東西加以談及那兒，要注意：某一是者**作爲什麼**（*als was*）被加以談及的那種東西，能夠意指：

1. **它作爲是者**（*als Seiendes*）被談及，即著眼於某一種具體的是之規定（Seinsbestimmung）而被談及，——談及作爲對某一是者的某一確定的實事內容的揭開。

2. 在把某種東西作爲某種東西加以談及中的作爲什麼（das Als-was），能夠意指某一**是之性質**（Charakter des Seins），而非是者〈之性質〉。

因此，λέγειν【說】這一表達既用於**是態上**的說之上，也用於**是態學上**的說之上。後者事實上被看到了，這顯現在下面這一表達中：διαπορεύεσθαι διὰ τῶν λόγων【穿過諸邏各斯】（參見253b10）、穿過λόγοι【諸邏各斯】——在此那被說的東西在其被說地是之如何中是專題性的。

因此，根據上述刻劃的結論（253e1以下），我們能夠在柏拉圖的意義上把辯證法——正如它在柏拉圖考察的這種更高階段上所顯露出來的那樣——簡略地規定爲對在是者中共同一起在場是（*das Miteinander-Anwesendsein*）之諸可能性的展示，只要是者在λόγος【邏各斯】中來照面。

㈣辯證法作爲哲學家的事情。哲學家和智者的居所：是之光亮和不是之晦暗。在專題上對智者的澄清之優先性

只有當一個人有能力καθαρῶς τε καὶ δικαίως【純粹地和正確地】（253e5）、「純粹和恰當地」從事哲學，因而僅僅對於那能夠在νοεῖν【看】中活動的人，對於那看到了那些ἀόρατα【不可見的東西】的人、恰恰看到了人們用肉眼看不到的東西的人，這種辯證法的科學才是可能的。僅僅那使用純粹看的人才能夠從事辯證法。ἐν τοιούτῳ τινὶ τόπῳ τὸν φιλόσοφον ἀνευρήσομεν【我們將在這種地方發現哲學家】（參見253e8以下），僅僅在這種地方，即在一個人於νοεῖν【看】中觀看在其是中的是者的那個地方，「會發現哲學家」。但即使在那兒也：ἰδεῖν μὲν χαλεπόν【難以看到】（253e9）、「很難看到他」。然而，看到哲學家和看到智者的「困難」，χαλεπότης【困難】（254a2），這兩者是不同的。也就是說，智者逃入εἰς τὴν τοῦ μὴ ὄντος σκοτεινότητα【不是者之晦暗中】（254a4以下）、「不是者之

晦暗中」，在其晦暗的事務上汲汲經營。διὰ τὸ σκοτεινὸν τοῦ τόπου κατανοῆσαι χαλεπός【由於該地方的晦暗而難以看到】（254a5以下）、「他由於其居所的晦暗而難以看到」。反之，哲學家τῇ τοῦ ὄντος ἀεὶ προσκείμενος διὰ λογισμῶν ἰδέᾳ【始終通過思考而獻身於是者之理念】（參見254a8以下），完全獻身於是者——只要它被純粹地視見了。他之所以難以看見，是διὰ τὸ λαμπρὸν τῆς χώρας【由於所處地方的光亮】（參見254a9）、「由於」他所棲居的「居所的光亮」。因爲這種光亮使人眼花繚亂，以至於對於那未經練習的和不配的眼睛來說，在這種光亮本身那兒反而看不到任何區別。柏拉圖說，大眾的眼睛無力πρὸς τὸ θεῖον ἀφορῶντα καρτερεῖν【持續凝望神聖的東西】（參見254b1）、「長時間經受住對神聖東西的觀望」[34]。對於哲學家，τάχα ἐπισκεψόμεθα σαφέστερον, ἂν ἔτι βουλομένοις ἡμῖν ᾖ【只要我們願意，我們或許還會加以更加仔細的考察】（254b3以下）、「只要我們接下來願意，我們的確還能夠更加仔細地進行討論」：這意味著：對哲學家的進一步考察取決於我們的意願，因而它不被實事性地要求。然而：περὶ τοῦ

---

[34] 後來亞里士多德在《形而上學》第二卷第一章（993b9以下）說過類似的話：ὥσπερ γὰρ τὰ τῶν νυκτερίδων ὄμματα πρὸς τὸ φέγγος ἔχει τὸ μεθ' ἡμέραν, οὕτω καὶ τῆς ἡμετέρας ψυχῆς ὁ νοῦς πρὸς τὰ τῇ φύσει φανερώτατα πάντων.【我們靈魂中的智性直觀，對於萬物中本性上最明顯的東西，猶如蝙蝠的眼睛之於白晝。】——譯注

σοφιστοῦ δῆλον ὡς οὐκ ἀνετέον πρὶν ἂν ἱκανῶς αὐτὸν θεασώμεθα【關於智者，在我們充分看清楚他之前，顯然不可放過】（參見254b1以下）、「對於智者，我們不可以停下來，直至我們完全充分地看清他。」[35]在這兒顯明瞭：對**智者**的棲居之地以及對他本身是什麼的探究，同**對哲學家的探究**相比，具有一種**優先性**。因爲——此乃未明言的想法——**哲學家從他自身那兒澄清自己**，並且這唯有在哲學工作本身中實現。反之，智者必須從一開始就要成爲課題，因爲恰恰是他——只要他還沒有被理解——把任何哲學研究貶損爲不可能。他，作爲不是（das Nichtsein）的化身，必須在前進的道路上首先加以清除，以便哲學家對是者之是及其多樣性的打量能夠變得自由。因此，我們不能從這段話那兒得出柏拉圖在《智者》之外還計畫寫一篇關於哲學家的對話；這種猜想是如此的貧弱，以至於在這兒毋寧反過來恰恰顯明：對哲學家的相應的明確闡明，在緊迫性上落到了對智者的闡明的後面。這完全源於**柏拉圖哲學的蘇格拉底的態度**，即**僅僅**在〈對積極東西的〉**實施中而不是在眞正專題性的反思中給出積極的東西**。因此，重要的是要注意：在對辯證法的討論中間——然後緊接對辯證法的一個重新刻劃——復又指向智者以及對他的澄清，從而下面這點變得足夠清楚，那就是：智者之諸定義不是一些遊戲；相反，它具有這樣一種積極意義，那就是：把

[35] 海德格頁邊注：識破。——原注

μὴ ὄν【不是】之實際性展示爲擋住所有哲學研究之去路的那種實際性。

在我們前往眞正的辯證法的探究之前，我們打算再次考察迄今爲止對辯證法的刻劃的成果。

㈤ 前面對辯證法的刻劃的成果。辯證法的諸本質要素和基本前提

對於掌握辯證法這一任務，柏拉圖要求：μετ' ἐπιστήμης τινὸς διὰ τῶν λόγων πορεύεσθαι【依照某種知識通過諸邏各斯來往前走】（參見253b9以下）、「憑藉某種精通來穿過λόγοι【諸邏各斯】——作爲λόγοι【諸邏各斯】」。在一種παιδεία【教育】，即一種方法上的安排之意義上被設定的這種學問，首先關乎對下面這點的定位：在這種研究那兒，重要的是如其在λόγος【邏各斯】中是在此的那樣，再現λεγόμενον ὄν【被說的是者】；其次關乎對下面這點的定位：在此涉及的是，在δύναμις κοινωνίας【結合之可能性】上詢問這種λεγόμενον ὄν【被說的是者】，並且尤其是這樣，即諸是之結構之間的各種連繫——正如它們在這種定位中所表現的那樣——不是任意地並排在一起；相反，重要的是始終要把它們引回到一，εἰς ἓν συνάγειν【結合爲一】，以便從這種一出發能夠把某一是者的整個是之歷史一直追蹤到它的具體化。這些就是在柏拉圖意義上的辯證法之方法上的基本結構中的各種本質要素。

對於這種辯證法的任務以及對它的掌握來說，**基本前提**是柏拉圖前面在從方法上對諸是態學的深入討論中所分析過的東西：是無非意味著δύναμις【可能性】、κοινωνεῖν【結合】之δύναμις【可能性】，即作爲一起是的可能是（das möglich-sein als Zusammen-sein）[36]。δύναμις κοινωνίας【結合之可能性】這一是之概念，是眞正的ὑπόθεσις【前提】；它事先已經被設定了，如果人們打算在辯證法之範圍內畢竟能往前走上一步的話，那就必須對之加以理解。該是之概念不是臨時性的東西；相反，對於柏拉圖來說它恰恰是辯證法的事務之基本前提。如果柏拉圖把δύναμις【可能性】這種概念先行提出來作爲對眞正的是之意義的解釋，那麼，他顯然已經對這種是之概念本身的前提性質有了某種清楚的意識。這在辯證法的探究本身中變得清楚。誠然，在δύναμις κοινωνίας【結合之可能性】中那眞正是的東西、由之被先行設定的東西，柏拉圖沒有對之進一步加以深入思考。對它的追問，也不處在柏拉圖的、甚至希臘的是態學之視域中。他通過作爲ὑπόθεσις【前提】的δύναμις κοινωνίας【結合之可能性】所展露的東西，在一定限度內是希臘是態學基於其研究所能夠抵達的最後的東西。由此並不意味著：這種δύναμις κοινωνίας【結合之可能性】自身無須和不可能有著對其意義的一種進一步澄清[37]。

---

[36] 編者注：這一表達僅僅出現在莫澤爾的筆記那兒。——原注

[37] 海德格頁邊注：**時間**。參見前面第354頁（= 本版第524頁）εἴδη【種】、γένη【屬】。——原注

廿七、辯證法的基本思考[38]（254b-257a）。關於μέγιστα γένη【最大的屬】[39]的辯證法

㈠引導性的說明。接下來的辯證法的分析之基礎、主題和目標

在接下來的辯證法的分析那兒，除了各個步驟所取得的事實上的收穫之外，要首先收入眼簾的是：δύναμις κοινωνίας【結合之可能性】這一是之概念到處顯現爲討論的基礎。因此，在進行眞正的探究之前，柏拉圖再次簡略地強調了這種ὑπόθεσις【前提】的含義以及它所包含的東西的含義。在δύναμις κοινωνίας【結合之可能性】這一觀念中有著：

1. τὰ μὲν τῶν γενῶν κοινωνεῖν ἐθέλειν ἀλλήλοις【一些屬可以互相結合】（參見254b7以下）
2. τὰ δὲ μή【一些不可以】（254b8）
3. τὰ μὲν ἐπ' ὀλίγον【一些可以同少數屬結合】（254b8）
4. τὰ δ' ἐπὶ πολλά【一些可以同多數屬結合】（254b9）。通過第三個和第四個規定，或多或少地強調了諸是之結構那廣泛的、含有實事的親緣性。

---

[38] 根據海德格而來的標題（見第557頁）。——原注

[39] μέγιστα γένη【最大的屬】，也可以譯為「最高的屬」。——譯注

5. τὰ δὲ διὰ πάντων οὐδὲν κωλύειν τοῖς πᾶσι κεκοινωνηκέναι【有些貫穿一切，沒有什麼可以阻礙它們已經同所有東西結合了】（參見254b9以下）。有著這樣一些是之結構，它們「貫穿一切」而在此是，並且「沒有什麼可以阻礙它們同所有東西共同一起」——諸位要再次注意完成時⓴——「已經在此是（schon da sind）」。它們是首先在場的東西、當下的東西，以至於如果這些結構沒有已經διὰ πάντων【貫穿一切】而共同在此是，那麼，所有其他的東西都不是。

對於現在的考察，柏拉圖說，重要的是：我們〈σκοπεῖν〉μὴ περὶ πάντων τῶν εἰδῶν【不考察所有的種】、「不著手探究所有可能的εἴδη【種】」，ἵνα μὴ ταραττώμεθα【以免我們陷入混亂】（254c2以下），免得我們由此在這些結構之多樣中「被搞糊塗」。而是：προελόμενοι τῶν μεγίστων λεγομένων ἄττα【從那些被最大地說的東西中選出一些】（254c3以下），「我們從那些被最高地談及的東西中抽取出一些」，即從那些總是在每一λέγειν【說】中被談及的東西中抽取出一些。因此，涉及到一種選擇，並且不是隨隨便便的選擇，而是對那同每一作爲是者的是者相宜的東西的一種抽取。因此，在該討論中以及在接下來的辯證法的討論的限度之範圍內所展露的東西，必定顯然具有διὰ πάντων【貫穿一切】之性質。被展露出來的

⓴ 即注意κεκοινωνηκέναι一詞。κεκοινωνηκέναι是動詞κοινωνεῖν【結合】的完成時、主動態、不定式。——譯注

這些結構以及結果，本身具有普遍的—是態學的（universal-ontologisch）含義。這些被抽取出來的μέγιστα γένη【最大的屬】從兩個方面被加以詢問：1. ποῖα ἕκαστά ἐστιν【各自是怎樣】（254c4）、每一個在其自身作爲λεγόμενον【被說的東西】看起來怎樣，2. πῶς ἔχει δυνάμεως κοινωνίας ἀλλήλων【彼此結合的可能性如何】（參見254c5）、「同他者共同一起是的可能性處於何種情形」。因而涉及的是就下面這些來考察是之性質：1. ποῖα【怎樣】、它們根據其本己的範疇上的內容看起來怎樣，2.在是者之間的κοινωνία【結合】的範圍內，它們可能的範疇上的功能是何種。

柏拉圖明確強調：在該探究中，重要的不是一種辯證法的考察所能取得的每一可能的透徹性；相反，我們僅僅想要這樣一種明晰，那就是我們由此能夠讓我們眞正專題性地所從事的東西變得可理解：ὡς ἔστιν ὄντως μὴ ὄν【不是者如何以是的方式是】（254d1）、「事實上不是者是」。因此，柏拉圖現在從一般是態學的討論和對以前各種是態學的批評那兒返回到智者所擺出來的問題上。同時，該問題於何種方法上的視域中被擺出，現在也得到清楚的解釋：它應在對下面這種東西的一種辯證法的討論之範圍內得到解決，那就是，在每一被談及的東西作爲被談及的東西中通常和最初被說的那種東西。因此，對不是者之是這一問題的解決也必須相應普遍地加以理解。

於是，柏拉圖開始了眞正的、辯證法的探究（254d4以下）。對於理解接下來的這種考察來說，我們必須清楚下面這點：我們首先在一種粗淺的詞義上或許輕易地就理解了它，也能夠成功地闡明各個步驟和論證之間的連繫。但由此並不就擔保我們證明瞭這兒所討論的東西之眞正的、現象上的內容。如果諸位自己嘗試領會該討論——對於理解來說自然要求這點——，那麼，諸位就必定會清楚：你們並不每次並且立馬就在相同的透徹性上看清了各種連繫。對此總是需要一種非常敏銳的眼光，而我們並不恆常地如我們所願望的那樣具有它。因此，我明確提請諸位要注意該討論的困難，以免諸位因獲得了對接下來的討論的某種字面理解而遭到欺騙。

(二)五個μέγιστα γένη【最大的屬】：κίνησις【動】——στάσις【靜】——ὄν【是】——ταὐτόν【同】——ἕτερον【異】

1. 對κίνησις【動】——στάσις【靜】——ὄν【是】的先行給予。它們之間的關係

考察以下面這點開始，即這兒所討論的γένη【諸屬】中，那些μέγιστα【最大的】被列舉爲：τὸ ὂν αὐτό【是本身】、是本身（*das Sein selbst*），στάσις【靜】和κίνησις【動】（參見254d4以下）。ὄν【是】、κίνησις【動】和στάσις【靜】這三個基本概念是先行給出來的〈基本概念〉。它們是前面對各種是態學的批判性討論圍繞著加以集中討論的那些家系。它們先行給出了在對話中所涉及的整個視域，只要在κίνησις【動】和στάσις【靜】中γιγνώσκειν【認識】或ἀληθές【眞

的東西】和ψεῦδος【假的東西】，以及在同它們的統一中γιγνώσκειν【認識】的可能對象，即ἀεὶ ὄν【始終是著的東西】被規定了。由此同時確定了古代希臘的是之研究所從事的是之問題中的那些題目，從而古代的各種討論被提升到這種新的辯證法的討論上來。

首先強調的是：在στάσις【靜】和κίνησις【動】之間存在著排斥關係。Καὶ μὴν τώ γε δύο φαμὲν αὐτοῖν ἀμείκτω πρὸς ἀλλήλω【我們說它們中的兩個是彼此不可混合的】（254d7以下）。我們說並且早就——250a8以下——已經說過，κίνησις【動】和στάσις【靜】是ἐναντιώτατα【最為對立的東西】、最為對立的東西[41]。κίνησις【動】和στάσις【靜】表現出一種完全的互相排斥，在這兒通過ἀμείκτω【不可混合】、「不可混合」加以表達。因此，κίνησις【動】和στάσις【靜】是互相排斥的。但另一方面：τὸ δέ γε ὂν μεικτὸν ἀμφοῖν【是同這兩者相混合】（254d10），「是（*das Sein*）同這兩者相混合」，即它在這兩者中是在此的。因為這兩者無論如何都的確是（Sind）。並且這兩者之是在早前的分析中於γιγνώσκειν【認識】現象——只要它是，那它就包含著κίνησις【動】和στάσις【靜】——那兒被澄清了[42]。因此，三個γένη【屬】被先行給予給辯證法的討論，

---

[41] 參見第515頁。——原注

[42] 參見第487頁。——原注

並且尤其是在一種特定的連繫中：κίνησις【動】和στάσις【靜】相互排斥，但這兩者卻同ὄν【是】相結合。

2. ταὐτόν【同】和ἕτερον【異】作爲進一步探究之主題。任務之規定和結果之預期在254d的末尾，眞正的問題被提了出來，該問題在這些是之結構的範圍內彷彿開啟了一個新的現象上的連繫：Οὐκοῦν αὐτῶν ἕκαστον τοῖν μὲν δυοῖν ἕτερόν ἐστιν, αὐτὸ δ' ἑαυτῷ ταὐτόν.【因此，它們中的每個都異於其他兩個，而自身同於自身。】（254d14以下）「然而，ἕκαστον τοῖν μὲν δυοῖν【每一個之於另外兩個】，κίνησις【動】和στάσις【靜】這兩者中的每一個，的確是ἕτερον【異】，對於另一個來說都是某一他者，但同時αὐτὸ δ' ἑαυτῷ ταὐτόν【自身同於自身】，它自身、每個在其自身是同一個東西。」[43] Τί ποτ' αὖ νῦν οὕτως

---

[43] 海德格這兒對Οὐκοῦν αὐτῶν ἕκαστον τοῖν μὲν δυοῖν ἕτερόν ἐστιν, αὐτὸ δ' ἑαυτῷ ταὐτόν【因此，它們中的每個都異於其他兩個，而自身同於自身】這句話的理解是有問題的。這兒講的是前面所提出來的ὄν【是】、κίνησις【動】和στάσις【靜】這三個屬中的每一個，都不同於其他兩個，但又同於自身。而海德格在這兒卻將ἕκαστον τοῖν μὲν δυοῖν【每一個之於另外兩個】理解為了「κίνησις【動】和στάσις【靜】這兩者中的每一個」，這無論是在理解上還是語法上，都說不通。之所以出現與格τοῖν δυοῖν，那是ἕτερόν【不同於……】要求的。——譯注

εἰρήκαμεν τό τε ταὐτὸν καὶ θάτερον；【我們這樣說的同和異，復又說的是什麼呢？】（254e2以下）「但是，當我們說『同』和『異』時，我們以這種方式復又說了什麼呢？」該問題顯明πορεύεσθαι διὰ τῶν λόγων【通過諸邏各斯往前走】現在如何實際地進行：**反問在前面那個句子中**——兩者中的每一個既是ἕτερον【異】又是ταὐτόν【同】——**所說的東西**。這是第一步**眞正辯證法的步驟**。在這種λέγειν ἕτερόν, αὐτὸ δ' ἑαυτῷ ταὐτόν【說既異，又自身同於自身】中，眞正被說的現在變得明確了：或者反過來說，在分析之準備中僅僅被表達爲δύο ἀμείκτω【兩者不可混合】——「兩者彼此不可混合」——的東西現在被更加清楚地說，並且被說的東西同時被帶入眼簾。因此，當我們說κίνησις【動】和στάσις【靜】是不同的時，在κίνησις【動】和στάσις【靜】這兩者中，就其彼此對立地是（Gegeneinandersein）我們就連帶說出了某種迄今對我們來說還是遮蔽著的東西，即ταὐτόν【同】和θάτερον【異】。問題產生了：是否那基於對在λόγος【邏各斯】中λεγόμενον【被說的東西】的更加清楚考察而現在被說的東西，——是否ταὐτόν【同】和θάτερον【異】這兩者，自身是δύο γένη【兩個屬】（254e3）、「兩個獨立的新家系」；此外，是否它們τῶν μὲν τριῶν ἄλλω【在那三者之外】（254e3）、「它們自身是不同於另外那三個被先行給出的東西」，進而是否它們συμμειγνυμένω ἐκείνοις ἐξ ἀνάγκης ἀεί【又總是必然同那三個連接在一起】（參見254e4）、「是否它們恆常和必然地同那三個一起在此是」，因而是否它們是具有διὰ πάντων【貫穿一切】之性質的那種γένη【屬】，比喻地說：是否它們具有元音之性質。該問題提法只不過是前面所表達的那種東西的具體化：下面那些γένη【屬】中的每一個都應加以詢問，ποῖα【怎樣】——在這兒即是否這兩者各自都是獨立的——，πῶς ἔχει δυνάμεως κοινωνίας【具有何種結合之可能性】、共同一起是之可能性處於何種情形——對於這兩個新的γένη【屬】來說，假如它們是這樣的東西，那在每一是者、在每一可能的東西中的一種普遍的在場是否行得通。因此，在這兒著眼於λεγόμενον【被說的東西】、著眼於我們剛才所說的東西所展露出來的，同時被置於了辯證法的標準面前，即要詢問其δύναμις κοινωνίας【結合之可能性】之性質。如果提出的這三個問題——是否它們是獨立的γένη【屬】，是否它們不同於另外三個，以及是否它們是普遍的——若必定被加以肯定的話，那麼，就會得出有πέντε【五個】（254e4）、「五個」而不是三個；並且尤其是——正如我們現在所看到的，似乎沒有加入任何實事性的新東西、新的實事性的對象，而是純粹基於λόγος【邏各斯】本身某種在前面的東西中所隱藏的東西被揭開了。這在任何意義上都不是演繹出來的，而是揭開、隨後看到了（*nach* geseshen）那仍然和已經在此是的東西[44]。我明確強調這種辯證法

---

[44] 海德格頁邊注：起作用，在當權：δύναμις【可能性】。——原注

的考察之完全非演繹的性質。ἤ [...] λανθάνομεν ἡμᾶς αὐτούς【或者……我們遮蔽自己】（254e5以下）、「或者我們最終在下面這件事上將自己隱藏」，那就是：我們根本地把ταὐτόν【同】和θάτερον【異】、同和異，ὡς ἐκείνων τι προσαγορεύοντες【作爲那三個中的某一個加以談及】（255a1以下）、「作爲那三個中的某個加以談及」？這意味著：我們最終面對ταὐτόν【同】和θάτερον【異】這兩個現象是盲瞎的，並且沒有看到它們提交出了不同於前面那三者的另外的東西。也即是說，在早前討論對各種古代是態學的批評那兒，借助於這種盲瞎，即借助於對ταὐτόν【同】和θάτερον【異】的忽略來進行論證。此事現在該結束了。這種λανθάνειν【遮蔽】現在要加以揭開。我們必須非常清楚地證明：在我們面前我們有著新的、同先行給出的那三者不一致的是之性質。因此，涉及的是：**一方面明確地讓ταὐτόν【同】和θάτερον【異】之獨立性變得可見，同時讓它們在每一可能的東西中的普遍在場變得可見**。

對於理解徹底的和眞正的以ἕτερον【異】爲目標的分析來說，重要的是要看到：柏拉圖重視的是預先確保這五個γένη【屬】，以及就這個五個γένη【屬】來說的一種確定的、有限的κοινωνία【結合】。因爲這對於進一步澄清ἕτερον【異】以及μὴ ὄν【不是】來說是重要的，ταὐτόν【同】和ἕτερον【異】的獨立性質必須得到展示。必須顯示：無論是ταὐτόν【同】還是ἕτερον【異】都不同於先行給出的那三者，因此每一個都必須被把握爲另外的某種東西，即在希臘的意義上被加以計數，從而ἀριθμός【數目】被確定爲πέντε【五個】。

我想預先說出考察的結果，以便諸位對理解獲得某種定位。Ἀλλ’ οὔ τι μὴν κίνησίς γε καὶ στάσις οὔθ’ ἕτερον οὔτε ταὐτόν ἐστι.【然而，動和靜的確既不是異，也不是同】（255a4以下）。κίνησις【動】的確不意味著ἕτερον【異】，也不意味著ταὐτόν【同】；同樣，στάσις【靜】也不意味著ἕτερον【異】和ταὐτόν【同】。這四個γένη【屬】中的每個之含有實事的內容，的確都不同於其他的任何一個。Ὅτιπερ ἂν κοινῇ προσείπωμεν κίνησιν καὶ στάσιν, τοῦτο οὐδέτερον αὐτοῖν οἷόν τε εἶναι.【無論我們共同地把動和靜稱作什麼，這個什麼都不可能是它們中的任何一個】（255a7以下）。「在這兩者，即在κίνησις【動】和στάσις【靜】中作爲一起在此、κοινῇ【共同地】被加以談及的那種東西，它就其自身而言不可能是這兩者本身中的任何一個。」那能夠以相同的方式被賦予給這兩者，即被賦予給κίνησις【動】和στάσις【靜】的東西，是某種不可能與作爲κίνησις【動】的κίνησις【動】相等同的東西，同樣也不可能等同於στάσις【靜】——只要它們兩者彼此是不同的這一ὑπόθεσις【前提】還在起作用。這種不可能性於κίνησις【動】和στάσις【靜】這兩個現象自身那兒已經是清楚的。也即是說，如果它們中的一個，例如，κίνησις【動】是另外的東西，那麼，它就會彷彿「迫使」、ἀναγκάσει【迫使】（255a12）這另外的東西轉換爲它自己的φύσις【本性】的反面。因此，如果κίνησις【動】是某種ἕτερον【異】——這兒被理解爲那•

別的東西——，那麼，στάσις【靜】就必定會變成κίνησις【動】，反之亦然；ἅτε μεταοχὸν τοῦ ἐναντίου【總是分有那相反的東西】（255b1），只要κίνησις【動】是另外的東西，那麼，該另外的東西就「分有它的反面」。於是似乎就會得出：κίνησίς στήσεται καὶ στάσις αὖ κινηθήσεται【動會靜，而靜復又會動。】（參見255a10）因此，問題是：是否κίνησις【動】畢竟能夠具有ἕτερον【異】之規定而不變成στάσις【靜】。如果這會是可能的，那麼——這是那未加明言的、引導著考察的想法——排斥之概念（der Begriff der Ausschließung）、不是之〈概念〉就必定經受某種進一步的規定，那麼，在下面這兩種刻劃之間必定存在著某種區別：某種東西自身是另外的東西（das Andere），以及與某一另外的東西相對立的某一另外的東西是另外的（*anders*）。255a結尾的表達之所以如此難以理解，那是因爲探究故意還在ἕτερον【異】和ταὐτόν【同】這未加澄清的概念之基礎上進行。並且它之所以能夠於其中進行，那是因爲這種表達方法——κίνησις【動】是ἕτερον【異】——恰恰符合柏拉圖早年的立場；基於該立場，某種東西在其什麼（in seinem Was）上被談及，並且這種談及被意指爲在說：在該東西中那個什麼（das Was）是當下的。如果我說：在此的這把椅子，它是木頭，那麼，基於柏拉圖早年的立場，甚至於某種意義上基於現在新的立場，這意味著：於這某種東西中木頭是在場的。類似地，κίνησις【動】是ἕτερον【異】無非意味著：κίνησις【動】、運動，是異（Andersheit），或者στάσις【靜】是同（Selbigkeit）。因此，下面這點必須要變得可理解：同（Selbigkeit）能夠被歸諸這兩者，卻又不至於它們是同一個東西；而異（Verschiedenheit）能夠歸諸〈兩者中的〉每一個，卻又不至於每一個都是別的東西。在這兒有著疑難的眞正癥結。重要的是揭開在λέγειν【說】中的這種不清楚，相應地澄清於其中ταύτόν【同】和ἕτερον【異】被歸諸於κίνησις【動】和στάσις【靜】甚至被歸諸ὄν【是】的那種意義。

3. 不同於κίνησις【動】和στάσις【靜】的ταύτόν【同】和ἕτερον【異】之獨立性

下面這點是可無可爭辯的——它必定被確定爲現象上的出發點——：Μετέχετον μὴν ἄμφω ταύτοῦ καὶ θατέρου.【兩者的確既分有同也分有異】（255b3）。「兩者顯然的確於自己那兒具有ταύτόν【同】和θάτερον【異】、同和異。」Μὴ τοίνυν λέγωμεν κίνησίν γ' εἶναι ταύτὸν ἤ θάτερον, μηδ' αὖ στάσιν.【因此我們就不會說，動是同或異；也不會說靜是同或異】（255b5以下）。但我們不會說：動，作爲同一個東西、作爲在其自身同一的東西，是同（Selbigkeit）；或者，靜，作爲不同—於（verschieden-von）、作爲不同於動，是異（Verschiedenheit）。因此，同和異既不是κίνησις【動】也不是στάσις【靜】，但我們卻說：κίνησις【動】既是ταύτόν【同】也是ἕτερον【異】。由此得到了下面這麼多：ταύτόν【同】和ἕτερον【異】首先與κίνησις【動】和στάσις【靜】

χωρίς【相分離】，是另外的東西。

但問題還不會就此打住，只要現在還存在著下面這種可能性：ταὐτόν【同】和ἕτερον【異】或許同第三個東西，即同ὄν【是】相同一。

4. 不同於ὄν【是】的ταὐτόν【同】和ἕτερον【異】之獨立性。ταὐτόν【同】和ὄν【是】。ἕτερον【異】和ὄν【是】。ὄν【是】和ἕτερον【異】之間的不一致。πρός τι【之於某種東西】作爲ἕτερον【異】那進行奠基的性質。成果和進一步的任務

因此問題是：是否ταὐτόν【同】和ἕτερον【異】等同於ὄν【是】。Ἀλλ' ἆρα τὸ ὂν καὶ τὸ ταὐτὸν ὡς ἕν τι διανοητέον ἡμῖν【但我們應把是和同思考爲某種一嗎？】（255b8以下）「或許最終是（Sein）和同（Selbigkeit）要被ὡς ἕν τι【作爲某種一】、作爲一加以理解。」然而這種可能性輕易就可以加以動搖。也即是說，如果我們把同（Selbigkeit）等同於是（Sein），並基於這一假設說我們一開始就已經說過的，即κίνησις【動】和στάσις【靜】都是（*seien*），在它們中是（Sein）是（sei），那麼，我們在是（Sein）和同（Selbigkeit）是同這一假設那兒，就必定要同時說：κίνησις【動】和στάσις【靜】是ταὐτόν【同】。但這是不可能的。因此，同、ταὐτόν【同】也不同於ὄν【是】。因而ταὐτόν【同】既不同於κίνησις【動】，也不同於στάσις【靜】，也不同於ὄν【是】。於是我們通過它

擁有了τέταρτον【第四個】（255c5）、第四個，第四個具有一種獨立的是之性質、不可能消融於先行給出的那三個中的是之規定。

Τί δέ; τὸ θάτερον ἆρα ἡμῖν λεκτέον πέμπτον;【怎麼回事？我們該把異說成第五個？】（255c8）「我們或許應相應地把ἕτερον【異】稱作第五個？」ἢ τοῦτο καὶ τὸ ὂν ὡς δύ' ἄττα ὀνόματα ἐφ' ἑνὶ γένει διανοεῖσθαι δεῖ;【或者應把它和是思考爲在一個屬那兒的兩個名稱？】（255c8以下）或者關於異我們最終必須說：它和ὄν【是】一道落入一個γένος【屬】中？要注意，柏拉圖在這兒不是基於結論、在一種形式推論的意義上得出：ταὐτόν【同】是有別於先行給出的那三個東西的另外的東西，因此，相應地ἕτερον【異】也就是第五個東西，是獨立的東西。相反，它重新在單獨的步驟中被展示。柏拉圖把一種特別的精力花在將ἕτερον【異】同另外四個區分開來上，以至於他不僅僅進行了這種區分，而且還在一個更高的層面上第二次追蹤它。對ἕτερον【異】和現在先行給出的那四個之間的差異的這種展示，恰恰是整個考察中的本質性的東西。因爲，通過展示ἕτερον【異】和ὄν【是】、κίνησις【動】、στάσις【靜】、ταὐτόν【同】之間的差異，ἕτερον【異】這個概念完全變得透徹了。通過這種透徹，取得了「對立（*das gegen*）」、「對立般的東西（*das Gegenhafte*）」這一新的概念，並由此爲對否定（*die Negation*）的一種新的把握取得了基礎。整個分析都向著對ἕτερον【異】的分析、向著它那可能或不可能與其他東西的κοινωνία【結合】定位。

那麼，ἕτερον【異】與那三個，或者算上ταὐτόν【同】與那四個處在何種關係中？它λεκτέον【要被稱】作πέμπτον【第五個】（參見255c8）、要被稱作第五個？或者它同ὄν【是】一起位於某一γένος【屬】中？爲了理解接下來的討論以及理解ἕτερον【異】同ἐναντίον【對立】之間的眞正界限，我們必須注意：ἕτερον【異】對於柏拉圖來說在這兒還是多義的，它甚至在整個對話中也沒有喪失某種多義性，只要ἕτερον【異】首先意味著某一別的東西（*ein Anderes*）；其次意味著τὸ ἕτερον【不同】：同……是—不同的（*das Anders-sein-als*），因而意味著不同於他物——它恰恰位於是—不同（das Anders-sein）這一方式中——的某一他物的是之規定；第三意味著ἑτερότης【差異】、差異性（*Andersheit*）。因爲對於柏拉圖來說，這兒涉及到一種γένος【屬】——它彷彿是完全空的，涉及一種最高的γένος【屬】——正如後面所顯明的它與任何可能的東西都相宜；區別從一開始對於柏拉圖來說就是模糊的，或者說，他根本沒能在作爲「某一別的東西（ein Anderes）」的ἕτερον【異】和作爲「是—不同（Anders-sein）」〈的ἕτερον【異】〉，或作爲「差異性（Andersheit）」〈的ἕτερον【異】〉之間作出一種區分。這三種含義攪在一起，乃是態學的考察中特別柏拉圖的東西。

就其與另外四個的區分——或同樣就其與那四個的κοινωνία【結合】——對ἕτερον【異】的考察，以一個普遍的論斷開始，而該論斷後來在某種意義上被撤回了：τῶν ὄντων τὰ μὲν αὐτὰ καθ' αὑτά, τὰ δὲ πρὸς ἄλλα ἀεὶ λέγεσθαι.

【在諸是者中，一些總是自身就其自身被說，而另一些則總是之於其他被說。】（255c12以下）——在這兒要注意λέγεσθαι【被說】！——對ὄντα【諸是者】的λέγειν【說】是這樣的：「τὰ μέν【一些】，是者中的一些，總是καθ' αὑτά【就其自身】、就其自身被說；τὰ δὲ【而另一些】、而另一些則πρὸς ἄλλα【相對於其他】、與其他東西相關被說。」只要這兒涉及到ἀεί【總是】，那該命題就是一個一般的、普遍地關乎每一是者的命題。因此，完全普遍地說來，λόγος【邏各斯】要麼是對在其自身的某種東西的一種單純談及，要麼是著眼於某種東西——它在與某一別的東西的相關中規定著某一先行給出的東西——對某種東西的一種談及。這意味著，在λέγειν【說】中、在對是者的談及中，完全普遍地說來，是者在兩個方向上被展開：首先展開爲在其單純在場中的它自身，其次以πρός τι【之於某種東西】之方式、著眼於一種與……相關而展開。因此，同λόγος【邏各斯】相關聯，是者能夠在其可能的在場中被刻劃爲下面這樣一種東西：它要麼在其自身地單純在此是，要麼在πρός τι【之於某種東西】、同……相連繫這種性質中在此是。在λέγειν【說】中是者的一種雙重到場變得可把握：「在其自身（an ihm selbst）」和「與……相關（in bezug auf）」。

基於這一普遍的論斷，柏拉圖說：τὸ δέ γ' ἕτερον ἀεὶ πρὸς ἕτερον【但異總是之於他者】（255d1），任何ἕτερον【異】在其自身是πρός【之於】。因此，在ἕτερον【異】自身的結構中還有著一種更爲源始的性質——柏拉圖在這兒還沒有將之作爲這樣的東西加以確定，即πρός τι【之於某種東西】。異的東西總是僅僅作爲同……相異（Anders-als）才是可能的。在這種相異中恰恰有著πρός【之於】、「之於（zu）」[45]。

下面這點是值得注意的，並且對於希臘是態學之內在局限性來說，恰恰是諸明顯的證據中的一個，那就是：柏拉圖在這兒於ἕτερον【異】之分析那兒遇上了πρός【之於】、關係方式（Beziehungsweise）這種現象；但恰恰在他自己的辯證法和辯證法的任務之意義上，他沒有能力讓這種πρός τι【之於某種東西】作爲一種普遍結構變得可見——只要這種πρός τι【之於某種東西】甚至也是καθ' αὐτά【就其自身】的一種先天的結構要素。甚至在同一性（Selbigkeit）、在自在（das Ansich）中，也有著πρός τι【之於某種東西】這種要素，只不過在這兒關係方式回指向了它自身。因此，在這樣一些研究中有著關於下面這樣一個經常會被觀察到的事實的證據，那就是：我們已經以某種方式掌握了某一現象，並且在一定程度上使之明確了，但我們卻無力明確地把該現象從它那方形成概念，並將其範疇上的作用指派給它本身。因爲柏拉圖在這兒以及在其後來的對話中，都沒能讓πρός τι【之於某種東西】取得其根本的和普遍的含義，而它在與ταὐτόν【同】

---

[45] 見附錄。——原注

和ἕτερον【異】的相關中必定眞正地、實事性地具有該含義。例如，在《斐勒柏》中顯然柏拉圖確實認識到了πρός τι【之於某種東西】，但他卻沒有在其範疇的作用上以及在其先於ἕτερον【異】的原初地位上眞正看清它。他在那兒說道：Ταῦτα γὰρ οὐκ εἶναι πρός τι καλὰ, ἀλλ' ἀεὶ καλὰ καθ' αὑτά【這些東西不是之於某種東西是美的，而總是在其自身就是美的】（參見《斐勒柏》51c6以下），「這些是者不是在關係方式上是美的」，即不是著眼於某種另外的東西是美的，「而總是在其自身就是美的」。在這兒——即在《智者》中——πρός τι【之於某種東西】僅僅對於ἕτερον【異】本身來說被取作它的一種概念上的規定，卻沒有與ἕτερον【異】**相對立**將之抽取爲先於ἕτερον【異】本身的一種更爲源始的先天的東西。

基於在其自身的是者和位於πρός τι【之於某種東西】之性質中的是者之間的這種區分，柏拉圖現在試圖界定ἕτερον【異】不同於ὄν【是】。如果ἕτερον【異】必然是同……相異，即如果在ἕτερον【異】之結構中必然有著πρός τι【之於某種東西】，那麼，在ὄν【是】和θάτερον【異】之間就存在著某種διαφορά【區別】。因爲：εἴπερ θάτερον ἀμφοῖν μετεῖχε τοῖν εἰδοῖν ὥσπερ τὸ ὄν, ἦν ἄν ποτέ τι καὶ τῶν ἑτέρων ἕτερον οὐ πρὸς ἕτερον.【如果異如是那樣也分有〈在其自身和之於他者〉這兩種情形，那麼在諸異中就會有不是之於他者而是異的。】（255d4以下）如果不僅在ἕτερον【異】之領域——於πρός τι【之於某種東西】

之意義上——而且在ὄν【是】之領域中都有異，那麼，也就會有一些不是其所是的，即不是ἕτερον πρός【同……相異】的異。也即是說，如果ἕτερον【異】和ὄν【是】具有相同的領域，並且如果——正如我們已經看到的——的確有一些καθ' αὑτά【在其自身】的ὄντα【是者】，那麼，也就必定會有一些不是在同……相異之性質中是異的異。但現在ξένος【客人】說，對於我們而言下面這點是完全清楚的：被刻劃爲異的東西，必然在同某一另外東西的關聯中是它所是的。ὅτιπερ ἂν ἕτερον ᾖ, συμβέβηκεν ἐξ ἀνάγκης ἑτέρου τοῦτο ὅπερ ἐστὶν εἶναι【任何是異的，必然之於別的東西而是它所是的】（255d6以下）。任何作爲ἕτερον【異】而是的東西，總是作爲ἕτερον πρός【同……相異】而是。因此，只要有著一些不具有πρός τι【之於某種東西】之性質的ὄντα【是者】，那麼，ὄν【是】和ἕτερον【異】就是不相同的。相反，異僅僅存在於一個受限制的領域：在那兒ἕτερον【別的東西】在起主導作用。ἕτερον【異】和ὄν【是】，是和異之間的不相同，意味著：是（*Sein*）不同於異（*Andersheit*）。而這又意味著：ἕτερον【異】作爲異，自身是某種不同於ὄν【是】的東西，因而它是在ταὐτόν【同】，κίνησις【動】，στάσις【靜】和ὄν【是】之外的第五個東西。該想法是：誠然在每一ἕτερον【異】中都有某種ὄν【是】，但在每一ὄν【是】中並不都有著某種ἕτερον【異】。

因此，要在γένος【屬】的φύσις【本性】之間，即在那在其自己範疇的內容上已經在其自身是的東西：是（Sein）、同（Selbigkeit）、異（Andersheit）——之間做出區分，——只要它是μετασ-χόμενον ἄλλου【分有著別的東西的東西】，只要某一別的東西同它一道在此一起是，那麼這種φύσις【本性】就必定與之不同。同時要注意下面這點：在是和異之間現在所展露出來的這種區別——該區別涉及這兩個γένη【屬】在範疇上的內容——，並不排除恰恰每一是者作爲某種東西是某種不同的東西。這是値得注意的、在這兒仍然還存在於柏拉圖那兒的不清楚：他誠然進行了這種區分，但他並未眞正將之展露爲這樣的東西。在我們所停留的這兒，柏拉圖談到了ὄν【是】和ἕτερον【異】在範疇的內容上的這種不一致，但他後來恰恰試圖顯示每一ὄν【是】都是ἕτερον【異】。範疇上的內容的不一致，並不與範疇上的在場之範圍的一致、與被這些範疇所規定的東西之範圍的一致相矛盾。因此，在範疇上的內容的不一致和諸範疇——這兒談論的就是它們，並且它們作爲這樣的東西διὰ πάντων【貫穿一切】、貫穿一起而在此是——之在場的範圍的一致之間有著一種區別。因此，在每一ὄν【是】那兒也都有ἕτερον【異】。

因此，五個γένη【屬】被展露爲獨立的。Πέμπτον δὴ τὴν θατέρου φύσιν λεκτέον ἐν τοῖς εἴδεσιν οὖσαν【必須說，異之本性在諸種中是第五個】（255d9以下）。它們在這兒被稱作εἴδη【諸種】。由此顯然對於柏拉圖來說在γένος【屬】和εἶδος【種】之間沒有區別。因此，甚至連繫到我們——至少我——早前將之作爲無法澄清的東西而加以略過的那段話㊻，我們也不可以爲了闡釋而援引後來在屬和種之間的區分。

這五個現在是ἐν οἷς προαιρούμεθα【於其中我們首先選擇】（255e1）、「於其中」我們接下來開始探究的東西。人們已經嘗試把這種ἐν οἷς προαιρούμεθα【於其中我們首先選擇】——因爲它在語言上是奇怪的——徑直改爲ἃ προαιρούμεθα【我們所首先選擇的】。這敗壞了意義。這一獨特的、非常罕見的語言使用，對於這兒所涉及的東西來說是完全恰當的。柏拉圖不僅僅想說明這五個是接下來的主題——這同宣布一項布局無關——，而且他更想說：我們要握緊這五個展露出來的東西，ἐν οἷς προαιρούμεθα【於其中我們首先選擇】——恰恰不是ἃ προαιρούμεθα【我們所首先選擇的】，預先規定活動「在何種範圍內」，也即是說，這五個必須被確定爲進一步的辯證法的分析之基礎；因而προαιρούμεθα【我們首先選擇】具有一種強調的意義。

在引入辯證法的探究時，柏拉圖在前面已經刻劃了εἴδη【諸種】於其中被考察的兩個方面：1. ποῖα【怎樣】，2.就它們的δύναμις κοινωνίας【結合之可能性】。因此，問題現在是：對於ἕτερον【異】而言δύναμις κοινωνίας【結合之可能性】

㊻ 253d5-253e2。參見第528頁以下。——原注

是何種？整個接下來的考察都集中在ἕτερον【異】身上。有這樣一種東西、這樣一種φύσις【本性】嗎——它διὰ πάντων διεληλυθυῖαν【已經貫穿一切】（參見255e3以下）、「已經貫穿所有其他東西」而在此是？現在就要指出這點，首先限於這五個。但是，這五個在柏拉圖的意義上都是形式上普遍的是之性質。因此，在它們身上被規定的東西，在後面是普遍有效的。

㈢ ἕτερον【異】的δύναμις κοινωνίας【結合之可能性】

1. 在五個μέγιστα γένη【最大的屬】之範圍內ἕτερον【異】的普遍在場。以κίνησις【動】爲例子

柏拉圖再次提出了前面用來刻劃ὄν【是】和ἕτερον【異】的那種區分，並強調：每一東西οὐ διὰ τὴν αὑτοῦ φύσιν【不是由於自己的本性】（255e4以下）、不是通過它自己在範疇上的內容本身，而是διὰ τὸ μετέχειν τῆς ἰδέας τῆς θατέρου【由於分有異之理念】（255e4以下）、「通過分有異的東西之理念」而是一種異的東西。這會意味著：每一東西、每一γένος【屬】「通過在它那兒有著不同地是（Anderssein）之ἰδέα【理念】」、可見性（Sichtbarkeit）」而是ἕτερον【異】。假如我們正確把握了ἰδέα【理念】：不同地是（Anderssein）之「可見性」，那這就是一種非常清楚的表達。由此柏拉圖會說，每一可能的東西作爲可能的東西，

同時具有下面這一可能性，那就是在它身上能夠看見它那異於別的東西的不同地是：δύναμις κοινωνίας【結合之可能性】。φύσις【本性】不會耗盡是的東西；相反，是（Sein）恰恰要基於δύναμις κοινωνίας【結合之可能性】而被更爲源始地理解。由此出發，柏拉圖現在試圖追蹤那系統地貫穿所有其他的γένη【屬】的ἕτερον【異】。我明確強調：辯證法的主題是ἕτερον【異】，而不是在後面的討論中還會不斷加以談論的κίνησις【動】。κίνησις【動】僅僅是用來指出貫穿一切的ἕτερον【異】之普遍在場的引導線索。Ὧδε δὴ λέγωμεν ἐπὶ τῶν πέντε καθ' ἓν ἀναλαμβάνοντες.【關於這五個，讓我們逐一提出並說明如下。】（255e8以下）「因此，我們想詳細討論」，λέγωμεν【讓我們說】——不在λέγειν【說】這種蒼白的意義上，而是在把於λέγειν【說】中被說的東西突顯出來這種辯證法的意義上加以理解——，因此，我們想在這種辯證法的意義上突顯那被說的東西，「在與這五個的關聯中，尤其是以這種方式，即我們逐個知覺這五個中的每一個。」在確定了這五個的區別之後，接下來的考察之目標就是指出ἕτερον【異】在它們中普遍的在場。

(1) 出發點：對κίνησις【動】——στάσις【靜】——ὄν【是】ταὐτόν【同】之間關係的重新開始

首先提出了前面說過的：Πρῶτον μὲν κίνησιν, ὡς ἔστι παντάπασιν ἕτερον στάσεως.【首先，動是完全異於靜的。】（255e11以下）κίνησις【動】首先

不同於στάσις【靜】；會這樣說：如果兩者是ἐναντιώτατα【最爲對立的東西】，那麼κίνησις【動】就不是στάσις【靜】，那麼它是παντάπασιν ἕτερον【完全異的】。此外，前面已經說過："Εστι δέ γε διὰ τὸ μετέχειν τοῦ ὄντος【它由於分有是而是】（256a1以下），κίνησις【動】是。因此，首先：在κίνησις【動】中στάσις【靜】是不在此的；相反，ὄν【是】是在其中的。此外，在前面已經說過：Αὖθις κίνησις ἕτερον ταὐτοῦ【運動復又異於同】（參見256a3），它也不同於ταὐτόν【同】。這並未說出什麼新的東西，只不過爲了接下來的考察而概括了那已經說過的東西。諸位一定要注意：這兒突顯了κίνησις【動】之於στάσις【靜】的相異地是（das Verschiedensein），之於ὄν【是】的與之一道共同在此是（das Mitdasein），復又之於ταὐτόν【同】的相異地是（das Verschiedensein）。

於是在256a7開始了更爲深入的闡明，並且尤其是以下面這種次序，那就是依次處理1. ταὐτόν【同】，2. στάσις【靜】，3. ἕτερον【異】，4. ὄν【是】；尤其顧及到下面這點：在它們中ἕτερον【異】和ταὐτόν【同】都是在此的。因此，對前面就στάσις【靜】、ὄν【是】、ταὐτόν【同】所取得的東西，加上了一個本質性的補充：1.面對κίνησις【動】之於στάσις【靜】的完全不同地是（das völlige Unterschiedensein），指出了下面這一可能性，那就是κίνησις【動】和στάσις【靜】之間的某種ταὐτόν【同】確實是可能的；2.面對同

ὄν【是】的共同在此是（das Mitdasein），κίνησις【動】是一種μὴ ὄν【不是】；3.面對與ταὐτόν【同】的不同地是（das Unterschiedensein），κίνησις【動】同時能與之共同在場（die Mitanwesenheit）。普羅提諾在《九章集》（*Enneade*）第五、第六卷中接受了關於五個γένη【屬】的這段話，並同時借助於亞里士多德的範疇將之帶入一個一般形而上學的體系中。

(2) 階段一：κίνησις【動】和ταὐτόν【同】[47]

第一個問題針對κίνησις【動】和ταὐτόν【同】之間的連繫。Ἀλλὰ μὴν αὕτη γ' ἦν ταὐτὸν διὰ τὸ μετέχειν αὖ πάντ' αὑτοῦ【但由於一切都分有同，故它的確是同】（256a7）。前面已經確定，αὕτη【它】，即κίνησις【動】是ταὐτόν【同】，「一種同自己本身相同一的東西」，διὰ τὸ μετέχειν πάντ' αὑτοῦ【由於一切都分有同】、「因為一切的確都分有ταὐτόν【同】」，因為ταὐτόν【同】是一種διὰ πάντων【貫穿一切】的東西。但現在面對κίνησις【動】和ταὐτόν【同】之間的「同」，要強調根據範疇上的內容它們又的確是異的。Τὴν κίνησιν δὴ ταὐτόν τ' εἶναι καὶ μὴ ταὐτὸν ὁμολογητέον καὶ οὐ δυσχεραντέον.【動既是同又是不同，對此必須承認而不應心生厭惡。】

---

[47] 根據海德格而來的標題。——原注

（256a10以下）「因此，我們必須以相同的方式說並且不應對此感到惱怒」；相反，必須徑直接受事情是這樣：κίνησιν ταὐτόν τ᾽ εἶναι καὶ μὴ ταὐτόν【動是同又是不同】。誠然，當我們這樣說：αὐτὴν ταὐτὸν καὶ μὴ ταὐτόν, οὐχ ὁμοίως εἰρήκαμεν【我們不是以相同的方式說它既是同又是不同】（參見256a11以下），「我們不是從相同的角度來說κίνησις【動】」。因此，正如已經指出過的，在λέγειν【說】中就某種東西的可談及性而言有著不同角度之可能性：某種東西——作為先行給出的當下的東西，能夠從不同的方面、作為這或那被加以談及。在這兒，於背後復又站著δύναμις κοινωνίας【結合之可能性】：角度的不同以及一般如角度那樣的某種東西，奠基在δύναμις κοινωνίας【結合之可能性】之上，奠基在下面這種可能性上，那就是δύναμις κοινωνίας【結合之可能性】一道構成了某種東西之是以及它在λέγειν【說】中的在場。ἀλλ᾽ ὁπόταν μὲν ταὐτόν, διὰ τὴν μέθεξιν ταὐτοῦ πρὸς ἑαυτὴν οὕτω λέγομεν【當我們說它是同，那是由於就它自己來說分有同我們才這樣說】（256a12以下），如果我們說：κίνησις【動】是ταὐτόν【同】，那麼，我們談論μέθεξις ταὐτοῦ πρὸς ἑαυτήν【就它自己來說分有同】、「談論分有（das Anteilhaben），即就它自己本身來說對同的〈分有〉」。只要它作為κίνησις【動】在這種範疇上的內容中是κίνησις【動】，那麼，它就位於同一東西之規定中。然而，如果我們說：μὴ ταὐτόν【不同】、「運動是不同」，那麼，我們說這乃是διὰ τὴν κοινωνίαν αὖ θατέρου【由於同異的結合】（256b2）、「著眼於同ἕτερον【異】的κοινωνία【結合】」；我們說它乃是πρὸς ἕτερον【就異來說】、「**著眼於異**」。通過異的在場，即δι’ ἥν ἀποχωριζομένη ταύτου̃ γέγονεν ούκ ἐκει̃νο ἀλλ’ ἕτερον【由於同異的結合而與同相分離，它不再成爲那個東西而是成爲他者】（256b2以下），通過在κίνησις【動】中ἕτερον【異】的在場，κίνησις【動】在某種程度上被從同一地是（Selbigsein）那兒ἀποχωριζομένη【分離】、「挪開」，以至於它ούκ ἐκει̃νο【不是那個東西】、不是同一個東西、不是ταύτόν【同】，而是ἕτερον【異】。因此，它也能夠合理地被稱作ού ταύτόν【不同】。在這兒，於ταύτόν【同】中復又出現獨特的雙重含義：同一性（Selbigkeit）和同一的東西（Selbiges）。κίνησις【動】的確是同一的東西，並由此是ταύτόν【同】；但它根據其範疇上的內容不是同一性，並由此是ἕτερον【異】，不同於ταύτόν【同】，因而是ού ταύτόν【不同】；從而這一γένος【屬】著眼於ταύτόν【同】來說既是ταύτόν【同】又不是ταύτόν【同】。κίνησις【動】既是ταύτόν【同】又是ού ταύτόν【不同】。

相同的考察——正如它在前面就κίνησις【動】和ταύτόν【同】的關係所進行的那樣——現在就κίνησις【動】和στάσις【靜】之關聯繼續進行。

(3) 階段二：κίνησις【動】和στάσις【靜】[48]

迄今對κίνησις【動】和στάσις【靜】的談論總是這樣：它們是ἐναντιώτατα【最爲對立的東西】，是兩個在其實事性的內容上彼此相對立、互相排斥的φύσεις【本性】。這種談及是合理的，前提是我們將自己局限於如安提司特涅斯所確定爲唯一可能的λόγος【邏各斯】的那種λόγος【邏各斯】：我們總是僅僅能夠在其自己的同一性中談論某種東西。於是，κίνησις【動】就是κίνησις【動】，στάσις【靜】就是στάσις【靜】。但現在要問：Οὐκοῦν κἂν εἴ πῃ μετελάμβανεν αὐτὴ κίνησις στάσεως, οὐδὲν ἂν ἄτοπον ἦν στάσιμον αὐτὴν προσαγορεύειν；【因此，如果在某種方式上動分有靜，那麼，將它稱作是靜止的也就不荒謬了？】（256b6以下）「如果我們在μετελάμβανεν στάσεως【分有靜】的意義上，因而在我們現在將之作爲基礎的是之概念的意義上：δύναμις κοινωνίας【結合之可能性】，將αὐτή【它】，即κίνησις【動】稱作靜、稱作στάσιμον【靜止的】、稱作靜止，那也不是完全不恰當的？」於是，或許πῄ【在某種方式上】、在某種方式上στάσις【靜】和κίνησις【動】的確共同在此是。並且這種μετεχόμενον【進行分有】、這種παρουσία【在場】、

[48] 根據海德格而來的標題。——原注

στάσις【靜】於κίνησις【動】中的這種共同在此是（Mit-da-sein），使得有權說：κίνησις【動】和στάσις【靜】不僅僅是ἐναντία【對立的】，而且它們在某種方式上是ταὐτόν【同】。事實上，正如我們在前面㊾已經實際地加以展露的，柏拉圖說ὡς ἔστι κατὰ φύσιν ταύτῃ【它由於本性而是這樣】（256c2以下），「κίνησις【動】之是根據其自身是這樣」，即在它那兒στάσις【靜】共同在此是。在那兒，於γιγνώσκειν【認識】這一具體的現象中顯示出：它是運動，以及它作爲γιγνώσκειν τοῦ ὄντος【對是者的認識】同時就是朝向那要被認識的是者的運動，這屬於其是之可能性。ψυχή【靈魂】或ζωή【生命】是κίνησις【動】，並且作爲κίνησις【動】在某種程度上κίνησις εἰς ἀεί【朝向始終進行運動】。靈魂是於其中能夠看到事實上στάσις【靜】同運動共同在此是的那種是者。靈魂在ὄρεξις【欲望】之意義上是運動，並且正如柏拉圖在《會飲》（*Symposion*）中所顯示的，靈魂不僅僅於其他諸經歷中有欲望，而且靈魂就是欲望，此外無他。它是對準ἀεί【始終】，即對準στάσις【靜】的那種μεταξύ【居間】、居間（das Zwischen）。ἀεί【始終】同作爲欲望的靈魂共同在此是。因此，κίνησις【動】既與ταὐτόν【同】相關，也與στάσις【靜】

㊾ 228c和248a-249c。參見第487頁以下。——原注

相關。它不僅僅與στάσις【靜】相區別，而且它自身「在某種方式上」，πῄ【在某種方式上】（256b6）就是στάσις【靜】。「在某種方式上」——這一「在某種方式上」之意義被κοινωνία【結合】所澄清。ἀεί【始終】與那運動的東西，即與ψυχή【靈魂】在是上是共同在此的。自然不可以把亞里士多德的對運動分析——基於該分析就會說，靜止自身作爲運動的一種極限情形（ein Grenzfall）就是運動——同這種值得注意並且在實事上有基礎的對κίνησις【動】和στάσις【靜】的κοινωνία【結合】的展示相混淆。因爲在這兒，柏拉圖的確並未涉及到把運動作爲運動當作主題；相反，在這兒談論了運動的東西，根本地談論了在其是上運動的東西同不運動的東西共同在一起，並且與之相關聯。在其是上同不運動的東西相關的這種運動的東西，在這兒單純於εἴδη【諸種】的意義上被辯證法埃多斯地（dialektisch-eidetisch）加以把握。因此，在這兒並未探究κίνησις【動】作爲κίνησις【動】，而是探究κίνησις【動】作爲一種γένος【屬】、作爲另外的一種ὄν【是者】；而在亞里士多德那兒，靜止是運動這一論題基於運動自身的意義得到澄清——柏拉圖在這兒則完全沒有對之進行追問。因此我們有了第二個階段：κίνησις【動】和στάσις

【靜】。關於它們顯示出：它們既是ἕτερον【異】，又是ταὐτόν【同】。

現在關於作爲第三階段的κίνησις【動】和ἕτερον【異】，開始了同樣的展示。

(4) 階段三：κίνησις【動】和ἕτερον【異】㊿

Λέγωμεν δὴ πάλιν【讓我們再次說】（256c5），λέγωμεν【讓我們說】在這兒復又位於強調的意義、διαλέγωμεν【讓我們徹底地說】之意義中，πάλιν【再次】，接下來位於主題中的是：ἡ κίνησίς ἐστιν ἕτερον τοῦ ἑτέρου, καθάπερ ταὐτοῦ τε ἦν ἄλλο καὶ τῆς στάσεως【動是異於異的，正如它和同與靜有別一樣】（256c5以下）。「正如前面所顯示的，κίνησις【動】是不同於同和靜的一種另外的東西，同樣，動也是某種不同於異的東西。」在這兒，諸位於一個句子中擁有了ἕτερον【異】的雙重含義：在不一樣、異的意義上，動是與某種異的東西相對的一種異的東西。因此，κίνησις【動】一方面是與異（die Andersheit）相對的一種ἕτερον【異的東西】，但同時它又是ταὐτόν【同】；它不是異（die Andersheit），但又的確是一種異的東西（ein Anderes）。即我們恰恰先前在那個句子中已經說了這點，在那兒，我們已經把κίνησις【動】之異（die Andersheit）確定爲不同於異（die Andersheit）。

㊿ 根據海德格而來的標題。——原注

我們畢竟只能說：ἡ κίνησίς ἐστιν ἕτερον τοῦ ἑτέρου【動是異於異的】，如果κίνησις【動】自身是ἕτερον【異的東西】的話。如果我說：運動性（Bewegtheit）和差異性（Andersheit）是不同的，那恰恰在這個句子中，我說，在κίνησις【動】中，ἕτερον【異】是共同在此的；因而在κοινωνία【結合】的意義上它是ταὐτόν【同】於ἕτερον【異】的。因此，它不是異的東西（das Andere），又是異的東西。我們進行闡釋地說，它在差異性的意義上（im Sinne der Andersheit）不是異的東西；並且，只要它恰恰是不同於、ἕτερον【異】於差異性和στάσις【靜】的，那它就是異的東西。

(5) 階段四：κίνησις【動】和ὄν【是】[51]。κίνησις【動】之不同地是作為不是

Τί οὖν δὴ τὸ μετὰ τοῦτο；【那此後是什麼？】（256c11）「那在所有這些之後是什麼」——我們關於κίνησις【動】已經展露出來的那些東西：就ταὐτόν【同】、στάσις【靜】、ἕτερον【異】這三者來說，它既是它們自身並且它又不是它們自身——？我們會就此打住嗎？ἆρ᾽ αὖ τῶν μὲν τριῶν ἕτερον αὐτὴν φήσομεν εἶναι, τοῦ δὲ τετάρτου μὴ φῶμεν【我們說它異於那三個，但卻不會說它異於第四個嗎？】（256c11以下）誠然我們會說κίνησις【動】是不同於

[51] 根據海德格而來的標題。——原注

ταὐτόν【同】、στάσις【靜】、ἕτερον【異】的，但我們還不會引出那尚缺的第四個嗎？即對前面加以確定的κίνησις【動】是ὄν【是】這一論題不會補充說：它ἕτερον【異】於ὄν【是】，因而是μὴ ὄν【不是】嗎？

在這兒，表達之含義顯現爲：ἐν οἷς προαιρούμεθα【於其中我們首先選擇】（255e11以下）[52]。ὁμολογήσαντες αὐτὰ εἶναι πέντε, περὶ ὧν καὶ ἐν οἷς προυθέμεθα σκοπεῖν【同意它們是五個——對之並於其中我們擺出來加以考察】（256d1以下）。προυθέμεθα【我們擺出來】現在是同προαιρούμεθα【我們首先選擇】相應的東西。我們從一開始就專題地限定κοινωνία【結合】貫穿在五個東西上。這五個東西是：κίνησις【動】、ταὐτόν【同】、στάσις【靜】、ἕτερον【異】、ὄν【是】；它們是辯證法的考察——其目標是ἕτερον【異】以及對其結構的擬定——之基礎。這五個東西首先被展露爲κεχωρισμένα【分離的東西】，即獨立的εἴδη【種】；並且作爲這五個東西，它們是διαιρετά【分開的】，被彼此分開，被確定爲彼此分開。僅僅在這種基礎之上，以區分出下面這些爲目標的闡明才是可能的：κίνησις【動】不僅不同於ταὐτόν【同】、不同於στάσις【靜】、不同於ἕτερον【異】，而且甚至不同

---

[52] 參見第547頁以下。——原注

於ὄν【是】。

我們必須澄清κίνησις【動】和ὄν【是】之間的關係。Ἀδεῶς ἄρα [⋯] διαμαχόμενοι λέγωμεν【因此，我們不用擔心我們說且堅持……】（256d5以下）、「因此，我們大膽地、無須猶豫地捍衛」下面這一命題：τὴν κίνησιν ἕτερον εἶναι τοῦ ὄντος【動是異於是的】（256d5），「動也是不同於是（das Sein）的」。在這兒，同樣的東西再次發動起來：運動是：早前已經說過：只要κίνησις【動】畢竟是，那麼，它就μετέχειν【分有】ὄν【是】[53]。在這一考慮下它ταὐτόν【同】於ὄν【是】。現在問題是：是否它也能夠是ἕτερον τοῦ ὄντος【異於是的】。於κίνησις【動】那兒，ἕτερον【異】就前面那三個γένη【屬】來說已經被展示爲是在場的。因此，只要運動在它自己本身那兒已經在此具有ἕτερον【異】，並且ὄν【是】就它自己那方來說，作爲第五個東西共同是，那麼，由此κίνησις【動】也就是ἕτερον τοῦ ὄντος【異於是的】。因此，我們在這兒必須說：運動——更爲準確講運動性（Bewegtheit）——是不同於是的，更爲準確講，是不同於是性（Seinsheit）的。因此，κίνησις ὄντως οὐκ ὄν καὶ ὄν【動以是的方式既不是是，又是是】（參見256d8以下），「它在其是之方式上既不是

[53] 256a1。參見第549頁以下。——原注

ὄν【是】，又是ὄν【是】。」

由此顯現出：τὸ μὴ ὂν ἐπί τε κινήσεως εἶναι καὶ κατὰ πάντα τὰ γένη【無論是在動那兒，還是對於所有其他屬來說，不是是】（256d11以下），在κίνησις【動】那兒τὸ μὴ ὄν【不是】εἶναι【是】：在所有的方向上——在同另外四個的關聯中——κίνησις【動】不是另外〈那四個東西〉，即之於所有另外〈那四個東西〉，它是在ἕτερον【異】之性質中，只要ἕτερον【異】是一種διὰ πάντων【貫穿一切】的東西。因此，基於ἕτερον【異】的普遍在場，κίνησις【動】同時是一種μὴ ὄν【不是】。但這意味著：就κίνησις【動】與所有另外〈那四個東西〉的κοινωνία【結合】來說，μὴ ὄν【不是】在κίνησις【動】中是在此的。**由此在κίνησις【動】之是中、在五個東西之範圍內，展示出了οὐσία μὴ ὄντος【不是之所是】、不是之在場**（*die Anwesenheit des Nichtseins*）。要注意：這兒不涉及從三個到第四個的一種推論，而是涉及在五個自身之範圍內通過專題性的向著κίνησις【動】定位——就它來說已經顯明瞭ἕτερον【異】的在場——而來的一種展示。只要在κίνησις【動】中ἕτερον【異】已經在此是，但又已經存在著五個東西之間的κοινωνία【結合】，那麼，κίνησις【動】作爲κίνησις【動】就已經是不同於ὄν【是】的。因此，該考察並未於κίνησις【動】那兒展示出某種東西，而是辯證地指出了ἕτερον【異】在朝向所有其他εἴδη【種】的κίνησις【動】中的普遍在場。

只要該考察是一種形式—普遍的（formal-allgemein）考察，只要ἕτερον【異】具有這種普遍的在場，那麼，該結果就立馬κατὰ πάντα【對於所有的】都是有效的。

2. 在普泛所有ὄντα【是者】中ἕτερον【異】的普遍在場。不是的普遍在場

κατὰ πάντα γὰρ ἡ θατέρου φύσις ἕτερον ἀπεργαζομένη τοῦ ὄντος ἕκαστον οὐκ ὂν ποιεῖ【因爲對於所有這些來說，異的本性使得每個都異於是而成爲不是】（256d12以下），ἕτερον【異】於每個東西那兒的普遍在場，構成了它們之於每個ὄν【是者】的不同地是，即ἕτερον【異】的在場構成了每個是者的不是：ἕκαστον οὐκ ὂν ποιεῖ【它使得每個成爲不是者】、「它使得每個都成爲某一不是者」。諸位要回憶起我們早前所遇到的ποιεῖν【使得】[54]這一表達：ποιεῖν【使得】= ἄγειν εἰς οὐσίαν【帶入所是】[55]。因此，ἕτερον【異】的在場在某種程度上把μὴ ὄν【不是者】帶往是、帶往在場。σύμπαντα κατὰ ταὐτὰ οὐκ ὄντα ὀρθῶς ἐροῦμεν, καὶ πάλιν, ὅτι μετέχει τοῦ ὄντος, εἶναί τε καὶ ὄντα.【我們能夠同樣以這種方式正確地把所有這些都稱作不是者；並且由於它們每個都分有

---

[54] ποιεῖν【使得】，在前面也譯為「創制」。——譯注

[55] 參見《智者》219b4以下。見第269頁以下。——原注

是，故它們復又是是者。】（參見256e2以下）。因此，所有這些——只要我們在這兒已經將之展示爲διὰ πάντων【貫穿一切】的那種東西——都：οὐκ ὄντα καὶ πάλιν ὄντα【既是是者，復又是不是者】，所有是者都是，並且作爲是者同時又不是。在此於背後有著後面明確加以顯示的那種東西，那就是在這兒這種不是（Nichtsein）意味著：ἕτερον【異】。這種ἕτερον【異】不僅贏得了對不是者（das Nichtseiende）之持存的展示，而且同時贏得了對於理解這種眞正的「不（Nicht）」——迄今爲止僅僅巴門尼德的論題使得其隱匿性成爲可能——來說的基礎。因此，只要ἕτερον【異】具有普遍的在場，那麼，它就使得每一是者成爲一種不是者。

誠然，異的是之類型是不同的。柏拉圖說，每一εἶδος【種】都是多、πολύ【多】，即在每一含有實事的是者中，就其什麼來說，根據可能性還有著多種多樣的其他含有實事的規定在此，並且可提取出來；每一具體的是者具有多種多樣的什麼之內容（Wasgehalten），對於辯證法的考察來說，這些什麼之內容能夠在對該ὄν【是者】的λέγειν【說】中被證明爲共同在場於純粹νοεῖν【看】中；並且恰恰這種共同在場的東西構成了在其什麼上規定ὄν【是者】的那種東西。在這兒，同時有著後來亞里士多德將之展露爲ὅρος【定義】、λόγος κατ' ἐξοχήν【顯要的邏各斯】的那種東西的苗頭。因此，每一εἶδος【種】都是多，並且同時是ἄπειρον【無限的】（256e6）、「無限的」——作爲它所不是的。

καὶ τὸ ὂν αὐτό【並且**是者本身**】（257a1）、「並且是者本身」以下面這種方式是它所是的，那就是：ὅσαπέρ ἐστι τὰ ἄλλα, κατὰ τοσαῦτα οὐκ ἔστιν【不同的東西是多少，它就在多少上不是】（257a4以下）、「不同的東西在多大範圍上**是**（*ist*），它就恰恰在多大範圍上**不是**（*nicht ist*）」。這意味著：不同地是（das Anderssein）是ὄν【是者】的不是（das Nichtsein），或者反過來：不是（das Nichtsein）是εἶναι τὰ ἄλλα【是別的東西】、「**是**別的東西（die Anderen *sein*）」。在是者之範圍內的這種實情要徑直加以接受，ἐπείπερ ἔχει κοινωνίαν ἀλλήλοις ἡ τῶν γενῶν φύσις【因爲諸屬的本性有著互相結合】（257a8以下），因爲每一本己的持存、每一作爲某種φύσις【本性】的γένος【屬】，有著同其他的κοινωνία【結合】。在這兒完全顯明瞭：只有基於κοινωνία【結合】，不是者之是方才能夠加以澄清。

由此我們已經穿過了《智者》中的辯證法的基本思考，人們通常將之取作對話的眞正內核，而將對智者本身的考察視爲所謂的外殼。在這一基本思考中——在它那兒分析ὄν【是】，στάσις【靜】，κίνησις【動】，ταὐτόν【同】，以及μὴ ὄν【不是】或ἕτερον【異】的辯證關係，κίνησις【動】是那引導著考察的東西。但我要再次明確強調，κίνησις【動】首先眞的不是主題。**眞正要加以顯示的東西是**：ἕτερον【異】、**不同地是**（*das Anderssein*），**在每一可能的**εἴδη【種】**中都是在此的：它能夠和它們共同到場是，即具有同所有其他的一種**κοινωνία【**結**

合】。我強調，這種辯證法的考察基於κίνησις【動】來進行，這在原則上不是必然的。στάσις【靜】、ὄν【是】或者ταὐτόν【同】也同樣能夠充當眞正的考察之引導線索。然而，爲何恰恰κίνησις【動】是專題性的，並且恰恰要與之相關聯來說明ἕτερον【異】的可能的在場，我們後面將會看到。

正如上述辯證法的考察針對著ἕτερον【異】，以便取得同ἐναντίον【對立】的區分，同樣，現在基於ἕτερον【異】這一新現象，辯證法的ἕτερον【異】之領域變得可見了；換句話說：ἕτερον【異】自身之結構在概念上被澄清了。μὴ ὄν【不是】概念現在是可規定的了。

六、在概念上澄清ἕτερον【異】之結構。對μὴ ὄν【不是】概念的規定（257b-259d）

(一) πρός τι【之於某種東西】[56]作爲ἕτερον【異】的基本結構。「不」所具有的把事情加以展開的性質

1. 在「不」的兩種方式之間的區分：ἐναντίον【對立】和ἕτερον【異】（空洞的「對立」和含義實事的相異）

Ὁπόταν τὸ μὴ ὂν λέγωμεν, ὡς ἔοικεν, οὐκ ἐναντίον τι λέγομεν τοῦ ὄντος ἀλλ'

[56] πρός τι【之於某種東西】，也可以譯為「相對於某種東西」。——譯注

ἕτερον μόνον.【當我們說不是者時，我們似乎並不在說是者的對立者，而是僅僅在說其相異者】（257b3以下）。「如果我們談論μὴ ὄν【不是者】，那麼，我們並未說諸如某種同是者（Seiendes）絕然互相排斥的ἐναντίον【對立者】，而是μόνον【僅僅】在說ἕτερον【相異者】，我們僅僅用μὴ ὄν【不是者】意指某一另外的東西。」這個「僅僅」，ἕτερον μόνον【僅僅相異】，意味著ὄν【是】還保存著。往強的說，就是：「不」、μή【不】之是，無非就是πρός τι【之於某種東西】之δύναμις【可能性】、向著……而是之在場（*die Anwesenheit des Seins-zu*）。這僅僅是我們在這兒闡釋性地將之賦予給κοινωνία【結合】之理念的更加清楚的表達。不之是、在ἕτερον【異】的意義上的μή【不】，是πρός τι【之於某種東西】之δύναμις【可能性】。這並未被柏拉圖這樣加以展露，而是隱含在κοινωνία【結合】理念中。

Οἶον ὅταν εἴπωμέν τι μὴ μέγα, τότε μᾶλλόν τί σοι φαινόμεθα τὸ σμικρὸν ἢ τὸ ἴσον δηλοῦν τῷ ῥήματι;【例如，當我們說某個東西不大時，難道在你看來我們更多地在指某個小的東西而不是某個相等的東西？】（257b6以下）因此，μὴ μέγα【不大】並不單單意味著在離μέγα【大】最遠的東西之意義上的「小」，而且它也能夠意味著：「不更大」、「相等」。在這兒也顯明瞭：柏拉圖的確沒有充分地澄清在這兒扮演著某種角色的對立關係（Gegensatzverhältnis）。對於他來說，唯一重要的是：ἕτερον【異】是一種ὄν【是】；因而某種東西還保存著，

它並不包含著絕對的排斥。因此，ἀπόφασις【否定】，除了可以被解釋爲在否定中意指於排斥意義上的「對立（das Gegen）」之外，而且在否定中還可以僅僅意指：οὐκ【非】或μή【不】這樣的前綴，τῶν ἄλλων τὶ μηνύει【揭示著某種另外的東西】，顯示著某些與之相關聯μή【不】才得以被說出的另外的東西。Οὐκ ἄρ', ἐναντίον ὅταν ἀπόφασις λέγηται σημαίνειν, συγχωρησόμεθα, τοσοῦτον δὲ μόνον, ὅτι τῶν ἄλλων τὶ μηνύει τὸ μὴ καὶ τὸ οὔ προτιθέμενα τῶν ἐπιόντων ὀνομάτων, μᾶλλον δὲ τῶν πραγμάτων περὶ ἅττ' ἂν κέηται τὰ ἐπιφθεγγόμενα ὕστερον τῆς ἀποφάσεως ὀνόματα.【因此，我們不要同意一旦說出否定就意指著對立，而是要僅僅同意下面這點：不和非這樣的前綴揭示著不同於後面那個詞的某種東西，說得更準確就是，揭示著不同於否定詞後面的那個詞所表述的事物的某種東西。】（257b9以下）ἀπόφασις【否定】在這兒被明確刻劃爲τὶ μηνύει【它揭示某種東西】、「它顯示某種東西」，並且尤其是τῶν πραγμάτων【對事情】、「對事情本身」的顯示[57]。ἀπόφασις【否定】之μηνύειν【揭示】是περὶ τὰ πράγματα【關於事情】的，也即是說，μή【**不**】**具有**δηλοῦν【揭示**之性質，它使公開，讓某種東西被看**。這種否定進行著當下化，它讓某種東西被

[57] 編者注：這一闡釋既出現在海德格的手稿中，也出現在各種筆記中。——原注

看見：πράγματα【諸事情】——它們作爲這樣的東西，在由各種實事上的連繫而來的一種先行給出的視域中來照面——之不同地是。因此，作爲空洞的「對立（*Gegen*）」的ἐναντίον【對立】，不同於含有實事內容的「異（*Anderen*）」。

2. 在λόγος【邏各斯】中的「不」。否定作爲讓—被看。在現象學中對否定的積極理解

通過把ἐναντίον【對立】、空洞的「對立」和ἕτερον【異】、含有實事內容的異相區別，也已經爲對λόγος【邏各斯】的一種更加深入的把握給出了先行標畫。與在單純進行命名的同一化中對某種東西的瞎盲談及相對照，在該東西同他者的共同在場之如何中，有著對該東西的一種進行揭開的看。並且與同這種進行命名的同一化相應的、單純瞎盲的排斥相對照，有著——如果對ἀπόφασις【否定】的闡釋是正確的話——一種進行揭開的否定，它恰恰在那被否定的事情中讓某種東西被看。由此不（*das Nicht*）和否定（*die Negation*）被理解爲進行展開的不（*erschließendes Nicht*）。在λέγειν【說】中的不—化（*das Ver-nichten*）[58]、說—不（*das Nein-sagen*），是一種讓—被看（*ein Sehen-lassen*），而不是一種

[58] *vernichten*，在德語中的日常意思是「消滅」、「毀掉」、「否定」。我這兒根據其構詞法，權且將*Ver-nichten*海德格這一有意的表達譯為：不化。——譯注

讓—消失（ein Verschwinden-lassen）、一種把被說者帶到—無—前面（ein Vor-das-Nichts-Bringen des Gesagten）——如在純粹進行命名的規定面前的那種單純的排斥那樣。

如果我們進一步追查這些連繫，下面這點就會變得清楚：這樣加以理解的否定，如果它自身具有**展開性質**（*Erschließungscharakter*），那麼它在具體地揭開是者之範圍內就能夠具有**淨化**（*Reinigung*）作用，從而否定自身就獲得了**生產性的性質**（*produktiver Charakter*）。爲了在其各種結果上眞實地理解它，尤其對於概念之諸結構的構造來說，對於一般概念化來說，我們必須讓我們自己從傳統的認識論和判斷理論那兒、從對認識、判斷、概念等等的傳統把握那兒擺脫出來。**對否定的積極理解**，對於原初和單單只進行各種展示的那種研究來說是特別重要的。**在現象學的研究**本身中，否定獲得了一種突出的地位：在下面這一意義上的否定，即它進行在對某一實事內容的先行占有和揭開的範圍內。這是現象學中獨特系統化的東西，以至於如果現象學眞的被從事，那它總是在對事情的先行的**看**中進行。系統化的東西不是任何根據某種構造和某一系統來進行定位的諸概念間的設計出來的連繫；相反，系統化的東西奠基在對事情本身的先行展開之上[59]——基

[59] 海德格頁邊注：籌畫。——原注

於它，否定然後取得了使那被看見的東西之概念化得以可能這一積極的成就。

此外，只有在這種生產性的否定之基礎上——柏拉圖在這兒至少已經預感到了它，即使他還沒有在其眞正的、實事性的各種結果上探究它——位於命題或判斷之係詞中的那一困難的邏輯難題才變得清楚：澄清在諸如A是B、A不是B這樣的命題中的「是（ist）」和「不是（ist nicht）」。與對是者的判斷相連繫的這種「不」之意義向來給邏輯學製造了種種麻煩，直到今天它也沒有得到眞正的澄清。在最後關於λόγος【邏各斯】的那些部分——它們緊接著對ἕτερον【異】的討論，我們將有機會進一步對之進行探討。在黑格爾的邏輯學中，否定性之概念——顯然依據亞里士多德——具有一種積極的含義，但僅僅是下面這樣：否定性（Negativität）是一種通道（ein Durchgang），因爲同希臘人那單純進行展開的辯證法相比，他的辯證法的整個定位對準著本質上不同的諸結構。

對五個γένη【屬】的考察目的在於展露ἕτερον【異】，由此也在於下面這一可能性，那就是能夠使得μὴ ὄν【不是】作爲ὄν【是】變得可理解。ἕτερον【異】本身的這種結構在接下來的討論中還會在下面這一意義上得到更加清楚的把握，那就是：ἕτερον【異】被指明爲ἀντίθεσις【相反】；基於對ἀντίθεσις【相反】的澄清，μὴ ὄν【不是】之οὐσία【所是】首次變得完全清楚。隨著對ἕτερον【異】作爲ἀντίθεσις【相反】的澄清，以及對μὴ ὄν【不是】作爲οὐσία【所是】的澄清，關於μὴ ὄν【不是】的更爲嚴格的辯證法的考察就結束了。然後，關於λόγος

【邏各斯】所發現的，雖然爲λόγος【邏各斯】引入了含有實事的新東西，但我們在辯證法上並未再經驗到任何特別的東西。這僅僅是考察的一種應用，就像它在這兒關於κίνησις【動】和ἕτερον【異】所進行的那樣。爲了理解某種被迫的過渡（257c），我們目前必須在一種更加清楚地把握ἕτερον【異】之意義上，考慮到前面的考察和接下來的考察之間的連繫。

(二)更加清楚地把握ἕτερον【異】的結構：澄清ἕτερον【異】作爲ἀντίθεσις【相反】。μὴ ὄν【不是】作爲οὐσία【所是】[60]

1. ἕτερον【異】作爲πρός τι【之於某種東西】這一觀念的具體化。反面（μόριον【部分】）和反面（ἀντίθεσις【相反】）[61]

考察在這兒突然以下面這一句子開始：Ἡ θατέρου μοι φύσις φαίνεται κατακεκερματίσθαι καθάπερ ἐπιστήμη.【在我看來，如知識一樣，異的本性也分散爲了許多部分。】（257c7以下）下面這點顯現出來：ἕτερον【異】的φύσις【本性】κατακεκερματίσθαι【分散爲了許多部分】。κατακερματίζειν【分散】

---

[60] 依照海德格手稿而來的標題。——原注

[61] 依照海德格手稿而來的標題。——原注

意味著「分割（zerstückeln）」，並且通常在把一個面值大的錢幣兌換成一些面值小的錢幣之意義上使用。在這一比喻那兒，我們能夠非常容易地澄清這兒的表達、後面的表達（258e1）[62]以及《巴門尼德》中的表達（144b4以下）[63]所具有的含義。κατακερματίζειν【分散】意味著：把一個面值大的錢幣兌換成一些面值小的錢幣，而那些面值小的錢幣自身還是錢幣；它是這樣一種兌換、化零，那就是μέρη【諸部分】自身具有大錢幣整體所具有的性質。κατακεκερματισμένα【分散開的東西】無非就是在《斐德羅》中被規定爲διεσπαρμένα【分散開的東西】（265d4）[64]的那種東西：不是散亂四處分布的那任意的單個東西，而是一個大〈面值錢幣〉中的那些小錢幣，是γένος【屬】中的〈那些分散開的東西〉。大往

[62] 《智者》258e1：τε καὶ κατακεκερματισμένην ἐπὶ πάντα τὰ ὄντα πρὸς ἄλληλα【並且分散於所有彼此相對的是者身上。】——譯注

[63] 《巴門尼德》144b4以下：Κατα κεκερμάτισται ἄρα ὡς οἷόν τε σμικρότατα καὶ μέγιστα καὶ πανταχῶς ὄντα, καὶ μεμέρισται πάντων μάλιστα, καὶ ἔστι μέρη ἀπέραντα τῆς οὐσίας.【因此，所是分散爲了最小的、最大的以及各式各樣的是者，在一切中它最爲被分開，並且它的部分是無限的。】——譯注

[64] 《斐德羅》265d4：εἰς μίαν τε ἰδέαν συνορῶντα ἄγειν τὰ πολλαχῇ διεσπαρμένα.【把那些在許多方面分散開的東西放在一起看，並將之帶入單一理念之下。】——譯注

小的這種兌換，現在要就ἕτερον【異】來加以澄清。對於這一目的，柏拉圖指點要參閱ἐπιστήμη【知識】：καθάπερ ἐπιστήμη【如知識一樣】（《智者》257c8）。甚至ἐπιστήμη【知識】之觀念也能夠這樣被兌換成一些更小的錢幣，就像我們早前在對話的第一部分中所看到的：πολλαὶ τέχναι εἰσί【許多技藝是】（參見257d1）、「有許多的技藝」——於它們所有中作爲τέχνη【技藝】的τέχνη【技藝】之性質在此是。Οὐκοῦν καὶ τὰ τῆς θατέρου φύσεως μόρια μιᾶς οὔσης ταὐτὸν πέπονθε τοῦτο.【因此，異的本性之諸部分也遭受了同樣的情形，儘管異的本性是一。】（257d4以下）顯然，異的φύσις【本性】之μόρια【諸部分】、諸部分，如ἐπιστῆμαι【諸知識】在其與ἐπιστήμη【知識】的關係中那樣，或如τέχναι【諸技藝】在其與τέχνη【技藝】的關係中那樣，處在同樣的情形中。在這兒使用了「μόρια【諸部分】」這一表達；因此，ἕτερον【異】的φύσις【本性】具有μόρια【部分】。要追問的是：ὅπῃ δὴ λέγωμεν【我們該如何說】（257d6）、「現在我們應以何種方式理解」ἕτερον【異】的φύσις【本性】被兌換成單個的東西？φύσις θατέρου【異的本性】的這種化整爲零（*Vereinzelung*）[65]必須在下面這一意義上被更加清楚地把

---

[65] Vereinzelung，也可以直接譯為「個別化」。——譯注

握，那就是：把首先空洞的異之觀念進行一種實事化（*Versachlichung*）[66]。當我們說「化整爲零」時，對於柏拉圖來說涉及的不是在個別的此時此地之意義上的一種具體化（Konkretion），而是僅僅涉及對空洞的、普遍的ἕτερον【異】的一種實事化（Versachlichung）。在這種實事化那兒，現在要問的是μόρια【諸部分】、諸部分，即那些小錢幣處於何種情形。Ἔστι τῷ καλῷ τι θατέρου μόριον ἀντιτιθέμενον;【異的某個部分是與美相反的嗎？】（257d7）「對於καλόν【美】來說，有從反面提出來的τι μόριον【某個部分】、某個部分嗎？」基於這一問題下面這點變得清楚，那就是柏拉圖在這兒於雙重意義上使用了μόριον【部分】這一表達：首先，在小錢幣的意義上，即對形式性的東西進行含有實事的化整爲零之意義上；其次，在差異性之範圍內相對於某個東西的另外的東西之意義上。μόριον【部分】的這雙重含義，在τέχνη【技藝】之比喻那兒、在同τέχνη【技藝】的比較那兒是不可能的。因此，同τέχνη【技藝】的比較恰恰錯失了決定性的東西。τέχνη【技藝】在其自身並不具有ἕτερον【異】的那種獨特性質，即不具有這兒正在談論的πρός τι【之於某種東西】之性質。差異性在其自身通過與某一他者的關聯而得到刻劃，通過這點，對作爲差異性的差異性的每一實事化同時

[66] Versachlichung的一般意思是「客觀化」、「具體化」。——譯注

是對某一確定的他者的一種具體化。隨著實事化，同時確定出了某一確定的差異性中的某一實事上的他者，從而μόριον【部分】在這兒意指雙重東西：首先，相對於作爲γένος【屬】的差異性的純然實事化；其次，尤其指相對於個別化了的某一東西的實事性的他者。

現在要顯示的是：正如ἕτερον【異】到處在此是，同樣，他者之是隨著某一東西之是而被確定。在這兒浮現了ἀντίθεσις【相反】這一表達來取代ἕτερον【異】。θέσις【安排】在這兒要被理解爲確定（Setzung），但不是在造成（Stiftung）或引起（Erzeugung）這種意義上，而是在下面這一意義上：把某種已經在此是的東西確定爲在此，因而是在「讓它把自己預先確定爲在此」之意義上。ἀντίθεσις【相反】在這兒就具有這一意義。現在問題是：與καλόν【美】相反的那個ἀντιτιθέμενον【相反的東西】是否是τί【某種東西】、某種東西、某一ὄν【是者】，或者它是否是ἀνώνυμον【無名稱的】、「無名稱的」，——它在這兒恰恰與那沒有自己的含有實事性並由此也沒ἔχει【有】ἐπωνυμίαν【名稱】的那種東西同義。Τοῦτ᾽ οὖν ἀνώνυμον ἐροῦμεν ἤ τιν᾽ ἔχον ἐπωνυμίαν; -Ἔχον【那我們說它是無名稱的，還是有名稱的？——有。】（257d9以下）「它有一個可能的名稱」，即基於它自己的含有實事性而從它自己那兒有著一個對於它自己本身之單義的名稱的某一指向嗎？「事實上有」。ὃ γὰρ μὴ καλὸν οὐκ ἄλλου τινὸς ἕτερόν ἐστιν ἢ τῆς τοῦ καλοῦ φύσεως.【因爲不美無非是異於美之本性的某個他者。】（參見257d10以下）因爲μὴ καλόν【不美】、與καλόν【美】ἀντιτιθέμενον【相反的】的那個東西，無非就是ἕτερον ἄλλου τινός【異於某個其他東西】、它同某一另外的東西相反[67]。在ἀντίθεσις【相反】中、在不（das Nicht）中所確定的東西，不可在隨意的無性（die Nichtigkeit）之空洞領域中理解：相反，它是ἕτερον ἄλλου τινὸς【異於某個其他東西】、是某一他者之不（das Nicht eines Anderen）。因此，說不（*das Neinsagen*）、在ἀντίθεσις【相反】中的不化（*die Vernichtung*），是某一結合的東西。由此會得出什麼呢？

2. 作爲ἀντίθεσις【相反】的μὴ ὄν【不是】之結構。μὴ ὄν【不是】之含有實事性。它的是（οὐσία【所是】）之完全尊嚴。在五個μέγιστα γένη【最大的屬】之範圍內μὴ ὄν【不是】作爲獨立的εἶδος【種】

下面這點顯現出來了：在ἀντίθεσις【相反】中說不（das Neinsagen），不是任意的〈說不〉，而是一種結合的〈說不〉。要問的是：由此會得出什麼？"Ἄλλο τι τῶν ὄντων τινὸς ἑνὸς γένους ἀφορισθὲν καὶ πρός τι τῶν ὄντων αὖ πάλιν ἀντιτεθὲν οὕτω συμβέβηκεν εἶναι τὸ μὴ καλόν：【由此豈不可以得出，不美

[67] 出現在莫澤爾和魏斯的筆記中。——原注

是在是者的某個屬中劃分出來的某一另外的東西，但復又與某個是者相反？】（257e2以下）由此會得出：μὴ καλόν【不美】：1.是ἄλλο τι【某一另外的東西】；它自身根據其自身是「某種另外的東西」，「根據是者那某一確定的含有實事的家系、γένος【屬】劃分出來」；ἀντιτιθέμενον【相反的東西】作爲他者具有一種確定的、含義實事的起源——該起源於它那兒在此是。2.它作爲這種被劃分出來的東西，是被放到一邊的東西，αὖ πάλιν πρός τι τῶν ὄντων ἀντιτεθέν【復又同某一是者相反】、「復又返回」到它由之源出的東西。它不僅僅在起源上被規定了，而且它**作爲這樣的東西**、作爲這種從γένος【屬】**所源出的東西**，在「**相反**（*Entgegen*）」之性質中、在「**再次返回**到它由之源出的東西」之性質上被確定。基於它的起源和它向其歷史的回返，它在某種程度上使得它自己的含有實事性變得可見[68]。因此，μὴ καλόν【不美】是ἀντίθεσις【相反】，並且尤其是ἀντίθεσις ὄντος δὴ πρὸς ὄν【是者與是者的相反】、「某一在場的東西、現成的東西同另一現成的東西」的ἀντίθεσις【相反】。正如λόγος【邏各斯】一樣，ἀντίθεσις【相反】在這兒必須在雙義上加以理解；它在這兒意味著ἀντιτιθέμενον【相反的東西】，就像λόγος【邏各斯】經常意味著λεγόμενον

[68] 見附錄。——原注

【被說的東西】一樣。但如果μὴ καλόν【不美】如此通過ἀντίθεσις【相反】而源出於某一γένος【屬】，即源出於καλόν【美】，——那麼，最終豈不它由之源出的καλόν【美】是τῶν ὄντων【是者】中μᾶλλον【更多的】、更多地是著，而μὴ καλόν【不美】是ἧττον【較少的】？（參見257e9以下）Οὐδέν【絕不】（257e11）。「絕不」：相反，兩者是ὁμοίως【同樣的】（258a1）、它們具有相同的在場之基本方式。Καὶ τἆλλα δὴ ταύτῃ λέξομεν【我們以相同的方式說其餘的】（258a7）：因此，我們能夠這樣辯證地理解所有其餘的ἕτερον【異】於其中是在場的是者、所有其餘的μόρια θατέρου【異之部分】，以至於ἀντιτιθέμενον【相反的東西】是一種ὄν【是者】，並且尤其和它被確定爲與之相反的那種東西ὁμοίως【同等地】是著。由此下面這點就變得清楚了：正如在差異性作爲差異性的意義上，他者通過πρός τι【之於某種東西】而不同於某一東西在此是，同樣，在差異性變換爲更小的差異性，即變爲含有實事的各種具體化的每一變換中，μὴ ὄν【不是者】是一種ὄν【是者】。因此，ἡ τῆς θατέρου μορίου φύσεως καὶ τῆς τοῦ ὄντος πρὸς ἄλληλα ἀντικειμένων ἀντίθεσις οὐδὲν ἧττον, εἰ θέμις εἰπεῖν, αὐτοῦ τοῦ ὄντος οὐσία ἐστίν.【當異的某一部分之本性和是的本性被確定爲彼此相反時，反面——如果可以這麼說的話——並不比是者本身更不是所是。】（258a11以下）在差異性中的具體的他者，與那被確定爲與之相反的那種東西相比，並不更少在此：οὐσία【所是】。

柏拉圖現在再次強調：ἀντίϑεσις οὐκ ἐναντίον σημαίνουσα【相反並不意指對立】（參見258b3），它並不意指空洞的、純粹的不（das leere und reine Nicht）。ἀλλὰ τοσοῦτον μόνον, ἕτερον ἐκείνου【而是僅僅這麼多：與之相異】（258b3），關於不（von Nicht）而是「僅僅意指這麼多」：於其中恰恰表現爲與那一東西相異的「他者」。Δῆλον ὅτι τὸ μὴ ὄν, ὃ διὰ τὸν σοφιστὴν ἐζητοῦμεν, αὐτό ἐστι τοῦτο.【顯然，由於智者的緣故我們才進行尋找的不是者，就是這種東西。】（258b6以下），顯然，由於智者的無可置疑的現成地是而促使我們去尋找的不是者，恰恰並且無非就是我們現在已經通過ἀντίϑεσις【相反】、ἀντιτιϑέμενον【相反的東西】或ἕτερον【異】在λέγειν【說】中所展露爲必然的λεγόμενον【被說的東西】的那種東西。

由此柏拉圖已經在概念上使得ἕτερον【異】本身變得透徹。這以下面這種方式發生，那就是他指出：**差異性作爲差異性**，只要它在一個具體的、含有實事的是者那兒是在此的，那麼，它就會導致差異性中含有實事的他者、因而具體化、μόριον ἑτέρου【異的部分】自身就總是一種ὄν【是】、是（Sein）；結果就是ὄν【是】的反面、μὴ ὄν【不是】自身，被稱作一種ὄν【是】，並且尤其被稱作下面這種ὄν【是】：它作爲相對於某一東西的他者，絕不是ἧττον ὄν【較少的是】、較少的是（Weniger Sein），而是ὁμοίως ὄν【同等的是】。因此，在這一新揭示出來的ἕτερον【異】之領域、在同空洞的ἐναντίον【對立】的相反中，兩者，即某一東西和他者都具有完全的在場之尊嚴（*die volle Dignität der Anwesenheit*）、〈完全的〉是之〈尊嚴〉。這是一種獨特的論證方法，眞正說來不是論證，而是對差異性之具體化的意義的一種展示。差異性給出了：只要它以相異地是這種方式（*in der Weise des Verschiedenseins*）波及某一東西和他者，那麼，兩者都是。因此，柏拉圖以及贏得了作爲ὄν【是】的一種μὴ ὄν【不是】。由此對話中的考察達到了一種臨時性的目的。μὴ ὄν【不是】是ἀντίθεσις【相反】：ἀντίθεσις【相反】是ἕτερον【異】之結構；而ἕτερον【異】是一種διὰ πάντων【貫穿一切】的東西，它具有在任何他者中的普遍在場：ἕκαστον οὐκ ὂν ποιεῖ【使每個都不是】（256e1以下）。因此，μὴ ὄν【不是】οὐδενὸς τῶν ἄλλων οὐσίας ἐλλειπόμενον【並不比其他東西缺少所是】（258b8以下），「就οὐσία【所是】、在場來說，它和其他東西並無二致。」ἐνάριθμον τῶν πολλῶν ὄντων εἶδος ἕν【算是眾多是者中的一個種】（258c3），它自身於是者那兒是一種特有的「可見性」，在每一作爲是者的是者那兒它能夠一道被看見，並且它作爲這種獨立的εἶδος【種】，ἐνάριθμον【被算】、「被算」入各種各樣的εἴδη【種】中，它出現在是者之κοινωνία【結合】中。這種ἐνάριθμον【被算】、這種「被算」，明確涉及到前面在ὑπόθεσις【前提】中先行設定的數目五。數目在這兒無非代表著在一個確定的、專題性地加以確定的κοινωνία【結合】之範圍內各種關聯的完備性和徹底性，即ὄν【是】、κίνησις【動】、στάσις【靜】、

ταὐτόν【同】之間的結合——在它們當中ἕτερον【異】作爲εἶδος ἕν【一個種】突顯出來。

因此，我們已經μακροτέρως【相當地】、「非常嚴重地」遠離巴門尼德的ἀπόρρησις【禁令】（參見258c6以下）、「禁令」，即要遠離對μὴ ὄν【不是】的探究；我們已經在某種程度上拒絕相信它。我們不僅通過畢竟敢於探究巴門尼德所禁止的μὴ ὄν【不是】而違背了他的禁令，而且εἰς τὸ πρόσθεν ἔτι ζητήσαντες ἀπεδείξαμεν αὐτῷ【往前走，在研究中向他證明】（258c9以下）、「我們還繼續往前走，並向他指出某種實事性的新東西」：μὴ ὄν【不是】自身作爲εἶδος【種】而變得可見。

3. 同巴門尼德相比，柏拉圖於μὴ ὄν【不是】之學說上的實事性的進步。ἀντίθεσις【相反】和ἐναντίωσις【對立】

柏拉圖現在對關於μὴ ὄν【不是】的這種新的、根本的揭示有了一個明確的意識。他在該揭示所觸及的東西中清楚地表達該揭示。他說：οὐ μόνον τὰ μὴ ὄντα ὡς ἔστιν ἀπεδείξαμεν【我們不僅證明瞭不是者是】（258d5以下），我們不僅指出了μὴ ὄν【不是者】是，而且還特別地τὸ εἶδος ὃ τυγχάνει ὂν τοῦ μὴ ὄντος ἀπεφηνάμεθα【揭示了不是者所歸屬的種】（258d6以下），「我們還展示了這種μὴ ὄν【不是者】本身的τὸ εἶδος【種】、外觀」。我們已經指出這種μὴ ὄν【不是者】本身看起來怎樣。這一展示包含兩樣東西：τὴν θατέρου φύσιν ἀποδείξαντες οὖσάν τε καὶ κατακεκερματισμένην ἐπὶ πάντα τὰ ὄντα πρὸς ἄλληλα【揭示出異的本性是著，並且分散於所有彼此相對的是者身上】（參見258d7以下）。我們於它自身那兒探究其可見性，並且，1.我們通過讓它的結構作爲ἀντίθεσις【相反】變得可見而把τὴν θατέρου φύσιν【異的本性】展示爲οὖσάν【是著】：μὴ ὄν【不是者】是某種東西，它一方面同某一他者ἀφορισθέν【區分開來】（257e2）、「區分開來」，但另一方面，作爲這種被區分開的東西，它同時也πάλιν【復又】、「再次返回（wiederum zurück）」，πρός τι【之於某種東西】（257e3）、「之於他者」，之於被區分開的東西，並與之共同屬於同一個γένος【屬】、屬於同一個家系。2.我們由此同時指出那貫穿於所有是者的差異性的變換之可能性（die Auswechslungsmöglichkeit）：任何含有實事的他者，在源於某一確定的γένος【屬】這種起源上是它所是的，從而它作爲他者是同某一東西相反的。因此，μὴ ὄν【不是】是一種κατακεκερματισμένον ἐπὶ πάντα【分散於一切身上的東西】（參見258e1）、「分散在一切身上」——在錢幣兌換之意義上；作爲差異性的差異性中那面值大的，兌換成了各種不同的是者之可能的諸具體化。現在無人會再說：我們在言談μὴ ὄν【不是者】時——如果我們宣稱μὴ ὄν【不是者】之ὄν【是著】，μὴ ὄν【不是者】之εἶναι【是】——我們一無所指，並試圖就無而證明它的是（sein Sein）。相反，我們已經爲μὴ ὄν【不是】

找到了一個確定的、新的概念，一個結構，即與ἐναντίωσις【對立】相區別的ἀντίθεσις【相反】。

在259a—b，柏拉圖再次總結性地重複了結論，並將之置於辯證法的任務中。因爲僅僅現在，基於對μὴ ὄν【不是】的這種揭示，辯證法才在其作爲基本研究的可能性中變得可見。因此，柏拉圖首次將它形成概念。

㈢ 作爲ἕτερον【異】的μὴ ὄν【不是】，作爲辯證法的可能性基礎。對辯證法的第四個刻劃

通過作爲ἕτερον【異】的μὴ ὄν【不是】，以及ἕτερον【異】本身變換爲具體的是者這種變換之可能性，辯證的科學才是可能的。這門科學不是無用的遊戲，而是χαλεπὸν ἅμα καὶ καλόν【艱難同時美好】（259c4以下），「艱難，但同時又美好」的東西。它之所以是艱難的，那是因爲我們在辯證法的園地裡不可能通過空洞且盲目地在概念上鑽牛角尖來進行工作；相反，διαλέγεσθαι【對話】的眞正意義是ἀποφαίνεσθαι【顯示】，讓各種可見性、εἴδη【種】於是者本身那兒被看。並且這門科學是美好的，因爲辯證法作爲διαίρεσις【分開】、作爲在其各種可能的可見性上對是者的分開，在其是本身上讓是者的界限變得可見，並由此首先在其在場上顯示是者。因此，對於διαλεκτικός【辯證學家】來說，基本任務和基本要求是：τοῖς λεγομένοις οἷόν τ' εἶναι καθ' ἕκαστον ἐλέγχοντα ἐπακολουθεῖν【能夠在盤問中逐個探究那些被說的東西】（259c8以下），「能夠」ἐπακολουθεῖν【探究】、「探究」τοῖς λεγομένοις【那些被說的東西】、「被說的東西」；並且尤其在其被說地是（Gesagtsein）中探究被說的東西，即探究在每一λεγόμενον【被說的東西】中於ὄντα【諸是者】或εἴδη【諸種】身上被一道說的東西；並且對εἴδη【諸種】進行ἐλέγχειν【盤問】、「示眾」、展露、讓被看，不僅僅在隨意的序列上，而且ἐκείνῃ καὶ κατ' ἐκεῖνο【照那樣並根據那樣】（259d1）、在當時各自的、於其中它們得以被說的著眼點上，以及在同該著眼點向之引導的東西的關聯中。因此，唯有這種διαλεκτικὴ ἐπιστήμη【辯證的知識】才是一種ἔλεγχος ἀληθινός【真正的盤問】（參見259d5以下）。因此，辯證法之眞正的、確定的觀念——如它在這兒所突顯出來的那樣，通過ἕτερον【異】之觀念以及通過將之規定爲相對於ἐναντίωσις【對立】的ἀντίθεσις【相反】才變得可能。

(四)附記：在柏拉圖和亞里士多德那兒的「不」之「理論」[69]。在巴門尼德、安提司特涅斯和柏拉圖（《國家篇》、《會飲》、《智者》）那兒的「不」。對安提司特涅斯同義反覆的邏輯的克服。辯證邏輯。亞里士多德的對立理論。——對《智者》的進一步劃分

柏拉圖在《智者》前早就已經；或許在其眞正哲學活動的一開始就已經看到了在ἐναντίωσις【對立】、空洞的否定（die *leere Negation*）和ἀντίθεσις【相反】、進行展開的不（das *erschließende Nicht*）之間的區別。但他很晚才眞正掌握該區別，即他很晚才眞正看清ἕτερον【異】之概念。這一區別首先於各種不可能性（die Unmöglichkeiten）那兒顯現出來，而這些不可能性從ἐναντίωσις【對立】作爲單純的否定以及同一化作爲單純的κατάφασις【肯定】——如在安提司特涅斯那兒那樣——那兒產生，並且人們想以此爲基礎把那些不可能性發布爲可能。因此，如柏拉圖在《國家篇》（*Politeia*）第五卷中說：*ἡ φύσις φαλακρῶν καὶ κομητῶν ἐναντία*【禿頭者的本性和長髮者的本性是對立的】（參見454c2以下），「禿頭者的φύσις【本性】和長髮者的〈本性〉是不同的」。基於安提司特涅斯的邏輯之論點，即我們在λόγος【邏各斯】中總是僅僅能夠說同一的東西，我們無疑能夠說並得出下面這

[69] 在海德格手稿中的標題：在柏拉圖和亞里士多德那兒的對立「理論」。——原注

一結論：ἐπειδὰν ὁμολογῶμεν ἐναντίαν εἶναι, ἐὰν φαλακροὶ σκυτοτομῶσιν, μὴ ἐᾶν κομήτας, ἐὰν δ᾽ αὖ κομῆται, μὴ τοὺς ἑτέρους.【假如我們同意是對立的，那麼：如果禿頭的人是鞋匠，長髮的人就不得是；如果長髮的人是鞋匠，禿頭的人就不得是。】（454c3以下）「如果禿頭的人具有做鞋這項τέχνη【技藝】」，如果做鞋與他相適合，那麼，「那些是長髮的人」就不能成爲鞋匠。柏拉圖如下面這樣刻劃這一進程：κατ᾽ αὐτὸ τὸ ὄνομα διώκειν τοῦ λεχθέντος τὴν ἐναντίωσιν, ἔριδι, οὐ διαλέκτῳ πρὸς ἀλλήλους χρώμενοι.【單單根據名稱來追逐被說者的對立，彼此間使用的是爭吵而不是對話。】（454a7以下）在說—對立（das Dagegen-sagen）那兒，即說不（das Nicht-sagen）那兒，單單緊緊抓住被說出來的東西、抓住語詞那外在的同一性和唯一性——因爲人們僅僅致力於爭吵而不是對某一事情的對話。因此，柏拉圖在這兒將共同一起把某一事情說透賦予διαλεκτικός【辯證學家】或διαλέγεσθαι【對話】，反之，在ἀντιλογικός【辯論者】，或ἐριστικός【爭吵者】和ἐρίζειν【爭吵】那兒，則是單純的語詞遊戲。但我們還無法反對上面的論點，只要我們還沒有讓下面這點變得透徹：λόγος【邏各斯】是異於對ταὐτόν【同】進行一種λέγειν【說】的某種東西。這看起來完全形式邏輯的任務有著畢竟首先使得辯證的科學成爲可能這一影響。在這兒，第一次提出了否定之難題，並且邁出了第一步。

這在現象學上可加以簡略地加以澄清。在每一說—不（*das Nicht-sagen*）中的任何「不（Nicht）」，無論在語言上明確與否，作爲對……的言說（*Sprechen von*

…）而具有顯示之性質（*der Charakter des Aufzeigens*）。甚至空洞的不（*das leere Nicht*），對某種東西之於任何隨意的東西的單純排斥，也在顯示；但它只不過顯示否定奠基其上的、因而在說—不中同無（das Nichts）相區分的那種東西。這種空洞的否定，彷彿把意指、λέγειν【說】和νοεῖν【看】置於無前；它無非是讓奠基著被否定的東西的那種東西被看。這就是在巴門尼德那兒的否定之意義。因此，這種置於無前面、純粹進行排斥的否定，首先在我們邏輯學的發展史中、在對λόγος【邏各斯】的把握中得到揭示。但這不可以誘使我們以爲這種否定、空洞的排斥是最切近的東西和通常在λέγειν【說】中實施出來的東西。相反，源始的否定恰恰是柏拉圖將之展露爲ἀντίθεσις【相反】、而後亞里士多德在一種值得注意的術語之反轉中將之稱作ἐναντίωσις【對立】的那種東西。那種空洞的否定——正如它一直到柏拉圖都統治著λέγειν【說】，不是從對λόγος【邏各斯】的一種原初研究那兒產生出來；相反，它基於一種特定的——不可理解爲責備——倉促的是之理論，即基於巴門尼德的是之理論產生出來。巴門尼德首次看到的在此之普遍性質（der Charakter des Da）、εἶναι【是】之〈普遍性質〉，對他來說同時成爲了是者整體之含有實事的領域。因此，他將是態學上的是之意義（der ontologische Sinn des Seins）等同於是態上的是者之全體（die ontische Gesamtheit des Seienden）。只要這出現了，那麼，對於任何說不而言，的確僅僅剩下無——因爲的確除了作爲ὄν【是】的ἕν【一】之外別無什麼[70]。由此顯明：對λόγος【邏各斯】以及邏輯學的澄清，往回引到當時關於是之意義的清晰度上。我們能夠設想：基於對μὴ ὄν【不是者】之ὄν【是】的新的洞察，柏拉圖同時爲闡釋λόγος【邏各斯】贏得了一個新的基礎；因而同柏拉圖在規定和澄清是者時所取得的進步相應，出現了一種對λόγος【邏各斯】進行徹底的把握這一新的可能性——就像它事實上在《智者》中首次出現那樣。

因此，柏拉圖早已看到了ἕτερον【異】——這要加以強調，但並未在概念上把握住它。例如，在《會飲》中狄俄提瑪（Diotima）說：Μὴ τοίνυν ἀνάγκαζε ὃ μὴ καλόν ἐστιν αἰσχρὸν εἶναι, μηδὲ ὃ μὴ ἀγαθόν, κακόν. οὕτω δὲ καὶ τὸν Ἔρωτα ἐπειδὴ αὐτὸς ὁμολογεῖς μὴ εἶναι ἀγαθὸν μηδὲ καλόν, μηδέν τι μᾶλλον οἴου δεῖν αὐτὸν αἰσχρὸν καὶ κακὸν εἶναι, ἀλλά τι μεταξύ τούτοιν.【那麼，不能必然說不美就是醜、不好就是壞。愛神也同樣如此：可以承認他既不好也不美，但他並不由此就必定是醜和壞；相反，他是介於二者中間的。】（參見202b1以下）柏拉圖後來才將ἕτερον【異】揭示爲範疇並加以把握，但這還是基於那本質上、甚至還位於亞里士多德那兒的巴門尼德的是態學。亞里士多德在對否定的展開上繼續推進。他更加清楚地把握了對立學說——正如在它的形成上柏拉圖邁出了第一步一樣。我在這兒無法總

[70] 同樣位於莫澤爾的筆記中。——原注

的闡述它，而是只能給出最必需的。

亞里士多德在ἀντικείμενον【對立】這一形式術語下總結了對立地是（das Gegenübersein）、對立（das Gegen）、最寬泛意義上的「不」的所有不同的方式。他區分出四種ἀντικείμενα【對立】方式：1. ἀντίφασις【矛盾】、矛盾，他第一次揭示了它，儘管它的確已經隱含在柏拉圖那兒；因爲只有對φάσις【說】本身有著某種洞察，方才能看到自相反對地說（der *Wider-spruch*）。2. ἕξις【具有】和στέρησις【缺失】之間的對立。3. ἐναντία【相反】。4. τὰ πρός τι【相對物】⓫。

⓫ 海德格這兒所指出的亞里士多德關於「對立」的這四種方式，其實首先出現在亞里士多德《範疇篇》第十章（11b17以下）：Λέγεται δὲ ἕτερον ἑτέρῳ ἀντικεῖσθαι τετραχῶς, ἢ ὡς τὰ πρός τι, ἢ ὡς τὰ ἐναντία, ἢ ὡς στέρησις καὶ ἕξις, ἢ ὡς κατάφασις καὶ ἀπόφασις. ἀντίκειται δὲ ἕκαστον τῶν τοιούτων, ὡς τύπῳ εἰπεῖν, ὡς μὲν τὰ πρός τι οἷον τὸ διπλάσιον τῷ ἡμίσει, ὡς δὲ τὰ ἐναντία οἷον τὸ κακὸν τῷ ἀγαθῷ, ὡς δὲ κατὰ στέρησιν καὶ ἕξιν οἷον τυφλότης καὶ ὄψις, ὡς δὲ κατάφασις καὶ ἀπόφασις οἷον κάθηται—οὐ κάθηται.【一個東西在四種方式上被說成是同另一個東西相對立：或者如「相對物」那樣、或者如「相反者」那樣、或者如「缺失」與「具有」那樣、或者如「肯定」與「否定」那樣。它們中的每一種都是對立的，概而言之，如「相對物」那樣——例如兩倍同一半相對立，如「相反者」那樣——例如壞同好相對立，如「缺失」與「具有」那樣——如盲瞎和視力，如「肯定」與「否定」那樣——如他坐著和他不坐著。】在《形而上學》第五卷第十章（1018a20以下）亞里士多德所講的則略有差異：Ἀντικείμενα λέγεται ἀντίφασις καὶ τἀναντία καὶ τὰ πρός τι ἀντίφασις【矛盾】的例子是：A是B——A不是B；ἕξις【具有】和στέρησις【缺失】的例子是：某一運動的東西——某一不運動的東西；ἐναντία【相反】的例子是：美的——醜的；πρός τι【相對物】的例子是：一倍——一半、前——後。於是亞里士多德更加深入地把握了ἐναντίον【對立】，從而也更加深入地把握了柏拉圖的ἕτερον【異】。同柏拉圖相比，亞里士多德已經更加清楚地看到：在ἐναντίον【對立】中某一自我同一的東西是構建性的——畢竟著眼於它方才可能有某種διαφορά【差異】。因此他追問同一的方面，鑒於它某種東西方才能被說成是相對於某一東西的他者。只要這種同一的方面首先通過γένος【屬】表現出來，其次通過εἶδος【種】表現出來，那麼，在這兒於ἐναντίον【對立】本身之範圍內就會出現一種區別。在對ἐναντίον【對立】的更加深入的把握和一般對立之間的這種連繫，已經是這樣一種東西：它把純粹是態學上的γένος【屬】和εἶδος【種】這兩概念，即把家系、起源和可見性修正爲眞正形式邏輯的範疇——就像它們後來作爲屬和種在起作用那樣。把是態學的概念改造爲形式邏輯的概念這整個問題，同μὴ ὄν【不是】之

καὶ στέρησις καὶ ἕξις καὶ ἐξ ὧν καὶ εἰς ἃ ἔσχατα αἱ γενέσεις καὶ φθοραί· καὶ ὅσα μὴ ἐνδέχεται ἅμα παρεῖναι τῷ ἀμφοῖν δεκτικῷ, ταῦτα ἀντικεῖσθαι λέγεται.【所謂對立，指矛盾；相反，相對物，缺失和具有，以及生成和毀滅由之和向之的〈兩個〉極點；此外，那些不能同時在場於那可接受兩者的東西中的，也被稱作對立。】——譯注

理論相連繫——該理論是一個純粹是態學的理論。在柏拉圖那兒，我們絕不可以把γένος【屬】和εἶδος【種】翻譯爲屬和種。亞里士多德在《形而上學》第十卷第三章和第五章，通過對第五卷第十章的總結探討了對立學說[72]。[73]

在259e對λόγος【邏各斯】的闡釋，同柏拉圖基於對ἕτερον【異】的新揭示而來的對辯證法的刻劃相連接。尤其是259e—261c，顯示了爲何必須在同該對話之主題的連繫中明確澄清λόγος【邏各斯】是什麼。261c—263d給出了對λόγος【邏各斯】的分析；263d—264d給出了對δόξα【意見】和φαντασία【想像】的分析；要注意：後者跟隨著對λόγος【邏各斯】的分析，並且被嵌入對λόγος【邏各斯】的分析中。從264d直至結束，現在基於對μὴ ὄν【不是】、λόγος【邏各斯】和δόξα【意見】的新意義，接著澄清早前已經給出的對作爲τέχνη ἀντιλογική【辯論技藝】的智者之τέχνη【技藝】的解釋。恰恰這一過渡——即從現在所贏得的辯證法之觀念和辯證法的基本探究過渡到對λόγος【邏各斯】的分析——**對於理解整個對話來說是重要的**。辯證法的恆常主題是在其可能性上澄清智者的生存。我要強調，恰恰於這一過渡那兒，我們能夠並且必須在原則上反思下面這點：憑藉辯證法的基本考察贏得了什麼，對λόγος【邏各斯】的分析與之處於何種情形，以及所有這些如何都屬於對話本身之

---

[72] 海德格頁邊注：以及ἕν【一】，《形而上學》第五卷第六章。——原注

[73] 見附錄。——原注

課題。因此，辯證法的基本思考並不顯露爲貧瘠地在概念上鑽牛角尖，也不顯露爲人們將之稱作「邏輯學」的一種形式學科在學說內容上的單純增加；相反，它顯露爲對各種基本結構的澄清——只要人的生存、在這兒是智者的生存、間接地是哲學家之生存，畢竟要加以追問，那麼，這些結構就會顯現出來。

廿九、從辯證法的基本思考向對λόγος【邏各斯】的分析的過渡（259e-261c）。辯證法的基本考察之含義這一問題

(一)展示分析λόγος【邏各斯】的必要性。與λόγος【邏各斯】相關聯ὄν【是】和μὴ ὄν【不是】之間的συμπλοκή【聯結】的成問題性

智者的生存在一種λέγειν【說】或δοξάζειν【認爲】之行爲中活動。由此智者的τέχνη【技藝】被刻劃爲εἰδωλοποιική【圖像創制術】，而他的【邏各斯】被刻劃爲λόγος ψευδής【假的邏各斯】。λόγος ψευδής【假的邏各斯】在240d得到了充分的標畫：ψευδὴς δόξα ἔσται τἀναντία τοῖς οὖσι δοξάζουσα【是相信同那些是著的東西相反的東西的假意見。】（參見240d6以下）因此，在智者的λέγειν【說】中的ἐναντία【相反的東西】是主題。在智者的行爲中，λέγειν【說】同ψεῦδος【假的東西】，即同μὴ ὄν【不是者】在是上的統一性，是在此具體是著的。因此，如果宣稱智者是，宣稱實際上有智者，那麼，由此就得宣稱一種προσαρμόττειν τοῦ ὄντος

【是者之切合】，即λέγειν【說】πρὸς μὴ ὄν【之於不是者】的προσαρμόττειν【切合】[74]。正如我早前所強調的：智者是μὴ ὄν【不是者】本身之實際性。但智者會基於μὴ ὄν【不是者】不是這一巴門尼德的命題來反駁這點。他說：沒有μὴ ὄν【不是者】，因而也沒有任何可能的μὴ ὄν【不是者】同λέγειν【說】的可結合性，即沒有任何ψευδὴς λόγος【假的邏各斯】；諸位說我是我根本不能是的，這一責難不能用在我身上。但是現在，通過辯證法的基本考察已經指出了ὄν【是】同μὴ ὄν【不是】的συμπλοκή【聯結】。現在已經使得ὄν【是】同μὴ ὄν【不是】或同ἕτερον【異】的δύναμις κοινωνίας【結合之可能性】變得可見。這意味著：智者在其生存之可能性上已經被揭開。由此智者藏身其下的那種堡壘顯然就坍塌了。

但早前柏拉圖已經暗示：智者們是一種δυσθήρευτον γένος【難以把握的屬】（參見261a5以下）、一種難以捕捉的家系[75]。也即是說，對於該狩獵來說，需要正確地精通狩獵所針對的東西。事實上，智者現在還沒有讓他自己遭到捕獲。他說：好吧，就算不是者是。但同時他又責備我們，說我們自身的確強調過：我們不想同意πάντα ἀλλήλοις δύναμιν ἔχειν ἐπικοινωνίας【一切都具有彼此結合之可能性】（參見252d2以下）。每一東西都能夠隨意地同每一東西共同一起是，我們自身已經

[74] 根據238c5以下。參見第423頁。——原注
[75] 參見218d3以下。參見第259頁。——原注

將這點作爲一種不可能性加以拒絕。因而他將說、φαίη【他會說】（260d6），τῶν εἰδῶν【在諸種中】、在是者身上的「諸可見性中」，一些會μετέχειν τοῦ μὴ ὄντος【分有不是】，τὰ δ᾽ οὔ【而一些則不】（260d7）。在一些是者那兒，μὴ ὄν【不是】將在此是、能夠在此是；但在一些是者那兒則不。而λόγος【邏各斯】和δόξα【意見】就屬於後者（參見260d8）。他會說你們還沒有指出：λόγος【邏各斯】作爲一種ὄν【是者】，能夠具有同μὴ ὄν【不是】的一種可能的κοινωνία【結合】，因而能夠有著諸如一種λόγος ψευδής【假的邏各斯】，或在φανταστική【想像術】意義上的τέχνη【技藝】這樣的東西（參見260d9）。只要還沒有指出這點，那麼，智者的生存之可能性實際上就還沒有得到證明。因此，要重新對智者進行攻擊。

事實上，如果我們仔細加以留意，就會發現辯證法的基本考察不再活動在λόγος【邏各斯】的領域中，而是在五個非常普遍的εἴδη【種】之範圍內進行：ὄν【是】、κίνησις【動】、στάσις【靜】、ταὐτόν【同】、ἕτερον【異】。但是，由於現在就其生存來看的智者是對話的主題，那麼，就必須要指出λόγος【邏各斯】同μὴ ὄν【不是】的可結合性，指出不是（das Nichtsein）於某種是者（in einem Seienden），即於λόγος【邏各斯】那兒的共同在場。但對此假設了兩樣東西：1.在ὄν【是者】和μὴ ὄν【不是】之間畢竟存在著一種可結合性；2.關於λόγος【邏各斯】本身是什麼、δόξα【意見】本身是什麼，是清楚的。因爲僅僅基於λόγος【邏各斯】或δόξα【意見】的實事內容，它們同μὴ ὄν【不是】κοινωνία【結合】的可能性才可能變得明顯。第一個假設——即在ὄν【是者】和μὴ ὄν【不是】之間畢竟存在著一種可結合性，在原則性的、辯證法的考察中已經得到確證。τὸ [...] μέγιστον ἡμῖν τεῖχος ᾕρημένον ἂν εἴη, τὰ δ᾽ ἄλλα ἤδη ῥᾴω καὶ σμικρότερα.【我們已經占領了最高的城牆，其他的則較容易和較矮小。】（261c2以下）「在堡壘那兒，最高和最大的圍牆應該已經被占領了，其他的就便是較容易的和較矮小的。」

(二) λόγος【邏各斯】（或ψυχή【靈魂】）和λόγος ψευδής【假的邏各斯】作爲辯證法的基本思考之核心主題。εἴδη【諸種】的κοινωνία【結合】作爲一般λόγος【邏各斯】的可能性之條件。κίνησις【動】和στάσις【靜】作爲是者之認識的基本現象。κίνησις【動】和ἕτερον【異】的συμπλοκή【聯結】作爲λόγος ψευδής【假的邏各斯】之先行規定。——ψεῦδος【假東西】之是作爲欺騙現象在是態學上的根基

對於一種λόγος ψευδής【假的邏各斯】之可能性來說，即對於某一ὄν【是者】和μὴ ὄν【不是】的κοινωνία【結合】來說，本質性的東西首先是洞察到下面這一不可能性，那就是：πᾶν ἀπὸ παντὸς ἀποχωρίζειν【把每一東西同每一東西分開】（參見259d9以下）、「我們能夠把每一東西同每一東西分開」[76]。任何認

[76] 海德格頁邊注：λέγειν【說】：收集、聚集某種東西。——原注

爲我們能夠把每一東西同另外的東西絕然分開的人，都是一位ἄμουσος【無文化的人】和ἀφιλόσοφος【不懂哲學的人】（259e2）。這樣一種διαλύειν ἕκαστον ἀπὸ πάντων【把每一東西同所有其他東西分開】（259e4），就等於τελεωτάτη πάντων λόγων ἀφάνισις【徹底取消所有邏各斯】（參見259e4）、「完全取消（Zum-Verschwinden-Bringen）對某種東西的任何談及」。如果根本沒有κοινωνία【結合】，那麼，也就沒有對某種東西的指出、也就沒有通達某一視見、通達εἴδη【種】的門徑，於是λέγειν【說】以及由此而來的人之此是、ζῷον λόγον ἔχον【會說話的動物】就是盲瞎的。並且只要這種此是被規定爲κίνησις【動】，那麼，人的這種盲瞎的此是就被交給了混亂無序。這是引導柏拉圖全力以赴地致力於澄清λόγος【邏各斯】的眞正意圖。如果λόγος【邏各斯】ἡμῖν γέγονεν【已經生成給我們了】（參見259e6）、已經同我們的是本身共同在此是了，那麼，它就只能是διὰ τὴν τῶν εἰδῶν συμπλοκὴν【通過諸種的聯結】（參見259e5）、基於συμπλοκήν τῶν εἰδῶν【諸種的聯結】。只有存在著於是者那兒各種可見東西的一種可結合性[77]，只有是者自身允許諸如在「作爲」性質中其自身的可揭開性那樣的東西，才有著一種λέγειν【說】；並且只有存在著一種λέγειν【說】，人的生存才是可能的。因此，在所有其他之前，

[77] 海德格頁邊注：在自己那兒進行指點的交織。——原注

首先必須爲之戰鬥到底並迫使ἐᾶν ἕτερον ἑτέρῳ μείγνυσθαι【承認一個同另一個混合在一起】（260a2以下）、「承認一個能夠同另一個相混合」這種可能性，換句話說：ἕτερον【異】在ὄν【是者】中的在場。因此，完全撇開λόγος【邏各斯】自身是什麼不看，首先也得拯救它作爲一種ὄν【是者】之可能性。〈λόγου〉στερηθέντες, τὸ μὲν μέγιστον, φιλοσοφίας ἂν στερηθεῖμεν【當我們剝奪了邏各斯這最重大的東西，我們也剝奪了哲學。】（260a6以下）如果我們剝奪了λέγειν【說】——即剝奪根本地構成了我們的是的那種最高的東西，那我們也就失去了哲學。在這兒，探究智者的間接積極性重新顯露出來。因此，指望柏拉圖還寫了一篇關於哲學家的對話是膚淺的，並且是一種誤解；對此他會當面加以否認。關於卓越的是者，即關於哲學家的問題，或關於負面的是者，即關於智者的問題，同是（Sein）和不是（Nichtsein）這一根本性的問題一起在相同的方式上是中心的。但從希臘人的角度來說，這是關於ζῷον πολιτικόν【政治的動物】的問題、是關於在πόλις【城邦】中的人之是的問題。如果沒有哲學，即沒有眞正意義上的λέγειν【說】，那麼，也就沒有人的生存。因此，人類學的（anthropologisch）問題是是態學的（ontologisch）問題，反之亦然；並且兩種問題都全然集中在「邏輯的（logisch）」問題之上，在此「邏輯的」應被理解爲那關乎正確加以理解了的λόγος【邏各斯】的東西，因而不是作爲形式邏輯的東西加以理解，而是在希臘人的意義上加以理解。由此，**無論是在整個對話中**，**還是在對智者的現象上的結構的展示中**，λόγος**【邏各斯】的優先性都會變得清楚**。

因爲只有從這兒出發，我們才能夠眞正理解辯證法的基本考察。它既不是某種孤立的東西——如內核之於外殼那樣，它也不是形式的。因爲，下面這點是引人注目的：在辯證法的考察所圍繞的那五個γένη【屬】之範圍內，「動」和「靜」被稱作「某種東西」、「同一性」、「差異性」。然而，κίνησις【動】和στάσις【靜】顯然是不同於ὄν【是】、ταὐτόν【同】、ἕτερον【異】的〈兩個〉含有實事的εἴδη【種】，它們在此不是好像柏拉圖偶然想起的、隨隨便便的東西；相反——如果我們想起來了的話——κίνησις【動】和στάσις【靜】是在現象上於γιγνώσκειν【認識】那兒拾取出來的東西，或者，意味著於νοεῖν【看】那兒所拾取出來的同樣的東西，並且復又等同於在λέγειν【說】那兒拾取出來的東西[78]。因此，如果κίνησις【動】和στάσις【靜】屬於基本考察，那麼，λόγος【邏各斯】**自身已經專題性地位於辯證法的分析中**。

此外，要明確強調的是：五個εἴδη【種】，在辯證法的考察之範圍內首先彼此被賦予了同等地位，沒有哪個比其他的具有某種優先性；但是，考察又的確是**以κίνησις【動】爲引導線索**而進行的[79]。但κίνησις【動】引導著辯證法的分析，這意味著什麼？無非就是：**對於辯證法的考察來說，眞正著眼的是ψυχή【靈魂】，並**

[78] 參見第487頁以下。——原注

[79] 參見第548頁。——原注

且尤其是在其λέγειν【說】這一基本行爲中的ψυχή【靈魂】，進而是作爲κίνησις【動】的ψυχή【靈魂】的這種λέγειν【說】——它恰恰關乎ἕτερον【異】如何能夠同它共同一起是。因爲，辯證法的基本考察的確結束於證明：μὴ ὄν【不是】、ἕτερον【異】同κίνησις【動】共同是。因此，在辯證法的基本考察——它似乎完全遠離在對話中所探討的其他東西——中，實際探討的無非下面這唯一的主題：智者本身之生存。辯證法的基本考察無非就是先行標畫在λόγος【邏各斯】中的μὴ ὄν【不是】之παρουσία【在場】。這種探究之結果意味著：ἕτερον【異】能夠同κίνησις【動】，即同ψυχή【靈魂】、同λόγος【邏各斯】相κοινωνεῖν【結合】。在這兒，κίνησις【動】不是隨隨便便的東西，而是對於ψυχή【靈魂】、λόγος【邏各斯】的先天稱號（der apriorische Titel），並且尤其是在μεταξύ【居間】——即使還沒有對之加以澄清——之意義上。因此，如果κίνησις【動】在這兒是辯證法的考察之主題，那麼，該主題無非就是人的此是（das menschliche Dasein）、生命本身（das Leben selbst）[80]——只要它表達自己並談及那它於其中是的世界。或許στάσις【靜】也不是隨隨便便的概念——作爲κίνησις【動】之單純形式上的反對概念；相反，στάσις【靜】在更加敏銳的觀望那兒顯露爲是者本身的先天規定性，（die

---

[80] 也可以譯為「生活本身」。——譯注

apriorische Bestimmtheit des Seienden selbst），並且尤其顯露爲下面這種規定性：它使得在是者那兒通過λέγειν【說】而來的可揭示性變得可能，即使得認識活動得以可能。因爲στάσις【靜】無非意味著ἀεὶ ὄν【始終是著的東西】、始終是著的東西、恆常者（*das Ständige*），以至於我們現在——既然我們眞正地進行了闡釋——不再把στάσις【靜】翻譯爲「靜」，而是翻譯爲：「恆常性（die Ständigkeit）」❽。因此，諸位看到：在恆常性（die Ständigkeit）這一概念、始終（das Immer）這一概念中——儘管不明確，但根據事情——時間現象（das *Phänomen der Zeit*）作爲在其是上規定著是者的現象，實際上對柏拉圖顯露了出來：當下（Gegenwart）、παρουσία【在場】——它經常被徑直簡化爲οὐσία【所是】加以把握。並且λέγειν【說】、對是者進行談及的揭開，無非就是使當下化（das Gegenwärtig-machen），即使是者本身的可見性當下化，並由此使是者在其所是中當下化：λέγειν【說】作爲通過當下化而來的展開，占有著當下。因此，λόγος【邏各斯】，以及由此而來的人、哲學家、智者、最高的生存之可能性，是這種看起來抽象地在概念上鑽牛角尖的主題。

因此λόγος【邏各斯】是核心現象（*Kernphänomen*）。如果要指出λόγος【邏各

---

❽ 海德格頁邊注：1.有站立處，立於自身。2.在這種站立處那兒持續：停留。——原注

斯】同μὴ ὄν【不是】的可結合性，那麼，就要顯示：ψεῦδος【假象】是一種ὄν【是者】。Ὄντος δέ γε ψεύδους ἔστιν ἀπάτη【但如果假像是，那麼，欺騙就是。】（260c6）「但是，如果欺騙、ψεῦδος【假象】是，那麼假像、ἀπάτη【欺騙】也就是。」因此，在翻譯時我恰恰使用了與通常的表達相反的表達：把ψεῦδος【假象】譯爲「欺騙（Täuschung）」，把ἀπάτη【欺騙】譯爲「假象（Trug）」。因爲ἀπάτη【欺騙】在這兒並不意味著進行欺騙的行爲（das Täuschende Verhalten），而是是者之可能性（die Möglichkeit des Seienden），即它能夠迷惑，就像我們說「假象迷惑（der Schein trügt）」一樣，因而它是是者本身的一種規定。隨著ψεῦδος【假象】之可能性必然連帶給出了ἀπάτη【欺騙】。然而，如果ἀπάτης οὔσης【欺騙是】（260c8），那麼，εἰδώλων τε καὶ εἰκόνων ἤδη καὶ φαντασίας πάντα ἀνάγκη μεστὰ εἶναι【一切必然已經充滿了圖像、映像和想象】（260c8以下），那麼一切必然充滿了各種εἴδωλα【圖像】、εἰκόνες【映像】、φαντασίαι【想象】。εἴδωλα【圖像】：可見性，它僅僅看起來是、但其實不是它所表現出來的那種東西；εἰκόνες【映像】：它自身所不是的某種東西之肖像、描繪；φαντασίαι【想象】，在柏拉圖的意義上被把握爲如φαίνεται【顯現】一樣：顯現出來的某種東西，它僅僅看起來如……。因此，對λόγος【邏各斯】同ἕτερον【異】的可結合性，即λόγος ψευδής【假的邏各斯】的是之可能性的證明，同時引向對εἴδωλον【圖像】、εἰκών【映像】、φαντασία【想象】這些獨特現象進行理解之可能性。某種東西作爲它同時所不是的東西而是，這是謎一樣的東西。對此柏拉圖現在已經獲得了某種理解，並由此同時爲在是態學上理解αἰσθητόν【可感物】本身邁出了一步。我們必須改掉下面這一毛病，那就是用書本視域（der Schulhorizont）[82]來衡量柏拉圖的哲學，彷彿柏拉圖有兩個盒子似的，一個裝的是感性（die Sinnlichkeit），而另一個裝的則是超感性的東西（das Übersinnliche）。柏拉圖完全如我們一樣基礎地（elementar）看世界，只不過比我們更加源始罷了。

八十、對λόγος【邏各斯】的分析（261c-263d）

(一)對整個問題的闡述。將對λόγος【邏各斯】的分析劃分爲三個階段

λόγος【邏各斯】現在以辯證法的基本考察爲背景成爲了主題。辯證法的基本考察允許柏拉圖第一次在概念上把握λόγος【邏各斯】的諸基本結構，即把握ὄνομα【名詞】和ῥῆμα【動詞】。柏拉圖在較早的一些對話中，如在《克拉底律》中已經

[82] Schulhorizont，似乎也可以直接譯為「書本見識」。——譯注

有了這兩個表達[83]，但在那兒他還沒有關於ὄνομα【名詞】和ῥῆμα【動詞】[84]，尤其沒有關於它們的συμπλοκή【聯結】的眞正理解。——因此，問題是：λόγος【邏各斯】如何能夠同μὴ ὄν【不是】進入一種可能的κοινωνία【結合】中？能通過下面這些來決定這一問題：在其所是上展露λόγος【邏各斯】本身；因而對λόγος【邏各斯】或δόξα【意見】——它們在柏拉圖那兒被把握爲互相同一的——進行一種分析，並且尤其引導性地著眼於下面這點：πότερον αὐτῶν ἅπτεται τὸ μὴ ὄν【是否不是繫縛在它們身上】（261c7以下）、「是否μὴ ὄν【不是】能夠同它們相結合」。我早前已經指出過κοινωνία【結合】的不同表達：προσάπτειν【加上】、προσλέγειν【此外還說】[85]。必須要顯示：不僅μὴ ὄν【不是】畢竟能夠同λόγος

---

[83] 如《克拉底律》424e4以下：οὕτω δὴ καὶ ἡμεῖς τὰ στοιχεῖα ἐπὶ τὰ πράγματα ἐποίσομεν, καὶ ἓν ἐπὶ ἕν, οὗ ἂν δοκῇ δεῖν, καὶ σύμπολλα, ποιοῦντες ὃ δὴ συλλαβὰς καλοῦσιν, καὶ συλλαβὰς αὖ συντιθέντες, ἐξ ὧν τά τε ὀνόματα καὶ τὰ ῥήματα συντίθενται· καὶ πάλιν ἐκ τῶν ὀνομάτων καὶ ῥημάτων μέγα ἤδη τι καὶ καλὸν καὶ ὅλον συστήσομεν.【我們也這樣將諸字母用在各種事情身上，並且是一對一；一旦看起來有必要，則將多個字母放在一起，形成所謂的音節，並且復又將幾個音節放在一起，由之組成各種名詞和動詞。然後再次從各種名詞和動詞中結合出某種大的、優美的和整體的東西。】——譯注

[84] 海德格頁邊注：作為關於詞形（Wortform）和詞義性能（Bedeutungsleistungen）的稱號。——原注

[85] 參見第423頁和第430頁。——原注

【邏各斯】相結合，而且在作爲λόγος【邏各斯】的λόγος【邏各斯】的現象上的結構中有著同μὴ ὄν【不是】，即同ἕτερον【異】一種可結合之可能性。因而問題也可以如此表達：πότερον αὐτῶν ἅπτεται τὸ μὴ ὂν ἢ παντάπασιν ἀληθῆ μέν ἐστιν ἀμφότερα ταὖτα【不是系縛在它們身上呢，還是說它們兩者完全是眞的】（261c7以下），是否存在著可結合性，或者是否任何λέγειν【說】[86]作爲λέγειν【說】都已經是眞的並且只能是眞的——如安提司特涅斯所主張的——，即是否僅僅在其自身的ὄν【是】——它意味著與ἕτερον【異】相反的ταὐτόν【同】——能與每一λόγος【邏各斯】相結合。因此，現在問題僅僅在一種更加清楚的表達中被加以討論，該問題在對安提司特涅斯的立場的暗示中已經變得活潑潑的了：是否λέγειν【說】在其眞正的功能上是同一化，或者是否它是別的東西；並且，如果它是同一化，那麼，是否僅僅在下面這一意義上：被談及的東西只能與它自己本身同一——「人是人」——；或者，是否也有著就其δύναμις κοινωνίας【結合之可能性】來說的是者之同一化。

對λόγος【邏各斯】的分析能夠劃分爲三個階段：

1. 展示λέγειν【說】在「onomatischen（命名上的）」和「delotischen（揭示上的）」基本結構。我必須選擇這兩個術語，因爲在德語中我們沒有相應的術

[86] 在莫澤爾的筆記中，海德格在λέγειν【說】這個詞下面打了著重號，並且在頁邊要求參閱第529頁（本版）。——原注

語。onomatisch（命名上的）：進行命名，λέγειν【說】作爲語言上的表達；delotisch（揭示上的）：進行δηλοῦν【揭示】，λέγειν【說】作爲使公開、讓被看。因而在一種統一的考察中，言談被顯示爲：a)表達，和b)談及著的對事情的談論（ansprechendes Besprechen der Sachen）[87]，而該談論具有揭開、δηλοῦν【揭示】之意義。爲何恰恰言談的這兩個現象——表達、說出來地是（Gesprochensein），和揭開作用——被放在了一起，後面將得到顯現。

2. 分析的第二個階段是擬定作爲λεγόμενον【被說的東西】的λεγόμενον【被說的東西】之結構，換句話說：擬定位於每一作爲λόγο 【邏各斯】的λόγος【邏各斯】中的某一是者之揭開性的情狀。每一λεγόμενον【被說的東西】都是一種δηλούμενον【被揭示的東西】。λεγόμενον【被說的東西】作爲δηλούμενον【被揭示的東西】具有何種結構？

3. 第三階段是在其可能性之如何中分析揭開本身，即追問：ποῖος ὁ λόγος【邏各斯是怎樣的】，λόγος【邏各斯】自身就所是來說、就δηλοῦν【揭示】來說是怎樣的。

用柏拉圖的表達就是：第一階段處理λόγος【邏各斯】作爲πλέγμα【組合】、作爲結合——在此該術語具有雙重意義。第二階段處理λόγος【邏各斯】作爲λόγος

[87] 也可以譯為：通過談及事情而來的談論事情。——譯注

τίνος【某種東西的邏各斯】：任何言談都是關於某種東西的言談。第三階段處理λόγος【邏各斯】作爲ποῖος【怎樣】，在其是之如何上，即就δηλοῦν【揭示】來說。首先，在第一階段和第二階段那兒，前面在基本考察中關於ὄν【是者】所贏得的東西變得非常重要。在第二階段那兒，柏拉圖碰到了一個新的現象上的連繫，該連繫暗含在第一階段中，但並未眞正專題性地加以分析；柏拉圖的確看到了作爲λεγόμενον【被說的東西】的λεγόμενον【被說的東西】這一現象，但卻沒能在概念上抵達。恰恰在這兒闡釋必須愈發確保該現象，以便理解第三階段，以及由此理解在辯證法的基本考察之範圍內整個考察的目的。

(二)第一階段：展示λέγειν【說】在命名上的和揭示上的基本結構[88]

1. 從作爲λέγειν【說】之最切近照面方法的ὀνόματα【名稱】出發。在柏拉圖那兒λέγειν【說】在現象上的內容：ὀνόματα【語詞】——γράμματα【字母】——εἴδη【埃多斯】——作爲ἐπιστητά【可知識的東西】的εἴδη【埃多斯】。借助於δηλοῦν【揭示】在ὀνόματα【語詞】和εἴδη【埃多斯】之間的連繫。回溯到在世界中是作爲對柏拉圖λόγος【邏各斯】之分析的一種「現象學的」解釋之任務

---

[88] 根據海德格而來的標題（見對λόγος【邏各斯】的分析的劃分，第582頁）。——原注

因此，柏拉圖λόγος【邏各斯】之分析的第一階段的主題，是展示作爲表達的言談（die Rede als sich Aussprechen）——命名上的東西、ὄνομα【名稱】，以及作爲揭開的言談（die Rede als Aufdecken）——揭示上的東西、δηλοῦν【揭示】。對這兩種結構要素的展示——它們在現象上是統一的，從命名上的東西開始。任何言談中的λέγειν【說】首先在被說出來（*Gesprochenwerden*）、在言談著的有聲表達中在此是。這種有聲表達於在世界中在此是的是者之範圍內發生、同我們照面。它被說出來了，在外面的巷道上，完全就像行車在鋪石路面上嘎吱作響。因此嘎吱作響和言說發生了，它們出現了。然而，甚至λέγειν【說】的這種最切近的照面方法，在言說的意義上也不可以如下面這樣理解，那就是：彷彿首先在現象上被把握到的，是某一用其嘴製造聲響的有生命的是者。相反，首先來看，λέγειν【說】已經同時被理解爲說出來地是（Gesprochensein）——並且這種說眞正地、原初地被同時理解爲關於某種東西（*über etwas*）共同一起說（Miteinandersprechen）[89]。有聲表達不被把握爲聲響——這是一種純粹理論上的建構——；相反，它原初地被把握爲關於某種東西的共同一起說。即使沒有在現象上明確地把說之原初的被給予性的這種現象上的基礎確定爲「共同一起言談

---

[89] 海德格頁邊注：更準確地——首先是「關於什麼（*Worüber*）」。——原注

某種東西（miteinander reden über etwas）」，但柏拉圖還是從言談——作爲言說——的這種世界性地最切近的照面方法出發。

那麼，於這種現象上的實情那兒，即於言談首先作爲言說而發生那兒——什麼顯現出來了？在說話（das Worte-sagen）那兒，首先照面的是**言語**（*Worte*）[90]、**許多的**言語（eine *Mehrheit von Worten*）[91]、某一詞序（eine Wortfolge）。因此，與說相伴隨的，某種可以被理解爲形象的一種多樣性的東西，即一種**形象之多樣性**（*Gebildemannigfaltigkeit*）也一道被給出了，καθάπερ περὶ τῶν εἰδῶν καὶ τῶν γραμμάτων ἐλέγομεν【正如我們曾關於諸埃多斯和字母所說的那樣】（261d1以下）、「正如我們已經就εἴδη【諸埃多斯】和γράμματα【諸字母】展示出它的那樣」。並且正如我們在那兒已經展示了一種形象之多樣性，περὶ τῶν ὀνομάτων πάλιν ὡσαύτως ἐπισκεψώμεθα【我們再次以同樣的方式考察諸語詞】（261d2以下）、「我們現在也打算以同樣的方式把目光對準各種有聲表達、

---

[90] 海德格頁邊注：各種單詞（Wörter）？——原注
Wörter和Worte作為Wort的兩種複數形式，在意思上是有區別的。前者指以語音、字母為單位元而不以意義為單位的單詞、語詞；而後者指話語、言語。——譯注

[91] 直譯當為「言語的一種多樣性」。——譯注

各種言語[92]的形象之多樣性」。εἴδη【諸埃多斯】的形象之多樣性，即於是者身上諸可見性的多樣性，被刻劃爲一種κοινωνία【結合】，尤其是被刻劃爲這樣一種κοινωνία【結合】：在它那兒有著一些能διὰ πάντων【貫穿一切】的εἴδη【諸埃多斯】、一些通過其無處不在的可見性（Überall-Sichtbarkeit）而與眾不同的可見性；它們於每一可能的東西那兒普遍地在此是。那時我補充性地指出了《泰阿泰德》[93]，即指出了靈魂同鴿舍的比較——在那兒不是就ὄν【是者】、εἶδος【埃多斯】而是就ἐπιστητόν【可知識的東西】指出了同一現象：有著無處不在地是的那樣一些鴿子。第二種形象之多樣性，或者第三種形象之多樣性——如果我們把鴿子的例子算上的話，是字母、γράμματα【諸字母】或聲音的形象之多樣性。這種多樣性也不是隨意的，在它那兒也有著與眾不同的東西，即φωνήεντα【諸母音】、各種母音；它們具有δεσμός【紐帶】性質，並且首先眞正使得可結合性成爲可能。

柏拉圖在該連繫中指出這種雙重形象之多樣性，即εἴδη【諸埃多斯】的〈形象之多樣性〉和γράμματα【諸字母】的〈形象之多樣性〉，這不是偶然。在這兩種多樣性和ὀνόματα【諸語詞】的多樣性之間，不僅在下面這一意義——即似

---

[92] 海德格頁邊注：各種單詞！——原注

[93] 參見第518頁。——原注

乎在ὀνόματα【諸語詞】那兒也展示出了同那些可能的、與眾不同的可結合性一樣的一種可結合性——上存在著一種形式上的相應，而且在這些形象之多樣性之間：εἴδη【諸埃多斯】、ὀνόματα【諸語詞】、γράμματα【諸字母】、甚至ἐπιστητόν【可知識的東西】——如果我們將之算上的話——，也存在著一種實事上的、內在的連繫[94]。在ὀνόματα【諸語詞】、λόγοι【諸邏各斯】那兒，εἴδη【諸埃多斯】通過γιγνώσκειν【認識】之κοινωνία【結合】、δηλοῦν【揭示】之κοινωνία【結合】而變得可見；並且那變得可見的東西，是νοητόν【可思想的東西】、ἐπιστητόν【可知識的東西】。εἶδος【埃多斯】於其中變得可見的ὀνόματα【諸語詞】自身，就它們那方來說是γράμματα【諸字母】的多樣性[95]。因此，諸形象之多樣性不是各種並列出現的、孤立的領域；相反，它們自身處在一種內在的、含有實事的κοινωνία【結合】中：事情（*Sache*）、事情之可見性（*Sachsichtbarkeit*）、語詞（*Wort*）、語詞聲音（*Wortlaut*）[96]——是者（*Seiendes*）、世界（*Welt*）、是者的被揭開（*Aufgeschlossenheit des*

[94] 海德格頁邊注：意向性的，詮釋學的！生存。——原注

[95] 海德格頁邊注：質樸的、是態學上的敉平，這種敉平後來在黑格爾那兒成為了有意識的任務！——原注

[96] Wortlaut在日常德語中的意思是：「字句」、「條文」、「文本」。——譯注

Seienden）、言談（*Rede*）、宣告（*Kundgabe*）。這無非就是在人、ζῷον λόγον ἔχον【會說話的動物】畢竟於其中是的那些現象之間的普遍連繫。該連繫最終奠基於在之中─是（*das In-Sein*）上、奠基於先行的世界之被揭示上。

如果我們想理解柏拉圖的分析，那就必須看到這種連繫，即闡釋之任務恰恰是穿透這進行奠基的、雖沒被柏拉圖加以明確探究但對他來說還是行之有效的諸現象之間的連繫；只有這樣，他的分析由之被汲取出來的那種基礎才是當下的；只有這樣，才能追蹤哪些現象具有優先性以及它們在多大程度上被處理過了。因此，我早前並非無意地指出《斐德羅》[97]以及「書信七」[98]；在前者那兒柏拉圖已經取得了對揭開、言談、語言、書寫之間的連繫的一些洞察，在後者那兒λόγος【邏各斯】難題處於同人那最內在的生存的連繫中。現在得想起這點。在《智者》中這些連繫實際上是在此的，但並未明確加以處理，而是僅僅被引了出來，以便於它們那兒爲探討ὀνόματα【諸語詞】取得一種方法上的引導線索。因爲柏拉圖說：φαίνεται γάρ πῃ ταύτῃ τὸ νῦν ζητούμενον【現在所尋找的東西以這種方式顯現出來】（261d3），「它顯現」── φαίνεται【它顯現】在這兒要加以強調──必須眞正這樣加以翻譯：「現在所尋找的東西」──即ὀνόματα【諸語詞】的

---

[97] 參見第308頁以下，尤其是第340頁以下。──原注

[98] 參見第346頁。──原注

κοινωνία【結合】——能夠被帶到下面這點上，「即它顯現」，ταύτῃ【以這種方式】、「以這種方式」，即以我們在前面的諸形象和多樣性那兒已經使用過的那種詢問之方式。φαίνεται【顯現】不意味著「好像」等諸如此類的，而是在完全積極的意義上意味著「顯現」。

在今天的現象學這一表達中，現象這一術語於φαίνεται【顯現】、φαινόμενον【顯現出來的東西】之意義上被使用。現象學無非意味著：在其顯示－自己之如何上、在其「在此」之如何上把是者、把那顯示－自己的東西談及著地加以揭開、展示。這是現象學的形式觀念——其中自然包含著一種非常清楚的和錯綜複雜的方法學。現象學的這種形式觀念——同傳統中的各種建構相比必須將之強調爲一種本質性的進步——通常同研究之方法學、同眞正進行研究的、具體的實施方法本身相混淆。於是得出：人們認爲現象學是一門愜意的科學，在那兒，人們於某種程度上叼著煙鬥躺在沙發上直觀本質。事情絕非如此簡單；相反，涉及的是事情之展示。展示**如何**進行，這有賴於被研究的領域之門徑、內容和在是上的情狀。甚至在希臘人那兒、在柏拉圖和亞里士多德那兒，φαίνεται【顯現】也在這種意義上加以使用，當然，也經常背離了該意義而在「好像」、「僅僅看起來如此」之意義上被使用。在後一種意義上，「現象」或「現象學」這一表達第一次在沃爾夫學派的理性主義中被使用。

2. 在λόγος【邏各斯】中ὀνόματα【語詞】的κοινωνία【結合】

(1) δηλοῦν【揭示】作爲在λόγος【邏各斯】中ὀνόματα【語詞】的κοινωνία【結合】之標準。拒絕把ὀνόματα【語詞】闡釋爲符號。作爲δηλώματα【揭示者】的（一般）ὀνόματα【語詞】之本質

問題現在就ὀνόματα【語詞】之多樣性來說是：τὸ ποῖον οὖν δὴ περὶ τῶν ὀνομάτων ὑπακουστέον；【關於語詞應加以傾聽的是怎樣？】（261d4）「我們在語言表達之領域中眞正必須加以知覺的東西，看起來怎樣？」我們必須加以傾聽的東西，眞正是什麼？下面這點是引人注目的——純粹在術語上——：柏拉圖在這兒使用了ὑπακούειν【傾聽】這一表達，而他在別處如通常希臘人那樣，對於直接的事情之把握使用ἅπτεσθαι【觸摸】、ὁρᾶν【看】這些術語。但在這兒，涉及的是一種特定的現象，即言說，它原初隻能夠在聽中是可知覺的。ἅπτεσθαι【觸摸】、ὁρᾶν【看】、ἀκούειν【聽】具有αἴσθησις【感覺】、知覺之性質，不具有通過λογίζεσθαι【盤算】進行把握之性質。在這兒，涉及的是正確地傾聽被說出來的言語之多樣性，以便由此看到在這種多樣性那兒就其κοινωνία【結合】來說重要的是什麼。ὑπακούειν【傾聽】[99]恰

[99] 海德格頁邊注：ὑπο-【在……下面】，何種意義？——原注
ὑπακούειν由前綴ὑπο-和動詞ἀκούειν【聽】組合而成，從而具有hinhören（傾聽）、anhören（聽

恰不意味著：單純聽聲音；相反，它眞正意指的是：眞正的知覺、對言談的理解。要加以傾聽的是，εἴτε πάντα ἀλλήλοις συναρμόττει εἴτε μηδέν, εἴτε τὰ μὲν ἐθέλει, τὰ δὲ μή.【要麼一切都能相互聯合；要麼全都不能聯合；要麼一些能，一些不能。】（261d5以下）這復又是相同的問題提法——如它在兩個前面的多樣性那兒所浮現出來的一樣，即關於在一種多樣性之範圍內一種可結合性的一般三種可能性的問題。如在前面兩個領域中一樣，在這兒所確定下來的也是第三種可能性。因此，要求傾聽這些形象之多樣性，共同一起在此是的那些詞序，以及不共同一起在此是的那些詞序。說得更確切些：傾聽那在詞序中眞正構成了共同一起是的東西，以及那把眞正的共同一起是同非眞正的共同一起是區別開來的東西。因爲非眞正的、首先被給予的諸言語的共同一起是，是τὰ ἐφεξῆς【依次的東西】或τὰ ἐφεξῆς λεγόμενα【依次被說出的東西】（參見261d8以下）、諸言語之依次被說地是（das Nacheinandergesagtsein）。但不是任何依次被說出來地是（das Nacheinandergesagtsein），都已經是諸言語的一種眞正的共同一起—被說地是（*Miteinander-gesagtsein*）。何種現象是那建構起共同一起是的現象？在依次被說地是中，何種現象上的實

出）的意思。——譯注

情是下面這點的標準：在言語之多樣性的範圍內有著一種眞實的κοινωνία【結合】？τὸ τοιόνδε λέγεις ἴσως, ὅτι τὰ μὲν ἐφεξῆς λεγόμενα καὶ δηλοῦντά τι συναρμόττει, τὰ δὲ τῇ συνεχείᾳ μηδὲν σημαίνοντα ἀναρμοστεῖ.【你或許是說：那依次被說並揭示著某種東西的東西是能聯合的，而那些聚在一起無所意指的東西是不能聯合的。】（261d8以下）如果ἐφεξῆς λεγόμενα【依次被說的東西】是δηλώματα【進行揭示的東西】，如果作爲一種確定詞序的言說公開了某種東西，如果一種詞序如其所是那樣在它自身那兒讓某種東西被看、顯示某種東西：σημαίνειν【意指】、σημεῖον【標誌】、亞里士多德的σημαντικός【能夠進行意指的】，那麼，在ὀνόματα【語詞】、最寬泛意義上的言語之間的一種κοινωνία【結合】就出現了並在此是。我們在這兒不可以於一種隨意的、空洞的意義上把σημεῖον【標誌】翻譯爲「符號（Zeichen）」；相反，σημεῖον【標誌】在這兒於柏拉圖的這一上下文中已經被闡釋爲可以與之相替換的δηλοῦν【揭示】；因而它具有使公開、讓被看之意義，用亞里士多德的術語就是：ἀποφαίνεσθαι【顯示】[100]。因此，嚴格說來，如果我們根本地

---

[100] 海德格頁邊注：還沒有走得如此遠。亞里士多德恰恰把σημαντικὸς λόγος【進行意指的邏各斯】同ἀποφαντικός【進行顯示的】區分開來。柏拉圖——這之於那——作為一般地意指某種東西。——原注

把意指、對某種東西的這種使公開同符號現象（das Phänomen des Zeichens）置於某種連繫中，那麼，這與事情不相合。甚至胡塞爾——他在新近的時代復又首次指出了含義現象（Bedeutungsphänomen），也還是依據斯圖亞特・密爾（Stuart Mill）把這種符號之觀念作爲分析含義及其同語詞聲音之間的關係的基礎。對在一種言談的統一性中的言語之此是來說，標準是其**展開性質**（*Erschließungscharakter*）。言語作爲δηλώματα【進行揭示的東西】、作爲「進行使公開的東西」——即公開是者——作爲περὶ τὴν οὐσίαν【對所是】（261e5）δηλώματα【進行揭示的東西】、「作爲在在場之園地內進行顯示的東西」、作爲在可能加以指出的在此之園地裡、在現成的東西之園地裡——尤其τῇ φωνῇ【通過語音】（261e5）、「通過有聲表達」來進行的——進行顯示的東西，具有一種眞實的[101]δύναμις κοινωνίας【結合之可能性】。這不可以被闡釋爲彷彿φωνή【語音】本身進行顯示、彷彿對於事情來說語詞聲音是其符號；相反，φωνή【語音】僅僅是這樣一種結構要素：在言談著的傳達中，它作爲向某一他人表達某種東西而就職了，但它作爲這樣的東西不具有δηλοῦν【揭示】功能。因此，ὀνόματα【語詞】的多樣性基於δηλοῦν【揭示】、由此基於

[101] 海德格頁邊注：即是態學上獨一無二的東西（ontologisch einzigartige），因為生存論—詮釋學上的東西（existenzial-hermeneutische）。——原注

δηλούμενον【被揭示的東西】、基於可顯示的是者而被規定。

於是，基於這種方向、基於純然可顯示的東西，贏得了對ὀνόματα【語詞】的刻劃。因爲，柏拉圖現在基於這種定位已經取得了對ὀνόματα【語詞】進行一種區分的可能性。早前在《克拉底律》和《泰阿泰德》中，柏拉圖已經看到了ὀνόματα【名詞】和ῥήματα【動詞】，但沒有眞正在範疇上實際地區分它們。現在重要的是在ὀνόματα【語詞】的園地裡發現了相應的現象，它們彷彿διὰ πάντων【貫穿一切】、位於每一可能的λέγειν【說】中，它們根本地屬於每一可能的作爲言談的言談；是發現δεσμός【紐帶】的時候了，即發現那些不可或缺的結構要素——通過它們一種作爲進行顯示的東西的κοινωνία【結合】方才能夠是。

(2) 一般地在ὄνομα【名詞】（較嚴格的意義上）和ῥῆμα【動詞】上對ὀνόματα【語詞】的基本區分。從δηλούμενον【被揭示的東西】出發對區分的取得。ὄνομα【名詞】= 揭示πρᾶγμα【事情】的δήλωμα【揭示物】；ῥῆμα【動詞】= 揭示πρᾶξις【行爲】的δήλωμα【揭示物】。柏拉圖對ὄνομα【名詞】和ῥῆμα【動詞】的規定作爲亞里士多德對它們的規定的準備。「名詞（Substantiv）」。「時間語詞（Zeitwort）」[102]

[102] 在日常德語中，Zeitwort的意思就是「動詞」。——譯注

ἔστι γὰρ ἡμῖν που τῶν τῇ φωνῇ περὶ τὴν οὐσίαν δηλωμάτων διττὸν γένος. Τὸ μὲν ὀνόματα, τὸ δὲ ῥήματα κληθέν【對於我們來說，通過語音對所是進行揭示的東西有兩個屬。一個被稱作名詞，另一個被稱爲動詞。】（參見261e4以下）δηλώματα【進行揭示的東西】是「兩個家系」：ὄνομα【名詞】和ῥῆμα【動詞】。通過這一區分，ὄνομα【語詞】同時獲得了相對於前面較爲寬泛的使用的一種比較嚴格的意義。在前面，ὄνομα【語詞】意味著語言中的任何語詞，現在ὄνομα【語詞】的意義被限定爲特定的ὄνομα【名詞】，它不同於另一特定的、與衆不同的語詞，即ῥῆμα【動詞】。但即使在做出這種區分之後，柏拉圖也繼續在較爲寬泛的意義上使用ὄνομα【語詞】，如在262d6。對於希臘人來說，〈對之〉進行標記的困難之所以如此難以克服，原因在於：希臘人實際上沒有關於語言的詞彙（Wort für Sprache），這是一個值得注意的實情。他們僅僅有：一方面，λόγος【邏各斯】、言談，和διάλογος【對話】、對話；另一方面，φωνή【語音】、有聲的表達。這是獨特的，並且表明希臘人對語言的思考、希臘人對言說的理解，還不是如我們近現代對語言的思考——它首先從φωνή【語音】出發，並由此出發來本質地看語言——那樣走下來；它表明希臘人從一開始就把語言理解爲言談，並且與之相關聯來討論「語言上的東西」。

現在問題是：ὀνόματα【名詞】和ῥήματα【動詞】如何能夠彼此區分開

來？由之取得區分的一種標準的著眼點是何種？已經預示過：柏拉圖根據λεγόμενον【被說的東西】作爲δηλούμενον【被揭示的東西】取得了這種區分。ὄνομα【名詞】和ῥῆμα【動詞】是作爲是者的是者之原初的〈兩種〉被說性（Gesagtheiten）。Τὸ μὲν ἐπὶ ταῖς πράξεσιν ὂν δήλωμα ῥῆμά που λέγομεν. Τὸ δέ γ' ἐπ' αὐτοῖς τοῖς ἐκείνας πράττουσι σημεῖον τῆς φωνῆς ἐπιτεθὲν ὄνομα.【我們把那就各種行爲來揭示是者的，稱作動詞。而那用在做那些行爲的行爲者身上的語音標誌，被稱作名詞。】（參見262a3以下）ὄνομα【名詞】是揭示πρᾶγμα【事情】的δήλωμα【揭示物】；ῥῆμα【動詞】是揭示πρᾶξις【行爲】的δήλωμα【揭示物】。在ὄνομα【名詞】中被揭開和顯示的，是行動所關乎的東西[103]；而ῥῆμα【動詞】揭開了對……行動。我們必須讓這兩個術語留在這種不確定的趨勢中。正如它們在這兒被柏拉圖所意指的，我們非常難以翻譯它們。無論如何我們都不可以把它們譯爲名詞（Substantiv）和動詞（Verbum），因爲名詞和動詞之間的區別恰恰還沒有被

---

[103] 在莫澤爾的筆記中海德格寫作：所關於的（*worum*）。海德格頁邊注：在行動中（im Tun），人們向來實踐性地、理論性地與之「相關（zu tun）」的那個何所關（womit）。ὄνομα【名詞】：「所關於的（das Worum）」。ῥῆμα【動詞】：關乎（das sich Handeln um）；關乎什麼的那個關乎。——原注

柏拉圖所發現——儘管他識得該區別[104]。名詞（Substantiv）這一概念首先從亞里士多德的ὑποκείμενον【基體】那兒產生，即名詞這一語法上的範疇追溯回ὑποκείμενον【基體】這一是態學上的範疇[105]。亞里士多德在同他對κίνησις【運動】的揭示的連繫中，即基於他根據κίνησις【運動】對是之問題的新的奠基而首次揭示了ὑποκείμενον【基體】。在這兒，於亞里士多德身上涉及到對在柏拉圖那兒已經呈現出來的東西的一種眞正把握：於κίνησις【運動】那兒、於κινούμενον【運動的東西】身上有著諸如某種ὑποκείμενον【基體】這樣的東西。在此亞里士多德也揭示出了「諸範疇」。因此，於κινούμενον【運動的東西】身上亞里士多德第一次看到：在運動那兒有著保持不變的東西、具有στάσις【靜止】的東西、一開始就已經在此是的東西。在柏拉圖那兒πρᾶγμα【事情】之意義也通向該方向，即朝向從一開始就總是已經恆常地在此是和保持不變的東西。但這種意義在柏拉圖那兒還遠未得到澄清，因爲他還沒有如亞里士多德那樣看到對於確定〈該意義〉來說的那種獨特的區別，後來亞里士多德把ὄνομα【名詞】規定爲ἄνευ χρόνου【無時間的】，把ῥῆμα

---

[104] 海德格頁邊注：這兩個術語原則上意指著〈該區別〉。——原注

[105] 海德格頁邊注：從現象學的思考來看，柏拉圖的區分甚至是更為根本的。質樸的源始性，它沒有把情狀作為情狀來看，而是從「各種情緒」出發走向它——或者始終停留在它那兒。——原注

【動詞】規定爲προσσημαῖνον χρόνον【表明時間的】[106]。在ὄνομα【名詞】那兒某種東西被顯示出來，但它的在場之方式卻沒有被明確地當下化。而ῥῆμα【動詞】——它對它自身無所意指，並總是僅僅κατά【向著】[107]進行揭開——卻具有下面這一特性，那就是，它同時就其有時間地是（*Zeitlichsein*）——這對於希臘人來說意味著：就其當下地是（Gegenwärtigsein）或不當下地是（Nichtgegenwärtigsein）——來確定它顯示爲是著的東西。因此，德語表達「時間語詞（Zeitwort）」比「動詞（Verbum）」更爲恰當。只有基於這些現象，才能看清ὄνομα【名詞】和ῥῆμα【動詞】之真正的、範疇上的結構。柏拉圖本人就憑藉其展示而走進該方向。如果我們想把πρᾶγμα【事情】，即ὄνομα【名詞】加以展示的東西等同於στάσις【靜止】，並且把πρᾶξις【行爲】，即

---

[106] 《解釋篇》（*De Interpretatione*），第二章16a19以下和第三章16b6。——原注

《解釋篇》第二章（16a19以下）：Ὄνομα μὲν οὖν ἐστὶ φωνὴ σημαντικὴ κατὰ συνθήκην ἄνευ χρόνου, ἧς μηδὲν μέρος ἐστὶ σημαντικὸν κεχωρισμένον.【名詞是無時間的、根據約定俗成而來的能夠進行意指的聲音，它的任何部分都不能夠獨立地意指某種東西。】第三章（16b6）：Ῥῆμα δέ ἐστι τὸ προσσημαῖνον χρόνον, οὗ μέρος οὐδὲν σημαίνει χωρίς.【動詞是此外還意指著時間的東西，它的任何部分都不能獨立地意指某種東西。】——譯注

[107] 海德格的補充：或者（ἀπο【出於】？）——原注

ῥῆμα【動詞】加以展示的東西等同於κίνησις【運動】，那麼，這似乎走得太遠了——無論如何於文本本身中在此沒有任何動因〈促使我們這麼做〉。

(3) ὄνομα【名詞】和ῥῆμα【動詞】的συμπλοκή【聯結】作爲在λόγος【邏各斯】中ὀνόματα【語詞】的κοινωνία【結合】的本質條件。δηλοῦν【揭示】作爲在語言之結構上的構造之範圍內的原初現象；作爲此是的構建性的規定：在之中是。——λόγος σμικρότατος【最小的邏各斯】（命題）。命名和說。——對第一階段的總結

因此，僅僅在這樣一種相繼（Aufeinanderfolge）中——即在那兒某一ῥῆμα【動詞】和ὄνομα【名詞】同時一道共同在此是，因而在那兒πρᾶγμα【事情】和πρᾶξις【行爲】之間的一種συμπλοκή【聯結】被揭開了——詞序（die Wortfolge）才是一種λέγειν【說】。單純的各個ῥήματα【動詞】的相繼："βαδίζει", "τρέχει", "καθεύδει", [⋯] λόγον οὐδέν [⋯] ἀπεργάζεται【「走」、「跑」、「躺」，……不做成……任何邏各斯】（262b5以下），不會導致任何λόγος【邏各斯】，因爲在這種相繼中某一當下地是著的東西之統一性並未變得可見。同樣：ὅταν λέγηται "λέων" "ἔλαφοσ" "ἵπποσ," [⋯] κατὰ ταύτην δὴ τὴν συνέχειαν οὐδείς πω συνέστη λόγος.【當說出「獅子」、「鹿」、「馬」，……通過這種連續也不形成邏各斯】（262b9以下）。在這兒，就這種συνέχεια【連續】也沒有任何λόγος【邏各斯】得到實

現。οὐδεμίαν οὔτε οὕτως πρᾶξιν οὐδ᾽ ἀπραξίαν οὐδὲ οὐσίαν ὄντος οὐδὲ μὴ ὄντος δηλοῖ τὰ φωνηθέντα, πρὶν ἄν τις τοῖς ὀνόμασι τὰ ῥήματα κεράσῃ.【在某人把動詞和名詞結合起來之前，發出來的語音既不以這種方式也不以那種方式揭示是者或不是者之行動、不行動、所是。】（參見262c2以下）。本質性的是：在一λόγος【邏各斯】中，τὰ φωνηθέντα【被發出的語音】、說出、有聲的表達，δηλοῖ【揭示】、「顯明」——並且該表達對於後面的東西來說是重要的——οὐσίαν ὄντος καὶ μὴ ὄντος【是者和不是者之所是】、「是者或不是者之當下」[108]。因此，在δηλοῦν【揭示】中，重要的是使得是者或不是者當下化。但是，這樣一種δηλοῦν【揭示】、揭開著地當下化，不會出現πρὶν ἄν τις τοῖς ὀνόμασι τὰ ῥήματα κεράσῃ【在某人把動詞和名詞結合起來之前】、不會早於「ὀνόματα【名詞】和ῥήματα【動詞】發生一種混合」。那時一種λόγος【邏各斯】才是，但之前不是。ὄνομα【名詞】和ῥῆμα【動詞】之間必然發生συμπλοκή【聯結】這一實情，不可以被理解爲彷彿λόγος【邏各斯】在某種程度上是ὄνομα【名詞】和ῥῆμα【動詞】之總和的結果；相反，δηλοῦν【揭示】本身、使公開，是先於這兩者的原初現象。由此

[108] 海德格頁邊注：在場。εἶναι【是】、「係詞」這種是！——原注

它們才是δηλώματα【進行揭示的東西】。並且只有它們是這樣的東西，才存在κοινωνία【結合】之可能性。

描述的次第——如柏拉圖始於對ὄνομα【名詞】和ῥῆμα【動詞】的分離——同諸現象之實事上的構造並不相同。不是言語首先孤立地嗡嗡亂飛，然後它們被聚到一起，並由此產生出δηλοῦν【揭示】。相反，δηλοῦν【揭示】是原初的東西。它是基本現象。僅僅與它相關聯，才存在著背離和坍塌之可能性，即存在著能夠有孤立的、僅僅隨便說出的言語這一可能性。其中有著言說之可能性的δηλοῦν【揭示】，是此是本身的一種構建性的規定——我習慣於用在世界中是、在之中是來刻劃這種規定。柏拉圖對此沒有說什麼，但必須避免下面這一誤解，那就是彷彿涉及的是各種表像（Vorstellungen）之間的一種聯結似的。一種進行外在堆積的這種見解，今天依然統治著印歐語系語言的語法那整個範疇上的、傳統的素材。這些素材不能只回溯到邏輯學並縛繫於其上，而且要縛繫於希臘的是態學。如果我們打算考慮源始地在現象上看清語言現象以及人之是，那麼，我們必須從一開始就棄絕下面這點，那就是把依循命題而來的對語言的定位當作出發點。這種發展——正如它在今天被贏得的那樣——或許不是希臘人想要的，但對於希臘人來說它具有一種合理的意義，因爲對於他們來說

λόγος【邏各斯】和言說首先就在這種類型中被給予[109]。這樣一種由ὄνομα【名詞】和ῥῆμα【動詞】所構成的λόγος【邏各斯】，是λόγος πρῶτός τε καὶ σμικρότατος【首先的和最小的邏各斯】（參見262c6以下），「首先的、最源始的，以及最小的」。這意味著：沒有任何λόγος【邏各斯】能比這種λόγος【邏各斯】包含著更少的要素：ὄνομα【名詞】和ῥῆμα【動詞】對於λέγειν【說】來說是構建性的。由此λέγειν【說】在本質上不同於ὀνομάζειν μόνον【單純命名】（參見262d5），不同於單純命名、不同於單純隨便說出言語——在那兒沒有任何東西變得可見。ὀνομάζειν【命名】作為ὀνομάζειν【命名】不是展開事情的[110]；相反，只有λόγος【邏各斯】才τι περαίνει【完成某種東西】（參見262d4）、「完成某種東西」。僅僅在λόγος【邏各斯】中，於言說之範圍內某種東西才在言談的意義上走出來：某種東西顯現出來，是者之εἶδος【埃多斯】才成為當下的。只有τὸ πλέγμα τοῦτο【這種組合】（262d6），ὄνομα【名詞】和ῥῆμα【動詞】的「這種交織」，ἐφθεγξάμεθα λόγον【我們將之稱作邏各斯】（262d6），「我們才將之稱作一種λόγος【邏各斯】」。

---

[109] 海德格頁邊注：為什麼？——原注

[110] 海德格頁邊注：甚至也不是如在亞里士多德那兒的σημαντικός【能夠進行意指的】？——原注

正如我們已經看到的，考察λόγος【邏各斯】的第一階段把作爲被說出來的表達的言談（die Rede als gesprochenen Ausdruck）取作出發點。在言談的這種先行被給予那兒，言談首先顯現爲一種言語之多樣性（eine Mannigfaltigkeit von Worten）。但從一開始就並不試圖把言語之多樣性（die Wortmannigfaltigkeit）本身——在某種程度上是分離的——理解爲一種語音之多樣性（eine Lautmannigfaltigkeit）⑪；相反，眼光從一開始就對準在δηλοῦν【揭示】意義上的λέγειν【說】之基本結構。基於這種δηλοῦν【揭示】現象，ὀνόματα【語詞】由此被把握爲δηλώματα【進行揭示的東西】，並且基於這點，在同時朝向那是展開之可能主題的東西的定位中，在ὀνόματα【語詞】之範圍內一種基本區分被發現出來。因此，對於在言談之統一性中的言語之是（das Sein der Worte）來說，標準是其展開性質。並且這些δηλώματα【進行揭示的東西】之間的區別那含有實事的標準，是那作爲展開活動之可能對象的東西的統一性：πρᾶγμα【事情】πρᾶξις【實踐】。我強調：我們必須在最寬泛的意義上把握此處的這些術語。無論是確定這種揭示中的積極東西，還是同時表達說這兒被揭示的東西並不眞正已經以恰當的方式被確定了——如亞里

⑪ 海德格頁邊注：不是語詞—多樣性（Wörter-Mannigfaltigkeit），而是言語—整體性（Worte-Ganzheit）。——原注

士多德後來引入時間標準所嘗試做的那樣，對於這兩點來說我們都沒有相應的表達。於是，δηλοῦν【揭示】本身在λόγος【邏各斯】之範圍內——只要它是δηλώματα【諸進行揭示的東西】的一種συμπλοκή【聯結】——不是結合之結果；相反，ὄνομα【名詞】和ῥῆμα【動詞】之間的κοινωνία【結合】只有憑藉下面這點方才是可能的：λέγειν【說】在其自身就是一種δηλοῦν【揭示】。由此出發，我們在語法中稱作直言命題（kategoriale Satz）的那種東西，才能夠被標畫爲πρῶτος【首先的】和σμικρότατος【最小的】λόγος【邏各斯】。由此不同於《克拉底律》和《泰阿泰德》，柏拉圖已經取得了積極地把λέγειν【說】同ὀνομάζειν μόνον【單純命名】（參見262d3）加以區分的可能性。在命名中、在進行命名的對事情的談及中，關於事情本身沒有什麼變得可見。命名絕不能就其含有實事性來規定被命名的東西。因此，命名不具有展開性質。相反，如果在命名中某種東西畢竟變得可見了，那麼，這僅僅是這樣一種方式，即彷彿被命名的對象被稱呼了：「它叫什麼」之性質。這誠然是對某種東西——它在命名之前不爲人所知——的一種展開，但被命名地是（das Genanntsein）之展開、名稱之展開，不是對事情本身之含有實事性的一種展開[112]。因此，在最寬泛的意義上命名還的確是展開，但不是在關乎被命名的事

---

[112] 海德格頁邊注：對ὀνομάζειν【命名】的這種解釋，過於根據完成了的λόγος【邏各斯】。ὀνομάζειν

情本身這一嚴格意義上的一種含有實事的展開（Sach-Erschließen）⑬。柏拉圖在命名的這一雙重意義上使用ὀνομάζειν【命名】，他將之同λόγος【邏各斯】——它眞正首先把某種東西帶往終點，在它那兒某種δηλοῦν【揭示】眞正首先變得可能——相區分。

在分析λόγος【邏各斯】的這第一階段那兒，同時獲得了對一種特定的κοινωνία【結合】的洞察，即作爲ὄνομα【名詞】和ῥῆμα【動詞】之間的πλέγμα【組合】而存在的那種κοινωνία【結合】。這種κοινωνία【結合】根據ὀνόματα【語詞】而被看到了，但同時顯明瞭揭示性的東西。對λόγος【邏各斯】的進一步分析顯示：λόγος【邏各斯】的整個現象還包含著另外三種κοινωνί【結合】之結構，柏拉圖未加區分地、統一地將它們全部把握爲σύνθεσις【聯結】，並且沒有明確地將它們確定爲這樣的東西——但它們潛在地擺在那兒。也即是說，在柏拉圖那兒，λόγος【邏各斯】的眞正結構本質上

【命名】還不是一種這樣的東西！只要基於語言的起源來追問。於是，ὄνομα【名詞】＝ῥῆμα【動詞】。——原注

⑬ 海德格頁邊注：命名的解釋之意義和當下化之意義是何種？持留？——第一次識得？理想命題結構之可能性。它是它——它如此叫什麼。被意指的東西——首先僅僅作為，即在坍塌中僅僅作為被意指的東西。這兩個終點——首先命名並且最後閒談——如何相遇？——原注

還是不清楚的。我們必須在闡釋中特別突顯κοινωνία【結合】的這些其他結構。

㈢第二階段：擬定作爲λεγόμενον【被說的東西】（=δηλούμενον【被揭示的東西】）的λεγόμενον【被說的東西】之結構⑭

1. λόγος【邏各斯】的基本規定：λόγος【邏各斯】= λόγος τινός【關於某東西的邏各斯】。胡塞爾對它的重新揭示：「意向性」

分析λόγος【邏各斯】的**第二階段**具有下面這一任務：展露作爲λεγόμενον【被說的東西】的λεγόμενον【被說的東西】之結構，即於某一被談及的東西那兒展露可能的揭開性之眞正情狀、它看起來怎樣、什麼畢竟在某一λέγειν【說】中作爲被說的東西被說了。對於在其結構上對λεγόμενον【被說的東西】的這種分析，柏拉圖引入了一個基本規定：λόγος【邏各斯】是λόγος τινός【關於某東西的邏各斯】（參見262e5以下），每一談及都是**關於某種東西**（*von etwas*）的談及。Λόγον ἀναγκαῖον, ὅτανπερ ᾖ, τινὸς εἶναι λόγον, μὴ δὲ τινὸς ἀδύνατον.【邏各斯，只要它是邏各斯，都必然是關於某東西的邏各斯；不關於任何東西的邏各斯是不可

⑭ 根據海德格而來的標題（見對λόγος【邏各斯】的分析的劃分，第582頁）。——原注

能的。】（262e5以下）只要它是作爲λόγος【邏各斯】，那它就是λόγος τινός【關於某東西的邏各斯】，μὴ δὲ τινὸς ἀδύνατον【不關於任何東西的邏各斯是不可能的】，不存在著一種似乎不是λόγος τινός【關於某東西的邏各斯】的λόγος【邏各斯】；「關於—某東西（Von-Etwas）」屬於λόγος【邏各斯】之是：在這兒贏得了對λόγος【邏各斯】的一種根本洞察——即使柏拉圖並未在現象學上普遍地運用它。但該現象對於他來說是足夠重要的，對於整個後來的邏輯學史來說，它都顯示爲是決定性的。

如果一位柏拉圖不害怕確定這一陳詞濫調：λόγος【邏各斯】是λόγος τινός【關於某東西的邏各斯】，那麼，這必定是一件緊要的事情。它僅僅看起來是自明的⑮。哲學史，尤其是近代和當代邏輯學史，顯示出：人們早已遺忘了這一洞察、這一陳詞濫調，或者早已不再使用它了。我們這樣來介紹這些連繫：有著出現在心理上的東西中的各種語詞聲音；通過諸聯想（Assoziationen），於它們那兒隨之產生出各種所謂的普遍表像（Allgemeinvorstellungen）；並且所有這些都共同發生在意識中。然後人們提出下面這一問題：在意識之範圍內的這些聯想如何能夠對外在的事物具有客觀有效性。這幾乎無一例外地還是立場，甚至在那些比較

⑮海德格頁邊注：也即是說，我們絕不可以把這兒所討論的東西視為陳詞濫調——；相反，我們必須總是將之視為難題。——原注

傑出的人物那兒。例如，甚至凱西爾（Cassirer）原則上也沒有超出這一立場。因此，人們不再運用該洞察：λόγος【邏各斯】是λόγος τινός【關於某東西的邏各斯】。**胡塞爾憑藉其意向性概念第一次重新揭示**了它。再次看到這種意向性現象、並由此看到只有基於該現象λόγος【邏各斯】之結構方才復又變得可理解，這根本不是如此的自明，也根本不是如此地簡單。

因此，不是下面這樣：λόγος【邏各斯】首先似乎作為一種言說孤立地出現，然後某一對象——它同λόγος【邏各斯】根據各自的情況能夠但並不總是相結合——附帶出現。相反，任何言談**根據其最本己的意義都是對某種東西的揭開**。由此確定了一種新的κοινωνία【結合】，即每一λόγος【邏各斯】同ὄν【是者】的κοινωνία【結合】。λόγος【邏各斯】本身之意義給出了這種κοινωνία【結合】。λόγος【邏各斯】是λόγος τινός【關於某東西的邏各斯】這一問題提法之影響，我們不久就會看到。

2.作為λέγειν【說】中的τινός【某種東西的】的τί【某種東西】的分環表達之諸要素：關於什麼（περὶ οὗ【關於什麼】）；作為什麼（ὅτου【哪方面】）；之於什麼。作為λεγόμενον【被說的東西】的τί【某種東西】之結構：某種東西作為某種東西。——在λόγος【邏各斯】中κοινωνία【結合】的三種方式之間的區分

我們首先追問作為這種τινός【某種東西的】的τί【某種東西】。當我們追問這

點時，不是說我們要追問某一具體的是者，追問某一特定的、偶然的、恰好被談論的對象。我們也不追問這一特定的或那一特定的是之領域——從它那兒某一特定的是者成爲可談及的。相反，作爲這種τινός【某種東西的】的τί【某種東西】之問題，是λεγόμενον【被說的東西】之問題。因爲τινός【某種東西的】是λόγος【邏各斯】中的τινός【某種東西的】。δηλοῦν【揭示】、展示的實施結構（Vollzugsstruktur），被標畫爲由δηλώματα【諸進行揭示的東西】的πλέγμα【組合】，即ὄνομα【名詞】和ῥῆμα【動詞】之間的〈πλέγμα【組合】〉所規定。作爲δηλούμενον【被揭示的東西】、作爲λεγόμενον【被說的東西】的τί【某種東西】之情狀，因此是：在πρᾶξις【實踐】之如何（*das Wie*）中的πρᾶγμα【事情】。因此，可能的λεγόμενον【被說的東西】，根據其意義被先行給予爲這樣一種東西：於它那兒關涉到某種東西。這會眞正意味著πρᾶξις【實踐】——πρᾶγμα【事情】。因此，關涉到某種東西（Das Sich-Handeln-um-Etwas），是那種根據λόγος【邏各斯】最本己的意義被先行給予給每一λόγος【邏各斯】的東西。柏拉圖通過下面這一術語來刻劃它：περὶ οὗ【關於什麼】（263a4）。περὶ οὗ【關於什麼】屬於每一λόγος【邏各斯】。重要的是把這種περὶ οὗ【關於什麼】理解爲λεγόμενον【被說的東西】之結構要素，即不要被傳統所誘導而誤解它。λόγος【邏各斯】作爲對某種東西的談及，首先已經先行給出了某一是者的一種不突顯的統一性，例如它被歸屬在街道上嘎吱作響的行車這一確定的要素中。我不是在一種孤立的意義上聽到聲響——就像如果我坐在某一實驗心理學所那樣；相反，我聽到了街道上的行車。ξένος【客人】看到坐在他面前的泰阿泰德。**被先行給出的整體中的這一統一的東西**，就是περὶ οὗ【**關於什麼**】。我們將之確定爲：言說之關於什麼（das Worüber des Sprechens）。在如此被先行給出的東西的環圍內，某種東西現在通過λέγειν【說】在其自身那兒、在那被先行給出的東西那兒突顯出來。這種被突顯出來的東西就是ὅτου【哪方面】（263a4）。因此，在它那兒、在先行被給出但還不突顯的是者那兒，某種東西突顯出來了，並且尤其是這樣：它被作爲規定著先行給出的東西的**某種東西**加以理解。由此關於什麼（das Worüber）、整個被先行給出的東西，如嘎吱作響的行車同時根據嘎吱作響本身而被把握：位於街道上的它被理解和規定爲在嘎吱作響地駛過。因此，在這種περὶ οὗ【**關於什麼**】中有著一種雙重結構：

(1)它意指在整體中一般言談之關於什麼（das Worüber），即整體出現的、尚未突顯的被給予性。

(2)只要於這種περὶ οὗ【關於什麼】那兒實施著突顯，只要嘎吱**作響**作爲一種確定的規定被賦予給它，那麼，行車本身的突顯就實施爲被談論的東西的突顯。於是，περὶ οὗ【關於什麼】在強調的意義上意指言談所**之於什麼**（*wovon*）。因此，我們區分：1.在整體中言談之**關於什麼**（das *Worüber*），即不突顯的東西；2.之於什麼（das *Wovon*），即專題性地突顯出來的東西：我們在語法中稱之爲句子之主詞的那種東西。

由此出發下面這點就變得明顯了，那就是某一δηλοῦν【揭示】、某一λέγειν【說】眞正在現象上所實施的突顯，不是如兩個表像被互相結合在一起那樣進行；相反，是這樣進行的：基於對某一不突顯的關於什麼（ein ubabgehobenes Worüber）的當下化地占有（Gegenwärtighaben），即對某一確定的、不突顯的實情的〈當下化地占有〉[116]，通過作爲—什麼（das Als-was）之突顯、如作爲嘎吱作響、坐著之突顯，之於什麼（das Wovon）、如泰阿泰德、行車同時第一次被突顯出來。路徑恰恰不是從主詞出發（vom Subjekt）、越過係詞（über die Kopula）、前往謂詞（zum Prädikat）那樣進行，而是從先行給予的整體出發，前往我們後來稱之爲謂詞的那種東西之突顯，並且由此首次抵達主詞的眞正突顯。因此，對τινός【某種東西的】、τί【某種東西】的分析，在λόγος τινός【關於某種東西的邏各斯】這一現象中顯示了可談及性作爲可談及性（Ansprechbarkeit als solche）的這種現象上的結構：「某種東西作爲某種東西（*etwas als etwas*）」——在該結構中一種僅僅被先行給出的東西眞正到場。這種「作爲（Als）」、作爲性質（Als-Charakter），是眞正邏輯的範疇[117]；「邏輯的」不

[116] 海德格頁邊注：這從哪兒和如何？已經—「是」—依寓於！——原注

[117] 海德格頁邊注：在這兒不僅僅同理論命題相關，或者不完全限於理論命題。——原注

是在傳統的意義上，而是在於λόγος【邏各斯】中構建性地被給出的東西之意義上——只要λόγος【邏各斯】是關於某種東西的談及：它在λεγόμενον【被說的東西】中構成了λεγόμενον【被說的東西】作爲λεγόμενον【被說的東西】之結構。某種東西—作爲—某種東西（das Etwas-als-Etwas）這種原初的結構形式，導致了在λόγος【邏各斯】本身之整體範圍內的一種新的κοινωνία【結合】。我們已經有1.在表達性（die Ausdrücklichkeit）之範圍內ὄνομα【名詞】和ῥῆμα【動詞】之間的κοινωνία【結合】；2. λόγος【邏各斯】和ὄν【是者】之間的κοινωνία【結合】：λόγος τινός【關於某東西的邏各斯】；而現在我們有3.在τί【某種東西】之範圍內，某種東西—作爲—某種東西這一結構形式（Strukturform des Etwas-als-Etwas）的κοινωνία【結合】。因此，被「作爲」性質所規定的這最後一種結合，我們將之稱作在λόγος【邏各斯】中特別邏輯的κοινωνία【結合】；前一種結合——基於它λόγος【邏各斯】根據其本質是λόγος τινός【關於某東西的邏各斯】，我們借鑑一個現象學的術語將之稱作意向性的κοινωνία【結合】[118]；而第一種結合，ὄνομα【名詞】和ῥῆμα【動詞】之間的結合——它在最寬泛的意義上涉及ὄνομα【語詞】，我們將之稱作命名上的κοινωνία【結合】。

---

[118] 海德格頁邊注：揭示性的。——原注

從這兒出發，下面這點就第一次變得可能了，那就是完全澄清對λόγος【邏各斯】進行分析的**第三階段**，它現在具有就其所包含的可能性來規定λέγειν【說】本身這一任務，即規定λόγος【邏各斯】作爲ποιός【某種樣子】（263a11以下）這一任務。

㈡第三階段：著眼於δηλοῦν【揭示】對λόγος【邏各斯】的分析[119]

1. 作爲λόγος τινός【關於某東西的邏各斯】的λόγος【邏各斯】之基本規定，乃進行欺騙的λόγος【邏各斯】之基本條件。ποιόν【某種樣子】（ἀληθές【眞的】或ψεῦδος【假的】）作爲λόγος【邏各斯】的必然性質

正如已經說過的，第三階段具有規定λόγος【邏各斯】作爲ποιός【某種樣子】這一任務。在這兒重要的是：**任何**λέγειν【說】都是λέγειν τί【說某個東西】。任何λόγος【邏各斯】之變式都是λέγειν τί【說某個東西】之變式，即任何λέγειν【說】之變式都是使公開之變式。通過這樣一種變式，δηλοῦν【揭示】絕不面對無，λέγειν【說】不會成爲一種λέγειν μηδέν【一無所說】——根據其意義不可能有這種情形——，出現一種揭開之缺失；相反，由於λέγειν τί【說某個東西】

[119] 根據海德格而來的標題（見對λόγος【邏各斯】的分析的劃分，第582頁）。——原注

作爲構建性的結構，必然對於λόγος【邏各斯】的每一變式來說都始終保存著，故λόγος【邏各斯】僅僅能夠在遮蔽、歪曲、某種東西在某種東西前擋著道、不讓被看之意義上變式爲一種不揭開。因此，任何λόγος【邏各斯】、甚至這樣變式了的λόγος【邏各斯】，都是和表現爲λέγειν τί【說某個東西】。任何表達和任何談—論—某種東西（Sprechen-über-etwas），都完全自然和首先被視爲一種δηλοῦν【揭示】。因此，假定δηλοῦν【揭示】能夠經受某一變式，那我們具有以下結構：1.一種λέγειν【說】表現爲對某種東西的揭開，並且作爲對某種東西的揭開而在此是。2.但這種λέγειν【說】能夠在其自身是：歪曲、它能夠把某種東西冒充爲它所不是的東西。然而，只要它給出自己並且總是作爲λέγειν τί【說某個東西】而給出自己，但實際上卻在一種特定情形下沒有給出是者，那麼，這種λέγειν【說】就是一種欺騙。因此，只有理解了λέγειν【說】是一種λέγειν τί【說某個東西】，欺騙才是可能的，並且作爲這樣的東西才是畢竟可理解的。因爲λόγος【邏各斯】是λόγος τινός【關於某東西的邏各斯】，故它在其自身就能夠是假的。就像我們說「假錢」——它看起來像眞錢但卻不是眞錢，同樣，那歪曲某種東西的λέγειν【說】也把它自己發布爲它所不是的：λέγειν【說】歪曲它自己本身，它在其自身就是「假的」。因此，每一λόγος【邏各斯】作爲λόγος【邏各斯】都是一種λέγειν τί【說某個東西】；但它不必顯示它所談論的東西，而是也能夠歪曲它，誠然是這樣：這種「假的」判斷佯稱眞。因此，欺騙、ψεῦδος【假】，就其可能性而言奠基在λέγειν【說】之意向性的情狀之上。λέγειν【說】作爲λέγειν τί【說某個東西】能夠是一種歪曲。

由此顯明：每一λόγος【邏各斯】基於這種情狀總是和必然在一種如何（*Wie*）中是：它這樣或那樣地進行著揭開：進行揭開或進行歪曲，即每一λόγος【邏各斯】都是ποιόν【某種樣子】。Ποιὸν δέ γέ τινά φαμεν ἀναγκαῖον ἕκαστον εἶναι τῶν λόγων.【我們說，每一邏各斯都必然是某種樣子的邏各斯。】（263a11以下）「我們說，每一λόγος【邏各斯】都必然是ποιόν【某種樣子的】、這樣或那樣的」——正因爲它是λέγειν τί【說某個東西】。同樣：ποιόν τινα αὐτὸν εἶναι δεῖ【邏各斯必然是某種樣子的邏各斯】（262e8）、「它總是ποιός【某種樣子的】，這是必然的」。因此，在每一λέγειν【說】中，某種東西——只要它是——總是在下面這點上被決定了：它就其δηλοῦν【揭示】來說是怎樣的。ἀδυνάτων λόγον ὄντα μηδενὸς εἶναι λόγον【不是任何東西的邏各斯是邏各斯，這是不可能的】（參見263c10以下），「下面這點是不可能的：某一λόγος【邏各斯】似乎不是任何東西的λόγος【邏各斯】卻居然是它所是的。」在其諸可能性中的這種是—ποιόν【某種樣子】（dieses ποιόν-Sein），無非就是作爲ἀληθής【眞的】和ψευδὴς λόγος【假的邏各斯】的λόγος【邏各斯】。

2. 柏拉圖對ψεῦδος【假的】和ἀληθές【眞的】的辯證闡釋。作爲λεγόμενον【被說的東西】的ὄν【是者】與作爲λόγος ἀληθής【眞的邏各斯】或ψευδής【假的邏各斯】的可能性基礎的ταὐτόν【同】和ἕτερον【異】的κοινωνία【結合】。在λόγος【邏各斯】中的第四種κοινωνία【結合】

現在對我們來說決定性的問題是：柏拉圖如何闡釋ψεῦδος【假的】和ἀληθές【眞的】？回答聽起來很簡略：純粹辯證法地；這意味著：通過展示一種κοινωνία【結合】、並且尤其是我們已經識得的那樣一種κοινωνία【結合】，只不過我們在基本考察中已經了解的這種κοινωνία【結合】，現在同時與作爲在一種κοινωνία【結合】中的一種ὄν【是者】的λόγος【邏各斯】本身相對待。早前曾顯示：每一ὄν【是者】或τί【某種東西】，都處在與ταὐτόν【同】和ἕτερον【異】的κοινωνία【結合】中。在最寬泛意義上的每一東西都是它自身，並且作爲這種它自身，它是一而不是其他。現在，這種基本的辯證法的考察進行其上的這種ὄν【是者】、這種τί【某種東西】，在同λόγος【邏各斯】的κοινωνία【結合】中被把握，即ὄν【是者】現在被把握爲被λόγος【邏各斯】δηλούμενον【所揭示的東西】，被把握爲λεγόμενον【被說的東西】。通過這種新的κοινωνία【結合】，ὄν【是者】還是ὄν【是者】，即與ταὐτόν【同】和ἕτερον【異】的κοινωνία【結合】之可能性並未從它那兒取走，因爲ταὐτόν【同】和ἕτερον【異】的確已積極地被展示爲διὰ πάντων【貫穿一切】，因而也貫穿某種東西——只要它是λεγόμενον【被說的東西】。這兒是著手消除智者的反駁的地方——智者反駁說：還沒有解決是否μὴ ὄν【不是】也能夠同λόγος【邏各斯】一道進入一種κοινωνία【結合】中[120]。當展示出λόγος【邏各斯】是λόγος τινός【關於某東西的邏各斯】時，這種反駁就破產了。

λεγόμενον【被說的東西】是一種τί【某種東西】、一種ὄν【是者】：作爲這樣的東西，它處在與ταὐτόν【同】和ἕτερον【異】的δύναμις κοινωνίας【結合之可能性】中。如果ταὐτόν【同】和ὄν【是者】共同在此是，那麼，這意味著：ὄν【是者】是在其自身的，它是它所是的。並且這意味著，同δηλοῦν【揭示】、作爲δηλούμενον【被揭示的東西】的ὄν【是者】相關聯：ὄν【是者】如它在其自身是那樣被揭開。如果某一是者如它在其自身是那樣被揭開了，那麼，這種揭開就是一種ἀληθεύειν【去蔽】、一種未加歪曲地給出在其自身的是者：λόγος【邏各斯】是ἀληθές【眞的】。因此，ἀληθεύειν【去蔽】是對τινός【某種東西的】的一種λέγειν【說】——在那兒τί【某種東西】通過ταὐτόν【同】的在場而被突顯出來了，——只要某一是者在其同一性中就它自己本身變得可見。但正如辯證地顯示的，ἕτερον【異】也能夠同ὄν【是者】共同處在一種可能的κοινωνία【結

[120] 《智者》260a5-261c5。參見第575頁。——原注

合】中。這首先意味著：ὄν【是者】是不同於它自己本身的某一他者。於是，如果ὄν【是者】被把握爲λεγόμενον τί【某種被說的東西】，那這就意味著：它是ἕτερον λεγόμενον【其他被說的東西】，它作爲不同於它自身的某一他者被指出。這種把某種東西作爲他者——不同於它自身所是的——加以指出，無非就是遮蔽、歪曲、歪曲著地使變得可見。因此，這樣一種λέγειν【說】——在它那兒λεγόμενον【被說的東西】作爲ὄν【是者】通過ἕτερον【異】的在場而被突顯出來了，就是λόγος ψευδής【假的邏各斯】。——λόγος ἀληθής【眞的邏各斯】和λόγος ψευδής【假的邏各斯】被這樣加以把握：Λέγει ὁ λόγος ἀληθὴς τὰ ὄντα ὡς ἔστιν【眞的邏各斯把是者說成它是】（參見263b4以下）——ὡς ἔστιν【它是】純然是ταὐτόν【同】的改寫——它將是者作爲ταὐτά【同】加以展示；ταὐτόν【同】的在場是構建性的。Ὁ δὲ δὴ ψευδὴς ἕτερα τῶν ὄντων【假的邏各斯則說出異於是者的東西】（263b7），它把是者作爲ἕτερα【異】加以展示；ἕτερον【異】的在場是構建性的：λεγόμενα【諸被說的東西】通過ἕτερον【異】的在場而被規定。

早前僅僅完全一般地指出了在ὄν【是者】中ἕτερον【異】和ταὐτόν【同】的παρουσία【在場】之可能性。但現在下面這點變得清楚了：同樣的連繫也適用於作爲λεγόμενον【被說的東西】的ὄν【是者】。因此，在作爲λόγος τίνος【某種東西的邏各斯】的λόγος【邏各斯】中，即在作爲ὄν【是者】的λεγόμενον【被說的東西】中，顯現出一種新的κοινωνία【結合】：與ταὐτόν【同】或與ἕτερον【異】的κοινωνία【結合】。這種κοινωνία【結合】規定著作爲ποιός【某種樣子】的λόγος【邏各斯】之可能性，即規定著它的揭開之方式：作爲眞的或作爲假的。我們把這種κοινωνία【結合】刻劃爲**揭示性的**、同δηλοῦν【揭示】有關的κοινωνία【結合】。在此要注意——並且由此我們在闡釋中超出當前的東西而進入在是態學上潛在於此的那種東西——：這種ὂν λεγόμενον【被說的是者】在第二階段已經被標畫爲περὶ οὗ【關於什麼】和ὅτου【哪方面】：它**在某種東西—作爲—某種東西之情狀中**展露出來。因此，**那是一種**λέγειν【**說**】**之可能對象的**ὄν【**是者**】，**在其自身那兒就已經具有一種**κοινωνία【**結合**】，**即：某種東西作爲某種東西**。**並且與這種**ὄν【**是者**】**相關聯，存在著新的**κοινωνία【**結合**】**之可能性，即**ταὐτόν【**同**】**和**ἕτερον【**異**】**於其中在場之可能性**。也即是說，那在某種東西作爲某種東西之性質中被先行給出的ὄν【是者】，就它那方來說能夠被揭開爲同一東西，或被揭開爲不同於它所是的東西的某一他者。因此，**在**λόγος【**邏各斯**】**中的一種雙重的作爲性質**顯現出來。由此λέγειν【說】中的作爲這一獨特的範疇（diese eigtentümliche Kategorie des Als）之基本功能，首次變得清楚了。在某種東西作爲某種東西這一現象中，「作爲」意味著：⑴在某種東西之含有實事的規定性中的某種東西；⑵因此，這種在其規定性中被先行給出的東西作爲它自身，或者作爲某一他者。

3. 對λόγος【邏各斯】之分析的結果的總結。λόγος【邏各斯】作爲σύνθεσις【聯結】。在λόγος【邏各斯】中的四重κοινωνία【結合】

柏拉圖在263d1以下總結了他對λόγος【邏各斯】的分析的結論：Περὶ δὴ σοῦ λεγόμενα μέντοι θάτερα ὡς τὰ αὐτὰ καὶ μὴ ὄντα ὡς ὄντα, παντάπασιν ἔοικεν ἡ τοιαύτη σύνθεσις ἔκ τε ῥημάτων γιγνομένη καὶ ὀνομάτων ὄντως τε καὶ ἀληθῶς γίγνεσθαι λόγος ψευδής.【關於你所說的，如果把異的東西說成同的東西、把不是者說成是者，那麼產生自動詞和名詞的這樣的聯結，似乎就實實在在和千眞萬確地變成了假的邏各斯。】該總結把λόγος【邏各斯】澄清爲σύνθεσις【聯結】，並且尤其澄清爲τοιαύτη σύνθεσις【這樣的聯結】。該τοιαύτη【這樣的】，關乎λεγόμενον【被說的東西】與ταὐτόν【同】或ἕτερον【異】的可能的κοινωνία【結合】。這兒僅僅涉及同ἕτερον【異】的κοινωνία【結合】之可能性，因爲重要的是首先確證λόγος ψευδής【假的邏各斯】之可能性。σύνθεσις【聯結】同時被刻劃爲γιγνομένη ἔκ τε ῥημάτων καὶ ὀνομάτων【產生自動詞和名詞】，即同時指明了我們將之稱作命名性的那種κοινωνία【結合】。因此，在λόγος【邏各斯】現象之整體中有四重κοινωνία【結合】：

(1) 命名性的：作爲在ὄνομα【名詞】和ῥῆμα【動詞】之間的πλέγμα【組合】。

(2) 意向性的：每一λόγος【邏各斯】都是λόγος τίνος【某種東西的邏各斯】；λόγος【邏各斯】作爲ὄν【是者】同作爲其對象的ὄν【是者】處在κοινωνία

【結合】中。

(3) 邏輯上的：λέγειν【說】中的每一τί【某種東西】，都在某種東西作爲某種東西之性質中被談及。

(4) 揭示性的、關乎δηλοῦν【揭示】的：在每一δηλοῦν【揭示】中、在每一λέγειν τί【說某個東西】中，λεγόμενον【被說的東西】——正如我們所說，要麼同它自身「同一」，要麼在其面前被擺置爲異於它自身的某一他者；由此λόγος【邏各斯】成爲一種進行欺騙的λόγος【邏各斯】，在其自身就成爲一種假的λόγος【邏各斯】。

通過這種展示，得到了柏拉圖的眞正意圖，該意圖在於顯示那奠基於λόγος【邏各斯】本身之是中的一種可能性，即同ἕτερον【異】的可結合性，因而顯示那位於λόγος【邏各斯】本身中的可能性：它能夠是ψευδής【假的】。由此又證明瞭智者的生存之可能性；它辯證地變得可見[121]。

[121] 見附錄。——原注

八二、對δόξα【意見】和φαντασία【想象】的分析[122][123]（263d-264d）。通過指出δόξα【意見】和φαντασία【想象】同ψεῦδος【假東西】的可結合性把τέχνη σοφιστική【智者的技藝】澄清為τέχνη δοξαστική【貌似的技藝】和τέχνη φανταστική【想象的技藝】。——διάνοια【思想】、δόξα【意見】、φαντασία【想象】作為λέγειν【說】的方式；它們同ἕτερον【異】（即μὴ ὄν【不是者】或ψεῦδος【假東西】）的可結合性

τέχνη σοφιστική【智者的技藝】被規定爲ἀντιλογική【辯論術】，但同時也被規定爲δοξαστική【貌似的技藝】和φανταστική【想像的技藝】[124]——如果諸位回想起定義五和定義七的話。因此，爲了充分地展示出λέγειν【說】在最寬泛的意義上同μὴ ὄν【不是者】的可結合性，也就必須顯示：δόξα【意見】和φαντασία【想像】能夠同μὴ ὄν【不是者】和ἕτερον【異】進入到一種可能的κοινωνία【結合】中；

[122] 根據海德格而來的標題（見第573頁）。——原注

[123] 在這兒也可以直接把δοξαστική譯為「意見術」，把φανταστική譯為「想像術」。——譯注

[124] 在這兒也可以直接把δοξαστική譯為「意見術」，把φανταστική譯為「想像術」。——譯注

能夠有δόξα ψευδής【假的意見】。換句話說：柏拉圖必須在原則上證明就所有的行爲來說——根據其意義它們都具有是眞的或是假的這種可能性——有著同ἕτερον【異】的可結合性。這些行爲是：δόξα【意見】、διάνοια【思想】、φαντασία【想像】。Τί δὲ δή; διάνοιά τε καὶ δόξα καὶ φαντασία, μῶν οὐκ ἤδη δῆλον ὅτι ταῦτά γε ψευδῆ τε καὶ ἀληθῆ πάνθ' ἡμῶν ἐν ταῖς ψυχαῖς ἐγγίγνεται：【怎麼回事？就思想、意見和想像而言，豈不已經顯明：在我們靈魂中的所有這些東西既能生成爲眞的，也能生成爲假的？】（263d6以下）對這些行爲同ἕτερον【異】的可結合性的證明相對簡略（263d264d6），因爲柏拉圖把這些現象——δοξάζειν【認爲】、διανοεῖν【思想】、φαντασία【想像】——**嵌入**λόγος【邏各斯】**現象中**。在這兒，同所有其他可能的揭開和展開之方法相比，λόγος【邏各斯】的優先性再度清楚明確地顯露出來。通過指出διάνοια【思想】同λόγος【邏各斯】的一種連繫，進而指出δόξα【意見】同διάνοια【思想】的連繫，最後指出φαντασία【想象】同δόξα【意見】的連繫，同時顯示出φαντασία【想像】、διάνοια【思想】、δόξα【意見】從λόγος【邏各斯】而來的起源。所有這些都τῷ λόγῳ συγγενεῖς【與邏各斯同類】（參見264b2以下），它們同λόγος【邏各斯】有著同樣的、在是上的起源。因此，柏拉圖將這些現象闡釋爲λέγειν【說】。

διάνοια【思想】是ἐντὸς τῆς ψυχῆς πρὸς αὑτὴν διάλογος ἄνευ φωνῆς γιγνόμενος【靈魂在內裡同它自己進行的無聲對話】（263e4以下）。νοεῖν【看】

是一種λέγειν【說】，只不過它沒有在有聲表達中有所傳達地宣告；它是靈魂對自己本身、而不是對某一他者的一種λέγειν【說】。它與ἐντὸς τῆς ψυχῆς【靈魂在內裡】相對立。這兒絕沒有涉及內在的和超越的之間的對立，彷彿涉及到把διανοεῖν【思想】規定爲一種主體的言說，與之相關就能夠生起下面這一著名的難題：它如何從內在性中走出來，以及它對於諸對象如何具有所謂超越的有效性。ἐντὸς τῆς ψυχῆς【靈魂在內裡】僅僅意指：它是一種μετὰ σιγῆς【緘默地】（264a2）說，沒有進行傳達。但恰恰作爲這種緘默地說，它完全消融於被談論的事情中。λόγος【邏各斯】作爲λόγος τίνος【某種東西的邏各斯】，即使它緘默地被說出，它也是一種對事情的說。在這兒於單純內向性（Innerlichkeit）的意義上規定ψυχή【靈魂】是無意義的，彷彿διανοεῖν【思想】是一種主體的說——它在對其對象的客觀有效性方面能夠成爲難題。通過把ψυχή【靈魂】等同於意識，並將意識等同於主體性，一種可怕的混淆就進入到對柏拉圖哲學的闡釋中；只要我們還沒有學會拋棄近代立場中的那些陳舊範疇，只要我們還沒有了解到，對於合乎實事地理解那些被歷史學地先行給出的現象來說，這種拋棄是首要的要求，那麼，我們就還沒有走出該混淆。διανοεῖν【思想】作爲一種λέγειν【說】，恰恰意味著對是者的揭開，並且柏拉圖明確地把λέγειν【說】刻劃爲φάσις【陳述】和ἀπόφασις【否定】（263e12）、在肯定和否定意義上的談及。亞里士多德後來更加清楚地把φάσις【陳述】把握爲κατάφασις【肯定】，並把φάσις【陳述】置於κατάφασις【肯定】和ἀπόφασις【否定】這兩者之前。

還要簡略地闡釋一下另外兩個現象。δόξα【意見】就它那方來說被引回到διάνοια【思想】，並由此被引回到λόγος【邏各斯】。δόξα【意見】是ἀποτελεύτησις διανοίας【思想的完成】（參見264b1）、某一διανοεῖν【思想】、某一λέγειν【說】、某一談及的「完成（*die Vollendung*）」，即它是完成了的宣稱（der fertige Anspruch）、是確定地把某種東西當作某種東西（das festgemachte Hlaten-von-etwas-für-etwas）。因此，在δόξα【意見】中本質性的東西——正如在διανοεῖν【思想】中的一樣，復又是：把某種東西當作某種東西，即作爲結構（*die Als-Struktur*）。——於是，在διανοεῖν【思想】之意義上的λέγειν【說】是對καθ' αὐτό【在其自身地】（264a4）被談及的東西的一種當下化地占有。是者在其眞正的什麼（in seinem eigentlichen Was）、在其εἶδος【埃多斯】中於διανοεῖν【思想】中是在此的、πάρεστιν【是在場的】（參見264a4）。因此，διανοεῖν【思想】是對某種東西的一種看，但不是用感性的眼睛。只要它被刻劃爲看，那麼，這就意味著：被看的東西作爲它自身到場。然而，是者也能夠δι' αἰσθήσεως παρεῖναι【通過感覺而在場】（參見264a4）、「通過感官的知覺而到場」。於某種在感官上被知覺的東西中的這種當下地是，被規定爲：φαίνεται【顯現出來】（264b1）；某種東西在αἴσθησις【感覺】中顯現出來；它在較爲嚴格的意義上是：φαντασία【想象】。φαντασία【想象】在這兒不意指：幻想（phantasieren）、單單擺出自己

（sich nur Vorstellen）[125]，而是意指在這種單單擺出自己中的、在這種呈現中的在場的東西；因此φαντασία【想象】同作爲λεγόμενον【被說的東西】的λόγος【邏各斯】是同義的。但是，該表達——甚至在亞里士多德那兒——有著獨特的雙重含義，這種獨特的雙重含義也爲所有那些服務於ἀληθεύειν【去蔽】的術語所具有：λόγος【邏各斯】、δόξα【意見】、θέσις【論題】、ὑπόληψις【信念】；所有這些含義變式（Bedeutungsmodifikationen）首先意指ἀληθεύειν【去蔽】的實施，其次意指被揭開的東西作爲被揭開的東西。柏拉圖把φαντασία【想象】闡釋爲δόξα【意見】，並且尤其將之闡釋爲σύμμειξις αἰσθήσεως καὶ δόξης【感覺和意見的混合】（264b2）、闡釋爲基於αἴσθησις【感覺】而來的δόξα【意見】。眾所周知，亞里士多德在《論靈魂》第三卷第三章（428a25—428b9）[126]中已經把柏拉圖關於φαντασία

---

[125] 如果考慮到同名詞Vorstellung（表象）的連繫，也可以譯為「單單表象」，只不過這兒的「表象」作動詞用。——譯注

[126] 見附錄。——原注

《論靈魂》第三卷第三章（428a25-428b9）：ὅτι οὐδὲ δόξα μετ' αἰσθήσεως, οὐδὲ δι' αἰσθήσεως, οὐδὲ συμπλοκὴ δόξης καὶ αἰσθήσεως, φαντασία ἂν εἴη, διά τε ταῦτα καὶ διότι οὐκ ἄλλου τινὸς ἔσται ἡ δόξα, ἀλλ' ἐκείνου, εἴπερ ἔστιν, οὗ καὶ ἡ αἴσθησις· λέγω δ', ἐκ τῆς τοῦ λευκοῦ δόξης καὶ αἰσθήσεως ἡ συμπλοκὴ φαντασία ἔσται· οὐ γὰρ δὴ ἐκ τῆς δόξης μὲν τῆς τοῦ ἀγαθοῦ, αἰσθήσεως

【想象】的這種定義置於一種深刻和的確中肯的批評之下。根據柏拉圖，只要φαντασία【想象】是一種基於αἴσθησις【感覺】而來的δόξα【意見】，那麼，它作爲δόξα【意見】也就具有λόγος【邏各斯】性質，即它被把某種東西看作某種東西這一現象所規定。因此，διάνοια【思想】、δόξα【意見】、φαντασία【想象】都τῷ

δὲ τῆς τοῦ λευκοῦ. τὸ οὖν φαίνεσθαι ἔσται τὸ δοξάζειν ὅπερ αἰσθάνεται, μὴ κατὰ συμβεβηκός. φαίνεται δέ γε καὶ ψευδῆ, περὶ ὧν ἅμα ὑπόληψιν ἀληθῆ ἔχει, οἷον φαίνεται μὲν ὁ ἥλιος ποδιαῖος, πιστεύεται δ᾽ εἶναι μείζων τῆς οἰκουμένης· συμβαίνει οὖν ἤτοι ἀποβεβληκέναι τὴν ἑαυτοῦ ἀληθῆ δόξαν, ἣν εἶχε, σωζομένου τοῦ πράγματος, μὴ ἐπιλαθόμενον μηδὲ μεταπεισθέντα, ἢ εἰ ἔτι ἔχει, ἀνάγκη τὴν αὐτὴν ἀληθῆ εἶναι καὶ ψευδῆ. ἀλλὰ ψευδὴς ἐγένετο ὅτε λάθοι μεταπεσὸν τὸ πρᾶγμα. οὔτ᾽ ἄρα ἕν τι τούτων ἐστὶν οὔτ᾽ ἐκ τούτων ἡ φαντασία.【想象既不是帶有感覺的意見，也不是由感覺而來的意見，也不是意見和感覺的結合；之所以如此，除了上述那些理由之外，還在於，意見所關乎的東西無非是感覺所關乎的東西。我的意思是：如果〈想象〉是〈意見和感覺的結合〉，那麼，〈白之〉想像就來自白之意見和白之感覺的結合，因爲它肯定不來自善之意見和白之感覺的結合；於是，想像活動就將是對那被感覺的東西形成意見，並且是非偶然地。然而，一些對之同時具有眞信念的東西，能夠顯現爲假的；例如，太陽的直徑顯現爲一步之闊，卻被相信爲比我們所居住的地球更大。因此就會得出：要麼，一個人在事情保持原樣、他本人既未忘記也未改變看法的情形下卻拋棄他對該事情的眞意見；要麼，如果他還是持有該意見，那麼這同一意見就必然既是眞的又是假的。但是，只有當事情已經變化了卻沒有注意到，意見才會變成假的。因此，想象既不是這兩者中的某一個，也不從這兩者而來。】——譯注

λόγῳ συγγενεῖς【與邏各斯同類】（參見264b2以下），它們同λόγος【邏各斯】有著同樣的、在是上的起源，並且由此也能夠是ψευδεῖς【假的】（參見264b3）。

因此，σοφιστική【智者術】被澄清爲φανταστική【想象的技藝】、δοξαστική【貌似的技藝】、ἀντιλογικὴ τέχνη【辯論的技藝】。智者在其生存上得到了理解。

但由此一來——並且這是決定性的東西——哲學家在其自身已經變得透徹了，並且這只有通過具體的哲學活動本身才發生，它不會於隨隨便便的事情那兒出現；相反，正如我們已經在254a8[127]以下聽到的：τῇ τοῦ ὄντος ἀεὶ διὰ λογισμῶν προσκείμενος ἰδέᾳ.【始終通過思考而獻身於是者之理念。】

---

[127] 德文原文作258a8，有誤。——譯注

附錄

補充　基於海德格的手稿（對講座的筆記、增補和札記）

對引論部分的補充

1.（對頁23的補充）

ἀληθεύειν【去蔽】

此是之可能性——由此在其是中被規定。諸方式——一種最高的方式——σοφία【智慧】。φιλοσοφία【哲學】——爲了這種**眞地是**（*Wahrsein*）而抉擇。

柏拉圖——自身——同行一段路。

作爲**對話**——διαλέγεσθαι【對話】——朝向事情的研究方法和通達方法。

2.（對頁57的補充）

引人注目的：**最高的理解**——同τέχνη【技藝】一道，並且技藝復又同ἐπιστήμη【知識】一道。

如果τέχνη【技藝】被堅持爲一種ἀληθεύειν【去蔽】，無須感到吃驚，——作爲這樣一種東西，它是一種**實施**之可能性能夠於之**退卻**的行爲方式。

3.（對頁64的補充）

就於其中展露哲學家是什麼（σοφία【智慧】）的柏拉圖的《智者》而言，對作爲ἀληθεύειν【去蔽】的σοφία【智慧】的一種明確的預備思考，成爲必然。

哲學家：τῇ τοῦὄντος ἀεὶ διὰλογισμῶν προσκείμενος ἰδέᾳ【始終通過思考而獻身於是者之理念的人】（《智者》254a8以下）。「致力於並始終將自己保持在對是者的觀望上，嚴格講是這樣的：他始終實施著對它的一種言說。」

4.（對頁125的補充）

直至4：σοφία【智慧】之完滿的自主性

(1) 基於主題

(2) 基於此是之行爲的是之傾向（die Seinstendenz des Daseinsverhaltens）

(1) 完全的自主性屬於下面這種認識活動和知識活動：它是τοῦμάλιστα ἐπιστητοῦἐπιστήμη【以最爲可知的東西爲對象的知識】（《形而上學》第一卷第二章，982a31）。μάλιστα ἐπιστητά【諸最爲可知的東西】：τὰ πρῶτα καὶτὰ αἴτια【諸原理和諸原因】。

διὰ γὰρ ταῦτα καὶ ἐκ τούτων τἆλλα γνωρίζεται, ἀλλ’ οὐ ταῦτα διὰ τῶν ὑποκειμένων【其他東西都是通過它們或基於它們而被認識，但它們卻不通過任何進行奠基的東西而被認識】（982b2）（通過那作爲出發點而首先已經擺在前面的東西）。

ἀρχικωτάτη ἐπιστήμη【最爲進行統治的知識】——καὶ μᾶλλον ἀρχική【和更具統治性的〈知識〉】——ἡ γνωρίζουσα τίνος ἕνεκέν ἐστι πρακτέον ἕκαστον【知道每件事是爲何而被做的】（參見982b4以下）。

各種辦理之間和各種製作方式之間的一種連繫，某種梯級順序。ἐπιστήμη【知識】作爲平均概念（Durchschnitsbegriff）。參見《尼各馬可倫理學》：更加根本地加以把握——就對某種東西的每一行爲和操勞而言。

處在πρᾶξις【實踐】中的東西，由此被規定——οὗ ἕνεκα【爲此】——爲了何種東西之故而被操勞。

τοῦτο δ᾽ ἐστὶ τἀγαθὸν ἐν ἑκάστοις【它就是那位於個別東西中的善】（982b6）——它是對每個東西而言的「善」——這意味著：這樣一種東西，它構成——其完全的—恆常性（*Voll-ständigkeit*）❶——完滿地是（Fertigsein）——它通過πρᾶξις【實踐】——ποίησις【創制】——ἐπιστήμη【知識】——把被操勞的東西帶入其眞正的是中。

認識作爲對πρᾶξις【實踐】的揭開——它在其ἀγαθόν【善】上展開是者。

---

❶ Vollständigkeit，本意是「完整」、「完整性」。——譯注

因此，μάλιστα ἐπιστητόν【最爲可知的東西】——μάλιστα ἀγαθόν【最善的東西】= ὅλως τὸἄριστον【整體地最善的東西】——最善的東西、眞正的是——ἐν τῇ φύσει πάσῃ【在整個自然中】（參見982b6以下）。眞正的τέλος【目的】和πέρας【終點】——那在其此是上構成整體是者的東西。最眞正的是者——最眞正的是。最眞正的是者眞正作爲對其自身的νοεῖν【看】而是。是者作爲是——ἀρχαί【諸本源】。在「是態學」和「神學」的這種問題提法中被先行標畫。參見νοῦς【智性直觀】——νοητόν【可思想的東西】/ἀρχή【本源】——ὂν ᾗ ὄν【是者作爲是者】。Τὸζητούμενον ὄνομα（σοφία, σοφός）πίπτει ἐπὶ τὴν αὐτὴν ἐπιστήμην【被尋求的名稱（智慧、有智慧的）屬於這同一門知識】（參見982b8）。如果我們探究那位於言談中的表達意指什麼——在對自然的、最切近的此是的言談中的表達——，那麼，於此被發現的東西就落到這同一門ἐπιστήμη【知識】之上。

(2) τῶν πρώτων ἀρχῶν καὶ αἰτιῶν【關於諸原理和原因的〈知識〉】——誠然朝向οὗ ἕνεκα【爲此】和ἀγαθόν【善】——的確不是ποιητική【進行創制的〈知識〉】（982b9）——它在此是中、在其發生史中、於較近的觀望那兒已經具有此是的一種本己的爲了自身的是之傾向。即使它僅僅慢慢地從ἐπιστῆμαι ποιητικαί【諸進行創制的知識】中擺脫出來，但它也不僅僅是對後者的一種改造，而是從一開始就被僅僅去看和知識這一傾向所支撐。【這種擺脫（dieses sich Freimachen❷）】❸——在其與ἀληθεύειν【去蔽】的其他方式的關係中的σοφία【智慧】之——συμβεβηκός【偶性】——伴隨顯象（Begleiterscheinung）。τοιαύτη φρόνησις【這樣的明智】（982b24），只要οὗ ἕνεκα【爲此】和ἀγαθόν【善】也即爲了此是本身——不是爲了χρεία【用處】（982b24）——παρά【在旁邊】；相反，它在其自身就是此是之是。因此，ἑαυτῆς ἕνεκα【爲其自身】同時在下面這點上變得可見：它——σοφία【智慧】——奠基在人的此是之一種源始本己的是之類型上。

ὅτι δ᾽ οὐ ποιητική【不是進行創制的】（982b11）——儘管ἀγαθόν【善】——這恰恰被亞里士多德在其是態學的作用上理解——δῆλον καὶ ἐκ τῶν πρώτων φιλοσοφησάντων【從那些最早從事哲學的人那兒顯明出來】（982b11）。在這兒要積極地理解：它從一開始——在ποίησις【創制】的旁邊——構成人的一種自主的是之類型。

基於兩個原初的實施要素，下面這些變得可見：1.θαυμάζειν【驚異】，2.διαπορεῖν【困惑】（982b12以下）。

---

❷ dieses sich Freimachen也可以譯作：這種使自己自由。——譯注

❸ 為編者所補充。——原注

5.（對頁164的補充）

νοῦς【智性直觀】（知覺著地是）ἐπ' ἀμφότερα【從兩個方面】

αἴσθησις【感覺】——對每一當時的處境、對向著各種形勢和諸如此類的東西被擺置地是的揭開。

ἀεὶἀληθές【總是眞的】——在占有中是並且作爲對世界的占有。

在—世界—中—是——諸基本方式。

然而，是意味著：在場的是（對於有生命的東西來說：依寓於……而在場的是），並且如果何所依寓（das Wobei）本身是一種在其本眞性中的是者，即是始終是（Immersein），那麼，在場的是就是眞正的在場的是。

絕對地、καθ' αὐτό【在其自身地】——關乎——是本身。

6.（對頁186的補充）

πᾶν τὸδιανοητὸν καὶ νοητὸν ἡδιάνοια ἤ κατάφησιν ἤ ἀπόφησιν - ὅταν μὲν ὡδὶ συνθῇ φᾶσα ἤ ἀποφᾶσα, ἀληθεύει, ὅταν δὲ ὡδί, ψεύδεται.【思想要麼肯定要麼否定所有思考和思想的對象——當進行肯定或否定的它如此結合時，它就是在眞中；當它以另外的方式這樣做時，就是在假中。】（參見《形而上學》第五卷第七章，1012a2以下）

引出這段話，是爲了對付在邏輯學中和亞里士多德之闡釋中的一種流行的誤解。人們認爲：肯定（Zu-sprechen）是σύνθεσις【聯結】、聯結；否定【Ab-sprechen】是διαίρεσις【分開】、分開。

但上面那段話卻顯明：作爲讓被看的肯定和否定（zu-und absprechen des Sehenlassen）❹，兩者都是σύνθεσις【聯結】。

或者：ἐνδέχεται δὲ καὶ διαίρεσιν φάναι πάντα【也能夠把所有這些說成是在分開】（《論靈魂》第三卷第六章，430b3以下）。肯定和否定同樣被闡釋爲在進行分開。分開，的確是知覺、νοεῖν【看】，即把ἕν【一】、把整體保持在眼簾中的實施方法。並且分開是保存著地讓整體被看，即把一個和另一個擺置在一起。

σύνθεσις【聯結】與διαίρεσις【分開】構成了νοεῖν【看】之完整的實施方法；並且只要νοεῖν【看】是λόγον ἔχον【具有邏各斯】的νοεῖν【看】，那它自身就能夠是κατάφασις【肯定】或ἀπόφασις【否定】。

參見《形而上學》第六卷第四章，1027b2以下：

τὸ ἅμα τὸ χωρὶς ἤ νοεῖν【一起看或分開看】——知覺，讓照面（Begegnenlassen）的一種方式。ἅμα【一起】和χωρίς【分開】——μὴ τὸ ἑφεξῆς

---

❹ 也可以譯作：讓被看中的肯定和否定。——譯注

【不是順接的】（1027b24）、「不是離散的一個接一個」——各個νοήματα【被知覺者】之間的彼此站在旁邊（Neben-einander-Stehen）。而是：ἕν τι γίγνεσθαι【生成某種一】（1027b25）是這種νοεῖν【看】中的決定性的東西。

ἅμα νοεῖν【一起看】——τὸ συγκείμενον【結合在一起的】／χωρὶς νοεῖν【分開看】——τὸ διῃρημένον【分開的】。κεχωρισμένον【分離的】：ἓν νοεῖν【看一】。ἓν νοεῖν【看一】：既是σύνθεσις【聯結】，又是διαίρεσις【分開】。因爲ἅμα νοεῖν【一起看】也能夠被理解爲διαίρεσις【分開】。構建性的，意向性的—規定上的（intentional-bestimmungsmäßig）。

是者的這種是之類型的αἴτιον【原因】（1027b34）——在λόγος【邏各斯】中是無蔽的或被歪曲的——是τῆς διανοίας τι πάθος【思想的某種情狀】（1027b34以下）、「意指（das Vermeinen）的某種被影響（ein Angegangenwerden）」。只要某種東西與意指照面，那麼，照面的東西自身就被揭開了。ἀληθές【眞的】和ψεῦδος【假的】：οὐκ ἔξω δηλοῦσιν οὖσάν τινα φύσιν τοῦ ὄντος【不從外面揭示是者的某種本性】（1028a2）。它們並不給出是者的某種在其自身就屬於作爲是者的是者的是之情狀，而是只要是者來照面。

τὸ ἀληθὲς ὄν【眞的是者】——πάθος ἐν διανοίᾳ【在思想中的情狀】（參見《形而上學》第十一卷第八章，1065a21以下）。「是者的無蔽地是（*Unverborgensein*），是那影響進行意指的揭開（das vermeinende Aufdecken）的

東西」。被揭開了的在場。

ἐν διανοίᾳ【在思想中】並不意味著：思想過程——實際的發生，而是意味著：是被意指的東西——照面。因爲：在此揭開著的占有。是——作爲展開了的在場的是——一種有生命的東西的世界。

7.（對補充6的補充）

σκεπτέον【應考察】τοῦ ὄντος αὐτοῦ【是者本身的】——ᾗ ὄν【作爲是者】——τὰς ἀρχάς【諸本源】（參見《形而上學》第六卷第四章，1028a3以下）。ὂν ὡς ἀληθές【在眞之含義上的是者】❺。

ἀληθές【眞的】——ψεῦδος【假的】，被揭開——被歪曲：οὐκ ἐν τοῖς πράγμασι, ἀλλ' ἐν διανοίᾳ【不是在事物中，而是在思想中】（參見《形而上學》第六卷第四章，1027b26以下）。非含有實事的規定——如ἀγαθόν【善】——，它構成了完成了地是——現成地是，而是一種照面之性質——一種可能的在場之如何。

不是：ᾗ ὄν【作爲是者】——在其自身的，而是：ᾗ【作爲】無蔽的、展露出來的或被歪曲的。

ἕν【一】ἐν διανοίᾳ γίγνεσθαι【在思想中生成】，在τὸ ἅμα【一起】和τὸ

❺ ὂν ὡς ἀληθές【在眞之含義上的是者】，也可以譯為「作為真東西的是者」。——譯注

χωρίς【分開】的νοεῖν【看】中，在νοεῖν【看】中（參見1027b23以下）。不是ἐφεξῆς【順接的】（1027b24）——依次的。τὸ ἅμα【一起】和τὸ χωρίς【分開】的νοεῖν【看】：容許眞正的在此是（Da-sein）。

8.（對頁188的補充1）

ἀληθές【眞的東西】：是者作爲無蔽者——在這方面被意指和被知覺並作爲這樣的東西被保存。

這種保存之最切近的方法：λόγος【邏各斯】作爲λεγόμενον【被說的東西】。在一種ἀποφαντικὸς λόγος【能夠進行顯示的邏各斯】中的被說者：是者作爲被揭開者。λεγόμενον【被說的東西】是ἀληθές【眞的】——λόγος ἀληθής【眞的邏各斯】。

ἀληθές【眞的】：不ἐν τοῖς πράγμασι【在事物中】（《形而上學》第六卷第四章，1027b25以下），而ἐν διανοίᾳ【在思想中】（1027b27），但即ἐπὶ τῶν πραγμάτων【就事物而言】（《形而上學》第九卷第十章，1051b2）。

但的確在《形而上學》第九卷第十章中κυριώτατα ὄν【在最嚴格意義上是著的】

(1) 表達只能基於對是本身的正確闡釋而被理解

(2) 基於ἀληθεύειν【去蔽】的眞正意義。

是者作爲被占有者。**在場**，眞正的〈在場〉。徑直讓**在場的是**（*Anwesendsein-lassen*）！

「人們談論最多的最主要的東西」——耶格爾認爲❻。

非亞里士多德的，如果關乎是者/某一是者（das / ein❼ Seiendes）本身的話！

恰恰在這兒有著眞正的誤解：耶格爾和通常的傳統——已經在**經院哲學中**——認爲：涉及的乃心理上的是——以及有效之是。

兩者在「此」會面。

它是是者本身——僅僅就一種屬於它的是之性質而言，只要它能夠來照面，並且在此是未被遮蔽的或遮蔽的。

在其**無蔽**中的是者。在λόγος【邏各斯】中的無蔽。λεγόμενον【被說的東西】。在此也有著一種歪曲地是（Verstellensein）之可能性。

耶格爾認爲：

(1) 某一另外的是者是主題。

(2) ἀδιαίρετον【不可分解的東西】之ἀληθές【眞相】是一種特例，甚至同λόγος

---

❻ 維爾訥·耶格爾，《亞里士多德《形而上學》之發生史研究》（*Studien zu Entstehungsgeschichte der Metaphysik des Aristoteles*），柏林，一九一二年。按照第51頁以下的意義。——原注

❼ das〈這個定冠詞〉，被海德格劃掉了。——原注

【邏各斯】那首先的眞地是（Wahrsein）相矛盾[8]。

眞正的**無蔽**。

κυριώτατα ὄν【在最嚴格意義上是著的東西】是作爲**眞正的是者**的是者本身——ἀλήθεια【眞】：進行統治和要緊的東西——a.在其最終的ἀρχαί【諸本源】上，b.這些徑直——純粹——被揭開、被獲悉的。φιλοσοφήσαντες περὶ τῆς ἀληθείας【爲了眞而從事哲學活動】（《形而上學》第一卷第三章，983b3）。

ἀληθεύειν【去蔽】：ψυχή【靈魂】——此是——在之中是。

ἀληθές【眞的東西】：1.是者——世界——此是，2.λεγόμενον【被說的東西】——λόγος【邏各斯】——非眞正的眞之理論和判斷理論的出發點。

ἀλήθεια【眞】：ὄν【是者】——ἀρχαί【諸本源】——αἴτιον【原因】（《形而上學》第二卷第一章，993b23）

9.（對補充8的補充）

ἀληθές【眞的東西】——ὂν ὡς ἀληθές【在眞之含義上的是者】。

ἀληθεύειν【去蔽】。ἀλήθεια【眞】

---

[8] 維爾訥．耶格爾，在前面所引書中，按照第26頁以下的意義。——原注

在第九卷中的κυριώτατα ὄν【在最嚴格意義上是著的】。

「人們談論最多的最主要的東西」❾。

非亞里士多德的，如果關乎是者本身的話。

φιλοσοφήσαντες περὶ ἀληθείας【爲了眞而從事哲學活動】。ἀλήθεια【眞】＝ὄν【是】，在被揭示地是（Entdecktsein）之最眞正的意義上。

亞里士多德並不想要一種眞之特例，而是ἀρχαί【諸本源】中的那最徹底的和最源始的〈眞〉。

10.（對補充8的補充）

眞地是和陳述

說出——被說者：一定的理解——意指……。將被意指的東西取作所是的東西。「出來（her）」：從平均中出來，對它的熟悉以及親熟地是之自足。

這種是（dieses *Sein*）被標明、抬高爲一種是者。反過來如在經驗那兒一樣。以及如此被假設的東西——那應在與……相關中是，即應在與實在的是者相關中是的東西。兩種不同的是者之間的在－與……相關－中－是（das Im-Verhältnis-sein-

❾ 見補充8，第616頁，以及注1。——原注

zu）。

何種是？

ὂν ὡς ἀληθές【在眞之含義上的是者】具有何種……❿意義，並且它意指什麼？

它「是眞的」——僅僅一種如何——但一種獨特的東西。

11.（對補充8的補充）

爲何眞的（ἀληθές【眞的】）＝**實際是著的**？

因爲是＝在場，而非有效性等諸如此類的東西；被揭開了地是＝**眞正在場的**是。

或者因爲「眞地是」乃是**者之揭開性**，ἀληθές【眞的】屬於ὄν【是者】，——「辯證法」，是**態學**中的「邏輯學」。

眞的東西是。既非觀念論的也非實在論的，而是希臘的。是和眞。眞和眞實。

因此，κυριώτατον【最爲決定性的】。「眞」——對於知覺——是**是者的一種事務**（！），——誠然ἐν διανοίᾳ【在思想中】！

---

❿ 不可辨讀。——原注

12.（對補充8的補充）

爲何ἀληθές【眞的】、ὠς ἀληθές【在眞之含義上的】作爲是之性質？

在場——未被遮蔽——眞正的當下——朝向νοῦς【智性直觀】定位。ἔστι πώς πάντα【在某種方式上是一切】!·ἡ ψυχή【靈魂】⓫，在其最高可能性上。

13.（對補充8的補充）

ἀληθινόν【眞實的東西】

《智者》240以下／同上b3 = ὄντως ὄν【以是的方式是著的東西】⓬。在這兒顯然：ἀληθινός【眞實的】——「是態學的」。ἀληθινόν【眞實的東西】同ὄντως ὄν【以是的方式是著的東西】在一起，ψεῦδος【假的東西】同μὴ ὄν【不是者】在一起。只有下面這些清楚了，方才變得透徹：1.ὄν【是者】，2.ἀληθεύειν【去蔽】，3.λόγος【邏各斯】，即生存、此是、ψυχή【靈魂】。

爲何「眞實的」作爲是者之突出稱號？

⓫ 參見《論靈魂》第三卷第八章，431b21。——原注

⓬ ὄντως ὄν【以是的方式是著的東西】，也可以譯為「真實的是者」。——譯注

14.（對補充8的補充）

參見《克拉底律》421b3以下：ἄλη-θεία【神一般的——漫遊】、一種神一般的漫遊，πλανᾶσθαι【漫遊】！因此，恰恰戲謔地轉向對立面。與在此已經未被遮蔽的相對。

15.（對頁188的補充2）

σοφία【智慧】——首先作爲κτῆσις【財富】和ἕξις【品質】，根據《尼各馬可倫理學》第十卷第十章⓭。不是如ἰατρική【醫術】，而是如ὑγίεια【健康】，作爲是⓮。

ἀληθεύειν【去蔽】——眞地是：μετὰ λόγου【依賴邏各斯】（διάνοια【思想】）——ἄνευ λόγου【無邏各斯】。

(1) λόγος【邏各斯】

① 根本並非立即就是ἀποφαντικός【能夠進行顯示的】。

② 作爲ἀποφαντικός【能夠進行顯示的】的σύνθεσις【聯結】。相應地：ἀληθεύειν【去蔽】已經是一種派生的東西，穿過能夠是假的

⓭ 即該書最後一卷的最後一章，這一章一般被標記為第九章，但也被標記為第十章。——譯注

⓮《尼各馬可倫理學》第六卷第十三章，1144a4以下。——原注

（Falschseinkönnen）。「作爲」。《論靈魂》第三卷第六章。

③ λόγος【邏各斯】—— λεγόμενον【被說的東西】—— 被說者：a.作爲內容；b.被說地是（Gesagtsein），被重複說的東西，已經被說地是（Gesagtwordensein）—— 被「人們」。命題 —— 陳述 —— 表像之聯結（Vorstellungsverbindung）。（主體 —— 作爲思想活動。符合）

ἀληθές【眞的】—— 揭開著地是（Aufdeckendsein）。在「作爲」中表達著地談論那被揭開的東西。「作爲結構」—— λέγειν【說】中的這種結構 —— 在與這種結構照面時如此被揭開的東西[15]。

(2) ἀληθεύειν【去蔽】—— 眞地是 —— 作爲θιγεῖν【把握】[16]。源始地 —— 眞地是。

與耶格爾相反。

ὂν ὡς ἀληθές【在眞之含義上的是者】。κυριώτατον【最爲決定性的】。參見《形而上學》，耶格爾[17]。

οὕτω καὶ τῷ ὄντι ᾗ ὂν ἔστι τινὰ [ἐπισκέψασθαι] ἴδια, καὶ ταῦτ᾽ ἐστὶ περὶ

[15] 德文原文作das so Aufdeckte，似乎當為das so Aufgedeckte。——譯注

[16] 《形而上學》第九卷第十章，1051b24。——原注

[17] 見第616頁，注1。——原注

ῶν τοῦ φιλοσόφου ἐπισκέψασθαι τἀληθές.【同樣，是者作爲是者也具有某些固有性質，這些東西就是，關於它們哲學家要考察眞。】《形而上學》第四卷第二章，1004b15以下。

ἀλήθεια【眞】——無蔽。

過渡：①某種東西之無蔽地是（以νοεῖν【看】的方式；διανοεῖν【仔細看】）②無蔽的東西本身——最爲眞正無蔽的東西：那最爲已經在此是的東西。參見《形而上學》第二卷第二章⑱。

(3) λόγος【邏各斯】——揭開著地向前推進——對話。

純粹的和眞正的眞地是，即揭開，以及進行談論的東西——眞地是——在朝向眞正的東西之意圖中的詳細談論。首先被實施的東西：作爲λέγειν【說】。但在λέγειν【說】中完全已經有著θιγεῖν【把握】之是。這不是某種特例，而是反過來——λέγειν【說】是一種非眞正的方式（參見νοῦς【智性直觀】——διανοεῖν【仔細看】），但實際上離那東西最近。αἴσθησις【感覺】。言說——絕非根本性的。

① 亞里士多德不僅沒有降低辯證法；

---

⑱《形而上學》第二卷第一章，993b26以下。——原注

②他根本不可能降低它，因爲它一定必然處在下端，

③和柏拉圖相比他首先眞正看清了這點。

16.（對補充15的補充）

1. 絕對的ἀλήθεια【眞】

2. ὂν ὡς ἀληθές【在眞之含義上的是者】

(1)關乎在其是——ἀρχαί【諸本源】之無蔽中的是者。因此，ἀληθές【眞的】——κυριώτατον ὄν【最具決定性的是者】——在強調意義上的τἀληθές【眞的東西】。

(2)ὂν ὡς ἀληθές【在眞之含義上的是者】——作爲λεγόμενον【被說的東西】的ὄν【是者】——διανοούμενον【被思想的東西】。作爲照面的和作爲這樣被談論的東西。**眞的東西**——正如它首先和通常以及進一步被給出那樣。

17.（對補充15的補充）

τἀληθές【眞的東西】

形式普遍：ὂν ὡς ἀληθές【在眞之含義上的是者】。

從ἀληθεύειν【去蔽】意向相關地（*noematisch*）到ὂν ἀληθινόν【眞實的是者】。最高的ἀληθεύειν【去蔽】：σοφία【智慧】。最眞正的ὄν【是者】。κυριώτατον【最具決定性的】——爲何ἀληθές【眞的】？因爲是：「在此」——在場。不被歪曲地是（*Unverstellensein*）——照面性質，意向相關的，非心理上的是。不是在另一個旁邊的某一領域，而是在其是之如何中的是者。諸是之性質本身在其刻劃中是不同的。

18.（對頁188的補充3）

ἀληθεύειν【去蔽】——根本性地νοεῖν【看】——αἴσθησις【感覺】。μετὰ λόγου【依賴邏各斯】——λόγος【邏各斯】——修辭學-λόγος【邏各斯】——διά【通過】。

ἀληθές【眞的】——ὂν ὡς【是者作爲】——ὂν ᾗ ὄν【是者作爲是者】／λεγόμενον【被說的東西】。

λόγος【邏各斯】——作爲ἀληθεύειν【去蔽】之首先（Zunächst）——尤其：隱藏，眞正保持在不識中。作爲實施方法和揭開方法，根據原則上的含義！「邏輯的東西」：在談及中和在談及著地談論中可通達的東西，構成如此可通達的在場的東西本身之是。

διαλέγεσθαι【對話】：闡釋——詮釋學的。在亞里士多德那兒根據兩個方向得到保存。例如：μὴ ὄν【不是者】（=ψεῦδος【假的東西】）作爲ὄν【是者】——聞所未聞的——新的——即把通常的閒談放到一邊。

此是和是。

19.（對補充18的補充）

如果ὄν【是】——ἀλήθεια【眞】，**那麼**，對ὄν【是者】的**討論**就通過對ψεῦδος【假的東西】的討論，假使**μὴ ὄν【不是者】被討論**。

爲何ἀληθεύειν【去蔽】**開啟是之整個問題**（*Seinsproblematik*）？

(1) 作爲一般基礎——現象學的，

(2) 對於希臘人來說是者本身的一種性質——ἀληθές【眞的】。

爲何**是可能的**？ἀλήθεια【眞】——是者。耶格爾？心理主義！

20.（對補充18的補充）

μὴ ὄν【不是者】——ὡς ψεῦδος【作爲假的東西】：不是者——那不是某種東西的東西。**被歪曲**爲這種東西的，——但它不應當是，因爲ἀληθές【眞的東西】應當是；κατάφασις【肯定】之ἀγαθόν【善】。那是不應當是的東西。

ὂν ὡς ἀληθές【在眞之含義上的是者】：是者——揭開或被揭開的東西。「是**眞實的**」。

是者——在無蔽的東西之意義上——眞正在場的是。

不是者——在被遮蔽的東西之意義上——在其自身不在場的——**不是著**。

對過渡的補充

21.（對頁190的補充）

對是之整個問題的分解——**詮釋學**的——具體的、生存活動上的同是者的照面之於何所（Wobei）——**作爲是者之「是態學」基礎的關於照面以及談論的現象學**。《智者》——即使只是一個最初的推進——參見巴門尼德：νοεῖν【看】——εἶναι【是】——還是值得注意的，如果我們在那根本沒有解決且不可能解決的東西上足夠源始地進行把握。

22.（對頁194的補充）

ἀλήθεια【眞】和是之本眞性以及作爲**是者之**是。οὐσία【所是】——ἕν【一】——ὑποκείμενον【基體】。

是者之揭開是眞正的揭開，如果它在其ἀρχή【本源】——τέλος【目的】——情狀（眞正的到場）中展開是者的話。

ἀρχή【本源】——τέλος【目的】——作爲是之性質——πέρας【終點】的意義：從何處並且於何處是者在它所是的東西中——作爲是者——是完成的。不是

「作爲某種東西」。因此，諸意指之性質（Vermeitheitscharakter）和揭開之性質（Aufdeckungscharakter）：ἀδιαίρετον【不可分解地】——ἀσύνθετον【非複合地】——ἁπλῶς【絕對地】。

23.（對頁199的補充）

διαλέγεσθαι【對話】

詳細談論，愈來愈引向事情，基於最切近的、日常的λέγειν【說】，向著ἔσχατον【最後的】，以便看。πέρας【終點】！

它，即辯證法，只能進行試驗、嘗試、摸索。它自身從不能對之下決心，因爲它根據其諸實施之可能性無法抵達那兒。只有純粹的θεωρεῖν【靜觀】作爲〈純粹的θεωρεῖν【靜觀】〉，才有權做到這點。

但它具有定向，它已經一道談論了那眞正是σοφία【智慧】之主題的東西。ὑποκείμενον【基體】。

傳統說，亞里士多德已經把辯證法降格爲技藝。在此忽略了：

(1) τέχνη【技藝】意味著精通。δύναμις【能力】。參見《**修辭學**》：能力（das Können）作爲**是**。對它明確的確定，恰恰假設了對διαλέγεσθαι【對話】之實施的理解。**可能性**——理解——更加徹底地：作爲揭開。因爲：現實性：

仿做。【可能性：】⑲那能夠眞正是某種東西的，它已經先於任何現實地是（Wirklichsein）。

(2) 因此，他並沒有降格辯證法，而是揭示了日常的能夠─共同一起─說（Miteinander-sprechen-Können）之源始的、本己的領域：對某種東西的前理論性的談論，它作爲詳細談論的特定方法向著θεωρεῖν【靜觀】推進──γνωρίζειν【認識】、γνωριστική【認識性的】──並且宣稱自己爲明確的推進之方式以及眞正的追問之方式。

亞里士多德有能力第一個積極地理解和掌握辯證法。在眞正進行揭開的、源始的是態學中揚棄。參見《形而上學》第四卷第二章。

柏拉圖既沒有看清一個（σοφία【智慧】），也沒有看清另一個（διαλέγεσθαι【對話】）。他的結論同樣如此。另一方面，他在這種絕妙的不清晰中攪動了諸事情*⑳。「絕妙的」──因爲這種不清晰包含著揭開之眞正的根源。並非離奇的、對事情瞎盲的不清晰。

《智者》：διαλέγεσθαι【對話】──一種此是之類型──並且尤其是一種被宣稱爲最高的──它是：一種依寓於……而是，對是者的認識和知識。

---

⑲ 編輯者所補充。──原注

⑳ 海德格要求參見第二十九個補充（對頁220的補充）。──原注

在對話中揭開一種在之中是，並且由此揭開整個現象上的連繫，該連繫在於：是者——是——/向著……而是/在此是著的東西（智者）本身之是。因此，在過渡中：此是——ἀληθεύειν【去蔽】——在之中—是。現象學的基礎。正確理解了的意向性。

(1) 對話之詮釋學的意義，
(2) 在對話中什麼成爲了主題，
(3) 如何。

三個問題不清楚、但又原則性地交織在一起。

對對話的這種把握，於亞里士多德的發展趨勢那兒得到證明：《形而上學》第四卷和《論題篇》（修辭學）。

不是在直觀和思想上看。只要思想是直觀著的，那它恰恰是辯證法的，——這不是某種東西。

24.（對頁202的補充）

λόγος【邏各斯】

作爲言說——言說，關聯，某種東西作爲某種東西。ἀνάλογον【類比】——相應，在這兒：關係。

λόγος【邏各斯】能夠被如此形式化，這是下面這點的顯示，即某種東西作爲某種東西這一現象——在此——原初地顯現。「邏輯的東西」。並且尤其λόγος【邏各斯】作爲λεγόμενον【被說的東西】，作爲—像……那樣的（Als-hafte），從一個—到—另一個—那樣的（Vom-einem-zum-anderen-hafte）。

25.（對頁206的補充）

亞里士多德的哲學

也即是說，在其眞正的各種困難中理解希臘人。暗藏的運動：ὂν ᾗ ὄν【是者作爲是者】——διαλεκτική【辯證法】——「邏輯學」：ζωή【生命】——此是。λόγος【邏各斯】

26.（對頁216的補充1）

亞里士多德談論διαλεκτική【辯證法】

(1) 在同對哲學性的基礎科學（σοφία【智慧】）之任務的規定的連繫中，

(2) 在關於λόγος【邏各斯】的學說中。

因此，在對ἀληθεύειν【去蔽】現象的考慮中：νοεῖν【看】和λέγειν【說】。

【……】

直至(1)《形而上學》第四卷第一章和第二章。

【……】

直至(2)：πειραστική【嘗試性的】——涉及λέγειν【說】——共同一起詳細談論——共同世界，在此ἀγνοοῦντες【無知者們】[21]，但同這些人一道κατὰ τὸ πρᾶγμα【根據事情】[22]說。理論上—實事上（theoretisch-sachlich）共同一起商討之「理論」。ἀπόδειξις【證明】。διαλεκτική【辯證法】，進一步的概念。它能夠是：1.πειραστική【嘗試性的】（《論題篇》，171）[23]，2.理論——δύναμις【能力】（《論題篇》第一卷，101）；以及在這兒ἔνδοξον【權威意見的】，ἐρώτησις【詢問】。目標：ἀλήθεια【眞】。

智者：μὴ κατὰ τὸ πρᾶγμα ἐλέγχοντες【不根據事情進行盤問】[24]。但在這方面，οὐκ ἐν δυνάμει【不在於能力】[25]——如修辭學——作爲言談之理論——，而是某一βίος【生命】——實際地言談——已經對此下了決心。但如何？形式的——非實

---

[21] 《辯謬篇》第一卷第十一章，171b3以下。——原注

[22] 同上，第一卷第八章，169b23。——原注

[23] 同上，第一卷第十一章，171b4。——原注

[24] 同上，第一卷第八章，169b23以下。——原注

[25] 《修辭學》第一卷第一章，1355b17。——原注

事性。

27.（對頁216的補充2）

【過渡：】㉖

對辯證法的澄清。對智者術的首次刻劃。

緊接著：ἀληθεύειν【去蔽】，ἀληθές【真的】。ὄν【是者】。是態學的基本意義。邏輯的東西。過渡的第二部分同第一部分相連繫。

(1) τἀληθές【真的東西】（《形而上學》第四卷第二章，1004b17）(2) πρότερον ἡ οὐσία【所是在先】㉗。是態學。

(1) 具體的是之研究：οὐσία【所是】——κατηγορίαι【諸範疇】——δύναμις【潛能】/ἐνέργεια【現實】㉘。揭示，積極的，對λόγος【邏各斯】。邏輯的東西。

㉖ 編輯者的補充：對過渡的劃分顯示出：1.同實際發生的相比，海德格打算在過渡中更多地進行闡述，2.實際的講座進程僅僅部分地同劃分之計畫相應。——原注

㉗ 《形而上學》第四卷第二章，1004b9。——原注

㉘ 參見《形而上學》第六卷第二章，1026a32以下，以及《形而上學》第九卷第十章，1051a35以下。——原注

28.（對頁216的補充3）

哲學：ἀληθεύειν【去蔽】——ἀληθές【眞的】。ἀλήθεια【眞】——ὄν【是】。κυριώτατον ὄν【最具決定性的是者】。διαλέγεσθαι【對話】——σοφία【智慧】——νοῦς【智性直觀】——在某種意義上擺脫了λόγος【邏各斯】。

「邏輯的東西」。「命題」。

29.（對頁220的補充）

λέγειν【說】——修辭學和智者術

（參見第爾斯，《前蘇格拉底殘篇》第二卷，第218頁以下）㉙

阿布德拉的普羅泰戈拉（Protagoras von Abdera）。修辭學。文法學的基本概念。對修辭學的炫耀性見解。

勒昂提諾伊的高爾吉亞（Gorigas von Leontinoi）。

卡爾克同的忒拉敘馬科斯（Thrasymachos von Chalkedon）（參見《高爾吉亞》）

㉙《前蘇格拉底殘篇》，赫爾曼．第爾斯篇，希臘文德文對照本，第二卷，第四版，柏林，一九二二年。——原注

克俄斯的普洛狄科斯（Prodikos von Keos）。參見《普羅泰戈拉》：修辭學。**半價值論**（*Semiaxiologie*）。**在質料選擇中的道德**化。

艾理斯的希皮阿斯（Hippas von Elis）（參見普洛狄科斯）：**古舊的博學多識**。

雅典的安提豐（Antiphon von Athen）（參見普洛狄科斯）。

揚布里科斯的匿名者（Anonymus Iamblichi）（普羅泰戈拉）。

《對論》（Dialexeis）[30]的作者（普羅泰戈拉）。反邏輯（Antilogica）被發展了出來。

智者們：青年人的老師——付費。修辭學家。ταύτόν [⋯] ἐστὶν σοφιστὴς καὶ ῥήτωρ, ἤ ἐγγύς τι καὶ παραπλήσιον.【智者和修辭學家是相同的，或者有某種接近和類似。】（《高爾吉亞》520a6以下）

修昔底德（Thukydides），III 38[31]

ἀπλῶς τε ἀκοῆς ἡδονῇ ἡσσώμενοι καὶ σοφιστῶν θεαταῖς ἐοικότες καθημένοις μᾶλλον ἤ περὶ πόλεως βουλευομένοις.【完全屈服於聽的快感，更像

---

[30] Dialexeis又稱為δισσόι λόγοι，即所謂的「雙重論證」或「對照論證」，意思是從論證的兩方進行考慮，以期更加深入地理解所討論的問題。它是古代希臘的一種修辭學練習；在當時，修辭學的學生在進行寫作和演講時，被要求從論爭的兩方分別立論。——譯注

[31] 修昔底德，《伯羅奔尼撒戰爭史》（*Geschichte des Peloponnesischen Krieges*）。——原注

是智者們坐在那兒的聽眾，而不是城邦的決策者。】

智者們：演說家——不是哲學家、政治家和教育家。

總的說來：「你們沉迷於聽的快樂中（與言談相對！），並且你們與其說是應決定城邦命運的那種人，毋寧說更爲類似閑坐在那兒、好奇地看著智者們的那種人。」

恰恰被智者們所培養起來的非實事性。

形式上的教育目標。由此給出了：非實事性、缺乏實事性。δεινότης【擅長】εὖ λέγειν【好好說】（παιδεία【教育】）。a)智者們的水準是不一樣的，b)他們那特定的、從內容上來看的世界——他們主要活動其間。

闡釋的一種錯誤。那作爲誘因前往積極性、但尚不與科學的水準相當的東西，往後在歷史學的考察中基於這種考察並被這種考察抬高了。因此，迫使推進到科學的、哲學的諸可能性面前。

非懷疑主義、相對主義、主觀主義，而是形式上的教育目標。παιδεία【教育】。

【……】

柏拉圖既譴責智者，同時也譴責演說家。《斐德羅》：嘗試積極的評價？亞里士多德，因爲對λόγος【邏各斯】和ζωή【生命】的源始洞察，已經賦予其積極的、有限的、確定的合法性。

30.（對頁222的補充）

「是態學」——「神學」。亞里士多德

兩次：以作爲整體的是者爲出發點——ὅλον【整體】[32]——ἁπλῶς【絕對】——全然在其自身在此是的東西。θεία【諸神聖的東西】。把在其ὅλον【整體】中的ὅλον【整體】——理解爲是著。是者——世界——，但還是一個確定的μέρος【部分】：κινούμενον【運動的東西】，不是ἀριθμός【數】。天以及處於其下的東西。它在內容上相應於古代的是之整個問題，通過對κίνησις【運動】的揭示把後者帶到新的基礎之上。

對κίνησις【運動】的揭示給出：1.在範疇上看清φύσει ὄντα【自然中的諸是者】之可能性。2.這種具體的質料是態學的（material-ontologisch）研究，爲純粹是態學的研究之意義打開了眼光，並眞正給出了對柏拉圖的正確掌握。兩者都在《物理學》第一卷中！對愛利亞學派的批判。諸範疇。

正如κίνησις【運動】（ἀκίνητα【不動的東西】——ἀχώριστα【不可分的東西】／ἀκίνητα【不動的東西】——χωριστά【可分的東西】／κινούμενά【運動的

[32] 參見《形而上學》第十二卷第一章，1069a18以下。——原注

東西】）乃是之劃分（Seinseinteilung）的引導線索。

κίνησις【運動】，ποίησις【創制】——被創制＝1.完成，2.在場。參見《形而上學》第九卷，除了κίνησις【運動】之外關於δύναμις【潛能】——ἐνέργεια【現實】的討論。

參見《形而上學》第四卷第二章：κινούμενον【運動的東西】——στερεόν【堅實的東西】明確地是**是態學**的主題，還是質料性的主題？不，而僅僅非ὂν ᾗ ὄν【是者作為是者】。後者本身，——不位於它同其他東西的連繫中！πρὸς μίαν ἀρχήν【朝向某一本源】？[33]

不是：如何改變，或何者屈從於另外的，如何改善，「完善」，「令人滿意的世界圖像」。而是：他如何被催逼進這兩個通道。為什麼？是——在場！絕對的在場；最高和最真正在場著的東西，首先源始的在場。

難題不位於θεολογική【神學】中，而位於πρώτη φιλοσοφία【第一哲學】中。ὂν ᾗ ὄν【是者作為是者】的**普遍性**。

邏輯的東西。

---

[33] 《形而上學》第四卷第二章，1003b6。——原注

31.（對頁224的補充）

ôν ᾗ ὄν【是者作爲是者】。οὐσία【所是】——λόγος【邏各斯】——ὑποκείμενον【基體】。「邏輯的東西」。當下

ôν ᾗ ὄν【是者作爲是者】：在其是中的是者；是者作爲是者；每一是其所是的是者，只要它是。因而主題是是。每一從一開始就已經是的是者，從一開始就已經在此的，眞正構成在場的東西，即眞正的是。「從一開始就已經」——某種東西的在場之可能性的條件。

未被分開的：屬（Genus）——一般的普遍性（generelle Allgemeinheit）和先天的普遍性（apriorische Allgemeinheit）。在是態上的東西：「屬」，在什麼上的（washaft）起源。在是態學上的πρὸς μίαν ἀρχήν【朝向某一本源】——φύσις【自然】——οὐσία【所是】，不是κατά【根據】。

非形式的，非屬（這被明確拒絕了），而是：純然「是態學的」。但在「形式性的東西」上強調了οὐσία【所是】：πρότερον ἡ οὐσία【所是在先】，在是者的純粹在場之時間性上。ὄν【是者】——被談及的東西——ὑποκείμενον【基體】——沒有被設定。而是：那在λέγειν【說】之進行意指的揭開中已經在此的東西。在這兒λόγος【邏各斯】對是態學的闖入。參見《形而上學》第七卷第四章。

ὄν【是者】——作爲被揭開的東西——在較爲寬泛的意義上：何人（wovon）和何事（worüber）被談論。

(1)「從一開始就已經」在多大程度上在較爲寬泛意義上的λεγόμενον【被說的東西】中。οὐσία【所是】——絕對的在場——從一開始就在此是的東西——在最切近的日常的交道中。但這是λόγος【邏各斯】！

(2)「邏輯的東西」是哪種？= 那在作爲被談及的東西的被談及的東西中已經照面的東西，一道構成了在場。

直至(1)對於希臘人來說，νοῦς【智性直觀】——λόγος【邏各斯】：在首先和通常對——世界——某種東西——是者——在此——的談論中。這種首先和通常，將並且始終根本性地μετὰ λόγου【依賴邏各斯】——λόγος【邏各斯】：當下化著地在之中是的基本方式。原初作爲已經在此與之照面的東西：ὑποκείμενον【基體】。言說始終是對是者的原初的通達方式和占有方式。進行揭示的依寓於……而是的——生命的——依寓於是者的基本方法。

甚至ἄνευ λόγου【無邏各斯】——是某種東西——也還根據λόγος【邏各斯】被看：不帶有「作爲」。καθ᾽ αὐτό【根據其自身】。而是：根據和在λόγος【邏各斯】中——作爲ἀληθεύειν【去蔽】——ὑποκείμενον【基體】的方式

【……】

直至(2)「邏輯的東西」是作爲這種是態邏各斯的東西！恰恰不是：思想和思想技藝。而是：那在談及（揭開）和談及著地談論中的可通達的東西。如此來照面和被談論的是者之是，如此可能在場著的東西，構成著它那已經完成的在場。

32.（對頁225的補充）

然而，希臘的是之概念那被顯示出來的本源，同時顯明：**是者之是**【**根據**】**時間被闡釋**。爲何？因爲每一是態學作爲解釋，自身都是在之中—是的一種方式。只要世界應在其是中被規定，那麼，這種是者必須是**被經驗到了的**，並且解釋活動必須在其是上談及這種是者。世界的可經驗性和可談及性包含著：讓進行解釋的此是和此是總是已經在其中是的世界本身，純粹根據其自身來照面。讓照面根據其諸可能性奠基在此是之是上。但此是是有時間地是（Zeitlichsein）。並且純粹的讓世界來照面是當下化。作爲**這樣的**東西，它能夠在相稱的對世界的談及中僅僅時間性地說出它**自己**：世界之是是在場。基於這種是之概念的統治地位，下面這點就變得清楚了：亞里士多德爲何根據當下、「現在」來解釋時間本身。當下地是（Gegenwärtigsein）是眞正的是，根據它能夠規定過去的東西之**不再**是和尚未是……[34]。

但是，如果**此**是本身應在其是本身上被是態學地解釋，也即是說，甚至在其當下

---

[34] 不可辨讀的。——原注

的[35]當下化（das gegenwärtige Gegenwärtigen）之特定的、非本眞的有時間地是上被理解，那麼，有時間地是就必須在其本眞性中得到闡釋。但其中就有著：那在對世界之是的是態學解釋中生長出來的是者，不可能規定那應闡釋此是本身之是的是態學研究的詮釋學處境。毋寧說，恰恰基於後者，前者的是之類型和本源在是態學上得到積極的澄清，即在到場之見解（Praesenzauffassung）的是之性質中被給出。——最切近的是之意義。

33.（對補充32的補充）

是之概念——**知識之概念和理念**

是——在其自身總是在場的是。因此，「什麼（Was）」——「本質（Wesen）」[36]「**是**（*ist*）」**眞正的**，並且它是眞正的知識之眞實對象。

---

[35] 編輯者注：也許指的是：進行預期的（gewärtigenden）。——原注

[36] 如果考慮到Wesen 同Sein在詞源上的關係，也可以將之譯作「所是」。——譯注

對主要部分的補充

34.（對頁227的補充）

操心（歷史性——時間性——揭示性）

τέχνη【技藝】根據兩個基本行爲被看，最切近的日常此是的這樣兩種行爲：製作——占有（是之傾向）。在兩者中，**操持**某事（*Sichversorgen* mit etwas）這一基本現象——作爲**對某事的操勞**（*Besorgen von etwas*）——在爲……**預先操心**（*Vorsorgen für*）的意義上。時間性……這種操勞——在寬泛意義上的爲自己搞到（sich Be-schaffen）〈某種東西〉——可規定爲同最切近照面的世界打交道。同……打交道（das Umgehen mit-）奠基在一種已經—在其中—是（In-ihr-schon-sein）上。對於這種在之中—是——作爲操勞——精通。

τέχνη【技藝】——作爲ἀληθεύειν μετὰ λόγου【依賴邏各斯的去蔽】——自身就具有**占有**性質（*Zueignungscharakter*）。在所有的操作——製作中，並且在擁有中，一種獨特的占有——**〈對〉作爲被定向了的〈世界〉**的世界〈的占有〉——在它的「在此」……操勞作爲當下化……。

請注意：這些現象學上的連繫從未被看到——被視爲各種原始的和幼稚的區別——它們比不上近代的體系學。並且只有當這些現象首先已經源始地被揭開了，並且它們在現象上的連繫被理解爲了一種原初的連繫（此是——生存），方才能看到。系統的工作——不是爲了建立一種體系並由此去譴責歷史，而是爲了讓它們對於下面這種推進來說變得可見，即向著我們的此是本身在是上的根源推進。

35.（對頁282的補充）

現象學的闡釋有意過於寬闊——與質樸的—是態上（naiv-ontisch）的理解相比——關於ἀσπαλιευτής【垂釣者】。

這種共屬一體（Zusammengehörigkeit），首先並不通過先前孤立的諸內容的一種堆積在一起而產生。它是一種源始的共屬一體。這首先僅僅是斷言著的指示。把現象作爲整體看。如果它（歸屬性）應是一種源始的，那麼，它必須基於一種新的、統一的基本內容而被變得可見——基於現象上的持存本身的是之類型（在之中是），例如，以作爲τέχνη【技藝】的τέχνη【技藝】爲引導線索。ἕξις【品質】——δύναμις【能力】——ψυχή【靈魂】——ἀλήθεια【眞】——可揭示性——「在此」——每一本己的「在此」是之可能性——對於本己的是來說。參見前面操勞——操心。

對該領域的一種從原則上進行研究的、方法上的占有之必要性——更加準確地——首先展露！因爲被淹沒——爲何？——某種東西還未被眞正揭開——（沉淪！）——僅僅在各種緊要的視域中——世界性地、是態學地被翻轉。

36.（對頁387的補充）

人類學作爲是態學

不是一種新的見解和處理方法，而是那核心的、所有其他的一切於其中才取得基礎的是態學，並且只要傳統的、迄今唯一積極的〈是態學〉——希臘人的〈是態學〉——根本地是世界和形式邏輯的是態學（Welt-und formal-logische Ontologie），那麼，它必須通過採取新的意圖而被占有並得到解放。即是說，首先徹底地和具體地把是態學的難題整體地擺置出來。在關於時間的論文中讓追問被打開和被提出。

37.（對頁411的補充）

智者的諸定義

雙重功能：三重功能？

(1) 有力地取得μὴ ὄν【不是者】的實際性。具體化——「在此」。

(2) 諸現象的先行規定：「ποιεῖν【創制】」——οὐσία【所是】。λόγος【邏各斯】。

(3) 是態上的διαλέγεσθαι【對話】——共同-在此-是（Mit-da-sein）：γένος

【屬】——ἕν【一】——對是態學上的διαλέγεσθαι【對話】的準備。

38.（對頁431的補充）

現在首先運用到智者們的τέχνη【技藝】（即δόξα【意見】，λόγος【邏各斯】）：ποιεῖ εἴδωλα【它創制各種圖像】——他關乎那看起來如此的東西，即關乎最切近的、非眞正的外觀——那首先僅僅如此給出自己的東西——個人印象：περὶ τὸ φάντασμα【關乎假象】（240d1）。他稱它爲不是（Nicht-sein）！並且他的ποιεῖν【創制】尤其是對個人印象、對最切近的僅僅看起來如此的一種接受，並且尤其是這樣：他把如此加以拾起的東西進行冒充。他進行欺騙，即他活動在把個人印象冒充爲是（Sein）這種冒充中。只要我們被他以這種方式所欺騙。那麼，這就意味著ψυχὴ ἡμῶν ψευδῆ δοξάζει【我們的靈魂相信假的東西】（參見240d2以下）。

他把我們引入歧路。但只有在我們畢竟行走的地方，尤其是我們畢竟想去的地方，才有迷途（進行欺騙的認爲）。僅僅在向著ἀληθές【眞的東西】定向地是（*Ausgerichtetsein*）中才有著不中的（*Daneben*）[37]，並且尤其是這樣不中的：那假裝的東西被當作了ἀληθές【眞的東西】。僅僅在意圖看（die Tendenz-auf-des Sehens）那未被遮蔽的是者中，歪曲才變得可能。這種僞稱的視之歪曲。

---

[37] Daneben，本意是「在旁邊」。——譯注

ψευδὴς δόξα【假意見】：進行迷惑的〈意見〉，意指迷惑的〈意見〉；持看法而是，並且尤其是持假的看法而是。也即是說，τὰ ἐναντία τοῖς οὖσι δοξάζειν【相信同那些是著的東西相反的東西】（參見240d6以下）：持看法而是、認爲，它是未被遮蔽的東西，鑒於是者之對立面，鑒於那立於其面前、擠到前面的東西。也即是說，ψευδὴς δόξα【假意見】= τὰ μὴ ὄντα δοξάζειν【相信不是者】（240d9）：把不是者當作（*dafür-halten*）是者。

在對ψευδὴς δόξα【假意見】或μὴ ὄντα【不是者】的這種δοξάζειν【相信】中，有著這樣一種認爲：它不是、μὴ εἶναι【不是】（240e1）？這兒有著險阻，在言談（希臘人的）中的模糊不清的東西。【……】

ἤ πως εἶναι τὰ μηδαμῶς ὄντα；【或者絕對不是著的東西無論如何也還是？】（240e1以下）Εἶναί πως τὰ μὴ ὄντα δεῖ【不是者必定無論如何也還是】（240e3）不是者自身必定無論如何都是，由此它能夠在這件事上（在是著上）被看待。也即是說，在ψευδὴς δόξα【假意見】中，在其結構中，有著無論如何把不是著的東西本身看作是著，然後才成爲它所是的。把這種東西冒充——爲是者。

因此，下面這點的可能性之條件，φάντασμα【假象】畢竟能夠建立一種欺騙——把自己冒充爲——是：它已經在其自身被當作是著，並且僅僅基於這一理由，它才能把自己冒充爲某一別的是者。

在那總是有著某種進行欺騙的認爲的地方，哪怕只是短暫和細微的，也總是必然：

(1) 它自身作爲無論如何在此——到場；那自身引起誤以爲（Vermeinen）[38]、建立可冒充性（Ausgebbarkeit）[39]的東西之是，

(2) 那爲此將自己冒充爲是者、被誤以爲的東西；處在信以爲眞（Vermeintlichkeit）中的東西之是。

39.（對補充38的補充）

欺騙

它欺騙——它迷惑（trügt），它欺—詐（be-trügt），迷惑，ψεῦδος【假的東西】。我欺騙我自己——欺騙——ἀπάτη【欺騙】。260c。我欺騙某一他人——在言談、傳達中。迷惑在是態學上是原初的，即可見性——γιγνώσκειν【認識】——同μὴ ὄν【不是者】相κοινωνία【結合】。

「它弄錯」？我弄錯——我們已經把自己帶到迷途上了——它是「假的」。

---

[38] Vermeinen，我一般將之譯為「意指」，在這兒根據上下文譯作「誤以為」。——譯注

[39] 日常德語中並無Ausgebbarkeit這一名詞。基於這兒的討論，譯者認為該詞通過構詞法由動詞ausgeben（冒充）而來，故譯為「可冒充性」。——譯注

參見一九二三/一九二四年冬季學期講座[40]。

欺騙、錯誤、虛假、不正確、說謊——以及「不」的作用和意義——以及λόγος【邏各斯】和νοεῖν【看】。

欺騙——在之中—是——(1)作爲什麼——前有;(2)作爲某種東西——談及;(3)「作爲」這一基本現象。「前」有:根據某種東西而有,非徑直在此!「作爲」——於在之中是。操心——解釋——熟悉——先行—顯露(Vor-schein)。在之中—是——作爲何種是?

40.(對補充38的補充)

欺騙——錯誤

欺騙——基於給出——談及。錯誤?基於形式上的推論?然而,如果錯誤基於ἀληθεύειν【去蔽】——給出事情——χειροῦσθαι【弄到手】?也即是說,ψεῦδος【假的東西】——也在λόγος【邏各斯】中。這(判斷)也還完全是揭示性的。

---

[40] 一九二三/一九二四冬季學期講座,即《全集》第十七卷,《現象學研究導論》(*Einführung in die phänomenologische Forschung*)。該講座是海德格前往馬堡後開設的第一次講座。——譯注

41.（對頁449的補充1）

提出是之意義問題，無非意味著擬定出哲學的問題提法。

「是者之是這一問題提法」的現象學意義——它所意味的和在其任務那兒包含著：此是之詮釋學。

追問：

某種東西根據某種東西被詢問。

被詢—問者（是者），被問得者（是），被問者（是者的是之性質）。

(1)原初的姿態——追問之在之中—是*：追問是揭開著的展開。

*是態學上的追問，保持在通達是者的何種通達方法中？柏拉圖和亞里士多德：λόγος【邏各斯】——並且尤其是在某種明確性中，但僅僅如下面這樣遠，那就是λόγος【邏各斯】始終是唯一的。但這並不意味著：是態學被邏輯學所規定——或者我們必須說，我們在這兒用「邏輯學」所意指的。不是：λόγος【邏各斯】——向著邏輯學定位並在這件事上還奠基著一種是態學的近代概念，而是：λόγος【邏各斯】向著νοεῖν【看】——ἀληθεύειν【去蔽】——此是——定位。

關於講座：如果從一開始在準備中以及在對智者之定義的闡釋中，都恆常指向λόγος【邏各斯】，那麼，是態學進行在何種道路上，這應從一開始就變得清楚了。只是最後才經驗到，柏拉圖如何在是之整個問題的範圍內對待λόγος

【邏各斯】。

(2)問題提法是被說出來的、傳達出來的問題，在其中，被詢問者、被問得者、被問者暗含著地被一道談及了，即使眞正的追問那原初的姿態並未由此就立馬被給出了。問題提法之內容：寬泛意義上的被問者——問題關乎什麼、在哪方面、多遠。

問題之刻劃總的來說是這樣：當你們說「是」時，你們在意指什麼？

42.（對頁449的補充2）

在希臘是態學中的可理解性之傾向（Verständlichkeit-stendenz）*

引導線索：當下化——作爲什麼。談及。談及如何？讓它在其自身來照面——ὅλον【整體】——，或者基於其自身產生某一是者。否則那被闡明的東西前往何處？「在此」如何在λέγειν【說】——νοεῖν【看】中？——作爲是（Sein）與時（Zeit）的結論。因此，體系學，以及歷史學上的占有。

*可能的解釋之處境的形成，隨著λέγειν【說】的清楚度而發展。把是者作爲是者加以談及。不再作爲是者，而是作爲「是」。是意味著什麼。沒有答案。但是之性質被揭開了。未分開的：形式的和質料的是態學。

43.（對頁449的補充3）❹¹

ὄν【**是者**】**的被說性**

(1) μὴ ὄν【**不是者**】**的被說性**（*Gesagtheit*）**和可說性**（*Sagbarkeit*）**這一問題**，**是對**ὄν【**是者**】**的**σημαίνειν【**意指**】**這一問題**（244a5以下）。τὸ ὂν οὐδὲν εὐπορώτερον εἰπεῖν τοῦ μὴ ὄντος【同不是者相比，更容易說是者】（246a1）。**被說性**：對意義的眞正展開！！

希臘的是態學，根本地：

依循「**邏輯**」而來的對**是態學**的定位。這是令人吃驚的嗎？但λόγος【邏各斯】在希臘人那兒是**通達方法**——最切近的〈通達方法〉。希臘人的是態學——不僅僅世界——**含有實事性**——以及前來照面的東西、最切近的東西，而且走向最切近的東西之如何，——並且兩者都**處在無差別狀態**！

一種當下化——在**最切近可支配的東西中**。一種**中性的當下化**。確認：λόγος【邏各斯】——日常看著、說著地消融之於何處（das Worin）——**在之中是的停留地點**（Aufenthaltsort）。在對ὄν【是者】的討論中，作爲通達方法的

---

❹¹ 也參見第206頁以下，以及補充25和32。——原注

λόγος【邏各斯】現在被如此孤立起來，從而撇開什麼（*das Was*）不說，同時僅僅追問被說性和可說性。

244c以下，因此同時是形式—邏輯的（*formal-logisch*），但也許是質料—是態學的（*material-ontologisch*）【研究】❷，即兩者還未分開的。根據λόγος【邏各斯】。

總還是巴門尼德的姿態，僅僅更加仔細地在λόγος【邏各斯】中νοεῖν【看】。

(2) 因此，作爲邏輯的〈辯證法〉的διαλεκτική【辯證法】是揭示性的：絕對的優先性——基礎科學。不是根據我們意義上的「邏輯學」——而恰恰是眞正的、進行研究的姿態——眞正的，最切近的門徑和展開。

亞里士多德恰恰通過他對不同於「邏輯」的λόγος【邏各斯】的清楚把握（δύναμις【潛能】——ἐνέργεια【現實】），而捍衛了他自己。

44.（對頁489的補充）

ψυχή【靈魂】——生命——此是。以及人類學。柏拉圖

難題——在《斐多》（*Phaidon*）第十四章，於νοεῖν【看】之現象那兒，

---

❷ 編輯者補充。——原注

即向著……而是（Sein zu-）、依寓於……而是（Sein bei）之現象那兒。何所依寓——作爲ἀεί【始終】——；是作爲γένεσις【生成】。靈魂作爲「居間物（Zwischenwesen）」——單純因爲是態上的——在之中—是之現象，在該方面世界被取作ἀεί【始終】——愛利亞學派的。νοεῖν【看】——此是之基本性質，一種對……的知覺。因而整個後來的人類學。（但不是在其自身的一種是！——並且後者是眞正詮釋學的）。

靈魂是渴望（操心是此是之是！）意向性——向著……而是——ψυχή【靈魂】——在κίνησις【運動】和στάσις【靜止】之視域中，γένεσις【生成】——ἀεί【始終】，赫拉克利特——巴門尼德。

45.（對頁513的補充）

前有：κοινωνία【結合】支撐著一切——因此要進行澄清。可能的τέχνη διαλεκτική【辯證技藝】要被安放到它裡面去——並且在接下來的東西中、在被重提的、總是新的啟動中被表達。

46.（對頁525的補充）

τὰ ὄντα【諸是者】作爲λεγόμενα【被說的東西】

希臘是態學的限度：在λόγος【邏各斯】及其統治地位之中。被補償：只要ἀποφαίνεσθαι【顯示】。不是【邏輯學】。

47.（對頁544的補充）

在對是者的談及中，是者在兩個方向上被展開：1.在其「在此」——在場著——作爲它自身，2.作爲πρός τι【之於某種東西】——關係到……（*in Beziehung auf*）。同一性——以及關係方式（*Beziehungsweise*）。在其自身——以及之於……（das *Zu-hafte*）。

在λέγειν【說】中的一種雙重展開傾向（*Erschließungstendenz*）：(1)徑直的在此一有……（Da-haben von）；(2)在某個方面對待。在λέγειν【說】中對於是者的這種雙重的照面之可能性（Begegnismöglichkeit）。

根據λέγειν【說】中的源始連繫可能在場著的東西【或者可能的在場性】[43]：(1)根據現在，在此當下化；(2)基於並且在對某種預先的擁有中當下化——根據它——由之——可能在場著的東西被談及。在當下的基於……而是（Aus-sein）中的實際的預先——根據它——最切近的東西。

---

[43] 在海德格的手稿中：／性（heit）。根據意義被編輯者所補充。——原注

48.（對頁565的補充）

相反（das Entgegen）使得被否定的東西之本己的含有實事性變得可見。在ἕτερον【異】之μή【不】中的取消，不僅是一種位於含有實事的起源中的被連繫的東西，而且**同時是那在實事上進行展示的東西**；它展示某種確定的東西。

49.（對頁573的補充1）

直至3：就柏拉圖來說：

ἐναντίον【相反的】和ἐναντιότης【相反】甚至在亞里士多德那兒有時也還被廣泛、形式地加以對待。《範疇篇》第六章，a15[44]：ἐοίκασι δὲ καὶ τὸν τῶν ἄλλων ἐναντίων ὁρισμὸν ἀπὸ τούτων ἐπιφέρειν · τὰ γὰρ πλεῖστον ἀλλήλων διεστηκότα (Abstand) τῶν ἐν τῷ αὐτῷ γένει ἐναντία ὁρίζονται.【似乎對其他相反者的界定都是由此產生出來的；因爲那些在同一個屬中彼此距離（Abstand【距離】）最遠的東西被界定爲相反者。】因此，範例性的：ἐναντίον κατὰ τὸν τόπον【地點上的相反】。這根據《物理學》第五卷第三章，226b32：τὸ κατ' εὐθεῖαν ἀπέχον πλεῖστον【在直線上離得最遠的】——如果我們在直線的方向上從一個走向另一個，彼此間離得最遠的。

---

[44] 根據貝克爾頁碼，補全當為6a15。——譯注

亞里士多德如何澄清這種「距離」？不像柏拉圖，亞里士多德首先在作爲形式上的差異性的ἕτερον【異】和ἐναντίον【相反】之間做出了一種區分。他引入了διάφορον【不同】，「不是（Nichtsein）」，在一種確定的、含有實事的方面。《形而上學》第十卷第三章，1054b25：τὸ δὲ διάφορον τινὸς τινὶ διάφορον, ὥστε ἀνάγκη ταὐτό τι εἶναι ᾧ διαφέρουσιν, τοῦτο δὲ τὸ ταὐτὸ γένος ἢ εἶδος.【與某種東西不同，乃是因某種東西而與之不同，因此，必定有著兩者因之而不同的某種同一東西，這種東西要麼是同一屬，要麼是同一種。】著眼點之同一性被明確地加以把握，並且各種不同的可能性被揭開。因此，γένος【屬】和εἶδος【種】進入到形式邏輯的範疇之角色，總是根據πλεῖον【較爲】或πλεῖστον διεστάναι【最爲離得遠】。參見《形而上學》第九卷第四章；第五卷第十章。

50.（對頁573的補充2）

對「不（*Nicht*）」和「不是（*Nichtsein*）」的增補和札記[45]

(1)「不」

---

[45] 標題為編輯者所加。——原注

不（nicht）——「沒有（keines）」——有世界的（weltlich）！**最切近的東西**「不」是不—在此（das Nicht-da）——不在場——單純絕對的「不在此」。「非在此（Un-da）」。「非（Un）」和「缺乏（Ab）」——僅僅於「在此」之範圍內。在當下化中被看到的「不」，——相應的、揭示性的說。

一直到στέρησις【**缺失**】那兒的一種**修正之可能性**——鑒於哪些實情——**在世界**中和λέγειν【**說**】?-στέρησις【缺失】是清楚的：源自不在場。時間性和否定。

參見：δύναμις【潛能】（眞正現象上的：**是著**的不（das *seiende Nicht*）！）ἐναντίον【相反者】不是μὴ ὄν【不是者】，而是ἕτερον μόνον【僅僅相異者】（257b3以下）。同上，b9：τί σημαίνει ἀπόφασις【否定揭示著什麼】?-ἕτερον【異】，不是ἐναντίον【相反】。

(2) **不是**

欺騙、錯誤之不是，自明的。一切μή【不】是不。智者——巴門尼德。智者：實際性，於此他【能夠】㊻主張、恰恰證明「是」。與之相對，**爲這些現象打開**眼

㊻編輯者補充。——原注

睛。——辯證法：1.作爲對ἓν【一】的ὁρᾶν【看】，2.作爲正確的（？）λέγειν【說】。

「系詞」——如何理解？

也即是說：λόγος【邏各斯】如何被看？揭示性的——或者實際性的、世界性的，無論如何還是進行展示的！進行引導：是之意義！或者不——不同，不（Nicht）作爲不在此（Nicht da）＝「反對……」亞里士多德《論題篇》104b20以下：οὐκ ἔστιν ἀντιλέγειν【自相矛盾是不可能的】，即ἕτερον【異】＝ἐναντίον【相反】！

參見：不和否定！

不同（Unterschied）	διάφορον【不同】	在揭示性的λόγος【邏各斯】之範圍內，或在ὄν【是者】本身那兒
區別（Verschiedenheit） 差異（Andersheit）	ἐναντιότης【相反】	
對立（Gegensatz）	最極端的：ἐναντιότης【相反】	
衝突（Widerstreit） 矛盾（Widerspruch）[47]	不和諧 （和諧的）ἀντίφασις【矛盾】	

[47] 基於海德格在這兒的強調，如果要加以對應的話，Wider*spruch*也可以譯為：「衝突地說」或「自相

形式的：「不」作爲**被說性**，即**說出**自己；自己：進行揭開的——依寓於……而是著的；當下化著的談及。

同一性——（**不同性**）——差異性——之間的連繫——作爲「形式」—是態的。

非：「不」——作爲形式**邏輯的**。基於當下化——根據「在此」——**同一性**和差異性！「邏輯的東西」之「**已經在**此」。

(3) **不是**

不是者——對於柏拉圖來說——τὸ ἕτερον【異】，作爲這種東西不是ἐναντίον【相反】。尤其ἀντίθεσις【反面】、ἀντικείμενον【對立面】，但恰恰θέσις【形勢】、κείμενον【躺著的東西】257d—e。在這種意義上的ἀντί【對著】：有別於，**揭示性**的，基於**當下化**！【ἀντί:】[48]同「不」相連繫。【ἀντί:】[49]在此有著一種視角選取（Hinsichtnehmen）——「Secundum quid【根據什麼】」，——即在所有的揭開中，在此有。**在當下化中的先行**（Vor-），即言說和是：一種恰恰完全有時間地

反對地**說**」。——譯注

[48] 編輯者的補充。——原注

[49] 編輯者的補充。——原注

是。——與之反對的在何處——已經——如果這是不明確的？——因爲言談，首先，作爲消融著的並且也作爲將來當下化著的。對於……「已經在此」——同時從一開始就——預先。並且在當下化中的所有一切。

值得注意的：在ῥῆμα【動詞】中和在矛盾律中（ἅμα【同時】）——χρόνος【時間】是明確的。

(4)

否定——被否定者

在場中的本源——對於依寓於……而是來說——當下化著的對……的擁有——。不—再—在此（*Nicht-mehr-da*）——最切近的「不」—現象。非—在此（Un-da）——在變化中——改變。當下化僅僅能夠意味著「不再在此」。

(5)

「不」之詮釋學上的可能性。

在其是中的是者作爲是者——在此爲了依寓於……而是——在對之進行意指的談論中；某種被言說的東西——被說者——某一——東西——「它」。某種東西之被說

地是，「無」之〈被說地是〉，是**某種東西**！

不—是者：

①不（das Nicht）是某種東西——無——「不」，

②不「如此」是著的東西——而**無論如何**是別的——區別——（改變），

③不如此是著的東西，而是某一確定的他者——與—相反（Ent-gegen）。

51.（對頁606的補充）

(1) **柏拉圖**和λέγειν【說】。「**語言**」[50]

《克拉底律》

對於「語言」來說無語詞！φωνή【語音】：語音；διάλεκτος【會談】：會談；λόγος【邏各斯】：言談；ὄνομα【語詞】[51]：語詞。

ὀνόματα【名稱】是φύσει【因自然】還是νόμῳ【因約定俗成】[52]而來？問題觸

---

[50] 基於海德格的手稿而來的標題。——原注

[51] ὄνομα【語詞】，也具有「名稱」、「名詞」的意思。——譯注

[52] νόμος，除了具有法律的意思外，也有習俗、慣例的意思。——譯注

及對ὀνόματα【名稱】的δηλοῦν【揭示】。

φύσει【因自然】——ὀρθῶς【正確地】：τῇ ἀληθείᾳ【眞地】，ἐτεῇ【確實地】（德謨克利特）。言語（ὀνόματα【名稱】）給出了在其自身的πράγματα【事情】嗎？φύσει【因自然】？語詞，作爲現成的東西，作爲這樣的東西，給出事情？在作爲語詞的語詞中事情是可見的？作爲ἀληθεύειν【去蔽】的λέγειν【說】的角色之問題。

或者：ξυνθήκῃ【出於約定】——νόμῳ【因約定俗成】——ὁμολογίᾳ【通過認可】——ἔθει【通過習慣】，它意味著，它僅僅基於並且根據達成一致而給出事情？不擁有事情（Sachhabe）——基於單純對πράγματα【事情】的δόξα【意見】？以至於我們在科學的探究中根本不可以求助於ὀνόματα【名稱】？

φύσει【因自然】——不：從自然中生成，而恰恰是：被認識事情的人（Sachkenner）[53]、ἀληθεύων【去蔽者】所創立，並且作爲保存著事情的（Sachverwahrend）被創立，以至於我們能夠求助於ὀνόματα【名稱】……[54]——

主題：ὀρθότης τῶν ὀνομάτων【名稱的正確性】，它們彼此給出了朝向事情的定向地是！——對λέγειν【說】的反思也涉及其ἀποφαίνεσθαι οὐσίας【所是之顯

[53] Sachkenner，在日常德語中的意思是：專家、能手。——譯注

[54] 不可辨讀的。——原注

示】。——克拉底律：對語詞的解釋——朝向事情之揭開的道路。每一ὄνομα【名稱】——ὀρθόν【正確的】。沒有假。有假嗎？還是沒有？即ὄνομα φύσει【因自然而來的名稱】？ὀρθότης【正確性】：名稱同事情的關聯。

λέγειν【說】好比τέμνειν【切】：一種同……有一關（Zu-tun-haben-mit-），並且任何操作都必定指向事情。ᾗ πέφυκεν【作爲自然而然】——正如所有一切都已經在我們的行事（Zu-tun）和認爲（Halten-für）之前而是。ὀνομάζειν【命名】是一種πρᾶξις【實踐】，並且尤其是λέγειν【說】之πρᾶξις【實踐】的一部分。ὀνόματα【名稱】通νόμος【習俗】——成爲了νομοθέτης【立法者】並且νόμοι φύσει【因自然而來的習俗】：汲取自事情！

語詞聲音不同於ὀνόματα【名稱】，而是成爲了工具的聲音。ὄργανον【工具】。應進行顯示的工具，並且作爲進行意指的顯示。【ὄνομα】[55]：διδασκαλικόν τί ἐστιν ὄργανον καὶ διακριτικὸν τῆς οὐσίας【是進行教育和區分所是的工具】（388b13以下）。含義從事情的εἶδος【埃多斯】中汲取出來。每一πρᾶγμα【事情】φύσει【自然地】[56]就有其ὄνομα【名稱】，即它那可能的、可揭開的可見性，——根據可能性，但不是實際的。

---

[55] 編輯者所補充。——原注

[56] φύσει【自然地】，在這兒也可以譯為「在本性上」。——譯注

對ὄνομα【名稱】之意義的這種解釋，在第二部分以某種方式被收回。δείξειν【展示】是νόμῳ【因約定俗成】而來的，不是來自眞正的διαλέγεσθαι【對話】，而是來自δόξα【意見】。ἀληθεύειν【去蔽】不是在ὄνομα【名稱】中，而是在λόγος【邏各斯】中；並且λέγειν【說】是把某種東西作爲某種東西加以談及，κοινωνία【結合】之揭開：本質性的東西不是聲音——作爲映像、μίμημα【模仿品】，而是對含義的δηλοῦν【揭示】——δηλώματα【揭示物】!·ὄνομα【名稱】是δήλωσις ὧν διανοούμενοι λέγομεν【當我們說時，對我們所思想的東西的揭示】（參見435b6）——在λέγειν【說】中揭開著的宣告。ὄνομα【名稱】從那同πρᾶγμα【事情】之孤立的關係中展露出來——根據λόγος【邏各斯】被理解——在λόγος【邏各斯】中作爲要求φύσει【因自然】被認眞加以對待。但λόγος【邏各斯】沒被澄清。

ὀρθότης【正確性】作爲434e6以下：ὅτι ἐγώ, ὅταν τοῦτο φθέγγωμαι, διανοοῦμαι ἐκεῖνο, σὺ δὲ γιγνώσκεις ὅτι ἐκεῖνο διανοοῦμαι；【當我說出它，並對之有所思想，而你知道我對之的思想嗎？】：所有一切都被擺置到進行傳達的揭開、將—彼此—帶往—事情（Einander-zu-Sachen-Bringen）之上。

參見：施泰因塔爾（Steinthal），《語言學史》（*Geschichte der*

Sprachwissenschaft），I，一八九〇年，第79-113頁[57]。

(2)

《泰阿泰德》

安提司特涅斯。——λόγος【邏各斯】：ὀνομάτων συμπλοκή【語詞之間的聯結】（參見《泰阿泰德》202b4以下），不僅僅是各種ὀνόματα【名詞】，而且是各種ῥήματα【動詞】。ῥῆμα【動詞】如λόγος【邏各斯】——μῦθος【話語】——ῥῆσις【言辭】——ῥήματα【動詞】：七賢之格言。ῥῆμα【動詞】：「格言」、格言——與長篇言談相對，λόγος【邏各斯】，如γνῶθι σεαυτόν【認識你自己】。在此沒有ὄνομα【名詞】！在言語之多樣性中，那既不是λόγος【邏各斯】也不是ὄνομα【名詞】的。但不是積極的＝謂詞。

在《克拉底律》中ῥῆμα【動詞】和ὄνομα【名詞】之間的關係不清楚。言談不

---

[57] 海曼·施泰因塔爾（Hyemann Steinthal），《在希臘人和羅馬人那兒的語言學史——尤其考慮到邏輯學》（*Geschichte der Sprachwissenschaft bei den Griechen und Römern mit besonderer Rücksicht auf die Logik*）。兩部分，柏林一八六二—一八六三年，增補和修訂版，柏林一八九〇—一八九一年。——原注

說事情，而是說被視見的、被揭開的事情、是者；自身是進行揭開的。《泰阿泰德》206d1以下：τὸ τὴν αὐτοῦ διάνοιαν ἐμφανῆ ποιεῖν διὰ φωνῆς μετὰ ῥημάτων τε καὶ ὀνομάτων【借助名詞和動詞通過語音顯明其思想】。在《泰阿泰德》中也還沒有得到澄清，在《智者》中才首先〈得到澄清〉。並且在這兒，ὄνομα【名詞】和ῥῆμα【動詞】概念是「邏輯的」，基於被說性作爲被說性。πρᾶγμα【事情】——πρᾶξις【實踐】。ὄν【是者】（στάσις【靜止】）——κίνησις【運動】？在這兒被嵌入λόγος【邏各斯】中——作爲κοινωνία τοῦ ὄντος【是者的結合】，在其συμπλοκή【聯結】中。僅僅λόγος περαίνει【邏各斯有所完成】，在言談之領域中把某種東西引向終結，即顯示是者。復又本質性的：是態學的基礎！：περὶ ὅτου【之於任何東西】——言談之基礎，何所談（das Worüber）是不明確的。ὅτου【任何東西】——在此主題性地被把握到的被談及者以及在談論著的談及中被指出的東西。

ὀνόματα【諸語詞】給和不給出，它們都是其所是的，僅僅在λέγειν【說】之δηλοῦν【揭示】中。但δηλοῦν【揭示】能夠通過δοξάζειν【認爲】而加以實施，即ψευδής【假的】。

柏拉圖在《克拉底律》中還沒有對λόγος【邏各斯】的洞察。這篇對話的含義是由此更加積極的。在這兒有著希臘邏輯學的發生史，不像對於柏拉圖和亞里士多德來說的那樣，對於我們來說，它在今天不再具有往前進行推動的成問題的東西。對於我們來說，它已經成爲了某種所謂的「財富」——它在其最本己的領域中抑制著一切有生命力的難題。

52.（對頁609的補充）

φαντασία【想象】

亞里士多德，《**論靈魂**》**第三卷第三章**

φαντασία γὰρ ἕτερον καὶ αἰσθήσεως καὶ διανοίας【想象不同於感覺和思想】（第三卷第三章，427b14），不同於對某種東西的感性知覺和意指。它自身οὐ γίγνεται ἄνευ αἰσθήσεως【沒有感覺無法發生】（427b15以下），但沒有它本身，也就沒有ὑπόληψις【論斷】（427b16），把某種東西看作某種東西（某種東西作爲某種東西），某種東西僅僅**不受約束地**如此當下化。但與此同時ὑπόληψις【論斷】不同於νοήσις【思想】。【φαντασία】[58]：ὅταν βουλώμεθα【當我們有所意願時】（427b18），它取決於我們。δοξάζειν δ' οὐκ【但形成意見】（427b20）——對某種東西有所看法地是、認爲——οὐκ ἐφ' ἡμῖν【不在我們的掌控中】（427b20），它根據其意義對是者進行揭開或歪曲。（區別：ἐπιστήμη【知識】——δόξα【意見】——φρόνησις【明智】以及：ἐναντία【相反者】）。在δοξάζειν【形成意

[58] 編輯者所補充。——原注

見】中——在是者本身那兒而是，在δόξα【意見】中相信，認爲是著。相反，κατὰ φαντασίαν【根據想象】（427b23），某種東西確實在此，但是者在其有血有肉的在此中實際地被塗掉了。我讓某種東西如此從我那兒向我顯現。不當下化著的——在此有——，而僅僅再現某種東西。不ὄντως ὄν【以是的方式是著】，而是ὥσπερ ἐν γραφῇ【如在圖像中】（427b24）——它僅僅看起來如此。ἐφ᾽ ἡμῖν【在我們的掌控中】——不是根據是者來讓照面，而是依寓於我而「在此」。

φαντασία【想象】是κρίνειν【評判】的δύναμις【能力】（ἕξις【品質】）？（428a3以下）

αἴσθησις【感覺】——ἀληθεύειν【去蔽】——是者是當下的，ὑπάρχοντος【存在著】（428a7）；同樣，διανοεῖν【思想】——ἀληθεύειν【去蔽】——是者是當下的，其中ὑπολαμβάνειν【認爲】——形式結構。φαντασία【想象】也具有這點——但就此而言卻恰恰不ἀληθεύειν【去蔽】。

φαίνεται δέ τι【但某種東西顯現出來】（428a7）——φάντασμά τι ἡμῖν γίγνεσθαι【某種形象向我們生成出來】（428a1以下）——καὶ μύουσιν ὁράματα【並且雙眼閉上】（428a16）——μηδετέρου ὑπάρχοντος τῶν αἰσθητῶν【可感覺物一個都不存在著】[59]（428a7以下）——αἴσθησις【感覺】總是在此——我們

---

[59] 無論是貝克爾本還是牛津古典本，希臘文都作μηδετέρου ὑπάρχοντος τούτων【這些中一個都不存在

總是無論如何都持留其中——即周圍世界在此。φαντασία【想象】不是如此。τῇ ἐνεργείᾳ【在現實上】（428a9）不τὸ αὐτό【同一】——就恆常和真正完成了的此是之方式來說不同一。

φαντασία ψευδής【想像能是假的】（428a18）——不ἀεὶ ἀληθευουσῶν【總是進行去蔽】（428a17），作爲ψευδής【假的】，它也是它所是的。反之，沒有νοῦς ψευδής【假的智性直觀】、ἐπιστήμη ψευδής【假的知識】（428a17）。但的確δόξα【意見】——ἀληθὴς καὶ ψευδής【眞的和假的】（428a19）。在δόξα【意見】中有πίστις【相信】（428a20）——認爲——認爲是著——作爲當下化著的！！但φαντασία【想像】不，因此δόξα μετ᾽ αἰσθήσεως【伴隨感覺的意見】也不（428a25）。既不是這些中的某一個，也不從它們而來。οὔτε ἕν τι τούτων, οὔτε ἐκ τούτων ἡ φαντασία【想像既不是這些中的某一個，也不從這些而來】（428b9）。想像不是：δόξα【意見】總是基於αἰσθητόν【可感覺物】——οὐκ ἄλλου τινός【非別的某個東西】（428a27）。於是，φαίνεσθαι【顯現】似乎是δοξάζειν ὅπερ αἰσθάνεται【對那被感覺到的東西形成意見】（428b1）——對那恰恰在其自身顯現的東西具有某種看法。

著】。——譯注

φαντασία【想象】——κίνησις【運動】（428b11）——基於知覺的轉換，在此有……之變式。ὁμοία τῇ αἰσθήσει【與感覺相似】（參見428b14）——是如αἴσθησις【感覺】一樣的——在此有同樣的內容，但不作爲ὑπάρχον【眞正存在的東西】。αἴσθησις【感覺】在充分的意義上也能夠是ψευδής【假的】（428b17）。因此轉換由此而來——向著——僅僅同樣地再現。φαίν-，φά-，φῶς【光】（429a3）——光，我們憑藉它而看——它是在此的某種東西。λόγον ἔχοντα【具有邏各斯】也從它那兒引出，因爲νοῦς【智性直觀】被遮蔽了（429a7）。

「轉換」——眞正當下化之中立化。

53.（對補充52的補充）

δόξα【意見】和φαντασία【想象】
《論靈魂》第三卷第三章

在δόξα【意見】中談論之何所談（das Worüber）一道在此，從而在它那兒某種東西爲了它而說。δοξάζειν【認爲】——與之同行——對此是贊成的，對某種東西持看法而是。談論之何所談無論如何被先行給出了——在其自身在此——οὗ καὶ ἡ αἴσθησις【感覺所關乎的】（428a28）。

基於莫澤爾的筆記

1.（對頁433的補充）

對第二十六次課的過渡課（一九二五年二月十日）[60]

在引導性的考察這兒，我不斷強調下面這一事實中那本質的重要性：柏拉圖把對是的討論同智者的實際生存連繫起來。智者被展露爲了確確實實現成的μὴ ὄν【不是者】。其中有著：ψεῦδος【假的東西】同智者一道生存；其中有著是者同不是者連結在一起，一種συμπλοκή【聯結】，——從而智者如何能夠是這一問題集中到下面這一問題上：是者（Seiendes）和不是者（Nichtseiendes）的一種συμπλοκή【聯結】如何是可能的，以及一種συμπλοκή【聯結】畢竟如何是可能的？答案在κοινωνία τῶν γενῶν【諸屬的結合】之展示中被給出。如果是（Sein）能夠同不是（Nichtsein）混合起來，那麼，下面這點就是可能的：作爲一種ὄν【是者】的λόγος【邏各斯】，同作爲μὴ ὄν【不是者】的ψεῦδος【假的東西】連結在一起。如果這種連結是可能的，那麼，就有著一種λόγος ψευδής【假的邏各斯】；於是欺騙、

---

[60] 該過渡課，基於其概況性質它或許會擾亂講座文本的連續性，故把它單獨放在這兒。——原注

ἀπάτη【欺騙】就是可能的。並且，如果欺騙存在，那麼，對於智者來說一種生存之可能性就存在於ἀπατητικὴ τέχνη【能夠進行欺騙的技藝】中。並且，如果這種可能性存在，那麼，積極的、眞實的λόγος【邏各斯】之可能性，即作爲辯證法的哲學之可能性，就得到了擔保。因此，在對話之整體中，無論是智者之可能性問題還是哲學之可能性問題，都集中在了是之問題上。συμπλοκή【聯結】是眞正的問題，考察現在以ὄν【是】之問題爲題目集中到它之上。ὄν【是】之問題在251a5——一個決定性的段落[61]，在那兒探討了在λόγος【邏各斯】中的προσαγορεύειν【稱呼】——中被直接、明確地加以對待。從ὄν【是】向著作爲一種特定ὄν【是者】的λόγος【邏各斯】的這種過渡，先行把柏拉圖發送到同古代的一種爭辯中……

[61]《智者》251a5以下：{ΞΕ.} Λέγωμεν δὴ καθ' ὄντινά ποτε τρόπον πολλοῖς όνόμασι ταύτὸν τοῦτο ἑκάστοτε προσαγορεύομεν. {ΘΕΑΙ.} Οἷον δὴ τί; παράδειγμα είπέ. {ΞΕ.} Λέγομεν ἄνθρωπον δήπου πόλλ' ἄττα έπονομάζοντες, τά τε χρώματα έπιφέροντες αύτῷ καὶ τὰ σχήματα καὶ μεγέθη καὶ κακίας καὶ άρετάς, έν οἷς πᾶσι καὶ ἑτέροις μυρίοις ού μόνον ἄνθρωπον αύτὸν εἶναί φαμεν, άλλὰ καὶ άγαθὸν καὶ ἕτερα ἄπειρα, καὶ τἆλλα δὴ κατὰ τὸν αύτὸν λόγον οὕτως ἓν ἕκαστον ὑποθέμενοι πάλιν αύτὸ πολλὰ καὶ πολλοῖς όνόμασι λέγομεν.【客人：讓我們說一說，通過何種方式我們每次都用多個名稱來稱呼同一個東西。泰阿泰德：比如說？請說個例子。客人：當我們說人時，我們給出許多的名稱，把各種顏色、形狀、大小、醜惡和美德賦予他；在所有這些以及其他無數的東西那兒，我們不僅說他是人，而且說他是善和無數其他的。依照同樣的道理，這也適用於其他東西：我們把每個都設定爲一，並且復又說它是多並用多個名稱說它。】——譯注

編者後記

該文本再現了宣布以《智者》爲題目、每週四小時的一九二四／一九二五年冬季學期的馬堡講座。講座始於一九二四年十一月三日週一，並且首先每週四次課、每次一個小時（週一、週二、週四、週五）有規律地舉行，直至十一月二十八日週五，總計十六次課。然後，在十二月停了最初的六次課，僅僅在聖誕休假之前——那時在十二月十五日業已開始——於十二月十一日週四、十二日週五舉行了二次課。在手稿中出現了附注：「十二月十一日週四。已取消了六次課，在學期中補上」。根據在《康德—研究》（*Kant-Studien*）中的一份通告，課程取消是因一系列演講造成的[62]。在聖誕休假之後，講座在一九二五年一月八日週四重新進行，每週五次課、每

---

[62] 根據《康德—研究》中的通告，第二十九卷，一九二四年，第626頁，海德格在後面那些關於下面這六個不同的地方舉行了名為「根據亞里士多德而來的此是和真地是（對《尼各馬可倫理學》第六卷的闡釋）」【**Dasein und Wahrsein nach Aristoteles (Interpretation von Buch VI der Nikomachischen Ethik)**】的演講（在1923/1924年冬季學期就業已做了計畫）：十二月一日哈根（Hagen），十二月二日愛爾伯菲爾德（Elberfeld），十二月三日科隆（Köln），十二月五日杜塞爾多夫（Düsseldorf），十二月六日埃森（Essen），十二月八日多特蒙德（Dortmund）。——原注

次一個小時（週三加了進來），有規律地一直繼續到二月二十七日，——僅僅在二月份第一周有個例外，在那周取消了週五的課，因而僅僅舉行了四次課。因此，講座包含了聖誕休假後的三十六次課，總共五十四次課。

在聖誕休假前的那些課中，在一個預備思考之後，海德格在他將之稱作「導論」的一個部分中[63]，致力於闡釋亞里士多德，尤其是闡釋《尼各馬可倫理學》第六卷和第十卷第六—七章，以及《形而上學》第一卷第一—二章，對於它們，他調閱了《亞里士多德著作集》（*Corpus Aristotelicum*）中的其他一些段落，尤其來自《形而上學》、《論題篇》、《物理學》、《解釋篇》以及《範疇篇》中的一些段落。在聖誕休假之後的那些課中，在一個「過渡」之後，他才在第二部分，即眞正的主要部分致力於闡釋柏拉圖，並且不是如原初他所計畫的那樣「闡釋兩篇晚期對話」[64]，即闡釋《智者》和《斐勒柏》，而是僅僅闡釋了《智者》，以及在一個附記中闡釋了《斐德羅》，爲之他復又調閱了柏拉圖其他作品中的一些段落，尤其是來自《泰阿泰德》和「書信七」中的一些段落。

爲了編制該文本，我使用了以下手稿：

1. 海德格手稿原件的馬爾巴赫（Marbach）影本。影本由兩份合在一起的卷帙構成，

---

[63] 見第189頁，注1。——原注

[64] 見講座文本第7頁和注1，以及第191頁和注3（海德格頁邊注）。——原注

其中第一個封皮上帶有標題：「柏拉圖：《智者》（導論）」，第二個則帶有標題：「柏拉圖：《智者》（闡釋）」。海德格在其手稿中沒有逐句地起草講座文本，而主要僅僅通過提示性的筆記和粗略的提綱進行預先草擬，並在口頭演講中才形成講座文本。兩份卷帙一共包含271張DIN A4[65]規格的紙，部分寫得緊湊，部分寫得鬆散，以及大量插入的便條。海德格以非常小的德語字體沿著頁面的長邊進行書寫，並在右邊留下空白，在那兒他記入了對講座文本的補充以及進一步的說明。第一份卷帙包含直到「過渡」的講座筆記，因而首先是亞里士多德部分；第二份卷帙始於對《智者》的眞正闡釋，並且包含講座中那致力於柏拉圖的主要部分。

第**一份卷帙**由一百張紙構成，它們部分被海德格以阿拉伯數字、部分以羅馬數字，部分以其他標記零散地加以編號；部分標明爲增補，部分——如尤其是那些便條，但也有整頁——則沒有；並且該份卷帙呈現出一種首先讓人感到混亂的多樣性。仔細察看，第一份卷帙構成如下：

(1) 帶有1-3連續編號的三張紙，關於「悼念保羅．納托爾普」[66]；

(2) 部分帶有1-29零散編號、部分標明爲增補的五十一張紙，以及一些便條，這些

---

[65] DIN A4，指的是德國工業標準A4規格的紙張。——譯注

[66] 印刷出來的講座文本第1-5頁。——原注

便條乃是關於「預備思考」，對《尼各馬可倫理學》第六卷第二—七章（第一部分），《形而上學》第一卷第一章和第二章的闡釋，以及關於在亞里士多德那兒數學的附記（依照《物理學》第二卷第二章和第五卷第一—五章）的筆記[67]；

(3) 沒有標記的五張紙（馬爾巴赫手稿影本第55-59頁），它們是關於闡釋《尼各馬可倫理學》第六卷第七章（第二部分）-第九章的筆記[68]；

(4) 帶有IX零散編號的十一張紙（手稿影本第60-71頁），它們是關於《尼各馬可倫理學》第六卷第十—十三章和《尼各馬可倫理學》第十卷第六—七章的闡釋[69]；

(5) 十八頁（手稿影本第72-89頁），部分標明爲「E. W.」（= 導論、重演），部分零散地帶有W1-W4的編號，以及大多沒有加以標記的補充和一些關於「過渡」的便條[70]；

(6) 十一頁（手稿影本第90-100頁）和重新用XI和XII加以標記的二張紙（手稿影本

[67] §1-§18，印刷出來的講座文本第7-135頁。——原注

[68] §19-§21，印刷出來的講座文本第135-144頁。——原注

[69] §22-§25，印刷出來的講座文本第144-179頁。——原注

[70] §27-§32，印刷出來的講座文本第189-225頁。——原注

第90和第92頁），以及大多沒有加以標記的紙張、補充和許多便條；這些便條是：a)關於在亞里士多德那兒的λόγος【邏各斯】之眞地是（ἀλήθεια【眞】）（依照《解釋篇》第四章、《論靈魂》第二卷第八章、《形而上學》第六卷第二章和第四章），在講座中它們**先於**「過渡」、同《尼各馬可倫理學》第十卷第七章相連接而被闡述[71]，但也同「過渡」中的那些段落相一致；b)關於眞（ἀλήθεια【眞】）之地點的問題，依照《形而上學》第六卷第四章和《形而上學》第九卷第十章，以及對維爾訥．耶格爾的一些論題的批評，但這些論題並未在講座中加以引出[72]。

第二份手稿卷帙由170頁構成，它們分爲如下：

(1)二十五頁，帶有So1-So16零散編號的紙張，以及大多加以標記了的補充和便條，它們是關於柏拉圖部分的筆記，包含到智者之定義五[73]；

(2)十四頁（手稿影本第26-29頁），帶有α-η零散編號的紙張，以及部分加以了標記的補充和便條，它們是關於《斐德羅》附記的筆記[74]；

---

[71] §26，印刷出來的講座文本第179-188頁。——原注

[72] 見附錄，尤其是補充8和補充9。——原注

[73] §33-§49，印刷出來的講座文本第227-307頁。——原注

[74] §50-§55，印刷出來的講座文本第308-352頁。——原注

(3) 九十四頁（手稿影本第42-135頁），帶有So16-So69零散編號的紙張，以及部分加以了標記的補充，它們是關於《智者》之闡釋的筆記，直至講座結束⑮；

(4) 三十五頁（手稿影本第136-170頁），帶有一些零散的、帶有「So」編號的紙張，它們是關於《智者》之闡釋的筆記，以及大量沒有加以標記的補充和便條，它們主要是柏拉圖－部分的筆記，但也包含亞里士多德－部分和講座的整體問題的筆記。

2. 我使用了由哈特穆特・蒂特延（Hartmut Tietjen）博士對海德格筆跡加以辨認而用打字機列印出來的轉寫稿。

3. 我手頭擁有的下面這些講座筆記：

(1) 由哈特穆特・蒂特延博士製成的497頁海倫妮・魏斯（*Helene Weiß*）筆記的完整的由打字機列印出來的副本，該筆記記錄了整個講座。

(2) 西蒙・莫澤爾速記筆記（*Simon Moser*）的447頁完整的由打字機列印出來的副本，該筆記在聖誕休假後才開始，因而複述了從「過渡」起的講座，即複述了柏拉圖部分。海德格本人審閱了該副本，將之作爲工作檔加以使用，配有頁邊注，並加以授權。

---

⑮ §56-§81，印刷出來的講座文本第353-610頁。——原注

(3) **漢斯・約納斯**（*Hans Jonas*）六冊完整的筆記，該筆記記錄了整個講座，並且僅僅在第二十八次課（一九二五年一月二十一日）顯示出一份不出自於漢斯・約納斯的筆記；以及最後弗里茨・沙爾克（*Fritz Schalk*）五冊完整的筆記，該筆記從第九次課（一九二四年十一月十七日）開始記錄，除了這點例外之外，同樣包含了整個講座。這兩份筆記在講座進程中愈來愈一致，並且到最後互相逐字相同。

依照海德格所提出的關於他的諸講座的出版準則，編輯者的任務是：根據海德格的手稿和各份筆記，製成一份統一的、完整的講座文本。爲此我把海德格的手稿同由哈特穆特・蒂特延（Hartmut Tietjen）博士加以辨認而用打字機列印出來的副本逐字地進行了對比，並修正了辨認中的缺陷。在一些辨讀極其困難的地方，則查閱原始手稿。此外，我對比了海德格的手稿和聽講者的筆記。於此顯現出：在進行講座時，海德格盡可能地依循了他的筆記，他對筆記進行了闡發，並且常常詳盡地引出他所草擬的思想。但偶爾他也超出筆記，在明顯即興的演講中添加一些完整的段落。這些段落——對於它們的記錄僅僅出現在聽講者的筆記中——是：

(1) 根據《形而上學》第五卷第二十六章、《論題篇》第六卷第四章和《物理學》第一卷第一章，對 καθόλου【普遍】和 καθ᾽ ἕκαστον【特殊】以及在亞里士多德那兒哲學的道路的附注[76]。

(2) 根據《範疇篇》第六章，於ποσόν【具有量的東西】（συνεχές【連續的東西】和διωρισμένον【不連續的東西】）之範圍內，對在亞里士多德那兒的基本區別的闡釋[77]。

(3) 根據《尼各馬可倫理學》第六卷第十三章，1144a1-6，對σοφία【智慧】之於φρόνησις【明智】的優先性的闡釋[78]。

(4) 在「過渡」中，根據《形而上學》第四卷第一章和第二章，對在亞里士多德那兒的πρώτη φιλοσοφία【第一哲學】的闡釋[79]。

在制訂講座文本時，根據海德格所提出的準則，我讓自己特別地以下面這一理念爲指導，那就是把手稿同各種筆記如此相互交融地結合起來，以至於如馬堡講座《現象學的基本問題》（*Die Grundprobleme der Phänomenologie*）的出版——海德格參與並認可了該書的出版[80]——後記所說，「無論是手稿中所記述的思想，還是在授課

---

[76] §12a-c，印刷出來的講座文本第79-90頁。——原注

[77] §15b，γ, γγ，印刷出來的講座文本第118-121頁。——原注

[78] §24b，印刷出來的講座文本第168-171頁。——原注

[79] §30a，印刷出來的講座文本第208-213頁。——原注

[80] 海德格於一九七六年去世，《現象學的基本問題》正式出版於一九七五年。該書的編輯者在編後記

時所構想出來的思想，都不會丟失。」[81]既然對於講座的第一部分來說，手頭沒有海德格所授權的西蒙·莫澤爾的速記筆記，故在制訂講座文本的這部分時，海德格的手稿在原則上是權威性的。手稿同各種筆記如此相互交融地結合起來，從而在手稿中思想根本不清楚的地方，優先權被賦予給諸筆記——只要一個更加清楚的表達在諸筆記中一致地出現了。就講座文本的相對完整來說，以及就希臘引文來說，海倫妮·魏斯的筆記是一個不可或缺的工作基礎；而在思想上的各種困難方面，漢斯·約納斯和弗里茨·沙爾克筆記那簡明扼要、準確的表達則提供了出色的幫助。既然對於講座的第二部分來說，手頭上有海德格所授權的西蒙·莫澤爾的速記筆記，故此後在制訂講座文本時，該筆記就是權威性的，但也還是這樣：所有其他的材料（手稿和各種筆記）

中講，該書的文本由海德格的手稿和他學生西蒙·莫澤爾的速記筆記結合而成。當莫澤爾將速記筆記轉成列印稿之後，海德格本人曾多次通讀該筆記的列印稿，並加上了一些頁邊注。編輯者還明確指出：**Der hier abgedruckte Text ist auf Anweisung Heideggers aus der Handschrift und der Nachschrift nach den von ihm gegebenen Richtlinien zusammengesetzt.**（這兒所刊印的文本，是在海德格的指導下、根據他所給出的準則由手稿和筆記結合而成。）。——譯注

[81] 馬丁·海德格，《現象學的基本問題》，一九二七年夏季學期馬堡講座，《全集》第二十四卷，弗里德里希-威廉·馮·赫爾曼編輯（F.-W. von Herrmann），美茵河畔的法蘭克福，一九七五年，第472頁。——原注

同樣得到重視，在思想上不清楚的地方，優先權總是被賦予給海德格的手稿——如果它優越於各種筆記中的那些表達的話。海德格那些被記入西蒙・莫澤爾筆記的打字機列印出來的文本中的頁邊注——它們顯然來自其思想道路的不同階段，我加以了辨認，並再現爲註腳。一旦涉及前面所提到、被海德格所即興闡發的那些講座段落，根據海德格所提出的準則，這些講座段落則基於對各種聽講者筆記的仔細、對比性的核對而被制訂，——總的來看這是可能的。那些過渡課——海德格在下一次課的開始總是大多即興、但偶爾也基於少數關鍵字進行闡發，根據海德格所提出的準則，則被插入到依順序而來的講座文本中。同樣依照根據海德格所提出的準則，那些基於表達風格而來的獨特的補助詞則被刪去，但講座風格則始終加以了保持。

海德格在手稿中所記下的以及他所闡發的講座文本，大部分都表現出在希臘引文和德語解說之間的一種混合。海德格引用柏拉圖的希臘文本，根據的是由約翰・伯內特（I.Burnet）所編訂的牛津版柏拉圖著作集的第一版[82]，而亞里士多德的希臘文本則根據在萊比錫的托伊布訥（Teubner）[83]出版社所出版的、由不同編者所編訂的版

---

[82] Platonis Opera. Recognovit brevique adnotatione critica instruxit Ionnanes Burnet. Oxonii e Typograheo Clarendoniano 1899 sqq.【《柏拉圖全集》。約翰・伯內特重新編輯，並帶有簡明批評性的注解。牛津克拉倫登出版社，一八九九年以下。】——原注

[83] 托伊布訥出版社是由本尼迪克特・戈特黑爾夫・托伊布訥（Benedictus Gotthelf Teubner, 1784-1856）

本[84]。在由我所制訂的講座文本中，柏拉圖的文本同樣根據約翰·伯內特的本子加以

所建，出版有著名的希臘文本和拉丁文本的「托伊布訥叢書（Bibliotheca Teubneriana）」。——譯注

[84] Aristotelis Metaphysica, Recognovit W. Christ. Lipsiae in aedibus B.G. Teubneri 1886.【《亞里士多德的《形而上學》》，威廉·克裡斯特重新編輯。萊比錫，托伊布訥出版社，一八八六年。】

Aristotelis Physica, Recensuit Carolus Prantl. Lipsiae in aedibus B.G. Teubneri 1879.【《亞里士多德的《物理學》》，卡羅魯斯·普倫德爾校訂。萊比錫，托伊布訥出版社，一八七九年。】

Aristotelis Ethica Nicomachea, Recognovit Franciscus Susemihl. Lipsiae in aedibus B.G. Teubneri 1882.【《亞里士多德的《尼各馬可倫理學》》，法蘭西斯庫斯·蘇塞米爾重新編輯，萊比錫，托伊布訥出版社，一八八二年。】

Aristotelis De Anima Libri III, Recensuit Guilelmus Biehl. Editio altera curavit Otto Apelt. Lipsiae in aedibus B.G. Teubneri 1911.【《亞里士多德的《論靈魂》三卷》，吉列爾姆斯·比勒重新編輯，再版由奧托·阿佩爾特加以了審訂。萊比錫，托伊布訥出版社，一九一一年。】

Aristotelis Ars Rhetorica, Iterum edidit Dr. Adolphus Roemer. Editio stereotypa. Lipsiae in aedibus B.G. Teubneri 1914.【《亞里士多德的《修辭學》》，阿道弗斯·勒默爾博士重新編輯。鉛板印刷的版本。萊比錫，托伊布訥出版社，一九一四年。】

Aristotelis Topica cum libro de sophisticis elenchis, E schedis Ioannis Strache edidit Maximilianus Wallies. Lipsiae in aedibus B.G. Teubneri 1923.【《亞里士多德的《論題篇及辯謬篇》》，馬可西米利亞努斯·瓦利斯基於揚尼斯·斯特拉赫的本子編輯出版。萊比錫，托伊布訥出版社，一九二三年。】——原注

引用，而亞里士多德的文本則根據海德格所提到的使用版本加以引用。只要海德格出於哲學的或教學的目的而隨意改動了希臘原文引用，那麼，海德格的引用方式被加以保持，並在前面加上相應的提示「參見」。原文引用中的那些較長的省略，則通過省略符號【……】加以標明。根據講座的第一部分和第二部分的聽講者筆記之間的不同情況，第一部分中的希臘引文，對於它們海德格的口頭引用方式的確不可能加以重構，故要麼取自海德格的手稿，要麼如大多數情形那樣取自海倫妮·魏斯的筆記——那些希臘引文顯然是後來以非常完整的句子插入其中的。在第二部分中，西蒙·莫澤爾速記筆記中所記述的海德格的口頭引用方式，出於對講座風格的維持而加以了保留。由於對於第一部分來說，不清楚海德格在口頭演講中已經翻譯了哪些引文，故我要麼補充了那偶爾出現在海德格手稿中的翻譯，要麼——只要在手稿中以及在聽講者的各種筆記中，都既無翻譯也無闡釋性的釋義——在困難的希臘引文那兒，在尊重海德格術語表達的情況下，補充我自己提供的翻譯，但前提是不會擾亂講座文本的流暢。在第二部分中則會放棄這樣一些翻譯，因為海德格的所有翻譯，釋義，以及釋義性的闡釋幾乎都出現在西蒙·莫澤爾的速記筆記中，並且能夠從中提取出來。在海德格的翻譯那兒，在字面翻譯和解說性的釋義之間的界限經常是不固定的。僅僅那些字面翻譯以及接近翻譯的釋義，被放在了引號中。

我所制訂的講座文本的語言風格，在講座的第一部分和第二部分中不可避免地有所變化，因為只有第二部分的速記筆記能夠近乎再現海德格口頭演講那恣意捭闔的表達。

我所制訂的連續的講座文本，在海德格那兒並無關於它的目錄；我根據海德格所提出的準則，在考慮到那些偶爾出現在海德格手稿中或一致出現在聽講者的各種筆記中的海德格關於劃分的提示，我配上了一個詳細的目錄，並且在文本本身之範圍內按照意義進行了段落劃分。目錄如此被構想出來，從而它在其各個要點上連續且完整地再現出講座的思想進程，並且由此能夠代替海德格所不想要的內容索引。關於講座之劃分的各種表達，如此廣泛地出現在手稿或各個筆記中，從而我採用了這些表達，並且每次都在註腳中將之標明爲來自海德格本人的標題。在講座文本中的所有強調符號，也都是由我根據意義加上的，因爲依照海德格所提出的準則，手稿中的強調符號都僅僅明確地是爲了口頭演講，對於講座的出版文本來說不是必須的。無疑海德格手稿中的強調符號，以及出現在各個聽講者筆記中的強調符號，對於我來說成爲了一個根據。但希臘文本中的強調符號，由於排版的技術原因而無法加以再現。在那些收入**附錄**裡的海德格手稿的筆記中，重點符號就來自海德格手稿本身。

由於對於第一部分來說，因缺乏一個速記筆記使得海德格的手稿在原則上是權威性的，故我——根據下面這一指導思想，「無論是手稿中所記述的思想，還是在授課時所構想出來的思想，都【不能夠讓】之丟失」——把海德格手稿中的**所有**筆記都加進講座文本中，——只要對於我來說能夠把根據講座而來的某一意義同它們相結合，而它們又絕對不會擾亂講座文本的流暢。那些含有某一本質性的思想或關於某些特定段落的解說、但又可能對連續性造成傷害的筆記，被作爲補充而移交到附錄中。在這方面首先僅僅涉及爲數不多的幾個補充[85]。然而，盡可能地把所有筆記都加進講座文本中這一原則，我卻不能將之堅持到第一部分的末尾[86]。由於在十二月取消了六次講座，海德格顯然不能在聖誕休假前把講座如他——根據其筆記——所計畫的那樣加以結束。講座在聖誕休假前相當突然地中斷了[87]。但如前面所說，在海德格的手稿中出現了另外十一頁，大部分由帶有關鍵字的提綱和便條構成，它們顯然對於一個進一步的、連續的講座進程來說構成了最初的基礎。這些東西同對λόγος【邏各斯】之眞地是（ἀλήθεια【眞】）的限定相連繫，圍繞著根據《形而上學》第六卷第四章和第九卷第十章而來的眞地是（ἀλήθεια【眞】）之地點這一問題，並且暗示了同維爾訥·耶格爾的論題的一個批判性爭辯。對於我來說，不可能擬好這些筆記並將之納入講座文本中。它們作爲對第一部分末尾的補充而被移入到附錄中[88]。關於「過渡」的一系列筆記對於我來說也同樣如此，它們部分地同第一部分的末尾相重合。在海德格也

[85] 附錄，補充1-5。——原注
[86] 從§26b起，第181頁以下。——原注
[87] 見第188頁。——原注
[88] 附錄，補充8-20。——原注

將之標明爲「W.E.」（＝「重演、導論」）的「過渡」[89]中，海德格重新拾起了被打斷的思想進程[90]，只不過是這樣：他將它嵌入到對前面亞里士多德—部分及其同柏拉圖—部分的關係的引導性的整個展望的闡述中。在這件事上，海德格在口頭演講中顯然改變和刪減了他所計畫的「導論」中的思路。關於ἀληθές【眞的東西】的段落被取消了[91]。在這兒，在手稿中也出現了關乎λόγος【邏各斯】ἀλήθεια—【眞】—ὄν【是】之間的關係的一些帶有關鍵字的筆記，但在這兒我也不可能擬好這些筆記並將之納入講座文本中。它們同樣作爲補充被移入附錄中[92]。在這兒粗略草擬給《智者》講座的整個問題，顯然被海德格在一九二五／一九二六冬季學期於馬堡舉行的題爲「邏輯學。眞之問題（Logik. Die Frage nach der Wahrheit）」的講座中再次拾起，並被特別地專題化[93]。

---

[89] 見第189頁，注1。——原注

[90] 從§28a起，第195頁以下。——原注

[91] 見關於附錄中「過渡」之劃分的提綱，補充27。——原注

[92] 附錄，補充25、27、28、31（結尾）。——原注

[93] 《邏輯學。真之問題》（*Logik. Die Frage nach der Wahrheit*），一九二五／一九二六冬季學期馬堡講座。《全集》第二十一卷。瓦爾特．比梅爾（Walter Biemel）編輯。美茵河畔的法蘭克福。一九七六年。尤其是第162-174頁。——原注

對於講座的柏拉圖—部分的文本的制訂來說，由於海德格筆記的連續性，以及由於西蒙・莫澤爾那速記的、被授權的筆記，沒有出現這種困難。在這兒，我——這次原初依據授權了的筆記——也把手稿同各種聽講者筆記這樣彼此地相結合，以便「沒有任何思想丟失」。僅僅那些包含補充性的解說，或難以結合的以及可能已經擾亂了文本流暢的筆記，才作爲補充被納入到附錄中。在此也包含了一系列關於此是之詮釋學——它形成了海德格在《智者》講座中闡釋亞里士多德和柏拉圖的視域——的筆記[94]，——無疑是這樣：不是獨斷地將該視域作爲闡釋的基礎，而是恰恰在同希臘文本中的核心難題的一種爭辯中，在創造性的相互影響中贏得該視域。

《智者》—講座，把眞（ἀλήθεια【眞】）和是（ὄν【是】）之間的關係作爲它的全部主題。正如其餘迄今已經出版的馬堡講座一樣，它是下面這點的一個見證：海德格在同哲學傳統的爭辯中，已經贏得了他在《是與時》（*Sein und Zeit*）中所提出的是之意義問題，即是的可通達性或疏朗之問題。講座的「引導部分」——它致力於闡釋亞里士多德，尤其是闡釋《尼各馬可倫理學》第六卷和第十卷第六—七章以及《形而上學》第一卷第一—二章——爲自己設定了下面這一任務，那就是把ἀληθεύειν【去蔽】作爲柏拉圖的是之研究的基礎而加以贏取。「過渡」則具有下面

[94] 附錄，尤其是關於「過渡」的補充23和25。——原注

這一任務，那就是：從該基礎出發，確定哲學研究的專題領域，即作爲ἀληθές【真東西】的ὄν【是者】或作爲ψεῦδος【假東西】的μὴ ὄν【不是者】。主要部分——它包含對《智者》以及《斐德羅》的闡釋——的任務則是：具體地實施柏拉圖的是之研究。在此進行引導的基本思想是，那根據ἀληθεύειν【去蔽】或ψεύδεσθαι【出錯】而加以瞄準的μὴ ὄν【不是者】，僅僅基於相對於巴門尼德的、新的關於ὄν【是者】——它從前已經在作爲δύναμις κοινωνίας【結合之可能性】的λόγος【邏各斯】中加以澄清——的思想，才有其是上的可能性。關於是——它在作爲δύναμις κοινωνίας【結合之可能性】的先天的語言性中開啟自身——的思想，不僅先行指向了《是與時》中的世界分析，而且也先行指向了晚期海德格的λόγος【邏各斯】分析和世界分析。

海德格本人委託我出版《智者》，緣於一九七五年九月三十日在布萊斯高的弗賴堡的一次拜訪。他把他手寫的原始手稿的馬爾巴赫影本，以及西蒙·莫澤爾關於講座第二部分的速記筆記的打字機列印件交給我作爲基本材料。在來年三月，我收到了由哈特穆特·蒂特延博士所製成的海倫妮·魏斯講座筆記的打字機列印出來的副本。在我辨認了海德格手稿的最初五十頁並將之作爲工作的開始之後，哈特穆特·蒂特延博士非常友好地檢查了我所進行的辨認，並連同剩下的二百七十一頁一起承擔了對整個手稿的辨認。在一九七八年夏天，弗里茨·沙爾克教授（科隆大學）提請我注意：他所製成的一份講座筆記在克勞斯·賴希（Klaus Reich）教授（馬堡大學）手中，並讓我從他那兒取得它。值一九七八年十一月在馬堡的一次拜訪之際，克勞斯・賴希教授非常友好地把被他批判性地審閱過的筆記當面交給了我。在熟悉了講座的這些材料之後，我才能夠在一九八二年夏季學期放假期間於洛桑（瑞士）開始擬定要加以出版的確定的講座文本。在一九八四年夏天，赫爾曼・海德格（Hermann Heidegger）博士在「羅特布克儲藏室（Rötebuckspeicher）」[95]發現了漢斯・約納斯教授（美國，紐約，社會研究新學院）的講座筆記，他在一九八四年九月將之交給了我。我後來將該筆記整合進那時已經完成了的亞里士多德—部分，並且它對於柏拉圖—部分的擬定來說形成了一個有價值的幫助。

我手寫的講座文本的擬定稿的列印副本，由洛桑（瑞士）大學哲學系在我身邊工作的「助教們（assistants diplômés）」製成，他們是：亞歷山大・席爾德（Alexandre Schild）先生、米雷耶・羅瑟勒特—卡普特（Mireille Rosselet-Capt）女士和安德列・讓莫諾（André Jeanmonod）先生。通過他們，對我的手稿及其副本的校對，在共同閱讀中進行。米雷耶・羅瑟勒特卡普特女士，一位希臘文學學士獲得者，特別承擔了希臘引文的檢查。衛維恩・厄夫羅里（Vivien Oeuvray）先生，一位哲學系助教，爲希臘引文加上了各種重音符號，電腦打字機無法正確地再現它們。吉

[95] 海德格在弗賴堡策林根區（Zähringen）羅特布克路（Rötebuckweg）四十七號的一座住所。——譯注

多·阿爾貝特尼（Guido Albertelli）先生，當時正好在我身邊做助教，他完成了列印稿並補足了書目資料。最後，哈特穆特·蒂特延博士和哲學博士候選人馬可·米哈爾斯基（Mark Michalski）先生（布萊斯高的弗賴堡大學），非常仔細地審閱了列印稿，檢查了海德格本人使用書籍中的希臘引文，並根據在布萊斯高的弗賴堡可供使用的版本加上了最後的書目資料。對於他們爲列印稿所付出的種種努力，我向他們所有人表示衷心的感謝。我還要感謝奧芬巴赫（Offenbach）的克里斯托夫·馮·沃爾措根（Christoph Frhr.von Wolzogen）男爵博士，因爲他確認了對一個有問題的省略語的解決，並補充了「悼念保羅·納托爾普」中的書目資料。

我尤其要感謝的是哈特穆特·蒂特延博士，他給出了海倫妮·魏斯筆記的列印副本，並辨認了海德格手寫的原始手稿；此外，要感謝弗里德里希—威廉·馮·赫爾曼教授，他友好地給出了各種建議；最後，還要感謝赫爾曼·海德格博士，感謝他容忍我花了如此漫長的時間來出版《智者》。

洛桑（瑞士），一九九〇年八月英格柏格·許斯勒

（Ingeborg Schüßler）

附錄一 專有名詞索引

（頁碼均爲德文版頁碼，即本書邊碼）

(一)人名和著作

Alexander Aphrodisius：阿弗洛狄西亞的亞歷山大，63
Anaximander：阿那克西曼德，90
Anonymus Iamblichi：揚布里科斯的匿名者，628
Antisthenes：安提司特涅斯，500、502、503、504、506、508、509、510、511、514、551、569、570、581、582、648
Apelt：阿佩爾特，454
Aphrodite：阿芙洛狄忒，442
Aristoteles：亞里士多德
Ethica Nicomachus：《尼各馬可倫理學》
Metaphysica：《形而上學》
Physica：《物理學》，33、34、65、78、86、87、89、90、99、100、101、102、105、106、107、108、111、112、113、436、437、449、630、642
De Caelo：《論天》，33、100
Analytica Posteriora：《後分析篇》，35、37、103、104
De Generatione et Corruptione：《論生成與毀滅》，437、438
De Anima：《論靈魂》，18、19、86、160、181、183、185、186、469、506、609、614、619、620、649、651
De Sensu et Sensibilibus：《論感覺及可感物》，112
De Partibus animalium：《論動物的器官》，45
Topica：《論題篇》，78、82、84、86、87、89、203、214、215、502、508、

626、627、644

De Interpretatione：《解釋篇》，181、592

Kategorienschrift：《範疇篇》，104、116、118、642

Soph. Widerlegungen：《辯謬篇》，214、627

Baur, Ferdinand Christian：斐迪南・克利斯蒂安・鮑爾，312

Kritische Untersuchungen über die kanonischen Evangelien：《正福音書之批判研究》，312

Lehrbuch der christlichen Dogmengeschichte：《基督教教義史教程》，312

Bekker, Immanuel：伊曼紐爾・貝克爾，113

Bergkius, Theodorus.：特奧多爾・貝爾克，133

Anthologia lyrica sive lyricorum Graecorum veterum praeter Pindarum. Reliquiae potiores：《抒情詩集或在品達之前流傳下來的優秀古希臘抒情詩》，133

Bonitz, H.：赫爾曼・博尼茨，232、234、446、462、475

Platonische Studien：《柏拉圖研究》，232、446、462、475

Brentano, F.：弗蘭茨・布倫塔諾，3、4、451

Psychologie vom empirischen Standpunkt：《從經驗立場而來的心理學》，3、451

Von der Klassifikation der psychischen Phänomene：《論心理現象的分類》，3

Büchner, Ludwig.：路德維希・比希訥，464

Kraft und Stoff：《力與物質》，464

Burnet, J.：約翰・伯內特，430、454

Campbell, Lewis.：路易士・坎貝爾，522

The Sophistes and Politicus of Plato：《柏拉圖的〈智者〉和〈政治家〉》，522

Cassirer：卡西爾，598

Cicero：西塞羅，308

De Inventione：《論發明》，308

Cohen, H.：赫爾曼・柯亨，4

Kants Theorie der Erfahrung：《康德的經驗理論》，4

Crusius, O.：奧托・庫爾斯，133

Demokrit：德謨克利特，2、646

Descartes：笛卡爾，2、3
Diels, H.：赫爾曼・第爾斯，217、237、238、628
  Fragmente der Vorsokratiker：《前蘇格拉底殘篇》，217、628
Dilthey, W.：威廉・狄爾泰，4、9、310、311、312、313、369、370
  Der Plato Schleiermachers：「施萊爾馬赫的柏拉圖」，311
  Das Leben Schleiermachers：《施萊爾馬赫生平》，4、311
  Einleitung in die Geisterswissenschaften：《精神科學引論》，313
  Rede zum 70. Geburtstag：「七十歲生日演講」，370
  Die geistige Welt. Einleitung in die Philosophie des Lebens：《精神世界。生命哲學導論》，370
Diotima：狄俄提瑪，572
Dümmler, F.：斐迪南・迪姆勒，511
  Antisthenica：《安提司特尼卡》，511
Empedokles：恩培多克勒，442
Epikur：伊壁鳩魯，2
Euklid：歐幾里得，439、479
Fichte：費希特，312
Ficinus, M.：馬西利烏斯・斐奇努斯，498
  Omnia divini Platonis opera：《神聖的柏拉圖全集》，498
Gorigas：高爾吉亞，219、308、309、337、338、628
Grynaeus, S.：西蒙・格里諾伊斯，498
  Omnia divini Platonis opera：《神聖的柏拉圖全集》，498
Hegel：黑格爾，198、223、313、449、561、585
Heindorf, Ludwig Friedrich.：路德維希・弗里德里希・海因多夫，311、454
  Platonis Dialogi Selecti：《柏拉圖對話選》，454
Heraklit：赫拉克利特，237、442、489、503、641
Hermann,W.：威廉・赫爾曼，4
  Die Religion im Verhältniß zum Welterkennen und zur Sittlichkeit：《處

在同對世界的認識和德性之關係中的宗教》，4
Hiller, Eduardus.：愛德華．希勒，133
Hippas：希皮阿斯，628
Homer：荷馬，239、312
Hüni, H.：海因里希．于尼，201
Hussel：胡塞爾，3、8、223、398、400、589、597、598
Logsiche Untersuchungen：《邏輯研究》，3、8
Ideen zu einer reinen Phänomenologie：《純粹現象學的觀念》，3
Jaeger, Werner.：維爾訥．耶格爾，65、616、617、620、622
Aristoteles. Grundlegung einer Geschichte seiner Entwicklung：《亞里士多德：對其發展之歷史的奠基》，65
Studien zu Entstehungsgeschichte der Metaphysik des Aristoteles：《亞里士多德《形而上學》之發生史研究》，616
Jaspers, K.：卡爾．雅斯貝爾斯，254、255
Psychologie der Weltanschaunngen：《世界觀的心理學》，255
Jonas, H.：漢斯．約納斯，74、78、114、115、118、169、189
Kant：康德，1、2、4、61、312、313、322
Kraus, Oskar.：奧斯卡．克勞斯，451
Einleitung zu F. Brentano: Psychologie vom empirischen Standpunkt：《弗蘭茨．布倫塔諾引論：《從經驗立場而來的心理學》》，451
Luther：路德，370
Lysias：呂希阿斯，316、317、329
Mill, Stuart.：斯圖亞特．密爾，589
Moleschott, Jakob.：雅各布．莫勒朔特，464
Der Kreislauf des Lebens：《生命的輪回》，464
Moser, S.：西蒙．莫澤爾，189、424、433、533、564、571、581、652
Mulert, H.：赫爾曼．穆勒特，311
Natorp, Paul.：保羅．納托爾普，1、2、3、4、5、511
Platos Ideenlehre. Eine Einführung in den Idealismus：《柏拉圖的理念論：觀念論

導論》，1

Thema und Disposition der aristotelischen Metaphysik：「亞里士多德的《形而上學》之主題和編排」，2

Aristoteles: Metaphysik K 1-8：「亞里士多德：《形而上學》第十一卷第1-8章」，2

Aristoteles und die Eleaten：「亞里士多德和埃利亞學派」，2

Die Ethika des Demokritos. Text und Untersuchungen：《德謨克利特的倫理學：文本和研究》，2

Forschungen zur Geschichte des Erkenntnisproblems im Altertum. Protagoras, Demokrit, Epikur und die Skepsis：《古代認識問題史研究：普羅泰戈拉，德謨克利特，伊壁鳩魯和懷疑主義》，2

Einleitung in die Psychologie nach Kritischer Methode：《根據批判方法而來的心理學引論》，2

Allgemeine Psychologie nach Kritischer Methode. Erstes Buch: Objekt und Methode der Psychologie：《根據批判方法而來的一般心理學。第一卷：心理學的對象和方法》，2

Descartes'Erkenntnistheorie. Eine Studie zur Vorgeschichte des Kriticismus：《笛卡爾的認識論：批判主義前史研究》，3

Über das Verhältniß des theoretischen und praktischen Erkennens zur Begründung einer nichtempirischen Realität. Mit Bezug auf: W. Hermann. *Die Religion im Verhältniß zum Welterkennen und zur Sittlichkeit*：「論理論認識和實踐認識的關係：對一種非經驗的實在性的奠基。涉及：威廉・赫爾曼，《處在同對世界的認識和德性之關係中的宗教》」，4

Zur Frage der logischen Methode. Mit Beziehung auf Edm. Husserls “Prolegomena zur reinen Logik” (*Logsiche Untersuchungen*, 1. Teil)：「關於邏輯方法之問題。針對：埃德蒙特・胡塞爾的『純粹邏輯導論』（《邏輯研究》第一部分）」，3

Niebuhr, Bartholt Georg.：巴托爾特・格奧爾格・尼布爾，312

Römische Geschichte：《羅馬史》，312
Parmenides：巴門尼德，1、12、22、89、193、204、205、236、237、238、239、241、246、276、396、410、411、413、415、423、425、430、433、434、435、436、438、439、444、449、450、451、455、456、460、462、485、489、496、522、556、562、567、569、571、572、574、624、640、641、644
Pascal：帕斯卡，140
Phaidros：斐德羅，308、310、311、312、313、314、315、316、317、318、321、322、323、324、329、337、338、339、345、347、348、349、380、453、492、562、586、629
Pherekydes：斐瑞居德斯，441
Plato：柏拉圖
Sophistes：《智者》
Phaidros：《斐德羅》，308、310、311、312、313、314、316、318、320、321、322、323、324、329、337、338、339、347、348、349、380、453、492、562、585、629
Philebos：《斐勒柏》，7、12、191、334、410、517、522、545、562
Parmenides：《巴門尼德》，1、12、239、485、496、522、562
Theätet：《泰阿泰德》，12、201、236、313、377、408、409、511、517、518、520、521、584、590、596、648
Kratylos：《克拉底律》，52、511、581、590、596、619、646、648、649
Gorigas：《高爾吉亞》，219、308、309、337、338
Politikos：《政治家》，313、517
Euthydem：《歐敘德謨》，511
Politeia, Res Publica：《國家篇》，517、569、570
Gesetzen：《法律》，522
Timaios：《蒂邁歐》，522
Symposion：《會飲》，552、569、572
Phaidon：《斐多》，641
Plotin：普羅提諾，63、549
Enneade：《九章集》，549

Prodikos von Keos：克俄斯的普洛狄科斯，220、628

Protagoras：普羅泰戈拉，2、218、219、628

Ritter, Constantin.：康斯坦丁・里特爾，287

Neue Untersuchungen über Platon：《對柏拉圖的新研究》，287

Rohde, Erwin.：埃爾溫・羅德，441

Psyche: Seelenkult und Unsterblichkeitsglaube der Griechen：《靈魂：希臘人的靈魂崇拜和不朽信仰》，441

Schalk, F.：弗里茨・沙爾克，74、78、118、169、189

Scheler, Max.：馬克思・舍勒，505

Die Idole der Selbsterkenntnis：《自我認識的偶像》，505

Vom Umsturz der Werte：《論價值的顛覆》，505

Abhandlungen und Aufsätze：《論文與文章》，505

Analyse des Täuschungsphänomens：「欺騙現象之分析」，505

Schelling：謝林，313

Schlegel, Friedrich.：弗里德里希・施勒格爾，311

Schleiermacher：施萊爾馬赫，4、310、311、312、313、454

Platons Werke：《柏拉圖著作集》，310、312

Semler, Johann Salomo.：約翰・扎洛莫・澤姆勒，311

Abhandlung von freier Untersuchung des Canon：《文集：聖經正經獨立研究》，311

Vorbereitung Zur Theologischen Hermeneutik, zu Weiterer Beförderung des Fleißes angehender Gottesgelerten：《神學詮釋學之準備：為了進一步促進未來的神學博學之士的勤奮》，311

Semonides：西蒙尼德，132

Siebeck, H.：赫爾曼・西貝克，483、485

Platon als Kritiker aristotelischer Ansichten：《作為亞里士多德觀點批評者的柏拉圖》，483

Simplicius：辛普里柯俄斯，113

In Physicorum Libros Commentaria：《《物理學》評注》，113
Sokrates：蘇格拉底，11、16、195、218、231、236、238、239、240、241、242、243、244、245、246、249、250、251、252、258、308、309、312、314、315、316、317、318、319、322、324、325、328、329、330、333、335、340、348、506、532
Spengel, L.：萊昂哈德・施彭格勒，308
Die Definition und Eintheilung der Rhetorik bei den Alten：「古代修辭學之定義和導論」，308
Ueber Die Rhetorik Des Aristoteles：「論亞里士多德的修辭學」，308
Stallbaum, G.：戈特弗里德・斯塔爾鮑姆，498
Platonis opera omnia：《柏拉圖全集》，498
Steinthal, Hyemann.：海曼・施泰因塔爾，648
Geschichte der Sprachwissenschaft：《語言學史》，648
Stenzel, J.：尤里烏斯・斯騰策爾，421、526
Zahl und Gestalt bei Plato und Aristoteles：《在柏拉圖和亞里士多德那兒的數字與形象》，421
Studien zur Entwicklung der platonischen Dialektik von Sokrates zu Aristoteles：《從蘇格拉底到亞里士多德柏拉圖辯證法的發展之研究》，526
Stephanus, Henricus.：亨里克・斯特方，12
Susemihl：蘇塞米爾，73、158
Thales：泰勒斯，90
Thamos：塔莫斯，340
Theätet：泰阿泰德，12、236、250、251、258、259、263、265、266、291、292、313、356、377、381、391、392、402、405、408、409、416、417、421、422、426、427、428、429、431、433、434、445、469、471、489、490、496、511、515、517、518、520、521、523、584、590、596、599、600、648
Themistius：忒米斯提俄斯，113
In Physica Paraphrasis：《《物理學》釋義》，113

Theodorus：忒俄多洛斯，236、240、241、242、246、249
Theophrast：忒俄弗拉斯托斯，302、305
  Charaktere：《品質》，302、305
Theuth：圖提，340
Thrasymachos：忒拉敘馬科斯，628
Thukydides：修昔底德，629
  Geschichte des Peloponnesischen Krieges：《伯羅奔尼薩戰爭史》，629
Usener, Hermann.：赫爾曼・烏澤納，313、511
Vaihinger, Hans.：漢斯・法伊英格爾，451
  Die Philosophie des Als Ob：《好像之哲學》，451
Victorius, Petrus.：彼得・維克多，158、159
  commentarii in X libros Aristotelis De Moribus ad Nicomachum：《亞里士多德《尼各馬可倫理學》十卷評注》，159
Vogt, Karl.：卡爾・福格特，464
  Köhlerglaube und Wissenschaft：《盲信與科學》，464
Weiß, H.：魏斯，74、78、113、118、169、189、564
Weyl, Hermann.：赫爾曼・魏爾，117
  Raum-Zeit-Materie. Vorlesung über allgemeine Relativitätstheorie：《空間—時間—物質：關於廣義相對論的講座》，117。
Wissowa, Georg.：格奧爾格・維索瓦，511
  Paulys Real-Enzyklopädie der classischen Altertumswissenschaft：《保利經典古代文化研究學實用百科全書》，511
Wolf, Friedrich August.：弗里德里希・奧古斯特・沃爾夫，312
  Prolegomena ad Homerum, sive de operum Homericorum prisca et genuina forma variisque mutationibus et probabili ratione emendandi：《荷馬導論，或論荷馬史詩在古代和本來的形式，嬗變和加以刪改的可能原因》，312
Xenophanes：克塞諾芬尼，442
Zeller, Eduard.：愛德華・策勒爾，441、446
  Die Philosophie der Griechen：《希臘哲學》，441、446

Zenon：芝諾，236
Zeus：宙斯，305

(二)期刊和論文集

Philosophische Monatshefte：《哲學月刊》，2
Archiv für Geschichte der Philosophie：《哲學史文庫》，2
Kantstudien：《康德研究》，3
Die Geisteswissenschaften：《人文科學》，3
Logos：《邏各斯》，3
Zeitschrift für Philosophie und philosophiche Kritik：《哲學和哲學批評雜誌》，4、483
Rheinisches Museum für Philologie：《萊茵語文學博物館》，308
Abhandlungen Der Philosoph.-Philologischen Classe Der Königlich Bayerischen Akademie Der Wissenschaften：《巴伐利亞王家科學院哲學—語文學論文集》，308

附錄二 德語——漢語術語索引

（頁碼均爲德文版頁碼，即本書邊碼）

A

Abbilden：映像，399、402、403、647
Ab-bild：映—像，401
Abgehobensein：突顯的是，是突顯的，184
Abwandlungsmöglichkeit：變化之可能性，260
Abwesenheit：不在場，643、645
Ähnlichsein：相似的是，是相似的，400
Allgemeingültigkeit：普遍有效性，24
Allheit：總和，全體，81
alltäglich：日常的，10、13、16、17、27、29、55、62、66、67、72、92、93、95、96、97、98、125、201、205、219、243、259、260、269、270、273、277、289、293、304、306、324、328、339、360、362、363、376、385、386、624、631、634
Allverbindlichkeit：普遍約束力，24
Als-hafte：作為—像……那樣的，626
Als-Charakter：作為—性質，601
Als-etwas：作為—某種東西，183
Als-Ob：好—像，451
Als-sagen：作為—說，183
Als-Struktur：作為—結構，609、620
Als-was：作為—什麼，248、503、530、599、600
Analogie：類比，258
Andersheit：差異（性），異，527、528、541、543、545、546、551、553、554、562、563、565、566、568、578、643、644
Anders-als：同……相異，544、545

Anderssein：是別的樣子、不同地是，497、548、554、556、557、559
Andersseinkönnen：能夠是別的樣子，165
Anders-sein-können：能夠—是—別的樣子，29
Aneignungsweise：占有方式，632
Angegangenwerden：被影響，478、514、615
Angesprochenheit：被談及性，529
Angewiesenheit：委身性，94
Anschauung (Anschauen)：直觀，198、327、626
Anschauungsfeld：直觀場地，292、293
Ansicht-Haben：有—看法，55、153
Ansprechen und Besprechen：談及和談論，28、418
Ansprechbarkeit：可談及性，427、550、600、632
Anthropologie：人類學，370、635、641
anwesend：在場的，33、63、91、134、137、222、223、373、464、466、468、471、477、534、541、555、565、609、622、623、630、632、641、642
Anwesendsein：在場的是，是在場的，18、33、34、97、105、109、137、172、173、175、178、179、470、614、615、616、618、623、633
Anwesendsein-bei：依寓於……而在場的是，175
Anwesendsein-lassen：讓—在場的是，616
Anwesend-sein：在場的是，是在場的，398、486
Anwesendseinkönnen：能夠在場的是，能夠是在場的，109
Anwesenheit：在場，17、33、42、43、72、77、79、88、103、106、107、109、172、176、193、221、222、223、224、225、269、463、464、466、467、468、470、471、524、525、544、546、547、548、549、550、551、555、556、557、558、560、566、577、589、592、593、604、605、615、616、618、619、621、630、631、632、633、642
apophantisch：進行展示的，644
Apriori：先天、先天性、先天條件、先天的東

西，494、495、524、545
apriorisch：先天的，154、495、545、579、631
Arithmetik：算術，100、103、104、109、110、112、117、118、121
Artikulation（artikulieren）：分環表達，89、145、183、599
Aufdeckbarkeit：可揭開性，577
Aufdeckendsein：揭開著地是，是在進行揭開的，17、620
Aufdeckungsart：揭開方法，145、622
Aufdeckungscharakter：揭開之性質，624
Aufdeckungsfunktion：揭開作用，582
Aufgedeckthaben：已經揭開，32、258
Aufgedecktheit：揭開性，被揭開，32、33、35、82、582、597、618
Aufgedecktsein：被揭開了地是，是被揭開了的，23、24、32、39、69、194、397、406、618
Aufeinanderbezogensein：彼此相關地是，是彼此相關的，478
Aufenthaltsart：停留方法，98
Aufenthaltsort：停留地點，住所，530、531、640
Auffassungsart：把握方法，260
Aufklärungsart：澄清方法，36
Ausführungszusammenhang：做事之連繫，75
Ausgangsphänomen：作為出發點的現象，263、278、281、282、288
Ausgebildetsein：有所訓練地是，是被訓練了的，217
Ausgerichtetheit：定向（性），625
Ausgerichtetsein：定向地是，是定向了的，324、325、636、647
Ausgesprochensein：被說出了地是，是被說出了的，25、201、461
Auslegungssinn：解釋之意義，596
Auslegungshorizont：解釋視域，276
Aus-sein：基於……而是，出於……而是，642
Ausweisungsbedingung：證明之條件，322
Axiomatik：公理學，36

B

Bearbeitungsgeschichte：研究史，9
Be-deuten：賦予—含義，417
Bedeutungsgeschichte：含義史，63
Bedeutungsleistung：詞義性能，581
Bedeutungsmodifikation：含義變式，609
Bedeutungsphänomen：含義現象，589
Bedeutungsunterschied：含義區別，529
Bedeutungszusammenhang：含義聯絡、詞義連繫，252、500
Befindlichkeit：處身性，175
befragen：詢問，22、30、88、128、283、344、369、448、466、512、525、533、535、538、638、639
Befragtes：被詢問者，448
Be-frates：被詢—問者，448、638
Begegnenlassen（Begegnen lassen）：讓照面，161、615、632、639、650
Begegnisart：照面方法，205、525、583、584
Begegnischarakter：照面性質，186、463、621
Begegnismöglichkeit：照面之可能性，642
Begegnisweise：照面方式，144、395
Begleiterscheinung：伴隨顯象，613
Begrifflichkeit：概念性、概念化、概念表達方式，4、560、561
Begriffscharakter：概念性質，524
Begriffspyramide：概念金字塔，353
Begriffssystem：概念體系，290
Begriffswelt：概念世界，287
Begründungszusammenhang：論證連繫，37
Behaupten-können：能夠—主張，415
Behaltenkönnen：能夠持留，71
Behandlungsart：處理方法，54、91、139、233、251、252、259、262、285、336、461、635
Besorgen：操勞，21、29、46、50、75、91、94、170、270、277、371、386、387、388、612、634
Bescheidwissen：知道怎麼回事，31
Bestandstück：組成部分、構成部分、成分，79、88、329、331、332、452
Bestimmbarkeit：可規定性，510

Bestimmtsein：被規定地是，是被規定的，109
Bestimmungsform：規定形式，447
Bestimmungsmäßig：規定上的，615
Bestimmungsmöglichkeit：規定之可能性，110
Bestimmungsregel：規定規則，447
Bestimmungsvollzug：規定之實施，286
Betrachtungsart (Art der Betrachtung)：考察方法，8、14、30、143、195、354、473
Betrachtungsrichtung：考察方向，291
Betrachtungsweise：考察方式，8
Bewegtsein：運動地是，是運動的，101、103、516
Bewegungsart：活動方法、運動方法，10
Bewegungsanalyse：活動分析、運動分析，516
Bewegungsbegrifft：運動概念，118
Bewegungssinn：運動意義，89
Beweisart：論證方法，216、566
Bewußtseinsakte：意識行為，425
Bewußtseinswissenschaft：意識科學，2
Beziehungsstruktur：關係結構，206
Beziehungsweise：關係方式，206、544、545、642
Bezogensein：關聯著地是，是關聯著的，164、202、273、282
Bildertheorie：圖像論，400
Bilderherstellen：圖像創制、圖像製作，401
Bildobjekt：圖像客體，400
Bildsubjet：圖像主體，400
Bildungsgeschwätz：教育閒談，304
Bildungsidee：教育理念，306
Bildungswissenschaft：教育科學，373
Bildphänomen (phänomen des Bildes)：圖像現象，398、399、400
Bildsein：圖像是，398、403、430
Bild-sein：圖像是，399、400
Botanik：植物學，8

C

Chronologie：年代學，65、239、377

D

Dabeisein-beim-Seienden：依寓於—是者—在側是，32
Dafürhalten：認為、以為、確信，22、73、74、503、536、637
Dahaben：在此有，177、385、619、649、650
Da-haben von：在此—有……，642
Das-eine-mit-dem-anderen-Setzen：把—一個—同—另一個—並置，185
Darüber-bezüglich-seiner-Aufgedecktheit-verfügen：就—其—揭開性—對之的—占有，32
Dasein：此是，5、12、13、14、15、16、17、21、22、23、25、27、29、30、33、39、47、48、49、50、51、52、54、55、56、59、60、61、62、63、64、65、66、67、68、69、70、72、73、80、83、87、91、92、93、94、95、96、98、99、102、121、125、126、127、128、129、130、132、133、134、135、136、137、139、140、141、143、146、147、160、164、165、166、167、168、169、170、171、172、173、174、177、178、190、192、197、201、204、205、259、263、269、270、273、276、278、288、295、296、299、306、314、315、323、339、340、343、352、360、363、368、369、370、376、379、386、387、388、391、392、445、466、467、468、482、577、579、589、594、611、613、617、619、622、626、632、633、634、638、639、641、650
Da-sein：在此—是，616
Daseiend：在此是著的，13
Da-seiend：在此—是著的，270
Daseinsart：此是之類型，139、204、625
Daseinsauslegung：此是之解釋、對此是的解釋，95
daseinsmäßig：此是式的、就此是而言，123
Daseinsmöglichkeit：此是之可能性，130、136
Daseinsverhalten：此是之行為，612

Daseinsverständnis：此是之理解，60
Daseinsweise：此是之方式，130
Dauer：綿延，33、45、174、177
delotisch：揭示上的、揭示性的，582、583、597、601、605、606、638、640、643、644
Denkakt：思想活動，620
Denktechnik：思想技巧，198、199
Denkvorgang：思想進程，187
deskriptive Psychologie：描述性的心理學，9
Destruktion：解構，413、414
Dialektik：辯證法，195、197、198、199、200、203、206、225、230、260、310、315、319、329、331、332、335、338、343、347、349、350、360、362、409、449、453、501、512、513、522、523、524、525、526、527、528、529、530、532、533、534、561、568、569、573、618、621、624、625、627、644、652
Dialektiker：辯證學家，207、213、214、216、336、526、527、528
dialektisch- eidetisch：辯證法—埃多斯的，553
Dichotomie：二分法，285、286、289、353
Dogmatismus：獨斷論，2
doxographisch：觀點編集的，237、485、511
Durchlaufenkönnen：能夠穿過，37
Durchschnittsbegriff：平均概念，612
Durchschnittswissen：平均知識，1
Durchsichtigkeit：透明性、透徹性、透視，16、50、52、53、74、143、150、535、536、543

E

eidetisch：埃多斯的、本質的，495
Eigentlichkeit：本真性，51、83、86、169、170、172、174、176、179、614、624
Eigentlichsein：真正是、是真正的，172
Einander-zu-Sachen-Bringen：將—彼此—帶往—事情，648
Eingefahrensein：熟練地是，是熟練的，67
ent-decken：解—蔽，93
Entdecktsein：被揭示地是、是被揭示了的，

618
Entschlossensein：下了決心地是，是下了決心的，150、153
Entschlossensein-zu：對……下了決心地是，對……是下了決心的，153
Entstehungsart：產生方法，140、141
Entstehungsgeschichte：發生史，1、613、616、649
Entwicklungsgang：演變，發展進程，9
Entwicklungsgeschichte (Geschichte der Entwicklung)：發展史，311、370、571
epideiktisch：炫耀的，展示的，209、628
Erfahrbarkeit：可經驗性，632
Erfassungsart：把握方法，417
Erfolgsethik：效果倫理學，178
Erfragtes：被問得者，448、638、639
Erkannthaben：已經認識，26
Erkanntwerden：被認識，480
Erkenntnisart (Art des Erkennens)：認識方法，22、135、209、527
Erkenntnis-Interesse：認識—興趣，207
Erkenntnisleidenschaft：認識之激情，256
Erkenntnisproblem：認識問題，認識難題，2
Erkenntnisphänomen：認識現象，398
Erkenntnisphänomenologie：認識現象學，12
Erkenntnissstruktur：認識結構，526
Erkenntnistheorie：認識論，1、3、26、186、218、276、346、448、560
erkenntnistheoretisch：認識論的，在認識論上的，1、4、452
Erlebnisart：體驗類型，9
Erscheinung（Erscheinen）：顯象，8、297
Erschließenbarkei：可展開性，488
Erschließungsart：展開方法，98、337
Erschließungscharakter：展開性質，560、589、595
Erschließungstendenz：展開傾向，642
Erschließungsweise：展開方式，424
Erschlossenwerden：被展開，8
Erzogensein：被教育了地是，是被教育了的，217、372
Ethik：倫理學，57、131、178
Etymologie：詞源學，51、63
Etwas-als-Etwas：某種東西—作為—某種東

西，599、601、605、606
Etwas-da-Haben：在此—具有—某種東西，424
Evidenz：明見（性），328
Evidenzbedingung：明見之條件，322
Evidenzideal：明見之典範，24
existent：存在的，229、499
Existenz：生存、存在，10、11、12、23、25、61、135、162、166、168、177、178、179、190、192、193、199、215、218、229、231、237、244、256、257、294、295、299、301、306、315、316、317、319、320、348、352、358、361、369、389、405、468、573、574、577、578、579、585、586、610、619、634、652
existenzial-hermeneutisch：生存論—詮釋學上的，589
Existenzart (Art der Existenz)：生存方法、生存類型，204、215、244、256
existenziell：生存活動上的，256、624
Existenzmöglichkeit：生存之可能性，124、190、360、575、580、606、652
Existenzweise：生存方式，56、214、315

F

Fachkenntnis：專業認識，97
Faktizität：實際性、實際情況，192、196、197、221、352、398、404、411、532、574、636、644
Falschseinkönnen：能夠是假的，620
Fehlgehenkönnen：能夠犯錯，54
Feldbegriff：場概念，117
Ferngeometrie：天體幾何學，117
Fertigsein：完滿地是、是完滿的、完成了地是，是完成了的，43、53、79、101、123、138、172、612、615
Fertiganwesendsein：完滿在場的是，173
Fertiggewordensein：被完成了地是、是被完成了的，41
Fiktionalismus：虛構主義，451
Findigsein：機智地是，是機智的，49
formal-ästhetisch：形式—審美（性）的，215

formal-allgemein：形式—普遍的，556
formal-logisch：形式—邏輯的，635、640、643、644
formal-ontisch：形式—是態的，644
formal-ontologisch：形式—是態學的，432、453、515
Forschungsansatz：研究起點，253
Forschungsart：研究類型、研究方法，8、207、611
Fragestellung：問題提法、提出問題，1、3、4、5、9、12、38、168、178、193、206、212、223、225、237、246、252、258、271、302、312、320、321、322、336、349、367、370、413、419、430、433、436、437、438、440、444、448、460、469、485、499、511、512、524、525、538、544、588、598、613、638、639
Fragestellungsgehalt：問題提法之內容，639
Freiständigkeit：超然性，25
Freiwerden：變得自由、成為自由的，359
Fundamentalaufgabe：基本任務，529
Fundamentalbedingung：基本條件，602
Fundamentalbegriff：基本概念，156、447
Fundamentalbestimmung：基本規定，517、518
Fundamentalbetrachtung：基本思考、基本考察，472、557、573、574、575、578、579、581、603
Fundamentalfrage：基本問題，190
Fundamentalforschung：基本研究，198、568
Fundamentalstruktur：基本結構，558
Fundamentaluntersuchung：基本探究，573
Fundamentalwissenschaft：基礎科學，203、212、221、222、224、338、447、627
Fundierungszusammenhang：根基上的連繫，524
Funktionalsinn：功能性意義，128

G

Ganzheitsbestimmung：整體之規定，81
Ganzheitsstruktur：整體結構，521
Gebildemannigfaltigkeit：形象之多樣性，584、585

Gefragtes：被問者，246、448、638、639
Gegebenheitsart：被給予性之類型，471
Gegebenheitsbegriff：被給予性概念，524
Gegenbegriff：反對概念，159、579
Gegenbewegung：逆向運動，98、218
Gegeneinandersein：彼此對立地是，是彼此對立的，538
Gegenphänomen：對立現象，505
Gegensatzverhältnis：對立關係，559
Gegenstandsfeld：對象領域，212
Gegentendenz：逆向傾向，98
Gegenübersein：對立地是，572
Gegenwart：當下，33、43、83、98、172、177、276、312、334、397、414、468、469、470、518、520、538、539、555、556、579、580、592、619、631、633
gegenwärtig：當下的，413、469、486、534、541、586、633、642、650
Gegenwärtigen (Gegenwärtigung)：當下化，72、73、75、76、94、377、559、593、632、633、640、642、643、645、649、650
Gegenwärtighaben：當下化地占有，133、600、609
Gegenwärtighalten：保持當下化，72、94
Gegenwärtigkeit：當下性、在場，486
Gegenwärtig-machen：使—當下化，579
Gegenwärtigsein：當下地是、是當下的、在場的是，34、89、172、177、392、394、592、593、609、633
Gegenwärtig-da-Sein：當下—在此—是，519
Gegenwärtig-sein：當下地—是、是—當下的、在場的—是、是—在場的，398、486、520
Gegenwärtig-sich-Zeigen：當下—顯示—自己，519
Gegenwärtigungssin：當下化之意義，596
Geisteswissenschaft：精神科學、人文科學，313
Gemachtsein：被創制地是、是被創制的，46
Genanntsein：被命名地是、是被命名了的，596
Generalisierung：一般化，119
Geometrie：幾何，99、100、103、104、

109、110、111、112、118、121、160、161、163、209
Gerede：閒談，16、25、195、197、248、306、411、416、596、622
Gerichtetsein：對準了地是，是對準了的，150、151、154、364、367
Gerichtetsein-auf：向……對準地是，364
Gesagtheit：被說性，461、515、591、640、644、648
Gesagtheitscharakter：被說性之性質，461
Gesagtsein：被說地是，是被說的，201、461、515、529、530、569、620、645
Gesagtwordensein：已經被說地是，620
Geschichte：歷史，9、190、256、257、347、370、413、437、634
geschichtlich：歷史的（地），8、32、190、257
Geschichtlichkeit：歷史性，414、634
Geschichtlichsein：歷史地是，是歷史的，256
Geschichtsbetrachtung：歷史之考察、對歷史的考察，413
Gesichtsfeld：視野、可視範圍，409
Gesichtspunkt：視點，70、178、314、354
Gesinnungsethik：意向倫理學，178
Gesprochensein：說出來地是，582、584
Gesprochenwerden：被說出來，583
Gestelltsein：被擺置地是，是被擺置了的，32、35、50、52、73、133、164、171、614
Gestimmtsein：有情緒地是、是有情緒的，175
Gesundsein：健康地是，是健康的，170、178
Gewesenheit：曾經，524
Gewissen：良知，53、56
Grenzfall：極限情形、邊緣情形，516、552
Grenzgehalt：邊界內容，102
Grammatik：語法學，253、507
Grundansatz：基本要點，263、276
Grundart：基本方法、基本類型，28、30、231、632
Grundauffassung：基本看法，171、237
Grundaufgabe：基本任務，254、495、569
Grundbedeutung：基本含義，200、202
Grundbedingung：基本條件，321
Grundbegriff：基本概念，7、208、219、

321、489、512、536、628
Grundbemühen：基本關心，322
Grundbestand：基本內容，273、282、331、635
Grundbestimmung：基本規定，27、39、52、101、187、202、224、263、265、266、315、420、602
Grundcharakter：基本性質，103、123、202、209、224、269、381、641
Grundelement：基本元素，104、110、116
Grunderfordernis：基本要求，569
Grundfrage：基本問題，23、253
Grundfragestellung：基本的問題提法，223、321
Grundfunktion：基本功能，18
Grundgegenstand：基本對象，104
Grundhaltung：基本姿態，186
Grundkategorie：基本範疇，109
Grundlegungsforchung：奠基研究，438
Grundlehre：基本學說、基本理論，484
Grundleistung：基本業績，334
Gründlichkeit：徹底性，5
Grundmöglichkeit：基本可能性，38、47、272、505
Grundphänomen：基本現象，60、118、266、272、302、303、369、594、634、638
Grundproblem：基本難題，117、234
Grundrichtung：基本方向，264、322
Grundschwierigkeit：基本困難，314、428
Grundsinn：基本意義，195、197、394、397、485、627
Grundstellung：基本立場，191
Grundstruktur：基本結構，90、150、186、273、383、387、420、424、425、574、581、582、595
Grundtatbestand：基本實情，277、424
Grundtendenz：基本傾向、基本意圖，293、396
Grundthema：基本課題，500
Grundthese：基本論題，236
Grundunterscheidung：基本區分，31、287、590
Grundunterschied：基本區別、基本區分，118、282、485

Grundverfassung：基本情狀，17、70、121、175
Grundverhältnis：基本關係，315
Grundverhaltung (Grundverhalten)：基本行為，276、368、634
Grundverständnis：基本理解，123、124
Grundvollzug：基本進程，42
Grundvoraussetzung：基本前提，532、533
Grundweise：基本方式，565、614、632
Grundwiderstand：基本抵抗，334
Grundwissenschaft：基礎科學，640

H

Hauptfrage：主要問題，447
Hausbauenkönnen：能夠造房子，45、46
Her-Sein-aus：從—是—而來，258
Her-Stamm-von：從—源頭—而來，258
Hergestelltsein：被創制了地是，75
Her-gestelltsein：被擺置—出來地是，269、270
Herkunftsgeschichte (Geschichte der Herkunft)：起源史，284、290、291、350、460、522、525
Herkunftsrichtung：起源之方向，278
Herkunftsstruktur：起源之結構，261、362
Herkunftszusammenhang：起源之連繫，77
Hermeneutik：詮釋、詮釋學，10、11、62、78、445、638
hermeneutisch：詮釋學的，585、622、624、626、641、645
hermeneutische Situation：詮釋學處境，1、2、633
Her-stellen：擺置—出來，397
Herstellungsweise：製作方式，46、612
Hilfsbegriff：輔助概念，490、491
Hingehörigkeit：各屬其所，109
Historie：歷史學，414
historisch：歷史學的，10、63、189、190、218、229、331、373、414、441、608
historisch-hermeneutisch：歷史學—詮釋學的，10
Historismus：歷史主義，256
Horizont：視域，29、66、68、227、237、

263、277、278、287、288、289、290、291、295、296、297、302、303、321、322、327、331、340、345、385、396、397、398、524、533、535、537、559、635、641

I

Idealist：觀念論者，314
Idealismus：觀念論，1、276、313
Ideenlehre：理念論（柏拉圖），觀念學說，46、321
Identität：一致性，同一性，48、378、394、397
Identitätssetzung：同一性之設定，對同一性的設定，510
Identifizierung：同一化，559、570、582
Im-Blick-Halten：保持—在—視線中，185
Im-Verhältnis-sein-zu：在—與……相關—中—是，618
Immersein：始終是，是始終的，28、124、133、164、170、171、175、176、177、178、614
Immerseiendes：始終是著的東西，始終是著的是者，31、57、69、579
Immer-seiendes：始終—是著的東西，33
Immer-während：始終—不斷，33
Imstandesein zu...：對……有能力地是，對……是有能力的，271
In-der-Wahrheit-sein：在—真—中—是，是—在—真—中，23
In-der-Welt-sein：在—世界—中—是，583、594、614
In-der-Zeit-Sein：在—時間—中—是，34
In-einer-Welt-sein：在—某個—世界中—是，369
In-die-Gegenwart-Bringen：帶—入—當下化—中，392
In-ihr-schon-sein：已經—在—其中—是，634
In-Ruhe-sein：在—靜止中—是，516
In-Sein：在之中—是，173、369、585、593、594、617、626、632、634、635、638
Ins-Sein-Bringen：帶—入—是，45
Instinktsicherheit (Sicherheit des Instinkt)：

本能之可靠性，152
Intentionalität：意向性，420、424、597、598、626、641

J

Jeweiligkeit：當時各自的情況，147、156

K

Kantianismus：康德主義，495
Kategorie：範疇，103、104、109、187、438、484、485、546、547、550、572、573、591、592、601、605、608、630、643
Kenntnischarakter：認識性質，55
Kernphänomen：核心現象，580
Konkretion：具體（化），192、284、322、335、525、562、565、566、636
Konstitution：構造，115、117、515
Konstruktion：建構，113、307、312、313、584、587
Kontinuität：連續性，229、652
Körperding：有形物，361
Kranksein：有病地是，是有病的，316
Kriticismus：批判主義，3
Kulturbedeutung：文化價值，217
kulturreligion：文化宗教，254

L

Lagebestimmtheit：場所規定，109
Lagebeziehung：場所關係、位置關係，209
Lageorientierung：場所定位，112
Lebencharakter：生命性質，361
Lebenserfahrung：生活經驗，140、141
Lebensverhältnis：生活境遇、生活關系，289
Lebensverständnis：生命理解、生活理解，61、265
Lebenwesen：有生命的是者、有生命的東西，584
Lebenszusammenhang（Zusammenhang des Lebens）：生活連繫，174
Leitbegriff：引導概念，527

Leitfadenfunktion：引導作用，224

M

Mannigfaltigkeitsart：多樣性類型，111
Materialist：唯物論者，464
Materialität：物質性，213
material-ontologisch：質料—是態學的、物質—是態學的，630、640
Mathematik：數學，24、35、36、94、100、101、102、103、110、117、140、141、162、236、421
Mathematiker：數學家，117、140、373
Menschenart：人之類型，193、243
Metaphysik：形而上學，2、21、44、63、65、66、70、71、94、115、121、134、157、186、191、201、203、207、208、212、225、256、378、437、447、509、510、573、616
Methodenfrage：方法問題，62
Methodik：方法學，586、587
Mißverfassung：錯誤情狀，365、366、367、371、373
Mitanwesenheit：共同在場，480、549、576
Mit-Anwesenheit：共同—在場，486
Mit-da-sein：共同—在此—是，552、636
Mitdasein：共同在此是，482、549
mitbedeuten：連帶意指，420
Miteinanderreden：交談，17
Miteinandersprechen：交談、共同一起說，25、324、339、443、584
Miteinander-gesagtsein：共同一起—被說地是，588
Miteinander-sprechen-Können：能夠—共同一起—說，625
Miteinandersein：共同一起是，112、115、140、147、176、390、478、479、486、511、535、538、574、588
Miteinander-Anwesendsein：共同一起—在場是，480、530
Miteinander-sein：共同一起—是，480
Miteinander-sein-Können：能夠—共同一起—是，480
Miteinanderphilosophieren：共同一起從事哲

學，177
Mitgegenwärtig：共同當下的，557
Mitgesagtwerden：共同被說，422
Mithaben：共同具有、分有，548
Mit-haben：共同—具有，477
Mitsein：共同是，493、513
Mit-sein：共同—是，487、493
Mitsetzen：並置，183
Miteinandersetzen：擺在一起，183
Mitteilungsart：傳播方法，36
Mitwelt：共同世界，386、627
Möglichkeitsbedingung（Bedingung der Möglichkeit）：可能性之條件，323、329、335、576
Möglichkeitsbereich：可能性之範圍，392
Möglichkeitsgrund：可能性基礎，568、603
Möglichsein：可能地是、是可能的，271、373
Möglich-sein：可能—是、是可能的，533
Monismus：一元論，446

N

Nacheinander-gesprochensein：依次—說出來地是，588
Nacheinandergesagtsein：依次被說地是，588
Namensgebung：命名，268
naiv-onttisch：質樸的—是態上的，635
Neben-einander-Stehen：彼此—站在—旁邊，615
Negativität：否定性，352、561
Nein-Sagen：說—不，419
Neukantianismus：新康德主義，1、448
Neuplatoniker：新柏拉圖主義者，496
Neuplatonismus：新柏拉圖主義，494
Nicht-da：不—在此，643
Nicht-eigentlich-Sein：不—真正—是，401
Nicht-Etwas：非—某種東西，418
Nichtigkeit：虛無、無性，564
Nichtgegenwärtigsein：不當下化地是，不是當下化了的，592
Nichtphilosoph：非哲學家，12
Nichtsein：不是，7、231、272、351、390、

395、396、400、402、405、419、426、429、434、451、476、487、497、532、540、556、557、576、577、640、652
nichtseiend：不是著，430、471、472
Nichtseiendes：不是者，188、220、221、232、290、349、358、388、389、395、396、398、399、403、410、415、418、419、423、425、428、430、432、433、435、488、556、575、593、637、652
Nicht-Aufdecken：不—揭開，602
Nicht-das-Wirklich-sein：不—真實地—是，395
Nicht-mehr-da：不—在—在此，645
Nicht-sehenlassen：不—讓被看，602
nicht-seiend：不—是著，432
Nicht-seiendes：不—是者，85、189、192、193、233、234、237、238、404、406、646
Nicht-sein：不—是，636
noematisch：意向相關的，621
Nur-Sehen-und-lediglich-Verstehen：僅僅—看—和—單純—理解，126
Nur-so-Aussehen：僅僅—看起來—如此，390、402、636

O

Objektivität：客觀性，24
Offenbarmachen：使公開，286、326、359、397、407、589
onomatisch：命名上的、命名性的，582、583、601、606
ontisch：是態上的，207、436、444、451、453、465、478、495、508、515、516、530、571、631、636、641
ontisch-ontologisch：是態—是態學的，517
Ontologie：是態學，12、187、194、221、222、223、269、270、370、420、438、444、447、448、466、484、489、524、533、535、536、539、544、572、594、613、618、624、625、627、628、630、631、632、635、639、640、641
Onto-logie：是態—邏各斯，是態—學，206、207、514、632

ontologisch：是態學上的，是態學的，43、81、105、109、115、117、120、121、123、124、125、134、135、137、168、169、172、187、243、339、369、388、406、412、420、425、432、436、448、451、459、460、465、467、484、485、512、516、524、530、535、543、571、573、576、580、591、605、619、633、635、636、648
ontologisch-theoretisch：在是態學—理論上，68
Ordnungszusammenhang：次序上的連繫，140
Orientierungsmoment：定位要素，109
Orientierungsweise：定位方式，71
Orientiertsein：被定位地是，是定位了的，67、69、73、265
Ortsbegriff：地點概念，109
Ortsbewegung：位移，18、102、283
Ortsmoment：地點要素，110
Ortswechsel：地點更換，102、107

P

Pädagogik：教育學，4
Phänomen：現象，8、75、112、126、128、143、144、151、152、184、186、187、202、253、254、255、264、266、268、271、277、280、281、282、283、284、294、306、331、332、339、346、352、353、354、367、372、374、390、400、404、422、425、430、432、433、434、437、461、471、477、484、487、488、489、495、499、505、507、540、545、552、558、579、582、583、585、586、588、589、590、593、594、597、605、606、607、608、609、626、627、634、635、636、641、644
phänomenal：現象的，現象上的，184、260、276、282、326、331、356、382、432、455、477、480、536、541、578、581、583、584、594、600、626、635
Phänomenologe：現象學家，10
Phänomenologie：現象學，3、8、9、10、

60、62、278、322、413、424、451、452、495、508、560、586、587、624
Phänomenologisch：現象學的（地），現象學上的，193、264、451、477、493、508、560、570、583、591、597、601、622、626、634、638
Phantasieerscheinung：想像顯象，243
Philosophiegeschichte (Geschichte der Philosophie)：哲學史，118、199、229、413
philosophisch- Phänomenologisch：哲學—現象學的，8
Physik：物理學，112、117、363
Physiker：物理學家，117、209
Poetik：詩學，181
Prädikat：謂詞、稱謂，242、368、497、600、648
Praesenzauffassung：對到場的見解、到場之見解，633
Problematik：整個問題，228、270、388、406、581
Psychologie：心理學，2、255、315、495
Psychologismus：心理主義，622

R

Rationalismus：理性主義，587
Raumbeziehung：空間關係，209
Realismus：實在論，2
Realität：實在、實在性，4、85
Redeweise：言談方式，45、362
Redenkönnen：能夠言談，215
Reden-können：能夠—言談，215
Reinigung：淨化，560
Reinigungsart：淨化方法，361、362
Relationslehre：關係理論，36
Relativitätstheorie：相對論，117
Relativismus：相對主義，218、629
Religionsphilosophie：宗教哲學，4
Rhetorik：修辭術、修辭學，16、159、181、219、290、294、306、307、308、309、314、315、318、319、323、325、326、335、336、337、338、350、622、625、626、628

Romantik：浪漫主義，413

S

Sachbegriff：專業概念，86
Sachbereich：實事範圍、專業範圍，374
Sachbestand：實事內容，249、560
Sachbestimmung：事情之規定，246、248
Sachbezeichnung：事情之名稱，246
sachblind：對事情瞎盲的、看不清事情的，625
Sachcharakter：實事性質，209
Sacherfassung：對事情的把握、事情之把握，330、587
Sacherschließend：展開事情的、把事情加以展開的，558、595
Sachforschung：實事研究、專業研究，62、254、255、256、322、411
Sachfrage：實事問題、具體問題、實際問題，367、373
Sachgehalt：實事內容，7、262、286、288、289、295、302、310、333、350、351、354、361、379、403、497、510、530、576
Sachgebiet：專業領域、實事領域，217、221
Sachgemäß：合乎實事的（地），434、468、608
Sachhabe：對事情的擁有、擁有事情，646
sachhaltig：含有實事的，331、332、353、379、387、418、528、534、540、556、558、559、561、563、564、565、566、568、571、578、585、595、605、643
Sachhaltigkeit：含有實事性，334、341、392、517、524、564、565、596、640、642
Sachkenner：認識事情的人、專家，646
Sachkenntnis：專業知識、對事情的認識、實事上的認識，95、199、262、326、327、328、335
Sachlage：情形、實際情況，124、327、382、430
sachlich：實事上的、實事性的（地）、客觀的，102、109、192、216、218、227、228、233、237、277、286、287、288、

293、295、301、314、317、322、326、343、351、352、374、378、425、435、440、462、472、477、485、486、499、510、531、539、561、567、585、594
Sachlichkeit：客觀性、實事性，5、23、215、216、218、230、231、241、254、256、471、472、627
Sachlosigkeit：擺脫實事性、缺乏實事性，230、231、629
Sachsichtbarkeit：實事之可見性，585
Sachverhalt：實情、事態，71、79、231、450
Sachverhältnis：實事關係，345
Sachverständnis (Sachverstehen)：對實事的理解、實事之理解，344
Sachverwahren：對事情的保存、保存事情，646
Sachzusammenhang：實事上的連繫，73、77、233、333、559
Sagbarkeit：可說性，640
Satzgehalt：命題內容，461
Satzgesetz：命題之法則，378
Satzlogik：命題邏輯，252、253
Satzzusammenhang：句子連繫，417
Scholastik：經院哲學，617
Sehweise：看之方式，45
Sehenlassen：讓某物被看、讓……被看、讓看，18、42、181、182、183、185、200、392、407、505、614
Sehen-lassen：讓—被看，392、394、397、559
Sehenwollen：想看，200
Sein als solches：作為是的是，209、366
Seiendheit：是著性，220
Seinkönnen：能是，172
Seinsabkunft：是之起源，114
Seinsart (Art des Seins)：是之類型，27、29、68、98、109、125、130、133、134、137、164、165、168、170、171、174、175、177、178、186、192、201、374、400、556、613、615、633、635
Seinsauslegung (Auslegung des Seins)：是之解釋，44、58、465、466、467、479、480
Seinsaussage：是之陳述、對是的陳述，486
Seinsbefragung：是之詢問，89

Seinsbegriff (Begriff vom Sein, Begriff von Sein)：是之概念，78、86、171、189、193、270、350、440、447、453、466、470、485、486、533、534、632、633
Seinsbereich (Bereich des Seins)：是之範圍、是之領域，26、449、484、599
Seinsbestand：是之內容，281
Seinsbestimmung (Bestimmung von Sein)：是之規定，21、22、23、27、117、123、136、174、187、224、345、418、480、484、487、515、518、530、542、543
Seinsbetrachtung：是之考察，204
Seinscharakter (Charakter des Seins)：是之性質，17、49、53、114、186、187、188、208、210、211、213、223、266、344、350、368、448、459、461、466、530、535、539、547、617、619、621、624、633、638、639
Seinseinteilung：是之劃分，630
Seinserfassung：是之把握，350
Seinserörterung (Erörterung des Seins)：是之討論，484、498
Seinsforschung (Forschung nach dem Sein)：是之研究，21、192、194、203、204、205、206、224、227、483、537、628
Seinsfrage (Frage nach dem Sein、Frage des Seins)：是之問題，190、192、205、434、436、437、448、495、537、592、652
Seinsgehalt：是之內容，286
Seinsgebiet：是之領域，22、29、204、438
Seinsgeschichte：是之歷史，533
Seinsgesetz：是之法則，378
Seinshaltigkeit：含有是性，517
Seinsheit：是性，555
Seinsinterpretation (Interpretation des Seins)：是之闡釋、對是的闡釋，31、484、486
Seinskonstitution：是之構造，87
Sein-lassen：讓—是，276
seinsmäßig：是上的、在是上，15、118、137、243、288、291、333、340、427、473、510、552、574、587、607、609、634
Seinsmöglichkeit：是之可能性，59、61、

125、139、172、173、176、178、179、260、410、432、488、580
Seinsmoment：是之要素，157
Seinsproblem（Problem des Seins）：是之問題，是之難題，495
Seinsproblematik：是之整個問題，622、624、630、639
Seinssinn (Sinn des Seins, Sinn von Sein)：是之意義，85、190、192、269、270、275、366、394、405、418、424、434、444、445、447、448、449、463、465、466、467、468、469、473、479、482、485、486、497、524、533、571、633、638、644
Seinsstruktur：是之結構，30、208、212、215、258、274、351、352、363、365、369、370、379、386、436、448、515、520、533、534
Seinsstufe：是之等級，175
Seinstendenz：是之傾向，612、634
Seinstheorie (Theorie des Seins, Theorie vom Sein)：是之理論，276、411、472、515、571
Seinsummöglich：在是上是不可能的，487
Seinsummöglichkeit：是之不可能性，389
Seinsverfassung：是之情狀，379、615
Seinsverständnis (Verständnis von Sein)：是之理解，221、224
Seinsverhältnis：是之關係，135、292
Seinsweise (Weise des Seins)：是之方式，17、18、19、49、68、69、89、386、555
Seinswissenschaft (Wissenschaft vom Sein)：是之科學，207、210、211、212
Seinszusammenhang：是之連繫，362、521
Sein bei：依寓於……而是，641、644、645
Sein-zu（Sein zu-）：向著……而是，之於……而是，558、641
Selbigkeit：同一性，同，164、268、428、478、488、541、542、550、551、553、570、578、604、642、643、644
Selbigsein：同一地是，是同一的，551
Selbstauslegung：自身之解釋，對自身的解釋，解釋自身，369、390
Selbsterkenntnis：自我認識，認識自身，

316、505
Selbstverantwortung：自我負責，5
Semiaxiologie：半價值論，628
Sichtbarkeit：可見的東西，可見性，548、566、567、568、569、573、575、579、580、584、585、637、647
Sichtbarsein：可見地是，是可見的，69、392
Sichtweise：視之方式，9、46
Sich-Aufhalten-dabei：逗留—在—某處，69
Sich-auskennen-in-etwas：精通—某事，265
Sich-Aussprechen：表達—自己，說出—自己，25、323、324、325、337
Sich-Aussprechen-zu-Anderen：向—他人—說出—自己，向—他人—表達—自己，460
Sich-Geben：給出—自己，394
Sich-geben-lassen：讓—它—給出它自己，能夠—給出—自己，276、279、394、395
Sich-Mitteilen：傳達—自己，340
Sich-Mitteilen-Anderen：向—他人—傳達—自己，323
Sich-Orientieren：自我—定位，定位—自己，27、72、129、283
Sich-Umtun-in-seiner-Welt：在—其—環境—中—尋覓，283
Sich-Verfehlen：自我—錯過，54
Sich-von-sich-selbst-her-zu-Gestalt-und-Aussehen-Bringen：從—自己—自身—那兒—把—自己—塑形—並—帶入到—外觀中，46
Sich-Zeigen-als：顯示—自己—作為，把—自己—顯示—為，顯現—為，406
Sichversorgen：操持，634
sinnmäßig：意義上的，448
Situation：處境，1、2、29、139、147、148、150、404、413
Skepsis：懷疑（主義），2
Skeptizismus：懷疑主義，218、629
Sophistik：智者術，16、207、208、213、214、215、216、217、218、219、220、230、231、233、248、306、380、429、627、628
Sorge：操心，267、634、635、638、641
Sozialphilosophie：社會哲學，4
So-Aussehen-wie：看起來如一樣，406

So-und-so-Vorgehen：如此如此行事，91
Spekulation：靜觀，39、40、57
Sprachforschung：語言研究，253
Sprachphilosophie：語言哲學，253、648
Sprachwissenschaft (Wissenschaft von der Sprache)：語言學，253
Sprechen-können：能夠—說，215
Stammbaum：譜系，258、285
Stammesgeschichte：家族史，258、259
Ständigkeit：恆常性，579
stimmungsmäßig：以情緒的方式、情緒上的，244、260
Strukturanalyse：結構分析，364、367
Strukturbegriff：結構概念，524
Strukturform：結構形式，601
Strukturmoment：結構要素，89、150、163、248、282、332、353、358、364、386、400、492、494、545、583、589、590、599
Struktursinn：結構意義，524
Strukturzusammenhang：結構連繫，75、378、399、400、473
Subjektivität：主體性、主觀性，495、608
Subjektivismus：主觀主義，218、629
Syllogismus：三段論，491
Systematik：系統學，47、277、286、373、634

T

Tatbestand：實情，19、26、36、41、46、85、118、130、140、158、159、160、161、162、163、164、180、184、193、202、206、248、286、287、306、309、326、327、328、338、372、402、406、411、420、432、451、452、453、477、480、482、501、517、520、557、593、600、643
Tatsache：事實，207、254、268、317、320、331、460、466、483、485、545、588、590、652
Täuschungsphänomen：欺騙現象，505、576
Theologe：神學家，373
Theologie：神學，134、221、222、373、

613、630
theoretisch-sachlich：理論上—實事上的，627
transzendent：超越的，399、494、608
Typologie：類型學，193

U

Überhuapt-etwas-Sagen：畢竟在—說—某個東西，418
Überredungskunst：勸說藝術，200
Übersein：超越的是，85
überzeitlich：超時間的，34、229
Umgang-mit：同……打交道，196
Umgangsart：交道方法、行事方法，14、194、260、265、274、276、278、360
Umgangsstruktur：交道結構，276
Umgangsweise (Weise des Umgangs)：交道方式，274、275、382、383、386、387
Umkreis：環圍、範圍，13、16、40、69、202、243、245、259、260、268、269、270、289、322、328、332、339、385、547、555、599
Umsehen（Umsicht）：環視，16、21、45、47、51、138、162、166
Umstand：形勢，29、72、73、130、146、147、148、152、155、159、174、227、614
Umwelt：環境、周圍世界，13、16、29、128、129、146、269、270、283、386、650
ungegenwärtig：非當下的，486
universal-ontologisch：普遍的—是態學的，535
Universalität：普遍性，631
Unkenntnis：不識，16、23
unsachlich：非實事性的，230
Unsachlichkeit：非實事性，215、230、629
Un-sachlichkeit：非—實事性，216、230
Unterschiedensein：不同地是、是不同的，549
Untersuchungsart：探索方法，259
Unterwegssein：在途中是、是在途中，128、149、369
Unterwegssein-zu：向著……在途中是、是在……途中的，366

Unverborgensein：無蔽地是，是無蔽的，348、615、620
Unverborgen-sein：無蔽地—是，是—無蔽的，194
Unverborgenheit：無蔽、無蔽性，17、24、175、186、188、276、323、328、409、617、620、621
Unverdecktheit：未被遮蔽，24、213、391、395、619
Unverdecktsein：未遮蔽地是、是未被遮蔽的，16、23、24
Unverstellensein：不被歪曲地是、是未被歪曲的，617
Unvollkommenheit：不完滿、不完滿性，15
Unwahrheit：不真，16
Urteilsfalschheit：判斷之假，505
Urteilslehre：判斷理論，184、560、617
Urteilsvollzug：判斷之實施，26
Urteilswahrheit：判斷之真，15

V

Verallgemeinerung：普遍化，141
Verbildlichen (verbildlichung)：圖像化，399
Verdeckungstendenz：遮蔽傾向，51、52
Verfahrensweise：行事方式，333
Verfallen：沉淪，27、47、56、255、635
Verfallensmöglichkeit：沉淪之可能性，56
Verfallsgeschichte：沉淪史，27
Verfassung：情狀，52、109、166、323、327、475、523、582、587、597、603、605、624
Verfügebarkeit：可支配性，269
Verfügebarmachen：使可支配，397
Verfügebarsein：可支配地是，是可支配的，269
Vergangenheit：過去，7、8、10、229、312、413、438
Vergegenwärtigung（vergegenwärtigen）：再現，回顧，想起，7、43、45、88、114、128、141、143、158、161、200、221、225、248、289、302、334、352、375、

460、497、533
Vergessen-werden-können：能夠—被—遺忘，56
Verhaltensart (Art des Verhaltens)：行為類型，177、220
Verhaltensweise (Weise des Verhaltens)：行為方式，129、245、291、356、359、360、364、365、382、397、611
Verlautbarung：公布、有聲表達，18、248、518
Vermeitheitscharakter：意指之性質，624
vernehmen：知覺、獲悉，21、59、70、145、159、163、165、179、185、196、202、209、237、276、362、408、465、471、477、485、486、524、549、587、588、609、614、615、619、641、649、650
Vernehmendsein：知覺著地是，614
Vernehmenkönnen：能夠知覺，174
Vernunftvermögen：理性能力，60
Verrichtensnotwendigkeit：做事之必要性，98
Verrichtenstendenz：做事傾向，94
Verrichtungszusammenhang：工作之連繫，75
Versachlichung：實事化、具體化、客觀化，563
Verschiedensein：相異地是、是相異的，549、566
Verschwinden-lassen：讓—消失，560
versorgen：操持，634
Verständlichkeitstendenz：可理解性之傾向，639
Verständnisversuch：理解嘗試，218
Verstellensein：歪曲地是、是歪曲的，617
Vertrautsein：親熟地是，是親熟的，29、372、618
Verwandtschaft：親緣關係、親緣性，327、534
Verweisungszusammenhang：指引聯絡，71、74、75、76、77
Verwendungsmöglichkeit：使用之可能性。頁147
Vollzugsart (Art des Vollzugs)：實施方法，28、54、68、138、142、143、149、151、154、166、180、185、186、196、202、306、394、493、496、587、614、622

Vollzugsform：實施形式，127、186
Vollzugsmöglichkeit：實施之可能性，625
Vollzugsmoment：實施要素，125、614
Vollzugsstruktur：實施結構，599
Vollzugsweise：實施方式，18、38、62、156、326、383
Von-einem-zum-anderen-hafte：從一個—到—另一個—那樣的，626
Von-wo-aus：從—何處—出發，94、99
Vorbegriff：預備概念，95、203
Vorgeschichte：前史，64、291
Vorhabe：前有，512、638、641
Vor-habe：前—有，263、264、638
vorhanden：現成的，17、42、45、157、159、179、181、182、183、273、274、275、276、279、323、389、391、392、394、400、403、426、427、464、565、589、615、646、652
Vorhandensein：現成地是，是現成的，46、172、173、176、244、272、389、391、395、396、398、403、404、406、411、421、426、486、566、615
Vorhandenwerden：變為現成（的），生成為現成（的），272
vorphilosophisch：前哲學上的，176
Vor-schein：先行—顯露，638
Vorsorgen für：為……預先操心，634
Vorstellungsverbindung：表像之聯結，620
vortheoretisch：前理論性的，625
Vorweg：預先，642

W

wahrhaft：真實的，324、342、429、619、623
Wahrhaftigkeit：真實，5
Wahrheit：真，5、7、14、15、16、23、24、25、26、27、65、85、86、153、175、182、190、195、213、219、228、238、256、275、276、318、319、323、329、465、603、617、618、619、665
Wahrheitsbegriff：真之概念，24、26、27、175、180、182
Wahrheitsforschung：真之研究，對真的研

究，329
Wahrheitstheorie：真之理論，617
Wahrnehmen (Wahrnehmung)：感覺，39、70、73、159、160、283、408、409、442
Wahrnehmbarkeit：可感覺性，108
Wahrsein：真地是、是真的，23、166、182、187、188、611、617、618、620、654、664
Wahr-sein：真的—是、是—真的，186
Was-sein：什麼—是，42
Wasgehalt：什麼之內容，400、401、557
washaft：在什麼上的，631
Waszusammenhang：什麼之連繫，77
Weitersein：繼續是，是繼續的，228
Welt：世界，13、16、17、18、22、23、24、25、27、29、30、32、33、69、70、86、89、98、107、108、109、125、127、128、129、130、136、137、164、173、177、178、185、187、192、205、206、222、231、237、270、277、283、287、341、348、369、370、379、385、386、392、579、580、583、585、594、614、615、617、629、630、632、633、634、635、640、641、643
Weltbild：世界圖像，222、630
Weltanschauung：世界觀，168、254、255
Weltbetachtung：對世界的考察，421
Welterkennen：對世界的認識，4
Weltgeschichte：世界歷史，261
weltlich：有世界的、世界性的，51、112、242、584、635、643、644
Werden：生成，40、42、162、259、272、398、459、466、477、478
Werdenssein：生成之是，46
Werdensweise (Weise des Werdens)：生成方式，42、46
Werkzeug：工具，267、275、290、294、303、647
Werturteil：價值判斷、評價，11
Wesensbedingung：本質條件，593
Wesensbestimmung：本質規定、對本質的規定，425、505
Wesensbetrachtung：本質之考察、對本質的考察，494

Wesenselement：本質要素，374
Wesenserkenntnis：本質之認識、對本質的認識，494、495
Wesensmoment：本質要素，532
Widerständigsein：有阻抗地是，是有阻抗的，464
Widerständigkeit：阻抗性，466、485、486
Wirklichsein：現實地是、是現實的，625
Wirkungszusammenhang：作用連繫，72
Wissendsein：知識著地是，175
Wissensbegriff：知識之概念，33、633
Wissenscharakter：知識之品性，351
Wissenschaftsbegriff：科學之概念，255
Wissenschaftscharakter：科學之性質，59
Wissenschaftsgebiet：科學領域，372
Wissenschaftlichkeit：科學性，24
Wissenschaftstheorie：科學理論，1、33
wissenschaftstheoretisch：在科學理論上、科學理論的，350
Wissenshorizont：知識眼界，324
Wortgebrauch：語詞使用，428
Wortmannigfaltigkeit：言語之多樣性，595、648
Wortsinn：詞義，24、536
Wortwissen：字面上的知識，258
Wortzusammenhang：語詞連繫，417
Worumwillen：為何之故，50、122、147

Z

Zeitcharakter：時間性格，71、76
zeitlich：有時間的、時間性上的、時間上的，34、377、414
Zeitlichkeit：時間性，631、634、643
Zeitlichsein：有時間地是、是有時間的、時間性地是、是時間性的，72、134、177、592、632、633、645
Zeitverhältnis：時間關係，229
Zu-richten für：為……作準備，40
Zu-Sein-Kommen：出來—去—是，384
Zu-tun-haben-mit-：同……有關，645
Zueignungscharakter：占有性質，634
Zugänglichkeit：通達（性），80、82
Zugangsart：通達方法，14、82、94、189、

194、438、449、467、611、638、640
Zugangsweise：通達方式，424、632
Zugehörigkeit：歸屬性，81、166、282
Zum-Sein-Kommen：走—向—是，398
zusammengehörig：屬於同一整體的、共屬一體的，46、245、259
Zusammengehörigkeit：共屬一體，282、635
Zusammenhang：連繫，聯絡，48、264、634
Zusammenhangsart（Art des Zusammenhang）：連繫類型，111、116、398
Zusammenhangsform：連繫形式，112
Zusammenhangsstruktur：連繫結構，112、116
Zusammenhangsweise：連繫方式，111
Zusammensein：一起是，116、343
Zusammen-sein：一起—是，533
Zwischenwesen：居間物，641

附錄三 希臘語——漢語術語對照

A

ἀβαρές：沒有重量的
ἀγαθόν：善
ἀγαθός：善的、好的
ἄγειν：帶、引、領
ἄγειν εἰς οὐσίαν：帶入所是
ἄγειν εἰς φῶς：帶進光亮中
ἀγονεῖν：無知
ἀγνοία：無知
ἀγνοοῦμεν：我們不認識、我們不知道
ἀγοραστική：市場交易術
ἀγοραστικός：進行市場交易的
ἀγχίνοια：機敏
ἀγών：競爭、爭鬥
ἀγωνίζειν：競爭、爭鬥
ἀγωνιστική：競技術
ἀγωνιστικόν：進行競技的、競技性的
ἀδιαίρετον：不可分解的
ἄδικον：不正義的
ἀδολέσχης：閒談者
ἀδολεσχία：閒談
ἀδολεσχικόν：進行閒談的
ἀδύνατον：不能的、無能的
ἀεί：始終、總是
ἀεὶ ὄν：始終是著的東西、永恆的是者
ἀεὶ ἀληθῆ：總是真的
ἀθανατίζειν：不朽
ἀίδιον：永久、永久者
αἰσθάνεσθαι：感覺、進行感覺
αἴσθησις：感官、感覺
αἰσθητόν：可感覺物
αἰσχός：醜陋
αἰσχρός：醜陋的、可恥的
αἰτία：原因
αἰτίας γνωρίζειν：認識原因
αἴτιον：原因
αἰών：永恆
ἀκίνητον：不動的東西
ἀκοή：傳聞
ἀκούειν：聽
ἄκουσα：不情願
ἀκρατεῖς：無力量的人
ἀκριβες：嚴格，精確
ἀκριβέστατα：最嚴格的東西
ἀκριβεστάτη τῶν ἐπιστημῶν：最嚴格的知識

ἀκριβῶς：準確地
ἀκρότατον ἀγαθὸν ἀνθρώπινον：人的至善
ἀλήθεια：真
ἀληθής, ἀληθές：真的
ἀληθεύει ἡ ψυχή：靈魂進行去蔽
ἀληθεύει ὁ λόγος：邏各斯進行去蔽
ἀληθεύειν：去蔽
ἀληθεύειν ἄνευ λόγου：不帶有邏各斯的去蔽
ἀληθεύειν μετὰ λόγου：依賴邏各斯的去蔽、帶有邏各斯的去蔽
ἀληθεύων：去蔽者
ἀληθινόν：真實的東西、真的東西
ἀληθῶς ἕν：真正的一
ἁλιευτική：捕魚術
ἀλλακτική：買賣術
ἀλλακτικόν：進行交換的
ἀλλάσσω：交換
ἀλληγορία：譬喻
ἄλλως ἔχειν：能夠是別的情形、具有其他樣子
ἄλλως ἔχοντα：能夠是別的情形的東西、具有其他樣子的東西
ἅμα：同時、一起
ἅμα πορεύεσθον：一同走
ἀμαθία：愚蠢
ἁμαρτάνειν：犯錯、不中的
ἁμαρτία：過錯、不中的
ἀμετρία：不相稱、不協調
ἁμιλλᾶσθαι：比賽
ἄμουσος：無音樂修養的、無文化的
ἀμφισβητοῦμεν：持有異議
ἄμφω：兩者
ἀναγκαίον：必然
ἀναγκάσει：迫使
ἀνάλογον：類比
ἀνάλυσις：分解
ἀνάμνησις：回憶
ἀναφανδόν：公開地
ἄνευ λόγου：無邏各斯的
ἄνευ ὕλης：無質料的
ἄνευ χρόνου：無時間的
ἄνθρωπος：人
ἀνομοιότης：不相似
ἀντίθεσις：相反、反面、反命題
ἀντικείμενον：對立
ἀντιτιθέμενον：反面的東西、相反的東西
ἀντιλαμβανόμενος：抓住把柄
ἀντιλέγειν：辯論、自相矛盾
ἀντιλέγεσθαι：辯論
ἀντιλογική：辯論術
ἀντιλογικὴ τέχνη：辯論的技藝
ἀντιλογικός, ἀντιλογικόν：辯論者、能辯論的
ἀντίλογος：反駁、矛盾

ἀντίσταθμος：抵得上、等於
ἀντίστροφος：反面
ἀντίφασις：矛盾斷定、矛盾
ἄνω：上
ἀνώνυμον：無名稱的
ἀόρατον：不可見的
ἀπαλλαγή：擺脫
ἅπαντα：全體
ἀπατᾶν：欺騙、進行欺騙
ἀπάτη：欺騙
ἀπατητικὴ τέχνη：能夠進行欺騙的技藝
ἄπειρον：無限的、無窮無盡的
ἄπειρος：無經驗的
ἀπιδείν：把目光移開、向外看
ἁπλῶς：概而言之、單單、絕對
ἁπλῶς γνωριμώτερον：絕對地更為可知的東西
ἀπο-(ἀφ-)：出於
ἀπόδειξις：證明
ἀποδιδόναι：付還
ἀπολέγειν：否定
ἀπομαντεύεσθαι：預言
ἀπορείν：困惑、感到困惑
ἀπορία：困惑、難關
ἄπορος：沒有通路的
ἀπορούμενον：讓人困惑的東西
ἀποφαίνεσθαι：顯示
ἀπόφανσις：表達、顯明
ἀποφαντικός：能夠進行顯示的
ἀπόφασις：否定
ἅπτεσθαι：接觸、觸摸
ἀρετή：德性
ἀριθμείν：算、數、計算
ἀριθμητική：算術
ἀριθμός：數、數目、數位
ἄριστον：最好的
ἄριστον ἐν τῷ κόσμῳ：宇宙中最好的東西
ἁρμόττειν：接合、適合
ἀρχή：本源
ἀρχὴ κινήσεως：運動之本源
ἀρχικωτάτη：最高貴的、最為進行統治的
ἀρχιτέκτων：大技師
ἀσπαλιευτής：垂釣者
ἀσύνθετον：非複合地
ἄσχιστον：未被區分
ἀσώματον：無形體的、無形的
ἄττα：某些東西
ἄτεχνος：無技藝的
ἀτέχνως：無技藝地
ἄτομον εἶδος：不可分的種
αὐτόθεν：就地
αὐτόθι：立即
αὐτάρκεια：自足
αὑτῆς ἕνεκεν：為了自身
ἀφαίρεσις：取走、抽取、抽象
ἁφή：觸覺

ἀφιλόσοφος：不懂哲學的、不愛智慧的
ἀχώριστα：不可分的東西
ἄψυχον：無靈魂的

B

βέβαιον：可靠
βέλτιον：較好的
βελτίστη ἕξις：最好品質
βία：暴力
βιαστικόν：暴力地
βίος：一生、生活、生命
βίος θεωρητικός：靜觀性的生活
βουλεύεσθαι：考慮
βουλευτικός：能進行考慮的
βουλή：考慮、決斷、決心
βράττειν：簸

Γ

γάμος：婚姻
γεγονός：已經生成出來的
γεγραμμένα：書寫出來的東西
γελοία：可笑的
γένεσις：生成
γένος：屬
γεωμέτρης：幾何學家
γεωμετρία：幾何
γεωργία：耕種
γῆ：土
γιγαντομαχία περὶ τῆς οὐσίας：諸神與巨人關於所是的戰爭
γιγνώσκειν：認識
γιγνώσκειν τοῦ ὄντος：認識是者，對是者的認識
γιγνώσκεσθαι：被認識
γιγνωσκομένη：被認識的
γναφευτική：梳洗術
γνῶθι σεαυτόν：認識你自己
γνωρίζειν：認識
γνώρισις：熟識
γνωριστική：認識性的
γνῶσις：認識
γράμμα：文字、書寫、字母
γραμμή：線
γραφή：書寫
γυμνόν：赤裸裸地

Δ

δεινότης：精於、擅長
δείξειν：展示
δεσμός：紐帶
δεσμὸς διὰ πάντων：貫穿一切的紐帶
δεύτερον：第二
δέχεσθαι：接受
δέχεσθαι συμφωνείν：接受相和諧
δῆλον：顯然

δηλούμενον：被顯明出來的東西、被揭示的東西
δηλοῦν：顯明、揭示
δήλωμα：揭示物、進行揭示的東西
δημηγορική：公開演講術
δήμιον：公共的
δημιουργεῖν：為眾人做工
δημιουργική：工匠術
δημιουργός：工匠、創造者
δημοσίᾳ：公開
διά：通過、穿過
δι' ἀφαιρέσεώς：通過抽象
δια-λέγεσθαι：徹底地—說、說—穿
διὰ νεῖκός：由於爭端
διὰ πασῶν：遍及一切
διὰ πάντων：貫穿一切、遍及一切
διὰ παραδειγμάτων：通過事例
δια-πορεῖν：穿—過去
διάγραμμα：幾何圖形
διαγράφειν：畫圖
διαγωγή：消遣、閒暇
διαδοξάζειν：徹底認為
διάθεσις：狀態
διαιρεῖν：分開、分解、拆解
διαιρεῖσθαι：劃分、分開
διαίρεσις：分開、劃分
διαιρετόν：可分開的
διακριβολογούμενοι：進行清楚說明的人
διακρίνειν：區分、分開、區別、識別
διάκρισις：劃分
διακριτική：區分術
διαλέγειν：對話
διαλέγεσθαι：談話、對話、交談
διαλεκτική：辯證法
διαλεκτικὴ ἐπιστήμη：辯證的知識，辯證的科學
διαλεκτικός：精於辯證法的、辯證法家
διάλογος：對話
διανοεῖν：思想、思考、仔細看、看穿
διανοεῖσθαι：思想、思考
διανοητική：有關思想的、帶有思想的、帶有仔細看的
διάνοια：思想、仔細看
διάνοια ποιητική：創制性的思想
διαπορεῖν：困惑
διαπορεύεσθαι διὰ τῶν λόγων：穿過邏各斯
διαριθμεῖσθαι：分清
διασήθειν：篩
διάστασις：方向
διάστημα：間距
διασῴζεσθαι：挽回
διασωσόμεθα：我們將挽回
διατέμνειν：切開、分開
διαττᾶν：篩
διαφέρειν：不和、爭吵

διαφορά：區別、差異
διδακτή：可教的
διδασκαλία：教導
διδασκαλική：教導術
διειδέναι：看清
διεξέρχεσθαι：走過、穿過
διερωτᾶν：盤問
διερωτῶσιν：他們盤問
διεσπαρμένα：分散開的東西
διηθεῖν：濾
διῃρημένον：分開的
δικανική：法庭訟辯術
δικανικόν：進行法庭訟辯的
δίκαιον：公正
δικαιοσύνη：公正
διωθείσθαι：推進
διωσόμεθα：我們將推進
δοκεῖν：看起來、似乎
δόξα：意見、看法
δόξα ψευδής：假的意見
δοξάζειν：認為、相信、形成意見
δόξαντα πλήθει：大眾所持的各種意見
δοξαστική：貌似的、表面上的、意見術
δοξαστικὴτέχνη：貌似的技藝、表面上的技藝
δοξοπαιδευτική：宣稱能進行教育的、似乎能夠進行教育的
δούλη：受奴役的
δύναμις：能力、可能性、潛能
δύναμις εἰς：對……的能力
δύναμις ἐπικοινωνίας：連結之能力
δύναμις κοινωνίας：結合的能力
δυνατά：有能力
δυνατὰ συμμείγνυσθαι：有能力連接在一起
δύο：二
δύο εἶναι τὰπάντα：一切是二
δυσειδές：畸形的
δυσθήρευτον γένος：難以把握的屬

E

ἑαυτῆς ἕνεκεν：為了自身
ἐγγύθεν：身邊、附近
ἔθει：通過習慣
εἰδέναι：求知、知識
εἶδος：形式、種、外觀、埃多斯
εἴδωλον：圖像
εἰδωλοποιική：圖像創制術
εἰδωλοποιός：圖像創制者
εἰκαστική：映像術
εἰκός：煞有其事、相同的、相等的、相同的
εἰκών：映像
εἶναι：是
εἴργειν：圍起來

εἰς ὅ：所朝向的那種東西
ἐκ προγιγνωσκομένων：從預先知道的東西出發
ἐκ τῶν καθόλου：從普遍的東西出發
ἐκ μνήμης：從記憶中
ἐκβάλλειν：拋棄
ἐκβολή：拋棄
ἐκμαγεῖον：蠟塊、印記
ἐκτρέπεσθαι：分道揚鑣
ἐλέγχειν：盤問
ἔλεγχος：盤問
ἔλεγχος ἀληθινός：真正的盤問
ἐμπειρία：經驗
ἔμπειρος：有經驗的
ἐμπορική：商貿術
ἔμψυχον：有靈魂的
ἕν：一
ἓν ἀληθῶς：真正的一
ἓν ἀμερές：沒有部分的一
ἓν εἶναι：一是
ἓν εἶναι τὸ πᾶν：一切是一
ἓν λεγόμενον：被說的一
ἓν μόνον εἶναι：僅僅一是
ἓν ὅλον：作為整體的一
ἓν ὄν：一是
ἓν ὂν ὅλον：一是整體
ἓν ὂν τὸ πᾶν：一切是（著）的東西是一
ἓν τὰ πάντα：一切是一
ἐναντίον：相反
ἐναντίος：相反的
ἐναντιότης：相反、對立
ἐναντίωσις：對立、矛盾
ἐναντιώτατον：最為對立的東西
ἐνδέχεται ἄλλως：（它）能夠變化，有可能不一樣
ἐνδέχεται διαψεύδεσθαι：（它）能夠犯錯
ἐνδέχεται διαψεύδεσθαι：能夠犯錯
ἐνδεχόμενον：可變的東西、有著可能性的是者
ἐνδεχόμενον ἄλλως ἔχειν：能夠是別的情形、能夠是別的樣子
ἔνδοξα：權威意見
ἔνδοξον：權威意見的、共同意見的
ἕνεκά τινος：為了某人
ἐνέργεια：現實
ἐννοεῖσθαι：理解
ἐντελέχεια：實現
ἔντεχνον：有技藝地
ἐνυγροθηρική：水中獵取術
ἔνυδρον：水生的
ἐνυπάρχοντα：存在其中的東西
ἐξ ἐμπειρίας：來自經驗
ἐξ ἴσου：同樣的（地）
ἐξελέγξων：進行反駁的人
ἐξελεῖν：移除
ἕξις：習慣、品質、具有
ἕξεις μετὰ λόγου：依賴邏各

斯的品質
ἕξις ποιητικός：能創制的品質
ἕξις πρακτική：實踐性的品質
ἔξωθεν：從外面
ἐοικός：相似的東西
ἐπ' ἀμφότερα：從兩個方面
ἐπαγωγή：歸納
ἐπαφή：觸摸
ἐπέκεινα：彼岸
ἐπι：沖著、朝向
ἐπιθυμία：欲望
ἐπικοινωνεῖν：交往
ἐπίπεδον：面
ἐπίστασθαι：知道
ἐπιστήμη：知識
ἐπιστήμη μαθηματική：數學知識
ἐπιστητόν：可知識的東西
ἐπιστημονικόν：知識性的
ἐπιφέροντες：賦予、加在……身上
ἐπωνυμία：名稱、名字
ἔργον：作品、工作、事情
ἐρίζειν：爭吵
ἐριστικός：進行論戰的、爭吵的
ἐριστική：論戰術
ἕρκος：網
ἑρμηνεία：釋義、詮釋、解釋
ἑρμηνεύειν：釋義、詮釋、解釋
ἐρώτησις：詢問
ἐσόμενον：將是的東西
ἔσχατον：最後的
ἐτεῇ：確實地
ἕτερον：兩者中的一個、另外的、不同的、不一樣的、異
ἑτέρα πρότασις
ἕτερον πρός：同……相異
ἑτερότης：差異
εὖ：好、好的
εὖ βουλεύεσθαι：深思熟慮
εὖ ζῆν：好好地生活，49
εὖ λέγειν：好好說、說得好
εὖ λογίζεσθαι：好好地盤算
εὐαπατητότεροι：容易欺騙的
εὐβουλία：深思熟慮
εὐδαιμονία：幸福
εὐθύ：直
εὐκόλως：易於滿足
εὐπραξία：好的實踐、行得好
εὐστοχία：敏銳、善於中的
ἐφεξῆς：順接
ἔχειν：有、具有
ἔχεσθαι：黏附
ἐχόμενον：被有的東西

Z

ζητεῖν：尋找
ζήτημα πρῶτον：首先加以尋找的東西
ζητούμενον：正被尋找的東西
ζῷα νευστιά：能游泳的生物

ζωή：生命、生活

ζωὴ πρακτική：實踐性的生命、實踐性的生活

ζῳοθηρική：動物獵取術

ζῷον：動物、生物

ζῷον ἔμψυχον：有靈魂的動物

ζῷον λόγον ἔχον：會說話的動物、具有邏各斯的動物

ζῷον πολιτικόν：政治的動物

H

ἦ：作為

ἡγοῦμαι：我認為

ἡδονή：快樂

ἡδυντική：使人愉悅的

ἡ ἐπ' ἀλήθειαν ὁρμωμένη ψυχῆς：靈魂對真的欲求

ἦθος：習俗、倫理

ἥλιος：太陽

ἡμεροθηρική：馴服動物之獵取術

ἡμερώτεροι：較為馴服的、更有教養的

ἧττον：更少地

ἡμίν γνωριμώτερον：對於我們來說更為可知的東西

Θ

θάτερον：另外的、另一個、異

θαυμάζειν：驚異

θαυμάζεσθαι：感到驚異

θαυμαστός：令人驚異的

θέα：景象

θείον：神聖的、神性的、神一樣的

θειότατον：最神聖的

θεολογική：神學

θεός：神

θεὸς ἐλεγκτικός：進行盤問的神

θεὸς ξένιος：異鄉人的保護神

θερμόν：熱的

θερμὸν καὶ ψυχρόν：熱與冷

θέσις：論題、安排、位置、形勢

θεωρείν：觀望、靜觀

θεωρητικός：靜觀性的、可靜觀的

θεωρία：觀看、理論

θεωρός：觀眾

θήρα：狩獵、獵物

θηρεύειν：獵取

θηρευτής：獵手

θηρευτική：獵取術

θηρευτικόν：進行獵取的

θηρίον：野獸

θιγείν：把握

θυμός：憤怒

I

ἰατρική：醫術、醫學

ἰατρός：醫生
ἰδέα：理念
ἴδια αἰσθητά：特定的可感物
ἰδιώτης：一無所長的人、外行
ἴδιον：自己的，固有的、特定的
ἱκανῶς：充分地、足夠地
ἵππος：馬
ἱστορία：歷史

K

καθ' αὑτό：根據其自身、在其自身
καθ' ἕκαστον：特殊
καθάπερ：正如、正像
καθαρμός：淨化的
κάθαρσις：淨化
καθόλου：普遍、總體、一般
καθορᾶν：俯察
καιρός：要緊的
κακία：醜惡、邪惡
κακόν：惡的、醜的
καλός：漂亮的、美麗的、好的
καλῶς：美好
κάπηλος：坐商
κατά：根據、依照、按照、與……一致
κατὰ γένη διαιρείσθαι：根據屬進行劃分
κατ' ἐξοχήν：顯要的
κατὰ μέρος：就特殊東西而言、特殊地
κατὰσυμβεβηκός：偶然地
καταγελαστότατα：最為可笑的
καταλέγειν：肯定
καταλείπειν：留下
κατακερματίζειν：分散、分割
κατακεκερματισμένα：分散開的東西
κατάφασις：肯定
κατηγορείσθαι：謂述
κατηγορίαι：範疇
κάτω：下
κεκτῆσθαι：占有了
κεκινημένα：運動的東西
κεχώρηκεν：它們貫穿了
κεχωρισμένα：分離的東西
κινείν：忙碌、推動、移動
κίνησις：動、運動
κίνησις είς ἀεί：朝向總是運動、朝向始終運動
κινητόν：能夠被運動的
κινούμενον：運動的東西、被運動的東西
κοινωνείν：參與、結合
κοινόs：共同的、普遍的
κοιναὶ αἰσθήσεις：各種共同的感覺
κοινωνία：結合
κοινωνία τοῦ ὄντος：是者的結合

κοινωνία τῶν γενῶν：諸屬的結合
κοσμητική：裝飾術
κρίνειν：辨別、選擇、區分、評判
κρίσις：選擇、區分
κρυφαίον：秘密的
κρυφαίον χειροῦσθαι：秘密地弄到手
κτῆσις：財富、獲取
κτῆσθαι：獲取
κτητική：獲取術
κύριον：嚴格的、決定性的
κυριωτάτη：最為決定性的
κυριώτατον ὄν：最具決定性的是者

Λ

λανθάνειν：遮蔽
λανθάνον：遮蔽著的
λέγειν：說
λέγειν τὰ ὄντα：說是者
λέγειν τί：說某種東西、說什麼
λέγειν τι καθ' αὑτό：根據其自身說某種東西
λέγειν τι κατά τινος：根據某種東西說某種東西
λέγεσθαι：說、被說
λεγόμενον：被說（出）的東西、被言說者
λευκόν：白
λήθη：遺忘
λογίζεσθαι：盤算
λογισμός：盤算、算計、思考
λογιστικόν：算計性的、計算性的
λόγος：邏各斯
λόγος ἀληθής：真的邏各斯
λόγος ἀποφαντικός：能夠進行顯示的邏各斯
λόγον ἔχον：具有邏各斯、會說話
λόγος ἰσχυρός：強有力的邏各斯
λόγος καθ' αὑτό：在其自身的邏各斯
λόγος κατ' ἐξοχήν：顯要的邏各斯
λόγος σημαντικός：進行意指的邏各斯
λόγος σμικρότατος：最小的邏各斯
λόγος τίνος：某種東西的邏各斯
λόγος ψευδής：假的邏各斯
λόγος ὡς εἷς：作為一的邏各斯
λόγος ὡς πολλοί：作為多的邏各斯
λύπη：痛苦、沮喪

Μ

μάθημα：學問

μαθηματική：數學
μαθηματικόν：能夠學習的
μαθηματοπωλικόν：出售學問的
μάθησις：學習
μαθητόν：可學習的東西
μακρός：大的
μακροτέρως：相當地
μάλιστα：最為、尤其
μάλιστα ἀληθεύειν：最為去蔽
μάλιστα ἐπιστητά：諸最為可知的東西
μᾶλλον：更多地
μανικός：癲狂的、瘋子
μάχεσθαι：戰鬥
μέγεθος：量度、大小
μέγιστα γένη：最大的屬、最高的屬
μεγίστη：最重要的
μέθεξις：分有
μέθοδος：方法
μεμερισμένον：可分成部分的東西
μένειν：停留、留在原地
μέρος：部分
μέσον：中心、中間
μέσος ὅρος：中介
μεσότης：中間、適度
μετά：依賴、憑藉、同……一起、在……後
μεταβαίνειν：過渡
μεταβλητική：交易術
μεταβλητικόν：進行交易的
μετάθεσις：位置改變
μετ᾽ ἐπιστήμης：依賴知識
μετὰ λόγου：依賴邏各斯
μετὰ λόγου ποιητική：依賴邏各斯的能創制的、依賴邏各斯的創制術
μεταβαίνων：過渡
μεταβάλλειν：變化、改變
μεταβάλλεται：交易
μεταβολή：變化、改變
μεταξύ：居間的、中間的
μετάστασις：位移
μετασχόμενον：參與、分有
μετασχόμενον ἄλλου：參與另外的東西、分有另外的東西
μέτεστι：有份兒
μετρείν：測量
μέτρον：尺度
μή：不
μὴ μέγα：不大
μὴ ταὐτόν：不同
μὴ ὄν：不是、不是者
μὴ πρὸς χρῆσιν：不是為了用處
μηδὲ ψεύδεσθαι：不會出錯
μῆκος：長
μηνύειν：揭示
μιμείσθαι：模仿
μίμημα：模仿品
μίμησις：模仿
μιμητής：模仿者

μιμητική：模仿術
μικρός：小的
μνήμη：記憶
μονάς：單位
μόνον：僅僅
μόριον：部分、小部分
μορφή：形狀
μουσικός：音樂家
μῦθος：話語、故事、神話

N

νευστικόν：能夠游泳的
νοείν：看
νοείν μετὰ λόγου：依賴邏各斯的看
νοήμα：思想、表像、被知覺者
νοήσις：思想
νόησις νοήσεως：思想的思想
νοητόν：可思想的東西
νόμῳ：因約定俗成
νόμος：法律
νοούμενον：被智性直觀的東西
νόσος：疾病
νουθετητική：告誡術
νοῦς：智性直觀、努斯

Ξ

ξένος：客人
ξυνθήκῃ：出於約定

O

οἰκοδομική：建築術
οἱ πολλοί：許多人
ὅλον：整體
ὅλον λεγόμενον：從整體上被說出的東西
ὅλως：全部、整個地
ὁμιλείν：交往
ὁμιλίας ποιείσθαι：交往
ὁμοιότης：相似、相像
ὁμοιοῦν：使相像、使相似
ὁμοιοῦσθαι：相像、相似
ὁμοίως：同樣地、同等地
ὁμολογίᾳ：通過認可
ὁμολογούμενον：一致的
ὄν：是、是者、是著
ὄν ἀληθινόν：被去蔽了的是者、真實的是者
ὄν ὡς ἀληθές：在真之含義上的是者
ὄν ἕν：作為是的一、是這種一、是一
ὄν ᾗ ὄν：是者作為是者
ὄν λεγόμενον：被說的是者
ὄν λεγόμενον ᾗ ὄν：作為是者的被說的是者
ὄν τι：是某種東西、某種是者
ὄνομα：名稱、名詞、語詞
ὄνομα διὰ λόγων：根據邏各斯而來的名稱
ὄνομα ὀνόματος：名稱的名

稱
ὀνομάζειν：說出名字、命名
ὄντως：真正的、確實的、以是的方式
ὅπως：如何
ὁρᾶν：看
ὁρατόν：可見的
ὁράω：看
ὄργανον：工具
ὄρεξις：欲求
ὀρθός：正確的
ὀρθὸς λόγος：正確的邏各斯
ὀρθότης：正確（性）
ὀρθότης τῶν ὀνομάτων：語詞的正確性
ὁρίζεσθαι：界定、定義
ὁρίσασθαι：界定
ὁρισμός：界定、定義
ὁρμή：渴望
ὅρος：邊界、定義
ὅτε：每當
οὗ ἕνεκα：為此、為何
οὐ ταὐτόν：不同
οὐ τέλος ἁπλῶς：非絕對的終點
οὐκ ἐνδεής：無所欠缺的
οὐρανός：天
οὐσία：所是
οὐσία ζωῆς：生物的所是
οὐσία θετός：有位置的所是
οὐσία ἄθετος：無位置的所是
οὐσία μὴ ὄντος：不是者的所是
ὅτου：在哪方面
ὀψιμαθής：晚學的人

Π

πάθη：遭受、激情
πάθημα：遭遇、情狀
πάθος：遭受、情狀、性質
πάθος τοῦ ἑνός：一之性質
παιδεία：教育
παιδεύειν：教育
παιδιά：兒戲
πάλιν：再次、重新、復又
πᾶν：全體、一切
πάντα：全體
παρά：在……旁邊、同……相反、超出
παράδειγμα：範例、範型
παράφορα：走偏、走錯路
παραφροσύνη：錯亂
παραφυές：分支
πάρεστιν：（它）是在場的、（它）在場
παρεῖναι：在場
παρουσία：在場
πάσχειν：遭受
πατραλοίας：弒父者
πεζόν：陸行的
πεζὸν γένος：陸行的屬
πειθοῦς δημιουργός：說服之創造者
πειραστική：嘗試性的
πειραστικός：能夠進行嘗試

的
πέρας：終點、極限、界限、邊界
περιέχειν：包住
περιεχόμενα：被包含的東西
περὶ ὅτου：之於任何東西
περὶ οὗ：關於什麼
πῄ：在某種方式上
πιθανουργική：說服術
πίστις：相信、信念
πλανᾶσθαι：漫遊
πλανώμεθα：我們感到困惑
πλαστόν：塑造物
πλαστῶς：假冒的
πλέγμα：組合
πλείον：多
πληγή：擊打
πληκτική：擊打術
ποία：怎樣
ποιείν：創制、行動、做、使得
ποιείν δοκείν：使看起來
ποιούμενον：被創制者、被創制出來的東西
ποίημα：行動
ποίησις：創制
ποιητική：創制術
ποιητικός：能創造的、有創造力的
ποιητόν：要被創制的東西
ποικίλον：複雜的、五光十色的
ποιός：某種樣子、某種性質
ποίος：怎樣
πόλις：城邦
πολιτική：政治學
πολιτικός：政治家
πολλά：多
πολύ：多
πονηρία：卑劣
πόρος：通路
πόρρωθεν：從遠處
ποσαχῶς：多重地
ποσόν：具有量的（東西）、某一數量
πρᾶγμα：事情、事物、東西、實在者
πραγματεία：艱苦的事情
πρακτική：實踐性的
πρακτικὴ ἕξις：實踐的品質
πρακτικώτεροι：更為實踐性的
πρακτόν：要被實踐的東西
πρᾶξις：實踐、行為、打交道
προαίρεσις：選擇
προαιρετική：帶有抉擇的、有意抉擇的
προαιρετόν：應當選擇的
προαιρετὸν ἀγαθόν：應當選擇的善
προαιρούμεθα：我們首先選擇
προγιγνωσκόμενον：預先知道的東西
προιέναι：往前走
πρός：之於、朝向、對著

πρὸς ἡμᾶς γνωριμώτερον：對於我們來說更為可知的東西
προσ-αγορεύειν：對……宣布
προσ-γίγνεσθαι：對……發生
προσ-λέγειν：對……說
πρός τι：為了某物、相對於某種東西、之於某種東西
πρός τι καὶ τινος：為了某種東西和為了某人
προσαγορεύειν：稱呼
προσάπτειν：加上
προσαρμόττειν：切合
προσβολή：接近、觸碰
προσγένεσις：加上
προσγίγνεσθαι：加上
πρόσθεσις：附加成分
προσκοινωνείν：分享
προσλέγειν：此外還說，對……說
προσομιλείν：交談
προσομιλητική：交談術
προσποιούμενος：佯裝
προστιθέναι：歸給
προσφέρειν：加給
πρότασις：前提
πρώτη φιλοσοφία：第一哲學
πτηνόν：會飛的
πτηνὸν φῦλον：會飛的族類
πῦρ：火
πως：無論怎樣、無論如何
πρῶτον：諸最初的東西
πρῶτον ζήτημα：首先加以尋找的東西
πρῶτοι ὅροι：各種最初的規定

Ρ

ῥῆμα：動詞
ῥῆσις：言辭
ῥητορική：修辭術、修辭學、修辭技藝
ῥητορικὴ τέχνη：修辭技藝
ῥήτωρ：演說家、修辭學家

Σ

σαφές：清楚的
σελήνη：月亮
σημαίνειν：意指
σημαντικός：能夠進行意指的
σημείον：標誌
σκεπτέον：應加以考察的
σκεῦος：器具
σκέψις：考察
σκοπείν：觀望、注意
σκοπός：目標
σκοτεινόν：黑暗
σμικρότατος：最小的
σοφία：智慧
σοφιστής：智者
σοφιστική：智者術
σοφιστικόν：智者派的
σοφός：有智慧的

σοφώτερον：更智慧的
σπουδαίος：卓越的
σπουδῇ：認真地
στάσιμον：靜止的
στάσις：內訌、靜止
στερεόν：硬的、堅實的，體
στέρησις：缺失、缺乏
στιγμή：點
στοιχείον：元素、基本要素
στοχαστική：中的、命中
στοχαστικός：善於中的的
συγγενής, συγγενές：同類的、同屬的、與生俱來的
συγκείμενον：結合在一起的
συγκεχυμένον：模糊不清的、不被分開的
συγκεχυμένως：混淆地、不加分別地
συνεχόμενον：保持在一起的
συλλαβείν：把握、集合在一起
συλλογίζεσθαι：演繹、推斷、合計
συλλογισμός：推論、演繹、籌謀
συμβεβηκός：偶性
συμμείγνυσθαι：連接在一起
σύμμειξις：連接
συμμετρία：相稱、和諧
συμπέρασμα：結論
συμπλοκή：聯結
συμφέρον：有益的、有用的
συμφιλοσοφείν：一起從事哲學、一起愛智慧
συμφυές：與生俱來的
συμφυὲς γεγονός：與生俱來地已經生成出來的東西
σύν：一起
συνάγειν：結合在一起
συναγωγή：結合、連結
συναγωγὴ είς ἕν：結合為一、連結為一
συνάπτεσθαι：連接
συνείναι：一起是
συνέχεια：連續
συνεχής, συνεχές：連續的
σύνθεσις：綜合、聯結
συνορᾶσθαι：放在一起看、同時看
σχεδόν：幾乎、大概
σχῆμα：外表、形狀
σχίζειν：剖開
σχολάζειν：有閒暇
σῶμα：有形物、物體、形體、身體、體
σῶμα ἔμψυχον：有靈魂的形體
σωφροσύνη：審慎、清醒、節制

T

ταύτόν：相同、同
ταχύ：快的、迅速的
τέλειον：完滿
τελείωσις：完滿、完美、完

善

τελειωτέρα：可更加完滿的東西

τέλος：目的、終點

τέμνειν：切開

τέταρτον：第四

τεχνάζειν：使用技藝

τέχνη：技藝

τέχνη ἀντιλογική：辯論技藝

τέχνη διακριτική：進行識別的技藝

τέχνη διαλεκτική：辯證技藝

τέχνη ἰατρική：醫術

τέχνη κτητική：能夠進行獲取的技藝

τέχνη μιμητική：模仿技藝

τέχνη ποιητική：能夠進行創制的技藝

τέχνη ῥητορική：修辭技藝

τέχνη σοφιστική：智者的技藝

τέχνη φανταστική：想像技藝

τεχνίτης：技師、有技藝的人

τεχνοπωλικόν：出售技藝的

τί：某種東西

τὶ μηνύει：它揭示某種東西

τινέ：某雙

τινές：某些

τοιαύτη：這樣的

τοιαύτη σύνθεσις：這樣的聯結

τὸ ὄν αὐτό：是本身、是者本身

τὸ πρᾶγμα ἀληθές：事情是真的

τὸ τελευταίον τῆς νοήσεως：思想所抵達的最後點

τόκος：生育、子嗣

τόπος：地點

τρέφεσθαι：培養

τρίτον：第三、第三者

τροφή：撫養

τύχη：運氣

Y

ὑπακούειν：傾聽

ὑγίεια：健康

ὑγρὸν καὶ ξηρόν：濕和乾

ὕλη：質料

ὑπάρειν：存在

ὑπάρχον：存在著的、真正存在的東西

ὑπό：在……下面

ὑπόθεσις：原則、假設、前提

ὑπο-θέμενοι：放在……下面

ὑποκείμενον：基體、自立體、主詞

ὑπολαμβάνειν：接納、認為

ὑπόληψις：認為、信念、論斷

ὑπομένον：持存

ὑπομνῆσαι：提醒

ὑπόμνησις：提醒

ὑποτίθεσθαι ὑπόθεσιν：提出原則、提出假設、提出前提

ὕστερον：在後

ὕστερον ἕτερον：在後面不同地

Φ

φαίνεσθαι：顯現、顯明、看起來

φαίνεται：（它）顯現

φαινόμενον：現象、顯現出來的東西

φάναι：說、言說

φαντάζεσθαι：顯露

φαντασία：想像、臆想

φάντασμα：假象、形象、外表

φανταστική：想像術

φάρμακον：藥物

φάσις：指出、說、陳述

φθέγγεσθαι：說出、表達

φθογγή：聲音

φθόγγος：聲音

φιλομαθής：愛學習的人

φιλοσοφία：哲學、愛智慧

φιλόσοφος：哲學家、愛智者、愛智慧的人

φορά：位移

φρονεῖν：思考

φρόνησις：明智

φρόνιμος：明智的

φύσει ὄν：自然意義上的是者、自然中的是者、依照自然而來的是者

φυσικός：自然學家

φυσική：物理學

φυσιολόγος：研究自然的人，自然哲學家

φύσις：自然、本性

φύσις τις：某種自然，某種本性

φωνή：語音

φωνήεντα：母音

φῶς：光

X

χαλεπόν：困難的

χαλεπότης：困難

χαλεπώτατα：最困難的東西

χρεία：用處

χεῖρον：較差的

χειροτέχνης：手藝人

χειροῦσθαι：弄到手

χειρωτική：強取術

χειρωτικόν：進行強取的

χρῆμα：東西、事物

χρηματίζειν：營利

χρῆσις：用處

χρόνος：時間

χρῶμα：顏色

χώρα：位置

χωρίζειν：分離

χωρίς：分離，無、沒有

χωρισμός：分離
χωριστόν：可分離的

Ψ

ψεύδεσθαι：出錯、是假的
ψευδής：假的
ψευδὴς δόξα：假的意見
ψεῦδος：假、虛假、假的東西
ψόφος：響聲
ψόφος σημαντικός：進行意指的響聲
ψυχαγωγία：打動人心
ψυχεμπορική：靈魂商貿術
ψυχή：靈魂

Ω

ὥσπερ：就像、正如

附錄四　拉丁語——漢語術語索引

（頁碼均爲德文版頁碼，即本書邊碼）

aeternitas：世世代代，34

continuum：連續的，114
contendere：較量，303

de arte：論技藝，308

enuntiatio：陳述，18
eo ipso：因此，257
epistula：書信，320
ex arte：出於技藝，308

intentio：意向，424、425

locus classicus：經典事例，496

privare：喪失、缺乏，16
pugnare：戰鬥，303

ratio：理性，202

Secundum quid：根據什麼，645
sempiternitas：永久，34
situs：位置，109
speculatio：靜觀，63

theologia speculativa：思辨神學，63
tradere：交付，413

videre：看，323

譯後記

《柏拉圖的《智者》》是海德格一九二四／一九二五年冬季學期在馬堡的講座。根據海德格本人的計畫，講座的任務是闡釋柏拉圖的兩篇晚期對話，即《智者》（*Sophistes*）和《斐勒柏》（*Philebos*），但實際上只完成了對《智者》的闡釋。

在該講座中，海德格明確指出，「**希臘哲學研究的基本問題是：是之問題**（*die Frage nach dem Sein*），是之意義問題（die Frage nach dem Sinn des Seins），**並且典型地是眞之問題**（*die Frage nach der Wahrheit*）」（見德文第一九〇頁）。爲了能深入理解柏拉圖關於該問題的思想，依循「從清晰的東西到模糊的東西」這一詮釋學原則，就需要亞里士多德哲學的引導。因此，除了給出方法論原則的「預備思考」和「過渡」之外，整個講座由「引導部分」和「主要部分」構成。引導部分以ἀληθεύειν〔去蔽〕爲主題，圍繞亞里士多德《尼各馬可倫理學》第六卷和第十卷第六—七章展開論述，兼及《形而上學》第一卷第一—二章。主要部分則是從ἀληθεύειν〔去蔽〕這一基礎出發，幾乎逐句詳細闡釋柏拉圖的《智者》，同時兼及《斐德羅》中的相關內容。

譯者早年主要從事中世紀哲學研究，翻譯出版過不少中世紀拉丁文哲學、神學著作；後來轉向古希臘哲學，尤其是亞里士多德哲學的研究，也翻譯出版過一些古希臘文的哲學作品。對於海德格，最早的翻譯是二〇〇五年在德國海德堡大學期間的〈德國大學的自我主張〉，該文後發表在劉小楓教授主編的《經典與解釋》第三十二期上。回國後，基於研究和教學的需要，曾花了很長時間重新翻譯了*Sein und Zeit*（譯爲《是與時》）。以上的翻譯經驗，對這次的翻譯大有裨益。

該書包含大量的希臘文和少數拉丁文。在翻譯中，所有的希臘文和拉丁文照錄，並用〔〕附上譯者自己的中文翻譯。（）中的是譯者認爲有必要標明的德文詞句。少數由〈〉標示的，乃是爲了意思通順和完整，由譯者根據原文意思加上的補足語。

譯者爲本譯文編制了四個詳細的附錄，分別是「專名索引」（包含人名、著作和書中出現過的期刊和論文集）、「德語—漢語術語索引」、「希臘語—漢語術語對照」和「拉丁語——漢語術語索引」。

本書翻譯完成後，我的博士研究生王姍姍女士對照德文通讀了整個譯稿，提出了許多寶貴且有建設性的意見，在此謹向她表示誠摯的謝意。最後要感謝責任編輯李濤博士耐心、細緻的審校工作。

儘管譯者已經盡力，但由於學識和修養有限，譯文中必定有不少疏漏和錯訛，敬請大方之家不吝批評指正。

溥林

二〇一四年十月一日于成都

經典名著文庫 204

柏拉圖的《智者》

作　　者 —— 馬丁・海德格（Martin Heidegger）
譯　　者 —— 溥林
文庫策劃 —— 楊榮川
編輯主編 —— 黃惠娟
責任編輯 —— 魯曉玟
封面設計 —— 姚孝慈
著者繪像 —— 莊河源
出 版 者 —— 五南圖書出版股份有限公司
發 行 人 —— 楊榮川
總 經 理 —— 楊士清
總 編 輯 —— 楊秀麗
地　　址 —— 臺北市大安區 106 和平東路二段 339 號 4 樓
電　　話 —— 02-27055066（代表號）
傳　　眞 —— 02-27066100
網　　址 —— https://www.wunan.com.tw
電子郵件 —— wunan@wunan.com.tw
劃撥帳號 —— 01068953
戶　　名 —— 五南圖書出版股份有限公司
法律顧問 —— 林勝安律師
出版日期 —— 2025 年 3 月初版一刷
定　　價 —— 980 元

國家圖書館出版品預行編目資料

柏拉圖的《智者》/ 馬丁・海德格 (Martin Heidegger) 著；溥林譯．-- 初版 -- 臺北市：五南圖書出版股份有限公司，2025.03
面；公分．--（經典名著文庫）
ISBN 978-626-393-040-7(平裝)

1. 海德格 (Heidegger, Martin, 1889-1976)　2. 學術思想
3. 哲學

147.72　　113001174